KUSCH
MATHEMATIK 4
Integralrechnung

KUSCH MATHEMATIK 4

Integralrechnung

Bestimmte und unbestimmte Integrale, Integrationsverfahren
sowie Anwendungen der Integralrechnung
mit über 1000 Übungsaufgaben sowie 350 ausgerechneten
Beispielen und gelösten Problemen

Von Lothar Kusch
Heinz Jung
Hans-Joachim Rosenthal
Karlheinz Rüdiger

Bearbeitet von Heinz Jung,
Karlheinz Rüdiger
und der Verlagsredaktion

Sechste, völlig neubearbeitete Auflage

Cornelsen

Zu diesem Buch ist ein Lösungsbuch (Bestellnummer 413845) erschienen, das über den Buchhandel zu beziehen ist.

Redaktion: Dr. Horst Wedell
Herstellung: Wolf-Dieter Stark
Umschlaggestaltung: Wenzel Schmidt, Essen
Satz: Stürtz GmbH, Würzburg

Cornelsen online http://www.cornelsen.de

6. Auflage, 2. Druck 2005

Druck: Stürtz GmbH, Würzburg

ISBN 3-464-41304-7

Bestellnummer 413047

Gedruckt auf säurefreiem Papier, umweltschonend hergestellt aus chlorfrei gebleichten Faserstoffen.

Vorwort

Nach der Neubearbeitung von „Band 3 – Differentialrechnung“ liegt jetzt auch die völlige Neubearbeitung von „Band 4 – Integralrechnung“ vor. Beide Bücher bauen auf den bekannten und bewährten mathematischen Lehrwerken der Kusch-Reihe „Band 1 – Arithmetik und Algebra“ sowie „Band 2 – Geometrie“ auf. Es werden Lerninhalte der Höheren Mathematik behandelt, wie sie Angehörige vieler Berufe für ihre Arbeit benötigen. Die Bände „Differentialrechnung“ und „Integralrechnung“ sind insbesondere für diejenigen gedacht, die Mathematik nicht im Hauptstudium lernen. Demzufolge wenden sie sich an Studierende von Fachhochschulen, technischen Hochschulen, Universitäten und vergleichbaren Fachschulen. Wesentliche Inhalte sind aber auch Gegenstand des Mathematikunterrichtes in der Sekundarstufe II der Gymnasien, der beruflichen Schulen und der Kollegs. Auch dort haben die „Differentialrechnung“ sowie die „Integralrechnung“ als Lehrbücher und Repetitorien weite Verbreitung gefunden.

Dieses Buch ist ein methodisches Lehrbuch, das vor allem auch für den Selbstunterricht konzipiert ist und das dem Benutzer die Möglichkeit zum Lernen, zur Nacharbeit und Wiederholung sowie zum mathematischen Training und Üben bietet. Über 350 ausgerechnete Beispiele und gelöste Probleme mit ausführlichen Lösungswegen, mehr als 250 zweifarbige Abbildungen sowie über 1000 Übungsaufgaben erläutern und vertiefen die behandelten Lerninhalte. Über mathematische, physikalische und technische Anwendungen werden Bezüge zum Beruf hergestellt.

Das Buch füllt insofern eine Lücke im Angebot mathematischer Lehrbücher, als didaktisch vielfach bewährte Formen der Darstellung und der Verarbeitung von Lerninhalten angewendet werden. Bemerkenswert ist die übersichtliche methodische Gestaltung durch eine Abfolge von Problemstellung, Lösung mit Begründung, Zusammenfassung von Kerninhalten in Merktexten und Formeln sowie Bearbeitung von zahlreichen Beispielen mit ausführlichen Lösungsgängen. Die Struktur des Buches ist durch die sogenannte Zweispalten-Methode geprägt. Dabei wird in der rechten Spalte der mathematische Lösungsgang entwickelt, während in der linken Spalte synchron dazu eine ausführliche verbale Erläuterung erfolgt, sodass der Rechnungsgang nicht unterbrochen wird.

Durch diesen pädagogischen Aufbau ist es möglich, allen Benutzern Probleme der Höheren Mathematik in einer besonders erfolgversprechenden, anschaulichen und verständlichen Weise nahezubringen. Die Gliederung der Lerninhalte in Informationseinheiten und Übungseinheiten entspricht modernen pädagogischen Vorstellungen. Dabei wurde auf eine einfache und verständliche Ausdrucksweise besonderer Wert gelegt.

Der Lernerfolg lässt sich durch die Verwendung der zugehörigen **Aufgabensammlung zur Integralrechnung mit Lösungen** (Cornelsen Verlag, Bestellnummer 413845) wesentlich verbessern. Sie enthält über 1000 Übungsaufgaben, 650 zweifarbige Abbildungen und 90 Merksätze. Diese Aufgabensammlung ist aber gleichzeitig auch **Lösungsbuch** für die Übungsaufgaben des Lehrbuchs. Sie gibt zu jeder Aufgabe die Lösung mit ausführlichem Lösungsweg an, ist ebenfalls nach der Zweispalten-Methode aufgebaut und wie alle Bände der Kusch-Reihe für den Selbstunterricht konzipiert. Das Buch bietet damit vielfältige Möglichkeiten zum Lernen, zur Nacharbeit und zur Wiederholung sowie zum mathematischen Training und zum Üben.

Die Verfasser freuen sich, die 6. Auflage der „Integralrechnung“ als völlige Neubearbeitung vorlegen zu können und bedanken sich für die vielen Hinweise, die sie aus Leserkreisen erhalten haben. Auch in Zukunft gilt die Bitte um Kritik und Anregungen. Der Redaktion des Verlages gebührt besonderer Dank für die intensive Mitarbeit, für die wertvollen Anregungen sowie für die Hilfe bei der Bearbeitung dieses Buches.

Heinz Jung

Karlheinz Rüdiger

Hinweise zur Benutzung dieses Buches

Dieses Buch ist ein methodisches Lehrbuch, das vor allem auch für den Selbstunterricht gestaltet ist. Es bietet Ihnen die Möglichkeit zum systematischen Lernen, zur Nacharbeit und Wiederholung sowie zum mathematischen Training und Üben. Um das Lernen optimal zu gestalten, sind einige Hinweise zur Benutzung dieses Buches hilfreich.

Jedes Kapitel ist in pädagogisch und mathematisch sinnvolle Lernabschnitte eingeteilt, die jeweils mit einem **Problem** beginnen und dessen Lösung in kleinen Schritten entwickelt wird. Falls entbehrlich, wird auf schwierige und langwierige mathematische Beweisführungen verzichtet. Alle Problemlösungen werden dann unter **Merke** zu Regeln und Anwendungshinweisen zusammengefasst. In vielen **Beispielen** mit ausführlichen Lösungswegen erfolgt anschließend die Anwendung und Vertiefung des Gelernten. Mehr als 1050 **Übungsaufgaben**, deren Lösungswege dem im Buchhandel erhältlichen Lösungsbuch entnommen werden können, bieten dem Lerndenden vielfältige Möglichkeiten zum Training.

Der Erfolg dieser Buchreihe basiert auf der angewendeten **Zweispalten-Methode**. Dabei wird in der rechten Spalte der mathematische Lösungsgang in kleinen Rechenschritten entwickelt, während synchron dazu in der linken Spalte eine ausführliche verbale Erläuterung und Begründung erfolgt, sodass der Rechnungsgang nicht unterbrochen wird. Neben den üblichen mathematischen Symbolen und Zeichen finden Sie oft ein kleines Dreieck „►", das hier im Sinne von „Beachten Sie" oder einem nichtmathematischen „Daraus folgt" oder als „Setzen Sie" oder als Gliederung eines Rechnungsganges verwendet wird. Mit z. B. „► 4.1" wird auf ein Kapitel dieses Buches verwiesen, mit z. B. „► Kusch 3, 2.2.6" auf ein Kapitel im „Band 3, Differentialrechnung". Das nachfolgende Beispiel soll Ihnen einen einführenden Eindruck von der Zwei-Spalten-Methode vermitteln.

Für die Fläche zwischen den Graphen der Funktionen $f: f(x) = 2 \cdot \cos\frac{x}{2}$ mit $D(f) = \mathbb{R}$ und $g: g(x) = -\sqrt{x}$ mit $D(g) = \mathbb{R}^{\geq 0}$ im Intervall $[0; 7{,}5]$ ist die Maßzahl A zu berechnen. $G(f)$ und $G(g)$ haben dort keine Schnittpunkte, sodass A mit der entwickelten Formel $A = \left|\int_a^b [f(x) - g(x)]\,\mathrm{d}x\right|$ berechnet werden kann.

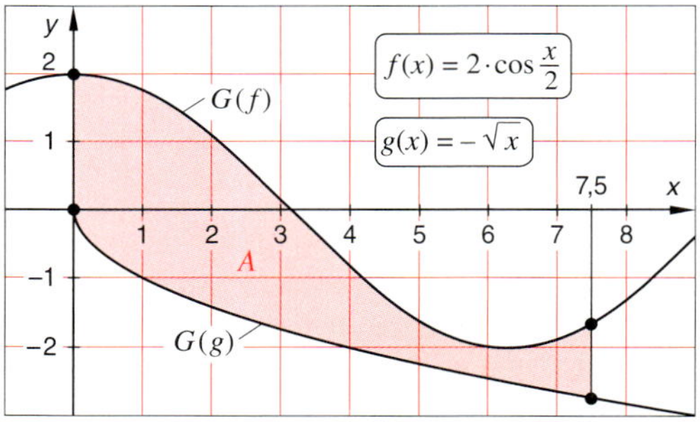

Dazu setzt man in der Formel 0 für a, 7,5 für b; $f(x) = 2 \cdot \cos\frac{x}{2}$ und $g(x) = -\sqrt{x}$.

$$A = \left|\int_a^b [f(x) - g(x)]\,\mathrm{d}x\right|$$

$$= \left|\int_0^{7,5} \left[2 \cdot \cos\frac{x}{2} - (-\sqrt{x})\right]\mathrm{d}x\right|$$

► $\int\left(2 \cdot \cos\frac{x}{2}\right)\mathrm{d}x = 2 \cdot \int \cos\frac{x}{2}\,\mathrm{d}x$ ► 2.4.1

$$= 2 \cdot 2 \cdot \sin\frac{x}{2} + c$$

$$= 4 \cdot \sin\frac{x}{2} + c$$

$$= \left|\int_0^{7,5} \left[2 \cdot \cos\frac{x}{2} + \sqrt{x}\right]\mathrm{d}x\right|$$

$$= \left|4 \cdot \sin\frac{x}{2} + \frac{2}{3} \cdot \sqrt{x^3}\,\Big|_0^{7,5}\right|$$

$$= \left|4 \cdot \sin\frac{7{,}5}{2} + \frac{2}{3} \cdot \sqrt{7{,}5^3} - \left(4 \cdot \sin\frac{0}{2} + \frac{2}{3} \cdot \sqrt{0^3}\right)\right|$$

$= \underline{\underline{11{,}4068}}$ ► Maßzahl der Fläche zwischen $G(f)$ und $G(g)$ in $[0; 7{,}5]$

Als Maßzahl der Fläche zwischen $G(f)$ und $G(g)$ in $[0; 7{,}5]$ ergibt sich 11,4068.

Die Verfasser wünschen Ihnen bei der Arbeit mit diesem Buch viel Freude und Erfolg.

Inhalt

Ziele der Integralrechnung

Während die **Differentialrechnung** (▶ Kusch 3) aus dem Bedürfnis heraus entstanden ist, die Steigung der Tangente in einem Punkt des Graphen einer Funktion zu berechnen, hat die **Integralrechnung** ihren Ursprung in den Bemühungen, Inhalte von krummlinig begrenzten Flächen zu ermitteln. Bereits ARCHIMEDES (287 bis 212 v. Chr.) konnte die Inhalte von Flächen bestimmen, die nicht geradlinig begrenzt waren.

Grundproblem der Integralrechnung ist also die Berechnung des Inhaltes einer Fläche, die beispielsweise zwischen dem Graphen $G(f)$ einer Funktion f und der x-Achse in einem Intervall $[a; b]$ liegt. So erhält man mithilfe der Integralrechnung z. B. bei der Funktion f: $f(x) = \sqrt{x}$, $D(f) = \mathbb{R}^{\geq 0}$ im Intervall $[0; 7]$ für A_x die Flächenmaßzahl 12,346839.

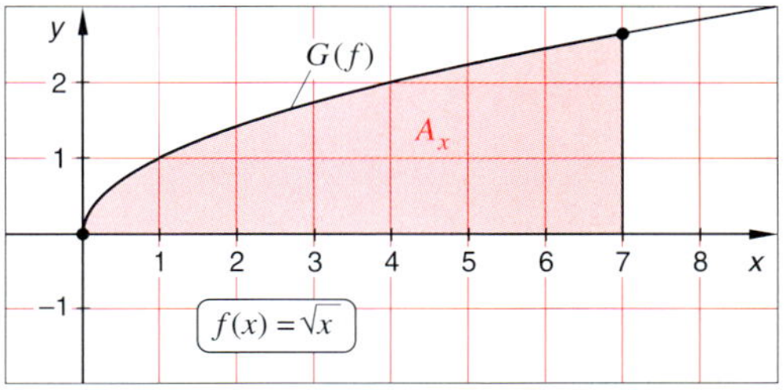

Lässt man die Fläche zwischen dem Graphen einer Funktion f und der x-Achse in einem Intervall $[a; b]$ zum Beispiel um die x-Achse rotieren, so wird ein Rotationskörper erzeugt, dessen Volumen man mithilfe der Integralrechnung bestimmen kann. So erhält man z. B. bei der Funktion f: $f(x) = \sqrt{x}$, $D(f) = \mathbb{R}^{\geq 0}$ im Intervall $[0; 7]$ für V_x die Volumenmaßzahl 76,969020.

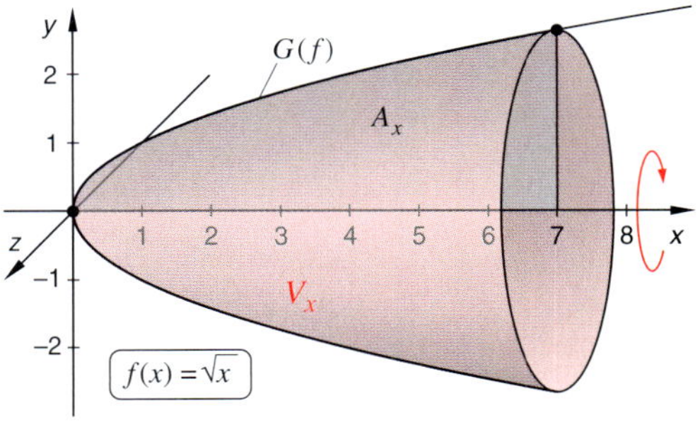

Mit der Integralrechnung kann man aber auch die Länge des Graphen $G(f)$ in einen Intervall $[a; b]$ berechnen. Bei der Funktion f: $f(x) = \sqrt{x}$, $D(f) = \mathbb{R}^{\geq 0}$ ergibt sich so im Intervall $[0; 7]$ für l die Längenmaßzahl 7,715919.

Lässt man dieses Graphenstück um die x-Achse rotieren, so erzeugt es die Mantelfläche eines Rotationskörpers. Für A_{M_x} erhält man mithilfe der Integralrechnung die Flächenmaßzahl 81,246707.

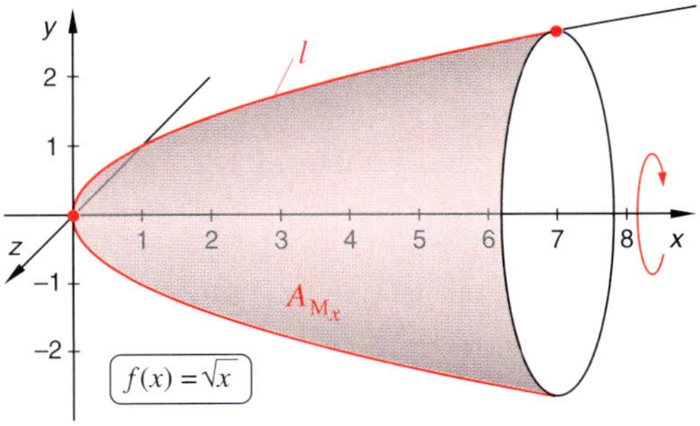

Damit sind die Möglichkeiten der Integralrechnung aber noch nicht erschöpft. Die Berechnung von Schwerpunkten, Drehmomenten, Massenmomenten zweiten Grades und von Flächenmomenten zweiten Grades werden daher weitere Inhalte dieses Buches sein.

1 Grundbegriffe

1.1 Bestimmte Integrale

Problem: Ermitteln Sie näherungsweise den Inhalt der Fläche zwischen dem Graphen der Funktion f: $f(x) = 0{,}4x + 1$, $D(f) = \mathbb{R}$ und der x-Achse im Intervall $I = [2; 6]$ in Quadratzentimeter. Unterteilen Sie dazu die Fläche in vier gleich breite, parallel zur y-Achse liegende Flächenstreifen und verwenden Sie zur Annäherung Rechtecke. Verallgemeinern Sie das Ergebnis.

Die im Intervall $[2; 6]$ zwischen dem Graphen $G(f)$ und der x-Achse liegende Fläche ist ein Trapez. Zunächst wird der Flächeninhalt A mit der entsprechenden Formel für das Trapez berechnet. So kann später das Ergebnis der näherungsweisen Berechnung mit dem exakten Wert verglichen werden.

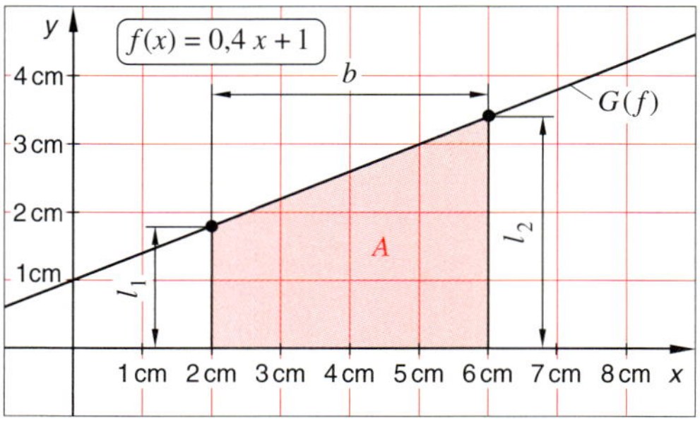

Die Funktionswerte $l_1 = f(2\text{ cm}) = 1{,}8$ cm und $l_2 = f(6\text{ cm}) = 3{,}4$ cm werden mithilfe der Funktionsgleichung $f(x) = 0{,}4x + 1$ berechnet. Für das Intervall $I = [2\text{ cm}; 6\text{ cm}]$ erhält man $b = 6\text{ cm} - 2\text{ cm} = 4$ cm.

$$A = \frac{l_1 + l_2}{2} \cdot b \quad ► \; l_1 = 1{,}8\text{ cm};\ l_2 = 3{,}4\text{ cm};\ b = 4\text{ cm}$$

$$= \frac{1{,}8\text{ cm} + 3{,}4\text{ cm}}{2} \cdot 4\text{ cm}$$

Das Trapez hat den Flächeninhalt $10{,}4\text{ cm}^2$.

$$= \underline{\underline{10{,}4\text{ cm}^2}} \quad ► \text{ Inhalt der Trapezfläche}$$

Durch die Unterteilung der Trapezfläche in vier gleich breite Flächenstreifen entstehen auf der x-Achse die **Zerlegungtsstellen** $x_0 = 2$ cm, $x_1 = 3$ cm, $x_2 = 4$ cm, $x_3 = 5$ cm sowie $x_4 = 6$ cm und damit die vier **Teilintervalle** $I_1 = [x_0; x_1] = [2\text{ cm}; 3\text{ cm}]$, $I_2 = [x_1; x_2] = [3\text{ cm}; 4\text{ cm}]$, $I_3 = [x_2; x_3] = [4\text{ cm}; 5\text{ cm}]$ und $I_4 = [x_3; x_4] = [5\text{ cm}; 6\text{ cm}]$. Da die Funktion f in jedem dieser Teilintervalle streng monoton steigt (► Kusch 3, 1.1.6), hat sie dort jeweils einen **kleinsten Funktionswert** und einen **größten Funktionswert.**

Für die näherungsweise Berechnung des Flächeninhaltes bieten sich damit zwei Möglichkeiten an.

Bei einer Aufteilung der Fläche in vier gleich breite Flächenstreifen parallel zur y-Achse kann man einmal vier unterhalb des Graphen $G(f)$ liegende Rechtecke bilden. Diese haben hier alle die Breite $b = 1$ cm und jeweils den kleinsten Funktionswert als Länge, nämlich $l_1 = f(2\text{ cm})$, $l_2 = f(3\text{ cm})$, $l_3 = f(4\text{ cm})$ und $l_4 = f(5\text{ cm})$. Sie heißen **innere Rechtecke** für f in den jeweiligen Teilintervallen.

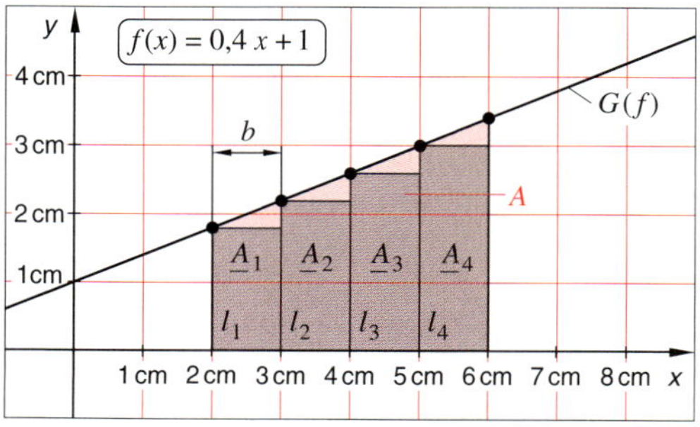

Setzt man in der Funktionsgleichung $f(x)=0{,}4x+1$ für x die Werte 2 cm, 3 cm, 4 cm und 5 cm, so ergeben sich die Funktionswerte $f(2\text{ cm})=1{,}8$ cm, $f(3\text{ cm})=2{,}2$ cm, $f(4\text{ cm})=2{,}6$ cm und $f(5\text{ cm})=3$ cm. Werden dann die Flächeninhalte $\underline{A}_1$, $\underline{A}_2$, $\underline{A}_3$ sowie $\underline{A}_4$ berechnet und addiert, so erhält man die **Untersumme $\underline{S}_4$** für f im Intervall $[2\text{ cm}; 6\text{ cm}]$. $\underline{S}_4$ ist ein Näherungswert für den Flächeninhalt der Trapezfläche. Er ist mit 9,6 cm² kleiner als der berechnete exakte Wert 10,4 cm².

$\underline{S}_4=\underline{A}_1+\underline{A}_2+\underline{A}_3+\underline{A}_4$

$=l_1\cdot b+l_2\cdot b+l_3\cdot b+l_4\cdot b$

$=(l_1+l_2+l_3+l_4)\cdot b$ ► $l_1=f(2\text{ cm})$; $l_2=f(3\text{ cm})$; $l_3=f(4\text{ cm})$; $l_4=f(5\text{ cm})$; $b=1\text{ cm}$; $f(x)=0{,}4x+1$

$=[f(2\text{ cm})+f(3\text{ cm})+f(4\text{ cm})+f(5\text{ cm})]\cdot 1\text{ cm}$

$=[1{,}8\text{ cm}+2{,}2\text{ cm}+2{,}6\text{ cm}+3\text{ cm}]\cdot 1\text{ cm}$

$=\underline{\underline{9{,}6\text{ cm}^2}}$ ► Untersumme $\underline{S}_4$

► $9{,}6\text{ cm}^2<10{,}4\text{ cm}^2$ ► $\underline{S}_4<A$

Eine andere Möglichkeit ist die Bildung von vier parallel zur y-Achse liegenden Rechtecken mit der Breite $b=1$ cm und jeweils dem größten Funktionswert als Länge, also mit $l_1=f(3\text{ cm})$, $l_2=f(4\text{ cm})$, $l_3=f(5\text{ cm})$ sowie $l_4=f(6\text{ cm})$. Diese heißen **äußere Rechtecke** für f in den jeweiligen Teilintervallen.

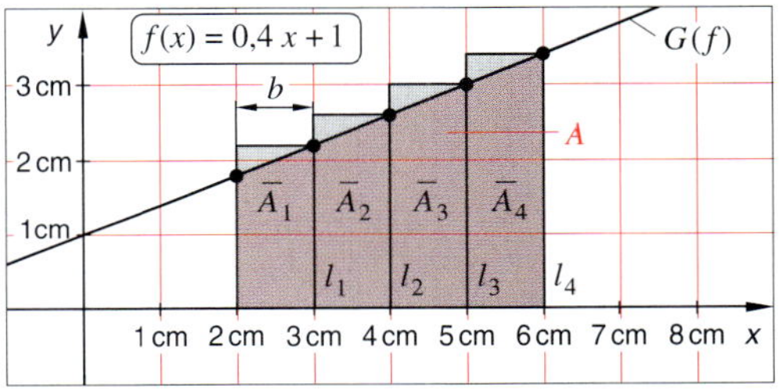

Auch hier lassen sich die Funktionswerte mit der Funktionsgleichung $f(x)=0{,}4x+1$ ermitteln, und zwar $f(3\text{ cm})=2{,}2$ cm, $f(4\text{ cm})=2{,}6$ cm, $f(5\text{ cm})=3$ cm sowie $f(6\text{ cm})=3{,}4$ cm.

Werden dann die Flächeninhalte $\bar{A}_1$, $\bar{A}_2$, $\bar{A}_3$ und $\bar{A}_4$ berechnet und addiert, so erhält man im Intervall $[2\text{ cm}; 6\text{ cm}]$ für f die **Obersumme $\bar{S}_4$**. Auch $\bar{S}_4$ ist ein Näherungswert für den Flächeninhalt des Trapezes, mit 11,2 cm² aber größer als der exakte Wert 10,4 cm².

$\bar{S}_4=\bar{A}_1+\bar{A}_2+\bar{A}_3+\bar{A}_4$

$=l_1\cdot b+l_2\cdot b+l_3\cdot b+l_4\cdot b$

$=(l_1+l_2+l_3+l_4)\cdot b$ ► $l_1=f(3\text{ cm})$; $l_2=f(4\text{ cm})$; $l_3=f(5\text{ cm})$; $l_4=f(6\text{ cm})$; $b=1\text{ cm}$; $f(x)=0{,}4x+1$

$=[f(3\text{ cm})+f(4\text{ cm})+f(5\text{ cm})+f(6\text{ cm})]\cdot 1\text{ cm}$

$=[2{,}2\text{ cm}+2{,}6\text{ cm}+3\text{ cm}+3{,}4\text{ cm}]\cdot 1\text{ cm}$

$=\underline{\underline{11{,}2\text{ cm}^2}}$ ► Obersumme $\bar{S}_4$

► $11{,}2\text{ cm}^2>10{,}4\text{ cm}^2$ ► $\bar{S}_4>A$

Der gesuchte Inhalt A der Trapezfläche liegt offensichtlich zwischen der Untersumme $\underline{S}_4$ und der Obersumme $\bar{S}_4$.

► $9{,}6\text{ cm}^2<10{,}4\text{ cm}^2<11{,}2\text{ cm}^2$

$\Rightarrow \quad \underline{S}_4 \quad < \quad A \quad < \quad \bar{S}_4$

Anmerkung:

Der Flächeninhalt war hier als **Größe** mit der Einheit cm² zu berechnen. Das Ergebnis, $A=10{,}4$ cm², besteht aus der **Flächenmaßzahl** „10,4“ und der **Einheit** „cm²“. Dementsprechend wurde auf den beiden Koordinatenachsen „1 cm“ als Längeneinheit gewählt. Auch wenn man auf beiden Koordinatenachsen andere, aber gleiche Längeneinheiten wählt, wie z. B. nur 1 mm, 1 dm oder 1 m, bleibt die Flächenmaßzahl gleich. Nur sie ist letztlich Gegenstand einer Flächeninhaltsberechnung.

Zur Vereinfachung von Rechenvorgängen und Schreibweisen wird deshalb in diesem Buch bei Aufgabenstellungen, in denen Einheiten nicht ausdrücklich angegeben werden, nur mit Maßzahlen gerechnet und Einheiten werden weggelassen. Die Maßzahlen können dann auf die jeweilige Einheit bezogen werden. Entsprechend werden auch an den Achsen von Koordinatensystemen die Einheiten weggelassen und nur deren Maßzahlen geschrieben. In diesem Sinne werden also hier Größen und Maßzahlen synonym benutzt.

Merke:

Zerlegt man eine oberhalb der x-Achse liegende Fläche, die innerhalb eines abgeschlossenen Intervalls $[a; b]$ zwischen dem Graphen einer streng monotonen Funktion f und der x-Achse liegt, in gleich breite Flächenstreifen parallel zur y-Achse, so kann man zu f für diese Flächenstreifen eine Untersumme $\underline{S}$ und eine Obersumme $\bar{S}$ bilden. Der Inhalt A dieser Fläche liegt dann zwischen der Untersumme und der Obersumme, es gilt also $\underline{S} < A < \bar{S}$.

Bei der Berechnung der Flächenmaßzahl wird eine Annäherung an das exakte Ergebnis umso besser sein, je größer die Anzahl der Teilintervalle ist, je kleiner also die Breite der Flächenstreifen gewählt wird.
Um zu verallgemeinern, unterteilt man bei der Funktion f: $f(x) = 0{,}4x + 1$; $D(f) = \mathbb{R}$ das Intervall $I = [2; 6]$ nicht in vier, sondern in n gleich breite Teilintervalle mit $n \in \mathbb{N}^{>0}$. Dann hat jedes Teilintervall die Breite $\frac{6-2}{n} = \frac{4}{n}$ und es ergeben sich die Zerlegungsstellen 2; $2 + 1 \cdot \frac{4}{n}$; $2 + 2 \cdot \frac{4}{n}$; $2 + 3 \cdot \frac{4}{n}$; …; $2 + (n-1) \cdot \frac{4}{n}$; $2 + n \cdot \frac{4}{n}$ sowie die entsprechenden Teilintervalle $I_1 = \left[2; 2 + 1 \cdot \frac{4}{n}\right]$; $I_2 = \left[2 + 1 \cdot \frac{4}{n}; 2 + 2 \cdot \frac{4}{n}\right]$; $I_3 = \left[2 + 2 \cdot \frac{4}{n}; 2 + 3 \cdot \frac{4}{n}\right]$; …; $I_n = \left[2 + (n-1) \cdot \frac{4}{n}; 2 + n \cdot \frac{4}{n}\right]$. Für jedes $n \in \mathbb{N}^{>0}$ lässt sich dann eine Untersumme $\underline{S}_n$ und eine Obersumme $\bar{S}_n$ bilden.

Man betrachtet zunächst die unterhalb von $G(f)$ liegenden inneren Rechtecke und sucht eine allgemeine Gleichung (Formel) zur Berechnung der Untersummen $\underline{S}_n$.
Die inneren Rechtecke haben hier alle die Breite $\frac{4}{n}$ und jeweils den kleinsten Funktionswert in einem Teilintervall als Länge: $l_0 = f(2)$; $l_1 = f\left(2 + 1 \cdot \frac{4}{n}\right)$; $l_2 = f\left(2 + 2 \cdot \frac{4}{n}\right)$; …; $l_{n-1} = f\left[2 + (n-1) \cdot \frac{4}{n}\right]$, also $l_{k-1} = f\left[2 + (k-1) \cdot \frac{4}{n}\right]$ für $k \in \{1; 2; 3; \ldots; n\}$

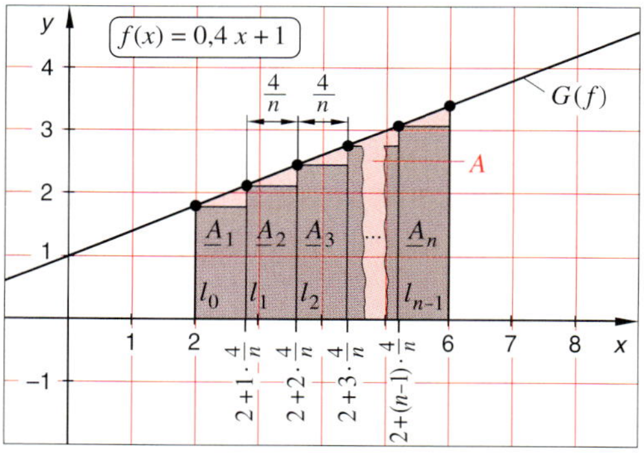

Die Flächenmaßzahlen $\underline{A}_1$; $\underline{A}_2$; $\underline{A}_3$; …; $\underline{A}_n$ der inneren Rechtecke ergeben sich als Produkt des jeweiligen Funktionswertes (Länge) und der gleich bleibenden Breite $\frac{4}{n}$.

$$\underline{S}_n = \underline{A}_1 + \underline{A}_2 + \underline{A}_3 + \ldots + \underline{A}_n$$
$$= l_0 \cdot b + l_1 \cdot b + l_2 \cdot b + \ldots + l_{n-1} \cdot b$$
$$= (l_0 + l_1 + l_3 + \ldots + l_{n-1}) \cdot b \quad \blacktriangleright \; b = \frac{4}{n}$$

Addiert man dann die Flächenmaßzahlen $\underline{A}_1$; $\underline{A}_2$; $\underline{A}_3$; …; $\underline{A}_n$, so erhält man eine Formel zur Berechnung der Untersummen $\underline{S}_n$ für die Funktion f: $f(x) = 0{,}4x + 1$ im Intervall $[2; 6]$.

$$\underline{S}_n = \left(\sum_{k=1}^{n} l_{k-1}\right) \cdot \frac{4}{n} \quad \blacktriangleright\ l_{k-1} = f\left[2 + (k-1) \cdot \frac{4}{n}\right]$$

$$= \left(\sum_{k=1}^{n} f\left[2 + (k-1) \cdot \frac{4}{n}\right]\right) \cdot \frac{4}{n} \quad \blacktriangleright\ f(x) = 0{,}4x + 1$$

$$= \left(\sum_{k=1}^{n} \left(0{,}4 \cdot \left[2 + (k-1) \cdot \frac{4}{n}\right] + 1\right)\right) \cdot \frac{4}{n}$$

$$= \left(\sum_{k=1}^{n} \left(0{,}8 + (k-1) \cdot \frac{1{,}6}{n} + 1\right)\right) \cdot \frac{4}{n}$$

Die Formel für $\underline{S}_n$ lässt sich vereinfachen, denn es gelten:

▶ $\sum_{k=1}^{n} 1{,}8 = 1{,}8 \cdot n$ ▶ 4.3

▶ $\sum_{k=1}^{n} (k-1) = \frac{(n-1) \cdot n}{2}$ ▶ 4.3

$$= \left(\sum_{k=1}^{n} 1{,}8 + \frac{1{,}6}{n} \cdot \sum_{k=1}^{n} (k-1)\right) \cdot \frac{4}{n}$$

$$= \left(1{,}8 \cdot n + \frac{1{,}6}{n} \cdot \frac{(n-1) \cdot n}{2}\right) \cdot \frac{4}{n}$$

$$= 1{,}8 \cdot n \cdot \frac{4}{n} + 1{,}6 \cdot \frac{n-1}{2} \cdot \frac{4}{n}$$

$$= 7{,}2 + 3{,}2 \cdot \frac{n-1}{n} \quad \blacktriangleright\ \frac{n-1}{n} = 1 - \frac{1}{n}$$

$$= 10{,}4 - \frac{3{,}2}{n};\ n \in \mathbb{N}^{>0} \quad \blacktriangleright\ \text{Untersummen}$$

Wählt man für n immer größere Zahlen, so ergibt sich ein immer besserer Näherungswert für die Flächenmaßzahl A im Intervall $[2; 6]$.

$n =$	10	100	1000	10000	$A =$
$\underline{S}_n =$	10,08	10,368	10,3968	10,39968	10,4

Für $n \in \mathbb{N}^{>0}$ bilden diese Untersummen $\underline{S}_n$ eine streng monoton steigende unendliche **Untersummenfolge $\langle \underline{S}_n \rangle$**.

$\langle \underline{S}_n \rangle$: $\underline{S}_1$; $\underline{S}_2$; $\underline{S}_3$; …; $\underline{S}_{n-1}$; $\underline{S}_n$; …

$$\Rightarrow \langle \underline{S}_n \rangle: \underline{S}_n = 10{,}4 - \frac{3{,}2}{n};\ n \in \mathbb{N}^{>0} \quad \blacktriangleright\ \text{Untersummenfolge}$$

Zur Berechnung der Obersummen $\bar{S}_n$ geht man in gleicher Weise vor, indem man die Flächenmaßzahlen der äußeren Rechtecke addiert. Diese haben alle die Breite $\frac{4}{n}$ und jeweils den größten Funktionswert in einem Teilintervall als Länge:

$l_1 = f\left(2 + 1 \cdot \frac{4}{n}\right)$; $l_2 = f\left(2 + 2 \cdot \frac{4}{n}\right)$; $l_3 = f\left(2 + 3 \cdot \frac{4}{n}\right)$; …; $l_n = f\left(2 + n \cdot \frac{4}{n}\right)$, also $l_k = f\left(2 + k \cdot \frac{4}{n}\right)$ für $k \in \{1; 2; 3; \ldots; n\}$

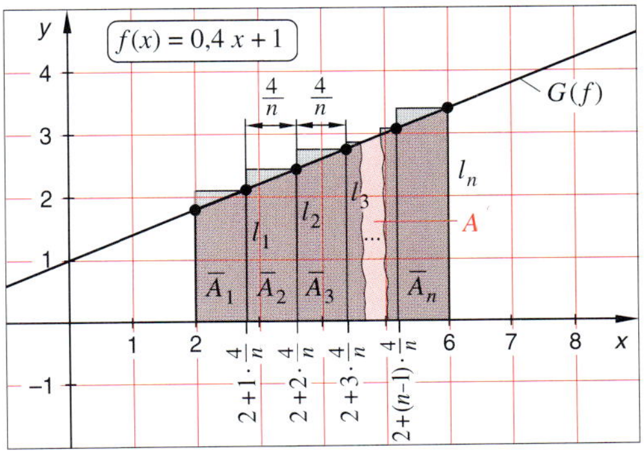

Hier entwickelt man eine Formel zur Berechnung der Obersummen $\bar{S}_n$ und bezieht diese dann auf die Funktion $f\colon f(x) = 0{,}4x + 1$ im Intervall $I = [2;\, 6]$.

$$\begin{aligned}
\bar{S}_n &= \bar{A}_1 + \bar{A}_2 + \bar{A}_3 + \ldots + \bar{A}_n \\
&= l_1 \cdot b + l_2 \cdot b + l_3 \cdot b + \ldots + l_n \cdot b \\
&= (l_1 + l_2 + l_3 + \ldots + l_n) \cdot b \quad \blacktriangleright\ b = \frac{4}{n} \\
&= \left(\sum_{k=1}^{n} l_k\right) \cdot \frac{4}{n} \quad \blacktriangleright\ l_k = f\left(2 + k \cdot \frac{4}{n}\right) \\
&= \left(\sum_{k=1}^{n} f\left(2 + k \cdot \frac{4}{n}\right)\right) \cdot \frac{4}{n} \quad \blacktriangleright\ f(x) = 0{,}4x + 1 \\
&= \left(\sum_{k=1}^{n} \left[0{,}4 \cdot \left(2 + k \cdot \frac{4}{n}\right) + 1\right]\right) \cdot \frac{4}{n} \\
&= \left(\sum_{k=1}^{n} \left[0{,}8 + k \cdot \frac{1{,}6}{n} + 1\right]\right) \cdot \frac{4}{n} \\
&= \left(\sum_{k=1}^{n} 1{,}8 + \frac{1{,}6}{n} \cdot \sum_{k=1}^{n} k\right) \cdot \frac{4}{n} \\
&= \left(1{,}8 \cdot n + \frac{1{,}6}{n} \cdot \frac{n \cdot (n+1)}{2}\right) \cdot \frac{4}{n} \\
&= 1{,}8 \cdot n \cdot \frac{4}{n} + 1{,}6 \cdot \frac{n+1}{2} \cdot \frac{4}{n} \\
&= 7{,}2 + 3{,}2 \cdot \frac{n+1}{n} \quad \blacktriangleright\ \frac{n+1}{n} = 1 + \frac{1}{n} \\
&= \underline{\underline{10{,}4 + \frac{3{,}2}{n};\ n \in \mathbb{N}^{>0}}} \quad \blacktriangleright\ \text{Obersummen}
\end{aligned}$$

Die Formel für $\bar{S}_n$ lässt sich vereinfachen, denn es gelten:

$\blacktriangleright\ \sum_{k=1}^{n} 1{,}8 = 1{,}8 \cdot n \quad \blacktriangleright$ 4.3

$\blacktriangleright\ \sum_{k=1}^{n} k = \frac{n \cdot (n+1)}{2} \quad \blacktriangleright$ 4.3

$n =$	10	100	1000	10 000	$A =$
$\bar{S}_n =$	10,72	10,432	10,4032	10,40032	10,4

Wählt man für n immer größere Zahlen, so ergibt sich ein immer besserer Näherungswert für die Flächenmaßzahl A im Intervall $[2;\, 6]$.

Für $n \in \mathbb{N}^{>0}$ bilden diese Obersummen $\bar{S}_n$ eine streng monoton fallende unendliche **Obersummenfolge $\langle \bar{S}_n \rangle$**.

$\langle \bar{S}_n \rangle\colon \bar{S}_1;\ \bar{S}_2;\ \bar{S}_3;\ \ldots;\ \bar{S}_{n-1};\ \bar{S}_n;\ \ldots$

$\Rightarrow \underline{\underline{\langle \bar{S}_n \rangle\colon \bar{S}_n = 10{,}4 + \frac{3{,}2}{n};\ n \in \mathbb{N}^{>0}}} \quad \blacktriangleright$ Obersummenfolge

Die Tabellenwerte für $\underline{S}_n$ und $\bar{S}_n$ zeigen, dass die Näherungswerte für die Flächenmaßzahl A des Trapezes immer besser werden, je größer die Anzahl der Teilintervalle gewählt wird.

$$\begin{aligned}
\lim_{n\to\infty} \underline{S}_n &= \lim_{n\to\infty} \left(10{,}4 - \frac{3{,}2}{n}\right) \\
&= 10{,}4 - \lim_{n\to\infty} \frac{3{,}2}{n} \\
&= 10{,}4 - 0 \\
&= \underline{\underline{10{,}4}} \quad \blacktriangleright\ \text{Grenzwert der Untersummenfolge}
\end{aligned}$$

Der Grenzwert $\lim_{n\to\infty} \underline{S}_n$ (▶ Kusch 3, 3.1.2) der Untersummenfolge $\langle \underline{S}_n \rangle$ und der Grenzwert $\lim_{n\to\infty} \bar{S}_n$ der Obersummenfolge $\langle \bar{S}_n \rangle$ haben jeweils den Wert 10,4. Beide stimmen also mit der zu Beginn berechneten exakten Flächenmaßzahl des Trapezes von 10,4 überein. Die Folgen konvergieren demnach gegen die Flächenmaßzahl 10,4.

$$\begin{aligned}
\lim_{n\to\infty} \bar{S}_n &= \lim_{n\to\infty} \left(10{,}4 + \frac{3{,}2}{n}\right) \\
&= 10{,}4 + \lim_{n\to\infty} \frac{3{,}2}{n} \\
&= 10{,}4 + 0 \\
&= \underline{\underline{10{,}4}} \quad \blacktriangleright\ \text{Grenzwert der Obersummenfolge}
\end{aligned}$$

$\Rightarrow \lim_{n\to\infty} \underline{S}_n = \lim_{n\to\infty} \bar{S}_n = 10{,}4 \quad \blacktriangleright\ 10{,}4 = A$

$\Rightarrow \underline{\underline{\lim_{n\to\infty} \underline{S}_n = \lim_{n\to\infty} \bar{S}_n = A}}$

Bei der Funktion f: $f(x) = 0{,}4x + 1$ haben die ermittelten Untersummenfolgen $\langle \underline{S}_n \rangle$ und die Obersummenfolgen $\langle \bar{S}_n \rangle$ im Intervall $I = [a;\, b] = [2;\, 6]$ den gleichen Grenzwert $g = 10{,}4$. Diesen gemeinsamen Grenzwert bezeichnet man als **bestimmtes Integral** der Funktion f: $f(x) = 0{,}4x + 1$ in diesem Intervall und wählt dafür die besondere Schreibweise „$\int_2^6 (0{,}4x + 1)\,dx$". Diese Schreibweise ist historisch bedingt, wobei das **Integralzeichen** „$\int$" ein großes S symbolisiert und an die Bildung von Unter- und Obersummen erinnert.

Das Intervall $I = [a;\, b] = [2;\, 6]$ heißt **Integrationsintervall**, die Intervallränder a und b sind die **Integrationsgrenzen**, und zwar ist „a" bzw. „2" die **untere Integrationsgrenze** und „b" bzw. „6" die **obere Integrationsgrenze**. Den Funktionsterm $f(x)$ bzw. $0{,}4x + 1$ bezeichnet man als **Integrand**, die zugehörige Funktion f als **Integrandfunktion** und x als **Integrationsvariable**.

Die Funktion f heißt im Intervall $I = [a;\, b] = [2;\, 6]$ **integrierbar** und die Zahl 10,4 ist der **Integralwert** von f in diesem Intervall. In diesem Falle ist der Integralwert die Flächenmaßzahl A des Trapezes. Den Rechenvorgang bezeichnet man als **Integration** oder **Integrieren**.

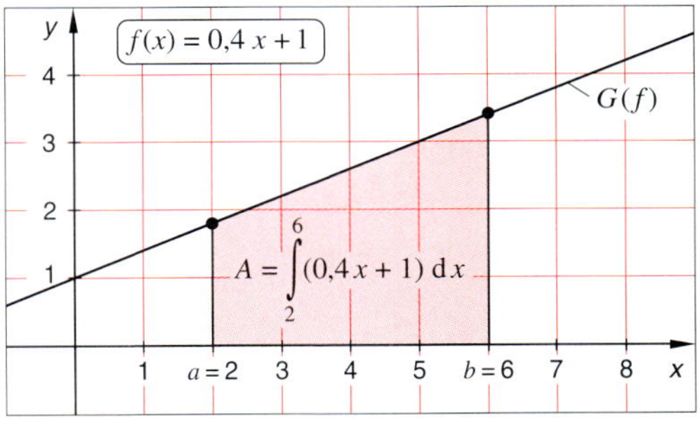

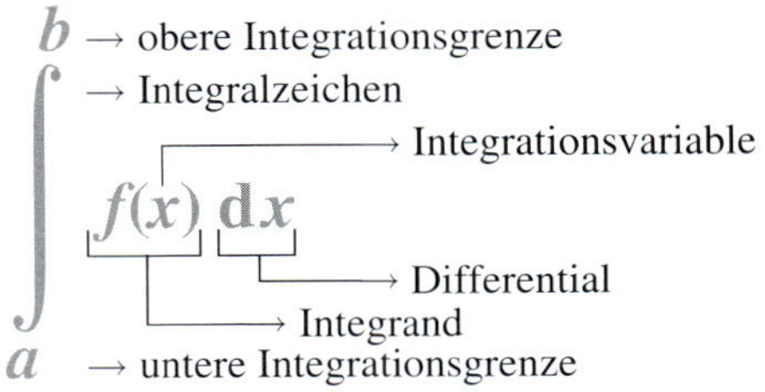

gelesen: „Integral über $f(x)\,dx$ von a bis b"

Der Ausdruck $\mathbf{(0{,}4x + 1)\,dx}$ hinter dem Integralzeichen erinnert an die Flächeninhaltsberechnung der inneren und äußeren Rechtecke bei der Bildung von Unter- und Obersummen. „$\mathbf{0{,}4x + 1}$" steht hierbei als Funktionswert für eine Rechtecklänge, während das so genannte „**Differential**" „$\mathbf{dx}$" eine unendlich kleine Rechteckbreite symbolisiert. Mit der Integralschreibweise verbindet man die Vorstellung, dass die Summe der Flächenmaßzahlen „$\mathbf{f(x) \cdot dx}$" von „unendlich vielen" und „unendlich schmalen" Rechtecken zwischen den Integrationsgrenzen 2 und 6 gebildet wird.

Das bei der streng monoton steigenden Funktion f: $f(x) = 0{,}4x + 1$; $D(f) = \mathbb{R}$ auf das Intervall $[2;\, 6]$ angewendete Verfahren lässt sich auf jede **streng monoton steigende Funktion** in einem Intervall $[a;\, b]$ übertragen. Dazu unterteilt man $[a;\, b]$ für jedes $n \in \mathbb{N}^{>0}$ in n gleich breite Teilintervalle mit der Breite $\Delta x = \frac{b-a}{n}$. Es ergeben sich dann die Teilintervalle:

$$I_1 = \left[a;\, a + 1 \cdot \frac{b-a}{n}\right];\ I_2 = \left[a + 1 \cdot \frac{b-a}{n};\, a + 2 \cdot \frac{b-a}{n}\right];\ \ldots;\ I_k = \left[a + (k-1) \cdot \frac{b-a}{n};\, a + k \cdot \frac{b-a}{n}\right];\ \ldots;\ I_n = \left[a + (n-1) \cdot \frac{b-a}{n};\, a + n \cdot \frac{b-a}{n}\right]$$

Eine solche Unterteilung des Intervalls $[a;\, b]$ in gleich breite Teilintervalle bezeichnet man als **äquidistante Zerlegung** von $[a;\, b]$. Die konstante Intervallbreite $\dfrac{b-a}{n}$ wird auch mit Δx (gelesen: Delta x) bezeichnet.

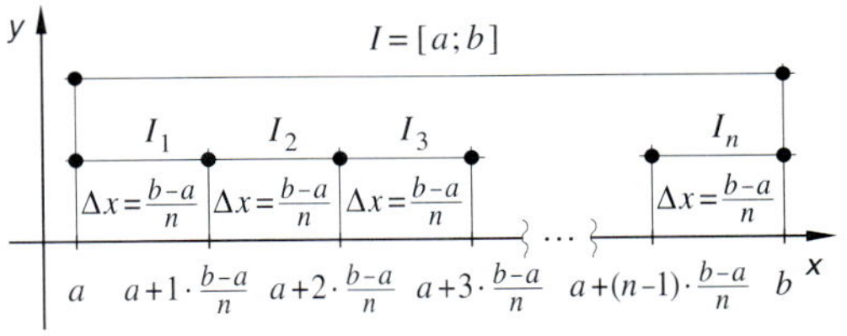

Die Funktion f hat dann in jedem Teilintervall $I_k = \left[a + (k-1)\cdot\frac{b-a}{n};\ a + k\cdot\frac{b-a}{n}\right]$ mit $k \in \{1; 2; 3; \ldots; n\}$ und $n \in \mathbb{N}^{>0}$ den kleinsten Funktionswert $l_{k-1} = f\left[a + (k-1)\cdot\frac{b-a}{n}\right]$ jeweils an der linken Intervallgrenze und den größten Funktionswert $l_k = f\left(a + k\cdot\frac{b-a}{n}\right)$ jeweils an der rechten Intervallgrenze.

Für $n \in \mathbb{N}^{>0}$ kann man dann allgemein Terme für die Untersummen $\underline{S}_n$ der inneren Rechtecke und für die Obersummen $\bar{S}_n$ der äußeren Rechtecke bilden:

- Untersummen bei streng monoton steigenden Funktionen

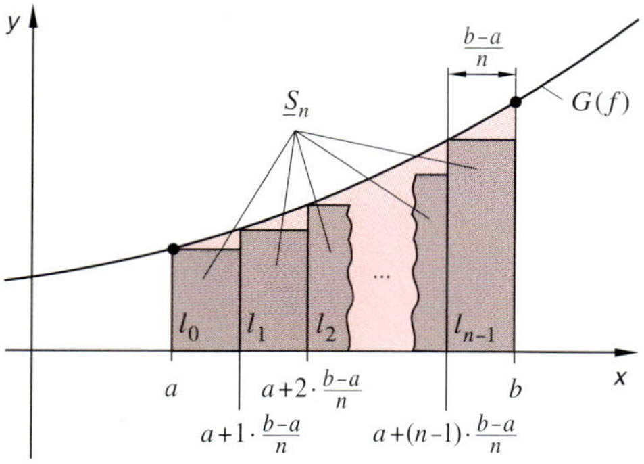

$$\begin{aligned}\underline{S}_n &= l_0\cdot\Delta x + l_1\cdot\Delta x + l_2\cdot\Delta x + \ldots + l_{n-1}\cdot\Delta x\\ &= (l_0 + l_1 + l_2 + \ldots + l_{n-1})\cdot\Delta x\\ &= \left(\sum_{k=1}^{n} l_{k-1}\right)\cdot\Delta x \quad\blacktriangleright\ \Delta x = \frac{b-a}{n}\\ &= \left(\sum_{k=1}^{n} l_{k-1}\right)\cdot\frac{b-a}{n} \quad\blacktriangleright\ l_{k-1} = f\left[a + (k-1)\cdot\frac{b-a}{n}\right]\\ &= \left(\sum_{k=1}^{n} f\left[a + (k-1)\cdot\frac{b-a}{n}\right]\right)\cdot\frac{b-a}{n};\ n \in \mathbb{N}^{>0}\end{aligned}$$

- Obersummen bei streng monoton steigenden Funktionen

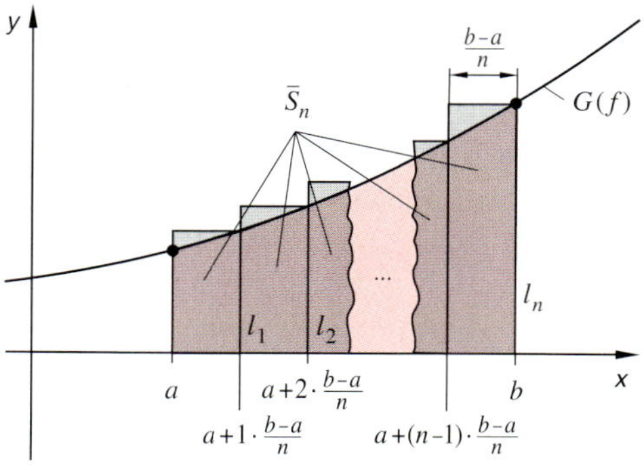

$$\begin{aligned}\bar{S}_n &= l_1\cdot\Delta x + l_2\cdot\Delta x + l_3\cdot\Delta x + \ldots + l_n\cdot\Delta x\\ &= (l_1 + l_2 + l_3 + \ldots + l_n)\cdot\Delta x\\ &= \left(\sum_{k=1}^{n} l_k\right)\cdot\Delta x \quad\blacktriangleright\ \Delta x = \frac{b-a}{n}\\ &= \left(\sum_{k=1}^{n} l_k\right)\cdot\frac{b-a}{n} \quad\blacktriangleright\ l_k = f\left[a + k\cdot\frac{b-a}{n}\right]\\ &= \left(\sum_{k=1}^{n} f\left[a + k\cdot\frac{b-a}{n}\right]\right)\cdot\frac{b-a}{n};\ n \in \mathbb{N}^{>0}\end{aligned}$$

Vergleicht man die entwickelten Formeln für Untersummen $\underline{S}_n$ und Obersummen $\bar{S}_n$, so wird ein einfacher Zusammenhang zwischen $\underline{S}_n$ und $\bar{S}_n$ deutlich: Kennt man den Term für die Untersummen $\underline{S}_n$, so lässt sich auch der Term für die zugehörigen Obersummen $\bar{S}_n$ angeben.

$$\bar{S}_n = (l_1 + l_2 + l_3 + \ldots + l_n)\cdot\frac{b-a}{n}$$

$$\underline{S}_n = (l_0 + l_1 + l_2 + \ldots + l_{n-1})\cdot\frac{b-a}{n}$$

$$\Rightarrow \bar{S}_n - \underline{S}_n = (l_n - l_0)\cdot\frac{b-a}{n}$$

$$\Rightarrow \bar{S}_n = \underline{S}_n + (l_n - l_0)\cdot\frac{b-a}{n} \quad\blacktriangleright\ l_0 = f(a);\ l_n = f(b)$$

$$\Rightarrow \bar{S}_n = \underline{S}_n + [f(b) - f(a)]\cdot\frac{b-a}{n};\ n \in \mathbb{N}^{>0}$$

Analog kann man bei bekanntem Term für die Obersummen $\bar{S}_n$ den zugehörigen Term für die Untersummen $\underline{S}_n$ angeben.

$$\Rightarrow \underline{S}_n = \bar{S}_n - [f(b) - f(a)]\cdot\frac{b-a}{n};\ n \in \mathbb{N}^{>0}$$

Diese Vorgehensweise lässt sich auch auf **streng monoton fallende Funktionen** übertragen. Für $[a; b]$ haben solche Funktionen dann in jedem Teilintervall $I_k = \left[a + (k-1) \cdot \frac{b-a}{n};\, a + k \cdot \frac{b-a}{n}\right]$ mit $k \in \{1; 2; 3; \ldots; n\}$ und $n \in \mathbb{N}^{>0}$ den kleinsten Funktionswert $l_k = f\left(a + k \cdot \frac{b-a}{n}\right)$ jeweils an der rechten Intervallgrenze und den größten Funktionswert $l_{k-1} = f\left[a + (k-1) \cdot \frac{b-a}{n}\right]$ jeweils an der linken Intervallgrenze.

- Untersummen bei streng monoton fallenden Funktionen

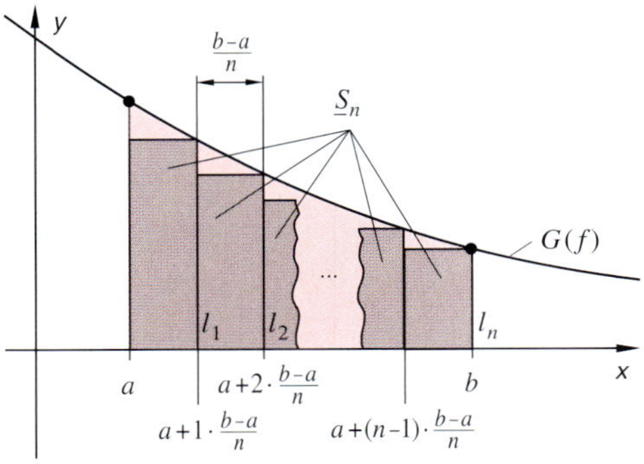

- Obersummen bei streng monoton fallenden Funktionen

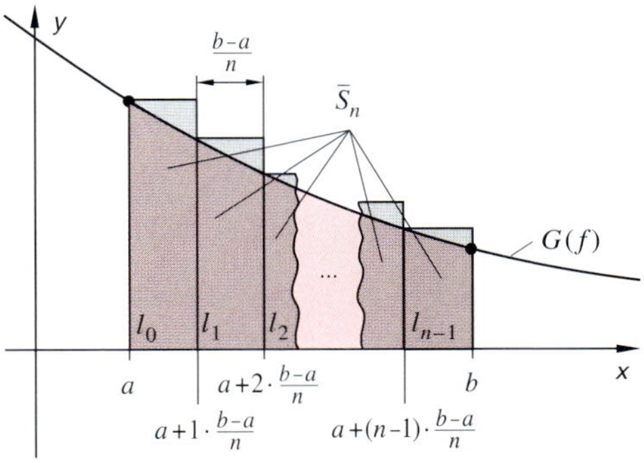

Rechnet man wie bei den streng monoton steigenden Funktionen, so ergeben sich für streng monoton fallende Funktionen die folgenden Terme für Untersummen und Obersummen:

- $\underline{S}_n = \left(\sum_{k=1}^{n} f\left[a + k \cdot \frac{b-a}{n}\right]\right) \cdot \frac{b-a}{n};\ n \in \mathbb{N}^{>0}$ ▶ Untersummen für streng monoton fallende Funktionen
- $\bar{S}_n = \left(\sum_{k=1}^{n} f\left[a + (k-1) \cdot \frac{b-a}{n}\right]\right) \cdot \frac{b-a}{n};\ n \in \mathbb{N}^{>0}$ ▶ Obersummen für streng monoton fallende Funktionen

Auch hier kann man aus dem bekannten Term für die Untersummen $\underline{S}_n$ den Term für die zugehörigen Obersummen $\overline{S}_n$ berechnen.

$\overline{S}_n = (l_0 + l_1 + l_2 + \ldots + l_{n-1}) \cdot \frac{b-a}{n}$

$\underline{S}_n = (l_1 + l_2 + l_3 + \ldots + l_n) \cdot \frac{b-a}{n}$

$\Rightarrow \overline{S}_n - \underline{S}_n = (l_0 - l_n) \cdot \frac{b-a}{n}$

$\Rightarrow \overline{S}_n = \underline{S}_n + (l_0 - l_n) \cdot \frac{b-a}{n}$ ▶ $l_0 = f(a);\ l_n = f(b)$

$\Rightarrow \overline{S}_n = \underline{S}_n + [f(a) - f(b)] \cdot \frac{b-a}{n};\ n \in \mathbb{N}^{>0}$

Analog lässt sich bei bekanntem Term für die Obersummen $\overline{S}_n$ der zugehörige Term für die Untersummen $\underline{S}_n$ angeben.

$\Rightarrow \underline{S}_n = \overline{S}_n - [f(a) - f(b)] \cdot \frac{b-a}{n};\ n \in \mathbb{N}^{>0}$

Die für streng monoton steigende bzw. für streng monoton fallende Funktionen entwickelten Formeln gelten auch, wenn Funktionen nur **monoton steigend** bzw. nur **monoton fallend** sind. Man kann sie auch dann anwenden, wenn die Funktionswerte negativ sind, also auch für solche Funktionen, deren Graph in $[a; b]$ ganz oder teilweise unterhalb der x-Achse verläuft. Bei äquidistanten Zerlegungen von $[a; b]$ gelten dann für Untersummen $\underline{S}_n$ und Obersummen $\overline{S}_n$ die nachstehenden Formeln.

Merke:

- Ist eine Funktion f in einem Intervall $[a\,;b]$ **monoton steigend**, so gilt für jedes $n \in \mathbb{N}^{>0}$:

$$\underline{S}_n = \left(\sum_{k=1}^{n} f\left[a+(k-1)\cdot\frac{b-a}{n}\right]\right)\cdot\frac{b-a}{n} \quad \text{bzw.} \quad \overline{S}_n = \left(\sum_{k=1}^{n} f\left[a+k\cdot\frac{b-a}{n}\right]\right)\cdot\frac{b-a}{n}$$

Für Beziehungen zwischen zugehörigen Untersummen $\underline{S}_n$ und Obersummen $\overline{S}_n$ gilt:

$$\overline{S}_n = \underline{S}_n + [f(b)-f(a)]\cdot\frac{b-a}{n} \quad \text{bzw.} \quad \underline{S}_n = \overline{S}_n - [f(b)-f(a)]\cdot\frac{b-a}{n}$$

- Ist eine Funktion f in einem Intervall $[a\,;b]$ **monoton fallend**, so gilt für jedes $n \in \mathbb{N}^{>0}$:

$$\underline{S}_n = \left(\sum_{k=1}^{n} f\left[a+k\cdot\frac{b-a}{n}\right]\right)\cdot\frac{b-a}{n} \quad \text{bzw.} \quad \overline{S}_n = \left(\sum_{k=1}^{n} f\left[a+(k-1)\cdot\frac{b-a}{n}\right]\right)\cdot\frac{b-a}{n}$$

Für Beziehungen zwischen zugehörigen Untersummen $\underline{S}_n$ und Obersummen $\overline{S}_n$ gilt:

$$\overline{S}_n = \underline{S}_n + [f(a)-f(b)]\cdot\frac{b-a}{n} \quad \text{bzw.} \quad \underline{S}_n = \overline{S}_n - [f(a)-f(b)]\cdot\frac{b-a}{n}$$

Anmerkungen:

Aus den Formeln zur Berechnung von Untersummen und Obersummen erkennt man:

- Die Untersummen $\underline{S}_n$ einer in $[a\,;b]$ monoton steigenden Funktion entsprechen den Obersummen $\overline{S}_n$ einer in $[a\,;b]$ monoton fallenden Funktion.
- Die Obersummen $\overline{S}_n$ einer in $[a\,;b]$ monoton steigenden Funktion entsprechen den Untersummen $\underline{S}_n$ einer in $[a\,;b]$ monoton fallenden Funktion.
- Bei einer monotonen Funktion f gilt für alle $n \in \mathbb{N}^{>0}$: $\overline{S}_n - \underline{S}_n = |f(b)-f(a)|\cdot\frac{b-a}{n}$ mit $\overline{S}_n \geq \underline{S}_n$.

Die bisherigen Erkenntnisse wurden für äquidistante Zerlegungen eines Intervalls $[a\,;b]$ entwickelt. Es ist hierbei aber nicht notwendig, dass die Anzahl der Teilintervalle von $[a\,;b]$ von Zerlegung zu Zerlegung um 1 zunimmt. Man kann die Anzahl der Teilintervalle von Zerlegung zu Zerlegung zum Beispiel auch verdreifachen, sodass äquidistante Zerlegungen mit $1\,;3\,;9\,;27\,;81\,;\ldots\,;3^n$ Teilintervallen entstehen. Der Laufindex n von $\underline{S}_n$ bzw. $\overline{S}_n$ gibt also nicht notwendigerweise die Anzahl der Teilintervalle einer Zerlegung an. Daneben sind auch **nichtäquidistante Zerlegungen** möglich, also Zerlegungen von $[a\,;b]$ in nichtgleichbreite Teilintervalle.

So kann man das Intervall $[1\,;\,3]$ z.B. auch **geometrisch zerlegen** mit den Zerlegungsstellen $x_k = 3^{\frac{k}{n}}$; $k \in \{0\,;1\,;2\,;3\,;\ldots\,;n\}$; $n \in \mathbb{N}^{\geq 2}$ und den Teilintervallen $[3^{\frac{k}{n}}\,;3^{\frac{k+1}{n}}]$; $k \in \{0\,;1\,;2\,;3\,;\ldots\,;n-1\}$. Für $n=5$ erhält man dann die Zerlegungsstellen $x_0 = 1$; $x_1 = 1{,}25$; $x_2 = 1{,}55$; $x_3 = 1{,}93$; $x_4 = 2{,}41$ sowie $x_5 = 3$ und die entsprechenden Teilintervalle.

Geometrische Zerlegung von $[1\,;\,3]$ in fünf Teilintervalle:

$x_k = 3^{\frac{k}{n}}$; $k \in \{0\,;1\,;2\,;3\,;\ldots\,;n\}$ ► $n=5$

$\Rightarrow$ $x_0 = 1$; $x_1 = 1{,}25$; $x_2 = 1{,}55$; $x_3 = 1{,}93$; $x_4 = 2{,}41$; $x_5 = 3$

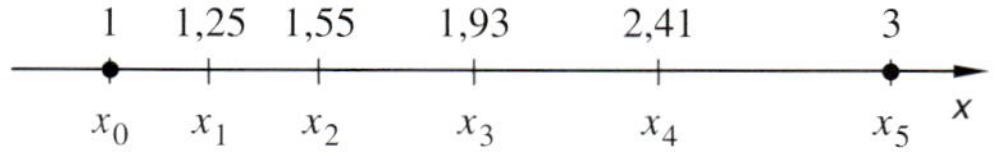

Auch für eine solche geometrische Zerlegung von $[a; b]$ lässt sich die zugehörige Untersummenfolge und Obersummenfolge zu einer monotonen Funktion f bilden. Prinzipiell ist das bei äquidistanten oder nicht äquidistanten Zerlegungen eines Intervalls möglich, wenn die Funktion f in den Teilintervallen jeweils einen kleinsten und größten Funktionswert hat.

Auf die Bildung von Untersummen und Obersummen für nichtäquidistante Zerlegungen wird hier jedoch nicht weiter eingegangen.

Andererseits braucht aber eine Funktion bei einer Zerlegung eines Intervalls $[a; b]$ keinen kleinsten oder größten Funktionswert in jedem Teilintervall zu haben.

Z. B. ist die Funktion g im offenen Intervall $(2; 6)$ streng monoton steigend. Deshalb könnte im abgeschlossenen Intervall $[2; 6]$ an der Stelle 2 ein kleinster Funktionswert und an der Stelle 6 ein größter Funktionswert von g vorhanden sein. Das ist aber offensichtlich wegen $g(2) = 3$ und $g(6) = 2$ nicht der Fall.

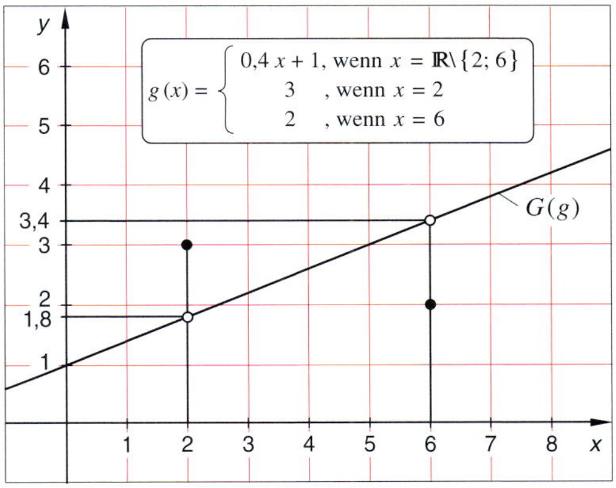

Bei einer Zerlegung eines Intervalls $[a; b]$ solcher Funktionen können für die eventuell nicht vorhandenen kleinsten oder größten Funktionswerte entsprechende **Ersatzwerte** gebildet werden. Hier ist $h: h(x) = 0{,}4x + 1; D(h) = \mathbb{R}$ **stetige Ersatzfunktion** für die Funktion g.

$h(2) = 1{,}8 = \lim\limits_{\substack{x \to 2 \\ x > 2}} g(x)$ ist der kleinste Ersatzwert für g in $[2; 6]$ bei der Untersummenbildung und

$h(6) = 3{,}4 = \lim\limits_{\substack{x \to 6 \\ x < 6}} g(x)$ ist der größte Ersatzwert für g in $[2; 6]$ bei der Obersummenbildung.

Zerlegt man ein Intervall $[a; b]$ für jedes $n \in \mathbb{N}^{\geq 1}$, wie beim Eingangsproblem, äquidistant, so erhält man eine Folge von Zerlegungen des Intervalls: $\langle Z_n \rangle : Z_1; Z_2; Z_3; \ldots; Z_n; \ldots$, die man als **Zerlegungsfolge** bezeichnet. In der n-ten Zerlegung Z_n gilt für die Intervallbreiten aller Teilintervalle: $x_k - x_{k-1} = \frac{b-a}{n}$, sodass für $n \to \infty$ die Intervallbreiten sämtlicher Teilintervalle gegen null konvergieren. Das gilt auch für jede andere äquidistante Zerlegungsfolge von $[a; b]$. Lässt man aber auch Folgen von nichtäquidistanten Zerlegungen von $[a; b]$ zu, so können die zugehörigen Unter- und Obersummenfolgen einer in $[a; b]$ definierten Funktion nur dann einen gemeinsamen Grenzwert haben, wenn nun auch die Intervallbreiten sämtlicher Teilintervalle in den Zerlegungen für $n \to \infty$ gegen null streben.

Dass man eine solche Bedingung für Zerlegungen stellen muss, kann man schon am Eingangsproblem $f(x) = 0{,}4x + 1; x \in [2; 6]$ zeigen. Wählt man nämlich z. B. solche Zerlegungen von $[2; 6]$, die stets die Zerlegungsstellen $x_0 = 2$ und $x_1 = 3$ enthalten und zerlegt dann $[3; 6]$ äquidistant, so konvergieren zwar die zugehörige Untersummenfolge und Obersummenfolge jeweils gegen einen Grenzwert, jedoch sind diese verschieden.

Es ist nämlich:

► $\lim\limits_{n\to\infty} \underline{S}_n = 10{,}4 - \frac{1}{2}\cdot 0{,}4\cdot 1$
$= 10{,}2$
$= A_{\text{Trapez}} - A_{\Delta ABC}$

► $\lim\limits_{n\to\infty} \overline{S}_n = 10{,}4 + \frac{1}{2}\cdot 0{,}4\cdot 1$
$= 10{,}6$
$= A_{\text{Trapez}} + A_{\Delta ACD}$

Beide Grenzwerte stimmen nicht mit der Flächenmaßzahl 10,4 überein. Die größten Intervallbreiten in allen Zerlegungen streben wegen $x_1 - x_0 = 1$ nämlich für $n \to \infty$ nicht gegen null.

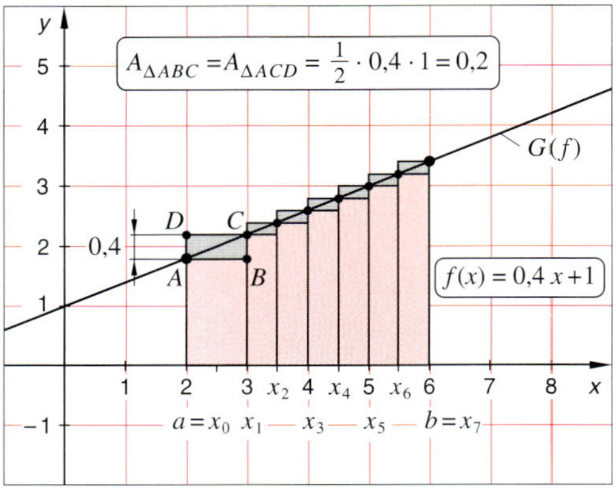

Eine Folge von Zerlegungen eines Intervalls $[a\,;b]$, bei denen die Intervallbreiten sämtlicher Teilintervalle in den Zerlegungen für $n \to \infty$ gegen null streben, bezeichnet man als **unbegrenzt kleiner werdende Zerlegungsfolge**. Jede äquidistante Zerlegungsfolge von $[a\,;b]$ hat diese Eigenschaft. Konvergieren dann für jede solcher Zerlegungsfolgen die zugehörige Untersummenfolge und Obersummenfolge einer Funktion f gegen den gleichen Grenzwert g, so heißt die Funktion f im Intervall $[a\,;b]$ **integrierbar**. Den gemeinsamen Grenzwert g nennt man **Integralwert** von f in $[a\,;b]$ und bezeichnet ihn mit $\int\limits_a^b f(x)\,dx$.

Merke:

- Konvergieren bei jeder unbegrenzt kleiner werdenden Zerlegungsfolge eines Intervalls $[a\,;b]$ die zugehörige Untersummenfolge und Obersummenfolge einer Funktion f gegen den gleichen Grenzwert, so bezeichnet man den gemeinsamen Grenzwert als bestimmtes Integral oder als Integralwert der Funktion f im Intervall $[a\,;b]$. Die Funktion f heißt dann in $[a\,;b]$ integrierbar.
  $\lim\limits_{n\to\infty} \underline{S}_n = \lim\limits_{n\to\infty} \overline{S}_n = \int\limits_a^b f(x)\,\mathrm{d}x$ ► bestimmtes Integral ► gelesen: „Integral über $f(x)\,\mathrm{d}x$ von a bis b"
- Sind im Integrationsintervall $[a\,;\,b]$ alle Funktionswerte nichtnegativ, so gibt der gemeinsame Grenzwert, also das bestimmte Integral $\int\limits_a^b f(x)\,\mathrm{d}x$, bzw. der Integralwert, die Maßzahl der Fläche zwischen dem Graphen der Funktion und der x-Achse in $[a\,;b]$ an.

Wenn es für eine in einem Intervall $[a\,;b]$ definierte Funktion überhaupt eine unbegrenzt kleiner werdende Zerlegungsfolge des Intervalls gibt, bei denen die zugehörige Untersummenfolge $\langle \underline{S}_n \rangle$ und Obersummenfolge $\langle \overline{S}_n \rangle$ den gleichen Grenzwert g besitzen, so gilt auch für alle anderen Zerlegungfolgen dieser Art, dass deren Unter- und Obersummenfolgen den gemeinsamen Grenzwert g besitzen.

Das deckt sich auch mit der anschaulichen Vorstellung, dass eine ebene Fläche nicht verschiedene Inhalte haben kann. Diese Feststellung ist von großer Bedeutung. Sie gestattet es nämlich, ein bestimmtes Integral durch die Auswahl einer einzigen unbegrenzt kleiner werdenden Zerlegungsfolge zu berechnen. Von dieser Möglichkeit wurde auch bereits beim Eingangsproblem Gebrauch gemacht.

Gibt es aber eine unbegrenzt kleiner werdende Zerlegungfolge des Intervalls $[a;b]$, bei denen die zugehörige Untersummenfolge $\langle \underline{S}_n \rangle$ oder Obersummenfolge $\langle \overline{S}_n \rangle$ divergent sind oder verschiedene Grenzwerte besitzen, so ist die Funktion in diesem Intervall nicht integrierbar.

So ist z. B. die Funktion f im Intervall $[0;3]$ sicherlich nicht integrierbar, da ihre Funktionswerte in jeder rechtsseitigen Umgebung der Stelle $x_0 = 0$ beliebig groß werden können, also **unbeschränkt** sind. Daher werden dort zum Beispiel auch die zugehörigen Untersummen zu äquidistanten Zerlegungen beliebig groß.

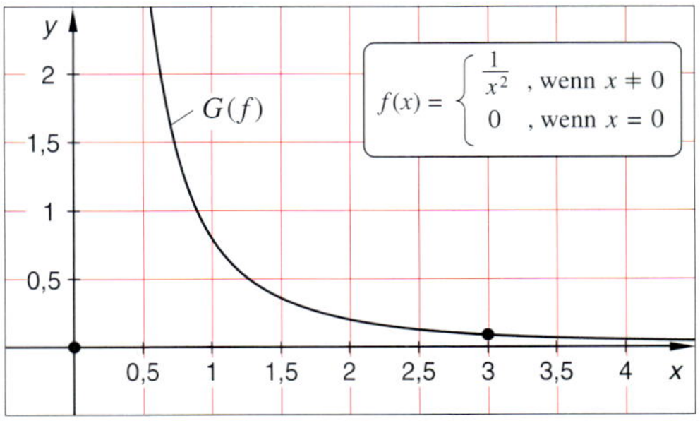

Werden die Funktionswerte einer Funktion f in einem Intervall I beliebig groß oder beliebig klein, so bezeichnet man f als eine **unbeschränkte Funktion** in I.

Geometrisch bedeutet dies, dass man den Graphen von f im Intervall I in keinem zur x-Achse parallelen Flächenstreifen einschließen kann. Das ist zum Beispiel bei der Funktion $f: f(x) = \frac{1}{x}; D(f) = \mathbb{R}^{\neq 0}$ für jedes Intervall $I = (0; b]$ mit $b > 0$ oder für jedes Intervall $I = [a; 0)$ mit $a < 0$ der Fall, weil der Graph in jeder Umgebung der Stelle $x_0 = 0$ aus jedem noch so breiten Flächenstreifen hinaustritt.

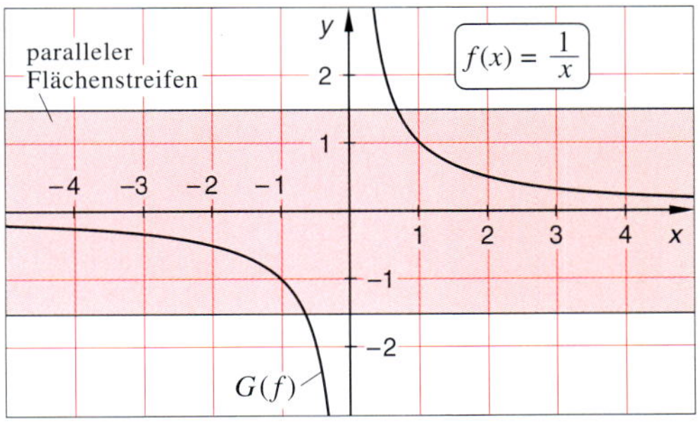

Gibt es aber einen zur x-Achse parallelen Flächenstreifen zum Intervall I, in dem der Graph der Funktion f vollständig liegt, so bezeichnet man f als **beschränkte Funktion** in I.

Bei der Funktion $f: f(x) = x^3 - 3x$; $D(f) = \mathbb{R}$ liegt der Graph für das Intervall $x \in [-2; 1,9]$ z. B. vollständig in dem zur x-Achse parallelen Flächenstreifen zwischen $y = -3{,}5$ und $y = 2{,}5$.

Nur beschränkte Funktionen können auf Integrierbarkeit untersucht werden.

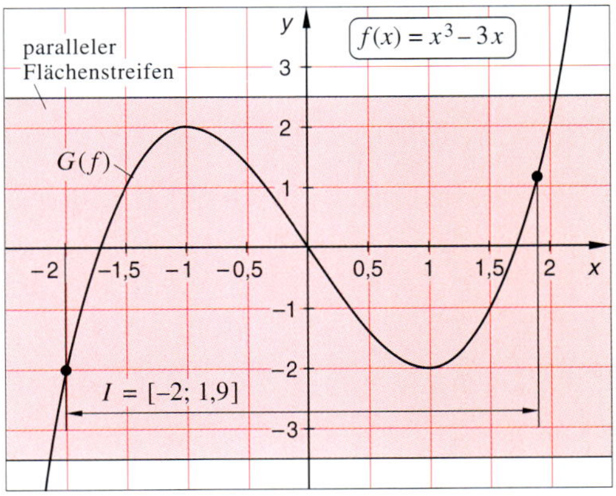

Am Beispiel der Funktion $f: f(x) = 0{,}4x + 1; x \in [2; 6]$ wurde bereits gezeigt, dass für spezielle äquidistante Zerlegungen die Grenzwerte $\lim\limits_{n\to\infty} \underline{S}_n$ und $\lim\limits_{n\to\infty} \overline{S}_n$ als endliche Zahl existieren und gleich sind. Aufgrund der Beziehungen zwischen Untersummen und Obersummen kann man entweder $\overline{S}_n$ aus $\underline{S}_n$ oder $\underline{S}_n$ aus $\overline{S}_n$ berechnen.

Existiert bei einer monoton steigenden Funktion z. B. der Grenzwert $\lim\limits_{n\to\infty} \underline{S}_n$ bei der gewählten äquidistanten Zerlegungsfolge des Intervalls, so existiert wegen $\lim\limits_{n\to\infty} \frac{1}{n} = 0$ auch der Grenzwert $\lim\limits_{n\to\infty} \overline{S}_n$. Daher konvergiert auch die Folge $\langle \overline{S}_n \rangle$ und es gilt $\lim\limits_{n\to\infty} \overline{S}_n = \lim\limits_{n\to\infty} \underline{S}_n$.

Das gilt entsprechend auch für jede andere äquidistante Zerlegungfolge von $[a; b]$.

$$\overline{S}_n = \underline{S}_n + [f(b) - f(a)] \cdot \frac{b-a}{n}$$ ► f ist in $[a; b]$ monoton steigend

$$\Rightarrow \lim_{n\to\infty} \overline{S}_n = \lim_{n\to\infty} \left(\underline{S}_n + [f(b) - f(a)] \cdot \frac{b-a}{n} \right)$$
$$= \lim_{n\to\infty} \underline{S}_n + [f(b) - f(a)] \cdot (b-a) \cdot \lim_{n\to\infty} \frac{1}{n}$$
$$= \lim_{n\to\infty} \underline{S}_n + [f(b) - f(a)] \cdot (b-a) \cdot 0$$
$$= \underline{\underline{\lim_{n\to\infty} \underline{S}_n}}$$

Aus der Konvergenz der Untersummenfolge $\langle \underline{S}_n \rangle$ zu einer monoton steigenden Funktion kann also gefolgert werden, dass auch die zugehörigen Obersummenfolgen $\langle \overline{S}_n \rangle$ konvergent sind und es gilt $\lim\limits_{n\to\infty} \underline{S}_n = \lim\limits_{n\to\infty} \overline{S}_n$. Das gleiche Ergebnis erhält man auch für in $[a; b]$ monoton fallende Funktionen.

Merke:

Eine monotone Funktion f ist in einem Intervall $[a; b]$ bereits dann integrierbar, wenn bei äquidistanter Zerlegung des Intervalls $[a; b]$ die Untersummenfolge $\langle \underline{S}_n \rangle$ oder die Obersummenfolge $\langle \overline{S}_n \rangle$ gegen einen Grenzwert g; $g \in \mathbb{R}$ konvergiert. Es konvergiert dann auch die zugehörige Obersummenfolge $\langle \overline{S}_n \rangle$ bzw. die zugehörige Untersummenfolge $\langle \underline{S}_n \rangle$ gegen den gleichen Grenzwert g.

Beispiel: Ermitteln Sie die Maßzahl der Fläche zwischen dem Graphen der Funktion $f: f(x) = \frac{1}{3} \cdot x^2$; $D(f) = \mathbb{R}$ und der x-Achse im Intervall $I = [0; 3]$.

Die Funktion $f: f(x) = \frac{1}{3} \cdot x^2$ ist im Intervall $I = [0; 3]$ streng monoton steigend. Ihr Graph ist eine Parabel. Man kann in diesem Falle die Maßzahl A der Fläche zwischen $G(f)$ und der x-Achse im Intervall $I = [0; 3]$ nicht elementar berechnen. Sie soll deshalb über den gemeinsamen Grenzwert einer Untersummenfolge und einer Obersummenfolge ermittelt werden.

Es werden äquidistante Zerlegungen des Intervalls $[0; 3]$ gewählt und zur Berechnung der Untersummen $\underline{S}_n$ die entwickelte Formel verwendet.

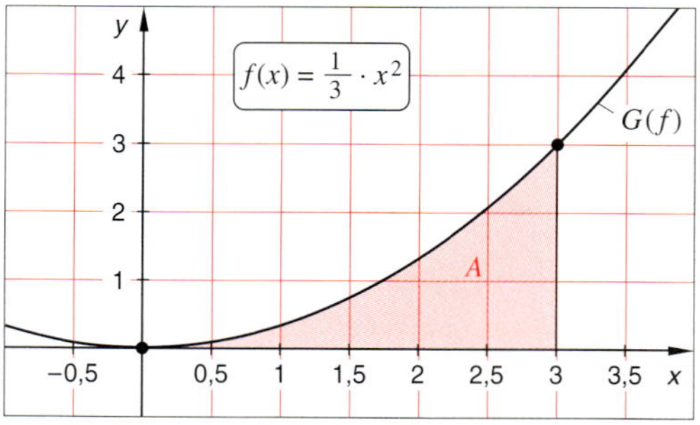

$$\underline{S}_n = \left(\sum_{k=1}^{n} f\left[a + (k-1) \cdot \frac{b-a}{n}\right] \right) \cdot \frac{b-a}{n}$$ ► 0 für a; 3 für b

$$= \left(\sum_{k=1}^{n} f\left[0 + (k-1) \cdot \frac{3-0}{n}\right] \right) \cdot \frac{3-0}{n}$$

$$= \left(\sum_{k=1}^{n} f\left[0 + (k-1) \cdot \frac{3}{n}\right] \right) \cdot \frac{3}{n}$$ ► $f(x) = \frac{1}{3} \cdot x^2$

$$= \left(\sum_{k=1}^{n} \left[\frac{1}{3} \cdot (k-1)^2 \cdot \frac{9}{n^2}\right] \right) \cdot \frac{3}{n}$$

Man kann $\underline{S}_n$ vereinfachen, denn es gilt:

$$\sum_{k=1}^{n}(k-1)^2 = \frac{(n-1)\cdot n\cdot(2n-1)}{6} \quad ► 4.3$$

$$\underline{S}_n = \left(\frac{1}{3}\cdot\frac{9}{n^2}\cdot\sum_{k=1}^{n}(k-1)^2\right)\cdot\frac{3}{n}$$
$$= \left(\frac{3}{n^2}\cdot\frac{(n-1)\cdot n\cdot(2n-1)}{6}\right)\cdot\frac{3}{n}$$
$$= \underline{\underline{\frac{3}{2}\cdot\left(1-\frac{1}{n}\right)\cdot\left(2-\frac{1}{n}\right);\ n\in\mathbb{N}^{>0}}} \quad ► \text{Untersummen}$$

$$\langle\underline{S}_n\rangle:\ \underline{S}_1;\ \underline{S}_2;\ \underline{S}_3;\ \ldots;\ \underline{S}_{n-1};\ \underline{S}_n;\ \ldots$$
$$\Rightarrow \underline{\underline{\langle\underline{S}_n\rangle:\ \underline{S}_n = \frac{3}{2}\cdot\left(1-\frac{1}{n}\right)\cdot\left(2-\frac{1}{n}\right);\ n\in\mathbb{N}^{>0}}} \quad ► \text{Untersummenfolge}$$

Da die Untersummenfolge $\langle\underline{S}_n\rangle$ den Grenzwert 3 hat, konvergiert auch die zugehörige Obersummenfolge $\langle\overline{S}_n\rangle$ gegen den Grenzwert 3, d. h. $\lim\limits_{n\to\infty}\overline{S}_n = \lim\limits_{n\to\infty}\underline{S}_n = 3$. Daher ist 3 der Integralwert der Funktion f im Intervall $[0;3]$. Da die Funktionswerte von f in $[0;3]$ nichtnegativ sind, ist A zugleich die Maßzahl der Fläche zwischen $G(f)$ und der x-Achse in diesem Intervall.

$$\lim_{n\to\infty}\underline{S}_n = \lim_{n\to\infty}\left[\frac{3}{2}\cdot\left(1-\frac{1}{n}\right)\cdot\left(2-\frac{1}{n}\right)\right]$$
$$= \frac{3}{2}\cdot\lim_{n\to\infty}\left(1-\frac{1}{n}\right)\cdot\lim_{n\to\infty}\left(2-\frac{1}{n}\right)$$
$$= \frac{3}{2}\cdot\quad 1 \quad\cdot\quad 2$$
$$= \underline{\underline{3}} \quad ► \text{Grenzwert der Untersummenfolge}$$

$$\Rightarrow \lim_{n\to\infty}\overline{S}_n = \lim_{n\to\infty}\underline{S}_n = 3$$
$$\Rightarrow \underline{\underline{A = \int_0^3\left(\frac{1}{3}\cdot x^2\right)\mathrm{d}x = 3}} \quad ► \text{Maßzahl der Fläche in } [0;3]$$

Problem: Ermitteln Sie die Maßzahl der Fläche zwischen dem Graphen der Funktion $f: f(x) = -x^2+4x;\ D(f)=\mathbb{R}$ und der x-Achse im Intervall $I=[0;3]$.

Der Graph der Funktion $f: f(x) = -x^2+4x$ ist eine nach unten geöffnete Parabel mit dem Scheitelpunkt $P\langle 2\,|\,4\rangle$. Sie ist im Intervall $I_1=[0;2]$ streng monoton steigend und im Intervall $I_2=[2;3]$ streng monoton fallend. Deshalb erfolgt hier die Berechnung der Flächenmaßzahl in zwei Schritten.

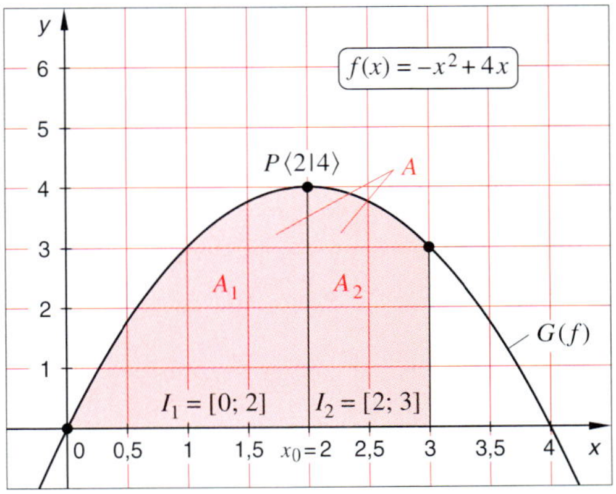

Dazu unterteilt man die Fläche an der Stelle $x_0=2$ in zwei Teilflächen und wendet auf die Teilintervalle $I_1=[0;2]$ und $I_2=[2;3]$ nacheinander die entwickelten Formeln für monoton steigende bzw. monoton fallende Funktionen an. Die Addition der Maßzahlen A_1 und A_2 ergibt die Flächenmaßzahl A.

• Berechnung der Flächenmaßzahl A_1 im Teilintervall $I_1 = [0;2]$

Es werden äquidistante Zerlegungen des Intervalls $[0;2]$ gewählt und zur Berechnung der Untersummen $\underline{S}_{n;1}$ die entwickelte Formel verwendet.

$$\underline{S}_{n;1} = \left(\sum_{k=1}^{n} f\left[a+(k-1)\cdot\frac{b-a}{n}\right]\right)\cdot\frac{b-a}{n}$$ ► 0 für a; 2 für b

$$= \left(\sum_{k=1}^{n} f\left[0+(k-1)\cdot\frac{2-0}{n}\right]\right)\cdot\frac{2-0}{n}$$

$$= \left(\sum_{k=1}^{n} f\left[0+(k-1)\cdot\frac{2}{n}\right]\right)\cdot\frac{2}{n}$$ ► $f(x) = -x^2+4x$

$$= \left(\sum_{k=1}^{n}\left[-(k-1)^2\cdot\frac{4}{n^2}+(k-1)\cdot\frac{8}{n}\right]\right)\cdot\frac{2}{n}$$

$$= \left[-\sum_{k=1}^{n}(k-1)^2\right]\cdot\frac{8}{n^3}+\left[\sum_{k=1}^{n}(k-1)\right]\cdot\frac{16}{n^2}$$

Man kann $\underline{S}_{n;1}$ vereinfachen, denn es gelten:

► $\sum\limits_{k=1}^{n}(k-1)^2 = \frac{(n-1)\cdot n\cdot(2n-1)}{6}$ ► 4.3

► $\sum\limits_{k=1}^{n}(k-1) = \frac{(n-1)\cdot n}{2}$ ► 4.3

$$= -\frac{(n-1)\cdot n\cdot(2n-1)}{6}\cdot\frac{8}{n^3}+\frac{(n-1)\cdot n}{2}\cdot\frac{16}{n^2}$$

$$= -\frac{4}{3}\cdot\left(1-\frac{1}{n}\right)\cdot\left(2-\frac{1}{n}\right)+8\cdot\left(1-\frac{1}{n}\right);\ n\in\mathbb{N}^{>0}$$

► Untersummen

$$\Rightarrow \langle\underline{S}_{n;1}\rangle : \underline{S}_{n;1} = -\frac{4}{3}\cdot\left(1-\frac{1}{n}\right)\cdot\left(2-\frac{1}{n}\right)+8\cdot\left(1-\frac{1}{n}\right);\ n\in\mathbb{N}^{>0}$$

► Untersummenfolge

Da die Untersummenfolge $\langle\underline{S}_{n;1}\rangle$ den Grenzwert $\frac{16}{3}$ hat, konvergiert auch die zugehörige Obersummenfolge $\langle\overline{S}_{n;1}\rangle$ gegen den Grenzwert $\frac{16}{3}$, d. h. $\lim\limits_{n\to\infty}\overline{S}_{n;1} = \lim\limits_{n\to\infty}\underline{S}_{n;1} = \frac{16}{3}$.

$$\lim_{n\to\infty}\underline{S}_{n;1} = \lim_{n\to\infty}\left[-\frac{4}{3}\cdot\left(1-\frac{1}{n}\right)\cdot\left(2-\frac{1}{n}\right)+8\cdot\left(1-\frac{1}{n}\right)\right]$$

$$= -\frac{4}{3}\cdot\lim_{n\to\infty}\left(1-\frac{1}{n}\right)\cdot\lim_{n\to\infty}\left(2-\frac{1}{n}\right)+8\cdot\lim_{n\to\infty}\left(1-\frac{1}{n}\right)$$

$$= -\frac{4}{3}\cdot\quad 1\quad\cdot\quad 2\quad +8\cdot\quad 1$$

$$= \frac{16}{3}$$ ► Grenzwert der Untersummenfolge

Daher ist $\int\limits_0^2(-x^2+4x)\,\mathrm{d}x = \frac{16}{3}$ der Integralwert der Funktion f und zugleich die Maßzahl A_1 der Fläche zwischen $G(f)$ und der x-Achse im Intervall $[0;2]$.

$$\Rightarrow A_1 = \int_0^2(-x^2+4x)\,\mathrm{d}x = \frac{16}{3}$$ ► Flächenmaßzahl in $[0;2]$

• Berechnung der Flächenmaßzahl A_2 im Teilintervall $I_2 = [2;3]$

Es werden äquidistante Zerlegungen des Intervalls $[2;3]$ gewählt und zur Berechnung der Untersummen $\underline{S}_{n;2}$ die entwickelte Formel verwendet.

$$\underline{S}_{n;2} = \left(\sum_{k=1}^{n} f\left(a+k\cdot\frac{b-a}{n}\right)\right)\cdot\frac{b-a}{n}$$ ► 2 für a; 3 für b

$$= \left(\sum_{k=1}^{n} f\left(2+k\cdot\frac{3-2}{n}\right)\right)\cdot\frac{3-2}{n}$$

$$= \left(\sum_{k=1}^{n} f\left(2+k\cdot\frac{1}{n}\right)\right)\cdot\frac{1}{n}$$ ► $f(x) = -x^2+4x$

$$= \left(\sum_{k=1}^{n}\left[-\left(2+k\cdot\frac{1}{n}\right)^2+4\cdot\left(2+k\cdot\frac{1}{n}\right)\right]\right)\cdot\frac{1}{n}$$

$$= \left(\sum_{k=1}^{n}\left[-4-4\cdot k\cdot\frac{1}{n}-k^2\cdot\frac{1}{n^2}+8+4\cdot k\cdot\frac{1}{n}\right]\right)\cdot\frac{1}{n}$$

$$= \left(\sum_{k=1}^{n}\left[4-k^2\cdot\frac{1}{n^2}\right]\right)\cdot\frac{1}{n}$$

Man kann $\underline{S}_{n;\,2}$ vereinfachen, denn es gelten:

► $\sum\limits_{k=1}^{n} 4 = 4 \cdot n$ ► 4.3

► $\sum\limits_{k=1}^{n} k^2 = \dfrac{n \cdot (n+1) \cdot (2n+1)}{6}$ ► 4.3

$$\underline{S}_{n;\,2} = \left[\sum_{k=1}^{n} 4\right] \cdot \frac{1}{n} - \left[\sum_{k=1}^{n} k^2\right] \cdot \frac{1}{n^3}$$

$$= 4 \cdot n \cdot \frac{1}{n} - \frac{n \cdot (n+1) \cdot (2n+1)}{6} \cdot \frac{1}{n^3}$$

$$= 4 - \frac{1}{6} \cdot \left(1 + \frac{1}{n}\right) \cdot \left(2 + \frac{1}{n}\right);\ n \in \mathbb{N}^{>0}$$ ► Untersummen

$$\langle \underline{S}_{n;\,2} \rangle : \underline{S}_{n;\,2} = 4 - \frac{1}{6} \cdot \left(1 + \frac{1}{n}\right) \cdot \left(2 + \frac{1}{n}\right);\ n \in \mathbb{N}^{>0}$$

► Untersummenfolge

$$\Rightarrow \lim_{n\to\infty} \underline{S}_{n;\,2} = \lim_{n\to\infty} \left[4 - \frac{1}{6} \cdot \left(1 + \frac{1}{n}\right) \cdot \left(2 + \frac{1}{n}\right)\right]$$

$$= \lim_{n\to\infty} 4 - \frac{1}{6} \cdot \lim_{n\to\infty} \left(1 + \frac{1}{n}\right) \cdot \lim_{n\to\infty} \left(2 + \frac{1}{n}\right)$$

$$= 4 - \frac{1}{6} \quad \cdot \quad 1 \quad \cdot \quad 2$$

$$= \frac{11}{3}$$ ► Grenzwert der Untersummenfolge

$$\Rightarrow A_2 = \int_2^3 (-x^2 + 4x)\,\mathrm{d}x = \frac{11}{3}$$ ► Flächenmaßzahl in [2;3]

Da die Untersummenfolge $\langle \underline{S}_{n;2} \rangle$ den Grenzwert $\frac{11}{3}$ hat, konvergiert auch die zugehörige Obersummenfolge $\langle \overline{S}_{n;2} \rangle$ gegen $\frac{11}{3}$, d. h. $\lim\limits_{n\to\infty} \overline{S}_{n;2} = \lim\limits_{n\to\infty} \underline{S}_{n;2} = \frac{11}{3}$. Daher ist $\int_2^3 (-x^2 + 4x)\,\mathrm{d}x = \frac{11}{3}$ der Integralwert der Funktion f und zugleich die Maßzahl A_2 der Fläche zwischen $G(f)$ und der x-Achse im Intervall $[2\,;\,3]$.

● Berechnung der Flächenmaßzahl A im Teilintervall [0 ; 3]

Nach Berechnung der Maßzahlen A_1 und A_2 erhält man die Maßzahl A der Fläche zwischen dem Graphen von $f : f(x) = -x^2 + 4x$ und der x-Achse im Intervall $[0\,;\,3]$ durch Addition von A_1 und A_2.

$$A = A_1 + A_2$$

$$\Rightarrow A = \int_0^2 f(x)\,\mathrm{d}x + \int_2^3 f(x)\,\mathrm{d}x$$

$$\Rightarrow A = \int_0^2 (-x^2 + 4x)\,\mathrm{d}x + \int_2^3 (-x^2 + 4x)\,\mathrm{d}x$$

$$= \frac{16}{3} + \frac{11}{3}$$

$$= 9$$ ► Flächenmaßzahl in $[0\,;\,3]$

Die Funktion $f : f(x) = -x^2 + 4x;\ D(f) = \mathbb{R}$ ist ein Beispiel für eine im Intervall $I = [0\,;\,3]$ abschnittsweise monotone Funktion, da sich das Intervall $[0\,;\,3]$ in die Monotonieintervalle $[0\,;\,2]$ und $[2\,;\,3]$ zerlegen lässt, und zwar ist sie in $[0\,;\,2]$ streng monoton steigend und in $[2\,;\,3]$ streng monoton fallend.

Allgemein heißt eine Funktion f **abschnittsweise monoton** in einem Intervall I, wenn sich das Intervall I so in eine endliche Anzahl von Teilintervallen zerlegen lässt, dass die Funktion f in jedem dieser Teilintervalle streng monoton ist. Jedes solche Teilintervall heißt **Monotonieintervall** der Funktion f.

Merke:

Eine Funktion f ist abschnittsweise monoton in einem Intervall I, wenn sich das Intervall I so in eine endliche Anzahl von Teilintervallen zerlegen lässt, dass die Funktion f in jedem dieser Teilintervalle streng monoton ist. Solche Teilintervalle bezeichnet man als Monotonieintervalle der Funktion f.

Anmerkung:

Bei der abschnittsweise monotonen Funktion $f: f(x) = -x^2 + 4x$; $D(f) = \mathbb{R}$ wurden für die Monotonieintervalle $[0;2]$ und $[2;3]$ äquidistante Zerlegungen gebildet. Wegen der unterschiedlichen Breite dieser Intervalle haben die Teilintervalle der Zerlegungen, bei gleichen Werten für n, unterschiedliche Breiten. Das bedeutet aber, dass die Zerlegungen bezogen auf das gesamte Intervall $[0;3]$ nicht äquidistant sind.

Die Summe $\langle \underline{S}_n \rangle$ der Untersummenfolgen $\langle \underline{S}_{n;1} \rangle$ und $\langle \underline{S}_{n;2} \rangle$, also $\langle \underline{S}_{n;1} + \underline{S}_{n;2} \rangle$, ist aber auch eine Untersummenfolge für die Funktion f im Intervall $[0;3]$ zu der vorstehend genannten nichtäquidistanten Zerlegung des Intervalls $[0;3]$. Wegen $\lim\limits_{n\to\infty}(\underline{S}_{n;1} + \underline{S}_{n;2}) = \lim\limits_{n\to\infty} \underline{S}_{n;1} + \lim\limits_{n\to\infty} \underline{S}_{n;2}$ konvergiert also auch die Untersummenfolge $\langle \underline{S}_n \rangle$ in $[0;3]$. Entsprechendes gilt für die Summe $\langle \overline{S}_n \rangle$ der beiden Obersummenfolgen $\langle \overline{S}_{n;1} \rangle$ und $\langle \overline{S}_{n;2} \rangle$: $\lim\limits_{n\to\infty}(\overline{S}_{n;1} + \overline{S}_{n;2}) = \lim\limits_{n\to\infty} \overline{S}_{n;1} + \lim\limits_{n\to\infty} \overline{S}_{n;2}$

Wegen $\lim\limits_{n\to\infty}(\underline{S}_{n;1} + \underline{S}_{n;2}) = \lim\limits_{n\to\infty}(\overline{S}_{n;1} + \overline{S}_{n;2})$ ist die Funktion f daher auch im gesamten Intervall $[0;3]$ integrierbar und es gilt: $A = \int\limits_0^2 (-x^2 + 4x)\,\mathrm{d}x + \int\limits_2^3 (-x^2 + 4x)\,\mathrm{d}x = \int\limits_0^3 (-x^2 + 4x)\,\mathrm{d}x = \underline{\underline{9}}$

Fast alle bisher untersuchten Funktionen waren in einem abgeschlossenen Intervall monoton oder abschnittsweise monoton und außerdem stetig (► Kusch 3, 1.2.4). Es sollen nun auch solche Funktionen auf Integrierbarkeit untersucht werden, die an einzelnen Stellen unstetig sind.

Problem: Untersuchen Sie die Funktion h: $h(x) = \begin{cases} 0{,}4x + 1, & \text{wenn } x \in \mathbb{R}\setminus\{6\} \\ 4, & \text{wenn } x = 6 \end{cases}$ auf Integrierbarkeit im Intervall $[2;6]$

Die Funktion h ist abschnittsweise definiert (► Kusch 3, 1.2.8) und im Intervall $[2;6]$ streng monoton steigend.

$$h(x) = \begin{cases} 0{,}4x + 1, & \text{wenn } x \in \mathbb{R}\setminus\{6\} \\ 4, & \text{wenn } x = 6 \end{cases}$$

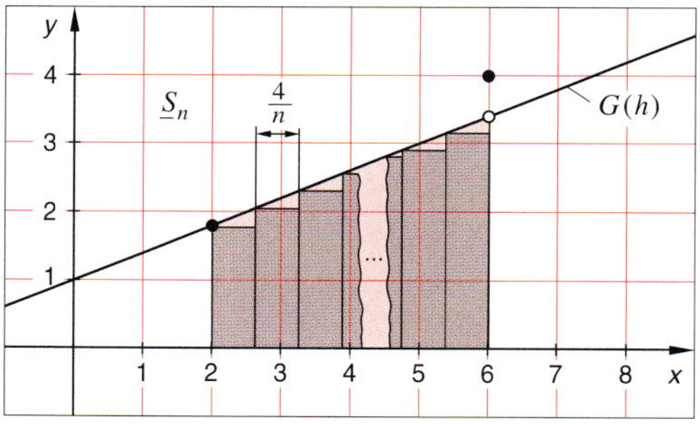

Aus der Abbildung erkennt man, dass sich bei äquidistanter Zerlegung des Intervalls $[2;6]$ die Untersummen $\underline{S}_n$ gegenüber dem Ergebnis im Eingangsproblem nicht ändern. Die Untersummenfolge $\langle \underline{S}_n \rangle$ hat deshalb auch hier den Grenzwert $g = 10{,}4$.

$\underline{S}_n = 10{,}4 - \frac{3{,}2}{n}$; $n \in \mathbb{N}^{>0}$ ► Untersummen

$\Rightarrow \langle \underline{S}_n \rangle : \underline{S}_n = 10{,}4 - \frac{3{,}2}{n}$; $n \in \mathbb{N}^{>0}$ ► Untersummenfolge

Da $\langle \underline{S}_n \rangle$ den Grenzwert 10,4 hat, konvergiert auch die zugehörige Obersummenfolge $\langle \overline{S}_n \rangle$ gegen den Grenzwert 10,4 und es gilt:

$\lim\limits_{n\to\infty} \overline{S}_n = \lim\limits_{n\to\infty} \underline{S}_n = 10{,}4$

$$\begin{aligned} \lim_{n\to\infty} \underline{S}_n &= \lim_{n\to\infty}\left(10{,}4 - \frac{3{,}2}{n}\right) \\ &= 10{,}4 - \lim_{n\to\infty} \frac{3{,}2}{n} \\ &= \underline{\underline{10{,}4}} \quad \text{► Grenzwert der Untersummenfolge} \\ &= \underline{\underline{\int_2^6 h(x)\,\mathrm{d}x}} \end{aligned}$$

Daher ist 10,4 der Integralwert der Funktion h im Intervall $[2;6]$.

► $\int\limits_2^6 (0{,}4x + 1)\,\mathrm{d}x = 10{,}4$

Die Funktion h hat an der Stelle $x_0 = 6$ eine stetig behebbare Unstetigkeitsstelle. Das Rechenergebnis zeigt, dass bei der Funktion h die Abänderung des Funktionswertes an der Stelle $x_0 = 6$ im Intervall $[2\,;\,6]$ weder Einfluss auf die Integrierbarkeit noch auf den Integralwert hat.

Man kann zeigen, dass dieser Sachverhalt allgemein gilt, wenn in einem Intervall $[a\,;b]$ endlich viele stetig behebbare Definitionslücken (▶ Kusch 3; 1.2.3) und/oder stetig behebbare Unstetigkeitsstellen (▶ Kusch 3; 1.2.4) vorliegen und die Funktion sonst mit einer integrierbaren Funktion übereinstimmt.

So hat z. B. die Funktion g im Intervall $[2\,;\,6]$ die stetig behebbare Definitionslücke $x_1 = 3$. Dort kann man der Funktion g irgendeinen endlichen Funktionswert zuordnen, da dieser auf den Integralwert keinen Einfluss hat.

$$g(x) = \begin{cases} \dfrac{0{,}4x^2 - 0{,}2x - 3}{x-3}, & \text{wenn } x \in \mathbb{R}\setminus\{3;4;5;6\} \\ 5, & \text{wenn } x = 4 \\ 4, & \text{wenn } x = 5 \\ 1, & \text{wenn } x = 6 \end{cases}$$

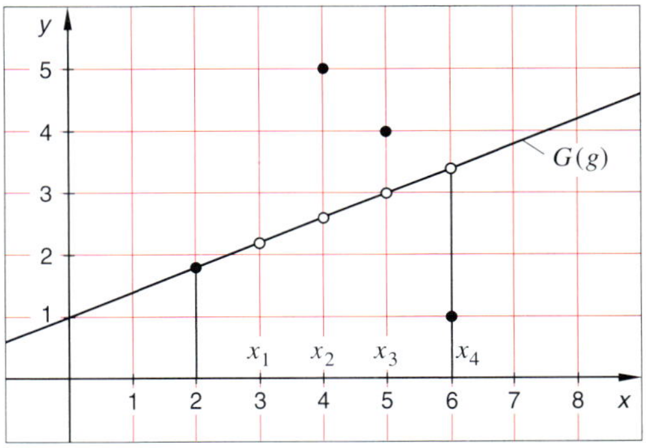

Außerdem hat sie die stetig behebbaren Unstetigkeitsstellen $x_2 = 4$, $x_3 = 5$ und $x_4 = 6$.

Die Funktion g stimmt bis auf diese Stellen mit der streng monoton steigenden Funktion $f: f(x) = 0{,}4x + 1;\ D(f) = \mathbb{R}$ überein. Da f in $[2\,;\,6]$ integrierbar ist, ist auch g in $[2\,;\,6]$ integrierbar und g hat dort auch den gleichen Integralwert wie die Funktion f.

Merke:

Stimmt eine beschränkte Funktion h in einem Intervall $[a\,;b]$ bis auf endlich viele stetig behebbare Definitionslücken oder stetig behebbare Unstetigkeitsstellen mit einer in $[a\,;b]$ integrierbaren monotonen Funktion f überein, so ist auch die Funktion h im Intervall $[a\,;b]$ integrierbar und hat den gleichen Integralwert wie die Funktion f. ▶ $\int\limits_a^b h(x)\,\mathrm{d}x = \int\limits_a^b f(x)\,\mathrm{d}x$

Nach den bisherigen Erkenntnissen ist zu vermuten, dass sowohl monotone Funktionen als auch abschnittsweise monotone Funktionen in einem abgeschlossenen Intervall ihres Definitionsbereiches integrierbar sind. Diese Vermutung trifft zu, was aber hier nicht bewiesen werden soll.

Merke:

Monotone Funktionen und abschnittsweise monotone Funktionen sind in jedem abgeschlossenen Intervall ihres Definitionsbereiches integrierbar.

Insbesondere sind also die folgenden Typen von monotonen bzw. abschnittsweise monotonen Funktionen in jedem abgeschlossenen Intervall ihres Definitionsbereiches integrierbar:

- Ganze rationale Funktionen ▶ Kusch 3; 1.2.2
- Gebrochene rationale Funktionen ▶ Kusch 3; 1.2.5
- Potenzfunktionen ▶ Kusch 3; 1.2.7

- Exponentialfunktionen ► Kusch 3; 2.2.8
- Logarithmusfunktionen ► Kusch 3; 2.2.9
- Trigonometrische Funktionen ► Kusch 3; 2.2.10
- Arkusfunktionen ► Kusch 3; 2.2.11
- Hyperbelfunktionen ► Kusch 3; 2.2.12
- Areahyperbelfunktionen ► Kusch 3; 2.2.13

Alle diese Funktionen sind in Teilintervallen ihres Definitionsbereiches nicht nur abschnittsweise monoton sondern dort auch stetig. Man kann zeigen, dass eine **stetige Funktion** (► Kusch 3; 1.2.4) in einem abgeschlossenen Intervall $[a\,;b]$ jeweils einen kleinsten und einen größten Funktionswert hat, sodass man bei äquidistanten Zerlegungen von $[a\,;b]$ wie bisher Untersummenfolgen und Obersummenfolgen entwickeln kann. Es lässt sich dann auch zeigen, dass bei äquidistanten Zerlegungen von $[a\,;b]$ die zugehörige Untersummenfolge und Obersummenfolge konvergieren und den gleichen Grenzwert haben. Daher ist jede in einem abgeschlossenen Intervall ihres Definitionsbereiches stetige Funktion dort integrierbar.

Es gibt aber auch stetige Funktionen, die nicht abschnittsweise monoton, aber dennoch integrierbar sind. So ist z. B. die Funktion g im Intervall $[-1\,;1]$ stetig, dort aber nicht abschnittsweise monoton.

Man erhält durch diese Erkenntnis eine weitere Klasse von integrierbaren Funktionen.

$$g(x) = \begin{cases} x^2 \cdot \sin\frac{1}{x}, & \text{wenn } x \neq 0 \\ 0, & \text{wenn } x = 0 \end{cases}$$

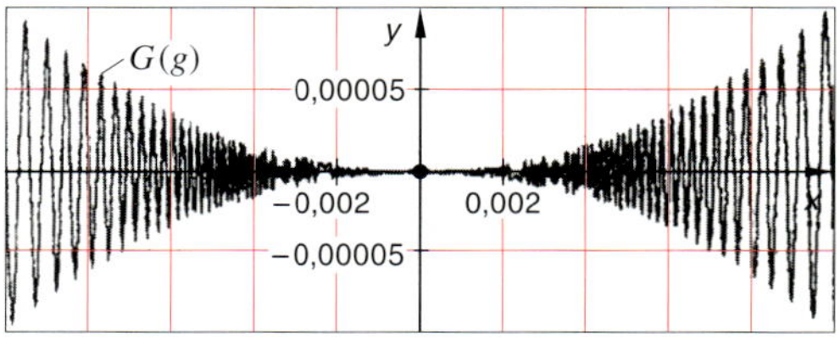

Merke:

- Ist eine Funktion in einem Intervall $[a\,;b]$ stetig, so konvergieren bei äquidistanten Zerlegungen von $[a\,;b]$ die zugehörige Untersummenfolge und Obersummenfolge gegen den gleichen Grenzwert.
- Ist eine Funktion in einem Intervall $[a\,;b]$ stetig, so ist f dort auch integrierbar.

Problem: Entwickeln Sie eine Formel für die Maßzahl der Fläche zwischen dem Graphen der Funktion $f: f(x) = 0{,}4x + 1$; $D(f) = \mathbb{R}$ und der x-Achse in einem Intervall $[a\,;b]$ mit $a \geq -2{,}5$. Überprüfen Sie damit die schon früher berechnete Flächenmaßzahl für das Intervall $[2\,;6]$.

Hat eine Funktion f in einem Intervall $[a\,;b]$ nur nichtnegative Funktionswerte, so gehört zu jeder Fläche zwischen $G(f)$ und der x-Achse in $[a\,;b]$ genau eine Flächenmaßzahl A. Ihre Größe hängt offensichtlich davon ab, zwischen welchen Intervallgrenzen a und b man ein solches Flächenstück betrachtet.

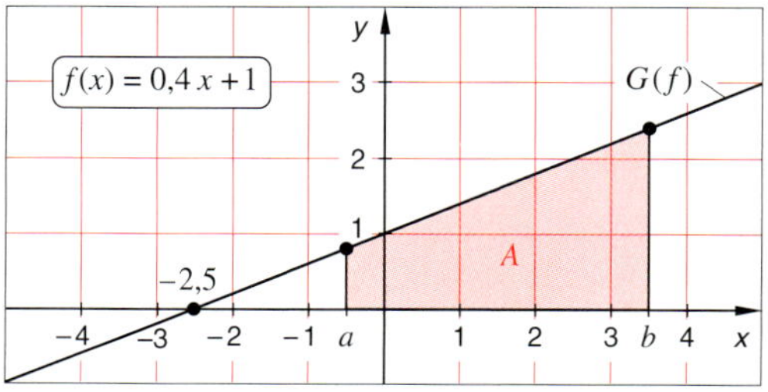

Im speziellen Fall $f:f(x)=0{,}4x+1$ lässt sich für Flächen zwischen $G(f)$ und der x-Achse in $[a;b]$ mit $a \geq -2{,}5$ der Term für die Flächenmaßzahl unmittelbar angeben, indem man die Formel für die Maßzahl der Trapezfläche zugrunde legt. Diese gilt auch für den Fall, dass a Nullstelle der Funktion ist und damit zwischen $G(f)$ und der x-Achse eine Dreieckfläche vorliegt.

$$A=\frac{f(b)+f(a)}{2}\cdot(b-a) \quad \blacktriangleright\ f(b)=0{,}4b+1;\ f(a)=0{,}4a+1$$
$$=\frac{0{,}4b+1+0{,}4a+1}{2}\cdot(b-a)$$
$$=\frac{0{,}4b+0{,}4a+2}{2}\cdot(b-a)$$
$$=(0{,}2b+0{,}2a+1)\cdot(b-a)$$
$$=\underline{\underline{0{,}2b^2+b-(0{,}2a^2+a);\ a\geq -2{,}5;\ a<b}}$$

► Term für die Flächenmaßzahl in $[a;b]$ mit $a \geq -2{,}5$

Setzt man für a Zahlen, die größer oder gleich $-2{,}5$ sind und für b solche, die größer als a sind, so erhält man jeweils die Flächenmaßzahlen von Dreiecken bzw. von Trapezen.

Beispiele:

- $A=0{,}2b^2+b-(0{,}2a^2+a)$ ► $-2{,}5$ für a; 3 für b
  $=0{,}2\cdot 3^2+3-[0{,}2\cdot(-2{,}5)^2+(-2{,}5)]$
  $=\underline{\underline{6{,}05}}$ ► Dreiecksfläche für $[-2{,}5;3]$
- $A=0{,}2b^2+b-(0{,}2a^2+a)$ ► -1 für a; 1,5 für b
  $=0{,}2\cdot 1{,}5^2+1{,}5-[0{,}2\cdot(-1)^2+(-1)]$
  $=\underline{\underline{2{,}75}}$ ► Trapezfläche für $[-1;1{,}5]$

Da die Funktion $f:f(x)=0{,}4x+1$ für $x\geq -2{,}5$ nur nichtnegative Funktionswerte annimmt, gilt somit auch:

$$\int_a^b (0{,}4x+1)\,\mathrm{d}x = A = 0{,}2b^2+b-(0{,}2a^2+a)$$

Für das Intervall $[2;6]$ wird der früher ermittelte Integralwert 10,4 bestätigt.

$$A=\int_a^b (0{,}4x+1)\,\mathrm{d}x = 0{,}2b^2+b-(0{,}2a^2+a);\ a\geq -2{,}5$$

$$\int_a^b (0{,}4x+1)\,\mathrm{d}x = 0{,}2b^2+b-(0{,}2a^2+a) \quad \blacktriangleright\ 2 \text{ für } a; 6 \text{ für } b$$
$$=0{,}2\cdot 6^2+6-(0{,}2\cdot 2^2+2)$$
$$=\underline{\underline{10{,}4}}$$

In diesem Falle war die Trapezformel für die Flächenmaßzahl bekannt, sodass man damit sehr einfach den Term für die Flächenmaßzahl zu einem Intervall $[a;b]$ mit $a \geq -2{,}5$ angeben konnte. Geht man aber davon aus, dass man eine solche Formel nicht kennt, so müssen andere Verfahren gewählt werden.

Da die Funktion $f:f(x)=0{,}4x+1;\ D(f)=\mathbb{R}$ streng monoton steigend ist, kann man die Integralwerte, wie schon mehrfach für konkrete Intervalle gezeigt, auch als gemeinsamen Grenzwert einer Untersummen- und Obersummenfolge für ein allgemeines Intervall $[a;b]$ mit $a \geq -2{,}5$ berechnen.

Es werden äquidistante Zerlegungen des Intervalls $[2;3]$ gewählt und zur Berechnung der Untersummen $\underline{S}_n$ die entwickelte Formel verwendet.

$$\underline{S}_n=\left(\sum_{k=1}^{n} f\left[a+(k-1)\cdot\frac{b-a}{n}\right]\right)\cdot\frac{b-a}{n} \quad \blacktriangleright\ f(x)=0{,}4x+1$$
$$=\left(\sum_{k=1}^{n}\left[0{,}4\cdot\left(a+(k-1)\cdot\frac{b-a}{n}\right)+1\right]\right)\cdot\frac{b-a}{n}$$
$$=\left(\sum_{k=1}^{n}\left[0{,}4a+1+0{,}4\cdot(k-1)\cdot\frac{b-a}{n}\right]\right)\cdot\frac{b-a}{n}$$
$$=\sum_{k=1}^{n}\left[(0{,}4a+1)\cdot\frac{b-a}{n}+0{,}4\cdot(k-1)\cdot\frac{(b-a)^2}{n^2}\right]$$

Man kann $\underline{S}_n$ vereinfachen, denn es gelten:

► $\sum_{k=1}^{n} 1 = n$ ► 4.3

► $\sum_{k=1}^{n}(k-1) = \frac{(n-1)\cdot n}{2}$ ► 4.3

$$\underline{S}_n = (0{,}4a+1)\cdot\frac{b-a}{n}\cdot\sum_{k=1}^{n}1 + 0{,}4\cdot\frac{(b-a)^2}{n^2}\cdot\sum_{k=1}^{n}(k-1)$$
$$= (0{,}4a+1)\cdot\frac{b-a}{n}\cdot n + 0{,}4\cdot\frac{(b-a)^2}{n^2}\cdot\frac{(n-1)\cdot n}{2}$$
$$= (0{,}4a+1)\cdot(b-a) + 0{,}2\cdot(b-a)^2\cdot\left(1-\frac{1}{n}\right);\ n\in\mathbb{N}^{>0}$$

$$\Rightarrow \langle\underline{S}_n\rangle: \underline{S}_n = (0{,}4a+1)\cdot(b-a) + 0{,}2\cdot(b-a)^2\cdot\left(1-\frac{1}{n}\right);\ n\in\mathbb{N}^{>0}$$

$$\Rightarrow \lim_{n\to\infty}\underline{S}_n = \lim_{n\to\infty}\left[(0{,}4a+1)\cdot(b-a) + 0{,}2\cdot(b-a)^2\cdot\left(1-\frac{1}{n}\right)\right]$$
$$= \lim_{n\to\infty}[(0{,}4a+1)\cdot(b-a)] + \lim_{n\to\infty}\left[0{,}2\cdot(b-a)^2\cdot\left(1-\frac{1}{n}\right)\right]$$
$$= (0{,}4a+1)\cdot(b-a) + 0{,}2\cdot(b-a)^2\cdot 1$$
$$= 0{,}4\cdot a\cdot b - 0{,}4\cdot a^2 + b - a + 0{,}2\cdot b^2 - 0{,}4\cdot a\cdot b + 0{,}2\cdot a^2$$
$$= \underline{\underline{0{,}2b^2 + b - (0{,}2a^2+a)}}$$
► Grenzwertterm der Untersummenfolge

Da die Untersummenfolge $\langle\underline{S}_n\rangle$ den Grenzwertterm $(0{,}2b^2+b)-(0{,}2a^2+a)$ hat, konvergiert auch die zugehörige Obersummenfolge $\langle\overline{S}_n\rangle$ gegen diesen Grenzwertterm, d. h. es gilt:
$\lim_{n\to\infty}\overline{S}_n = \lim_{n\to\infty}\underline{S}_n = (0{,}2b^2+b)-(0{,}2a^2+a)$
Daher ist $(0{,}2b^2+b)-(0{,}2a^2+a)$ der **Integralterm** für f in $[a\,;b]$ mit $a<b$.

$$\int_a^b(0{,}4x+1)\,\mathrm{d}x = 0{,}2b^2+b-(0{,}2a^2+a);\ a<b$$

Beide Rechenwege, also der über die Trapezformel sowie der über den Grenzwert von Untersummen- und Obersummenfolgen, führen für $a \geq -2{,}5$ zum gleichen Ergebnis. Bei der Herleitung des Integralterms $\int_a^b(0{,}4x+1)\,\mathrm{d}x = 0{,}2\cdot b^2+b-(0{,}2a^2+a)$ über Untersummen- und Obersummen ging die Voraussetzung „$a \geq -2{,}5$" nicht in die Rechnung ein. Es musste lediglich $a<b$ gelten. In Verallgemeinerung dieser Erkenntnis gilt somit $\int_a^b(0{,}4x+1)\,\mathrm{d}x = 0{,}2\cdot b^2+b-(0{,}2a^2+a)$ für alle $a;b\in\mathbb{R}$ mit $a<b$. Flächenmaßzahlen gibt der Term $0{,}2\cdot b^2+b-(0{,}2a^2+a)$ jedoch nur für den Fall $a\geq -2{,}5$ und $a<b$ an, also für nichtnegative Funktionswerte von f.

Merke:

Führt man für eine in $[a\,;b]$ integrierbare Funktion f die Berechnung des gemeinsamen Grenzwertes einer Untersummen- und einer Obersummenfolge nicht mit konkreten Zahlen durch, sondern allgemein mit den Intervallgrenzen a und b, so erhält man für $\int_a^b f(x)\,\mathrm{d}x$ einen Integralterm, der a und b enthält. Setzt man in diesen Term für a und b wieder konkrete Zahlen, so ergeben sich die entsprechenden Integralwerte.

Beispiel: Entwickeln Sie eine Formel für die Maßzahl der Fläche zwischen dem Graphen der Funktion $f: f(x) = \frac{1}{3} \cdot x^2; D(f) = \mathbb{R}$ sowie der x-Achse in einem Intervall $[a; b]$ und wenden Sie diese Formel auf das Intervall $[0; 3]$ an.

Die Funktion $f: f(x) = \frac{1}{3} \cdot x^2; D(f) = \mathbb{R}$ hat nur nichtnegative Funktionswerte. Für sie ist keine Formel zur elementaren Berechnung der Flächenmaßzahlen verfügbar, sodass sich für ein Intervall $[a; b]$ kein Term für die Flächenmaßzahl unmittelbar angeben lässt. $\int_a^b \left(\frac{1}{3} \cdot x^2\right) \mathrm{d}x$ wird deshalb über den gemeinsamen Grenzwert einer Untersummen- und Obersummenfolge allgemein entwickelt. Die Funktion f ist eine abschnittsweise monotone Funktion, die für $x \leq 0$ streng monoton fallend und für $x \geq 0$ streng monoton steigend ist. Es sind deshalb drei Fälle zu unterscheiden, und zwar $0 \leq a < b$, $a < b \leq 0$ sowie $a < 0$ und $b > 0$.

Wenn man hier, z. B. für $[a; b]; a \geq 0$, die bisherige Vorgehensweise zur Berechnung der Untersummen für f wählen würde, so ergäbe sich nach einer aufwendigen und unübersichtlichen Rechnung für $\underline{S}_n$ der Term: $\frac{1}{3} \cdot \left[a^2 \cdot (b-a) + a \cdot (b-a)^2 \cdot \left(1 - \frac{1}{n}\right) + \frac{1}{3} \cdot (b-a)^3 \cdot \left(1 - \frac{1}{n}\right) \cdot \left(2 - \frac{1}{n}\right)\right]; n \in \mathbb{N}^{\geq 2}$.
Es wird daher bei diesem Beispiel eine modifizierte einfachere Vorgehensweise zur Berechnung der Untersummen für f gewählt.

- **Fall: $0 \leq a < b$**

Für $0 \leq a < b$ steigt die Funktion f streng monoton. Zunächst wird der Spezialfall $a = 0$ untersucht, d. h. es werden die Flächenmaßzahlen im Intervall $[0; b]; b > 0$ ermittelt. Der allgemeine Fall $0 \leq a < b$ lässt sich dann auf diesen Fall zurückführen.

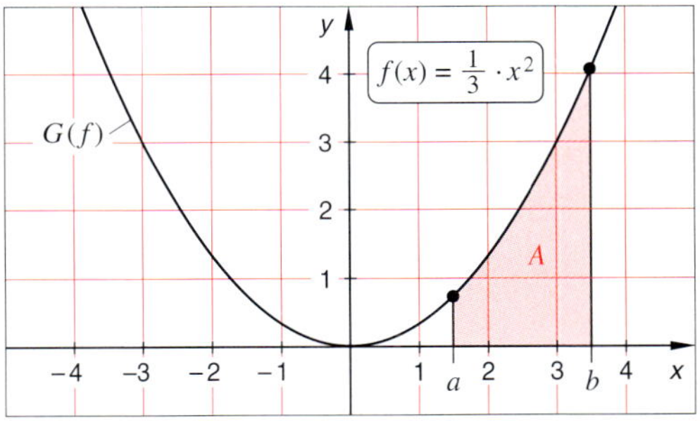

Zur Berechnung der Untersummen $\underline{S}_n$ wird die entwickelte Formel für monoton steigende Funktionen angewendet.

$$\underline{S}_n = \left(\sum_{k=1}^{n} f\left[a + (k-1) \cdot \frac{b-a}{n}\right]\right) \cdot \frac{b-a}{n}$$ ► 0 für a; $f(x) = \frac{1}{3} \cdot x^2$

$$= \left(\sum_{k=1}^{n} \left[\frac{1}{3} \cdot (k-1)^2 \cdot \frac{b^2}{n^2}\right]\right) \cdot \frac{b}{n}$$

$$= \frac{1}{3} \cdot \left[\sum_{k=1}^{n} (k-1)^2\right] \cdot \frac{b^3}{n^3}$$

► $\sum_{k=1}^{n} (k-1)^2 = \frac{(n-1) \cdot n \cdot (2n-1)}{6}$ ► 4.3

$$= \frac{1}{3} \cdot \frac{(n-1) \cdot n \cdot (2n-1)}{6} \cdot \frac{b^3}{n^3}$$

$$= \frac{b^3}{18} \cdot \left(1 - \frac{1}{n}\right) \cdot \left(2 - \frac{1}{n}\right); n \in \mathbb{N}^{>0}$$ ► Untersummen

$$\langle \underline{S}_n \rangle : \underline{S}_n = \frac{b^3}{18} \cdot \left(1 - \frac{1}{n}\right) \cdot \left(2 - \frac{1}{n}\right); \; n \in \mathbb{N}^{>0}$$ ► Untersummenfolge

$$\lim_{n\to\infty} \underline{S}_n = \lim_{n\to\infty}\left[\frac{b^3}{18}\cdot\left(1-\frac{1}{n}\right)\cdot\left(2-\frac{1}{n}\right)\right]$$
$$=\frac{b^3}{18}\cdot\lim_{n\to\infty}\left(1-\frac{1}{n}\right)\cdot\lim_{n\to\infty}\left(2-\frac{1}{n}\right)$$
$$=\frac{b^3}{18}\cdot \quad 1 \quad \cdot \quad 2$$
$$=\frac{b^3}{9};\ b>0$$ ► Grenzwert der Untersummenfolge

Da die Untersummenfolge $\langle \underline{S}_n\rangle$ den Grenzwert $\frac{b^3}{9}$ hat, konvergiert auch die zugehörige Obersummenfolge $\langle \overline{S}_n\rangle$ gegen $\frac{b^3}{9}$.

Daher ist $\frac{b^3}{9}$ der Integralterm für f in $[0;b]$ mit $b>0$.

► $$\int_0^b \left(\frac{1}{3}\cdot x^2\right)\mathrm{d}x = \frac{b^3}{9};\ b>0$$

Den allgemeinen Fall $0\le a<b$ kann man dann auf diesen Spezialfall zurückführen, da die Flächenmaßzahlen in $[0;a]$ und in $[a;b]$ zusammen die Flächenmaßzahl in $[0;b]$ ergeben.

► $$\int_0^b \left(\frac{1}{3}\cdot x^2\right)\mathrm{d}x = \int_0^a \left(\frac{1}{3}\cdot x^2\right)\mathrm{d}x + \int_a^b \left(\frac{1}{3}\cdot x^2\right)\mathrm{d}x$$
$$\Rightarrow \int_a^b \left(\frac{1}{3}\cdot x^2\right)\mathrm{d}x = \int_0^b \left(\frac{1}{3}\cdot x^2\right)\mathrm{d}x - \int_0^a \left(\frac{1}{3}\cdot x^2\right)\mathrm{d}x$$
$$= \frac{b^3}{9} - \frac{a^3}{9};\ 0\le a<b$$

- **Fall $a<b\le 0$**

Der Fall $a<b\le 0$ kann auf den vorangegangenen Fall zurückgeführt werden, da der Graph von f achsensymmetrisch zur y-Achse ist (► Kusch 3; 1.1.7).

Deshalb kann man das Intervall $[a;b]$; $a<b\le 0$ durch Spiegelung an der y-Achse auf das Intervall $[-b;-a]$ und damit auch die Fläche A auf die kongruente Fläche A' abbilden.

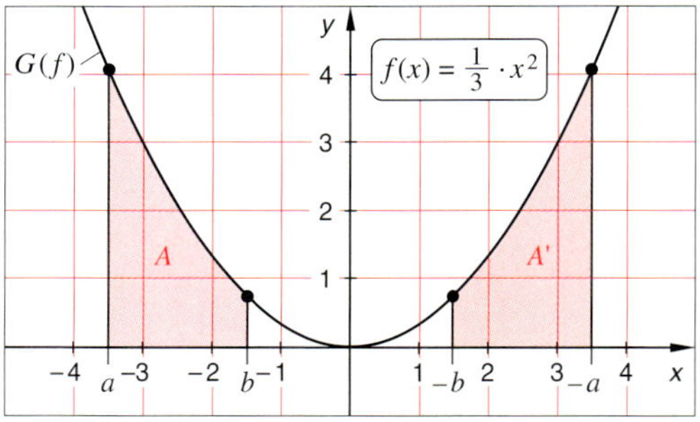

Wegen $A=A'$ und $0\le -b<-a$ muss deshalb in dem bereits für $0\le a<b$ entwickelten Integralterm $\frac{b^3}{9}-\frac{a^3}{9}$ lediglich $-b$ für a und $-a$ für b gesetzt werden.

$$A=\int_a^b \left(\frac{1}{3}\cdot x^2\right)\mathrm{d}x$$
$$=\int_{-b}^{-a} \left(\frac{1}{3}\cdot x^2\right)\mathrm{d}x$$
$$=\frac{(-a)^3}{9}-\frac{(-b)^3}{9}$$ ► $-a>0$ und $-b\ge 0$
$$=-\frac{a^3}{9}+\frac{b^3}{9}$$
$$=\frac{b^3}{9}-\frac{a^3}{9};\ a<b\le 0$$

Aus dem Ergebnis ist ersichtlich, dass auch für $a<b\le 0$ gilt: $\int_a^b \left(\frac{1}{3}\cdot x^2\right)\mathrm{d}x = \frac{b^3}{9}-\frac{a^3}{9}$.

● Fall $a < 0$ und $b > 0$

Der Fall $a < 0$ und $b > 0$ kann nun ohne weiteres auf die beiden vorangegangenen Fälle $0 \leq a < b$ und $a < b \leq 0$ zurückgeführt werden.

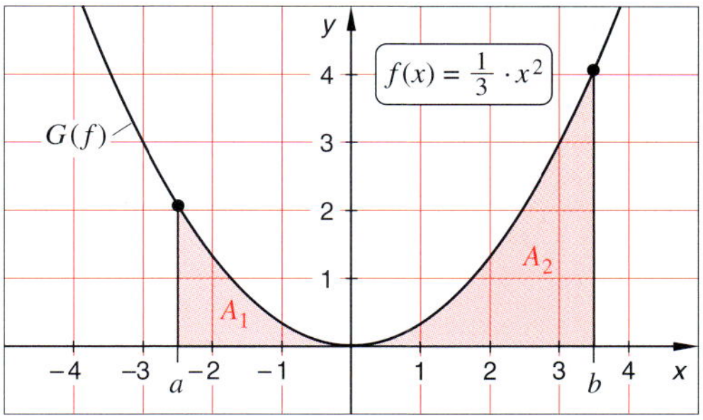

Dazu werden die Integralwerte $\int_a^0 \left(\frac{1}{3} \cdot x^2\right) dx$ und $\int_0^b \left(\frac{1}{3} \cdot x^2\right) dx$ addiert. ► Anmerkung zum Problem $f: f(x) = -x^2 + 4x$

$$A_1 = \int_a^0 \left(\frac{1}{3} \cdot x^2\right) dx = \frac{0^3}{9} - \frac{a^3}{9} = \underline{-\frac{a^3}{9}; a < 0}$$

$$A_2 = \int_0^b \left(\frac{1}{3} \cdot x^2\right) dx = \frac{b^3}{9} - \frac{0^3}{9} = \underline{\frac{b^3}{9}; b > 0}$$

$$\Rightarrow \int_a^b \left(\frac{1}{3} \cdot x^2\right) dx = A_1 + A_2 = -\frac{a^3}{9} + \frac{b^3}{9} = \underline{\underline{\frac{b^3}{9} - \frac{a^3}{9}; a < 0 \text{ und } b > 0}}$$

Auch für den Fall $a < 0$ und $b > 0$ erhält man den gleichen Integralterm, und zwar: $\int_a^b \left(\frac{1}{3} \cdot x^2\right) dx = \frac{b^3}{9} - \frac{a^3}{9}$

In allen drei Fällen ergibt sich demnach das gleiche Ergebnis, nämlich $\int_a^b \left(\frac{1}{3} \cdot x^2\right) dx = \frac{b^3}{9} - \frac{a^3}{9}$ mit $a; b \in \mathbb{R}$ und $a < b$.

Mit der entwickelten Formel können nun die Flächenmaßzahlen für beliebige Intervalle $[a; b]$ mit $a < b$ berechnet werden, also auch für das Intervall $[0; 3]$ aus einem vorangegangenen Beispiel.

$$\int_a^b \left(\frac{1}{3} \cdot x^2\right) dx = \frac{b^3}{9} - \frac{a^3}{9}$$ ► 0 für a; 3 für b

$$\int_0^3 \left(\frac{1}{3} \cdot x^2\right) dx = \frac{3^3}{9} - \frac{0^3}{9} = \underline{\underline{3}}$$ ► Flächenmaßzahl für f in $[0; 3]$

Problem: Berechnen Sie die Maßzahl der Fläche zwischen dem Graphen der Funktion $f: f(x) = 0{,}4x + 1$; $D(f) = \mathbb{R}$ und der x-Achse im Intervall $[-5{,}5; 1{,}5]$ elementar und vergleichen Sie diese mit dem Integralwert der Funktion in diesem Intervall.

Die Funktion $f: f(x) = 0{,}4x + 1$ hat bei $x_0 = -2{,}5$ eine Nullstelle. Ihr Graph ist eine Gerade, der die x-Achse im Punkt $P_1\langle -2{,}5 \,|\, 0\rangle$ schneidet, sodass im Intervall $[-5{,}5; 1{,}5]$ zwischen Graph und x-Achse zwei Dreiecksflächen vorliegen.

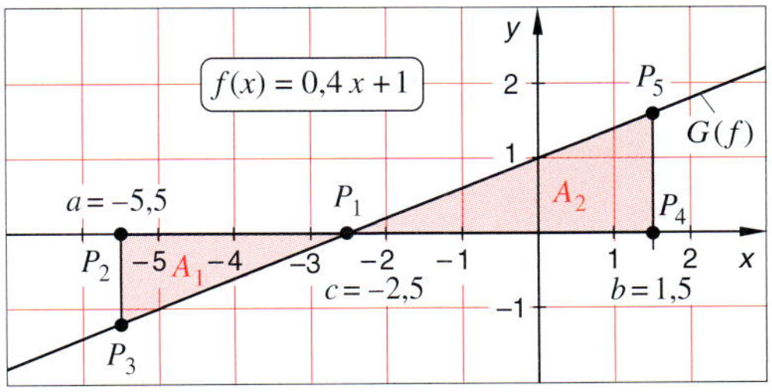

• Elementare Berechnung von A

$\Delta(P_1P_2P_3)$ liegt unterhalb der x-Achse und hat die Flächenmaßzahl $A_1 = 1{,}8$.

$$\blacktriangleright\ A_1 = \frac{l_1 \cdot b_1}{2} \quad \blacktriangleright\ l_1 = -2{,}5 - (-5{,}5) = 3$$
$$f(-5{,}5) = -1{,}2 \Rightarrow b_1 = 1{,}2$$
$$= \frac{3 \cdot 1{,}2}{2}$$
$$= \underline{\underline{1{,}8}} \quad \blacktriangleright \text{ Flächenmaßzahl in } [-5{,}5\,;\,-2{,}5]$$

$\Delta(P_1P_4P_5)$ liegt oberhalb der x-Achse und hat die Flächenmaßzahl $A_2 = 3{,}2$.

$$\blacktriangleright\ A_2 = \frac{l_2 \cdot b_2}{2} \quad \blacktriangleright\ l_2 = 1{,}5 - (-2{,}5) = 4$$
$$f(1{,}5) = 1{,}6 \Rightarrow b_2 = 1{,}6$$
$$= \frac{4 \cdot 1{,}6}{2}$$
$$= \underline{\underline{3{,}2}} \quad \blacktriangleright \text{ Flächenmaßzahl in } [-2{,}5\,;\,1{,}5]$$

Addiert man A_1 und A_2, so erhält man die gesuchte Flächenmaßzahl A.

$$\blacktriangleright\ A = A_1 + A_2 \quad \blacktriangleright\ A_1 = 1{,}8; A_2 = 3{,}2$$
$$= 1{,}8 + 3{,}2$$
$$= \underline{\underline{5}} \quad \blacktriangleright \text{ Flächenmaßzahl in } [-5{,}5\,;\,1{,}5]$$

• Berechnung des Integralwertes

Bereits beim vorangegangenen Problem wurde schon allgemein für ein Intervall $[a\,;b]$ der Integralterm $\int_a^b (0{,}4x + 1)\,\mathrm{d}x$ berechnet. Hier wird deshalb in der entwickelten Formel 1,5 für b und $-5{,}5$ für a gesetzt. Für das Intervall $[-5{,}5\,;\,1{,}5]$ erhält man dann den Integralwert $\int_{-5{,}5}^{1{,}5} (0{,}4x + 1)\,\mathrm{d}x = 1{,}4$.

$$\int_a^b (0{,}4x + 1)\,\mathrm{d}x = 0{,}2b^2 + b - (0{,}2a^2 + a) \quad \blacktriangleright\ 1{,}5 \text{ für } b;\ -5{,}5 \text{ für } a$$

$$\int_{-5{,}5}^{1{,}5} (0{,}4x + 1)\,\mathrm{d}x = 0{,}2 \cdot 1{,}5^2 + 1{,}5 - [0{,}2 \cdot (-5{,}5)^2 + (-5{,}5)]$$
$$= 0{,}2 \cdot 2{,}25 + 1{,}5 - (0{,}2 \cdot 30{,}25 - 5{,}5)$$
$$= 1{,}95 - 0{,}55$$
$$= \underline{\underline{1{,}4}} \quad \blacktriangleright \text{ Integralwert für } f \text{ in } [-5{,}5;1{,}5]$$

Im Gegensatz zu den bisherigen Erkenntnissen erhält man bei der Funktion $f: f(x) = 0{,}4x + 1$; $D(f) = \mathbb{R}$ im Intervall $[-5{,}5\,;\,1{,}5]$ den Integralwert 1,4 und nicht die elementar ermittelte Maßzahl 5 der Fläche, die in diesem Intervall zwischen $G(f)$ und der x-Achse liegt.

Man kann allerdings den Integralwert 1,4 als Differenz der beiden Flächenmaßzahlen A_2 und A_1 deuten, denn es gilt $A_2 - A_1 = 3{,}2 - 1{,}8 = 1{,}4$. Das liegt offensichtlich daran, dass die Funktionswerte von f im Intervall $[-5{,}5\,;\,-2{,}5]$ negativ sind, was aber heißt, dass dort auch alle Summanden der Untersummen und Obersummen negativ sind. Daher ist der gemeinsame Grenzwert von Untersummen- und Obersummenfolgen im Intervall $[-5{,}5\,;\,1{,}5]$ kleiner als die Flächenmaßzahl 5.

Merke:

Ist eine Funktion f in einem Intervall $[a;b]$ integrierbar, so gibt das bestimmte Integral $\int_a^b f(x)\,dx$ nicht in jedem Falle die Maßzahl der Fläche zwischen $G(f)$ und der x-Achse im Intervall $[a;b]$ an. Liegt nämlich ein Teil der Fläche unterhalb der x-Achse, z. B. im Intervall $[a;c]$ und ein Teil der Fläche oberhalb der x-Achse, z. B. im Intervall $[c;b]$, so ist der Integralwert von $\int_a^c f(x)\,dx$ negativ und der Integralwert von $\int_c^b f(x)\,dx$ positiv.

Damit erhält man aber mit der Summe $\int_a^c f(x)\,dx + \int_c^b f(x)\,dx$ einen Integralwert $\int_a^b f(x)\,dx$, der mit der Differenz der Maßzahlen aus der oberhalb und der unterhalb der x-Achse liegenden Fläche übereinstimmt. ► $\int_a^b f(x)\,dx = \int_a^c f(x)\,dx + \int_c^b f(x)\,dx$

Beispiel: Berechnen Sie das bestimmte Integral $\int_{-1}^{2}\left[-\frac{1}{2}\cdot(x+1)^2\right]dx$.

$f: f(x) = -\frac{1}{2}\cdot(x+1)^2$; $D(f)=\mathbb{R}$ ist im Intervall $[-1;2]$ streng monoton fallend und daher dort integrierbar. Es werden äquidistante Zerlegungen des Intervalls $[-1;2]$ gewählt und zur Ermittlung der Untersummen $\underline{S}_n$ verwendet man die entwickelte Formel.

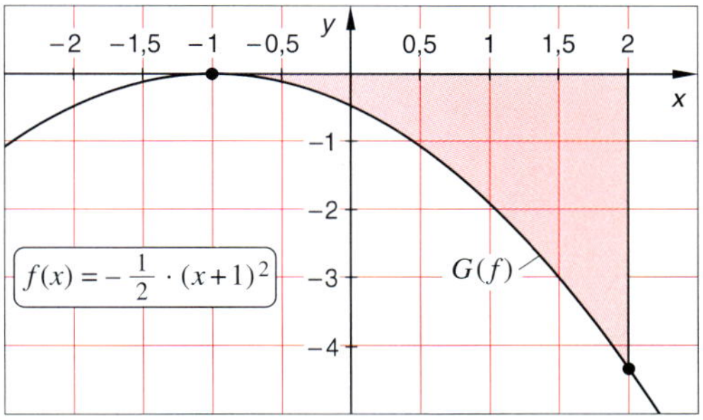

In der für Untersummen $\underline{S}_n$ entwickelten Formel setzt man -1 für a sowie 2 für b und bezieht dann diese Formel auf die Funktion $f: f(x) = -\frac{1}{2}\cdot(x+1)^2$.

$$\underline{S}_n = \left(\sum_{k=1}^{n} f\left[a + k\cdot\frac{b-a}{n}\right]\right)\cdot\frac{b-a}{n}$$ ► -1 für a; 2 für b

$$= \left(\sum_{k=1}^{n} f\left[-1 + k\cdot\frac{2-(-1)}{n}\right]\right)\cdot\frac{2-(-1)}{n}$$

► $f(x) = -\frac{1}{2}\cdot(x+1)^2$

$$= \left(\sum_{k=1}^{n}\left[-\frac{1}{2}\cdot\left(-1 + k\cdot\frac{3}{n}+1\right)^2\right]\right)\cdot\frac{3}{n}$$

$$= -\frac{1}{2}\cdot\left(\sum_{k=1}^{n}\left[k^2\cdot\frac{9}{n^2}\right]\right)\cdot\frac{3}{n}$$

$$= -\frac{1}{2}\cdot\left(\sum_{k=1}^{n} k^2\right)\cdot\frac{27}{n^3}$$

Man kann $\underline{S}_n$ vereinfachen, denn es gilt:

$$\sum_{k=1}^{n} k^2 = \frac{n\cdot(n+1)\cdot(2n+1)}{6}$$ ► 4.3

$$= -\frac{1}{2}\cdot\frac{n\cdot(n+1)\cdot(2n+1)}{6}\cdot\frac{27}{n^3}$$

$$= -\frac{9}{4}\cdot\left(1+\frac{1}{n}\right)\cdot\left(2+\frac{1}{n}\right);\ n\in\mathbb{N}^{>0}$$ ► Untersummen

$$\langle \underline{S}_n \rangle: \underline{S}_n = -\frac{9}{4}\cdot\left(1+\frac{1}{n}\right)\cdot\left(2+\frac{1}{n}\right);\ n \in \mathbb{N}^{>0}$$

► Untersummenfolge

$$\Rightarrow \lim_{n\to\infty} \underline{S}_n = \lim_{n\to\infty}\left[-\frac{9}{4}\cdot\left(1+\frac{1}{n}\right)\cdot\left(2+\frac{1}{n}\right)\right]$$

$$= -\frac{9}{4}\cdot \lim_{n\to\infty}\left(1+\frac{1}{n}\right)\cdot \lim_{n\to\infty}\left(2+\frac{1}{n}\right)$$

$$= -\frac{9}{4}\cdot \quad 1 \quad \cdot \quad 2$$

$$= -\frac{9}{2}$$ ► Grenzwert der Untersummenfolge

Da die Untersummenfolge $\langle \underline{S}_n \rangle$ den Grenzwert $-\frac{9}{2}$ hat, konvergiert auch die zugehörige Obersummenfolge $\langle \overline{S}_n \rangle$ gegen den Grenzwert $-\frac{9}{2}$, d. h. es gilt:

$$\lim_{n\to\infty} \overline{S}_n = \lim_{n\to\infty} \underline{S}_n = -\frac{9}{2}$$

Daher ist $-\frac{9}{2}$ der Integralwert für f in $[-1;2]$.

► $$\int_{-1}^{2}\left[-\frac{1}{2}\cdot(x+1)^2\right]\mathrm{d}x = -\frac{9}{2}$$ ► Integralwert für f in $[-1;2]$

Beispiel: Berechnen Sie das bestimmte Integral $\int_{-1}^{1}[(x+1)^3-2]\,\mathrm{d}x$ und interpretieren Sie das Ergebnis.

Die Funktion $f: f(x)=(x+1)^3-2;\ D(f)=\mathbb{R}$ ist im Intervall $[-1;1]$ streng monoton steigend. Ihr Graph schneidet die x-Achse an der Nullstelle $x_0=\sqrt[3]{2}-1=0{,}26$, sodass dieser im Intervall $[-1;0{,}26]$ unterhalb und im Intervall $[0{,}26;1]$ oberhalb der x-Achse verläuft.

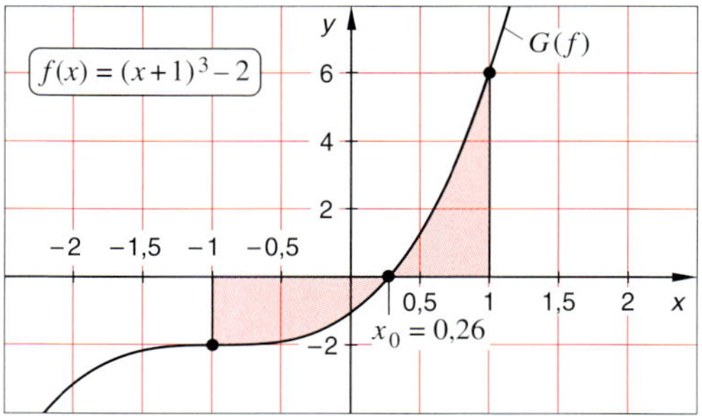

Es werden äquidistante Zerlegungen des Intervalls $[-1;1]$ gewählt. In der für Untersummen $\underline{S}_n$ entwickelten Formel setzt man -1 für a sowie 1 für b und bezieht diese Formel auf die Funktion $f: f(x)=(x+1)^3-2$.

$$\underline{S}_n = \left(\sum_{k=1}^{n} f\left[a+(k-1)\cdot\frac{b-a}{n}\right]\right)\cdot\frac{b-a}{n}$$ ► -1 für a; 1 für b

$$= \left(\sum_{k=1}^{n} f\left[-1+(k-1)\cdot\frac{1-(-1)}{n}\right]\right)\cdot\frac{1-(-1)}{n}$$ ► $f(x)=(x+1)^3-2$

$$= \left(\sum_{k=1}^{n}\left[\left(-1+(k-1)\cdot\frac{2}{n}+1\right)^3-2\right]\right)\cdot\frac{2}{n}$$

$$= \left(\sum_{k=1}^{n}\left[(k-1)^3\cdot\frac{8}{n^3}-2\right]\right)\cdot\frac{2}{n}$$

$$= \left(\sum_{k=1}^{n}(k-1)^3\right)\cdot\frac{16}{n^4} - \left(\sum_{k=1}^{n}2\right)\cdot\frac{2}{n}$$

$$= \frac{(n-1)^2\cdot n^2}{4}\cdot\frac{16}{n^4} - 2\cdot n\cdot\frac{2}{n}$$

$$= 4\cdot\left(1-\frac{1}{n}\right)^2 - 4;\ n\in\mathbb{N}^{>0}$$ ► Untersummen

Man kann $\underline{S}_n$ vereinfachen, denn es gelten:

► $\sum_{k=1}^{n}(k-1)^3 = \frac{(n-1)^2\cdot n^2}{4}$ ► 4.3

► $\sum_{k=1}^{n}2 = 2n$ ► 4.3

$$\Rightarrow \langle \underline{S}_n \rangle: \underline{S}_n = 4\cdot\left(1-\frac{1}{n}\right)^2 - 4;\ n\in\mathbb{N}^{>0}$$ ► Untersummenfolge

Da die Untersummenfolge $\langle \underline{S}_n \rangle$ den Grenzwert 0 hat, konvergiert auch die zugehörige Obersummenfolge $\langle \overline{S}_n \rangle$ gegen den Grenzwert 0, d. h. es gilt: $\lim_{n\to\infty} \overline{S}_n = \lim_{n\to\infty} \underline{S}_n = 0$. Daher ist 0 der Integralwert für f in $[-1;1]$.

$$\Rightarrow \lim_{n\to\infty} \underline{S}_n = \lim_{n\to\infty} \left[4 \cdot \left(1 - \tfrac{1}{n}\right)^2 - 4\right]$$
$$= 4 \cdot \lim_{n\to\infty} \left(1 - \tfrac{1}{n}\right)^2 - 4$$
$$= 4 \cdot \quad 1 \quad - 4$$
$$= \underline{\underline{0}}$$ ► Grenzwert der Untersummenfolge

$$\Rightarrow \underline{\underline{\int_{-1}^{1} [(x+1)^3 - 2]\,\mathrm{d}x = 0}}$$ ► Integralwert für f in $[-1;2]$

Die Funktion $f: f(x) = (x+1)^3 - 2;\ D(f) = \mathbb{R}$ hat im Intervall $[-1;1]$ bei $x_0 = \sqrt[3]{2} - 1 = 0{,}26$ eine Nullstelle. Der Graph von f verläuft im Intervall $[-1; x_0]$ unterhalb und im Intervall $[x_0; 1]$ oberhalb der x-Achse. Da die Funktion f im Intervall $[-1;1]$ den Integralwert 0 hat, haben die Flächen unterhalb und oberhalb der x-Achse in diesem Intervall die gleiche Flächenmaßzahl.

Beispiel: Ermitteln Sie die Maßzahl der Fläche zwischen dem Graphen der Funktion $f: f(x) = \sqrt{1 - x^2};\ D(f) = [-1;1]$ und der x-Achse im Intervall $I = [0;1]$.

Zwischen dem Graphen $G(f)$ und der x-Achse liegt eine Viertelkreisfläche. Der Flächeninhalt A wird hier zunächst mit der bekannten Formel $A = \frac{1}{4} \cdot \frac{d^2 \cdot \pi}{4}$ berechnet. So kann später das Ergebnis der näherungsweisen Berechnung mit dem genauen Wert verglichen werden.

Der Durchmesser d des Vollkreises ergibt sich aus dem Funktionswert an der Stelle $x_0 = 0$: $f(0) = 1 = \frac{d}{2} \Rightarrow d = 2$.

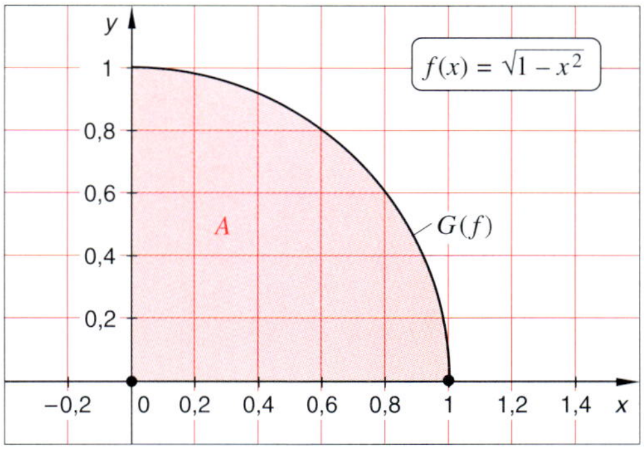

Als Maßzahl der Viertelkreisfläche erhält man damit den Wert $A = \frac{\pi}{4} = 0{,}7853981633$.

$$A = \frac{1}{4} \cdot \frac{d^2 \cdot \pi}{4}$$ ► 2 für d

$$\Rightarrow A = \frac{\pi}{4} = \underline{\underline{0{,}7853981633}}$$

Im Intervall $[0;1]$ ist die Funktion $f: f(x) = \sqrt{1 - x^2};\ D(f) = [-1;1]$ streng monoton fallend. Deshalb wird zur Berechnung der Untersummen $\underline{S}_n$ die entsprechende Formel verwendet, wobei das Intervall $[0;1]$ äquidistant zerlegt wird.

Dazu setzt man in der Formel 0 für a sowie 1 für b und bezieht diese dann auf die Funktion $f: f(x) = \sqrt{1 - x^2}$.

$$\underline{S}_n = \left[\sum_{k=1}^{n} f\left(a + k \cdot \frac{b-a}{n}\right)\right] \cdot \frac{b-a}{n}$$ ► 0 für a; 1 für b

$$= \left[\sum_{k=1}^{n} f\left(0 + k \cdot \frac{1-0}{n}\right)\right] \cdot \frac{1-0}{n}$$

$$= \left[\sum_{k=1}^{n} f\left(k \cdot \frac{1}{n}\right)\right] \cdot \frac{1}{n}$$ ► $f(x) = \sqrt{1 - x^2}$

$$= \left[\sum_{k=1}^{n} \sqrt{1 - \left(k \cdot \frac{1}{n}\right)^2}\right] \cdot \frac{1}{n}$$

$$= \underline{\underline{\left[\sqrt{1 - \frac{1}{n^2}} + \sqrt{1 - \frac{4}{n^2}} + \ldots + \sqrt{1 - \frac{(n-1)^2}{n^2}}\right] \cdot \frac{1}{n}}}$$ ► Untersummen

$$\Rightarrow \underline{\underline{\langle \underline{S}_n \rangle: \underline{S}_n = \left[\sum_{k=1}^{n} \sqrt{1 - \left(k \cdot \frac{1}{n}\right)^2}\right] \cdot \frac{1}{n};\ n \in \mathbb{N}^{>0}}}$$ ► Untersummenfolge

Da der Graph von f in $[0;1]$ streng monoton fallend ist, gilt:

$\overline{S}_n = \underline{S}_n + [f(a) - f(b)] \cdot \frac{b-a}{n}$

Wegen $f(x) = \sqrt{1-x^2}$ ist $f(a) = f(0) = 1$ und $f(b) = f(1) = 0$.

$$\overline{S}_n = \underline{S}_n + [f(a) - f(b)] \cdot \frac{b-a}{n}$$ ► 0 für a; 1 für b

$$= \underline{S}_n + [f(a) - f(b)] \cdot \frac{1-0}{n}$$ ► $f(0) = 1; f(1) = 0$

$$= \underline{S}_n + [1-0] \cdot \frac{1}{n}$$

$$= \underline{S}_n + \frac{1}{n};\ n \in \mathbb{N}^{>0}$$ ► Obersummen

$$\langle \overline{S}_n \rangle : \overline{S}_n = \underline{S}_n + \frac{1}{n};\ n \in \mathbb{N}^{>0}$$ ► Obersummenfolge

Die Formel $\underline{S}_n = [\sqrt{1-\frac{1}{n^2}} + \sqrt{1-\frac{4}{n^2}} + \ldots + \sqrt{1-\frac{(n-1)^2}{n^2}}] \cdot \frac{1}{n}$ kann man nicht weiter vereinfachen, denn es ist hierfür keine vereinfachende Summenformel bekannt. Daher ist es sehr schwierig, für die Folgen $\langle \underline{S}_n \rangle$ und $\langle \overline{S}_n \rangle$ einen Konvergenzbeweis zu erbringen. Auch bei einer Wahl von nichtäquidistanten Zerlegungen, d. h. nichtgleichbreiten Zerlegungen des Intervalls $[0;1]$, würden sich Schwierigkeiten ergeben.

Da aber die Funktion $f: f(x) = \sqrt{1-x^2}; D(f) = [-1;1]$ im Intervall $[0;1]$ stetig ist, konvergieren bei äquidistanten Zerlegungen von $[0;1]$ die zugehörige Untersummenfolge und Obersummenfolge gegen den gleichen Grenzwert. Wegen $\underline{S}_n < \frac{\pi}{4} < \overline{S}_n$ kann also nur $\lim\limits_{n\to\infty} \underline{S}_n = \lim\limits_{n\to\infty} \overline{S}_n = \frac{\pi}{4}$ gelten.

Das erkennt man auch am Verhalten von $\underline{S}_n$ bzw. $\overline{S}_n$, wenn man konkrete Zahlen für n wählt. Dazu setzt man in den beiden Formeln für $\underline{S}_n$ und $\overline{S}_n$ immer größere Zahlen für n, also zum Beispiel 10, 100, 1 000, 10 000, 1 00 000 sowie 1 000 000 und berechnet dann die entsprechenden Werte für $\underline{S}_n$ und $\overline{S}_n$ mithilfe eines Computerprogramms. Weil $\langle \underline{S}_n \rangle$ eine streng monoton steigende Folge ist und $\langle \overline{S}_n \rangle$ eine streng monoton fallende Folge ist, gilt $\underline{S}_n < A < \overline{S}_n$ mit $n \in \mathbb{N}^{>0}$. Man kann daher erwarten, dass sich mit immer größeren Zahlen für n die Flächenmaßzahl immer genauer bestimmen lässt.

n	10	100	1 000	10 000	100 000	1 000 000	$A =$
$\underline{S}_n$	0,72613	0,78010	0,78489	0,78535	0,785393	0,785398	0,7853981633
$\overline{S}_n$	0, 82613	0,79010	0,78589	0,78545	0,785403	0,785399	

Die Tabelle zeigt, dass die Annäherung von $\underline{S}_n$ und $\overline{S}_n$ mit größer werdenden Zahlen für n immer besser wird. Erst für $n = 1\,000\,000$ stimmen die für Untersumme bzw. Obersumme berechneten Werte auf fünf Stellen hinter dem Komma mit dem auf 10 Nachkommastellen ermittelten Wert für $A = 0{,}7853981633$ genau überein.

Anmerkung:

Für Probleme, bei denen die Lösungsansätze über Unter- und Obersummen nicht zum Ziel führen, werden in der Regel Verfahren der **numerischen Integration** (► Kapitel 2.9) oder andere **Integrationsverfahren** (► Kapitel 2) angewendet.

Übungsaufgaben

Zeichnen Sie den Graphen der Funktion f im angegebenen Intervall $[a;b]$. Unterteilen Sie das Intervall in zehn gleichbreite Teilintervalle und berechnen Sie die zu dieser Zerlegung gehörende Untersumme und Obersumme. Vergleichen Sie die Maßzahl der Fläche zwischen dem Graphen der Funktion und der x-Achse mit der angegebenen genauen Maßzahl.

1. $f: f(x) = \frac{1}{x}$; $[1;2]$; $A = \ln 2$

2. $f: f(x) = \ln x$; $[1;2]$; $A = 2 \cdot \ln 2 - 1$

3. $f: f(x) = \sin x$; $\left[0; \frac{\pi}{2}\right]$; $A = 1$

4. $f: f(x) = \frac{1}{1+x^2}$; $[0;1]$; $A = \frac{\pi}{4}$

Zeichnen Sie den Graphen der Funktion f im angegebenen Intervall $[a;b]$ und untersuchen Sie dort die Integrierbarkeit der Funktion. Wählen Sie hierzu äquidistante Zerlegungen von $[a;b]$.
In welchen Fällen ist $\int_a^b f(x)\,\mathrm{d}x$ die Maßzahl der Fläche, die zwischen dem Graphen von f und der x-Achse im Intervall $[a;b]$ liegt?

5. $f: f(x) = 2x$; $[1;3]$

6. $f: f(x) = 2x - 1$; $[-2;3]$

7. $f: f(x) = 4$; $[2;7]$

8. $f: f(x) = -x + 1$; $[1;2]$

9. $f: f(x) = 3x^2$; $[1;4]$

10. $f: f(x) = -x^2 + 1$; $[0;2]$

11. $f: f(x) = -2x^2 + 4x$; $[0;2]$

12. $f: f(x) = x^2 - 2x$; $[0;2]$

13. $f: f(x) = x^2 - 2x + 2$; $[0;2]$

Zeichnen Sie den Graphen der Funktion f im angegebenen Intervall $[a;b]$ und ermitteln Sie die Teilintervalle von $[a;b]$, in denen f monoton ist. Begründen Sie die Integrierbarkeit von f in $[a;b]$.

14. $f: f(x) = -x^2 + 2x$; $[-2;3]$

15. $f: f(x) = 2x^2 + 4x - 6$; $[-4;2]$

16. $f: f(x) = |x^2 - 4|$; $[-3;4]$

17. $f: f(x) = \begin{cases} x^2, & \text{wenn } x \in [-1;1] \\ -x+2, & \text{wenn } x \in (1;2] \end{cases}$

18. $f: f(x) = \begin{cases} \sqrt{x}, & \text{wenn } x \in [1;4] \\ 2 - \sin(\pi \cdot x), & \text{wenn } x \in (4;5] \end{cases}$

19. $f: f(x) = \begin{cases} x^2, & \text{wenn } x \in [0;1) \\ (x-2)^2, & \text{wenn } x \in [1;2] \end{cases}$

20. $f: f(x) = e^{-|x|}$; $[-1;1]$

Zeichnen Sie den Graphen der Funktion f im angegebenen Intervall $[a;b]$ und berechnen Sie den Integralwert für f in $[a;b]$.

21. $f: f(x) = \begin{cases} 0{,}5x, & \text{wenn } x \neq 4 \\ 1, & \text{wenn } x = 4 \end{cases}$; $[0;8]$

22. $f: f(x) = \begin{cases} x^2, & \text{wenn } x \notin \{1;4\} \\ 0, & \text{wenn } x \in \{1;4\} \end{cases}$; $[0;4]$

23. $f: f(x) = \begin{cases} -x^2 + 1, & \text{wenn } x \neq 1 \\ 2, & \text{wenn } x = 1 \end{cases}$; $[0;1]$

24. $f: f(x) = \begin{cases} -\frac{1}{3} \cdot x + 1, & \text{wenn } x \notin \{1;2\} \\ 0{,}5, & \text{wenn } x = 1 \\ 1, & \text{wenn } x = 2 \end{cases}$; $[0;3]$

25. $f: f(x) = \operatorname{sgn} x^2$; $[-1;1]$

26. $f: f(x) = \operatorname{sgn} x$; $[0;2]$

Zeichnen Sie den Graphen der Funktion f und entwickeln Sie eine Formel für $\int_a^b f(x)\,\mathrm{d}x$ in $[a;b]$ mit $a \geq 0$. Welchen Integralwert haben die Funktionen im Intervall $[1;2]$?

27. $f: f(x) = 0{,}5x$

28. $f: f(x) = x^2$

29. $f: f(x) = -x^2 + 1$

30. $f: f(x) = x^3$

1.2 Stammfunktionen – Unbestimmte Integrale

Die Beispiele im Kapitel 1.1 haben gezeigt, dass die Berechnung von bestimmten Integralen über den gemeinsamen Grenzwert einer Untersummen- und Obersummenfolge sehr aufwendig oder oft sogar unmöglich ist.

Dort wurde zum Beispiel für die beiden Funktionen $f: f(x) = 0{,}4x + 1$ mit $D(f) = \mathbb{R}$ sowie $f: f(x) = \frac{1}{3} \cdot x^2$ mit $D(f) = \mathbb{R}$ ihr bestimmtes Integral $\int_a^b f(x)\,\mathrm{d}x$ in einem beliebigen Intervall $[a\,; b] \subset D(f)$ berechnet.

- $f: f(x) = 0{,}4x + 1;\ D(f) = \mathbb{R}$

  $\int_a^b (0{,}4x + 1)\,\mathrm{d}x = 0{,}2 \cdot b^2 + b - (0{,}2 \cdot a^2 + a)$
- $f: f(x) = \frac{1}{3} \cdot x^2;\ D(f) = \mathbb{R}$

  $\int_a^b \left(\frac{1}{3} \cdot x^2\right)\mathrm{d}x = \frac{1}{9} \cdot b^3 - \frac{1}{9} \cdot a^3$

Setzt man in die Funktionsterme $F(x) = 0{,}2x^2 + x$ bzw. $F(x) = \frac{1}{9} \cdot x^3$ die Integrationsgrenzen a und b ein und bildet dann die Differenz $F(b) - F(a)$, so ergibt sich in beiden Fällen der Integralterm $\int_a^b f(x)\,\mathrm{d}x$ und es gilt demnach $\int_a^b f(x)\,\mathrm{d}x = F(b) - F(a)$.

- $f: f(x) = 0{,}4x + 1;\ D(f) = \mathbb{R}$

$$F(x) = 0{,}2x^2 + x;\ x \in \mathbb{R}$$
$$\Rightarrow F(b) = 0{,}2b^2 + b \text{ und } F(a) = 0{,}2a^2 + a$$
$$\Rightarrow F(b) - F(a) = 0{,}2b^2 + b - (0{,}2a^2 + a)$$
$$= \int_a^b (0{,}4 \cdot x + 1)\,\mathrm{d}x$$

- $f: f(x) = \frac{1}{3} \cdot x^2;\ D(f) = \mathbb{R}$

$$F(x) = \frac{1}{9} \cdot x^3;\ x \in \mathbb{R}$$
$$\Rightarrow F(b) = \frac{1}{9} \cdot b^3 \text{ und } F(a) = \frac{1}{9} \cdot a^3$$
$$\Rightarrow F(b) - F(a) = \frac{1}{9} \cdot b^3 - \frac{1}{9} \cdot a^3$$
$$= \int_a^b \left(\frac{1}{3} \cdot x^2\right)\mathrm{d}x$$

Berechnet man jeweils die erste Ableitung $F'(x)$, so stellt man fest, dass offensichtlich $F'(x) = f(x)$ für alle $x \in D(f)$ gilt.

$$F(x) = 0{,}2x^2 + x;\ \ x \in \mathbb{R}$$
$$\Rightarrow F'(x) = 0{,}2 \cdot 2x + 1$$
$$= \underline{\underline{0{,}4x + 1}} \quad \blacktriangleright\ 0{,}4x + 1 = f(x);\ x \in \mathbb{R}$$
$$\Rightarrow F'(x) = f(x);\ x \in D(f)$$

$$F(x) = \frac{1}{9} \cdot x^3;\ x \in \mathbb{R}$$
$$\Rightarrow F'(x) = \frac{1}{9} \cdot 3x^2$$
$$= \underline{\underline{\frac{1}{3} \cdot x^2}} \quad \blacktriangleright\ \frac{1}{3} \cdot x^2 = f(x);\ x \in \mathbb{R}$$
$$\Rightarrow F'(x) = f(x);\ x \in D(f)$$

Das Integrieren führt also in beiden Fällen zu einer Funktion F, deren Ableitung im Definitionsbereich $D(f)$ die Integrandfunktion f darstellt, d. h. $F'(x) = f(x);\ x \in D(f)$. Es zeigt sich hier ein erstaunlicher Zusammenhang zwischen Differentialrechnung und Integralrechnung. Sollte sich nämlich herausstellen, dass diese Erkenntnis auch für andere integrierbare Funktionen gilt, so könnte man die mühsame Berechnung eines bestimmten Integrals über den gemeinsamen Grenzwert einer Untersummen- und Obersummenfolge sehr einfach umgehen. ► Kapitel 1.1

Ist f irgendeine Funktion, so bezeichnet man eine im Definitionsbereich $D(f)$ differenzierbare Funktion F als eine **Stammfunktion** von f, wenn $F'(x) = f(x)$ für alle $x \in D(f)$ gilt. Enthält $D(f)$ Randstellen, wie zum Beispiel in einem abgeschlossenen Intervall $[a; b]$ die Stellen a und b, so kommt an diesen Randstellen natürlich nur einseitige Differenzierbarkeit der Funktion F in Betracht.

Merke:

Eine differenzierbare Funktion F heißt Stammfunktion einer Funktion f, wenn $F'(x) = f(x)$ für alle $x \in D(f)$ gilt.

Ohne schwierige Rechnungen lassen sich eine Reihe bekannter Stammfunktionen aus Tabellen entnehmen (► 4.4). In der nachstehenden Tabelle sind als Beispiele einige Terme $f(x)$ von Funktionen und Terme $F(x)$ von Stammfunktionen aufgeführt. Hierbei ist für $D(f)$ stets die maximale Definitionsmenge von f angegeben, in der $F'(x) = f(x)$ für alle $x \in D(f)$ gilt. Um die Richtigkeit zu prüfen, bildet man jeweils die erste Ableitung der Stammfunktion F im Definitionsbereich $D(f)$.

$f(x) = F'(x)$	1	x	x^2	$\frac{1}{\sqrt{x}} = x^{-\frac{1}{2}}$	x^n	e^x	$b^x \cdot \ln b$ $b > 0; b \neq 1$	$\cos x$	$\sin x$	$\frac{1}{\sqrt{1-x^2}}$	$\cosh x$	$\frac{1}{\cosh^2 x}$
$D(f)$	$\mathbb{R}$	$\mathbb{R}$	$\mathbb{R}$	$\mathbb{R}^{>0}$	► Kusch 3 2.2.1	$\mathbb{R}$	$\mathbb{R}$	$\mathbb{R}$	$\mathbb{R}$	$(-1; 1)$	$\mathbb{R}$	$\mathbb{R}$
$F(x)$	x	$\frac{1}{2} \cdot x^2$	$\frac{1}{3} \cdot x^3$	$2 \cdot \sqrt{x}$	$\frac{x^{n+1}}{n+1}$ für $n \neq -1$	e^x	b^x	$-\sin x$	$\cos x$	Arcsin x oder $-$Arccos x ► Kusch 3	$\sinh x$	$\tanh x$
$D(F)$	$\mathbb{R}$	$\mathbb{R}$	$\mathbb{R}$	$\mathbb{R}^{\geq 0}$	► Kusch 3 2.2.1	$\mathbb{R}$	$\mathbb{R}$	$\mathbb{R}$	$\mathbb{R}$	$[-1; 1]$	$\mathbb{R}$	$\mathbb{R}$

Anmerkungen:

- Für die meisten der o. a. Beispiele stimmen die Definitionsbereiche $D(f)$ und $D(F)$ überein. Es gibt aber auch Fälle, in denen das nicht gilt. So hat z. B. die Funktion $f: f(x) = \frac{1}{\sqrt{x}}$ den Definitionsbereich $D(f) = \mathbb{R}^{>0}$, während die Stammfunktion $F: F(x) = 2 \cdot \sqrt{x}$ für $D(F) = \mathbb{R}^{\geq 0}$ definiert ist. $D(F)$ ist also hier größer als $D(f)$.
- Zu der Funktion $f: f(x) = \frac{1}{\sqrt{1-x^2}}$; $D(f) = (-1; 1)$ sind zwei Stammfunktionen angegeben, und zwar $F: F(x) = \text{Arcsin}\, x$; $D(F) = [-1; 1]$ sowie $G: G(x) = -\text{Arccos}\, x$; $D(G) = [-1; 1]$. Man kann also nicht von „der“ Stammfunktion einer Funktion f, sondern nur von „einer“ Stammfunktion sprechen. In Kusch, Band 3, 2.1.11, wird gezeigt, dass $\text{Arcsin}\, x = \frac{\pi}{2} - \text{Arccos}\, x$; $x \in [-1; 1]$ gilt, d. h. die Funktionsterme der Stammfunktionen F und G unterscheiden sich nur durch die additive Konstante $\frac{\pi}{2}$, die beim Differenzieren Null wird.

Problem: Untersuchen Sie die Beziehungen zwischen der Funktion $f: f(x) = 0{,}4x + 1$; $D(f) = \mathbb{R}$ und den Funktionen $F_0: F_0(x) = 0{,}2x^2 + x$; $D(F_0) = \mathbb{R}$, $F_1: F_1(x) = 0{,}2x^2 + x + 1$; $D(F_1) = \mathbb{R}$, $F_2: F_2(x) = 0{,}2x^2 + x + 2$; $D(F_2) = \mathbb{R}$, $F_{-1}: F_{-1}(x) = 0{,}2x^2 + x - 1$; $D(F_{-1}) = \mathbb{R}$ sowie $F_c: F_c(x) = 0{,}2x^2 + x + c$; $c \in \mathbb{R}$; $D(F_c) = \mathbb{R}$.

Die Funktionen F_0; F_1; F_2; F_{-1}; und F_c haben alle den gleichen Ableitungsterm, nämlich $0{,}4x + 1$; $x \in \mathbb{R}$. Das bedeutet, dass diese Funktionen alle Stammfunktionen der Funktion $f: f(x) = 0{,}4x + 1$; $D(f) = \mathbb{R}$ sind.

- $F_0(x) = 0{,}2x^2 + x \Rightarrow F_0'(x) = 0{,}4x + 1$
- $F_1(x) = 0{,}2x^2 + x + \mathbf{1} \Rightarrow F_1'(x) = 0{,}4x + 1$
- $F_2(x) = 0{,}2x^2 + x + \mathbf{2} \Rightarrow F_2'(x) = 0{,}4x + 1$
- $F_{-1}(x) = 0{,}2x^2 + x - \mathbf{1} \Rightarrow F_{-1}'(x) = 0{,}4x + 1$
- $F_c(x) = 0{,}2x^2 + x + \boldsymbol{c} \Rightarrow F_c'(x) = 0{,}4x + 1$

► F_0; F_1; F_2; F_{-1} und F_c sind Stammfunktionen der Funktion $f: f(x) = 0{,}4x + 1$; $x \in \mathbb{R}$

Die Funktionsterme von F_1; F_2; F_{-1}; und F_c unterscheiden sich vom Funktionsterm der Funktion F_0 lediglich durch eine **additive Konstante.**

► $F_1(x) = F_0(x) + 1$; $F_2(x) = F_0(x) + 2$;
$F_{-1}(x) = F_0(x) - 1$; $F_c(x) = F_0(x) + c$

Geometrisch bedeutet dies:
Verschiebt man den Graphen der Funktion $F_0: F_0(x) = 0{,}2x^2 + x$ in Richtung der y-Achse, so erhält man beliebig viele Graphen von weiteren Stammfunktionen.

Durch $F_c: F_c(x) = 0{,}2x^2 + x + c$; $c \in \mathbb{R}$ und $D(F_c) = \mathbb{R}$ ist daher eine Schar von Stammfunktionen der Funktion f definiert.

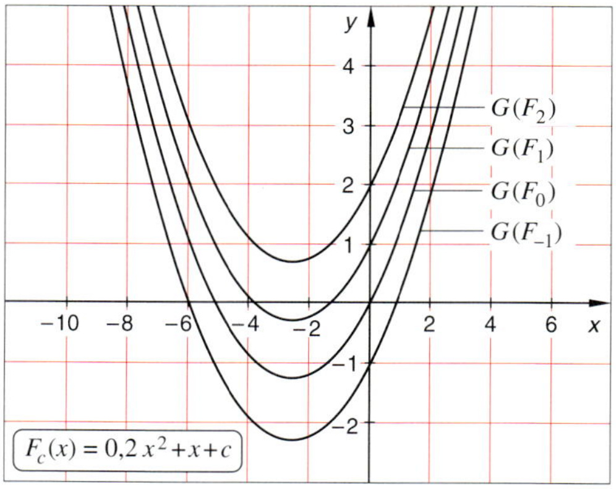

Obwohl $f: f(x) = 0{,}4x + 1$; $D(f) = \mathbb{R}$ damit unendlich viele Stammfunktionen F_c mit $F_c(x) = 0{,}2x^2 + x + c$; $c \in \mathbb{R}$; $D(F_c) = \mathbb{R}$ besitzt, gilt für das bestimmte Integral:

$$\int_a^b f(x)\,dx = F_0(b) - F_0(a) = F_c(b) - F_c(a).$$

Der Wert der Differenz $F_0(b) - F_0(a)$ ändert sich also nicht, wenn F_0 durch eine andere Stammfunktion F_c von f ersetzt wird.

$$\int_a^b (0{,}4x^2 + 1)\,dx = F_0(b) - F_0(a) \quad ► F_0(x) = 0{,}2x^2 + x$$

$$= 0{,}2b^2 + b - (0{,}2a^2 + a) \quad ► 1.1$$

$$= 0{,}2b^2 + b + c - (0{,}2a^2 + a + c)$$

► $F_c(x) = 0{,}2x^2 + x + c$

$$\Rightarrow \int_a^b (0{,}4x^2 + 1)\,dx = \underline{\underline{F_c(b) - F_c(a)}}$$

Ausgehend vom letzten Problem gewinnt man folgende allgemeine Erkenntnis:
Ist F eine Stammfunktion einer Funktion f, so ist für $c \in \mathbb{R}$ auch die Funktion $F_c = F + c$ mit dem Funktionsterm $F_c(x) = F(x) + c$ eine Stammfunktion von f. Für alle $x \in D(f)$ erhält man nämlich mit der Konstantenregel (► Kusch 3; 2.2.2) und der Summenregel (► Kusch 3; 2.2.3) sofort: $F_c'(x) = [F(x) + c]' = F'(x) = f(x)$; $x \in D(f)$. Ist also F eine Stammfunktion von f und addiert man zu F eine Zahl, so erhält man wieder eine Stammfunktion der Funktion f.

Merke:

Ist eine Funktion F eine Stammfunktion einer Funktion f, so ist für $c \in \mathbb{R}$ auch die Funktion $F_c : F_c(x) = F(x) + c$ eine Stammfunktion der Funktion f.

Beispiele: Ermitteln Sie zu den Funktionen $f : f(x) = x^3$ mit $D(f) = \mathbb{R}$ und $g : g(x) = \cos x$ mit $D(g) = \mathbb{R}$ jeweils die Terme von drei Stammfunktionen.

- $f : f(x) = x^3;\ D(f) = \mathbb{R}$

$f(x) = x^3;\ x \in \mathbb{R}$

Aus der vorausgegangenen Tabelle erhält man zu f eine Stammfunktion F_0, indem man dort im Term x^n für n die Zahl 3 setzt.

► $F_0(x) = \frac{1}{4} \cdot x^4 \quad \Rightarrow F_0'(x) = \frac{1}{4} \cdot 4 \cdot x^3 = x^3$ ► $x^3 = f(x)$

Weitere Stammfunktionen ergeben sich dann, wenn man zu F_0 zum Beispiel die Zahl 2 oder die Zahl -5 addiert.

► $F_2(x) = \frac{1}{4} \cdot x^4 + 2 \quad \Rightarrow F_2'(x) = \frac{1}{4} \cdot 4 \cdot x^3 = x^3$ ► $x^3 = f(x)$

► $F_{-5}(x) = \frac{1}{4} \cdot x^4 - 5 \quad \Rightarrow F_{-5}'(x) = \frac{1}{4} \cdot 4 \cdot x^3 = x^3$ ► $x^3 = f(x)$

- $g : g(x) = \cos x;\ D(g) = \mathbb{R}$

$g(x) = \cos x;\ x \in \mathbb{R}$

Aus der Tabelle kann man zu g direkt eine Stammfunktion $G_0 : G_0(x) = \sin x$ finden. Weitere Stammfunktionen erhält man, wenn man zu G_0 zum Beispiel die Zahl π addiert oder die Zahl 30 subtrahiert.

► $G_0(x) = \sin x \quad \Rightarrow G_0'(x) = \cos x$ ► $\cos x = g(x)$

► $G_\pi(x) = \sin x + \pi \quad \Rightarrow G_\pi'(x) = \cos x$ ► $\cos x = g(x)$

► $G_{-30}(x) = \sin x - 30 \Rightarrow G_{-30}'(x) = \cos x$ ► $\cos x = g(x)$

Problem: Untersuchen Sie, ob sich zwei verschiedene Stammfunktionen F und G einer Funktion f stets nur um eine Zahl unterscheiden.

Aufgrund des letzten Merksatzes stellt sich die Frage, ob sich zwei verschiedene Stammfunktionen F und G einer Funktion f in $D(f)$ stets nur um eine Zahl unterscheiden, ob es also immer eine Zahl $c \in \mathbb{R}$ gibt, sodass $G(x) = F(x) + c$ für alle $x \in D(f)$ gilt. Geometrisch bedeutet die Existenz einer solchen Zahl für c, dass sich der Graph der Funktion G durch eine Verschiebung des Graphen der Funktion F in $D(f)$ ergibt.

Das Problem soll am Beispiel der Funktion $f : f(x) = \frac{1}{x^2};\ D(f) = \mathbb{R}^{+0}$, der Funktionen $F : F(x) = -\frac{1}{x};\ D(f) = \mathbb{R}^{+0}$ und $G : G(x) = \begin{cases} -\frac{1}{x}, & \text{wenn } x < 0 \\ -\frac{1}{x} + 1, & \text{wenn } x > 0 \end{cases}$ sowie der Graphen dieser Funktionen geklärt werden.

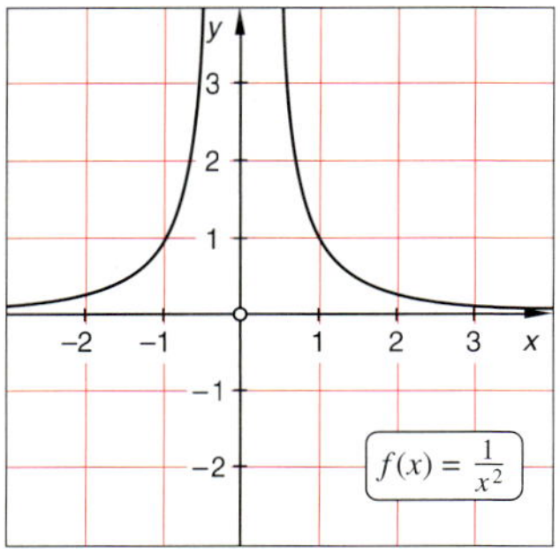

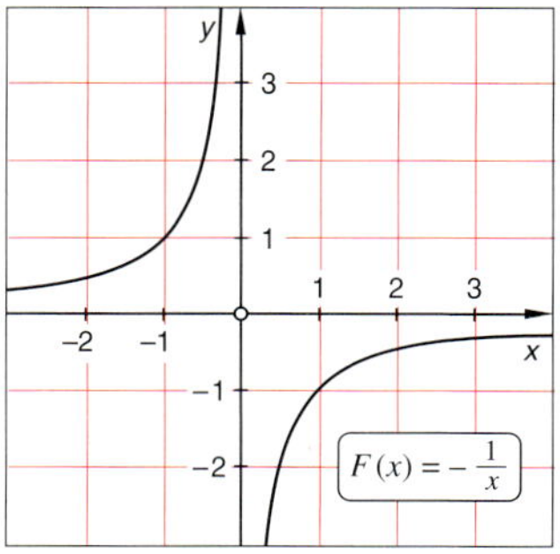

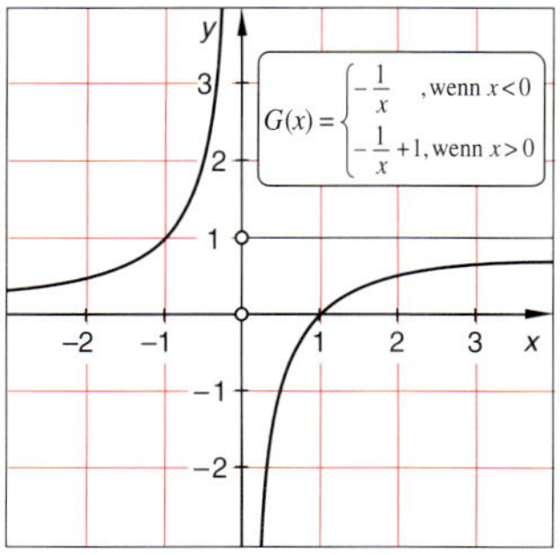

Sowohl die Funktion F als auch die Funktion G sind Stammfunktionen der Funktion f, denn es gilt $F'(x) = (-\frac{1}{x})' = \frac{1}{x^2}$ sowie $G'(x) = \frac{1}{x^2}$ für alle $x \in D(f)$. Für die Stammfunktion G gibt es aber keine Zahl für $c \in \mathbb{R}$, sodass $G(x) = F(x) + c$ für alle $x \in D(f)$ gilt. Das ist aus den Graphen der Funktionen F und G zu erkennen. Beim Graphen der Funktion G ist gegenüber dem Graphen der Funktion F nämlich nur der „rechte Ast" des Graphen von F um eine Einheit in Richtung der positiven y-Achse verschoben, während der „linke Ast" unverändert bleibt.

Bezieht man dagegen die Stammfunktionen F und G zum Beispiel auf $\mathbb{R}^{>0}$ oder Intervalle $I \subset \mathbb{R}^{>0}$, so gibt es stets eine Zahl für $c \in \mathbb{R}$, nämlich 1 für c, sodass $G(x) = F(x) + 1$ für alle $x \in \mathbb{R}^{>0}$ oder $x \in I$ gilt.

Für $\mathbb{R}^{<0}$ oder Intervalle $I \subset \mathbb{R}^{<0}$ ist festzustellen, dass es stets eine Zahl für $c \in \mathbb{R}$ gibt, nämlich 0 für c, sodass $G(x) = F(x)$ für alle $x \in \mathbb{R}^{<0}$ oder $x \in I$ gilt.

Die vorstehenden Erkenntnisse legen daher nahe, einen speziellen Stammfunktionsbegriff nur für Intervalle mit $I \subset D(f)$ festzulegen. Man bezeichnet eine differenzierbare Funktion F als **Stammfunktion von f im Intervall I**, wenn $F'(x) = f(x)$ für alle $x \in I$ gilt. Dabei ist an Randstellen von abgeschlossenen Intervallen natürlich nur einseitige Differenzierbarkeit von F gemeint.

Merke:

Eine differenzierbare Funktion F heißt Stammfunktion einer Funktion f in einem Intervall I, wenn $F'(x) = f(x)$ für alle $x \in I$ gilt.

Anmerkungen:

Die Definition „Stammfunktion einer Funktion f", die man auch „**Stammfunktion einer Funktion f in $D(f)$**" nennt und die vorstehend entwickelte Definition „Stammfunktion einer Funktion f in einem Intervall I" sind genau zu unterscheiden.

- Ist nämlich F eine Stammfunktion von f in $D(f)$, gilt also $F'(x) = f(x)$ für alle $x \in D(f)$, so ist F auch eine Stammfunktion von f in jedem Intervall I aus $D(f)$.
- Ist dagegen F eine Stammfunktion von f in einem Intervall I aus $D(f)$, so braucht F keine Stammfunktion von f in $D(f)$ zu sein. So ist beispielsweise die Funktion $F: F(x) = \ln x$; $D(f) = \mathbb{R}^{>0}$ eine Stammfunktion von $f: f(x) = \frac{1}{x}$; $D(f) = \mathbb{R}^{\neq 0}$ in jedem Intervall $I \subset \mathbb{R}^{>0}$, da $(\ln x)' = \frac{1}{x}$ für alle $x \in \mathbb{R}^{>0}$ gilt. F ist aber keine Stammfunktion von f in $D(f)$, da die Logarithmusfunktion nur für Zahlen erklärt ist, die größer als Null sind.

Problem: Stellen Sie fest, ob sich zwei verschiedene Stammfunktionen F und G in einem Intervall I nur um eine Zahl unterscheiden.

Da F eine Stammfunktion von f in I ist, gilt $F'(x) = f(x)$ für alle $x \in I$.

Da auch G eine Stammfunktion von f in I ist, gilt auch $G'(x) = f(x)$ für alle $x \in I$.

► F ist Stammfunktion von f in I
$\Rightarrow F'(x) = f(x);\ x \in I$
G ist Stammfunktion von f in I
$\Rightarrow G'(x) = f(x);\ x \in I$
$\Rightarrow G'(x) = F'(x);\ x \in I$

Die Ableitungen der Funktionen F und G sind daher im Intervall I gleich, sodass $G'(x) = F'(x)$ und damit $[G(x) - F(x)]' = 0$ für alle $x \in I$ gilt.

► $G'(x) = F'(x)$
$\Rightarrow G'(x) - F'(x) = 0$
$\Rightarrow [G(x) - F(x)]' = 0;\ x \in I$

Für alle $x \in I$ gilt $[G(x) - F(x)]' \geq 0$ und auch $[G(x) - F(x)]' \leq 0$, sodass die Funktion $(G - F)$ in I sowohl monoton steigend als auch monoton fallend ist (► Kusch 3; 4.2). Damit kann es sich dort nur um eine konstante Funktion handeln.

► $[G(x) - F(x)]' \geq 0$ und $[G(x) - F(x)]' \leq 0$
$[G(x) - F(x)]' \geq 0;\ x \in I$
$\Rightarrow (G - F)$ ist in I monoton steigend
$[G(x) - F(x)]' \leq 0;\ x \in I$
$\Rightarrow (G - F)$ ist in I monoton fallend
$\Rightarrow (G - F)$ ist in I eine konstante Funktion

Es gibt demnach eine Zahl für c, sodass $G(x) - F(x) = c$ für alle $x \in I$ und somit auch $G(x) = F(x) + c;\ x \in I$ gilt, d. h. aber auch $G = F + c$.

$\Rightarrow$ Es gibt eine Zahl für $c \in \mathbb{R}$, sodass gilt:
$G(x) - F(x) = c$ für alle $x \in I$
$\Rightarrow \underline{\underline{G(x) = F(x) + c;\ x \in I}}$ ► $G = F + c$ in I

Sind also F und G zwei verschiedene Stammfunktionen einer Funktion f in einem Intervall I, so unterscheiden sie sich lediglich um eine additive Konstante.

Anmerkung:

Der vorstehende Beweis ist nur möglich, weil die Funktion $(G - F)$ in einem Intervall betrachtet wird und ihre Ableitungsfunktion dort die Nullfunktion ist. Nur deshalb kann geschlossen werden, dass es sich bei $(G - F)$ um eine konstante Funktion handelt. Wird hingegen eine differenzierbare Funktion J nicht in einem Intervall betrachtet, so kann aus $J'(x) = 0$ nicht geschlossen werden, dass J eine konstante Funktion ist.

So ist z. B. $J: J(x) = \begin{cases} -1, & \text{wenn } x < 0 \\ 1, & \text{wenn } x > 0 \end{cases}$ in $\mathbb{R}^{\neq 0}$ differenzierbar mit $J'(x) = 0;\ x \in \mathbb{R}^{\neq 0}$, die Funktion J ist aber in $\mathbb{R}^{\neq 0}$ keine konstante Funktion.

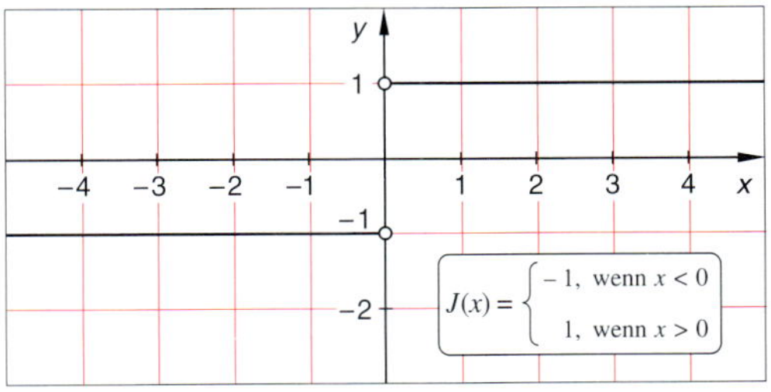

Sind F und G Stammfunktionen einer Funktion f in einem Intervall I, so sind F und G auch Stammfunktionen von f in jedem abgeschlossenen Intervall $[a; b] \subset I$. Wegen $G(x) = F(x) + c$; $x \in [a; b]$ gilt dann auch $G(b) - G(a) = F(b) + c - [F(a) + c] = F(b) - F(a)$. Der Wert der Differenz $F(b) - F(a)$ ist also unabhängig von der gewählten Stammfunktion von f in $[a; b]$.

Im Hinblick auf die gewonnenen Erkenntnisse werden von jetzt an Stammfunktionen einer Funktion nur noch in Intervallen betrachtet.

Merke:

Sind F und G Stammfunktionen einer Funktion f in einem Intervall I, dann gibt es eine Zahl für c, sodass $G(x) = F(x) + c$ für alle $x \in I$ gilt.

Beispiel: Zeigen Sie, dass die Funktion $F: F(x) = \ln x;\ D(f) = \mathbb{R}^{>0}$ und die Funktion $G: G(x) = \operatorname{Arcosh} \frac{x^2+1}{2x} + 1;\ D(G) = \mathbb{R}^{>0}$ Stammfunktionen zu einer Funktion f in einem Intervall I sind. Geben Sie das maximale Intervall $I \subset D(f)$ an, in dem $G'(x) = F'(x);\ x \in I$ zutrifft und berechnen Sie eine Zahl für c, sodass $G(x) = F(x) + c$ für alle $x \in I$ gilt.

Für die Funktion $F: F(x) = \ln x$ mit $D(f) = \mathbb{R}^{>0}$ erhält man den Ableitungsterm $F'(x) = \frac{1}{x};\ D(F') = \mathbb{R}^{>0}$.

- $F(x) = \ln x;\ x \in \mathbb{R}^{>0}$

$$\Rightarrow F'(x) = \frac{1}{x};\ x \in \mathbb{R}^{>0}$$

Für die Funktion $G: G(x) = \operatorname{Arcosh}\frac{x^2+1}{2x} + 1;\ D(G) = \mathbb{R}^{>0}$ berechnet man den Ableitungsterm mithilfe der Summenregel, der Kettenregel und der Quotientenregel (► Kusch 3; 2.2.3; 2.2.5; 2.2.6 sowie Kusch 3, Aufgabensammlung, 2.2.13; Nr. 5).

- $G(x) = \operatorname{Arcosh} \frac{x^2+1}{2x} + 1 = g[h(x)]$

► $g(z) = \operatorname{Arcosh} z + 1$

$$\Rightarrow g'(z) = \frac{1}{\sqrt{z^2-1}};\ z \in (1;\infty)$$

► $h(x) = \frac{x^2+1}{2x} = \frac{1}{2}\cdot x + \frac{1}{2}\cdot x^{-1}$

$$\Rightarrow h'(x) = \frac{1}{2} - \frac{1}{2}\cdot x^{-2};\ x \in \mathbb{R}^{+0}$$

$G'(x) = g'(z)\cdot h'(x)$ ► Kettenregel mit $z = h(x)$

$$= \frac{1}{\sqrt{z^2-1}}\cdot\left(\frac{1}{2} - \frac{1}{2}\cdot x^{-2}\right) \quad ► z = h(x) = \frac{x^2+1}{2x}$$

$$= \frac{1}{\sqrt{\frac{(x^2+1)^2}{4x^2} - 1}}\cdot\frac{1}{2}\cdot\left(1 - \frac{1}{x^2}\right)$$

Der Term unter der Wurzel wird vereinfacht:

$$\frac{(x^2+1)^2}{4x^2} - 1 = \frac{x^4+2x^2+1-4x^2}{4x^2} = \frac{x^4-2x^2+1}{4x^2} = \frac{(x^2-1)^2}{4x^2}$$

$$= \frac{1}{\sqrt{\frac{(x^2-1)^2}{4x^2}}}\cdot\frac{1}{2}\cdot\left(1 - \frac{1}{x^2}\right)$$

$$= \frac{2\cdot|x|}{\sqrt{(x^2-1)^2}}\cdot\frac{1}{2}\cdot\left(1 - \frac{1}{x^2}\right)$$

$$= \frac{|x|\cdot(x^2-1)}{|x^2-1|\cdot x^2} \quad ► x > 0 \Rightarrow |x| = x$$

$$= \frac{x^2-1}{|x^2-1|}\cdot\frac{1}{x}$$

$$= \begin{cases} -\frac{1}{x}, & \text{wenn } x \in (0;1) \\ \frac{1}{x}, & \text{wenn } x \in (1;\infty) \end{cases}$$

- Für $x \in (1;\infty)$ gilt $G'(x) = F'(x) = \frac{1}{x}$, also sind G und F Stammfunktionen der Funktion $f: f(x) = \frac{1}{x}$; $D(f) = \mathbb{R}^{+0}$ im Intervall $(1;\infty)$. Es gibt daher eine Zahl für c, sodass $G(x) = F(x) + c$ für alle $x \in (1;\infty)$ gilt.

Um den Wert für c zu berechnen genügt es, in der Gleichung $G(x) = F(x) + c$ für x nur eine Zahl aus $(1;\infty)$ zu setzen. Setzt man zum Beispiel e für x, so erhält man $c = 1$, sodass $G(x) = F(x) + 1$ für alle $x \in (1;\infty)$ gilt.

- $G'(x) = F'(x) = \frac{1}{x};\ x \in (1;\infty)$ ► $\frac{1}{x} = f(x);\ x \in \mathbb{R}^{+0}$

$G'(x) = F'(x) = f(x);\ x \in (1;\infty)$

$\Rightarrow G(x) = F(x) + c;\ x \in (1;\infty)$ ► $G(x) = \operatorname{Arcosh}\frac{x^2+1}{2x} + 1$

► $F(x) = \ln x$

$\operatorname{Arcosh}\frac{x^2+1}{2x} + 1 = \ln x + c$ ► e für x

$\operatorname{Arcosh}\frac{e^2+1}{2\cdot e} + 1 = \ln e + c$

► $\operatorname{Arcosh}\frac{e^2+1}{2\cdot e} = 1$ und $\ln e = 1$ ► Taschenrechner

$\Rightarrow 1 + 1 = 1 + c \Rightarrow 1 = c$

► $\underline{\underline{G(x) = F(x) + 1;\ x \in (1;\infty)}}$

Ausgehend von der Funktion $f: f(x) = 0{,}4x + 1$; $D(f) = \mathbb{R}$ und einer zugehörigen Stammfunktion $F: F(x) = 0{,}2x^2 + x$; $D(F) = \mathbb{R}$ wurde gezeigt, dass mit $\int_a^b f(x)\,\mathrm{d}x = F(b) - F(a)$ auf einfache Weise ein bestimmtes Integral für $I = [a;b]$ berechnet werden kann, da der Wert der Differenz $F(b) - F(a)$, unabhängig von der gewählten Stammfunktion von f in $[a;b]$, stets gleich ist.

Man kann zeigen, was hier aber nicht ausgeführt werden soll, dass $\int_a^b f(x)\,\mathrm{d}x = F(b) - F(a)$ auch für eine in einem abgeschlossenen Intervall $[a;b]$ integrierbare Funktion f gilt, die dort eine Stammfunktion F besitzt. Diese wichtige Erkenntnis wird als **Hauptsatz der Differential- und Integralrechnung** oder auch kurz als **Hauptsatz** bezeichnet.

Für das praktische Rechnen schreibt man für die Differenz $F(b) - F(a)$ auch $F(x)|_a^b$, es gilt also $\int_a^b f(x)\,\mathrm{d}x = F(x)|_a^b = F(b) - F(a)$. Der Ausdruck $F(x)|_a^b$ wird gelesen: „$F(x)$ zwischen den Grenzen für x von a bis b".

Für $f(x) \geq 0$; $x \in [a;b]$ gibt das bestimmte Integral $\int_a^b f(x)\,\mathrm{d}x = F(x)|_a^b = F(b) - F(a)$ die Maßzahl der Fläche zwischen dem Graphen der Funktion f und der x-Achse im Intervall $[a;b]$ an. ► 1.1

Merke:

- Ist eine Funktion f in einem abgeschlossenen Intervall $[a;b]$ integrierbar und besitzt sie dort eine Stammfunktion F, so gilt:

$$\int_a^b f(x)\,\mathrm{d}x = F(x)|_a^b = F(b) - F(a)$$ ► Hauptsatz

- Für $f(x) \geq 0$; $x \in [a;b]$ gibt der Term $F(b) - F(a)$ die Maßzahl der Fläche zwischen dem Graphen der Funktion f und der x-Achse im Intervall $[a;b]$ an.

Nach den Erkenntnissen des Kapitels 1.1 sind monotone und abschnittsweise monotone Funktionen in einem abgeschlossenen Intervall $[a;b]$ integrierbar. Daher kann man den Hauptsatz auch auf solche monotonen und abschnittsweise monotonen Funktionen anwenden, die im Integrationsintervall $[a;b]$ eine Stammfunktion besitzen.

Merke:

Ist eine Funktion f in einem abgeschlossenen Intervall $[a\,;b]$ monoton oder abschnittsweise monoton und besitzt sie dort eine Stammfunktion F, so gilt $\int_a^b f(x)\,\mathrm{d}x = F(b) - F(a)$.

Beispiele: Berechnen Sie für die nachstehenden Funktionen mithilfe des Hauptsatzes jeweils die Maßzahl der Fläche, die zwischen dem Graphen der Funktion und der x-Achse im angegebenen Intervall $[a\,;b]$ liegt.

● $f: f(x) = 0{,}4x + 1;\ D(f) = \mathbb{R}$ ► $I = [2\,;6]$

Der Graph der Funktion f verläuft im Intervall $[2\,;6]$ ganz oberhalb der x-Achse.

Da die Funktion in diesem Intervall monoton steigend ist, ist sie dort auch integrierbar. ► 1.1

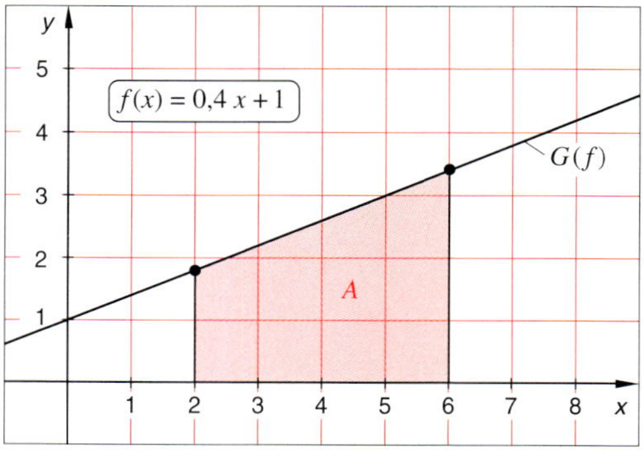

Im angegebenen Intervall $[2\,;6]$ ist durch $F: F(x) = 0{,}2x^2 + x$ eine Stammfunktion der Funktion f gegeben, denn es gilt $F'(x) = f(x)$ für alle $x \in [2\,;6]$. Damit lässt sich die gesuchte Maßzahl der Fläche zwischen $G(f)$ und der x-Achse im Intervall $[2\,;6]$ mit $A = F(x)|_2^6 = F(6) - F(2) = 10{,}4$ berechnen.

$f(x) = 0{,}4x + 1;\ x \in [2\,;6]$

► $F(x) = 0{,}2x^2 + x;\ x \in [2\,;6]$

$\Rightarrow F'(x) = 0{,}4x + 1;\ x \in [2\,;6]$ ► $F'(x) = f(x)$

► F ist eine Stammfunktion von f in $[2\,;6]$

► $A = F(x)\big|_2^6$ ► $F(x) = 0{,}2x^2 + x$

$= 0{,}2x^2 + x\,\big|_2^6$

$= 0{,}2 \cdot 6^2 + 6 - (0{,}2 \cdot 2^2 + 2)$

$= 13{,}2 - 2{,}8$

$= \underline{\underline{10{,}4}}$ ► Maßzahl der Fläche in $[2\,;6]$

Dieses Ergebnis stimmt mit der umfangreichen Berechnung über den Grenzwert von Untersummen- und Obersummenfolgen im Kapitel 1.1 überein.

● $f: f(x) = \dfrac{1}{x};\ D(f) = \mathbb{R}^{+0}$ ► $I = [1\,;3]$

Der Graph der Funktion f verläuft im Intervall $[1\,;3]$ ganz oberhalb der x-Achse. Da die Funktion in diesem Intervall monoton fallend ist, ist sie dort auch integrierbar. ► 1.1

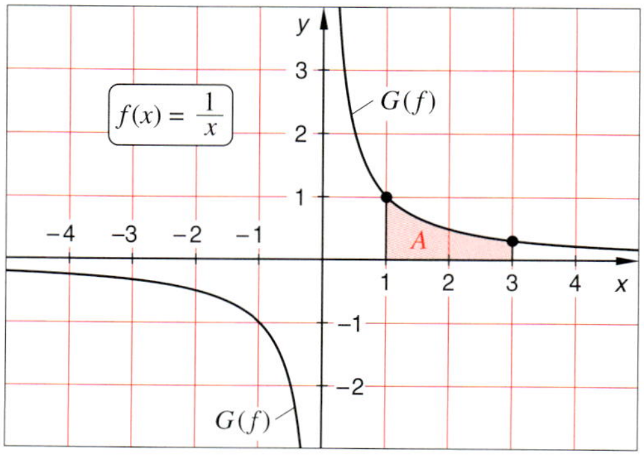

Im Intervall $[1;3]$ ist durch $F: F(x) = \ln x$ eine Stammfunktion von f gegeben, denn es gilt $F'(x) = f(x)$ für alle $x \in [1;3]$. Damit lässt sich die gesuchte Maßzahl der Fläche zwischen $G(f)$ und der x-Achse im Intervall $[1;3]$ mit $A = F(x)|_1^3 = F(3) - F(1) = \ln 3$ berechnen.

Nur mit großem Rechenaufwand ist es hier möglich, die Flächenmaßzahl über den Grenzwert von Untersummen- und Obersummenfolgen zu ermitteln.

$f(x) = \frac{1}{x}$; $x \in [1;3]$

► $F(x) = \ln x$; $x \in [1;3]$

$\Rightarrow F'(x) = \frac{1}{x}$; $x \in [1;3]$ ► $F'(x) = f(x)$

► F ist eine Stammfunktion von f in $[1;3]$

► $A = F(x)|_1^3$ ► $F(x) = \ln x$

$= \ln x|_1^3$

$= \ln 3 - \ln 1$ ► $\ln 1 = 0$

$= \underline{\underline{\ln 3}}$

$= \underline{\underline{1{,}098612}}$ ► Maßzahl der Fläche in $[1;3]$

- $f: f(x) = \sin x$; $D(f) = \mathbb{R}$ ► $I = [0;\pi]$

Der Graph der Funktion f verläuft im Intervall $[0;\pi]$ ganz oberhalb der x-Achse. Da f in diesem Intervall abschnittsweise monoton ist, ist sie dort auch integrierbar. ► 1.1

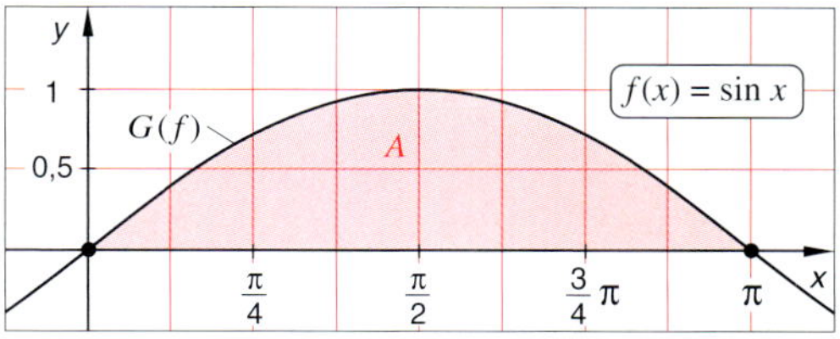

In $[0;\pi]$ ist durch $F: F(x) = -\cos x$ eine Stammfunktion von f gegeben, denn es gilt $F'(x) = f(x)$ für alle $x \in [0;\pi]$.

Damit lässt sich die Maßzahl der Fläche zwischen $G(f)$ und der x-Achse in $[0;\pi]$ mit $A = F(x)|_0^\pi = F(\pi) - F(0) = 2$ berechnen.

Auch hier ist es nur mit großem Rechenaufwand möglich, die Maßzahl der Fläche über den Grenzwert von Untersummen- und Obersummenfolgen zu ermitteln.

$f(x) = \sin x$; $x \in [0;\pi]$

► $F(x) = -\cos x$; $x \in [0;\pi]$

$\Rightarrow F'(x) = \sin x$; $x \in [0;\pi]$ ► $F'(x) = f(x)$

► F ist eine Stammfunktion von f in $[0;\pi]$

► $A = F(x)|_0^\pi$ ► $F(x) = -\cos x$

$= -\cos x|_0^\pi$

$= -\cos\pi - (-\cos 0)$ ► $\cos\pi = -1$; $\cos 0 = 1$

$= -(-1) - (-1)$

$= \underline{\underline{2}}$ ► Maßzahl der Fläche in $[0;\pi]$

Beispiele: Berechnen Sie die nachstehenden bestimmten Integrale mithilfe des Hauptsatzes.

- $\int_{-2}^{2} (x+1)\,dx$

Die Funktion $f: f(x) = x + 1$; $D(f) = \mathbb{R}$ ist im Intervall $[-2;2]$ monoton steigend und daher dort auch integrierbar ► 1.1.

Sie hat in diesem Intervall eine Stammfunktion $F: F(x) = \frac{1}{2} \cdot (x+1)^2$, denn es gilt $F'(x) = f(x)$ für alle $x \in [-2;2]$.

$\int_{-2}^{2} (x+1)\,dx = ?$ ► $f: f(x) = x+1$; $x \in [-2;2]$

► $F(x) = \frac{1}{2} \cdot (x+1)^2$; $x \in [-2;2]$

$\Rightarrow F'(x) = \frac{1}{2} \cdot 2 \cdot (x+1)$ ► Kettenregel

$= x + 1$; $x \in [-2;2]$ ► $F'(x) = f(x)$

► F ist eine Stammfunktion von f in $[-2;2]$

Mit dem Hauptsatz $\int_a^b f(x)\,dx = F(b) - F(a)$ erhält man:

$$\int_{-2}^{2} (x+1)\,dx = \frac{1}{2}\cdot(x+1)^2\Big|_{-2}^{2} = 4$$

- $$\int_{-1}^{2} \left[-\frac{1}{2}\cdot(x+1)^2\right] dx$$

$f: f(x) = -\frac{1}{2}\cdot(x+1)^2$; $D(f) = \mathbb{R}$ ist im Intervall $[-1\,;2]$ monoton fallend und daher integrierbar ► 1.1. Sie hat eine Stammfunktion $F: F(x) = -\frac{1}{6}\cdot(x+1)^3$, denn es gilt $F'(x) = f(x)$ für alle $x \in [-1\,;2]$.

Mit dem Hauptsatz erhält man:

$$\int_{-1}^{2} \left[-\frac{1}{2}\cdot(x+1)^2\right] dx = -\frac{1}{6}\cdot(x+1)^3\Big|_{-1}^{2} = -\frac{9}{2}.$$

Dieses Ergebnis stimmt mit der umfangreichen Rechnung aus Kapitel 1.1 überein.

► $\int_a^b f(x)\,dx = F(b) - F(a)$

► -2 für a; 2 für b; $f(x) = x+1$; $F(x) = \frac{1}{2}\cdot(x+1)^2$

$$\int_{-2}^{2} (x+1)\,dx = \frac{1}{2}\cdot(x+1)^2\Big|_{-2}^{2}$$
$$= \frac{1}{2}\cdot(2+1)^2 - \frac{1}{2}\cdot(-2+1)^2$$
$$= \frac{9}{2} - \frac{1}{2}$$
$$= \underline{\underline{4}}$$ ► Integralwert für f in $[-2\,;2]$

$\int_{-1}^{2} \left[-\frac{1}{2}\cdot(x+1)^2\right] dx = ?$ ► $f: f(x) = -\frac{1}{2}\cdot(x+1)^2$; $x \in [-1\,;2]$

► $F(x) = -\frac{1}{6}\cdot(x+1)^3$; $x \in [-1\,;2]$

$\Rightarrow F'(x) = -\frac{1}{6}\cdot 3\cdot(x+1)^2$ ► Kettenregel

► F ist eine Stammfunktion von f in $[-1;\,2]$

► $\int_a^b f(x)dx = F(b) - F(a)$

► -1 für a; 2 für b; $f(x) = -\frac{1}{2}\cdot(x+1)^2$; $F(x) = -\frac{1}{6}\cdot(x+1)^3$

$$\int_{-1}^{2} \left[-\frac{1}{2}\cdot(x+1)^2\right] dx = -\frac{1}{6}\cdot(x+1)^3\Big|_{-1}^{2}$$
$$= -\frac{1}{6}\cdot(2+1)^3 - \left[-\frac{1}{6}\cdot(-1+1)^3\right]$$
$$= -\frac{1}{6}\cdot 27$$
$$= \underline{\underline{-\frac{9}{2}}}$$ ► Integralwert für f in $[-1\,;2]$

Wie die vorangegangenen Beispiele zeigen, lässt sich ein bestimmtes Integral $\int_a^b f(x)\,dx$ einer in einem Intervall $[a\,;b]$ integrierbaren Funktion mithilfe des Hauptsatzes sehr einfach berechnen, wenn man eine Stammfunktion F von f in $[a\,;b]$ kennt. Das bedeutet, dass man in einem solchen Fall den mühsamen Weg über den Grenzwert einer Untersummen- und Obersummenfolge oder eine numerisch näherungsweise Berechnung vermeiden kann. ► 1.1, Viertelkreisfläche

Es ergeben sich nun aber auch sofort folgende Fragen:

- Hat eine in einem abgeschlossenen Intervall $[a\,;b]$ integrierbare Funktion f dort auch immer eine Stammfunktion? ► Siehe nächstes Problem.
- Ist eine Funktion f, die in einem abgeschlossenen Intervall $[a\,;b]$ eine Stammfunktion besitzt, dort auch integrierbar? ► Siehe Beispiel nach der nächsten Anmerkung.

Problem: Zeigen Sie, dass die Signumfunktion $f: f(x) = \operatorname{sgn} x$ im Intervall $[-3;3]$ integrierbar ist, dort aber keine Stammfunktion besitzt.

$$f: f(x) = \operatorname{sgn} x = \begin{cases} -1, & \text{wenn } x < 0 \\ 0, & \text{wenn } x = 0 \\ 1, & \text{wenn } x > 0 \end{cases}$$

ist im Intervall $[-3;3]$ monoton steigend und somit dort auch integrierbar.

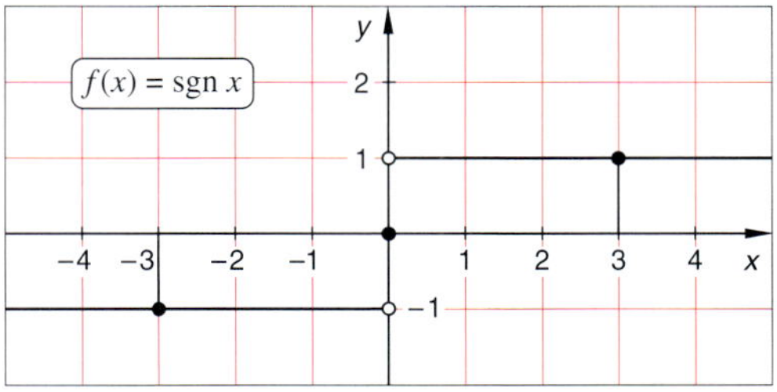

Wenn f in $[-3;3]$ eine Stammfunktion F hätte, so müsste $F(x) = -x + c_1$ für $x \in [-3;0)$ und $F(x) = x + c_2$ für $x \in (0;3]$ gelten.

- $f(x) = -1;\ x \in [-3;0)$
  ► $F(x) = -x + c_1;\ c_1 \in \mathbb{R}$
  $\Rightarrow F'(x) = -1;\ x \in [-3;0)$ ► $F'(x) = f(x)$

$$\lim_{\substack{x \to 0 \\ x<0}} F(x) = \lim_{\substack{x \to 0 \\ x<0}} (-x + c_1) = c_1$$

- $f(x) = 1;\ x \in (0;3]$
  ► $F(x) = x + c_2;\ c_2 \in \mathbb{R}$
  $\Rightarrow F'(x) = 1;\ x \in (0;3]$ ► $F'(x) = f(x)$

$$\lim_{\substack{x \to 0 \\ x>0}} F(x) = \lim_{\substack{x \to 0 \\ x>0}} (x + c_2) = c_2$$

Die Funktion F müsste außerdem auch an der Stelle $x_0 = 0$ differenzierbar und daher dort auch stetig sein. (► Kusch 3; 2.1.2)

Aus den Stetigkeitsbedingungen an der Stelle $x_0 = 0$, also $F(0) = \lim\limits_{\substack{x \to x_0 \\ x<0}} F(x) = \lim\limits_{\substack{x \to x_0 \\ x>0}} F(x)$, folgt außerdem $c_1 = c_2$.

$$F(0) = \lim_{\substack{x \to 0 \\ x<0}} F(x) = \lim_{\substack{x \to 0 \\ x>0}} F(x)$$

$\Rightarrow c_1 = c_2$

Somit müsste die Funktion F gegeben sein durch einen Funktionsterm der Form $F(x) = |x| + c;\ x \in [-3;3];\ c \in \mathbb{R}$. Eine solche Funktion ist jedoch für kein $c \in \mathbb{R}$ an der Stelle $x_0 = 0$ differenzierbar, weil andernfalls sonst auch die Funktion $G: G(x) = |x| = [F(x) + c] - c$ an der Stelle $x_0 = 0$ differenzierbar wäre, was jedoch nicht der Fall ist. (► Kusch 3; 2.3.1). Die Funktion f hat also im abgeschlossenen Intervall $[-3;3]$ keine Stammfunktion.

$$► F: F(x) = \begin{cases} -x + c, & \text{wenn } x \in [-3;0] \\ c\ , & \text{wenn } x = 0 \\ x + c, & \text{wenn } x \in [0;3] \end{cases}$$

$$= |x| + c;\ x \in [-3;3];\ c \in \mathbb{R}$$

► F ist an der Stelle $x_0 = 0$ für kein $c \in \mathbb{R}$ differenzierbar.

$\Rightarrow$ F ist für kein $c \in \mathbb{R}$ eine Stammfunktion von f in $[-3;3]$.

$\Rightarrow$ f hat in $[-3;3]$ keine Stammfunktion.

Wie auch aus dem Graphen der Funktion $f: f(x) = \operatorname{sgn} x$ ersichtlich ist, gilt $\int_{-3}^{3} \operatorname{sgn} x \, dx = 0$. Da aber die Funktion f im Intervall $[-3;3]$ keine Stammfunktion besitzt, kann man dieses bestimmte Integral nicht mit dem Hauptsatz berechnen.

Die Funktion $f: f(x) = \operatorname{sgn} x$; $D(f) = \mathbb{R}$ weist offensichtlich folgende Besonderheiten auf:

- f ist monoton steigend und daher integrierbar. In $(-\infty; 0)$ hat f die Stammfunktion $F: F(x) = -x$; $x \in (-\infty; 0)$ und in $(0; \infty)$ die Stammfunktion $G: G(x) = x$; $x \in (0; \infty)$, sodass bestimmte Integrale $\int_a^b f(x)\,\mathrm{d}x$ für $[a; b] \subset (-\infty; 0)$ oder $[a; b] \subset (0; \infty)$ mit dem Hauptsatz berechnet werden können.
- In jedem Intervall $[a; b]$, das die Null enthält, hat f keine Stammfunktion. Für solche Intervalle kann $\int_a^b f(x)\,\mathrm{d}x$ nicht mit dem Hauptsatz berechnet werden. Dass die Funktion f in diesen Fällen keine Stammfunktion hat, liegt offensichtlich an der Unstetigkeit von f an der Stelle $x_0 = 0$.

  Man darf hieraus aber nicht den falschen Schluss ziehen, dass Funktionen mit Unstetigkeitsstellen im Integrationsintervall keine Stammfunktionen besitzen, denn es gibt differenzierbare Funktionen, deren jeweilige Ableitungsfunktion unstetig ist.

Merke:

Es gibt Funktionen f, die in einem abgeschlossenen Intervall $[a; b]$ integrierbar sind, dort aber keine Stammfunktionen besitzen. Ihr Integralwert $\int_a^b f(x)\,\mathrm{d}x$ lässt sich also nicht nach dem Hauptsatz berechnen.

Bei der Integration von abschnittsweise definierten Funktionen geht man in der Praxis häufig so vor, dass man versucht, in den Teilintervallen für die Teilfunktionen jeweils eine Stammfunktion zu finden, um auf diese dann den Hauptsatz anzuwenden.

Auf das Integral $\int_{-3}^{3} \operatorname{sgn} x\,\mathrm{d}x$ und damit auf die Funktion $f: f(x) = \operatorname{sgn} x$ bezogen, bedeutet das eine Zerlegung in die abgeschlossenen Teilintervalle $[-3; 0]$ und $[0; 3]$. Die Funktion $g: g(x) = -1$; $x \in [-3; 0]$ unterscheidet sich von der Funktion f im Intervall $[-3; 0]$ lediglich um den Funktionswert an der Stelle $x_0 = 0$. Nach den Erkenntnissen aus Kapitel 1.1 gilt dann $\int_{-3}^{0} g(x)\,\mathrm{d}x = \int_{-3}^{0} f(x)\,\mathrm{d}x$. Entsprechendes gilt für das Intervall $[0; 3]$.

Die Funktion $g: g(x) = -1$; $x \in [-3; 0]$ hat in $[-3; 0]$ die Stammfunktion $G: G(x) = -x$ und die Funktion $j: j(x) = 1$; $x \in [0; 3]$ in $[0; 3]$ die Stammfunktion $J: J(x) = x$. Somit können die Integrale $\int_{-3}^{0} (-1)\,\mathrm{d}x$ und $\int_{0}^{3} 1\,\mathrm{d}x$ mit dem Hauptsatz berechnet werden.

$$\begin{aligned}
\int_{-3}^{3} f(x)\,\mathrm{d}x &= \int_{-3}^{0} f(x)\,\mathrm{d}x + \int_{0}^{3} f(x)\,\mathrm{d}x \\
&= \int_{-3}^{0} (-1)\,\mathrm{d}x + \int_{0}^{3} 1\,\mathrm{d}x \\
&= -x \Big|_{-3}^{0} + x \Big|_{0}^{3} \\
&= -0 - [-(-3)] + 3 - 0 \\
&= -3 + 3 \\
&= \underline{\underline{0}}
\end{aligned}$$

Anmerkung:

Wenn man auch zu vielen in einem abgeschlossenen Intervall integrierbaren Funktionen eine Stammfunktion kennt, so ist doch festzustellen, dass es weitaus mehr integrierbare Funktionen gibt, von denen entweder keine Stammfunktion bekannt ist oder aber deren Stammfunktionsterm sich nicht durch elementare Funktionen (► Kusch 3; 2.2.1 und 2.2.8 bis 2.2.13) in geschlossener Form ausdrücken lässt. Das trifft schon auf so einfach aussehende Funktionsterme von Integrandfunktionen zu, wie e^{-x^2}; $\sqrt{\sin x}$; $\frac{\sin x}{x}$ u. ä. Diese Funktionen sind in jedem abgeschlossenen Intervall ihres Definitionsbereiches integrierbar, weil sie abschnittsweise monoton sind. ► 1.1

Bestimmte Integrale solcher Funktionen müssen daher mit anderen Methoden berechnet werden. ► 2.7 und 2.9

Die Antwort auf die zweite Frage, ob nämlich eine Funktion f bereits dann in einem abgeschlossenen Intervall $[a\,;b]$ integrierbar ist, wenn sie dort eine Stammfunktion besitzt, wird durch das nachfolgende Beispiel gegeben.

So ist die abschnittsweise definierte Funktion

$$f: f(x) = \begin{cases} 2x \cdot \sin\frac{\pi}{x^2} - \frac{2\pi}{x} \cdot \cos\frac{\pi}{x^2}, & \text{wenn } x \neq 0 \\ 0 & \text{, wenn } x = 0 \end{cases}$$

im Intervall $[-1\,;1]$ nicht integrierbar, weil ihre Funktionswerte in der Umgebung der Stelle $x_0 = 0$ beliebig groß oder beliebig klein werden, die Funktion f also in $[-1\,;1]$ unbeschränkt ist.

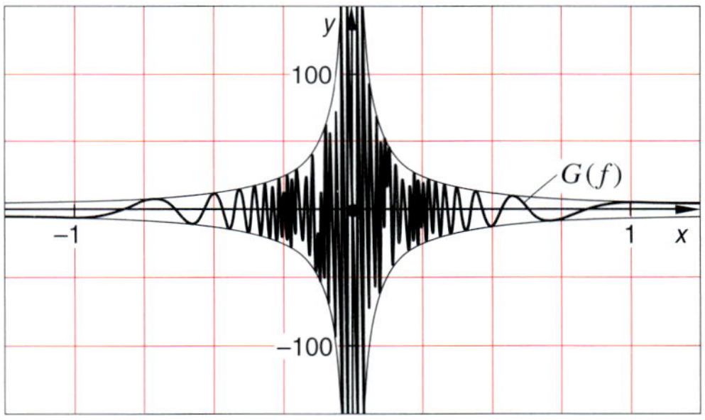

Trotzdem existiert für $D(f) = \mathbb{R}$ die Stammfunktion $F: F(x) = \begin{cases} x^2 \cdot \sin\frac{\pi}{x^2}, & \text{wenn } x \neq 0 \\ 0 & \text{, wenn } x = 0 \end{cases}$,

wie man durch Differenzieren zeigt.

Aus der Existenz einer Stammfunktion F einer Funktion f kann also nicht auf die Integrierbarkeit von f in einem Intervall $[a\,;b]$ geschlossen werden.

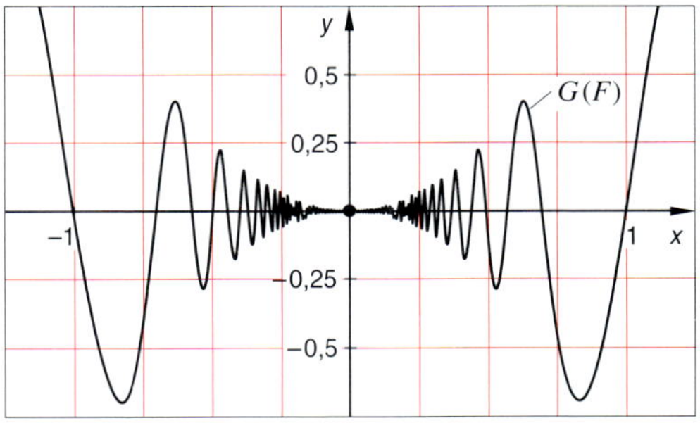

Auch wenn man von einer Funktion f in einem Intervall $[a\,;b]$ eine Stammfunktion kennt, darf man nicht ohne weiteres den Hauptsatz anwenden, denn es kann ja sein, dass f in $[a\,;b]$ nicht integrierbar ist.

Aufgrund der gewonnenen Erkenntnisse lassen sich folgende Fälle unterscheiden:

- Funktionen, die in einem abgeschlossenen Intervall $[a\,;b]$ integrierbar sind und dort eine Stammfunktion besitzen. Hier kann $\int_a^b f(x)\,dx$ über den Hauptsatz einfacher berechnet werden als über den Grenzwert von Untersummen- und Obersummenfolgen. ► $\int_a^b f(x)\,dx = F(a) - F(b)$

- Funktionen, die integrierbar sind und im Intervall $[a;b]$ keine Stammfunktion besitzen. Bei diesen kann das bestimmte Integral $\int_a^b f(x)\,dx$ nicht über den Hauptsatz berechnet werden. Die Berechnung kann mithilfe der numerischen Integration (► 2.9) oder über den Grenzwert von Untersummen- und Obersummenfolgen (► 1.1) erfolgen. Falls eine Funktion abschnittsweise definiert ist, so lässt sich eventuell der Hauptsatz abschnittsweise anwenden, z. B. wie bei der Signumfunktion.
- Funktionen, die in $[a;b]$ zwar eine Stammfunktion besitzen, dort aber nicht integrierbar sind.
- Funktionen, die weder integrierbar sind noch eine Stammfunktion besitzen, was hier natürlich nicht von Interesse ist.

Aus Kapitel 1.1 ist bekannt, dass eine in einem abgeschlossenen Intervall $[a;b]$ stetige Funktion dort auch integrierbar ist. Man kann nun zeigen, dass eine in einem beliebigen Intervall I stetige Funktion dort eine Stammfunktion besitzt. Für solche Funktionen ist es also sinnvoll, nach einer Stammfunktion zu suchen, da man dann das bestimmte Integral $\int_a^b f(x)\,dx$ eventuell einfacher berechnen kann. Die Einschränkung „eventuell" wird hier deshalb verwendet, weil eine Stammfunktionsterm einer stetigen Funktion nicht so einfach aufgebaut sein muss wie in den bisherigen Beispielen.

Merke:

Ist eine Funktion f in einem Intervall I stetig, so besitzt sie dort eine Stammfunktion F.

Ist eine Funktion f in einem abgeschlossenen Intervall $[a;b]$ integrierbar und hat sie dort eine Stammfunktion, so kann man $\int_a^b f(x)\,dx$ mit dem Hauptsatz berechnen.

Aus $\int_a^b f(x)\,dx = F(b) - F(a)$ folgt durch Umformung $F(b) - F(a) = -[F(a) - F(b)]$ und der Klammerausdruck ist nach dem Hauptsatz $\int_b^a f(x)\,dx$. Bei diesem Integral ist die untere Grenze b größer als die obere Grenze a.

$$\int_a^b f(x)\,dx = F(b) - F(a) \quad \text{► Hauptsatz}$$
$$= -[F(a) - F(b)]$$
$$= -\int_b^a f(x)\,dx$$
$$\Rightarrow \underline{\underline{\int_a^b f(x)\,dx = -\int_b^a f(x)\,dx}}$$

Man kann zeigen, dass $\int_a^b f(x)\,dx = -\int_b^a f(x)\,dx$ auch dann gilt, wenn f in $[a;b]$ integrierbar ist, dort aber keine Stammfunktion besitzt.

Setzt man in $\int_a^b f(x)\,dx$ a für b, so erhält man $\int_a^a f(x)\,dx = 0.$

$$\int_a^b f(x)\,dx = F(b) - F(a) \quad \text{► } a \text{ für } b$$
$$= F(a) - F(a)$$
$$= 0$$
$$\Rightarrow \underline{\underline{\int_a^a f(x)\,dx = 0}}$$

Merke:

- Ist eine Funktion f in $[a;b]$ integrierbar, so gilt: $\boldsymbol{\int_a^b f(x)\,dx = -\int_b^a f(x)\,dx}$
- Ist eine Funktion f an einer Stelle a definiert, so gilt: $\boldsymbol{\int_a^a f(x)\,dx = 0}$

Durch den Hauptsatz werden mit $\int\limits_a^b f(x)\,dx = F(x)\big|_a^b$ zwei voneinander unabhängig definierte Begriffe zusammengeführt, nämlich der Begriff „bestimmtes Integral" (► 1.1) und der Begriff „Stammfunktion in einem Intervall $[a; b]$". Verzichtet man in $\int\limits_a^b f(x)\,dx = F(x)\big|_a^b$ auf die Integrationsgrenzen a und b, so erhält man den formalen Ausdruck $\int f(x)\,dx = F(x)$, bezogen auf ein Intervall $[a\,; b]$.

Hat eine Funktion f in einem Intervall $[a\,; b] \subset D(f)$ eine Stammfunktion, so versteht man unter dem Symbol $\int f(x)\,dx$ den Funktionsterm irgendeiner Stammfunktion von f in $[a\,; b]$. Jede solche Stammfunktion F von f heißt **unbestimmtes Integral** der Funktion f in $[a\,; b]$. In diesen Begriff eingeschlossen ist auch der Fall, dass eine Funktion f in $[a\,; b]$ zwar eine Stammfunktion F besitzt, das bestimmte Integral $\int\limits_a^b f(x)\,dx$ aber nicht existiert.

Das Symbol $\int f(x)\,dx$ ist nicht eindeutig. Es kann für den Funktionsterm irgendeiner Stammfunktion von f stehen. Keinesfalls darf aus $\int f(x)\,dx = F(x)$ und $\int f(x)\,dx = G(x)$ auf $F(x) = G(x);\ x \in I$ geschlossen werden, sondern lediglich auf $F(x) = G(x) + c;\ x \in I$ mit einer Konstanten $c \in \mathbb{R}$.

Um an diesen Sachverhalt stets zu erinnern, wird daher im Folgenden statt der Schreibweise $\int f(x)\,dx = F(x)$ die Schreibweise $\boldsymbol{\int f(x)\,dx = F(x) + c;\ x \in I}$ verwendet, in der c eine **Integrationskonstante** bezeichnet. Auch hier versteht man unter $f(x)$ den Funktionsterm der Integrandfunktion f.

Spricht man vom **Berechnen oder vom Lösen eines unbestimmten Integrals**, so versteht man darunter die Ermittlung von Stammfunktionstermen $\int f(x)\,dx$ für f, und zwar für alle Intervalle $I \subset D(f)$, in denen f eine Stammfunktion besitzt. Solche Intervalle heißen **Gültigkeitsintervalle**. Dabei genügt es, jeweils nur Stammfunktionsterme für maximale Gültigkeitsintervalle anzugeben, denn diese sind dann auch Stammfunktionsterme in jedem Teilintervall dieser maximalen Gültigkeitsintervalle. Ist I ein maximales Gültigkeitsintervall für $\int f(x)\,dx = F(x) + c$, so schreibt man auch: $\int f(x)\,dx = F(x) + c;\ x \in I$.

Merke:

- Unter dem unbestimmten Integral einer Funktion f in einem Intervall I versteht man irgendeine Stammfunktion F von f in diesem Intervall I.
- Ist F eine Stammfunktion von f in einem Intervall I, so schreibt man für irgendeinen Stammfunktionsterm von f den Ausdruck $\int f(x)\,dx = F(x) + c$.
  Die Zahl für c wird als Integrationskonstante bezeichnet.

In einem Intervall I bedeuten die Schreibweisen $F'(x) = f(x)$ und $\int f(x)\,dx = F(x) + c$ dasselbe. Es handelt sich lediglich um verschiedene Schreibweisen. Eine Beziehung der Form $\int f(x)\,dx = F(x) + c$ in I kann nach dieser Definition immer dadurch überprüft werden, indem man durch eine **Probe** zeigt, dass $F'(x) = f(x)$ für alle $x \in I$ zutrifft.

Ist eine Funktion f in einem Intervall I differenzierbar, so ist f eine Stammfunktion ihrer Ableitungsfunktion f' in I, d. h. es gilt $\int f'(x)\,dx = f(x);\ x \in I$. Dabei braucht das bestimmte Integral der Funktion f' in I nicht zu existieren. Unter dieser Voraussetzung gilt:

Die unbestimmte Integration ist die Umkehrung der Differentiation

Hat andererseits eine Funktion f in einem Intervall I eine Stammfunktion, so gilt $[\int f(x)\,dx]' = f(x);\ x \in I$. Unter dieser Voraussetzung gilt:

Die Differentiation ist die Umkehrung der unbestimmten Integration

Beispiele: Berechnen Sie die nachstehenden unbestimmten Integrale und geben Sie jeweils maximale Gültigkeitsintervalle an.

- $\int \sin x \, dx$

Die Funktion $F: F(x) = -\cos x$; $D(F) = \mathbb{R}$ ist eine Stammfunktion der Integrandfunktion $f: f(x) = \sin x$; $D(f) = \mathbb{R}$, denn es gilt $F'(x) = f(x)$ für alle $x \in (-\infty; \infty)$.

Damit gilt $\int \sin x \, dx = -\cos x + c$ und $\mathbb{R} = (-\infty; \infty)$ ist das maximale Gültigkeitsintervall.

$\int \sin x \, dx = ?$ ▶ $f: f(x) = \sin x$; $D(f) = \mathbb{R}$

$F(x) = -\cos x$; $D(F) = \mathbb{R}$

Probe: $F'(x) = (-\cos x)'$

$= -(-\sin x)$

$= \underline{\sin x}$

$$\Rightarrow \int \sin x \, dx = -\cos x + c;\ x \in (-\infty; \infty);\ c \in \mathbb{R}$$

- $\int \frac{1}{x} \, dx$

Für die Integrandfunktion $f: f(x) = \frac{1}{x}$; $D(f) = \mathbb{R}^{\neq 0}$ kann es nur solche Gültigkeitsintervalle geben, welche die Stelle $x_0 = 0$ nicht enthalten. Deshalb werden die Fälle $x > 0$ und $x < 0$ unterschieden.

Für $x > 0$ kann für $f: f(x) = \frac{1}{x}$; $x \in \mathbb{R}^{>0}$ sofort eine Stammfunktion $F: F(x) = \ln x$; $D(F) = \mathbb{R}^{>0}$ angegeben werden. Sie ist auch Stammfunktion für jedes Intervall $I \subset (0; \infty)$, also für $x > 0$.

Für $x < 0$ ist $G: G(x) = \ln(-x)$ mit $D(G) = \mathbb{R}^{<0}$ eine Stammfunktion von $f: f(x) = \frac{1}{x}$; $x \in \mathbb{R}^{<0}$, was die Differentiation bestätigt. Sie ist auch Stammfunktion für jedes Intervall $I \subset (-\infty; 0)$, also für $x < 0$.

$\int \frac{1}{x} \, dx = ?$ ▶ $f: f(x) = \frac{1}{x}$; $D(f) = \mathbb{R}^{\neq 0}$

● $x > 0$

$F: F(x) = \ln x$; $D(F) = \mathbb{R}^{>0}$

Probe: $F'(x) = (\ln x)'$

$= \underline{\frac{1}{x};\ x > 0}$ ▶ $\frac{1}{x} = f(x)$

$$\Rightarrow \int \frac{1}{x} \, dx = \ln x + c_1;\ x \in (0; \infty);\ c \in \mathbb{R}$$

● $x < 0$

$G: G(x) = \ln(-x)$; $D(G) = \mathbb{R}^{<0}$

Probe: $G'(x) = [\ln(-x)]'$

$= \frac{1}{-x} \cdot (-1)$ ▶ Kettenregel

$= \underline{\frac{1}{x};\ x < 0}$ ▶ $\frac{1}{x} = f(x)$

$$\Rightarrow \int \frac{1}{x} \, dx = \ln(-x) + c_2;\ x \in (-\infty; 0);\ c \in \mathbb{R}$$

Beide Ergebnisse lassen sich zusammenfassen, wobei $\int \frac{1}{x} \, dx = \ln|x| + c$; $x \neq 0$ bedeutet, dass $\int \frac{1}{x} \, dx = \ln|x| + c$ in jedem Intervall gilt, welches die Stelle $x_0 = 0$ nicht enthält.

▶ $\int \frac{1}{x} \, dx = \ln x + c_1;\ x > 0$

▶ $\int \frac{1}{x} \, dx = \ln(-x) + c_2;\ x < 0$

$$\Rightarrow \int \frac{1}{x} \, dx = \begin{cases} \ln x + c_1, & \text{wenn } x > 0 \\ \ln(-x) + c_2, & \text{wenn } x < 0 \end{cases}$$

$$\Rightarrow \int \frac{1}{x} \, dx = \ln|x| + c;\ x \neq 0;\ c \in \mathbb{R}$$

- $\int \operatorname{sgn} x \, dx$

Es wurde schon gezeigt, dass die Funktion $f: f(x) = \operatorname{sgn} x$; $D(f) = \mathbb{R}$ keine Stammfunktionen in Intervallen besitzt, welche die Stelle $x_0 = 0$ enthalten, dass es aber andererseits Stammfunktionen $F: F(x) = -x + c_1$; $D(F) = \mathbb{R}^{<0}$ und auch $G: G(x) = x + c_2$; $D(G) = \mathbb{R}^{>0}$ gibt.

Die maximalen Gültigkeitsintervalle sind demnach $(-\infty; 0)$ und $(0; \infty)$.

$\int \operatorname{sgn} x \, dx = ?$

► $f: f(x) = \operatorname{sgn} x = \begin{cases} -1, & \text{wenn } x < 0 \\ 0, & \text{wenn } x = 0; D(f) = \mathbb{R} \\ 1, & \text{wenn } x > 0 \end{cases}$

- $\boldsymbol{x < 0}$

$F: F(x) = -x + c_1; D(F) = \mathbb{R}^{<0}$

Probe: $F'(x) = (-x + c_1)' = \underline{-1; x < 0}$

- $\boldsymbol{x > 0}$

$G: G(x) = x + c_2; D(G) = \mathbb{R}^{>0}$

Probe: $G'(x) = (x + c_2)' = \underline{1; x > 0}$

$$\Rightarrow \int \operatorname{sgn} x \, dx = \begin{cases} -x + c_1, & \text{wenn } x \in (-\infty; 0) \\ x + c_2, & \text{wenn } x \in (0; \infty) \end{cases}$$

Unbestimmte Integrale der so genannten elementaren Funktionen (► Kusch 3; 2.2.1 und 2.2.8 bis 2.2.13) werden oft als **Grundintegrale** bezeichnet. Solche Grundintegrale sind zum Beispiel:

- $\int x^2 \, dx = \underline{\underline{\frac{1}{3} \cdot x^3 + c; x \in \mathbb{R}}}$ ► Probe: $F(x) = \frac{1}{3} \cdot x^3 + c \Rightarrow F'(x) = \frac{1}{3} \cdot 3 \cdot x^2 + 0 = \underline{\underline{x^2; x \in \mathbb{R}}}$
- $\int \cos x \, dx = \underline{\underline{\sin x + c; x \in \mathbb{R}}}$ ► Probe: $F(x) = \sin x + c \Rightarrow F'(x) = \cos x + 0 = \underline{\underline{\cos x; x \in \mathbb{R}}}$
- $\int e^x \, dx = \underline{\underline{e^x + c; x \in \mathbb{R}}}$ ► Probe: $F(x) = e^x + c \Rightarrow F'(x) = e^x + 0 = \underline{\underline{e^x; x \in \mathbb{R}}}$
- $\int \cosh x \, dx = \underline{\underline{\sinh x + c; x \in \mathbb{R}}}$ ► Probe: $F(x) = \sinh x + c \Rightarrow F'(x) = \cosh x + 0 = \underline{\underline{\cosh x; x \in \mathbb{R}}}$

Grundintegrale sind wichtige Bausteine beim Berechnen von Integralen aller Art und werden deshalb im Kapitel **Integrationsverfahren** unter **2.1** zusammengestellt und behandelt.

Übungsaufgaben

Ermitteln Sie mithilfe der Tabelle „Ableitungen von Funktionen“ im Kapitel 4.2 eine Stammfunktion F zu den nachstehenden Funktionen f und überprüfen Sie das Ergebnis über die Beziehung $F'(x) = f(x); x \in D(f)$.

1. $f: f(x) = x^4$ **2.** $f: f(x) = \frac{1}{4} \cdot x^4$ **3.** $f: f(x) = \sqrt{x}$ **4.** $f: f(x) = \frac{1}{\sqrt{x}}$

5. $f: f(x) = \sqrt[n]{x}; n \in \mathbb{N}^{\geq 2}$ **6.** $f: f(x) = \frac{1}{x^2}$ **7.** $f: f(x) = e^x$ **8.** $f: f(x) = 10^x$

9. $f: f(x) = \log_4 10$ **10.** $f: f(x) = \frac{4}{3x^3}$ **11.** $f: f(x) = 4 \cdot \sin x$ **12.** $f: f(x) = \frac{1}{3} \cdot \cos x$

13. $f: f(x) = \frac{10}{\cos^2 x}$ **14.** $f: f(x) = \frac{12}{\sin^2 x}$ **15.** $f: f(x) = \frac{1}{\sqrt{1 - x^2}}$ **16.** $f: f(x) = 4 \cdot \sinh x$

17. $f: f(x) = \frac{1}{5} \cdot \cosh x$ **18.** $f: f(x) = \frac{10}{x^2 - 1}$ **19.** $f: f(x) = \frac{3}{\sinh^2 x}$ **20.** $f: f(x) = \frac{4}{\sqrt{x^2 - 1}}$

Zeigen Sie, dass die Funktionen F_1 und F_2 Stammfunktionen derselben Funktion f im angegebenen Intervall I sind. Geben Sie für c; $c \in \mathbb{R}$ eine Zahl an, sodass $F_1(x) = F_2(x) + c$ für alle $x \in I$ gilt.

21. $F_1 : F_1(x) = \operatorname{Arctan} x$ und $F_2 : F_2(x) = \operatorname{Arccot} \frac{1}{x}$; $I = \mathbb{R}^{>0}$

22. $F_1 : F_1(x) = -\operatorname{Arccos} x$ und $F_2 : F_2(x) = \operatorname{Arcsin} x$; $I = (-1\,;\,1)$

23. $F_1 : F_1(x) = 2 \cdot \operatorname{Arctan} x$ und $F_2 : F_2(x) = \operatorname{Arcsin} \frac{1-x^2}{1+x^2}$; $I = \mathbb{R}^{<0}$

24. $F_1 : F_1(x) = \ln x$ und $F_2 : F_2(x) = \operatorname{Arsinh} \frac{x^2-1}{2x}$; $I = \mathbb{R}^{>0}$

25. $F_1 : F_1(x) = \operatorname{Arcsin} x$ und $F_2 : F_2(x) = 0{,}5 \cdot \operatorname{Arcsin}(2x \cdot \sqrt{1-x^2})$; $I = [-0{,}5 \cdot \sqrt{2}; 0{,}5 \cdot \sqrt{2}]$

26. $F_1 : F_1(x) = \operatorname{Arctan} x$ und $F_2 : F_2(x) = \operatorname{Arcsin} \frac{x}{\sqrt{1+x^2}}$; $I = \mathbb{R}$

27. Zeigen Sie, dass die Funktionen $F : F(x) = \frac{1}{x}$; $D(F) = \mathbb{R}^{+0}$ und $G : G(x) = \frac{1+|x|}{x}$; $D(G) = \mathbb{R}^{+0}$ die gleiche Ableitungsfunktion haben, es aber keine Zahl für $c \in \mathbb{R}$ gibt, sodass $F(x) = G(x) + c$ für alle $x \in \mathbb{R}^{+0}$ gilt. Wie muss die Definitionsmenge abgeändert werden, damit sich die Funktionen F und G dann nur durch eine additive Konstante unterscheiden?

Berechnen Sie die nachstehenden bestimmten Integrale. Benutzen Sie die Tabelle „Ableitungen von Funktionen" im Kapitel 4.2 zum Finden einer Stammfunktion F zur Integrandfunktion f. In welchen Fällen ist der Integralwert die Maßzahl derjenigen Fläche, die zwischen dem Graphen der Integrandfunktion und der x-Achse im Integrationsintervall liegt?

28. $\int_{-2}^{3} 3\,\mathrm{d}x$ **29.** $\int_{0}^{4} x^2\,\mathrm{d}x$ **30.** $\int_{0}^{7} (7x^3)\,\mathrm{d}x$ **31.** $\int_{0}^{1} \cosh x\,\mathrm{d}x$

32. $\int_{-1}^{0} x\,\mathrm{d}x$ **33.** $\int_{-6}^{6} x^3\,\mathrm{d}x$ **34.** $\int_{-2}^{2} (3x+3)\,\mathrm{d}x$ **35.** $\int_{2}^{5} (6x^2 - x^3)\,\mathrm{d}x$

36. $\int_{-1}^{3} (3 - 4x - x^2)\,\mathrm{d}x$ **37.** $\int_{-1,5}^{1,5} (4x^3 - 3x^5)\,\mathrm{d}x$ **38.** $\int_{0}^{\frac{\pi}{2}} \sin t\,\mathrm{d}t$ **39.** $\int_{-1}^{1} \mathrm{e}^x\,\mathrm{d}x$

40. $\int_{-2}^{-0,5} \left(\frac{x^2}{2} - \frac{2}{x^3}\right)\mathrm{d}x$ **41.** $\int_{1}^{4} \frac{4-2x}{x^3}\,\mathrm{d}x$ **42.** $\int_{\sqrt{2}}^{\sqrt{5}} \left(\frac{x^4}{4} - x^2\right)\mathrm{d}x$ **43.** $\int_{-1}^{2} \frac{x^3 - x}{4}\,\mathrm{d}x$

44. $\int_{1}^{\mathrm{e}} \frac{1}{x}\,\mathrm{d}x$ **45.** $\int_{0}^{0,5} \frac{1}{\sqrt{1-x^2}}\,\mathrm{d}x$ **46.** $\int_{0}^{1} \frac{1}{1+x^2}\,\mathrm{d}x$ **47.** $\int_{1}^{2} \frac{x^2}{3}\,\mathrm{d}x$

48. Zeigen Sie, dass die Funktion $F : F(x) = 0{,}5 \cdot (x \cdot \sqrt{1-x^2} + \operatorname{Arcsin} x)$ eine Stammfunktion der Funktion $f : f(x) = \sqrt{1-x^2}$ im Intervall $[-1\,;\,1]$ ist. Berechnen Sie hiermit die Maßzahl der Viertelkreisfläche. ► Im Kapitel 1.1 konnte die Maßzahl der Viertelkreisfläche nur näherungsweise berechnet werden.

2 Integrationsverfahren

Im Gegensatz zum Differenzieren bereitet das Integrieren einer Funktion in der Regel große Schwierigkeiten. Grundsätzlich gibt es drei Möglichkeiten, eine Lösung zu finden.

Im Kapitel 1.1 – Bestimmte Integrale – wird mit einem sehr zeitraubenden Verfahren versucht, bestimmte Integrale über den gemeinsamen Grenzwert von Untersummenfolgen und Obersummenfolgen in einem abgeschlossenen Intervall zu berechnen.

Im Kapitel 2.9 – Numerische Integration – wird gezeigt, wie praktisch alle bestimmten Integrale näherungsweise berechnet werden können. Es handelt sich dabei um eine Methode, mit der oft Computerprogramme arbeiten.

Gegenstand dieses Kapitels sind Integrationsverfahren, mit denen man versucht, für eine in einem Intervall $[a\,;\,b]$ gegebene Funktion f dort eine Stammfunktion F anzugeben, denn ist die Funktion f in $[a\,;\,b]$ sogar integrierbar, so lässt sich über den Hauptsatz $\int_a^b f(x)\,\mathrm{d}x = F(b) - F(a)$ das bestimmte Integral $\int_a^b f(x)\,\mathrm{d}x$ einfach berechnen. Diese Integrationsverfahren sind auch deshalb von besonderer Bedeutung, weil es Computerprogramme gibt, die in vielen Fällen Stammfunktionen zu einer Funktion berechnen können.

Anmerkungen:

- In den nachfolgenden Kapiteln wird in der Aufgabenstellung eines unbestimmten Integrals (linke Spalte) stets die Definitionsmenge (► Kusch 3; 1.1.3) der Integrandfunktion f angegeben.
- Bei der Lösung von unbestimmten Integralen (rechte Spalte) werden zur Vereinfachung der Schreibweise Gültigkeitsintervalle (► 1.2) nur dann angegeben, wenn diese von $\mathbb{R} = (-\infty\,;\,\infty)$ abweichen. Die Angabe erfolgt dann zum Beispiel in der Form „$x \neq 0$" oder „$x \in [1\,;\,\infty)$" oder „$x \notin \{-1\,;\,1\}$".
  - „$x \neq 0$" bedeutet, dass die Lösung eine Stammfunktion in jedem Intervall ist, das 0 nicht enthält, dass es sich also um Stammfunktionen in jedem Teilintervall von $(-\infty\,;0)$ oder $(0;\infty)$ handelt.
  - „$x \in [1\,;\,\infty)$" sagt aus, dass die Lösung eine Stammfunktion in jedem Teilintervall von $[1\,;\,\infty)$ ist.
  - „$x \notin -1\,;\,1\}$" bedeutet, dass die Lösung eine Stammfunktion in jedem Intervall ist, das -1 und 1 nicht enthält.

2.1 Grundintegrale

Stammfunktionen von elementaren Funktionen, wie zum Beispiel $f\!:\!f(x) = x^2$; $f\!:\!f(x) = \mathrm{e}^x$; $f\!:\!f(x) = \sin x$; $f\!:\!f(x) = \ln x$ oder $f\!:\!f(x) = \sinh x$ (► Kusch 3; 2.2.1 und 2.2.8 bis 2.2.13), bezeichnet man als **Grundintegrale**. Mit ihnen kann man nämlich über den Hauptsatz unmittelbar das zugehörige bestimmte Integral in einem gegebenen Intervall $[a\,;\,b]$ berechnen, weil alle diese Funktionen integrierbar sind (► 1.1). Ziel der verschiedenen Integrationsverfahren ist es stets, ein zu berechnendes Integral auf solche Grundintegrale zurückzuführen.

Grundintegrale von Potenzfunktionen

- $\int x^n \,\mathrm{d}x = \frac{x^{n+1}}{n+1} + c$ ► Gültigkeitsintervalle: $\begin{cases} \blacktriangleright\ x \in \mathbb{R}, & \text{wenn } n \in \mathbb{N}^{\geq 1} \\ \blacktriangleright\ x \neq 0, & \text{wenn } n \in \mathbb{Z}^{<-1} \\ \blacktriangleright\ x \geq 0, & \text{wenn } n \in \mathbb{R}^{>0} \setminus \mathbb{N} \\ \blacktriangleright\ x > 0, & \text{wenn } n \in \mathbb{R}^{<0} \setminus \mathbb{Z}^{<-1} \end{cases}$ ► Potenzregel
- $\int x^{-1} \,\mathrm{d}x = \int \frac{1}{x} \,\mathrm{d}x = \ln|x| + c;\ x \neq 0$ ► 1.2
- $\int x^0 \,\mathrm{d}x = \int 1 \,\mathrm{d}x = x + c;\ x \neq 0$
- $\int 0 \,\mathrm{d}x = c$

Beispiele: Berechnen Sie die nachfolgenden unbestimmten Integrale mithilfe der Potenzregel.

- $\int x \,\mathrm{d}x;\ x \in \mathbb{R}$

$$\int x^n \,\mathrm{d}x = \frac{x^{n+1}}{n+1} + c \quad \blacktriangleright \text{ 1 für } n$$

$$\int x^1 \,\mathrm{d}x = \int x \,\mathrm{d}x = \frac{x^{1+1}}{1+1} = \underline{\underline{\frac{x^2}{2} + c}}$$

Probe: $F(x) = \frac{x^2}{2} + c \Rightarrow F'(x) = \underline{x}$

- $\int x^2 \,\mathrm{d}x;\ x \in \mathbb{R}$

$$\int x^n \,\mathrm{d}x = \frac{x^{n+1}}{n+1} + c \quad \blacktriangleright \text{ 2 für } n$$

$$\int x^2 \,\mathrm{d}x = \frac{x^{2+1}}{2+1} = \underline{\underline{\frac{x^3}{3} + c}}$$

Probe: $F(x) = \frac{x^3}{3} + c \Rightarrow F'(x) = \underline{x^2}$

- $\int x^7 \,\mathrm{d}x;\ x \in \mathbb{R}$

$$\int x^n \,\mathrm{d}x = \frac{x^{n+1}}{n+1} + c \quad \blacktriangleright \text{ 7 für } n$$

$$\int x^7 \,\mathrm{d}x = \frac{x^{7+1}}{7+1} = \underline{\underline{\frac{x^8}{8} + c}}$$

Probe: $F(x) = \frac{x^8}{8} + c \Rightarrow F'(x) = \underline{x^7}$

- $\int \sqrt{x} \,\mathrm{d}x;\ x \in \mathbb{R}^{\geq 0}$

► Für $x \in \mathbb{R}^{\geq 0}$ gilt $\sqrt{x} = x^{\frac{1}{2}}$.

$$\int \sqrt{x} \,\mathrm{d}x = \int x^{\frac{1}{2}} \,\mathrm{d}x \quad \blacktriangleright \ \frac{1}{2} \text{ für } n$$

$$= \frac{x^{\frac{1}{2}+1}}{\frac{1}{2}+1} + c$$

$$= \frac{x^{\frac{3}{2}}}{\frac{3}{2}} + c$$

$$= \frac{2}{3} \cdot \sqrt{x^3} + c$$

$$= \underline{\underline{\frac{2x}{3} \cdot \sqrt{x} + c;\ x \geq 0}}$$

- $\int \sqrt[6]{x^5}\, \mathrm{d}x;\, x \in \mathbb{R}^{\geq 0}$

► Für $x \in \mathbb{R}^{\geq 0}$ gilt $\sqrt[6]{x^5} = x^{\frac{5}{6}}$.

$$\int \sqrt[6]{x^5}\, \mathrm{d}x = \int x^{\frac{5}{6}}\, \mathrm{d}x \quad \blacktriangleright \frac{5}{6} \text{ für } n$$
$$= \frac{x^{\frac{11}{6}}}{\frac{11}{6}} + c$$
$$= \frac{6}{11} \cdot \sqrt[6]{x^{11}} + c$$
$$= \frac{6x}{11} \cdot \sqrt[6]{x^5} + c;\, x \geq 0$$

- $\int \frac{1}{\sqrt[3]{x}}\, \mathrm{d}x;\, x \in \mathbb{R}^{>0}$

► Für $x \in \mathbb{R}^{>0}$ gilt: $\frac{1}{\sqrt[3]{x}} = \frac{1}{x^{\frac{1}{3}}} = x^{-\frac{1}{3}}$

► Hier ist der Definitionsbereich der Stammfunktion F mit $D(F) = \mathbb{R}^{\geq 0}$ größer als der Definitionsbereich der Integrandfunktion f.

$$\int \frac{1}{\sqrt[3]{x}}\, \mathrm{d}x = \int x^{-\frac{1}{3}}\, \mathrm{d}x \quad \blacktriangleright -\frac{1}{3} \text{ für } n$$
$$= \frac{x^{\frac{2}{3}}}{\frac{2}{3}} + c$$
$$= \frac{3}{2} \cdot \sqrt[3]{x^2} + c;\, x > 0$$

- $\int \frac{1}{x^6}\, \mathrm{d}x;\, x \in \mathbb{R}^{\neq 0}$

► Für $x \in \mathbb{R}^{\neq 0}$ gilt: $\frac{1}{x^6} = x^{-6}$.

$$\int \frac{1}{x^6}\, \mathrm{d}x = \int x^{-6}\, \mathrm{d}x \quad \blacktriangleright -6 \text{ für } n$$
$$= \frac{x^{-5}}{-5} + c$$
$$= -\frac{1}{5x^5} + c;\, x \neq 0$$

- $\int (x^2 \cdot \sqrt[3]{x})\, \mathrm{d}x;\, x \in \mathbb{R}^{\geq 0}$

► Für $x \in \mathbb{R}^{\geq 0}$ gilt: $\sqrt[3]{x} = x^{\frac{1}{3}}$.

$$\int x^2 \cdot \sqrt[3]{x}\, \mathrm{d}x = \int \left(x^2 \cdot x^{\frac{1}{3}}\right) \mathrm{d}x$$
$$= \int x^{\frac{7}{3}}\, \mathrm{d}x \quad \blacktriangleright \frac{7}{3} \text{ für } n$$
$$= \frac{x^{\frac{10}{3}}}{\frac{10}{3}} + c$$
$$= -\frac{3x^3}{10} \cdot \sqrt[3]{x} + c;\, x \geq 0$$

- $\int \frac{x^4 \cdot \sqrt{x}}{\sqrt[3]{x^2}}\, \mathrm{d}x;\, x \in \mathbb{R}^{>0}$

► Für $x \in \mathbb{R}^{>0}$ gelten:

$\sqrt{x} = x^{\frac{1}{2}}$ und $\frac{1}{\sqrt[3]{x^2}} = \frac{1}{x^{\frac{2}{3}}} = x^{-\frac{2}{3}}$

► Hier ist der Definitionsbereich der Stammfunktion F mit $D(F) = \mathbb{R}^{\geq 0}$ größer als der Definitionsbereich der Integrandfunktion f.

$$\int \frac{x^4 \cdot \sqrt{x}}{\sqrt[3]{x^2}}\, \mathrm{d}x = \int (x^4 \cdot x^{\frac{1}{2}} \cdot x^{-\frac{2}{3}})\, \mathrm{d}x$$
$$= \int (x^{\frac{24}{6}} \cdot x^{\frac{3}{6}} \cdot x^{-\frac{4}{6}})\, \mathrm{d}x$$
$$= \int x^{\frac{23}{6}}\, \mathrm{d}x \quad \blacktriangleright \frac{23}{6} \text{ für } n$$
$$= \frac{x^{\frac{29}{6}}}{\frac{29}{6}} + c$$
$$= \frac{6x^4}{29} \cdot \sqrt[6]{x^5} + c;\, x > 0$$

- $\int \frac{\sqrt{x\cdot\sqrt{x}}}{\sqrt{x}}\,\mathrm{d}x;\ x\in\mathbb{R}^{>0}$

► Für $x\in\mathbb{R}^{>0}$ gelten:
$\sqrt{x\cdot\sqrt{x}}=\sqrt{x}\cdot\sqrt{\sqrt{x}}=x^{\frac{1}{2}}\cdot(x^{\frac{1}{2}})^{\frac{1}{2}}=x^{\frac{1}{2}}\cdot x^{\frac{1}{4}}=x^{\frac{3}{4}}$
und $\frac{1}{\sqrt{x}}=\frac{1}{x^{\frac{1}{2}}}=x^{-\frac{1}{2}}$

► Hier ist der Definitionsbereich der Stammfunktion F mit $D(F)=\mathbb{R}^{\geq 0}$ größer als der Definitionsbereich der Integrandfunktion f.

$$\int \frac{\sqrt{x\cdot\sqrt{x}}}{\sqrt{x}}\,\mathrm{d}x=\int(x^{\frac{3}{4}}\cdot x^{-\frac{1}{2}})\,\mathrm{d}x$$
$$=\int(x^{\frac{3}{4}}\cdot x^{-\frac{2}{4}})\,\mathrm{d}x$$
$$=\int x^{\frac{1}{4}}\,\mathrm{d}x \quad ► \frac{1}{4} \text{ für } n$$
$$=\frac{x^{\frac{5}{4}}}{\frac{5}{4}}+c$$
$$=\underline{\underline{\frac{4x}{5}\cdot\sqrt[4]{x}+c;\ x>0}}$$

- $\int \frac{x\cdot\sqrt[3]{x^2}}{\sqrt[6]{x^5\cdot\sqrt[4]{x^3}}}\,\mathrm{d}x;\ x\in\mathbb{R}^{>0}$

► Für $x\in\mathbb{R}^{>0}$ gelten: $\sqrt[3]{x^2}=x^{\frac{2}{3}}$ und
$\frac{1}{\sqrt[6]{x^5\cdot\sqrt[4]{x^3}}}=\frac{1}{x^{\frac{5}{6}}\cdot(x^{\frac{3}{4}})^{\frac{1}{6}}}=x^{-\frac{5}{6}}\cdot x^{-\frac{3}{24}}=x^{-\frac{23}{24}}$

► Hier ist der Definitionsbereich der Stammfunktion F mit $D(F)=\mathbb{R}^{>0}$ größer als der Definitionsbereich der Integrandfunktion f.

$$\int \frac{x\cdot\sqrt[3]{x^2}}{\sqrt[6]{x^5\cdot\sqrt[4]{x^3}}}\,\mathrm{d}x=\int(x\cdot x^{\frac{2}{3}}\cdot x^{-\frac{23}{24}})\,\mathrm{d}x$$
$$=\int(x^{\frac{24}{24}}\cdot x^{\frac{16}{24}}\cdot x^{-\frac{23}{24}})\,\mathrm{d}x$$
$$=\int x^{\frac{17}{24}}\,\mathrm{d}x \quad ► \frac{17}{24} \text{ für } n$$
$$=\underline{\underline{\frac{24x}{41}\cdot\sqrt[24]{x^{17}}+c;\ x>0}}$$

Grundintegrale von Exponentialfunktionen (► Kusch 3; 2.2.8)

$$\boldsymbol{\int e^x\,dx = e^x + c}$$

Probe: $F(x)=e^x+c \quad\Rightarrow F'(x)=\underline{\underline{e^x}}$

$$\boldsymbol{\int a^x\,dx=\frac{a^x}{\ln a}+c;\ a\in\mathbb{R}^{>0}\setminus\{1\}}$$

Probe: $F(x)=\frac{a^x}{\ln a}+c \quad\Rightarrow F'(x)=\frac{a^x\ln}{\ln a}=\underline{\underline{a^x}}$

Grundintegrale von trigonometrischen Funktionen (► Kusch 3; 2.2.10)

$$\boldsymbol{\int \sin x\,dx=-\cos x+c}$$

Probe: $F(x)=-\cos x+c \quad\Rightarrow F'(x)=\underline{\underline{\sin x}}$

$$\boldsymbol{\int \cos x\,dx=\sin x+c}$$

Probe: $F(x)=\sin x+c \quad\Rightarrow F'(x)=\underline{\underline{\cos x}}$

$$\boldsymbol{\int\frac{dx}{\cos^2 x}=\tan x+c;\ x\notin\left\{\frac{\pi}{2}+k\cdot\pi\right\};k\in\mathbb{Z}}$$

Probe: $F(x)=\tan x+c \quad\Rightarrow F'(x)=\underline{\underline{\frac{1}{\cos^2 x}}}$

$$\boldsymbol{\int\frac{dx}{\sin^2 x}=-\cot x+c;\ x\notin\{k\cdot\pi\};k\in\mathbb{Z}}$$

Probe: $F(x)=-\cot x+c \quad\Rightarrow F'(x)=\underline{\underline{\frac{1}{\sin^2 x}}}$

Grundintegrale von Arkusfunktionen (► Kusch 3; 2.2.11)

$$\int \frac{dx}{\sqrt{1-x^2}} = \text{Arcsin}\, x + c_1;\ x \in (-1;1)$$

oder

$$\int \frac{dx}{\sqrt{1-x^2}} = -\,\text{Arccos}\, x + c_2;\ x \in -1;1)$$

Probe: $F(x) = \text{Arcsin}\, x + c_1 \Rightarrow F'(x) = \underline{\underline{\frac{1}{\sqrt{1-x^2}}}}$

Probe: $G(x) = -\text{Arccos}\, x + c_2 \Rightarrow G'(x) = \underline{\underline{\frac{1}{\sqrt{1-x^2}}}}$

Für das gleiche Intervall existieren also verschiedene Stammfunktionen, bei denen man nicht unmittelbar erkennt, um welche Integrationskonstante sie sich unterscheiden.

► $\text{Arcsin}\, x = \frac{\pi}{2} - \text{Arccos}\, x;\ x \in (-1;1)$ (► Kusch 3; 2.2.11)

$$\int \frac{dx}{1+x^2} = \text{Arctan}\, x + c_1$$

oder

$$\int \frac{dx}{1+x^2} = -\,\text{Arccot}\, x + c_2$$

Probe: $F(x) = \text{Arctan}\, x + c_1 \Rightarrow F'(x) = \underline{\underline{\frac{1}{1+x^2}}}$

Probe: $G(x) = \text{Arccot}\, x + c_2 \Rightarrow G'(x) = \underline{\underline{\frac{1}{1+x^2}}}$

Für gleiche Intervalle existieren also verschiedene Stammfunktionen, bei denen man nicht unmittelbar erkennt, um welche Integrationskonstante sie sich unterscheiden.

► $\text{Arctan}\, x = \frac{\pi}{2} - \text{Arccot}\, x;\ x \in \mathbb{R}$ (► Kusch 3; 2.2.11)

Grundintegrale von Hyperbelfunktionen (► Kusch 3; 2.2.12)

$$\int \sinh x\, dx = \cosh x + c$$

Probe: $F(x) = \cosh x + c \Rightarrow F'(x) = \underline{\underline{\sinh x}}$

$$\int \cosh x\, dx = \sinh x + c$$

Probe: $F(x) = \sinh x + c \Rightarrow F'(x) = \underline{\underline{\cosh x}}$

$$\int \frac{1}{\cosh^2 x}\, dx = \tanh x + c$$

Probe: $F(x) = \tanh x + c \Rightarrow F'(x) = \underline{\underline{\frac{1}{\cosh^2 x}}}$

$$\int \frac{1}{\sinh^2 x}\, dx = -\coth x + c;\ x \neq 0$$

Probe: $F(x) = -\coth x + c \Rightarrow F'(x) = \underline{\underline{\frac{1}{\sinh^2 x}}}$

Grundintegrale von Areahyperbelfunktionen (► Kusch 3; 2.2.13)

$$\int \frac{dx}{\sqrt{x^2+1}} = \ln(x+\sqrt{x^2+1}) + c = \operatorname{Arsinh} x + c$$

Probe:
$F(x) = \operatorname{Arsinh} x + c \Rightarrow F'(x) = \frac{1}{\sqrt{x^2+1}}$

$$\int \frac{dx}{\sqrt{x^2-1}} = \begin{cases} -\ln(-x+\sqrt{x^2-1}) + c = -\operatorname{Arcosh}(-x) + c;\ x < -1 \\ \ln(x+\sqrt{x^2-1}) + c = \operatorname{Arcosh} x + c;\ x > 1 \end{cases}$$

Probe: $F(x) = -\operatorname{Arcosh}(-x) + c$
$\Rightarrow F'(x) = -\frac{1}{\sqrt{(-x)^2-1}} \cdot (-1) = \frac{1}{\sqrt{x^2-1}}$
$G(x) = \operatorname{Arcosh} x + c \Rightarrow G'(x) = \frac{1}{\sqrt{x^2-1}}$

Man kann die beiden letzten Fälle auch zusammenfassen, und zwar gilt dann:

$$\int \frac{dx}{\sqrt{x^2-1}} = \ln\left|x+\sqrt{x^2-1}\right| + c;\ x < -1 \text{ oder } x > 1$$

$$\int \frac{dx}{1-x^2} = 0{,}5 \cdot \ln\frac{1+x}{1-x} + c = \operatorname{Artanh} x + c;\ x \in (-1;1)$$

oder

$$\int \frac{dx}{1-x^2} = 0{,}5 \cdot \ln\frac{x+1}{x-1} + c = \operatorname{Arcoth} x + c;\ x < -1 \text{ oder } x > 1$$

Probe:
$F(x) = \operatorname{Artanh} x + c \Rightarrow F'(x) = \frac{1}{1-x^2}$

Probe:
$G(x) = \operatorname{Arcoth} x + c \Rightarrow G'(x) = \frac{1}{1-x^2}$

Man kann die beiden letzten Fälle auch zusammenfassen, und zwar gilt dann:

$$\int \frac{dx}{1-x^2} = 0{,}5 \cdot \ln\left|\frac{x+1}{x-1}\right| + c;\ x \notin \{-1;1\}$$

► Arsinh x, Arcosh x, Artanh x und Arcoth x sind Kurzschreibweisen der entsprechenden Logarithmusfunktionen. ► Kusch 3; 2.2.13

Übungsaufgaben

Berechnen Sie die unbestimmten Integrale mit den nachstehenden Integrandfunktionen unter Verwendung von Grundintegralen.

1. $f: f(x) = e^x$
2. $f: f(x) = b^x;\ b \in \mathbb{R}^{>0} \setminus \{1\}$
3. $f: f(x) = 10^x$
4. $f: f(x) = \frac{1}{x}$
5. $f: f(x) = \log_2 a;\ a > 0$
6. $f: f(x) = \log_4 10$
7. $f: f(x) = \sin x$
8. $f: f(x) = \cos x$
9. $f: f(x) = \frac{1}{\cos^2 x}$
10. $f: f(x) = \frac{1}{1+x^2}$
11. $f: f(x) = \frac{1}{\sin^2 x}$
12. $f: f(x) = \frac{m}{n \cdot \sin^2 x};\ n \neq 0$
13. $f: f(x) = \frac{1}{\sqrt{1-x^2}}$
14. $f: f(x) = \sinh x$
15. $f: f(x) = \cosh x$
16. $f: f(x) = \frac{1}{x^2-1}$
17. $f: f(x) = \frac{1}{\sinh^2 x}$
18. $f: f(x) = \frac{1}{\sqrt{x^2+1}}$
19. $f: f(x) = \frac{1}{1-x^2}$
20. $f: f(x) = \frac{1}{\sqrt{x^2-1}}$
21. $f: f(x) = \frac{1}{\cosh^2 x}$

Berechnen Sie die nachstehenden unbestimmten Integrale unter Verwendung von Grundintegralen.

22. $\int x^{-\frac{7}{3}}\,\mathrm{d}x$	**23.** $\int \left(x \cdot \sqrt{x^{-1}}\right)\mathrm{d}x$	**24.** $\int \left(x \cdot \frac{x^{-1}}{x^5}\right)\mathrm{d}x$
25. $\int \frac{\sqrt[3]{x}}{x}\,\mathrm{d}x$	**26.** $\int \frac{x^2}{x^{-2}}\,\mathrm{d}x$	**27.** $\int \frac{x^4}{x^{\frac{2}{3}}}\,\mathrm{d}x$
28. $\int \frac{\sqrt{x}}{x^3}\,\mathrm{d}x$	**29.** $\int \frac{x^{\frac{1}{2}} \cdot \sqrt[3]{x^2}}{\sqrt{x^3} \cdot \sqrt[6]{x^5}}\,\mathrm{d}x$	**30.** $\int \frac{x^2 \cdot \sqrt[4]{x}}{x^{-3} \cdot \sqrt{x^3}}\,\mathrm{d}x$
31. $\int \sqrt{x \cdot \sqrt{x \cdot \sqrt{x}}}\,\mathrm{d}x$	**32.** $\int \sqrt{x^2 \cdot \sqrt{x^2 \cdot \sqrt{x}}}\,\mathrm{d}x$	**33.** $\int \left(x^3 \cdot \sqrt{x^{\frac{1}{3}}}\right)\mathrm{d}x$
34. $\int \frac{x^{-2}}{x^{-1}}\,\mathrm{d}x$	**35.** $\int \sqrt[5]{x^3}\,\mathrm{d}x$	**36.** $\int \frac{x^3 \cdot \sqrt[3]{x}}{\sqrt[3]{x^2}}\,\mathrm{d}x$

Zeigen Sie die Gültigkeit der nachstehenden Beziehungen durch „Differenzieren der rechten Seite".

37. $\int \operatorname{Arccos} x\,\mathrm{d}x = x \cdot \operatorname{Arccos} x - \sqrt{1-x^2} + c;\; x \in (-1\,;1)$

38. $\int \operatorname{Arccot} x\,\mathrm{d}x = x \cdot \operatorname{Arccot} x + 0{,}5 \cdot \ln(1+x^2) + c$

39. $\int \operatorname{Arcosh} x\,\mathrm{d}x = x \cdot \operatorname{Arcosh} x - \sqrt{x^2-1} + c;\; x > 1$

40. $\int \operatorname{Arcoth} x\,\mathrm{d}x = x \cdot \operatorname{Arcoth} x + 0{,}5 \cdot \ln(x^2-1) + c;\; x < -1$ oder $x > 1$

2.2 Faktorregel

Problem: Berechnen Sie die unbestimmten Integrale $\int(2\cdot x)\,\mathrm{d}x$ sowie $2\cdot\int x\,\mathrm{d}x$ und vergleichen Sie die Ergebnisse.

Die Funktionen $F: F(x) = x^2 + c;\; D(F) = \mathbb{R}$ sind Stammfunktionen der Funktion $f: f(x) = 2\cdot x;\; D(f) = \mathbb{R}$, denn es gilt $F'(x) = f(x);\; x \in \mathbb{R}$.

Auch für $2\cdot\int x\,\mathrm{d}x$ erhält man mit der Potenzregel (► 2.1) die Stammfunktionen $F: F(x) = x^2 + c;\; D(F) = \mathbb{R}$. Der Faktor „2" in $\int(2\cdot x)\,\mathrm{d}x$ kann also vor das Integralzeichen gesetzt werden.

- $\int(2\cdot x)\,\mathrm{d}x = \underline{x^2 + c;\; x \in \mathbb{R}}$

  Probe: $F(x) = x^2 + c \Rightarrow F'(x) = 2\cdot x$

- $2\cdot\int x\,\mathrm{d}x = 2\cdot\left(\frac{x^2}{2} + c_1\right)$ ► Potenzregel

  $= x^2 + 2\cdot c_1$ ► $2\cdot c_1 = c$

  $= \underline{x^2 + c;\; x \in \mathbb{R}}$

$\underline{\underline{\int(2\cdot x)\,\mathrm{d}x = 2\cdot\int x\,\mathrm{d}x}}$

Dieser Sachverhalt gilt allgemein. Hat nämlich eine Funktion f in einem Intervall I eine Stammfunktion F, so hat die Funktion $k\cdot f;\; k \in \mathbb{R}$ in I die Stammfunktion $k\cdot F$, denn mit der Faktorregel der Differentialrechnung (► Kusch 3; 2.2.2) gilt $[k\cdot F(x)]' = k\cdot F'(x) = k\cdot f(x)$ für alle $x \in I$. Wegen $F(x) = \int f(x)\,\mathrm{d}x$ gilt somit $\int[k\cdot f(x)]\,\mathrm{d}x = k\cdot F(x) = k\cdot\int f(x)\,\mathrm{d}x$. ► **Faktorregel**

Merke:

Hat eine Funktion f in einem Intervall I eine Stammfunktion, so hat auch die Funktion $k\cdot f;\; k \in \mathbb{R}$ eine Stammfunktion und es gilt:

$$\int[k\cdot f(x)]\,\mathrm{d}x = k\cdot\int f(x)\,\mathrm{d}x;\; k \in \mathbb{R} \quad \blacktriangleright \textbf{ Faktorregel}$$

Ein konstanter Faktor kann also vor das Integralzeichen geschrieben werden.

Berechnen Sie die nachstehenden unbestimmten Integrale mithilfe der Faktorregel.

- $\int (7 \cdot x^5)\,dx;\ x \in \mathbb{R}$

$$\int (7 \cdot x^5)\,dx = 7 \cdot \int x^5\,dx \quad \blacktriangleright\ 7 \text{ für } k$$
$$= \underline{\underline{\frac{7x^6}{6} + c}}$$

- $\int (a \cdot e^x)\,dx;\ a;\ x \in \mathbb{R}$

$$\int (a \cdot e^x)dx = a \cdot \int e^x\,dx \quad \blacktriangleright\ a \text{ für } k$$
$$= \underline{\underline{a \cdot e^x + c;\ a \in \mathbb{R}}}$$

- $\int (-\sin x)\,dx;\ x \in \mathbb{R}$

$$\int (-\sin x)\,dx = -\int \sin x\,dx \quad \blacktriangleright\ -1 \text{ für } k$$
$$= -(-\cos x) + c$$
$$= \underline{\underline{\cos x + c}}$$

- $\int \frac{dx}{-x^2};\ x \in \mathbb{R}^{\neq 0}$

$$\int \frac{dx}{-x^2} = -\int x^{-2}\,dx \quad \blacktriangleright\ -1 \text{ für } k$$
$$= -\frac{x^{-1}}{-1} + c$$
$$= \underline{\underline{\frac{1}{x} + c;\ x \neq 0}}$$

- $\int \frac{4a^2}{3 \cdot \sin^2 x}\,dx;\ x \in \mathbb{R}\backslash\{k\pi\};\ k \in \mathbb{Z}$

$$\int \frac{4a^2}{3 \cdot \sin^2 x}\,dx = \frac{4a^2}{3} \cdot \int \frac{dx}{\sin^2 x} \quad \blacktriangleright\ \frac{4a^2}{3} \text{ für } k$$
$$= \underline{\underline{-\frac{4a^2}{3} \cdot \cot x + c;\ x \neq k\pi;\ k \in \mathbb{Z}}}$$

- $\int \frac{\sqrt[3]{27x}}{\sqrt[3]{a^6 \cdot x^4}}\,dx;\ x \in \mathbb{R}^{>0}$

▸ Hier ist der Definitionsbereich der Stammfunktion F mit $D(F) = \mathbb{R}^{\neq 0}$ größer als der Definitionsbereich der Integrandfunktion f.

$$\int \frac{3 \cdot \sqrt[3]{x}}{a^2 \cdot \sqrt[3]{x^4}}\,dx = \frac{3}{a^2} \cdot \int \left(x^{\frac{1}{3}} \cdot x^{-\frac{4}{3}}\right) dx \quad \blacktriangleright\ \frac{3}{a^2} \text{ für } k$$
$$= \frac{3}{a^2} \cdot \int x^{-1}\,dx$$
$$= \frac{3}{a^2} \cdot \int \frac{1}{x}\,dx$$
$$= \underline{\underline{\frac{3}{a^2} \cdot \ln|x| + c;\ x \neq 0}}$$

- $\int \frac{4 \cdot \tan^2 x}{b^2 \cdot \sin^2 x}\,dx;\ x \in \mathbb{R}\backslash\left\{\frac{\pi}{2} + k\pi;\ k\pi\right\};\ k \in \mathbb{Z};\ b \neq 0$

▸ Es wird die Beziehung $\tan x = \frac{\sin x}{\cos x}$ verwendet.

▸ Der Definitionsbereich der Stammfunktion F ist hier mit $D(F) = \mathbb{R}\backslash\left\{\frac{\pi}{2} + k\pi\right\}$ größer als der Definitionsbereich der Integrandfunktion f.

$$\int \frac{4 \cdot \tan^2 x}{b^2 \cdot \sin^2 x}\,dx = \frac{4}{b^2} \cdot \int \frac{\sin^2 x}{\cos^2 x \cdot \sin^2 x}\,dx \quad \blacktriangleright\ \frac{4}{b^2} \text{ für } k$$
$$= \frac{4}{b^2} \cdot \int \frac{dx}{\cos^2 x}$$
$$= \underline{\underline{\frac{4}{b^2} \cdot \tan x + c;}}\quad x \notin \left\{\frac{\pi}{2} + k\pi;\ k\pi\right\}$$
und $k \in \mathbb{Z};\ b \neq 0$

- $\int \sqrt{\frac{4-4x}{16\cdot(1+x)\cdot(1-x)^2}}\,dx;\ x \in (-1\,;1)$

► Man kann das Integral durch Faktorisieren und Kürzen auf das Grundintegral $\int \frac{dx}{\sqrt{1-x^2}}$ zurückführen.

► Hier ist der Definitionsbereich der Stammfunktion F mit $D(F) = [-1\,;1]$ größer als der Definitionsbereich der Integrandfunktion f.

$$\int \sqrt{\frac{4-4x}{16\cdot(1+x)\cdot(1-x)^2}}\,dx = \int \sqrt{\frac{4\cdot(1-x)}{16\cdot(1+x)\cdot(1-x)^2}}\,dx$$

$$= \frac{1}{2}\cdot\int \sqrt{\frac{1}{(1-x)\cdot(1+x)}}\,dx \quad ► \ \frac{1}{2} \text{ für } k$$

$$= \frac{1}{2}\cdot\int \frac{dx}{\sqrt{1-x^2}}$$

$$= \frac{1}{2}\cdot \text{Arcsin}\, x + c;\ x \in (-1\,;1)$$

- $\int \frac{6a^4x}{a^2x + a^2x^3}\,dx;\ a;x \in \mathbb{R}^{\neq 0}$

► Man kann das Integral durch Faktorisieren und Kürzen auf das Grundintegral $\int \frac{dx}{1+x^2}$ zurückführen.

► Hier ist der Definitionsbereich der Stammfunktion F mit $D(F) = \mathbb{R}$ größer als der Definitionsbereich der Integrandfunktion f.

$$\int \frac{6a^4x}{a^2x + a^2x^3}\,dx = \int \frac{6a^4x}{a^2x\cdot(1+x^2)}\,dx$$

$$= 6a^2\cdot\int \frac{dx}{1+x^2} \quad ► \ 6a^2 \text{ für } k$$

$$= 6a^2\cdot \text{Arctan}\, x + c;\ x;\ a \neq 0$$

- $\int \frac{1-x}{4x^3-4x^2-4x+4}\,dx;\ x \in \mathbb{R}\setminus\{-1\,;1\}$

► Der Term unter dem Bruchstrich kann faktorisiert werden.

► $4x^3-4x^2-4x+4 = 4x^2\cdot(x-1) - 4\cdot(x-1)$

$$= 4\cdot(x-1)\cdot(x^2-1)$$

$$= 4\cdot(x-1)\cdot(x-1)\cdot(x+1)$$

$$= 4\cdot(x-1)^2\cdot(x+1)$$

$$\int \frac{1-x}{4x^3-4x^2-4x+4}\,dx = \int \frac{1-x}{4\cdot(x-1)^2\cdot(x+1)}\,dx$$

$$= \frac{1}{4}\cdot\int \frac{1-x}{(1-x)^2\cdot(1+x)}\,dx \quad ► \ \frac{1}{4} \text{ für } k$$

$$= \frac{1}{4}\cdot\int \frac{dx}{1-x^2}$$

$$= \frac{1}{8}\cdot \ln\left|\frac{1+x}{1-x}\right| + c;\ x \notin \{-1\,;1\}$$

Übungsaufgaben

Berechnen Sie die nachstehenden unbestimmten Integrale mithilfe der Faktorregel.

1. $\int (4x^3)\,dx$	**2.** $\int (5\cdot\sqrt[5]{x^3})\,dx$	**3.** $\int (-\cos x)\,dx$
4. $\int (8x^3)\,dx$	**5.** $\int (10\cdot\sqrt[6]{x^5})\,dx$	**6.** $\int (5\cdot\cos x)\,dx$
7. $\int \frac{4}{\sqrt{x^3}}\,dx$	**8.** $\int \frac{5}{\sqrt{x}}\,dx$	**9.** $\int \frac{17}{\cos^2 x}\,dx$

10. $\int (a \cdot x^{\frac{1}{3}})\,\mathrm{d}x$ **11.** $\int (9x^7)\,\mathrm{d}x$ **12.** $\int (\mathrm{e} \cdot \mathrm{e}^x)\,\mathrm{d}x$

13. $\int \left(\frac{3}{5} \cdot x^{\frac{5}{3}}\right)\mathrm{d}x$ **14.** $\int \frac{5}{\sqrt[4]{x^3}}\,\mathrm{d}x$ **15.** $\int \frac{\mathrm{d}x}{3 \cdot \sin^2 x}$

16. $\int \frac{x}{b}\,\mathrm{d}x;\ b \neq 0$ **17.** $\int \frac{2}{3 \cdot \sqrt{x}}\,\mathrm{d}x$ **18.** $\int \frac{5}{\sin^2 x}\,\mathrm{d}x$

19. $\int \frac{b}{x^3}\,\mathrm{d}x$ **20.** $\int \frac{3}{4 \cdot \sqrt[3]{x}}\,\mathrm{d}x$ **21.** $\int \frac{10}{1+x^2}\,\mathrm{d}x$

22. $\int \frac{3}{4x^6}\,\mathrm{d}x$ **23.** $\int \left(-2 \cdot \frac{1}{x}\right)\mathrm{d}x$ **24.** $\int \frac{5}{\cos^2 x}\,\mathrm{d}x$

25. $\int (2 \cdot \sqrt{x})\,\mathrm{d}x$ **26.** $\int (3 \cdot \sin x)\,\mathrm{d}x$ **27.** $\int (4 \cdot \sinh x)\,\mathrm{d}x$

28. $\int (5 \cdot \sqrt[3]{x})\,\mathrm{d}x$ **29.** $\int (\pi \cdot \cos x)\,\mathrm{d}x$ **30.** $\int (\mathrm{e} \cdot 10^x)\,\mathrm{d}x$

31. $\int \frac{2 \cdot \sqrt{x}}{x}\,\mathrm{d}x$ **32.** $\int \left(\frac{1}{3} \cdot \cos x\right)\mathrm{d}x$ **33.** $\int \frac{3}{7 \cdot (1+x^2)}\,\mathrm{d}x$

34. $\int (a \cdot \sqrt[b]{x})\,\mathrm{d}x;\ b \in \mathbb{N}^{\geq 2}$ **35.** $\int (-3 \cdot \cos x)\,\mathrm{d}x$ **36.** $\int (a \cdot b^x)\,\mathrm{d}x;\ b \in \mathbb{R}^{>0} \setminus \{1\}$

37. $\int (2 \cdot \sqrt[3]{x})\,\mathrm{d}x$ **38.** $\int (-5 \cdot \sin x)\,\mathrm{d}x$ **39.** $\int (8 \cdot \sqrt[4]{x})\,\mathrm{d}x$

40. $\int (5 \cdot \sqrt[4]{x})\,\mathrm{d}x$ **41.** $\int (0{,}7 \cdot \cosh x)\,\mathrm{d}x$ **42.** $\int (3 \cdot \sqrt[1001]{x^7})\,\mathrm{d}x$

43. $\int \frac{2}{\sqrt{1-x^2}}\,\mathrm{d}x$ **44.** $-\int \left(\frac{1}{3} \cdot \sin x\right)\mathrm{d}x$ **45.** $\int \frac{12}{\sqrt{1+x} \cdot \sqrt{1-x}}\,\mathrm{d}x$

46. $\int \frac{0{,}5}{1-\sin^2 x}\,\mathrm{d}x$ **47.** $\int \frac{7}{8 \cdot \cos^2 x}\,\mathrm{d}x$ **48.** $\int \frac{a^2}{1+x^2}\,\mathrm{d}x$

49. $\int \frac{10^x}{10}\,\mathrm{d}x$ **50.** $\int \frac{20}{\cos x \cdot \sqrt{1-\sin^2 x}}\,\mathrm{d}x$ **51.** $\int \frac{a \cdot \sqrt{x} \cdot \sqrt[b]{x}}{b \cdot \sqrt[3]{x^2} \cdot \sqrt[a]{x^2}}\,\mathrm{d}x;\ a;\, b \in \mathbb{N}^{\geq 2}$

2.3 Summenregel

Problem: Berechnen Sie $\int(2\cdot x+3\cdot x^2)\,dx$ sowie $\int(2\cdot x)\,dx+\int(3\cdot x^2)\,dx$ und vergleichen Sie die Ergebnisse.

$F: F(x)=x^2+x^3+c;\ c\in\mathbb{R}$ sind Stammfunktionen von $f: f(x)=2\cdot x+3\cdot x^2$ mit $D(f)=\mathbb{R}$.
Die Funktionen $F_1: F_1(x)=x^2+c_1;\ c_1\in\mathbb{R}$ bzw. $F_2: F_2(x)=x^3+c_2;\ c_2\in\mathbb{R}$ sind Stammfunktionen von $f_1: f_1(x)=2\cdot x$; $D(f_1)=\mathbb{R}$ bzw. $f_2: f_2(x)=3\cdot x^2$; $D(f_2)=\mathbb{R}$.

Setzt man c für c_1+c_2, so ist das Integral $\int(2\cdot x+3\cdot x^2)\,dx$ gleich der Summe der Integrale $\int(2\cdot x)\,dx+\int(3\cdot x^2)\,dx$. Die „Summe" $2\cdot x+3\cdot x^2$ kann also summandenweise integriert werden.

- $\int(2\cdot x+3\cdot x^2)\,dx=\underline{x^2+x^3+c}$

  Probe:
  $F(x)=x^2+x^3+c \Rightarrow F'(x)=2\cdot x+3\cdot x^2$

- $\int(2\cdot x)\,dx=x^2+c_1$ ▶ $(x^2+c_1)'=2\cdot x$

  $\int(3\cdot x^2)\,dx=x^3+c_2$ ▶ $(x^3+c_2)'=3\cdot x^2$

  $$\begin{aligned}\Rightarrow \int(2\cdot x)\,dx+\int(3\cdot x^2)\,dx&=x^2+c_1+x^3+c_2\\&=x^2+x^3+c_1+c_2 \quad \blacktriangleright\ c \text{ für } c_1+c_2\\&=\underline{x^2+x^3+c}\end{aligned}$$

  $$\underline{\underline{\int(2\cdot x+3\cdot x^2)\,dx=\int(2\cdot x)\,dx+\int(3\cdot x^2)\,dx}}$$

Dieser Sachverhalt gilt allgemein. Haben nämlich die Funktionen f_1 und f_2 in einem Intervall I Stammfunktionen F_1 und F_2, so hat die Funktion f_1+f_2 in I die Funktion F_1+F_2 als Stammfunktion, denn mit der Summenregel der Differentialrechnung (▶ Kusch 3; 2.2.3) gilt für alle $x\in I$:

$$\begin{aligned}[F_1(x)+F_2(x)]'&=F_1'(x)+F_2'(x) \quad \blacktriangleright\ F_1'(x)=f_1(x) \text{ und } F_2'(x)=f_2(x)\\&=f_1(x)+f_2(x)\end{aligned}$$

Wegen $F_1(x)=\int f_1(x)\,dx$ und $F_2(x)=\int f_2(x)\,dx$ gilt somit:

$\int[f_1(x)+f_2(x)]\,dx=F_1(x)+F_2(x)=\int f_1(x)\,dx+\int f_2(x)\,dx$ ▶ **Summenregel**

Diese Erkenntnisse kann man auf Integrale übertragen, deren Integrand aus der Differenz von zwei Funktionen besteht.

Auf das Integral $\int[(-1)\cdot f_2(x)]\,dx$ wird die Faktorregel angewendet.

$$\begin{aligned}\int[f_1(x)-f_2(x)]\,dx&=\int[f_1(x)+(-1)\cdot f_2(x)]\,dx\\&=\int f_1(x)\,dx+\int[(-1)\cdot f_2(x)]\,dx\\&=\int f_1(x)\,dx+(-1)\cdot\int f_2(x)\,dx\\&=\underline{\underline{\int f_1(x)\,dx-\int f_2(x)\,dx}}\end{aligned}$$

Merke:

Haben die Funktionen $f_1; f_2; f_3; \ldots; f_n$ in einem Intervall I Stammfunktionen, so hat auch die Funktion $f_1+f_2+f_3+\ldots+f_n$ eine Stammfunktion und es gilt:

$\int[f_1(x)+f_2(x)+\ldots+f_n(x)]\,dx=\int f_1(x)\,dx+\int f_2(x)\,dx+\ldots+\int f_n(x)+c$ ▶ **Summenregel**

Eine Summe von Funktionen kann also summandenweise integriert werden.

Beispiele: Berechnen Sie die nachstehenden unbestimmten Integrale mithilfe der Summenregel.

- $\int (6x^3 + 3x^5)\,\mathrm{d}x;\ x \in \mathbb{R}$

$$\int (6x^3 + 3x^5)\,\mathrm{d}x = \int (6x^3)\,\mathrm{d}x + \int (3x^5)\,\mathrm{d}x \quad \blacktriangleright \text{ Summenregel}$$
$$= 6 \cdot \int x^3\,\mathrm{d}x + 3 \cdot \int x^5\,\mathrm{d}x \quad \blacktriangleright \text{ Faktorregel}$$
$$= 6 \cdot \frac{x^4}{4} + c_1 + 3 \cdot \frac{x^6}{6} + c_2 \quad \blacktriangleright\ c \text{ für } c_1 + c_2$$
$$= \frac{3}{2} \cdot x^4 + \frac{1}{2} \cdot x^6 + c$$

- $\int (x^5 - a^5)\,\mathrm{d}x;\ x \in \mathbb{R}$

► $\int \mathrm{d}x = \int 1\,\mathrm{d}x = x + c_2$

$$\int (x^5 - a^5)\,\mathrm{d}x = \int x^5\,\mathrm{d}x - \int a^5\,\mathrm{d}x \quad \blacktriangleright \text{ Summenregel}$$
$$= \int x^5\,\mathrm{d}x - a^5 \cdot \int \mathrm{d}x \quad \blacktriangleright \text{ Faktorregel}$$
$$= \frac{x^6}{6} + c_1 - a^5 \cdot x - a^5 \cdot c_2 \quad \blacktriangleright\ c \text{ für } c_1 - a^5 \cdot c_2$$
$$= \frac{x^6}{6} - a^5 \cdot x + c$$

- $\int \left(\sqrt{x} - \frac{2}{\sqrt[3]{x^2}} + \frac{3}{x^4} \right) \mathrm{d}x;\ x \in \mathbb{R}^{>0}$

Um die Potenzregel anwenden zu können, ist es zweckmäßig, die Wurzelschreibweise auf die Potenzschreibweise umzustellen.

Das ist hier möglich, weil $x \in \mathbb{R}^{>0}$ ist und somit $\sqrt[3]{x^2} = x^{\frac{2}{3}}$ und $\sqrt{x} = x^{\frac{1}{2}}$ gilt.

$$\int \left(\sqrt{x} - \frac{2}{\sqrt[3]{x^2}} + \frac{3}{x^4} \right) \mathrm{d}x =$$
$$= \int x^{\frac{1}{2}}\,\mathrm{d}x - \int (2 \cdot x^{-\frac{2}{3}})\,\mathrm{d}x + \int (3 \cdot x^{-4})\,\mathrm{d}x \quad \blacktriangleright \text{ Summenregel}$$
$$= \int x^{\frac{1}{2}}\,\mathrm{d}x - 2 \cdot \int x^{-\frac{2}{3}}\,\mathrm{d}x + 3 \cdot \int x^{-4}\,\mathrm{d}x \quad \blacktriangleright \text{ Faktorregel}$$
$$= \frac{x^{\frac{3}{2}}}{\frac{3}{2}} + c_1 - \frac{2 \cdot x^{\frac{1}{3}}}{\frac{1}{3}} + c_2 + \frac{3 \cdot x^{-3}}{-3} + c_3 \quad \blacktriangleright\ c \text{ für } c_1 + c_2 + c_3$$
$$= \frac{2x}{3} \cdot \sqrt{x} - 6 \cdot \sqrt[3]{x} - \frac{1}{x^3} + c;\ x > 0$$

- $\int \frac{\mathrm{d}x}{(\sin x \cdot \cos x)^2};\ x \in \mathbb{R} \setminus \left\{ k\pi; \frac{\pi}{2} + k\pi \right\};\ k \in \mathbb{Z}$

Setzt man $\sin^2 x + \cos^2 x$ für 1, so lässt sich die Integrandfunktion nach dem Distributivgesetz als Summe von zwei Funktionen schreiben.
Nach Kürzen durch $\sin^2 x$ bzw. $\cos^2 x$ erhält man zwei Grundintegrale.

$$\int \frac{\mathrm{d}x}{(\sin x \cdot \cos x)^2} =$$
$$= \int \frac{\sin^2 x + \cos^2 x}{\sin^2 x \cdot \cos^2 x}\,\mathrm{d}x$$
$$= \int \frac{\sin^2 x}{\sin^2 x \cdot \cos^2 x}\,\mathrm{d}x + \int \frac{\cos^2 x}{\sin^2 x \cdot \cos^2 x}\,\mathrm{d}x$$
$$= \int \frac{1}{\cos^2 x}\,\mathrm{d}x + \int \frac{1}{\sin^2 x}\,\mathrm{d}x \quad \blacktriangleright \text{ Grundintegrale}$$
$$= \tan x - \cot x + c;\ x \notin \left\{ k\pi; \frac{\pi}{2} + k\pi \right\};\ k \in \mathbb{Z}$$

- $\int a^2\,dx + \int (a^2 \cdot \tan^2 x)\,dx;\ x \in \mathbb{R}\setminus\left\{\frac{\pi}{2} + k\pi\right\};\ k \in \mathbb{Z};\ a \in \mathbb{R}$

In diesen Falle werden zwei Integrale zu einer Summe zusammengefasst und so auf ein Grundintegral zurückgeführt.

$$1 + \tan^2 x = 1 + \frac{\sin^2 x}{\cos^2 x} \quad ▶ \tan x = \frac{\sin x}{\cos x}$$
$$= \frac{\cos^2 x + \sin^2 x}{\cos^2 x} \quad ▶ \cos^2 x + \sin^2 x = 1$$
$$= \frac{1}{\cos^2 x}$$

$$\int a^2\,dx + \int (a^2 \cdot \tan^2 x)\,dx =$$
$$= \int (a^2 + a^2 \cdot \tan^2 x)\,dx$$
$$= a^2 \cdot \int (1 + \tan^2 x)\,dx$$
$$= a^2 \cdot \int \frac{1}{\cos^2 x}\,dx \quad ▶ \text{Grundintegral}$$
$$= a^2 \cdot \tan x + c;\ a \in \mathbb{R};\ x \neq \frac{\pi}{2} + k\pi;\ k \in \mathbb{Z}$$

- $\int \frac{(\sqrt{x} - 1)^2}{\sqrt{x}}\,dx;\ x \in \mathbb{R}^{>0}$

▶ $(\sqrt{x} - 1)^2 = (\sqrt{x})^2 - 2 \cdot \sqrt{x} \cdot 1 + 1$ kann man auflösen und dann die Integrandfunktion nach dem Distributivgesetz als Summe von drei Funktionen schreiben.

▶ Hier ist der Definitionsbereich der Stammfunktion F mit $D(F) = \mathbb{R}^{\geq 0}$ größer als der Definitionsbereich der Integrandfunktion f.

$$\int \frac{(\sqrt{x} - 1)^2}{\sqrt{x}}\,dx =$$
$$= \int \frac{\sqrt{x}^2 - 2\sqrt{x} + 1}{\sqrt{x}}\,dx \quad ▶ \text{Distributivgesetz}$$
$$= \int \frac{\sqrt{x}^2}{\sqrt{x}}\,dx - 2 \cdot \int 1\,dx + \int \frac{dx}{\sqrt{x}}$$
$$= \int x^{\frac{1}{2}}\,dx - 2 \cdot \int dx + \int x^{-\frac{1}{2}}\,dx \quad ▶ \text{Potenzregel}$$
$$= \frac{2}{3} \cdot \sqrt{x^3} - 2x + 2 \cdot \sqrt{x} + c;\ x > 0$$

- $\int \frac{\sqrt{1 + \cot^2 x}}{\sin x}\,dx;\ x \in \mathbb{R}\setminus\{k\pi\};\ k \in \mathbb{Z}$

$$1 + \cot^2 x = 1 + \frac{\cos^2 x}{\sin^2 x} \quad ▶ \cot x = \frac{\cos x}{\sin x}$$
$$= \frac{\sin^2 x + \cos^2 x}{\sin^2 x} \quad ▶ \sin^2 x + \cos^2 x = 1$$
$$= \frac{1}{\sin^2 x}$$
$$\Rightarrow \sqrt{1 + \cot^2 x} = \sqrt{\frac{1}{\sin^2 x}} = \frac{1}{|\sin x|}$$
$$\Rightarrow \frac{1}{|\sin x|} = \begin{cases} -\frac{1}{\sin x}, & \text{wenn } x \in ([2k-1]\cdot\pi;\ 2k\pi) \\ \frac{1}{\sin x}, & \text{wenn } x \in (2k\pi;\ [2k+1]\cdot\pi) \end{cases}$$

$$\int \frac{\sqrt{1 + \cot^2 x}}{\sin x}\,dx = \int \left(\frac{1}{\sin x} \cdot \sqrt{1 + \cot^2 x}\right)dx$$
$$= \int \left(\frac{1}{\sin x} \cdot \frac{1}{|\sin x|}\right)dx$$
$$= \begin{cases} \int \left(\frac{1}{\sin x} \cdot \frac{1}{-\sin x}\right)dx & ▶ x \in ([2k-1]\cdot\pi;\ 2k\pi) \\ \int \left(\frac{1}{\sin x} \cdot \frac{1}{\sin x}\right)dx & ▶ x \in (2k\pi;\ [2k+1]\cdot\pi) \end{cases};\ k \in \mathbb{Z}$$
$$= \begin{cases} -\int \frac{1}{\sin^2 x}\,dx \\ \int \frac{1}{\sin^2 x}\,dx \end{cases} \quad ▶ \text{Grundintegral}$$
$$= \begin{cases} \cot x + c_1 & ▶ x \in ([2k-1]\cdot\pi;\ 2k\pi) \\ -\cot x + c_2 & ▶ x \in (2k\pi;\ [2k+1]\cdot\pi) \end{cases};\ k \in \mathbb{Z}$$

- $\int \frac{(1+x^2)+(1-x^2)}{1-x^4}\,dx;\; x \in \mathbb{R}\setminus\{-1;1\}$

Mithilfe der dritten binomischen Formel lässt sich der Nennerterm in zwei Faktoren zerlegen: $1-x^4 = (1+x^2)\cdot(1-x^2)$

$$\int \frac{(1+x^2)+(1-x^2)}{1-x^4}\,dx = \int \frac{1+x^2}{1-x^4}\,dx + \int \frac{1-x^2}{1-x^4}\,dx = \int \frac{1}{1-x^2}\,dx + \int \frac{1}{1+x^2}\,dx \quad \blacktriangleright \text{ Grundintegrale}$$

$$= \underline{\underline{\frac{1}{2}\cdot \ln\left|\frac{1+x}{1-x}\right| + \operatorname{Arctan} x + c;\; x \neq -1 \text{ und } x \neq 1}}$$

- $\int \frac{x+1}{x}\,dx;\; x \in \mathbb{R}^{\neq 0}$

Die Integrandfunktion lässt sich nach dem Distributivgesetz als Summe von zwei Funktionen schreiben.

$$\int \frac{x+1}{x}\,dx = \int \left(\frac{x}{x}+\frac{1}{x}\right)dx = \int 1\,dx + \int \frac{1}{x}\,dx \quad \blacktriangleright \text{ Grundintegral}$$

$$= \underline{\underline{x + \ln|x| + c;\; x \neq 0}}$$

- $\int \frac{4\cdot e^{2x+2}}{8\cdot e^{x+2}}\,dx - \frac{1}{2}\cdot \int \frac{e^{2x+2}}{e^{3x+2}}\,dx;\; x \in \mathbb{R}$

Die Integrandfunktionen lassen sich mithilfe eines Potenzgesetzes vereinfachen.

Es ist dann zweckmäßig, beide Integrale zusammenzufassen, da sich daraus das Grundintegral $\int \sinh x\,dx$ ergibt.

$$\int \frac{4\cdot e^{2x+2}}{8\cdot e^{x+2}}\,dx - \frac{1}{2}\cdot \int \frac{e^{2x+2}}{e^{3x+2}}\,dx =$$

$$= \frac{1}{2}\cdot \int e^{2x+2-x-2}\,dx - \frac{1}{2}\cdot \int e^{2x+2-3x-2}\,dx$$

$$= \frac{1}{2}\cdot \int e^{x}\,dx - \frac{1}{2}\cdot \int e^{-x}\,dx$$

$$= \int \frac{e^x - e^{-x}}{2}\,dx \quad \blacktriangleright \frac{e^x-e^{-x}}{2} = \sinh x$$

$$= \int \sinh x\,dx \quad \blacktriangleright \text{ Grundintegral}$$

$$= \underline{\underline{\cosh x + c}}$$

Übungsaufgaben

Berechnen Sie die nachstehenden unbestimmten Integrale mithilfe der Summenregel.

1. $\int (3-x)\,dx$

2. $\int (x^3 - 2x^4)\,dx$

3. $\int (a^2 - x^2)\,dx$

4. $\int (2-t)^3 dt$

5. $\int [(v+3)\cdot(v-3)]dv$

6. $\int (a_0 + a_1\cdot z + a_2\cdot z^2)dz$

7. $\int \left(\frac{x^2}{a} - \frac{a}{x^2}\right)dx;\; a \neq 0$

8. $\int \left(\sqrt{x} + \frac{2}{\sqrt{x}}\right)dx$

9. $\int \left(\sqrt{\frac{x}{2}} + \sqrt{\frac{2}{x}}\right)dx$

10. $\int (\sqrt[3]{x} - \sqrt[4]{x})^3\,dx$

11. $\int \frac{2x^4 + 4x^3 + 8x^2}{2x^2}\,dx$

12. $\int \frac{x^3 - x^2 - x - 2}{x\cdot\sqrt{x}}\,dx$

13. $\int (\sqrt{x}+x)^2\,dx$

14. $\int [(x^2 - b)\cdot \sqrt[3]{x}]\,dx$

15. $\int [(\sqrt{x}+x)\cdot(\sqrt{x}-x)]\,dx$

16. $\int \left(a_0 + \frac{a_1}{x} + \frac{a_2}{x^2}\right)dx$

17. $\int \left(a_0\cdot 5^x + 5a_1\cdot x^4 + \frac{a_2}{x^2}\right)dx$

18. $\int \left(x^3 - 7\cdot\sqrt{x} - \frac{11}{\sqrt[3]{x^5}}\right)dx$

19. $\int (3x^5 + \cos x - e^x)\,dx$

20. $\int \frac{(x^2-1)^2}{x}\,dx$

21. $\int \frac{(\sqrt{x}-1)^2}{\sqrt{x}}\,dx$

22. $\int (a + b \cdot \sqrt[4]{x})^3 \, dx$ **23.** $\int \left(4\sqrt{x \cdot \sqrt{x}} + 3x\sqrt{\sqrt{x}}\right) dx$ **24.** $\int \sin^2 x \, dx + \int \cos^2 x \, dx$

25. $\int \frac{x^{\frac{1}{2}} + x^{\frac{1}{3}} + x^{\frac{1}{4}}}{\sqrt{x}} \, dx$ **26.** $\int \frac{\sqrt{x} - \sqrt{\sqrt[3]{x^2}}}{\sqrt{x \cdot \sqrt{x}}} \, dx$ **27.** $\int \frac{x \cdot \sqrt{x} - x^{-\frac{2}{3}}}{x^{-\frac{1}{2}}} \, dx$

28. $\int \frac{a^2 - x^2}{x + a} dx$ **29.** $\int \frac{4x^2 + 4x + 1}{4x + 2} \, dx$ **30.** $\int \frac{3 - x^2}{x - \sqrt{3}} \, dx$

31. $\int \frac{1 + \tan^2 x}{\tan^2 x} dx$ **32.** $\int \frac{1 - x^4}{1 - x^2} dx$ **33.** $\int \frac{\sqrt{x} + x^3 + \sqrt[3]{x}}{\sqrt[3]{x^2}} \, dx$

34. $\int dx + \int \tan^2 x \, dx$ **35.** $\int (4 \cdot \cosh x + \sin x) \, dx$ **36.** $\int (3 \cdot \sin x + \cos x) \, dx$

37. $\int (e^x + e^{-x}) \, dx$ **38.** $\int \left(\frac{1}{1 - x^2} + \frac{1}{1 + x^2}\right) dx$ **39.** $\int \left(\frac{1}{\sqrt{x^2 + 1}} - \frac{1}{\sqrt{x^2 - 1}}\right) dx$

40. $\int \frac{\cosh^2 x + \sinh^2 x}{(\cosh x \cdot \sinh x)^2} \, dx$ **41.** $\int \left(\frac{6}{\sqrt{4x^2 - 4}} + \sqrt{4x}\right) dx$ **42.** $\int \frac{\sqrt{x^2 + 1} + \sqrt{x^2 - 1}}{\sqrt{x^4 - 1}} \, dx$

2.4 Integration durch Substitution

Die bisher behandelten unbestimmten Integrale lassen sich durch eine zweckmäßige algebraische Umformung auf Grundintegrale zurückführen und damit lösen. Das ist jedoch in den meisten Fällen nicht möglich. Viele Integrale können aber bestimmten Typen zugeordnet und mit einem für diesen Typ geeigneten Verfahren gelöst werden.

Ein solches Lösungsverfahren ist die **Integration durch Substitution**. So wie sich aus der Faktorregel und der Summenregel der Differentialrechnung eine entsprechende Regel für die Integralrechnung herleiten lässt, so erhält man auch für die Kettenregel (▶ Kusch 3; 2.2.6) eine entsprechende Regel in der Integralrechnung. Mithilfe der Kettenregel kann man die Ableitung einer Funktion bestimmen, wenn ihr Funktionsterm die spezielle Form $f(x) = G[h(x)]$ hat. Man **substituiert** dort $h(x) = z$ und erhält dann $f'(x) = G'(z) \cdot h'(x)$.

Setzt man $G'(z) = g(z) = g[h(x)]$, so gilt $f'(x) = g[h(x)] \cdot h'(x)$. $G(z)$ ist dann Stammfunktionsterm von $g(z)$ und $G[h(x)]$ der Stammfunktionsterm von $g[h(x)] \cdot h'(x)$. Diese Erkenntnis kann auf zweifache Weise zur Lösung von unbestimmten Integralen genutzt werden.

- Hat der Funktionsterm der Integrandfunktion die Form $\boldsymbol{g[h(x)] \cdot h'(x)}$, so ermittelt man zunächst zur Funktion g eine Stammfunktion G, d. h. man löst das unbestimmte Integral $\int g(z) \, dz$. Anschließend setzt man in der Funktion G wieder $h(x)$ für z. Fasst man zusammen, so gilt:

  $$\int (g[h(x)] \cdot h'(x)) \, dx = \int g(z) \, dz = G(z); \; z = h(x)$$

  An diesem Substitutionsvorgang erkennt man, dass bei der Substitution $z = h(x)$ das Produkt $h'(x) \cdot dx$ durch dz ersetzt wird. Es ist also $dz = h'(x) \cdot dx$ bzw. $\frac{dz}{dx} = h'(x)$. Der Ableitungsterm von $z = h(x)$ kann demnach auch als Quotient der Differentiale dz und dx geschrieben werden.

Deshalb heißt $\frac{\mathrm{d}z}{\mathrm{d}x}$ auch **Differentialquotient** von $z = h(x)$. Hier zeigt sich die Zweckmäßigkeit der Einführung des Differentials. Der Begriff des Differentials wurde im Kapitel 1.1 nur historisch begründet.

► Diese Art der Substitution wird in den Kapiteln 2.4.1 bis 2.4.4 ausführlich behandelt.

- Um ein unbestimmtes Integral $\int g(x)\,\mathrm{d}x$, das natürlich kein Grundintegral sein soll, zu lösen, wählt man für x eine Funktion $h(z)$, also $x = h(z)$ und erhält somit $\frac{\mathrm{d}x}{\mathrm{d}z} = h'(z)$ bzw. $\mathrm{d}x = h'(z) \cdot \mathrm{d}z$. Man geht dann davon aus, dass das substituierte Integral $\int \left(g[h(z)] \cdot h'(z)\right)\mathrm{d}z$ einfacher zu lösen ist. Hierbei hat man in der Wahl der **Substitutionsfunktion** h viele Freiheiten. Nachdem man das unbestimmte Integral $\int \left(g[h(z)] \cdot h'(z)\right)\mathrm{d}z$ berechnet hat, muss man in der Lösung noch die **Resubstitution** vornehmen, also z als Funktion von x darstellen.

  ► Diese Art der Substitution wird in den Kapiteln 2.4.5 bis 2.4.8 an speziellen Integrandfunktionen ausführlich behandelt.

- Im Kapitel 2.4.9 werden anhand von einigen Beispielen besondere Substitutionsverfahren vorgestellt, welche die Schwierigkeiten einer Integration durch Substitution deutlich machen.

2.4.1 Integrale des Typs $\int f(ax+b)\,\mathrm{d}x$

Problem: Berechnen Sie das Integral $\int(3+2x)\,\mathrm{d}x$ einmal mithilfe von Summenregel und Potenzregel, zum anderen durch die Einführung der neuen Variablen $3+2x = z$ und vergleichen Sie die beiden Ergebnisse. Verallgemeinern Sie den Substitutionsvorgang für Integrale des Typs $\int f(ax+b)\,\mathrm{d}x$ mit $a \in \mathbb{R}^{+0}$.

Mithilfe von Summen- und Potenzregel erhält man $3x+x^2$ als Term für eine Stammfunktion, denn es gilt $(3x+x^2)' = 3+2x$ für alle $x \in \mathbb{R}$.

- $\int(3+2x)\,\mathrm{d}x = \int 3\,\mathrm{d}x + \int(2x)\,\mathrm{d}x$ ► Summenregel

$$= 3x + 2\cdot\frac{x^2}{2} + c \quad \text{► Potenzregel}$$
$$= \underline{\underline{3x + x^2 + c}}$$

Für $3+2x = z$ ist z eine differenzierbare Funktion von x in $\mathbb{R}$ mit $z'(x) = 2$. Es ist also auch $\frac{\mathrm{d}z}{\mathrm{d}x} = 2$ und somit $\mathrm{d}x = \frac{1}{2}\cdot\mathrm{d}z$.

Damit erhält man das Grundintegral $\int z\,\mathrm{d}z$, das sich mit der Potenzregel lösen lässt.

- $\int(3+2x)\,\mathrm{d}x = ?$

► $3+2x = z \Rightarrow \frac{\mathrm{d}z}{\mathrm{d}x} = 2 \Rightarrow \mathrm{d}x = \frac{1}{2}\cdot\mathrm{d}z$

$$\int(3+2x)\,\mathrm{d}x = \int\left(z\cdot\frac{1}{2}\cdot\mathrm{d}z\right)$$
$$= \frac{1}{2}\cdot\int z\,\mathrm{d}z \quad \text{► Potenzregel}$$
$$= \frac{1}{2}\cdot\frac{1}{2}\cdot z^2 + c_1 \quad \text{► } z = 3+2x$$
$$= \frac{1}{4}\cdot(3+2x)^2 + c_1$$
$$= \frac{1}{4}\cdot(9+12x+4x^2) + c_1$$
$$= \frac{9}{4} + 3x + x^2 + c_1 \quad \text{► } \frac{9}{4} + c_1 = c$$
$$= \underline{\underline{3x + x^2 + c}}$$

Beide Ergebnisse stimmen bis auf die Integrationskonstanten überein. Das ist unerheblich, denn Stammfunktionen einer Funktion unterscheiden sich in Intervallen nur durch eine Integrationskonstante (► 1.2). Man kann dann $\frac{9}{4} + c_1 = c$ setzen.

Bei einer Verallgemeinerung des Problems geht man vom Integral $\int f(ax+b)\,\mathrm{d}x$ mit $a \in \mathbb{R}^{+0}$ aus und substituiert $ax+b=z$ $\Rightarrow \mathrm{d}x = \frac{1}{a}\cdot \mathrm{d}z$.

Im Allgemeinen ist das Integral $\frac{1}{a}\cdot \int f(z)\mathrm{d}z$ leichter lösbar als das Integral $\int f(ax+b)\,\mathrm{d}x$.

- $\int (ax+b)\,\mathrm{d}x = ?$ ► $ax+b=z \Rightarrow \frac{\mathrm{d}z}{\mathrm{d}x}=a \Rightarrow \mathrm{d}x=\frac{1}{a}\cdot \mathrm{d}z$

$$\int (ax+b)\,\mathrm{d}x = \int \left[f(z)\cdot\frac{1}{a}\right]\mathrm{d}z$$
$$= \frac{1}{a}\cdot\int f(z)\,\mathrm{d}z;\ a \neq 0$$

Merke:

Integrale des Typs $\int f(ax+b)\,\mathrm{d}x$ mit $a \in \mathbb{R}^{+0}$ lassen sich durch die Substitution $ax+b=z$; $\mathrm{d}x=\frac{1}{a}\cdot \mathrm{d}z$ vereinfachen. Man erhält dann:

$$\boldsymbol{\int f(ax+b)\,\mathrm{d}x = \frac{1}{a}\cdot\int f(z)\,\mathrm{d}z;\ a \in \mathbb{R}^{+0}}$$

Beispiele: Lösen Sie die nachstehenden unbestimmten Integrale mithilfe des vorstehend entwickelten Substitutionsverfahrens.

- $\int \mathrm{e}^{-2x}\,\mathrm{d}x;\ x \in \mathbb{R}$

► $-2x=z \Rightarrow \frac{\mathrm{d}z}{\mathrm{d}x}=-2 \Rightarrow \mathrm{d}x=-\frac{1}{2}\cdot \mathrm{d}z$

$$\int \mathrm{e}^{-2x}\,\mathrm{d}x = -\frac{1}{2}\cdot\int \mathrm{e}^{z}\,\mathrm{d}z$$
$$= -\frac{1}{2}\cdot \mathrm{e}^{z}+c \quad ► z=-2x$$
$$= -\frac{1}{2}\cdot \mathrm{e}^{-2x}+c$$

- $\int \mathrm{e}^{ax+b}\,\mathrm{d}x;\ a \in \mathbb{R}^{+0};\ x \in \mathbb{R}$

► $ax+b=z \Rightarrow \frac{\mathrm{d}z}{\mathrm{d}x}=a \Rightarrow \mathrm{d}x=\frac{1}{a}\cdot \mathrm{d}z$

$$\int \mathrm{e}^{ax+b}\,\mathrm{d}x = \frac{1}{a}\cdot\int \mathrm{e}^{z}\,\mathrm{d}z$$
$$= \frac{1}{a}\cdot \mathrm{e}^{z}+c \quad ► z=ax+b$$
$$= \frac{1}{a}\cdot \mathrm{e}^{ax+b}+c;\ a \neq 0$$

- $\int \frac{8}{\mathrm{e}^{4x-3}}\,\mathrm{d}x;\ x \in \mathbb{R}$

► $3-4x=z \Rightarrow \frac{\mathrm{d}z}{\mathrm{d}x}=-4 \Rightarrow \mathrm{d}x=\frac{1}{-4}\cdot \mathrm{d}z$

$$\int \frac{8}{\mathrm{e}^{4x-3}}\,\mathrm{d}x = 8\cdot\int \mathrm{e}^{-(4x-3)}\,\mathrm{d}x$$
$$= 8\cdot\int \mathrm{e}^{3-4x}\,\mathrm{d}x$$
$$= \frac{8}{-4}\cdot \mathrm{e}^{z}+c \quad ► z=3-4x$$
$$= -2\cdot \mathrm{e}^{3-4x}+c$$

- $\int \sin(ax+b)\,\mathrm{d}x;\ a \in \mathbb{R}^{+0};\ x \in \mathbb{R}$

► $ax+b=z \Rightarrow \frac{\mathrm{d}z}{\mathrm{d}x}=a \Rightarrow \mathrm{d}x=\frac{1}{a}\cdot \mathrm{d}z$

$$\int \sin(ax+b)\,\mathrm{d}x = \frac{1}{a}\cdot\int \sin z\,\mathrm{d}z$$
$$= \frac{1}{a}\cdot(-\cos z)+c \quad ► z=ax+b$$
$$= -\frac{1}{a}\cdot\cos(ax+b)+c;\ a \neq 0$$

- $\int[3 \cdot \sin(2x+8)]\,\mathrm{d}x;\ x \in \mathbb{R}$

► $2x+8=z \Rightarrow \frac{\mathrm{d}z}{\mathrm{d}x}=2 \Rightarrow \mathrm{d}x=\frac{1}{2}\cdot\mathrm{d}z$

$$\begin{aligned}\int[3\cdot\sin(2x+8)]\,\mathrm{d}x &= 3\cdot\int\sin(2x+8)\ \mathrm{d}x\\ &= 3\cdot\int\sin\ z\,\mathrm{d}z\\ &= 3\cdot\frac{1}{2}\cdot(-\cos\ z) \quad ► z=2x+8\\ &= \underline{\underline{-\frac{3}{2}\cdot\cos(2x+8)+c}}\end{aligned}$$

- $\int\cos(ax+b)\,\mathrm{d}x;\ a\in\mathbb{R}^{\neq 0};\ x\in\mathbb{R}$

► $ax+b=z \Rightarrow \frac{\mathrm{d}z}{\mathrm{d}x}=a \Rightarrow \mathrm{d}x=\frac{1}{a}\cdot\mathrm{d}z$

$$\begin{aligned}\int\cos(ax+b)\,\mathrm{d}x &= \frac{1}{a}\cdot\int\cos\ z\,\mathrm{d}z\\ &= \frac{1}{a}\cdot\sin\ z+c \quad ► z=ax+b\\ &= \underline{\underline{\frac{1}{a}\cdot\sin(ax+b)+c;\ a\neq 0}}\end{aligned}$$

- $\int\frac{2\cdot\tan(4x)}{\sin(4x)\cdot\cos(4x)}\,\mathrm{d}x$

mit $x\in\mathbb{R}\setminus\left\{\frac{\pi}{4}\cdot k;\frac{\pi}{8}+\frac{\pi}{4}\cdot k\right\}$ und $k\in\mathbb{Z}$

► $\tan(4x)=\frac{\sin(4x)}{\cos(4x)}$

► $4x=z\Rightarrow\frac{\mathrm{d}z}{\mathrm{d}x}=4\Rightarrow\mathrm{d}x=\frac{1}{4}\cdot\mathrm{d}z$

$D(F)=\mathbb{R}\setminus\left\{\frac{\pi}{8}+\frac{\pi}{4}\cdot k\right\}$ ist größer als $D(f)$.

$$\begin{aligned}\int\frac{2\cdot\tan(4x)}{\sin(4x)\cdot\cos(4x)}\,\mathrm{d}x &= 2\cdot\int\frac{\sin(4x)}{\cos(4x)\cdot\sin(4x)\cdot\cos(4x)}\,\mathrm{d}x\\ &= 2\cdot\int\frac{1}{\cos^2(4x)}\,\mathrm{d}x\\ &= 2\cdot\frac{1}{4}\cdot\int\frac{\mathrm{d}z}{\cos^2 z}\\ &= \frac{1}{2}\cdot\tan\ z+c \quad ► z=4x\\ &= \underline{\underline{\frac{1}{2}\cdot\tan(4x)+c;\ x\notin\left\{\frac{\pi}{4}\cdot k;\frac{\pi}{8}+\frac{\pi}{4}\cdot k\right\};\ k\in\mathbb{Z}}}\end{aligned}$$

- $\int\frac{\mathrm{d}x}{\cos^2(ax+b)}$ mit $a\in\mathbb{R}^{\neq 0}$ und

$x\in\mathbb{R}\setminus\left\{\frac{1}{a}\cdot\left(\frac{\pi}{2}+k\pi-b\right)\right\};k\in\mathbb{Z}$

► $ax+b=z\Rightarrow\frac{\mathrm{d}z}{\mathrm{d}x}=a\Rightarrow\mathrm{d}x=\frac{1}{a}\cdot\mathrm{d}z$

$$\begin{aligned}\int\frac{\mathrm{d}x}{\cos^2(ax+b)} &= \frac{1}{a}\cdot\int\frac{\mathrm{d}z}{\cos^2 z}\\ &= \frac{1}{a}\cdot\tan z+c \quad ► z=ax+b\\ &= \underline{\underline{\frac{1}{a}\cdot\tan(ax+b)+c;x\neq\frac{1}{a}\cdot\left(\frac{\pi}{2}+k\pi-b\right);k\in\mathbb{Z};a\neq 0}}\end{aligned}$$

- $\int\frac{\mathrm{d}x}{\sin^2(ax+b)}$ mit $a\in\mathbb{R}^{\neq 0}$ und

$x\in\mathbb{R}\setminus\left\{\frac{1}{a}\cdot(k\pi-b)\right\};k\in\mathbb{Z}$

► $ax+b=z\Rightarrow\frac{\mathrm{d}z}{\mathrm{d}x}=a\Rightarrow\mathrm{d}x=\frac{1}{a}\cdot\mathrm{d}z$

$$\begin{aligned}\int\frac{\mathrm{d}x}{\sin^2(ax+b)} &= \frac{1}{a}\cdot\int\frac{\mathrm{d}z}{\sin^2 z}\\ &= \frac{1}{a}\cdot\cot z+c \quad ► z=ax+b\\ &= \underline{\underline{-\frac{1}{a}\cdot\cot(ax+b)+c;x\neq\frac{1}{a}\cdot(k\pi-b);k\in\mathbb{Z};a\neq 0}}\end{aligned}$$

- $\int\sinh(4x-5)\,\mathrm{d}x;\ x\in\mathbb{R}$

► $4x-5=z\Rightarrow\frac{\mathrm{d}z}{\mathrm{d}x}=4\Rightarrow\mathrm{d}x=\frac{1}{4}\cdot\mathrm{d}z$

$$\begin{aligned}\int\sinh(4x-5)\,\mathrm{d}x &= \frac{1}{4}\cdot\int\sinh z\,\mathrm{d}z\\ &= \frac{1}{4}\cdot\cosh z+c \quad ► z=4x-5\\ &= \underline{\underline{\frac{1}{4}\cdot\cosh(4x-5)+c}}\end{aligned}$$

- $\int \cosh(2x-1)\,\mathrm{d}x;\ x \in \mathbb{R}$

► $2x-1=z \Rightarrow \frac{\mathrm{d}z}{\mathrm{d}x}=2 \Rightarrow \mathrm{d}x=\frac{1}{2}\cdot \mathrm{d}z$

$$\int \cosh(2x-1)\,\mathrm{d}x = \frac{1}{2}\cdot\int \cosh z\,\mathrm{d}z$$
$$= \frac{1}{2}\cdot \sinh z + c \quad ► z = 2x-1$$
$$= \underline{\underline{\frac{1}{2}\cdot \sinh(2x-1)+c}}$$

- $\int \frac{\mathrm{d}x}{\sinh^2(4x-2)};\ x \in \mathbb{R}\setminus\{\frac{1}{2}\}$

► $4x-2=z \Rightarrow \frac{\mathrm{d}z}{\mathrm{d}x}=4 \Rightarrow \mathrm{d}x=\frac{1}{4}\cdot \mathrm{d}z$

$$\int \frac{\mathrm{d}x}{\sinh^2(4x-2)} = \frac{1}{4}\cdot\int \frac{\mathrm{d}z}{\sinh^2 z}$$
$$= \frac{1}{4}\cdot(-\coth z)+c \quad ► z=4x-2$$
$$= \underline{\underline{-\frac{1}{4}\cdot \coth(4x-2)+c;\ x \neq \frac{1}{2}}}$$

- $\int \frac{\mathrm{d}x}{\cosh^2(ax+b)};\ a \in \mathbb{R}^{\neq 0};\ x \in \mathbb{R}$

► $ax+b=z \Rightarrow \frac{\mathrm{d}z}{\mathrm{d}x}=a \Rightarrow \mathrm{d}x=\frac{1}{a}\cdot \mathrm{d}z$

$$\int \frac{\mathrm{d}x}{\cosh^2(ax+b)} = \frac{1}{a}\cdot\int \frac{\mathrm{d}z}{\cosh^2 z}$$
$$= \frac{1}{a}\cdot \tanh z + c \quad ► z = ax+b$$
$$= \underline{\underline{\frac{1}{a}\cdot \tanh(ax+b)+c;\ a \neq 0}}$$

- $\int \cos^2(x+1)\,\mathrm{d}x - \int \sin^2(x+1)\,\mathrm{d}x;\ x \in \mathbb{R}$

► $\cos^2(x+1)-\sin^2(x+1)=\cos(2x+2)$ ► 4.1

$$\Rightarrow \int[\cos^2(x+1)-\sin^2(x+1)]\,\mathrm{d}x = \int \cos^2(2x+2)\,\mathrm{d}x$$

► $2x+2=z \Rightarrow \frac{\mathrm{d}z}{\mathrm{d}x}=2 \Rightarrow \mathrm{d}x=\frac{1}{2}\cdot \mathrm{d}z$

$$\int \cos^2(x+1)\ \mathrm{d}x - \int \sin^2(x+1)\ \mathrm{d}x =$$
$$= \int[\cos^2(x+1)-\sin^2(x+1)]\,\mathrm{d}x$$
$$= \int \cos(2x+2)\ \mathrm{d}x \quad ► 2x+2=z$$
$$= \frac{1}{2}\cdot\int \cos z\,\mathrm{d}z$$
$$= \frac{1}{2}\cdot \sin z + c \quad ► z = 2x+2$$
$$= \underline{\underline{\frac{1}{2}\cdot \sin(2x+2)+c}}$$

Problem: Entwickeln Sie eine Lösungsformel für unbestimmte Integrale des Typs $\int \frac{\mathrm{d}x}{ax+b}$ mit $a \in \mathbb{R}^{\neq 0}$.

$\int \frac{\mathrm{d}x}{ax+b};\ a \in \mathbb{R}^{\neq 0};\ x \in \mathbb{R}\setminus\{-\frac{b}{a}\}$

► $ax+b=z \Rightarrow \frac{\mathrm{d}z}{\mathrm{d}x}=a \Rightarrow \mathrm{d}x=\frac{1}{a}\cdot \mathrm{d}z$

$$\int \frac{\mathrm{d}x}{ax+b} = \frac{1}{a}\cdot\int \frac{1}{z}\,\mathrm{d}z$$
$$= \frac{1}{a}\cdot \ln|z|+c \quad ► z = ax+b$$
$$= \underline{\underline{\frac{1}{a}\cdot \ln|ax+b|+c;\ a \neq 0;\ x \neq -\frac{b}{a}}}$$

Merke:

$$\int \frac{dx}{ax+b} = \frac{1}{a} \cdot \ln|ax+b| + c; a \in \mathbb{R}^{\neq 0}; x \in \mathbb{R} \setminus \{-\tfrac{b}{a}\}$$

Beispiele: Lösen Sie die nachfolgenden unbestimmten Integrale unter Anwendung der entwickelten Formel.

- $\int \frac{8}{2+3x}\,dx; x \in \mathbb{R}\setminus\{-\frac{2}{3}\}$

$$\int \frac{8}{2+3x}\,dx = 8 \cdot \int \frac{dx}{2+3x} \quad \blacktriangleright\ a=3; b=2$$
$$= \frac{8}{3} \cdot \ln|2+3x| + c; x \neq -\frac{2}{3}$$

- $\int \frac{3+2x}{4x^2-9}\,dx; x \in \mathbb{R}\setminus\{-\frac{3}{2}; \frac{3}{2}\}$

$$\int \frac{3+2x}{4x^2-9}\,dx = \int \frac{2x+3}{(2x+3)(2x-3)}\,dx$$
$$= \int \frac{dx}{2x-3} \quad \blacktriangleright\ a=2; b=-3$$
$$= \frac{1}{2} \cdot \ln|2x-3| + c; x \notin \{-\tfrac{3}{2}; \tfrac{3}{2}\}$$

Hier ist der Definitionsbereich der Stammfunktion F mit $D(F) = \mathbb{R}\setminus\{\frac{3}{2}\}$ größer als der Defintionsbereich der Integrandfunktion f.

Problem: Entwickeln Sie eine Lösungsformel für unbestimmte Integrale des Typs $\int (ax+b)^n\,dx$ mit $a \in \mathbb{R}^{\neq 0}$ und $n \in \mathbb{R}\setminus\{-1\}$.

$\int (ax+b)^n\,dx$

$\blacktriangleright\ ax+b = z \Rightarrow \frac{dz}{dx} = a \Rightarrow dx = \frac{1}{a} \cdot dz$

$$\int (ax+b)^n\,dx = \frac{1}{a} \cdot \int z^n\,dz \quad \blacktriangleright\ \text{Potenzregel} \quad \blacktriangleright\ n \neq -1$$
$$= \frac{1}{a} \cdot \frac{1}{n+1} \cdot z^{n+1} + c \quad \blacktriangleright\ z = ax+b$$
$$= \frac{1}{a} \cdot \frac{1}{n+1} \cdot (ax+b)^{n+1} + c; a \neq 0$$

Die entwickelte Formel gilt nicht für $n=-1$, da sonst unzulässigerweise durch Null dividiert würde. Der Fall $n=-1$ wurde aber schon behandelt. Die Gültigkeitsintervalle für $\int (ax+b)^n\,dx$ ergeben sich direkt aus den Gültigkeitsintervallen der Potenzregel. ► 2.1

Merke:

$$\int (ax+b)^n\,dx = \frac{1}{a} \cdot \frac{1}{n+1} \cdot (ax+b)^{n+1} + c;\ x \in \begin{cases} (-\infty; \infty) & \text{, wenn } n \in \mathbb{N} \\ \left(-\infty; -\frac{b}{a}\right) \text{ und } \left(-\frac{b}{a}; \infty\right) & \text{, wenn } n \in \mathbb{Z}\setminus\mathbb{N} \text{ und } n \neq -1 \\ \left(-\infty; -\frac{b}{a}\right] & \text{, wenn } a<0 \text{ und } n \in \mathbb{R}^{>0}\setminus\mathbb{N} \\ \left[-\frac{b}{a}; \infty\right) & \text{, wenn } a>0 \text{ und } n \in \mathbb{R}^{>0}\setminus\mathbb{N} \\ \left(-\infty; -\frac{b}{a}\right) & \text{, wenn } a<0 \text{ und } n \in \mathbb{R}^{<0}\setminus\mathbb{Z} \\ \left(-\frac{b}{a}; \infty\right) & \text{, wenn } a>0 \text{ und } n \in \mathbb{R}^{<0}\setminus\mathbb{Z} \end{cases}$$

► $a \in \mathbb{R}^{\neq 0}$ und $n \in \mathbb{R}^{\neq -1}$

Beispiele: Lösen Sie die nachfolgenden unbestimmten Integrale unter Anwendung der entwickelten Formel oder durch Substitution.

- $\int(3-5x)^7\,\mathrm{d}x;\ x\in\mathbb{R}$ ► $\int(ax+b)^n\,\mathrm{d}x$

► -5 für a; 3 für b; 7 für n

$$\int(3-5x)^7\,\mathrm{d}x=\frac{1}{-5}\cdot\frac{1}{7+1}\cdot(3-5x)^{7+1}=\frac{(3-5x)^8}{-40}+c$$

► $3-5x=z\Rightarrow\frac{\mathrm{d}z}{\mathrm{d}x}=-5\Rightarrow\mathrm{d}x=\frac{1}{-5}\,\mathrm{d}z$

Eine Kontrollrechnung mithilfe der Substitution $3-5x=z$ führt auf das gleiche Ergebnis wie bei Anwendung der Formel.

$$\int(3-5x)^7\,\mathrm{d}x=\frac{1}{-5}\cdot\int z^7\,\mathrm{d}z=\frac{1}{-5}\cdot\frac{z^8}{8}+c \quad ►\ z=3-5x$$
$$=\frac{(3-5x)^8}{-40}+c$$

- $\int\sqrt[4]{(1-x)^5}\,\mathrm{d}x;\ x\in\mathbb{R}^{\leq 1}$

In $(-\infty;1]$ ist $1-x\geq 0$ und es gilt daher:

$\sqrt[4]{(1-x)^5}=(1-x)^{\frac{5}{4}}$

► -1 für a; 1 für b; $\frac{5}{4}$ für n

$$\int\sqrt[4]{(1-x)^5}\,\mathrm{d}x=\int(1-x)^{\frac{5}{4}}\,\mathrm{d}x \quad ►\ \int(ax+b)^n\,\mathrm{d}x$$
$$=\frac{1}{-1}\cdot\frac{1}{\frac{5}{4}+1}\cdot(1-x)^{\frac{5}{4}+1}+c$$
$$=-\frac{4}{9}\cdot(1-x)^{\frac{9}{4}}+c$$
$$=-\frac{4}{9}\cdot\sqrt[4]{(1-x)^9}+c;\ x\leq 1$$

- $\int\frac{4}{(5+8x)^2}\,\mathrm{d}x;\ x\in\mathbb{R}\setminus\{-\frac{5}{8}\}$

► 8 für a; 5 für b; -2 für n

$$\int\frac{4}{(5+8x)^2}\,\mathrm{d}x=4\cdot\int(5+8x)^{-2}\,\mathrm{d}x \quad ►\ \int(ax+b)^n\,\mathrm{d}x$$
$$=\frac{4}{8}\cdot\frac{1}{-2+1}\cdot(5+8x)^{-2+1}+c$$
$$=\frac{-1}{2\cdot(5+8x)}+c;\ x\neq-\frac{5}{8}$$

- $\int\frac{3}{\sqrt[3]{4-3x}}\,\mathrm{d}x;\ x\in\mathbb{R}^{<\frac{4}{3}}$

In $(-\infty;\frac{4}{3})$ ist $4-3x>0$ und es gilt daher:

$\frac{1}{\sqrt[3]{4-3x}}=(4-3x)^{-\frac{1}{3}}$

► -3 für a; 4 für b; $-\frac{1}{3}$ für n

$$\int\frac{3}{\sqrt[3]{4-3x}}\,\mathrm{d}x=3\cdot\int(4-3x)^{-\frac{1}{3}}\,\mathrm{d}x \quad ►\ \int(ax+b)^n\,\mathrm{d}x$$
$$=\frac{3}{-3}\cdot\frac{1}{-\frac{1}{3}+1}\cdot(4-3x)^{-\frac{1}{3}+1}+c$$
$$=-\frac{3}{2}\cdot(4-3x)^{\frac{2}{3}}$$
$$=-\frac{3}{2}\cdot\sqrt[3]{(4-3x)^2}+c;\ x<\frac{4}{3}$$

Hier ist der Definitionsbereich der Stammfunktion F: $F(x)=-\frac{3}{2}\cdot\sqrt[3]{(4-3x)^2}+c$ mit $D(F)=\mathbb{R}^{\leq\frac{4}{3}}$ größer als der Definitionsbereich der Integrandfunktion f.

- $\displaystyle\int \frac{5x}{\sqrt[3]{x^5+4x^4+4x^3}}\,\mathrm{d}x;\ x\in\mathbb{R}^{>0}$

Man führt das Integral auf die entwickelte Formel zurück, indem man unter der Wurzel x^3 ausklammert, teilweise die Wurzel zieht und x kürzt. Der Term unter der Wurzel lässt sich dann mithilfe einer binomischen Formel vereinfachen.

In $(0;\infty)$ ist $x+2>0$ und es gilt daher:

$$\frac{1}{\sqrt[3]{(x+2)^2}}=(x+2)^{-\frac{2}{3}}$$

► 1 für a; 2 für b; $-\dfrac{2}{3}$ für n

$$\begin{aligned}\int \frac{5x}{\sqrt[3]{x^5+4x^4+4x^3}}\,\mathrm{d}x &= 5\cdot\int\frac{x}{\sqrt[3]{x^3\cdot(x^2+4x+4)}}\,\mathrm{d}x\\ &=5\cdot\int\frac{x}{x\cdot\sqrt[3]{x^2+4x+4}}\,\mathrm{d}x\\ &=5\cdot\int\frac{\mathrm{d}x}{\sqrt[3]{(x+2)^2}}\\ &=5\cdot\int(x+2)^{-\frac{2}{3}}\mathrm{d}x \quad \blacktriangleright \int(ax+b)^n\,\mathrm{d}x\\ &=\frac{5}{1}\cdot\frac{1}{-\frac{2}{3}+1}\cdot(x+2)^{-\frac{2}{3}+1}+c\\ &=15\cdot(x+2)^{\frac{1}{3}}+c\\ &=\underline{\underline{15\cdot\sqrt[3]{x+2}+c;\ x>0}}\end{aligned}$$

Hier ist der Definitionsbereich der Stammfunktion F: $F(x)=15\cdot\sqrt[3]{x+2}+c$ mit $D(F)=\mathbb{R}^{\geq -2}$ größer als der Definitionsbereich der Integrandfunktion f.

- $\displaystyle\int\frac{\sqrt{4x+3}}{4x+3}\,\mathrm{d}x;\ x\in\mathbb{R}^{>-\frac{3}{4}}$

In $\left(-\frac{3}{4};\infty\right)$ ist $4x+3>0$ und es gilt daher:

$$\frac{\sqrt{4x+3}}{4x+3}=(4x+3)^{\frac{1}{2}}\cdot(4x+3)^{-1}$$

► 4 für a; 3 für b; $-\dfrac{1}{2}$ für n

$$\begin{aligned}\int\frac{\sqrt{4x+3}}{4x+3}\,\mathrm{d}x&=\int\left[(4x+3)^{\frac{1}{2}}\cdot(4x+3)^{-1}\right]\mathrm{d}x\\ &=\int(4x+3)^{-\frac{1}{2}}\mathrm{d}x \quad \blacktriangleright \int(ax+b)^n\,\mathrm{d}x\\ &=\frac{1}{4}\cdot\frac{1}{-\frac{1}{2}+1}\cdot(4x+3)^{-\frac{1}{2}+1}+c\\ &=\underline{\underline{\frac{1}{2}\cdot\sqrt{4x+3}+c;\ x>-\frac{3}{4}}}\end{aligned}$$

Hier ist der Definitionsbereich der Stammfunktion F: $F(x)=\frac{1}{2}\cdot\sqrt{4x+3}+c$ mit $D(F)=\mathbb{R}^{\geq-\frac{3}{4}}$ größer als der Definitionsbereich der Integrandfunktion f.

- $\displaystyle\int\left[x^2\cdot\sqrt[3]{\frac{x^2-4}{2x^6-x^7}}\right]\mathrm{d}x;\ x\in\mathbb{R}^{<-2}$

Man bringt x^2 als x^6 unter die Wurzel. Im Nenner lässt sich x^6 ausklammern und dann x^6 kürzen.

► $x^2-4=(x-2)\cdot(x+2)$

► $2-x=-(x-2)$

► Im Intervall $(-\infty;-2)$ ist $-x-2>0$ und es gilt daher: $\sqrt[3]{-x-2}=(-x-2)^{\frac{1}{3}}$

► -1 für a; -2 für b; $\dfrac{1}{3}$ für n

$$\begin{aligned}\int\left[x^2\cdot\sqrt[3]{\frac{x^2-4}{2x^6-x^7}}\right]\mathrm{d}x&=\int\sqrt[3]{\frac{x^6\cdot(x^2-4)}{x^6\cdot(2-x)}}\,\mathrm{d}x\\ &=\int\sqrt[3]{\frac{(x-2)\cdot(x+2)}{-(x-2)}}\,\mathrm{d}x\\ &=\int\sqrt[3]{-x-2}\,\mathrm{d}x\\ &=\int(-x-2)^{\frac{1}{3}}\,\mathrm{d}x \quad \blacktriangleright \int(ax+b)^n\,\mathrm{d}x\\ &=\frac{1}{-1}\cdot\frac{1}{\frac{1}{3}+1}\cdot(-x-2)^{\frac{1}{3}+1}+c\\ &=-\frac{3}{4}\cdot(-x-2)^{\frac{4}{3}}+c\\ &=\underline{\underline{-\frac{3}{4}\cdot\sqrt[3]{(-x-2)^4}+c;\ x<-2}}\end{aligned}$$

Hier ist der Definitionsbereich der Stammfunktion F: $F(x)=-\frac{3}{4}\cdot\sqrt[3]{(-x-2)^4}+c$ mit $D(F)=\mathbb{R}^{\leq-2}$ größer als der Definitionsbereich der Integrandfunktion f.

Problem: Entwickeln Sie Lösungsformeln für unbestimmte Integrale der Typen $\int \sin^2(ax+b)\,dx;\ a \in \mathbb{R}^{+0}$ sowie $\int \cos^2(ax+b)\,dx;\ a \in \mathbb{R}^{+0}$.

- $\int \sin^2(ax+b)\,dx;\ a \in \mathbb{R}^{+0};\ x \in \mathbb{R}$

$\sin^2(ax+b)$ lässt sich wie folgt umformen:

$$1 - 2\cdot\sin^2(ax+b) = \cos[2\cdot(ax+b)] \quad \blacktriangleright 4.1$$
$$= \cos(2ax+2b)$$
$$\Rightarrow -2\cdot\sin^2(ax+b) = \cos(2ax+2b) - 1$$
$$\Rightarrow \sin^2(ax+b) = \frac{1}{2} - \frac{1}{2}\cdot\cos(2ax+2b)$$

Man integriert durch Substitution.

$$\blacktriangleright\ 2ax+2b = z \Rightarrow \frac{dz}{dx} = 2a \Rightarrow dx = \frac{1}{2a}\cdot dz$$

$$\int \sin^2(ax+b)\,dx = \int\left[\frac{1}{2} - \frac{1}{2}\cdot\cos(2ax+2b)\right]dx$$
$$= \frac{1}{2}\cdot\int dx - \frac{1}{2}\cdot\int\cos(2ax+2b)\,dx$$
$$= \frac{x}{2} - \frac{1}{2}\cdot\frac{1}{2a}\cdot\int\cos\,z\,dz + c$$
$$= \frac{x}{2} - \frac{1}{4a}\cdot\sin\,z + c \quad \blacktriangleright z = 2ax+2b$$
$$= \underline{\underline{\frac{x}{2} - \frac{1}{4a}\cdot\sin(2ax+2b) + c;\ a \neq 0}}$$

- $\int \cos^2(ax+b)\,dx;\ a \in \mathbb{R}^{+0};\ x \in \mathbb{R}$

$\cos^2(ax+b)$ lässt sich wie folgt umformen:

$$2\cdot\cos^2(ax+b) - 1 = \cos[2\cdot(ax+b)] \quad \blacktriangleright 4.1$$
$$= \cos(2ax+2b)$$
$$\Rightarrow 2\cdot\cos^2(ax+b) = 1 + \cos(2ax+2b)$$
$$\Rightarrow \cos^2(ax+b) = \frac{1}{2} + \frac{1}{2}\cdot\cos(2ax+2b)$$

Man integriert durch Substitution.

$$\blacktriangleright\ 2ax+2b = z \Rightarrow \frac{dz}{dx} = 2a \Rightarrow dx = \frac{1}{2a}\cdot dz$$

$$\int \cos^2(ax+b)\,dx = \int\left[\frac{1}{2} + \frac{1}{2}\cdot\cos(2ax+2b)\right]dx$$
$$= \frac{1}{2}\cdot\int dx + \frac{1}{2}\cdot\int\cos(2ax+2b)\,dx$$
$$= \frac{x}{2} + \frac{1}{2}\cdot\frac{1}{2a}\cdot\int\cos\,z\,dz + c$$
$$= \frac{x}{2} + \frac{1}{4a}\cdot\sin\,z + c \quad \blacktriangleright z = 2ax+2b$$
$$= \underline{\underline{\frac{x}{2} + \frac{1}{4a}\cdot\sin(2ax+2b) + c;\ a \neq 0}}$$

Merke:

- $\int \sin^2(ax+b)\,dx = \frac{x}{2} - \frac{1}{4a}\cdot\sin(2ax+2b) + c;\ a \in \mathbb{R}^{+0}$
- $\int \cos^2(ax+b)\,dx = \frac{x}{2} + \frac{1}{4a}\cdot\sin(2ax+2b) + c;\ a \in \mathbb{R}^{+0}$

Zu den vorstehenden Integraltypen findet man oft Beispiele mit $a = 1$ und $b = 0$. In diesen Fällen gelten vereinfachte Formeln:

Merke:

- $\int \sin^2 x\ dx = \frac{x}{2} - \frac{1}{4}\cdot\sin(2x) + c$
- $\int \cos^2 x\ dx = \frac{x}{2} + \frac{1}{4}\cdot\sin(2x) + c$

Beispiele: Lösen Sie die nachfolgenden unbestimmten Integrale mithilfe der entwickelten Formeln.

- $\int \cos^2(5x+3)\,\mathrm{d}x;\ x \in \mathbb{R}$

► $\int \cos^2(ax+b)\,\mathrm{d}x$ ► 5 für a; 3 für b

$$\int \cos^2(5x+3)\,\mathrm{d}x = \frac{x}{2} + \frac{1}{4\cdot 5}\cdot \sin(2\cdot 5x + 2\cdot 3) + c$$
$$= \frac{x}{2} + \frac{1}{20}\cdot \sin(10x+6) + c$$

- $\int [4\cdot \sin^2(-3x)]\,\mathrm{d}x;\ x \in \mathbb{R}$

► $\int \sin^2(ax+b)\,\mathrm{d}x$ ► -3 für a; 0 für b

► $\sin(-x) = -\sin x$

$$\int [4\cdot \sin^2(-3x)]\,\mathrm{d}x = 4\cdot \int \sin^2(-3x)\,\mathrm{d}x$$
$$= 4\cdot \left[\frac{x}{2} - \frac{1}{4\cdot(-3)}\cdot \sin[2\cdot(-3)\cdot x]\right] + c$$
$$= 2x + \frac{1}{3}\cdot \sin(-6x) + c$$
$$= 2x - \frac{1}{3}\cdot \sin(6x) + c$$

Problem: Entwickeln Sie Lösungsformeln für unbestimmte Integrale der Typen $\int \sinh^2(ax+b)\,\mathrm{d}x;\ a \in \mathbb{R}^{\neq 0}$ sowie $\int \cosh^2(ax+b)\,\mathrm{d}x;\ a \in \mathbb{R}^{\neq 0}$.

- $\int \sinh^2(ax+b)\,\mathrm{d}x;\ x \in \mathbb{R};\ a \in \mathbb{R}^{\neq 0}$

$\sinh^2(ax+b)$ lässt sich umformen:

$2\cdot \sinh^2(ax+b) + 1 = \cosh[2\cdot(ax+b)]$ ► 4.1

$= \cosh(2ax+2b)$

$\Rightarrow\ 2\cdot \sinh^2(ax+b) = \cosh(2ax+2b) - 1$

$\Rightarrow\ \sinh^2(ax+b) = \frac{1}{2}\cdot \cosh(2ax+2b) - \frac{1}{2}$

Man integriert durch Substitution.

► $2ax + 2b = z \Rightarrow \frac{\mathrm{d}z}{\mathrm{d}x} = 2a \Rightarrow \mathrm{d}x = \frac{1}{2a}\cdot \mathrm{d}z$

$$\int \sinh^2(ax+b)\,\mathrm{d}x = \int \left[\frac{1}{2}\cdot \cosh(2ax+2b) - \frac{1}{2}\right]\mathrm{d}x$$
$$= \frac{1}{2}\cdot \int \cosh(2ax+2b)\,\mathrm{d}x - \frac{1}{2}\cdot \int \mathrm{d}x$$
$$= \frac{1}{2}\cdot \frac{1}{2a}\cdot \int \cosh z\,\mathrm{d}z - \frac{x}{2} + c$$
$$= \frac{1}{4a}\cdot \sinh z - \frac{x}{2} + c \quad ► z = 2ax + 2b$$
$$= \frac{1}{4a}\cdot \sinh(2ax+2b) - \frac{x}{2} + c;\ a \neq 0$$

- $\int \cosh^2(ax+b)\,\mathrm{d}x;\ a \in \mathbb{R}^{\neq 0}$

$\cosh^2(ax+bx)$ lässt sich umformen:

$2\cdot \cosh^2(ax+b) - 1 = \cosh[2\cdot(ax+b)]$ ► 4.1

$= \cosh(2ax+2b)$

$\Rightarrow\ 2\cdot \cosh^2(ax+b) = \cosh(2ax+2b) + 1$

$\Rightarrow\ \cosh^2(ax+b) = \frac{1}{2}\cdot \cosh(2ax+2b) + \frac{1}{2}$

Man integriert durch Substitution.

► $2ax + 2b = z \Rightarrow \frac{\mathrm{d}z}{\mathrm{d}x} = 2a \Rightarrow \mathrm{d}x = \frac{1}{2a}\cdot \mathrm{d}z$

$$\int \cosh^2(ax+b)\,\mathrm{d}x = \int \left[\frac{1}{2}\cdot \cosh(2ax+2b) + \frac{1}{2}\right]\mathrm{d}x$$
$$= \frac{1}{2}\cdot \int \cosh(2ax+2b)\,\mathrm{d}x + \frac{1}{2}\cdot \int \mathrm{d}x$$
$$= \frac{1}{2}\cdot \frac{1}{2a}\cdot \int \cosh z\,\mathrm{d}z + \frac{x}{2} + c$$
$$= \frac{1}{4a}\cdot \sinh z + \frac{x}{2} + c \quad ► z = 2ax + 2b$$
$$= \frac{1}{4a}\cdot \sin(2ax+2b) + \frac{x}{2} + c;\ a \neq 0$$

Merke:

- $\int \sinh^2(ax+b)\,\mathrm{d}x = \frac{1}{4a}\cdot \sinh(2ax+2b) - \frac{x}{2} + c;\ a \in \mathbb{R}^{\neq 0}$
- $\int \cosh^2(ax+b)\,\mathrm{d}x = \frac{1}{4a}\cdot \sinh(2ax+2b) + \frac{x}{2} + c;\ a \in \mathbb{R}^{\neq 0}$

Zu den vorstehenden Integraltypen findet man oft Beispiele mit $a = 1$ und $b = 0$. In diesen Fällen gelten vereinfachte Formeln:

Merke:

$\int \sinh^2 x \; dx = \frac{1}{4} \cdot \sinh(2x) - \frac{x}{2} + c$	$\int \cosh^2 x \; dx = \frac{1}{4} \cdot \sinh(2x) + \frac{x}{2} + c$

Beispiele: Lösen Sie die nachfolgenden unbestimmten Integrale mithilfe der entwickelten Formeln.

- $\int \cosh^2(4 - 2x)\,dx;\ x \in \mathbb{R}$

► $\int \cosh^2(ax + b)\,dx$ ► -2 für a; 4 für b

$$\int \cosh^2(4-2x)\,dx = \frac{1}{4\cdot(-2)} \cdot \sinh[2\cdot(-2)\cdot x + 2\cdot 4] + \frac{x}{2} + c$$
$$= -\frac{1}{8} \cdot \sinh[8 - 4x] + \frac{x}{2} + c$$

- $\int \sinh^2(\omega \cdot t - \pi)\;dt;\ \omega \in \mathbb{R}^{+0}$

► $\int \sinh^2(a \cdot t + b)\;dt$ ► ω für a; $-\pi$ für b

$$\int \sinh^2(\omega\cdot t - \pi)\,dt = \frac{1}{4\cdot\omega} \cdot \sinh[2\cdot\omega\cdot t + 2\cdot(-\pi)] - \frac{t}{2} + c$$
$$= \frac{1}{4\cdot\omega} \cdot \sinh[2\omega t - 2\pi] - \frac{t}{2} + c$$

2.4.2 Integrale des Typs $\int \frac{f'(x)}{f(x)}\,dx$

Problem: Lösen Sie das unbestimmte Integral $\int \frac{2x}{1+x^2}\,dx$ mithilfe der Substitution $1 + x^2 = z$ und verallgemeinern Sie die Vorgehensweise.

- $\int \frac{2x}{1+x^2}\,dx;\ x \in \mathbb{R}$

► $1 + x^2 = z \Rightarrow \frac{dz}{dx} = 2x \Rightarrow 2x \cdot dx = dz$

Der Integrand $\frac{2x}{1+x^2}$ ist der Quotient aus dem Zählerterm $2x = f'(x)$ und dem Nennerterm $1 + x^2 = f(x)$, d. h. der Zählerterm ist gleich der ersten Ableitung des Nennerterms.

$$\int \frac{2x}{1+x^2}\,dx = \int \frac{2x \cdot dx}{1+x^2} \quad ► \ 1 + x^2 = z;\ 2x \cdot dx = dz$$
$$= \int \frac{dz}{z}$$
$$= \ln|z| + c \quad ► \ z = 1 + x^2$$
$$= \ln|1 + x^2| + c;\ x \in \mathbb{R}$$

- $\int \frac{f'(x)}{f(x)}\,dx;\ x \in D(f)$ mit $f(x) \neq 0$

► $f(x) = z \Rightarrow \frac{dz}{dx} = f'(x) \Rightarrow f'(x) \cdot dx = dz$

Durch die Substitution $f(x) = z$ erhält man das bereits bekannte Grundintegral $\int \frac{dz}{z}$.

$$\int \frac{f'(x)}{f(x)}\,dx = \int \frac{f'(x) \cdot dx}{f(x)} \quad ► \ f(x) = z;\ f'(x) \cdot dx = dz$$
$$= \int \frac{dz}{z}$$
$$= \ln|z| + c \quad ► \ z = f(x)$$
$$= \ln|f(x)| + c;\ x \in D(f) \text{ mit } f(x) \neq 0$$

Merke:

$$\int \frac{f'(x)}{f(x)}\,\mathrm{d}x = \ln|f(x)| + c \text{ in allen Intervallen } I \subseteq D(f) \text{ mit } f(x) \neq 0$$

Anmerkungen:

- Um die entwickelte Formel anwenden zu können, muss man oft den Integranden durch eine geeignete algebraische Umformung auf die gewünschte Form $\frac{f'(x)}{f(x)}$ bringen. Meistens ist auch noch eine Erweiterung des Integranden mit einer Zahl notwendig.
- Auch bei Integralen des Typs $\int \frac{\mathrm{d}x}{ax+b}$ (► 2.4.1) lässt sich der Integrand durch Erweitern mit a auf die Form $\frac{f'(x)}{f(x)}$ bringen, und zwar gilt: $\frac{1}{ax+b} = \frac{1}{a} \cdot \frac{a}{ax+b} = \frac{1}{a} \cdot \frac{f'(x)}{f(x)}$ mit $f(x) = ax+b$ und $f'(x) = a$.

Beispiele: Lösen Sie die nachfolgenden unbestimmten Integrale mithilfe der entwickelten Formel.

- $\int \frac{x+1}{x^2+2x+7}\,\mathrm{d}x;\ x \in \mathbb{R}$

  Wenn man den Integrand mit 2 erweitert, erhält man die Form $\frac{f'(x)}{f(x)}$.

  ► $f(x) = x^2+2x+7 \Rightarrow f'(x) = 2x+2$

$$\int \frac{x+1}{x^2+2x+7}\,\mathrm{d}x = \int \frac{2\cdot(x+1)}{2\cdot(x^2+2x+7)}\,\mathrm{d}x$$
$$= \frac{1}{2} \cdot \int \frac{2x+2}{x^2+2x+7}\,\mathrm{d}x \quad ► \quad \int \frac{f'(x)}{f(x)}\,\mathrm{d}x$$
$$= \underline{\underline{\frac{1}{2} \cdot \ln|x^2+2x+7| + c}}$$

- $\int \frac{3x^2}{9x^3+18}\,\mathrm{d}x;\ x \in \mathbb{R} \setminus \left\{-\sqrt[3]{2}\right\}$

  Wenn man im Nenner des Integranden 9 ausklammert, erhält man die Form $\frac{f'(x)}{f(x)}$.

  ► $f(x) = x^3+2 \Rightarrow f'(x) = 3x^2$

$$\int \frac{3x^2}{9x^3+18}\,\mathrm{d}x = \int \frac{3x^2}{9\cdot(x^3+2)}\,\mathrm{d}x$$
$$= \frac{1}{9} \cdot \int \frac{3x^2}{x^3+2}\,\mathrm{d}x \quad ► \quad \int \frac{f'(x)}{f(x)}\,\mathrm{d}x$$
$$= \underline{\underline{\frac{1}{9} \cdot \ln|x^3+2| + c;\ x \neq -\sqrt[3]{2}}}$$

- $\int \tan x\,\mathrm{d}x;\ x \in \mathbb{R} \setminus \left\{\frac{\pi}{2} + k\pi\right\};\ k \in \mathbb{Z}$

  Wenn man den Integrand mit -1 erweitert, erhält man die Form $\frac{f'(x)}{f(x)}$.

  ► $f(x) = \cos x \Rightarrow f'(x) = -\sin x$

$$\int \tan x\,\mathrm{d}x = \int \frac{-1\cdot\sin x}{-1\cdot\cos x}\,\mathrm{d}x$$
$$= -\int \frac{-\sin x}{\cos x}\,\mathrm{d}x \quad ► \quad \int \frac{f'(x)}{f(x)}\,\mathrm{d}x$$
$$= \underline{\underline{-\ln|\cos x| + c;\ x \neq \frac{\pi}{2} + k\pi;\ k \in \mathbb{Z}}}$$

- $2 \cdot \int \cot(2x)\,\mathrm{d}x;\ x \in \mathbb{R} \setminus \left\{k \cdot \frac{\pi}{2}\right\};\ k \in \mathbb{Z}$

  ► $f(x) = \sin(2x) \Rightarrow f'(x) = 2\cdot\cos(2x)$

$$2 \cdot \int \cot(2x)\,\mathrm{d}x = \int \frac{2\cdot\cos(2x)}{\sin(2x)}\,\mathrm{d}x \quad ► \quad \int \frac{f'(x)}{f(x)}\,\mathrm{d}x$$
$$= \underline{\underline{\ln|\sin(2x)| + c;\ x \neq k \cdot \frac{\pi}{2};\ k \in \mathbb{Z}}}$$

• $\int \frac{dx}{\sin x \cdot \cos x}$; $x \in \mathbb{R} \setminus \left\{k\pi; \frac{\pi}{2} + k\pi\right\}$; $k \in \mathbb{Z}$

Wenn man den Nennerterm des Integranden mit $\cos x$ erweitert, erhält man die Form $\frac{f'(x)}{f(x)}$.

► $f(x) = \frac{\sin x}{\cos x} = \tan x \Rightarrow f'(x) = \frac{1}{\cos^2 x}$

$$\int \frac{dx}{\sin x \cdot \cos x} = \int \frac{dx}{\frac{\sin x}{\cos x} \cdot \cos^2 x}$$

$$= \int \frac{\frac{1}{\cos^2 x}}{\tan x}\,dx \quad \blacktriangleright \quad \int \frac{f'(x)}{f(x)}\,dx$$

$$= \ln|\tan x| + c;\ x \notin \left\{k\pi; \frac{\pi}{2} + k\pi\right\};\ k \in \mathbb{Z}$$

• $\int \frac{x^2}{6 - 6x^3}\,dx$; $x \in \mathbb{R} \setminus \{1\}$

Wenn man den Integrand mit -18 erweitert, erhält man die Form $\frac{f'(x)}{f(x)}$.

► $f(x) = 6 - 6x^3 \Rightarrow f'(x) = -18x^2$

$$\int \frac{x^2}{6 - 6x^3}\,dx = \int \frac{-18 \cdot x^2}{-18 \cdot (6 - 6x^3)}\,dx$$

$$= -\frac{1}{18} \cdot \int \frac{-18x^2}{6 - 6x^3}\,dx \quad \blacktriangleright \quad \int \frac{f'(x)}{f(x)}\,dx$$

$$= -\frac{1}{18} \cdot \ln|6 - 6x^3| + c;\ x \neq 1$$

• $\int \frac{dx}{x \cdot \ln x}$; $x \in \mathbb{R}^{>0} \setminus \{1\}$

► $f(x) = \ln x \Rightarrow f'(x) = \frac{1}{x}$

$$\int \frac{dx}{x \cdot \ln x} = \int \frac{\frac{1}{x}}{\ln x}\,dx \quad \blacktriangleright \quad \int \frac{f'(x)}{f(x)}\,dx$$

$$= \ln|\ln x| + c;\ x > 0 \text{ und } x \neq 1$$

• $\int \frac{x^2}{5x^3 - 15}\,dx$; $x \in \mathbb{R} \setminus \{\sqrt[3]{3}\}$

Wenn man den Integrand mit 15 erweitert, erhält man die Form $\frac{f'(x)}{f(x)}$.

► $f(x) = 5x^3 - 15 \Rightarrow f'(x) = 15x^2$

$$\int \frac{x^2}{5x^3 - 15}\,dx = \int \frac{15 \cdot x^2}{15 \cdot (5x^3 - 15)}\,dx$$

$$= \frac{1}{15} \cdot \int \frac{15x^2}{5x^3 - 15}\,dx \quad \blacktriangleright \quad \int \frac{f'(x)}{f(x)}\,dx$$

$$= \frac{1}{15} \cdot \ln|5x^3 - 15| + c;\ x \neq \sqrt[3]{3}$$

• $\int \frac{\sqrt{x}}{6 + \sqrt{4x^3}}\,dx$; $x \in \mathbb{R}^{\geq 0}$

Wenn man den Integrand mit 3 erweitert, erhält man die Form $\frac{f'(x)}{f(x)}$.

► $f(x) = 6 + \sqrt{4x^3} = 6 + 2 \cdot x^{\frac{3}{2}}$

$\Rightarrow f'(x) = 2 \cdot \frac{3}{2} \cdot x^{\frac{1}{2}} = 3 \cdot \sqrt{x}$

$$\int \frac{\sqrt{x}}{6 + \sqrt{4x^3}} = \int \frac{3 \cdot \sqrt{x}}{3 \cdot (6 + \sqrt{4x^3})}\,dx$$

$$= \frac{1}{3} \cdot \int \frac{3 \cdot \sqrt{x}}{6 + \sqrt{4x^3}}\,dx \quad \blacktriangleright \quad \int \frac{f'(x)}{f(x)}\,dx$$

$$= \frac{1}{3} \cdot \ln|6 + \sqrt{4x^3}| + c;\ x \geq 0$$

- $\displaystyle\int \frac{\mathrm{d}x}{\sin(ax)};\ a \in \mathbb{R}^{\neq 0};\ x \in \mathbb{R}\setminus\left\{\frac{\pi}{a}\cdot k\right\};\ k \in \mathbb{Z}$

Man substituiert $ax = 2z$. Daraus folgt:

► $z = \frac{a}{2}\cdot x \Rightarrow \frac{\mathrm{d}z}{\mathrm{d}x} = \frac{a}{2} \Rightarrow \mathrm{d}x = \frac{2}{a}\cdot \mathrm{d}z$

$$\int \frac{\mathrm{d}x}{\sin(ax)} = \frac{2}{a}\cdot\int \frac{\mathrm{d}z}{\sin(2z)} \quad ► \sin(2z) = 2\cdot\sin z\cdot\cos z$$

$$= \frac{2}{a}\cdot\int \frac{\mathrm{d}z}{2\cdot\sin z\cdot\cos z} \quad ► \text{fünftes Beispiel}$$

$$= \frac{1}{a}\cdot\ln|\tan z| + c \quad ► z = \frac{a}{2}\cdot x$$

$$= \underline{\underline{\frac{1}{a}\cdot\ln\left|\tan\left(\frac{a}{2}\cdot x\right)\right| + c;\ x \neq \frac{\pi}{a}\cdot k;\ k \in \mathbb{Z};\ a \neq 0}}$$

- $\displaystyle\int \frac{\mathrm{d}x}{\cos(ax)};\ a \in \mathbb{R}^{\neq 0};\ x \in \mathbb{R}\setminus\left\{\frac{\pi}{2a}\cdot(1+2k)\right\};\ k \in \mathbb{Z}$

Wegen $\cos(ax) = \sin\left(\frac{\pi}{2} - ax\right)$ kann der Integrand entsprechend umgeformt werden und man substituiert dann wie folgt:

► $\frac{\pi}{2} - ax = z \Rightarrow \frac{\mathrm{d}z}{\mathrm{d}x} = -a \Rightarrow \mathrm{d}x = -\frac{1}{a}\cdot\mathrm{d}z$

$$\int \frac{\mathrm{d}x}{\cos(ax)} = \int \frac{\mathrm{d}x}{\sin\left(\frac{\pi}{2} - ax\right)}$$

$$= -\frac{1}{a}\cdot\int \frac{\mathrm{d}z}{\sin z} \quad ► \int \frac{\mathrm{d}z}{\sin z} = \ln\left|\tan\frac{z}{2}\right| + c$$

$$= -\frac{1}{a}\cdot\ln\left|\tan\frac{z}{2}\right| + c \quad ► z = \frac{\pi}{2} - ax$$

$$= \underline{\underline{-\frac{1}{a}\cdot\ln\left|\tan\left(\frac{\pi}{4} - \frac{ax}{2}\right)\right| + c;\ x \neq \frac{\pi}{a}\cdot(1+2k);\ k \in \mathbb{Z};\ a}}$$

- $\int \tan(ax)\,\mathrm{d}x;\ a \in \mathbb{R}^{\neq 0}$ mit $x \in \mathbb{R}\setminus\left\{\frac{\pi}{2a}\cdot(1+2k)\right\};\ k \in \mathbb{Z}$

Wenn man den Integrand in $\displaystyle\int \frac{\sin z}{\cos z}$ mit -1 erweitert, erhält man die Form $\frac{f'(x)}{f(x)}$.

► $ax = z \Rightarrow \frac{\mathrm{d}z}{\mathrm{d}x} = a \Rightarrow \mathrm{d}x = \frac{1}{a}\cdot\mathrm{d}z$

► $f(z) = \cos z \Rightarrow f'(x) = -\sin z$

$$\int \tan(ax)\,\mathrm{d}x = \frac{1}{a}\cdot\int \tan z\,\mathrm{d}z \quad ► \tan z = \frac{\sin z}{\cos z}$$

$$= \frac{1}{-a}\cdot\int \frac{-\sin z}{\cos z}\,\mathrm{d}z \quad ► \int \frac{f'(z)}{f(z)}\,\mathrm{d}z$$

$$= -\frac{1}{a}\cdot\ln|\cos z| + c; \quad ► z = ax$$

$$= \underline{\underline{-\frac{1}{a}\cdot\ln|\cos(ax)| + c;\ x \neq \frac{\pi}{2a}\cdot(1+2k);\ k \in \mathbb{Z};\ a \neq}}$$

- $\int \cot(ax)\,\mathrm{d}x;\ a \in \mathbb{R}^{\neq 0};\ x \in \mathbb{R}\setminus\left\{\frac{\pi}{a}\cdot k\right\};\ k \in \mathbb{Z}$

► $ax = z \Rightarrow \frac{\mathrm{d}z}{\mathrm{d}x} = a \Rightarrow \mathrm{d}x = \frac{1}{a}\cdot\mathrm{d}z$

► $f(z) = \sin z \Rightarrow f'(x) = \cos z$

$$\int \cot(ax)\,\mathrm{d}x = \frac{1}{a}\cdot\int \cot z\,\mathrm{d}z \quad ► \cot z = \frac{\cos z}{\sin z}$$

$$= \frac{1}{a}\cdot\int \frac{\cos z}{\sin z}\,\mathrm{d}z \quad ► \int \frac{f'(z)}{f(z)}\,\mathrm{d}z$$

$$= \frac{1}{a}\cdot\ln|\sin z| + c; \quad ► z = ax$$

$$= \underline{\underline{\frac{1}{a}\cdot\ln|\sin(ax)| + c;\ x \neq \frac{\pi}{a}\cdot k;\ k \in \mathbb{Z};\ a \neq 0}}$$

Merke:

$\displaystyle\int \frac{\mathrm{d}x}{\sin(ax)} = \frac{1}{a}\cdot\ln\left|\tan\frac{ax}{2}\right| + c;\ a \in \mathbb{R}^{\neq 0}$	$\displaystyle\int \frac{\mathrm{d}x}{\cos(ax)} = -\frac{1}{a}\cdot\ln\left|\tan\left(\frac{\pi}{4} - \frac{ax}{2}\right)\right| + c;\ a \in \mathbb{R}^{\neq 0}$
$\displaystyle\int \tan(ax)\,\mathrm{d}x = -\frac{1}{a}\cdot\ln|\cos(ax)| + c;\ a \in \mathbb{R}^{\neq 0}$	$\displaystyle\int \cot(ax)\,\mathrm{d}x = \frac{1}{a}\cdot\ln|\sin(ax)| + c;\ a \in \mathbb{R}^{\neq 0}$

2.4.3 Integrale des Typs $\int([f(x)]^n \cdot f'(x))\,dx;\ n \in \mathbb{R}^{\neq -1}$

Problem: Lösen Sie das unbestimmte Integral $\int[2x\cdot(1+x^2)^3]\,dx$ mithilfe der Substitution $1+x^2=z$ und verallgemeinern Sie die Vorgehensweise.

- $\int[2x\cdot(1+x^2)^3]\,dx;\ x\in\mathbb{R}$

$2x\cdot(1+x^2)^3$ ist das Produkt aus $2x=f'(x)$ und $(1+x^2)^3=[f(x)]^3$ mit $1+x^2=f(x)$.

▶ $1+x^2=z \Rightarrow \frac{dz}{dx}=2x \Rightarrow 2x\cdot dx = dz$

$$\int[2x\cdot(1+x^2)^3]\,dx = \int[(1+x^2)^3\cdot(2x\cdot dx)]$$
$$=\int z^3\,dz$$
$$=\frac{1}{4}\cdot z^4+c \quad ▶\ z=1+x^2$$
$$=\frac{1}{4}\cdot(1+x^2)^4+c$$

- $\int([f(x)]^n\cdot f'(x))\,dx;\ n\in\mathbb{R}^{\neq -1}$

▶ $f(x)=z \Rightarrow \frac{dz}{dx}=f'(x) \Rightarrow f'(x)\cdot dx = dz$

Durch die Substitution $f(x)=z$ erhält man das bereits bekannte Grundintegral:

$$\int z^n\,dz=\frac{1}{n+1}\cdot z^{n+1}+c;\ n\neq -1 \quad ▶\ \text{Potenzregel}$$

$$\int([f(x)]^n\cdot f'(x))\,dx=\int z^n\,dz$$
$$=\frac{1}{n+1}\cdot z^{n+1}+c \quad ▶\ z=f(x)$$
$$=\frac{1}{n+1}\cdot[f(x)]^{n+1}+c;\ n\neq -1$$

Die Gültigkeitsintervalle hängen hier von der Definitionsmenge der Funktion f und vom Exponenten $n\in\mathbb{R}^{\neq -1}$ ab.

Merke:

$$\int([f(x)]^n\cdot f'(x))\,dx=\frac{1}{n+1}\cdot[f(x)]^{n+1}+c;\ n\in\mathbb{R}^{\neq -1}$$

Anmerkungen:

- Der Fall $n=-1$, also $\int([f(x)]^{-1}\cdot f'(x))\,dx=\int\frac{f'(x)}{f(x)}\,dx$, wurde bereits im Kapitel 2.4.2 behandelt.
- Um die entwickelte Formel anwenden zu können, muss der Integrand oft durch eine geeignete algebraische Umformung auf die gewünschte Form $[f(x)]^n\cdot f'(x)$ gebracht werden. Meistens ist auch noch eine Erweiterung des Integranden mit einer Zahl notwendig.
- Auch bei Integralen des Typs $\int(ax+b)^n\,dx;\ n\in\mathbb{R}^{\neq -1}$ (▶ 2.4.1) lässt sich der Integrand durch Erweitern mit a auf die Form $[f(x)]^n\cdot f'(x)$ bringen, und zwar gilt:
$$(ax+b)^n=\frac{1}{a}\cdot a\cdot(ax+b)^n=\frac{1}{a}\cdot[f(x)]^n\cdot f'(x) \text{ mit } f(x)=ax+b \text{ und } f'(x)=a$$
- In Anwendungen und Beispielen sind die unbestimmten Integrale dieses Typs häufig auch in der Form $\int(f'(x)\cdot[f(x)]^n)\,dx$ gegeben.

Beispiele: Lösen Sie die nachfolgenden unbestimmten Integrale mithilfe der entwickelten Formel.

- $6 \cdot \int [x \cdot (3x^2+8)^2]\,dx;\ x \in \mathbb{R}$

▶ $n = 2;\ f(x) = 3x^2 + 8 \Rightarrow f'(x) = 6x$

$\Rightarrow f'(x) \cdot [f(x)]^2 = 6x \cdot (3x^2+8)^2$

$$6 \cdot \int [x \cdot (3x^2+8)^2]\,dx = \int [6x \cdot (3x^2+8)^2]\,dx = \frac{1}{2+1} \cdot (3x^2+8)^{2+1} + c = \underline{\underline{\frac{1}{3} \cdot (3x^2+8)^3 + c}}$$

- $\int (3 \cdot \sin x \cdot \cos x)\,dx;\ x \in \mathbb{R}$

▶ $n = 1;\ f(x) = \sin x \Rightarrow f'(x) = \cos x$

$\Rightarrow f'(x) \cdot [f(x)]^1 = \cos x \cdot \sin x$

■ $$\int (3 \cdot \sin x \cdot \cos x)\,dx = 3 \cdot \int (\cos x \cdot \sin x)\,dx = 3 \cdot \frac{1}{1+1} \cdot (\sin x)^{1+1} + c_1 = \underline{\underline{\frac{3}{2} \cdot \sin^2 x + c_1}}$$

Schreibt man das gegebene Integral in der Form $-3 \cdot \int (-\sin x \cdot \cos x)\,dx$, so kann man $\cos x = f(x)$ setzen mit $f'(x) = -\sin x$.

▶ $n = 1;\ f(x) = \cos x \Rightarrow f'(x) = -\sin x$

$\Rightarrow f'(x) \cdot [f(x)]^1 = -\sin x \cdot \cos x$

■ $$\int (3 \cdot \sin x \cdot \cos x)\,dx = -3 \cdot \int (-\sin x \cdot \cos x)\,dx = -3 \cdot \frac{1}{1+1} \cdot (\cos x)^{1+1} + c_2 = \underline{\underline{-\frac{3}{2} \cdot \cos^2 x + c_2}}$$

- $\int \left(10 \cdot \frac{\ln x}{x}\right) dx;\ x \in \mathbb{R}^{>0}$

▶ $n = 1;\ f(x) = \ln x \Rightarrow f'(x) = \frac{1}{x}$

$\Rightarrow f'(x) \cdot [f(x)]^1 = \frac{1}{x} \cdot \ln x$

$$\int \left(10 \cdot \frac{\ln x}{x}\right) dx = 10 \cdot \int \left[\frac{1}{x} \cdot (\ln x)^1\right] dx = 10 \cdot \frac{1}{1+1} \cdot (\ln x)^{1+1} + c = \underline{\underline{5 \cdot \ln^2 x + c;\ x > 0}}$$

- $8 \cdot \int \frac{\ln^3 x}{x}\,dx;\ x \in \mathbb{R}^{>0}$

▶ $n = 3;\ f(x) = \ln x \Rightarrow f'(x) = \frac{1}{x}$

$\Rightarrow f'(x) \cdot [f(x)]^3 = \frac{1}{x} \cdot \ln^3 x$

$$8 \cdot \int \frac{\ln^3 x}{x}\,dx = 8 \cdot \int \left[\frac{1}{x} \cdot (\ln x)^3\right] dx = 8 \cdot \frac{1}{3+1} \cdot (\ln x)^{3+1} + c = \underline{\underline{2 \cdot \ln^4 x + c;\ x > 0}}$$

- $2 \cdot \int \frac{\operatorname{Arctan} x}{1+x^2}\,dx;\ x \in \mathbb{R}$

▶ $n = 1;\ f(x) = \operatorname{Arctan} x \Rightarrow f'(x) = \frac{1}{1+x^2}$

$\Rightarrow f'(x) \cdot [f(x)]^1 = \frac{1}{1+x^2} \cdot \operatorname{Arctan} x$

$$2 \cdot \int \frac{\operatorname{Arctan} x}{1+x^2}\,dx = 2 \cdot \int \left[\frac{1}{1+x^2} \cdot (\operatorname{Arctan} x)^1\right] dx = 2 \cdot \frac{1}{1+1} \cdot (\operatorname{Arctan} x)^{1+1} + c = \underline{\underline{\operatorname{Arctan}^2 x + c}}$$

- $\int \frac{\cot x}{\sin^2 x}\,dx;\ x \in \mathbb{R} \backslash \{k \cdot \pi\};\ k \in \mathbb{Z}$

▶ $n = 1;\ f(x) = \cot x \Rightarrow f'(x) = -\frac{1}{\sin^2 x}$

$\Rightarrow f'(x) \cdot [f(x)]^1 = -\frac{1}{\sin^2 x} \cdot \cot x$

$$\int \frac{\cot x}{\sin^2 x}\,dx = -\int \left[\frac{-1}{\sin^2 x} \cdot (\cot x)^1\right] dx = -\frac{1}{1+1} \cdot (\cot x)^{1+1} + c = \underline{\underline{-\frac{1}{2} \cdot \cot^2 x + c;\ x \neq k \cdot \pi;\ k \in \mathbb{Z}}}$$

- $\int \frac{x^3}{(4-6x^4)^2}\,\mathrm{d}x;\ x \in \mathbb{R}\setminus\left\{\sqrt[4]{\frac{2}{3}}\right\}$

► $n=-2;\ f(x)=4-6x^4 \Rightarrow f'(x)=-24x^3$

$\Rightarrow f'(x)\cdot[f(x)]^{-2}=-24x^3\cdot(4-6x^4)^{-2}$

► Der Integrand wird mit -24 erweitert.

$$\begin{aligned}\int \frac{x^3}{(4-6x^4)^2}\,\mathrm{d}x &= \int [x^3\cdot(4-6x^4)^{-2}]\,\mathrm{d}x\\ &= -\frac{1}{24}\cdot\int[-24x^3\cdot(4-6x^4)^{-2}]\,\mathrm{d}x\\ &= -\frac{1}{24}\cdot\frac{1}{-2+1}\cdot(4-6x^4)^{-2+1}+c\\ &= \underline{\underline{\frac{1}{24\cdot(4-6x^4)}+c;\ x \neq \sqrt[4]{\frac{2}{3}}}}\end{aligned}$$

- $-6\cdot\int(x\cdot\sqrt{1-x^2})\,\mathrm{d}x;\ x\in[-1;1]$

► $n=\frac{1}{2};\ f(x)=1-x^2 \Rightarrow f'(x)=-2x$

$\Rightarrow f'(x)\cdot[f(x)]^{\frac{1}{2}}=-2x\cdot(1-x^2)^{\frac{1}{2}}$

► Der Integrand wird mit -2 erweitert.

$$\begin{aligned}-6\cdot\int(x\cdot\sqrt{1-x^2})\,\mathrm{d}x &= -6\cdot\int\left[x\cdot(1-x^2)^{\frac{1}{2}}\right]\mathrm{d}x\\ &= -6\cdot\frac{1}{-2}\cdot\int\left[-2x\cdot(1-x^2)^{\frac{1}{2}}\right]\mathrm{d}x\\ &= 3\cdot\frac{1}{\frac{1}{2}+1}\cdot(1-x^2)^{\frac{1}{2}+1}+c\\ &= 2\cdot(1-x^2)^{\frac{3}{2}}+c\\ &= \underline{\underline{2\cdot\sqrt{(1-x^2)^3}+c;\ x\in[-1;1]}}\end{aligned}$$

- $\int\frac{\mathrm{d}x}{\sqrt{8x^3-x^4}};\ x\in(0;8)$

► $\frac{1}{\sqrt{8x^3-x^4}}=\frac{1}{\sqrt{x^4\cdot(\frac{8}{x}-1)}}=\frac{1}{x^2}\cdot\frac{1}{\sqrt{\frac{8}{x}-1}}$

► $n=-\frac{1}{2};\ f(x)=\frac{8}{x}-1 \Rightarrow f'(x)=-\frac{8}{x^2}$

$\Rightarrow f'(x)\cdot[f(x)]^{-\frac{1}{2}}=-\frac{8}{x^2}\cdot\left(\frac{8}{x}-1\right)$

► Der Integrand wird mit -8 erweitert.

$$\begin{aligned}\int\frac{\mathrm{d}x}{\sqrt{8x^3-x^4}} &= \int\frac{\mathrm{d}x}{\sqrt{x^4\cdot(\frac{8}{x}-1)}}\\ &= \int\left[\frac{1}{x^2}\cdot\left(\frac{8}{x}-1\right)^{-\frac{1}{2}}\right]\mathrm{d}x\\ &= -\frac{1}{8}\cdot\int\left[\frac{-8}{x^2}\cdot\left(\frac{8}{x}-1\right)^{-\frac{1}{2}}\right]\mathrm{d}x\\ &= -\frac{1}{8}\cdot\frac{1}{-\frac{1}{2}+1}\cdot\left(\frac{8}{x}-1\right)^{-\frac{1}{2}+1}+c\\ &= -\frac{1}{4}\cdot\left(\frac{8}{x}-1\right)^{\frac{1}{2}}+c\\ &= \underline{\underline{-\frac{1}{4}\cdot\sqrt{\frac{8}{x}-1}+c;\ x\in(0;8)}}\end{aligned}$$

- $\int(\sin^4 x\cdot\cos x)\,\mathrm{d}x;\ x\in\mathbb{R}$

► $n=4;\ f(x)=\sin x \Rightarrow f'(x)=\cos x$

$\Rightarrow f'(x)\cdot[f(x)]^4=\cos x\cdot\sin^4 x$

$$\begin{aligned}\int(\sin^4 x\cdot\cos x)\,\mathrm{d}x &= \int(\cos x\cdot\sin^4 x)\,\mathrm{d}x\\ &= \frac{1}{4+1}\cdot(\sin x)^{4+1}+c\\ &= \underline{\underline{\frac{1}{5}\cdot\sin^5 x+c}}\end{aligned}$$

- $\int(\sqrt{\sinh x}\cdot\cosh x)\,\mathrm{d}x;\ x\in\mathbb{R}^{\geq 0}$

► $n=\frac{1}{2};\ f(x)=\sinh x \Rightarrow f'(x)=\cosh x$

$\Rightarrow f'(x)\cdot[f(x)]^{\frac{1}{2}}=\cosh x\cdot(\sinh x)^{\frac{1}{2}}$

$$\begin{aligned}\int(\sqrt{\sinh x}\cdot\cosh x)\,\mathrm{d}x &= \int\left[\cosh x\cdot(\sinh x)^{\frac{1}{2}}\right]\mathrm{d}x\\ &= \frac{1}{\frac{1}{2}+1}\cdot(\sinh x)^{\frac{1}{2}+1}+c\\ &= \frac{2}{3}\cdot(\sinh x)^{\frac{3}{2}}+c\\ &= \underline{\underline{\frac{2}{3}\cdot\sqrt{\sinh^3 x}+c;\ x\geq 0}}\end{aligned}$$

- $\int[(e^x+1)^5 \cdot e^x]\,dx;\ x \in \mathbb{R}$

► $n=5;\ f(x)=e^x+1 \Rightarrow f'(x)=e^x$

$\Rightarrow f'(x)\cdot[f(x)]^5 = e^x\cdot(e^x+1)^5$

$$\int[(e^x+1)^5\cdot e^x]\,dx = \int[e^x\cdot(e^x+1)^5]\,dx = \frac{1}{5+1}\cdot(e^x+1)^{5+1}+c = \frac{1}{6}\cdot(e^x+1)^6+c$$

- $\int\left(3\cdot e^x\cdot\sqrt{e^x-1}\right)dx;\ x\in\mathbb{R}^{\geq 0}$

► $n=\frac{1}{2};\ f(x)=e^x-1 \Rightarrow f'(x)=e^x$

$\Rightarrow f'(x)\cdot[f(x)]^{\frac{1}{2}} = e^x\cdot(e^x-1)^{\frac{1}{2}}$

$$\int\left(3\cdot e^x\cdot\sqrt{e^x-1}\right)dx = 3\cdot\int\left[e^x\cdot(e^x-1)^{\frac{1}{2}}\right]dx = 3\cdot\frac{1}{\frac{1}{2}+1}\cdot(e^x-1)^{\frac{1}{2}+1}+c = 2\cdot(e^x-1)^{\frac{3}{2}}+c = 2\cdot\sqrt{(e^x-1)^3}+c;\ x\geq 0$$

2.4.4 Integrale des Typs $\int\left(g[h(x)]\cdot h'(x)\right)dx$

Problem: Lösen Sie das unbestimmte Integral $\int(2x\cdot e^{x^2})\,dx$ mithilfe der Substitution $x^2=z$ und verallgemeinern Sie die Vorgehensweise.

- $\int(2x\cdot e^{x^2})\,dx;\ x\in\mathbb{R}$

► $x^2=z \Rightarrow \frac{dz}{dx}=2x \Rightarrow 2x\cdot dz = dz$

Die Verkettung $g\circ h$ der beiden Funktionen $g: g(z)=e^z$ und $h: h(x)=x^2$ führt auf die verkettete Funktion $g\circ h$: $g[h(x)]=e^{x^2}$. Dabei ist $h'(x)=2x$. Der Integrand hat demnach die Form $g[h(x)]\cdot h'(x)$.

$$\int(2x\cdot e^{x^2})\,dx = \int[e^{x^2}\cdot(2x\cdot dx)] = \int e^z\,dz = e^z+c \quad ► z=x^2$$
$$= e^{x^2}+c$$

- $\int\left(g[h(x)]\cdot h'(x)\right)dx$

► $h(x)=z \Rightarrow \frac{dz}{dx}=h'(x) \Rightarrow h'(x)\cdot dx = dz$

$$\int\left(g[h(x)]\cdot h'(x)\right)dx = \int g(z)\,dz$$

Merke:

Bei Integralen des Typs $\int\left(g[h(x)]\cdot h'(x)\right)dx$ substituiert man $h(x)=z$. Damit ist $h'(x)\cdot dx = dz$, und man erhält:

$$\boldsymbol{\int\left(g[h(x)]\cdot h'(x)\right)dx = \int g(z)\,dz}$$

Anmerkungen:

- Durch eine Substitution $h(x)=z$ wird man ein Integral $\int(g[h(x)]\cdot h'(x))\,dx$ nicht immer unmittelbar lösen können. Die Substitution vereinfacht aber auf alle Fälle den Integrand.
- Um die entwickelte Formel anwenden zu können, wird man häufig erst durch algebraische Umformungen die gewünschte Form $g[h(x)]\cdot h'(x)$ eines Integranden erhalten. Meistens muss man den gegebenen Integrand noch mit einer Zahl erweitern.
- In Anwendungen und Beispielen sind die unbestimmten Integrale dieses Typs häufig auch in der Form $\int(h'(x)\cdot g[h(x)])\,dx$ gegeben.

Beispiele: Lösen Sie die nachfolgenden unbestimmten Integrale mithilfe der entwickelten Formel.

- $\int [2x \cdot \cosh(x^2 - 1)]\,\mathrm{d}x;\ x \in \mathbb{R}$

► $x^2 - 1 = z \Rightarrow \dfrac{\mathrm{d}z}{\mathrm{d}x} = 2x \Rightarrow 2x \cdot \mathrm{d}x = \mathrm{d}z$

$$\begin{aligned}\int [2x \cdot \cosh(x^2-1)]\,\mathrm{d}x &= \int [\cosh(x^2-1) \cdot (2x \cdot \mathrm{d}x)] \\ &= \int \cosh z\ \mathrm{d}z \\ &= \sinh z + c \quad \blacktriangleright\ z = x^2 - 1 \\ &= \underline{\underline{\sinh(x^2-1) + c}}\end{aligned}$$

- $\displaystyle\int \frac{\mathrm{e}^x}{1+\mathrm{e}^{2x}}\,\mathrm{d}x;\ x \in \mathbb{R}$

► $\mathrm{e}^x = z \Rightarrow \dfrac{\mathrm{d}z}{\mathrm{d}x} = \mathrm{e}^x \Rightarrow \mathrm{e}^x \cdot \mathrm{d}x = \mathrm{d}z$

$$\begin{aligned}\int \frac{\mathrm{e}^x}{1+\mathrm{e}^{2x}}\,\mathrm{d}x &= \int \frac{\mathrm{e}^x \cdot \mathrm{d}x}{1+(\mathrm{e}^x)^2} \\ &= \int \frac{\mathrm{d}z}{1+z^2} \\ &= \operatorname{Arctan} z + c \quad \blacktriangleright\ z = \mathrm{e}^x \\ &= \underline{\underline{\operatorname{Arctan}(\mathrm{e}^x) + c}}\end{aligned}$$

- $\int 4^{2x}\,\mathrm{d}x;\ x \in \mathbb{R}$

► $2x = z \Rightarrow \dfrac{\mathrm{d}z}{\mathrm{d}x} = 2 \Rightarrow \mathrm{d}x = \dfrac{1}{2} \cdot \mathrm{d}z$

$$\begin{aligned}\int 4^{2x}\,\mathrm{d}x &= \int \left(4^z \cdot \frac{1}{2}\right)\mathrm{d}z \\ &= \frac{1}{2} \cdot \int 4^z\,\mathrm{d}z \\ &= \frac{1}{2} \cdot \frac{1}{\ln 4} \cdot 4^z + c \quad \blacktriangleright\ z = 2x \\ &= \underline{\underline{\frac{1}{2 \cdot \ln 4} \cdot 4^{2x} + c}}\end{aligned}$$

- $\displaystyle\int \left(\frac{1}{\sqrt{x}} \cdot \sin\sqrt{x}\right)\mathrm{d}x;\ x \in \mathbb{R}^{>0}$

► $\sqrt{x} = z \Rightarrow \dfrac{\mathrm{d}z}{\mathrm{d}x} = \dfrac{1}{2 \cdot \sqrt{x}} \Rightarrow \dfrac{1}{2 \cdot \sqrt{x}} \cdot \mathrm{d}x = \mathrm{d}z$

► Man erweitert mit 2, um den Integrand auf die Form $g[h(x)] \cdot h'(x)$ zu bringen.

$$\begin{aligned}\int \left(\frac{1}{\sqrt{x}} \cdot \sin\sqrt{x}\right)\mathrm{d}x &= 2 \cdot \int \left[\sin\sqrt{x} \cdot \left(\frac{1}{2 \cdot \sqrt{x}} \cdot \mathrm{d}x\right)\right] \\ &= 2 \cdot \int \sin z\,\mathrm{d}z \\ &= -2 \cdot \cos z + c \quad \blacktriangleright\ z = \sqrt{x} \\ &= \underline{\underline{-2 \cdot \cos\sqrt{x} + c;\ x > 0}}\end{aligned}$$

- $\displaystyle\int \left(\frac{1}{x^2} \cdot \mathrm{e}^{-\frac{1}{x}}\right)\mathrm{d}x;\ x \in \mathbb{R}^{\neq 0}$

► $-\dfrac{1}{x} = z \Rightarrow \dfrac{\mathrm{d}z}{\mathrm{d}x} = \dfrac{1}{x^2} \Rightarrow \dfrac{1}{x^2} \cdot \mathrm{d}x = \mathrm{d}z$

$$\begin{aligned}\int \left(\frac{1}{x^2} \cdot \mathrm{e}^{-\frac{1}{x}}\right)\mathrm{d}x &= \int \left[\mathrm{e}^{-\frac{1}{x}} \cdot \left(\frac{1}{x^2} \cdot \mathrm{d}x\right)\right] \\ &= \int \mathrm{e}^z\,\mathrm{d}z \\ &= \mathrm{e}^z + c \quad \blacktriangleright\ z = -\frac{1}{x} \\ &= \underline{\underline{\mathrm{e}^{-\frac{1}{x}} + c;\ x \neq 0}}\end{aligned}$$

- $\int (\cos x \cdot \mathrm{e}^{\sin x})\,\mathrm{d}x;\ x \in \mathbb{R}$

► $\sin x = z \Rightarrow \dfrac{\mathrm{d}z}{\mathrm{d}x} = \cos x \Rightarrow \cos x \cdot \mathrm{d}x = \mathrm{d}z$

$$\begin{aligned}\int (\cos x \cdot \mathrm{e}^{\sin x})\,\mathrm{d}x &= \int [\mathrm{e}^{\sin x} \cdot (\cos x \cdot \mathrm{d}x)] \\ &= \int \mathrm{e}^z\,\mathrm{d}z \\ &= \mathrm{e}^z + c \quad \blacktriangleright\ z = \sin x \\ &= \underline{\underline{\mathrm{e}^{\sin x} + c}}\end{aligned}$$

- $\int\left(x\cdot e^{x^2-1}\right)\mathrm{d}x;\ x\in\mathbb{R}$

► $x^2-1=z\ \Rightarrow\ \frac{\mathrm{d}z}{\mathrm{d}x}=2x\ \Rightarrow\ 2x\cdot\mathrm{d}x=\mathrm{d}z$

► Man erweitert mit 2, um den Integrand auf die Form $g[h(x)]\cdot h'(x)$ zu bringen.

$$\int\left(x\cdot e^{x^2-1}\right)\mathrm{d}x=\frac{1}{2}\cdot\int\left[e^{x^2-1}\cdot(2x\cdot\mathrm{d}x)\right]$$
$$=\frac{1}{2}\cdot\int e^z\,\mathrm{d}z$$
$$=\frac{1}{2}\cdot e^z+c\quad ►\ z=x^2+1$$
$$=\frac{1}{2}\cdot e^{x^2-1}+c$$

- $\int[2x\cdot\cos^2(x^2+1)]\,\mathrm{d}x;\ x\in\mathbb{R}$

► $x^2+1=z\ \Rightarrow\ \frac{\mathrm{d}z}{\mathrm{d}x}=2x\ \Rightarrow\ 2x\cdot\mathrm{d}x=\mathrm{d}z$

$$\int[2x\cdot\cos^2(x^2+1)]\,\mathrm{d}x=\int[\cos^2(x^2+1)\cdot(2x\cdot\mathrm{d}x)]$$
$$=\int\cos^2z\ \mathrm{d}z\quad ►\ 2.4.1$$
$$=\frac{z}{2}+\frac{1}{4}\cdot\sin(2z)+c\quad ►\ z=x^2+1$$
$$=\frac{1}{2}\cdot(x^2+1)+\frac{1}{4}\cdot\sin(2x^2+2)+c$$

2.4.5 Integrale des Typs $\int f(x;\sqrt{a^2-x^2})\,\mathrm{d}x$

Die Schreibweise „$f(x;\sqrt{a^2-x^2})$" bedeutet, dass es sich um eine Funktion handelt, die aus x und $\sqrt{a^2-x^2}$ rational aufgebaut ist. Die nachfolgenden Probleme und Beispiele werden dies verdeutlichen. Entsprechendes gilt auch für die Kapitel 2.4.6 bis 2.4.8.

Problem: Entwickeln Sie Lösungsformeln für unbestimmte Integrale der Typen $\int\sqrt{a^2-x^2}\,\mathrm{d}x$ und $\int\frac{\mathrm{d}x}{\sqrt{a^2-x^2}}$ mit $a\in\mathbb{R}^{>0}$.

- $\int\sqrt{a^2-x^2}\,\mathrm{d}x;\ x\in[-a;a];\ a\in\mathbb{R}^{>0}$

Man substituiert:

► $x=a\cdot\sin z;\ z\in\left[-\frac{\pi}{2};\frac{\pi}{2}\right]\ \Rightarrow\ x\in[-a;a]$

► $x=a\cdot\sin z$

$\Rightarrow\ \frac{\mathrm{d}x}{\mathrm{d}z}=a\cdot\cos z\ \Rightarrow\ \mathrm{d}x=a\cdot\cos z\cdot\mathrm{d}z$

► $\sin^2z+\cos^2z=1$ ► 4.1

$\Rightarrow\ 1-\sin^2z=\cos^2z\ \Rightarrow\ \sqrt{1-\sin^2z}=\cos z$

► $z\in\left[-\frac{\pi}{2};\frac{\pi}{2}\right]\ \Rightarrow\ \cos z\geq 0$

Im Ergebnis wird die Substitution wieder rückgängig gemacht:

► $\sin(2z)=2\cdot\sin z\cdot\cos z$ ► 4.1

► $x=a\cdot\sin z\ \Rightarrow\ \sin z=\frac{x}{a}\ \Rightarrow\ z=\operatorname{Arcsin}\frac{x}{a}$

► $\cos z=\sqrt{1-\sin^2z}=\sqrt{1-\frac{x^2}{a^2}}=\frac{1}{a}\cdot\sqrt{a^2-x^2}$

$$\int\sqrt{a^2-x^2}\,\mathrm{d}x=\int\left[\sqrt{a^2-a^2\cdot\sin^2z}\cdot a\cdot\cos z\right]\mathrm{d}z$$
$$=\int\left[\sqrt{a^2\cdot(1-\sin^2z)}\cdot a\cdot\cos z\right]\mathrm{d}z$$
$$=a^2\cdot\int\left[\sqrt{1-\sin^2z}\cdot\cos z\right]\mathrm{d}z$$
$$=a^2\cdot\int[\cos z\cdot\cos z]\,\mathrm{d}z$$
$$=a^2\cdot\int\cos^2z\,\mathrm{d}z\quad ►\ 2.4.1$$
$$=a^2\cdot\left[\frac{1}{2}\cdot z+\frac{1}{4}\cdot\sin(2z)+c_1\right]$$
$$=a^2\cdot\left[\frac{1}{2}\cdot z+\frac{1}{4}\cdot 2\cdot\sin z\cdot\cos z+c_1\right]$$
$$=a^2\cdot\left[\frac{1}{2}\cdot\operatorname{Arcsin}\frac{x}{a}+\frac{1}{2}\cdot\frac{x}{a}\cdot\frac{1}{a}\cdot\sqrt{a^2-x^2}+c_1\right]\ ►\ a^2\cdot c_1=c$$
$$=\frac{a^2}{2}\cdot\operatorname{Arcsin}\frac{x}{a}+\frac{x}{2}\cdot\sqrt{a^2-x^2}+c;x\in[-a;a];a>0$$

- $\int \frac{dx}{\sqrt{a^2 - x^2}}; x \in (-a; a); a \in \mathbb{R}^{>0}$

Man substituiert:

$\frac{x}{a} = z \Rightarrow x = a \cdot z \Rightarrow \frac{dx}{dz} = a \Rightarrow dx = a \cdot dz$

► Der Definitionsbereich der Stammfunktion F ist hier mit $D(F) = [-a; a]$ größer als der Definitionsbereich $D(f)$ der Integrandfunktion f.

$$\int \frac{dx}{\sqrt{a^2 - x^2}} = \int \frac{dx}{\sqrt{a^2 \cdot \left[1 - \left(\frac{x}{a}\right)^2\right]}}$$

$$= \frac{1}{a} \cdot \int \frac{dx}{\sqrt{1 - \left(\frac{x}{a}\right)^2}}$$

$$= \frac{1}{a} \cdot \int \frac{a \cdot dz}{\sqrt{1 - z^2}}$$

$$= \int \frac{dz}{\sqrt{1 - z^2}} \quad \text{► Grundintegral}$$

$$= \operatorname{Arcsin} z \quad \text{►}\ z = \frac{x}{a}$$

$$= \operatorname{Arcsin} \frac{x}{a} + c; x \in (-a; a); a > 0$$

Die gleichen Formeln gelten auch für $a \in \mathbb{R}^{<0}$.

Merke:

- $\int \sqrt{a^2 - x^2}\,dx = \frac{a^2}{2} \cdot \operatorname{Arcsin} \frac{x}{a} + \frac{x}{2} \cdot \sqrt{a^2 - x^2} + c; x \in [-|a|; |a|]; a \in \mathbb{R}^{+0}$
- $\int \frac{dx}{\sqrt{a^2 - x^2}} = \operatorname{Arcsin} \frac{x}{a} + c; x \in (-|a|; |a|); a \in \mathbb{R}^{+0}$

Beispiele: Lösen Sie die nachstehenden unbestimmten Integrale unter Verwendung der beiden entwickelten Formeln.

- $\int \sqrt{8 - 4x^2}\,dx; x \in [-\sqrt{2}; \sqrt{2}]$

Der Integrand wird durch geeignetes Ausklammern auf die Form $\sqrt{a^2 - x^2}$ gebracht.

► $a^2 = 2 \Rightarrow a = \sqrt{2}$

$$\int \sqrt{8 - 4x^2}\,dx = \int \sqrt{4 \cdot (2 - x^2)}\,dx$$

$$= 2 \cdot \int \sqrt{2 - x^2}\,dx \quad \text{►} \int \sqrt{a^2 - x^2}\,dx$$

$$= 2 \cdot \left(\frac{2}{2} \cdot \operatorname{Arcsin} \frac{x}{\sqrt{2}} + \frac{x}{2} \cdot \sqrt{2 - x^2}\right) + c$$

$$= 2 \cdot \operatorname{Arcsin} \frac{x}{\sqrt{2}} + x \cdot \sqrt{2 - x^2} + c; x \in [-\sqrt{2}; \sqrt{2}]$$

- $\int \frac{4 \cdot dx}{\sqrt{8 - 6x^2}}; x \in \left(-\frac{2}{\sqrt{3}}; \frac{2}{\sqrt{3}}\right)$

Der Integrand wird durch Ausklammern auf die Form $\frac{1}{\sqrt{a^2 - x^2}}$ gebracht.

► $a^2 = \frac{4}{3} \Rightarrow a = \sqrt{\frac{4}{3}} = \frac{2}{\sqrt{3}}$

$$\int \frac{4 \cdot dx}{\sqrt{8 - 6x^2}} = 4 \cdot \int \frac{dx}{\sqrt{6 \cdot \left(\frac{8}{6} - x^2\right)}}$$

$$= \frac{4}{\sqrt{6}} \cdot \int \frac{dx}{\sqrt{\frac{4}{3} - x^2}} \quad \text{►} \int \frac{dx}{\sqrt{a^2 - x^2}}$$

$$= \frac{2 \cdot \sqrt{6}}{3} \cdot \operatorname{Arcsin} \frac{x \cdot \sqrt{3}}{2} + c; x \in \left(-\frac{2}{\sqrt{3}}; \frac{2}{\sqrt{3}}\right)$$

Problem: Lösen Sie die unbestimmten Integrale $\int\left(\frac{1}{x^2}\cdot\sqrt{a^2-x^2}\right)\mathrm{d}x$ sowie $\int\frac{x}{\sqrt{a^2-x^2}}\mathrm{d}x$ mit $a\in\mathbb{R}^{>0}$ und verallgemeinern Sie die Vorgehensweise.

- $\int\left(\frac{1}{x^2}\cdot\sqrt{a^2-x^2}\right)\mathrm{d}x;\ x\in[-a;a]\backslash\{0\};\ a\in\mathbb{R}^{>0}$

Substituieren:

► $x=a\cdot\sin z$ ► $z\in\left[-\frac{\pi}{2};\frac{\pi}{2}\right]\backslash\{0\} \Rightarrow x\in[-a;a]\backslash\{0\}$

$$\begin{aligned}\Rightarrow x^2&=a^2\cdot\sin^2 z \quad ► \sin^2 z=1-\cos^2 z\\&=a^2\cdot(1-\cos^2 z)\\&=a^2-a^2\cdot\cos^2 z\\\Rightarrow a^2-x^2&=a^2\cdot\cos^2 z\\\Rightarrow \sqrt{a^2-x^2}&=a\cdot\cos z \quad ► z\in\left[-\frac{\pi}{2};\frac{\pi}{2}\right]\Rightarrow\cos z\geq 0\end{aligned}$$

► $x=a\cdot\sin z \Rightarrow \frac{\mathrm{d}x}{\mathrm{d}z}=a\cdot\cos z \Rightarrow \mathrm{d}x=a\cdot\cos z\cdot\mathrm{d}z$

Substitution rückgängig machen:

► $x=a\cdot\sin z \Rightarrow \sin z=\frac{x}{a} \Rightarrow z=\operatorname{Arcsin}\frac{x}{a}$

► $\sqrt{a^2-x^2}=a\cdot\cos z \Rightarrow \cos z=\frac{\sqrt{a^2-x^2}}{a}$

$$\begin{aligned}\int\frac{\sqrt{a^2-x^2}}{x^2}\mathrm{d}x&=\int\frac{a\cdot\cos z\cdot a\cdot\cos z}{a^2\cdot\sin^2 z}\mathrm{d}z\\&=\int\frac{\cos^2 z}{\sin^2 z}\mathrm{d}z\\&=\int\frac{1-\sin^2 z}{\sin^2 z}\mathrm{d}z\\&=\int\frac{1}{\sin^2 z}\mathrm{d}z-\int\mathrm{d}z \quad ► \text{Grundintegrale}\\&=-\cot z-z+c\\&=-\frac{\cos z}{\sin z}-z+c\\&=-\frac{\frac{\sqrt{a^2-x^2}}{a}}{\frac{x}{a}}-\operatorname{Arcsin}\frac{x}{a}+c\\&=\underline{\underline{-\frac{\sqrt{a^2-x^2}}{x}-\operatorname{Arcsin}\frac{x}{a}+c;\ x\in[-a;a]\backslash\{0\}}}\end{aligned}$$

- $\int\frac{x}{\sqrt{a^2-x^2}}\mathrm{d}x;\ x\in(-a;a);\ a\in\mathbb{R}^{>0}$

Substituieren:

► $x=a\cdot\sin z$ ► $z\in\left(-\frac{\pi}{2};\frac{\pi}{2}\right) \Rightarrow x\in(-a;a)$

$$\begin{aligned}\Rightarrow x^2&=a^2\cdot\sin^2 z \quad ► \sin^2 z=1-\cos^2 z\\&=a^2\cdot(1-\cos^2 z)\\\Rightarrow \sqrt{a^2-x^2}&=a\cdot\cos z \quad ► z\in\left(-\frac{\pi}{2};\frac{\pi}{2}\right)\Rightarrow\cos z>0\end{aligned}$$

► $x=a\cdot\sin z \Rightarrow \frac{\mathrm{d}x}{\mathrm{d}z}=a\cdot\cos z \Rightarrow \mathrm{d}x=a\cdot\cos z\cdot\mathrm{d}z$

Substitution rückgängig machen:

► $a\cdot\cos z=\sqrt{a^2-x^2}$

$$\begin{aligned}\int\frac{x}{\sqrt{a^2-x^2}}\mathrm{d}x&=\int\frac{a\cdot\sin z\cdot a\cdot\cos z}{a\cdot\cos z}\mathrm{d}z\\&=a\cdot\int\sin z\,\mathrm{d}z \quad ► \text{Grundintegral}\\&=a\cdot(-\cos z)+c\\&=-a\cdot\cos z+c\\&=\underline{\underline{-\sqrt{a^2-x^2}+c;\ x\in(-a;a);\ a>0}}\end{aligned}$$

► $D(F)=[-a;a]$ ist hier größer als der Definitionsbereich $D(f)$ der Integrandfunktion f.

► Das Integral lässt sich auch mit der Methode aus 2.4.3 berechnen.

Die gleichen Formeln gelten auch für $a\in\mathbb{R}^{<0}$.

Merke:

Unbestimmte Integrale des Typs $\int f(x;\sqrt{a^2-x^2})\,\mathrm{d}x;\ a\in\mathbb{R}^{\neq 0}$ können oft durch Substitution auf einfachere Integrale zurückgeführt werden und zwar substituiert man zweckmäßigerweise:

$$\boldsymbol{x=a\cdot\sin z;\ \sqrt{a^2-x^2}=|a|\cdot\cos z;\ \mathrm{d}x=a\cdot\cos z\cdot\mathrm{d}z}$$

Beispiele: Lösen Sie die nachstehenden unbestimmten Integrale unter Verwendung der angegebenen Substitution.

- $\displaystyle\int \frac{1}{x\cdot\sqrt{9-x^2}}\,dx;\ x\in(-3;3)\backslash\{0\}$

► $a^2=9 \Rightarrow a=3$

Man substituiert:

► $x=3\cdot\sin z$ ► $z\in\left(-\frac{\pi}{2};\frac{\pi}{2}\right)\backslash\{0\}$

► $\sqrt{9-x^2}=3\cdot\cos z$

► $dx=3\cdot\cos z\cdot dz$

Das Ergebnis lässt sich vereinfachen mithilfe der Beziehungen:

► $\tan\frac{z}{2}=\sqrt{\frac{1-\cos z}{1+\cos z}}$ ► 4.1

► $\sqrt{1-\cos^2 z}=|\sin z|$

Substitution rückgängig machen:

► $3\cdot\cos z=\sqrt{9-x^2} \Rightarrow \cos z=\frac{1}{3}\cdot\sqrt{9-x^2}$

► $x=3\cdot\sin z \Rightarrow \sin z=\frac{x}{3}$

$$\int\frac{dx}{x\cdot\sqrt{9-x^2}}=\int\frac{3\cdot\cos z\cdot dz}{3\cdot\sin z\cdot 3\cdot\cos z}$$

$$=\frac{1}{3}\cdot\int\frac{dz}{\sin z} \quad ► 2.4.2$$

$$=\frac{1}{3}\cdot\ln\left|\tan\frac{z}{2}\right|+c$$

$$=\frac{1}{3}\cdot\ln\left|\frac{\sqrt{1-\cos z}}{\sqrt{1+\cos z}}\right|+c \quad ► \text{mit } \sqrt{1-\cos z} \text{ erweitern}$$

$$=\frac{1}{3}\cdot\ln\left|\frac{\sqrt{(1-\cos z)^2}}{\sqrt{1-\cos^2 z}}\right|+c$$

$$=\frac{1}{3}\cdot\ln\left|\frac{1-\cos z}{\sin z}\right|+c$$

$$=\frac{1}{3}\cdot\ln\left|\frac{1-\frac{1}{3}\cdot\sqrt{9-x^2}}{\frac{x}{3}}\right|+c$$

$$=\frac{1}{3}\cdot\ln\left|\frac{3-\sqrt{9-x^2}}{x}\right|+c;\ x\in(-3;0) \text{ oder } x\in(0;3)$$

- $\int\left[3x^2\cdot\sqrt{16-4x^2}\right]dx;\ x\in[-2;2]$

► $a^2=4 \Rightarrow a=2$

Man substituiert:

► $x=2\cdot\sin z$ ► $z\in\left[-\frac{\pi}{2};\frac{\pi}{2}\right]$

► $x^2=4\cdot\sin^2 z \Rightarrow \sqrt{4-x^2}=2\cdot\cos z$

► $dx=2\cdot\cos z\cdot dz$

Außerdem gilt:

► $2\cdot\sin z\cdot\cos z=\sin(2z)$ ► 4.1

Substitution rückgängig machen:

► $x=2\cdot\sin z \Rightarrow \frac{x}{2}=\sin z \Rightarrow z=\operatorname{Arcsin}\frac{x}{2}$

► $\cos z=\frac{1}{2}\cdot\sqrt{4-x^2}$

► $\sin(4z)=2\cdot\cos(2z)\cdot\sin(2z)$ ► 4.1

$$=2\cdot[1-2\cdot\sin^2 z]\cdot[2\cdot\cos z\cdot\sin z]$$

$$=2\cdot\left[1-2\cdot\left(\frac{x}{2}\right)^2\right]\cdot\left[2\cdot\frac{1}{2}\cdot\sqrt{4-x^2}\cdot\frac{x}{2}\right]$$

$$=[2-x^2]\cdot\frac{x}{2}\cdot\sqrt{4-x^2}$$

$$\int\left[3x^2\cdot\sqrt{16-4x^2}\right]dx=3\cdot\int\left[x^2\cdot\sqrt{4\cdot(4-x^2)}\right]dx$$

$$=6\cdot\int\left[x^2\cdot\sqrt{4-x^2}\right]dx$$

$$=6\cdot\int\left[4\cdot\sin^2 z\cdot 2\cdot\cos z\cdot 2\cdot\cos z\right]dz$$

$$=6\cdot\int\left[16\cdot\sin^2 z\cdot\cos^2 z\right]dz$$

$$=6\cdot\int[4\cdot(2\cdot\sin z\cdot\cos z)]^2\,dz$$

$$=24\cdot\int[2\cdot\sin z\cdot\cos z]^2\,dz$$

$$=24\cdot\int\sin^2(2z)\,dz \quad ► 2.4.1$$

$$=24\cdot\left[\frac{z}{2}-\frac{1}{4\cdot 2}\cdot\sin(4z)+c_1\right]$$

$$=12z-3\cdot\sin(4z)+24\cdot c_1 \quad ► 24c_1=c$$

$$=12\cdot\operatorname{Arcsin}\frac{x}{2}-3\cdot\left[(2-x^2)\cdot\frac{x}{2}\cdot\sqrt{4-x^2}\right]+c$$

$$=12\cdot\operatorname{Arcsin}\frac{x}{2}-\frac{3x}{2}\cdot(2-x^2)\cdot\sqrt{4-x^2}+c;\ x\in[-2;2]$$

2.4.6 Integrale des Typs $\int f(x; \sqrt{x^2+a^2})\,dx$

Problem: Entwickeln Sie Lösungsformeln für unbestimmte Integrale der Typen $\int \sqrt{x^2+a^2}\,dx$ und $\int \frac{dx}{\sqrt{x^2+a^2}}$ mit $a \in \mathbb{R}^{>0}$.

- $\int \sqrt{x^2+a^2}\,dx;\ x \in \mathbb{R};\ a \in \mathbb{R}^{>0}$

Man substituiert:

► $x = a \cdot \sinh z$ ► $z \in \mathbb{R} \Rightarrow x \in \mathbb{R}$

$$\Rightarrow x^2 = a^2 \cdot \sinh^2 z \quad ► \sinh^2 z = \cosh^2 z - 1$$
$$= a^2 \cdot (\cosh^2 z - 1)$$
$$= a^2 \cdot \cosh^2 z - a^2$$
$$\Rightarrow x^2 + a^2 = a^2 \cdot \cosh^2 z$$
$$\Rightarrow \sqrt{x^2+a^2} = a \cdot \cosh z \quad ► \cosh z > 0$$

► $x = a \cdot \sinh z$

$$\Rightarrow \frac{dx}{dz} = a \cdot \cosh z \Rightarrow dx = a \cdot \cosh z \cdot dz$$

Substitution rückgängig machen:

► $x = a \cdot \sinh z \Rightarrow \sinh z = \frac{x}{a}$

► $\sqrt{x^2+a^2} = a \cdot \cosh z \Rightarrow \cosh z = \frac{\sqrt{x^2+a^2}}{a}$

► $x = a \cdot \sinh z \Rightarrow z = \operatorname{Arsinh} \frac{x}{a}$

$$\int \sqrt{x^2+a^2}\,dx = \int a \cdot \cosh z \cdot a \cdot \cosh z\,dz$$
$$= \int (a^2 \cdot \cosh^2 z)\,dz$$
$$= a^2 \cdot \int \cosh^2 z\,dz \quad ► 2.4.1$$
$$= a^2 \cdot \left[\frac{1}{4} \cdot \sinh(2z) + \frac{z}{2} + c_1\right]$$
$$= \frac{a^2}{4} \cdot \sinh(2z) + \frac{a^2}{2} \cdot z + a^2 \cdot c_1 \quad ► a^2 \cdot c_1 = c_2$$
$$= \frac{a^2}{4} \cdot 2 \cdot \sinh z \cdot \cosh z + \frac{a^2}{2} \cdot z + c_2 \quad ► 4.1$$
$$= \frac{a^2}{2} \cdot \frac{x}{a} \cdot \frac{\sqrt{x^2+a^2}}{a} + \frac{a^2}{2} \cdot \operatorname{Arsinh} \frac{x}{a} + c_2$$
$$= \underline{\underline{\frac{x}{2} \cdot \sqrt{x^2+a^2} + \frac{a^2}{2} \cdot \operatorname{Arsinh} \frac{x}{a} + c_2;\ a > 0}}$$
$$= \underline{\underline{\frac{x}{2} \cdot \sqrt{x^2+a^2} + \frac{a^2}{2} \cdot \ln\left(x + \sqrt{x^2+a^2}\right) + c_3;\ a > 0}}$$

Die Entwicklung von $\frac{a^2}{2} \cdot \operatorname{Arsinh} \frac{x}{a} + c_2$ zu $\frac{a^2}{2} \cdot \ln(x + \sqrt{x^2+a^2}) + c_3$ ergibt sich wie folgt:

Wegen $\operatorname{Arsinh} x = \ln\left(x + \sqrt{x^2+1}\right)$ erhält man zunächst $\operatorname{Arsinh} \frac{x}{a} = \ln\left(\frac{x}{a} + \sqrt{\frac{x^2}{a^2}+1}\right)$. Mithilfe der logarithmischen Gesetze lässt sich dann $\ln\left(\frac{x}{a} + \sqrt{\frac{x^2}{a^2}+1}\right)$ umformen zu $\ln\left(x + \sqrt{x^2+a^2}\right) - \ln a$.

Es gilt $\operatorname{Arsinh} \frac{x}{a} = \ln\left(x + \sqrt{x^2+a^2}\right) - \ln a$ für alle $x \in \mathbb{R}$ und in der obigen Rechnung ist dann $c_3 = c_2 - \frac{a^2}{2} \cdot \ln a$.

$$\operatorname{Arsinh} \frac{x}{a} = \ln\left(\frac{x}{a} + \sqrt{\frac{x^2}{a^2}+1}\right)$$
$$= \ln\left(\frac{x}{a} + \frac{1}{a} \cdot \sqrt{x^2+a^2}\right)$$
$$= \ln\left[\left(x + \sqrt{x^2+a^2}\right) \cdot \frac{1}{a}\right]$$
$$= \ln\left(x + \sqrt{x^2+a^2}\right) + \ln \frac{1}{a} \quad ► \ln \frac{1}{a} = -\ln a$$
$$= \underline{\ln\left(x + \sqrt{x^2+a^2}\right) - \ln a;\ a > 0}$$

- $\displaystyle\int \frac{\mathrm{d}x}{\sqrt{x^2+a^2}};\ x\in\mathbb{R};\ a\in\mathbb{R}^{>0}$

Man klammert unter der Wurzel a^2 aus und substituiert $\frac{x}{a}=z$.

► $z=\frac{x}{a} \Rightarrow \frac{\mathrm{d}z}{\mathrm{d}x}=\frac{1}{a} \Rightarrow \mathrm{d}x=a\cdot\mathrm{d}z$

$\displaystyle\int\frac{\mathrm{d}z}{\sqrt{z^2+1}}=\operatorname{Arsinh} z+c$ ist als Grundintegral aus Kapitel 2.1 bekannt.

$$\int\frac{\mathrm{d}x}{\sqrt{x^2+a^2}}=\int\frac{\mathrm{d}x}{\sqrt{a^2\cdot\left[\left(\frac{x}{a}\right)^2+1\right]}}$$
$$=\frac{1}{a}\cdot\int\frac{\mathrm{d}x}{\sqrt{\left(\frac{x}{a}\right)^2+1}}$$
$$=\int\frac{\mathrm{d}z}{\sqrt{z^2+1}} \quad \text{► Grundintegral}$$
$$=\operatorname{Arsinh} z+c_1 \quad \text{► } z=\frac{x}{a}$$
$$=\operatorname{Arsinh}\frac{x}{a}+c_1;\ a>0$$
$$=\ln\left(x+\sqrt{x^2+a^2}\right)+c_2;\ a>0$$

Die gleichen Formeln gelten auch für $a\in\mathbb{R}^{<0}$.

Merke:

- $\displaystyle\int\sqrt{x^2+a^2}\,\mathrm{d}x=\frac{x}{2}\cdot\sqrt{x^2+a^2}+\frac{a^2}{2}\cdot\operatorname{Arsinh}\frac{x}{a}+c_1=\frac{x}{2}\cdot\sqrt{x^2+a^2}+\frac{a^2}{2}\cdot\ln\left(x+\sqrt{x^2+a^2}\right)+c_2;\ a\in\mathbb{R}^{+0}$
- $\displaystyle\int\frac{\mathrm{d}x}{\sqrt{x^2+a^2}}=\operatorname{Arsinh}\frac{x}{a}+c_1=\ln\left(x+\sqrt{x^2+a^2}\right)+c_2;\ a\in\mathbb{R}^{+0}$

Beispiele: Lösen Sie die nachstehenden unbestimmten Integrale unter Verwendung der beiden entwickelten Formeln.

- $\int\sqrt{8+4x^2}\,\mathrm{d}x;\ x\in\mathbb{R}$

Der Integrand wird durch geeignetes Ausklammern auf die Form $\sqrt{x^2+a^2}$ gebracht.

► $a^2=2 \Rightarrow a=\sqrt{2}$

$$\int\sqrt{8+4x^2}\,\mathrm{d}x=\int\sqrt{4\cdot(2+x^2)}\,\mathrm{d}x$$
$$=2\cdot\int\sqrt{x^2+2}\,\mathrm{d}x \quad \text{► } \int\sqrt{x^2+a^2}\,\mathrm{d}x$$
$$=2\cdot\left[\frac{x}{2}\cdot\sqrt{x^2+2}+\frac{(\sqrt{2})^2}{2}\cdot\operatorname{Arsinh}\frac{x}{\sqrt{2}}\right]+c_1$$
$$=x\cdot\sqrt{x^2+2}+2\cdot\operatorname{Arsinh}\frac{x}{\sqrt{2}}+c_1$$
$$=x\cdot\sqrt{x^2+2}+2\cdot\ln\left(x+\sqrt{x^2+2}\right)+c_2$$

- $\displaystyle\int\frac{\sqrt{3}}{\sqrt{12x^2+3}}\,\mathrm{d}x;\ x\in\mathbb{R}$

Der Integrand wird durch geeignetes Ausklammern auf die Form $\frac{1}{\sqrt{x^2+a^2}}$ gebracht.

► $a^2=\frac{1}{4} \Rightarrow a=\frac{1}{2}$

► $\sqrt{\frac{3}{12}}=\sqrt{\frac{3}{3\cdot 4}}=\frac{1}{\sqrt{4}}=\frac{1}{2}$

$$\int\frac{\sqrt{3}}{\sqrt{12x^2+3}}\,\mathrm{d}x=\sqrt{3}\cdot\int\frac{\mathrm{d}x}{\sqrt{12\cdot\left(x^2+\frac{1}{4}\right)}}$$
$$=\frac{\sqrt{3}}{\sqrt{12}}\cdot\int\frac{\mathrm{d}x}{\sqrt{x^2+\frac{1}{4}}} \quad \text{► } \int\frac{\mathrm{d}x}{\sqrt{x^2+a^2}}$$
$$=\sqrt{\frac{3}{12}}\cdot\operatorname{Arsinh}\frac{x}{\frac{1}{2}}+c_1$$
$$=\frac{1}{2}\cdot\operatorname{Arsinh}(2x)+c_1$$
$$=\frac{1}{2}\cdot\ln\left(x+\sqrt{x^2+\frac{1}{4}}\right)+c_2$$

Problem: Lösen Sie die unbestimmten Integrale $\int \frac{\sqrt{x^2+a^2}}{x^2}\,dx$ sowie $\int \frac{x}{\sqrt{x^2+a^2}}\,dx$ mit $a \in \mathbb{R}^{>0}$ und verallgemeinern Sie die Vorgehensweise.

- $\int \frac{\sqrt{x^2+a^2}}{x^2}\,dx;\ x \in \mathbb{R}^{\neq 0};\ a \in \mathbb{R}^{>0}$

Man substituiert wie beim vorausgegangenen Problem:

► $x = a \cdot \sinh z \Rightarrow x^2 = a^2 \cdot \sinh^2 z$

$\Rightarrow \sqrt{x^2+a^2} = a \cdot \cosh z$ ► $\cosh z > 0$

► $x = a \cdot \sinh z \Rightarrow dx = a \cdot \cosh z\ dz$

$$\int \frac{\sqrt{x^2+a^2}}{x^2}\,dx = \int \frac{a \cdot \cosh z \cdot a \cdot \cosh z \cdot dz}{a^2 \cdot \sinh^2 z}$$

$$= \int \frac{\cosh^2 z}{\sinh^2 z}\,dz \quad ► \cosh^2 z = \sinh^2 z + 1$$

$$= \int \frac{\sinh^2 z + 1}{\sinh^2 z}\,dz$$

$$= \int 1\,dz + \int \frac{1}{\sinh^2 z}\,dz \quad ► \text{Grundintegrale}$$

$$= z + (-\coth z) + c_1 \quad ► \coth z = \frac{\cosh z}{\sinh z}$$

$$= z - \frac{\cosh z}{\sinh z} + c_1$$

$$= \operatorname{Arsinh}\frac{x}{a} - \frac{\frac{\sqrt{x^2+a^2}}{a}}{\frac{x}{a}} + c_1$$

$$= \operatorname{Arsinh}\frac{x}{a} - \frac{1}{x} \cdot \sqrt{x^2+a^2} + c_1;\ a > 0$$

$$= \ln\left(x + \sqrt{x^2+a^2}\right) - \frac{1}{x} \cdot \sqrt{x^2+a^2} + c_2;\ a > 0$$

Substitution rückgängig machen:

► $x = a \cdot \sinh z \Rightarrow \sinh z = \frac{x}{a} \Rightarrow z = \operatorname{Arsinh}\frac{x}{a}$

► $\sqrt{x^2+a^2} = a \cdot \cosh z \Rightarrow \cosh z = \frac{\sqrt{x^2+a^2}}{a}$

- $\int \frac{x}{\sqrt{x^2+a^2}}\,dx;\ x \in \mathbb{R};\ a \in \mathbb{R}^{>0}$

Man substituiert auch hier:

► $x = a \cdot \sinh z$

► $dx = a \cdot \cosh z \cdot dz$

► $\sqrt{x^2+a^2} = a \cdot \cosh z$

Es ergibt sich ein Grundintegral. ► 2.1

$$\int \frac{x}{\sqrt{x^2+a^2}}\,dx = \int \frac{a \cdot \sinh z \cdot a \cdot \cosh z \cdot dz}{a \cdot \cosh z}$$

$$= \int (a \cdot \sinh z)\,dz$$

$$= a \cdot \int \sinh z\,dz \quad ► \text{Grundintegral}$$

$$= a \cdot \cosh z + c \quad ► a \cdot \cosh z = \sqrt{x^2+a^2}$$

$$= \sqrt{x^2+a^2} + c;\ a > 0$$

Die gleichen Formeln gelten auch für $a \in \mathbb{R}^{<0}$.

Das Integral $\int \frac{x}{\sqrt{x^2+a^2}}\,dx$ lässt sich auch durch eine andere Substitution lösen. ► 2.4.3

Merke:

Unbestimmte Integrale des Typs $\int f(x;\ \sqrt{x^2+a^2})\,dx$ mit $a \in \mathbb{R}^{\neq 0}$ können oft durch Substitution auf einfachere Integrale zurückgeführt werden, und zwar substituiert man zweckmäßigerweise:

$$x = a \cdot \sinh z;\ \sqrt{x^2+a^2} = |a| \cdot \cosh z;\ dx = a \cdot \cosh z\ dz$$

Beispiele: Lösen Sie die nachstehenden unbestimmten Integrale unter Verwendung der angegebenen Substitution.

- $\displaystyle\int \frac{x^2}{\sqrt{x^2+a^2}}\,dx;\ x \in \mathbb{R};\ a \in \mathbb{R}^{>0}$

Man substituiert:

► $x = a \cdot \sinh z \Rightarrow x^2 = a^2 \cdot \sinh^2 z$

► $dx = a \cdot \cosh z \cdot dz$

► $\sqrt{a^2+x^2} = a \cdot \cosh z$

Substitution rückgängig machen:

► $\sinh z = \frac{x}{a} \Rightarrow z = \operatorname{Arsinh} \frac{x}{a}$

► $\cosh z = \frac{\sqrt{x^2+a^2}}{a}$

$$\int \frac{x^2}{\sqrt{x^2+a^2}}\,dx = \int \frac{a^2 \cdot \sinh^2 z \cdot a \cdot \cosh z \cdot dz}{a \cdot \cosh z}$$

$$= a^2 \cdot \int \sinh^2 z\,dz \quad ► 2.4.1$$

$$= a^2 \cdot \left[\frac{1}{4} \cdot \sinh(2z) - \frac{z}{2} + c_1\right]$$

$$= \frac{a^2}{4} \cdot \sinh(2z) - \frac{a^2}{2} \cdot z + a^2 \cdot c_1 \quad ► a^2 \cdot c_1 = c_2$$

$$= \frac{a^2}{4} \cdot 2 \cdot \sinh z \cdot \cosh z - \frac{a^2}{2} \cdot z + c_2 \quad ► 4.1$$

$$= \frac{a^2}{2} \cdot \frac{x}{a} \cdot \frac{\sqrt{x^2+a^2}}{a} - \frac{a^2}{2} \cdot \operatorname{Arsinh} \frac{x}{a} + c_2$$

$$= \underline{\underline{\frac{x}{2} \cdot \sqrt{x^2+a^2} - \frac{a^2}{2} \cdot \operatorname{Arsinh} \frac{x}{a} + c_2;\ a > 0}}$$

$$= \underline{\underline{\frac{x}{2} \cdot \sqrt{x^2+a^2} - \frac{a^2}{2} \cdot \ln\left(x + \sqrt{x^2+a^2}\right) + c_3;\ a > 0}}$$

- $\displaystyle\int \frac{dx}{x^2 \cdot \sqrt{x^2+1}};\ x \in \mathbb{R}^{\neq 0}$

► $a^2 = 1 \Rightarrow a = 1$

Man substituiert:

► $x = \sinh z \Rightarrow x^2 = \sinh^2 z$

► $dx = \cosh z \cdot dz$

► $\sqrt{x^2+1} = \cosh z$

Substitution rückgängig machen:

► $\sinh z = x$

► $\cosh z = \sqrt{x^2+1}$

$$\int \frac{dx}{x^2 \cdot \sqrt{x^2+1}} = \int \frac{\cosh z \cdot dz}{\sinh^2 z \cdot \cosh z}$$

$$= \int \frac{dz}{\sinh^2 z} \quad ► \text{Grundintegral}$$

$$= -\coth z + c \quad ► \coth z = \frac{\cosh z}{\sinh z}$$

$$= -\frac{\cosh z}{\sinh z} + c$$

$$= \underline{\underline{-\frac{\sqrt{x^2+1}}{x} + c;\ x \neq 0}}$$

- $\int (x^2 \cdot \sqrt{x^2+1})\,dx;\ x \in \mathbb{R}$

Man substituiert:

► $x = \sinh z \Rightarrow x^2 = \sinh^2 z$

► $dx = \cosh z\,dz$

► $\sqrt{x^2+1} = \cosh z$

► $\sinh(4z) = \sinh(2 \cdot 2 \cdot z)$
$= 2 \cdot \sinh(2z) \cdot \cosh(2z)$ ► 4.1
$= 4 \cdot \sinh z \cdot \cosh z \cdot \sqrt{1+\sinh^2(2z)}$
$= 4 \cdot \sinh z \cdot \cosh z \cdot \sqrt{1 + 4 \cdot \sinh^2 z \cdot \cosh^2 z}$

$$\int (x^2 \cdot \sqrt{x^2+1})\,dx = \int (\sinh^2 z \cdot \cosh z \cdot \cosh z)\,dz$$

$$= \int (\sinh^2 z \cdot \cosh^2 z)\,dz$$

$$= \int (\sinh z \cdot \cosh z)^2\,dz$$

► $\sinh z \cdot \cosh z = \frac{1}{2} \cdot \sinh(2z)$ ► 4.1

$$= \frac{1}{4} \cdot \int \sinh^2(2z)\,dz \quad ► 2.4.1$$

$$= \frac{1}{4} \cdot \left[\frac{1}{4 \cdot 2} \cdot \sinh(4z) - \frac{z}{2} + c_1\right]$$

Substitution rückgängig machen:

► $\sinh z = x \Rightarrow \sinh^2 z = x^2$

► $\cosh z = \sqrt{\sinh^2 x + 1} = \sqrt{x^2+1}$

$\Rightarrow \cosh^2 z = x^2 + 1$

► $z = \text{Arsinh}\, x = \ln\left(x + \sqrt{x^2+1}\right)$

$$= \frac{1}{4} \cdot \left[\frac{1}{8} \cdot 4 \cdot \sinh z \cdot \cosh z \cdot \sqrt{1 + 4 \cdot \sinh^2 z \cdot \cosh^2 z} - \frac{z}{2} + c\right.$$

$$= \frac{1}{4} \cdot \left[\frac{1}{2} \cdot x \cdot \sqrt{x^2+1} \cdot \sqrt{1 + 4x^2 \cdot (x^2+1)} - \frac{1}{2} \cdot \text{Arsinh}\, x + \right.$$

$$= \frac{1}{4} \cdot \left[\frac{1}{2} \cdot x \cdot \sqrt{x^2+1} \cdot \sqrt{(2x^2+1)^2} - \frac{1}{2} \cdot \text{Arsinh}\, x + c_1\right]$$

$$= \frac{x}{8} \cdot (2x^2+1) \cdot \sqrt{x^2+1} - \frac{1}{8} \cdot \text{Arsinh}\, x + \frac{c_1}{4} \quad ► \frac{c_1}{4} = c$$

$$= \frac{x}{8} \cdot (2x^2+1) \cdot \sqrt{x^2+1} - \frac{1}{8} \cdot \text{Arsinh}\, x + c$$

$$= \frac{x}{8} \cdot (2x^2+1) \cdot \sqrt{x^2+1} - \frac{1}{8} \cdot \ln\left(x + \sqrt{x^2+1}\right) + c$$

2.4.7 Integrale des Typs $\int f(x;\ \sqrt{x^2 - a^2})\,\mathrm{d}x$

Problem: Entwickeln Sie eine Lösungsformel für unbestimmte Integrale des Typs $\int \sqrt{x^2 - a^2}\ \mathrm{d}x;\ a \in \mathbb{R}^{>0}$.

Die Integrandfunktion $f: f(x) = \sqrt{x^2 - a^2};\ D(f) = \mathbb{R} \setminus (-a\,;a);\ a \in \mathbb{R}^{>0}$ ist in den Teilintervallen $(-\infty\,;\,-a]$ und $[a\,;\infty)$ definiert. Um auch hier, entsprechend zu Kapitel 2.4.6, den **hyperbolischen Pythagoras** $\cosh^2 z - \sinh^2 z = 1$ anwenden zu können, muss man bezüglich des Definitionsbereiches $D(f)$ eine Fallunterscheidung vornehmen, damit die zugehörige Substitution auch tatsächlich die Teilintervalle $(-\infty\,;-a]$ und $[a\,;\infty)$ von $D(f)$ abdeckt. Man substituiert dazu $x = -a \cdot \cosh z$ mit $z \geq 0$ für $x \in (-\infty;\,-a]$ bzw. $x = a \cdot \cosh z$ mit $z \geq 0$ für $x \in [a\,;\infty)$.

Die Lösung für $x \in [a\,;\infty)$ wird ausführlich dargestellt, der Fall $x \in (-\infty\,;\,-a]$ ergibt sich entsprechend.

$\int \sqrt{x^2 - a^2}\ \mathrm{d}x;\ x \in [a\,;\infty);\ a \in \mathbb{R}^{>0}$

Man substituiert hier:

► $x = a \cdot \cosh z$ ► $\cosh z \geq 1;\ z \geq 0 \Rightarrow x \geq a$

$\Rightarrow x^2 = a^2 \cdot \cosh^2 z$ ► $\cosh^2 z = 1 + \sinh^2 z$

$= a^2 \cdot (1 + \sinh^2 z)$

$= a^2 + a^2 \cdot \sinh^2 z$

$\Rightarrow x^2 - a^2 = a^2 \cdot \sinh^2 z$

$\Rightarrow \sqrt{x^2 - a^2} = a \cdot \sinh z;\ z \geq 0$

► $x = a \cdot \cosh z$

$\Rightarrow \dfrac{\mathrm{d}x}{\mathrm{d}z} = a \cdot \sinh z \Rightarrow \mathrm{d}x = a \cdot \sinh z \cdot \mathrm{d}z$

Substitution rückgängig machen:

► $\sqrt{x^2 - a^2} = a \cdot \sinh z \Rightarrow \sinh z = \dfrac{\sqrt{x^2 - a^2}}{a}$

► $x = a \cdot \cosh z$

$\Rightarrow \cosh z = \dfrac{x}{a} \Rightarrow z = \text{Arcosh}\, \dfrac{x}{a}$

$$\int \sqrt{x^2 - a^2}\ \mathrm{d}x = \int (a \cdot \sinh z \cdot a \cdot \sinh z)\,\mathrm{d}z$$

$$= \int (a^2 \cdot \sinh^2 z)\ \mathrm{d}z$$

$$= a^2 \cdot \int \sinh^2 z\ \mathrm{d}z \quad ► 2.4.1$$

$$= a^2 \cdot \left[\frac{1}{4} \cdot \sinh(2z) - \frac{z}{2} + c_1\right]$$

$$= \frac{a^2}{4} \cdot \sinh(2z) - \frac{a^2}{2} \cdot z + a^2 \cdot c_1 \quad ► a^2 \cdot c_1 = c_2$$

$$► \sinh(2z) = 2 \cdot \sinh z \cdot \cosh z \quad ► 4.1$$

$$= \frac{a^2}{4} \cdot 2 \cdot \sinh z \cdot \cosh z - \frac{a^2}{2} \cdot z + c_2$$

$$= \frac{a^2}{2} \cdot \frac{\sqrt{x^2 - a^2}}{a} \cdot \frac{x}{a} - \frac{a^2}{2} \cdot \text{Arcosh}\, \frac{x}{a} + c_2$$

$$= \frac{x}{2} \cdot \sqrt{x^2 - a^2} - \frac{a^2}{2} \cdot \text{Arcosh}\, \frac{x}{a} + c_2;\ x \in [a\,;\infty);\ a > 0$$

$$= \frac{x}{2} \cdot \sqrt{x^2 - a^2} - \frac{a^2}{2} \cdot \ln\left(x + \sqrt{x^2 - a^2}\right) + c_3;\ x \in [a\,;\infty);\ a$$

Für den Fall $x \in (-\infty;\ -a]$ ergeben sich die Formeln durch eine entsprechende Berechnung.

$$\int \sqrt{x^2-a^2}\,dx =$$
$$= \frac{x}{2}\cdot\sqrt{x^2-a^2} + \frac{a^2}{2}\cdot \operatorname{Arcosh}\frac{-x}{a} + c_2;\ x\in(-\infty;\ -a];\ a>0$$
$$= \frac{x}{2}\cdot\sqrt{x^2-a^2} + \frac{a^2}{2}\cdot \ln\left(-x+\sqrt{x^2-a^2}\right) + c_3;\ x\in(-\infty;\ -a];\ a>0$$

Zwischen den Integrationskonstanten c_2 und c_3 bestehen Beziehungen. ► 2.4.6

► $c_3 = c_2 - \frac{a^2}{2}\cdot\ln a$ für den Fall $[a;\infty)$

► $c_3 = c_2 + \frac{a^2}{2}\cdot\ln a$ für den Fall $(-\infty;\ -a]$

Man kann $\ln(-x+\sqrt{x^2-a^2})$ umformen, sodass gilt:

$$\ln(-x+\sqrt{x^2-a^2}) = \ln\frac{(-x+\sqrt{x^2-a^2})\cdot(x+\sqrt{x^2-a^2})}{x+\sqrt{x^2-a^2}} = \ln\frac{-a^2}{x+\sqrt{x^2-a^2}} = \ln\frac{a^2}{-x-\sqrt{x^2-a^2}} = \ln a^2 - \ln[-(x+\sqrt{x^2-a^2})];\ x\in(-\infty;-a];\ a>0$$

Daher kann man die Ergebnisse der Fälle $x\in(-\infty;\ -a]$ und $x\in[a;\ \infty)$ mit $a>0$ zusammenfassen:

$$\int\sqrt{x^2-a^2}\,dx = \frac{x}{2}\cdot\sqrt{x^2-a^2} - \frac{a^2}{2}\cdot\ln\left|x+\sqrt{x^2-a^2}\right| + c;\ x\in\mathbb{R}\setminus(-a;\ a);\ a>0$$

Die hergeleiteten Formeln gelten auch für $a\in\mathbb{R}^{<0}$.

Merke:

$$\int\sqrt{x^2-a^2}\,dx = \frac{x}{2}\cdot\sqrt{x^2-a^2} - \frac{a^2}{2}\cdot\ln\left|x+\sqrt{x^2-a^2}\right| + c;\ x\in\mathbb{R}\setminus(-|a|;\ |a|);\ a\in\mathbb{R}^{\neq 0}$$

Problem: Entwickeln Sie eine Lösungsformel für unbestimmte Integrale des Typs $\int\frac{1}{\sqrt{x^2-a^2}}\,dx;\ a\in\mathbb{R}^{>0}$.

Die Integrandfunktion $f: f(x) = \frac{1}{\sqrt{x^2-a^2}};\ D(f) = \mathbb{R}\setminus[-a;a];\ a\in\mathbb{R}^{>0}$ ist in den Teilintervallen $(-\infty;\ -a)$ und $(a;\infty)$ definiert. Auch hier muss man bezüglich des Definitionsbereiches $D(f)$ eine Fallunterscheidung vornehmen, damit die zugehörige Substitution die Teilintervalle $(-\infty;\ -a)$ und $(a;\infty)$ von $D(f)$ abdeckt. Man substituiert hier $x=-a\cdot z$ mit $z>1$ für $x\in(-\infty;\ -a)$ bzw. $x=a\cdot z$ mit $z>1$ für $x\in(a;\infty)$.

Die Lösung für $x\in(a;\infty)$ wird ausführlich dargestellt, der Fall $x\in(-\infty;\ -a)$ ergibt sich entsprechend.

$$\int\frac{dx}{\sqrt{x^2-a^2}};\ x\in(a;\infty);\ a\in\mathbb{R}^{>0}$$

Man substituiert:

$$x = z\cdot a \Rightarrow \frac{dx}{dz} = a \Rightarrow dx = a\cdot dz$$

$$\int\frac{dz}{\sqrt{z^2-1}} = \operatorname{Arcosh} z + c = \ln(z+\sqrt{z^2-1}) + c$$

ist als Grundintegral aus Kapitel 2.1 bekannt.

$$\int\frac{dx}{\sqrt{x^2-a^2}} = \int\frac{a\cdot dz}{\sqrt{a^2\cdot z^2-a^2}}$$
$$= \int\frac{a\cdot dz}{\sqrt{a^2\cdot(z^2-1)}}$$
$$= \int\frac{dz}{\sqrt{z^2-1}} \quad \text{► Grundintegral}$$
$$= \operatorname{Arcosh} z + c_1 \quad \text{►}\ z=\frac{x}{a}$$
$$= \operatorname{Arcosh}\frac{x}{a} + c_1;\ x\in(a;\infty);\ a>0$$
$$= \ln(x+\sqrt{x^2-a^2}) + c_2;\ x\in(a;\infty);\ a>0$$

Für den Fall $x \in (-\infty;\ -a)$ ergeben sich die Formeln durch eine entsprechende Berechnung.

$$\int \frac{1}{\sqrt{x^2-a^2}}\,\mathrm{d}x = -\text{Arcosh}\,\frac{-x}{a} + c_1;\ x \in (-\infty;\ -a);\ a > 0$$

$$= -\ln(-x + \sqrt{x^2-a^2}) + c_2;\ x \in (-\infty;\ -a);\ a >$$

Zwischen den Integrationskonstanten c_1 und c_2 bestehen Beziehungen. ► 2.4.6

► $c_2 = c_1 - \ln a$ für den Fall $(a;\infty)$

► $c_2 = c_1 + \ln a$ für den Fall $(-\infty;\ -a)$

Die Ergebnisse der Fälle $x \in (-\infty;\ -a)$ und $x \in (a;\infty)$ mit $a > 0$ lassen sich zusammenfassen zu:

$$\int \frac{\mathrm{d}x}{\sqrt{x^2-a^2}} = \ln|x + \sqrt{x^2-a^2}| + c;\ x \in \mathbb{R}\backslash[-a;\ a];\ a > 0$$

Die hergeleiteten Formeln gelten auch für $a \in \mathbb{R}^{<0}$.

Merke:

$$\int \frac{\mathrm{d}x}{\sqrt{x^2-a^2}} = \ln|x + \sqrt{x^2-a^2}| + c;\ x \in \mathbb{R}\backslash[-|a|;\ |a|];\ a \in \mathbb{R}^{\neq 0}$$

Beispiele: Lösen Sie die nachstehenden unbestimmten Integrale unter Verwendung der beiden entwickelten Formeln.

- $\int \frac{\sqrt{4x^4-1}}{\sqrt{8x^2+4}}\,\mathrm{d}x;\ x \in \mathbb{R}\backslash\left(-\frac{\sqrt{2}}{2};\frac{\sqrt{2}}{2}\right)$

Mithilfe einer binomischen Formel und durch Ausklammern lässt sich der Integrand auf die Form $\sqrt{x^2-a^2}$ bringen.

► $a^2 = \frac{1}{2} \Rightarrow a = \sqrt{\frac{1}{2}} = \frac{\sqrt{2}}{2}$

$$\int \frac{\sqrt{4x^4-1}}{\sqrt{8x^2+4}}\,\mathrm{d}x = \int \frac{\sqrt{(2x^2+1)\cdot(2x^2-1)}}{2\cdot\sqrt{2x^2+1}}\,\mathrm{d}x$$

$$= \frac{1}{2}\cdot\int\sqrt{2x^2-1}\,\mathrm{d}x$$

$$= \frac{1}{2}\cdot\int\sqrt{2\cdot\left(x^2-\frac{1}{2}\right)}\,\mathrm{d}x$$

$$= \frac{1}{2}\cdot\sqrt{2}\cdot\int\sqrt{x^2-\frac{1}{2}}\,\mathrm{d}x \quad ► \int\sqrt{x^2-a^2}\,\mathrm{d}x$$

$$= \frac{\sqrt{2}}{2}\cdot\left[\frac{x}{2}\cdot\sqrt{x^2-\frac{1}{2}} - \frac{1}{4}\cdot\ln\left|x+\sqrt{x^2-\frac{1}{2}}\right| + c_1\right] \quad ► \frac{\sqrt{2}}{2}\cdot c_1 = c$$

$$= \frac{\sqrt{2}}{4}\cdot x\cdot\sqrt{x^2-\frac{1}{2}} - \frac{\sqrt{2}}{8}\cdot\ln\left|x+\sqrt{x^2-\frac{1}{2}}\right| + c;\ x \in \mathbb{R}\backslash\left(-\frac{\sqrt{2}}{2};\frac{\sqrt{2}}{2}\right)$$

- $\int \frac{\mathrm{d}x}{\sqrt{3x^2-12}};\ x \in \mathbb{R}\backslash[-2;2]$

Der Integrand wird durch geeignetes Ausklammern auf die Form $\frac{1}{\sqrt{x^2-a^2}}$ gebracht.

► $a^2 = 4 \Rightarrow a = 2$

$$\int \frac{\mathrm{d}x}{\sqrt{3x^2-12}} = \int \frac{\mathrm{d}x}{\sqrt{3\cdot(x^2-4)}}$$

$$= \frac{1}{\sqrt{3}}\cdot\int\frac{\mathrm{d}x}{\sqrt{x^2-4}} \quad ► \int\frac{\mathrm{d}x}{\sqrt{x^2-a^2}}$$

$$= \frac{\sqrt{3}}{3}\cdot\left[\ln|x+\sqrt{x^2-4}| + c_1\right] \quad ► \frac{\sqrt{3}}{3}\cdot c_1 = c$$

$$= \frac{\sqrt{3}}{3}\cdot\ln\left|x+\sqrt{x^2-4}\right| + c;\ x \in \mathbb{R}\backslash[-2;\ 2]$$

Problem: Lösen Sie das unbestimmte Integral $\int \frac{\sqrt{x^2-a^2}}{x^2}\,dx;\ a \in \mathbb{R}^{>0}$ und verallgemeinern Sie die Vorgehensweise.

Die Integrandfunktion $f: f(x) = \frac{\sqrt{x^2-a^2}}{x^2};\ a \in \mathbb{R}^{>0}$ hat den Definitionsbereich $D(f) = \mathbb{R}\setminus(-a\,;a)$, sodass man die Fälle $x \in (-\infty\,;\ -a]$ und $x \in [a\,;\infty)$ unterscheiden muss.

- $\int \frac{\sqrt{x^2-a^2}}{x^2}\,dx;\ x \in [a\,;\infty);\ a \in \mathbb{R}^{>0}$

Im Falle $x \in [a\,;\infty)$ substituiert man wie beim Eingangsproblem: $x = a\cdot\cosh z;\ z \geq 0$

► $\sqrt{x^2-a^2} = a\cdot\sinh z$ ► $\sinh z \geq 0$

► $dx = a\cdot\sinh z\cdot dz$

► $x = a\cdot\cosh z;\ z \geq 0 \Rightarrow x^2 = a^2\cdot\cosh^2 z$

$$\int \frac{\sqrt{x^2-a^2}}{x^2}\,dx = \int \frac{a\cdot\sinh z\cdot a\cdot\sinh z}{a^2\cdot\cosh^2 z}\,dz$$

$$= \int \frac{\sinh^2 z}{\cosh^2 z}\,dz \quad ► \sinh^2 z = \cosh^2 z - 1$$

$$= \int \frac{\cosh^2 z - 1}{\cosh^2 z}\,dz$$

$$= \int dz - \int \frac{dz}{\cosh^2 z} \quad ► \text{Grundintegrale}$$

$$= z - \tanh z + c_1$$

$$= z - \frac{\sinh z}{\cosh z} + c_1$$

$$= \operatorname{Arcosh}\frac{x}{a} - \frac{\frac{\sqrt{x^2-a^2}}{a}}{\frac{x}{a}} + c_1$$

$$= \operatorname{Arcosh}\frac{x}{a} - \frac{1}{x}\cdot\sqrt{x^2-a^2} + c_1;\ x \in [a\,;\infty);\ a > 0$$

$$= \ln(x+\sqrt{x^2-a^2}) - \frac{1}{x}\cdot\sqrt{x^2-a^2} + c_2;\ x \in [a\,;\infty);\ a > 0$$

Substitution rückgängig machen:

► $x = a\cdot\cosh z \Rightarrow z = \operatorname{Arcosh}\frac{x}{a}$

► $\sqrt{x^2-a^2} = a\cdot\sinh z \Rightarrow \sinh z = \frac{\sqrt{x^2-a^2}}{a}$

► $x = a\cdot\cosh z \Rightarrow \cosh z = \frac{x}{a}$

- $\int \frac{\sqrt{x^2-a^2}}{x^2}\,dx;\ x \in (-\infty;\ -a];\ a \in \mathbb{R}^{>0}$

Im Falle $x \in (-\infty\,;\ -a]$ substituiert man: $x = -a\cdot\cosh z;\ z \geq 0$.

► $\sqrt{x^2-a^2} = a\cdot\sinh z$ ► $z \geq 0$

► $dx = -a\cdot\sinh z\cdot dz$

► $x = -a\cdot\cosh z;\ z \geq 0 \Rightarrow x^2 = a^2\cdot\cosh^2 z$

Die Substitution führt, mit Ausnahme des Vorzeichens, auf das gleiche Integral wie im Fall $x \in [a\,;\infty)$.

Macht man die Substitution rückgängig, so gilt: $z = \operatorname{Arcosh}\frac{-x}{a}$; $\sinh z = \frac{\sqrt{x^2-a^2}}{a}$ und $\cosh z = -\frac{x}{a}$.

$$\int \frac{\sqrt{x^2-a^2}}{x^2}\,dx = \int \frac{a\cdot\sinh z\cdot(-a\cdot\sinh z)}{a^2\cdot\cosh^2 z}\,dz$$

$$= -\int \frac{\sinh^2 z}{\cosh^2 z}\,dz \quad ► \text{vorstehende Lösung}$$

$$= -\left(\int dz - \int \frac{dz}{\cosh^2 z}\right)$$

$$= -z + \frac{\sinh z}{\cosh z} + c_1$$

$$= -\operatorname{Arcosh}\frac{-x}{a} + \frac{\frac{\sqrt{x^2-a^2}}{a}}{-\frac{x}{a}} + c_1$$

$$= -\operatorname{Arcosh}\frac{-x}{a} - \frac{1}{x}\cdot\sqrt{x^2-a^2} + c_1;\ x \in (-\infty\,;\ -a];\ a > 0$$

$$= -\ln(-x+\sqrt{x^2-a^2}) - \frac{1}{x}\cdot\sqrt{x^2-a^2} + c_2;\ x \in (-\infty\,;\ -a];\ a > 0$$

Die Ergebnisse der Fälle $x \in (-\infty;\ -a]$ und $x \in [a;\ \infty)$ mit $a > 0$ lassen sich zusammenfassen zu:

$$\int \frac{\sqrt{x^2-a^2}}{x^2}\,\mathrm{d}x = \ln|x+\sqrt{x^2-a^2}| - \frac{1}{x}\cdot\sqrt{x^2-a^2} + c;\ x \in \mathbb{R}\setminus(-a;\ a);\ a > 0$$

Die hergeleiteten Formeln gelten auch für $a \in \mathbb{R}^{<0}$, wenn man in den Substitutionen $-a$ für a setzt.

Merke:

Unbestimmte Integrale des Typs $\int f(x;\ \sqrt{x^2-a^2})\,\mathrm{d}x$ mit $a \in \mathbb{R}^{>0}$ können oft durch Substitution auf einfachere Integrale zurückgeführt werden, und zwar substituiert man je nach Fall:

- $\boldsymbol{x \geq a;\ x \in D(f)}$ ► $\boldsymbol{x = a \cdot \cosh z}$ mit $\boldsymbol{z \geq 0;\ \sqrt{x^2-a^2} = a \cdot \sinh z;\ \mathrm{d}x = a \cdot \sinh z \cdot \mathrm{d}z}$
- $\boldsymbol{x \leq -a;\ x \in D(f)}$ ► $\boldsymbol{x = -a \cdot \cosh z}$ mit $\boldsymbol{z \geq 0;\ \sqrt{x^2-a^2} = a \cdot \sinh z;\ \mathrm{d}x = -a \cdot \sinh z \cdot \mathrm{d}z}$

Beispiel: Lösen Sie das unbestimmte Integral $\displaystyle\int \frac{\mathrm{d}x}{x^2\cdot\sqrt{x^2-a^2}};\ a \in \mathbb{R}^{>0}$ unter Verwendung der angegebenen Substitutionen.

Die Integrandfunktion f: $f(x) = \dfrac{1}{x^2\cdot\sqrt{x^2-a^2}};\ a \in \mathbb{R}^{>0}$ hat den Definitionsbereich $D(f) = \mathbb{R}\setminus[-a;\ a]$, sodass man die Fälle $x \in (-\infty;\ -a)$ und $x \in (a\,;\ \infty)$ unterscheiden muss.

- $\displaystyle\int \frac{\mathrm{d}x}{x^2\cdot\sqrt{x^2-a^2}};\ x \in (a\,;\ \infty);\ a \in \mathbb{R}^{>0}$

Im Falle $x \in (a;\ \infty)$ wird, wie beim vorausgegangenen Problem, $x = a \cdot \cosh z;\ z \geq 0$ substituiert.

► $\mathrm{d}x = a \cdot \sinh z \cdot \mathrm{d}z$

► $x = a \cdot \cosh z;\ z \geq 0 \Rightarrow x^2 = a^2 \cdot \cosh^2 z$

► $\sqrt{x^2-a^2} = a \cdot \sinh z$ ► $\sinh z \geq 0$

Substitution rückgängig machen:

► $\sqrt{x^2-a^2} = a \cdot \sinh z \Rightarrow \sinh z = \dfrac{\sqrt{x^2-a^2}}{a}$

► $x = a \cdot \cosh z \Rightarrow \cosh z = \dfrac{x}{a}$

$$\int \frac{\mathrm{d}x}{x^2\cdot\sqrt{x^2-a^2}} = \int \frac{a\cdot\sinh z\,\mathrm{d}z}{a^2\cdot\cosh^2 z\cdot a\cdot\sinh z}$$

$$= \frac{1}{a^2}\cdot\int\frac{\mathrm{d}z}{\cosh^2 z} \quad \blacktriangleright \text{ Grundintegral}$$

$$= \frac{1}{a^2}\cdot\tanh z + c$$

$$= \frac{1}{a^2}\cdot\frac{\sinh z}{\cosh z} + c$$

$$= \frac{1}{a^2}\cdot\frac{\frac{\sqrt{x^2-a^2}}{a}}{\frac{x}{a}} + c$$

$$= \underline{\underline{\frac{1}{a^2}\cdot\frac{\sqrt{x^2-a^2}}{x} + c;\ x \in (a\,;\ \infty);\ a > 0}}$$

- $\displaystyle\int \frac{\mathrm{d}x}{x^2\cdot\sqrt{x^2-a^2}};\ x \in (-\infty;\ -a);\ a \in \mathbb{R}^{>0}$

Im Falle $x \in (-\infty;\ -a)$ substituiert man $x = -a \cdot \cosh z;\ z \geq 0$.

► $\mathrm{d}x = -a \cdot \sinh z \cdot \mathrm{d}z$

► $x = -a \cdot \cosh z;\ z \geq 0 \Rightarrow x^2 = a^2 \cdot \cosh^2 z$

► $\sqrt{x^2-a^2} = a \cdot \sinh z$ ► $\sinh z \geq 0$

Die Substitution führt, bis auf das Vorzeichen, auf das gleiche Integral wie im Fall $x \in (a\,;\ \infty)$.

Macht man die Substitution rückgängig, so gilt: $\sinh z = \dfrac{\sqrt{x^2-a^2}}{a}$ und $\cosh z = -\dfrac{x}{a}$.

$$\int \frac{\mathrm{d}x}{x^2\cdot\sqrt{x^2-a^2}} = \int \frac{-a\cdot\sinh z\,\mathrm{d}z}{a^2\cdot\cosh^2 z\cdot a\cdot\sinh z}$$

$$= -\frac{1}{a^2}\cdot\int\frac{\mathrm{d}z}{\cosh^2 z} \quad \blacktriangleright \text{ vorstehende Lösung}$$

$$= -\frac{1}{a^2}\cdot\frac{\sinh z}{\cosh z} + c$$

$$= -\frac{1}{a^2}\cdot\frac{\frac{\sqrt{x^2-a^2}}{a}}{-\frac{x}{a}} + c$$

$$= \underline{\underline{\frac{1}{a^2}\cdot\frac{\sqrt{x^2-a^2}}{x} + c;\ x \in (-\infty;\ -a);\ a > 0}}$$

Beispiele: Lösen Sie die nachstehenden unbestimmten Integrale unter Verwendung der angegebenen Substitutionen.

- $\int \frac{x^2}{\sqrt{x^2-9}}\,\mathrm{d}x;\ x \in \mathbb{R}\backslash[-3;3]$

► $a^2 = 9 \Rightarrow a = 3$

Im Falle $x \in (3;\infty)$ substituiert man:

► $x = 3\cdot\cosh z;\ z > 0 \ \Rightarrow\ x^2 = 9\cdot\cosh^2 z$

► $\mathrm{d}x = 3\cdot\sinh z\cdot\mathrm{d}z$

► $\sqrt{x^2-9} = 3\cdot\sinh z$ ► $\sinh z > 0$

Substitution rückgängig machen:

► $\sqrt{x^2-9} = 3\cdot\sinh z \ \Rightarrow\ \sinh z = \frac{\sqrt{x^2-9}}{3}$

► $x = 3\cdot\cosh z \ \Rightarrow\ \cosh z = \frac{x}{3}$

► $x = 3\cdot\cosh z \ \Rightarrow\ z = \operatorname{Arcosh}\frac{x}{3}$

■ $\int \frac{x^2}{\sqrt{x^2-9}}\,\mathrm{d}x = \int \frac{9\cdot\cosh^2 z\cdot 3\cdot\sinh z\cdot\mathrm{d}z}{3\cdot\sinh z}$

$= 9\cdot\int\cosh^2 z\,\mathrm{d}z$ ► 2.4.1

$= 9\cdot\left[\frac{1}{4}\cdot\sinh(2z)+\frac{1}{2}\cdot z+c_1\right]$ ► 4.1

$= \frac{9}{4}\cdot 2\cdot\sinh z\cdot\cosh z+\frac{9}{2}\cdot z+9\cdot c_1$ ► $9\cdot c_1 = c_2$

$= \frac{9}{2}\cdot\frac{\sqrt{x^2-9}}{3}\cdot\frac{x}{3}+\frac{9}{2}\cdot\operatorname{Arcosh}\frac{x}{3}+c_2$

$= \underline{\underline{\frac{x}{2}\cdot\sqrt{x^2-9}+\frac{9}{2}\cdot\operatorname{Arcosh}\frac{x}{3}+c_2}}$

$= \underline{\underline{\frac{x}{2}\cdot\sqrt{x^2-9}+\frac{9}{2}\cdot\ln\left(x+\sqrt{x^2-9}\right)+c_3;\ x\in(3;\infty)}}$

Im Falle $x \in (-\infty;\ -3)$ substituiert man:

► $x = -3\cdot\cosh z;\ z > 0 \ \Rightarrow\ x^2 = 9\cdot\cosh^2 z$

► $\mathrm{d}x = -3\cdot\sinh z\cdot\mathrm{d}z$

► $\sqrt{x^2-9} = 3\cdot\sinh z$ ► $\sinh z > 0$

Die Substitution führt, bis auf das Vorzeichen, auf das gleiche Integral wie im Fall $x \in (3;\infty)$.

Macht man die Substitution rückgängig, so gilt:

$\sinh z = \frac{\sqrt{x^2-9}}{3};\ \cosh z = \frac{-x}{3};\ z = \operatorname{Arcosh}\frac{-x}{3}$

■ $\int \frac{x^2}{\sqrt{x^2-9}}\,\mathrm{d}x = \int \frac{9\cdot\cosh^2 z\cdot(-3\cdot\sinh z\cdot\mathrm{d}z)}{3\cdot\sinh z}$

$= -9\cdot\int\cosh^2 z\,\mathrm{d}z$ ► vorstehende Lösung

$= -\left[\frac{9}{4}\cdot 2\cdot\sinh z\cdot\cosh z+\frac{9}{2}\cdot z+9\cdot c_1\right]$ ► $9\cdot c_1 = c_2$

$= -\frac{9}{2}\cdot\frac{\sqrt{x^2-9}}{3}\cdot\frac{-x}{3}-\frac{9}{2}\cdot\operatorname{Arcosh}\frac{-x}{3}+c_2$

$= \underline{\underline{\frac{x}{2}\cdot\sqrt{x^2-9}-\frac{9}{2}\cdot\operatorname{Arcosh}\frac{-x}{3}+c_2}}$

$= \underline{\underline{\frac{x}{2}\cdot\sqrt{x^2-9}-\frac{9}{2}\cdot\ln\left(-x+\sqrt{x^2-9}\right)+c_3;\ x\in(-\infty;\ -3)}}$

Die Ergebnisse der Fälle $x \in (-\infty;\ -3)$ und $x \in (3;\ \infty)$ lassen sich zusammenfassen zu:

$$\int \frac{x^2}{\sqrt{x^2-9}}\,\mathrm{d}x = \frac{x}{2}\cdot\sqrt{x^2-9}+\frac{9}{2}\cdot\ln\left|x+\sqrt{x^2-9}\right|+c \text{ mit } x\in(-\infty;\ -3) \text{ oder } x\in(3;\ \infty)$$

- $\int \frac{x}{\sqrt{x^2-a^2}}\,\mathrm{d}x;\ x \in \mathbb{R}\backslash[-a\,;a];\ a \in \mathbb{R}^{>0}$

Im Falle $x \in (a\,;\infty)$ substituiert man:

► $x = a \cdot \cosh z;\ z > 0$

► $\mathrm{d}x = a \cdot \sinh z \cdot \mathrm{d}z$

► $\sqrt{x^2-a^2} = a \cdot \sinh z$ ► $\sinh z > 0$

Es ergibt sich ein Grundintegral. ► 2.1

$\int \frac{x}{\sqrt{x^2-a^2}}\,\mathrm{d}x$ lässt sich auch durch eine andere Substitution lösen. ► Kapitel 2.4.3

■ $\int \frac{x}{\sqrt{x^2-a^2}}\,\mathrm{d}x = \int \frac{a \cdot \cosh z \cdot a \cdot \sinh z \cdot \mathrm{d}z}{a \cdot \sinh z}$

$= \int (a \cdot \cosh z)\ \mathrm{d}z$

$= a \cdot \int \cosh z\ \mathrm{d}z$ ► Grundintegral

$= a \cdot \sinh z + c$ ► $a \cdot \sinh z = \sqrt{x^2-a^2}$

$= \underline{\underline{\sqrt{x^2-a^2} + c;\ x \in (a\,;\infty);\ a > 0}}$

Im Falle $x \in (-\infty\,;\ -a)$ substituiert man:

► $x = -a \cdot \cosh z;\ z > 0$

► $\mathrm{d}x = -a \cdot \sinh z \cdot \mathrm{d}z$

► $\sqrt{x^2-a^2} = a \cdot \sinh z$ ► $\sinh z > 0$

Die Substitution führt auf das gleiche Grundintegral wie im Falle $x \in (a\,;\infty)$.

■ $\int \frac{x}{\sqrt{x^2-a^2}}\,\mathrm{d}x = \int \frac{-a \cdot \cosh z \cdot (-a \cdot \sinh z \cdot \mathrm{d}z)}{a \cdot \sinh z}$

$= \int (a \cdot \cosh z)\ \mathrm{d}z$

$= a \cdot \int \cosh z\ \mathrm{d}z$ ► Grundintegral

$= a \cdot \sinh z + c$ ► $a \cdot \sinh z = \sqrt{x^2-a^2}$

$= \underline{\underline{\sqrt{x^2-a^2} + c;\ x \in (-\infty\,;\ -a);\ a > 0}}$

Die Ergebnisse der Fälle $x \in (-\infty\,;\ -a)$ und $x \in (a\,;\infty)$ kann man zusammenfassen.

■ $\int \frac{x}{\sqrt{x^2-a^2}}\,\mathrm{d}x =$

$= \underline{\underline{\sqrt{x^2-a^2} + c;\ x \in (-\infty\,;\ -a) \text{ oder } x \in (a\,;\infty);\ a > 0}}$

2.4.8 Integrale des Typs $\int f(x;\sqrt{Ax^2+Bx+C})\,\mathrm{d}x$

Problem: Lösen Sie die nachstehenden unbestimmten Integrale, indem Sie diese mithilfe einer quadratischen Ergänzung auf die Typen $\int \sqrt{a^2-z^2}\,\mathrm{d}z$, $\int \sqrt{z^2+a^2}\,\mathrm{d}z$ oder $\int \sqrt{z^2-a^2}\,\mathrm{d}z$ zurückführen.

- $\int \sqrt{32-12x-2x^2}\,\mathrm{d}x;\ x \in [-8\,;2]$

Der Term $32-12x-2x^2$ im Integranden lässt sich durch quadratische Ergänzung so umformen, dass ein Integral des bekannten Typs $\int \sqrt{a^2-z^2}\,\mathrm{d}z$ entsteht, und zwar mit $25 = a^2$, also $a = 5$.

Man substituiert dann:

► $3 + x = z \Rightarrow \frac{\mathrm{d}z}{\mathrm{d}x} = 1 \Rightarrow \mathrm{d}x = \mathrm{d}z$

$\int \sqrt{32-12x-2x^2}\,\mathrm{d}x = ?$

► Umformen des Radikanden:

$32-12x-2x^2 = 2 \cdot (16-6x-x^2)$

$= 2 \cdot (16+3^2-3^2-6x-x^2)$

$= 2 \cdot [25-(3+x)^2]$

► Integrieren:

$\int \sqrt{32-12x-2x^2}\,\mathrm{d}x = \int \sqrt{2 \cdot [25-(3+x)^2]}\,\mathrm{d}x$

$= \sqrt{2} \cdot \int \sqrt{25-(3+x)^2}\,\mathrm{d}x$ ► $3+x=z$

$= \sqrt{2} \cdot \int \sqrt{25-z^2}\,\mathrm{d}z$ ► $\int \sqrt{a^2-z^2}\,\mathrm{d}z$ ► 2.4.5

$$\Rightarrow \int \sqrt{32-12x-2x^2}\,\mathrm{d}x = \sqrt{2}\cdot\left(\frac{25}{2}\cdot\operatorname{Arcsin}\frac{z}{5}+\frac{z}{2}\cdot\sqrt{25-z^2}+c_1\right)$$
$$=\frac{25\cdot\sqrt{2}}{2}\cdot\operatorname{Arcsin}\frac{z}{5}+\frac{z\cdot\sqrt{2}}{2}\cdot\sqrt{25-z^2}+c_1\cdot\sqrt{2} \quad \blacktriangleright\ c_1\cdot\sqrt{2}=c;\, z=3+x$$
$$=\frac{25\cdot\sqrt{2}}{2}\cdot\operatorname{Arcsin}\frac{3+x}{5}+\frac{(3+x)\cdot\sqrt{2}}{2}\cdot\sqrt{25-(3+x)^2}+c$$
$$=\frac{25\cdot\sqrt{2}}{2}\cdot\operatorname{Arcsin}\frac{3+x}{5}+\frac{3+x}{2}\cdot\sqrt{2\cdot[25-(9+6x+x^2)]}+c$$
$$=\frac{25\cdot\sqrt{2}}{2}\cdot\operatorname{Arcsin}\frac{3+x}{5}+\frac{3+x}{2}\cdot\sqrt{32-12x-2x^2}+c;\, x\in[-8\,;2]$$

- $\int\sqrt{4x^2+40x+164}\,\mathrm{d}x;\, x\in\mathbb{R}$

Auch hier lässt sich der Term $4x^2+40x+164$ im Integranden durch quadratische Ergänzung so umformen, dass ein Integral des bereits bekannten Typs $\int\sqrt{z^2+a^2}\,\mathrm{d}z$ entsteht, und zwar mit $16=a^2 \Rightarrow a=4$.

Man substituiert dann:

► $x+5=z$, also $\frac{\mathrm{d}z}{\mathrm{d}x}=1 \Rightarrow \mathrm{d}x=\mathrm{d}z$

$\int\sqrt{4x^2+40x+164}\,\mathrm{d}x=?$

► Umformen des Radikanden:

$$4x^2+40x+164=4\cdot(x^2+10x+41)$$
$$=4\cdot(x^2+10x+5^2-5^2+41)$$
$$=4\cdot[(x+5)^2+16]$$

► Integrieren:

$$\int\sqrt{4x^2+40x+164}\,\mathrm{d}x=\int\sqrt{4\cdot[(x+5)^2+16]}\,\mathrm{d}x$$
$$=2\cdot\int\sqrt{(x+5)^2+16}\,\mathrm{d}x \quad \blacktriangleright\ x+5=z$$
$$=2\cdot\int\sqrt{z^2+16}\,\mathrm{d}z \quad \blacktriangleright\ \int\sqrt{z^2+a^2}\,\mathrm{d}z \quad \blacktriangleright\ 2.4.6$$

$$\Rightarrow\int\sqrt{4x^2+40x+164}\,\mathrm{d}x=2\cdot\left[\frac{z}{2}\cdot\sqrt{z^2+16}+\frac{16}{2}\cdot\ln(z+\sqrt{z^2+16})+c_1\right]$$
$$=z\cdot\sqrt{z^2+16}+16\cdot\ln(z+\sqrt{z^2+16})+2\cdot c_1 \quad \blacktriangleright\ 2\cdot c_1=c_2;\ z=x+5$$
$$=(x+5)\cdot\sqrt{(x+5)^2+16}+16\cdot\ln\left(x+5+\sqrt{(x+5)^2+16}\right)+c_2$$
$$=(x+5)\cdot\sqrt{x^2+10x+41}+16\cdot\ln\left(x+5+\sqrt{x^2+10x+41}\right)+c_2$$

- $\int\sqrt{x^2-2x-3}\,\mathrm{d}x;\, x\in\mathbb{R}\setminus(-1\,;3)$

x^2-2x+3 wird durch quadratische Ergänzung so umgeformt, dass ein Integral des bereits bekannten Typs $\int\sqrt{z^2-a^2}\,\mathrm{d}z$ mit $4=a^2$, also $a=2$ entsteht.

$x^2-2x-3=x^2-2x+1^2-1^2-3=(x-1)^2-4$

Man substituiert dann:

► $x-1=z \Rightarrow \frac{\mathrm{d}z}{\mathrm{d}x}=1 \Rightarrow \mathrm{d}x=\mathrm{d}z$

$$\int\sqrt{x^2-2x-3}\,\mathrm{d}x=\int\sqrt{(x-1)^2-4}\,\mathrm{d}x$$
$$=\int\sqrt{z^2-4}\,\mathrm{d}z \quad \blacktriangleright\ \int\sqrt{z^2-a^2}\,\mathrm{d}z \quad \blacktriangleright\ 2.4.7$$
$$=\frac{z}{2}\cdot\sqrt{z^2-4}-\frac{4}{2}\cdot\ln|z+\sqrt{z^2-4}|+c \quad \blacktriangleright\ z=x-1$$
$$=\frac{x-1}{2}\cdot\sqrt{(x-1)^2-4}-2\cdot\ln\left|x-1+\sqrt{(x-1)^2-4}\right|+c$$
$$=\frac{x-1}{2}\cdot\sqrt{x^2-2x-3}-2\cdot\ln|x-1+\sqrt{x^2-2x-3}|+c;\, x\in\mathbb{R}\setminus(-1;3)$$

Merke:

Integrale des Typs $\int\sqrt{Ax^2+Bx+C}\,\mathrm{d}x$ mit $A\neq 0$ kann man durch quadratische Ergänzung des Radikanden Ax^2+Bx+C häufig auf einen der folgenden Typen mit $a\neq 0$ zurückführen:

- $\int\sqrt{a^2-z^2}\,\mathrm{d}z$ ► **2.4.5**
- $\int\sqrt{z^2+a^2}\,\mathrm{d}z$ ► **2.4.6**
- $\int\sqrt{z^2-a^2}\,\mathrm{d}z$ ► **2.4.7**

Anmerkung:

Nicht immer können Integrale des Typs $\int \sqrt{Ax^2+Bx+C}\,\mathrm{d}x$ durch quadratische Ergänzung des Radikanden Ax^2+Bx+C auf einen der oben angegebenen Typen zurückgeführt werden, wie das nachfolgende Beispiel zeigt:

$$\int \sqrt{x^2+2x+1}\,\mathrm{d}x = \int \sqrt{(x+1)^2}\,\mathrm{d}x = \int |x+1|\mathrm{d}x = \begin{cases} \int -(x+1)\,\mathrm{d}x, & \text{wenn } x<-1 \\ \int (x+1)\,\mathrm{d}x, & \text{wenn } x \geq -1 \end{cases} = \begin{cases} -\frac{1}{2}\cdot(x+1)^2+c_1; & x<-1 \\ \frac{1}{2}\cdot(x+1)^2+c_2; & x\geq -1 \end{cases}$$

In diesem Falle ist nämlich der Radikand x^2+2x+1 selbst ein Binom: $x^2+2x+1=(x+1)^2$.

Problem: Lösen Sie die nachstehenden unbestimmten Integrale, indem Sie diese mithilfe einer quadratischen Ergänzung auf die Typen $\int \frac{\mathrm{d}z}{\sqrt{a^2-z^2}}$, $\int \frac{\mathrm{d}z}{\sqrt{z^2+a^2}}$ oder $\int \frac{\mathrm{d}z}{\sqrt{z^2-a^2}}$ zurückführen.

- $\int \frac{\mathrm{d}x}{\sqrt{20-16x-4x^2}}$; $x \in (-5;1)$

$20-16x-4x^2$ wird durch quadratische Ergänzung so umgeformt, dass ein Integral des bereits bekannten Typs $\int \frac{\mathrm{d}z}{\sqrt{a^2-z^2}}$ mit $9=a^2$, also $a=3$, entsteht:

$$\begin{aligned} 20-16x-4x^2 &= -4\cdot(x^2+4x-5) \\ &= -4\cdot(x^2+4x+2^2-2^2-5) \\ &= -4\cdot[(x+2)^2-9] \\ &= 4\cdot[9-(x+2)^2] \end{aligned}$$

Man substituiert dann:

► $x+2=z \Rightarrow \frac{\mathrm{d}z}{\mathrm{d}x}=1 \Rightarrow \mathrm{d}x=\mathrm{d}z$

$$\begin{aligned} \int \frac{\mathrm{d}x}{\sqrt{20-16x-4x^2}} &= \int \frac{\mathrm{d}x}{\sqrt{4\cdot[9-(x+2)^2]}} \\ &= \int \frac{\mathrm{d}x}{\sqrt{4}\cdot\sqrt{9-(x+2)^2}} \\ &= \frac{1}{2}\cdot\int \frac{\mathrm{d}x}{\sqrt{9-(x+2)^2}} \quad ► \int \frac{\mathrm{d}z}{\sqrt{a^2-z^2}} \quad ► 2.4.5 \\ &= \frac{1}{2}\cdot\left(\operatorname{Arcsin}\frac{z}{3}+c_1\right) \quad ► z=x+2 \\ &= \frac{1}{2}\cdot\operatorname{Arcsin}\frac{x+2}{3}+\frac{1}{2}\cdot c_1 \quad ► \frac{1}{2}\cdot c_1=c \\ &= \underline{\underline{\frac{1}{2}\cdot\operatorname{Arcsin}\frac{x+2}{3}+c; x\in(-5;1)}} \end{aligned}$$

- $\int \frac{\mathrm{d}x}{\sqrt{2x^2-4x+10}}$; $x \in \mathbb{R}$

$2x^2-4x+10$ wird durch quadratische Ergänzung so umgeformt, dass ein Integral des bereits bekannten Typs $\int \frac{\mathrm{d}z}{\sqrt{z^2+a^2}}$ mit $4=a^2$, also $a=2$, entsteht:

$$\begin{aligned} 2x^2-4x+10 &= 2\cdot(x^2-2x+5) \\ &= 2\cdot(x^2-2x+1^2-1^2+5) \\ &= 2\cdot[(x-1)^2+4] \end{aligned}$$

Man substituiert dann:

► $x-1=z \Rightarrow \frac{\mathrm{d}z}{\mathrm{d}x}=1 \Rightarrow \mathrm{d}x=\mathrm{d}z$

$$\begin{aligned} \int \frac{\mathrm{d}x}{\sqrt{2x^2-4x+10}} &= \int \frac{\mathrm{d}x}{\sqrt{2\cdot[(x-1)^2+4]}} \\ &= \int \frac{\mathrm{d}x}{\sqrt{2}\cdot\sqrt{(x-1)^2+4}} \\ &= \frac{1}{\sqrt{2}}\cdot\int \frac{\mathrm{d}x}{\sqrt{(x-1)^2+4}} \quad ► \int \frac{\mathrm{d}z}{\sqrt{z^2+a^2}} \quad ► 2.4.6 \\ &= \frac{\sqrt{2}}{2}\cdot[\ln(z+\sqrt{z^2+4})+c_1]; \quad ► z=x-1 \\ &= \frac{\sqrt{2}}{2}\cdot\ln\left(x-1+\sqrt{(x-1)^2+4}\right)+\frac{\sqrt{2}}{2}\cdot c_1; \quad ► \frac{\sqrt{2}}{2}\cdot c_1=c \\ &= \underline{\underline{\frac{\sqrt{2}}{2}\cdot\ln(x-1+\sqrt{x^2-2x+5})+c}} \end{aligned}$$

- $\displaystyle\int \frac{dx}{\sqrt{2x^2-4x-16}};\ x \in \mathbb{R}\setminus[-2;4]$

Der Term $2x^2-4x-16$ wird durch quadratische Ergänzung so umgeformt, dass ein Integral des bereits bekannten Typs $\displaystyle\int\frac{dz}{\sqrt{z^2-a^2}}$ mit $9=a^2$, also $a=3$, entsteht.

$$\begin{aligned}2x^2-4x-16 &= 2\cdot(x^2-2x-8)\\ &= 2\cdot(x^2-2x+1-1-8)\\ &= 2\cdot[(x-1)^2-9]\end{aligned}$$

Man substituiert dann:

$$x-1=z \Rightarrow \frac{dz}{dx}=1 \Rightarrow dx=dz$$

$$\begin{aligned}\int\frac{dx}{\sqrt{2x^2-4x-16}} &= \int\frac{dx}{\sqrt{2\cdot[(x-1)^2-9]}}\\ &= \int\frac{dx}{\sqrt{2}\cdot\sqrt{(x-1)^2-9}}\\ &= \frac{1}{\sqrt{2}}\cdot\int\frac{dx}{\sqrt{(x-1)^2-9}} \quad \blacktriangleright \int\frac{dz}{\sqrt{z^2-a^2}} \quad \blacktriangleright 2.4.7\\ &= \frac{1}{\sqrt{2}}\cdot\left(\ln\left|z+\sqrt{z^2-9}\right|+c_1\right) \quad \blacktriangleright z=x-1\\ &= \frac{1}{\sqrt{2}}\cdot\ln\left|x-1+\sqrt{(x-1)^2-9}\right|+\frac{1}{\sqrt{2}}\cdot c_1 \quad \blacktriangleright \frac{1}{\sqrt{2}}\cdot c_1=c\\ &= \underline{\underline{\frac{1}{\sqrt{2}}\cdot\ln\left|x-1+\sqrt{x^2-2x-8}\right|+c;\ x\in\mathbb{R}\setminus[-2;4]}}\end{aligned}$$

Merke:

Integrale des Typs $\displaystyle\int\frac{dx}{\sqrt{Ax^2+Bx+C}}$ mit $A \neq 0$ kann man durch quadratische Ergänzung des Radikanden Ax^2+Bx+C häufig auf einen der folgenden Typen mit $a \neq 0$ zurückführen:

- $\displaystyle\int\frac{dz}{\sqrt{a^2-z^2}}$ ► **2.4.5**
- $\displaystyle\int\frac{dz}{\sqrt{z^2+a^2}}$ ► **2.4.6**
- $\displaystyle\int\frac{dz}{\sqrt{z^2-a^2}}$ ► **2.4.7**

Anmerkung:

Nicht immer können Integrale des Typs $\displaystyle\int\frac{dx}{\sqrt{Ax^2+Bx+C}}$ durch quadratische Ergänzung des Radikanden Ax^2+Bx+C auf einen der oben angegebenen Typen zurückgeführt werden, wie das nachfolgende Beispiel zeigt.

$$\int\frac{dx}{\sqrt{x^2+2x+1}}=\int\frac{dx}{\sqrt{(x+1)^2}}=\int\frac{dx}{|x+1|}=\begin{cases}\displaystyle\int-\frac{dx}{x+1}, & \text{wenn } x<-1\\ \displaystyle\int\frac{dx}{x+1}, & \text{wenn } x>-1\end{cases}=\begin{cases}-\ln|x+1|+c_1; & x<-1\\ \ln(x+1)+c_2; & x>-1\end{cases}$$

In diesem Falle ist nämlich der Radikand x^2+2x+1 selbst ein Binom: $x^2+2x+1=(x+1)^2$.

Beispiele: Lösen Sie die nachstehenden unbestimmten Integrale unter Anwendung der Erkenntnisse aus den letzten beiden Merksätzen.

- $\int \frac{1}{\sqrt{2-4x-x^2}}$; $x \in (-\sqrt{6}-2; \sqrt{6}-2)$

Im Radikanden wird der Term $2-4x-x^2$ durch quadratische Ergänzung so umgeformt, dass ein Integral des bekannten Typs $\int \frac{dz}{\sqrt{a^2-z^2}}$ mit $6=a^2$, also $a=\sqrt{6}$, entsteht.

Man substituiert dann:

► $x+2=z \Rightarrow \frac{dz}{dx}=1 \Rightarrow dx=dz$

$$\int \frac{dx}{\sqrt{2-4x-x^2}} = \int \frac{dx}{\sqrt{2-(x^2+4x+4-4)}}$$
$$= \int \frac{dx}{\sqrt{2-(x+2)^2+4}}$$
$$= \int \frac{dx}{\sqrt{6-(x+2)^2}} \quad ► \int \frac{dz}{\sqrt{a^2-z^2}} \quad ► 2.4.5$$
$$= \operatorname{Arcsin} \frac{z}{\sqrt{6}} + c \quad ► z = x+2$$
$$= \operatorname{Arcsin} \frac{x+2}{\sqrt{6}} + c; x \in (-\sqrt{6}-2; \sqrt{6}-2)$$

- $\int \sqrt{2-4x-x^2}\, dx$; $x \in [-\sqrt{6}-2; \sqrt{6}-2]$

Die quadratische Ergänzung ist die gleiche wie im vorangegangenen Beispiel. Man erhält hier ein Integral des bereits bekannten Typs $\int \sqrt{a^2-z^2}\, dz$ mit $6=a^2$, also $a=\sqrt{6}$.

Man substituiert:

► $x+2=z \Rightarrow \frac{dz}{dx}=1 \Rightarrow dx=dz$

$$\int \sqrt{2-4x-x^2}\, dx = \int \sqrt{2-(x^2+4x+4-4)}\, dx$$
$$= \int \sqrt{2-(x+2)^2+4)}\, dx$$
$$= \int \sqrt{6-(x+2)^2}\, dx$$
$$= \int \sqrt{6-z^2}\, dz \quad ► \int \sqrt{a^2-z^2}\, dz \quad ► 2.4.5$$
$$= \frac{6}{2} \cdot \operatorname{Arcsin} \frac{z}{\sqrt{6}} + \frac{z}{2} \cdot \sqrt{6-z^2} + c \quad ► z = x+2$$
$$= 3 \cdot \operatorname{Arcsin} \frac{x+2}{\sqrt{6}} + \frac{x+2}{2} \cdot \sqrt{6-(x+2)^2} + c$$
$$= 3 \cdot \operatorname{Arcsin} \frac{x+2}{\sqrt{6}} + \frac{x+2}{2} \cdot \sqrt{2-4x-x^2} + c;$$
$$x \in [-\sqrt{6}-2; \sqrt{6}-2]$$

Problem: Lösen Sie das unbestimmte Integral $\int \frac{4x-6}{\sqrt{x^2+4x+5}}\, dx$ und verallgemeinern Sie das Ergebnis.

- $\int \frac{4x-6}{\sqrt{x^2+4x+5}}\, dx$; $x \in \mathbb{R}$

In einem ersten Schritt wird der Zählerterm $4x-6$ des Integranden durch Ausklammern und Umformen so in zwei Summanden zerlegt, dass der erste Summand ein Vielfaches des Ableitungsterms $2x+4$ des Radikandenterms x^2+4x+5 und der zweite Summand ein Zahlenterm ist.

Damit lässt sich das Integral als Summe von zwei Integralen schreiben, die jeweils gelöst werden.

$$\int \frac{4x-6}{\sqrt{x^2+4x+5}}\, dx = ?$$

► Zählerterm umformen

$$4x-6 = 2 \cdot (2x-3)$$
$$= 2 \cdot (2x+4-4-3)$$
$$= 2 \cdot [(2x+4)-7]$$
$$= 2 \cdot (2x+4) - 14$$

► Integral in zwei Summanden zerlegen

$$\int \frac{4x-6}{\sqrt{x^2+4x+5}}\, dx = \int \frac{2 \cdot (2x+4) - 14}{\sqrt{x^2+4x+5}}\, dx$$
$$= \int \frac{2 \cdot (2x+4)}{\sqrt{x^2+4x+5}}\, dx - \int \frac{14}{\sqrt{x^2+4x+5}}\, dx$$
$$= 2 \cdot \int \frac{2x+4}{\sqrt{x^2+4x+5}}\, dx - 14 \cdot \int \frac{dx}{\sqrt{x^2+4x+5}}$$

Beide Integrale lassen sich durch Substitutionen lösen, die in den vorangegangenen Kapiteln beschrieben wurden.

$\int \frac{2x+4}{\sqrt{x^2+4x+5}}\mathrm{d}x$ entspricht dem Typ $\int \left(f'(x)\cdot[f(x)]^n\right)\mathrm{d}x$ mit $n=-\frac{1}{2}$. ► 2.4.3

Bei $\int \frac{\mathrm{d}x}{\sqrt{x^2+4x+5}}$ handelt es sich um ein Integral des Typs $\int \frac{\mathrm{d}x}{\sqrt{Ax^2+Bx+C}}$. ► 2.4.8

Hier wird der Radikand x^2+4x+5 quadratisch ergänzt, und zwar wie folgt:

$x^2+4x+5=x^2+4x+4-4+5=(x+2)^2+1$

Es wird substituiert: $x+2=z \Rightarrow \mathrm{d}x=\mathrm{d}z$

Der Lösungsweg des Typs $\int \frac{\mathrm{d}z}{\sqrt{z^2+a^2}}$ wurde bereits entwickelt. ► 2.4.6

Die Addition der beiden Teilintegrale ergibt die Lösung von $\int \frac{4x-6}{\sqrt{x^2+4x+5}}\mathrm{d}x$ und es wurde $c=c_1+c_2$ gesetzt.

► Teilintegrale berechnen

$$
\begin{aligned}
2\cdot\int \frac{2x+4}{\sqrt{x^2+4x+5}}\mathrm{d}x &= 2\cdot\int\left[(2x+4)\cdot(x^2+4x+5)^{-\frac{1}{2}}\right]\mathrm{d}x\\
&= 2\cdot\left[\frac{1}{-\frac{1}{2}+1}\cdot(x^2+4x+5)^{-\frac{1}{2}+1}\right]+c_1\\
&= \underline{\underline{4\cdot\sqrt{x^2+4x+5}+c_1}}
\end{aligned}
$$

$$
\begin{aligned}
14\cdot\int \frac{\mathrm{d}x}{\sqrt{x^2+4x+5}} &= 14\cdot\int\frac{\mathrm{d}x}{\sqrt{(x+2)^2+1}}\\
&= 14\cdot\int\frac{\mathrm{d}z}{\sqrt{z^2+1}} \quad ► 2.4.6\\
&= 14\cdot\operatorname{Arsinh} z+c_2 \quad ► z=x+2\\
&= \underline{\underline{14\cdot\operatorname{Arsinh}(x+2)+c_2}}
\end{aligned}
$$

► Teilintegrale zusammenfassen

$$
\begin{aligned}
\int \frac{4x-6}{\sqrt{x^2+4x+5}}\mathrm{d}x &= 2\cdot\int\frac{2x+4}{\sqrt{x^2+4x+5}}\mathrm{d}x-14\cdot\int\frac{\mathrm{d}x}{\sqrt{x^2+4x+5}}\\
&= 4\cdot\sqrt{x^2+4x+5}+c_1-14\cdot\operatorname{Arsinh}(x+2)+c_2\\
&= \underline{\underline{4\cdot\sqrt{x^2+4x+5}-14\cdot\operatorname{Arsinh}(x+2)+c}}
\end{aligned}
$$

• $\int \frac{\alpha\cdot x+\beta}{\sqrt{Ax^2+Bx+C}}\,\mathrm{d}x;\ \alpha\in\mathbb{R}^{+0};\ A\in\mathbb{R}^{+0}$

$$\int \frac{\alpha\cdot x+\beta}{\sqrt{Ax^2+Bx+C}}\mathrm{d}x=?$$

Zuerst wird auch hier der Zählerterm $\alpha\cdot x+\beta$ des Integranden durch Ausklammern von α und Erweitern mit $2\cdot A$ so umgeformt, dass zwei Summanden entstehen. Der erste Summand $2Ax+B$ ist die Ableitung des Radikandenterms Ax^2+Bx+C und der zweite Summand ein x-freier Term.

► Zählerterm umformen

$$
\begin{aligned}
\alpha\cdot x+\beta &= \alpha\cdot\left(x+\frac{\beta}{\alpha}\right)\\
&= \frac{\alpha}{2A}\cdot 2A\cdot\left(x+\frac{\beta}{\alpha}\right)\\
&= \frac{\alpha}{2A}\cdot\left(2Ax+2A\cdot\frac{\beta}{\alpha}\right)\\
&= \frac{\alpha}{2A}\cdot\left[(2Ax+B)+2A\cdot\frac{\beta}{\alpha}-B\right]\\
&= \underline{\underline{\frac{\alpha}{2A}\cdot(2Ax+B)+\left(\beta-\frac{\alpha}{2A}\cdot B\right)}}
\end{aligned}
$$

Damit lässt sich das Integral als Summe von zwei Integralen schreiben, die jeweils gelöst werden können.

► Integral in zwei Summanden zerlegen

$$
\begin{aligned}
\int\frac{\alpha\cdot x+\beta}{\sqrt{Ax^2+Bx+C}}\mathrm{d}x &= \int\frac{\frac{\alpha}{2A}\cdot(2Ax+B)+\left(\beta-\frac{\alpha}{2A}\cdot B\right)}{\sqrt{Ax^2+Bx+C}}\mathrm{d}x\\
&= \int\frac{\frac{\alpha}{2A}\cdot(2Ax+B)}{\sqrt{Ax^2+Bx+C}}\mathrm{d}x+\int\frac{\beta-\frac{\alpha}{2A}\cdot B}{\sqrt{Ax^2+Bx+C}}\mathrm{d}x\\
&= \frac{\alpha}{2A}\cdot\int\frac{2Ax+B}{\sqrt{Ax^2+Bx+C}}\mathrm{d}x+\left(\beta-\frac{\alpha}{2A}\cdot B\right)\cdot\int\frac{\mathrm{d}x}{\sqrt{Ax^2+Bx+C}}
\end{aligned}
$$

Beide Integrale lassen sich durch Substitutionen lösen.

$\int \frac{2Ax+B}{\sqrt{Ax^2+Bx+C}}\,\mathrm{d}x$ entspricht dem Typ $\int \left(f'(x)\cdot[f(x)]^n\right)\mathrm{d}x$ mit $n=-\frac{1}{2}$. ► 2.4.3

Bei $\int \frac{\mathrm{d}x}{\sqrt{Ax^2+Bx+C}}$ handelt es sich um einen in diesem Kapitel behandelten Integraltyp.

► Teilintegrale berechnen und vereinfachen

$$\frac{\alpha}{2A}\cdot\int\frac{2Ax+B}{\sqrt{Ax^2+Bx+C}}\,\mathrm{d}x=\frac{\alpha}{A}\cdot\sqrt{Ax^2+Bx+C}+c \quad ► 2.4.3$$

$$\left(\beta-\frac{\alpha}{2A}\cdot B\right)\cdot\int\frac{\mathrm{d}x}{\sqrt{Ax^2+Bx+C}}=\left(\beta-\frac{\alpha\cdot B}{2A}\right)\cdot\int\frac{\mathrm{d}x}{\sqrt{Ax^2+Bx+C}}$$

Die Addition der beiden Teilintegrale ergibt die Lösung von $\int\frac{\alpha\cdot x+\beta}{\sqrt{Ax^2+Bx+C}}\,\mathrm{d}x$.

► Teilintegrale zusammenfassen

$$\int\frac{\alpha\cdot x+\beta}{\sqrt{Ax^2+Bx+C}}\,\mathrm{d}x=$$
$$=\frac{\alpha}{A}\cdot\sqrt{Ax^2+Bx+C}+\left(\beta-\frac{\alpha\cdot B}{2A}\right)\cdot\int\frac{\mathrm{d}x}{\sqrt{Ax^2+Bx+C}}+c$$

Merke:

$$\int\frac{\alpha\cdot x+\beta}{\sqrt{Ax^2+Bx+C}}\,\mathrm{d}x=\frac{\alpha}{A}\cdot\sqrt{Ax^2+Bx+C}+\left(\beta-\frac{\alpha\cdot B}{2A}\right)\cdot\int\frac{\mathrm{d}x}{\sqrt{Ax^2+Bx+C}}+c;\ \alpha\in\mathbb{R}^{+0};\ A\in\mathbb{R}^{+0}$$

Beispiele: Lösen Sie die nachstehenden unbestimmten Integrale unter Anwendung der entwickelten Formel.

- $\int\frac{x}{\sqrt{2-4x-x^2}}\,\mathrm{d}x;\ x\in(-\sqrt{6}-2;\sqrt{6}-2)$

Das Integral entspricht dem bereits gelösten Typ $\int\frac{\alpha\cdot x+\beta}{\sqrt{Ax^2+Bx+C}}\,\mathrm{d}x$, sodass die entwickelte Formel angewendet werden kann. In diese setzt man die Werte für $\alpha; \beta; A; B$ sowie C ein und vereinfacht.

Das Integral $\int\frac{\mathrm{d}x}{\sqrt{2-4x-x^2}}$ wurde in diesem Kapitel bereits gelöst. Die Integrationskonstanten werden zu c zusammengefasst.

$$\int\frac{x}{\sqrt{2-4x-x^2}}\,\mathrm{d}x=\int\frac{x}{\sqrt{-x^2-4x+2}}\,\mathrm{d}x \quad ► \int\frac{\alpha\cdot x+\beta}{\sqrt{Ax^2+Bx+C}}\,\mathrm{d}x$$

► $\alpha=1;\ \beta=0;\ A=-1;\ B=-4;\ C=2$

$$\int\frac{x}{\sqrt{-x^2-4x+2}}\,\mathrm{d}x=$$
$$=\frac{1}{-1}\cdot\sqrt{-x^2-4x+2}+\left[0-\frac{1\cdot(-4)}{2\cdot(-1)}\right]\cdot\int\frac{\mathrm{d}x}{\sqrt{-x^2-4x+2}}+c$$
$$=-\sqrt{2-4x-x^2}-2\cdot\int\frac{\mathrm{d}x}{\sqrt{2-4x-x^2}}+c$$
$$=-\sqrt{2-4x-x^2}-2\cdot\operatorname{Arcsin}\frac{x+2}{\sqrt{6}}+c;\ x\in(-\sqrt{6}-2;\sqrt{6}-2)$$

- $\int\frac{-3x+3}{\sqrt{2x^2-4x+10}}\,\mathrm{d}x;\ x\in\mathbb{R}$

Auch hier kann die entwickelte Formel angewendet werden.

► $\alpha=-3;\ \beta=3;\ A=2;\ B=-4;\ C=10$

Man setzt die Werte in die Formel ein und vereinfacht.

$$\int\frac{-3x+3}{\sqrt{2x^2-4x+10}}\,\mathrm{d}x=$$
$$=\frac{-3}{2}\cdot\sqrt{2x^2-4x+10}+\left[3-\frac{(-3)\cdot(-4)}{2\cdot 2}\right]\cdot\int\frac{\mathrm{d}x}{\sqrt{2x^2-4x+10}}$$
$$=-\frac{3}{2}\cdot\sqrt{2x^2-4x+10}+0$$
$$=-\frac{3}{2}\cdot\sqrt{2x^2-4x+10}+c$$

- $\int \frac{-3x+1}{\sqrt{2x^2-4x+10}}\,\mathrm{d}x;\ x \in \mathbb{R}$

Auch dieses Integral entspricht dem Typ $\int \frac{\alpha \cdot x+\beta}{\sqrt{Ax^2+Bx+C}}\,\mathrm{d}x$, sodass die entwickelte Formel angewendet werden kann.

► $\alpha = -3;\ \beta = 1;\ A = 2;\ B = -4;\ C = 10$

Auch das Integral $\int \frac{\mathrm{d}x}{\sqrt{2x^2-4x+10}}$ wurde in diesem Kapitel bereits gelöst.

$$\int \frac{-3x+1}{\sqrt{2x^2-4x+10}}\,\mathrm{d}x =$$

$$= \frac{-3}{2} \cdot \sqrt{2x^2-4x+10} + \left[1 - \frac{(-3)\cdot(-4)}{2\cdot 2}\right] \cdot \int \frac{\mathrm{d}x}{\sqrt{2x^2-4x+10}}$$

$$= -\frac{3}{2} \cdot \sqrt{2x^2-4x+10} - 2 \cdot \int \frac{\mathrm{d}x}{\sqrt{2x^2-4x+10}}$$

$$= -\frac{3}{2} \cdot \sqrt{2x^2-4x+10} - \sqrt{2} \cdot \ln\left(x - 1 + \sqrt{x^2-2x+5}\right) + c$$

2.4.9 Integrale mit besonderen Substitutionen

In den vorangegangenen Kapiteln wurden Methoden erläutert, mit deren Hilfe man gewisse typische Integrale durch geeignete Substitutionen lösen konnte. Leider ist die Praxis des unbestimmten Integrierens, also das Finden von Stammfunktionen zu einer gegebenen Funktion, nicht so einfach, wie bisher dargestellt. Die Schwierigkeit, komplizierte Integrale zu lösen, ist dadurch begründet, dass es in der Integralrechnung, im Gegensatz zur Differentialrechnung, keine festen Regeln gibt, mit denen man durch eine Substitution ein gegebenes Integral auf ein einfacher lösbares Integral zurückführen kann.

Problem: Lösen Sie das unbestimmte Integral $\int \frac{\mathrm{d}x}{\sin x}$ im Intervall $(-\pi;\ \pi)$. Verwenden Sie dazu die Substitution $\tan(0{,}5x) = z;\ x \in (-\pi;\ \pi)$.

$\int \frac{\mathrm{d}x}{\sin x};\ x \in (-\pi;\ \pi)\setminus\{0\}$

► $\sin x = 2 \cdot \sin(0{,}5x) \cdot \cos(0{,}5x)$ ► 4.1

► $\frac{\sin(0{,}5x)}{\cos(0{,}5x)} = \tan(0{,}5x)$ ► 4.1

► $\cos^2(0{,}5x) = \frac{1}{1+\tan^2(0{,}5x)}$ ► 4.1

In dem umgeformten Integranden substituiert man:

$\tan(0{,}5x) = z \Rightarrow 0{,}5x = \text{Arctan}\, z \Rightarrow x = 2 \cdot \text{Arctan}\, z$

$$\Rightarrow \frac{\mathrm{d}x}{\mathrm{d}z} = 2 \cdot \frac{1}{1+z^2} \Rightarrow \mathrm{d}x = \frac{2 \cdot \mathrm{d}z}{1+z^2}$$

$$\int \frac{\mathrm{d}x}{\sin x} = \int \frac{\mathrm{d}x}{2 \cdot \sin(0{,}5x) \cdot \cos(0{,}5x)}$$

$$= \int \frac{\mathrm{d}x}{2 \cdot \frac{\sin(0{,}5x)}{\cos(0{,}5x)} \cdot \cos^2(0{,}5x)} \quad ► \cos(0{,}5x) \neq 0$$

$$= \int \frac{\mathrm{d}x}{2 \cdot \tan(0{,}5x) \cdot \cos^2(0{,}5x)}$$

$$= \int \frac{1+\tan^2(0{,}5x)}{2 \cdot \tan(0{,}5x)}\,\mathrm{d}x$$

$$= \int \frac{1+z^2}{2z} \cdot \frac{2 \cdot \mathrm{d}z}{1+z^2}$$

$$= \int \frac{\mathrm{d}z}{z}\,\mathrm{d}z \quad ► \text{Grundintegral}$$

$$= \ln|z| + c \quad ► z = \tan(0{,}5x)$$

$$= \ln|\tan(0{,}5x)| + c;\ x \in (-\pi;\ 0) \text{ oder } x \in (0;\ \pi)$$

Die gezeigte Vorgehensweise ist typisch für solche Integrale, bei denen die Integrandfunktion die Verkettung einer ganzen rationalen Funktion oder einer gebrochenen rationalen Funktion (rationale Verkettung) der trigonometrischen Funktionen $f\colon f(x)=\sin x$, $f\colon f(x)=\cos x$, $f\colon f(x)=\tan x$ oder $f\colon f(x)=\cot x$ ist (► Kusch 3; 1.1.8). Durch die Substitution $\tan(0{,}5x)=z$ wird die Integrandfunktion in eine rationale Funktion mit der Variablen z überführt.

Lässt sich das Integral in z berechnen, so lassen sich die erhaltenen Stammfunktionen durch Resubstituierung von z als Stammfunktion der Ausgangsintegrandfunktion in der Variablen x schreiben. Es ist dann zu beachten, dass man für x höchstens Zahlen aus dem Intervall $(-\pi;\pi)$ in den Stammfunktionsterm einsetzen darf.

Merke:

Ist eine Integrandfunktion eines Integrals eine rationale Verkettung mit trigonometrischen Funktionen, so wird sie durch die Substitution $\tan\frac{x}{2}=z;\, x\in(-\pi;\pi);\, z\in\mathbb{R}$ in eine rationale Funktion mit der Variablen z überführt. Die trigonometrischen Funktionen und das Differential $\mathrm{d}x$ können dann wie folgt durch die neue Variable z ausgedrückt werden.

- $\sin x=\dfrac{2\cdot\tan\frac{x}{2}}{1+\tan^2\frac{x}{2}}=\dfrac{2z}{1+z^2}$
- $\cos x=\dfrac{1-\tan^2\frac{x}{2}}{1+\tan^2\frac{x}{2}}=\dfrac{1-z^2}{1+z^2}$
- $\tan x=\dfrac{2\cdot\tan\frac{x}{2}}{1-\tan^2\frac{x}{2}}=\dfrac{2z}{1-z^2}$
- $\cot x=\dfrac{1-\tan^2\frac{x}{2}}{2\cdot\tan\frac{x}{2}}=\dfrac{1-z^2}{2z}$
- $\tan\dfrac{x}{2}=z\Rightarrow\dfrac{x}{2}=\operatorname{Arctan}z\Rightarrow x=2\cdot\operatorname{Arctan}z\Rightarrow\dfrac{\mathrm{d}x}{\mathrm{d}z}=\dfrac{2}{1+z^2}\Rightarrow\mathrm{d}x=\dfrac{2}{1+z^2}\mathrm{d}z$

Anmerkung:

Aus den vorstehenden Erkenntnissen wird deutlich, wie man Integrale, bei denen die Integrandfunktion eine rationale Verkettung mit trigonometrischen Funktionen ist, in eine rationale Funktion mit der Variablen z überführen kann, aber nicht muss. So wird man wohl niemals das Integral $\int\sin x\,\mathrm{d}x$ auf diese Weise lösen. In diesem Kapitel wird später gezeigt, wie man z. B. $\displaystyle\int\frac{\mathrm{d}x}{\cos^4 x}$, schneller und einfacher, ohne die vorstehend angegebenen Substitutionen lösen kann.

Beispiele: Lösen Sie die nachfolgenden Integrale, indem Sie $\tan\frac{x}{2}=z;\, x\in(-\pi;\pi)$ substituieren.

- $\displaystyle\int\frac{\mathrm{d}x}{1+\sin x};\, x\in\mathbb{R}\setminus\{k\cdot\pi\};\, k\in\mathbb{Z}$

Man substituiert:

► $\sin x=\dfrac{2z}{1+z^2}$ ► $x\in(-\pi;\pi)$

► $\tan\dfrac{x}{2}=z\Rightarrow\mathrm{d}x=\dfrac{2}{1+z^2}\cdot\mathrm{d}z$

Dadurch erhält man ein Integral des Typs $\int(a+bx)^n\,\mathrm{d}x$ mit $n=-2$, $a=1$ und $b=1$, das schon im Kapitel 2.4.1 gelöst wurde. In der Lösung wird die Substitution wieder rückgängig gemacht.

$$\int\frac{\mathrm{d}x}{1+\sin x}=\int\left(\frac{1}{1+\frac{2z}{1+z^2}}\cdot\frac{2}{1+z^2}\right)\mathrm{d}z$$

$$=\int\frac{2}{1+z^2+2z}\,\mathrm{d}z \quad ► \; 1+z^2+2z=(1+z)^2$$

$$=2\cdot\int\frac{\mathrm{d}z}{(1+z)^2} \quad ► \; 2.4.1$$

$$=-\frac{2}{1+z}+c \quad ► \; z=\tan\frac{x}{2}$$

$$=-\frac{2}{1+\tan\frac{x}{2}}+c;\, x\in\left(-\pi;-\frac{\pi}{2}\right) \text{ oder } x\in\left(-\frac{\pi}{2};\pi\right)$$

- $\int \frac{dx}{\cos x}; x \in \mathbb{R} \setminus \left\{\frac{\pi}{2} + k \cdot \pi\right\}; k \in \mathbb{Z}$

Man substituiert:

► $\cos x = \frac{1-z^2}{1+z^2}$ ► $x \in (-\pi; \pi)$

► $\tan \frac{x}{2} = z \Rightarrow dx = \frac{2}{1+z^2} dz$

Dadurch ergibt sich ein Grundintegral. Nach Resubstitution erhält man einen Stammfunktionsterm von $f: f(x) = \frac{1}{\cos x}$ mit den Gültigkeitsintervallen $\left(-\pi; -\frac{\pi}{2}\right)$, $\left(-\frac{\pi}{2}; \frac{\pi}{2}\right)$ und $\left(\frac{\pi}{2}; \pi\right)$.

$$\int \frac{dx}{\cos x} = \int \left[\frac{1}{\frac{1-z^2}{1+z^2}} \cdot \frac{2}{1+z^2}\right] dz$$

$$= 2 \cdot \int \frac{dz}{1-z^2} \quad \text{► Grundintegral}$$

$$= 2 \cdot 0{,}5 \cdot \ln\left|\frac{1+z}{1-z}\right| + c \quad \text{► } z = \tan\frac{x}{2}$$

$$= \ln\left|\frac{1+\tan\frac{x}{2}}{1-\tan\frac{x}{2}}\right| + c$$

mit $x \in \left(-\pi; -\frac{\pi}{2}\right)$ oder $x \in \left(-\frac{\pi}{2}; \frac{\pi}{2}\right)$ oder $x \in \left(\frac{\pi}{2}; \pi\right)$

Anmerkung:

Wegen $\cos x = \sin\left(x + \frac{\pi}{2}\right)$ kann man das Integral $\int \frac{dx}{\cos x}$ in das Integral $\int \frac{dx}{\sin\left(x+\frac{\pi}{2}\right)}$ überführen.

Mit dem Ergebnis des Eingangsproblems erhält man daher auch $\int \frac{dx}{\cos x} = \ln\left|\tan\left(\frac{x}{2} + \frac{x}{4}\right)\right| + c$.

Beispiel: Lösen Sie das unbestimmte Integral $\int \frac{dx}{1+3\cdot\cos^2 x}; x \in \mathbb{R}$

- $\int \frac{dx}{1+3\cdot\cos^2 x}; \ x \in \mathbb{R}$

► $1 = \sin^2 x + \cos^2 x$

Die Anwendung einer der am Anfang des Kapitels beschriebenen Substitutionen würde auf ein sehr kompliziertes Integral führen. Deshalb substituiert man hier wie folgt:

Erste Substitution:

$\tan x = z; x \neq \frac{\pi}{2} + k \cdot \pi; k \in \mathbb{Z}$

$\Rightarrow \frac{dz}{dx} = \frac{1}{\cos^2 x} \Rightarrow \frac{dx}{\cos^2 x} = dz$

Zweite Substitution:

$z = 2 \cdot w \Rightarrow \frac{dz}{dw} = 2 \Rightarrow dz = 2 \cdot dw$

Dadurch erhält man ein Grundintegral.

In der Lösung wird zuerst die zweite und dann die erste Substitution wieder rückgängig gemacht.

$$\int \frac{dx}{1+3\cdot\cos^2 x} = \int \frac{dx}{\sin^2 x + \cos^2 x + 3\cdot\cos^2 x}$$

$$= \int \frac{dx}{\sin^2 x + 4\cdot\cos^2 x}$$

$$= \int \frac{dx}{\left(\frac{\sin^2 x}{\cos^2 x} + 4\right)\cdot\cos^2 x} \quad \text{►} \ \frac{\sin x}{\cos x} = \tan x$$

$$= \int \left(\frac{1}{\tan^2 x + 4} \cdot \frac{dx}{\cos^2 x}\right)$$

$$= \int \frac{dz}{z^2+4} \quad \text{► } z = 2\cdot w; \ dz = 2\cdot dw$$

$$= \int \frac{2\cdot dw}{4\cdot w^2 + 4}$$

$$= \frac{1}{2}\cdot\int \frac{dw}{w^2+1} \quad \text{► Grundintegral}$$

$$= \frac{1}{2}\cdot \operatorname{Arctan} w + c \quad \text{► } w = \frac{z}{2}$$

$$= \frac{1}{2}\cdot \operatorname{Arctan}\frac{z}{2} + c \quad \text{► } z = \tan x$$

$$= \frac{1}{2}\cdot \operatorname{Arctan}\frac{\tan x}{2} + c; x \in \left(-\frac{\pi}{2}; \frac{\pi}{2}\right)$$

Man erhält mit diesen Substitutionen für die Funktion $f\colon f(x)=\frac{1}{1+3\cdot\cos^2 x}$; $D(f)=\mathbb{R}$ nur Stammfunktionen im Intervall $\left(-\frac{\pi}{2};\frac{\pi}{2}\right)$. Man kann aber mit aufwendigeren mathematischen Methoden zeigen, dass die Funktion F: $F(x)=\frac{x}{2}-\frac{1}{2}\cdot\operatorname{Arctan}\left[\frac{\sin(2x)}{3+\cos(2x)}\right]$; $D(F)=\mathbb{R}$ eine Stammfunktion von f in $\mathbb{R}$ ist.

Beispiele: Lösen Sie die folgenden unbestimmten Integrale durch Wahl einer geeigneten Substitution.

- $\displaystyle\int\frac{\mathrm{d}x}{\sqrt{x-1}+(\sqrt{x-1})^3}$; $x\in\mathbb{R}^{>1}$

Man substituiert:

► $\sqrt{x-1}=z\ \Rightarrow\ x=1+z^2$

$\Rightarrow\ \frac{\mathrm{d}x}{\mathrm{d}z}=2z\ \Rightarrow\ \mathrm{d}x=2z\cdot\mathrm{d}z$

$$\int\frac{\mathrm{d}x}{\sqrt{x-1}+(\sqrt{x-1})^3}=\int\frac{2z}{z+z^3}\mathrm{d}z$$

$$=2\cdot\int\frac{\mathrm{d}z}{1+z^2}\quad\text{► Grundintegral}$$

$$=2\cdot\operatorname{Arctan} z+c\quad\text{►}\ z=\sqrt{x-1}$$

$$=\underline{\underline{2\cdot\operatorname{Arctan}\sqrt{x-1}+c;\ x>1}}$$

- $\displaystyle\int\frac{x-3}{x^2\cdot\sqrt{2x-3}}\mathrm{d}x$; $x\in\mathbb{R}^{>1{,}5}$

Erste Substitution:

► $x=\frac{1}{z}\Rightarrow\frac{\mathrm{d}x}{\mathrm{d}z}=-\frac{1}{z^2}\Rightarrow\mathrm{d}x=-\frac{1}{z^2}\cdot\mathrm{d}z$

Zweite Substitution:

► $2z-3z^2=w\Rightarrow\frac{\mathrm{d}w}{\mathrm{d}z}=2-6z\Rightarrow(2-6z)\cdot\mathrm{d}z=\mathrm{d}w$

Dadurch erhält man dann ein Grundintegral.

In der Lösung wird zuerst die zweite und dann die erste Substitution wieder rückgängig gemacht.

$$\int\frac{x-3}{x^2\cdot\sqrt{2x-3}}\mathrm{d}x=\int\frac{\frac{1}{z}-3}{\frac{1}{z^2}\cdot\sqrt{2\cdot\frac{1}{z}-3}}\cdot\left(-\frac{1}{z^2}\cdot\mathrm{d}z\right)$$

$$=-\int\frac{1-3z}{z\cdot\sqrt{\frac{2}{z}-3}}\mathrm{d}z$$

$$=-\int\frac{1-3z}{\sqrt{z^2\cdot\left(\frac{2}{z}-3\right)}}\mathrm{d}z\quad\text{►}\ z>0$$

$$=-\int\frac{1-3z}{\sqrt{2z-3z^2}}\mathrm{d}z$$

$$=-\frac{1}{2}\cdot\int\frac{2-6z}{\sqrt{2z-3z^2}}\mathrm{d}z$$

$$=-\frac{1}{2}\cdot\int\frac{\mathrm{d}w}{\sqrt{w}}\quad\text{► Grundintegral}$$

$$=-\sqrt{w}+c\quad\text{►}\ w=2z-3z^2$$

$$=-\sqrt{2z-3z^2}+c\quad\text{►}\ z=\frac{1}{x}$$

$$=-\sqrt{2\cdot\frac{1}{x}-3\cdot\frac{1}{x^2}}+c\quad\text{►}\ x>0$$

$$=\underline{\underline{-\frac{\sqrt{2x-3}}{x}+c;\ x>1{,}5}}$$

- $\int \frac{x^2}{(\sqrt{1-x})^3}\,\mathrm{d}x;\ x \in \mathbb{R}^{<1}$

Man substituiert:

► $\sqrt{x-1} = z \Rightarrow\ 1-x = z^2 \Rightarrow\ x = 1 - z^2$

$\Rightarrow \frac{\mathrm{d}x}{\mathrm{d}z} = -2z \Rightarrow \mathrm{d}x = -2z \cdot \mathrm{d}z$

Durch diese Substitution erhält man drei Integrale, die mit der Potenzregel gelöst werden.

$$\int \frac{x^2}{(\sqrt{1-x})^3}\,\mathrm{d}x = \int \frac{(1-z^2)^2}{z^3} \cdot (-2z \cdot \mathrm{d}z)$$
$$= -2 \cdot \int \frac{1-2z^2+z^4}{z^2}\,\mathrm{d}z$$
$$= -2 \cdot \left(\int \frac{\mathrm{d}z}{z^2} - 2 \cdot \int 1\,\mathrm{d}z + \int z^2\,\mathrm{d}z\right)$$
$$= -2 \cdot \left(-\frac{1}{z} - 2z + \frac{1}{3} \cdot z^3\right) + c \quad ► \ z = \sqrt{1-x}$$
$$= \frac{2}{\sqrt{1-x}} + 4 \cdot \sqrt{1-x} - \frac{2}{3} \cdot (\sqrt{1-x})^3 + c;\ x < 1$$

- $\int \frac{\mathrm{d}x}{\cos^4 x};\ x \in \mathbb{R} \setminus \left\{\frac{\pi}{2} + k \cdot \pi\right\};\ k \in \mathbb{Z}$

Man schreibt den Integranden $\frac{1}{\cos^4 x}$ in der Form $\frac{1}{\cos^2 x} \cdot \frac{1}{\cos^2 x}$ und ersetzt den ersten Faktor durch den Term $1 + \tan^2 x$.

Damit erhält man ein Integral, das mit der Substitution $\tan x = z;\ x \neq \frac{\pi}{2} + k \cdot \pi;\ k \in \mathbb{Z}$, also $\frac{\mathrm{d}x}{\cos^2 x} = \mathrm{d}z$, auf zwei Grundintegrale führt, die dann mit der Potenzregel gelöst werden.

$$\int \frac{\mathrm{d}x}{\cos^4 x} = \int \left(\frac{1}{\cos^2 x} \cdot \frac{1}{\cos^2 x}\right)\mathrm{d}x$$
$$= \int \left[(1+\tan^2 x) \cdot \frac{1}{\cos^2 x}\right]\mathrm{d}x \quad ► \ \tan x = z;\ \frac{\mathrm{d}x}{\cos^2 x} = \mathrm{d}z$$
$$= \int (1+z^2)\,\mathrm{d}z \quad ► \ \text{Potenzregel}$$
$$= \int \mathrm{d}z + \int z^2\,\mathrm{d}z$$
$$= z + \frac{1}{3} \cdot z^3 + c \quad ► \ z = \tan x$$
$$= \tan x + \frac{1}{3} \cdot \tan^3 x + c;\ x \neq \frac{\pi}{2} + k \cdot \pi;\ k \in \mathbb{Z}$$

- $\int \frac{\mathrm{d}x}{\cosh x};\ x \in \mathbb{R}$

Man ersetzt $\cosh x$ durch $\frac{\mathrm{e}^x + \mathrm{e}^{-x}}{2}$. Durch algebraische Umformungen und die Substitution $\mathrm{e}^x = z \Rightarrow\ \mathrm{e}^x \cdot \mathrm{d}x = \mathrm{d}z$ ergibt sich ein Grundintegral.

In der Lösung wird die Substitution wieder rückgängig gemacht.

$$\int \frac{\mathrm{d}x}{\cosh x} = \int \frac{2}{\mathrm{e}^x + \mathrm{e}^{-x}}\,\mathrm{d}x \quad ► \ \mathrm{e}^{-x} = \frac{1}{\mathrm{e}^x}$$
$$= 2 \cdot \int \frac{\mathrm{e}^x}{(\mathrm{e}^x)^2 + 1}\,\mathrm{d}x \quad ► \ \mathrm{e}^x = z \Rightarrow \mathrm{e}^x \cdot \mathrm{d}x = \mathrm{d}z$$
$$= 2 \cdot \int \frac{\mathrm{d}z}{z^2 + 1} \quad ► \ \text{Grundintegral}$$
$$= 2 \cdot \mathrm{Arctan}\, z + c \quad ► \ z = \mathrm{e}^x$$
$$= 2 \cdot \mathrm{Arctan}\, \mathrm{e}^x + c$$

2.4.10 Transformation von Integrationsgrenzen

Problem: Berechnen Sie das bestimmte Integral $\int\limits_0^{\frac{\pi}{2}} \sin(-2\cdot x+\pi)\,\mathrm{d}x$.

Um $\int\limits_0^{\frac{\pi}{2}} \sin(-2\cdot x+\pi)\,\mathrm{d}x$ zu berechnen, bestimmt man zunächst mit der im Kapitel 2.4.1 beschriebenen Substitution eine Stammfunktion zu $f\colon f(x)=\sin(-2\cdot x+\pi)$; $D(f)=\mathbb{R}$, und zwar substituiert man:

$-2\cdot x+\pi=z \Rightarrow \frac{\mathrm{d}z}{\mathrm{d}x}=-2 \Rightarrow \mathrm{d}x=-\frac{1}{2}\cdot\mathrm{d}z$

Aus dem unbestimmten Integral $-\frac{1}{2}\cdot\int\sin z\,\mathrm{d}z$ erhält man dann zu f die spezielle Stammfunktion $F\colon F(x)=\frac{1}{2}\cdot\cos(-2\cdot x+\pi)$; $D(f)=\mathbb{R}$.

$$\int\limits_0^{\frac{\pi}{2}} \sin(-2\cdot x+\pi)\,\mathrm{d}x = ? \quad \blacktriangleright\ -2\cdot x+\pi=z;\ \mathrm{d}x=-\frac{1}{2}\cdot\mathrm{d}z$$

$$\blacktriangleright\ \int \sin(-2\cdot x+\pi)\,\mathrm{d}x = \int\left[\sin z\cdot\left(-\frac{1}{2}\right)\right]\mathrm{d}z$$
$$= -\frac{1}{2}\cdot\int\sin z\,\mathrm{d}z \quad \blacktriangleright\ \text{Grundintegral}$$
$$= -\frac{1}{2}\cdot(-\cos z)+c \quad \blacktriangleright\ z=-2\cdot x+$$
$$= \underline{\frac{1}{2}\cdot\cos(-2\cdot x+\pi)+c}$$

Damit lässt sich das bestimmte Integral $\int\limits_0^{\frac{\pi}{2}} \sin(-2\cdot x+\pi)\,\mathrm{d}x$ über den Hauptsatz (▸ 1.2) berechnen:

▸ $\int\limits_a^b f(x)\mathrm{d}x=F(b)-F(a)$

▸ $\cos 0=1;\ \cos\pi=-1$

$$\int\limits_0^{\frac{\pi}{2}} \sin(-2\cdot x+\pi)\,\mathrm{d}x = \frac{1}{2}\cdot\cos(-2\cdot x+\pi)\Big|_0^{\frac{\pi}{2}} \quad \blacktriangleright\ \text{Hauptsatz}$$
$$= \frac{1}{2}\cdot\cos\left(-2\cdot\frac{\pi}{2}+\pi\right)-\frac{1}{2}\cdot\cos(-2\cdot 0+$$
$$= \frac{1}{2}\cdot\cos 0-\frac{1}{2}\cdot\cos\pi$$
$$= \frac{1}{2}\cdot 1-\frac{1}{2}\cdot(-1)$$
$$= \underline{\underline{1}}$$

Man erhält den gleichen Integralwert u. U. schneller, wenn man ein anderes Verfahren anwendet, bei dem man mithilfe der Substitutionsgleichung $z=-2\cdot x+\pi$ auch die Integrationsgrenzen (x-Grenzen) 0 und $\frac{\pi}{2}$ transformiert.

▸ $x=0 \Rightarrow z=-2\cdot 0+\pi=\underline{\pi}$

▸ $x=\frac{\pi}{2} \Rightarrow z=-2\cdot\frac{\pi}{2}+\pi=-\pi+\pi=\underline{0}$

▸ $\cos 0=1;\ \cos\pi=-1$

$$\blacktriangleright\ \int\limits_0^{\frac{\pi}{2}} \sin(-2\cdot x+\pi)\,\mathrm{d}x = \int\limits_\pi^0\left[\sin z\cdot\left(-\frac{1}{2}\right)\right]\mathrm{d}z$$
$$= -\frac{1}{2}\cdot\int\limits_\pi^0 \sin z\,\mathrm{d}z$$
$$= -\frac{1}{2}\cdot\left(-\cos z\Big|_\pi^0\right)$$
$$= \frac{1}{2}\cdot(\cos 0-\cos\pi)$$
$$= \frac{1}{2}\cdot[1-(-1)]$$
$$= \underline{\underline{1}}$$

Dieses Verfahren führt bei einer Transformation der Integrationsgrenzen von bestimmten Integralen des Typs $\int\limits_a^b \left(g[h(x)]\cdot h'(x)\right)\mathrm{d}x$ (▸ 2.4.1 bis 2.4.4) stets zum Ziel, wenn die Funktion h im Intervall $[a;b]$ **stetig differenzierbar** und die Funktion g im Bildintervall von $[a;b]$ unter h **stetig** ist.

Stetige Differenzierbarkeit von h im Intervall $[a; b]$ bedeutet, dass h in $[a; b]$ differenzierbar und h' dort stetig ist. Denn dann ist auch die Funktion $f: f(x) = g[h(x)] \cdot h'(x)$ in $[a; b]$ stetig und somit dort integrierbar. Ist G eine Stammfunktion von g, so ist $F: F(x) = G[h(x)]$ eine Stammfunktion von $f: f(x) = g[h(x)] \cdot h'(x)$, denn nach der Kettenregel (► Kusch 3; 2.2.6) erhält man: $F'(x) = \left(G[h(x)]\right)' = G'[h(x)] \cdot h'(x) = g[h(x)] \cdot h'(x) = f(x)$

Somit gilt: $\int\limits_a^b \left(g[h(x)] \cdot h'(x)\right) \mathrm{d}x = \int\limits_a^b f(x)\,\mathrm{d}x = \int\limits_a^b F'(x)\,\mathrm{d}x = F(x)\Big|_a^b = F(b) - F(a)$

Wegen $F(x) = G[h(x)]$ erhält man damit: $F(b) - F(a) = G[h(b)] - G[h(a)] = \int\limits_{h(a)}^{h(b)} g(z)\,\mathrm{d}z$

Es gilt also bei einer Substitution $z = h(x)$: $\int\limits_a^b \left(g[h(x)] \cdot h'(x)\right) \mathrm{d}x = \int\limits_{h(a)}^{h(b)} g(z)\,\mathrm{d}z$

Merke:

$$\int\limits_a^b (g[h(x)] \cdot h'(x))\,\mathrm{d}x = \int\limits_{h(a)}^{h(b)} g(z)\,\mathrm{d}z$$ ► $z = h(x)$ ► **erste Substitutionsregel**

Beispiele: Berechnen Sie die folgenden bestimmten Integrale.

- $\int\limits_0^1 \frac{\mathrm{e}^x}{1 + \mathrm{e}^{2x}}\,\mathrm{d}x$

► $\mathrm{e}^x = z \Rightarrow \frac{\mathrm{d}z}{\mathrm{d}x} = \mathrm{e}^x \Rightarrow \mathrm{e}^x \cdot \mathrm{d}x = \mathrm{d}z$

► $a = 0 \Rightarrow z = \mathrm{e}^0 = \underline{1}$

► $b = 1 \Rightarrow z = \mathrm{e}^1 = \underline{\mathrm{e}}$

$$\int\limits_0^1 \frac{\mathrm{e}^x}{1 + \mathrm{e}^{2x}}\,\mathrm{d}x = \int\limits_0^1 \frac{\mathrm{e}^x}{1 + (\mathrm{e}^x)^2}\,\mathrm{d}x$$

$$= \int\limits_1^{\mathrm{e}} \frac{\mathrm{d}z}{1 + z^2}$$ ► Grundintegral

$$= \operatorname{Arctan} z\,\Big|_1^{\mathrm{e}}$$

$$= \operatorname{Arctan} \mathrm{e} - \operatorname{Arctan} 1$$

$$= \underline{\underline{0{,}432885}}$$

- $\int\limits_1^2 [x \cdot \mathrm{e}^{x^2-1}]\,\mathrm{d}x$

► $x^2 - 1 = z \Rightarrow \frac{\mathrm{d}z}{\mathrm{d}x} = 2x \Rightarrow 2x \cdot \mathrm{d}x = \mathrm{d}z$

► $a = 1 \Rightarrow z = 1^2 - 1 = \underline{0}$

► $b = 2 \Rightarrow z = 2^2 - 1 = \underline{3}$

$$\int\limits_1^2 [x \cdot \mathrm{e}^{x^2-1}]\,\mathrm{d}x = \frac{1}{2} \cdot \int\limits_1^2 [\mathrm{e}^{x^2-1} \cdot (2x \cdot \mathrm{d}x)]$$

$$= \frac{1}{2} \cdot \int\limits_0^3 \mathrm{e}^z\,\mathrm{d}z$$ ► Grundintegral

$$= \frac{1}{2} \cdot \mathrm{e}^z\,\Big|_0^3$$

$$= \frac{1}{2} \cdot \mathrm{e}^3 - \frac{1}{2} \cdot \mathrm{e}^0$$

$$= \underline{\underline{9{,}542768}}$$

Bei der zweiten Substitutionsmethode zur Lösung von unbestimmten Integralen $\int g(x)\,\mathrm{d}x$ wird die Substitution $x = h(z)$ vorgenommen (► 2.4.5 bis 2.4.8). Dabei wird vorausgesetzt, dass die Substitutionsfunktion h in einem Intervall $[z_1; z_2] \subseteq D(h)$ stetig differenzierbar ist, um $\mathrm{d}x = h'(z) \cdot \mathrm{d}z$ bilden zu können.

Um ein bestimmtes Integral $\int_a^b g(x)\,\mathrm{d}x$ mit einer Substitution $x = h(z)$ berechnen zu können, muss man neben der stetigen Differenzierbarkeit von h im Intervall $[z_1; z_2] \subseteq D(h)$ noch zusätzlich voraussetzen, dass das Intervall $[z_1; z_2]$ durch die Funktion h auf das Intervall $[a; b]$ abgebildet wird und die Funktionswerte $h(z)$ für $z \in (z_1; z_2)$ in $(a; b)$ liegen. Es ist dann entweder $a = h(z_1)$ und $b = h(z_2)$ oder $a = h(z_2)$ und $b = h(z_1)$.

► $h(z) = z^3 - 9z^2 + 25z - 19;\ z \in [1{,}3; 4{,}7];\ x \in [0{,}49; 3{,}51]$

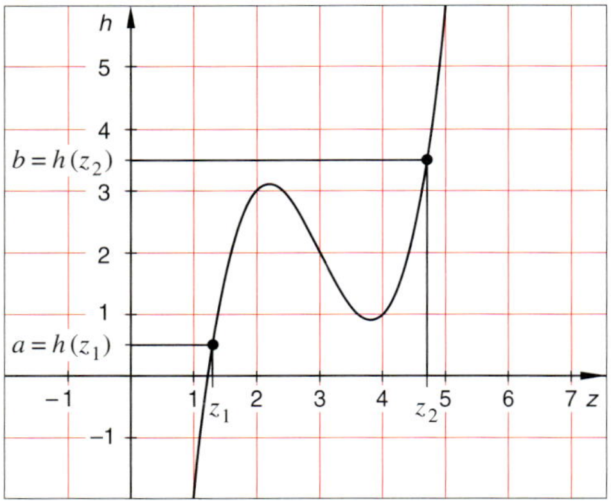

► $h(z) = -z^3 + 8z^2 - 20z + 18;\ z \in [1{,}3; 4{,}1];\ x \in [1{,}56; 3{,}32]$

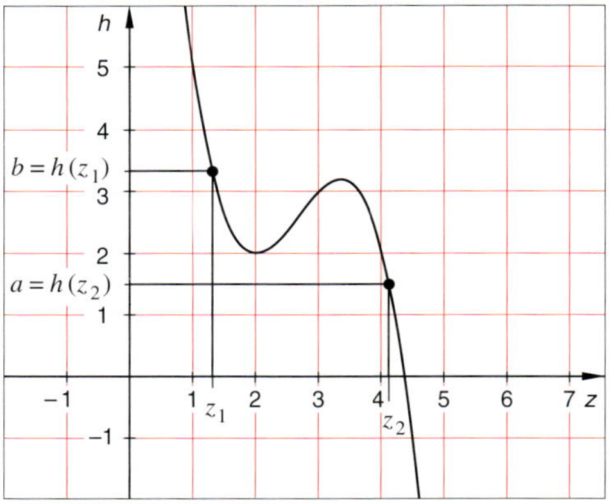

Ist dann G eine Stammfunktion von g im Intervall $[a; b]$, so gilt im Falle von $a = h(z_1)$ und $b = h(z_2)$: $\int_a^b g(x)\,\mathrm{d}x = G(b) - G(a) = G[h(z_2)] - G[h(z_1)] = G[h(z)]\Big|_{z_1}^{z_2} = \int_{z_1}^{z_2} \big(g[h(z)] \cdot h'(z)\big)\,\mathrm{d}z$, denn $G[h(z)]$ ist eine Stammfunktion von $g[h(z)] \cdot h'(z)$. ► siehe oben

Entsprechend erhält man im Falle $a = h(z_2)$ und $b = h(z_1)$: $\int_a^b g(x)\,\mathrm{d}x = \int_{z_2}^{z_1} \big(g[h(z)] \cdot h'(z)\big)\,\mathrm{d}z$

Die Bedingungen für die Funktion h sind insbesondere dann erfüllt, wenn h in $[z_1; z_2]$ streng monoton ist.

Merke:

Führt man in einem bestimmten Integral $\int_a^b g(x)\,\mathrm{d}x$ die Substitution $x = h(z)$ durch, wobei die Funktion h in einem Intervall $[z_1; z_2] \subseteq D(h)$ stetig differenzierbar ist und die Funktion h das Intervall $[z_1; z_2]$ auf das Intervall $[a; b]$ so abbildet, dass die Funktionswerte $h(z)$ für $z \in (z_1; z_2)$ in $(a; b)$ liegen, so gilt:

- $\int_a^b g(x)\,\mathrm{d}x = \int_{z_1}^{z_2} (g[h(z)] \cdot h'(z))\,\mathrm{d}z$ **für** $a = h(z_1)$ **und** $b = h(z_2)$

► **zweite Substitutionsregel**

- $\int_a^b g(x)\,\mathrm{d}x = \int_{z_2}^{z_1} (g[h(z)] \cdot h'(z))\,\mathrm{d}z$ **für** $a = h(z_2)$ **und** $b = h(z_1)$

Beispiele: Berechnen Sie die folgenden bestimmten Integrale.

- $\int\limits_{-3}^{0} \frac{dx}{\sqrt{1-x}+(\sqrt{1-x})^3}$

► $\sqrt{1-x} = z$ ► $z \geq 0$

$\Rightarrow x = 1 - z^2 = h(z); D(h) = \mathbb{R}^{\geq 0}$

► h ist in $D(h)$ streng monoton fallend und stetig differenzierbar

► $dx = -2z \cdot dz$

► $a = -3 \Rightarrow -3 = 1 - z_1^2 \Rightarrow z_1^2 = 4 \Rightarrow z_1 = 2$ ► $z_1 \geq 0$

► $b = 0 \Rightarrow 0 = 1 - z_2^2 \Rightarrow z_2^2 = 1 \Rightarrow z_2 = 1$ ► $z_2 \geq 0$

$$\int\limits_{-3}^{0} \frac{dx}{\sqrt{1-x}+(\sqrt{1-x})^3} = \int\limits_{2}^{1} \frac{-2z}{z+z^3}\,dz$$
$$= -2 \cdot \int\limits_{2}^{1} \frac{z}{z \cdot (1+z^2)}\,dz$$
$$= -2 \cdot \int\limits_{2}^{1} \frac{dz}{(1+z^2)} \quad \blacktriangleright \text{ Grundintegral}$$
$$= -2 \cdot \text{Arctan } z \,\Big|_2^1$$
$$= -2 \cdot \text{Arctan } 1 + 2 \cdot \text{Arctan } 2$$
$$= \underline{\underline{0{,}643501}}$$

- $\int\limits_{1}^{4} \frac{dx}{1+\sqrt{x}}$

► $\sqrt{x} = z$ ► $z \geq 0$

$\Rightarrow x = z^2 = h(z); D(h) = \mathbb{R}^{\geq 0}$

► h ist in $D(h)$ streng monoton steigend und stetig differenzierbar

► $dx = 2z \cdot dz$

► $a = 1 \Rightarrow 1 = z_1^2 \Rightarrow z_1 = \underline{1}$ ► $z_1 \geq 0$

► $b = 4 \Rightarrow 4 = z_2^2 \Rightarrow z_2 = \underline{2}$ ► $z_2 \geq 0$

$$\int\limits_{1}^{4} \frac{dx}{1+\sqrt{x}} = \int\limits_{1}^{2} \frac{2z}{1+z}\,dz$$
$$= 2 \cdot \int\limits_{1}^{2} \frac{z}{1+z}\,dz$$
$$= 2 \cdot \int\limits_{1}^{2} \frac{(1+z)-1}{1+z}\,dz$$
$$= 2 \cdot \left[\int\limits_{1}^{2} dz - \int\limits_{1}^{2} \frac{dz}{1+z}\right] \quad \blacktriangleright \text{ 2.4.1}$$
$$= 2 \cdot [z - \ln|1+z|] \,\Big|_1^2$$
$$= 2 \cdot [2 - \ln|3| - (1 - \ln|2|)]$$
$$= \underline{\underline{1{,}18907}}$$

Übungsaufgaben

2.4.1 Integrale des Typs $\int f(ax+b)\,dx$

Bestimmen Sie für die nachstehenden unbestimmten Integrale deren Gültigkeitsintervalle und ermitteln Sie eine Lösung.

1. $\int e^{-x}\,dx$

2. $\int e^{7x+2}\,dx$

3. $\int e^{cx+a}\,dx;\ c \neq 0$

4. $\int \frac{dx}{e^{-2x-3}}$

5. $\int \frac{e^{3x-4}}{e^{x+2}}\,dx$

6. $\int \frac{a \cdot e^{-bx}}{b \cdot e^{x+a}}\,dx;\ b \notin \{-1; 0\}$

7. $\int \frac{e^{x^2+x}}{e^{x^2+1}}\,dx$

8. $\int \frac{e^{(2x+4)^2}}{e^{4x^2-4}}\,dx$

9. $\int \frac{\sqrt{e^{2x-4}}}{e^{2x+2}}\,dx$

10. $\int \sin(6x)\,\mathrm{d}x$

11. $\int \sin(3x-2)\,\mathrm{d}x$

12. $\int [\tan(2x)\cdot\cos(2x)]\,\mathrm{d}x$

13. $\int \sqrt{1-\cos^2(3x+1)}\,\mathrm{d}x$

14. $\int [2\cdot\sin(x+1)\cdot\cos(x+1)]\,\mathrm{d}x$

15. $\int \cos(3x-4)\,\mathrm{d}x$

16. $\int [\cos^2(x-1)-\sin^2(x-1)]\,\mathrm{d}x$

17. $\int \frac{\cot(x-1)}{\sqrt{1+\cot^2(x-1)}}\,\mathrm{d}x$

18. $\int \frac{\mathrm{d}x}{\cosh^2(x-a)}$

19. $\int \left[4-\frac{1}{2}\cdot\sin^2(2x)\right]\mathrm{d}x$

20. $\int \sinh(2x-3)\,\mathrm{d}x$

21. $\int \cosh(3ab+cx)\,\mathrm{d}x;\ c \neq 0$

22. $\int \frac{\mathrm{d}x}{\cosh^2(3x-9)}$

23. $\int \frac{\mathrm{d}x}{1-\sin^2(4x+1)}$

24. $\int \frac{\mathrm{d}x}{\cos(2x+1)+1}$

25. $\int \frac{\tan^2(x+1)}{\sin^2(x+1)}\,\mathrm{d}x$

26. $\int \frac{\mathrm{d}x}{\cos^2(ax)-\cos(2ax)};\ a \neq 0$

27. $\int \cos(2x+2)\,\mathrm{d}x$

28. $\int (3x-5)^4\,\mathrm{d}x$

29. $\int \frac{\mathrm{d}x}{(x-s)^4}$

30. $\int \frac{(4x-2)^2}{(2x-1)^5}\,\mathrm{d}x$

31. $\int \sqrt{3x-5}\,\mathrm{d}x$

32. $\int \sqrt{a+bx}\,\mathrm{d}x;\ b \neq 0$

33. $\int \frac{4}{\sqrt{2x+3}}\,\mathrm{d}x$

34. $\int \frac{\mathrm{d}x}{\sqrt{(2x-4)^5}}$

35. $\int \frac{\mathrm{d}x}{\sqrt{a+bx}};\ b \in \mathbb{R}^{\neq 0}$

36. $\int \frac{2}{(3+4x)^7}\,\mathrm{d}x$

37. $\int \frac{\sqrt[3]{4x-16}}{(x-4)^3}\,\mathrm{d}x$

38. $\int \frac{x}{\sqrt{x^3-4x^2}}\,\mathrm{d}x$

39. $\int \frac{\sqrt[5]{(4x+2)^7}}{8x+4}\,\mathrm{d}x$

40. $\int \frac{\mathrm{d}x}{(8x-\frac{1}{2})^6}$

41. $\int \frac{\sqrt[5]{(x-1)^{\frac{1}{3}}}}{(3x-3)^4}\,\mathrm{d}x$

42. $\int \frac{\sqrt{\sqrt{(3x-2)^3}}}{(9x-6)^{\frac{1}{7}}}\,\mathrm{d}x$

43. $\int \sqrt{\left(\frac{x^2-1}{1-x}\right)^5}\,\mathrm{d}x$

44. $\int \frac{x^3\cdot\sqrt{x-1}}{\sqrt[3]{x^8\cdot(x^2-x)}}\,\mathrm{d}x$

45. $\int \frac{x-1}{x^3+7x^2+8x-16}\,\mathrm{d}x$

46. $\int \frac{a}{3x-b}\,\mathrm{d}x;\ a \neq 0$

47. $\int \frac{a+bx}{(2a+2bx)^2}\,\mathrm{d}x;\ b \neq 0$

48. $\int \frac{a-x}{x^2-a^2}\,\mathrm{d}x$

49. $\int \frac{x}{a^2x^2-x}\,\mathrm{d}x;\ a \neq 0$

50. $\int \frac{x^2\cdot(x-1)}{x^4-x^2}\,\mathrm{d}x$

51. $\int \frac{\sqrt{64x}}{\sqrt{4x^3}+\sqrt{9x}}\,\mathrm{d}x$

52. $\int \frac{18-27x}{(\sqrt{3x-2})^4}\,\mathrm{d}x$

53. $\int \frac{4+16x+16x^2}{(1+2x)^3}\,\mathrm{d}x$

54. $\int \frac{\mathrm{d}x}{2x+8}$

55. $\int \sin^2(8x-2)\,\mathrm{d}x$

56. $\int \sin^2(3-x)\,\mathrm{d}x$

57. $\int \sin^2\frac{9x^2-4}{3x+2}\,\mathrm{d}x$

58. $\int [1-\cos^2(a+x)]\,\mathrm{d}x$

59. $\int [\cos^2(4x)-\cos(8x)]\,\mathrm{d}x$

60. $\int \cos^2(2x+5)\,\mathrm{d}x$

61. $\int \sin^2 \frac{16-16x+4x^2}{2x-4}\,\mathrm{d}x$ **62.** $\int \cos^2(-3x+\pi)\,\mathrm{d}x$ **63.** $\int [4+4\cdot\sinh^2(x-a)]\,\mathrm{d}x$

64. $\int \sinh^2(7x-a)\,\mathrm{d}x$ **65.** $\int \cosh^2(x+12)\,\mathrm{d}x$ **66.** $\int [\coth^2(2x)\cdot\sinh^2(2x)]\,\mathrm{d}x$

67. $\int \cosh^2(a-2x)\,\mathrm{d}x - \int \mathrm{d}x$ **68.** $\int \sinh^2\left(\frac{2}{3}\cdot x-5\right)\mathrm{d}x$ **69.** $\int \cosh^2\left(5-\frac{2}{3}\cdot x\right)\mathrm{d}x$

2.4.2 Integrale des Typs $\int \frac{f'(x)}{f(x)}\,\mathrm{d}x$

Berechnen Sie die nachstehenden unbestimmten Integrale.

1. $\int \frac{2x+3}{x^2+3x+1}\,\mathrm{d}x$ **2.** $\int \frac{3x^2-10x+6}{x^3-5x^2+6x-8}\,\mathrm{d}x$ **3.** $\int \frac{5x^4+12x^2}{x^5+4x^3-1}\,\mathrm{d}x$

4. $\int \frac{x^2}{x^3-1}\,\mathrm{d}x$ **5.** $\int \frac{2x+1{,}5}{2x^2+3x-5}\,\mathrm{d}x$ **6.** $\int \frac{10x-40x^3}{\frac{1}{2}\cdot x^2-x^4+6}\,\mathrm{d}x$

7. $\int \frac{3}{x\cdot\ln x}\,\mathrm{d}x$ **8.** $\int \frac{x}{(2x-4)\cdot(2x+4)}\,\mathrm{d}x$ **9.** $\int \tan(2+x)\,\mathrm{d}x$

10. $\int [2\cdot\cot(4+2x)]\,\mathrm{d}x$ **11.** $\int \frac{x^3}{24-7x^4}\,\mathrm{d}x$ **12.** $\int \frac{x^{-2}}{4-\frac{1}{x}}\,\mathrm{d}x$

13. $\int \frac{\sqrt{x}}{2-\sqrt{x^3}}\,\mathrm{d}x$ **14.** $\int \frac{x^{\frac{1}{5}}}{1+4x\cdot\sqrt[5]{x}}\,\mathrm{d}x$ **15.** $\int \frac{x}{(a-x)\cdot(a+x)}\,\mathrm{d}x$

16. $\int \frac{\sqrt{x}}{\sqrt{4x^3}-\sqrt{16x}}\,\mathrm{d}x$ **17.** $\int \frac{4a^2+16ax+16x^2}{(a+2x)^3}\,\mathrm{d}x$ **18.** $\int \frac{\mathrm{d}x}{\sqrt[3]{x^2}\cdot(c-b\cdot\sqrt[3]{x})}$; $b \neq 0$

19. $\int \frac{\mathrm{e}^x}{\mathrm{e}^x+1}\,\mathrm{d}x$ **20.** $\int \frac{\mathrm{e}^x-\mathrm{e}^{-x}}{\mathrm{e}^x+\mathrm{e}^{-x}}\,\mathrm{d}x$ **21.** $\int \frac{\mathrm{e}^{-x}-1}{x+\mathrm{e}^{-x}}\,\mathrm{d}x$

22. $\int \frac{x+\mathrm{e}^{2x}}{x^2+\mathrm{e}^{2x}}\,\mathrm{d}x$ **23.** $\int \frac{\mathrm{d}x}{(\mathrm{e}^{\sqrt{x}}+1)\cdot\sqrt{x}}$ **24.** $\int \frac{x-x\cdot\mathrm{e}^{-x^2}}{x^2+\mathrm{e}^{-x^2}}\,\mathrm{d}x$

25. $\int \frac{\mathrm{d}x}{\cos^2 x\cdot\tan x}$ **26.** $\int \frac{\sin x}{1-\cos x}\,\mathrm{d}x$ **27.** $\int \frac{x+\cos x}{x^2+2\cdot\sin x}\,\mathrm{d}x$

28. $\int \frac{\cosh x}{1+\sinh x}\,\mathrm{d}x$ **29.** $\int \frac{\mathrm{d}x}{\sinh^2 x\cdot\coth x}$ **30.** $\int \frac{\sinh x\cdot\cosh x}{\sinh^2 x-13}\,\mathrm{d}x$

2.4.3 Integrale des Typs $\int ([f(x)]^n \cdot f'(x))\,\mathrm{d}x;\ n \in \mathbb{R}^{\neq -1}$

Berechnen Sie die nachstehenden unbestimmten Integrale.

1. $\int \frac{x}{\sqrt{9-x^2}}\,\mathrm{d}x$ **2.** $\int \frac{x}{\sqrt{1+x^2}}\,\mathrm{d}x$ **3.** $\int \frac{x}{\sqrt{x^2+a^2}}\,\mathrm{d}x;\ a \neq 0$

4. $\int \frac{x^2}{(a^2x^3-b^3)^4}\,\mathrm{d}x;\ a \neq 0$ **5.** $\int \frac{x}{(x^2+a^2)^3}\,\mathrm{d}x;\ a \neq 0$ **6.** $\int \frac{x}{\sqrt{2x^2+3}}\,\mathrm{d}x$

7. $\int \frac{x^3}{\sqrt{5+x^4}}\,\mathrm{d}x$ **8.** $\int [x^2 \cdot \sqrt{5-6x^3}]\,\mathrm{d}x$ **9.** $\int [x \cdot \sqrt{1+x^2}]\,\mathrm{d}x$

10. $\int \frac{\left(\frac{a}{x}+2b\right)^2}{x^2}\,\mathrm{d}x;\ a \neq 0$ **11.** $\int \frac{\sqrt{\left(4-\frac{3}{x^2}\right)^3}}{x^3}\,\mathrm{d}x$ **12.** $\int \frac{\sqrt{x}}{(a+\sqrt{x^3})^2}\,\mathrm{d}x$

13. $\int [x^2 \cdot \sqrt[3]{x^3-1}]\,\mathrm{d}x$ **14.** $\int [\sqrt[3]{x} \cdot (a+x\cdot\sqrt[3]{x})^3]\,\mathrm{d}x$ **15.** $\int \frac{\mathrm{d}x}{x^3\cdot\left(2+\frac{3}{x^2}\right)^3}\,\mathrm{d}x$

16. $\int \frac{x^5}{\sqrt{x^2-x^7}}\,\mathrm{d}x$ **17.** $\int \left[x \cdot \sqrt[5]{(1-x^2)^3}\right]\mathrm{d}x$ **18.** $\int \left[\frac{1}{x^2}\cdot\sqrt[3]{\left(\frac{1}{x}+b\right)^2}\right]\mathrm{d}x;\ b \neq 0$

19. $\int [\cos^8 x \cdot \sin x]\,\mathrm{d}x$ **20.** $\int \frac{\tan^3 x}{\cos^2 x}\,\mathrm{d}x$ **21.** $\int \frac{\cot^5(2x)}{\sin^2(2x)}\,\mathrm{d}x$

22. $\int \frac{\cos x}{\sqrt{\sin x}}\,\mathrm{d}x$ **23.** $\int \frac{\sqrt{\cot x}}{\sin^2 x}\,\mathrm{d}x$ **24.** $\int \left[\sqrt{1+\tan x}\cdot\frac{1}{\cos^2 x}\right]\mathrm{d}x$

25. $\int \left[\sqrt{\sinh^3 x}\cdot\cosh x\right]\mathrm{d}x$ **26.** $\int \frac{\cosh x}{\sqrt{4+\sinh x}}\,\mathrm{d}x$ **27.** $\int \frac{\sqrt{(1+\tanh x)^3}}{\cosh^2 x}\,\mathrm{d}x$

28. $\int \frac{\ln^{10} x}{x}\,\mathrm{d}x$ **29.** $\int \frac{\sqrt{\ln x}}{x}\,\mathrm{d}x$ **30.** $\int \frac{\ln\frac{1}{x^2}}{x}\,\mathrm{d}x$

31. $\int \frac{\mathrm{e}^{2x}}{\sqrt{\mathrm{e}^{2x}+1}}\,\mathrm{d}x$ **32.** $\int \frac{(1+\mathrm{e}^{-x})^4}{\mathrm{e}^x}\,\mathrm{d}x$ **33.** $\int [\sqrt[7]{\mathrm{e}^x+13}\cdot\mathrm{e}^x]\,\mathrm{d}x$

34. $\int \frac{\sin x}{\cos^3 x}\,\mathrm{d}x$ **35.** $\int \frac{\operatorname{Arcsin} x}{\sqrt{1-x^2}}\,\mathrm{d}x$ **36.** $\int \frac{\operatorname{Arsinh} x}{\sqrt{x^2+1}}\,\mathrm{d}x$

37. $\int \frac{\ln(2x-4)}{x-2}\,\mathrm{d}x$ **38.** $\int \frac{\tan(x+1)}{\cos^2(x+1)}\,\mathrm{d}x$ **39.** $\int [a^{4x}\cdot\ln a]\,\mathrm{d}x;\ x \in \mathbb{R}^{>0}\backslash\{1\}$

2.4.4 Integrale des Typs $\int \big(g[h(x)] \cdot h'(x)\big)\,\mathrm{d}x$

Berechnen Sie die nachstehenden unbestimmten Integrale.

1. $\int \left[x \cdot \sin(x^2-1)\right] \mathrm{d}x$

2. $\int \left[(x+1) \cdot \sin(x^2+2x)\right] \mathrm{d}x$

3. $\int \left[x \cdot \sin\frac{6x^4-2x^2}{x^2}\right] \mathrm{d}x$

4. $\int \left[4x \cdot \sin\frac{2+x^2}{4}\right] \mathrm{d}x$

5. $\int \left[2x \cdot \cos(x^2-1)\right] \mathrm{d}x$

6. $\int \left[x^2 \cdot \cos x^3\right] \mathrm{d}x$

7. $\int \left[\mathrm{e}^x \cdot \cos(2 \cdot \mathrm{e}^x - 1)\right] \mathrm{d}x$

8. $\int \left[\frac{1}{2 \cdot \sqrt{x}} \cdot \cos\sqrt{x}\right] \mathrm{d}x$

9. $\int \left[x^3 \cdot \tan(x^4)\right] \mathrm{d}x$

10. $\int \left[x \cdot \sqrt{1-\sin^2 x^2}\right] \mathrm{d}x$

11. $\int \left[x^2 \cdot \sinh(x^3-4)\right] \mathrm{d}x$

12. $\int \left[x \cdot \sinh\frac{x^4-1}{x^2+1}\right] \mathrm{d}x$

13. $\int \left[\frac{1}{x^2} \cdot \cosh\left(1+\frac{1}{x}\right)\right] \mathrm{d}x$

14. $\int \left[(x+1) \cdot \cosh(2x+2)^2\right] \mathrm{d}x$

15. $\int \frac{x}{\cosh^2(x^2+4)}\,\mathrm{d}x$

16. $\int \frac{\mathrm{d}x}{x^2 \cdot \cosh^2\left(1+\frac{2}{x}\right)}$

17. $\int \frac{x^2}{\sinh^2(x^3+2a)}\,\mathrm{d}x$

18. $\int \frac{\mathrm{d}x}{x^4 \cdot \sinh^2\frac{x^3+4}{x^3}}$

19. $\int \left[x^2 \cdot \sinh^2(x^3-1)\right] \mathrm{d}x$

20. $\int \left[x \cdot \cos^2(x^2-1)\right] \mathrm{d}x$

21. $\int \left[\frac{1}{x^3} \cdot \cos^2\frac{x^2+1}{x^2}\right] \mathrm{d}x$

22. $\int \left(x \cdot \cosh^2[(a+x) \cdot (a-x)]\right) \mathrm{d}x$

23. $\int \left[2x \cdot \cos x^2 \cdot \mathrm{e}^{\sin x^2}\right] \mathrm{d}x$

24. $\int \frac{\mathrm{e}^{\operatorname{Arctan} x}}{1+x^2}\,\mathrm{d}x$

2.4.5 Integrale des Typs $\int f(x; \sqrt{a^2-x^2})\,\mathrm{d}x$

Berechnen Sie die nachstehenden unbestimmten Integrale.

1. $\int \frac{\mathrm{d}x}{\sqrt{10-2x^2}}$

2. $\int \frac{4}{\sqrt{8-4x^2}}\,\mathrm{d}x$

3. $\int \frac{\mathrm{d}x}{x \cdot \sqrt{9a^2-9x^2}}; a>0$

4. $\int \left(x^2 \cdot \sqrt{2-x^2}\right) \mathrm{d}x$

5. $\int \frac{\sqrt{12-x^2}}{x^2}\,\mathrm{d}x$

6. $\int \frac{x^2}{\sqrt{13-x^2}}\,\mathrm{d}x$

7. $\int \frac{4x}{\sqrt{20-2x^2}}\,\mathrm{d}x$

8. $\int \frac{\mathrm{d}x}{2x \cdot \sqrt{4a^2-4x^2}}; a>0$

9. $\int \frac{\mathrm{d}x}{x^2 \cdot \sqrt{8-0{,}5x^2}}$

10. $\int \sqrt{12-3x^2}\,\mathrm{d}x$

11. $\int \frac{\sqrt{5-x^2}}{x}\,\mathrm{d}x$

12. $\int \frac{\sqrt{12-3x^2}}{x^2}\,\mathrm{d}x$

13. $\int \frac{x^3}{\sqrt{1-x^2}}\,\mathrm{d}x$

14. $\int \frac{x^2}{\sqrt{18-x^2}}\,\mathrm{d}x$

15. $\int \frac{(\sqrt{1-x^2})^3}{x^2}\,\mathrm{d}x$

2.4.6 Integrale des Typs $\int f(x;\sqrt{x^2+a^2})\,\mathrm{d}x$

Berechnen Sie die nachstehenden unbestimmten Integrale.

1. $\int \frac{\mathrm{d}x}{\sqrt{20+8x^2}}$
2. $\int \frac{\sqrt{x^2+20}}{x^2}\,\mathrm{d}x$
3. $\int \frac{\sqrt{x^2+a^2}}{x}\,\mathrm{d}x;\ a>0$
4. $\int \frac{x}{\sqrt{2x^2+4}}\,\mathrm{d}x$
5. $\int \frac{3}{x\cdot\sqrt{ax^2+4}}\,\mathrm{d}x;\ a>0$
6. $\int \frac{13x^2}{\sqrt{3+3x^2}}\,\mathrm{d}x$
7. $\int \frac{x^2}{\sqrt{x^2+4}}\,\mathrm{d}x$
8. $\int \frac{x^3}{\sqrt{4+x^2}}\,\mathrm{d}x$
9. $\int \sqrt{\frac{x^4-16}{4x^2-16}}\,\mathrm{d}x$
10. $\int \frac{x+2}{\sqrt{x^2+2}}\,\mathrm{d}x$
11. $\int \frac{x^2-\sqrt{x^2+4}}{x}\,\mathrm{d}x$
12. $\int \frac{\sqrt{x^2+1}+x^3}{x^2}\,\mathrm{d}x$
13. $\int \frac{\mathrm{d}x}{x^2\cdot\sqrt{1+x^2}}$
14. $\int \frac{(x-1)}{\sqrt{49+x^2}}\,\mathrm{d}x$
15. $\int \frac{36-x^2}{(x+6)\cdot\sqrt{x^2+6}}\,\mathrm{d}x$

2.4.7 Integrale des Typs $\int f(x;\sqrt{x^2-a^2})\,\mathrm{d}x$

Berechnen Sie die nachstehenden unbestimmten Integrale.

1. $\int \frac{\mathrm{d}x}{\sqrt{x^2-7}}$
2. $\int \frac{\sqrt{3}}{\sqrt{12x^2-3}}\,\mathrm{d}x$
3. $\int \frac{\sqrt{3x^2-4}}{x^2}\,\mathrm{d}x$
4. $\int \frac{\sqrt{27x^2-3}}{x}\,\mathrm{d}x$
5. $\int \frac{\sqrt{7x^2-1}}{x^3}\,\mathrm{d}x$
6. $\int \frac{\mathrm{d}x}{x^2\cdot\sqrt{x^2-1}}$
7. $\int \frac{3x^2}{\sqrt{x^2-9}}\,\mathrm{d}x$
8. $\int \frac{\sqrt{x^2-a^2}}{x}\,\mathrm{d}x;\ a>0$
9. $\int \frac{x^3}{\sqrt{x^2-1}}\,\mathrm{d}x$
10. $\int \frac{\mathrm{d}x}{\sqrt{4x^4-x^2}}$
11. $\int \sqrt{36x^2-9}\,\mathrm{d}x$
12. $\int \frac{x}{\sqrt{9x^2-1}}\,\mathrm{d}x$
13. $\int \frac{3\cdot\sqrt{x}}{\sqrt{x^3-16x}}\,\mathrm{d}x$
14. $\int \frac{\sqrt{9x^2-1}}{3x^2}\,\mathrm{d}x$
15. $\int \frac{25-x^2}{\sqrt{x^2-25}}\,\mathrm{d}x$

2.4.8 Integrale des Typs $\int f(x;\sqrt{A\,x^2+B\,x+C})\,\mathrm{d}x$

Berechnen Sie die nachstehenden unbestimmten Integrale.

1. $\int\sqrt{x^2+2x+3}\,\mathrm{d}x$

2. $\int\sqrt{x^2+6x-9}\,\mathrm{d}x$

3. $\int\sqrt{5x^2+x+10}\,\mathrm{d}x$

4. $\int\sqrt{x^2-4x-5}\,\mathrm{d}x$

5. $\int\sqrt{8x^2-6x+3}\,\mathrm{d}x$

6. $\int\sqrt{6-x-3x^2}\,\mathrm{d}x$

7. $\int\left[x\cdot\sqrt{x^2+4x+3}\right]\mathrm{d}x$

8. $\int\frac{\sqrt{1+2x+x^2}}{(x+1)^2}\,\mathrm{d}x$

9. $\int\frac{\sqrt{x^2-2x+1}}{x^2}\,\mathrm{d}x$

10. $\int\frac{8}{\sqrt{2x^2-3x-1}}\,\mathrm{d}x$

11. $\int\frac{\mathrm{d}x}{\sqrt{\frac{1}{2}-x-\frac{x^2}{2}}}$

12. $\int\frac{3}{\sqrt{6-2x-x^2}}\,\mathrm{d}x$

13. $\int\frac{\mathrm{d}x}{\sqrt{x^2+7x-8}}$

14. $\int\frac{2}{\sqrt{6-4x+x^2}}\,\mathrm{d}x$

15. $\int\frac{4}{\sqrt{3x^2+4x+5}}\,\mathrm{d}x$

16. $\int\frac{2x-3}{\sqrt{x^2-2x+2}}\,\mathrm{d}x$

17. $\int\frac{4x+2}{\sqrt{2x^2-x+1}}\,\mathrm{d}x$

18. $\int\frac{3+4x}{\sqrt{3x+2+x^2}}\,\mathrm{d}x$

19. $\int\frac{4x-1}{\sqrt{8x^2-2x-15}}\,\mathrm{d}x$

20. $\int\frac{x-3}{\sqrt{x^2+2x+17}}\,\mathrm{d}x$

21. $\int\frac{x}{\sqrt{2x^2+3x+1}}\,\mathrm{d}x$

22. $\int\frac{-2x+6}{\sqrt{x^2+4x+13}}\,\mathrm{d}x$

23. $\int\frac{x-1}{\sqrt{3x^2-2x+1}}\,\mathrm{d}x$

24. $\int\frac{x+1}{\sqrt{4x^2-4x+1}}\,\mathrm{d}x$

2.4.9 Integrale mit besonderen Substitutionen

Berechnen Sie die nachstehenden unbestimmten Integrale.

1. $\int\frac{\mathrm{d}x}{\cosh^4 x}$

2. $\int\frac{\cos x}{\sin^2 x-6\cdot\sin x}\,\mathrm{d}x$

3. $\int\frac{x^3}{\sqrt{x^2+a^2}}\,\mathrm{d}x;\ a>0$

4. $\int\frac{x^2}{\sqrt{(2+x)^4}}\,\mathrm{d}x$

5. $\int\frac{\mathrm{d}x}{x^4\cdot\sqrt{1+x^2}}$

6. $\int\sinh^3 x\,\mathrm{d}x$

7. $\int \frac{1+\tan x}{1-\tan x}\,\mathrm{d}x$

8. $\int \frac{\mathrm{d}x}{\sinh^2 x+\cosh^2 x}$

9. $\int \frac{\mathrm{d}x}{3\cdot\sin^2 x+5\cdot\cos^2 x}$

10. $\int \frac{x^3}{\sqrt{(1+2x^2)^3}}\,\mathrm{d}x$

11. $\int \left(x\cdot\sqrt{\frac{x-1}{x+1}}\right)\mathrm{d}x$

12. $\int \frac{\mathrm{d}x}{(1+x^2)\cdot\sqrt{1-x^2}}$

13. $\int \frac{\sin x}{(1-\cos x)^3}\,\mathrm{d}x$

14. $\int \frac{\mathrm{d}x}{\mathrm{e}^x+1}$

15. $\int (\sinh^4 x\cdot\cosh x)\,\mathrm{d}x$

16. $\int \frac{\sqrt{x}}{x+2}\,\mathrm{d}x$

17. $\int \frac{\mathrm{e}^{2x}}{\sqrt{\mathrm{e}^x-1}}\,\mathrm{d}x$

18. $\int \frac{\mathrm{d}x}{(2-x)\cdot\sqrt{1-x}}$

19. $\int \frac{x^3}{\sqrt{1-x}}\,\mathrm{d}x$

20. $\int \frac{\mathrm{d}x}{\sqrt{\sin x\cdot\cos^3 x}}$

21. $\int \frac{x^3}{\sqrt{1+x^2}}\,\mathrm{d}x$

22. $\int \frac{\mathrm{d}x}{1+\cos^2 x}$

23. $\int \frac{x^3}{\sqrt{a^2-x^2}}\,\mathrm{d}x$

24. $\int \frac{\mathrm{d}x}{\sqrt{\mathrm{e}^x-1}}$

25. $\int \frac{\mathrm{e}^x}{\sqrt{1+\mathrm{e}^x+\mathrm{e}^{2x}}}\,\mathrm{d}x$

26. $\int \frac{\mathrm{d}x}{x\cdot\sqrt{a^2-x^2}};\ a>0$

27. $\int \frac{\mathrm{d}x}{\sin^4 x}$

28. $\int \frac{\mathrm{d}x}{(x-1)\cdot\sqrt{x^2-3x+2}}$

29. $\int \sqrt{\mathrm{e}^x-1}\,\mathrm{d}x$

30. $\int \frac{\mathrm{d}x}{\sqrt{x}+\sqrt[3]{x}}$

31. $\int \frac{\mathrm{d}x}{6+5\cdot\cos x}$

32. $\int \frac{\mathrm{d}x}{\sin x+\cos x}$

33. $\int \frac{\mathrm{d}x}{\cos x+2\cdot\sin x+3}$

2.4.10 Transformation von Integrationsgrenzen

Berechnen Sie die nachstehenden bestimmten Integrale.

1. $\int_1^2 (5x-4)^2\,\mathrm{d}x$

2. $\int_{-7}^{1} \sqrt[3]{1-x}\,\mathrm{d}x$

3. $\int_{1,5}^{5} \frac{\mathrm{d}x}{\sqrt[3]{2x-2}}$

4. $\int_0^{\frac{\pi}{3}} \sin(3x)\,\mathrm{d}x$

5. $\int_0^2 \mathrm{e}^{-2x+4}\,\mathrm{d}x$

6. $\int_0^1 \frac{\operatorname{Arctan} x}{1+x^2}\,\mathrm{d}x$

7. $\int_0^{0,25} \frac{1}{1+4x^2}\,\mathrm{d}x$

8. $\int_0^{0,1} \frac{\mathrm{d}x}{\sqrt{1-4x^2}}$

9. $\int_0^1 (x\cdot\mathrm{e}^{x^2})\,\mathrm{d}x$

10. $\int_0^{\frac{\pi}{2}} (\cos x \cdot e^{\sin x})\,dx$ **11.** $\int_0^{\frac{\pi}{3}} [\tan x \cdot \ln(\cos x)]\,dx$ **12.** $\int_0^2 \sqrt{4-x^2}\,dx$

13. $\int_{-1}^{1} \frac{dx}{e^x+1}$ **14.** $\int_0^2 \sqrt{e^x-1}\,dx$ **15.** $\int_0^{\sqrt{e-1}} \left[\frac{x}{x^2+1} \cdot \ln(x^2+1)\right] dx$

16. $\int_{-2}^{3} \sqrt{9+x^2}\,dx$ **17.** $\int_1^3 \sqrt{x^2-1}\,dx$ **18.** $\int_{-3}^{5} \frac{e^x}{e^x+4}\,dx$

19. $\int_1^{\sqrt{5}} \frac{\sqrt{x^2-1}}{x^2}\,dx$ **20.** $\int_1^{\sqrt{3}} \frac{\sqrt{x^2+1}}{x}\,dx$ **21.** $\int_1^4 \frac{1}{\sqrt{x} \cdot (1+\sqrt{x})}\,dx$

2.5 Partielle Integration

Viele Integrale, bei denen sich die Substitutionsmethode nicht unmittelbar anwenden lässt, können durch eine geeignete Zerlegung des Integranden in zwei Faktoren und anschließende Integration gelöst werden. Da die unbestimmte Integration die Umkehrung der Differentiation ist (► 1.2), kann man erwarten, dass sich durch die Übertragung der Produktregel der Differentialrechnung (► Kusch 3; 2.2.4) auf die Integralrechnung zu weiteren Funktionstypen Stammfunktionen finden lassen.

Problem: Übertragen Sie die Produktregel der Differentialrechnung auf die Integralrechnung.

Sind zwei Funktionen u und v in einem Intervall I differenzierbar, so erhält man für das Produkt $u(x) \cdot v(x)$ mithilfe der Produktregel der Differentialrechnung (► Kusch 3; 2.2.4) den Term $u'(x) \cdot v(x) + u(x) \cdot v'(x)$ als Ableitungsterm.

$[u(x) \cdot v(x)]' = u'(x) \cdot v(x) + u(x) \cdot v'(x)$ ► Produktregel der Differentialrechnung

Daher ist die Funktion $u \cdot v$ eine Stammfunktion der Funktion $u' \cdot v + u \cdot v'$ im Intervall I.

► $u \cdot v$ ist Stammfunktion von $u' \cdot v + u \cdot v'$ in I.

Auf die rechte Gleichungsseite wendet man die Summenregel (► 2.3) an und löst nach $\int [u(x) \cdot v'(x)]\,dx$ auf.

$$u(x) \cdot v(x) = \int [u(x) \cdot v(x)]'\,dx$$

$$= \int [u'(x) \cdot v(x) + u(x) \cdot v'(x)]\,dx$$ ► Summenregel

$$= \int [u'(x) \cdot v(x)]\,dx + \int [u(x) \cdot v'(x)]\,dx$$

$$\Rightarrow \int [u(x) \cdot v'(x)]\,dx = u(x) \cdot v(x) - \int [u'(x) \cdot v(x)]\,dx; \; x \in I$$

Das entwickelte Verfahren lässt sich häufig auf Integrale anwenden, deren Integrand ein Produkt ist. Dazu setzt man einen Faktor für $u(x)$, den anderen Faktor für $v'(x)$ und berechnet dann $\int [u(x) \cdot v'(x)]\,dx$ mit der vorstehenden Formel.

Die Anwendung ist aber nur sinnvoll, wenn das verbleibende **Restintegral** $\int [u'(x) \cdot v(x)]\,\mathrm{d}x$ einfacher lösbar ist als das **Ausgangsintegral** $\int [u(x) \cdot v'(x)]\,\mathrm{d}x$, wenn man also für $u'(x) \cdot v(x)$ leichter einen Stammfunktionsterm finden kann als für $u(x) \cdot v'(x)$.

Da eine solche Integration nicht vollständig ist, bezeichnet man dieses Verfahren als **teilweise Integration** oder **partielle Integration**. Wegen der Anwendung der Produktregel spricht man auch von **Produktintegration**.

Merke:

Für zwei in einem Intervall I differenzierbare Funktionen u und v gilt die Integrationsregel:

$$\int [u(x) \cdot v'(x)]\,\mathrm{d}x = u(x) \cdot v(x) - \int [u'(x) \cdot v(x)]\,\mathrm{d}x;\ x \in I$$ ► **Partielle Integration**

Anmerkungen:

- Je nach Integraltyp ist zu entscheiden, welchen Faktor des Integranden man als $u(x)$ und welchen man als $v'(x)$ setzt, um das Ausgangsintegral in möglichst wenig Integrationsschritten zu lösen.
- Es ist üblich, die Integrationskonstante c erst nach Durchführung der letzten Teilintegration hinzuzufügen.

Beispiele: Lösen Sie die nachstehenden Integrale unter Verwendung der für die partielle Integration entwickelten Formel.

- $\int (x \cdot \sin x)\,\mathrm{d}x;\ x \in \mathbb{R}$

Man setzt x für $u(x)$ sowie $\sin x$ für $v'(x)$. Dann wird $u'(x) = 1$ durch Differenzieren und $v(x) = \int v'(x)\,\mathrm{d}x = \int \sin x\,\mathrm{d}x = -\cos x$ durch Integrieren berechnet.

Nach Einsetzen in die entwickelte Formel wird das sich ergebende Grundintegral $\int \cos x\,\mathrm{d}x$ gelöst.

$\int (x \cdot \sin x)\,\mathrm{d}x = \int [u(x) \cdot v'(x)]\,\mathrm{d}x$

► $x = u(x) \Rightarrow u'(x) = \underline{1}$

► $\sin x = v'(x) \Rightarrow v(x) = \int \sin x\,\mathrm{d}x = \underline{-\cos x}$

$\int [u(x) \cdot v'(x)]\,\mathrm{d}x = u(x) \cdot v(x) - \int [u'(x) \cdot v(x)]\,\mathrm{d}x$

$$\begin{aligned}\int (x \cdot \sin x)\,\mathrm{d}x &= x \cdot (-\cos x) - \int [1 \cdot (-\cos x)]\,\mathrm{d}x \\ &= -x \cdot \cos x + \int \cos x\,\mathrm{d}x \\ &= \underline{\underline{-x \cdot \cos x + \sin x + c}}\end{aligned}$$

- $\int (x \cdot \mathrm{e}^x)\,\mathrm{d}x;\ x \in \mathbb{R}$

Man setzt x für $u(x)$ sowie e^x für $v'(x)$ und berechnet $u'(x)$ sowie $\int v'(x)\,\mathrm{d}x$.

Nach Einsetzen in die entwickelte Formel wird das sich ergebende Grundintegral $\int \mathrm{e}^x\,\mathrm{d}x$ gelöst.

$\int (x \cdot \mathrm{e}^x)\,\mathrm{d}x = \int [u(x) \cdot v'(x)]\,\mathrm{d}x$

► $x = u(x) \Rightarrow u'(x) = \underline{1}$

► $\mathrm{e}^x = v'(x) \Rightarrow v(x) = \int \mathrm{e}^x\,\mathrm{d}x = \underline{\mathrm{e}^x}$

$\int [u(x) \cdot v'(x)]\,\mathrm{d}x = u(x) \cdot v(x) - \int [u'(x) \cdot v(x)]\,\mathrm{d}x$

$$\begin{aligned}\int (x \cdot \mathrm{e}^x)\,\mathrm{d}x &= x \cdot \mathrm{e}^x - \int (1 \cdot \mathrm{e}^x)\,\mathrm{d}x \\ &= x \cdot \mathrm{e}^x - \mathrm{e}^x + c \\ &= \underline{\underline{\mathrm{e}^x \cdot (x-1) + c}}\end{aligned}$$

- $\int (x^3 \cdot \ln x)\,\mathrm{d}x;\ x \in \mathbb{R}^{>0}$

Im Gegensatz zu den vorangegangenen Beispielen wird hier der zweite Faktor $\ln x$ für $u(x)$ und der erste Faktor x^3 für $v'(x)$ gesetzt.

$$\int (x^3 \cdot \ln x)\,\mathrm{d}x = \int [v'(x) \cdot u(x)]\,\mathrm{d}x$$

► $\ln x = u(x) \Rightarrow u'(x) = \underline{\frac{1}{x}}$

► $x^3 = v'(x) \Rightarrow v(x) = \int x^3\,\mathrm{d}x = \underline{\frac{x^4}{4}}$

$$\int [u(x) \cdot v'(x)]\,\mathrm{d}x = u(x) \cdot v(x) - \int [u'(x) \cdot v(x)]\,\mathrm{d}x$$

Nach Einsetzen in die entwickelte Formel erhält man das Grundintegral $\int \left(\frac{1}{4} \cdot x^3\right) \mathrm{d}x$.

Eine Wahl von x^3 für $u(x)$ und $\ln x$ für $v'(x)$ hätte hier nicht zu einer schnellen Lösung geführt, da man dann zu $\ln x$ eine Stammfunktion hätte angeben müssen, eine solche aber noch nicht bekannt ist.

$$\begin{aligned}\int (x^3 \cdot \ln x)\,\mathrm{d}x &= \ln x \cdot \frac{x^4}{4} - \int \left(\frac{1}{x} \cdot \frac{x^4}{4}\right) \mathrm{d}x \\ &= \frac{x^4}{4} \cdot \ln x - \frac{1}{4} \cdot \int x^3\,\mathrm{d}x \\ &= \frac{x^4}{4} \cdot \ln x - \frac{1}{4} \cdot \frac{x^4}{4} + c \\ &= \underline{\underline{\frac{x^4}{4} \cdot \left(\ln x - \frac{1}{4}\right) + c;\ x > 0}}\end{aligned}$$

Problem: Lösen Sie das unbestimmte Integral $\int \ln x\,\mathrm{d}x;\ x \in \mathbb{R}^{>0}$ mithilfe der partiellen Integration.

Beim Integral $\int \ln x\,\mathrm{d}x;\ x \in \mathbb{R}^{>0}$ ist der Integrand „$\ln x$“ kein Produkt, sodass die Formel der partiellen Integration nicht unmittelbar angewendet werden kann. Man bildet deshalb durch Multiplikation mit dem Faktor 1 das Produkt „$\ln x \cdot 1$“ und wendet dann die entwickelte Formel an. Das sich ergebende Restintegral $\int 1\,\mathrm{d}x$ ist ein Grundintegral.

$$\int \ln x\,\mathrm{d}x = \int (\ln x \cdot 1)\,\mathrm{d}x = \int [u(x) \cdot v'(x)]\,\mathrm{d}x$$

► $\ln x = u(x) \Rightarrow u'(x) = \underline{\frac{1}{x}}$

► $1 = v'(x) \Rightarrow v(x) = \int 1\,\mathrm{d}x = \underline{x}$

$$\int [u(x) \cdot v'(x)]\,\mathrm{d}x = u(x) \cdot v(x) - \int [u'(x) \cdot v(x)]\,\mathrm{d}x$$

$$\begin{aligned}\int \ln x\,\mathrm{d}x &= \ln x \cdot x - \int \left(\frac{1}{x} \cdot x\right) \mathrm{d}x \\ &= x \cdot \ln x - \int 1\,\mathrm{d}x \\ &= x \cdot \ln x - x + c \\ &= \underline{\underline{x \cdot (\ln x - 1) + c;\ x > 0}}\end{aligned}$$

Hat ein Integrand $g(x)$ noch nicht die Form eines Produktes, so kann man ihn durch Hinzufügen des Faktors 1 als Produkt $g(x) \cdot 1$ schreiben und versuchen, das Integral $\int [g(x) \cdot 1]\,\mathrm{d}x$ mithilfe der partiellen Integration zu lösen. Setzt man dann in der Formel $g(x)$ für $u(x)$ und 1 für $v'(x)$ sowie $g'(x)$ für $u'(x)$ und x für $v(x)$, so gilt: $\int g(x)\,\mathrm{d}x = \int [g(x) \cdot 1]\,\mathrm{d}x = x \cdot g(x) - \int [x \cdot g'(x)]\,\mathrm{d}x$. Das ist natürlich nur sinnvoll, wenn das Restintegral $\int [x \cdot g'(x)]\,\mathrm{d}x$ leichter zu lösen ist als das Ausgangsintegral $\int g(x)\,\mathrm{d}x$.

Merke:

Lässt sich bei einem Integral $\int g(x)\,\mathrm{d}x$ der Integrand $g(x)$ nicht in echte Faktoren zerlegen, so kann man zur Lösung mittels partieller Integration $g(x)$ für $u(x)$ und 1 für $v'(x)$ setzen und es gilt dann:

$$\boldsymbol{\int g(x)\,\mathrm{d}x = \int [g(x) \cdot 1]\,\mathrm{d}x = x \cdot g(x) - \int [x \cdot g'(x)]\,\mathrm{d}x}$$

Die bisher behandelten Beispiele und das Problem waren typische Fälle für die Anwendung der partiellen Integration, weil es sich bei den dabei auftretenden Restintegralen um Grundintegrale handelte. Häufig muss man aber neben der partiellen Integration auch noch die Substitutionsmethode benutzen.

Beispiele: Lösen Sie die nachstehenden Integrale unter Verwendung der entwickelten Formel für Integrale des Typs $\int g(x)\,\mathrm{d}x$.

- $\int \operatorname{Arctan} x\,\mathrm{d}x;\ x \in \mathbb{R}$

Wendet man die vorstehend entwickelte Lösungsformel an, so verbleibt ein Restintegral, das durch Substitution gelöst wird:

$$\begin{aligned}\int\left(x\cdot\frac{1}{1+x^2}\right)\mathrm{d}x &= \frac{1}{2}\cdot\int\frac{2x}{1+x^2}\,\mathrm{d}x\\ &= \frac{1}{2}\cdot\int\frac{f'(x)}{f(x)}\,\mathrm{d}x \quad \blacktriangleright 2.4.2\\ &= \frac{1}{2}\cdot\ln|f(x)|+c \quad \blacktriangleright f(x)=1+x^2\\ &= \underline{\frac{1}{2}\cdot\ln(1+x^2)+c}\end{aligned}$$

$$\int \operatorname{Arctan} x\,\mathrm{d}x = \int g(x)\,\mathrm{d}x$$

$$\blacktriangleright\ g(x)=\operatorname{Arctan} x \Rightarrow g'(x)=\underline{\frac{1}{1+x^2}}$$

$$\int g(x)\,\mathrm{d}x = x\cdot g(x) - \int [x\cdot g'(x)]\mathrm{d}x$$

$$\begin{aligned}\int \operatorname{Arctan} x\,\mathrm{d}x &= x\cdot\operatorname{Arctan} x - \int\left(x\cdot\frac{1}{1+x^2}\right)\mathrm{d}x\\ &= \underline{\underline{x\cdot\operatorname{Arctan} x - \frac{1}{2}\cdot\ln(1+x^2)+c}}\end{aligned}$$

- $\int \operatorname{Arcsin} x\,\mathrm{d}x;\ x \in [-1;1]$

Wendet man die vorstehend entwickelte Lösungsformel an, so verbleibt ein Restintegral, das durch Substitution gelöst wird:

$$\begin{aligned}\int\left(x\cdot\frac{1}{\sqrt{1-x^2}}\right)\mathrm{d}x &= -\int\frac{-2x}{2\cdot\sqrt{1-x^2}}\,\mathrm{d}x\\ &= -\int\frac{f'(x)}{2\cdot\sqrt{f(x)}}\,\mathrm{d}x \quad \blacktriangleright 2.4.4\\ &= -\sqrt{f(x)}+c \quad \blacktriangleright f(x)=1-x^2\\ &= \underline{-\sqrt{1-x^2}+c}\end{aligned}$$

$$\int \operatorname{Arcsin} x\,\mathrm{d}x = \int g(x)\,\mathrm{d}x$$

$$\blacktriangleright\ g(x)=\operatorname{Arcsin} x \Rightarrow g'(x)=\underline{\frac{1}{\sqrt{1-x^2}}}$$

$$\int g(x)\,\mathrm{d}x = x\cdot g(x) - \int [x\cdot g'(x)]\,\mathrm{d}x$$

$$\begin{aligned}\int \operatorname{Arcsin} x\,\mathrm{d}x &= x\cdot\operatorname{Arcsin} x - \int\left(x\cdot\frac{1}{\sqrt{1-x^2}}\right)\mathrm{d}x\\ &= \underline{\underline{x\cdot\operatorname{Arcsin} x + \sqrt{1-x^2}+c;\ x\in[-1;1]}}\end{aligned}$$

- $\int \operatorname{Arcoth} x\,\mathrm{d}x;\ x \in \mathbb{R}\backslash[-1;1]$

Wendet man die vorstehend entwickelte Lösungsformel an, so verbleibt ein Restintegral, das durch Substitution gelöst wird:

$$\begin{aligned}\int\left(x\cdot\frac{1}{1-x^2}\right)\mathrm{d}x &= -\frac{1}{2}\cdot\int\frac{-2x}{1-x^2}\,\mathrm{d}x\\ &= -\frac{1}{2}\cdot\int\frac{f'(x)}{f(x)}\,\mathrm{d}x \quad \blacktriangleright 2.4.2\\ &= -\frac{1}{2}\cdot\ln|f(x)|+c \quad \blacktriangleright f(x)=1-x^2\\ &= \underline{-\frac{1}{2}\cdot\ln|1-x^2|+c}\end{aligned}$$

$$\int \operatorname{Arcoth} x\,\mathrm{d}x = \int g(x)\,\mathrm{d}x$$

$$\blacktriangleright\ g(x)=\operatorname{Arcoth} x \Rightarrow g'(x)=\underline{\frac{1}{1-x^2}}$$

$$\int g(x)\,\mathrm{d}x = x\cdot g(x) - \int [x\cdot g'(x)]\,\mathrm{d}x$$

$$\begin{aligned}\int \operatorname{Arcoth} x\,\mathrm{d}x &= x\cdot\operatorname{Arcoth} x - \int\left(x\cdot\frac{1}{1-x^2}\right)\mathrm{d}x\\ &= \underline{\underline{x\cdot\operatorname{Arcoth} x + \frac{1}{2}\cdot\ln|1-x^2|+c;\ x<-1 \text{ oder } x>1}}\end{aligned}$$

Beispiele: Lösen Sie die nachstehenden Integrale durch wiederholte Anwendung der partiellen Integration und machen Sie die Probe durch „Differenzieren des Ergebnisses".

- $\int [x^2 \cdot \sin(3x)]\,\mathrm{d}x;\ x \in \mathbb{R}$

Erster Lösungsschritt:

Man setzt x^2 für $u(x)$ und $\sin(3x)$ für $v'(x)$. Durch $u'(x) = 2x$ wird die Potenz von x^2 auf x^1 abgebaut. $\int \sin(3x)\,\mathrm{d}x$ lässt sich leicht durch Substitution lösen. ► 2.4.1

Es verbleibt $\int [x \cdot \cos(3x)]\,\mathrm{d}x$ als Restintegral, das in einem zweiten Schritt durch erneute partielle Integration zu lösen ist.

$\int [x^2 \cdot \sin(3x)]\,\mathrm{d}x = \int [u(x) \cdot v'(x)]\,\mathrm{d}x$

► $x^2 = u(x) \Rightarrow u'(x) = \underline{2x}$

► $\sin(3x) = v'(x) \Rightarrow v(x) = \int \sin(3x)\,\mathrm{d}x = \underline{-\frac{1}{3} \cdot \cos(3x)}$

$$\int [u(x) \cdot v'(x)]\,\mathrm{d}x = u(x) \cdot v(x) - \int [u'(x) \cdot v(x)]\,\mathrm{d}x$$

$$\int (x^2 \cdot \sin(3x))\,\mathrm{d}x = x^2 \cdot \left[-\frac{1}{3} \cdot \cos(3x)\right] - \int \left(2x \cdot \left[-\frac{1}{3} \cdot \cos(3x)\right]\right)\mathrm{d}x$$

$$= \underline{-\frac{x^2}{3} \cdot \cos(3x) + \frac{2}{3} \cdot \int [x \cdot \cos(3x)]\,\mathrm{d}x}$$

Zweiter Lösungsschritt:

Man setzt jetzt x für $u(x)$ und $\cos(3x)$ für $v'(x)$. Durch Differenzieren erhält man dann $u'(x) = 1$, sodass die Potenz von x vollständig abgebaut wird.

$\int \cos(3x)\,\mathrm{d}x$ und das Restintegral $\int \sin(3x)\,\mathrm{d}x$ lassen sich beide leicht durch Substitution lösen. ► 2.4.1

$\int [x \cdot \cos(3x)]\,\mathrm{d}x = \int [u(x) \cdot v'(x)]\,\mathrm{d}x$

► $x = u(x) \Rightarrow u'(x) = \underline{1}$

► $\cos(3x) = v'(x) \Rightarrow v(x) = \int \cos(3x)\,\mathrm{d}x = \underline{\frac{1}{3} \cdot \sin(3x)}$

$$\int [u(x) \cdot v'(x)]\,\mathrm{d}x = u(x) \cdot v(x) - \int [u'(x) \cdot v(x)]\,\mathrm{d}x$$

$$\int [x \cdot \cos(3x)]\,\mathrm{d}x = x \cdot \frac{1}{3} \cdot \sin(3x) - \int \left[1 \cdot \frac{1}{3} \cdot \sin(3x)\right]\mathrm{d}x$$

$$= \frac{x}{3} \cdot \sin(3x) - \frac{1}{3} \cdot \int \sin(3x)\,\mathrm{d}x$$

$$= \frac{x}{3} \cdot \sin(3x) + \frac{1}{3} \cdot \frac{1}{3} \cdot \cos(3x) + c_1$$

$$= \underline{\underline{\frac{x}{3} \cdot \sin(3x) + \frac{1}{9} \cdot \cos(3x) + c_1}}$$

Dritter Lösungsschritt:

Die Lösung von $\int [x^2 \cdot \sin(3x)]\,\mathrm{d}x$ erhält man, indem man das Ergebnis aus dem zweiten Lösungsschritt in das Ergebnis des ersten Lösungsschrittes einsetzt.

► $\int [x \cdot \cos(3x)]\,\mathrm{d}x = \frac{x}{3} \cdot \sin(3x) + \frac{1}{9} \cdot \cos(3x) + c_1$

► Für $\frac{2}{3} \cdot c_1$ wird c gesetzt.

$$\int [x^2 \cdot \sin(3x)]\,\mathrm{d}x = -\frac{x^2}{3} \cdot \cos(3x) + \frac{2}{3} \cdot \int [x \cdot \cos(3x)]\,\mathrm{d}x$$

$$= -\frac{x^2}{3} \cdot \cos(3x) + \frac{2}{3} \cdot \left[\frac{x}{3} \cdot \sin(3x) + \frac{1}{9} \cdot \cos(3x) + c_1\right]$$

$$= -\frac{x^2}{3} \cdot \cos(3x) + \frac{2x}{9} \cdot \sin(3x) + \frac{2}{27} \cdot \cos(3x) + \frac{2}{3} \cdot c_1$$

$$= \underline{\underline{-\frac{x^2}{3} \cdot \cos(3x) + \frac{2x}{9} \cdot \sin(3x) + \frac{2}{27} \cdot \cos(3x) + c}}$$

Probe:

Dazu wird die gefundene Lösung $F: F(x) = -\frac{x^2}{3} \cdot \cos(3x) + \frac{2x}{9} \cdot \sin(3x) + \frac{2}{27} \cdot \cos(3x) + c$; $D(F) = \mathbb{R}$ mithilfe der Produktregel (► Kusch 3; 2.2.4), der Kettenregel (► Kusch 3; 2.2.6) und der Summenregel (► Kusch 3; 2.2.3) differenziert:

$$F(x) = -\frac{x^2}{3} \cdot \cos(3x) + \frac{2x}{9} \cdot \sin(3x) + \frac{2}{27} \cdot \cos(3x) + c$$

$$\Rightarrow F'(x) = \left[-\frac{2x}{3} \cdot \cos(3x) + \frac{x^2}{3} \cdot 3 \cdot \sin(3x)\right] + \left[\frac{2}{9} \cdot \sin(3x) + \frac{2x}{9} \cdot 3 \cdot \cos(3x)\right] + \frac{2}{27} \cdot [(-3) \cdot \sin(3x)] = \underline{\underline{x^2 \cdot \sin(3x)}}$$

Das Ergebnis $F'(x) = f(x) = x^2 \cdot \sin(3x)$ bestätigt, dass F eine Stammfunktion zu f ist.

- $\int (x^2 \cdot e^x)\,dx;\ x \in \mathbb{R}$

Erster Lösungsschritt

Man setzt x^2 für $u(x)$ und e^x für $v'(x)$. Durch Differenzieren erhält man $u'(x) = 2x$, d. h die Potenz von x wird von x^2 auf x^1 abgebaut.

In einem zweiten Lösungsschritt wird das verbleibende Restintegral $\int (x \cdot e^x)\,dx$ durch erneute partielle Integration berechnet.

$\int (x^2 \cdot e^x)\,dx = \int [u(x) \cdot v'(x)]\,dx$

► $x^2 = u(x) \Rightarrow u'(x) = \underline{2x}$

► $e^x = v'(x) \Rightarrow v(x) = \int e^x\,dx = \underline{e^x}$

$\int [u(x) \cdot v'(x)]\,dx = u(x) \cdot v(x) - \int [u'(x) \cdot v(x)]\,dx$

$$\begin{aligned}\int (x^2 \cdot e^x)\,dx &= x^2 \cdot e^x - \int (2x \cdot e^x)\,dx \\ &= \underline{x^2 \cdot e^x - 2 \cdot \int (x \cdot e^x)\,dx}\end{aligned}$$

Zweiter Lösungsschritt:

Das verbliebene Integral $\int (x \cdot e^x)\,dx$ wurde bereits zu Beginn dieses Kapitels durch partielle Integration gelöst, und zwar mit dem Ergebnis $\int (x \cdot e^x)\,dx = \underline{e^x \cdot (x-1) + c_1}$.

Dritter Lösungsschritt:

Die Lösung des Integrals $\int (x^2 \cdot e^x)\,dx$ erhält man, indem man das Ergebnis aus dem zweiten Lösungsschritt in das Ergebnis des ersten Lösungsschrittes einsetzt.

$$\begin{aligned}\int (x^2 \cdot e^x)\,dx &= x^2 \cdot e^x - 2 \cdot \int (x \cdot e^x)\,dx \\ &= x^2 \cdot e^x - 2 \cdot [e^x \cdot (x-1) + c_1] \\ &= x^2 \cdot e^x - 2 \cdot e^x \cdot (x-1) + 2 \cdot c_1 \quad ►\ 2 \cdot c_1 = c \\ &= \underline{\underline{e^x \cdot (x^2 - 2x + 2) + c}}\end{aligned}$$

Probe:

Dazu wird die gefundene Stammfunktion $F: F(x) = e^x \cdot (x^2 - 2x + 2) + c; D(F) = \mathbb{R}$ der Funktion $f: f(x) = x^2 \cdot e^x; D(f) = \mathbb{R}$ mithilfe der Produktregel differenziert. Das Ergebnis $F'(x) = f(x) = x^2 \cdot e^x$ bestätigt, dass F eine Stammfunktion der Funktion f ist.

$$\begin{aligned}F(x) &= e^x \cdot (x^2 - 2x + 2) + c \\ \Rightarrow F'(x) &= e^x \cdot (x^2 - 2x + 2) + e^x \cdot (2x - 2) \\ &= e^x \cdot x^2 \\ &= \underline{\underline{x^2 \cdot e^x}}\end{aligned}$$

Problem: Lösen Sie das Integral $\int \cos^2 x\,dx;\ x \in \mathbb{R}$ durch Anwendung der partiellen Integration.

Wegen $\cos^2 x = \cos x \cdot \cos x$ kann man sowohl $\cos x$ für $u(x)$ als auch $\cos x$ für $v'(x)$ setzen. Nach partieller Integration verbleibt das Restintegral $\int \sin^2 x\,dx$.

Wegen $\sin^2 x = 1 - \cos^2 x$ (▶ 4.1) gilt dann auch:

$$\int \sin^2 x\,dx = \int 1\,dx - \int \cos^2 x\,dx = x + c_1 - \int \cos^2 x\,dx$$

Das auf diese Weise entstandene neue Restintegral $-\int \cos^2 x\,dx$ stimmt bis auf den Faktor -1 mit dem gegebenen Integral überein.

Addiert man auf beiden Seiten der Gleichung $\int \cos^2 x\,dx$, so erhält man einen Term für $2 \cdot \int \cos^2 x\,dx$ und nach Division durch 2 die Lösung des Integrals $\int \cos^2 x\,dx$.

$$\int \cos^2 x\,dx = \int (\cos x \cdot \cos x)\,dx = \int [u(x) \cdot v'(x)]\,dx$$

▶ $\cos x = u(x) \Rightarrow u'(x) = \underline{-\sin x}$

▶ $\cos x = v'(x) \Rightarrow v(x) = \int \cos x\,dx = \underline{\sin x}$

$$\int [u(x) \cdot v'(x)]\,dx = u(x) \cdot v(x) - \int [u'(x) \cdot v(x)]\,dx$$

$$\begin{aligned}\int \cos^2 x\,dx &= \cos x \cdot \sin x - \int (-\sin x \cdot \sin x)\,dx \\ &= \cos x \cdot \sin x + \int \sin^2 x\,dx \quad \blacktriangleright \sin^2 x = 1 - \cos^2 x \\ &= \cos x \cdot \sin x + \int (1 - \cos^2 x)\,dx \\ &= \cos x \cdot \sin x + \int 1\,dx - \int \cos^2 x\,dx \\ &= \cos x \cdot \sin x + x + c_1 - \int \cos^2 x\,dx\end{aligned}$$

$$\Rightarrow 2 \cdot \int \cos^2 x\,dx = \cos x \cdot \sin x + x + c_1$$

$$\Rightarrow \int \cos^2 x\,dx = \frac{1}{2} \cdot (\cos x \cdot \sin x + x) + \frac{c_1}{2} \quad \blacktriangleright \frac{c_1}{2} = c$$

$$= \underline{\underline{\frac{1}{2} \cdot (\cos x \cdot \sin x + x) + c}}$$

Merke:

Führt die Anwendung der partiellen Integration zu einem Restintegral, das bis auf einen Faktor, der nicht gleich 1 sein darf, mit dem gegebenen Integral übereinstimmt, so erhält man die Lösung durch anschließende algebraische Umformung.

Beispiele: Lösen Sie die nachstehenden Integrale durch Anwendung der partiellen Integration.

- $\int (\cosh x \cdot \cos x)\,dx;\ x \in \mathbb{R}$

Erster Lösungsschritt:

Man setzt $\cosh x$ für $u(x)$ sowie $\cos x$ für $v'(x)$ und erhält das Restintegral $\int (\sinh x \cdot \sin x)\,dx$, auf das erneut die partielle Integration angewendet wird.

$$\int (\cosh x \cdot \cos x)\,dx = \int [u(x) \cdot v'(x)]\,dx$$

▶ $\cosh x = u(x) \Rightarrow u'(x) = \underline{\sinh x}$

▶ $\cos x = v'(x) \Rightarrow v(x) = \int \cos x\,dx = \underline{\sin x}$

$$\int [u(x) \cdot v'(x)]\,dx = u(x) \cdot v(x) - \int [u'(x) \cdot v(x)]\,dx$$

$$\int (\cosh x \cdot \cos x)\,dx = \underline{\cosh x \cdot \sin x - \int (\sinh x \cdot \sin x)\,dx}$$

Zweiter Lösungsschritt:

Nun setzt man $\sinh x$ für $u(x)$ sowie $\sin x$ für $v'(x)$ und erhält damit das Restintegral $\int (\cosh x \cdot \cos x)\,dx$, das mit dem gegebenen Integral übereinstimmt.

$$\int (\sinh x \cdot \sin x)\,dx = \int [u(x) \cdot v'(x)]\,dx$$

▶ $\sinh x = u(x) \Rightarrow u'(x) = \underline{\cosh x}$

▶ $\sin x = v'(x) \Rightarrow v(x) = \int \sin x\,dx = \underline{-\cos x}$

$$\int [u(x) \cdot v'(x)]\,dx = u(x) \cdot v(x) - \int [u'(x) \cdot v(x)]\,dx$$

$$\begin{aligned}\int (\sinh x \cdot \sin x)\,dx &= \sinh x \cdot (-\cos x) - \int [\cosh x \cdot (-\cos x)]\,dx \\ &= \underline{-\sinh x \cdot \cos x + \int (\cosh x \cdot \cos x)\,dx}\end{aligned}$$

Dritter Lösungsschritt:

Das Ergebnis aus dem zweiten Lösungsschritt wird in das Ergebnis des ersten Lösungsschrittes eingesetzt. Das entstandene Restintegral $\int(\cosh x \cdot \cos x)\,\mathrm{d}x$ stimmt bis auf den Faktor -1 mit dem gegebenen Integral überein. Durch Umformen erhält man die Lösung.

► Man setzt c für $\frac{c_1}{2}$.

$$\int(\cosh x \cdot \cos x)\,\mathrm{d}x = \cosh x \cdot \sin x - \int(\sinh x \cdot \sin x)\,\mathrm{d}x$$
$$= \cosh x \cdot \sin x - [-\sinh x \cdot \cos x + \int(\cosh x \cdot \cos x)\,\mathrm{d}x]$$
$$= \cosh x \cdot \sin x + \sinh x \cdot \cos x - \int(\cosh x \cdot \cos x)\,\mathrm{d}x$$
$$\Rightarrow 2 \cdot \int(\cosh x \cdot \cos x)\,\mathrm{d}x = \cosh x \cdot \sin x + \sinh x \cdot \cos x + c_1$$
$$\Rightarrow \int(\cosh x \cdot \cos x)\,\mathrm{d}x = \frac{1}{2} \cdot (\cosh x \cdot \sin x + \sinh x \cdot \cos x) + \frac{c_1}{2}$$
$$= \underline{\underline{\frac{1}{2} \cdot (\cosh x \cdot \sin x + \sinh x \cdot \cos x) + c}}$$

Anmerkungen:

- Man hätte hier im ersten Lösungsschritt auch $\cos x$ für $u(x)$ sowie $\cosh x$ für $v'(x)$ setzen können und hätte das gleiche Endergebnis erhalten.
- Nach der im ersten Lösungsschritt vorgenommenen Wahl für $u(x)$ und $v'(x)$, hätte man aber im zweiten Lösungsschritt nicht $\sin x$ für $u(x)$ sowie $\sinh x$ für $v'(x)$ setzen können. Damit wäre nämlich der erste Lösungsschritt im zweiten Lösungsschritt wieder rückgängig gemacht worden.

- $\int [\mathrm{e}^{-2x} \cdot \cos(3x)]\,\mathrm{d}x;\ x \in \mathbb{R}$

Erster Lösungsschritt:

Man setzt e^{-2x} für $u(x)$ und $\cos(3x)$ für $v'(x)$.

Auf das Restintegral $\int [\mathrm{e}^{-2x} \cdot \sin(3x)]\,\mathrm{d}x$ wird dann im zweiten Lösungsschritt erneut die partielle Integration angewendet.

$$\int[\mathrm{e}^{-2x} \cdot \cos(3x)]\,\mathrm{d}x = \int [u(x) \cdot v'(x)]\,\mathrm{d}x$$

► $\mathrm{e}^{-2x} = u(x) \Rightarrow u'(x) = \underline{-2 \cdot \mathrm{e}^{-2x}}$

► $\cos(3x) = v'(x) \Rightarrow v(x) = \int\cos(3x)\,\mathrm{d}x = \underline{\frac{1}{3} \cdot \sin(3x)}$

$$\int[u(x) \cdot v'(x)]\,\mathrm{d}x = u(x) \cdot v(x) - \int [u'(x) \cdot v(x)]\,\mathrm{d}x$$
$$\int[\mathrm{e}^{-2x} \cdot \cos(3x)]\,\mathrm{d}x =$$
$$= \mathrm{e}^{-2x} \cdot \frac{1}{3} \cdot \sin(3x) - \int \left[-2 \cdot \mathrm{e}^{-2x} \cdot \frac{1}{3} \cdot \sin(3x)\right] \mathrm{d}x$$
$$= \underline{\frac{1}{3} \cdot \mathrm{e}^{-2x} \cdot \sin(3x) + \frac{2}{3} \cdot \int [\mathrm{e}^{-2x} \cdot \sin(3x)]\,\mathrm{d}x}$$

Zweiter Lösungsschritt:

Nun setzt man e^{-2x} für $u(x)$ sowie $\sin(3x)$ für $v'(x)$ und erhält damit das Restintegral $\int [\mathrm{e}^{-2x} \cdot \cos(3x)]\,\mathrm{d}x$, das mit dem gegebenen Integral übereinstimmt.

$$\int[\mathrm{e}^{-2x} \cdot \sin(3x)]\,\mathrm{d}x = \int [u(x) \cdot v'(x)]\,\mathrm{d}x$$

► $\mathrm{e}^{-2x} = u(x) \Rightarrow u'(x) = \underline{-2 \cdot \mathrm{e}^{-2x}}$

► $\sin(3x) = v'(x) \Rightarrow v(x) = \int\sin(3x)\,\mathrm{d}x = -\frac{1}{3} \cdot \cos(3x)$

$$\int[u(x) \cdot v'(x)]\,\mathrm{d}x = u(x) \cdot v(x) - \int [u'(x) \cdot v(x)]\,\mathrm{d}x$$
$$\int[\mathrm{e}^{-2x} \cdot \sin(3x)]\,\mathrm{d}x =$$
$$= \mathrm{e}^{-2x} \cdot \left[-\frac{1}{3} \cdot \cos(3x)\right] - \int \left(-2 \cdot \mathrm{e}^{-2x} \cdot \left[-\frac{1}{3} \cdot \cos(3x)\right]\right)$$
$$= \underline{-\frac{1}{3} \cdot \mathrm{e}^{-2x} \cdot \cos(3x) - \frac{2}{3} \cdot \int (\mathrm{e}^{-2x} \cdot \cos(3x))\,\mathrm{d}x}$$

Dritter Lösungsschritt:

Das Ergebnis aus dem zweiten Lösungsschritt wird nun in das Ergebnis des ersten Lösungsschrittes eingesetzt. Dabei ergibt sich das Restintegral $\int [\mathrm{e}^{-2x}\cdot\cos(3x)]\,\mathrm{d}x$, das bis auf den Faktor $-\frac{4}{9}$ mit dem gegebenen Integral übereinstimmt. Das Endergebnis erhält man durch algebraische Umformung:

$$\begin{aligned}\int [\mathrm{e}^{-2x}\cdot\cos(3x)]\,\mathrm{d}x &= \frac{1}{3}\cdot\mathrm{e}^{-2x}\cdot\sin(3x)+\frac{2}{3}\cdot\int [\mathrm{e}^{-2x}\cdot\sin(3x)]\,\mathrm{d}x\\ &= \frac{1}{3}\cdot\mathrm{e}^{-2x}\cdot\sin(3x)+\frac{2}{3}\cdot\left(-\frac{1}{3}\cdot\mathrm{e}^{-2x}\cdot\cos(3x)-\frac{2}{3}\cdot\int [\mathrm{e}^{-2x}\cdot\cos(3x)]\,\mathrm{d}x\right)\\ &= \frac{1}{3}\cdot\mathrm{e}^{-2x}\cdot\sin(3x)-\frac{2}{9}\cdot\mathrm{e}^{-2x}\cdot\cos(3x)-\frac{4}{9}\cdot\int [\mathrm{e}^{-2x}\cdot\cos(3x)]\,\mathrm{d}x\end{aligned}$$

$$\Rightarrow \frac{13}{9}\cdot\int [\mathrm{e}^{-2x}\cdot\cos(3x)]\,\mathrm{d}x = \frac{1}{9}\cdot\mathrm{e}^{-2x}\cdot[3\cdot\sin(3x)-2\cdot\cos(3x)]+c_1$$

$$\Rightarrow \int [\mathrm{e}^{-2x}\cdot\cos(3x)]\,\mathrm{d}x = \frac{\mathrm{e}^{-2x}}{13}\cdot[3\cdot\sin(3x)-2\cdot\cos(3x)]+\frac{9}{13}\cdot c_1 \quad \blacktriangleright\ \frac{9}{13}\cdot c_1 = c$$

$$\Rightarrow \underline{\underline{\int [\mathrm{e}^{-2x}\cdot\cos(3x)]\,\mathrm{d}x = \frac{\mathrm{e}^{-2x}}{13}\cdot[3\cdot\sin(3x)-2\cdot\cos(3x)]+c}}$$

- $\int \frac{x^2}{\sqrt{4+x^2}}\mathrm{d}x;\ x\in\mathbb{R}$

Man setzt x für $u(x)$ sowie $\frac{x}{\sqrt{4+x^2}}$ für $v'(x)$. Das Integral $v(x)=\int \frac{x}{\sqrt{4+x^2}}\mathrm{d}x$ ist ein Integral des Typs $\int \left(f'x\cdot[f(x)^n]\right)\mathrm{d}x$, dessen allgemeine Lösung im Kapitel 2.4.3 behandelt wurde.

Hier gilt $f(x)=4+x^2$ und $n=-\frac{1}{2}$.

Im verbleibenden Restintegral $\int\sqrt{4+x^2}\,\mathrm{d}x$ erweitert man den Integranden $\sqrt{4+x^2}$ mit $\sqrt{4+x^2}$ und zerlegt dann den Bruchterm $\frac{4+x^2}{\sqrt{4+x^2}}$ in die Summe $\frac{4}{\sqrt{4+x^2}}+\frac{x^2}{\sqrt{4+x^2}}$.

So erhält man $\int\frac{\mathrm{d}x}{\sqrt{4+x^2}}=\operatorname{Arsinh}\frac{x}{2}$ mit 2.4.6 und $\int\frac{x^2}{\sqrt{4+x^2}}\mathrm{d}x$ als neues Restintegral. Dieses stimmt mit dem gegebenen Integral bis auf den Faktor -1 überein.

$$\int \frac{x^2}{\sqrt{4+x^2}}\,\mathrm{d}x = \int\left(x\cdot\frac{x}{\sqrt{4+x^2}}\right)\mathrm{d}x = \int [u(x)\cdot v'(x)]\,\mathrm{d}x$$

$\blacktriangleright\ x=u(x)\ \Rightarrow\ u'(x)=\underline{1}$

$\blacktriangleright\ \frac{x}{\sqrt{4+x^2}}=v'(x)\ \Rightarrow\ v(x)=\int\frac{x}{\sqrt{4+x^2}}\,\mathrm{d}x=\underline{\sqrt{4+x^2}}\quad\blacktriangleright$ 2.4.3

$$\int [u(x)\cdot v'(x)]\,\mathrm{d}x = u(x)\cdot v(x)-\int [u'(x)\cdot v(x)]\,\mathrm{d}x$$

$$\begin{aligned}\int\left(x\cdot\frac{x}{\sqrt{4+x^2}}\right)\mathrm{d}x &= x\cdot\sqrt{4+x^2}-\int\left(1\cdot\sqrt{4+x^2}\right)\mathrm{d}x\\ &= x\cdot\sqrt{4+x^2}-\int\frac{4+x^2}{\sqrt{4+x^2}}\mathrm{d}x\\ &= x\cdot\sqrt{4+x^2}-4\cdot\int\frac{\mathrm{d}x}{\sqrt{4+x^2}}-\int\frac{x^2}{\sqrt{4+x^2}}\,\mathrm{d}x\end{aligned}$$

$$\Rightarrow 2\cdot\int\frac{x^2}{\sqrt{4+x^2}}\,\mathrm{d}x = x\cdot\sqrt{4+x^2}-4\cdot\operatorname{Arsinh}\frac{x}{2}+c_1$$

$$\Rightarrow \int\frac{x^2}{\sqrt{4+x^2}}\,\mathrm{d}x = \frac{x}{2}\cdot\sqrt{4+x^2}-2\cdot\operatorname{Arsinh}\frac{x}{2}+\frac{c_1}{2}\quad\blacktriangleright\ \frac{c_1}{2}=c$$

$$\Rightarrow \underline{\underline{\int\frac{x^2}{\sqrt{4+x^2}}\,\mathrm{d}x = \frac{x}{2}\cdot\sqrt{4+x^2}-2\cdot\operatorname{Arsinh}\frac{x}{2}+c}}$$

- $\int(\mathrm{e}^x \cdot \sinh x)\,\mathrm{d}x;\ x \in \mathbb{R}$

Erster Lösungsschritt:

Man setzt e^x für $u(x)$ sowie $\sinh x$ für $v'(x)$ und erhält das Restintegral $\int(\mathrm{e}^x \cdot \cosh x)\,\mathrm{d}x$, auf das im zweiten Lösungsschritt erneut die partielle Integration angewendet wird.

$$\int(\mathrm{e}^x \cdot \sinh x)\,\mathrm{d}x = \int [u(x) \cdot v'(x)]\,\mathrm{d}x$$

► $\mathrm{e}^x = u(x) \Rightarrow u'(x) = \underline{\mathrm{e}^x}$

► $\sinh x = v'(x) \Rightarrow v(x) = \int \sinh x\,\mathrm{d}x = \underline{\cosh x}$

$$\int [u(x) \cdot v'(x)]\,\mathrm{d}x = u(x) \cdot v(x) - \int [u'(x) \cdot v(x)]\,\mathrm{d}x$$

$$\int(\mathrm{e}^x \cdot \sinh x)\,\mathrm{d}x = \underline{\mathrm{e}^x \cdot \cosh x - \int(\mathrm{e}^x \cdot \cosh x)\,\mathrm{d}x}$$

Zweiter Lösungsschritt:

Nun setzt man e^x für $u(x)$ sowie $\cosh x$ für $v'(x)$ und erhält damit das Restintegral $\int(\mathrm{e}^x \cdot \sinh x)\,\mathrm{d}x$, das mit dem gegebenen Integral übereinstimmt.

$$\int(\mathrm{e}^x \cdot \cosh x)\,\mathrm{d}x = \int [u(x) \cdot v'(x)]\,\mathrm{d}x$$

► $\mathrm{e}^x = u(x) \Rightarrow u'(x) = \underline{\mathrm{e}^x}$

► $\cosh x = v'(x) \Rightarrow v(x) = \int \cosh x\,\mathrm{d}x = \underline{\sinh x}$

$$\int [u(x) \cdot v'(x)]\,\mathrm{d}x = u(x) \cdot v(x) - \int [u'(x) \cdot v(x)]\,\mathrm{d}x$$

$$\int(\mathrm{e}^x \cdot \cosh x)\,\mathrm{d}x = \underline{\mathrm{e}^x \cdot \sinh x - \int(\mathrm{e}^x \cdot \sinh x)\,\mathrm{d}x}$$

Dritter Lösungsschritt:

Setzt man das Ergebnis des zweiten Lösungsschrittes in das Ergebnis des ersten Schrittes ein, so ergibt sich $\int(\mathrm{e}^x \cdot \sinh x)\,\mathrm{d}x$ als Restintegeral.

$$\begin{aligned}\int(\mathrm{e}^x \cdot \sinh x)\,\mathrm{d}x &= \mathrm{e}^x \cdot \cosh x - \int(\mathrm{e}^x \cdot \cosh x)\,\mathrm{d}x \\ &= \mathrm{e}^x \cdot \cosh x - [\mathrm{e}^x \cdot \sinh x - \int(\mathrm{e}^x \cdot \sinh x)\,\mathrm{d}x] \\ &= \mathrm{e}^x \cdot \cosh x - \mathrm{e}^x \cdot \sinh x + \int(\mathrm{e}^x \cdot \sinh x)\,\mathrm{d}x\end{aligned}$$

$$\Rightarrow \underline{0 = \mathrm{e}^x \cdot \cosh x - \mathrm{e}^x \cdot \sinh x + c;\ x \in \mathbb{R}}$$

Da das Restintegral mit dem Ausgangsintegral übereinstimmt, lässt sich das Ausgangsintegral hier also nicht mit der Methode der partiellen Integration lösen. Das Integral $\int(\mathrm{e}^x \cdot \sinh x)\,\mathrm{d}x$ muss daher auf eine andere Weise berechnet werden, was in diesem Falle sogar leicht möglich ist, und zwar:

- $\int(\mathrm{e}^x \cdot \sinh x)\,\mathrm{d}x;\ x \in \mathbb{R}$

Man findet eine Lösung, wenn man im Integranden $\frac{1}{2} \cdot (\mathrm{e}^x - \mathrm{e}^{-x})$ für $\sinh x$ setzt. Dadurch ergibt sich dann das leicht lösbare Integral $\int(\mathrm{e}^{2x} - 1)\,\mathrm{d}x$.

► $\int \mathrm{e}^{2x}\,\mathrm{d}x = \frac{1}{2} \cdot \mathrm{e}^{2x} + c$ ► 2.4.1

$$\begin{aligned}\int(\mathrm{e}^x \cdot \sinh x)\,\mathrm{d}x &= \int \left[\mathrm{e}^x \cdot \frac{1}{2} \cdot (\mathrm{e}^x - \mathrm{e}^{-x})\right]\mathrm{d}x \\ &= \frac{1}{2} \cdot \int [\mathrm{e}^x \cdot (\mathrm{e}^x - \mathrm{e}^{-x})]\,\mathrm{d}x \\ &= \frac{1}{2} \cdot \int [\mathrm{e}^{2x} - 1]\,\mathrm{d}x \\ &= \frac{1}{2} \cdot \int \mathrm{e}^{2x}\,\mathrm{d}x - \frac{1}{2} \cdot \int 1\,\mathrm{d}x \\ &= \underline{\underline{\frac{1}{4} \cdot \mathrm{e}^{2x} - \frac{x}{2} + c}}\end{aligned}$$

Problem: Wenden Sie auf das Integral $I_m = \int(x^m \cdot \mathrm{e}^x)\,\mathrm{d}x$ mit $x \in \mathbb{R}$ und $m \in \mathbb{N}^{\geq 1}$ einmal das Verfahren der partiellen Integration an.

- $\int(x^m \cdot \mathrm{e}^x)\,\mathrm{d}x;\ x \in \mathbb{R}$

Man setzt x^m für $u(x)$ sowie e^x für $v'(x)$ und berechnet $u'(x)$ sowie $\int v'(x)\,\mathrm{d}x$.

$$I_m = \int(x^m \cdot \mathrm{e}^x)\,\mathrm{d}x = \int [u(x) \cdot v'(x)]\,\mathrm{d}x$$

► $x^m = u(x) \Rightarrow u'(x) = \underline{m \cdot x^{m-1}}$

► $\mathrm{e}^x = v'(x) \Rightarrow v(x) = \int \mathrm{e}^x\,\mathrm{d}x = \underline{\mathrm{e}^x}$

Nach partieller Integration verbleibt das Restintegral $I_{m-1} = \int (x^{m-1} \cdot \mathrm{e}^x)\,\mathrm{d}x$, sodass die Berechnung des Integrals $\int (x^m \cdot \mathrm{e}^x)\,\mathrm{d}x$ auf die Berechnung des Integrals $I_{m-1} = \int (x^{m-1} \cdot \mathrm{e}^x)\,\mathrm{d}x$ zurückgeführt wird.

$$\int [u(x) \cdot v'(x)]\,\mathrm{d}x = u(x) \cdot v(x) - \int [u'(x) \cdot v(x)]\,\mathrm{d}x$$

$$\begin{aligned} I_m &= \int (x^m \cdot \mathrm{e}^x)\,\mathrm{d}x \\ &= x^m \cdot \mathrm{e}^x - \int (m \cdot x^{m-1} \cdot \mathrm{e}^x)\,\mathrm{d}x \\ &= x^m \cdot \mathrm{e}^x - m \cdot \int (x^{m-1} \cdot \mathrm{e}^x)\,\mathrm{d}x \quad \blacktriangleright \int (x^{m-1} \cdot \mathrm{e}^x)\,\mathrm{d}x = I_{m-1} \\ &= \underline{\underline{x^m \cdot \mathrm{e}^x - m \cdot I_{m-1};\ m \in \mathbb{N}^{\geq 1}}} \end{aligned}$$

Aus der Formel $I_m = x^m \cdot \mathrm{e}^x - m \cdot I_{m-1}$ erkennt man, dass der Exponent von x im Restintegral $I_{m-1} = \int (x^{m-1} \cdot \mathrm{e}^x)\,\mathrm{d}x$ um Eins kleiner ist als im Ausgangsintegral. Bei wiederholter Anwendung dieser Formel erhält man schließlich den Exponenten Null und somit ein leicht lösbares Restintegral $I_0 = \int x^0 \cdot \mathrm{e}^x = \int (1 \cdot \mathrm{e}^x)\,\mathrm{d}x = \mathrm{e}^x + c$. I_0 wird auch als **Anfangswert** bezeichnet. Damit erhält man für das Integral $I_m = \int (x^m \cdot \mathrm{e}^x)\,\mathrm{d}x$ die so genannte **Rekursionsformel**:

$$\underline{\underline{I_m = x^m \cdot \mathrm{e}^x - m \cdot I_{m-1};\ m \in \mathbb{N}^{\geq 1} \text{ mit } I_0 = \mathrm{e}^x + c}}$$

Mit einer Rekursionsformel ist also die Zurückführung (**Rekursion**) eines Integrals auf ein Integral mit gleicher Struktur, jedoch mit kleinerem Exponenten möglich.

Merke:

Ein Integral, bei dem im Integranden die m-te Potenz ($m \in \mathbb{N}$) einer Funktion vorkommt, kann häufig vereinfacht werden, indem man es mithilfe einer Rekursionsformel auf ein Integral gleicher Struktur, jedoch mit kleinerem Exponenten zurückführt. Dieses Verfahren kann wiederholt angewendet werden, sodass schließlich nur noch ein Grundintegral oder ein auf andere Weise lösbares Integral übrig bleibt.

Beispiel: Berechnen Sie $I_4 = \int (x^4 \cdot \mathrm{e}^x)\,\mathrm{d}x;\ x \in \mathbb{R}$ mit der hergeleiteten Rekursionsformel für das Integral $I_m = \int (x^m \cdot \mathrm{e}^x)\,\mathrm{d}x;\ m \in \mathbb{N}^{\geq 1}$

Zunächst berechnet man nacheinander die Terme für die Integrale $I_4; I_3; I_2$ und I_1, wobei $I_0 = \mathrm{e}^x + c_0$ bereits bekannt ist.

$$I_m = x^m \cdot \mathrm{e}^x - m \cdot I_{m-1};\ m \in \mathbb{N}^{\geq 1} \text{ mit } I_0 = \mathrm{e}^x + c_0$$

$$\blacktriangleright\ m = 4:\ I_4 = x^4 \cdot \mathrm{e}^x - 4 \cdot I_3$$

$$\blacktriangleright\ m = 3:\ I_3 = x^3 \cdot \mathrm{e}^x - 3 \cdot I_2$$

$$\blacktriangleright\ m = 2:\ I_2 = x^2 \cdot \mathrm{e}^x - 2 \cdot I_1$$

$$\begin{aligned} \blacktriangleright\ m = 1:\ I_1 &= x^1 \cdot \mathrm{e}^x - 1 \cdot I_0 \quad \blacktriangleright I_0 = \mathrm{e}^x + c_0 \\ &= \underline{x \cdot \mathrm{e}^x - \mathrm{e}^x - c_0} \end{aligned}$$

Der Term für I_1 wird nun in den Term für I_2, der umgeformte Term für I_2 in den Term für I_3 und schließlich der umgeformte Term für I_3 in den Term für I_4 eingesetzt. Um die explizite Form von $I_4 = \int (x^4 \cdot \mathrm{e}^x)\,\mathrm{d}x$ zu erhalten, muss man also bei Anwendung der Rekursionsformeln sozusagen von unten nach oben vorgehen.

$$\begin{aligned} \blacktriangleright\ I_2 &= x^2 \cdot \mathrm{e}^x - 2 \cdot I_1 \quad \blacktriangleright I_1 = x \cdot \mathrm{e}^x - \mathrm{e}^x - c_0 \\ &= x^2 \cdot \mathrm{e}^x - 2 \cdot (x \cdot \mathrm{e}^x - \mathrm{e}^x - c_0) \\ &= x^2 \cdot \mathrm{e}^x - 2x \cdot \mathrm{e}^x + 2 \cdot \mathrm{e}^x + 2 \cdot c_0 \end{aligned}$$

$$\blacktriangleright\ I_3 = x^3 \cdot e^x - 3 \cdot I_2 \quad \blacktriangleright\ I_2 = x^2 \cdot e^x - 2x \cdot e^x + 2 \cdot e^x + 2 \cdot c_0$$
$$= x^3 \cdot e^x - 3 \cdot (x^2 \cdot e^x - 2x \cdot e^x + 2 \cdot e^x + 2 \cdot c_0)$$
$$= x^3 \cdot e^x - 3x^2 \cdot e^x + 6x \cdot e^x - 6 \cdot e^x - 6 \cdot c_0$$

$$\blacktriangleright\ I_4 = x^4 \cdot e^x - 4 \cdot I_3 \quad \blacktriangleright\ I_3 = x^3 \cdot e^x - 3x^2 \cdot e^x + 6x \cdot e^x - 6 \cdot e^x - 6 \cdot c_0$$
$$= x^4 \cdot e^x - 4 \cdot (x^3 \cdot e^x - 3x^2 \cdot e^x + 6x \cdot e^x - 6 \cdot e^x - 6 \cdot c_0)$$
$$= x^4 \cdot e^x - 4x^3 \cdot e^x + 12x^2 \cdot e^x - 24x \cdot e^x + 24 \cdot e^x + 24 \cdot c_0 \quad \blacktriangleright\ 24 \cdot c_0 = c$$
$$= e^x \cdot (x^4 - 4x^3 + 12x^2 - 24x + 24) + c$$

Problem: Entwickeln Sie eine Rekursionsformel für das Integral $I_m = \int \cos^m x \, dx;\ x \in \mathbb{R};\ m \in \mathbb{N}^{\geq 2}$.

Der Integrand $\cos^m x$ wird in das Produkt $\cos^{m-1} x \cdot \cos x$ zerlegt und partiell integriert. Dazu setzt man $\cos^{m-1} x$ für $u(x)$ und $\cos x$ für $v'(x)$.

$$I_m = \int \cos^m x \, dx = \int (\cos^{m-1} x \cdot \cos x) \, dx = \int [u(x) \cdot v'(x)] \, dx$$

$$\blacktriangleright\ \cos^{m-1} x = u(x) \Rightarrow u'(x) = \underline{(m-1) \cdot \cos^{m-2} x \cdot (-\sin x)}$$

$$\blacktriangleright\ \cos x = v'(x) \Rightarrow v(x) = \int \cos x \, dx = \underline{\sin x}$$

$$\int [u(x) \cdot v'(x)] \, dx = u(x) \cdot v(x) - \int [u'(x) \cdot v(x)] \, dx$$

Nach partieller Integration verbleibt das Restintegral $\int (\cos^{m-2} x \cdot \sin^2 x) \, dx$, in dem man $\sin^2 x = 1 - \cos^2 x$ setzt. ► 4.1

Auf der rechten Gleichungsseite erhält man wegen $\int (\cos^{m-2} x \cdot \cos^2 x) \, dx = \int \cos^m x \, dx$ dann wieder das gegebene Integral I_m.

Man setzt dann I_{m-2} für $\int \cos^{m-2} x \, dx$ sowie I_m für $\int \cos^m x \, dx$ und löst die sich ergebende Gleichung nach I_m auf.

Damit wird die Berechnung des Integrals $I_m = \int \cos^m x \, dx$ auf die Berechnung des Integrals $I_{m-2} = \int \cos^{m-2} x \, dx$ zurückgeführt

$$I_m = \int (\cos^{m-1} x \cdot \cos x) \, dx$$
$$= \cos^{m-1} x \cdot \sin x - \int [(m-1) \cdot \cos^{m-2} x \cdot (-\sin x) \cdot \sin x] \, dx$$
$$= \cos^{m-1} x \cdot \sin x + (m-1) \cdot \int [\cos^{m-2} x \cdot \sin^2 x] \, dx$$
$$= \cos^{m-1} x \cdot \sin x + (m-1) \cdot \int [\cos^{m-2} x \cdot (1 - \cos^2 x)] \, dx$$
$$= \cos^{m-1} x \cdot \sin x + (m-1) \cdot \left(\int \cos^{m-2} x \, dx - \int [\cos^{m-2} x \cdot \cos^2 x] \, d\right.$$
$$= \cos^{m-1} x \cdot \sin x + (m-1) \cdot \int \cos^{m-2} x \, dx - (m-1) \cdot \int \cos^m x \, dx$$
$$= \cos^{m-1} x \cdot \sin x + (m-1) \cdot I_{m-2} - (m-1) \cdot I_m$$
$$\Rightarrow I_m + (m-1) \cdot I_m = \cos^{m-1} x \cdot \sin x + (m-1) \cdot I_{m-2}$$
$$\Rightarrow I_m + m \cdot I_m - I_m = \cos^{m-1} x \cdot \sin x + (m-1) \cdot I_{m-2}$$
$$\Rightarrow m \cdot I_m = \cos^{m-1} x \cdot \sin x + (m-1) \cdot I_{m-2}$$
$$\Rightarrow I_m = \frac{1}{m} \cdot \cos^{m-1} x \cdot \sin x + \frac{m-1}{m} \cdot I_{m-2}$$

Aus der entwickelten Formel $I_m = \frac{1}{m} \cdot \cos^{m-1} x \cdot \sin x + \frac{m-1}{m} \cdot I_{m-2}$ erkennt man, dass der Exponent von $\cos x$ im Restintegral $I_{m-2} = \int \cos^{m-2} dx$ um zwei kleiner ist als im Ausgangsintegral $I_m = \int \cos^m x \, dx$.

Bei wiederholter Anwendung dieser Formel wird man schließlich bei geradem m auf den Exponenten Null und bei ungeradem m auf den Exponenten Eins kommen. Es verbleiben die leicht lösbaren Restintegrale $I_0 = \int \cos^0 x \, dx = \int 1 \, dx = x + c_0$ bzw. $I_1 = \int \cos^1 x \, dx = \int \cos x \, dx = \sin x + c_1$.

Damit erhält man für das Integral $I_m = \int \cos^m x \, \mathrm{d}x$; $x \in \mathbb{R}$; $m \in \mathbb{N}^{\geq 2}$ die Rekursionsformel:

$$I_m = \int \cos^m x \, \mathrm{d}x = \frac{1}{m} \cdot \cos^{m-1} x \cdot \sin x + \frac{m-1}{m} \cdot I_{m-2};\ m \in \mathbb{N}^{\geq 2} \text{ mit } I_0 = x + c_0 \text{ und } I_1 = \sin x + c_1.$$

Entsprechend kann man auch zum Integral $I_m = \int \sin^m x \, \mathrm{d}x$; $x \in \mathbb{R}$; $m \in \mathbb{N}^{\geq 2}$ eine Rekursionsformel entwickeln, indem man den Integranden $\sin^m x$ in das Produkt $\sin^{m-1} x \cdot \sin x$ zerlegt und partiell integriert. Hier ergibt sich dann die Rekursionsformel:

$$I_m = \int \sin^m x \, \mathrm{d}x = -\frac{1}{m} \cdot \sin^{m-1} x \cdot \cos x + \frac{m-1}{m} \cdot I_{m-2};\ m \in \mathbb{N}^{\geq 2} \text{ mit } I_0 = x + c_0 \text{ und } I_1 = -\cos x + c_1.$$

Merke:

- $\boldsymbol{I_m = \int \cos^m x \, \mathrm{d}x = \frac{1}{m} \cdot \cos^{m-1} x \cdot \sin x + \frac{m-1}{m} \cdot I_{m-2};\ m \in \mathbb{N}^{\geq 2}}$ mit $\boldsymbol{I_0 = x + c_0}$ und $\boldsymbol{I_1 = \sin x + c_1}$
- $\boldsymbol{I_m = \int \sin^m x \, \mathrm{d}x = -\frac{1}{m} \cdot \sin^{m-1} x \cdot \cos x + \frac{m-1}{m} \cdot I_{m-2};\ m \in \mathbb{N}^{\geq 2}}$ mit $\boldsymbol{I_0 = x + c_0}$ und $\boldsymbol{I_1 = -\cos x + c_1}$

Beispiel: Berechnen Sie $I_6 = \int \cos^6 x \, \mathrm{d}x$; $x \in \mathbb{R}$ mit der hergeleiteten Rekursionsformel für das Integral $I_m = \int \cos^m x \, \mathrm{d}x$; $m \in \mathbb{N}^{\geq 2}$.

Zunächst berechnet man nacheinander die Terme für die Integrale I_6; I_4 und I_2, wobei $I_0 = x + c_0$ bereits bekannt ist.

$$I_m = \int \cos^m x \, \mathrm{d}x = \frac{1}{m} \cdot \cos^{m-1} x \cdot \sin x + \frac{m-1}{m} \cdot I_{m-2};\ I_0 = x + c_0$$

► $m = 6$: $I_6 = \frac{1}{6} \cdot \cos^5 x \cdot \sin x + \frac{5}{6} \cdot I_4$

► $m = 4$: $I_4 = \frac{1}{4} \cdot \cos^3 x \cdot \sin x + \frac{3}{4} \cdot I_2$

► $m = 2$: $I_2 = \frac{1}{2} \cdot \cos x \cdot \sin x + \frac{1}{2} \cdot I_0$ ► $I_0 = x + c_0$

$$= \frac{1}{2} \cdot \cos x \cdot \sin x + \frac{x}{2} + \frac{1}{2} \cdot c_0$$

Der Term für I_2 wird nun in den Term für I_4 und der umgeformte Term für I_4 in den Term für I_6 eingesetzt.

► $I_4 = \frac{1}{4} \cdot \cos^3 x \cdot \sin x + \frac{3}{4} \cdot I_2$ ► $I_2 = \frac{1}{2} \cdot \cos x \cdot \sin x + \frac{x}{2} + \frac{1}{2} \cdot c_0$

$$= \frac{1}{4} \cdot \cos^3 x \cdot \sin x + \frac{3}{4} \cdot \left(\frac{1}{2} \cdot \cos x \cdot \sin x + \frac{x}{2} + \frac{1}{2} \cdot c_0 \right)$$

$$= \frac{1}{4} \cdot \cos^3 x \cdot \sin x + \frac{3}{8} \cdot \cos x \cdot \sin x + \frac{3}{8} \cdot x + \frac{3}{8} \cdot c_0$$

$$\blacktriangleright\ I_6 = \frac{1}{6}\cdot\cos^5 x\cdot\sin x + \frac{5}{6}\cdot I_4 \quad \blacktriangleright\ I_4 = \frac{1}{4}\cdot\cos^3 x\cdot\sin x + \frac{3}{8}\cdot\cos x\cdot\sin x + \frac{3}{8}\cdot x + \frac{3}{8}\cdot c_0$$

$$= \frac{1}{6}\cdot\cos^5 x\cdot\sin x + \frac{5}{6}\cdot\left(\frac{1}{4}\cdot\cos^3 x\cdot\sin x + \frac{3}{8}\cdot\cos x\cdot\sin x + \frac{3}{8}\cdot x + \frac{3}{8}\cdot c_0\right)$$

$$= \frac{1}{6}\cdot\cos^5 x\cdot\sin x + \frac{5}{6\cdot 4}\cdot\cos^3 x\cdot\sin x + \frac{5\cdot 3}{6\cdot 8}\cdot\cos x\cdot\sin x + \frac{5\cdot 3}{6\cdot 8}\cdot x + \frac{5\cdot 3}{6\cdot 8}\cdot c_0 \quad \blacktriangleright\ \frac{5\cdot 3}{6\cdot 8}\cdot c_0 = c$$

$$= \underline{\underline{\frac{1}{6}\cdot\cos^5 x\cdot\sin x + \frac{5}{24}\cdot\cos^3 x\cdot\sin x + \frac{5}{16}\cdot\cos x\cdot\sin x + \frac{5}{16}\cdot x + c}}$$

Beispiel: Berechnen Sie das Integral $I_5 = \int \sin^5 x\,\mathrm{d}x;\ x \in \mathbb{R}$ mit der Rekursionsformel für das Integral $I_m = \int \sin^m x\,\mathrm{d}x;\ m \in \mathbb{N}^{\geq 2}$.

Zunächst berechnet man nacheinander die Terme für die Integrale I_5 und I_3, wobei $I_1 = -\cos x + c_1$ bereits bekannt ist.

$$I_m = \int \sin^m x\,\mathrm{d}x = -\frac{1}{m}\cdot\sin^{m-1}x\cdot\cos x + \frac{m-1}{m}\cdot I_{m-2};\ m \in \mathbb{N}^{\geq 2}$$

$$\blacktriangleright\ m = 5:\quad I_5 = -\frac{1}{5}\cdot\sin^4 x\cdot\cos x + \frac{4}{5}\cdot I_3$$

$$\blacktriangleright\ m = 3:\quad I_3 = -\frac{1}{3}\cdot\sin^2 x\cdot\cos x + \frac{2}{3}\cdot I_1 \quad \blacktriangleright\ I_1 = -\cos x + c_1$$

$$= -\frac{1}{3}\cdot\sin^2 x\cdot\cos x + \frac{2}{3}\cdot(-\cos x + c_1)$$

$$= \underline{-\frac{1}{3}\cdot\sin^2 x\cdot\cos x - \frac{2}{3}\cdot\cos x + \frac{2}{3}\cdot c_1}$$

Der Term für I_3 wird nun in den Term für I_5 eingesetzt:

$$\blacktriangleright\ I_5 = -\frac{1}{5}\cdot\sin^4 x\cdot\cos x + \frac{4}{5}\cdot I_3 \quad \blacktriangleright\ I_3 = -\frac{1}{3}\cdot\sin^2 x\cdot\cos x - \frac{2}{3}\cdot\cos x + \frac{2}{3}\cdot c_1$$

$$= -\frac{1}{5}\cdot\sin^4 x\cdot\cos x + \frac{4}{5}\cdot\left(-\frac{1}{3}\cdot\sin^2 x\cdot\cos x - \frac{2}{3}\cdot\cos x + \frac{2}{3}\cdot c_1\right)$$

$$= -\frac{1}{5}\cdot\sin^4 x\cdot\cos x - \frac{4}{5\cdot 3}\cdot\sin^2 x\cdot\cos x - \frac{4\cdot 2}{5\cdot 3}\cdot\cos x + \frac{4\cdot 2}{5\cdot 3}\cdot c_1 \quad \blacktriangleright\ \frac{4\cdot 2}{5\cdot 3}\cdot c_1 = c$$

$$= \underline{\underline{-\frac{1}{5}\cdot\sin^4 x\cdot\cos x - \frac{4}{15}\cdot\sin^2 x\cdot\cos x - \frac{8}{15}\cdot\cos x + c}}$$

Wegen $\sin^2 x = 1 - \cos^2 x$ ($\blacktriangleright$ 4.1) und somit auch $\sin^4 x = (1-\cos^2 x)^2 = 1 - 2\cdot\cos^2 x + \cos^4 x$ kann man den Term für I_5 noch vereinfachen zu:

$$I_5 = -\frac{1}{5}\cdot(1 - 2\cdot\cos^2 x + \cos^4 x)\cdot\cos x - \frac{4}{15}\cdot(1-\cos^2 x)\cdot\cos x - \frac{8}{15}\cdot\cos x + c$$

$$= -\frac{1}{5}\cdot\cos x + \frac{2}{5}\cdot\cos^3 x - \frac{1}{5}\cdot\cos^5 x - \frac{4}{15}\cdot\cos x + \frac{4}{15}\cdot\cos^3 x - \frac{8}{15}\cdot\cos x + c$$

$$= \underline{\underline{-\cos x + \frac{2}{3}\cdot\cos^3 x - \frac{1}{5}\cdot\cos^5 x + c}}$$

Wenn m eine ungerade Zahl ist, lassen sich Integrale des Typs $\int \sin^m x\,\mathrm{d}x$ bzw. $\int \cos^m x\,\mathrm{d}x;\ m \in \mathbb{N}^{\geq 3}$ nicht nur mittels partieller Integration, sondern auch durch Substitution lösen. Die Lösung durch Substitution ist dabei in der Regel einfacher.

Problem: Berechnen Sie das Integral $I_5 = \int \sin^5 x \, dx;\ x \in \mathbb{R}$ durch Anwendung der Substitutionsmethode.

Der Integrand $\sin^5 x$ wird umgeformt in das Produkt $\sin^4 x \cdot \sin x$. Aus $\sin^4 x = (\sin^2 x)^2$ erhält man wegen $\sin^2 x = 1 - \cos^2 x$ den Term $(1 - \cos^2 x)^2$ und damit das Integral $\int [(1 - \cos^2 x)^2 \cdot \sin x] \, dx$.

Nach Substitution von $\cos x = z$ wird der Integrand $(1 - z^2)^2$ ausmultipliziert, sodass sich drei Integrale ergeben, die mit der Potenzregel (► 2.1) gelöst werden.

Nach Resubstituierung erhält man auf diese Weise den gleichen Stammfunktionsterm wie bei der Lösung mittels partieller Integration.

$$\int \sin^5 x \, dx = \int (\sin^4 x \cdot \sin x) \, dx \quad ► \sin^4 x = (1 - \cos^2 x)^2$$
$$= \int [(1 - \cos^2 x)^2 \cdot \sin x] \, dx$$

$$► \cos x = z \Rightarrow \frac{dz}{dx} = -\sin x \Rightarrow \sin x \cdot dx = -dz$$

$$\int \sin^5 x \, dx = -\int (1 - z^2)^2 \, dz$$
$$= -\int (1 - 2z^2 + z^4) \, dz$$
$$= -\int 1 \, dz + \int 2z^2 \, dz - \int z^4 \, dz$$
$$= -z + \frac{2}{3} \cdot z^3 - \frac{1}{5} \cdot z^5 + c \quad ► z = \cos x$$
$$= -\cos x + \frac{2}{3} \cdot \cos^3 x - \frac{1}{5} \cdot \cos^5 x + c$$

Merke:

Integrale des Typs $I_m = \int \cos^m x \, dx$ und $I_m = \int \sin^m x \, dx$, bei denen der Exponent m mit $m \in \mathbb{N}^{\geq 3}$ eine ungerade Zahl ist, löst man zweckmäßigerweise durch Substitution.

Beispiel: Berechnen Sie das Integral $I_5 = \int \cos^5 x \, dx;\ x \in \mathbb{R}$ durch Anwendung der Substitutionsmethode.

Der Integrand $\cos^5 x$ wird umgeformt in das Produkt $\cos^4 x \cdot \cos x$. Aus $\cos^4 x = (\cos^2 x)^2$ erhält man wegen $\cos^2 x = 1 - \sin^2 x$ den Term $(1 - \sin^2 x)^2$ und damit das Integral $\int [(1 - \sin^2 x)^2 \cdot \cos x] \, dx$.

Nach Substitution von $\sin x$ für z wird der Integrand $(1 - z^2)^2$ ausmultipliziert, sodass sich drei Integrale ergeben, die mit der Potenzregel (► 2.1) gelöst werden.

$$\int \cos^5 x \, dx = \int (\cos^4 x \cdot \cos x) \, dx \quad ► \cos^4 x = (1 - \sin^2 x)^2$$
$$= \int [(1 - \sin^2 x)^2 \cdot \cos x] \, dx$$

$$► \sin x = z \Rightarrow \frac{dz}{dx} = \cos x \Rightarrow \cos x \cdot dx = dz$$

$$\int \cos^5 x \, dx = \int (1 - z^2)^2 \, dz$$
$$= \int (1 - 2z^2 + z^4) \, dz$$
$$= \int 1 \, dz - 2 \cdot \int z^2 \, dz + \int z^4 \, dz$$
$$= z - \frac{2}{3} \cdot z^3 + \frac{1}{5} \cdot z^5 + c \quad ► z = \sin x$$
$$= \sin x - \frac{2}{3} \cdot \sin^3 x + \frac{1}{5} \cdot \sin^5 x + c$$

Problem: Entwickeln Sie eine Rekursionsformel für $I_m = \int \frac{x^m}{\sqrt{a^2-x^2}}\,dx;\ x \in (-a;a);\ a \in \mathbb{R}^{>0};\ m \in \mathbb{N}^{\geq 2}$.

Es wird gemäß Kapitel 2.4.5 substituiert:

► $x = a \cdot \sin z;\ z \in \left(-\frac{\pi}{2};\frac{\pi}{2}\right) \Rightarrow x \in (-a;a)$

$\Rightarrow \frac{dx}{dz} = a \cdot \cos z \Rightarrow dx = a \cdot \cos z \cdot dz$

► $\sqrt{a^2 - a^2 \cdot \sin^2 z} = \sqrt{a^2 \cdot (1-\sin^2 z)} = a \cdot \cos z$

Nach Substitution erhält man das Integral $I_m = a^m \cdot \int \sin^m z\,dz$, für das eine Rekursionsformel bereits entwickelt wurde:

$$\int \sin^m z\,dz = -\frac{1}{m} \cdot \sin^{m-1} z \cdot \cos z + \frac{m-1}{m} \cdot \int \sin^{m-2} z\,dz$$

Wegen $\int \sin^m z\,dz = \frac{1}{a^m} \cdot I_m$ gilt dann hier:

$$\int \sin^{m-2} z\,dz = \frac{1}{a^{m-2}} \cdot I_{m-2}$$

Substitution rückgängig machen:

► $\sin z = \frac{x}{a}$ und $\cos z = \sqrt{1 - \frac{x^2}{a^2}} = \frac{1}{a} \cdot \sqrt{a^2 - x^2}$

$$I_m = \int \frac{x^m}{\sqrt{a^2-x^2}}\,dx \quad ► x = a \cdot \sin z; dx = \cos z \cdot dz$$

$$= \int \left[\frac{a^m \cdot \sin^m z}{\sqrt{a^2 - a^2 \cdot \sin^2 z}} \cdot a \cdot \cos z\right] dz$$

$$= \int \left[\frac{a^m \cdot \sin^m z}{a \cdot \cos z} \cdot a \cdot \cos z\right] dz$$

$$= a^m \cdot \int \sin^m z\,dz$$

$$= a^m \cdot \left(-\frac{1}{m} \cdot \sin^{m-1} z \cdot \cos z + \frac{m-1}{m} \cdot \int \sin^{m-2} z\,dz\right)$$

$$= a^m \cdot \left(-\frac{1}{m} \cdot \sin^{m-1} z \cdot \cos z + \frac{m-1}{m} \cdot \frac{1}{a^{m-2}} \cdot I_{m-2}\right)$$

$$= a^m \cdot \left(-\frac{1}{m} \cdot \frac{x^{m-1}}{a^{m-1}} \cdot \frac{1}{a} \cdot \sqrt{a^2-x^2} + \frac{m-1}{m} \cdot \frac{1}{a^{m-2}} \cdot I_{m-2}\right)$$

$$= \underline{\underline{-\frac{1}{m} \cdot x^{m-1} \cdot \sqrt{a^2-x^2} + a^2 \cdot \frac{m-1}{m} \cdot I_{m-2};\ m \in \mathbb{N}^{\geq 2}}}$$

Bei wiederholter Anwendung dieser Formel wird man schließlich bei geradem m auf den Exponenten Null und bei ungeradem m auf den Exponenten Eins kommen. Es bleibt dann noch die Berechnung der Anfangswerte I_0 und I_1. Dabei handelt es sich bei I_0 und I_1 um bereits durch Substitution gelöste Integrale:

$$I_0 = \int \frac{1}{\sqrt{a^2-x^2}}\,dx = \operatorname{Arcsin}\frac{x}{a} + c_0;\ x \in (-a;a);\ a \in \mathbb{R}^{>0} \quad ► 2.4.5$$

$$I_1 = \int \frac{x}{\sqrt{a^2-x^2}}\,dx = -\sqrt{a^2-x^2} + c_1;\ x \in (-a;a);\ a \in \mathbb{R}^{>0} \quad ► 2.4.3$$

Merke:

$$\boldsymbol{I_m = \int \frac{x^m}{\sqrt{a^2-x^2}}\,dx = -\frac{1}{m} \cdot x^{m-1} \cdot \sqrt{a^2-x^2} + a^2 \cdot \frac{m-1}{m} \cdot I_{m-2};\ m \in \mathbb{N}^{\geq 2}}$$

mit $\boldsymbol{I_0 = \operatorname{Arcsin}\frac{x}{a} + c_0}$ und $\boldsymbol{I_1 = -\sqrt{a^2-x^2} + c_1;\ x \in (-a;a);\ a \in \mathbb{R}^{>0}}$

Anmerkungen:

- In analoger Weise lassen sich entsprechende Rekursionsformeln für die nachstehenden Integraltypen entwickeln, wobei $m \in \mathbb{N}^{\geq 2}$ gilt:
  - $\int (x^m \cdot \sqrt{a^2 - x^2})\,\mathrm{d}x;\ a \in \mathbb{R}^{>0}$ ► 2.4.5
  - $\int \frac{x^m}{\sqrt{x^2 + a^2}}\,\mathrm{d}x$ und $\int (x^m \cdot \sqrt{x^2 + a^2})\,\mathrm{d}x;\ a \in \mathbb{R}^{>0}$ ► 2.4.6
  - $\int \frac{x^m}{\sqrt{x^2 - a^2}}\,\mathrm{d}x$ und $\int (x^m \cdot \sqrt{x^2 - a^2})\,\mathrm{d}x;\ a \in \mathbb{R}^{>0}$ ► 2.4.7
- Bei den zuletzt aufgeführten vier Integraltypen ist es sinnvoll, zuerst Rekursionsformeln zu $I_m = \int \sinh^m x\,\mathrm{d}x$ und $I_m = \int \cosh^m x\,\mathrm{d}x$ zu entwickeln. ► Übungsaufgaben 63 bis 70.
- Ist bei den vorstehenden Integraltypen m eine ungerade Zahl, so wendet man zweckmäßigerweise die Substitutionsmethode an, und zwar substituiert man den Wurzelterm.

Beispiel: Lösen Sie das Integral $I_2 = \int \frac{x^2}{\sqrt{a^2 - x^2}}\,\mathrm{d}x;\ x \in (-a\,;a);\ a \in \mathbb{R}^{>0}$ mit der entwickelten Rekursionsformel.

In der für $I_m = \int \frac{x^m}{\sqrt{a^2 - x^2}}\mathrm{d}x$ entwickelten Rekursionsformel setzt man 2 für m. Die Rechnung führt auf den Anfangswert I_0 für den man $\operatorname{Arcsin}\frac{x}{a} + c_0$ setzt.

$$I_m = \int \frac{x^m}{\sqrt{a^2 - x^2}}\,\mathrm{d}x = -\frac{1}{m}\cdot x^{m-1}\cdot\sqrt{a^2 - x^2} + a^2\cdot\frac{m-1}{m}\cdot I_{m-2}$$

$$I_2 = \int \frac{x^2}{\sqrt{a^2 - x^2}}\,\mathrm{d}x \quad ► \int \frac{x^m}{\sqrt{a^2 - x^2}}\,\mathrm{d}x \text{ mit } m = 2$$

$$= -\frac{1}{2}\cdot x^{2-1}\cdot\sqrt{a^2 - x^2} + a^2\cdot\frac{2-1}{2}\cdot I_{2-2}$$

$$= -\frac{1}{2}\cdot x\cdot\sqrt{a^2 - x^2} + a^2\cdot\frac{1}{2}\cdot I_0 \quad ► I_0 = \operatorname{Arcsin}\frac{x}{a} + c_0$$

$$= -\frac{1}{2}\cdot\sqrt{a^2 - x^2} + \frac{a^2}{2}\cdot\operatorname{Arcsin}\frac{x}{a} + {}$$

$$+ a^2\cdot\frac{1}{2}\cdot c_0 \quad ► a^2\cdot\frac{1}{2}\cdot c_0 = c$$

$D(F) = [-a\,;a]$ der Stammfunktion ist hier größer als $D(f) = (-a\,;a)$ der Integrandfunktion.

$$\underline{\underline{= -\frac{1}{2}\cdot\sqrt{a^2 - x^2} + \frac{a^2}{2}\cdot\operatorname{Arcsin}\frac{x}{a} + c;\ x \in (-a\,;a);\ a > 0}}$$

Beispiele: Berechnen Sie die nachstehenden Integrale durch Anwendung der Substitutionsmethode.

- $\int \frac{x^3}{\sqrt{x^2-a^2}} \mathrm{d}x;\ x \in \mathbb{R} \setminus [-a\,;a];\ a \in \mathbb{R}^{>0}$

Da der Exponent von x^3 eine ungerade Zahl ist, erfolgt die Lösung des Integrals durch Substitution und nicht durch partielle Integration.

► $\sqrt{x^2-a^2} = z \Rightarrow x^2 = z^2 + a^2;\ z > 0$

$$\Rightarrow \frac{\mathrm{d}z}{\mathrm{d}x} = \frac{2x}{2 \cdot \sqrt{x^2-a^2}} = \frac{x}{z}$$

$$\Rightarrow x \cdot \mathrm{d}x = z \cdot \mathrm{d}z$$

$D(F) = \mathbb{R} \setminus (-a\,;a)$ der Stammfunktion ist hier größer als $D(f) = \mathbb{R} \setminus [-a\,;a]$ der Integrandfunktion.

$$\int \frac{x^3}{\sqrt{x^2-a^2}} \mathrm{d}x =$$

$$= \int \left(\frac{x^2}{\sqrt{x^2-a^2}} \cdot x \right) \mathrm{d}x$$

$$= \int \left(\frac{z^2+a^2}{z} \cdot z \right) \mathrm{d}z$$

$$= \int (z^2 + a^2)\, \mathrm{d}z$$

$$= \int z^2\, \mathrm{d}z + a^2 \cdot \int \mathrm{d}z$$

$$= \frac{1}{3} \cdot z^3 + a^2 \cdot z + c \quad ► \ z = \sqrt{x^2-a^2}$$

$$= \frac{1}{3} \cdot (\sqrt{x^2-a^2})^3 + a^2 \cdot \sqrt{x^2-a^2} + c;\ x \in \mathbb{R} \setminus [-a\,;a];\ a >$$

- $\int (x^5 \cdot \sqrt{x^2+a^2})\, \mathrm{d}x;\ x \in \mathbb{R};\ a \in \mathbb{R}^{>0}$

Da der Exponent von x^5 eine ungerade Zahl ist, wird das Integral durch Substitution und nicht durch partielle Integration gelöst.

► $\sqrt{x^2+a^2} = z \Rightarrow x^2 = z^2 - a^2$

$$\Rightarrow x^4 = (z^2 - a^2)^2$$

$$\Rightarrow x^4 = z^4 - 2z^2 \cdot a^2 + a^4$$

► $\sqrt{x^2+a^2} = z \Rightarrow \frac{\mathrm{d}z}{\mathrm{d}x} = \frac{2x}{2 \cdot \sqrt{x^2+a^2}} = \frac{x}{z}$

$$\Rightarrow x \cdot \mathrm{d}x = z \cdot \mathrm{d}z$$

$$\int (x^5 \cdot \sqrt{x^2+a^2})\, \mathrm{d}x = \int (x^4 \cdot \sqrt{x^2+a^2} \cdot x)\, \mathrm{d}x$$

$$= \int [(z^4 - 2z^2 \cdot a^2 + a^4) \cdot z \cdot z]\, \mathrm{d}z$$

$$= \int [z^6 - 2z^4 \cdot a^2 + a^4 \cdot z^2]\, \mathrm{d}z$$

$$= \int z^6\, \mathrm{d}z + 2a^2 \cdot \int z^4\, \mathrm{d}z + a^4 \cdot \int z^2\, \mathrm{d}z$$

$$= \frac{1}{7} \cdot z^7 + 2a^2 \cdot \frac{1}{5} \cdot z^5 + a^4 \cdot \frac{1}{3} \cdot z^3 + c \quad ► \ z = \sqrt{x^2+a^2}$$

$$= \frac{1}{7} \cdot \left(\sqrt{x^2+a^2}\right)^7 + \frac{2a^2}{5} \cdot \left(\sqrt{x^2+a^2}\right)^5 + \frac{a^4}{3} \cdot \left(\sqrt{x^2+a^2}\right)^3 + c;\ a >$$

Übungsaufgaben

Lösen Sie die nachfolgenden unbestimmten Integrale.

1. $\int (x^2 \cdot \sin x)\, \mathrm{d}x$ **2.** $\int (x^3 \cdot \sin x)\, \mathrm{d}x$ **3.** $\int (x^2 \cdot \cos x)\, \mathrm{d}x$

4. $\int (x^3 \cdot \cos x)\, \mathrm{d}x$ **5.** $\int [x^2 \cdot \sin(2x)]\, \mathrm{d}x$ **6.** $\int [x \cdot \cos(2x)]\, \mathrm{d}x$

7. $\int [x^2 \cdot \sin(ax)]\, \mathrm{d}x;\ a \neq 0$ **8.** $\int [x^2 \cdot \cos(ax)]\, \mathrm{d}x;\ a \neq 0$ **9.** $\int (x^2 \cdot \mathrm{e}^{-x})\, \mathrm{d}x$

10. $\int (x^3 \cdot \mathrm{e}^{x})\, \mathrm{d}x$ **11.** $\int (x \cdot \mathrm{e}^{2x})\, \mathrm{d}x$ **12.** $\int (x^3 \cdot \mathrm{e}^{-3x})\, \mathrm{d}x$

13. $\int (x \cdot \ln x)\, \mathrm{d}x$ **14.** $\int (x^2 \cdot \ln x)\, \mathrm{d}x$ **15.** $\int (x^4 \cdot \ln x)\, \mathrm{d}x$

16. $\int (\sqrt[3]{x^5} \cdot \ln x)\,\mathrm{d}x$

17. $\int (x \cdot \sinh x)\,\mathrm{d}x$

18. $\int (x^4 \cdot \cosh x)\,\mathrm{d}x$

19. $\int [x^4 \cdot \cosh(ax)]\,\mathrm{d}x;\ a \neq 0$

20. $\int (x^4 \cdot \sinh x)\,\mathrm{d}x$

21. $\int [t^2 \cdot \sinh(\omega t)]\,\mathrm{d}t;\ \omega \neq 0$

22. $\int \operatorname{Arccos} x\,\mathrm{d}x$

23. $\int \operatorname{Arccot} x\,\mathrm{d}x$

24. $\int \operatorname{Artanh} x\,\mathrm{d}x$

25. $\int \operatorname{Arcosh} x\,\mathrm{d}x$

26. $\int (x^n \cdot \ln x)\,\mathrm{d}x;\ n \in \mathbb{Z}^{\neq 0}$

27. $\int \frac{\ln x}{x^2}\,\mathrm{d}x$

28. $\int \frac{\ln x}{x^4}\,\mathrm{d}x$

29. $\int \frac{\ln(ax)}{x}\,\mathrm{d}x;\ a > 0$

30. $\int \frac{\ln^2 x}{x}\,\mathrm{d}x$

31. $\int \frac{\ln^2 (ax)}{x}\,\mathrm{d}x;\ a > 0$

32. $\int \frac{\ln (ax)}{bx}\,\mathrm{d}x;\ a > 0;\ b \neq 0$

33. $\int \frac{\ln^2 (ax)}{ax}\,\mathrm{d}x;\ a > 0$

34. $\int \cos^2(2x)\,\mathrm{d}x$

35. $\int \sin^2 x\,\mathrm{d}x$

36. $\int \sin^2(\omega t)\,\mathrm{d}x;\ \omega \neq 0$

37. $\int \cos^2(\omega t)\,\mathrm{d}t;\ \omega \neq 0$

38. $\int (\cosh x \cdot \sin x)\,\mathrm{d}x$

39. $\int (\sinh x \cdot \sin x)\,\mathrm{d}x$

40. $\int (\sinh x \cdot \cos x)\,\mathrm{d}x$

41. $\int (\mathrm{e}^x \cdot \cos x)\,\mathrm{d}x$

42. $\int (\mathrm{e}^x \cdot \sin x)\,\mathrm{d}x$

43. $\int [\mathrm{e}^x \cdot \sinh(2x)]\,\mathrm{d}x$

44. $\int [\mathrm{e}^x \cdot \cosh(2x)]\,\mathrm{d}x$

45. $\int [\mathrm{e}^{ax} \cdot \sinh(bx)]\,\mathrm{d}x;\ \ a; b \neq 0$

46. $\int [\mathrm{e}^{bx} \cdot \cosh(ax)]\,\mathrm{d}x;\ \ a; b \neq 0$

47. $\int \left(\mathrm{e}^{-3x} \cdot \cosh \frac{x}{3}\right)\mathrm{d}x$

48. $\int [\sin(2x) \cdot \sinh(3x)]\,\mathrm{d}x$

49. $\int [\cosh(3x) \cdot \sin(2x)]\,\mathrm{d}x$

50. $\int [\cos(3x) \cdot \sinh(6x)]\,\mathrm{d}x$

51. $\int [\cos(5x) \cdot \sinh(0{,}2x)]\,\mathrm{d}x$

52. $\int (\mathrm{e}^x \cdot \cosh x)\,\mathrm{d}x$

53. $\int \cos^3 x\,\mathrm{d}x$

54. $\int \sin^3(ax)\,\mathrm{d}x;\ a \neq 0$

55. Lösen Sie $\int (\sin x \cdot \cos x)\,\mathrm{d}x$ auf zwei verschiedene Arten. Setzen Sie dazu einmal $\sin x$ für $u(x)$ und $\cos x$ für $v'(x)$ zum anderen $\cos x$ für $u(x)$ und $\sin x$ für $v'(x)$. Wie lassen sich die verschiedenen Ergebnisse erklären?

Ermitteln Sie Rekursionsformeln für die nachstehenden Integrale $I_m;\ m \in \mathbb{N}^{\geq 1}$.

56. $I_m = \int \ln^m x\,\mathrm{d}x$

57. $I_m = \int (x^8 \cdot \ln^m x)\,\mathrm{d}x$

58. $I_m = \int \frac{\ln^m x}{x^7}\,\mathrm{d}x$

59. $I_m = \int (x^m \cdot \sin x)\,\mathrm{d}x$

60. $I_m = \int (x^m \cdot \cos x)\,\mathrm{d}x$

61. $I_m = \int \frac{\cos^m x}{\sin x}\,\mathrm{d}x$

62. $I_m = \int \sin^m x\,\mathrm{d}x$

63. $I_m = \int \sinh^m x\,\mathrm{d}x$

64. $I_m = \int \cosh^m x\,\mathrm{d}x$

65. $I_m = \int \frac{x^m}{\sqrt{a^2 - x^2}}\,\mathrm{d}x;\ a > 0$

66. $I_m = \int \frac{x^m}{\sqrt{x^2 - a^2}}\,\mathrm{d}x;\ a > 0$

67. $I_m = \int \frac{x^m}{\sqrt{x^2 + a^2}}\,\mathrm{d}x;\ a > 0$

68. $I_m = \int (x^m \cdot \sqrt{a^2 + x^2})\,\mathrm{d}x;\ a > 0$

69. $I_m = \int (x^m \cdot \sqrt{a^2 - x^2})\,\mathrm{d}x;\ a > 0$

70. $I_m = \int (x^m \cdot \sqrt{x^2 - a^2})\,\mathrm{d}x;\ a > 0$

71. Berechnen Sie mithilfe der Rekursionsformeln aus den Aufgaben 56. bis 70. die Integrale $I_2; I_4$ und I_6. Setzen Sie dazu 2 für a bei den Aufgaben 65. bis 70.

Lösen Sie die nachfolgenden Integrale durch Substitution.

72. $\int \sin^7 x \, \mathrm{d}x$ **73.** $\int \cosh^5 x \, \mathrm{d}x$ **74.** $\int \sin\sqrt{x} \, \mathrm{d}x$

75. $\int \frac{x^3}{\sqrt{x^2 - a^2}} \mathrm{d}x; a > 0$ **76.** $\int \left(x^5 \cdot \sqrt{a^2 - x^2}\right) \mathrm{d}x; a > 0$ **77.** $\int \left(x^7 \cdot \sqrt{x^2 - a^2}\right) \mathrm{d}x; a > 0$

78. Entwickeln Sie eine Rekursionsformel für Integrale des Typs $\int \frac{\mathrm{d}x}{(1 + x^2)^n}$ mit $n \in \mathbb{N}^{\geq 2}$

2.6 Integration mittels Partialbruchzerlegung

Der Integrand eines unbestimmten Integrals ist oft ein **Polynombruch** (► Kusch 3; 1.2.1) der Form $\frac{p_m(x)}{q_n(x)}$, wobei das **Zählerpolynom** $p_m(x)$ den Grad $m; m \in \mathbb{N}$ und das **Nennerpolynom** $q_n(x)$ den Grad $n; n \in \mathbb{N}^{\geq 1}$ hat. Solche Integrale mit einer gebrochenen rationalen Funktion als Integrandfunktion lassen sich berechnen, wenn man den Funktionsterm in eine Summe von einfacheren **Teilbrüchen (Partialbrüchen)** zerlegt. Man spricht dann von einer Integration mittels **Partialbruchzerlegung**.

Hat im Integranden das Zählerpolynom $p_m(x)$ einen kleineren Grad als das Nennerpolynom $q_n(x)$, gilt also $m < n$, so handelt es sich um einen echten Polynombruch.

- $\int \frac{x+2}{3x^2 + 4x + 1} \mathrm{d}x = \int \frac{p_1(x)}{q_2(x)} \mathrm{d}x$

► $x + 2 = p_1(x)$ und $3x^2 + 4x + 1 = q_2(x)$

$\Rightarrow m = 1; n = 2$ ► $m < n$ ► echter Polynombruch

Ist dagegen der Grad des Zählerpolynoms $p_m(x)$ gleich oder größer als der Grad des Nennerpolynoms $q_n(x)$, gilt also $m \geq n$, so liegt ein unechter Polynombruch vor. Unechte Polynombrüche können aber durch Polynomdivision (► Kusch 3; 1.2.1) in eine Summe aus einem ganzen rationalen Term und einem echten Polynombruch umgewandelt werden.

- $\int \frac{x^2 - 4x + 3}{x^2 + 2x} \mathrm{d}x = \int \frac{p_2(x)}{q_2(x)} \mathrm{d}x$

► $x^2 - 4x + 3 = p_2(x)$ und $x^2 + 2x = q_2(x)$

$\Rightarrow m = 2; n = 2$ ► $m = n$ ► unechter Polynombruch

$$(x^2 - 4x + 3) : (x^2 + 2x) = \underline{1} + \underline{\frac{3 - 6x}{x^2 + 2x}}$$

1: ganzer rationaler Term

$\frac{3 - 6x}{x^2 + 2x}$: echt gebrochener rationaler Term

Das Integral der entstandenen Summe kann dann als Summe von Integralen geschrieben werden. ► Summenregel, 2.3

$$\int \frac{x^2 - 4x + 3}{x^2 + 2x} \mathrm{d}x = \int \left(1 + \frac{3 - 6x}{x^2 + 2x}\right) \mathrm{d}x$$
$$= \underline{\underline{\int \mathrm{d}x + \int \frac{3 - 6x}{x^2 + 2x} \mathrm{d}x}}$$

Während die Integration der durch die Polynomdivisionen entstandenen ganzen rationalen Funktionen keine Schwierigkeiten bereitet (► Potenzregel, 2.1), wird für die Integration der verbleibenden echt gebrochenen rationalen Funktionen, hier handelt es sich um die Integranden $\frac{3-6x}{x^2+2x}$ bzw. $\frac{x+2}{x^2-1}$, das Verfahren der Partialbruchzerlegung angewendet.

- $$\int \frac{x^3-x^2+3}{x^2-1}\,\mathrm{d}x = \int \frac{p_3(x)}{q_2(x)}\,\mathrm{d}x$$

► $x^3-x^2+3 = p_3(x)$ und $x^2-1 = q_2(x)$

$\Rightarrow m=3;\ n=2$ ► $m>n$ ► unechter Polynombruch

$$(x^3-x^2+3):(x^2-1) = \underline{x-1} + \underline{\frac{x+2}{x^2-1}}$$

$\frac{x+2}{x^2-1}$: echt gebrochener rationaler Term

$x-1$: ganzer rationaler Term

$$\int \frac{x^3-x^2+3}{x^2-1}\,\mathrm{d}x = \int\left(x-1+\frac{x+2}{x^2-1}\right)\mathrm{d}x$$
$$= \underline{\underline{\int x\,\mathrm{d}x - \int \mathrm{d}x + \int \frac{x+2}{x^2-1}\,\mathrm{d}x}}$$

Bei einer Partialbruchzerlegung wird der Funktionsterm $\frac{p_m(x)}{q_n(x)}$ einer echt gebrochenen rationalen Integrandfunktion so in eine Summe von einfacheren Partialbrüchen zerlegt, dass die Integrale der Partialbrüche leicht zu berechnen sind. Die Zerlegung in Partialbrüche hängt im Wesentlichen davon ab, wie sich das Nennerpolynom $q_n(x)$ in **Linearfaktoren** zerlegen lässt. Im Folgenden werden drei verschiedene Fallgruppen behandelt.

Fallgruppe 1: Das Nennerpolynom $q_n(x)$ lässt sich in verschiedene Linearfaktoren zerlegen

Problem: Berechnen Sie das unbestimmte Integral $\int \frac{x+2}{x^2-5x+6}\,\mathrm{d}x$ nach Zerlegung des Integranden in zwei Partialbrüche.

• Erster Lösungsschritt: Umwandlung des Integranden in einen echten Polynombruch

Da hier der Grad des Zählerpolynoms kleiner als der Grad des Nennerpolynoms ist, liegt bereits ein echter Polynombruch vor.

$$\int \frac{x+2}{x^2-5x+6}\,\mathrm{d}x = \int \frac{p_1(x)}{q_2(x)}\,\mathrm{d}x$$

► $x+2 = p_1(x)$ und $x^2-5x+6 = q_2(x)$

$\Rightarrow m=1;\ n=2$ ► $m<n$ ► echter Polynombruch

• Zweiter Lösungsschritt: Zerlegung des Nennerpolynoms in Linearfaktoren

Zur Bestimmung der Linearfaktoren des Nennerpolynoms $q_2(x) = x^2-5x+6$ werden zunächst die Lösungen der quadratischen Gleichung $x^2-5x+6=0$ berechnet.

Nach dem Satz von **Vieta** (► Kusch 3; 1.2.2) kann man dann $q_2(x)$ als Produkt der Linearfaktoren schreiben.

► $q_2(x) = (x-x_1)\cdot(x-x_2)$

Damit lässt sich auch der Definitionsbereich der Integrandfunktion leicht feststellen.

$q_2(x) = x^2-5x+6$ ► $q_2(x)=0$

$x^2-5x+6=0$ ► quadratische Gleichung

$$\Rightarrow x_1 = \frac{5}{2}+\sqrt{\frac{25}{4}-6} = \underline{3};\ x_2 = \frac{5}{2}-\sqrt{\frac{25}{4}-6} = \underline{2}$$

$$\Rightarrow q_2(x) = x^2-5x+6$$
$$= (x-x_1)\cdot(x-x_2)$$ ► 3 für x_1; 2 für x_2
$$= \underline{(x-3)\cdot(x-2)}$$

► $$\int \frac{x+2}{x^2-5x+6}\,\mathrm{d}x = \underline{\int \frac{x+2}{(x-3)\cdot(x-2)}\,\mathrm{d}x;\ x\in\mathbb{R}\setminus\{2;3\}}$$

- **Dritter Lösungsschritt: Zerlegung des Integranden $\dfrac{x+2}{(x-3)\cdot(x-2)}$ in zwei Partialbrüche**

Man kann sich $\dfrac{x+2}{(x-3)\cdot(x-2)}$ als Summe oder Differenz von Termen der Form $\dfrac{A_1}{x-3}$ sowie $\dfrac{A_2}{x-2}$ entstanden denken und bestimmt dann die Zahlen für A_1 sowie A_2.

$$\frac{p_1(x)}{q_2(x)} = \frac{x+2}{(x-3)\cdot(x-2)}\,;\; x \in \mathbb{R}\setminus\{2\,;3\}$$
$$= \underline{\frac{A_1}{x-3} + \frac{A_2}{x-2}} \quad ► A_1 = ? \text{ und } A_2 = ?$$

- **Vierter Lösungsschritt: Berechnung der Zahlen für A_1 und A_2**

Die Berechnung der Zahlen für A_1 und A_2 kann hier entweder durch **Koeffizientenvergleich** oder mit dem **Einsetzungsverfahren** erfolgen. Beide Verfahren werden nachfolgend erläutert.

■ **Berechnung von A_1 und A_2 durch Koeffizientenvergleich**

Multipliziert man mit dem Hauptnenner $(x-3)\cdot(x-2)$ und löst die Klammerterme auf, so erhält man eine Gleichung, die für $x \in \mathbb{R}$ gültig ist. Diese Gleichung kann nur erfüllt sein, wenn die Koeffizienten gleicher Potenzen von x, also die von $x = x^1$ und $1 = x^0$, übereinstimmen.

$$\frac{x+2}{(x-3)\cdot(x-2)} = \frac{A_1}{x-3} + \frac{A_2}{x-2} \quad |\cdot(x-3)\cdot(x-2)$$
$$x+2 = A_1\cdot(x-2) + A_2\cdot(x-3)$$
$$x+2 = A_1 x - 2A_1 + A_2 x - 3A_2$$
$$1\cdot x + 2\cdot 1 = (A_1+A_2)\cdot x - (2A_1+3A_2)\cdot 1$$
$$1\cdot x^1 + 2\cdot x^0 = (A_1+A_2)\cdot x^1 - (2A_1+3A_2)\cdot x^0$$

Die Gleichung I ergibt sich aus dem Vergleich der Koeffizienten von x^1, die Gleichung II aus dem Vergleich der Koeffizienten von x^0. Man hat damit zwei Gleichungen, aus denen man A_1 und A_2 berechnen kann. Multipliziert man Gleichung I mit 2 und addiert diese dann zu Gleichung II, so erhält man $A_2 = -4$.

$$► 1\cdot x^1 = (A_1+A_2)\cdot x^1 \Rightarrow 1 = A_1 + A_2 \quad ► \text{I}$$
$$► 2\cdot x^0 = -(2A_1+3A_2)\cdot x^0 \Rightarrow 2 = -(2A_1+3A_2) \quad ► \text{II}$$

$$\text{I}: \; 1 = A_1 + A_2 \qquad |\cdot 2$$
$$\text{II}: \; 2 = -(2A_1 + 3A_2)$$

$$\left.\begin{aligned} \text{I}: \; 2 &= 2A_1 + 2A_2 \\ \text{II}: \; 2 &= -2A_1 - 3A_2 \end{aligned}\right\} +$$
$$4 = 0 - A_2 \Rightarrow A_2 = \underline{-4}$$

Setzt man dann -4 für A_2, z. B. in der Gleichung I, so findet man $A_1 = 5$.

$$\text{I}: \; A_1 + A_2 = 1 \quad ► -4 \text{ für } A_2$$
$$A_1 - 4 = 1 \Rightarrow A_1 = \underline{5}$$

Diese Ergebnisse werden durch die Probe bestätigt.

$$x+2 = A_1\cdot(x-2) + A_2\cdot(x-3) \quad ► 5 \text{ für } A_1;\; -4 \text{ für } A_2$$
$$x+2 = 5\cdot(x-2) - 4\cdot(x-3)$$
$$x+2 = 5x - 10 - 4x + 12$$
$$\underline{x+2 = x+2}$$

Setzt man die Werte für A_1 und A_2 ein, so erhält man den Integranden als Summe von zwei Partialbrüchen.

$$\frac{x+2}{(x-3)\cdot(x-2)} = \frac{A_1}{x-3} + \frac{A_2}{x-2} \quad ► 5 \text{ für } A_1;\; -4 \text{ für } A_2$$
$$= \underline{\frac{5}{x-3} - \frac{4}{x-2}\,;\; x \in \mathbb{R}\setminus\{2\,;3\}}$$

■ **Berechnung von A_1 und A_2 mittels Einsetzungsverfahren**

Auch hier multipliziert man mit dem Hauptnenner $(x-3)\cdot(x-2)$ und erhält die Gleichung $x+2=A_1\cdot(x-2)+A_2\cdot(x-3)$, die für alle $x \in \mathbb{R}$ gültig ist.

In diese Gleichung setzt man für x solche Zahlen ein, für die die Klammerterme $(x-2)$ oder $(x-3)$ Null werden.

Als Ergebnis erhält man $A_1=5$ und $A_2=-4$, was mit der mittels Koeffizientenvergleich gefundenen Lösung übereinstimmt.

$$\frac{x+2}{(x-3)\cdot(x-2)}=\frac{A_1}{x-3}+\frac{A_2}{x-2)} \quad |\cdot(x-3)\cdot(x-2)$$

$$\Rightarrow x+2=A_1\cdot(x-2)+A_2\cdot(x-3)$$

► $(x-2)=0 \Rightarrow x=2$

$$x+2 = A_1\cdot(x-2)+A_2\cdot(x-3) \quad \blacktriangleright \text{ 2 für } x$$
$$2+2 = A_1\cdot(2-2)+A_2\cdot(2-3)$$
$$4 = -A_2 \Rightarrow A_2=\underline{-4}$$

► $(x-3)=0 \Rightarrow x=3$

$$x+2 = A_1\cdot(x-2)+A_2\cdot(x-3) \quad \blacktriangleright \text{ 3 für } x$$
$$3+2 = A_1\cdot(3-2)+A_2\cdot(3-3)$$
$$5 = A_1 \Rightarrow A_1=\underline{5}$$

● **Fünfter Lösungsschritt: Integration**

Die Partialbruchzerlegung des Integranden führt hier auf zwei Teilintegrale, die sich beide leicht durch Substitution lösen lassen. ► 2.4.1

$$\int \frac{x+2}{x^2-5x+6}\,\mathrm{d}x=\int \frac{5}{x-3}-\frac{4}{x-2}\,\mathrm{d}x$$
$$=5\cdot\int\frac{\mathrm{d}x}{x-3}-4\cdot\int\frac{\mathrm{d}x}{x-2}$$
$$=5\cdot\ln|x-3|-4\cdot\ln|x-2|+c$$
$$=\underline{\underline{\ln\left|\frac{(x-3)^5}{(x-2)^4}\right|+c;\ x\notin\{2;3\}}}$$

Bei den folgenden Problemen und Beispielen werden die Koeffizienten $A_1; A_2; \ldots$ ausschließlich mithilfe des Einsetzungsverfahrens berechnet.

Beispiele: Berechnen Sie die nachstehenden unbestimmten Integrale mittels Partialbruchzerlegung.

● $\int \frac{7x+8}{x^2+x-2}\,\mathrm{d}x;\ x\in\mathbb{R}\setminus\{-2;1\}$

Erster Lösungsschritt:

Wegen $m<n$ ist $\frac{p_1(x)}{q_2(x)}$ ein echter Polynombruch.

$$\int\frac{7x+8}{x^2+x-2}\,\mathrm{d}x=\int\frac{p_1(x)}{q_2(x)}\,\mathrm{d}x$$

► $7x+8=p_1(x)$ und $x^2+x-2=q_2(x)$

$\Rightarrow m=1;\ n=2$ ► $m<n$ ► echter Polynombruch

Zweiter Lösungsschritt:

Zur Zerlegung von $q_2(x)=x^2+x-2=0$ in Linearfaktoren werden die Lösungen der quadratischen Gleichung $x^2+x-2=0$ berechnet.

$q_2(x)=x^2+x-2$ ► $q_2(x)=0$

$x^2+x-2=0$ ► quadratische Gleichung

$$\Rightarrow x_1=-\frac{1}{2}+\sqrt{\frac{1}{4}+2}=\underline{1};\ x_2=-\frac{1}{2}-\sqrt{\frac{1}{4}+2}=\underline{-2}$$

$$\Rightarrow q_2(x)=x^2+x-2$$
$$=(x-x_1)\cdot(x-x_2) \quad \blacktriangleright \text{ 1 für } x_1;\ -2 \text{ für } x_2$$
$$=\underline{(x-1)\cdot(x+2)}$$

► $$\int\frac{7x+8}{x^2+x-2}\,\mathrm{d}x=\underline{\int\frac{7x+8}{(x-1)\cdot(x+2)}\,\mathrm{d}x;\ x\in\mathbb{R}\setminus\{-2;1\}}$$

Dritter Lösungsschritt:

Man zerlegt nun den Integranden $\frac{7x+8}{(x-1)\cdot(x+2)}$ in zwei Partialbrüche.

$$\frac{p_1(x)}{q_2(x)} = \frac{7x+8}{(x-1)\cdot(x+2)} : x \in \mathbb{R}\setminus\{-2;1\}$$

$$= \underline{\frac{A_1}{x-1} + \frac{A_2}{x+2}} \quad ▶ A_1 = ? \text{ und } A_2 = ?$$

Vierter Lösungsschritt:

Die Berechnung der Zahlen für A_1 und A_2 erfolgt mit dem Einsetzungsverfahren. Auch hier multipliziert man mit dem Hauptnenner $(x-1)\cdot(x+2)$ und erhält die Gleichung $7x+8 = A_1\cdot(x+2)+A_2\cdot(x-1)$, die für alle $x \in \mathbb{R}$ gültig ist.

In diese Gleichung setzt man für x solche Zahlen ein, für die die Klammerterme $(x+2)$ oder $(x-1)$ Null werden.

$$\frac{7x+8}{(x-1)\cdot(x+2)} = \frac{A_1}{x-1} + \frac{A_2}{x+2} \quad |\cdot(x-1)\cdot(x+2)$$

$$\Rightarrow 7x+8 = A_1\cdot(x+2)+A_2\cdot(x-1)$$

▶ $(x+2)=0 \Rightarrow x=-2$

$$7x+8 = A_1\cdot(x+2)+A_2\cdot(x-1) \quad ▶ -2 \text{ für } x$$

$$-14+8 = A_2\cdot(-2+2)+A_2\cdot(-2-1)$$

$$-6 = A_2\cdot(-3) \Rightarrow A_2 = \underline{2}$$

▶ $(x-1)=0 \Rightarrow x=1$

$$7x+8 = A_1\cdot(x+2)+A_2\cdot(x-1) \quad ▶ 1 \text{ für } x$$

$$7+8 = A_1\cdot(1+2)+A_2\cdot(1-1)$$

$$15 = A_1\cdot 3 \Rightarrow A_1 = \underline{5}$$

Als Ergebnis erhält man $A_1 = 5$ und $A_2 = 2$, sodass man jetzt den Integranden als Summe von zwei Partialbrüchen schreiben kann.

$$▶ \frac{7x+8}{(x-1)\cdot(x+2)} = \frac{A_1}{x-1} + \frac{A_2}{x+2} \quad ▶ 5 \text{ für } A_1;\ 2 \text{ für } A_2$$

$$= \underline{\frac{5}{x-1} + \frac{2}{x+2}}$$

Fünfter Lösungsschritt:

Die Partialbruchzerlegung des Integranden führt hier auf zwei Teilintegrale. Beide lassen sich leicht durch Substitution lösen. ▶ 2.4.1

$$\int \frac{7x+8}{x^2+x-2}\,\mathrm{d}x = \int\left(\frac{5}{x-1}+\frac{2}{x+2}\right)\mathrm{d}x$$

$$= 5\cdot\int\frac{1}{x-1}\,\mathrm{d}x + 2\cdot\int\frac{1}{x+2}\,\mathrm{d}x$$

$$= 5\cdot\ln|x-1| + 2\cdot\ln|x+2| + c$$

$$= \underline{\underline{\ln|(x-1)^5\cdot(x+2)^2| + c;\ x \notin \{-2;1\}}}$$

- $\int \frac{2x^3-2x^2-4x-5}{x^2-x-2}\,\mathrm{d}x;\ x \in \mathbb{R}\setminus\{-1;2\}$

Erster Lösungsschritt:

Wegen $m > n$ liegt ein unechter Bruch vor, der durch Polynomdivision in einen ganzen rationalen Term und einen echten Polynombruch umgewandelt wird. Man erhält so das Grundintegral I_1 und das mittels Partialbruchzerlegung zu lösende Integral I_2.

$$\int \frac{2x^3-2x^2-4x-5}{x^2-x-2}\,\mathrm{d}x = \int\frac{p_3(x)}{q_2(x)}\,\mathrm{d}x$$

▶ $2x^3-2x^2-4x-5 = p_3(x)$ und $x^2-x-2 = q_2(x)$

$\Rightarrow m=3;\ n=2$ ▶ $m>n$ ▶ unechter Polynombruch

$$(2x^3-2x^2-4x-5):(x^2-x-2) = 2x - \frac{5}{x^2-x-2}$$

$$\int \frac{2x^3-2x^2-4x-5}{x^2-x-2}\,\mathrm{d}x = \int\left(2x - \frac{5}{x^2-x-2}\right)\mathrm{d}x$$

$$= \underline{2\cdot\int x\,\mathrm{d}x - 5\cdot\int\frac{\mathrm{d}x}{x^2-x-2}}$$

$$= 2\cdot\ I_1\ - 5\cdot\ I_2$$

Zweiter Lösungsschritt:

Zur Zerlegung von $q_2(x) = x^2 - x - 2 = 0$ in Linearfaktoren berechnet man die Lösungen der quadratischen Gleichung $x^2 - x - 2 = 0$ und schreibt dann $q_2(x)$ als Produkt seiner Linearfaktoren.

$q_2(x) = x^2 - x - 2$ ► $q_2(x) = 0$

$x^2 - x - 2 = 0$ ► quadratische Gleichung

$$\Rightarrow x_1 = \frac{1}{2} + \sqrt{\frac{1}{4} + 2} = \underline{2};\ x_2 = \frac{1}{2} - \sqrt{\frac{1}{4} + 2} = \underline{-1}$$

$$\Rightarrow q_2(x) = x^2 + x - 2$$
$$= (x - x_1) \cdot (x - x_2) \quad ► x_1 = 2;\ x_2 = -1$$
$$= \underline{(x-2) \cdot (x+1)}$$

$$► I_2 = \int \frac{\mathrm{d}x}{x^2 - x - 2} = \underline{\int \frac{\mathrm{d}x}{(x-2) \cdot (x+1)};\ x \in \mathbb{R} \backslash \{-1; 2\}}$$

Dritter Lösungsschritt:

Der Integrand $\frac{1}{(x-2) \cdot (x+1)}$ wird in zwei Partialbrüche zerlegt.

$$\frac{1}{(x-2) \cdot (x+1)} = \frac{A_1}{x-2} + \frac{A_2}{x+1} \quad ► A_1 = ? \text{ und } A_2 = ?$$

Vierter Lösungsschritt:

Man berechnet die Zahlen für A_1 und A_2 mit dem Einsetzungsverfahren. Dazu wird mit dem Hauptnenner $(x-2) \cdot (x+1)$ multipliziert und man erhält die für alle $x \in \mathbb{R}$ gültige Gleichung $1 = A_1 \cdot (x-2) + A_2 \cdot (x+1)$. In diese Gleichung setzt man für x solche Zahlen ein, für die die Klammerterme $(x-2)$ oder $(x+1)$ Null werden.

$$\frac{1}{(x-2) \cdot (x+1)} = \frac{A_1}{x-2} + \frac{A_2}{x+1} \quad | \cdot (x-2) \cdot (x+1)$$

$$\Rightarrow \quad 1 = A_1 \cdot (x+1) + A_2 \cdot (x-2)$$

► $(x+1) = 0 \Rightarrow x = -1$

$$1 = A_1 \cdot (x+1) + A_2 \cdot (x-2) \quad ► -1 \text{ für } x$$
$$1 = A_1 \cdot (-1+1) + A_2 \cdot (-1-2)$$
$$1 = A_2 \cdot (-3) \Rightarrow A_2 = \underline{-\frac{1}{3}}$$

► $(x-2) = 0 \Rightarrow x = 2$

$$1 = A_1 \cdot (x+1) + A_2 \cdot (x-2) \quad ► 2 \text{ für } x$$
$$1 = A_1 \cdot (2+1) + A_2 \cdot (2-2)$$
$$1 = A_1 \cdot 3 \Rightarrow A_1 = \underline{\frac{1}{3}}$$

Als Ergebnis erhält man $A_1 = \frac{1}{3}$ und $A_2 = -\frac{1}{3}$, sodass man den Integranden als Summe von zwei Partialbrüchen schreiben kann.

$$► \frac{1}{(x-2) \cdot (x+1)} = \frac{A_1}{x-2} + \frac{A_2}{x+1} \quad ► \frac{1}{3} \text{ für } A_1;\ -\frac{1}{3} \text{ für } A_2$$
$$= \frac{\frac{1}{3}}{x-2} + \frac{-\frac{1}{3}}{x+1}$$
$$= \underline{\frac{1}{3 \cdot (x-2)} - \frac{1}{3 \cdot (x+1)}} \quad ► I_2$$

Fünfter Lösungsschritt:

Das Integral I_1 ist ein Grundintegral, das mit der Potenzregel gelöst wird. ► 2.1

$$\int \frac{2x^3 - 2x^2 - 4x - 5}{x^2 - x - 2}\,\mathrm{d}x = 2 \cdot I_1 - 5 \cdot I_2$$

$$► 2 \cdot I_1 = 2 \cdot \int x\,\mathrm{d}x = \underline{x^2 + c_1}$$

Die Partialbruchzerlegung des Integranden von Integral I_2 führt auf zwei Teilintegrale. Beide lassen sich leicht durch Substitution lösen. ► 2.4.1

$$\blacktriangleright\ 5\cdot I_2 = 5\cdot\int\left(\frac{1}{3\cdot(x-2)}-\frac{1}{3\cdot(x+1)}\right)\mathrm{d}x$$

$$=\frac{5}{3}\cdot\int\frac{1}{x-2}\,\mathrm{d}x-\frac{5}{3}\cdot\int\frac{1}{x+1}\,\mathrm{d}x$$

$$=\frac{5}{3}\cdot\ln|x-2|-\frac{5}{3}\cdot\ln|x+1|+c_2$$

$$=\frac{5}{3}\cdot\ln\left|\frac{x-2}{x+1}\right|+c_2$$

► $c_1+c_2=c$

$$\int\frac{2x^3-2x^2-4x-5}{x^2-x-2}\,\mathrm{d}x = x^2+c_1-\frac{5}{3}\cdot\ln\left|\frac{x-2}{x+1}\right|+c_2$$

$$=x^2-\frac{5}{3}\cdot\ln\left|\frac{x-2}{x+1}\right|+c;\ x\notin\{-1;2\}$$

- $\displaystyle\int\frac{x^2-2x+4}{(4-x^2)\cdot x}\,\mathrm{d}x;\ x\in\mathbb{R}\setminus\{-2;0;2\}$

$$\int\frac{x^2-2x+4}{(4-x^2)\cdot x}\,\mathrm{d}x=\int\frac{p_2(x)}{q_3(x)}\,\mathrm{d}x$$

Erster Lösungsschritt:

Wegen $m<n$ ist $\frac{p_2(x)}{q_3(x)}$ ein echter Polynombruch.

► $x^2-2x+4=p_2(x)$ und $(4-x^2)\cdot x=4x-x^3=q_3(x)$

$\Rightarrow m=2;\ n=3$ ► $m<n$ ► echter Polynombruch

Zweiter Lösungsschritt:

Das Nennerpolynom $q_3(x)=(4-x^2)\cdot x$ lässt sich wegen $4-x^2=(2+x)\cdot(2-x)$ in drei Linearfaktoren zerlegen.

$q_3(x)=(4-x^2)\cdot x$ ► $4-x^2=(2+x)\cdot(2-x)$

$=(2+x)\cdot(2-x)\cdot x$ ► drei Linearfaktoren

$$\blacktriangleright\ \int\frac{x^2-2x+4}{(4-x^2)\cdot x}\,\mathrm{d}x=$$

$$=\int\frac{x^2-2x+4}{(2+x)\cdot(2-x)\cdot x}\,\mathrm{d}x;\ x\in\mathbb{R}\setminus\{-2;0;2\}$$

Dritter Lösungsschritt:

Da das Nennerpolynom in drei Linearfaktoren zerlegt wird, ergeben sich auch drei Partialbrüche.

$$\frac{p_2(x)}{q_3(x)}=\frac{x^2-2x+4}{(2+x)\cdot(2-x)\cdot x};\ x\in\mathbb{R}\setminus\{-2;0;2\}$$

$$=\frac{A_1}{2+x}+\frac{A_2}{2-x}+\frac{A_3}{x}\quad\blacktriangleright\ A_1=?;\ A_2=?;\ A_3=?$$

Vierter Lösungsschritt:

Die Berechnung der Zahlen für $A_1;A_2$ und A_3 erfolgt mit dem Einsetzungsverfahren.

Dazu multipliziert man mit dem Hauptnenner $(2+x)\cdot(2-x)\cdot x$ und erhält eine für alle $x\in\mathbb{R}$ gültige Gleichung.

$$\frac{x^2-2x+4}{(2+x)\cdot(2-x)\cdot x}=$$

$$=\frac{A_1}{(2+x)}+\frac{A_2}{(2-x)}+\frac{A_3}{x}\quad|\cdot(2+x)\cdot(2-x)\cdot x$$

$$\Rightarrow x^2-2x+4=A_1\cdot(2-x)\cdot x+A_2\cdot(2+x)\cdot x+$$
$$+A_3\cdot(2+x)\cdot(2-x)$$

In diese Gleichung setzt man für x solche Zahlen ein, für die die Klammerterme $(2-x)$ oder $(2+x)$ Null werden und erhält als Ergebnis $A_1 = -\frac{3}{2}$ und $A_2 = \frac{1}{2}$.

► $(2-x)=0 \Rightarrow x=2$

$x^2-2x+4 = A_1\cdot(2-x)\cdot x + A_2\cdot(2+x)\cdot x + A_3\cdot(2+x)\cdot(2-x)$ ► 2 für x

$4-4+4 = A_1\cdot(2-2)\cdot 2 + A_2\cdot(2+2)\cdot 2 + A_3\cdot(2+2)\cdot(2-2)$

$\Rightarrow 4 = A_2\cdot 8 \Rightarrow A_2 = \frac{4}{8} = \underline{\frac{1}{2}}$

► $(2+x)=0 \Rightarrow x=-2$

$x^2-2x+4 = A_1\cdot(2-x)\cdot x + A_2\cdot(2+x)\cdot x + A_3\cdot(2+x)\cdot(2-x)$ ► -2 für x

$4+4+4 = A_1\cdot[2-(-2)]\cdot(-2) + A_2\cdot[2+(-2)]\cdot(-2) + {}$
$+ A_3\cdot[2+(-2)]\cdot[2-(-2)]$

$\Rightarrow 12 = A_1\cdot(-8) \Rightarrow A_1 = \frac{-12}{8} = \underline{-\frac{3}{2}}$

Setzt man 0 für x, so ergibt sich $A_3 = 1$.

► $x^2-2x+4 = A_1\cdot(2-x)\cdot x + A_2\cdot(2+x)\cdot x + A_3\cdot(2+x)\cdot(2-x)$ ► 0 für x

$0^2-2\cdot 0+4 = A_1\cdot 0 + A_2\cdot 0 + A_3\cdot(2+0)\cdot(2-0)$

$\Rightarrow 4 = A_3\cdot 4 \Rightarrow A_3 = \underline{1}$

Der Integrand lässt sich damit als Summe von drei Partialbrüchen schreiben.

► $\frac{x^2-2x+4}{(2+x)\cdot(2-x)\cdot x} = \frac{A_1}{2+x} + \frac{A_2}{2-x} + \frac{A_3}{x}$ ► $-\frac{3}{2}$ für A_1; $\frac{1}{2}$ für A_2; 1 für A_3

$$= \underline{-\frac{3}{2}\cdot\frac{1}{2+x} + \frac{1}{2}\cdot\frac{1}{2-x} + \frac{1}{x};\ x\in\mathbb{R}\setminus\{-2;0;2\}}$$

Fünfter Lösungsschritt:

Die Partialbruchzerlegung des Integranden führt hier auf drei Teilintegrale, die sich leicht durch Substitution lösen lassen. ► 2.4.1

$$\int \frac{x^2-2x+4}{(4-x^2)\cdot x}\,dx = \int \frac{x^2-2x+4}{(2+x)\cdot(2-x)\cdot x}\,dx$$

$$= \int \left(-\frac{3}{2}\cdot\frac{1}{2+x} + \frac{1}{2}\cdot\frac{1}{2-x} + \frac{1}{x}\right)dx$$

$$= -\frac{3}{2}\cdot\int\frac{1}{2+x}\,dx + \frac{1}{2}\cdot\int\frac{1}{2-x}\,dx + \int\frac{1}{x}\,dx$$

$$= \underline{\underline{-\frac{3}{2}\cdot\ln|2+x| - \frac{1}{2}\cdot\ln|2-x| + \ln|x| + c;\ x\notin\{-2;0;2\}}}$$

Beispiel: Lösen Sie das unbestimmte Integral $\int \frac{dx}{x^2-a^2}$ mit $x\in\mathbb{R}\setminus\{-a;a\}$ und $a\in\mathbb{R}^{+0}$ durch Anwendung der Partialbruchzerlegung.

Die Zerlegung in Partialbrüche ergibt sich hier aus $x^2-a^2=(x-a)\cdot(x+a)$, sodass man sofort mit dem vierten Lösungsschritt beginnen kann, also der Berechnung von A_1 und A_2.

$$\int\frac{dx}{x^2-a^2} = \int\frac{dx}{(x-a)\cdot(x+a)} = ?$$

$\frac{1}{(x-a)\cdot(x+a)} = \frac{A_1}{x-a} + \frac{A_2}{x+a}$ ► $A_1 = ?;\ A_2 = ?$

$\Rightarrow 1 = A_1\cdot(x+a) + A_2\cdot(x-a)$

► $(x+a)=0 \Rightarrow x=-a$

$1 = A_1\cdot(x+a) + A_2\cdot(x-a)$ ► $-a$ für x

$1 = A_1\cdot(-a+a) + A_2\cdot(-a-a)$

$1 = -2a\cdot A_2 \Rightarrow A_2 = \underline{-\frac{1}{2a}}$

Mit der Einsetzungsmethode erhält man $A_1 = \frac{1}{2a}$ und $A_2 = -\frac{1}{2a}$.

► $(x-a)=0 \Rightarrow x=a$

$1 = A_1 \cdot (x+a) + A_2 \cdot (x-a)$ ► a für x

$1 = A_1 \cdot (a+a) + A_2 \cdot (a-a)$

$1 = 2 \cdot a \cdot A_1 \Rightarrow A_1 = \underline{\frac{1}{2a}}$

► $\frac{1}{x^2-a^2} = \frac{A_1}{x-a} + \frac{A_2}{x+a}$ ► $\frac{1}{2a}$ für A_1; $-\frac{1}{2a}$ für A_2

$$= \frac{\frac{1}{2a}}{x-a} + \frac{-\frac{1}{2a}}{x+a}$$

$$= \underline{\frac{1}{2a} \cdot \frac{1}{x-a} - \frac{1}{2a} \cdot \frac{1}{x+a}}$$

Fünfter Lösungsschritt:

Die Partialbruchzerlegung des Integranden führt hier auf zwei Teilintegrale, die sich leicht durch Substitution lösen lassen. ► 2.4.1

$$\int \frac{\mathrm{d}x}{x^2-a^2} = \int \left[\frac{1}{2a} \cdot \frac{1}{x-a} - \frac{1}{2a} \cdot \frac{1}{x+a}\right] \mathrm{d}x$$

$$= \frac{1}{2a} \cdot \int \frac{\mathrm{d}x}{x-a} - \frac{1}{2a} \cdot \int \frac{\mathrm{d}x}{x+a}$$

$$= \frac{1}{2a} \cdot \ln|x-a| - \frac{1}{2a} \cdot \ln|x+a|$$

$$= \underline{\underline{\frac{1}{2a} \cdot \ln\left|\frac{x-a}{x+a}\right|;\ x \in \mathbb{R} \setminus \{-a;\ a\};\ a \neq 0}}$$

Merke:

$$\int \frac{\mathrm{d}x}{x^2-a^2} = \frac{1}{2a} \cdot \ln\left|\frac{x-a}{x+a}\right|;\ x \in \mathbb{R} \setminus \{-a;\ a\};\ a \in \mathbb{R}^{\neq 0}$$

Fallgruppe 2: Das Nennerpolynom $q_n(x)$ lässt sich auch in gleiche Linearfaktoren zerlegen

Problem: Berechnen Sie das unbestimmte Integral $\int \frac{7-2x}{x^2-6x+9}\,\mathrm{d}x;\ x \in \mathbb{R}^{\neq 3}$ nach Zerlegung des Integranden in zwei Partialbrüche.

- **Erster Lösungsschritt: Umwandlung des Integranden in einen echten Polynombruch**

Der Grad des Zählerpolynoms ist kleiner als der Grad des Nennerpolynoms, d. h. es liegt bereits ein echter Polynombruch vor.

$$\int \frac{7-2x}{x^2-6x+9}\,\mathrm{d}x = \int \frac{p_1(x)}{q_2(x)}\,\mathrm{d}x$$

► $7-2x = p_1(x)$ und $x^2-6x+9 = q_2(x)$

$\Rightarrow m=1;\ n=2$ ► $m<n$ ► echter Polynombruch

- **Zweiter Lösungsschritt: Zerlegung des Nennerpolynoms in Linearfaktoren**

Zur Bestimmung der Linearfaktoren des Nennerpolynoms $q_2(x)$ wird die quadratische Gleichung $x^2-6x+9=0$ gelöst.

$q_2(x) = x^2-6x+9$ ► $q_2(x)=0$

$x^2-6x+9=0$ ► quadratische Gleichung

Wegen $x_1 = 3$ und $x_2 = 3$ kann man nach dem Satz von **Vieta** $q_2(x)$ als Produkt der Linearfaktoren schreiben:
$q_2(x) = (x-3)\cdot(x-3)$

$$x^2 - 6x + 9 = 0$$
$$\Rightarrow x_1 = 3 + \sqrt{9-9} = \underline{3};\ x_2 = 3 - \sqrt{9-9} = \underline{3}$$
$$\Rightarrow q_2(x) = x^2 - 6x + 9$$
$$= (x - x_1)\cdot(x - x_2) \quad ► x_1 = 3;\ x_2 = 3$$
$$= (x-3)\cdot(x-3)$$
$$= \underline{(x-3)^2}$$

$$► \int \frac{7-2x}{x^2-6x+9}\,\mathrm{d}x = \underline{\int \frac{7-2x}{(x-3)^2}\,\mathrm{d}x;\ x \in \mathbb{R}^{+3}}$$

- **Dritter Lösungsschritt: Zerlegung des Integranden $\frac{7-2x}{(x-3)^2}$ in Partialbrüche**

Da hier die Lösung „3" zweifach vorkommt, muss das Vorgehen bei der Partialbruchzerlegung modifiziert werden, denn weder ein Ansatz der Form $\frac{A_1}{x-3} + \frac{A_2}{x-3}$ noch ein Ansatz der Form $\frac{A_1}{(x-3)^2} + \frac{A_2}{(x-3)^2}$ würde nach Multiplikation mit dem Hauptnenner $(x-3)^2$ den Zählerterm $7-2x$ ergeben.

Eine Lösung wird aber dann möglich, wenn ein Partialbruch den Nenner $x-3$ und der andere Partialbruch den Nenner $(x-3)^2$ hat.

$$\frac{p_1(x)}{q_2(x)} = \frac{7-2x}{(x-3)^2} : x \in \mathbb{R}\setminus\{2;3\}$$
$$= \underline{\frac{A_1}{x-3} + \frac{A_2}{(x-3)^2}} \quad ► A_1 = ?\text{ und } A_2 = ?$$

- **Vierter Lösungsschritt: Berechnung der Zahlen für A_1 und A_2 mit dem Einsetzungsverfahren**

Man multipliziert mit dem Hauptnenner $(x-3)^2$ und erhält die für alle $x \in \mathbb{R}$ gültige Gleichung $7 - 2x = A_1\cdot(x-3) + A_2$.

$$\frac{7-2x}{(x-3)^2} = \frac{A_1}{x-3} + \frac{A_2}{(x-3)^2} \quad |\cdot(x-3)^2$$
$$\Rightarrow 7 - 2x = A_1\cdot(x-3) + A_2$$

In dieser Gleichung setzt man zunächst 3 für x, da dann der Klammerterm $(x-3)$ Null wird und man erhält $A_2 = 1$.

$$► (x-3) = 0 \Rightarrow x = 3$$
$$7 - 2x = A_1\cdot(x-3) + A_2 \quad ► 3 \text{ für } x$$
$$7 - 6 = A_1\cdot(3-3) + A_2$$
$$1 = A_2 \Rightarrow A_2 = \underline{1}$$

Setzt man in der Gleichung dann 0 für x und 1 für A_2, so ergibt sich $A_1 = -2$.

$$► 7 - 2x = A_1\cdot(x-3) + A_2 \quad ► 0 \text{ für } x;\ 1 \text{ für } A_2$$
$$7 - 2\cdot 0 = A_1\cdot(0-3) + 1$$
$$7 = A_1\cdot(-3) + 1 \Rightarrow A_1 = \underline{-2}$$

Damit kann der Polynombruch $\frac{7-2x}{(x-3)^2}$ durch eine Summe von zwei Partialbrüchen ausgedrückt werden.

$$► \frac{7-2x}{(x-3)^2} = \frac{A_1}{x-3} + \frac{A_2}{(x-3)^2};\ -2 \text{ für } A_1;\ 1 \text{ für } A_2$$
$$= \underline{\frac{-2}{x-3} + \frac{1}{(x-3)^2};\ x \in \mathbb{R}^{+3}}$$

- **Fünfter Lösungsschritt: Integration**

Die Partialbruchzerlegung des Integranden führt hier auf zwei Teilintegrale, die sich beide durch Substitution lösen lassen. ► 2.4.1

$$\int \frac{7-2x}{x^2-6x+9}\,\mathrm{d}x = \int \left[\frac{-2}{x-3} + \frac{1}{(x-3)^2}\right]\mathrm{d}x$$
$$= -2\cdot\int \frac{\mathrm{d}x}{x-3} + \int \frac{\mathrm{d}x}{(x-3)^2}$$
$$= \underline{\underline{-2\cdot\ln|x-3| - \frac{1}{x-3} + c;\ x \neq 3}}$$

Anmerkungen:

- Man kann das mit der Partialbruchzerlegung gelöste Integral $\int \frac{7-2x}{(x-3)^2}\,\mathrm{d}x$ auch mit der Substitutionsmethode lösen. Man substituiert: $x-3=z \Rightarrow x=z+3 \Rightarrow \frac{\mathrm{d}z}{\mathrm{d}x}=1 \Rightarrow \mathrm{d}x=\mathrm{d}z$

  Damit erhält man: $\int \frac{7-2x}{(x-3)^2}\,\mathrm{d}x = \int \frac{1-2z}{z^2}\,\mathrm{d}z = \int \frac{1}{z^2}\,\mathrm{d}z - 2\cdot\int \frac{\mathrm{d}z}{z} = -\frac{1}{z} - \ln|z| + c$ und für $z=x-3$ dann auch das Ergebnis: $\int \frac{7-2x}{(x-3)^2}\,\mathrm{d}x = -\frac{1}{x-3} - 2\cdot\ln|x-3| + c;\ x \neq 3.$
- Das Integral $\int \frac{7-2x}{(x-3)^2}\,\mathrm{d}x = \int \left[(7-2x)\cdot\frac{1}{(x-3)^2}\right]\mathrm{d}x$ lässt sich aber auch mit der Methode der partiellen Integration lösen, wenn man $u(x)=7-2x$ und $v'(x)=\frac{1}{(x-3)^2}$ setzt.

Beispiele: Lösen Sie die nachstehenden unbestimmten Integrale mit der Methode der Partialbruchzerlegung.

- $\int \frac{6-x}{(x+2)^2}\,\mathrm{d}x;\ x \in \mathbb{R}^{\neq -2}$

Wegen $m<n$ liegt ein echter Polynombruch vor.

$$\int \frac{6-x}{(x+2)^2}\,\mathrm{d}x = \int \frac{p_1(x)}{q_2(x)}\,\mathrm{d}x$$

► $6-x=p_1(x)$ und $(x+2)^2=q_2(x)$

$\Rightarrow\ m=1;\ n=2$ ► $m<n$ ► echter Polynombruch

Wegen $(x+2)^2$ heißen die Linearfaktoren des Nennerpolynoms $(x+2)\cdot(x+2)$. Man muss daher als Nenner die Partialbrüche $x+2$ und $(x+2)^2$ wählen.

$$\frac{p_1(x)}{q_2(x)} = \frac{6-x}{(x+2)^2} : x \in \mathbb{R}^{\neq -2}$$
$$= \underline{\frac{A_1}{x+2} + \frac{A_2}{(x+2)^2}}$$

Man multipliziert mit dem Hauptnenner $(x+2)^2$.

$$\frac{6-x}{(x+2)^2} = \frac{A_1}{x+2} + \frac{A_2}{(x+2)^2} \quad |\cdot(x+2)^2$$
$$\Rightarrow 6-x = A_1\cdot(x+2) + A_2$$

Setzt man -2 für x, so wird der Klammerterm $(x+2)$ Null und man erhält $A_2=8$.

► $(x+2)=0 \Rightarrow x=-2$

$6-x=A_1\cdot(x+2)+A_2$ ► -2 für x

$6-(-2)=A_1\cdot(-2+2)+A_2$

$8=A_1\cdot 0+A_2 \Rightarrow A_2=\underline{8}$

Setzt man dann 0 für x und 8 für A_2, so ergibt sich $A_1=-1$.

► $6-x=A_1\cdot(x+2)+A_2$ ► 0 für x; 8 für A_2

$6-0=A_1\cdot(0+2)+8$

$6=A_1\cdot 2+8 \Rightarrow A_1=\underline{-1}$

Damit kann der Polynombruch $\frac{6-x}{(x+2)^2}$ durch eine Summe von zwei Partialbrüchen ausgedrückt werden.

► $\frac{6-x}{(x+2)^2} = \frac{A_1}{x+2} + \frac{A_2}{(x+2)^2}$ ► -1 für A_1; 8 für A_2

$$= \underline{\frac{-1}{x+2} + \frac{8}{(x+2)^2};\ x \in \mathbb{R}^{\neq -2}}$$

Die Partialbruchzerlegung des Integranden führt hier auf zwei Teilintegrale. Beide lassen sich leicht durch Substitution lösen. ► 2.4.1

$$\int \frac{6-x}{(x+2)^2}\,\mathrm{d}x = \int \left[\frac{-1}{x+2} + \frac{8}{(x+2)^2}\right]\mathrm{d}x$$
$$= -\int \frac{\mathrm{d}x}{x+2} + 8\cdot\int \frac{\mathrm{d}x}{(x+2)^2}$$
$$= -\ln|x+2| - \frac{8}{x+2} + c;\ x \neq -2$$

- $\int \frac{x^2+2x+2}{(x-2)^3}\,\mathrm{d}x;\ x \in \mathbb{R}^{\neq 2}$

$$\int \frac{x^2+2x+2}{(x-2)^3}\,\mathrm{d}x = \int \frac{x^2+2x+2}{x^3-6x^2+12x-8}\,\mathrm{d}x$$

Wegen $m < n$ liegt hier ein echter Polynombruch vor.

► $x^2+2x+2 = p_1(x);\ (x-2)^3 = x^3-6x^2+12x-8 = q_3(x)$

$\Rightarrow m = 2$ und $n = 3$ ► $m < n$ ► echter Polynombruch

Wegen $(x-2)^3$ hat das Nennerpolynom in diesem Falle drei gleiche Linearfaktoren: $(x-2)\cdot(x-2)\cdot(x-2)$. Als Nenner der Partialbrüche müssen hier $x-2$, $(x-2)^2$ und $(x-2)^3$ gewählt werden.

$$\frac{p_2(x)}{q_3(x)} = \frac{x^2+2x+2}{(x-2)^3} : x \in \mathbb{R}^{\neq 2}$$
$$= \frac{A_1}{x-2} + \frac{A_2}{(x-2)^2} + \frac{A_3}{(x-2)^3}$$

Dann multipliziert man mit dem Hauptnenner $(x-2)^3$. Setzt man in der sich ergebenden Gleichung 2 für x, so werden die Klammerterme $(x+2)$ sowie $(x+2)^2$ Null und man erhält $A_3 = 10$.

$$\frac{x^2+2x+2}{(x-2)^3} = \frac{A_1}{x-2} + \frac{A_2}{(x-2)^2} + \frac{A_3}{(x-3)^3} \quad |\cdot(x-2)^3$$
$$\Rightarrow x^2+2x+2 = A_1\cdot(x-2)^2 + A_2\cdot(x-2) + A_3$$

► $(x-2) = 0 \Rightarrow x = 2$

$x^2+2x+2 = A_1\cdot(x-2)^2 + A_2\cdot(x-2) + A_3$ ► 2 für x

$4+4+2 = A_1\cdot(2-2)^2 + A_2\cdot(2-2) + A_3$

$10 = A_3 \Rightarrow A_3 = \underline{10}$

Um zwei Gleichungen zum Berechnen von A_1 und A_2 zu gewinnen, setzt man zunächst 0 für x und 10 für A_3. Damit erhält man die Gleichung I: $-4 = 2\cdot A_1 - A_2$

► $x^2+2x+2 = A_1\cdot(x-2)^2 + A_2\cdot(x-2) + A_3$ ► 0 für x; 10 für A_3

$0^2+0+2 = A_1\cdot(0-2)^2 + A_2\cdot(0-2) + 10$

$-8 = A_1\cdot 4 + A_2\cdot(-2) \quad |:2$

$\Rightarrow -4 = 2\cdot A_1 - A_2$ ► Gleichung I

Setzt man dann 1 für x und 10 für A_3, so gewinnt man die Gleichung II: $-5 = A_1 - A_2$

► $x^2+2x+2 = A_1\cdot(x-2)^2 + A_2\cdot(x-2) + A_3$ ► 1 für x; 10 für A_3

$1^2+2+2 = A_1\cdot(1-2)^2 + A_2\cdot(1-2) + 10$

$-5 = A_1\cdot 1 + A_2\cdot(-1)$

$\Rightarrow -5 = A_1 - A_2$ ► Gleichung II

Aus diesen beiden Gleichungen kann man jetzt A_1 und A_2 berechnen.

► I: $-4 = 2\cdot A_1 - A_2 \quad |\cdot(-1)$

$4 = -2\cdot A_1 + A_2$

II: $-5 = A_1 - A_2$ (+)

$-1 = -A_1 \Rightarrow A_1 = \underline{1}$

► II: $-5 = A_1 - A_2$ ► 1 für $A_1 \Rightarrow A_2 = \underline{6}$

Damit lässt sich der Polynombruch $\frac{x^2+2x+2}{(x-2)^3}$ als Summe von drei Partialbrüchen ausdrücken.

$$\blacktriangleright \frac{x^2+2x+2}{(x-2)^3}=\frac{A_1}{x-2}+\frac{A_2}{(x-2)^2}+\frac{A_3}{(x-2)^3}$$

► 1 für A_1; 6 für A_2; 10 für A_3

$$=\frac{1}{x-2}+\frac{6}{(x-2)^2}+\frac{10}{(x-2)^3}\,;\, x\in\mathbb{R}^{\neq 2}$$

Die Partialbruchzerlegung des Integranden führt hier auf drei Teilintegrale, die sich leicht durch Substitution lösen lassen. ► 2.4.1

$$\int\frac{x^2+2x+2}{(x-2)^3}\,dx=\int\left[\frac{1}{x-2}+\frac{6}{(x-2)^2}+\frac{10}{(x-2)^3}\right]dx$$

$$=\int\frac{dx}{x-2}+6\cdot\int\frac{dx}{(x-2)^2}+10\cdot\int\frac{dx}{(x-2)^3}$$

$$=\ln|x-2|-\frac{6}{x-2}-\frac{5}{(x-2)^2}+c\,;\,x\neq 2$$

- $\int\frac{-3x^3+x^2+4x-4}{x^2\cdot(4-x^2)}\,dx;\quad x\in\mathbb{R}\setminus\{-2;0;2\}$

$$\int\frac{-3x^3+x^2+4x-4}{x^2\cdot(4-x^2)}\,dx=\int\frac{-3x^3+x^2+4x-4}{x^2\cdot(2+x)\cdot(2-x)}\,dx$$

Wegen $m<n$ liegt ein echter Polynombruch vor.

► $-3x^3+x^2+4x-4=p_3(x)$ und

$x^2\cdot(4-x^2)=x^2\cdot(2+x)\cdot(2-x)=q_4(x)$

$\Rightarrow m=3;\, n=4$ ► $m<n$ ► echter Polynombruch

Wegen $x^2=0$ erhält man $x_{1;2}=0$ und da $4-x^2$ ein binomischer Ausdruck ist, ergeben sich daraus die Linearfaktoren $2+x$ und $2-x$.

Hier werden somit vier Partialbrüche mit den Nennern $x; x^2; 2+x$ und $2-x$ sowie den Zählern $A_1; A_2; A_3$ und A_4 gewählt.

Man multipliziert wieder mit dem Hauptnenner.

$$\frac{p_3(x)}{q_4(x)}=\frac{-3x^3+x^2+4x-4}{x^2\cdot(2+x)\cdot(2-x)}: x\in\mathbb{R}\setminus\{-2;0;2\}$$

$$=\frac{A_1}{x}+\frac{A_2}{x^2}+\frac{A_3}{2+x}+\frac{A_4}{2-x}\quad|\cdot x^2\cdot(2+x)\cdot(2-x)$$

$$\Rightarrow -3x^3+x^2+4x-4=A_1\cdot x\cdot(2+x)\cdot(2-x)+$$
$$+A_2\cdot(2+x)\cdot(2-x)+$$
$$+A_3\cdot x^2\cdot(2-x)+A_4\cdot x^2\cdot(2+x)$$

Setzt man in der sich ergebenden Gleichung für x nacheinander die Zahlen 0; -2 und 2, so erhält man sofort Zahlen für die Koeffizienten $A_2; A_3$ und A_4.

► 0 für x

$-4=A_1\cdot 0+A_2\cdot 2\cdot 2+A_3\cdot 0+A_4\cdot 0\Rightarrow A_2=\underline{-1}$

► $2+x=0\Rightarrow x=-2$ ► -2 für x

$24+4-8-4=A_1\cdot 0+A_2\cdot 0+A_3\cdot 4\cdot 4+A_4\cdot 0$

$\Rightarrow A_3=\underline{1}$

► $2-x=0\Rightarrow x=2$ ► 2 für x

$-24+4+8-4=A_1\cdot 0+A_2\cdot 0+A_3\cdot 0+A_4\cdot 4\cdot 4$

$\Rightarrow A_4=\underline{-1}$

Zur Berechnung von A_1 setzt man dann 1 für x, -1 für A_2, 1 für A_3 und -1 für A_4.

► 1 für x; -1 für A_2; 1 für A_3; -1 für A_4

$$-3+1+4-4=A_1\cdot 1\cdot 3\cdot 1+(-1)\cdot 3\cdot 1+$$
$$+1\cdot 1\cdot 1+(-1)\cdot 1\cdot 3$$

$\Rightarrow -2=3\cdot A_1-3+1-3\Rightarrow A_1=\underline{1}$

Damit lässt sich der Polynombruch $\frac{p_3(x)}{q_4(x)}$ als eine Summe von vier Partialbrüchen schreiben.

▶ $\frac{p_3(x)}{q_4(x)} = \frac{-3x^3 + x^2 + 4x - 4}{x^2 \cdot (4 - x^2)}$
$= \frac{A_1}{x} + \frac{A_2}{x^2} + \frac{A_3}{2+x} + \frac{A_4}{2-x}$

▶ 1 für A_1; -1 für A_2; 1 für A_3; -1 für A_4

▶ $\frac{p_3(x)}{q_4(x)} = \frac{1}{x} - \frac{1}{x^2} + \frac{1}{2+x} - \frac{1}{2-x}$; $x \in \mathbb{R} \setminus \{-2; 0; 2\}$

Die Partialbruchzerlegung des Integranden führt hier auf vier Teilintegrale. $\int \frac{1}{x}\,\mathrm{d}x$ ist ein Grundintegral, $\int \frac{1}{x^2}\,\mathrm{d}x$ kann mit der Potenzregel berechnet werden und die beiden verbleibenden Integrale lassen sich leicht durch Substitution lösen. ▶ 2.4.1

$$\int \frac{-3x^3 + x^2 + 4x - 4}{x^2 \cdot (4 - x^2)}\,\mathrm{d}x = \int \left(\frac{1}{x} - \frac{1}{x^2} + \frac{1}{2+x} - \frac{1}{2-x}\right)\mathrm{d}x$$
$$= \int \frac{\mathrm{d}x}{x} - \int \frac{\mathrm{d}x}{x^2} + \int \frac{\mathrm{d}x}{2+x} - \int \frac{\mathrm{d}x}{2-x}$$
$$= \ln|x| + \frac{1}{x} + \ln|2+x| + \ln|2-x| + c$$
$$= \frac{1}{x} + \ln|x \cdot (2+x) \cdot (2-x)| + c$$
$$= \frac{1}{x} + \ln|4x - x^3| + c;\ x \notin \{-2; 0; 2\}$$

● $\int \frac{x^2 - x - 1}{x^2 - 2x + 1}\,\mathrm{d}x$; $x \in \mathbb{R}^{+1}$

Wegen $m = n$ liegt ein unechter Bruch vor, der durch Polynomdivision in einen ganzen rationalen Term und einen echten Polynombruch umgewandelt wird. Man erhält so das Grundintegral I_1 und das mittels Partialbruchzerlegung zu lösende Integral I_2.

$$\int \frac{x^2 - x - 1}{x^2 - 2x + 1}\,\mathrm{d}x = \int \frac{p_2(x)}{q_2(x)}\,\mathrm{d}x$$

▶ $x^2 - x - 1 = p_2(x)$ und $x^2 - 2x + 1 = q_2(x)$

$\Rightarrow m = 2; n = 2$ ▶ $m = n$ ▶ unechter Polynombruch

$$(x^2 - x - 1) : (x^2 - 2x + 1) = 1 + \frac{x-2}{(x-1)^2}$$
$$\int \frac{x^2 - x - 1}{x^2 - 2x + 1}\,\mathrm{d}x = \int \left(1 + \frac{x-2}{(x-1)^2}\right)\mathrm{d}x$$
$$= \int \mathrm{d}x + \int \frac{x-2}{(x-1)^2}\,\mathrm{d}x$$
$$= \quad I_1 \quad + \quad I_2$$

Der Integrand von Integral I_2 wird in zwei Partialbrüche zerlegt. Das Nennerpolynom $(x-1)^2$ lässt sich in die Linearfaktoren $(x-1) \cdot (x-1)$ zerlegen. Als Nenner der Partialbrüche werden daher $x - 1$ und $(x-1)^2$ gewählt. Dann multipliziert man mit dem Hauptnenner $(x-1)^2$.

$$\frac{p_1(x)}{q_2(x)} = \frac{x-2}{(x-1)^2};\ x \in \mathbb{R}^{+1}$$
$$= \frac{A_1}{x-1} + \frac{A_2}{(x-1)^2}$$

$$\frac{x-2}{(x-1)^2} = \frac{A_1}{x-1} + \frac{A_2}{(x-1)^2} \quad | \cdot (x-1)^2$$
$$\Rightarrow x - 2 = A_1 \cdot (x-1) + A_2$$

Setzt man in der sich ergebenden Gleichung 1 für x, so wird der Klammerterm $(x-1)$ Null und man erhält $A_2 = -1$.

▶ $(x-1) = 0 \Rightarrow x = 1$

$x - 2 = A_1 \cdot (x-1) + A_2$ ▶ 1 für x

$1 - 2 = A_1 \cdot (1-1) + A_2$

$-1 = A_2 \Rightarrow A_2 = \underline{-1}$

Setzt man dann 0 für x und -1 für A_2, so ergibt sich $A_1 = 1$.

$$\blacktriangleright\ x-2 = A_1 \cdot (x-1) + A_2 \quad \blacktriangleright\ 0 \text{ für } x;\ -1 \text{ für } A_2$$

$$0-2 = A_1 \cdot (0-1) + (-1)$$

$$-2 = A_1 \cdot (-1) - 1 \Rightarrow A_1 = \underline{1}$$

Damit kann der Polynombruch $\dfrac{x-2}{(x-1)^2}$ durch eine Summe von zwei Partialbrüchen ausgedrückt werden.

$$\blacktriangleright\ \frac{x-2}{(x-1)^2} = \frac{A_1}{x-1} + \frac{A_2}{(x-1)^2} \quad \blacktriangleright\ 1 \text{ für } A_1;\ -1 \text{ für } A_2$$

$$= \underline{\frac{1}{x-1} + \frac{-1}{(x-1)^2};\ x \in \mathbb{R}^{+1}} \quad \blacktriangleright\ I_2$$

$$\int \frac{x^2-x-1}{x^2-2x+1}\,\mathrm{d}x = I_1 + I_2$$

Das Integral I_1 ist ein Grundintegral, das mit der Potenzregel gelöst wird. ► 2.1

$$\blacktriangleright\ I_1 = \int \mathrm{d}x = \underline{x + c_1}$$

Die Partialbruchzerlegung des Integranden von Integral I_2 führt auf zwei Teilintegrale. Beide lassen sich leicht durch Substitution lösen. ► 2.4.1

$$\blacktriangleright\ I_2 = \int \left(\frac{1}{x-1} + \frac{-1}{(x-1)^2} \right) \mathrm{d}x$$

$$= \int \frac{1}{x-1}\,\mathrm{d}x + \int \frac{-1}{(x-1)^2}\,\mathrm{d}x$$

$$= \underline{\ln|x-1| + \frac{1}{x-1} + c_2}$$

► $c_1 + c_2 = c$

$$\int \frac{x^2-x-1}{x^2-2x+1}\,\mathrm{d}x = x + c_1 + \ln|x-1| + \frac{1}{x-1} + c_2$$

$$= \underline{\underline{x + \ln|x-1| + \frac{1}{x-1} + c;\ x \neq 1}}$$

● $\displaystyle\int \frac{7x+5}{(2x+4)\cdot(x-1)^2}\,\mathrm{d}x;\ x \in \mathbb{R}\backslash\{-2;1\}$

$$\int \frac{7x+5}{(2x+4)\cdot(x-1)^2}\,\mathrm{d}x = \int \frac{p_1(x)}{q_3(x)}\,\mathrm{d}x$$

Wegen $m < n$ liegt ein echter Polynombruch vor.

$$\blacktriangleright\ 7x+5 = p_1(x) \text{ und } (2x+4)\cdot(x-1)^2 = q_3(x)$$

$$\Rightarrow\ m = 1;\ n = 3 \quad \blacktriangleright\ m < n \quad \blacktriangleright \text{ echter Polynombruch}$$

Man zerlegt den Integranden in drei Partialbrüche. Der Nenner $(x-1)^2$ lässt sich in die Linearfaktoren $(x-1)\cdot(x-1)$ zerlegen. Als Nenner der Partialbrüche werden daher $2x+4;\ x-1$ und $(x-1)^2$ gewählt.

$$\frac{p_1(x)}{q_3(x)} = \frac{7x+5}{(2x+4)\cdot(x-1)^2}$$

$$= \underline{\frac{A_1}{2x+4} + \frac{A_2}{x-1} + \frac{A_3}{(x-1)^2};\ x \in \mathbb{R}\backslash\{-2;1\}}$$

Dann multipliziert man mit dem Hauptnenner $(2x+4)\cdot(x-1)^2$.

$$\frac{7x+5}{(2x-4)\cdot(x-1)^2} = \frac{A_1}{2x+4} + \frac{A_2}{x-1} + \frac{A_3}{(x-1)^2}$$

$$\Rightarrow 7x+5 = A_1\cdot(x-1)^2 + A_2\cdot(x-1)\cdot(2x+4) + A_3\cdot(2x+$$

Setzt man in der sich ergebenden Gleichung 1 für x, so wird der Klammerterm $(x-1)$ Null und man erhält $A_3 = 2$.

$$\blacktriangleright\ x-1 = 0 \Rightarrow x = 1$$

$$7x+5 = A_1\cdot(x-1)^2 + A_2\cdot(x-1)\cdot(2x+4) + A_3\cdot(2x+$$

► 1 für

$$7+5 = A_1\cdot(1-1)^2 + A_2\cdot(1-1)\cdot(2+4) + A_3\cdot(2+4)$$

$$12 = A_3\cdot 6 \Rightarrow A_3 = \underline{2}$$

Setzt man -2 für x, so wird der Klammerterm $(2x+4)$ Null und es ergibt sich $A_1 = -1$.

$$\blacktriangleright\ 2x+4 = 0 \Rightarrow x+2 = 0 \Rightarrow x = -2$$

$$7x+5 = A_1\cdot(x-1)^2 + A_2\cdot(x-1)\cdot(2x+4) + A_3\cdot(2x+$$

► -2 fü

$$-14+5 = A_1\cdot(-2-1)^2 + A_2\cdot(-2-1)\cdot[2\cdot(-2)+4] +$$

$$+ A_3\cdot[2\cdot(-2)+$$

$$-9 = A_1\cdot 9 \Rightarrow A_1 = \underline{-1}$$

Wird dann in der Gleichung 0 für x, -1 für A_1 und 2 für A_3 gesetzt, so erhält man $A_2 = 0{,}5$.

► 0 für x; -1 für A_1; 2 für A_3

$$0+5=(-1)\cdot(0-1)^2+A_2\cdot(0-1)\cdot(2\cdot 0+4)+ +2\cdot(2\cdot 0+4)$$

$$5=-1+A_2\cdot(-4)+8 \Rightarrow A_2=\underline{0{,}5}$$

Damit lässt sich der Polynombruch $\frac{p_1(x)}{q_3(x)}$ durch eine Summe von drei Partialbrüchen ausdrücken.

► $\frac{p_1(x)}{q_3(x)} = \frac{7x+5}{(2x+4)\cdot(x-1)^2}$

$$= \frac{A_1}{2x+4}+\frac{A_2}{x-1}+\frac{A_3}{(x-1)^2}$$

► -1 für A_1; 0,5 für A_2; 2 für A_3

$$= \frac{-1}{2x+4}+\frac{0{,}5}{x-1}+\frac{2}{(x-1)^2};\ x\in\mathbb{R}\setminus\{-2;1\}$$

Die Partialbruchzerlegung des Integranden führt hier auf drei Teilintegrale, die man leicht durch Substitution lösen kann. ► 2.4.1

$$\int\frac{7x+5}{(2x+4)\cdot(x-1)^2}\,\mathrm{d}x = \int\left[\frac{-1}{2x+4}+\frac{0{,}5}{x-1}+\frac{2}{(x-1)^2}\right]\mathrm{d}x$$

$$= -\frac{1}{2}\cdot\int\frac{\mathrm{d}x}{x+2}+\frac{1}{2}\cdot\int\frac{\mathrm{d}x}{x-1}+2\cdot\int\frac{\mathrm{d}x}{(x-1)^2}$$

$$= -\frac{1}{2}\cdot\ln|x+2|+\frac{1}{2}\cdot\ln|x-1|-\frac{2}{x-1}+c;\ x\notin\{-2;1\}$$

Die Beispiele haben gezeigt, dass bei mehreren gleichen Linearfaktoren des Nennerpolynoms einer echt gebrochenen rationalen Funktion besondere Regeln für die Bildung von Partialbrüchen gelten. Kommt nämlich ein Linearfaktor k-mal vor mit $k\in\mathbb{N}^{\geq 2}$, so wird das durch die Summe der Partialbrüche $\frac{A_1}{x-x_0}+\frac{A_2}{(x-x_0)^2}+\frac{A_3}{(x-x_0)^3}+\ \ldots\ +\frac{A_k}{(x-x_0)^k}$ berücksichtigt.

Fallgruppe 3: Das Nennerpolynom $q_n(x)$ lässt sich nicht vollständig in Linearfaktoren zerlegen.

Problem: Lösen Sie das unbestimmte Integral $\int\frac{\mathrm{d}x}{x^2-4x+13};\ x\in\mathbb{R}$.

Wegen $m<n$ liegt bereits ein echter Polynombruch vor.

$$\int\frac{\mathrm{d}x}{x^2-4x+13} = \int\frac{p_0(x)}{q_2(x)}\,\mathrm{d}x$$

Um die Linearfaktoren des Nennerpolynoms $q_2(x)$ zu finden, muss man die quadratische Gleichung $x^2-4x+13=0$ lösen. Das ist hier aber nicht möglich, da Lösungen im Reellen nicht existieren. $q_2(x)$ kann damit auch nicht als Produkt von Linearfaktoren geschrieben werden, sodass sich die Methode der Partialbruchzerlegung hier nicht anwenden lässt.

► $1=p_0(x)$ und $x^2-4x+13=q_2(x)$

$\Rightarrow m=0;\ n=2$ ► $m<n$ ► echter Polynombruch

$q_2(x)=x^2-4x+13$ ► $q_2(x)=0$

$x^2-4x+13=0$ ► quadratische Gleichung

$\Rightarrow x_1=2+\sqrt{-9}$ oder $x_2=2-\sqrt{-9}$

► Keine Lösung, da „$\sqrt{-9}$" in $\mathbb{R}$ nicht erklärt ist.

In einem solchen Fall wendet man auf das Nennerpolynom die Methode der quadratischen Ergänzung an. ► Kusch 3; 1.2.2

$q_2(x)=x^2-4x+13$ ► quadratische Ergänzung

$$=(x^2-4x+2^2)-2^2+13$$

$$=\underline{(x-2)^2+9}$$

Man erhält auf diesem Wege ein Integral, das durch die Substitution $x = 3z+2$ und das Ausklammern von 9 im Nenner auf ein Grundintegral führt.

► $x = 3z+2 \Rightarrow \frac{dx}{dz} = 3 \Rightarrow dx = 3 \cdot dz$

► $x = 3z+2 \Rightarrow z = \frac{x-2}{3}$

$$\int \frac{dx}{x^2 - 4x + 13} = \int \frac{dx}{(x-2)^2 + 9} \quad ► \; x = 3z+2;\; dx = 3 \cdot dz$$

$$= \int \frac{3 \cdot dz}{9z^2 + 9}$$

$$= \frac{1}{3} \cdot \int \frac{dz}{z^2+1} \quad ► \text{ Grundintegral}$$

$$= \frac{1}{3} \cdot \operatorname{Arctan} z + c \quad ► \; z = \frac{x-2}{3}$$

$$= \underline{\underline{\frac{1}{3} \cdot \operatorname{Arctan} \frac{x-2}{3} + c}}$$

Häufig kommen in Anwendungen Integrale des Typs $\int \frac{dz}{z^2 + a^2}$ mit $z \in \mathbb{R}$ und $a \in \mathbb{R}^{+0}$ vor. Wie bei dem vorstehenden Beispiel substituiert man dann: $z = a \cdot w \Rightarrow \frac{dz}{dw} = a \Rightarrow dz = a \cdot dw$

Damit gilt dann: $\int \frac{dz}{z^2 + a^2} = \int \frac{a}{a^2 \cdot w^2 + a^2}\, dw = \frac{1}{a} \cdot \int \frac{dw}{w^2+1} = \frac{1}{a} \cdot \operatorname{Arctan} w = \underline{\underline{\frac{1}{a} \cdot \operatorname{Arctan} \frac{z}{a}}}$

Merke:

Hat bei einem unbestimmten Integral des Typs $\int \frac{dx}{Ax^2 + Bx + C}$; $A \neq 0$ die aus dem Nennerpolynom des Integranden gebildete quadratische Gleichung $Ax^2 + Bx + C = 0$ keine reellen Lösungen, so führt die Methode der quadratischen Ergänzung und eine Substitution stets auf das Integral $\int \frac{dz}{z^2 + a^2} = \frac{1}{a} \cdot \operatorname{Arctan} \frac{z}{a} + c$.

Beispiel: Lösen Sie das unbestimmte Integral $\int \frac{dx}{3x^2 + 18x + 30}$; $x \in \mathbb{R}$.

$$\int \frac{dx}{3x^2 + 18x + 30} = \frac{1}{3} \cdot \int \frac{dx}{x^2 + 6x + 10}$$

$$= \frac{1}{3} \cdot \int \frac{p_0(x)}{q_2(x)}\, dx$$

Wegen $m < n$ liegt bereits ein echter Polynombruch vor.

► $1 = p_0(x)$ und $x^2 + 6x + 10 = q_2(x)$

$\Rightarrow m = 0;\; n = 2$ ► $m < n$ ► echter Polynombruch

Das Nennerpolynom $q_2(x)$ lässt sich nicht in Linearfaktoren zerlegen, da für die quadratische Gleichung $x^2 + 6x + 10 = 0$ keine Lösungen im Reellen existieren. Eine Integration mittels Partialbruchzerlegung ist also hier nicht möglich.

$q_2(x) = x^2 + 6x + 10$ ► $q_2(x) = 0$

$x^2 + 6x + 10 = 0$ ► quadratische Gleichung

$\Rightarrow x_1 = -3 + \sqrt{9-10} = -3 + \sqrt{-1}$ oder

$x_2 = -3 - \sqrt{9-10} = -3 - \sqrt{-1}$

► Keine Lösung, da „$\sqrt{-1}$“ in $\mathbb{R}$ nicht erklärt ist.

Man wendet deshalb auf des Nennerpolynom die Methode der quadratischen Ergänzung an.

$$
\begin{aligned}
q_2(x) &= x^2+6x+10 \quad \blacktriangleright \text{ quadratische Ergänzung}\\
&= (x^2+6x+3^2)-3^2+10\\
&= \underline{(x+3)^2+1}
\end{aligned}
$$

Auf diesem Wege erhält man ein Integral, das nach der Substitution $x+3=z$ auf ein Grundintegral führt.

▶ $x+3=z \Rightarrow \frac{\mathrm{d}z}{\mathrm{d}x}=1 \Rightarrow \mathrm{d}x=\mathrm{d}z$

$$
\begin{aligned}
\frac{1}{3}\cdot\int\frac{\mathrm{d}x}{x^2+6x+10} &= \frac{1}{3}\cdot\int\frac{\mathrm{d}x}{(x+3)^2+1}\\
&= \frac{1}{3}\cdot\int\frac{\mathrm{d}z}{z^2+1} \quad \blacktriangleright \text{ Grundintegral}\\
&= \frac{1}{3}\cdot \text{Arctan } z+c \quad \blacktriangleright z=x+3\\
&= \underline{\underline{\frac{1}{3}\cdot \text{Arctan } (x+3)+c}}
\end{aligned}
$$

Problem: Lösen Sie das unbestimmte Integral $\int \frac{x+4}{x^2-4x+13}\,\mathrm{d}x\,;\, x\in\mathbb{R}$.

Der Integrand ist ein echter Polynombruch. Bereits beim vorangegangenen Problem wurde festgestellt, dass die quadratische Gleichung $x^2-4x+13=0$ keine Lösungen im Reellen hat. Um das unbestimmte Integral zu lösen, muss der Integrand hier mit einem besonderen Kunstgriff umgewandelt werden.

Der Zählerterm $x+4$ des Integranden wird so erweitert und dann in zwei Summanden zerlegt, dass der erste Summand der Ableitungsterm $2x-4$ der Nennerpolynomfunktion $q: q(x)=x^2-4x+13$ und der zweite Summand eine Zahl ist. Man erreicht das hier durch Erweitern mit 2 sowie die Zerlegung in die Zählerterme $2x-4$ und 12.

Der so umgewandelte Bruchterm kann dann in eine Summe von zwei Bruchtermen umgeformt werden.

$$
\begin{aligned}
\frac{x+4}{x^2-4x+13} &= \frac{2\cdot(x+4)}{2\cdot(x^2-4x+13)}\\
&= \frac{1}{2}\cdot\frac{2x+8}{x^2-4x+13}\\
&= \frac{1}{2}\cdot\frac{(2x-4)+12}{x^2-4x+13}\\
&= \frac{1}{2}\cdot\left(\frac{2x-4}{x^2-4x+13}+\frac{12}{x^2-4x+13}\right)\\
&= \underline{\frac{1}{2}\cdot\frac{2x-4}{x^2-4x+13}+\frac{6}{x^2-4x+13}}
\end{aligned}
$$

Damit lässt sich das gegebene Integral als Summe von zwei Integralen schreiben.

$$
\begin{aligned}
&\int\frac{4+x}{x^2-4x+13}\,\mathrm{d}x =\\
&= \frac{1}{2}\cdot\int\frac{2x-4}{x^2-4x+13}\,\mathrm{d}x+6\cdot\int\frac{\mathrm{d}x}{x^2-4x+13}\\
&= \frac{1}{2}\cdot \qquad I_1 \qquad +6\cdot \qquad I_2
\end{aligned}
$$

Das Integral I_1 ist vom Typ $\int\frac{f'(x)}{f(x)}\,\mathrm{d}x$, wenn $x^2-4x+13$ für $f(x)$ gesetzt wird. Es wurde bereits in Kapitel 2.4.2 allgemein gelöst.

$$
\begin{aligned}
I_1 &= \int\frac{2x-4}{x^2-4x+13}\,\mathrm{d}x \quad \blacktriangleright \int\frac{f'(x)}{f(x)}\,\mathrm{d}x \quad \blacktriangleright 2.4.2\\
&= \underline{\ln|x^2-4x+13|+c_1}
\end{aligned}
$$

Das Integral I_2 wurde schon im vorangegangenen Problem gelöst.

$$
I_2 = \int\frac{\mathrm{d}x}{x^2-4x+13} = \underline{\frac{1}{3}\cdot\text{Arctan }\frac{x-2}{3}+c_2}
$$

Die Lösung des gegebenen Integrals ergibt sich dann als Summe $\frac{1}{2}\cdot I_1 + 6\cdot I_2$. Für $c_1 + c_2$ setzt man c.

$$\int \frac{x+4}{x^2-4x+13}\,\mathrm{d}x = \frac{1}{2}\cdot I_1 + 6\cdot I_2$$
$$= \frac{1}{2}\cdot \ln|x^2-4x+13| + c_1 + 6\cdot\frac{1}{3}\cdot \text{Arctan}\,\frac{x-2}{3} + c_2$$
$$= \frac{1}{2}\cdot \ln|x^2-4x+13| + 2\cdot \text{Arctan}\,\frac{x-2}{3} + c$$

Allgemein lassen sich unbestimmte Integrale des Typs $\int \frac{\alpha\cdot x+\beta}{Ax^2+Bx+C}\,\mathrm{d}x$ mit $\alpha; A \neq 0$, bei denen die aus dem Nennerpolynom des Integranden gebildete quadratische Gleichung $Ax^2+Bx+C=0$ keine reellen Lösungen besitzt, durch algebraische Umformungen des Zählerpolynoms $\alpha\cdot x+\beta$ auf schon bekannte Integraltypen zurückführen:

$$\alpha\cdot x+\beta = \alpha\cdot\left[x+\frac{\beta}{\alpha}\right] = \frac{\alpha}{2A}\cdot\left[2Ax+2A\cdot\frac{\beta}{\alpha}\right] = \frac{\alpha}{2A}\cdot\left[(2Ax+B)+\left(2A\cdot\frac{\beta}{\alpha}-B\right)\right]$$
$$= \frac{\alpha}{2A}\cdot(2Ax+B)+\left(\beta-\frac{\alpha}{2A}\cdot B\right)$$

$$\Rightarrow \int\frac{\alpha\cdot x+\beta}{Ax^2+Bx+C}\,\mathrm{d}x = \frac{\alpha}{2A}\cdot\int\frac{2Ax+B}{Ax^2+Bx+C}\,\mathrm{d}x+\left(\beta-\frac{\alpha}{2}\cdot B\right)\cdot\int\frac{\mathrm{d}x}{Ax^2+Bx+C}$$
$$= \frac{\alpha}{2A}\cdot\ln|Ax^2+Bx+C|+\left(\beta-\frac{\alpha}{2A}\cdot B\right)\cdot\int\frac{\mathrm{d}x}{Ax^2+Bx+C}$$

Die Lösung des verbleibenden Integrals $\int\frac{\mathrm{d}x}{Ax^2+Bx+C}$ führt dann mithilfe der quadratischen Ergänzung und einer geeigneten Substitution auf eine Arkustangensfunktion.

Merke:

Für unbestimmte Integrale des Typs $\int \frac{\alpha\cdot x+\beta}{Ax^2+Bx+C}\,\mathrm{d}x$ mit $\alpha; A \neq 0$, bei denen die aus dem Nennerpolynom des Integranden gebildete quadratische Gleichung $Ax^2+Bx+C=0$ keine reellen Lösungen besitzt, gilt:

$$\boldsymbol{\int\frac{\alpha\cdot x+\beta}{Ax^2+Bx+C}\,\mathrm{d}x = \frac{\alpha}{2A}\cdot\ln|Ax^2+Bx+C|+\left(\beta-\frac{\alpha}{2A}\cdot B\right)\cdot\int\frac{\mathrm{d}x}{Ax^2+Bx+C}}$$

Die Lösung des verbleibenden Integrals $\int\frac{\mathrm{d}x}{Ax^2+Bx+C}$ führt mithilfe der quadratischen Ergänzung und einer geeigneten Substitution auf eine Arkustangensfunktion.

Beispiel: Lösen Sie das unbestimmte Integral $\int\frac{3x+9}{x^2+4x+5}\,\mathrm{d}x;\ x\in\mathbb{R}$ unter Verwendung der vorstehend entwickelten Lösungsstrategie.

Wegen $m<n$ liegt bereits ein echter Polynombruch vor.

$$\int\frac{3x+9}{x^2+4x+5}\,\mathrm{d}x = \int\frac{p_1(x)}{q_2(x)}\,\mathrm{d}x$$

► $3x+9=p_1(x)$ und $x^2+4x+5=q_2(x)$

$\Rightarrow m=1;\ n=2$ ► $m<n$ ► echter Polynombruch

Auch hier kann man das Nennerpolynom $q_2(x)$ nicht in Linearfaktoren zerlegen, da für $x^2+4x+5=0$ Lösungen im Reellen nicht existieren. Eine Integration mittels Partialbruchzerlegung ist also nicht möglich.

$q_2(x)=x^2+4x+5$ ► $q_2(x)=0$

$x^2+4x+5=0$ ► quadratische Gleichung

$\Rightarrow x_1=-2+\sqrt{4-5}=-2+\sqrt{-1}$ oder

$x_2=-2-\sqrt{4-5}=-2-\sqrt{-1}$

► Keine Lösung, da „$\sqrt{-1}$" in $\mathbb{R}$ nicht erklärt ist.

Man wendet deshalb auf das Nennerpolynom die Methode der quadratischen Ergänzung an.

$q_2(x)=x^2+4x+5$ ► quadratische Ergänzung

$$=(x^2+4x+2^2)-2^2+5$$
$$=\underline{(x+2)^2+1}$$

Dazu setzt man in die entwickelte Formel die aus dem gegebenen Integral ermittelten Zahlen für α; β; A; B und C ein und vereinfacht.

$$\int\frac{\alpha\cdot x+\beta}{Ax^2+Bx+C}\,\mathrm{d}x=$$
$$=\frac{\alpha}{2A}\cdot\ln|Ax^2+Bx+C|+\left(\beta-\frac{\alpha}{2A}\cdot B\right)\cdot\int\frac{\mathrm{d}x}{Ax^2+Bx+C}$$

► 3 für α; 9 für β; 1 für A; 4 für B; 5 für C

$$\int\frac{3x+9}{x^2+4x+5}\,\mathrm{d}x=$$
$$=\frac{3}{2\cdot1}\cdot\ln|1\cdot x^2+4\cdot x+5|+\left(9-\frac{3}{2\cdot1}\cdot4\right)\cdot\int\frac{\mathrm{d}x}{x^2+4x+5}$$
$$=\frac{3}{2}\cdot\ln|x^2+4x+5|+3\cdot\int\frac{\mathrm{d}x}{x^2+4x+5}$$

Im verbleibenden Integral $\int\frac{\mathrm{d}x}{(x+2)^2+1}$ wird $x+2=z$ substituiert.

► $x+2=z\Rightarrow\frac{\mathrm{d}z}{\mathrm{d}x}=1\Rightarrow\mathrm{d}x=\mathrm{d}z$

$$=\frac{3}{2}\cdot\ln|x^2+4x+5|+3\cdot\int\frac{\mathrm{d}x}{(x+2)^2+1}$$

Damit ergibt sich das Grundintegral $\int\frac{\mathrm{d}z}{z^2+1}$.

$$=\frac{3}{2}\cdot\ln|x^2+4x+5|+3\cdot\int\frac{\mathrm{d}z}{z^2+1}$$
$$=\frac{3}{2}\cdot\ln|x^2+4x+5|+3\cdot\operatorname{Arctan}z+c \quad ► z=x+2$$
$$=\underline{\underline{\frac{3}{2}\cdot\ln|x^2+4x+5|+3\cdot\operatorname{Arctan}(x+2)+c}}$$

Problem: Lösen Sie das unbestimmte Integral $\int\frac{17-7x}{(x-1)\cdot(x^2-4x+13)}\,\mathrm{d}x$ mit $x\in\mathbb{R}^{+1}$.

Der Integrand ist ein echter Polynombruch. Bereits beim vorangegangenen Problem wurde festgestellt, dass die quadratische Gleichung $x^2-4x+13=0$ keine Lösungen im Reellen hat und sich daher nicht als Produkt von Linearfaktoren schreiben lässt. Dennoch lässt sich der Integrand mit einem besonderen Kunstgriff als Summe von zwei Partialbrüchen darstellen. Dazu verwendet man den Ansatz $\frac{17-7x}{(x-1)\cdot(x^2-4x+13)}=\frac{A_1}{x-1}+\frac{A_2\cdot x+A_3}{x^2-4x+13}$.

Das ist unmittelbar einsichtig, denn nach ausgeführter Addition auf der rechten Seite der Gleichung ergibt sich im Zählerterm ein in x quadratischer Anteil, dessen Vorfaktor bei geeigneter Wahl von A_1 und A_2 Null wird.

Die Ausgangsgleichung wird mit dem Hauptnenner $\text{HN} = (x-1)\cdot(x^2-4x+13)$ multipliziert.

$$\frac{17-7x}{(x-1)\cdot(x^2-4x+13)} = \frac{A_1}{x-1} + \frac{A_2\cdot x + A_3}{x^2-4x+13} \quad | \cdot \text{HN}$$

$$\Rightarrow\ 17-7x = A_1\cdot(x^2-4x+13) + (A_2\cdot x + A_3)\cdot(x-1)$$

Setzt man in der sich ergebenden Gleichung 1 für x, so wird der Klammerterm $(x-1)$ Null und man erhält $A_1 = 1$.

$$\blacktriangleright\ (x-1) = 0 \Rightarrow x = 1 \quad \blacktriangleright\ 1 \text{ für } x$$

$$17-7x = A_1\cdot(x^2-4x+13) + (A_2\cdot x + A_3)\cdot(x-1)$$

$$17-7 = A_1\cdot(1-4+13) + (A_2\cdot 1 + A_3)\cdot(1-1)$$

$$10 = A_1\cdot 10 + 0 \Rightarrow A_1 = \underline{1}$$

Setzt man dann 0 für x und 1 für A_1, so ergibt sich $A_3 = -4$.

$$\blacktriangleright\ 0 \text{ für } x;\ 1 \text{ für } A_1$$

$$17-0 = 1\cdot(0-0+13) + (0+A_3)\cdot(0-1)$$

$$17 = 13 + A_3\cdot(-1) \Rightarrow A_3 = \underline{-4}$$

Setzt man in der Gleichung -1 für x, 1 für A_1 sowie -4 für A_3, so erhält man $A_2 = -1$.

$$\blacktriangleright\ -1 \text{ für } x;\ 1 \text{ für } A_1;\ -4 \text{ für } A_3$$

$$17-7\cdot(-1) = 1\cdot[(-1)^2-4\cdot(-1)+13] + {}$$
$$+ [A_2\cdot(-1)-4]\cdot(-1-1)$$

$$24 = 18 + 2\cdot A_2 + 8 \quad \blacktriangleright\ A_2 = \underline{-1}$$

Damit lässt sich $\frac{17-7x}{(x-1)\cdot(x^2-4x+13)}$ als eine Summe von zwei Partialbrüchen schreiben.

$$\frac{17-7x}{(x-1)\cdot(x^2-4x+13)} = \frac{A_1}{x-1} + \frac{A_2\cdot x + A_3}{x^2-4x+13}$$

$$\blacktriangleright\ 1 \text{ für } A_1;\ -1 \text{ für } A_2;\ -4 \text{ für } A_3$$

$$= \frac{1}{x-1} + \frac{-x-4}{x^2-4x+13}$$

$$= \underline{\frac{1}{x-1} - \frac{x+4}{x^2-4x+13}};\ x \in \mathbb{R}^{+1}$$

Die Partialbruchzerlegung des Integranden führt hier auf zwei Teilintegrale.

Das Integral $\int \frac{\mathrm{d}x}{x-1}$ lässt sich durch Substitution lösen (► 2.4.1). Die Lösung des Integrals $\int \frac{x+4}{x^2-4x+13}\,\mathrm{d}x$ kann aus dem vorangegangenen Problem entnommen werden.

$$\int \frac{17-7x}{(x-1)\cdot(x^2-4x+13)}\,\mathrm{d}x = \int\left(\frac{1}{x-1} - \frac{x+4}{x^2-4x+13}\right)\mathrm{d}x$$

$$= \int \frac{\mathrm{d}x}{x-1} - \int \frac{x+4}{x^2-4x+13}\,\mathrm{d}x$$

$$\underline{\underline{= \ln|x-1| - \frac{1}{2}\cdot\ln|x^2-4x+13| - 2\cdot\operatorname{Arctan}\frac{x-2}{3} + c;\ x \neq 1}}$$

Mit der Betrachtung von drei Fallgruppen ist die Methode der Partialbruchzerlegung hinreichend ausführlich behandelt worden. Der **Fundamentalsatz der Algebra** besagt, dass man jedes Polynom $a_n\cdot x^n + a_{n-1}\cdot x^{n-1} + \ldots + a_1\cdot x + a_0$ mit reellen Koeffizienten a_n; a_{n-1}; …; a_1; a_0 so in ein Produkt von Polynomen zerlegen kann, dass der größte Grad der dabei auftretenden Polynome höchstens 2 ist. Hierbei kann sich natürlich auch ein Polynom zweiten Grades mit einer Vielfachheit größer 1 ergeben. Auf solche Integrale wird hier nicht eingegangen.

Übungsaufgaben

Übungsaufgaben zur Fallgruppe 1

Berechnen Sie die nachstehenden unbestimmten Integrale mithilfe der Partialbruchzerlegung.

1. $\int \frac{dx}{x^2-16}$ **2.** $\int \frac{6+4x}{x^2+x}\,dx$ **3.** $\int \frac{2x+3}{x^2-5x+6}\,dx$

4. $\int \frac{dx}{(x-2)\cdot(x+1)}$ **5.** $\int \frac{2x+3}{x^2+2x-63}\,dx$ **6.** $\int \frac{7-x}{x^2+6x-91}\,dx$

7. $\int \frac{x+3}{x^2-x-2}\,dx$ **8.** $\int \frac{dx}{x^2-40x+111}$ **9.** $\int \frac{x+4}{x^2-2}\,dx$

10. $\int \frac{dx}{x^2+9x+8}$ **11.** $\int \frac{10+4x}{4-x^2}\,dx$ **12.** $\int \frac{dx}{(x^2+5x+6)\cdot(x+1)}$

13. $\int \frac{x^2}{1-x^2}\,dx$ **14.** $\int \frac{7x+8}{x^2+x-2}\,dx$ **15.** $\int \frac{x^2-2x+3}{x^2-3x+2}\,dx$

16. $\int \frac{2x+6}{2x^2+3x+1}\,dx$ **17.** $\int \frac{dx}{x^2-7x+12}$ **18.** $\int \frac{dx}{x^2-5}$

19. $\int \frac{4x+1}{(x-2)\cdot(x+1)}\,dx$ **20.** $\int \frac{x^2}{(x^2-1)\cdot(x+2)}\,dx$ **21.** $\int \frac{2}{6x^2-3x}\,dx$

22. $\int \frac{-2x-3}{2x^2+3x+1}\,dx$ **23.** $\int \frac{dx}{2x-3x^2}$ **24.** $\int \frac{x}{4x^3-0{,}5x}\,dx$

25. $\int \frac{\cos x}{\sin^2 x+10\cdot\sin x+9}\,dx$ ► $\sin x = z$ **26.** $\int \frac{(2\cdot\sin x+5)\cdot\cos x}{2\cdot\sin^2 x+3\cdot\sin x+1}\,dx$ ► $\sin x = z$

Übungsaufgaben zur Fallgruppe 2

Berechnen Sie die nachstehenden unbestimmten Integrale mittels der Partialbruchzerlegung.

27. $\int \frac{3-2x^2}{(x-3)^2\cdot(x-1)}\,dx$ **28.** $\int \frac{4+x^3}{(1-x^2)\cdot(1+x)^2}\,dx$ **29.** $\int \frac{x^4-x^3+3x}{x^2\cdot(x+2)\cdot(x-3)}\,dx$

30. $\int \frac{2}{9x^2+12x+4}\,dx$ **31.** $\int \frac{x+2}{x^3-4x^2+4x}\,dx$ **32.** $\int \frac{5+2x^2}{4x^2+x^3}\,dx$

33. $\int \frac{6}{12x-2x^2-18}\,dx$ **34.** $\int \frac{dx}{x^2\cdot(x-1)}$ **35.** $\int \frac{(x+2)^2}{(x-1)^2\cdot(x^2-1)}\,dx$

36. $\int \frac{x+2}{x^2-4x+4}\,dx$ **37.** $\int \frac{1+2x}{4x-4x^2-1}\,dx$ **38.** $\int \frac{3x^3-5x+2}{(x+2)^2\cdot(x-2)^2}\,dx$

39. $\int \frac{36-10x}{x^3-6x^2+9x}\,dx$ **40.** $\int \frac{dx}{x^3-6x^2+9x}$ **41.** $\int \frac{-6x^2-4x-6}{x^3+2x^2}\,dx$

42. $\int \frac{dx}{x^3 - x^2 - x + 1}$ **43.** $\int \frac{2x-3}{x^3 - x^2 - x + 1}\,dx$ **44.** $\int \frac{2x^2-3}{x^3 - x^2 - x + 1}\,dx$

45. $\int \frac{dx}{(x-1)^2 \cdot (x-2)}$ **46.** $\int \frac{2x+1}{(x-1)^2 \cdot (x-2)}\,dx$ **47.** $\int \frac{x^3+x}{(x-1)^2 \cdot (x-2)}\,dx$

48. $\int \frac{dx}{x^4 - 2x^2 + 1}$ **49.** $\int \frac{-x+5}{x^4 - 2x^2 + 1}\,dx$ **50.** $\int \frac{-x^5+1}{x^4 - 2x^2 + 1}\,dx$

Übungsaufgaben zur Fallgruppe 3

Berechnen Sie die nachstehenden unbestimmten Integrale.

51. $\int \frac{dx}{x^4 - 25}$ **52.** $\int \frac{dx}{(2x^2+3) \cdot (5-x)}$ **53.** $\int \frac{dx}{1+x^3}$

54. $\int \frac{dx}{(x+1) \cdot (x^2 - x + 1)}$ **55.** $\int \frac{dx}{x^3 - 1}$ **56.** $\int \frac{dx}{x^4 - 1}$

57. $\int \frac{dx}{-2x^2 + 4x - 4}$ **58.** $\int \frac{1+x}{x^2 - 3x + 4}\,dx$ **59.** $\int \frac{dx}{5 + 6x^2}$

60. $\int \frac{3}{13 - 4x + 3x^2}\,dx$ **61.** $\int \frac{2}{3x^2 + 4}\,dx$ **62.** $\int \frac{dx}{x^2 + 6x + 15}$

63. $\int \frac{dx}{2x^2 + 3x + 2}$ **64.** $\int \frac{2x-3}{x^2 - 2x + 2}\,dx$ **65.** $\int \frac{8}{0{,}5x^2 + 5x + 13}\,dx$

66. $\int \frac{x}{x^3 + 2x^2 + 4x}\,dx$ **67.** $\int \frac{5x+3}{2x^2 - x + 1}\,dx$ **68.** $\int \frac{4x+x^2}{3x^3 - 2x^2 + x}\,dx$

69. $\int \frac{2x+1}{x^2 + 2x + 17}\,dx$ **70.** $\int \frac{2x+13}{x^2 + 4x + 13}\,dx$ **71.** $\int \frac{3x-7}{x^2 - 8x + 17}\,dx$

72. $\int \frac{x^4 - x^3 - 9x^2 - 26x - 11}{x^2 - 4x + 5}\,dx$ **73.** $\int \frac{x^4 - x^3 - 5x^2 - 41x - 19}{x^2 + 3x + 9}\,dx$ **74.** $\int \frac{2x^5 + x^4 - 2x + 3}{x^4 - 1}\,dx$

2.7 Integration mittels Reihenentwicklung

Neben den bisher behandelten unbestimmten Integralen und deren Lösungsmöglichkeiten gibt es viele Integrale, die mit den bis jetzt bekannten Verfahren nicht gelöst werden können. Dazu gehören schon Integrale mit relativ einfachem Aussehen wie z. B. $\int \frac{\sin x}{x}\,dx$, $\int \frac{\cos x}{x}\,dx$, $\int \frac{\sin x}{\sqrt{x}}\,dx$, $\int e^{-x^2}\,dx$ und $\int \sqrt{1+x^3}\,dx$. Lässt sich aber eine Integrandfunktion f als unendliche Potenzreihe $\sum\limits_{k=0}^{\infty}[a_k \cdot (x-x_0)^k]$ (► Kusch 3; 3.2.5) an einer Stelle $x_0 \in D(f)$ entwickeln, dann stellt diese Potenzreihe in ihrem Konvergenzintervall $(x_0 - r; x_0 + r)$; $r > 0$ eine Funktion dar und sie hat dort die gleichen Funktionswerte wie $f: f(x) = \sum\limits_{k=0}^{\infty}[a_k \cdot (x-x_0)^k]$; $x \in (x_0 - r; x_0 + r)$. Man wird daher versuchen, das Finden einer Stammfunktion zu f in einem Intervall $I \subset D(f)$ auf das Finden einer Stammfunktion einer unendlichen Potenzreihe $\sum\limits_{k=0}^{\infty}[a_k \cdot (x-x_0)^k]$ zu übertragen, wenn $x_0 \in I$ und $I \subset (x_0 - r; x_0 + r)$ ist. Das gelingt jedoch nicht immer, wie die folgenden Probleme und Beispiele zeigen werden.

Problem: Stellen Sie die Integrandfunktion $f: f(x) = \cos x$; $D(f) = \mathbb{R}$ des unbestimmten Integrals $\int \cos x\,dx$; $x \in \mathbb{R}$ als Potenzreihe um $x_0 = 0$ dar und integrieren Sie diese Reihe summandenweise. Vergleichen Sie das Ergebnis mit der Lösung von $\int \cos x\,dx$.

Die Potenzreihendarstellung von $f: f(x) = \cos x$; $D(f) = \mathbb{R}$ um $x_0 = 0$ lautet $1 - \frac{x^2}{2!} + \frac{x^4}{4!} - \frac{x^6}{6!} \pm \cdots$ (► 4.3) und hat das Konvergenzintervall $(-\infty; \infty)$. Integriert man diese Potenzreihe summandenweise, so ergibt sich die Potenzreihe $x - \frac{x^3}{3!} + \frac{x^5}{5!} - \frac{x^7}{7!} \pm \ldots + c$ mit dem Konvergenzintervall $(-\infty; \infty)$.

Potenzreihen können in ihrem Konvergenzintervall summandenweise differenziert werden (► Kusch 3; 3.2.4). Deshalb ist $x - \frac{x^3}{3!} + \frac{x^5}{5!} - \frac{x^7}{7!} \pm \ldots + c$ die Potenzreihendarstellung einer Stammfunktion von f in $D(f) = (-\infty; \infty)$.

$$\cos x = 1 - \frac{x^2}{2!} + \frac{x^4}{4!} - \frac{x^6}{6!} \pm \ldots$$

$$\begin{aligned} \int \cos x\,dx &= \int \left(1 - \frac{x^2}{2!} + \frac{x^4}{4!} - \frac{x^6}{6!} \pm \ldots\right) dx \\ &= x - \frac{x^3}{3 \cdot 2!} + \frac{x^5}{5 \cdot 4!} - \frac{x^7}{7 \cdot 6!} \pm \ldots + c \\ &= \underline{\underline{x - \frac{x^3}{3!} + \frac{x^5}{5!} - \frac{x^7}{7!} \pm \ldots + c; x \in (-\infty; \infty)}} \end{aligned}$$

Wegen $x - \frac{x^3}{3!} + \frac{x^5}{5!} - \frac{x^7}{7!} \pm \ldots = \sin x$ mit $x \in (-\infty; \infty)$, erhält man auf diese Weise die gleiche Stammfunktion wie bei der herkömmlichen Integration.

► $x - \frac{x^3}{3!} + \frac{x^5}{5!} - \frac{x^7}{7!} \pm \ldots = \sin x$

► $\int \cos x\,dx = \underline{\underline{\sin x + c}}$

Die vorstehend gewonnenen Erkenntnisse kann man verallgemeinern. Lässt sich eine Funktion f an einer Stelle $x_0 \in D(f)$ als unendliche Potenzreihe $\sum\limits_{k=0}^{\infty}[a_k \cdot (x-x_0)^k]$ mit dem Konvergenzintervall $I_{x_0} = (x_0 - r; x_0 + r)$; $r > 0$ entwickeln, so gilt: $f(x) = \sum\limits_{k=0}^{\infty}[a_k \cdot (x-x_0)^k]$; $x \in I_{x_0}$, also auch:

$$\int f(x)\,dx = \int \sum_{k=0}^{\infty}[a_k \cdot (x-x_0)^k]\,dx = \sum_{k=0}^{\infty} \int [a_k \cdot (x-x_0)^k]\,dx = \sum_{k=0}^{\infty}\left[\frac{a_k}{k+1} \cdot (x-x_0)^{k+1}\right] + c; x \in I_{x_0}$$

Man kann also im Intervall I_{x_0} das Summenzeichen mit dem Integralzeichen vertauschen. Die Funktion $F_0: F_0(x) = \sum\limits_{k=0}^{\infty}\left[\frac{a_k}{k+1}\cdot(x-x_0)^{k+1}\right]$; $D(F_0) = I_{x_0}$ ist dann Stammfunktion von f in I_{x_0} und die Potenzreihen $\sum\limits_{k=0}^{\infty}[a_k\cdot(x-x_0)^k]$ sowie $\sum\limits_{k=0}^{\infty}\left[\frac{a_k}{k+1}\cdot(x-x_0)^{k+1}\right]$ haben das gleiche Konvergenzintervall I_{x_0}.

Merke:

- Wenn sich eine Funktion f an einer Stelle $x_0 \in D(f)$ zu einer unendlichen Potenzreihe mit dem Konvergenzintervall $I_{x_0} = (x_0 - r; x_0 + r)$; $r > 0$ entwickeln lässt, so darf man eine solche Potenzreihe in I_{x_0} summandenweise integrieren. Die integrierte Potenzreihe hat dann ebenfalls das Konvergenzintervall I_{x_0} und stellt die Potenzreihenentwicklung von Stammfunktionen zu f in I_{x_0} dar.
- $$\int\sum_{k=0}^{\infty}[a_k\cdot(x-x_0)^k]\,\mathrm{d}x = \sum_{k=0}^{\infty}\left[\frac{a_k}{k+1}\cdot(x-x_0)^{k+1}\right] + c$$
  $$= a_0\cdot(x-x_0) + \frac{a_1}{2}\cdot(x-x_0)^2 + \frac{a_3}{3}\cdot(x-x_0)^3 + \ldots + c;\ x \in I_{x_0}$$

Beispiel: Entwickeln Sie die Funktion $f: f(x) = \mathrm{e}^{-x^2}$; $D(f) = \mathbb{R}$ an der Stelle $x_0 = 0$ zu einer Potenzreihe, geben Sie deren Konvergenzintervall I_0 an, und ermitteln Sie die Potenzreihendarstellung von Stammfunktionen von f in I_0.

Die Potenzreihenentwicklung der Funktion $g: g(x) = \mathrm{e}^x$; $D(g) = \mathbb{R}$ um $x_0 = 0$ ist bekannt (► 4.3).

Hieraus ergibt sich die Potenzreihenentwicklung der Funktion $f: f(x) = \mathrm{e}^{-x^2}$; $D(f) = \mathbb{R}$ um $x_0 = 0$, wenn man dort $-x^2$ für x setzt. Diese Potenzreihe hat das Konvergenzintervall $I_0 = (-\infty; \infty)$, sodass auch die integrierte Potenzreihe das gleiche Konvergenzintervall hat.

$$\mathrm{e}^x = 1 + \frac{x}{1!} + \frac{x^2}{2!} + \frac{x^3}{3!} + \frac{x^4}{4!} + \ldots;\ x \in \mathbb{R} \quad ► -x^2 \text{ für } x$$

$$\Rightarrow\ \mathrm{e}^{-x^2} = 1 - \frac{x^2}{1!} + \frac{x^4}{2!} - \frac{x^6}{3!} + \frac{x^8}{4!} \mp \ldots;\ x \in \mathbb{R}$$

$$\Rightarrow\ \int \mathrm{e}^{-x^2}\mathrm{d}x = \int\left(1 - \frac{x^2}{1!} + \frac{x^4}{2!} - \frac{x^6}{3!} + \frac{x^8}{4!} \mp \ldots\right)\mathrm{d}x$$
$$= x - \frac{x^3}{3\cdot 1!} + \frac{x^5}{5\cdot 2!} - \frac{x^7}{7\cdot 3!} + \frac{x^9}{9\cdot 4!} \mp \ldots + c;\ x \in \mathbb{R}$$

Man kann die Funktion $F: F(x) = x - \frac{x^3}{3\cdot 1!} + \frac{x^5}{5\cdot 2!} - \frac{x^7}{7\cdot 3!} + \frac{x^9}{9\cdot 4!} \mp \ldots;\ x \in \mathbb{R}$, nicht mithilfe von elementaren Funktionen darstellen (► Kusch 3; 1.2.2; 1.2.5; 1.2.7; 2.2.8 bis 2.2.13), was bedeutet, dass die Funktion $f: f(x) = \mathrm{e}^{-x^2}$; $D(f) = \mathbb{R}$ in $D(f)$ keine explizite Stammfunktion besitzt. Werte für die spezielle Stammfunktion $F: F(x) = x - \frac{x^3}{3\cdot 1!} + \frac{x^5}{5\cdot 2!} - \frac{x^7}{7\cdot 3!} + \frac{x^9}{9\cdot 4!} \mp \ldots;\ x \in \mathbb{R}$ lassen sich mithilfe von Computern näherungsweise berechnen.

Beispiel: Entwickeln Sie die Funktion $f: f(x) = \begin{cases} \frac{\sin x}{x}, & \text{wenn } x \neq 0 \\ 1, & \text{wenn } x = 0 \end{cases}$ an der Stelle $x_0 = 0$ in einer Potenzreihe, geben Sie deren Konvergenzintervall I_0 an und ermitteln Sie die Potenzreihendarstellung von Stammfunktionen von f in I_0.

Die Potenzreihenentwicklung der Funktion $g: g(x) = \sin x;\ D(g) = \mathbb{R}$ um $x_0 = 0$ ist bekannt (► 4.3). Hieraus ergibt sich um $x_0 = 0$ die Potenzreihenentwicklung von:

$$f: f(x) \begin{cases} \frac{\sin x}{x}, & \text{wenn } x \neq 0 \\ 1, & \text{wenn } x = 0 \end{cases}$$

$\left(\lim\limits_{x \to 0} \frac{\sin x}{x} = 1 \quad \blacktriangleright \text{ Kusch 3; 2.2.10}\right)$

$$\sin x = x - \frac{x^3}{3!} + \frac{x^5}{5!} - \frac{x^7}{7!} + \frac{x^9}{9!} \mp \ldots;\ x \in \mathbb{R} \mid : x;\ x \neq 0$$

$$\Rightarrow \quad \frac{\sin x}{x} = 1 - \frac{x^2}{3!} + \frac{x^4}{5!} - \frac{x^6}{7!} + \frac{x^8}{9!} \mp \ldots$$

$$\Rightarrow \quad \int \frac{\sin x}{x}\,\mathrm{d}x = \int \left(1 - \frac{x^2}{3!} + \frac{x^4}{5!} - \frac{x^6}{7!} + \frac{x^8}{9!} \mp \ldots\right)\mathrm{d}x$$

$$= x - \frac{x^3}{3 \cdot 3!} + \frac{x^5}{5 \cdot 5!} - \frac{x^7}{7 \cdot 7!} + \frac{x^9}{9 \cdot 9!} \mp \ldots + c$$

Diese Potenzreihe hat das Konvergenzintervall $I_0 = (-\infty\,;\,\infty)$, sodass auch die integrierte Potenzreihe das gleiche Konvergenzintervall hat.

Es gibt keine explizite Stammfunktion zur Funktion $f: f(x) = \begin{cases} \frac{\sin x}{x}, & \text{wenn } x \neq 0 \\ 1, & \text{wenn } x = 0 \end{cases}$ in $D(f) = \mathbb{R}$ oder in Teilintervallen von $D(f)$. Mit der Potenzreihe für $c = 0$ erhält man die spezielle Stammfunktion $\mathrm{Si}: \mathrm{Si}(x) = x - \frac{x^3}{3 \cdot 3!} + \frac{x^5}{5 \cdot 5!} - \frac{x^7}{7 \cdot 7!} + \frac{x^9}{9 \cdot 9!} \mp \ldots$, die man als **Integralsinusfunktion** bezeichnet. Werte der Funktion lassen sich mithilfe von Computern berechnen oder aus Tabellen entnehmen.

Bei den bisherigen Problemen und Beispielen handelt es sich um Potenzreihendarstellungen von Stammfunktionen einer Funktion f, deren Gültigkeitsintervall mit dem Definitionsbereich von f übereinstimmt. Die Lösung des folgenden Problems zeigt aber, dass das nicht immer der Fall ist.

Problem: Entwickeln Sie die Funktion $f: f(x) = \frac{1}{\sqrt{1+x}};\ D(f) = \mathbb{R}^{>-1}$ an der Stelle $x_0 = 0$ zu einer Potenzreihe, geben Sie deren Konvergenzintervall I_0 an, und ermitteln Sie die Potenzreihendarstellung von Stammfunktionen von f in I_0.

Der Integrand wird mithilfe der Reihe für $(1+x)^{-\frac{1}{2}}$ (► 4.3) zu einer Potenzreihe um $x_0 = 0$ entwickelt, die man dann in ihrem Konvergenzintervall $(-1\,;\,1)$ summandenweise integriert. Die integrierte Potenzreihe hat das gleiche Konvergenzintervall, sodass man damit lediglich Stammfunktionen von f im Intervall $(-1\,;\,1)$ erhält.

$$\frac{1}{\sqrt{1+x}} = (1+x)^{-\frac{1}{2}} = 1 - \frac{1}{2} \cdot x + \frac{1 \cdot 3}{2 \cdot 4} \cdot x^2 - \frac{1 \cdot 3 \cdot 5}{2 \cdot 4 \cdot 6} \cdot x^3 + \frac{1 \cdot 3 \cdot 5 \cdot 7}{2 \cdot 4 \cdot 6 \cdot 8} \cdot x^4 \mp \ldots;\ x \in (-1\,;\,1)$$

$$\int \frac{\mathrm{d}x}{\sqrt{1+x}} = \int 1\,\mathrm{d}x - \frac{1}{2} \cdot \int x\,\mathrm{d}x + \frac{1 \cdot 3}{2 \cdot 4} \cdot \int x^2\,\mathrm{d}x - \frac{1 \cdot 3 \cdot 5}{2 \cdot 4 \cdot 6} \cdot \int x^3\,\mathrm{d}x + \frac{1 \cdot 3 \cdot 5 \cdot 7}{2 \cdot 4 \cdot 6 \cdot 8} \cdot \int x^4\,\mathrm{d}x \mp \ldots$$

$$= x - \frac{1}{2} \cdot \frac{x^2}{2} + \frac{1 \cdot 3}{2 \cdot 4} \cdot \frac{x^3}{3} - \frac{1 \cdot 3 \cdot 5}{2 \cdot 4 \cdot 6} \cdot \frac{x^4}{4} + \frac{1 \cdot 3 \cdot 5 \cdot 7}{2 \cdot 4 \cdot 6 \cdot 8} \cdot \frac{x^5}{5} \mp \ldots + c;\ x \in (-1\,;\,1)$$

Natürlich könnte man in diesem Falle mit den Methoden aus Kapitel 2.4.1 sofort Stammfunktionen zu f in $D(f) = \mathbb{R}^{>-1}$ und damit auch in jedem Teilintervall von $(-1\,;\infty)$ angeben, denn alle Funktionen $F: F(x) = 2\cdot\sqrt{1+x}+c$; $D(f) = \mathbb{R}^{\geq -1}$ sind Stammfunktionen von f in $D(f) = \mathbb{R}^{>-1}$. Mit dem hier bearbeiteten Problem sollte aber dargestellt werden, dass man durch Potenzreihenentwicklung einer Integrandfunktion und anschließende summandenweise Integration zunächst nur Stammfunktionen für Teilintervalle aus $D(f)$ erhält, die in der Regel mit $D(f)$ nicht übereinzustimmen brauchen.

Man kann durch die Methode der Integration mittels Reihenentwicklung aber nicht zu jeder Funktion eine Stammfunktion finden.

So ist z. B. $g: g(x) = \begin{cases} e^{-\frac{1}{x^2}}, & \text{wenn } x \neq 0 \\ 0, & \text{wenn } x = 0 \end{cases}$ zwar an der Stelle $x_0 = 0$ beliebig oft differenzierbar, aber alle Ableitungen von g an der Stelle $x_0 = 0$ sind null. Die Funktion g lässt sich also an dieser Stelle nicht zu einer Potenzreihe entwickeln, die in einem Intervall $(-r\,; r)$; $r > 0$ die Funktion g darstellt.

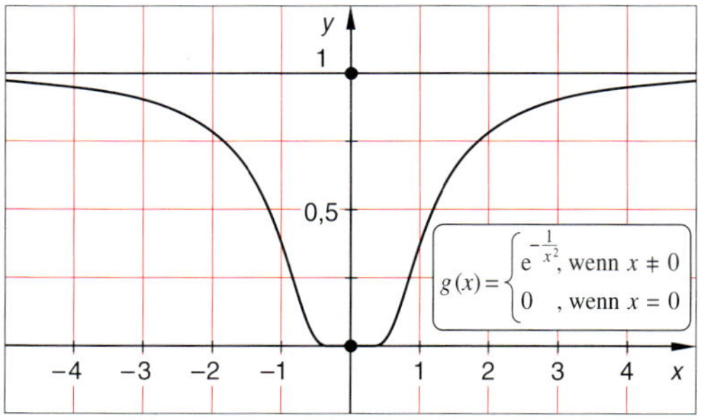

Manchmal kann man die Potenzreihenentwicklung einer beliebig oft differenzierbaren Funktion f mit $0 \in D(f)$ dadurch in einem Intervall I_0 berechnen, indem man ihre Ableitungsfunktion f' an der Stelle $x_0 = 0$ zu einer Potenzreihe entwickelt und diese dann summandenweise integriert.

Beispiel: Entwickeln Sie eine Potenzreihe um $x_0 = 0$ für $f: f(x) = \operatorname{Arctan} x$; $D(f) = \mathbb{R}$, indem Sie die unendliche Reihe ihrer Ableitungsfunktion $f': f'(x) = \frac{1}{1+x^2}$; $x \in \mathbb{R}$ integrieren.

Die Reihe für $\frac{1}{1+x^2}$ ist als geometrische Reihe (► 4.3) bekannt:

$\frac{1}{1+x^2} = 1 - x^2 + x^4 - x^6 \pm \ldots; x \in (-1\,; 1)$

Zur Berechnung der Integrationskonstanten setzt man 0 für x.

► $\operatorname{Arctan} 0 = 0$

$$f(x) = \operatorname{Arctan} x \Rightarrow f'(x) = \frac{1}{1+x^2}\,; x \in \mathbb{R}$$

$$\int \frac{dx}{1+x^2} = \operatorname{Arctan} x + c_1$$

$$\int \frac{dx}{1+x^2} = \int (1 - x^2 + x^4 - x^6 \pm \ldots)\,dx$$

$$\operatorname{Arctan} x + c_1 = x - \frac{x^3}{3} + \frac{x^5}{5} - \frac{x^7}{7} \pm \ldots + c_2 \quad \blacktriangleright \text{ 0 für } x$$

$$\operatorname{Arctan} 0 + c_1 = 0 - \frac{0}{3} + \frac{0}{5} - \frac{0}{7} \pm \ldots + c_2 \Rightarrow c_1 = c_2$$

$$\Rightarrow \underline{\underline{\operatorname{Arctan} x = x - \frac{x^3}{3} + \frac{x^5}{5} - \frac{x^7}{7} \pm \ldots; x \in (-1\,; 1)}}$$

Man kann zeigen, dass die Potenzreihe für $f: f(x) = \operatorname{Arctan} x$ auch an der Stelle 1 konvergent ist.

Übungsaufgaben

Berechnen Sie die nachstehenden unbestimmten Integrale in der Weise, dass Sie den Integranden zu einer Potenzreihe um $x_0 = 0$ entwickeln und diese dann summandenweise integrieren. Geben Sie das Konvergenzintervall der Potenzreihe an.

1. $\int e^{-x}\,dx$ **2.** $\int \sin x\,dx$ **3.** $\int e^{x^2}\,dx$ **4.** $\int \sin x^2\,dx$

5. $\int \frac{dx}{\sqrt{1+x^4}}$ **6.** $\int \frac{dx}{\sqrt{1+x^3}}$ **7.** $\int \sqrt[3]{1+x^5}\,dx$ **8.** $\int \sqrt{1-x^2}\,dx$

Lösen Sie die nachstehenden unbestimmten Integrale in der Weise, dass Sie den Zählerterm des Integranden zu einer Potenzreihe um $x_0 = 0$ entwickeln. Geben Sie das Konvergenzintervall der Potenzreihe an.

9. $\int \frac{\cos x}{x}\,dx$ **10.** $\int \frac{\sin x}{x^2}\,dx$ **11.** $\int \frac{\ln(1+x)}{x}\,dx$ **12.** $\int \frac{\ln(1+x^2)}{x^2}\,dx$

13. $\int \frac{e^x}{x}\,dx$ **14.** $\int \frac{e^{-x}}{x}\,dx$ **15.** $\int \frac{e^{-x^2}}{x}\,dx$ **16.** $\int \frac{\operatorname{Arsinh} x}{x}\,dx$

17. Entwickeln Sie die Funktion $f: f(x) = \frac{1}{\sqrt{1-x}}$; $D(f) = \mathbb{R}^{<1}$ an der Stelle $x_0 = 0$ zu einer Potenzreihe, geben Sie deren Konvergenzintervall I_0 an, und ermitteln Sie die Potenzreihendarstellung von Stammfunktionen von f in I_0. Verfahren Sie entsprechend an der Stelle $x_{-1} = -1$.

Entwickeln Sie für die nachstehenden Funktionen f eine Potenzreihe um $x_0 = 0$, indem Sie die unendliche Reihe ihrer Ableitungsfunktion f' integrieren. Geben Sie das Konvergenzintervall der Potenzreihe an.

18. $f: f(x) = \operatorname{Arcsin} x$; $D(f) = [-1\,;\,1]$

19. $f: f(x) = \ln(1+x)$; $D(f) = \mathbb{R}^{>-1}$

20. $f: f(x) = \operatorname{Arsinh} x$; $D(f) = \mathbb{R}$

21. $f: f(x) = \operatorname{Artanh} x$; $D(f) = (-1\,;\,1)$

2.8 Uneigentliche Integrale

Bei der Definition des bestimmten Integrals (► 1.1) wurde vorausgesetzt, dass ein abgeschlossenes Intervall $[a\,;b]$, also ein **beschränktes Integrationsintervall** vorliegt und die zu integrierende Funktion f im abgeschlossenen Intervall $[a\,;b]$ keine Unendlichkeitsstellen hat, also beschränkt ist. Manchmal ist es jedoch möglich, den Begriff des bestimmten Integrals durch geeignete Grenzwertbildung zu erweitern.

So kann man der Fläche, die im Intervall $[-1\,;\infty)$ zwischen dem Graphen der Integrandfunktion $f: f(x) = \frac{4}{1+x^2}$; $D(f) = \mathbb{R}$ und der x-Achse liegt, eine Maßzahl zuordnen, obwohl das Integrationsintervall rechts unbeschränkt ist.

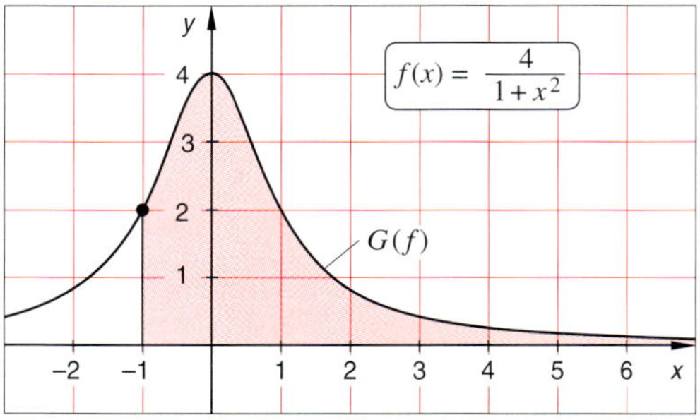

Auch bei $f: f(x) = \frac{1}{\sqrt[3]{(x-1)^2}}$; $D(f) = \mathbb{R}^{+1}$ lässt sich der Fläche, die im Intervall $[-1\,;4]$ zwischen dem Graphen der Integrandfunktion und der x-Achse liegt, eine Maßzahl zuordnen, obwohl das Integrationsintervall die Unendlichkeitsstelle $x_0 = 1$ enthält, die Funktion f also dort **unbeschränkt** ist.

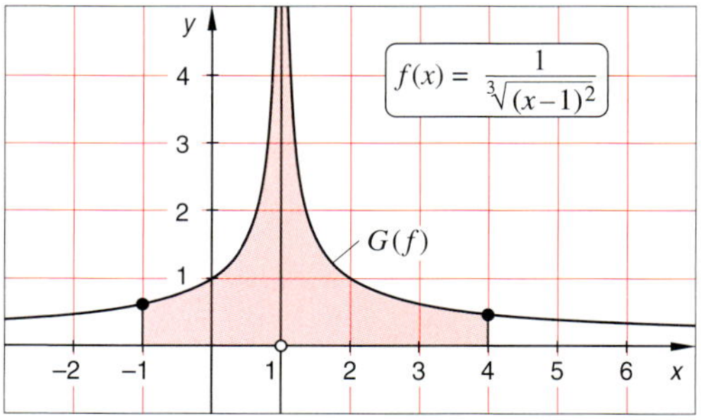

Integrale mit unbeschränktem Integrationsintervall

Problem: Berechnen Sie $\int\limits_{-1}^{b} \frac{4}{1+x^2}\,dx$; $b > -1$ mithilfe des Hauptsatzes und untersuchen Sie die sich hieraus ergebende Funktion auf Konvergenz für $b \to \infty$. Verfahren Sie entsprechend mit $\int\limits_{a}^{-1} \frac{4}{1+x^2}\,dx$; $a < -1$ für $a \to -\infty$.

Die Funktion $f: f(x) = \frac{4}{1+x^2}$; $D(f) = \mathbb{R}$ ist abschnittsweise monoton und daher in jedem abgeschlossenen Intervall $[-1\,;b]$ mit $b > -1$ integrierbar.

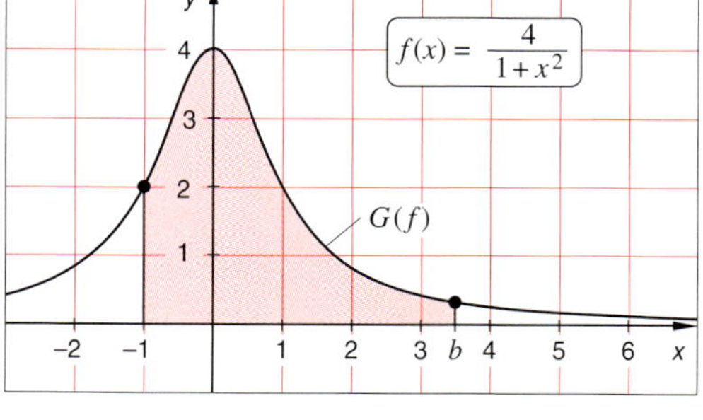

Für $x \in D(f)$ ist $F: F(x) = 4 \cdot \operatorname{Arctan} x$ eine Stammfunktion von $f: f(x) = \frac{4}{1+x^2}$, denn für alle $x \in D(f)$ gilt $F'(x) = f(x)$.

$f(x) = \frac{4}{1+x^2}$; $x \in \mathbb{R}$

► $F(x) = 4 \cdot \operatorname{Arctan} x$; $x \in \mathbb{R}$

$\Rightarrow F'(x) = \frac{4}{1+x^2}$; $x \in \mathbb{R}$ ► $F'(x) = f(x)$

► F ist eine Stammfunktion von f in $\mathbb{R}$

Damit lässt sich $\int_{-1}^{b} \frac{4}{1+x^2}\,dx$; $b > -1$ über den Hauptsatz (► 1.2) berechnen, weil F auch eine Stammfunktion für jedes abgeschlossene Intervall von $D(f)$ ist. So erhält man $G: G(b) = 4 \cdot \operatorname{Arctan} b + \pi$; $D(G) = \mathbb{R}$. Für jedes $b > -1$ gibt der Funktionswert $G(b)$ die Maßzahl der Fläche zwischen dem Graphen der Funktion f und der x-Achse im Intervall $[-1; b]$ an.

$\int_{a}^{b} f(x)\,dx = F(x) \mid_a^b = F(b) - F(a)$ ► Hauptsatz

► $f(x) = \frac{4}{1+x^2}$; $F(x) = 4 \cdot \operatorname{Arctan} x$; -1 für a

$$\int_{-1}^{b} \frac{4}{1+x^2}\,dx = 4 \cdot \operatorname{Arctan} x \mid_{-1}^{b}$$

$= 4 \cdot \operatorname{Arctan} b - 4 \cdot \operatorname{Arctan}(-1)$ ► $\operatorname{Arctan}(-1) = -\frac{\pi}{4}$

$= 4 \cdot \operatorname{Arctan} b - 4 \cdot \left(-\frac{\pi}{4}\right)$

$= \underline{4 \cdot \operatorname{Arctan} b + \pi;\ b > -1}$

$\lim\limits_{b \to \infty} G(b) = \lim\limits_{b \to \infty} [4 \cdot \operatorname{Arctan} b + \pi]$ bedeutet geometrisch, dass die Integrationsgrenze b längs der x-Achse immer weiter nach rechts verschoben wird. Obwohl das Integrationsintervall $[-1; \infty)$ rechts unbeschränkt ist, erhält man den endlichen Wert 3π.

$\lim\limits_{b \to \infty} G(b) = \lim\limits_{b \to \infty} (4 \cdot \operatorname{Arctan} b + \pi)$

$= 4 \cdot \lim\limits_{b \to \infty} \operatorname{Arctan} b + \pi$ ► $\lim\limits_{b \to \infty} \operatorname{Arctan} b = \frac{\pi}{2}$

$= 4 \cdot \frac{\pi}{2} + \pi$

$= \underline{\underline{3\pi}}$

Dafür schreibt man $\int_{-1}^{\infty} \frac{4}{1+x^2}\,dx = 3\pi$ und bezeichnet $\int_{-1}^{\infty} \frac{4}{1+x^2}\,dx$ als **konvergentes uneigentliches Integral mit unbeschränktem Integrationsintervall** bzw. als **konvergentes uneigentliches Integral erster Art** mit dem Integralwert 3π. Die Funktion $f: f(x) = \frac{4}{1+x^2}$; $D(f) = \mathbb{R}$ heißt **uneigentlich integrierbar** im Intervall $[-1; \infty)$. Es ist also $\int_{-1}^{\infty} \frac{4}{1+x^2}\,dx = \lim\limits_{b \to \infty} \int_{-1}^{b} \frac{4}{1+x}\,dx$.

Da die Funktion $f: f(x) = \frac{4}{1+x^2}$ stets nichtnegative Funktionswerte annimmt, kann man den Integralwert 3π als Maßzahl der Fläche ansehen, die zwischen dem Graphen der Funktion f und der x-Achse im Intervall $[-1; \infty)$ liegt. So lässt sich der Begriff des Flächeninhaltes auch auf Flächen ausdehnen, die sich bis ins „Unendliche" erstrecken.

Die Funktion $f: f(x) = \frac{4}{1+x^2}$; $D(f) = \mathbb{R}$ ist aber auch in jedem abgeschlossenen Intervall $[a; -1]$; $a < -1$ integrierbar.

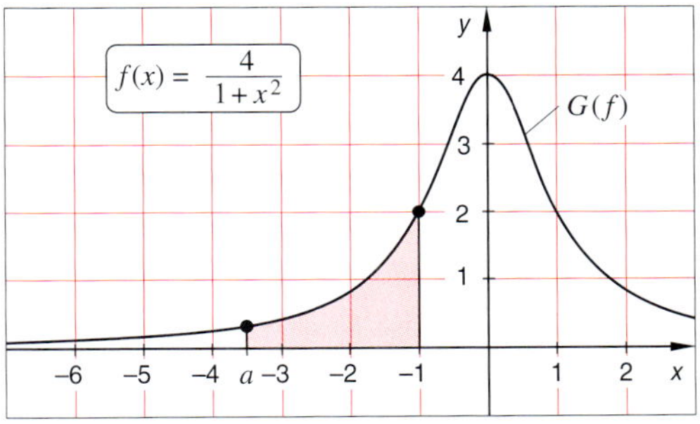

Da $F: F(x) = 4 \cdot \text{Arctan}\, x$ eine Stammfunktion der Funktion $f: f(x) = \frac{4}{1+x^2}$ ist, kann man das bestimmte Integral $\int_a^{-1} \frac{4}{1+x^2}\,\mathrm{d}x$; $a < -1$ über den Hauptsatz berechnen.

$\int_a^b f(x)\,\mathrm{d}x = F(x)\,\Big|_a^b = F(b) - F(a)$ ► Hauptsatz

► $f(x) = \frac{4}{1+x^2}$; $F(x) = 4 \cdot \text{Arctan}\, x$; -1 für b

► $\text{Arctan}\,(-1) = -\frac{\pi}{4}$

$$\begin{aligned}\int_a^{-1} \frac{4}{1+x^2}\,\mathrm{d}x &= 4 \cdot \text{Arctan}\, x\,\Big|_a^{-1} \\ &= 4 \cdot \text{Arctan}(-1) - 4 \cdot \text{Arctan}\, a \\ &= 4 \cdot \left(-\frac{\pi}{4}\right) - 4 \cdot \text{Arctan}\, a \\ &= \underline{-\pi - 4 \cdot \text{Arctan}\, a;\ a < -1}\end{aligned}$$

$\lim\limits_{a \to -\infty} G(a) = \lim\limits_{a \to -\infty} (-\pi - 4 \cdot \text{Arctan}\, a)$ bedeutet hier geometrisch, dass die Integrationsgrenze a längs der x-Achse immer weiter nach links verschoben wird. Obwohl das Integrationsintervall $(-\infty;\,-1]$ links unbeschränkt ist, erhält man den endlichen Wert π.

$$\begin{aligned}\lim_{a \to -\infty} G(a) &= \lim_{a \to -\infty} (-\pi - 4 \cdot \text{Arctan}\, a) \\ &= -\pi - 4 \cdot \lim_{a \to -\infty} \text{Arctan}\, a \quad ► \lim_{a \to -\infty} \text{Arctan}\, a = -\frac{\pi}{2} \\ &= -\pi - 4 \cdot \left(-\frac{\pi}{2}\right) \\ &= \underline{\underline{\pi}}\end{aligned}$$

Hierfür schreibt man $\int_{-\infty}^{-1} \frac{4}{1+x^2}\,\mathrm{d}x = \pi$ und es ist also $\int_{-\infty}^{-1} \frac{4}{1+x^2}\,\mathrm{d}x = \lim\limits_{a \to -\infty} \int_a^{-1} \frac{4}{1+x^2}\,\mathrm{d}x$. Auch $\int_{-\infty}^{-1} \frac{4}{1+x^2}\,\mathrm{d}x$ ist ein konvergentes uneigentliches Integral erster Art, und zwar mit dem Integralwert π. Da die Funktion $f: f(x) = \frac{4}{1+x^2}$ stets nichtnegative Funktionswerte annimmt, kann man den Integralwert π als Maßzahl der Fläche ansehen, die zwischen dem Graphen der Funktion f und der x-Achse im Intervall $(-\infty;\,-1]$ liegt.

Merke:

- Ist eine Funktion f in jedem Intervall $[a;b]$, a fest und $a < b$, integrierbar und existiert der Grenzwert $\lim\limits_{b \to \infty} \int_a^b f(x)\,\mathrm{d}x$, so heißt die Funktion f uneigentlich integrierbar im Intervall $[a;\infty)$. Man schreibt dafür $\int_a^{\infty} f(x)\,\mathrm{d}x = \lim\limits_{b \to \infty} \int_a^b f(x)\,\mathrm{d}x$ und bezeichnet $\int_a^{\infty} f(x)\,\mathrm{d}x$ als konvergentes uneigentliches Integral erster Art.
- Ist eine Funktion f in jedem Intervall $[a;b]$, b fest und $a < b$, integrierbar und existiert der Grenzwert $\lim\limits_{a \to -\infty} \int_a^b f(x)\,\mathrm{d}x$, so heißt die Funktion f uneigentlich integrierbar im Intervall $(-\infty;b]$. Man schreibt dafür $\int_{-\infty}^{b} f(x)\,\mathrm{d}x = \lim\limits_{a \to -\infty} \int_a^b f(x)\,\mathrm{d}x$ und bezeichnet $\int_{-\infty}^{a} f(x)\,\mathrm{d}x$ als konvergentes uneigentliches Integral erster Art.
- Existiert kein Grenzwert, so bezeichnet man das uneigentliche Integral als divergent.

Anmerkungen:

- Ist $\int\limits_a^{\infty} f(x)\,\mathrm{d}x$ konvergent, so ist auch für jedes $x_0 \in \mathbb{R}$ mit $x_0 > a$ das Integral $\int\limits_{x_0}^{\infty} f(x)\,\mathrm{d}x$ konvergent und es gilt:

$$\int\limits_a^{\infty} f(x)\,\mathrm{d}x = \int\limits_a^{x_0} f(x)\,\mathrm{d}x + \int\limits_{x_0}^{\infty} f(x)\,\mathrm{d}x$$

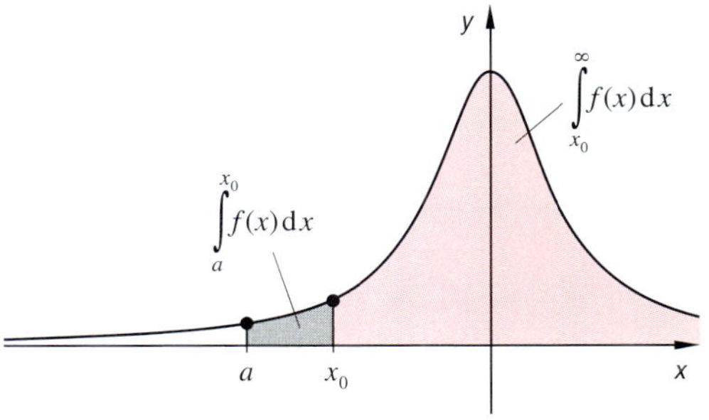

- Ist $\int\limits_{-\infty}^{b} f(x)\,\mathrm{d}x$ konvergent, so ist auch für jedes $x_0 \in \mathbb{R}$ mit $x_0 < b$ das Integral $\int\limits_{-\infty}^{x_0} f(x)\,\mathrm{d}x$ konvergent und es gilt:

$$\int\limits_{-\infty}^{b} f(x)\,\mathrm{d}x = \int\limits_{-\infty}^{x_0} f(x)\,\mathrm{d}x + \int\limits_{x_0}^{b} f(x)\,\mathrm{d}x$$

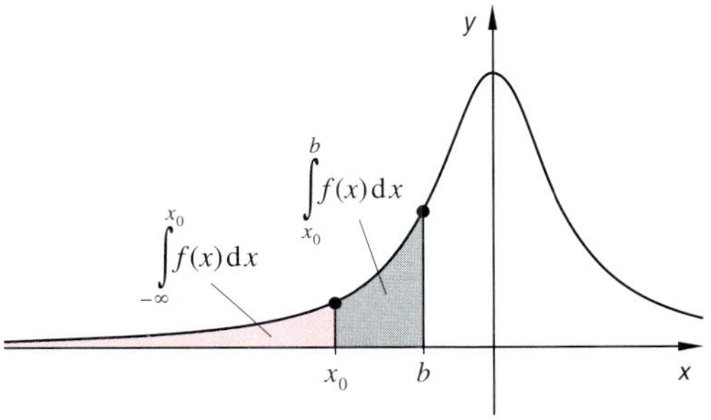

- Ist eine Funktion f in $\mathbb{R}$ definiert sowie in jedem abgeschlossenen Intervall I von $\mathbb{R}$ integrierbar und konvergiert das uneigentliche Integral erster Art $\int\limits_a^{\infty} f(x)\,\mathrm{d}x$ bzw. $\int\limits_{-\infty}^{b} f(x)\,\mathrm{d}x$, so ist das Integral $\int\limits_{x_0}^{\infty} f(x)\,\mathrm{d}x$ bzw. $\int\limits_{-\infty}^{x_0} f(x)\,\mathrm{d}x$ auch für jedes $x_0 \in \mathbb{R}$ konvergent.

Beispiele: Untersuchen Sie die nachstehenden uneigentlichen Integrale erster Art auf Konvergenz.

- $\int\limits_{-\infty}^{2} \mathrm{e}^x\,\mathrm{d}x$

Die Integrandfunktion $f: f(x) = \mathrm{e}^x$ mit $D(f) = \mathbb{R}$ ist streng monoton steigend und somit in jedem abgeschlossenen Intervall $[a; 2]$; $a < 2$ integrierbar.

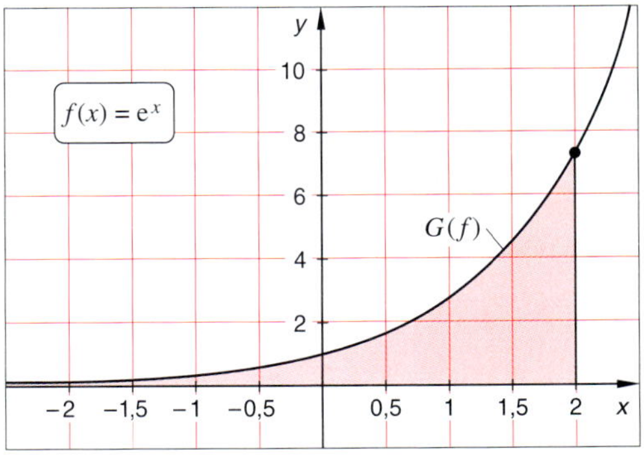

Die Funktion f hat in jedem abgeschlossenen Intervall von $\mathbb{R}$ die Funktion $F: F(x) = \mathrm{e}^x$ als Stammfunktion, denn es gilt $F'(x) = f(x)$ für alle $x \in \mathbb{R}$.

$f(x) = \mathrm{e}^x;\ x \in \mathbb{R}$

► $F(x) = \mathrm{e}^x;\ x \in \mathbb{R}$

$\Rightarrow F'(x) = \mathrm{e}^x = f(x);\ x \in \mathbb{R}$

► F ist Stammfunktion von f in $\mathbb{R}$

Damit lässt sich für jedes $a \in \mathbb{R}^{<2}$ das bestimmte Integral $\int\limits_a^2 e^x \, dx$ über den Hauptsatz berechnen.

$\int\limits_a^b f(x)\,dx = F(x)\,|_a^b = F(b) - F(a)$ ▶ Hauptsatz

▶ $f(x) = e^x$; 2 für b; $F(x) = e^x$

$\int\limits_a^2 e^x \, dx = e^x \,|_a^2 = \underline{e^2 - e^a;\ a < 2}$

$$\lim_{a \to -\infty} \int\limits_a^2 e^x \, dx = \lim_{a \to -\infty} (e^2 - e^a)$$

$$= e^2 - \lim_{a \to -\infty} e^a \quad ▶ \lim_{a \to -\infty} e^a = 0$$

$$= \underline{\underline{e^2}}$$

Wegen $\lim\limits_{a \to -\infty} e^a = 0$ ist $\int\limits_{-\infty}^2 e^x \, dx$ ein konvergentes uneigentliches Integral erster Art mit dem Integralwert $e^2 = 7{,}389056$.

▶ $\underline{\underline{\int\limits_{-\infty}^2 e^x \, dx = e^2}}$ ▶ Integralwert für f in $(-\infty\,;2]$

- $\int\limits_1^\infty \frac{1}{x^2}\,dx$

Die Integrandfunktion $f: f(x) = \frac{1}{x^2}$ mit $D(f) = \mathbb{R}^{\neq 0}$ ist im Intervall $[1\,;\infty)$ streng monoton fallend und somit in jedem abgeschlossenen Intervall $[1\,;b]$; $b > 1$ integrierbar.

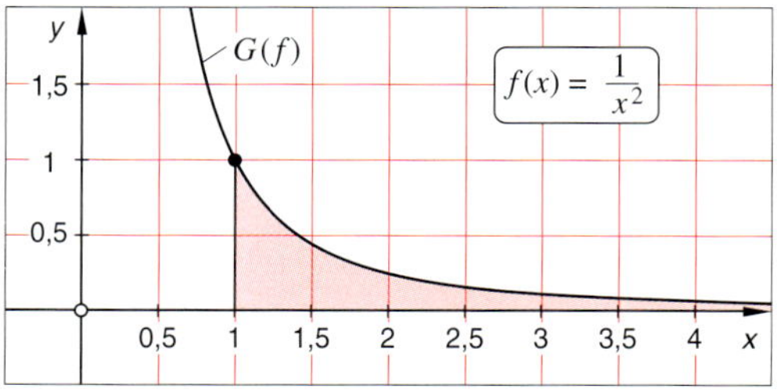

$f: f(x) = \frac{1}{x^2}$; $x \in \mathbb{R}^{\neq 0}$

f hat in jedem abgeschlossenen Intervall von $\mathbb{R}$, das nicht die Null enthält, die Funktion $F: F(x) = -\frac{1}{x}$ als Stammfunktion, denn es gilt $F'(x) = f(x)$ für alle $x \in \mathbb{R}^{\neq 0}$.

▶ $F: F(x) = -\frac{1}{x}$; $x \in \mathbb{R}^{\neq 0}$

$\Rightarrow F'(x) = \frac{1}{x^2} = f(x)$; $x \in \mathbb{R}^{\neq 0}$

▶ F ist Stammfunktion von f in $\mathbb{R}^{\neq 0}$.

Damit lässt sich für jedes $b \in \mathbb{R}^{>1}$ das bestimmte Integral $\int\limits_1^b \frac{1}{x^2}\,dx$ über den Hauptsatz berechnen.

$\int\limits_a^b f(x)\,dx = F(x)\,|_a^b = F(b) - F(a)$ ▶ Hauptsatz

▶ $f(x) = \frac{1}{x^2}$; 1 für a; $F(x) = -\frac{1}{x}$

$$\int\limits_1^b \frac{1}{x^2}\,dx = -\frac{1}{x}\Big|_1^b$$

$$= \underline{-\frac{1}{b} + 1;\ b > 1}$$

$$\lim_{b \to \infty} \int\limits_1^b \frac{1}{x^2}\,dx = \lim_{b \to \infty}\left(-\frac{1}{b} + 1\right)$$

$$= -\lim_{b \to \infty} \frac{1}{b} + 1 \quad ▶ \lim_{b \to \infty} \frac{1}{b} = 0$$

$$= \underline{\underline{1}}$$

Wegen $\lim\limits_{b \to \infty} \frac{1}{b} = 0$ ist $\int\limits_1^\infty \frac{1}{x^2}\,dx$ ein konvergentes uneigentliches Integral erster Art mit dem Integralwert 1.

▶ $\underline{\underline{\int\limits_1^\infty \frac{1}{x^2}\,dx = 1}}$ ▶ Integralwert für f in $[1\,;\infty)$

- $\int_1^{\infty} \frac{1}{x}\,\mathrm{d}x$

Die Integrandfunktion $f: f(x) = \frac{1}{x}$ mit $D(f) = \mathbb{R}^{\neq 0}$ ist im Intervall $[1; \infty)$ streng monoton fallend und somit in jedem abgeschlossenen Intervall $[1; b]$; $b > 1$ integrierbar.

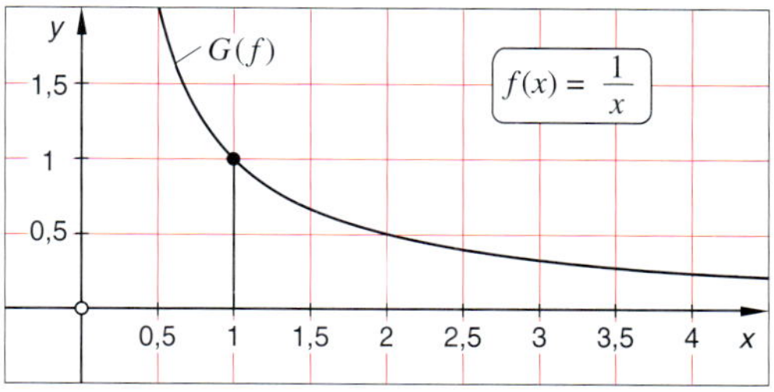

Sie hat in jedem abgeschlossenen Intervall von $\mathbb{R}$, das nicht Null enthält, die Funktion $F: F(x) = \ln|x|$ als Stammfunktion, denn es gilt $F'(x) = f(x)$ für alle $x \in \mathbb{R}^{\neq 0}$. ► 1.2

$f: f(x) = \frac{1}{x}$; $x \in \mathbb{R}^{\neq 0}$

► $F: F(x) = \ln|x|$; $x \in \mathbb{R}^{\neq 0}$

$\Rightarrow F'(x) = \frac{1}{x} = f(x)$; $x \in \mathbb{R}^{\neq 0}$

► F ist Stammfunktion von f in $\mathbb{R}^{\neq 0}$

Damit lässt sich $\int_1^b f(x)\,\mathrm{d}x$ über den Hauptsatz berechnen.

$\int_a^b f(x)\,\mathrm{d}x = F(x)\big|_a^b = F(b) - F(a)$ ► Hauptsatz

► $f(x) = \frac{1}{x}$; 1 für a; $F(x) = \ln x$; $x > 0$

$$\int_1^b \frac{1}{x}\,\mathrm{d}x = \ln x\,\big|_1^b$$
$$= \ln b - \ln 1 \quad ► \ \ln 1 = 0$$
$$= \underline{\ln b;\ b > 1}$$

Wegen $\lim\limits_{b\to\infty} \ln b = \infty$ ist $\int_1^{\infty} \frac{1}{x}\,\mathrm{d}x$ ein divergentes uneigentliches Integral erster Art. Man kann also der Fläche zwischen dem Graphen der Funktion f und der x-Achse im Intervall $[1; \infty)$ keine Maßzahl zuordnen.
► f nimmt im Intervall $[1; \infty)$ nur nichtnegative Werte an.

$$\lim_{b\to\infty} \int_1^b \frac{1}{x}\,\mathrm{d}x = \lim_{b\to\infty} \ln b = \underline{\underline{\infty}}$$

$$\Rightarrow \underline{\underline{\int_1^{\infty} \frac{1}{x}\,\mathrm{d}x = \infty}}$$

Beispiel: Untersuchen Sie, bei welchen Zahlen für $s \in \mathbb{R}$ das uneigentliche Integral $\int_1^{\infty} \frac{1}{x^s}\,\mathrm{d}x$ konvergent ist.

Für $s = 0$ erhält man das divergente Integral $\int_1^{\infty} 1\,\mathrm{d}x$ und für $s = 1$ das divergente Integral $\int_1^{\infty} \frac{1}{x}\,\mathrm{d}x$ (► voriges Beispiel). Für die folgenden Betrachtungen wird deshalb $s \in \mathbb{R} \setminus \{0; 1\}$ zugrunde gelegt.

Die Integrandfunktionen $f: f(x) = \frac{1}{x^s} = x^{-s}$ mit $D(f) = \mathbb{R}^{\neq 0}$ für $s > 0$ bzw. mit $D(f) = \mathbb{R}$ für $s < 0$ sind in jedem abgeschlossenen Teilintervall von $[1; \infty)$ monoton und damit in jedem abgeschlossenen Teilintervall $[1; b]$ mit $b > 1$ integrierbar.

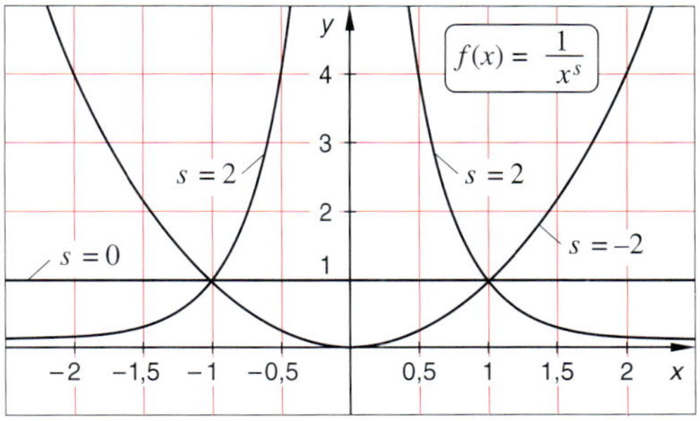

In $D(f)$ sind durch $F: F(x) = \frac{1}{-s+1} \cdot x^{-s+1}$ Stammfunktionen von f gegeben, denn es gilt $F'(x) = f(x)$ für alle $x \in D(f)$.

$f(x) = x^{-s};\ x \in \mathbb{R}^{+0}$ und $s \neq 1$

► $F(x) = \frac{1}{-s+1} \cdot x^{-s+1};\ x \in \mathbb{R}^{+0}$ und $s \neq 1$

$$\Rightarrow F'(x) = \frac{1}{-s+1} \cdot (-s+1) \cdot x^{-s}$$
$$= \underline{x^{-s}} = f(x);\ x \in D(f)$$

► F ist eine Stammfunktion von f in $D(f)$

Damit lässt sich für jedes $b \in \mathbb{R}^{>1}$ das bestimmte Integral $\int_1^b f(x)\,\mathrm{d}x$ über den Hauptsatz berechnen.

$\int_a^b f(x)\,\mathrm{d}x = F(x)\,|_a^b = F(b) - F(a)$ ► Hauptsatz

► $f(x) = x^{-s}$; 1 für a; $F(x) = \frac{1}{-s+1} \cdot x^{-s+1}$

$$\int_1^b x^{-s}\,\mathrm{d}x = \frac{1}{-s+1} \cdot x^{-s+1}\Big|_1^b$$
$$= \underline{\frac{1}{-s+1} \cdot b^{-s+1} - \frac{1}{-s+1};\ b > 1}$$

Die Konvergenz des Integrals $\int_1^\infty x^{-s}\,\mathrm{d}x$ ist also vom Grenzwert $\lim\limits_{b\to\infty} b^{-s+1};\ s \in \mathbb{R}^{\neq 1}$ abhängig.

$$\lim_{b\to\infty} \int_1^b x^{-s}\,\mathrm{d}x = \lim_{b\to\infty} \left(\frac{1}{-s+1} \cdot b^{-s+1} - \frac{1}{-s+1} \right)$$
$$= \frac{1}{-s+1} \cdot \lim_{b\to\infty} b^{-s+1} - \frac{1}{-s+1}$$

Ist $-s+1 > 0$, also $s < 1$, so wird $\lim\limits_{b\to\infty} b^{-s+1} = \infty$, was man sich z. B. durch Einsetzen der Zahlen -1 oder -2 für s verdeutlichen kann.

- $-s+1 > 0 \Rightarrow s < 1$: $\frac{1}{-s+1} \cdot \lim\limits_{b\to\infty} b^{-s+1} = \underline{\infty}$

► Für $s < 1$ ist $\int_1^\infty x^{-s}\,\mathrm{d}x$ ein divergentes Integral.

Ist aber $-s+1 < 0$, also $s > 1$, so wird $\lim\limits_{b\to\infty} b^{-s+1} = 0$, was man sich z. B. durch Einsetzen der Zahlen 2 oder 4 für s klar machen kann.

- $-s+1 < 0 \Rightarrow s > 1$: $\frac{1}{-s+1} \cdot \lim\limits_{b\to\infty} b^{-s+1} = \underline{0}$

$$\int_1^\infty x^{-s}\,\mathrm{d}x = \frac{1}{-s+1} \cdot \lim_{b\to\infty} b^{-s+1} - \frac{1}{-s+1}$$
$$= 0 - \frac{1}{-s+1}$$
$$= \underline{\underline{\frac{1}{s-1};\ s > 1}}$$

Das uneigentliche Integral $\int_1^\infty \frac{1}{x^s}\,\mathrm{d}x$ ist demnach nur für $s > 1$ konvergent.

► Für $s > 1$ ist $\int_1^\infty x^{-s}\,\mathrm{d}x$ ein konvergentes Integral.

Beim Eingangsproblem wurde gezeigt:
$\int_{-\infty}^{-1} \frac{4}{1+x^2}\,\mathrm{d}x = \pi$ und $\int_{-1}^{\infty} \frac{4}{1+x^2}\,\mathrm{d}x = 3\pi$.
Für jedes $x_0 \in \mathbb{R}$ existieren somit auch die uneigentlichen Integrale $\int_{-\infty}^{x_0} \frac{4}{1+x^2}\,\mathrm{d}x$ und $\int_{x_0}^{\infty} \frac{4}{1+x^2}\,\mathrm{d}x$.

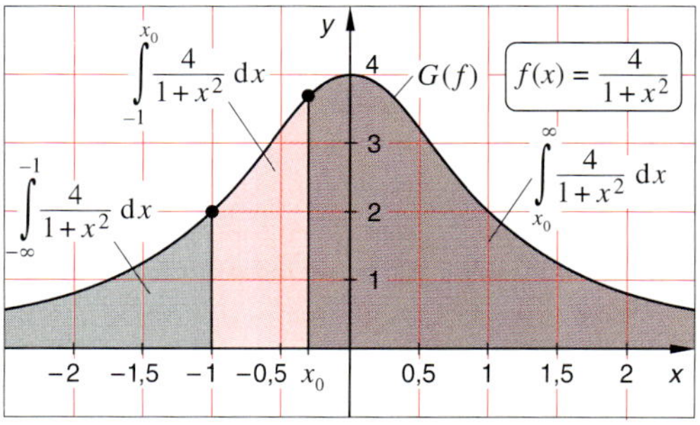

Für $x_0 > -1$ erhält man:

$$\int_{-\infty}^{x_0} \frac{4}{1+x^2}\,dx = \int_{-\infty}^{-1} \frac{4}{1+x^2}\,dx + \int_{-1}^{x_0} \frac{4}{1+x^2}\,dx \text{ sowie } \int_{x_0}^{\infty} \frac{4}{1+x^2}\,dx = \int_{-1}^{\infty} \frac{4}{1+x^2}\,dx - \int_{-1}^{x_0} \frac{4}{1-x^2}\,dx$$

und damit:

$$\begin{aligned}\int_{-\infty}^{x_0} \frac{4}{1+x^2}\,dx + \int_{x_0}^{\infty} \frac{4}{1+x^2}\,dx &= \int_{-\infty}^{-1} \frac{4}{1+x^2}\,dx + \int_{-1}^{x_0} \frac{4}{1+x^2}\,dx + \int_{-1}^{\infty} \frac{4}{1+x^2}\,dx - \int_{-1}^{x_0} \frac{4}{1+x^2}\,dx \\ &= \int_{-\infty}^{-1} \frac{4}{1+x^2}\,dx + \int_{-1}^{\infty} \frac{4}{1+x^2}\,dx \\ &= 3\pi + \pi \\ &= \underline{\underline{4\pi}}\end{aligned}$$

Der Summenwert von $\int_{-\infty}^{x_0} \frac{4}{1+x^2}\,dx + \int_{x_0}^{\infty} \frac{4}{1+x^2}\,dx$ ist also unabhängig von der gewählten Stelle $x_0 > -1$. Entsprechendes gilt auch, wenn $x_0 < -1$ gewählt wird. Die Zahl 4π nennt man den Integralwert für $f: f(x) = \frac{4}{1+x^2}$; $D(f) = \mathbb{R}$ in $(-\infty; \infty)$ und man schreibt dann hierfür: $\int_{-\infty}^{\infty} \frac{4}{1+x^2}\,dx = 4\pi$. 4π ist zugleich die Maßzahl der Fläche zwischen $G(f)$ und der x-Achse im Intervall $(-\infty; \infty)$, weil die Integrandfunktion dort nur nichtnegative Funktionswerte hat.

Ist eine Funktion f in $\mathbb{R}$ definiert und sind die uneigentlichen Integrale erster Art $\int_{-\infty}^{x_0} f(x)\,dx$ sowie $\int_{x_0}^{\infty} f(x)\,dx$ konvergent für eine Stelle $x_0 \in \mathbb{R}$, so bezeichnet man ihre Summe $\int_{-\infty}^{x_0} f(x)\,dx + \int_{x_0}^{\infty} f(x)\,dx$ mit $\int_{-\infty}^{\infty} f(x)\,dx$. Der Summenwert ist unabhängig von der gewählten Stelle $x_0 \in \mathbb{R}$. Die Funktion f heißt uneigentlich integrierbar in $(-\infty; \infty)$ und man bezeichnet den Summenwert als Integralwert für f in $(-\infty; \infty)$.

Merke:

- Ist eine Funktion f in $\mathbb{R}$ definiert und sind die uneigentlichen Integrale erster Art $\int_{-\infty}^{x_0} f(x)\,dx$ sowie $\int_{x_0}^{\infty} f(x)\,dx$ für irgendeine Stelle $x_0 \in \mathbb{R}$ konvergent, so bezeichnet man ihre Summe mit $\int_{-\infty}^{\infty} f(x)\,dx$. Es gilt also: $\boldsymbol{\int_{-\infty}^{x_0} f(x)\,dx + \int_{x_0}^{\infty} f(x)\,dx = \int_{-\infty}^{\infty} f(x)\,dx}$
- Der Integralwert für f in $(-\infty; \infty)$ ist unabhängig von der gewählten Stelle x_0.

Beispiele: Untersuchen Sie die nachstehenden uneigentlichen Integrale auf Konvergenz.

- $\int_{-\infty}^{\infty} \frac{e^x}{(e^x+2)^2}\,dx$

Die Funktion $f: f(x) = \frac{e^x}{(e^x+2)^2}$; $D(f) = \mathbb{R}$ ist in $\mathbb{R}$ abschnittsweise monoton und daher in jedem abgeschlossenen Intervall von $\mathbb{R}$ integrierbar.

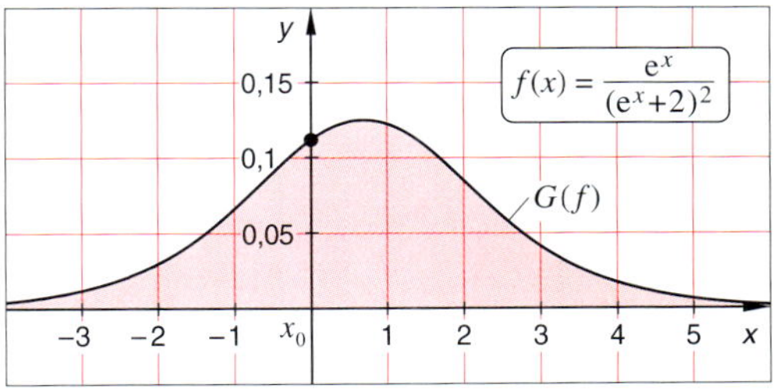

f hat in jedem abgeschlossenen Intervall von $\mathbb{R}$ die Funktion $F: F(x) = -\dfrac{1}{e^x+2}$ als Stammfunktion, denn es gilt $F'(x) = f(x)$ für alle $x \in \mathbb{R}$.

► Kehrwertregel ► Kusch 3; 2.2.5

$$f(x) = \frac{e^x}{(e^x+2)^2};\, x \in \mathbb{R}$$

► $F(x) = -\dfrac{1}{e^x+2};\, x \in \mathbb{R}$

$$\Rightarrow F'(x) = -\frac{-e^x}{(e^x+2)^2} = \frac{e^x}{(e^x+2)^2} = f(x);\, x \in \mathbb{R}$$

► F ist Stammfunktion von f in $\mathbb{R}$

Nach Definition existiert das uneigentliche Integral $\int\limits_{-\infty}^{\infty} f(x)\,dx$ genau dann, wenn die uneigentlichen Integrale $\int\limits_{-\infty}^{x_0} f(x)\,dx$ und $\int\limits_{x_0}^{\infty} f(x)\,dx$ für eine Stelle $x_0 \in \mathbb{R}$ existieren. Hier wird 0 für x_0 gewählt. Da $F: F(x) = -\dfrac{1}{e^x+2};\, D(F) = \mathbb{R}$ eine Stammfunktion von f in $\mathbb{R}$ ist, lässt sich das bestimmte Integral $\int\limits_a^0 \dfrac{e^x}{(e^x+2)^2}\,dx$ über den Hauptsatz berechnen.

■ $\displaystyle\int\limits_{-\infty}^{0} \frac{e^x}{(e^x+2)^2}\,dx = ?$

$\int\limits_a^b f(x)\,dx = F(x)\,|_a^b = F(b) - F(a)$ ► Hauptsatz

► $f(x) = \dfrac{e^x}{(e^x+2)^2}$; 0 für b; $F(x) = -\dfrac{1}{e^x+2}$

$$\int\limits_a^0 \frac{e^x}{(e^x+2)^2}\,dx = -\frac{1}{e^x+2}\bigg|_a^0 = -\frac{1}{e^0+2} - \left(-\frac{1}{e^a+2}\right) = -\frac{1}{3} + \frac{1}{e^a+2};\, a<0$$

Wegen $\lim\limits_{a\to-\infty} e^a = 0$ und damit $\lim\limits_{a\to-\infty} \dfrac{1}{e^a+2} = \dfrac{1}{2}$ ist $\int\limits_{-\infty}^{0} \dfrac{e^x}{(e^x+2)^2}\,dx$ ein konvergentes uneigentliches Integral erster Art mit dem Integralwert $\dfrac{1}{6}$.

$$\lim_{a\to-\infty} \int\limits_a^0 \frac{e^x}{(e^x+2)^2}\,dx = \lim_{a\to-\infty}\left(-\frac{1}{3} + \frac{1}{e^a+2}\right) = -\frac{1}{3} + \lim_{a\to-\infty} \frac{1}{e^a+2} = -\frac{1}{3} + \frac{1}{2} = \frac{1}{6}$$

► $\lim\limits_{a\to-\infty} \dfrac{1}{e^a+2} = \dfrac{1}{2}$

$$\Rightarrow \int\limits_{-\infty}^{0} \frac{e^x}{(e^x+2)^2}\,dx = \frac{1}{6}$$

Danach wird untersucht, ob auch das uneigentliche Integral $\int\limits_0^{\infty} \dfrac{e^x}{(e^x+2)^2}\,dx$ existiert.

Da $F: F(x) = -\dfrac{1}{e^x+2};\, D(f) = \mathbb{R}$ eine Stammfunktion von f in $\mathbb{R}$ ist, lässt sich das bestimmte Integral $\int\limits_0^b \dfrac{e^x}{(e^x+2)^2}\,dx$ über den Hauptsatz berechnen.

■ $\displaystyle\int\limits_0^{\infty} \frac{e^x}{(e^x+2)^2}\,dx = ?$

$\int\limits_a^b f(x)\,dx = F(x)\,|_a^b = F(b) - F(a)$ ► Hauptsatz

► $f(x) = \dfrac{e^x}{(e^x+2)^2}$; 0 für a; $F(x) = -\dfrac{1}{e^x+2}$

$$\int\limits_0^b \frac{e^x}{(e^x+2)^2}\,dx = -\frac{1}{e^x+2}\bigg|_0^b = -\frac{1}{e^b+2} - \left(-\frac{1}{e^0+2}\right) = -\frac{1}{e^b+2} + \frac{1}{3};\, b>0$$

Wegen $\lim\limits_{b\to\infty} \frac{1}{e^b+2} = 0$ ist $\int\limits_0^\infty \frac{e^x}{(e^x+2)^2}\,dx$ ein konvergentes uneigentliches Integral erster Art mit dem Integralwert $\frac{1}{3}$.

$$\lim_{b\to\infty}\int_0^b \frac{e^x}{(e^x+2)^2}\,dx = \lim_{b\to\infty}\left(-\frac{1}{e^b+2}+\frac{1}{3}\right)$$
$$= -\lim_{b\to\infty}\frac{1}{e^b+2}+\frac{1}{3} \qquad \blacktriangleright \lim_{b\to\infty}\frac{1}{e^b+2}=0$$
$$= \frac{1}{3}$$
$$\Rightarrow \int_0^\infty \frac{e^x}{(e^x+2)^2}\,dx = \frac{1}{3}$$

Da die uneigentlichen Integrale $\int\limits_{-\infty}^0 \frac{e^x}{(e^x+2)^2}\,dx$ und $\int\limits_0^\infty \frac{e^x}{(e^x+2)^2}\,dx$ existieren, existiert auch das uneigentliche Integral $\int\limits_{-\infty}^\infty \frac{e^x}{(e^x+2)^2}\,dx$.

$$\int_{-\infty}^{\infty} \frac{e^x}{(e^x+2)^2}\,dx = \int_{-\infty}^{0} \frac{e^x}{(e^x+2)^2}\,dx + \int_{0}^{\infty} \frac{e^x}{(e^x+2)^2}\,dx$$
$$= \frac{1}{6} + \frac{1}{3}$$
$$= \frac{1}{2} \qquad \blacktriangleright \text{ Integralwert für } f \text{ in } (-\infty;\infty)$$

- $\int\limits_{-\infty}^{\infty} \frac{2x}{1+x^2}\,dx$

Die Funktion $f: f(x) = \frac{2x}{1+x^2}$; $D(f) = \mathbb{R}$ ist in $\mathbb{R}$ abschnittsweise monoton und daher in jedem abgeschlossenen Intervall von $\mathbb{R}$ integrierbar.

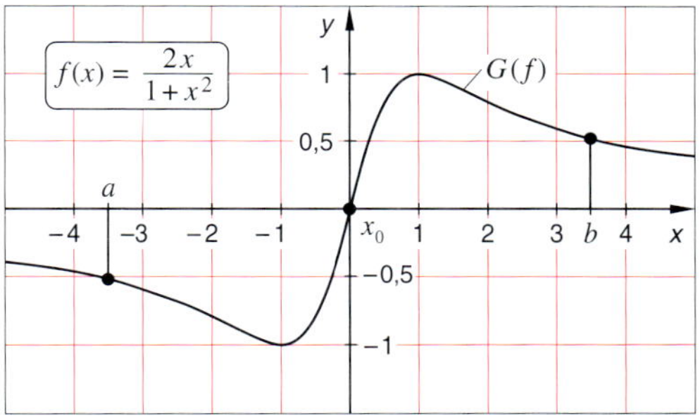

f hat in jedem abgeschlossenen Intervall von $\mathbb{R}$ die Funktion $F: F(x) = \ln(1+x^2)$ als Stammfunktion, denn es gilt $F'(x) = f(x)$ für alle $x \in \mathbb{R}$.

$$f(x) = \frac{2x}{1+x^2};\; x\in\mathbb{R}$$
$$\blacktriangleright\; F(x) = \ln(1+x^2);\; x\in\mathbb{R}$$
$$\Rightarrow F'(x) = \frac{2x}{1+x^2} = f(x);\; x\in\mathbb{R}$$
$\blacktriangleright$ F ist Stammfunktion von f in $\mathbb{R}$

Nach Definition existiert das uneigentliche Integral $\int\limits_{-\infty}^{\infty} f(x)\,dx$ genau dann, wenn die uneigentlichen Integrale $\int\limits_{-\infty}^{x_0} f(x)\,dx$ und $\int\limits_{x_0}^{\infty} f(x)\,dx$ für eine Stelle $x_0 \in \mathbb{R}$ existieren.
Hier wird 0 für x_0 gewählt. Da $F: F(x) = \ln(1+x^2)$; $D(f) = \mathbb{R}$ eine Stammfunktion von f in $\mathbb{R}$ ist, lässt sich das bestimmte Integral $\int\limits_a^0 \frac{2x}{1+x^2}\,dx$ über den Hauptsatz berechnen.

$$\int_{-\infty}^{0} \frac{2x}{1+x^2}\,dx = ?$$
$$\int_a^b f(x)\,dx = F(x)\Big|_a^b = F(b)-F(a) \qquad \blacktriangleright \text{ Hauptsatz}$$
$$\blacktriangleright\; f(x) = \frac{2x}{1+x^2};\; 0 \text{ für } b;\; F(x) = \ln(1+x^2)$$
$$\int_a^0 \frac{2x}{1+x^2}\,dx = \ln(1+x^2)\Big|_a^0$$
$$= \ln(1+0^2) - \ln(1+a^2) \qquad \blacktriangleright \ln 1 = 0$$
$$= -\ln(1+a^2);\; a<0$$

Wegen $\lim\limits_{a\to-\infty}[-\ln(1+a^2)]=-\infty$ ist $\int\limits_{-\infty}^{0}\frac{2x}{1+x^2}\,dx$ ein divergentes uneigentliches Integral erster Art, sodass auch das uneigentliche Integral $\int\limits_{-\infty}^{\infty}\frac{2x}{1+x^2}\,dx$ nicht existiert.

$$\lim_{a\to-\infty}\int_a^0\frac{2x}{1+x^2}\,dx=\lim_{a\to-\infty}[-\ln(1+a^2)]=\underline{-\infty}$$

► $\int\limits_{-\infty}^{0}\frac{2x}{1+x^2}\,dx$ ist divergent

$\Rightarrow \int\limits_{-\infty}^{\infty}\frac{2x}{1+x^2}\,dx$ ist divergent

Integrale mit unbeschränkter Integrandfunktion

Problem: Berechnen Sie $\int\limits_a^2\frac{dx}{\sqrt[3]{(x-1)^2}}$; $a\in(1;2)$ mithilfe des Hauptsatzes und untersuchen Sie die sich hieraus ergebende Funktion auf Konvergenz für $a\to 1$. Verfahren Sie entsprechend mit $\int\limits_{-1}^{b}\frac{dx}{\sqrt[3]{(x-1)^2}}$; $b\in(-1;1)$ für $b\to 1$.

Die Funktion $f:f(x)=\frac{1}{\sqrt[3]{(x-1)^2}}$ mit $D(f)=\mathbb{R}^{\neq 1}$ ist für $x<1$ streng monoton steigend und für $x>1$ streng monoton fallend. Somit ist f in jedem abgeschlossenen Intervall von $D(f)$ integrierbar.

An der Stelle $a=1$ hat die Funktion f eine Unendlichkeitsstelle, d. h. f ist in $\mathbb{R}^{\neq 1}$ eine **unbeschränkte Funktion**.

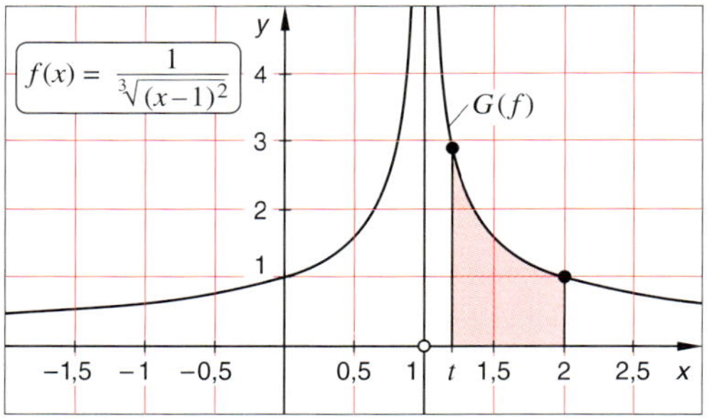

f hat in jedem abgeschlossenen Intervall von $\mathbb{R}$, das nicht die 1 enthält, die Funktion $F:F(x)=\begin{cases}-3\cdot\sqrt[3]{-x+1}, & \text{wenn } x<1\\ 3\cdot\sqrt[3]{x-1}, & \text{wenn } x>1\end{cases}$ als Stammfunktion, denn es gilt $F'(x)=f(x)$ für alle $x\in\mathbb{R}^{\neq 1}$.

Damit lässt sich $\int\limits_t^2\frac{dx}{\sqrt[3]{(x-1)^2}}$; $t\in(1;2)$ über den Hauptsatz berechnen.

$$f(x)=\frac{1}{\sqrt[3]{(x-1)^2}};\ x\in\mathbb{R}^{\neq 1}$$

► $F(x)=\begin{cases}-3\cdot\sqrt[3]{-x+1}, & \text{wenn } x<1\\ 3\cdot\sqrt[3]{x-1}, & \text{wenn } x>1\end{cases}$

$\Rightarrow F'(x)=\frac{1}{\sqrt[3]{(x-1)^2}}=f(x);\ x\in\mathbb{R}^{\neq 1}$

► F ist Stammfunktion von f in $\mathbb{R}^{\neq 1}$

$\int\limits_a^b f(x)\,dx=F(x)\,\big|_a^b=F(b)-F(a)$ ► Hauptsatz

Hierdurch erhält man die Funktion $G:G(t)=3-3\cdot\sqrt[3]{t-1}$; $t\in(1;2)$. Für jedes $t\in(1;2)$ gibt der Funktionswert $G(t)$ die Maßzahl der Fläche zwischen dem Graphen der Funktion f und der x-Achse an, denn die Integrandfunktion hat im Intervall $(1;2)$ nur nichtnegative Werte.

► $f(x)=\frac{1}{\sqrt[3]{(x-1)^2}}$

► t für a; 2 für b; $F(x)=3\cdot\sqrt[3]{x-1}$; $x>1$

$$\int_t^2\frac{dx}{\sqrt[3]{(x-1)^2}}=3\cdot\sqrt[3]{x-1}\,\Big|_t^2=3\cdot\sqrt[3]{2-1}-3\cdot\sqrt[3]{t-1}=\underline{3-3\cdot\sqrt[3]{t-1};\ t\in(1;2)}$$

Bildet man den Grenzwert $\lim\limits_{\substack{t \to 1 \\ t > 1}} G(t)$, so erhält man als Ergebnis $\lim\limits_{\substack{t \to 1 \\ t > 1}} G(t) = 3$

$\lim\limits_{\substack{t \to 1 \\ t > 1}} (3 - 3 \cdot \sqrt[3]{t-1}) = 3 - \lim\limits_{\substack{t \to 1 \\ t > 1}} (3 \cdot \sqrt[3]{t-1})$ ► $\lim\limits_{\substack{t \to 1 \\ t > 1}} \sqrt[3]{t-1} = 0$

$= \underline{\underline{3}}$

Für $\lim\limits_{\substack{t \to 1 \\ t > 1}} \int\limits_t^2 \frac{dx}{\sqrt[3]{(x-1)^2}} = 3$ schreibt man auch $\int\limits_1^2 \frac{dx}{\sqrt[3]{(x-1)^2}} = 3$ und bezeichnet $\int\limits_1^2 \frac{dx}{\sqrt[3]{(x-1)^2}}$ als **konvergentes uneigentliches Integral mit unbeschränkter Integrandfunktion** bzw. als **konvergentes uneigentliches Integral zweiter Art** mit dem Integralwert 3.

Die Funktion $f: f(x) = \frac{1}{\sqrt[3]{(x-1)^2}}$; $D(f) = \mathbb{R}^{+1}$ heißt **uneigentlich integrierbar** im Intervall $[1; 2]$. Es ist also $\int\limits_1^2 \frac{dx}{\sqrt[3]{(x-1)^2}} = \lim\limits_{\substack{t \to 1 \\ t > 1}} \int \frac{dx}{\sqrt[3]{(x-1)^2}}$.

Da die Funktion $f: f(x) = \frac{1}{\sqrt[3]{(x-1)^2}}$; $D(f) = \mathbb{R}^{+1}$ stets nichtnegative Funktionswerte annimmt, kann man den Integralwert 3 als Maßzahl der bis ins „Unendliche" reichenden Fläche ansehen, die zwischen dem Graphen der Funktion f und der x-Achse im Intervall $[1; 2]$ liegt. Die Unendlichkeitsstelle $a = 1$ ist hier die untere Integrationsgrenze.

Aber die Funktion $f: f(x) = \frac{1}{\sqrt[3]{(x-1)^2}}$ mit $D(f) = \mathbb{R}^{+1}$ ist auch in jedem abgeschlossenen Intervall $[-1; t]$ mit $t \in (-1; 1)$ integrierbar.

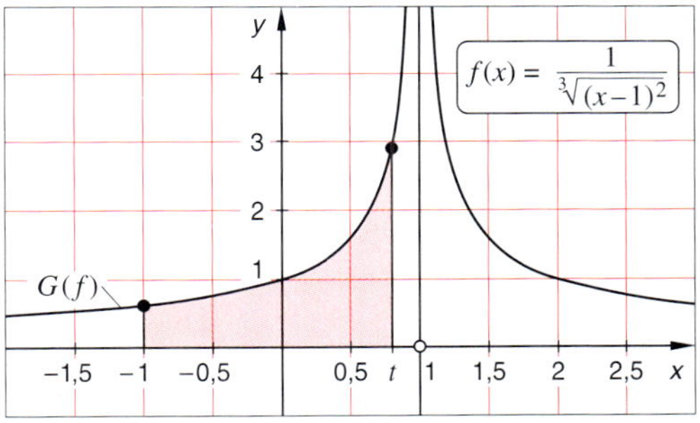

Für $x < 1$ ist $F: F(x) = -3 \cdot \sqrt[3]{-x+1}$ eine Stammfunktion von $f: f(x) = \frac{1}{\sqrt[3]{(x-1)^2}}$, denn es gilt $F'(x) = f(x)$ für alle $x \in \mathbb{R}^{+1}$.

$\int\limits_a^b f(x)\,dx = F(x)\,\Big|_a^b = F(b) - F(a)$ ► Hauptsatz

► $f(x) = \frac{1}{\sqrt[3]{(x-1)^2}}$

► t für b; -1 für a; $F(x) = -3 \cdot \sqrt[3]{-x+1}$; $x < 1$

Damit lässt sich das bestimmte Integral $\int\limits_{-1}^t \frac{dx}{\sqrt[3]{(x-1)^2}}$; $t \in (-1; 1)$ über den Hauptsatz berechnen.

$$\int\limits_{-1}^t \frac{dx}{\sqrt[3]{(x-1)^2}}\,dx = -3 \cdot \sqrt[3]{-x+1}\,\Bigg|_{-1}^t$$
$$= -3 \cdot \sqrt[3]{-t+1} - [-3 \cdot \sqrt[3]{-(-1)+1}]$$
$$= \underline{-3 \cdot \sqrt[3]{-t+1} + 3 \cdot \sqrt[3]{2};\ t \in (-1; 1)}$$

Bildet man den Genzwert $\lim\limits_{\substack{t \to 1 \\ t < 1}} \int\limits_{-1}^t \frac{dx}{\sqrt[3]{(x-1)^2}}$, so erhält man den Wert $3 \cdot \sqrt[3]{2}$.

$\lim\limits_{\substack{t \to 1 \\ t < 1}} (-3 \cdot \sqrt[3]{-t+1} + 3 \cdot \sqrt[3]{2}) = 3 \cdot \lim\limits_{\substack{t \to 1 \\ t < 1}} \sqrt[3]{-t+1} + 3 \cdot \sqrt[3]{2}$

► $\lim\limits_{\substack{t \to 1 \\ t < 1}} \sqrt[3]{-t+1} = 0$

$= \underline{\underline{3 \cdot \sqrt[3]{2}}}$

Hierfür schreibt man $\int\limits_{-1}^{1} \frac{\mathrm{d}x}{\sqrt[3]{(x-1)^2}} = 3 \cdot \sqrt[3]{2}$ und es ist also $\int\limits_{-1}^{1} \frac{\mathrm{d}x}{\sqrt[3]{(x-1)^2}} = \lim\limits_{\substack{t \to 1 \\ t<1}} \int\limits_{-1}^{t} \frac{\mathrm{d}x}{\sqrt[3]{(x-1)^2}}$.

Auch $\int\limits_{-1}^{1} \frac{\mathrm{d}x}{\sqrt[3]{(x-1)^2}}$ ist ein konvergentes uneigentliches Integral zweiter Art mit dem Integralwert $3 \cdot \sqrt[3]{2}$. Der Integralwert $3 \cdot \sqrt[3]{2}$ kann als Maßzahl der bis ins „Unendliche" reichenden Fläche angesehen werden, die zwischen dem Graphen der Funktion f und der x-Achse im Intervall $[-1\,;1]$ liegt. Die Unendlichkeitsstelle $b=1$ ist hier die obere Integrationsgrenze.

Da die beiden uneigentlichen Integrale zweiter Art konvergent sind, kann man sie addieren. Für diese Summe schreibt man abgekürzt $\int\limits_{-1}^{2} \frac{\mathrm{d}x}{\sqrt[3]{(x-1)^2}}$. Die Unendlichkeitsstelle $x_0 = 1$ liegt im Inneren des Integrationsintervalls $[-1\,;2]$.

$\int\limits_{-1}^{1} \frac{\mathrm{d}x}{\sqrt[3]{(x-1)^2}}$ und $\int\limits_{1}^{2} \frac{\mathrm{d}x}{\sqrt[3]{(x-1)^2}}$ ► konvergent

► $\int\limits_{-1}^{1} \frac{\mathrm{d}x}{\sqrt[3]{(x-1)^2}} + \int\limits_{1}^{2} \frac{\mathrm{d}x}{\sqrt[3]{(x-1)^2}} = 3 \cdot \sqrt[3]{2} + 3$

$$\Rightarrow \int\limits_{-1}^{1} \frac{\mathrm{d}x}{\sqrt[3]{(x-1)^2}} + \int\limits_{1}^{2} \frac{\mathrm{d}x}{\sqrt[3]{(x-1)^2}} = \int\limits_{-1}^{2} \frac{\mathrm{d}x}{\sqrt[3]{(x-1)^2}}$$

Merke:

- Hat eine Funktion f an der linken Randstelle a eines Intervalls $[a\,;b]$ eine Unendlichkeitsstelle und ist f für jedes $t \in (a\,;b)$ in den Intervallen $[t\,;b]$ integrierbar und existiert der Grenzwert $\lim\limits_{\substack{t \to a \\ t>a}} \int\limits_{t}^{b} f(x)\,\mathrm{d}x$, so schreibt man $\int\limits_{a}^{b} f(x)\,\mathrm{d}x = \lim\limits_{\substack{t \to a \\ t>a}} \int\limits_{t}^{b} f(x)\,\mathrm{d}x$ und nennt $\int\limits_{a}^{b} f(x)\,\mathrm{d}x$ ein konvergentes uneigentliches Integral zweiter Art. Die Unendlichkeitsstelle a ist die untere Integrationsgrenze.
- Hat eine Funktion f an der rechten Randstelle b eines Intervalls $[a\,;b]$ eine Unendlichkeitsstelle und ist f für jedes $t \in (a\,;b)$ in den Intervallen $[a\,;t]$ integrierbar und existiert der Grenzwert $\lim\limits_{\substack{t \to b \\ t<b}} \int\limits_{a}^{t} f(x)\,\mathrm{d}x$, so schreibt man $\int\limits_{a}^{b} f(x)\,\mathrm{d}x = \lim\limits_{\substack{t \to b \\ t<b}} \int\limits_{a}^{t} f(x)\,\mathrm{d}x$ und nennt $\int\limits_{a}^{b} f(x)\,\mathrm{d}x$ ein konvergentes uneigentliches Integral zweiter Art. Die Unendlichkeitsstelle b ist die obere Integrationsgrenze.
- Existiert kein Grenzwert, so bezeichnet man das uneigentliche Integral als divergent.
- Hat eine Funktion f an einer Stelle $x_0 \in (a\,;b)$, also im Inneren des Intervalls $[a\,;b]$, eine Unendlichkeitsstelle und sind die beiden uneigentlichen Integrale zweiter Art $\int\limits_{a}^{x_0} f(x)\,\mathrm{d}x$ sowie $\int\limits_{x_0}^{b} f(x)\,\mathrm{d}x$ konvergent, so bezeichnet man ihre Summe mit $\int\limits_{a}^{b} f(x)\,\mathrm{d}x$.

Beispiele: Untersuchen Sie die nachstehenden uneigentlichen Integrale mit unbeschränkter Integrandfunktion auf Konvergenz.

- $\int_0^1 \frac{x}{\sqrt{1-x^2}}\,dx$

Die Funktion $f: f(x) = \frac{x}{\sqrt{1-x^2}}$ mit $D(f) = (-1\,;\,1)$ ist in $D(f)$ streng monoton steigend und somit in jedem abgeschlossenen Intervall $[0\,;\,t]$; $t \in (0\,;\,1)$ integrierbar. An der Stelle $b = 1$ hat die Funktion f eine Unendlichkeitsstelle, die obere Integrationsgrenze ist.

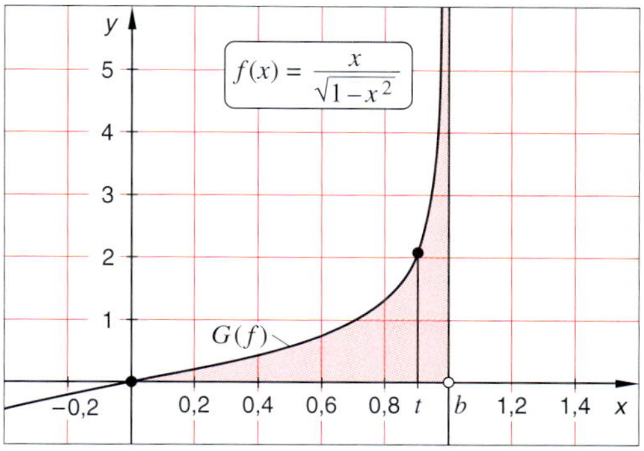

Durch $F: F(x) = -\sqrt{1-x^2}$ ist im Intervall $(-1\,;\,1)$ eine Stammfunktion von f gegeben, denn es gilt $F'(x) = f(x)$ für alle $x \in (-1\,;\,1)$.

$f(x) = \frac{x}{\sqrt{1-x^2}};\ x \in (-1\,;\,1)$

► $F(x) = -\sqrt{1-x^2}\,;\ x \in (-1\,;\,1)$

$\Rightarrow\ F'(x) = \frac{x}{\sqrt{1-x^2}};\ x \in (-1\,;\,1)$

► F ist Stammfunktion von f in $(-1\,;\,1)$

Damit lässt sich $\int_0^t \frac{x}{\sqrt{1-x^2}}\,dx;\ t \in (0\,;\,1)$ über den Hauptsatz berechnen.

$\int_a^b f(x)\,dx = F(x)\,\big|_a^b = F(b) - F(a)$ ► Hauptsatz

► $f(x) = \frac{x}{\sqrt{1-x^2}}$; 0 für a; t für b; $F(x) = -\sqrt{1-x^2}$

$$\int_0^t \frac{x}{\sqrt{1-x^2}}\,dx = -\sqrt{1-x^2}\,\Big|_0^t = -\sqrt{1-t^2} - (-\sqrt{1-0^2}) = \underline{-\sqrt{1-t^2} + 1;\ t \in (0\,;\,1)}$$

$$\lim_{\substack{t\to 1\\ t<1}} \int_0^t \frac{x}{\sqrt{1-x^2}}\,dx = \lim_{\substack{t\to 1\\ t<1}} (-\sqrt{1-t^2} + 1) = -\lim_{\substack{t\to 1\\ t<1}} \sqrt{1-t^2} + 1 = \underline{\underline{1}}$$

► $\lim_{\substack{t\to 1\\ t<1}} \sqrt{1-t^2} = 0$

Wegen $\lim_{\substack{t\to 1\\ t<1}} \sqrt{1-t^2} = 0$ ist $\int_0^1 \frac{x}{\sqrt{1-x^2}}\,dx$ ein konvergentes uneigentliches Integral zweiter Art mit dem Integralwert 1.

$$\Rightarrow \underline{\underline{\int_0^1 \frac{x}{\sqrt{1-x^2}}\,dx = 1}}$$

► Integralwert für f in $[0\,;1]$

- $\int_1^4 \frac{dx}{(x-1)^2}$

Die Funktion $f: f(x) = \frac{1}{(x-1)^2}$; mit $D(f) = \mathbb{R}^{\neq 1}$ ist für $x < 1$ streng monoton steigend und für $x > 1$ streng monoton fallend. Somit ist f in jedem abgeschlossenen Intervall von $D(f)$ integrierbar. An der Stelle $a = 1$ hat f eine Unendlichkeitsstelle, die gleichzeitig untere Integrationsgrenze ist.

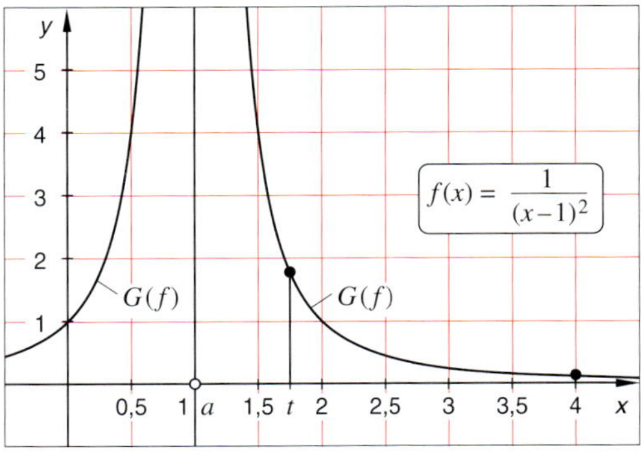

$f(x) = \frac{1}{(x-1)^2}$; $x \in \mathbb{R}^{\neq 1}$

Die Funktion f hat in jedem abgeschlossenen Intervall von $\mathbb{R}$, das nicht die Zahl 1 enthält, $F: F(x) = -\sqrt{1-x^2}$ als Stammfunktion, denn es gilt $F'(x) = f(x)$ für alle $x \in \mathbb{R}^{\neq 1}$.

► $F(x) = -\frac{1}{x-1}$; $x \in \mathbb{R}^{\neq 1}$

$\Rightarrow F'(x) = \frac{1}{(x-1)^2}$; $x \in \mathbb{R}^{\neq 1}$

► F ist Stammfunktion von f in $\mathbb{R}^{\neq 1}$

Damit lässt sich $\int_t^4 \frac{dx}{(x-1)^2}$; $t \in (1;4)$ über den Hauptsatz berechnen.

$\int_a^b f(x)\,dx = F(x)\Big|_a^b = F(b) - F(a)$ ► Hauptsatz

► $f(x) = \frac{1}{(x-1)^2}$; t für a; 4 für b; $F(x) = -\frac{1}{x-1}$

$$\int_t^4 \frac{dx}{(x-1)^2} = -\frac{1}{x-1}\Big|_t^4$$
$$= -\frac{1}{4-1} - \left(-\frac{1}{t-1}\right)$$
$$= \underline{-\frac{1}{3} + \frac{1}{t-1};\ t \in (1;4)}$$

$$\lim_{\substack{t \to 1 \\ t > 1}} \int_1^4 \frac{dx}{(x-1)^2} = \lim_{\substack{t \to 1 \\ t > 1}} \left(-\frac{1}{3} + \frac{1}{t-1}\right)$$
$$= -\frac{1}{3} + \lim_{\substack{t \to 1 \\ t > 1}} \frac{1}{t-1} \quad ► \lim_{\substack{t \to 1 \\ t > 1}} \frac{1}{t-1} = \infty$$
$$= \underline{\underline{\infty}}$$

Wegen $\lim_{\substack{t \to 1 \\ t > 1}} \frac{1}{t-1} = \infty$ ist $\int_1^4 \frac{dx}{(x-1)^2}$ ein divergentes uneigentliches Integral zweiter Art.

$$\Rightarrow \underline{\underline{\int_1^4 \frac{dx}{(x-1)^2} = \infty}}$$

- $\int\limits_{-1}^{1} \ln|x|\,dx$

Die Funktion $f: f(x) = \ln|x|$; $D(f) = \mathbb{R}^{\neq 0}$ ist für $x < 0$ streng monoton fallend und für $x > 0$ streng monoton steigend. Somit ist sie in jedem abgeschlossenen Intervall von $D(f)$ integrierbar. An der Stelle $x_0 = 0$, also im Inneren des Integrationsintervalls $[-1; 1]$, liegt eine Unendlichkeitsstelle vor.

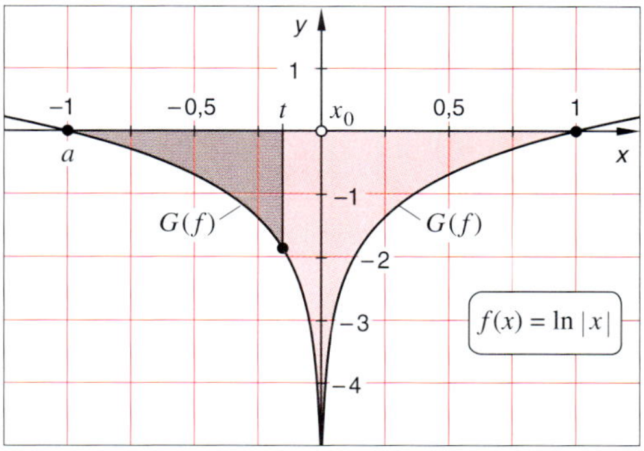

Die Funktion f hat in jedem abgeschlossenen Intervall von $\mathbb{R}$, das Null nicht enthält, $F: F(x) = x \cdot \ln|x| - x$ als Stammfunktion, denn es gilt $F'(x) = f(x)$ für alle $x \in \mathbb{R}^{\neq 0}$.

$f(x) = \ln|x|$; $x \in \mathbb{R}^{\neq 0}$

► $F(x) = x \cdot \ln|x| - x$; $x \in \mathbb{R}^{\neq 0}$ ► 2.5

$\Rightarrow F'(x) = \ln|x|$; $x \in \mathbb{R}^{\neq 0}$

► F ist Stammfunktion von f in $\mathbb{R}^{\neq 0}$

$\int\limits_a^b f(x)\,dx = F(x)\Big|_a^b = F(b) - F(a)$ ► Hauptsatz

Zuerst wird untersucht, ob das uneigentliche Integral zweiter Art $\int\limits_{-1}^{0} \ln|x|\,dx$ existiert. Für jedes $t \in (-1; 0)$ lässt sich das bestimmte Integral $\int\limits_{-1}^{t} \ln|x|\,dx$ über den Hauptsatz berechnen.

■ Untersuchung im Intervall [− 1 ; 0]

► $f(x) = \ln|x|$; -1 für a; t für b; $F(x) = x \cdot \ln|x| - x$

$$\int\limits_{-1}^{t} \ln|x|\,dx = x \cdot \ln|x| - x\Big|_{-1}^{t}$$
$$= t \cdot \ln|t| - t - [(-1) \cdot \ln|-1| - (-1)]$$

► $\ln(-1) = 0$

$$= t \cdot \ln|t| - t + 1 \cdot 0 - 1$$
$$= \underline{t \cdot \ln|t| - t - 1;\ t \in (-1; 0)}$$

Untersucht man $\int\limits_{-1}^{0} \ln|x|\,dx$ auf Konvergenz, so ergibt sich $\lim\limits_{\substack{t \to 0 \\ t<0}} (t \cdot \ln|t|) =$ „$0 \cdot (-\infty)$". Daher wird „$0 \cdot (-\infty)$" mit der zweiten Regel von de L'Hospital untersucht. ► Kusch 3; 4.5 Dort berechnet man $\lim\limits_{\substack{x \to 0 \\ x>0}} (x \cdot \ln x) = 0$, d.h. $\lim\limits_{\substack{t \to 0 \\ t<0}} (t \cdot \ln|t|) = 0$

Deshalb ist $\int\limits_{-1}^{0} \ln|x|\,dx$ ein konvergentes uneigentliches Integral zweiter Art mit dem Integralwert -1.

$$\lim\limits_{\substack{t \to 0 \\ t<0}} \int\limits_{-1}^{t} \ln|x|\,dx = \lim\limits_{\substack{t \to 0 \\ t<0}} (t \cdot \ln|t| - t - 1)$$
$$= \lim\limits_{\substack{t \to 0 \\ t<0}} (t \cdot \ln|t|) - \lim\limits_{\substack{t \to 0 \\ t<0}} t - 1$$
$$= \text{„}0 \cdot \infty\text{"} \quad - \quad 0 \quad - 1$$
$$= 0 - 1$$
$$= \underline{-1}$$

► $\underline{\int\limits_{-1}^{0} \ln|x|\,dx = -1}$ ► Integralwert für f in $[-1; 0]$

Da der Graph von $f: f(x) = \ln|x|; D(f) = \mathbb{R}^{\neq 0}$ achsensymmetrisch zur y-Achse verläuft [► $f(-x) = f(x)$], ist auch $\int_0^1 \ln|x|\,dx$ ein konvergentes uneigentliches Integral zweiter Art mit dem Integralwert -1.

■ **Untersuchung im Intervall [0 ; 1]**

$f(x) = \ln|x|\ x \in \mathbb{R}^{\neq 0}$

$\Rightarrow f(-x) = \ln|-x| = \ln|x| = f(x);\ x \in \mathbb{R}^{\neq 0}$

► f ist achsensymmetrisch zur y-Achse

$\Rightarrow \int_0^1 \ln|x|\,dx = \int_{-1}^0 \ln|x|\,dx$

$= \underline{\underline{-1}}$ ► Integralwert für f in $[0;1]$

Da die uneigentlichen Integrale zweiter Art $\int_{-1}^0 \ln|x|\,dx$ und $\int_0^1 \ln|x|\,dx$ existieren, existiert auch das uneigentliche Integral zweiter Art $\int_{-1}^1 \ln|x|\,dx$ mit dem Integralwert -2.

■ **Untersuchung im Intervall [– 1 ; 1]**

$\int_{-1}^1 \ln|x|\,dx = \int_{-1}^0 \ln|x|\,dx + \int_0^1 \ln|x|\,dx$

$= \quad -1 \quad + \quad (-1)$

$= \underline{\underline{-2}}$ ► Integralwert für f in $[-1;1]$

Beispiel: Untersuchen Sie das uneigentliche Integral $\displaystyle\int_0^\infty \frac{dx}{x \cdot (1 + \ln^2 x)}$ auf Konvergenz.

Die Funktion $f: f(x) = \dfrac{1}{x \cdot (1 + \ln^2 x)}$ mit $D(f) = \mathbb{R}^{>0}$ ist in $D(f)$ streng monoton fallend und somit in jedem abgeschlossenen Intervall von $D(f)$ integrierbar. An der Stelle $a = 0$ liegt eine Unendlichkeitsstelle vor, die gleichzeitig untere Integrationsgrenze ist.

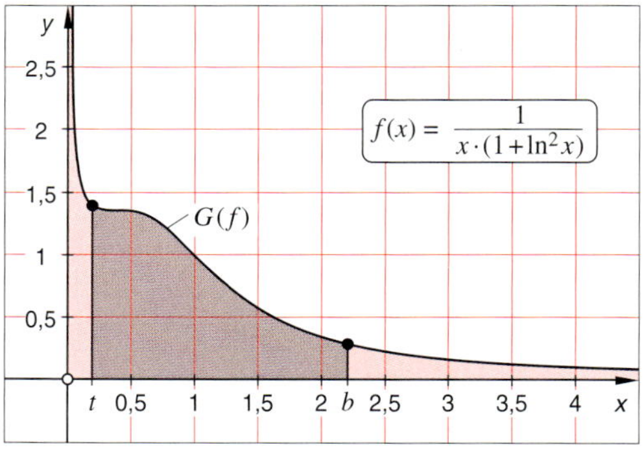

Bei diesem Beispiel sind sowohl das Integrationsintervall $[0;\infty)$ als auch die Integrandfunktion unbeschränkt. $\displaystyle\int_0^\infty \frac{dx}{x \cdot (1 + \ln^2 x)}$ ist also sowohl ein uneigentliches Integral erster Art als auch ein uneigentliches Integral zweiter Art.

$f: f(x) = \dfrac{1}{x \cdot (1 + \ln^2 x)}$ hat in jedem abgeschlossenen Intervall von $\mathbb{R}^{>0}$ die Funktion $F: F(x) = \operatorname{Arctan}(\ln x)$ als Stammfunktion, denn es gilt $F'(x) = f(x)$ für alle $x \in \mathbb{R}^{>0}$.

$f(x) = \dfrac{1}{x \cdot (1 + \ln^2 x)}\ x \in \mathbb{R}^{>0}$

► $F(x) = \operatorname{Arctan}(\ln x);\ x \in \mathbb{R}^{>0}$

$\Rightarrow F'(x) = \dfrac{1}{x \cdot (1 + \ln^2 x)};\ x \in \mathbb{R}^{>0}$

► F ist Stammfunktion von f in $\mathbb{R}^{>0}$

$\int_a^b f(x)\,dx = F(x)\,|_a^b = F(b) - F(a)$ ► Hauptsatz

Zuerst wird untersucht, ob das uneigentliche Integral $\int\limits_0^b \frac{dx}{x \cdot (1 + \ln^2 x)}$ mit $b > 0$ und b fest existiert.

Für jedes $t \in (0; b)$ und $b > 0$ lässt sich das bestimmte Integral $\int\limits_t^b \frac{dx}{x \cdot (1 + \ln^2 x)}$ über den Hauptsatz berechnen.

■ **Untersuchung im Intervall [0 ; b]**

► $f(x) = \frac{1}{x \cdot (1 + \ln^2 x)}$; t für a; $F(x) = \text{Arctan}(\ln x)$

$$\int\limits_t^b \frac{dx}{x \cdot (1 + \ln^2 x)} = \text{Arctan}(\ln x) \Big|_t^b$$
$$= \underline{\text{Arctan}(\ln b) - \text{Arctan}(\ln t);\ t \in (0; b)}$$

► $\lim\limits_{\substack{t \to 0 \\ t > 0}} (\ln t) = -\infty \Rightarrow \lim\limits_{\substack{t \to 0 \\ t > 0}} \text{Arctan}(\ln t) = -\frac{\pi}{2}$

$$\lim\limits_{\substack{t \to 0 \\ t > 0}} \int\limits_t^b \frac{dx}{x \cdot (1 + \ln^2 x)} = \lim\limits_{\substack{t \to 0 \\ t > 0}} [\text{Arctan}(\ln b) - \text{Arctan}(\ln t)]$$
$$= \text{Arctan}(\ln b) - \lim\limits_{\substack{t \to 0 \\ t > 0}} \text{Arctan}(\ln t)$$
$$= \underline{\text{Arctan}(\ln b) + \frac{\pi}{2}; b > 0}$$

► Integralterm für f in $[0; b]$

Wegen $\lim\limits_{\substack{t \to 0 \\ t > 0}} \text{Arctan}(\ln t) = -\frac{\pi}{2}$ handelt es sich bei $\int\limits_0^b \frac{dx}{x \cdot (1 + \ln^2 x)}$; $b > 0$ um ein konvergentes uneigentliches Integral zweiter Art mit dem Integralterm $\text{Arctan}(\ln b) + \frac{\pi}{2}$; $b > 0$.

Danach wird untersucht, ob auch der Grenzwert $\lim\limits_{b \to \infty} \int\limits_0^b \frac{dx}{x \cdot (1 + \ln^2 x)}$ existiert.

■ **Untersuchung im Intervall [0 ; ∞)**

$$\int\limits_0^b \frac{dx}{x \cdot (1 + \ln^2 x)} = \text{Arctan}(\ln b) + \frac{\pi}{2}$$
$$\Rightarrow \lim\limits_{b \to \infty} \int\limits_0^b \frac{dx}{x \cdot (1 + \ln^2 x)} = \lim\limits_{b \to \infty} \left[\text{Arctan}(\ln b) + \frac{\pi}{2}\right]$$
$$= \lim\limits_{b \to \infty} \text{Arctan}(\ln b) + \frac{\pi}{2}$$
$$= \frac{\pi}{2} + \frac{\pi}{2}$$
$$= \underline{\underline{\pi}}$$

► $\lim\limits_{b \to \infty} \ln b = \infty \Rightarrow \lim\limits_{b \to \infty} \text{Arctan}(\ln b) = \frac{\pi}{2}$

Wegen $\lim\limits_{b \to \infty} \text{Arctan}(\ln b) = \frac{\pi}{2}$ ist das uneigentliche Integral erster und zweiter Art $\int\limits_0^\infty \frac{dx}{x \cdot (1 + \ln^2 x)}$; $b > 0$ konvergent mit dem Integralwert π.

► $\underline{\underline{\int\limits_0^\infty \frac{dx}{x \cdot (1 + \ln^2 x)} = \pi}}$ ► Integralwert für f in $[0; \infty)$

An $\int\limits_t^b \frac{dx}{x \cdot (1 + \ln^2 x)} = \text{Arctan}(\ln b) - \text{Arctan}(\ln t)$ erkennt man, dass gilt:

$$\lim\limits_{b \to \infty} \Big(\lim\limits_{\substack{t \to 0 \\ t > 0}} [\text{Arctan}(\ln b) - \text{Arctan}(\ln t)] \Big) = \lim\limits_{\substack{t \to 0 \\ t > 0}} \Big(\lim\limits_{b \to \infty} [\text{Arctan}(\ln b) - \text{Arctan}(\ln t)] \Big) = \pi$$

Die Grenzwertberechnungen sind also unabhängig von der Reihenfolge der einzelnen Ausführung.

Übungsaufgaben

Untersuchen Sie, ob die nachstehenden uneigentlichen Integrale mit unbeschränktem Integrationsintervall konvergieren oder divergieren und berechnen Sie gegebenenfalls den Integralwert.

1. $\int\limits_{-\infty}^{0} e^x \, dx$ **2.** $\int\limits_{1}^{\infty} \frac{1}{2 \cdot \sqrt{x}} \, dx$ **3.** $\int\limits_{0}^{\infty} e^{-x} \, dx$ **4.** $\int\limits_{0}^{\infty} \sin x \, dx$

5. $\int\limits_{0}^{\infty} (x \cdot e^{-x}) \, dx$ **6.** $\int\limits_{0}^{\infty} (2x \cdot e^{-x^2}) \, dx$ **7.** $\int\limits_{0}^{\infty} e^{-2x} \, dx$ **8.** $\int\limits_{-\infty}^{0} e^{3x} \, dx$

9. $\int\limits_{1}^{\infty} \frac{dx}{\sqrt{x^3}}$ **10.** $\int\limits_{1}^{\infty} \frac{dx}{\sqrt[3]{x^4}}$ **11.** $\int\limits_{-\infty}^{-1} \frac{dx}{x^4}$ **12.** $\int\limits_{1}^{\infty} \frac{dx}{(\sqrt{1+x})^3}$

13. $\int\limits_{0,5}^{\infty} \frac{dx}{3x^4}$ **14.** $\int\limits_{1}^{\infty} \frac{1+x}{x^3} \, dx$ **15.** $\int\limits_{0,7}^{\infty} \frac{3}{(3x-1)^3} \, dx$ **16.** $\int\limits_{1}^{\infty} \frac{2+\sqrt{x}}{x^3} \, dx$

17. $\int\limits_{-\infty}^{-1} \frac{dx}{\sqrt{|x|^3}}$ **18.** $\int\limits_{-\infty}^{\infty} \frac{dx}{4+x^2}$ **19.** $\int\limits_{-\infty}^{\infty} e^{-|x|} \, dx$ **20.** $\int\limits_{-\infty}^{\infty} \frac{dx}{\sqrt{x^2+1}}$

Stellen Sie fest, bei welchen Zahlen für $s \in \mathbb{R}$ die nachstehenden uneigentlichen Integrale erster Art konvergieren.

21. $\int\limits_{1}^{\infty} x^s \, dx$ **22.** $\int\limits_{0}^{\infty} e^{-s \cdot x} \, dx$ **23.** $\int\limits_{0}^{\infty} (2x \cdot e^{s \cdot x^2}) \, dx$ **24.** $\int\limits_{-\infty}^{0} (2s \cdot x \cdot e^{-s \cdot x^2}) \, dx$

25. Ein Satellit mit der Masse $m = 2000$ kg hat vom Erdmittelpunkt den Abstand l mit $l > r$ bei einem Erdradius $r = 6{,}4 \cdot 10^6$ m. Auf ihn wirkt die Erdanziehungskraft $F(l) = G \cdot \frac{m \cdot M}{l^2}$, wobei $G = 6{,}67 \cdot 10^{-11} \frac{\text{N} \cdot \text{m}^2}{\text{kg}^2}$ für die Gravitationskonstante und $M = 5{,}97 \cdot 10^{24}$ kg für die Erdmasse stehen. Berechnen Sie die Arbeit, die aufgewendet werden muss, wenn der Satellit den Anziehungsbereich der Erde verlassen soll.

Stellen Sie fest, ob die nachstehenden uneigentlichen Integrale mit unbeschränkter Integrandfunktion konvergieren oder divergieren und berechnen Sie gegebenenfalls den Integralwert.

26. $\int\limits_{-1}^{1} \frac{dx}{\sqrt{1-x^2}}$ **27.** $\int\limits_{0}^{3} \frac{x}{\sqrt{9-x^2}} \, dx$ **28.** $\int\limits_{0}^{1} \frac{dx}{\sqrt{1-x}}$ **29.** $\int\limits_{-0,5}^{4} \frac{dx}{\sqrt{2x+1}}$

30. $\int\limits_{0}^{1} x^{-\frac{2}{3}} \, dx$ **31.** $\int\limits_{0}^{4} x^{-\frac{3}{4}} \, dx$ **32.** $\int\limits_{0}^{1} \frac{dx}{1-x}$ **33.** $\int\limits_{-1}^{1} \frac{dx}{\sqrt{|x|}}$

34. $\int\limits_{0}^{0,5} \frac{dx}{\sqrt{1-2x}}$ **35.** $\int\limits_{1}^{2} \frac{dx}{\sqrt{x^2-1}}$ **36.** $\int\limits_{-1}^{1} \frac{dx}{1-x^2}$ **37.** $\int\limits_{-1}^{1} \left(\frac{1}{x^2} \cdot e^{-\frac{1}{x}}\right) dx$

38. $\int\limits_{-1}^{1} \frac{dx}{\sqrt[5]{x^2}}$ **39.** $\int\limits_{-1}^{2} \frac{dx}{\sqrt{|1-x|}}$ **40.** $\int\limits_{-1}^{1} \frac{dx}{x}$ **41.** $\int\limits_{1}^{3} \frac{dx}{\sqrt{|2x-x^2|}}$

42. Untersuchen Sie, bei welchen Zahlen für $s \in \mathbb{R}$ das uneigentliche Integral $\int_0^1 \frac{dx}{x^s}$ konvergent ist.

43. Zeigen Sie, dass die Funktion $F: F(x) = 2 \cdot \text{Arctan}\,\sqrt{x}$ eine Stammfunktion der Funktion $f: f(x) = \frac{1}{\sqrt{x} \cdot (1+x)}$; $D(f) = \mathbb{R}^{>0}$ ist.

Untersuchen Sie das uneigentliche Integral $\int_0^\infty \frac{dx}{\sqrt{x} \cdot (1+x)}$ auf Konvergenz.

2.9 Numerische Integration

In Naturwissenschaft und Technik werden funktionale Zusammenhänge sehr oft in Form von Diagrammen aufgezeichnet. Diese Diagramme stellen meistens empirische Funktionen dar, die also nur zeichnerisch durch ihren Graphen gegeben sind, ohne dass man den Funktionsterm kennt. Häufig soll der Inhalt der Fläche zwischen einem solchen Graphen und der x-Achse ermittelt werden, was durch Berechnung des entsprechenden bestimmten Integrals erfolgen könnte. Da aber der Integrand in der Regel nicht bekannt ist, sind nur Näherungslösungen auf der Grundlage der aufgezeichneten Kurven möglich. Es kann aber auch sein, dass der Integrand bekannt ist, eine exakte Lösung des bestimmten Integrals aber trotzdem auf Schwierigkeiten stößt. Auch dann ist man auf Näherungslösungen angewiesen. ► 1.1 „Viertelkreisfläche“

Solche Näherungslösungen können einmal durch Abtasten der Umfangslinien solcher Flächen mit Integrationsmaschinen, so genannten Planimetern, gefunden werden. Zur rechnerischen Näherungslösung benutzt man die so genannte **numerische Integration**. Im Prinzip wird dabei eine zwischen dem Funktionsgraphen und der x-Achse liegende Fläche in möglichst viele, parallel zur y-Achse liegende Streifen zerlegt, deren Breite und Länge jeweils gemessen oder berechnet werden. Die Summe der Flächenstreifen ist dann ein Näherungswert für die Flächenmaßzahl. In vielen Fällen kann man für gefundene Näherungswerte auch den maximal möglichen Fehler angeben.

Die numerische Integration hat durch die Verbreitung von Computern an Bedeutung gewonnen. Mithilfe von Computerprogrammen, die in der Regel auf den Methoden der numerischen Integration basieren, lassen sich fast alle Funktionen integrieren. Dabei können deren Funktionswerte sowohl oberhalb als auch unterhalb der x-Achse liegen.

Problem: Integrieren Sie eine Funktion f in einem Intervall $[a; b]$ näherungsweise durch Addition von gleich breiten Rechtecksflächen parallel zur y-Achse.

Man unterteilt das Integrationsintervall $[a; b]$ in n Teile jeweils mit der gleichen Breite $h = \frac{b-a}{n}$; $n \in \mathbb{N}^{>0}$ und erhält damit die **Stützstellen** $x_0; x_1; x_2; \ldots; x_{n-1}; x_n$

An diesen Stützstellen $x_{k-1} = a + (k-1) \cdot h$ für $k \in \{1; 2;\ 3; \ldots; n\}$ werden dann die zugehörigen Funktionswerte $f(x_{k-1})$ berechnet bzw. aus dem gegebenen Diagramm abgelesen.

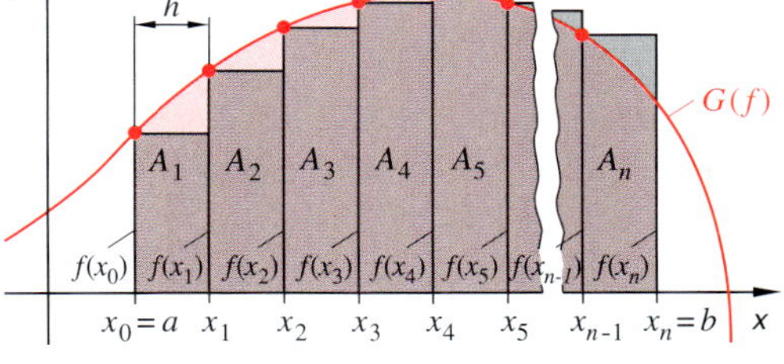

$x_0 = a; x_1 = a + h; x_2 = a + 2h; \ldots$

$\ldots; x_{n-1} = a + (n-1) \cdot h; x_n = b$ ► $h = \frac{b-a}{n}$ ► 1.1

Die Formel für die Summe R_n der Maßzahlen aller Rechteckflächen A_k heißt **Rechteckregel** und ergibt einen Näherungswert für den gesuchten Integralwert $\int_a^b f(x)\,dx$. Wie aus der Zeichnung ersichtlich ist, kann es sich dabei sowohl um innere als auch um äußere Rechtecke handeln.

$\int_a^b f(x)\,dx \approx R_n$ ► $R_n = \sum_{k=1}^{n} A_k$

$$\sum_{k=1}^{n} A_k = A_1 + A_2 + A_3 + \ldots + A_n$$
$$= h \cdot f(x_0) + h \cdot f(x_1) + h \cdot f(x_2) + \ldots + h \cdot f(x_{n-1})$$
$$= h \cdot [f(x_0) + f(x_1) + f(x_2) + \ldots + f(x_{n-1})]$$

► $x_0 = a;\ x_1 = a + h;\ \cdots;\ x_{n-1} = a + (n-1) \cdot h;\ x_n = b$

$$\sum_{k=1}^{n} A_k = h \cdot (f(a) + f(a+h) + f(a+2h) + \ldots + f[a + (n-1) \cdot h])$$

► $\int_a^b f(x)\,dx \approx h \cdot (f(a) + f(a+h) + f(a+2h) + \ldots + f[a + (n-1) \cdot h])$

$$R_n = h \cdot (f(a) + f(a+h) + f(a+2h) + \ldots + f[a + (n-1) \cdot h])$$

► Rechteckregel

Da R_n für nichtkonstante Funktionen vom wahren Integralwert abweicht, ist es wichtig zu wissen, wie groß der Betrag des **Fehlers F_R** ist, den das mit der Rechteckregel ermittelte Ergebnis enthalten kann. Ist die zu integrierende Funktion f im Integrationsintervall $[a\,;b]$ differenzierbar und ihre Ableitung stetig, so kann dieser Fehler F_R abgeschätzt werden.

$$F_R \leq \frac{1}{2} \cdot \frac{(b-a)^2}{n} \cdot \max|f'(x)|;\ x \in [a\,;b];\ n \in \mathbb{N}^{>0}$$ ► Fehlerabschätzung bei der Rechteckregel

Hinweis: Jede in einem abgeschlossenen Intervall $[a\,;b]$ stetige Funktion nimmt dort ihr Maximum an. Ist f' stetig, so existiert an einer Stelle x_0 in $[a\,;b]$ auch der maximale Funktionswert $|f'(x)|$ (Maximum) der stetigen Funktion $|f'|$. Dieser Funktionswert wird mit „max $|f'(x)|$" bezeichnet.

Merke:

Rechteckregel

- $\int_a^b f(x)\,dx \approx R_n$ ► $R_n = h \cdot (f(a) + f(a+h) + f(a+2h) + \ldots + f[a + (n-1) \cdot h]);\ h = \frac{b-a}{n};\ n \in \mathbb{N}^{>0}$
- $F_R \leq \frac{1}{2} \cdot \frac{(b-a)^2}{n} \cdot \max|f'(x)|;\ x \in [a\,;b];\ n \in \mathbb{N}^{>0}$ ► Fehlerabschätzung bei der Rechteckregel

Anmerkungen:

- Ist eine Funktion f in einem Intervall $[a\,;b]$ monoton steigend (monoton fallend), so stimmt die Rechteckregel mit der Untersumme (Obersumme) bei einer äquidistanten Zerlegung des Intervalls $[a\,;b]$ überein. ► 1.1
- Die Rechteckregel müsste eigentlich genauer **linksgestützte Rechteckregel** heißen, da zur Berechnung der Rechteckflächen A_k im Intervall $[x_{k-1}\,;x_k]$ mit $k \in \{1\,;2\,;3\,;\ldots\,;n\}$ stets der linke Funktionswert $f(x_{k-1})$ als Rechtecklänge verwendet wird. Entsprechend kann man eine **rechtsgestützte Rechteckregel** herleiten, bei der zur Berechnung der Rechteckflächen A_k im Intervall $[x_{k-1}\,;x_k]$ mit $k \in \{1\,;2\,;3\,;\ldots\,;n\}$ der rechte Funktionswert $f(x_k)$ als Rechtecklänge dient.

- Lässt sich ein Integral $\int\limits_a^b f(x)\,\mathrm{d}x$ exakt mit dem Hauptsatz berechnen, so kann man den wahren Fehler $F_\mathrm{R} = \left|\int\limits_a^b f(x)\,\mathrm{d}x - R_n\right|$ angeben (▶ Beispiel). Die angegebene Fehlerabschätzung ist daher nur in solchen Fällen interessant, in denen das Integral $\int\limits_a^b f(x)\,\mathrm{d}x$ nicht über den Hauptsatz berechenbar ist, man also zu f keine Stammfunktion F in $[a\,;b]$ kennt. Entsprechendes gilt für weitere Näherungsverfahren.

Beispiel: Berechnen Sie $\int\limits_1^3 \frac{1}{x}\,\mathrm{d}x$ näherungsweise mit der Rechteckregel für $n = 10$ und vergleichen Sie den Näherungswert mit dem exakten Integralwert.

Für $n = 10$ wird das Integrationsintervall $[1\,;3]$ in 10 gleich breite Teilintervalle zerlegt, die dann alle die Breite $h = \frac{3-1}{10} = 0{,}2$ haben. Man erhält damit die Stützstellen: 1; 1,2; 1,4; 1,6; 1,8; 2; 2,2; 2,4; 2,6 und 2,8.

$$\int\limits_a^b f(x)\,\mathrm{d}x \approx h\cdot\big(f(a)+f(a+h)+f(a+2h)+\ldots+f[a+(n-1)\cdot h]\big)$$

$f(x) = \frac{1}{x}$; 1 für a; 3 für b; 10 für n; $h = \frac{b-a}{n} = \frac{3-1}{n} = 0{,}2$

▶ $\int\limits_1^3 \frac{1}{x}\,\mathrm{d}x \approx h\cdot\sum\limits_{k=1}^{10} f[a+(k-1)\cdot h]$ ▶ 0,2 für h; 1 für a

$$\approx 0{,}2\cdot\sum_{k=1}^{10} f[1+(k-1)\cdot 0{,}2]$$

An jeder dieser Stützstellen werden dann die zugehörigen Funktionswerte, also $f(1)\,;f(1{,}2)\,;\ldots;f(2{,}8)$ durch Einsetzen in die Funktionsgleichung $f(x) = \frac{1}{x}$ berechnet.

Die Funktionswerte sind hier auf sechs Nachkommastellen angegeben, die letzte Ziffer ist gerundet. Dadurch entstehen Rundungsfehler, sodass bei dem berechneten Summenwert 5,841145 die beiden letzten Nachkommastellen nicht sicher sind.

$f[1+(k-1)\cdot 0{,}2]$ ▶ $k \in \{1\,;2\,;3\,;\ldots;10\}$

$k = 1$: $f(1) = \frac{1}{1} = 1{,}000000$

$k = 2$: $f(1+1\cdot 0{,}2) = f(1{,}2) = \frac{1}{1{,}2} = 0{,}833333$

$k = 3$: $f(1+2\cdot 0{,}2) = f(1{,}4) = \frac{1}{1{,}4} = 0{,}714286$

$k = 4$: $f(1+3\cdot 0{,}2) = f(1{,}6) = \frac{1}{1{,}6} = 0{,}625000$

$k = 5$: $f(1+4\cdot 0{,}2) = f(1{,}8) = \frac{1}{1{,}8} = 0{,}555556$

$k = 6$: $f(1+5\cdot 0{,}2) = f(2) = \frac{1}{2} = 0{,}500000$

$k = 7$: $f(1+6\cdot 0{,}2) = f(2{,}2) = \frac{1}{2{,}2} = 0{,}454545$

$k = 8$: $f(1+7\cdot 0{,}2) = f(2{,}4) = \frac{1}{2{,}4} = 0{,}416667$

$k = 9$: $f(1+8\cdot 0{,}2) = f(2{,}6) = \frac{1}{2{,}6} = 0{,}384615$

$k = 10$: $f(1+9\cdot 0{,}2) = f(2{,}8) = \frac{1}{2{,}8} = 0{,}357143$

$$\Rightarrow \sum_{k=1}^{10} f[1+(k-1)\cdot 0{,}2] = \underline{5{,}841145}$$

▶ $\int\limits_1^3 \frac{1}{x}\,\mathrm{d}x \approx R_{10}$

Multipliziert man die Summe der Funktionswerte 5,841145 mit der Breite $h = 0{,}2$, so erhält man einen Näherungswert für das gesuchte Integral $\int_1^3 \frac{1}{x}\,\mathrm{d}x$ bei Anwendung der Rechteckregel.

$$R_{10} = 0{,}2 \cdot \sum_{k=1}^{10} f[1 + (n-1) \cdot 0{,}2]$$
$$= 0{,}2 \cdot 5{,}841145$$
$$= \underline{\underline{1{,}168229}} \quad \blacktriangleright \text{ Näherungswert für } \int_1^3 \frac{1}{x}\,\mathrm{d}x$$

Der exakte Integralwert ist bereits aus Kapitel 1.2 bekannt, nämlich ln 3 = 1,098612

$$\int_1^3 \frac{1}{x}\,\mathrm{d}x = \ln 3 = \underline{1{,}098612}$$

Damit lässt sich der absolute Fehler, also die Abweichung des Näherungswertes vom exakten Wert, berechnen. Er beträgt 0,069617, was einem relativen Fehler von 6,34% entspricht. Die Rechteckregel ergibt demnach bereits für $n = 10$ eine gute Annäherung.

- **Absoluter Fehler**

$$|\ln 3 - 1{,}168229| = |1{,}098612 - 1{,}168229|$$
$$= \underline{\underline{0{,}069617}}$$

- **Relativer Fehler**

$$\left|\frac{\ln 3 - 1{,}168229}{\ln 3}\right| \cdot 100\% = \underline{\underline{6{,}34\%}}$$

Wendet man die Formel zur Berechnung zur Fehlerabschätzung an, so stellt man fest, dass der Fehler F_{R} höchstens 0,20 sein kann.

Wie gezeigt wurde, beträgt dieser Unterschied jedoch nicht einmal 0,07.

- **Fehlerabschätzung**

$$F_{\mathrm{R}} \leq \frac{1}{2} \cdot \frac{(b-a)^2}{n} \cdot \max|f'(x)|;\ x \in [a\,;b];\ n \in \mathbb{N} > 0$$

$\blacktriangleright$ 1 für a; 3 für b; 10 für n

$$f(x) = \frac{1}{x} \Rightarrow f'(x) = -\frac{1}{x^2} \Rightarrow \max\left|-\frac{1}{x^2}\right| = 1 \text{ in } [1\,;3]$$

$$F_{\mathrm{R}} \leq \frac{1}{2} \cdot \frac{(3-1)^2}{10} \cdot 1 \ \Rightarrow\ F_R \leq \underline{\underline{0{,}20}}$$

Problem: Integrieren Sie eine Funktion f in einem Intervall $[a\,;b]$ näherungsweise durch Addition von gleich breiten Trapezflächen parallel zur y-Achse.

Man teilt das Integrationsintervall $[a\,;b]$ in n Teile mit der gleichen Breite $h = \frac{b-a}{n}$; $n \in \mathbb{N}^{>0}$ und erhält so die Stützstellen $x_0; x_1; x_3; \ldots; x_n$. An diesen Stützstellen $x_{k-1} = a + (k-1) \cdot h$; $k \in \{1; 2; 3;\ \ldots; n\}$ werden dann die zugehörigen Funktionswerte $f(x_{k-1})$ berechnet bzw. aus dem gegebenen Diagramm abgelesen.

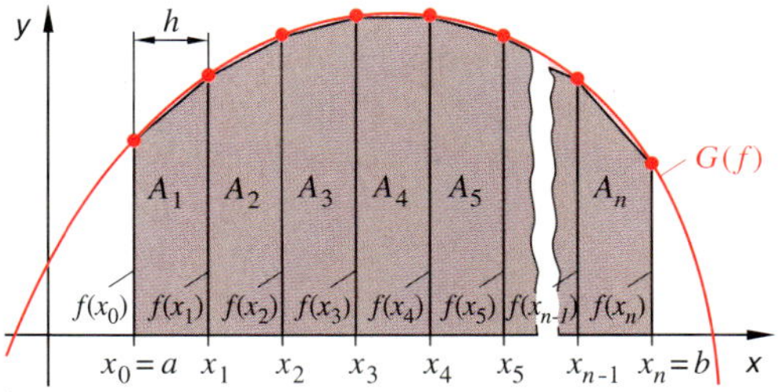

$$\int_a^b f(x)\,\mathrm{d}x \approx T_n \quad \blacktriangleright\ T_n = \sum_{k=1}^{n} A_k$$

$$\sum_{k=1}^{n} A_k = A_1 + A_2 + \ldots + A_n$$
$$= \frac{f(x_0) + f(x_1)}{2} \cdot h + \frac{f(x_1) + f(x_2)}{2} \cdot h + \ldots + \frac{f(x_{n-1}) + f(x_n)}{2} \cdot h$$
$$= h \cdot \left[\frac{f(x_0)}{2} + \frac{f(x_1)}{2} + \frac{f(x_1)}{2} + \frac{f(x_2)}{2} + \frac{f(x_2)}{2} + \ldots + \frac{f(x_{n-1})}{2} + \frac{f(x_n)}{2}\right]$$

$\blacktriangleright$ $x_0 = a$
$x_1 = a + h$
$x_2 = a + 2h$
$\vdots$
$x_{n-1} = a + (n-1) \cdot h$
$x_n = b \ \blacktriangleright\ h = \frac{b-a}{n}$

$\blacktriangleright$ $x_0 = a; x_1 = a + h; x_2 = a + 2h; \ldots; x_{n-1} = a + (n-1) \cdot h; x_n = b;$

$$\sum_{k=1}^{n} A_k = h \cdot \left[\frac{f(a)}{2} + f(a+h) + f(a+2h) + \ldots + f[a + (n-1) \cdot h] + \frac{f(b)}{2}\right]$$

Die Formel für die Summe T_n der Maßzahlen aller Trapezflächen A_k heißt **Trapezregel** und ergibt einen Näherungswert für den gesuchten Integralwert $\int_a^b f(x)\,dx$.

Vergleicht man die Formel für die Trapezregel mit der Formel für die Rechteckregel, so erhält man eine einfache Beziehung zwischen beiden Regeln.

▶ $\int_a^b f(x)\,dx \approx h \cdot \left[\frac{f(a)}{2} + f(a+h) + f(a+2h) + \ldots + f[a+(n-1)\cdot h] + \frac{f(b)}{2}\right]$

$$T_n = h \cdot \left[\frac{f(a)}{2} + f(a+h) + f(a+2h) + \ldots + f[a+(n-1)\cdot h] + \frac{f(b)}{2}\right]$$

▶ Trapezregel

$$R_n = h \cdot (f(a) + f(a+h) + f(a+2h) + \ldots + f[a+(n-1)\cdot h])$$

▶ Rechteckregel

$$\Rightarrow T_n = R_n + h \cdot \frac{f(b) - f(a)}{2}$$

▶ Beziehung zwischen Trapezregel und Rechteckregel

Da T_n für nichtlineare stetige Funktionen vom wahren Integralwert abweicht, ist es wichtig zu wissen, wie groß der Betrag des Fehlers F_T ist, den das mit der Trapezregel ermittelte Ergebnis enthalten kann. Ist die zu integrierende Funktion f im Integrationsintervall $[a; b]$ zweimal differenzierbar und ihre zweite Ableitung stetig, so kann dieser Fehler F_T abgeschätzt werden:

$$F_T \leq \frac{1}{12} \cdot \frac{(b-a)^3}{n^2} \cdot \max|f''(x)|;\ x \in [a; b];\ n \in \mathbb{N}^{>0}$$

▶ Fehlerabschätzung bei der Trapezregel

Merke:

Trapezregel

- $\int_a^b f(x)\,dx \approx T_n$ ▶ $T_n = h \cdot \left[\frac{f(a)}{2} + f(a+h) + f(a+2h) + \ldots + f[a+(n-1)\cdot h] + \frac{f(b)}{2}\right];\ h = \frac{b-a}{n};\ n \in \mathbb{N}^{>0}$
- $T_n = R_n + h \cdot \frac{f(b) - f(a)}{2}$ ▶ Trapezregel bei Verwendung der Rechteckregel R_n
- $F_T \leq \frac{1}{12} \cdot \frac{(b-a)^3}{n^2} \cdot \max|f''(x)|;\ x \in [a; b];\ n \in \mathbb{N}^{>0}$ ▶ Fehlerabschätzung bei der Trapezregel

Beispiel: Berechnen Sie $\int_1^3 \frac{1}{x}\,dx$ näherungsweise mit der Trapezregel für $n = 10$ und vergleichen Sie den Näherungswert mit dem exakten Integralwert.

Im vorausgegangenen Beispiel wurde das gleiche bestimmte Integral $\int_1^3 \frac{1}{x}\,dx$ mit der Rechteckregel berechnet, und zwar ebenfalls für $n = 10$.

Das Ergebnis $R_{10} = 1{,}168229$ wird deshalb hier verwendet und in die entsprechende Formel für die Trapezregel eingesetzt. Zusätzlich müssen dann nur noch die Funktionswerte $f(b)$ und $f(a)$ ermittelt werden.

$$T_n = R_n + h \cdot \frac{f(b) - f(a)}{2}$$ ▶ Trapezregel

▶ 10 für n ▶ 1,168229 für R_{10} ▶ Voriges Beispiel

▶ 1 für a; 3 für b; 10 für $n \Rightarrow h = \frac{b-a}{n} = \frac{3-1}{n} = 0{,}2$

▶ $f(x) = \frac{1}{x} \Rightarrow f(b) = f(3) = \frac{1}{3};\ f(a) = f(1) = \underline{1}$

$$T_{10} = 1{,}168229 + 0{,}2 \cdot \frac{\frac{1}{3} - 1}{2}$$

$$= \underline{\underline{1{,}101562}}$$ ▶ Näherungswert für $\int_1^3 \frac{1}{x}\,dx$

Der exakte Wert für $\int_1^3 \frac{1}{x}\,dx$ ist bereits aus Kapitel 1.2 bekannt, nämlich $\ln 3 = 1{,}098612$.

$$\int_1^3 \frac{1}{x}\,dx = \ln 3 = 1{,}098612 \quad \blacktriangleright 1.2$$

Damit lässt sich der absolute Fehler, also die Abweichung des Näherungswertes vom exakten Wert, berechnen. Er beträgt bei Anwendung der Trapezregel nur noch 0,002950, was einem relativen Fehler von 0,27% entspricht. Mit der Trapezregel erhält man hier also ein wesentlich genaueres Ergebnis als mit der Rechteckregel.

- **Absoluter Fehler**

$$|\ln 3 - 1{,}1015621| = |1{,}098612 - 1{,}101562| = \underline{\underline{0{,}002950}}$$

- **Relativer Fehler**

$$\left|\frac{\ln 3 - 1{,}101562}{\ln 3}\right| \cdot 100\% = \underline{\underline{0{,}27\%}}$$

Wendet man die Formel zur Berechnung zur Fehlerabschätzung an, so stellt man fest, dass der Fehler F_T höchstens 0,013333 sein kann.

Vergleicht man den maximal möglichen Fehler und das Ergebnis der Berechnung der Flächenmaßzahl mit der Trapezregel, so zeigt sich, dass dieser Unterschied weniger als 0,003 beträgt.

- **Fehlerabschätzung**

$$F_T \le \frac{1}{12} \cdot \frac{(b-a)^3}{n^2} \cdot \max|f''(x)|;\ x \in [a\,;b];\ n \in \mathbb{N}^{>0}$$

► 1 für a; 3 für b; 10 für n

$$f(x) = \frac{1}{x} \Rightarrow f'(x) = -\frac{1}{x^2} \Rightarrow f''(x) = \frac{2}{x^3}$$

$$\Rightarrow \max|f''(x)| = \max\left|\frac{2}{x^3}\right| = 2 \text{ in } [1;\,3]$$

$$F_T \le \frac{1}{12} \cdot \frac{(3-1)^3}{10^2} \cdot 2 \Rightarrow F_T \le \underline{\underline{0{,}013333}}$$

Problem: Integrieren Sie eine Funktion f in einem Intervall $[a\,;b]$ näherungsweise durch Addition von gleich breiten Trapezflächen parallel zur y-Achse. Dabei soll eine Trapezseite jeweils an jeder zweiten Stützstelle Tangente des Funktionsgraphen sein.

Man teilt das Integrationsintervall $[a\,;b]$ in n Teile mit der gleichen Breite $h = \frac{b-a}{n}$, wobei n für eine gerade natürliche Zahl stehen soll. An den Stützstellen mit ungeradem Index, also bei $x_1; x_3; x_5; \ldots; x_{n-1}$, zeichnet man jeweils die Tangente an den Graphen.

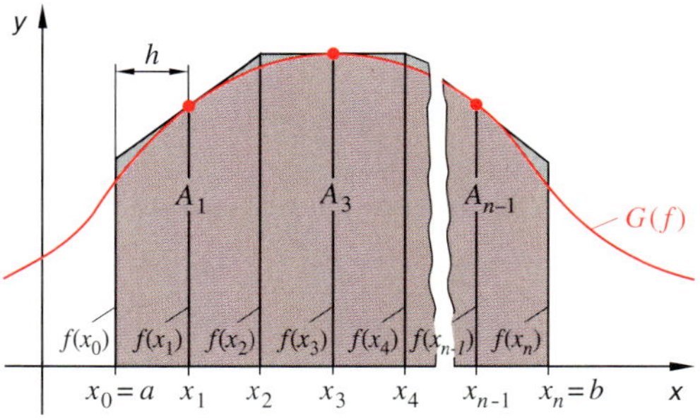

An jeder dieser Stützstellen werden dann die zugehörigen Funktionswerte, demnach $f(x_1); f(x_3); f(x_5); \ldots; f(x_{n-1})$, berechnet bzw. aus dem gegebenen Diagramm abgelesen. Diese Funktionswerte sind die Mittellinien der Trapeze, die hier alle die Breite $2h$ haben.

$$x_1 = a + h$$
$$x_3 = a + 3h$$
$$\vdots$$
$$x_{n-1} = a + (n-1) \cdot h \quad \blacktriangleright h = \frac{b-a}{n}$$

Die Formel für die Summe M_n der Maßzahlen aller Trapezflächen A_k heißt **Mittentangentenregel** und ergibt einen Näherungswert für den gesuchten Integralwert $\int_a^b f(x)\,\mathrm{d}x$.

$\int_a^b f(x)\,\mathrm{d}x = M_n$ ► $M_n = \sum_{k=1}^{n} A_k$

$$M_n = A_1 + A_3 + \ldots + A_{n-1}$$
$$= 2h \cdot f(x_1) + 2h \cdot f(x_3) + \ldots + 2h \cdot f(x_{n-1})$$
$$= 2h \cdot [f(x_1) + f(x_3) + \ldots + f(x_{n-1})]$$
$$= 2h \cdot \big(f(a+h) + f(a+3h) + \ldots + f[a+(n-1)\cdot h]\big)$$

► $\int_a^b f(x)\,\mathrm{d}x \approx 2h \cdot \big(f(a+h) + f(a+3h) + \ldots + f[a+(n-1)\cdot h]\big)$

$$\underline{\underline{M_n = 2h \cdot \big(f(a+h) + f(a+3h) + \ldots + f[a+(n-1)\cdot h]\big)}}$$

► Mittentangentenregel

Da M_n für nichtlineare stetige Funktionen vom wahren Integralwert abweicht, ist es wichtig zu wissen, wie groß der Betrag des Fehlers F_M ist, den das mit der Trapezregel ermittelte Ergebnis enthalten kann. Ist die zu integrierende Funktion f im Integrationsintervall $[a\,;b]$ zweimal differenzierbar und ihre zweite Ableitung stetig, so kann dieser Fehler F_M abgeschätzt werden:

$\underline{\underline{F_\mathrm{M} \leq \frac{1}{6} \cdot \frac{(b-a)^3}{n^2} \cdot \max|f''(x)|;\ x \in [a\,;b];\ n \in \mathbb{N}^{>0}}}$ ► Fehlerabschätzung bei der Mittentangentenregel

Aus der Formel ist ersichtlich, dass der Fehler bei Anwendung der Mittentangentenregel im ungünstigsten Falle doppelt so groß ist wie bei Anwendung der Trapezregel.

Merke:

Mittentangentenregel

- $\boldsymbol{\int_a^b f(x)\,\mathrm{d}x \approx M_n}$

  ► $\boldsymbol{M_n = 2h \cdot (f(a+h) + f(a+3h) + \ldots + f[a+(n-1)\cdot h]);\ h = \frac{b-a}{n};\ n \in \mathbb{N}^{>0}}$ **und gerade**

- $\boldsymbol{F_\mathrm{M} \leq \frac{1}{6} \cdot \frac{(b-a)^3}{n^2} \cdot \max|f''(x)|;\ x \in [a\,;b];\ n \in \mathbb{N}^{>0}}$ ► Fehlerabschätzung bei der Mittentangentenregel

Beispiel: Berechnen Sie $\int_1^3 \frac{1}{x}\,\mathrm{d}x$ näherungsweise mit der Mittentangentenregel für $n = 10$ und vergleichen Sie die Genauigkeit der Mittentangentenregel mit derjenigen der Trapezregel.

Das Intervall $[1\,;3]$ wird in 10 gleich breite Teilintervalle zerlegt, die damit die Breite 0,2 haben. An den Stützstellen $x_1; x_3; x_5; x_7$ und x_9 ermittelt man dann die zugehörigen Funktionswerte, die in diesem Falle der vorausgegangenen Berechnung mit der Rechteckregel entnommen werden können.

$\int_a^b f(x)\,\mathrm{d}x \approx 2h \cdot \big(f(a+h) + f(a+3h) + \ldots + f[a+(n-1)\cdot h]\big)$

► $f(x) = \frac{1}{x}$; 0,2 für h; 1 für a; 10 für n

x_1: $f(a+1\cdot h) = f(1+1\cdot 0{,}2) = f(1{,}2) = \frac{1}{1{,}2} = 0{,}833333$

x_3: $f(a+3h) = f(1+3\cdot 0{,}2) = f(1{,}6) = \frac{1}{1{,}6} = 0{,}625000$

x_5: $f(a+5h)=f(1+5\cdot 0{,}2)=f(2) \quad =\frac{1}{2} \quad =0{,}500000$

x_7: $f(a+7h)=f(1+7\cdot 0{,}2)=f(2{,}4)=\frac{1}{2{,}4}=0{,}416667$

x_9: $f(a+9h)=f(1+9\cdot 0{,}2)=f(2{,}8)=\frac{1}{2{,}8}=0{,}357143$

Diese Funktionswerte setzt man dann in die Mittentangentenregel ein und berechnet damit einen Näherungswert für das gesuchte Integral $\int_1^3 \frac{1}{x}\,dx$.

► $\int_a^b \frac{1}{x}\,dx \approx M_{10}$

$$M_{10}=2\cdot 0{,}2\cdot(0{,}833333+0{,}625+0{,}5+0{,}416667+0{,}357143)$$
$$=2\cdot 0{,}2\cdot 2{,}732143$$
$$=\underline{\underline{1{,}092857}}$$ ► Näherungswert für $\int_1^3 \frac{1}{x}\,dx$

Der exakte Integralwert ist bereits aus Kapitel 1.2 bekannt, nämlich $\ln 3 = 1{,}098612$.

$\int_1^3 \frac{1}{x}\,dx=\ln 3=\underline{1{,}098612}$ ► 1.2

Damit lässt sich der absolute Fehler, also die Abweichung des Näherungswertes vom exakten Wert, berechnen. Er beträgt 0,005755, was einem relativen Fehler von 0,52% entspricht. Dieser ist demnach hier etwa doppelt so groß wie bei der Trapezregel.

- **Absoluter Fehler**

$$|\ln 3-1{,}092857|=|1{,}098612-1{,}092857|$$
$$=\underline{\underline{0{,}005755}}$$

- **Relativer Fehler**

$$\left|\frac{\ln 3-1{,}092857}{\ln 3}\right|\cdot 100\%=\underline{\underline{0{,}52\%}}$$

Wendet man die Formel zur Berechnung zur Fehlerabschätzung an, so ergibt sich, dass der Fehler F_M höchstens 0,026667 sein kann.

Wie gezeigt wurde, beträgt der Unterschied jedoch nicht einmal 0,006.

- **Fehlerabschätzung**

$$F_M \le \frac{1}{6}\cdot\frac{(b-a)^3}{n^2}\cdot\max|f''(x)|;\ x\in[a;b];\ n\in\mathbb{N}^{>0}$$

► 1 für a; 3 für b; 10 für n

$$f(x)=\frac{1}{x}\Rightarrow f'(x)=-\frac{1}{x^2}\Rightarrow f''(x)=\frac{2}{x^3}$$
$$\Rightarrow \max|f''(x)|=\max\left|\frac{2}{x^3}\right|=2 \text{ in } [1;\,3]$$
$$F_M\le\frac{1}{6}\cdot\frac{(3-1)^3}{10^2}\cdot 2 \Rightarrow F_M\le\underline{\underline{0{,}026667}}$$

Sowohl die Trapezregel als auch die Mittentangentenregel integrieren (abschnittsweise stetige) lineare Funktionen exakt, denn bei der Berechnung ihres maximalen Fehlers geht die zweite Ableitung der zu integrierenden Funktion in die Rechnung ein. Die zweite Ableitung ist aber bei abschnittsweise stetigen linearen Funktionen Null. Es ist daher interessant festzustellen, ob eine Kombination der beiden Regeln auch bei Funktionen höheren Grades zu guten Näherungswerten führt.

Problem: Entwickeln Sie aus der Trapezregel und der Mittentangentenregel eine neue Regel zur numerischen Integration. Geben Sie dabei der Trapezregel das doppelte Gewicht.

Wendet man die Trapezregel und die Mittentangentenregel auf eine Funktion an, so ist das eine Ergebnis zu groß, das andere zu klein. Durch eine Mittelwertbildung aus beiden Regeln müsste man daher einen besseren Näherungswert erhalten. Da die Trapezregel eine doppelt so gute Annäherung wie die Mittentangentenregel ergibt, wird ihr im Mittelwert auch das doppelte Gewicht zugemessen.

Diese neue Regel, sie wird als **Simpsonsche Regel** bezeichnet, ist demnach das gewichtete arithmetische Mittel aus der doppelten Fläche der Trapezregel und der einfachen Fläche der Mittentangentenregel. Auch bei der Simpsonschen Regel wird das Integrationsintervall $[a\,;b]$ in eine gerade Anzahl gleich breiter Teilintervalle zerlegt.

Trapezregel:

$$T_n = h\cdot\left[\frac{f(a)}{2}+f(a+h)+f(a+2h)+f(a+3h)+\ldots+f[a+(n-1)\cdot h]+\frac{f(b)}{2}\right];\ x\in[a\,;b];\ h=\frac{b-a}{n};\ n\in\mathbb{N}^{>0}$$

Mittentangentenregel:

$$M_n = 2h\cdot\big(f(a+h)+f(a+3h)+\ldots+f[a+(n-1)\cdot h]\big);\quad x\in[a\,;b];\ h=\frac{b-a}{n};\ n\in\mathbb{N}^{>0}\text{ und gerade}$$

Simpsonsche Regel:

$$\begin{aligned}
S_n &= \frac{2\cdot T_n+M_n}{3};\ n\in\mathbb{N}^{>0}\text{ und } n \text{ gerade}\\
&=\frac{1}{3}\cdot(2\cdot T_n+M_n)\\
&=\frac{1}{3}\cdot\left[2h\cdot\left(\frac{f(a)}{2}+f(a+h)+f(a+2h)+f(a+3h)+\ldots+f[a+(n-1)\cdot h]+\frac{f(b)}{2}\right)+\right.\\
&\qquad\left.+2h\cdot\big(f(a+h)+f(a+3h)+\ldots+f[a+(n-1)\cdot h]\big)\right]\\
&=\frac{h}{3}\cdot\big[f(a)+2\cdot f(a+h)+2\cdot f(a+h)+2\cdot f(a+2h)+2\cdot f(a+3h)+2\cdot f(a+3h)+\ldots\\
&\qquad+2\cdot f[a+(n-1)\cdot h]+2\cdot f[a+(n-1)\cdot h]+f(b)\big]\\
&=\frac{h}{3}\cdot\big[f(a)+4\cdot f(a+h)+2\cdot f(a+2h)+4\cdot f(a+3h)+\ldots+2\cdot f[a+(n-2)\cdot h]+\\
&\qquad+4\cdot f[a+(n-1)\cdot h]+f(b)\big]
\end{aligned}$$

$$\int_a^b f(x)\,\mathrm{d}x\approx\frac{h}{3}\cdot\big[f(a)+4\cdot f(a+h)+2\cdot f(a+2h)+4\cdot f(a+3h)+\ldots+2\cdot f[a+(n-2)\cdot h]+4\cdot f[a+(n-1)\cdot h]+f(b)\big]$$

Ist die zu integrierende Funktion f im Integrationsintervall $[a\,;b]$ viermal differenzierbar und die vierte Ableitung stetig, so kann der Fehler F_S der Simpsonschen Regel abgeschätzt werden.

$$F_S\le\frac{1}{180}\cdot\frac{(b-a)^5}{n^4}\cdot\max|f^{(4)}(x)|;\ x\in[a\,;b];\ n\in\mathbb{N}^{>0}$$ ► Fehlerabschätzung bei der Simpsonschen Regel

Merke:

Simpsonsche Regel

- $\int_a^b f(x)\,\mathrm{d}x\approx S_n$

  ► $S_n = \dfrac{2\cdot T_n+M_n}{3}$

  $= \dfrac{h}{3}\cdot[f(a)+4\cdot f(a+h)+2\cdot f(a+2h)+4\cdot f(a+3h)+\ldots+2\cdot f[a+(n-2)\cdot h]+$
  $+4\cdot f[a+(n-1)\cdot h]+f(b)]$ ► $h=\dfrac{b-a}{n};\ n\in\mathbb{N}^{>0}$ **und gerade**
- $F_S\le\dfrac{1}{180}\cdot\dfrac{(b-a)^5}{n^4}\cdot\max|f^{(4)}(x)|;\ x\in[a\,;b];\ n\in\mathbb{N}^{>0}$ ► Fehlerabschätzung bei der Simpsonschen Regel

Anmerkungen:

- Die numerische Integration mit der Simpsonschen Regel löst viele Integrationsprobleme der Technik mit ausreichender Genauigkeit.
- An der Fehlerabschätzung für F_S bei der Simpsonschen Regel erkennt man, dass auch noch Polynome dritten Grades exakt integriert werden, da deren vierte Ableitung Null ist.

Beispiel: Berechnen Sie $\int_1^3 \frac{1}{x}\,\mathrm{d}x$ näherungsweise mit der Simpsonschen Regel unter Verwendung der Ergebnisse aus den vorangegangenen Beispielen. Beurteilen Sie die Genauigkeit der Simpsonschen Regel und geben Sie eine Fehlerabschätzung für dieses Beispiel an.

Die Werte, die mit der Trapezregel und mit der Mittentangentenregel berechnet wurden, werden in die Simpsonsche Regel eingesetzt. Es zeigt sich, dass schon für $n = 10$ der Näherungswert auf vier Nachkommastellen mit dem exakten Integralwert (▶ Kapitel 1.2) übereinstimmt.

$$S_{10} = \frac{2 \cdot T_{10} + M_{10}}{3} \quad \blacktriangleright \ 1{,}101562 \text{ für } T_{10}; \ 1{,}092857 \text{ für } M_{10}$$

$$= \frac{2 \cdot 1{,}101562 + 1{,}092857}{3}$$

$$= \underline{\underline{1{,}098660}} \quad \blacktriangleright \text{ Näherungswert für } \int_1^3 \frac{1}{x}\,\mathrm{d}x$$

$$\int_1^3 \frac{1}{x}\,\mathrm{d}x = \ln 3 = \underline{1{,}098612} \quad \blacktriangleright \ 1.2$$

Der absolute Fehler beträgt bei Anwendung der Simpsonschen Regel nur noch 0,000048, was einem relativen Fehler von 0,0044% entspricht.

- **Absoluter Fehler**

$$|\ln 3 - 1{,}098660| = \underline{\underline{0{,}000048}}$$

- **Relativer Fehler**

$$\left|\frac{\ln 3 - 1{,}098660}{\ln 3}\right| \cdot 100\% = \underline{\underline{0{,}0044\%}}$$

Wendet man die Formel zur Berechnung der Fehlerabschätzung an, so ergibt sich, dass der Fehler F_S höchstens 0,000427 sein kann.

Die Berechnung der Flächenmaßzahl mit der Simpsonschen Regel zeigt, dass der Unterschied weniger als 0,00005 beträgt.

- **Fehlerabschätzung**

$$F_S \le \frac{1}{180} \cdot \frac{(b-a)^5}{n^4} \cdot \max|f^{(4)}(x)| \quad \blacktriangleright \ x \in [a; b];\ n \in \mathbb{N}^{>0}$$

▶ 1 für a; 3 für b; 10 für n

$$f(x) = \frac{1}{x} \Rightarrow f^{(4)}(x) = -\frac{24}{x^5} \Rightarrow \max|f^{(4)}(x)| = 24$$

$$F_S \le \frac{1}{180} \cdot \frac{(3-1)^5}{10^4} \cdot 24 \ \Rightarrow \ F_S \le \underline{\underline{0{,}000427}}$$

Beispiel: Berechnen Sie das Integral $\int_0^3 (-x^2 + 4x)\,\mathrm{d}x$ mithilfe der Simpsonschen Regel und vergleichen Sie den Näherungswert mit dem exakten Wert aus Kapitel 1.1.

Das Integrationsintervall $I = [0; 3]$ wird in 10 gleich breite Teilintervalle unterteilt, sodass jedes Teilintervall die Breite $h = \frac{3-0}{10} = 0{,}3$ hat.

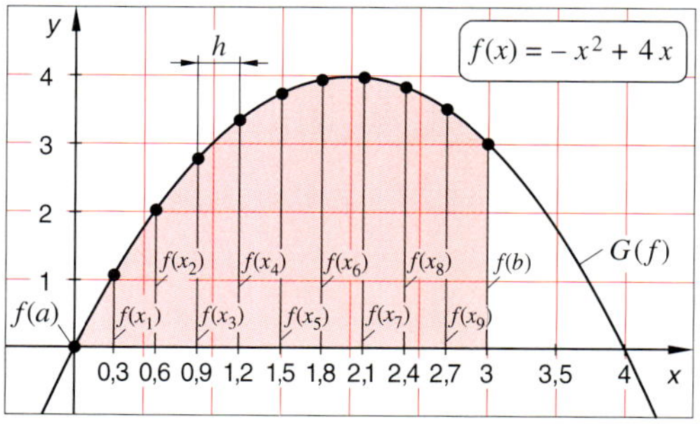

Dann ermittelt man die zum Einsetzen in die Simpsonsche Regel benötigten Funktionswerte der Funktion $f: f(x) = -x^2 + 4x$. Diese sind hier zweckmäßigerweise in einer Tabelle zusammengestellt.

$$\int_a^b f(x)\,dx \approx \frac{h}{3} \cdot [f(a) + 4 \cdot f(a+h) + 2 \cdot f(a+2h) + 4 \cdot f(a+3h) + \ldots + 2 \cdot f[a+(n-2) \cdot h] + \\ + 4 \cdot f[a+(n-1) \cdot h] + f(b)] \quad \blacktriangleright \text{ 0,3 für } h\text{; 0 für } a\text{; 3 für } b\text{; 10 für } n$$

$$\int_0^3 f(x)\,dx \approx \frac{0{,}3}{3} \cdot [f(0) + 4 \cdot f(0{,}3) + 2 \cdot f(0{,}6) + 4 \cdot f(0{,}9) + \ldots + 2 \cdot f(2{,}4) + 4 \cdot f(2{,}7) + f(3)] \quad \blacktriangleright f(x) = -x^2 + 4x$$

$x_0 = a = 0$	$x_1 = 0{,}3$	$x_2 = 0{,}6$	$x_3 = 0{,}9$	$x_4 = 1{,}2$	$x_5 = 1{,}5$	$x_6 = 1{,}8$	$x_7 = 2{,}1$	$x_8 = 2{,}4$	$x_9 = 2{,}7$	$x_{10} = b = 3$
$f(0)$	$f(0{,}3)$	$f(0{,}6)$	$f(0{,}9)$	$f(1{,}2)$	$f(1{,}5)$	$f(1{,}8)$	$f(2{,}1)$	$f(2{,}4)$	$f(2{,}7)$	$f(3)$
0	1,11	2,04	2,79	3,36	3,75	3,96	3,99	3,84	3,51	3
$1 \cdot f(0)$	$4 \cdot f(0{,}3)$	$2 \cdot f(0{,}6)$	$4 \cdot f(0{,}9)$	$2 \cdot f(1{,}2)$	$4 \cdot f(1{,}5)$	$2 \cdot f(1{,}8)$	$4 \cdot f(2{,}1)$	$2 \cdot f(2{,}4)$	$4 \cdot f(2{,}7)$	$1 \cdot f(3)$
0	4,44	4,08	11,16	6,72	15	7,92	15,96	7,68	14,04	3

Setzt man die Zahlen aus der letzten Reihe der Tabelle in die Simpsonsche Regel ein, so ergibt sich für das Integral $\int_0^3 (-x^2 + 4x)\,dx$ der Näherungswert 9. Dieser Näherungswert stimmt mit dem schon in Kapitel 1.1 berechneten exakten Wert überein. Die Simpsonsche Regel liefert hier deshalb den exakten Wert, weil die Integrandfunktion nur ein Polynom zweiten Grades ist.

$$\int_0^3 (-x^2 + 4x)\,dx = 0{,}1 \cdot (0 + 4{,}44 + 4{,}08 + 11{,}16 + 6{,}72 + 15 + 7{,}92 + 15{,}96 + 7{,}68 + 14{,}04 + 3) = 0{,}1 \cdot 90 = \underline{\underline{9}}$$

Beispiel: Berechnen Sie $\int_0^1 e^{-x^2}\,dx$ näherungsweise mit der Rechteckregel für $n = 10$ und nehmen Sie eine Fehlerabschätzung vor.

Für die Funktion $f: f(x) = e^{-x^2}$; $D(f) = \mathbb{R}$ kann man keine Stammfunktion mithilfe elementarer Funktionen angeben.

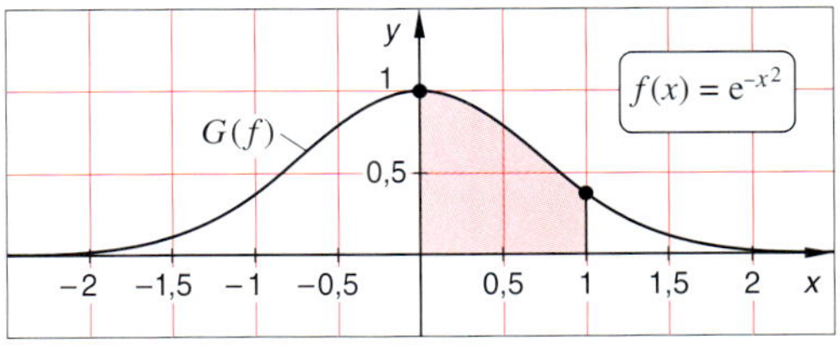

Für $n = 10$ wird das Integrationsintervall $[0; 1]$ in 10 gleich breite Teilintervalle zerlegt, die jeweils die Breite $h = \frac{1-0}{10} = 0{,}1$ haben. Setzt man die Grenzen 0 und 1 ein, so erhält man für $\int_0^1 e^{-x^2}\,dx$ mit der Rechteckregel den Näherungswert $R_{10} = 0{,}777817$.

$$\int_a^b f(x)\,dx \approx h \cdot \left(f(a) + f(a+h) + f(a+2h) + \ldots + f[a+(n-1) \cdot h]\right)$$

$\blacktriangleright f(x) = e^{-x^2}$; 0 für a; 1 für b; 10 für n; $h = \frac{1-0}{10} = 0{,}1$

$$\int_0^1 e^{-x^2}\,dx \approx h \cdot \sum_{k=1}^{10} f[a + (k-1) \cdot h] \quad \blacktriangleright \text{ 0,1 für } h\text{; 0 für } a$$

$$\approx 0{,}1 \cdot \sum_{k=1}^{10} f[(k-1) \cdot 0{,}1] \quad \blacktriangleright f(x) = e^{-x^2}$$

$$\approx 0{,}1 \cdot \sum_{k=1}^{10} e^{-(k-1)^2 \cdot 0{,}1^2}$$

$$\approx 0{,}1 \cdot \sum_{k=1}^{10} e^{-(k-1)^2 \cdot 0{,}01}$$

$$\int_0^1 e^{-x^2}\,dx \approx 0{,}1 \cdot \left[e^{-(1-1)^2\cdot 0{,}01} + e^{-(2-1)^2\cdot 0{,}01} + \ldots + e^{-(10-1)^2\cdot 0{,}01}\right]$$

$$\approx 0{,}1 \cdot \left[1 + e^{-1\cdot 0{,}01} + e^{-4\cdot 0{,}01} + \ldots + e^{-81\cdot 0{,}01}\right]$$

$$\approx 0{,}777817$$

$\Rightarrow R_{10} = \underline{\underline{0{,}777817}}$ ► Näherungswert für $\int_0^1 e^{-x^2}\,dx$

Für die Fehlerabschätzung benötigt man $\max|f'(x)|$ für $x \in [0;1]$. Den maximalen Funktionswert von $|f'|$ erhält man, indem man die zweite Ableitung $f''(x)$ ermittelt und die Lösungen für $f''(x) = 0$ berechnet.

$f(x) = e^{-x^2};\ x \in \mathbb{R}$

$\Rightarrow f'(x) = -2 \cdot x \cdot e^{-x^2};\ x \in \mathbb{R}$

$\Rightarrow f''(x) = (4 \cdot x^2 - 2) \cdot e^{-x^2};\ x \in \mathbb{R}$

Nur die Lösung $0{,}5 \cdot \sqrt{2}$ liegt in $[0;1]$. Wegen $f'(0) = 0$; $f'(0{,}5 \cdot \sqrt{2}) = -0{,}857764$ und $f'(1) = -0{,}735759$ liegt an der Stelle $0{,}5 \cdot \sqrt{2}$ das absolute Minimum von f' in $[0;1]$ und somit an der Stelle $0{,}5 \cdot \sqrt{2}$ das absolute Maximum von $|f'|$.

► $f''(x) = 0$

$(4 \cdot x^2 - 2) \cdot e^{-x^2} = 0$ ► $e^{-x^2} \neq 0$

$4 \cdot x^2 - 2 = 0 \Rightarrow x = -0{,}5 \cdot \sqrt{2}$ oder $x = \underline{0{,}5 \cdot \sqrt{2}}$

► $f'(0{,}5 \cdot \sqrt{2}) = -2 \cdot 0{,}5 \cdot \sqrt{2} \cdot e^{-(0{,}5\cdot\sqrt{2})^2} = \underline{-0{,}857764}$

Setzt man die Werte für a, b, n und $\max|f'(x)|$ in die Formel für F_R ein, so erhält man: $F_R \leq 0{,}042888$

$$F_R \leq \frac{1}{2} \cdot \frac{(b-a)^2}{n} \cdot \max|f'(x)|;\ x \in [a;b];\ n \in \mathbb{N}^{>0}$$

► 0 für a; 1 für b; 10 für n; $\max|f'(x)| = 0{,}857764$

$$F_R \leq \frac{1}{2} \cdot \frac{(1-0)^2}{10} \cdot 0{,}857764 \Rightarrow F_R \leq \underline{\underline{0{,}042888}}$$

Die Angabe $F_R \leq 0{,}042888$ bedeutet, dass für den exakten Integralwert $\int_0^1 e^{-x^2}\,dx$ gilt:

$R_{10} - 0{,}042888 \leq \int_0^1 e^{-x^2}\,dx \leq R_{10} + 0{,}042888$ ► $R_{10} = 0{,}777817 \Rightarrow 0{,}734929 \leq \int_0^1 e^{-x^2}\,dx \leq 0{,}820705$

Rechnet man mit der Simpsonschen Regel, so erhält man $\int_0^1 e^{-x^2}\,dx \approx 0{,}746825$ mit einer Fehlerabschätzung von $F_S \leq 0{,}000004$, d. h. für den Integralwert von $\int_0^1 e^{-x^2}\,dx$ gilt dann:

$S_{10} - 0{,}000004 \leq \int_0^1 e^{-x^2}\,dx \leq S_{10} + 0{,}000004$ ► $S_{10} = 0{,}746825 \Rightarrow 0{,}746821 \leq \int_0^1 e^{-x^2}\,dx \leq 0{,}746829$

Mithilfe eines Computerprogramms erhält man: $\int_0^1 e^{-x^2}\,dx \approx \underline{\underline{0{,}7468241}}$

Übungsaufgaben

Berechnen Sie für die folgenden Integrale die exakten Ergebnisse sowie die Näherungswerte mithilfe der Rechteckregel, der Trapezregel, der Mittentangentenregel und der Simpsonschen Regel. Vergleichen Sie die Näherungswerte mit den exakten Ergebnissen. Ermitteln Sie jeweils den absoluten, den relativen und den maximalen Fehler.

1. $\int_2^6 (0{,}4x+1)\,\mathrm{d}x$ **2.** $\int_0^3 \left(\frac{x^2}{3}+1\right)\mathrm{d}x$ **3.** $\int_{-2}^2 (x+1)\,\mathrm{d}x$ **4.** $\int_{-1}^1 [-0{,}5\cdot(x+1)^2]\,\mathrm{d}x$

5. $\int_{-1}^1 [(x+1)^3-2]\,\mathrm{d}x$ **6.** $\int_0^1 \sqrt{1-x^2}\,\mathrm{d}x$ **7.** $\int_{-1}^2 (-x^2+8)\,\mathrm{d}x$ **8.** $\int_{-1}^5 (x^3+4)\,\mathrm{d}x$

Berechnen Sie die Näherungswerte der folgenden Integrale mithilfe der Simpsonschen Regel und ermitteln Sie jeweils den maximalen Fehler. In welchen Fällen erhält man den exakten Integralwert?

9. $\int_{0,5}^2 (x-2x^2)\,\mathrm{d}x$ **10.** $\int_0^{\pi} \sin x\,\mathrm{d}x$ **11.** $\int_{\frac{\pi}{6}}^{\frac{\pi}{3}} \frac{\tan x}{x}\,\mathrm{d}x$ **12.** $\int_1^3 \frac{\mathrm{d}x}{\sqrt{x}}$

13. $\int_0^2 (4x+5)\,\mathrm{d}x$ **14.** $\int_0^2 (x^3+x^2-x+1)\,\mathrm{d}x$ **15.** $\int_1^{1,5} (2x^5)\,\mathrm{d}x$ **16.** $\int_0^{\frac{\pi}{4}} (3\cdot\tan^5 x)\,\mathrm{d}x$

17. $\int_{0,5}^2 \ln x\,\mathrm{d}x$ **18.** $\int_3^4 \mathrm{e}^x\,\mathrm{d}x$ **19.** $\int_2^3 \tan x\,\mathrm{d}x$ **20.** $\int_{\pi}^{2\pi} \cos x\,\mathrm{d}x$

21. $\int_{0,8}^4 \frac{3}{x^4}\,\mathrm{d}x$ **22.** $\int_2^4 \frac{1}{x}\,\mathrm{d}x$ **23.** $\int_2^4 \frac{\mathrm{d}x}{x+1}$ **24.** $\int_1^2 \frac{\cos x}{\mathrm{e}^x\cdot\sqrt{x}}\,\mathrm{d}x$

25. $\int_1^2 \frac{\mathrm{e}^x}{x^2}\,\mathrm{d}x$ **26.** $\int_1^2 \frac{\sin x}{x}\,\mathrm{d}x$ **27.** $\int_1^3 \frac{\ln x}{x^2}\,\mathrm{d}x$ **28.** $\int_{\frac{\pi}{3}}^{\frac{\pi}{2}} \frac{\sin x}{\ln x}\,\mathrm{d}x$

29. $\int_0^{2\pi} \cos(2x)\,\mathrm{d}x$ **30.** $\int_{-1}^1 [1+x^3+0{,}5\cdot\sin^2(\pi\cdot x)]\,\mathrm{d}x$ **31.** $\int_0^1 (x^3+x^2+x)\,\mathrm{d}x$ **32.** $\int_0^1 (x^2\cdot\sqrt[3]{x})\,\mathrm{d}x$

33. Entwickeln Sie eine Formel für die rechtsgestützte Rechteckregel.

34. Bilden Sie das arithmetische Mittel aus der linksgestützten und der rechtsgestützten Rechteckregel und zeigen Sie, dass sich hieraus die Trapezregel ergibt.

35. Berechnen Sie die Maßzahl der Fläche zwischen dem Graphen der Funktion $f: f(x)=\sqrt{1-x^2}$ und der x-Achse im Intervall $[0;1]$ mithilfe der Rechteckregel, der Trapezregel, der Mittentangentenregel sowie der Simpsonschen Regel und vergleichen Sie die Ergebnisse.

3 Anwendungen der Integralrechnung

3.1 Inhalte ebener Flächen

Mithilfe des Hauptsatzes (► 1.2) kann man ein bestimmtes Integral ohne die aufwendige Feststellung des gemeinsamen Grenzwertes einer Untersummenfolge und der zugehörigen Obersummenfolge berechnen (► 1.1), wenn die Integrandfunktion im Integrationsintervall eine Stammfunktion besitzt. Will man die Fläche zwischen dem Graphen einer Funktion und der x-Achse bzw. der y-Achse in einem abgeschlossenen Intervall berechnen, so lassen sich mehrere Fälle unterscheiden.

Flächeninhalte – Funktionen in rechtwinkligen Koordinaten

• Flächen oberhalb oder unterhalb der x-Achse

Problem: Berechnen Sie die Maßzahl der Fläche zwischen dem Graphen der Funktion $f: f(x) = x^2 + 1$; $D(f) = \mathbb{R}$ und der x-Achse im Intervall $[-1; 3]$.

Die Funktion $f: f(x) = x^2 + 1$; $D(f) = \mathbb{R}$ ist in $\mathbb{R}$ abschnittsweise monoton und somit in $[-1; 3]$ integrierbar. Da dort die Funktionswerte für alle $x \in \mathbb{R}$ positiv sind, gibt das bestimmte Integral $\int_{-1}^{3} (x^2 + 1)\,dx$ in $[-1; 3]$ die Maßzahl A_x der Fläche zwischen dem Graphen der Funktion f und der x-Achse an. Der Index „x" in A_x besagt, dass es sich um den Inhalt der Fläche zwischen $G(f)$ und der x-Achse handelt.

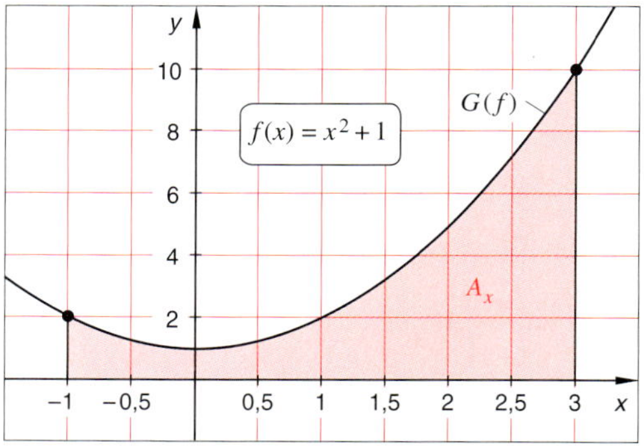

$F: F(x) = \frac{1}{3} \cdot x^3 + x$; $D(F) = \mathbb{R}$ ist eine Stammfunktion von f in $\mathbb{R}$, denn es gilt $F'(x) = f(x)$ für alle $x \in \mathbb{R}$, d. h. F ist auch Stammfunktion von f im Intervall $[-1; 3]$.

$f(x) = x^2 + 1; x \in \mathbb{R}$

► $F(x) = \frac{1}{3} \cdot x^3 + x;\ x \in \mathbb{R}$

$\Rightarrow F'(x) = 3 \cdot \frac{1}{3} \cdot x^2 + 1$

$= x^2 + 1; x \in \mathbb{R}$ ► $F'(x) = f(x)$

► F ist eine Stammfunktion von f in $\mathbb{R}$

Damit lässt sich $\int_{-1}^{3} (x^2 + 1)\,dx$ über den Hauptsatz (► 1.2) berechnen.

$\int_a^b f(x)\,dx = F(x)\big|_a^b = F(b) - F(a)$ ► Hauptsatz

Man bildet die Differenz $F(3) - F(-1)$ mit $F(x) = \frac{1}{3} \cdot x^3 + x$ und erhält mit $A_x = \frac{40}{3}$ die Maßzahl der Fläche zwischen $G(f)$ und der x-Achse im Intervall $[-1; 3]$.

► $f(x) = x^2 + 1$; $F(x) = \frac{1}{3} \cdot x^3 + x$; -1 für a; 3 für b

$$A_x = \int_{-1}^{3} (x^2 + 1)\,dx$$

$$= \frac{1}{3} \cdot x^3 + x \Big|_{-1}^{3}$$

$$= \frac{1}{3} \cdot 3^3 + 3 - \left[\frac{1}{3} \cdot (-1)^3 + (-1)\right]$$

$$A_x = 9 + 3 - \left[-\frac{1}{3} - 1\right] = 12 + \frac{4}{3} = \underline{\underline{\frac{40}{3}}}$$ ► Maßzahl der Fläche in $[-1;3]$

Problem: Berechnen Sie die Maßzahl der Fläche zwischen dem Graphen der Funktion $g: g(x) = -x^2 - 1;\ D(g) = \mathbb{R}$ und der x-Achse im Intervall $[-1;3]$.

Da sich der Graph $G(g)$ der Funktion $g: g(x) = -x^2 - 1;\ D(g) = \mathbb{R}$ aus dem Graphen $G(f)$ der Funktion $f: f(x) = x^2 + 1;\ D(f) = \mathbb{R}$ (vorangegangenes Problem) durch Spiegelung an der x-Achse ergibt, gilt $g(x) = -f(x)$ für alle $x \in \mathbb{R}$.

Deshalb stimmen im Intervall $[-1;3]$ die Maßzahlen der Flächen zwischen $G(f)$ und der x-Achse sowie $G(g)$ und der x-Achse überein, d. h. es gilt jeweils $A_x = \frac{40}{3}$.

Wegen $g(x) = -f(x) = (-1) \cdot f(x);\ x \in \mathbb{R}$ gilt daher auch:

$$\int_{-1}^{3} g(x)\,dx = \int_{-1}^{3} [(-1) \cdot f(x)]\,dx = -\int_{-1}^{3} f(x)\,dx$$

$\int_{-1}^{3} f(x)\,dx = \int_{-1}^{3} (x^2 + 1)\,dx$ wurde schon im vorangegangenen Problem gelöst mit $\int_{-1}^{3} (x^2 + 1)dx = \frac{40}{3}$ und es gilt somit

$$\int_{-1}^{3} g(x)\,dx = -\int_{-1}^{3} (x^2 + 1)\,dx = -\frac{40}{3}.$$

Die Maßzahl A_x der Fläche zwischen $G(g)$ und der x-Achse beträgt aber $\frac{40}{3}$, was $\left|-\frac{40}{3}\right|$ entspricht, denn die Maßzahl einer Fläche ist stets nichtnegativ.

Damit erhält man die Maßzahl A_x der Fläche zwischen $G(g)$ und der x-Achse im Intervall $[-1;3]$ durch $\left|\int_{-1}^{3} (-x^2 - 1)\,dx\right|$.

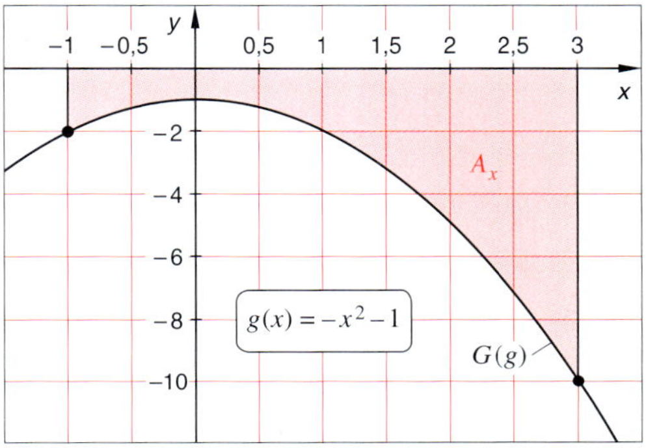

$g(x) = -x^2 - 1 = -(x^2 + 1);\ x \in \mathbb{R}$ ► $f(x) = x^2 + 1$

$\Rightarrow g(x) = -f(x);\ x \in \mathbb{R}$

$$\int_{-1}^{3} g(x) = \int_{-1}^{3} [(-1) \cdot f(x)]\,dx$$ ► Faktorregel, 2.2

$$= (-1) \cdot \int_{-1}^{3} f(x)\,dx$$ ► $\int_{-1}^{3} f(x)\,dx = \frac{40}{3}$

$$= (-1) \cdot \frac{40}{3} = \underline{-\frac{40}{3}}$$

$$A_x = \left|\int_{-1}^{3} g(x)\,dx\right|$$ ► $g(x) = -x^2 - 1$

$$= \left|\int_{-1}^{3} (-x^2 - 1)\,dx\right| = \left|-\frac{40}{3}\right| = \underline{\underline{\frac{40}{3}}}$$ ► Maßzahl der Fläche in $[-1;3]$

Merke:

Liegen in einem Intervall $[a;b]$ alle Funktionswerte einer in $[a;b]$ integrierbaren Funktion f oberhalb oder unterhalb der x-Achse, so gilt für den Inhalt A_x der Fläche zwischen dem Graphen der Funktion f und der x-Achse in diesem Intervall:

$$\boldsymbol{A_x = \left|\int_a^b f(x)\,dx\right|}$$ ► $\boldsymbol{f(x) \leq 0}$ oder $\boldsymbol{f(x) \geq 0}$ für alle $\boldsymbol{x \in [a;b]}$

Beispiel: Berechnen Sie im Intervall $[-2;5]$ die Maßzahl A_x der Fläche zwischen dem Graphen der Funktion $f: f(x) = \frac{1}{4} \cdot x^2 - x + 2$; $D(f) = \mathbb{R}$ und der x-Achse.

Die Funktion $f: f(x) = \frac{1}{4} \cdot x^2 - x + 2$ mit $D(f) = \mathbb{R}$ ist als ganze rationale Funktion in $[-2;5]$ integrierbar.

Da in $[-2;5]$ alle Funktionswerte der Funktion f oberhalb der x-Achse liegen, kann man die Formel $A_x = \left| \int_a^b f(x)\,\mathrm{d}x \right|$ ohne Betragsangabe verwenden.

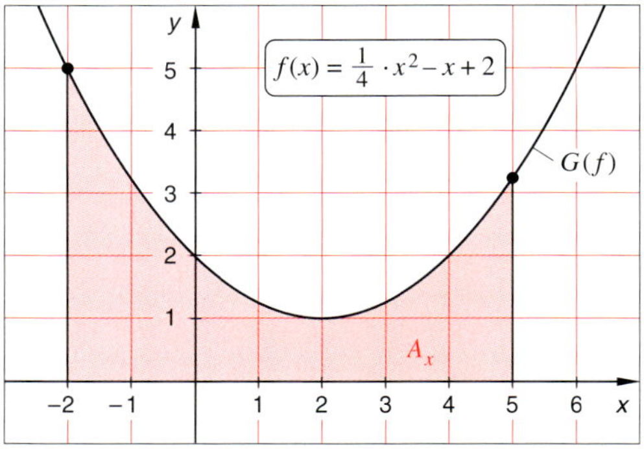

Man setzt die Intervallgrenzen als Integrationsgrenzen sowie den Funktionsterm in die entwickelte Formel ein und berechnet das bestimmte Integral $\int_{-2}^{5} \left(\frac{1}{4} \cdot x^2 - x + 2 \right) \mathrm{d}x$.

$$A_x = \int_a^b f(x)\,\mathrm{d}x$$

► $f(x) = \frac{1}{4} \cdot x^2 - x + 2$; -2 für a; 5 für b

$$A_x = \int_{-2}^{5} \left(\frac{1}{4} \cdot x^2 - x + 2 \right) \mathrm{d}x$$

$$= \frac{x^3}{12} - \frac{x^2}{2} + 2x \Big|_{-2}^{5}$$

$$= \frac{5^3}{12} - \frac{5^2}{2} + 2 \cdot 5 - \left[\frac{(-2)^3}{12} - \frac{(-2)^2}{2} + 2 \cdot (-2) \right]$$

$$= \frac{125}{12} - \frac{25}{2} + 10 + \frac{2}{3} + 2 + 4$$

$= \underline{\underline{14{,}5833}}$ ► Maßzahl der Fläche in $[-2;5]$

Beispiel: Berechnen Sie die Maßzahl der unterhalb der x-Achse liegenden Flächen zwischen dem Graphen der Funktion $f: f(x) = \frac{x^4}{5} - 2x^2 + \frac{9}{5}$; $D(f) = \mathbb{R}$ und der x-Achse.

Die Funktion $f: f(x) = \frac{x^4}{5} - 2x^2 + \frac{9}{5}$ mit $D(f) = \mathbb{R}$ ist als ganze rationale Funktion in jedem abgeschlossenen Intervall von $D(f)$ integrierbar. Aus dem Graphen der Funktion ist ersichtlich, dass dieser teilweise oberhalb und teilweise unterhalb der x-Achse verläuft.

Um festzustellen, welcher Teil der Fläche unterhalb der x-Achse liegt, werden zunächst die Nullstellen der Funktion bestimmt.

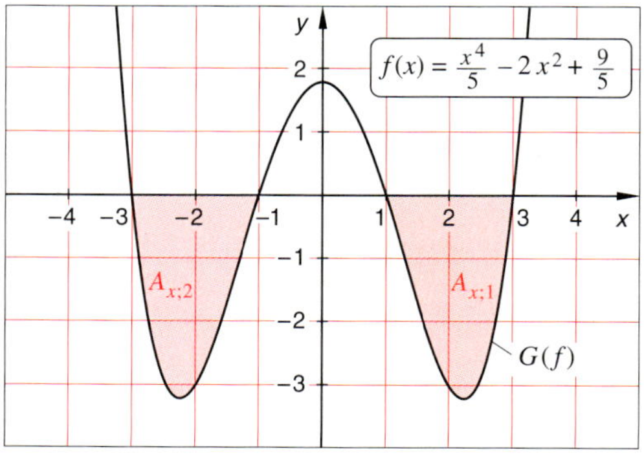

Hierzu setzt man den Funktionsterm Null und löst die sich ergebende biquadratische Gleichung, nachdem man sie zunächst durch die Substitution $x^2 = z$ auf eine quadratische Gleichung in z zurückgeführt hat. Man erhält so die Nullstellen $x_1 = -3$; $x_2 = 3$; $x_3 = -1$ und $x_4 = 1$.

$\frac{x^4}{5} - 2x^2 + \frac{9}{5} = 0 \Rightarrow x^4 - 10x^2 + 9 = 0$ ▶ z für x^2

$z^2 - 10z + 9 = 0$

$\Rightarrow z_{1;\,2} = 5 \pm \sqrt{25-9} \Rightarrow z_1 = 9;\ z_2 = 1$

▶ x^2 für z_1 ▶ $x^2 = 9 \Rightarrow |x| = 3 \Rightarrow x_1 = -3;\ x_2 = 3$

▶ x^2 für z_2 ▶ $x^2 = 1 \Rightarrow |x| = 1 \Rightarrow x_3 = -1;\ x_4 = 1$

Diese Nullstellen ergeben die Integrationsintervalle $[-3\,;\,-1]$ und $[1\,;\,3]$ zur Berechnung der unterhalb der x-Achse liegenden Flächen.

$$A_{x;\,1} = \left| \int_1^3 f(x)\,\mathrm{d}x \right|$$

▶ $f(x) = \frac{x^4}{5} - 2x^2 + \frac{9}{5}$; 1 für a; 3 für b

$$A_{x;\,1} = \left| \int_1^3 \left(\frac{x^4}{5} - 2x^2 + \frac{9}{5} \right) \mathrm{d}x \right|$$

$$= \left| \frac{x^5}{25} - \frac{2}{3} \cdot x^3 + \frac{9}{5} \cdot x \Big|_1^3 \right|$$

$$= \left| \frac{3^5}{25} - \frac{2}{3} \cdot 3^3 + \frac{9}{5} \cdot 3 - \left(\frac{1^5}{25} - \frac{2}{3} \cdot 1^3 + \frac{9}{5} \cdot 1 \right) \right|$$

$$= \left| \frac{243}{25} - 18 + \frac{27}{5} - \left(\frac{1}{25} - \frac{2}{3} + \frac{9}{5} \right) \right|$$

$$= \left| \frac{-304}{75} \right|$$

$= \underline{4{,}0533}$ ▶ Maßzahl der Fläche in $[1\,;\,3]$

Da f eine gerade Funktion ist (▶ $f(-x) = f(x);\ x \in \mathbb{R}$), sind die Flächenmaßzahlen $A_{x;\,1}$ und $A_{x;\,2}$ der beiden unterhalb der x-Achse liegenden Flächen gleich.

Daher wird $A_{x;\,1} = \left| \int_1^3 \left(\frac{x^4}{5} - 2x^2 + \frac{9}{5} \right) \mathrm{d}x \right|$ berechnet und das Ergebnis verdoppelt.

▶ $A_{x;\,1} + A_{x;\,2} = 2 \cdot A_{x;\,1}$

$= 2 \cdot 4{,}0533$

$= \underline{\underline{8{,}1066}}$ ▶ Maßzahl der Flächen in $[-1\,;\,-3]$ und $[1\,;\,3]$

• Flächen zwischen einem Graphen und der x-Achse mit Nullstellen im Integrationsintervall

Problem: Berechnen Sie die Maßzahl der Fläche zwischen dem Graphen der Funktion $f: f(x) = \sin x;\ D(f) = \mathbb{R}$ und der x-Achse im Intervall $\left[-\frac{3}{8}\pi\,;\, \frac{7}{4}\pi \right]$.

Die Funktion $f: f(x) = \sin x;\ D(f) = \mathbb{R}$ ist in jedem abgeschlossenen Intervall von $\mathbb{R}$ abschnittsweise monoton und somit im Integrationsintervall $\left[-\frac{3}{8}\pi;\, \frac{7}{4}\pi \right]$ integrierbar. In diesem Intervall hat die Funktion f die Nullstellen $x_1 = 0$ und $x_2 = \pi$, sodass sich drei Flächen ergeben, deren Flächenmaßzahlen $A_{x;\,1}$; $A_{x;\,2}$ und $A_{x;\,3}$ zu berechnen sind.

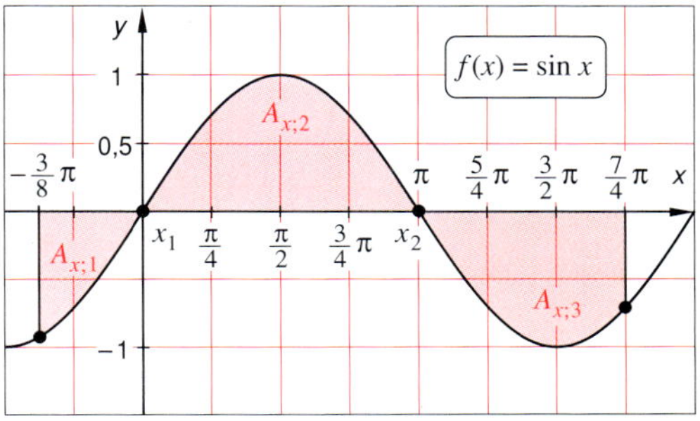

In den Intervallen $\left[-\frac{3}{8}\pi\,;0\right]$ sowie $\left[\pi\,;\frac{7}{4}\pi\right]$ sind die Funktionswerte von f nicht positiv, und folglich liegen die Flächen dort unterhalb der x-Achse. Im Intervall $[0\,;\pi]$ sind die Funktionswerte nichtnegativ, sodass die Fläche dort oberhalb der x-Achse liegt. Daher werden die Flächenmaßzahlen $A_{x;\,1}$; $A_{x;\,2}$ und $A_{x;\,3}$ einzeln mit der Formel $A_x = \left|\int\limits_a^b f(x)\,\mathrm{d}x\right|$ berechnet.

$\int \sin x\ \mathrm{d}x$ ist ein Grundintegral (► 2.1) mit $\int \sin x\ \mathrm{d}x = -\cos x + c$, in das nacheinander die Integrationsgrenzen für $A_{x;\,1}$; $A_{x;\,2}$ und $A_{x;\,3}$ eingesetzt werden.

$$A_{x;\,1} = \left|\int\limits_{-\frac{3}{8}\pi}^{0} \sin x\,\mathrm{d}x\right| = \left|-\cos x\Big|_{-\frac{3}{8}\pi}^{0}\right| = \left|-\cos 0 - \left[-\cos\left(-\tfrac{3}{8}\pi\right)\right]\right| = |-0{,}61732| = \underline{0{,}61732}$$

$$A_{x;\,2} = \left|\int\limits_{0}^{\pi} \sin x\,\mathrm{d}x\right| = \left|-\cos x\Big|_{0}^{\pi}\right| = |-\cos\pi - (-\cos 0)| = |2| = \underline{2}$$

$$A_{x;\,3} = \left|\int\limits_{\pi}^{\frac{7}{4}\pi} \sin x\,\mathrm{d}x\right| = \left|-\cos x\Big|_{\pi}^{\frac{7}{4}\pi}\right| = \left|-\cos\left(\tfrac{7}{4}\pi\right) - (-\cos\pi)\right| = |-1{,}70711| = \underline{1{,}70711}$$

$$A_x = A_{x;\,1} + A_{x;\,2} + A_{x;\,3} = 0{,}61732 + 2 + 1{,}70711 = \underline{\underline{4{,}32443}}$$ ► Maßzahl der Fläche in $\left[-\frac{3}{8}\pi\,;\frac{7}{4}\pi\right]$

Liegt eine Fläche, die in einem Intervall $[a\,;b]$ vom Graphen einer integrierbaren Funktion f und der x-Achse begrenzt wird, teilweise unterhalb und teilweise oberhalb der x-Achse, so müssen die Inhalte der Teilflächen getrennt berechnet und dann addiert werden.

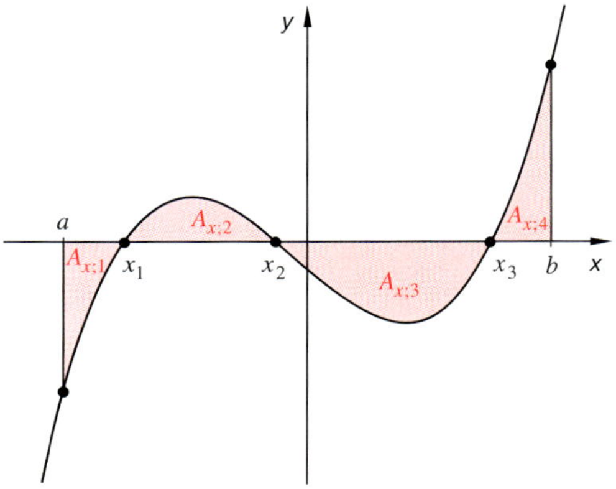

Um die Integrationsgrenzen für die Berechnung der einzelnen Flächeninhalte zu ermitteln, werden die Nullstellen von f innerhalb von $[a\,;b]$ bestimmt.

x_1; x_2; x_3 ► Nullstellen von f in $[a\,;b]$

$$A_x = A_{x;\,1} + A_{x;\,2} + A_{x;\,3} + A_{x;\,4}$$
$$= \left|\int\limits_a^{x_1} f(x)\,\mathrm{d}x\right| + \left|\int\limits_{x_1}^{x_2} f(x)\,\mathrm{d}x\right| + \left|\int\limits_{x_2}^{x_3} f(x)\,\mathrm{d}x\right| + \left|\int\limits_{x_3}^{b} f(x)\,\mathrm{d}x\right|$$

Merke:

Liegt in einem Intervall $[a\,;b]$ die Fläche zwischen dem Graphen einer integrierbaren Funktion f und der x-Achse teilweise unterhalb und teilweise oberhalb der x-Achse, so werden die Inhalte der Teilflächen getrennt berechnet und dann addiert. Hat eine Funktion f im Intervall $[a\,;b]$ zum Beispiel die Nullstellen x_1; x_2 und x_3, so ergeben sich die Integrationsgrenzen der Teilintegrale aus den Intervallgrenzen a und b sowie diesen Nullstellen.

$$\boldsymbol{A_x = \left|\int\limits_a^{x_1} f(x)\,\mathrm{d}x\right| + \left|\int\limits_{x_1}^{x_2} f(x)\,\mathrm{d}x\right| + \left|\int\limits_{x_2}^{x_3} f(x)\,\mathrm{d}x\right| + \left|\int\limits_{x_3}^{b} f(x)\,\mathrm{d}x\right|}$$

Beispiele: Berechnen Sie jeweils die Maßzahl der Fläche zwischen dem Graphen der Funktion f und der x-Achse im angegebenen Intervall.

● $f(x) = 0{,}2x^2 - 0{,}4x - 3$ in $[0; 6{,}5]$

Zunächst muss festgestellt werden, ob im Intervall $[0; 6{,}5]$ Nullstellen vorliegen. Diese findet man als Lösung der quadratischen Gleichung $0{,}2x^2 - 0{,}4x - 3 = 0$.

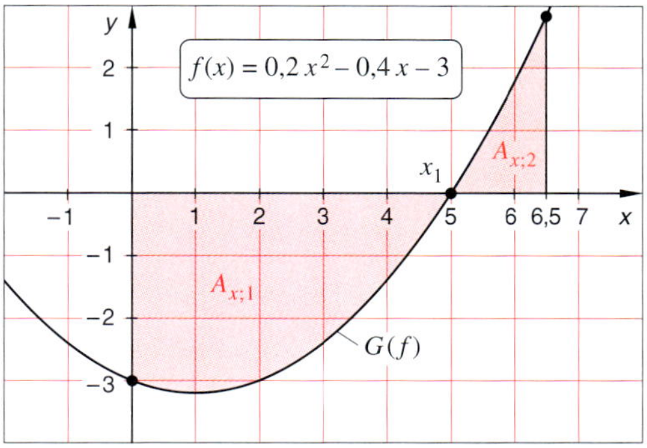

Die Funktion f hat die Nullstellen $x_1 = 5$ und $x_2 = -3$. Nur x_1 liegt im Intervall $[0; 6{,}5]$, sodass sich die Integrationsintervalle $[0; 5]$ und $[5; 6{,}5]$ ergeben.

Man berechnet $A_x = A_{x;1} + A_{x;2}$ mit der entwickelten Formel und erhält damit die Flächenmaßzahl 13,692.

► $0{,}2x^2 - 0{,}4x - 3 = 0 \Rightarrow x^2 - 2x - 15 = 0$

$\Rightarrow x_{1;2} = 1 \pm \sqrt{1 + 15} \Rightarrow x_1 = 5; x_2 = -3$ ► Nullstellen

► $A_x = \quad A_{x;1} \quad + \quad A_{x;2}$

$$= \left|\int_0^5 (0{,}2x^2 - 0{,}4x - 3)\mathrm{d}x\right| + \left|\int_5^{6{,}5} (0{,}2x^2 - 0{,}4x - 3)\mathrm{d}x\right|$$

$$= \left|\frac{x^3}{15} - 0{,}2x^2 - 3x\,\Big|_0^5\right| + \left|\frac{x^3}{15} - 0{,}2x^2 - 3x\,\Big|_5^{6{,}5}\right|$$

$$= |-11{,}667| + |2{,}025|$$

$= \underline{\underline{13{,}692}}$ ► Maßzahl der Fläche in $[0; 6{,}5]$

● $f(x) = 0{,}1 \cdot (x+3) \cdot (x+0{,}5) \cdot (x-3)$ in $[-4; 4]$

Auch hier wird festgestellt, ob im Intervall $[-4; 4]$ Nullstellen vorliegen.

Man findet diese als Lösung der Gleichung $0{,}1 \cdot (x+3) \cdot (x+0{,}5) \cdot (x-3) = 0$.

Da die Gleichung als Produkt von Linearfaktoren gegeben ist, lassen sich die Nullstellen leicht ermitteln. Durch Ausmultiplizieren der Klammern erhält man den Funktionsterm $f(x) = \frac{x^3}{10} + \frac{x^2}{20} - \frac{9}{10} \cdot x - \frac{9}{20}$.

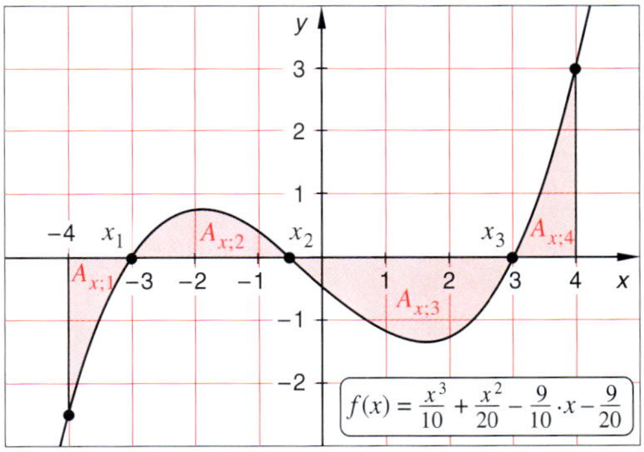

Die Funktion f hat die Nullstellen $x_1 = -3$; $x_2 = -0{,}5$ und $x_3 = 3$, die alle innerhalb des Intervalls $[-4; 4]$ liegen. Damit ergeben sich die Integrationsintervalle $[-4; -3]$; $[-3; -0{,}5]$; $[-0{,}5; 3]$ und $[3; 4]$.

► $0{,}1 \cdot (x+3) \cdot (x+0{,}5) \cdot (x-3) = 0$

$\Rightarrow (x+3) \cdot (x+0{,}5) \cdot (x-3) = 0$

$\Rightarrow x_1 = -3; x_2 = -0{,}5; x_3 = 3$ ► Nullstellen

► $[-4; -3]$; $[-3; -0{,}5]$; $[-0{,}5; 3]$; $[3; 4]$

► Integrationsintervalle

f ist eine ganze rationale Funktion und besitzt daher Stammfunktionen. Man ermittelt zunächst eine Stammfunktion von f.

$$\int \left[\frac{x^3}{10} + \frac{x^2}{20} - \frac{9}{10} \cdot x - \frac{9}{20}\right] \mathrm{d}x = \underline{\frac{x^4}{40} + \frac{x^3}{60} - \frac{9}{20} \cdot x^2 - \frac{9}{20} \cdot x}$$

Dann berechnet man die Flächenmaßzahlen $A_{x;\,1}$; $A_{x;\,2}$; $A_{x;\,3}$ und $A_{x;\,4}$ mit der entwickelten Formel und bildet die Summe $A_x = A_{x;\,1} + A_{x;\,2} + A_{x;\,3} + A_{x;\,4}$

$$A_{x;\,1} = \left| \frac{x^4}{40} + \frac{x^3}{60} - \frac{9}{20}\cdot x^2 - \frac{9}{20}\cdot x \Big|_{-4}^{-3} \right|$$
$$= \left| \frac{(-3)^4}{40} + \frac{(-3)^3}{60} - \frac{9}{20}\cdot(-3)^2 - \frac{9}{20}\cdot(-3) - \left[\frac{(-4)^4}{40} + \frac{(-4)^3}{60} - \frac{9}{20}\cdot(-4)^2 - \frac{9}{20}\cdot(-4)\right] \right|$$
$$= \underline{1{,}05333}$$

$$A_{x;\,2} = \left| \frac{x^4}{40} + \frac{x^3}{60} - \frac{9}{20}\cdot x^2 - \frac{9}{20}\cdot x \Big|_{-3}^{-0{,}5} \right|$$
$$= \left| \frac{(-0{,}5)^4}{40} + \frac{(-0{,}5)^3}{60} - \frac{9}{20}\cdot(-0{,}5)^2 - \frac{9}{20}\cdot(-0{,}5) - \left[\frac{(-3)^4}{40} + \frac{(-3)^3}{60} - \frac{9}{20}\cdot(-3)^2 - \frac{9}{20}\cdot(-3)\right] \right|$$
$$= \underline{1{,}23698}$$

$$A_{x;\,3} = \left| \frac{x^4}{40} + \frac{x^3}{60} - \frac{9}{20}\cdot x^2 - \frac{9}{20}\cdot x \Big|_{-0{,}5}^{3} \right|$$
$$= \left| \frac{3^4}{40} + \frac{3^3}{60} - \frac{9}{20}\cdot 3^2 - \frac{9}{20}\cdot 3 - \left[\frac{(-0{,}5)^4}{40} + \frac{(-0{,}5)^3}{60} - \frac{9}{20}\cdot(-0{,}5)^2 - \frac{9}{20}\cdot(-0{,}5)\right] \right|$$
$$= \underline{3{,}03698}$$

$$A_{x;\,4} = \left| \frac{x^4}{40} + \frac{x^3}{60} - \frac{9}{20}\cdot x^2 - \frac{9}{20}\cdot x \Big|_{3}^{4} \right| = \left| \frac{4^4}{40} + \frac{4^3}{60} - \frac{9}{20}\cdot 4^2 - \frac{9}{20}\cdot 4 - \left(\frac{3^4}{40} + \frac{3^3}{60} - \frac{9}{20}\cdot 3^2 - \frac{9}{20}\cdot 3\right) \right|$$
$$= \underline{1{,}39167}$$

► $A_x = A_{x;\,1} + A_{x;\,2} + A_{x;\,3} + A_{x;\,4} = 1{,}05333 + 1{,}23698 + 3{,}03698 + 1{,}39167$
$= \underline{\underline{6{,}71896}}$ ► Flächenmaßzahl in $[-4\,;4]$

• Flächen zwischen zwei Graphen ohne Schnittpunkte im Integrationsintervall

Problem: Berechnen Sie die Maßzahl der Fläche zwischen den Graphen der Funktionen $f: f(x) = \frac{x}{4} + 6$; $D(f) = \mathbb{R}$ sowie $g: g(x) = \sqrt{1{,}5x} + 3$; $D(g) = \mathbb{R}^{\geq 0}$ im Intervall $[1\,;6]$. Wie groß ist die Maßzahl der Fläche, wenn man die Graphen der Funktionen f und g um fünf Einheiten in Richtung der negativen y-Achse verschiebt?

• $f: f(x) = \frac{x}{4} + 6$; $D(f) = \mathbb{R}$ in $[1;6]$
$g: g(x) = \sqrt{1{,}5x} + 3$; $D(g) = \mathbb{R}^{\geq 0}$ in $[1;6]$

Die Graphen der Funktionen f und g haben im Intervall $[1\,;6]$ keine Schnittpunkte.

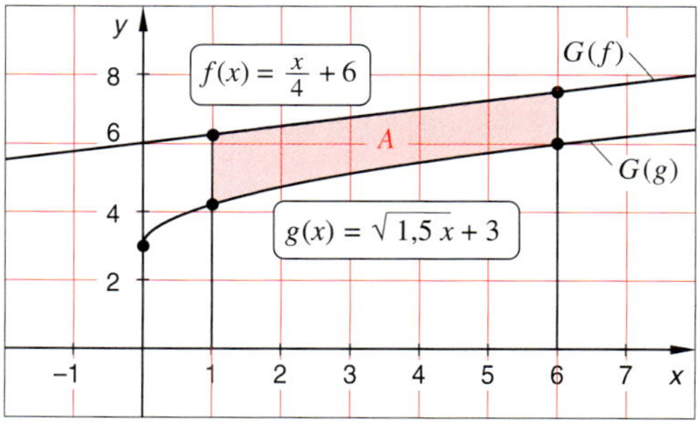

Durch Gleichsetzen der Funktionsterme und Lösen der Gleichung kann man meistens die Schnittpunkte von Graphen auch rechnerisch feststellen.

$f(x) = \frac{x}{4} + 6$ und $g(x) = \sqrt{1{,}5x} + 3$ ► $f(x) = g(x)$

$$\frac{x}{4} + 6 = \sqrt{1{,}5x} + 3$$

$\Rightarrow \frac{x}{4} + 3 = \sqrt{1{,}5x}$ ► quadrieren

$$\Rightarrow \frac{x^2}{16} + 1{,}5x + 9 = 1{,}5x$$

$\Rightarrow x^2 = -144$ ► keine Lösung und damit kein Schnittpunkt von $G(f)$ und $G(g)$

Da beide Flächen oberhalb der x-Achse liegen, erhält man in diesem Falle die Flächenmaßzahl A als Differenz $A_{x;f} - A_{x;g}$ der Maßzahlen der Flächen zwischen $G(f)$ und der x-Achse sowie $G(g)$ und der x-Achse im Intervall $[1;6]: A = A_{x;f} - A_{x;g}$

$A = A_{x;f} - A_{x;g}$

$= \int_1^6 f(x)\,dx - \int_1^6 g(x)\,dx$ ► Summenregel

$= \int_1^6 [f(x) - g(x)]\,dx$ ► $f(x) = \frac{x}{4} + 6;\ g(x) = \sqrt{1{,}5x} + 3$

$$= \int_1^6 \left[\frac{x}{4} + 6 - (\sqrt{1{,}5x} + 3)\right] dx$$

$$= \int_1^6 \left[\frac{x}{4} + 3 - \sqrt{1{,}5x}\right] dx$$

$$= \frac{x^2}{8} + 3x - \frac{2}{3} \cdot \sqrt{1{,}5} \cdot \sqrt{x^3}\,\Bigg|_1^6$$

$$= \frac{6^2}{8} + 3 \cdot 6 - \frac{2}{3} \cdot \sqrt{1{,}5} \cdot \sqrt{6^3} - \left(\frac{1^2}{8} + 3 \cdot 1 - \frac{2}{3} \cdot \sqrt{1{,}5} \cdot \sqrt{1^3}\right)$$

$$= 10{,}5 - 2{,}3085$$

$= \underline{\underline{8{,}1915}}$ ► Maßzahl der Fläche zwischen $G(f)$ und $G(g)$ in $[1;6]$

Da man ohne das Zeichnen der Graphen $G(f)$ und $G(g)$ in der Regel nicht weiß, welche der beiden Maßzahlen, $A_{x;f}$ oder $A_{x;g}$, größer ist, wäre auch die Differenz $A_{x;g}, -A_{x;f}$ und somit die Berechnung von $\int_1^6 [g(x) - f(x)]\,dx$ möglich. In diesem Falle erhält man $-8{,}1915$ als Ergebnis, dessen Betrag mit der bereits ermittelten Maßzahl übereinstimmt. Beide Fälle werden durch $A = \left|\int_1^6 [f(x) - g(x)]\,dx\right|$ erfasst.

$$\int_1^6 [g(x) - f(x)]\,dx = \int_1^6 \left[\sqrt{1{,}5x} + 3 - \left(\frac{x}{4} + 6\right)\right] dx$$

$$= \int_1^6 \left[\sqrt{1{,}5x} - 3 - \frac{x}{4}\right] dx$$

$$= \frac{2}{3} \cdot \sqrt{1{,}5} \cdot \sqrt{x^3} - 3x - \frac{x^2}{8}\,\Bigg|_1^6$$

$$= \underline{-8{,}1915}$$

$$\Rightarrow \left|\int_1^6 [g(x) - f(x)]\,dx\right| = \left|\int_1^6 \left[\sqrt{1{,}5x} + 3 - \left(\frac{x}{4} + 6\right)\right] dx\right|$$

$$= \left|\frac{2}{3} \cdot \sqrt{1{,}5} \cdot \sqrt{x^3} - 3x - \frac{x^2}{8}\,\Bigg|_1^6\right|$$

$$= |-8{,}1915|$$

$$= \underline{8{,}1915}$$

- Verschiebt man die Graphen der Funktionen f und g um fünf Einheiten in Richtung der negativen y-Achse, so heißen die entsprechenden Funktionen in $[1; 6]$:

$$f_1 : f_1(x) = \frac{x}{4} + 6 - \mathbf{5}$$
$$= \frac{x}{4} + 1;\ D(f_1) = \mathbb{R}$$

$$g_1 : g_1(x) = \sqrt{1{,}5x} + 3 - \mathbf{5}$$
$$= \sqrt{1{,}5x} - 2;\ D(g_1) = \mathbb{R}^{\geq 0}$$

Die Fläche zwischen $G(f_1)$ und $G(g_1)$ bleibt dabei gleich groß.

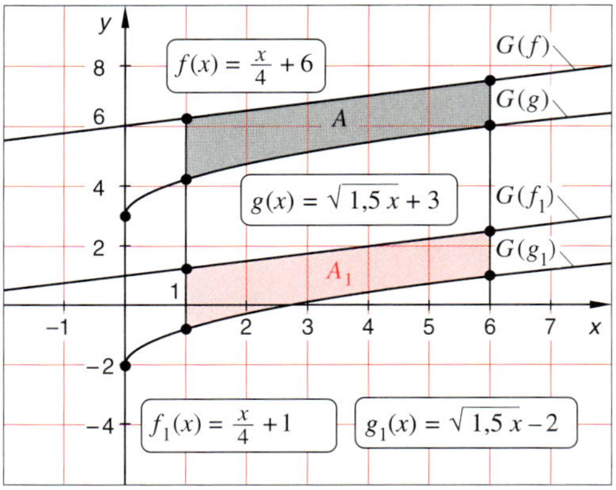

Bildet man wie vorher die Differenz aus den Maßzahlen der Flächen zwischen $G(f_1)$ und $G(g_1)$ im Intervall $[1;6]$, so erhält man den gleichen Integranden wie bei der Berechnung mit f und g. Die Verschiebung der Funktionen hat also keinen Einfluss auf das Ergebnis.

$$\int_1^6 [f_1(x) - g_1(x)]\mathrm{d}x \quad \blacktriangleright\ f_1(x) = \frac{x}{4} + 1;\ g_1(x) = \sqrt{1{,}5x} - 2$$

$$\Rightarrow \int_1^6 \left[\frac{x}{4} + 1 - (\sqrt{1{,}5x} - 2)\right]\mathrm{d}x = \int_1^6 \left[\frac{x}{4} + 3 - \sqrt{1{,}5x}\right]\mathrm{d}x$$
$$= \int_1^6 [f(x) - g(x)]\mathrm{d}x$$

$$\Rightarrow \int_1^6 [f_1(x) - g_1(x)]\,\mathrm{d}x = \int_1^6 [f(x) - g(x)]\,\mathrm{d}x$$

$$\Rightarrow A_1 = A$$

Für die Inhaltsberechnung einer Fläche, die zwischen den Graphen von zwei Funktionen f und g in einem Intervall $[a;b]$ liegt, gilt demnach die Formel $A = \left|\int_a^b [f(x) - g(x)]\mathrm{d}x\right|$. Für das Ergebnis der Berechnung ist es dabei ohne Bedeutung, ob die Fläche zwischen den Graphen unterhalb, teilweise unterhalb und oberhalb oder oberhalb der x-Achse liegt. Die Graphen von f und g dürfen sich im Integrationsintervall aber nicht schneiden.

Merke:

Sind zwei Funktionen f und g in einem Intervall $[a;b]$ integrierbar und haben ihre Graphen $G(f)$ und $G(g)$ dort keinen Schnittpunkt, so gilt für den Inhalt der Fläche zwischen den Graphen in diesem Intervall:

$$\boldsymbol{A = \left|\int_a^b [f(x) - g(x)]\,\mathrm{d}x\right|}$$

Der Flächeninhalt A ist unabhängig von der Lage der Graphen im Koordinatensystem.

Beispiele: Berechnen Sie jeweils die Maßzahl der Fläche zwischen den Graphen der Funktionen f und g im angegebenen Intervall I.

- $\left.\begin{array}{l} f: f(x)=\frac{x}{4}+1;\, D(f)=\mathbb{R} \\ g: g(x)=-\sqrt{x};\, D(g)=\mathbb{R}^{\geq 0}\end{array}\right\} I=[1;7]$

Aus der Zeichnung ist zu ersehen, dass die Graphen der Funktionen f und g im Intervall $[1;7]$ keine Schnittpunkte haben, sodass die Fläche zwischen den Graphen mit der entwickelten Formel berechnet werden kann.

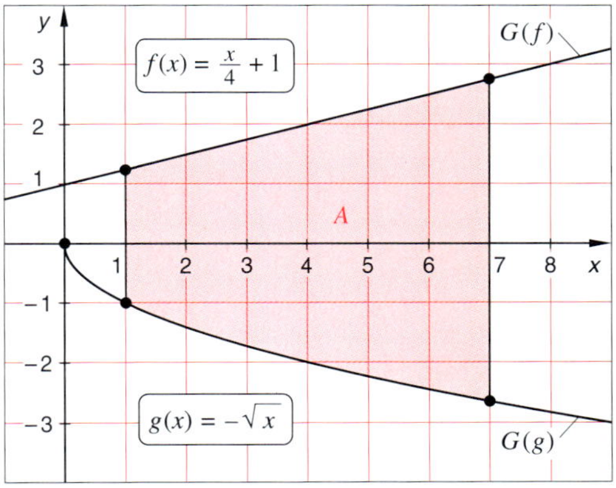

Dazu setzt man die Funktionsterme von f und g in $A=\left|\int_1^7 [f(x)-g(x)]\mathrm{d}x\right|$ ein.

$$A=\left|\int_1^7 [f(x)-g(x)]\mathrm{d}x\right| \quad \blacktriangleright\ f(x)=\frac{x}{4}+1;\, g(x)=-\sqrt{x}$$

$$=\left|\int_1^7 \left[\frac{x}{4}+1-(-\sqrt{x})\right]\mathrm{d}x\right|$$

$$=\left|\int_1^7 \left[\frac{x}{4}+1+\sqrt{x}\right]\mathrm{d}x\right|$$

$$=\left|\frac{x^2}{8}+x+\frac{2}{3}\cdot\sqrt{x^3}\Big|_1^7\right|$$

$$=\left|\frac{7^2}{8}+7+\frac{2}{3}\cdot\sqrt{7^3}-\left(\frac{1^2}{8}+1+\frac{2}{3}\cdot\sqrt{1^3}\right)\right|$$

$$=\underline{\underline{23{,}6802}} \quad \blacktriangleright\ \text{Maßzahl der Fläche zwischen } G(f) \text{ und } G(g) \text{ in } [1;7]$$

Als Maßzahl der Fläche zwischen $G(f)$ und $G(g)$ in $[1;7]$ ergibt sich 23,6802.

- $\left.\begin{array}{l} f: f(x)=2\cdot\cos\frac{x}{2};\, D(f)=\mathbb{R} \\ g: g(x)=-\sqrt{x};\, D(g)=\mathbb{R}^{\geq 0}\end{array}\right\} I=[0;7{,}5]$

Aus der Zeichnung ist zu ersehen, dass die Graphen der Funktionen f und g im Intervall $[0;7{,}5]$ keine Schnittpunkte haben, sodass die Fläche zwischen den Graphen mit der entwickelten Formel berechnet werden kann.

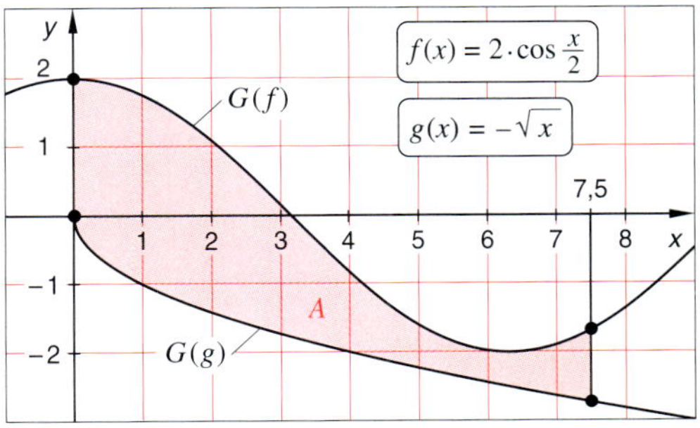

Dazu setzt man die Funktionsterme der Funktionen f und g in die entwickelte Formel

$A = \left| \int\limits_0^{7,5} [f(x) - g(x)]\,\mathrm{d}x \right|$ ein.

$$\blacktriangleright \int \left(2 \cdot \cos \frac{x}{2}\right) \mathrm{d}x = 2 \cdot \int \cos \frac{x}{2}\,\mathrm{d}x \quad \blacktriangleright \text{ 2.4.1}$$
$$= 2 \cdot 2 \cdot \sin \frac{x}{2} + c$$
$$= 4 \cdot \sin \frac{x}{2} + c$$

Als Maßzahl der Fläche zwischen $G(f)$ und $G(g)$ in $[0; 7,5]$ ergibt sich 11,4068.

$$A = \left| \int\limits_0^{7,5} [f(x) - g(x)]\mathrm{d}x \right| \quad \blacktriangleright f(x) = 2 \cdot \cos \frac{x}{2};\ g(x) = -\sqrt{x}$$
$$= \left| \int\limits_0^{7,5} \left[2 \cdot \cos \frac{x}{2} - (-\sqrt{x})\right] \mathrm{d}x \right|$$
$$= \left| \int\limits_0^{7,5} \left[2 \cdot \cos \frac{x}{2} + \sqrt{x}\right] \mathrm{d}x \right| \quad \blacktriangleright \int \left(2 \cdot \cos \frac{x}{2}\right) \mathrm{d}x = 4 \cdot \sin \frac{x}{2} + c$$
$$= \left| \left. 4 \cdot \sin \frac{x}{2} + \frac{2}{3} \cdot \sqrt{x^3} \right|_0^{7,5} \right|$$
$$= \left| 4 \cdot \sin \frac{7,5}{2} + \frac{2}{3} \cdot \sqrt{7,5^3} - \left(4 \cdot \sin \frac{0}{2} + \frac{2}{3} \cdot \sqrt{0^3}\right) \right|$$
$$= \underline{\underline{11,4068}} \quad \blacktriangleright \text{ Maßzahl der Fläche zwischen } G(f) \text{ und } G(g) \text{ in } [0; 7,5]$$

Beispiel: Die Fläche zwischen den Graphen der Funktion $f: f(x) = \frac{x}{4} + 3;\ D(f) = \mathbb{R}$ und einer Funktion $g_m: g_m(x) = m \cdot x + 2;\ D(g_m) = \mathbb{R}$ hat im Intervall $[2; 8]$ die Maßzahl 17,25. Hierbei sollen sich die Graphen von f und g_m im Intervall $[2; 8]$ nicht schneiden.

Berechnen Sie die Steigung m der linearen Funktion g_m.

Zunächst muss festgestellt werden, bei welchen Zahlen für m die Graphen der Funktionen f und g_m im Intervall $[2; 8]$ keine Schnittpunkte haben, denn nur dann kann die zur Berechnung des Flächeninhaltes entwickelte Formel angewendet werden. Die Schar der Geraden mit der Gleichung $g_m(x) = m \cdot x + 2$ verläuft stets durch den Punkt $D\langle 0 \mid 2 \rangle$. Bei Drehung um diesen Punkt schneiden diese Geraden den Graphen $G(f)$ im Intervall $[2; 8]$ nur vom Durchgang durch den Punkt $P_1\langle 2 \mid 3,5 \rangle$ bis zum Durchgang durch den Punkt $P_2\langle 8 \mid 5 \rangle$. ▸ $f(2) = 3,5;\ f(8) = 5$

Die Steigungen m_1 bzw. m_2 der beiden Grenzgeraden durch die Punkte $D\langle 0 \mid 2 \rangle$ und $P_1\langle 2 \mid 3,5 \rangle$ bzw. durch die Punkte $D\langle 0 \mid 2 \rangle$ und $P_2\langle 8 \mid 5 \rangle$ werden mithilfe der Punkt-Steigungsform einer Geraden berechnet.

Man erhält so $m_1 = 0,75$ und $m_2 = 0,375$.

▸ Punkte $D\langle 0 \mid 2 \rangle$ und $P_1\langle 2 \mid 3,5 \rangle$

$$m_1 = \frac{y_1 - y_2}{x_1 - x_2} \quad \blacktriangleright \text{ 2 für } y_1;\ 3,5 \text{ für } y_2;\ 0 \text{ für } x_1;\ 2 \text{ für } x_2$$
$$= \frac{2 - 3,5}{0 - 2}$$
$$= \underline{0,75}$$

▸ Punkte $D\langle 0 \mid 2 \rangle$ und $P_2\langle 8 \mid 5 \rangle$

$$m_2 = \frac{y_1 - y_2}{x_1 - x_2} \quad \blacktriangleright \text{ 2 für } y_1;\ 5 \text{ für } y_2;\ 0 \text{ für } x_1;\ 8 \text{ für } x_2$$
$$= \frac{2 - 5}{0 - 8}$$
$$= \underline{0,375}$$

Die Steigungen $m \in [0,375; 0,75]$ müssen also ausgeschlossen werden, weil sich $G(f)$ und $G(g_m)$ dann schneiden. Schon aus der Abbildung ist ersichtlich, dass sich damit im Intervall $[2; 8]$ zwei Möglichkeiten für die Lage einer Fläche mit der Maßzahl 17,25 ergeben, nämlich A_1 zwischen $G(f)$ und $G(g_{m3})$ unterhalb von $G(f)$ sowie A_2 zwischen $G(f)$ und $G(g_{m4})$ oberhalb von $G(f)$.

▶ $m \notin [0{,}375; 0{,}75]$:
$G(f)$ und $G(g_m)$ haben keine Schnittpunkte in $[2; 8]$.

▶ $A_1 = 17{,}25$:
Maßzahl der Fläche zwischen $G(f)$ und $G(g_{m3})$

▶ $A_2 = 17{,}25$:
Maßzahl der Fläche zwischen $G(f)$ und $G(g_{m4})$

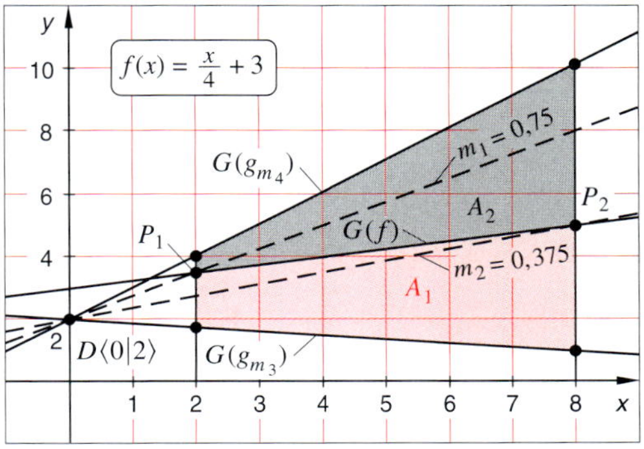

Zur Bestimmung von m setzt man die Funktionsterme der Funktionen f und g_m in $A = \left|\int_a^b [f(x) - g(x)]\mathrm{d}x\right|$ ein und berechnet das bestimmte Integral.

$$A = \left|\int_2^8 [f(x) - g(x)]\,\mathrm{d}x\right| \quad \blacktriangleright\ f(x) = \frac{x}{4} + 3;\ g(x) = m \cdot x + 2$$

$$= \left|\int_2^8 \left[\frac{x}{4} + 3 - (m \cdot x + 2)\right]\mathrm{d}x\right|$$

$$= \left|\int_2^8 \left[\frac{x}{4} + 1 - m \cdot x\right]\mathrm{d}x\right|$$

$$= \left|\left(\frac{1}{4} - m\right) \cdot \int_2^8 x\,\mathrm{d}x + \int_2^8 1\,\mathrm{d}x\right|$$

$$= \left|\left(\frac{1}{4} - m\right) \cdot \frac{x^2}{2}\Big|_2^8 + x\Big|_2^8\right|$$

$$= \left|\left(\frac{1}{4} - m\right) \cdot \left(\frac{64}{2} - \frac{4}{2}\right) + (8 - 2)\right|$$

$$= \left|\frac{15}{2} - 30 \cdot m + 6\right|$$

$$= \left|\frac{27}{2} - 30 \cdot m\right| \quad \blacktriangleright\ 17{,}25 \text{ für } A$$

Setzt man dann 17,25 für A, so erhält man eine Betragsgleichung für m mit den Lösungen $m_3 = -0{,}125$ und $m_4 = 1{,}025$. Damit wird auch rechnerisch die Existenz von zwei möglichen Flächen bestätigt.

$$\Rightarrow\ 17{,}25 = \left|\frac{27}{2} - 30 \cdot m\right|$$

$$\Rightarrow\ 17{,}25 = \frac{27}{2} - 30 \cdot m \text{ oder } -17{,}25 = \frac{27}{2} - 30 \cdot m$$

$$\Rightarrow\ \underline{\underline{m_3 = -0{,}125}};\ \underline{\underline{m_4 = 1{,}025}}$$

Eine Fläche wird durch die Gerade mit der Gleichung $g_{-0{,}125}(x) = -0{,}125x + 2$ nach unten begrenzt, die Begrenzung der anderen Fläche erfolgt durch die Gerade mit der Gleichung $g_{1{,}025}(x) = 1{,}025x + 2$ nach oben.

• Flächen zwischen zwei Graphen mit Schnittpunkten im Integrationsintervall

Problem: Berechnen Sie die Maßzahl der Fläche zwischen den Graphen der Funktionen $f: f(x) = \frac{x}{2}$; $D(f) = \mathbb{R}$ sowie $g: g(x) = 1$; $D(g) = \mathbb{R}$ im Intervall $[-3; 5]$. Verallgemeinern Sie die Vorgehensweise.

- $\left.\begin{array}{l} f: f(x) = \frac{x}{2};\ D(f) = \mathbb{R} \\ g: g(x) = 1;\ D(f) = \mathbb{R} \end{array}\right\} I = [-3; 5]$

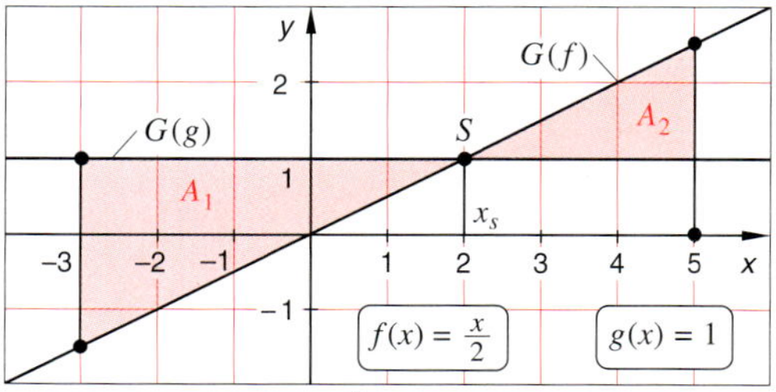

Nach der Zeichnung haben die Graphen der Funktionen f und g im Intervall $[-3; 5]$ an der Stelle $x_S = 2$ einen Schnittpunkt S.

Durch Gleichsetzen der Funktionsterme und Lösen der Gleichung lässt sich dieser Schnittpunkt auch rechnerisch feststellen.

$f(x) = g(x)$ ► $f(x) = \frac{x}{2}$ und $g(x) = 1$

$\frac{x}{2} = 1 \Rightarrow x_S = 2$ ► Schnittstelle

Die Formel $A = \left|\int_a^b [f(x) - g(x)]\,\mathrm{d}x\right|$ kann also hier nicht unmittelbar für das gesamte Integrationsintervall angewendet werden. Nach den Erkenntnissen aus dem vorangegangenen Abschnitt ist sie aber jeweils für die Intervalle $[-3; 2]$ und $[2; 5]$ gültig. Deshalb wird die Summe der Flächen A_1 und A_2 gebildet.

$$A = A_1 + A_2$$

$$= \left|\int_a^{x_s} [f(x) - g(x)]\,\mathrm{d}x\right| + \left|\int_{x_s}^b [f(x) - g(x)]\,\mathrm{d}x\right|$$

► -3 für a; 2 für x_S; 5 für b; $f(x) = \frac{x}{2}$; $g(x) = 1$

$$= \left|\int_{-3}^{2} \left(\frac{x}{2} - 1\right)\mathrm{d}x\right| + \left|\int_{2}^{5} \left(\frac{x}{2} - 1\right)\mathrm{d}x\right|$$

$$= \left|\left[\frac{x^2}{4} - x\right]_{-3}^{2}\right| + \left|\left[\frac{x^2}{4} - x\right]_{2}^{5}\right|$$

$$= \left|\frac{2^2}{4} - 2 - \left(\frac{(-3)^2}{4} - (-3)\right)\right| + \left|\frac{5^2}{4} - 5 - \left(\frac{2^2}{4} - 2\right)\right|$$

$$= \left|-\frac{25}{4}\right| + \left|\frac{9}{4}\right|$$

$= \underline{\underline{8{,}5}}$ ► Maßzahl der Fläche zwischen $G(f)$ und $G(g)$ in $[-3; 5]$

Haben zwei integrierbare Funktionen f und g in einem Intervall $[a; b]$ zum Beispiel die Schnittstellen x_1 und x_2, so muss man zur Berechnung von A die Inhalte der Flächen zwischen den Graphen $G(f)$ und $G(g)$ in den Intervallen $[a; x_1]$; $[x_1; x_2]$ sowie $[x_2; b]$ einzeln berechnen und addieren.

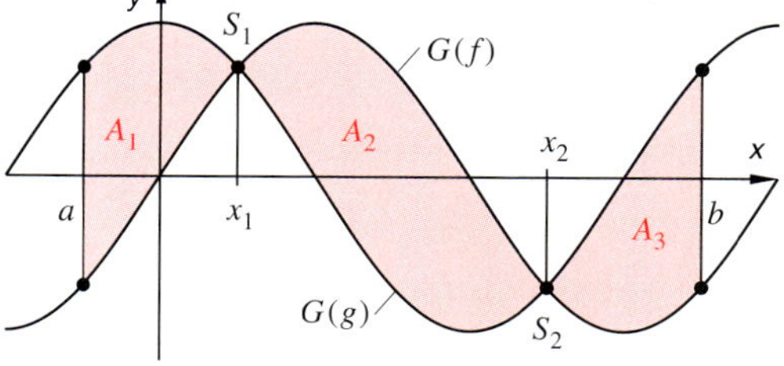

$$A = A_1 + A_2 + A_3$$

$$= \underline{\underline{\left|\int_a^{x_1} [f(x) - g(x)]\,\mathrm{d}x\right| + \left|\int_{x_1}^{x_2} [f(x) - g(x)]\,\mathrm{d}x\right| + \left|\int_{x_2}^{b} [f(x) - g(x)]\,\mathrm{d}x\right|}}$$

Merke:

Haben zwei in $[a; b]$ integrierbare Funktionen f und g dort zum Beispiel die Schnittstellen x_1 und x_2, so ermittelt man den Inhalt A der Fläche zwischen den Graphen $G(f)$ und $G(g)$ in diesem Intervall, indem man die Inhalte der Teilflächen zwischen $G(f)$ und $G(g)$ in den Intervallen $[a; x_1]$; $[x_1; x_2]$ sowie $[x_2; b]$ berechnet und dann addiert.

$$A = \left|\int_a^{x_1} [f(x) - g(x)]\,dx\right| + \left|\int_{x_1}^{x_2} [f(x) - g(x)]\,dx\right| + \left|\int_{x_2}^{b} [f(x) - g(x)]\,dx\right|$$

Anmerkung:

Bei Flächenberechnungen vorstehender Art geht man zweckmäßig nach folgendem Schema vor:

- Schnittstelle(n) der Funktionen f und g im Intervall $[a; b]$ berechnen
- Integrationsintervalle festlegen
- eine Stammfunktion der Funktion „$f - g$" ermitteln
- Inhalte der Teilflächen zwischen $G(f)$ und $G(g)$ in den Integrationsintervallen berechnen
- Flächeninhalte addieren

Beispiele: Berechnen Sie die Maßzahl der Fläche zwischen den Graphen der Funktionen f und g in dem angegebenen Intervall I.

- $f: f(x) = \sqrt{2x+6}$; $D(f) = \mathbb{R}^{\geq -3}$
  $g: g(x) = -\frac{x}{2} + \frac{3}{2}$; $D(g) = \mathbb{R}$ $\Big\}$ $I = [-3; 4]$

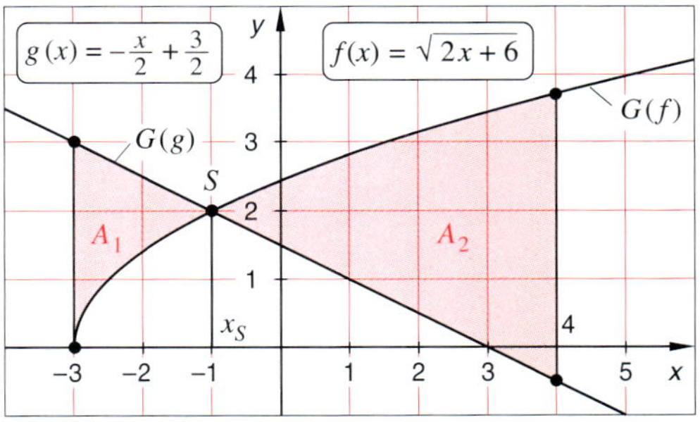

Zunächst werden die Funktionen f und g auf Schnittstellen im Intervall $[-3; 4]$ untersucht. Dazu setzt man die Funktionsterme gleich und löst die entstandene Wurzelgleichung. Man erhält die Ergebnisse $x_1 = 15$ und $x_2 = -1$, die zur Probe in die Ausgangsgleichung eingesetzt werden. Da nur -1 die Ausgangsgleichung erfüllt, haben f und g die Schnittstelle $x_S = -1$, sodass sich die Integrationsintervalle $[-3; -1]$ und $[-1; 4]$ ergeben.

► $f(x) = g(x)$ ► $f(x) = \sqrt{2x+6}$; $g(x) = -\frac{x}{2} + \frac{3}{2}$

$\sqrt{2x+6} = -\frac{x}{2} + \frac{3}{2}$ ► quadrieren

$\Rightarrow 2x + 6 = \frac{x^2}{4} - \frac{3}{2} \cdot x + \frac{9}{4}$

$\Rightarrow x^2 - 14x - 15 = 0 \Rightarrow x_{1;2} = 7 \pm \sqrt{49 + 15}$

$\Rightarrow x_1 = 15$ ► keine Lösung

$\underline{x_2 = x_S = -1}$

Dann setzt man die Funktionsterme von f und g in $\int [f(x) - g(x)]\,dx$ ein und löst das unbestimmte Integral. ► 2.4.1 und 2.1

► $\int [f(x) - g(x)]\,dx$ ► $f(x) = \sqrt{2x+6}$; $g(x) = -\frac{x}{2} + \frac{3}{2}$

$$\int \left[\sqrt{2x+6} - \left(-\frac{x}{2} + \frac{3}{2}\right)\right] dx = \int \left[\sqrt{2x+6} + \frac{x}{2} - \frac{3}{2}\right] dx$$

$$\underline{= \frac{1}{3} \cdot \sqrt{(2x+6)^3} + \frac{x^2}{4} - \frac{3}{2} \cdot x + c}$$

Mithilfe der entwickelten Formel kann man dann die Maßzahlen A_1 und A_2 der Teilflächen berechnen, indem man die ermittelten Integrationsgrenzen einsetzt.

$$\blacktriangleright A_1 = \left|\frac{1}{3}\cdot\sqrt{(2x+6)^3}+\frac{x^2}{4}-\frac{3}{2}\cdot x\Big|_{-3}^{-1}\right|$$

$$= \left|\frac{1}{3}\cdot\sqrt{[2\cdot(-1)+6]^3}+\frac{(-1)^2}{4}-\frac{3}{2}\cdot(-1)+ -\left(\frac{1}{3}\cdot\sqrt{[2\cdot(-3)+6]^3}+\frac{(-3)^2}{4}-\frac{3}{2}\cdot(-3)\right)\right|$$

$$= \left|\frac{8}{3}+\frac{1}{4}+\frac{3}{2}-0-\frac{9}{4}-\frac{9}{2}\right|$$

$$= \underline{\frac{7}{3}}$$ ► Maßzahl der Fläche zwischen $G(f)$ und $G(g)$ in $[-3;\,-1]$

$$\blacktriangleright A_2 = \left|\frac{1}{3}\cdot\sqrt{(2x+6)^3}+\frac{x^2}{4}-\frac{3}{2}\cdot x\Big|_{-1}^{4}\right|$$

$$= \left|\frac{1}{3}\cdot\sqrt{(2\cdot 4+6]^3}+\frac{4^2}{4}-\frac{3}{2}\cdot 4+ -\left(\frac{1}{3}\cdot\sqrt{[2\cdot(-1)+6]^3}+\frac{(-1)^2}{4}-\frac{3}{2}\cdot(-1)\right)\right|$$

$$= \left|\frac{1}{3}\cdot\sqrt{14^3}+4-6-\frac{1}{3}\cdot 8-\frac{1}{4}-\frac{3}{2}\right|$$

$$= \underline{11{,}0444}$$ ► Maßzahl der Fläche zwischen $G(f)$ und $G(g)$ in $[-1;4]$

Zum Schluss addiert man die Teilflächen zur gesuchten Flächenmaßzahl.

$\blacktriangleright A = A_1 + A_2 =$ ► $A_1 = \frac{7}{3}$; $A_2 = 11{,}0444$

$$= \frac{7}{3} + 11{,}0444$$

$$= \underline{\underline{13{,}3777}}$$ ► Maßzahl der Fläche zwischen $G(f)$ und $G(g)$ in $[-3;4]$

$$\bullet\ \left.\begin{array}{l} f: f(x) = \cos x;\ D(f) = \mathbb{R} \\ g: g(x) = \sin x;\ D(g) = \mathbb{R}\end{array}\right\}\ I = \left[-\frac{\pi}{4};\frac{7}{4}\pi\right]$$

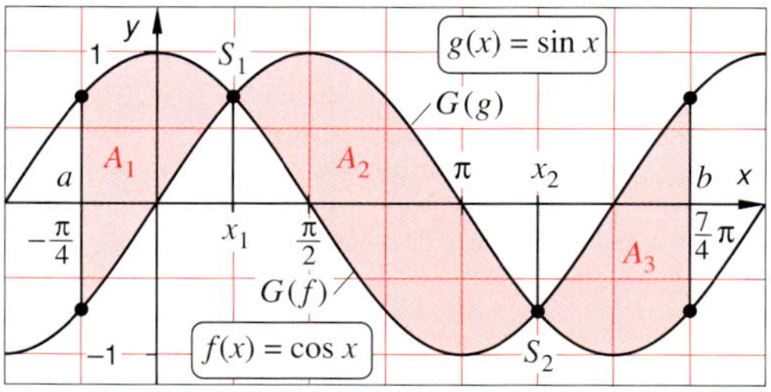

Zunächst werden die Funktionen auf Schnittstellen im Intervall $\left[-\frac{\pi}{4};\frac{7}{4}\pi\right]$ untersucht. Dazu setzt man die Funktionsterme gleich.

Aus der Gleichung $\tan x = 1$ erhält man für das Intervall $\left[-\frac{\pi}{4};\frac{7}{4}\pi\right]$ die beiden Lösungen $x_1 = \frac{\pi}{4}$ und $x_2 = \frac{5}{4}\pi$.

► $f(x) = g(x)$ ► $f(x) = \cos x$; $g(x) = \sin x$

$\cos x = \sin x$

$$\Rightarrow \frac{\sin x}{\cos x} = 1$$ ► $\frac{\sin x}{\cos x} = \tan x$; $\cos x > 0$

$$\Rightarrow \tan x = 1$$

$$\Rightarrow x_1 = \frac{\pi}{4} \text{ und } x_2 = \frac{5}{4}\pi \text{ in } \left[-\frac{\pi}{4};\frac{7}{4}\pi\right]$$

Die Funktionen f und g haben die Schnittstellen $x_1 = \frac{\pi}{4}$ sowie $x_2 = \frac{5}{4}\pi$, sodass sich $\left[-\frac{\pi}{4}; \frac{\pi}{4}\right]$; $\left[\frac{\pi}{4}; \frac{5}{4}\pi\right]$ und $\left[\frac{5}{4}\pi; \frac{7}{4}\pi\right]$ als Integrationsintervalle ergeben.

Dann setzt man die Funktionsterme von f und g in $\int [f(x) - g(x)]\,dx$ ein und löst das unbestimmte Integral. ► 2.1

► $\int [f(x) - g(x)]\,dx$ ► $f(x) = \cos x$; $g(x) = \sin x$

$\int (\cos x - \sin x)\,dx = \underline{\sin x + \cos x + c}$

Mithilfe der entwickelten Formel kann man dann die Maßzahlen A_1; A_2 und A_3 der Teilflächen berechnen, indem man die ermittelten Integrationsgrenzen einsetzt.

$$\blacktriangleright\ A_1 = \left| \sin x + \cos x \Big|_{-\frac{\pi}{4}}^{\frac{\pi}{4}} \right|$$
$$= \left| \sin\frac{\pi}{4} + \cos\frac{\pi}{4} - \left[\sin\left(-\frac{\pi}{4}\right) + \cos\left(-\frac{\pi}{4}\right)\right] \right|$$
$$= \left| \frac{1}{2}\cdot\sqrt{2} + \frac{1}{2}\cdot\sqrt{2} - \left[\left(-\frac{1}{2}\cdot\sqrt{2}\right) + \frac{1}{2}\cdot\sqrt{2}\right] \right|$$
$$= \underline{\sqrt{2}}$$

► Maßzahl der Fläche zwischen $G(f)$ und $G(g)$ in $\left[-\frac{\pi}{4}; \frac{\pi}{4}\right]$

$$\blacktriangleright\ A_2 = \left| \sin x + \cos x \Big|_{\frac{\pi}{4}}^{\frac{5}{4}\pi} \right|$$
$$= \left| \sin\frac{5}{4}\pi + \cos\frac{5}{4}\pi - \left[\sin\frac{\pi}{4} + \cos\frac{\pi}{4}\right] \right|$$
$$= \left| -\frac{1}{2}\cdot\sqrt{2} - \frac{1}{2}\cdot\sqrt{2} - \left[\frac{1}{2}\cdot\sqrt{2} + \frac{1}{2}\cdot\sqrt{2}\right] \right|$$
$$= \underline{2\cdot\sqrt{2}}$$

► Maßzahl der Fläche zwischen $G(f)$ und $G(g)$ in $\left[\frac{\pi}{4}; \frac{5}{4}\pi\right]$

$$A_3 = \left| \sin x + \cos x \Big|_{\frac{5}{4}\pi}^{\frac{7}{4}\pi} \right|$$
$$= \left| \sin\frac{7}{4}\pi + \cos\frac{7}{4}\pi - \left[\sin\frac{5}{4}\pi + \cos\frac{5}{4}\pi\right] \right|$$
$$= \left| -\frac{1}{2}\cdot\sqrt{2} + \frac{1}{2}\cdot\sqrt{2} - \left[-\frac{1}{2}\cdot\sqrt{2} + \left(-\frac{1}{2}\cdot\sqrt{2}\right)\right] \right|$$
$$= \underline{\sqrt{2}}$$

► Maßzahl der Fläche zwischen $G(f)$ und $G(g)$ in $\left[\frac{5}{4}\pi; \frac{7}{4}\pi\right]$

Zum Schluss addiert man die Maßzahlen der Teilflächen und erhält $A = 5{,}6569$.

► $A = A_1 + A_2 + A_3$ ► $A_1 = \sqrt{2}$; $A_2 = 2\cdot\sqrt{2}$; $A_3 = \sqrt{2}$

$$= \sqrt{2} + 2\cdot\sqrt{2} + \sqrt{2}$$
$$= \underline{\underline{5{,}6569}}$$

► Maßzahl der Fläche zwischen $G(f)$ und $G(g)$ in $\left[-\frac{\pi}{4}; \frac{7}{4}\pi\right]$

Beispiel: Entwickeln Sie eine Formel zur Berechnung des Flächeninhaltes einer Ellipse mit den Halbachsen a und b.

Eine Ellipse ist der Graph einer Relation mit der Gleichung $\frac{x^2}{a^2}+\frac{y^2}{b^2}=1$. ► Kusch 3; 1.1.3

Sie setzt sich aus den Graphen von zwei Funktionen f und g zusammen. Die Ellipsenfläche liegt zwischen $G(f)$ und $G(g)$, sodass man die entwickelte Formel anwenden kann: $A=\left|\int\limits_{-a}^{a}[f(x)-g(x)]\,\mathrm{d}x\right|$.

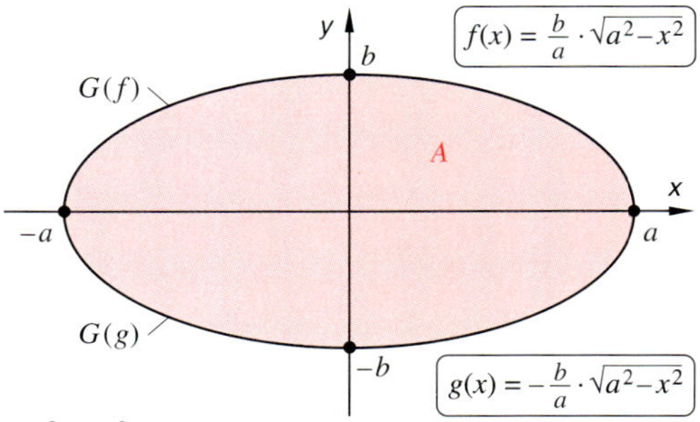

Aus der Relationsgleichung der Ellipse kann man durch Umstellen die Funktionsterme für f und g herleiten, denen die Graphen $G(f)$ und $G(g)$ entsprechen. Die Funktionen f und g haben beide den Definitionsbereich $[-a;a]$ und ihre Graphen schließen im Intervall $[-a;a]$ die Ellipsenfläche ein.

► $\frac{x^2}{a^2}+\frac{y^2}{b^2}=1$

$\Rightarrow y^2=b^2\cdot\left(1-\frac{x^2}{a^2}\right)=\frac{b^2}{a^2}\cdot(a^2-x^2)$

$\Rightarrow y=\pm\frac{b}{a}\cdot\sqrt{a^2-x^2};\, x\in[-a;a]$

► $\underline{f:f(x)=\frac{b}{a}\cdot\sqrt{a^2-x^2};\, D(f)=[-a;a]}$

► $\underline{g:g(x)=-\frac{b}{a}\cdot\sqrt{a^2-x^2};\, D(g)=[-a;a]}$

Dann setzt man die Funktionsterme von f und g in $\int[f(x)-g(x)]\,\mathrm{d}x$ ein und löst das unbestimmte Integral.

► $\int[f(x)-g(x)]\,\mathrm{d}x=?$ ► $f(x)=\frac{b}{a}\cdot\sqrt{a^2-x^2};\, g(x)=-\frac{b}{a}\cdot\sqrt{a^2}$

$$\int[f(x)-g(x)]\,\mathrm{d}x=\int\left[\frac{b}{a}\cdot\sqrt{a^2-x^2}-\left(-\frac{b}{a}\cdot\sqrt{a^2-x^2}\right)\right]$$

$$=\int\left[2\cdot\frac{b}{a}\cdot\sqrt{a^2-x^2}\right]\mathrm{d}x \quad \text{► 2.4.5}$$

$$=2\cdot\frac{b}{a}\cdot\left(\frac{a^2}{2}\cdot\operatorname{Arcsin}\frac{x}{a}+\frac{x}{2}\cdot\sqrt{a^2-x^2}\right)$$

Da die Ellipse achsensymmetrisch zur y-Achse verläuft, wird nur der Inhalt der Fläche zwischen $G(f)$ und $G(g)$ im Intervall $[0;a]$ berechnet und das Ergebnis verdoppelt.

$$\text{►}\ A=\left|\int\limits_{-a}^{a}[f(x)-g(x)]\,\mathrm{d}x\right|$$

$$=2\cdot\left|\int\limits_{0}^{a}[f(x)-g(x)]\,\mathrm{d}x\right|$$

$$=2\cdot2\cdot\frac{b}{a}\cdot\left|\frac{a^2}{2}\cdot\operatorname{Arcsin}\frac{x}{a}+\frac{x}{2}\cdot\sqrt{a^2-x^2}\Big|_0^a\right|$$

$$=4\cdot\frac{b}{a}\cdot\left|\frac{a^2}{2}\cdot\operatorname{Arcsin}1+\frac{a}{2}\cdot0-\left(\frac{a^2}{2}\cdot\operatorname{Arcsin}0-0\right)\right|$$

$$=4\cdot\frac{b}{a}\cdot\left|\frac{a^2}{2}\cdot\operatorname{Arcsin}1\right| \quad \text{► } \operatorname{Arcsin}1=\frac{\pi}{2}$$

$$=4\cdot\frac{b}{a}\cdot\frac{a^2}{2}\cdot\frac{\pi}{2}$$

$$=\underline{\underline{a\cdot b\cdot\pi}}$$

Für die Berechnung des Flächeninhaltes A einer Ellipse mit den Halbachsen a und b gilt die Formel $A=a\cdot b\cdot\pi$.

Beispiel: Berechnen Sie die Maßzahl der Fläche, die die Graphen der Funktionen $f: f(x) = \frac{x^2}{2} - 2$; $D(f) = \mathbb{R}$ und $g: g(x) = \frac{x}{2} + 4$; $D(g) = \mathbb{R}$ einschließen.

Im Gegensatz zu den vorangegangenen Beispielen ist hier das Integrationsintervall nicht vorgegeben. Da die Integrationsgrenzen zur Berechnung der Flächenmaßzahl mit den beiden Schnittstellen der Funktionen f und g übereinstimmen, müssen diese somit zuerst berechnet werden.

Dazu werden die Funktionsterme von f und g gleichgesetzt und die quadratische Gleichung gelöst.

$f(x) = g(x)$ ► $f(x) = \frac{x^2}{2} - 2$; $g(x) = \frac{x}{2} + 4$

$$\frac{x^2}{2} - 2 = \frac{x}{2} + 4 \quad | \cdot 2$$

$$\Rightarrow x^2 - 4 = x + 8$$

$$\Rightarrow x^2 - x - 12 = 0$$

$$\Rightarrow x_{1;2} = \frac{1}{2} \mp \sqrt{\frac{1}{4} + \frac{48}{4}} \Rightarrow x_1 = \underline{-3};\ x_2 = \underline{4}$$

$x_1 = -3$ und $x_2 = 4$ sind die Schnittstellen von f und g, $[-3; 4]$ ist das Integrationsintervall.

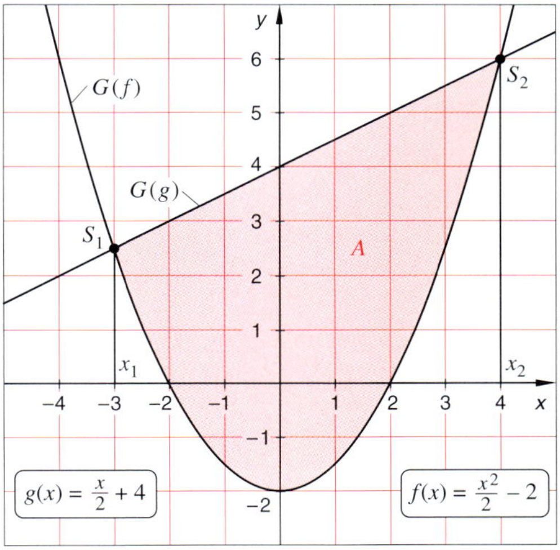

Dann setzt man die Funktionsterme von f und g in $\int [f(x) - g(x)]\,dx$ ein und löst das unbestimmte Integral. ► 2.1

► $\int [f(x) - g(x)]\,dx$ ► $f(x) = \frac{x^2}{2} - 2$; $g(x) = \frac{x}{2} + 4$

$$\int \left(\frac{x^2}{2} - 2 - \frac{x}{2} - 4\right) dx = \int \left(\frac{x^2}{2} - \frac{x}{2} - 6\right) dx$$

$$= \underline{\frac{x^3}{6} - \frac{x^2}{4} - 6x + c}$$

Nach Einsetzen der Integrationsgrenzen erhält man 28,5833 als Maßzahl A der Fläche zwischen $G(f)$ und $G(g)$.

$$► A = \left| \left. \frac{x^3}{6} - \frac{x^2}{4} - 6x \right|_{-3}^{4} \right|$$

$$= \left| \frac{4^3}{6} - \frac{4^2}{4} - 6 \cdot 4 - \left[\frac{(-3)^3}{6} - \frac{(-3)^2}{4} - 6 \cdot (-3) \right] \right|$$

$$= \left| -\frac{343}{12} \right|$$

$= \underline{\underline{28{,}5833}}$ ► Maßzahl der Fläche zwischen $G(f)$ und $G(g)$

• Flächen zwischen einem Graphen und der y-Achse

Bisher war meistens der Inhalt A_x einer Fläche zwischen dem Graphen einer Funktion f und der x-Achse in einem **x-Intervall** $[a\,;b]$ zu bestimmen. In Anwendungen muss aber auch sehr oft der Inhalt $\boldsymbol{A_y}$ einer Fläche zwischen $G(f)$ und der y-Achse in einem **y-Intervall** $[c\,;d]$ berechnet werden.

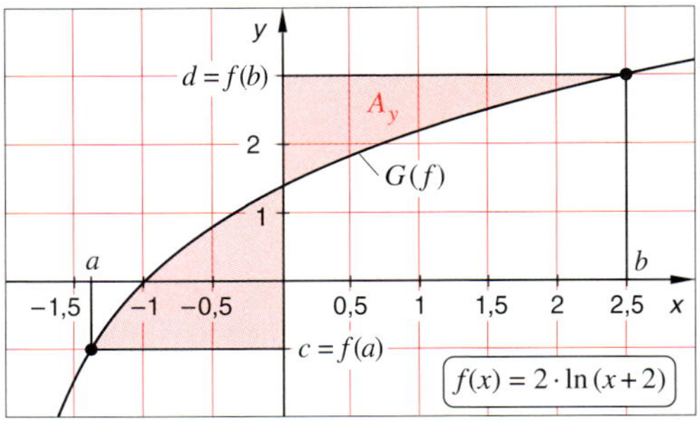

Das ist besonders einfach, wenn eine Funktion f in einem x-Intervall $[a\,;b]$ z. B. streng monoton steigend ist, denn dann besitzt f nämlich eine Umkehrfunktion f^{-1} und f^{-1} ist im Wertebereich $W(f)$ auch streng monoton steigend. Allerdings braucht der Wertebereich $W(f)$ einer streng monotonen Funktion f kein Intervall darzustellen, wie die nebenstehende Abbildung einer unstetigen Funktion f zeigt.

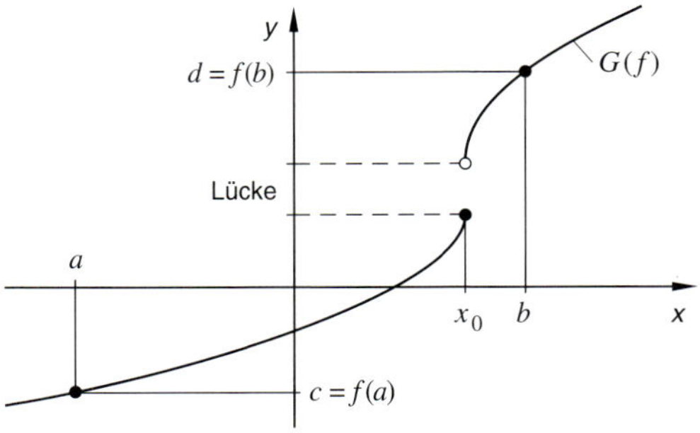

Ist aber eine streng monotone Funktion f in einem x-Intervall $[a\,;b]$ zusätzlich stetig, so befinden sich zwischen $f(a)$ und $f(b)$ keine Lücken (► Zwischenwertsatz, Kusch 3; 1.2.4). Der Wertebereich $W(f)$ ist dann das y-Intervall $[f(a);f(b)]$, falls f in $[a\,;b]$ streng monoton steigend ist oder das y-Intervall $[f(b)\,;f(a)]$, falls f in $[a\,;b]$ streng monoton fallend ist.

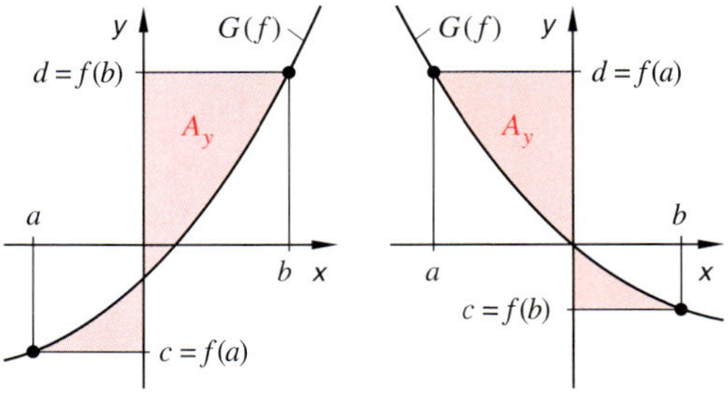

Ist eine Funktion f in einem x-Intervall $[a\,;b]$ differenzierbar und gilt $f'(x) \geq 0$ bzw. $f'(x) \leq 0$ für alle $x \in [a\,;b]$, so ist f dort monoton steigend bzw. monoton fallend (► Kusch 3; 4.2). Gilt allerdings $f'(x) > 0$ bzw. $f'(x) < 0$ für alle $x \in [a\,;b]$, so kann man zeigen, dass f in $[a\,;b]$ streng monoton steigend bzw. streng monoton fallend ist.

- Ist eine Funktion f in einem x-Intervall $[a\,;b]$ streng monoton steigend und stetig, so ist die Umkehrfunktion f^{-1} im y-Intervall $[f(a)\,;f(b)]$ ebenfalls streng monoton steigend und stetig. Also ist f^{-1} in $[f(a)\,;f(b)]$ integrierbar.
- Ist eine Funktion f in einem x-Intervall $[a\,;b]$ streng monoton fallend und stetig, so ist die Umkehrfunktion f^{-1} im y-Intervall $[f(b)\,;f(a)]$ ebenfalls streng monoton fallend und stetig. Also ist f^{-1} in $[f(b)\,;f(a)]$ integrierbar.

Problem: Berechnen Sie für $x \geq 0$ die Maßzahl A_y der Fläche zwischen dem Graphen der Funktion $f: f(x) = \frac{x^2}{4}$; $D(f) = \mathbb{R}$ und der y-Achse in dem y-Intervall $[c\,;d]$, auf welches das x-Intervall $[2\,;4]$ durch f abgebildet wird.

Die Funktion f ist im x-Intervall $[2\,;4]$ streng monoton steigend und stetig.

Für die Lösung dieses Problems ergeben sich drei verschiedene Lösungsmethoden, die nachfolgend entwickelt werden.

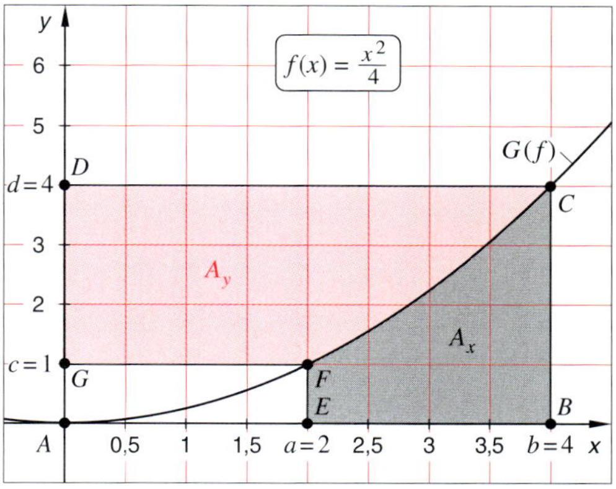

● **Rechteckmethode**

Die Maßzahl A_y lässt sich einmal dadurch berechnen, indem man von der Flächenmaßzahl des Rechtecks $ABCD$ die Flächenmaßzahl des Rechtecks $AEFG$ und die Maßzahl A_x der Fläche zwischen dem Graphen der Funktion f und der x-Achse im x-Intervall $[2\,;4]$ subtrahiert.

Diese Methode der Berechnung von A_y, hier als **Rechteckmethode** bezeichnet, ist in der Regel nur in solch einfach gelagerten Fällen sinnvoll anwendbar.

$A_y = A_{ABCD} - A_{AEFG} - A_x$

► $A_{ABCD} = |\overline{AB}| \cdot |\overline{AD}|$ ► $|\overline{AB}| = b = 4$

$= 4 \cdot 4$ $\quad |\overline{AD}| = d = f(4) = \frac{4^2}{4} = 4$

$= \underline{16}$

► $A_{AEFG} = |\overline{AE}| \cdot |\overline{AG}|$ ► $|\overline{AE}| = a = 2$

$= 2 \cdot 1$ $\quad |\overline{AG}| = c = f(2) = \frac{2^2}{4} = 1$

$= \underline{2}$

► $A_x = \int\limits_2^4 \frac{x^2}{4}\,\mathrm{d}x = \frac{x^3}{12}\Big|_2^4 = \frac{4^3}{12} - \frac{2^3}{12} = \underline{\underline{\frac{14}{3}}}$

► $A_y = A_{ABCD} - A_{AEFG} - A_x$

$= 16 - 2 - \frac{14}{3}$

$= \underline{\underline{\frac{28}{3}}}$ ► Maßzahl der Fläche zwischen $G(f)$ und der y-Achse im y-Intervall $[1\,;4]$

- **Erste Lösungsmethode**

Der Inhalt A_x der Fläche zwischen $G(f)$ und der x-Achse in einem x-Intervall $[a\,;b]$ mit $f(x) \leq 0$ bzw. $f(x) \geq 0$ wird mit der Formel $A_x = \left|\int\limits_a^b f(x)\,\mathrm{d}x\right|$ berechnet und mit $f(x) = y$ gilt also auch $A_x = \left|\int\limits_a^b y\ \mathrm{d}x\right|$.

Analog gilt $A_y = \left|\int\limits_c^d x\,\mathrm{d}y\right|$ für den Inhalt A_y der Fläche, die nur links bzw. nur rechts von der y-Achse zwischen dem Graphen einer streng monotonen und stetigen Funktion f und der y-Achse in einem y-Intervall $[c\,;d]$ liegt.

Wegen $x = f^{-1}(y)$ erhält man im y-Intervall $[c\,;d]$ mit $f^{-1}(y) \leq 0$ bzw. $f^{-1}(y) \geq 0$ auch die Formel $A_y = \left|\int\limits_c^d f^{-1}(y)\,\mathrm{d}y\right|$.

► f^{-1} ist als stetige Funktion integrierbar.

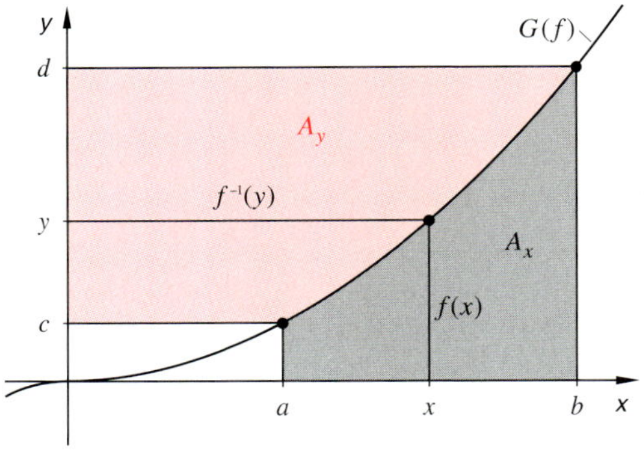

$$A_x = \left|\int\limits_a^b f(x)\,\mathrm{d}x\right| \quad \blacktriangleright\ f(x) = y$$

$$= \left|\int\limits_a^b y\ \mathrm{d}x\right|$$

$$A_y = \left|\int\limits_c^d x\,\mathrm{d}y\right| \quad \blacktriangleright\ x = f^{-1}(y)$$

$$= \underline{\underline{\left|\int\limits_c^d f^{-1}(y)\,\mathrm{d}y\right|}}$$

In $x = f^{-1}(y)$ ist also jetzt y die unabhängige Variable und x die abhängige Variable und der Funktionsgraph $G(f)$ wird nun aus Sicht der y-Achse betrachtet.

Um die Formel für die Funktion $f: f(x) = \frac{x^2}{4}$ nutzen zu können, muss $f^{-1}(y)$ berechnet werden. Für $f(x) = y = \frac{x^2}{4}$ ergibt sich:

$$\frac{x^2}{4} = y \Rightarrow x^2 = 4y$$

$$\Rightarrow x = -2 \cdot \sqrt{y} \text{ oder } x = 2 \cdot \sqrt{y}$$

Wegen $x \in [2;4]$, also $x > 0$, gilt hier:

$x = 2 \cdot \sqrt{y}$ und somit $f^{-1}(y) = 2 \cdot \sqrt{y}; y \in [1;4]$

► $c = f(2) = \frac{2^2}{4} = \underline{1}; d = f(4) = \frac{4^2}{4} = \underline{4}$

Diese Methode zur Berechnung von A_y wird hier als **erste Lösungsmethode** bezeichnet. Ihre Anwendung ist sinnvoll, wenn man f^{-1} leicht bilden kann.

$$A_y = \left|\int\limits_c^d f^{-1}(y)\,\mathrm{d}y\right| \quad \blacktriangleright\ 1 \text{ für } c;\ 4 \text{ für } d;\ f^{-1}(y) = 2 \cdot \sqrt{y}$$

$$= \left|2 \cdot \int\limits_1^4 \sqrt{y}\,\mathrm{d}y\right| \quad \blacktriangleright\ 2.1$$

$$= \left|2 \cdot \frac{2}{3} \cdot \sqrt{y^3}\,\Big|_1^4\right|$$

$$= \left|\frac{4}{3} \cdot \left(\sqrt{4^3} - \sqrt{1^3}\right)\right|$$

$$= \left|\frac{4}{3} \cdot (8 - 1)\right|$$

$$= \underline{\underline{\frac{28}{3}}} \quad \blacktriangleright\ \text{Maßzahl der Fläche zwischen } G(f) \text{ und der } y\text{-Achse im } y\text{-Intervall } [1\,;4]$$

• Zweite Lösungsmethode

Führt man in $A_y = \left| \int\limits_c^d f^{-1}(y)\,\mathrm{d}y \right|$ die Substitution $y = f(x)$ durch, so ergibt sich für eine in $[a;b]$ differenzierbare Funktion $f: \frac{\mathrm{d}y}{\mathrm{d}x} = f'(x) \Rightarrow \mathrm{d}y = f'(x)\cdot \mathrm{d}x$. Bei einer in $[a;b]$ streng monoton steigenden Funktion f ist auch f^{-1} streng monoton steigend und es gilt $f^{-1}(c) = a$ sowie $f^{-1}(d) = b$.

Wegen $f^{-1}(y) = f^{-1}[f(x)] = x$ erhält man mit $\boldsymbol{A_y = \left| \int\limits_a^b [x \cdot f'(x)]\,\mathrm{d}x \right|}$ eine weitere Formel für den Inhalt der Fläche zwischen $G(f)$ und der y-Achse. Voraussetzung ist, dass auch die Ableitungsfunktion f' in $[a;b]$ stetig ist, f in $[a;b]$ also **stetig differenzierbar** ist. Dann ist nämlich die Funktion $g: g(x) = x \cdot f'(x);\ D(g) = D(f')$ in $[a;b]$ stetig und somit dort integrierbar.
Entsprechendes gilt für eine streng monoton fallende Funktion mit $f^{-1}(d) = a$ und $f^{-1}(c) = b$.

Zur Nutzung der Formel muss $f'(x)$ berechnet werden. Für $f(x) = \frac{x^2}{4}$ erhält man:
$f(x) = \frac{x^2}{4} \Rightarrow f'(x) = \frac{1}{4}\cdot 2x = \frac{x}{2}$
Die Funktion f ist in $[2;4]$ stetig differenzierbar.

Diese Methode zur Berechnung von A_y wird hier als **zweite Lösungmethode** bezeichnet. Sie wird angewendet, wenn die Rechteckmethode viel Aufwand erfordert oder wenn die Bildung der Umkehrfunktion schwierig oder gar unmöglich ist.

$$A_y = \left| \int\limits_a^b [x \cdot f'(x)]\,\mathrm{d}x \right| \quad ► \text{ 2 für } a;\ 4 \text{ für } b;\ f'(x) = \frac{x}{2}$$
$$= \left| \int\limits_2^4 \left[x \cdot \frac{x}{2}\right] \mathrm{d}x \right|$$
$$= \left| \frac{1}{2} \cdot \int\limits_2^4 x^2\,\mathrm{d}x \right|$$
$$= \left| \left. \frac{x^3}{6} \right|_2^4 \right|$$
$$= \left| \frac{4^3}{6} - \frac{2^3}{6} \right|$$
$$= \underline{\underline{\frac{28}{3}}} \quad ► \text{ Maßzahl der Fläche zwischen } G(f) \text{ und der } y\text{-Achse im } y\text{-Intervall } [1;4]$$

Merke:

- Ist eine Funktion f in einem x-Intervall $[a;b]$ streng monoton steigend und stetig (► $[c;d] = [f(a);f(b)]$) bzw. streng monoton fallend und stetig (► $[c;d] = [f(b);f(a)]$) und ist $f^{-1}(y) \leq 0$ oder $f^{-1}(y) \geq 0$ für alle $y \in [c;d]$, so gilt für den Inhalt A_y der Fläche zwischen $G(f)$ und der y-Achse im y-Intervall $[c;d]$:

$$\boldsymbol{A_y = \left| \int\limits_c^d f^{-1}(y)\,\mathrm{d}y \right|} \quad ► \text{ erste Lösungsmethode}$$

- Ist eine Funktion f bei gleichen Bedingungen in $[a;b]$ zusätzlich stetig differenzierbar, so gilt:

$$\boldsymbol{A_y = \left| \int\limits_a^b [x \cdot f'(x)]\,\mathrm{d}x \right|} \quad ► \text{ zweite Lösungsmethode}$$

Anmerkungen:

- Die Bedingungen $f^{-1}(y) \leq 0$ bzw. $f^{-1}(y) \geq 0$ für alle $y \in [c\,;d]$ bedeuten, dass der Graph der Funktion f links bzw. rechts von der y-Achse verläuft.
- Schneidet $G(f)$ die y-Achse im y-Intervall $(c\,;d)$, so ist wie im Abschnitt „Flächen zwischen Graph und x-Achse mit Nullstellen im Integrationsintervall“ zu verfahren.
- Die Formeln sind auch anwendbar, wenn eine Relation vorliegt, die aus Sicht der y-Achse im y-Intervall $[c\,;d]$ abschnittsweise monoton ist. Sie sind dann abschnittsweise in den einzelnen Monotonieintervallen von f^{-1} anzuwenden.

Beispiel: Berechnen Sie für $x \leq 0$ die Maßzahl der Fläche zwischen dem Graphen der Funktion $f: f(x) = x^2 - 4\,;\, D(f) = \mathbb{R}$ und der y-Achse in dem y-Intervall, auf welches das x-Intervall $[-3\,;-1]$ durch f abgebildet wird, mit der ersten und zweiten Lösungsmethode.

Für $x \leq 0$ ist der Graph der Funktion f der linke Ast einer nach oben geöffneten Parabel. Die Funktion f ist in $[-3\,;-1]$ streng monoton fallend und besitzt somit dort eine Umkehrfunktion. Da f als ganze rationale Funktion außerdem in $\mathbb{R}$ und somit auch in jedem Teilintervall von $\mathbb{R}$ stetig differenzierbar ist, liegen die Voraussetzungen für beide Lösungsmethoden vor.

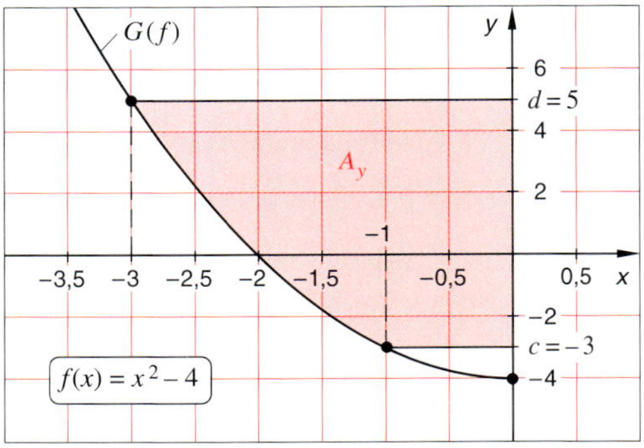

- **Erste Lösungsmethode**

Zur Anwendung von $A_y = \left|\int_c^d f^{-1}(y)\,dy\right|$ berechnet man zunächst $f^{-1}(y)$ aus $y = f(x)$:

$f(x) = y = x^2 - 4$

$\Rightarrow x^2 = y + 4$

$\Rightarrow x = -\sqrt{y+4}$ oder $x = \sqrt{y+4}$

Wegen $x \leq 0$ gilt hier:

$x = f^{-1}(y) = -\sqrt{y+4}$ mit $D(f^{-1}) = \mathbb{R}^{\geq -4}$

$$A_y = \left|\int_c^d f^{-1}(y)\,dy\right| \quad \blacktriangleright\ c = f(-1) = -3;\ d = f(-3) = 5$$
$$f^{-1}(y) = -\sqrt{y+4}$$
$$= \left|\int_{-3}^{5} (-\sqrt{y+4})\,dy\right| \quad \blacktriangleright\ -\sqrt{y+4} = -(y+4)^{\frac{1}{2}} \text{ für } y \geq$$
$$= \left|-\int_{-3}^{5} (y+4)^{\frac{1}{2}}\,dy\right| \quad \blacktriangleright\ 2.4.1$$
$$= \left|-\frac{2}{3}\cdot\sqrt{(y+4)^3}\,\Big|_{-3}^{5}\right|$$
$$= \left|-\frac{2}{3}\cdot\sqrt{(5+4)^3} - \left[-\frac{2}{3}\cdot\sqrt{(-3+4)^3}\right]\right|$$
$$= \left|-18 + \frac{2}{3}\right|$$
$$= \left|-\frac{52}{3}\right|$$
$$= \underline{\underline{17{,}3333}} \quad \blacktriangleright\ \text{Maßzahl im } y\text{-Intervall } [-3\,;5]$$

Nach Einsetzen in die Formel und Integration in den Grenzen -3 bis 5 erhält man die Flächenmaßzahl 17,3333.

• Zweite Lösungsmethode

Um die Formel $A_y = \left| \int_a^b [x \cdot f'(x)]\,\mathrm{d}x \right|$ anwenden zu können, benötigt man die erste Ableitung der Funktion f:

$f(x) = x^2 - 4 \Rightarrow f'(x) = 2x$

$$A_y = \left| \int_a^b [x \cdot f'(x)]\,\mathrm{d}x \right| \quad \blacktriangleright\ -3 \text{ für } a;\ -1 \text{ für } b;\ f'(x) = 2x$$

$$= \left| \int_{-3}^{-1} [x \cdot 2x]\,\mathrm{d}x \right|$$

$$= \left| 2 \cdot \int_{-3}^{-1} x^2\,\mathrm{d}x \right|$$

$$= \left| 2 \cdot \frac{1}{3} \cdot x^3 \Big|_{-3}^{-1} \right|$$

$$= \left| \frac{2}{3} \cdot (-1)^3 - \left[\frac{2}{3} \cdot (-3)^3\right] \right|$$

$$= \left| -\frac{2}{3} + 18 \right|$$

$$= \left| -\frac{52}{3} \right|$$

$$= \underline{\underline{17{,}3333}} \quad \blacktriangleright \text{ Maßzahl im } y\text{-Intervall } [-3;5]$$

Nach Integration in den Grenzen -3 bis -1 erhält auch hier die Flächenmaßzahl 17,3333.

Beispiel: Berechnen Sie die Maßzahl der Fläche zwischen dem Graphen der Funktion $f: f(x) = 2 \cdot \ln(x+2)$; $D(f) = \mathbb{R}^{>-2}$ und der y-Achse im y-Intervall $[-1; 3]$ mit der ersten Lösungsmethode.

Die Funktion f ist streng monoton steigend. Ihr Graph schneidet die y-Achse im Punkt $P\langle 0 \,|\, f(0) \rangle$ und es gilt:

$f(0) = 2 \cdot \ln(0+2) = 2 \cdot \ln 2 = \ln 2^2 = \ln 4$

Durch den Schnittpunkt $P\langle 0 \,|\, \ln 4 \rangle$ ergeben sich zwei Teilflächen, sodass A_y durch Berechnung der Maßzahlen $A_{y;1}$ und $A_{y;2}$ und anschließende Addition ermittelt werden muss.

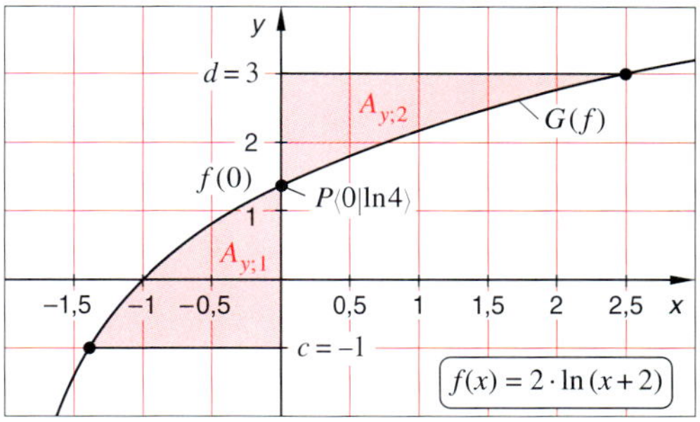

Da hier f^{-1} leicht zu bestimmen ist, verwendet man zur Berechnung von $A_{y;1}$ und $A_{y;2}$ die Formel der ersten Lösungsmethode, und zwar: $A_y = \left| \int_c^d f^{-1}(y)\,\mathrm{d}y \right|$.

Für $f^{-1}(y)$ erhält man dann:

$y = 2 \cdot \ln(x+2)$

$\Rightarrow 0{,}5\,y = \ln(x+2)$

$\Rightarrow \mathrm{e}^{0{,}5\,y} = x + 2$

$\Rightarrow x = f^{-1}(y) = \underline{\mathrm{e}^{0{,}5\,y} - 2;\ y \in \mathbb{R}}$

$$\blacktriangleright\ A_{y;1} = \left| \int_c^d f^{-1}(y)\,\mathrm{d}y \right| \quad \blacktriangleright\ f^{-1}(y) = \mathrm{e}^{0{,}5\,y} - 2$$

$$= \left| \int_c^d [\mathrm{e}^{0{,}5\,y} - 2]\,\mathrm{d}y \right| \quad \blacktriangleright\ -1 \text{ für } c;\ \ln 4 \text{ für } d$$

$$= \left| \int_{-1}^{\ln 4} [\mathrm{e}^{0{,}5\,y} - 2]\,\mathrm{d}y \right| \quad \blacktriangleright\ 2.4.1$$

$$= \left| 2 \cdot \mathrm{e}^{0{,}5\,y} - 2y \Big|_{-1}^{\ln 4} \right|$$

$$= \left| 2 \cdot \mathrm{e}^{0{,}5 \cdot \ln 4} - 2 \cdot \ln 4 - [2 \cdot \mathrm{e}^{0{,}5 \cdot (-1)} - 2 \cdot (-1)] \right|$$

$$= \underline{1{,}98565} \quad \blacktriangleright \text{ Maßzahl im } y\text{-Intervall } [-1; \ln 4]$$

Die Integration im y-Intervall $[-1; \ln 4]$ ergibt 1,98565 als Flächenmaßzahl $A_{y;1}$.

Integriert man im y-Intervall $[\ln 4; 3]$, so erhält man 1,73597 als Flächenmaßzahl $A_{y;\,2}$.

$$\blacktriangleright\ A_{y;\,2} = \left|\int_c^d [e^{0{,}5y} - 2]\,dy\right| \quad \blacktriangleright\ \ln 4 \text{ für } c;\ 3 \text{ für } d$$

$$= \left|2 \cdot e^{0{,}5y} - 2y\,\Big|_{\ln 4}^{3}\right|$$

$$= \left|2 \cdot e^{0{,}5\cdot 3} - 2 \cdot 3 - [2 \cdot e^{0{,}5\cdot\ln 4} - 2 \cdot \ln 4]\right|$$

$$= \underline{1{,}73597} \quad \blacktriangleright\ \text{Maßzahl im } y\text{-Intervall } [\ln 4; 3]$$

Addiert man die Maßzahlen $A_{y;\,1}$ und $A_{y;\,2}$, so ergibt sich 3,72162 als Maßzahl A_y der Gesamtfläche.

$$\blacktriangleright\ A_y = A_{y;\,1} + A_{y;\,2}$$

$$= 1{,}98565 + 1{,}73597$$

$$= \underline{\underline{3{,}72162}} \quad \blacktriangleright\ \text{Maßzahl im } y\text{-Intervall } [-1; 3]$$

Beispiel: Berechnen Sie die Maßzahl der Fläche zwischen dem Graphen der Funktion $f: f(x) = \frac{x^3}{3} - \frac{x^2}{2} - 2x;\ D(f) = \mathbb{R}$ und der y-Achse in dem y-Intervall, auf welches das x-Intervall $[-1; 2]$ durch f abgebildet wird.

Die Funktion f ist im x-Intervall $[-1; 2]$ streng monoton fallend. Ihr Graph schneidet die y-Achse im Punkt $P\langle 0\,|\,f(0)\rangle$ und an der Stelle $x_0 = 0$ gilt:

$$f(0) = \frac{0^3}{3} - \frac{0^2}{2} - 2 \cdot 0 = 0$$

Durch den Schnittpunkt $P\langle 0\,|\,0\rangle$ ergeben sich zwei Teilflächen, sodass A_y durch Berechnung der Flächenmaßzahlen $A_{y;\,1}$ und $A_{y;\,2}$ sowie anschließende Addition ermittelt werden muss.

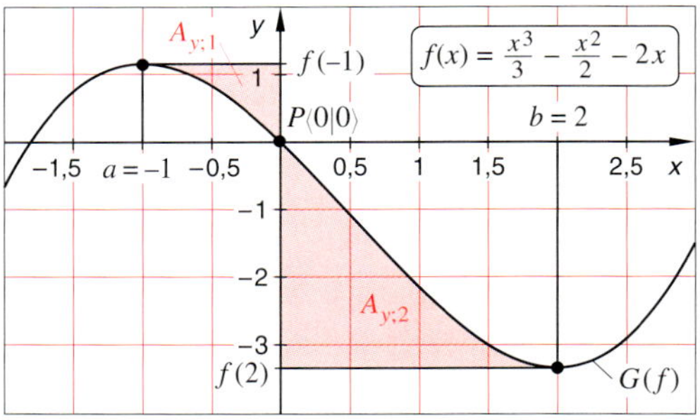

Das y-Intervall zur linken Teilfläche lautet $[0; f(-1)]$ mit $f(-1) = \frac{7}{6}$, das y-Intervall zur rechten Teilfläche heißt $[f(2); 0]$ mit $f(2) = -\frac{10}{3}$.

Zur Berechnung von $A_{y;\,1}$ und $A_{y;\,2}$ verwendet man die Formel der zweiten Lösungsmethode also: $A_y = \left|\int_a^b [x \cdot f'(x)]\,dx\right|$, denn f ist als ganze rationale Funktion in $\mathbb{R}$ stetig differenzierbar.

Integriert man im x-Intervall $[-1; 0]$, so erhält man $\frac{5}{12}$ als Flächenmaßzahl $A_{y;\,1}$.

$$\blacktriangleright\ A_{y;1} = \left|\int_a^b [x \cdot f'(x)]\,dx\right| \quad \blacktriangleright\ f(x) = \frac{x^3}{3} - \frac{x^2}{2} - 2x$$

$$\Rightarrow f'(x) = x^2 - x - 2$$

$$= \left|\int_a^b [x \cdot (x^2 - x - 2)]\,dx\right| \quad \blacktriangleright\ -1 \text{ für } a;\ 0 \text{ für } b$$

$$= \left|\int_{-1}^{0} [x^3 - x^2 - 2x]\,dx\right|$$

$$= \left|\frac{1}{4} \cdot x^4 - \frac{1}{3} \cdot x^3 - x^2\,\Big|_{-1}^{0}\right|$$

$$= \left|0 - \left(\frac{1}{4} \cdot (-1)^4 - \frac{1}{3} \cdot (-1)^3 - (-1)^2\right)\right|$$

$$= \underline{\frac{5}{12}} \quad \blacktriangleright\ \text{Flächenmaßzahl im } y\text{-Intervall } \left[0; \frac{7}{6}\right]$$

Integriert man im x-Intervall $[0;2]$, so erhält man $\frac{8}{3}$ als Flächenmaßzahl $A_{y;\,2}$.

$$\blacktriangleright\ A_{y;\,2} = \left|\int\limits_a^b [x\cdot f'(x)]\,\mathrm{d}x\right| \quad \blacktriangleright\ f'(x) = x^2 - x - 2$$

$$= \left|\int\limits_a^b [x\cdot(x^2 - x - 2)]\,\mathrm{d}x\right| \quad \blacktriangleright\ 0 \text{ für } a;\ 2 \text{ für } b$$

$$= \left|\int\limits_0^2 [x^3 - x^2 - 2x]\,\mathrm{d}x\right|$$

$$= \left|\left.\frac{1}{4}\cdot x^4 - \frac{1}{3}\cdot x^3 - x^2\right|_0^2\right|$$

$$= \left|\frac{1}{4}\cdot 2^4 - \frac{1}{3}\cdot 2^3 - 2^2 - 0\right|$$

$$= \underline{\frac{8}{3}} \quad \blacktriangleright\ \text{Flächenmaßzahl im } y\text{-Intervall } \left[-\frac{10}{3};0\right]$$

Bei Anwendung der ersten Lösungsmethode würde man für das Monotonieintervall $[-1;2]$ eine komplizierte Umkehrfunktion f^{-1} und damit ein schwieriges Integral erhalten: $y = \frac{x^3}{3} - \frac{x^2}{2} - 2x$

$$\Rightarrow x = \frac{1}{2} - 3\cdot\sin\left[\frac{1}{3}\cdot\mathrm{Arcsin}\frac{12y+13}{27}\right].$$

► Cardanische Formeln

Man hätte bei diesem Beispiel auch die Rechteckmethode anwenden können.

Addiert man die Maßzahlen $A_{y;\,1}$ und $A_{y;\,2}$, so erhält man $\frac{37}{12}$ als Maßzahl A_y der Gesamtfläche.

$$\blacktriangleright\ A_y = A_{y;\,1} + A_{y;\,2}$$

$$= \frac{5}{12} + \frac{8}{3}$$

$$= \underline{\underline{\frac{37}{12}}} \quad \blacktriangleright\ \text{Flächenmaßzahl im } y\text{-Intervall } \left[-\frac{10}{3};\frac{7}{6}\right]$$

Flächeninhalte – Kurven in Parameterdarstellung

Lassen sich alle Koordinaten $\langle x\,|\,y\rangle$ von Punkten $P\langle x\,|\,y\rangle$ einer **ebenen Punktmenge** durch ein System von zwei Gleichungen $\begin{cases} x = f_1(t) \\ y = f_2(t) \end{cases}$ mit in $D(f_1)\cap D(f_2)$ stetigen Funktionen f_1 und f_2 beschreiben, so bezeichnet man die Variable t als **Parameter** und das System als **Parameterdarstellung** dieser ebenen Punktmenge. Eine solche Punktmenge heißt auch **Kurve**.

► Kusch 3; 2.3.4

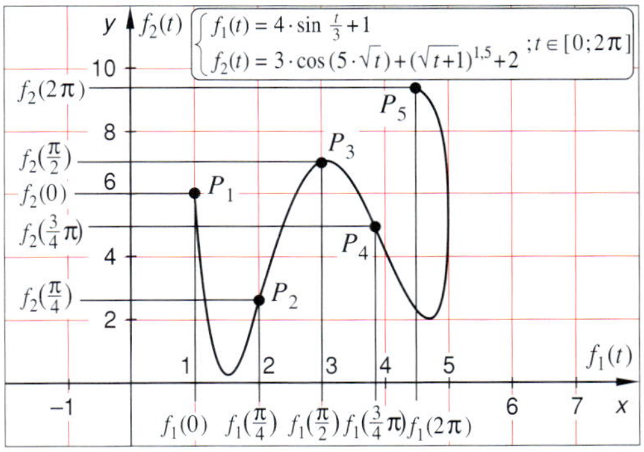

Um eine solche Kurve zu zeichnen, stellt man eine Wertetabelle mit $t\in D(f_1)\cap D(f_2)$ als unabhängiger Variablen auf und berechnet zu jedem t-Wert die Werte für $x = f_1(t)$ und $y = f_2(t)$.

Auch der Graph einer stetigen Funktion f ist eine Kurve. Besitzt f in einem Intervall $[a;b]$ nämlich die Funktionsgleichung $y = f(x)$, so ist zum Beispiel $\begin{cases} x = t \\ y = f(t) \end{cases};\ t\in[a;b]$ mit $f_1(t) = t$ und $f_2(t) = f(t)$ eine Parameterdarstellung von f.

Aber auch jede Parameterdarstellung der Form $\begin{cases} x = f_1(t) \\ y = f[f_1(t)] \end{cases};\ t\in D(f_1)$ stellt in einem geeigneten Parameterintervall $[t_1;t_2]\subseteq D(f_1)$ den gleichen Graphen von f dar, wenn das t-Intervall $[t_1;t_2]$ durch f_1 auf das x-Intervall $[a;b]$ abgebildet wird und die Funktion f_1 in $[t_1;t_2]$ streng monoton ist, denn dann wird jede Stelle x_0 im Intervall $[a;b]$ durch f_1 genau einmal erfasst.

Die Funktion $f: f(x) = \sqrt{9x^2 - x^4}$ mit $D(f) = [-3; 3]$ hat z. B. die Parameterdarstellung: $\begin{cases} f_1(t) = t \\ f_2(t) = \sqrt{9t^2 - t^4}\,;\ t \in [-3; 3] \end{cases}$

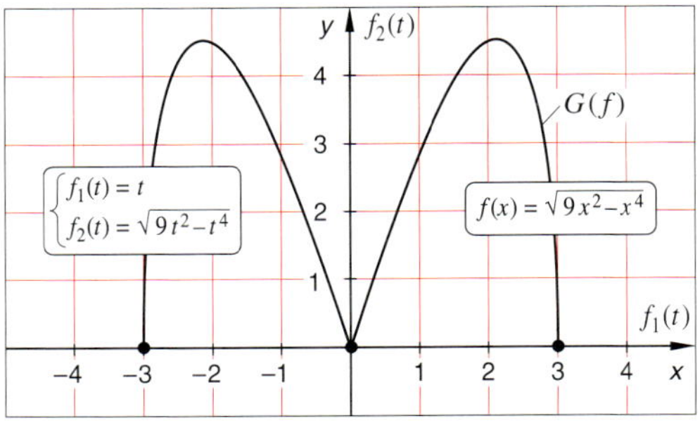

Durch $\begin{cases} f_1(t) = 3 \cdot \sin t \\ f_2(t) = 9 \cdot |\sin t \cdot \cos t| \end{cases};\ t \in \mathbb{R}$ ist die Parameterdarstellung einer Kurve gegeben, die im t-Intervall $\left[-\frac{\pi}{2}; \frac{\pi}{2}\right]$ ebenfalls den Graphen der Funktion f darstellt. Es ist nämlich $f_2(t) = f[f_1(t)]$ und die Funktion $f_1: f_1(t) = 3 \cdot \sin t;\ D(f_1) = \mathbb{R}$ ist in $\left[-\frac{\pi}{2}; \frac{\pi}{2}\right]$ streng monoton steigend und das t-Intervall $\left[-\frac{\pi}{2}; \frac{\pi}{2}\right]$ wird durch f_1 auf das x-Intervall $[-3; 3]$ abgebildet.

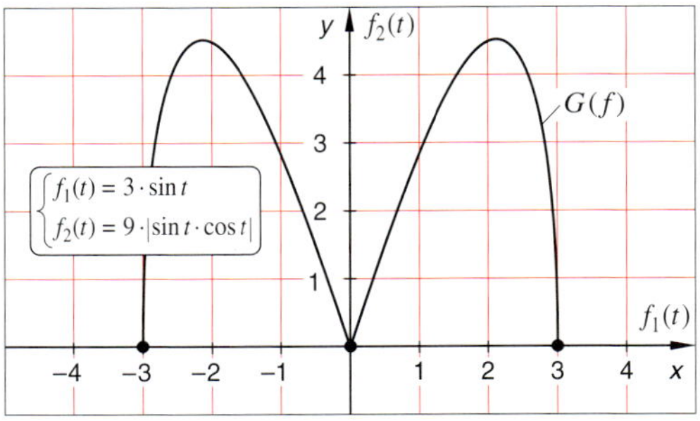

Ist eine Funktion f darüber hinaus in einem x-Intervall $[a; b]$ streng monoton steigend, so besitzt sie dort eine stetige Umkehrfunktion f^{-1} mit der Funktionsgleichung $x = f^{-1}(y);\ y \in [f(a); f(b)]$. Dann hat die Umkehrfunktion f^{-1} z. B. die Parameterdarstellung $\begin{cases} x = f^{-1}(t) \\ y = t \end{cases};\ t \in [f(a); f(b)]$ mit $f_1(t) = f^{-1}(t)$ und $f_2(t) = t$.

Aber auch jede Parameterdarstellung der Form $\begin{cases} x = f^{-1}[f_2(t)] \\ y = f_2(t) \end{cases};\ t \in D(f_2)$ stellt in einem geeigneten Parameterintervall $[t_1; t_2] \subseteq D(f_2)$ den gleichen Graphen von f^{-1} dar, wenn die Funktion f_2 in $[t_1; t_2]$ streng monoton steigend ist und das t-Intervall $[t_1; t_2]$ durch f_2 auf das y-Intervall $[f(a); f(b)]$ abgebildet wird. Entsprechendes gilt, wenn die Funktion f in $[a; b]$ streng monoton fallend ist.

So ist z. B. $f: f(x) = 2 \cdot \sqrt{4 - x^2}$ mit $D(f) = [-2; 2]$ im x-Intervall $[0; 2]$ streng monoton fallend und hat dort die Umkehrfunktion mit der Funktionsgleichung $x = f^{-1}(y) = 0{,}5 \cdot \sqrt{16 - y^2};\ y \in [0; 4]$.

Durch $\begin{cases} f_1(t) = 0{,}5 \cdot \sqrt{16 - t^2} \\ f_2(t) = t \end{cases};\ t \in [0; 4]$ wird somit der Graph von f^{-1} dargestellt.

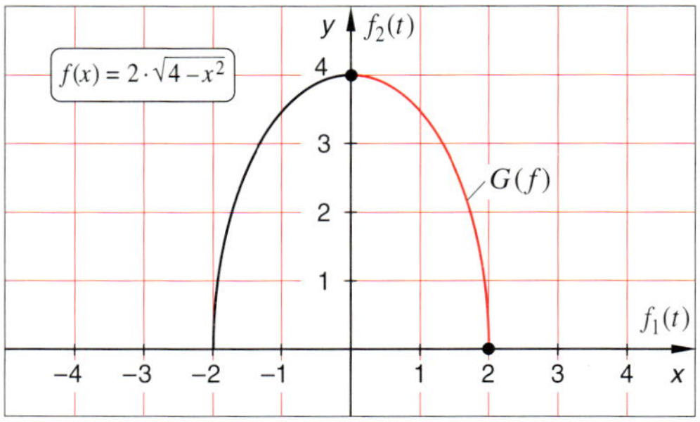

Durch $\begin{cases} f_1(t) = 2 \cdot \cos t \\ f_2(t) = 4 \cdot \sin t \end{cases}$; $t \in \mathbb{R}$ ist die Parameterdarstellung einer Kurve gegeben, die im t-Intervall $\left[0; \frac{\pi}{2}\right]$ ebenfalls den Graphen der Funktion f^{-1} darstellt. Es ist nämlich $f_1(t) = f^{-1}[f_2(t)]$ und die Funktion $f_2: f_2(t) = 4 \cdot \sin t; D(f_2) = \mathbb{R}$ ist in $\left[0; \frac{\pi}{2}\right]$ streng monoton steigend und das t-Intervall $\left[0; \frac{\pi}{2}\right]$ wird durch f_2 auf das y-Intervall $[0; 4]$ abgebildet.

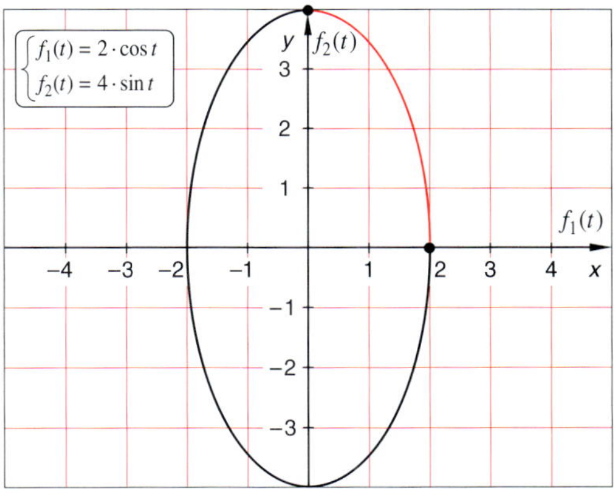

Es gibt aber auch Kurven, die nicht Graphen von stetigen Funktionen sind, bei denen z. B. in einem t-Intervall $[t_1; t_2]$ der Anfangspunkt $P_1\langle f_1(t_1) | f_2(t_1)\rangle$ mit dem Endpunkt $P_2\langle f_1(t_2) | f_2(t_2)\rangle$ der Kurve zusammenfällt. Solche Kurven heißen **geschlossene Kurven**. Bei einer geschlossenen Kurve ist es möglich, dass entsprechend dem angegebenen t-Intervall $[t_1; t_2]$ die Punkte der Kurve mehrfach durchlaufen werden.

So wird zum Beispiel bei der abgebildeten Kreislinie im Intervall $[0; 2\pi]$ den beiden t-Werten 0 und 2π derselbe Punkt $P\langle 3 | 0\rangle$ zugeordnet, nämlich als Anfangspunkt und Endpunkt der Kreislinie. Im Intervall $[0; 4\pi]$ wird drei t-Werten 0, 2π und 4π derselbe Punkt $P\langle 3 | 0\rangle$ zugeordnet, d. h. alle Punkte der Kreislinie werden jetzt zweimal durchlaufen und der Punkt $P\langle 3 | 0\rangle$ dreimal.

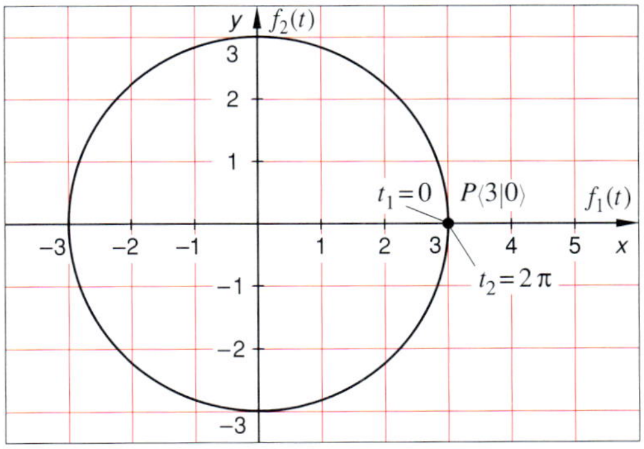

$\begin{cases} f_1(t) = 3 \cdot \cos t \\ f_2(t) = 3 \cdot \sin t \end{cases}$; $t \in [0; 2\pi]$

Bei der abgebildeten Kleeblattkurve werden z. B. im Intervall $[0; 2\pi]$ alle Kurvenpunkte bis auf den Punkt $P\langle 0 | 0\rangle$ nur einmal durchlaufen, der Punkt $P\langle 0 | 0\rangle$ jedoch fünfmal, nämlich bei den t-Werten 0 (Anfangspunkt), $\frac{\pi}{2}$, π, $\frac{3}{2}\pi$ und 2π (Endpunkt).

Kurvenpunkte dieser Art bezeichnet man auch als **Doppelpunkt**, **Dreifachpunkt**, **Vierfachpunkt**, usw.

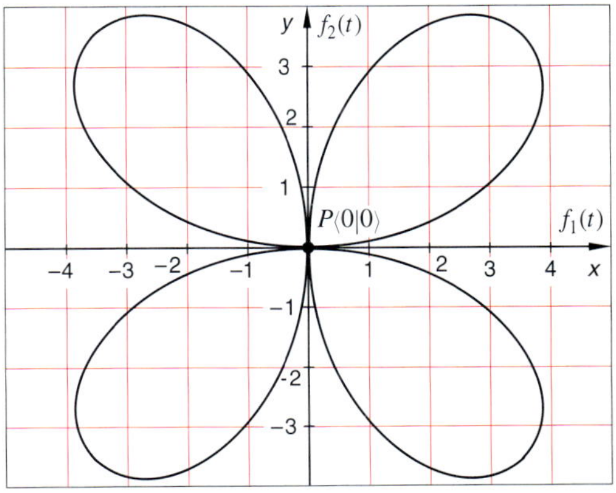

$\begin{cases} f_1(t) = 10 \cdot \sin t \cdot \cos^2 t \\ f_2(t) = 10 \cdot \sin^2 t \cdot \cos t \end{cases}$; $t \in [0; 2\pi]$

Bei Berechnungen von z. B. Flächeninhalten, Bogenlängen oder Rauminhalten im Zusammenhang mit Kurven müssen die Parameterintervalle so gewählt werden, dass die Punkte einer geschlossenen Kurve mit Ausnahme nur eines Punktes einmal durchlaufen werden.

Ist eine Kurve in einem Parameterintervall $[t_1; t_2]$ nicht geschlossen, fallen also der Anfangspunkt $P_1\langle f_1(t_1)|f_2(t_1)\rangle$ und der Endpunkt $P_2\langle f_1(t_2)|f_2(t_2)\rangle$ einer Kurve nicht zusammen, so können auch dann die Kurvenpunkte P_3 und P_4 mehrfach durchlaufen werden.

In diesem Buch werden nur solche nicht geschlossenen Kurven betrachtet, die **schnittpunktsfrei** sind, bei denen also jeder Kurvenpunkt nur einmal durchlaufen wird. Die nebenstehenden Abbildungen zeigen solche Kurven, die nicht schnittpunktsfrei sind.

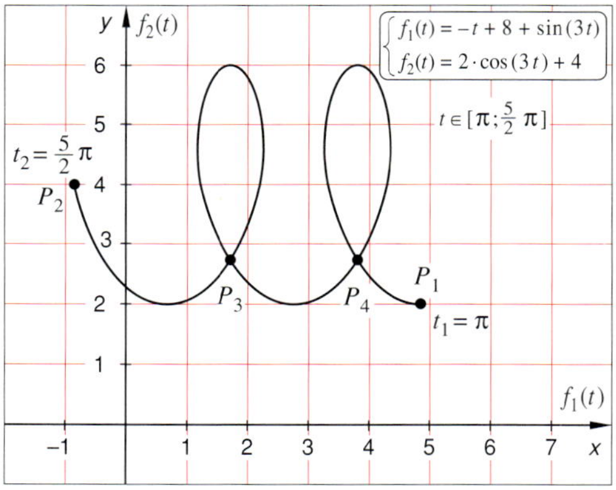

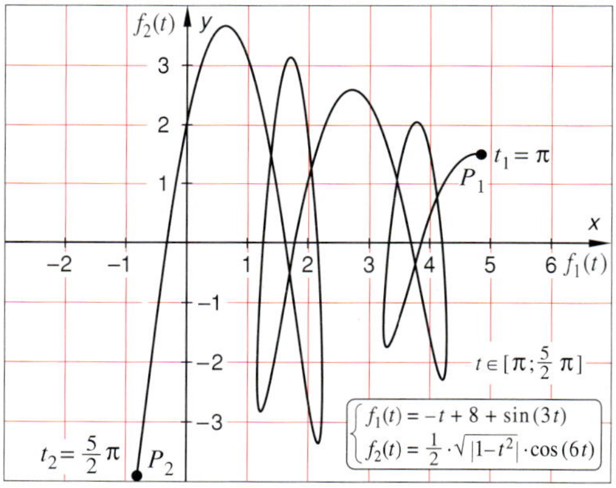

• Flächen zwischen einer Kurve und der x-Achse

Problem: Berechnen Sie die Maßzahl A_x der Fläche zwischen dem Graphen der Funktion $f: f(x) = \sqrt{9x^2 - x^4}$; $D(f) = [-3; 3]$ und der x-Achse im Intervall $[0; 3]$.

Da f in $[0; 3]$ stetig und somit dort integrierbar ist, kann zur Berechnung von A_x die Formel $A_x = \left|\int_a^b f(x)\,dx\right|$ benutzt werden.

Hierin setzt man 0 für a, 3 für b und $f(x) = \sqrt{9x^2 - x^4}$.

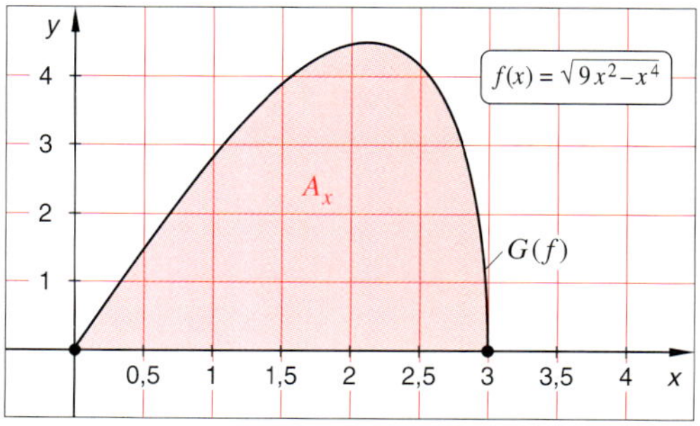

Im Integral $\left|\int\limits_0^3 \sqrt{9x^2 - x^4}\,\mathrm{d}x\right|$ substituiert man zweckmäßigerweise $x = f_1(t) = 3 \cdot \sin t$ und erhält damit dann:

► $x = 0 \Rightarrow 0 = 3 \cdot \sin t \Rightarrow t_1 = 0$

$x = 3 \Rightarrow 3 = 3 \cdot \sin t \Rightarrow t_2 = \dfrac{\pi}{2}$

► $y = f(x) = f(f_1(t)) = \sqrt{9 \cdot (3 \cdot \sin t)^2 - (3 \cdot \sin t)^4}$

$= \sqrt{81 \cdot \sin^2 t - 81 \cdot \sin^4 t}$

$= 9 \cdot \sqrt{\sin^2 t - \sin^4 t}$

$= 9 \cdot \sqrt{\sin^2 t \cdot (1 - \sin^2 t)}$

$= 9 \cdot \sqrt{\sin^2 t \cdot \cos^2 t}$

$= 9 \cdot \sin t \cdot \cos t$ ► $t \in \left[0; \dfrac{\pi}{2}\right]$

► $x = f_1(t) = 3 \cdot \sin t$

$\Rightarrow \dfrac{\mathrm{d}x}{\mathrm{d}t} = \dot{f}_1(t) = 3 \cdot \cos t \Rightarrow \mathrm{d}x = 3 \cdot \cos t \cdot \mathrm{d}t$

$A_x = \left|\int\limits_a^b f(x)\,\mathrm{d}x\right|$ ► 0 für a, 3 für b; $f(x) = \sqrt{9x^2 - x^4}$

$= \left|\int\limits_0^3 \sqrt{9x^2 - x^4}\,\mathrm{d}x\right|$

$= \left|\int\limits_0^{\frac{\pi}{2}} [9 \cdot \sin t \cdot \cos t \cdot 3 \cdot \cos t]\mathrm{d}t\right|$

$= \left|27 \cdot \int\limits_0^{\frac{\pi}{2}} [\sin t \cdot \cos^2 t]\,\mathrm{d}t\right|$ ► 2.4.3

$= \left|27 \cdot \left[-\dfrac{1}{3} \cdot \cos^3 t\right]_0^{\frac{\pi}{2}}\right|$

$= \left|-9 \cdot \left[\cos^3 \dfrac{\pi}{2} - \cos^3 0\right]\right|$ ► $\cos^3 \dfrac{\pi}{2} = 0$; $\cos^3 0 = 1$

$= |-9 \cdot [0 - 1]|$

$= \underline{\underline{9}}$

Durch die Substitution $x = f_1(t) = 3 \cdot \sin t$ erhält man $y = f(x) = f[f_1(t)] = f_2(t) = 9 \cdot \sin t \cdot \cos t$ und somit also die Parameterdarstellung $\begin{cases} f_1(t) = 3 \cdot \sin t \\ f_2(t) = 9 \cdot \sin t \cdot \cos t \end{cases}$; $t \in \mathbb{R}$ einer Kurve, die im t-Intervall $\left[0; \dfrac{\pi}{2}\right]$ auch der Graph der stetigen Funktion f ist.

Setzt man in $A_x = \left|\int\limits_a^b f(x)\,\mathrm{d}x\right| = \left|\int\limits_0^3 \sqrt{9x^2 - x^4}\,\mathrm{d}x\right| = \left|\int\limits_0^{\frac{\pi}{2}} [9 \cdot \sin t \cdot \cos t \cdot 3 \cdot \cos t]\,\mathrm{d}t\right|$, dann t_1 für 0; t_2 für $\frac{\pi}{2}$; $f_2(t)$ für $9 \cdot \sin t \cdot \cos t$ und $\dot{f}_1(t)$ für $3 \cdot \cos t$, so gewinnt man eine Formel für die Berechnung des Flächeninhaltes zwischen einer in Parameterdarstellung gegebenen Kurve und der x-Achse.

$$\Rightarrow A_x = \left|\int\limits_{t_1}^{t_2} \left(f[f_1(t)] \cdot \dot{f}_1(t)\right)\mathrm{d}t\right| = \left|\int\limits_{t_1}^{t_2} [f_2(t) \cdot \dot{f}_1(t)]\,\mathrm{d}t\right| = \underline{\underline{\left|\int\limits_{t_1}^{t_2} [\dot{f}_1(t) \cdot f_2(t)]\,\mathrm{d}t\right|}}$$

Die beim letzten Problem erhaltene Formel $A_x = \left|\int\limits_{t_1}^{t_2} [\dot{f}_1(t) \cdot f_2(t)]\,\mathrm{d}t\right|$ gilt für jede Kurve in Parameterdarstellung, die in einem t-Intervall $[t_1; t_2]$ Graph einer stetigen Funktion ist.

Das ist zum Beispiel der Fall für die Kurve $\begin{cases} f_1(t) = -t + 8 + \sin(3t) \\ f_2(t) = 4 \cdot \cos t + 4 \end{cases}$; $t \in \mathbb{R}$, hier dargestellt im t-Intervall $\left[\dfrac{\pi}{6}; \dfrac{\pi}{3}\right]$.

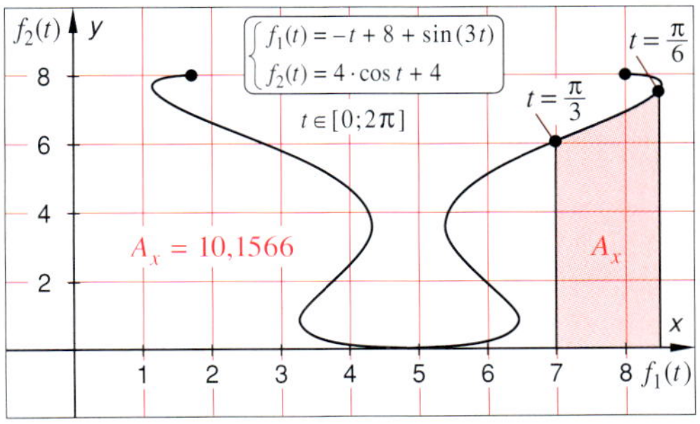

► Die Kurve ist im t-Intervall $\left[\dfrac{\pi}{6}; \dfrac{\pi}{3}\right]$ Graph einer stetigen Funktion.

Die Funktion $f_1 : f_1(t) = -t + 8 + \sin(3t)$ mit $D(f_1) = \mathbb{R}$ ist hier im t-Intervall $\left[\frac{\pi}{6}; \frac{\pi}{3}\right]$ streng monoton fallend.

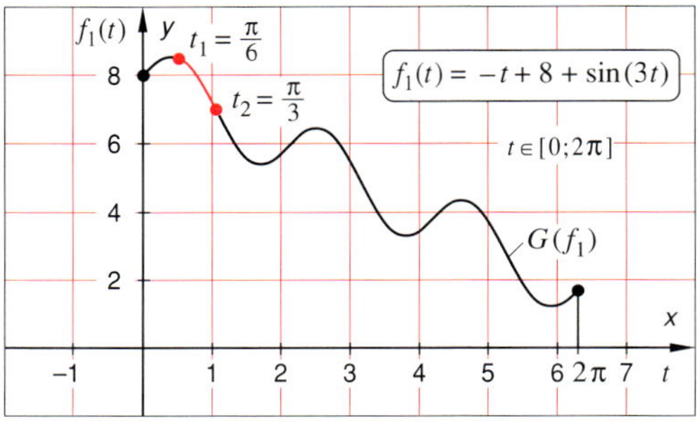

► f_1 ist im t-Intervall $\left[\frac{\pi}{6}; \frac{\pi}{3}\right]$ streng monoton fallend.

Da man der Parameterdarstellung einer Kurve in der Regel nicht ansehen kann, ob es sich um den Graphen einer stetigen Funktion handelt, muss man in Anwendungen prüfen, ob die Parameterfunktion f_1 im t-Intervall $[t_1; t_2]$ streng monoton ist. Ist das der Fall, so ist die Kurve dort der Graph einer stetigen Funktion.

Wechselt die Funktion f_2 in $[t_1; t_2]$ das Vorzeichen, liegen also in $[t_1; t_2]$ eine oder mehrere Nullstellen von f_2 vor, so ist die Flächeninhaltsformel auf jedes Teilintervall mit $f_2(t) \leq 0$ bzw. $f_2(t) \geq 0$ getrennt anzuwenden.

Merke:

Ist eine Kurve durch eine Parameterdarstellung $\begin{cases} x = f_1(t) \\ y = f_2(t) \end{cases}; t \in D(f_1) \cap D(f_2)$ gegeben und ist die Funktion f_1 im Parameterintervall $[t_1; t_2]$ streng monoton, ist also die Kurve der Graph einer stetigen Funktion und ist f_1 dort außerdem stetig differenzierbar, so gilt für den Inhalt A_x der Fläche zwischen Kurve und x-Achse im t-Intervall $[t_1; t_2]$:

$$\boldsymbol{A_x = \left| \int_{t_1}^{t_2} [\dot{f}_1(t) \cdot f_2(t)]\, dt \right|} \quad \blacktriangleright\ \boldsymbol{f_2(t) \leq 0 \text{ bzw. } f_2(t) \geq 0;\ t \in [t_1; t_2]}$$

Beispiel: Berechnen Sie die Maßzahl der Fläche zwischen dem Teilstück der Astroide im Intervall $\left[0; \frac{\pi}{2}\right]$ und der x-Achse. Wie groß ist Maßzahl der Gesamtfläche innerhalb der Astroide?

$\begin{cases} f_1(t) = 4 \cdot \cos^3 t \\ f_2(t) = 4 \cdot \sin^3 t \end{cases}; t \in \left[0; \frac{\pi}{2}\right]$

Durch die Parameterdarstellung wird im Intervall $\left[0; \frac{\pi}{2}\right]$ der Teil einer Astroide im ersten Quadranten beschrieben.

► Kusch 3; 1.1.11

Die Funktion $f_1 : f_1(t) = 4 \cdot \cos^3 t$ mit $D(f_1) = [-\pi; \pi]$ ist in $\left[0; \frac{\pi}{2}\right]$ streng monoton fallend und stetig differenzierbar. In $\left[0; \frac{\pi}{2}\right]$ ist außerdem $f_2(t) \geq 0$, also $4 \cdot \sin^3 t \geq 0$, sodass die Voraussetzungen zur Anwendung der hergeleiteten Formel erfüllt sind.

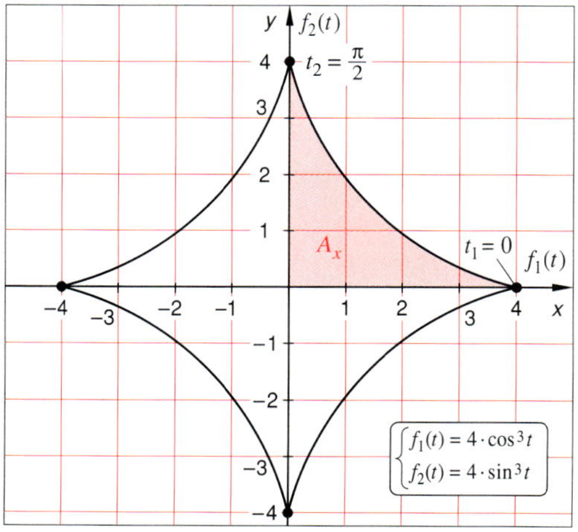

Zur Berechnung der Fläche setzt man in die entwickelte Formel die Werte für t_1 und t_2 sowie die Terme für $\dot{f}_1(t)$ und $f_2(t)$ ein.

► $f_1(t) = 4 \cdot \cos^3 t \Rightarrow \dot{f}_1(t) = -12 \cdot \cos^2 t \cdot \sin t$

Die Berechnung von $\int\limits_0^{\frac{\pi}{2}} [\sin^4 t - \sin^6 t)]\,dt$ erfolgt durch partielle Integration (► 2.5) mithilfe der dort entwickelten Rekursionsformel für $\int \sin^m dx$.

► $\int \sin^m t\,dt = -\frac{1}{m} \cdot \sin^{m-1} t \cdot \cos t + \frac{m-1}{m} \cdot \int \sin^{m-2} t\,dt$

Nach Einsetzen der Integrationsgrenzen erhält man für die Fläche zwischen dem Teilstück der Astroide im Intervall $\left[0; \frac{\pi}{2}\right]$ und der x-Achse die Maßzahl $1{,}5\,\pi$.

Die Maßzahl der Flächen innerhalb der Astroide, also im Intervall $[-\pi; \pi]$, beträgt aus Gründen der Symmetrie demnach das Vierfache, und zwar $6\,\pi$.

$$A_x = \left| \int\limits_{t_1}^{t_2} [\dot{f}_1(t) \cdot f_2(t)]\,dt \right|$$

► 0 für t_1; $\frac{\pi}{2}$ für t_2

$\dot{f}_1(t) = -12 \cdot \cos^2 t \cdot \sin t$; $f_2(t) = 4 \cdot \sin^3 t$

$$A_x = \left| \int\limits_0^{\frac{\pi}{2}} [(-12 \cdot \cos^2 t \cdot \sin t) \cdot 4 \cdot \sin^3 t]\,dt \right|$$

$$= \left| -48 \cdot \int\limits_0^{\frac{\pi}{2}} [\cos^2 t \cdot \sin^3 t \cdot \sin t)]\,dt \right| \quad ► \cos^2 t = 1 - \sin^2 t$$

$$= \left| -48 \cdot \int\limits_0^{\frac{\pi}{2}} [(1 - \sin^2 t) \cdot \sin^4 t]\,dt \right|$$

$$= 48 \cdot \left| \int\limits_0^{\frac{\pi}{2}} [\sin^4 t - \sin^6 t)]\,dt \right|$$

$$= 48 \cdot \left| -\frac{1}{24} \cdot \sin^3 t \cdot \cos t + \frac{1}{8} \cdot \left[\frac{t}{2} - \frac{1}{4} \cdot \sin(2t)\right] \Bigg|_0^{\frac{\pi}{2}} \right|$$

$$= 48 \cdot \left| -\frac{1}{24} \cdot \sin^3 \frac{\pi}{2} \cdot \cos \frac{\pi}{2} + \frac{1}{8} \cdot \left[\frac{\frac{\pi}{2}}{2} - \frac{1}{4} \cdot \sin\left(2 \cdot \frac{\pi}{2}\right)\right] - 0 \right|$$

$$= 48 \cdot \left| \frac{\pi}{32} \right|$$

$\underline{\underline{= 1{,}5\,\pi}}$ ► Maßzahl der Teilfläche in $\left[0; \frac{\pi}{2}\right]$

$\Rightarrow 4 \cdot A_x = 4 \cdot 1{,}5\,\pi$

$= \underline{\underline{6\,\pi}}$ ► Maßzahl der Fläche innerhalb der Astroide

Beispiel: Berechnen Sie die Maßzahl A_x der Fläche, die im t-Intervall $[0; 2{,}6]$ zwischen der Kurve $\begin{cases} f_1(t) = 0{,}25 \cdot t^3 \\ f_2(t) = t^2 - 4 \end{cases}$; $t \in \mathbb{R}$ und der x-Achse liegt.

Durch $\begin{cases} f_1(t) = 0{,}25 \cdot t^3 \\ f_2(t) = t^2 - 4 \end{cases}$; $t \in \mathbb{R}$ wird im t-Intervall $[0; 2{,}6]$ eine Kurve als Graph einer stetigen Funktion f beschrieben.

Die Funktion $f_1: f_1(t) = 0{,}25 \cdot t^3$; $D(f_1) = \mathbb{R}$ ist im Intervall $[0; 2{,}6]$ streng monoton steigend und stetig differenzierbar, sodass die entwickelte Formel angewendet werden kann.

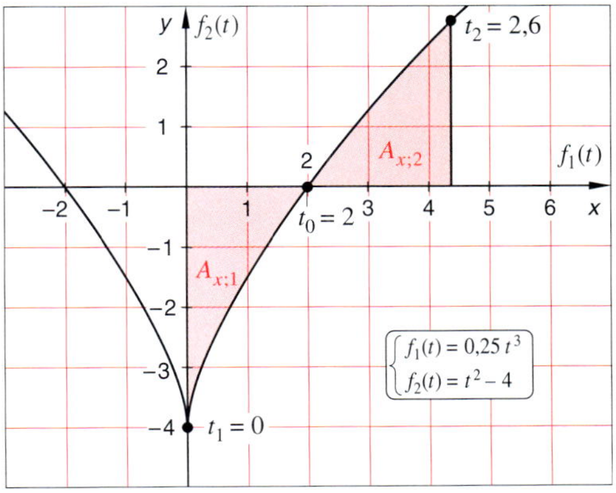

Die Funktion $f_2: f_2(t) = t^2 - 4$; $D(f_2) = \mathbb{R}$ wechselt im t-Intervall $[0;\, 2{,}6]$ an der Stelle $t_0 = 2$ das Vorzeichen, denn sie hat dort eine Nullstelle. Daher muss man die Maßzahl der Fläche zwischen der Kurve und der x-Achse im t-Intervall $[0;\, 2{,}6]$ abschnittsweise berechnen. Die Maßzahl A_x ist die Summe von $A_{x;\,1}$ und $A_{x;\,2}$.

Zur Berechnung der Flächenmaßzahlen $A_{x;\,1}$ und $A_{x;\,2}$ setzt man in die entwickelte Formel jeweils die Werte für t_1 und t_2 sowie die Terme für $\dot{f}_1(t)$ und $f_2(t)$ ein.

► $f_1(t) = 0{,}25 \cdot t^3 \Rightarrow \dot{f}_1(t) = 0{,}75 \cdot t^2$

Nach Integration erhält man $A_{x;\,1} = 3{,}2$ sowie $A_{x;\,2} = 3{,}44606$ und damit $A_x = 6{,}64606$.

$A_x = A_{x;\,1} + A_{x;\,2}$

► $A_{x;\,1} = \left| \int\limits_{t_1}^{t_2} [\dot{f}_1(t) \cdot f_2(t)]\,\mathrm{d}t \right|$

► 0 für t_1; 2 für t_2; $\dot{f}_1(t) = 0{,}75 \cdot t^2$; $f_2(t) = t^2 - 4$

$$\begin{aligned} A_{x;\,1} &= \left| \int\limits_0^2 [0{,}75 \cdot t^2 \cdot (t^2 - 4)]\,\mathrm{d}t \right| \\ &= \left| \int\limits_0^2 [0{,}75 \cdot t^4 - 3 \cdot t^2]\,\mathrm{d}t \right| \\ &= \left| 0{,}75 \cdot \frac{1}{5} \cdot t^5 - 3 \cdot \frac{1}{3} \cdot t^3 \Big|_0^2 \right| \\ &= \left| 0{,}15 \cdot t^5 - t^3 \big|_0^2 \right| \\ &= \left| 0{,}15 \cdot 2^5 - 2^3 - 0 \right| \\ &= \underline{3{,}2} \end{aligned}$$

► $A_{x;\,2} = \left| 0{,}15 \cdot t^5 - t^3 \big|_2^{2{,}6} \right|$ ► 2 für t_1; 2,6 für t_2

$$\begin{aligned} &= \left| 0{,}15 \cdot 2{,}6^5 - 2{,}6^3 - (0{,}15 \cdot 2^5 - 2^3) \right| \\ &= \underline{3{,}44606} \end{aligned}$$

► $A_x = A_{x;\,1} + A_{x;\,2}$

$$\begin{aligned} &= 3{,}2 + 3{,}44606 \\ &= \underline{\underline{6{,}64606}} \end{aligned}$$

► Maßzahl im t-Intervall $[0\,;\,2{,}6]$

Ist eine stetig differenzierbare Parameterfunktion f_1 in einem t-Intervall $[t_1;\,t_0]$ streng monoton steigend und in einem t-Intervall $[t_0;\,t_2]$ streng monoton fallend mit $f_1(t_1) = f_1(t_2)$, so schließt die Kurve eine Fläche ein, vorausgesetzt f_2 ist in $[t_1;\,t_2]$ nicht die konstante Funktion. Die Funktion f_1 ist also im Intervall $[t_1;\,t_2]$ abschnittsweise monoton.

Im Intervall $[t_1;\,t_0]$ werden dann die x-Werte, also die Werte für $f_1(t)$, größer und im Intervall $[t_0;\,t_2]$ werden diese wieder kleiner. Es gilt demnach $\dot{f}_1(t) \geq 0$ in $[t_1;\,t_0]$ und $\dot{f}_1(t) \leq 0$ in $[t_0;\,t_2]$, wobei zunächst $f_2(t) \geq 0$ im Intervall $[t_1;\,t_2]$ gelten soll, d. h. die Kurve oberhalb der x-Achse verläuft.

Die drei nebenstehenden Abbildungen zeigen die Kurve $\begin{cases} f_1(t) = 2 + \cos(\pi \cdot t) \\ f_2(t) = 2 \cdot \sin(2t) - \cos(0{,}5t) + 3{,}5 \end{cases}$ für die t-Intervalle $[-1;\,1]$, $[-1;\,0]$ und $[0;\,1]$.

Mit $\left| \int\limits_{t_1}^{t_0} [\dot{f}_1(t) \cdot f_2(t)]\,\mathrm{d}t \right|$ erhält man im Intervall $[t_1;\,t_0]$ für die Fläche zwischen der Kurve und der x-Achse den Inhalt $A_{x;\,1}$. Wegen $\dot{f}_1(t) \geq 0$ und $f_2(t) \geq 0$; $t \in [t_1;\,t_0]$ gilt also: $A_{x;\,1} = \int\limits_{t_1}^{t_0} [\dot{f}_1(t) \cdot f_2(t)]\,\mathrm{d}t$.

$$\begin{cases} f_1(t) = 2 + \cos(\pi \cdot t) \\ f_2(t) = 2 \cdot \sin(2t) - \cos(0{,}5t) + 3{,}5 \end{cases}$$

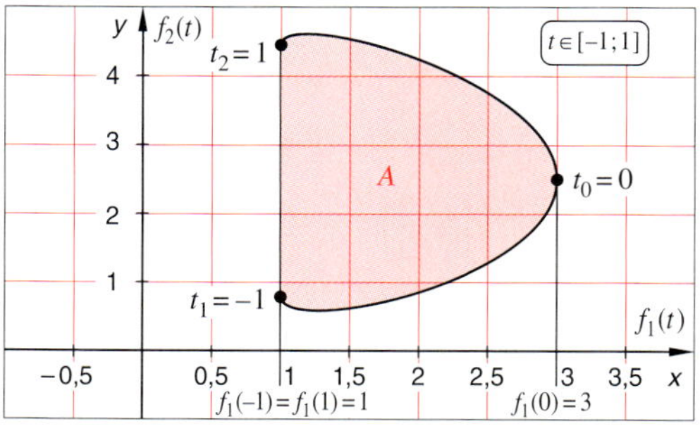

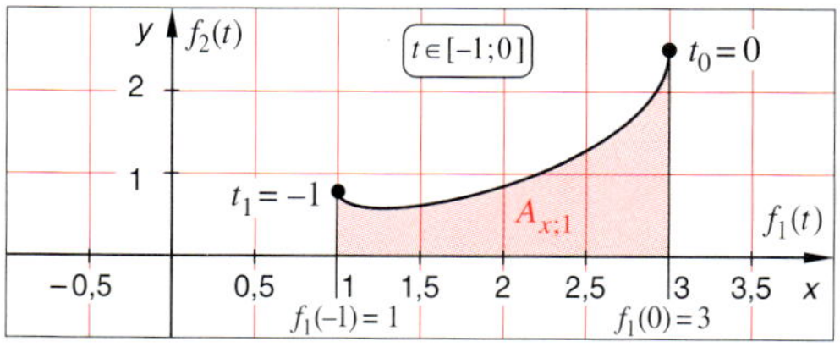

Mit $\left|\int_{t_0}^{t_2}[\dot{f}_1(t)\cdot f_2(t)]\,\mathrm{d}t\right|$ erhält man im Intervall $[t_0; t_2]$ für die Fläche zwischen der Kurve und der x-Achse den Inhalt $A_{x;\,2}$ und wegen $\dot{f}_1(t) \leq 0$ und $f_2(t) \geq 0$; $t \in [t_0; t_2]$ gilt also: $A_{x;\,2} = -\int_{t_0}^{t_2}[\dot{f}_1(t)\cdot f_2(t)]\,\mathrm{d}t$.

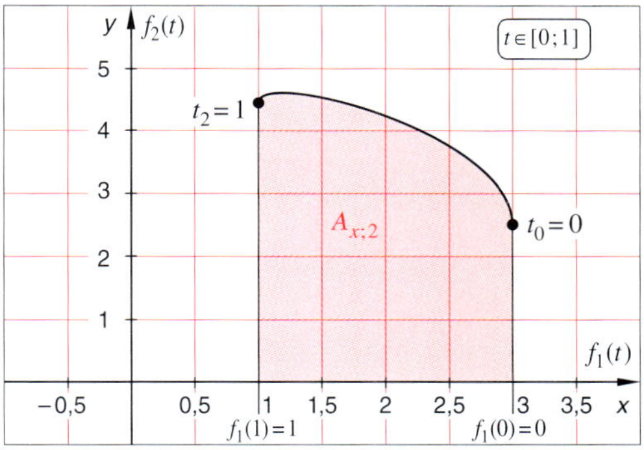

Der Flächeninhalt A ergibt sich also als Differenz von $A_{x;\,2}$ und $A_{x;\,1}$. Formt man diese Differenz entsprechend Kapitel 1.1 um, nämlich $\int_a^c f(x)\,\mathrm{d}x + \int_c^b f(x)\,\mathrm{d}x = \int_a^b f(x)\,\mathrm{d}x$, so erhält man für den Inhalt der von der Kurve eingeschlossenen Fläche den Term $-\int_{t_1}^{t_2}[\dot{f}_1(t)\cdot f_2(t)]\,\mathrm{d}t$.

Wegen $-\int_{t_1}^{t_2}[\dot{f}_1(t)\cdot f_2(t)]\,\mathrm{d}t \geq 0$ gilt dann $-\int_{t_1}^{t_2}[\dot{f}_1(t)\cdot f_2(t)]\,\mathrm{d}t = \left|\int_{t_1}^{t_2}[\dot{f}_1(t)\cdot f_2(t)]\,\mathrm{d}t\right|$ und somit insgesamt: $A = \left|\int_{t_1}^{t_2}[\dot{f}_1(t)\cdot f_2(t)]\,\mathrm{d}t\right|$

$$\begin{aligned}A &= A_{x;\,2} - A_{x;\,1}\\ &= -\int_{t_0}^{t_2}[\dot{f}_1(t)\cdot f_2(t)]\,\mathrm{d}t - \int_{t_1}^{t_0}[\dot{f}_1(t)\cdot f_2(t)]\,\mathrm{d}t\\ &= -\left(\int_{t_0}^{t_2}[\dot{f}_1(t)\cdot f_2(t)]\,\mathrm{d}t + \int_{t_1}^{t_0}[\dot{f}_1(t)\cdot f_2(t)]\,\mathrm{d}t\right) \quad \blacktriangleright 1.2\\ &= -\int_{t_1}^{t_2}[\dot{f}_1(t)\cdot f_2(t)]\,\mathrm{d}t\\ &= \left|\int_{t_1}^{t_2}[\dot{f}_1(t)\cdot f_2(t)]\,\mathrm{d}t\right|\end{aligned}$$

Für die abgebildete Kurve gilt zur Berechnung des Flächeninhaltes A ebenfalls die Formel $A = \left|\int_{t_1}^{t_2}[\dot{f}_1(t)\cdot f_2(t)]\,\mathrm{d}t\right|$, denn die vorstehenden Überlegungen gelten für jedes Monotonieintervall von f_1 in $[t_1; t_2]$.

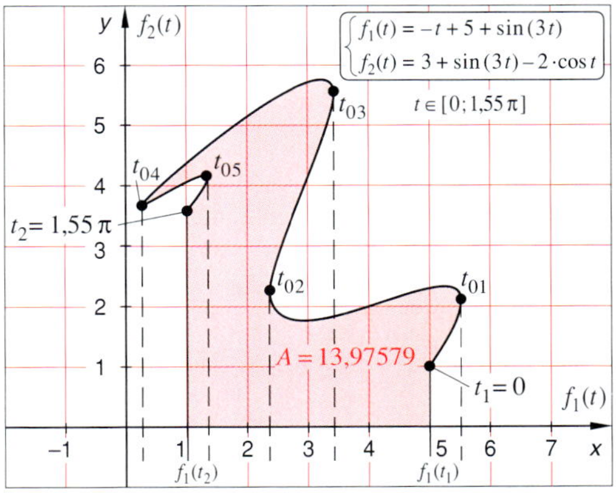

Die Abbildung zeigt den Graphen der Funktion $f_1\colon f_1(t) = -t + 5 + \sin(3\cdot t)$ mit $D(f_1) = \mathbb{R}$, aus dem man erkennt, dass f_1 in $[0;\,1{,}55\,\pi]$ abschnittsweise monoton ist.

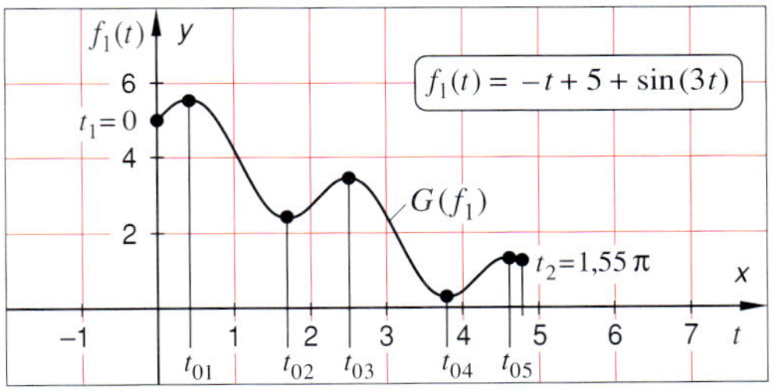

Berechnet man $\left|\int\limits_0^{\frac{3}{4}\pi}[\dot{f}_1(t)\cdot f_2(t)]\,\mathrm{d}t\right|$ bei der abgebildeten Kurve in Parameterdarstellung, so könnte man annehmen, dass sich als Wert die Summe $A_1+A_2+A_3$ ergibt. Das ist aber nicht der Fall, denn es gilt:

$$\left|\int\limits_0^{\frac{3}{4}\pi}[\dot{f}_1(t)\cdot f_2(t)]\,\mathrm{d}t\right| =$$

$$=\left|\int\limits_0^{\frac{\pi}{4}}[\dot{f}_1(t)\cdot f_2(t)]\,\mathrm{d}t+\int\limits_{\frac{\pi}{4}}^{\frac{\pi}{2}}[\dot{f}_1(t)\cdot f_2(t)]\,\mathrm{d}t+\int\limits_{\frac{\pi}{2}}^{\frac{3}{4}\pi}[\dot{f}_1(t)\cdot f_2(t)]\,\mathrm{d}t\right|$$

$$=|\quad A_1 \quad + \quad A_2 \quad - \quad (A_2+A_3)|$$

$$=\underline{|A_1-A_3|}$$

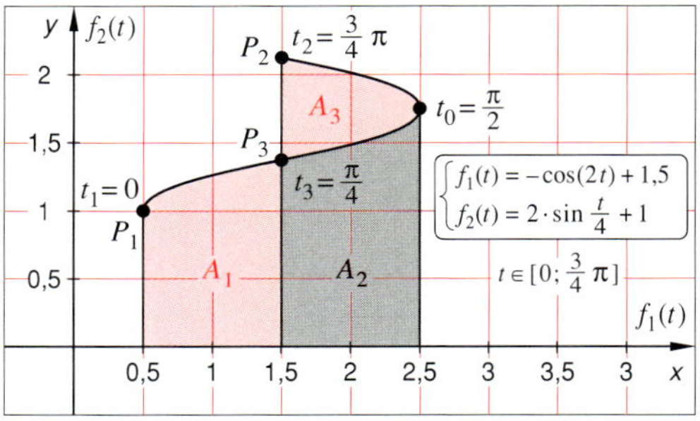

$A_1=1{,}249088;\ A_2=1{,}528427;\ A_3=0{,}460255$

$$\left|\int\limits_0^{\frac{3}{4}\pi}\left[2\cdot\sin(2t)\cdot\left(2\cdot\sin\frac{t}{4}+1\right)\right]\mathrm{d}t\right|=0{,}788833=|A_1-A_3|$$

Der gegenüber der Summe $A_1+A_2+A_3$ berechnete kleinere Integralwert $|A_1-A_3|$ kommt dadurch zustande, dass $\int\limits_{\frac{\pi}{2}}^{\frac{3}{4}\pi}[\dot{f}_1(t)\cdot f_2(t)]\,\mathrm{d}t=-1{,}98868=-A_2-A_3=-(A_2+A_3)$ ist. Denn im t-Intervall $\left[\frac{\pi}{2};\frac{3}{4}\pi\right]$ gilt $\dot{f}_1(t)\le 0$ und $f_2(t)>0$ und somit $\int\limits_{\frac{\pi}{2}}^{\frac{3}{4}\pi}[\dot{f}_1(t)\cdot f_2(t)]\,\mathrm{d}t<0$. Es ist auch deshalb $\left|\int\limits_{\frac{\pi}{2}}^{\frac{3}{4}\pi}[\dot{f}_1(t)\cdot f_2(t)]\,\mathrm{d}t\right|=|A_1-A_3|$, weil das Lot vom Endpunkt P_2 auf die x-Achse die Kurve noch in einem von Anfangspunkt P_1 verschiedenen Punkt P_3 schneidet.

Auch solche Kurven werden im Folgenden nicht behandelt.

Auch wenn es sich um eine geschlossene Kurve handelt, die im Intervall $[t_1;t_2]$ nur einmal durchlaufen wird und die Funktion f_1 in $[t_1;t_2]$ abschnittsweise monoton und stetig differenzierbar ist, gilt für den Inhalt A der von der Kurve eingeschlossenenen Fläche dieselbe Formel. Das trifft auch dann zu, wenn die Fläche teilweise oder ganz unterhalb der x-Achse liegt.

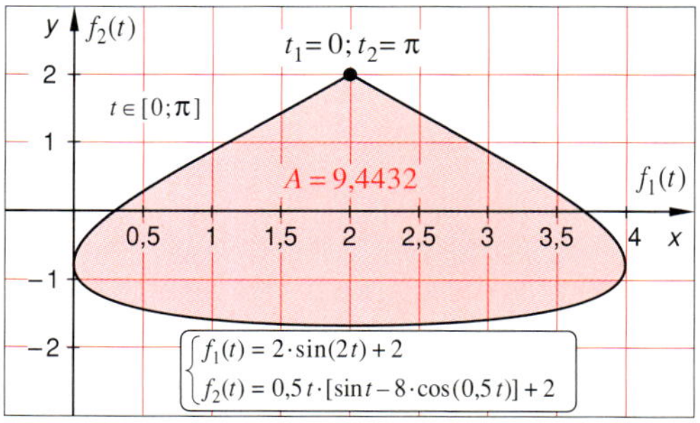

Merke:

- Verläuft eine Kurve im Parameterintervall $[t_1;t_2]$ nur oberhalb oder nur unterhalb der x-Achse und schneiden die Lote vom Anfangspunkt $P_1\langle f_1(t_1)|f_2(t_1)\rangle$ sowie vom Endpunkt $P_2\langle f_1(t_2)|f_2(t_2)\rangle$ auf die x-Achse die Kurve nur in diesen Punkten, so gilt für den Flächeninhalt A, den die Kurve in $[t_1;t_2]$ aus Sicht der x-Achse umschließt:

$$\boldsymbol{A=\left|\int\limits_{t_1}^{t_2}[\dot{f}_1(t)\cdot f_2(t)]\,\mathrm{d}t\right|} \quad \blacktriangleright\ \boldsymbol{f_2(t)\ge 0 \text{ oder } f_2(t)\le 0 \text{ in } [t_1;t_2]}$$

Außerdem muss die Parameterfunktion f_1 in $[t_1;t_2]$ abschnittsweise monoton und stetig differenzierbar sein.

- Die Formel ist auch gültig, wenn die Kurve im Parameterintervall $[t_1;t_2]$ geschlossen ist und die Kurvenpunkte mit Ausnahme nur eines Punktes einmal durchlaufen werden. Dabei spielt die Lage der geschlossenen Kurve im Koordinatensystem keine Rolle.

Beispiel: Berechnen Sie mithilfe der Formel für A die Maßzahl der Fläche, die von der kleeblattförmigen Kurve in Parameterform $\begin{cases} f_1(t) = 10 \cdot \sin t \cdot \cos^2 t \\ f_2(t) = 10 \cdot \sin^2 t \cdot \cos t \end{cases}; t \in [0; 2\pi]$ eingeschlossen wird.

$$\begin{cases} f_1(t) = 10 \cdot \sin t \cdot \cos^2 t \\ f_2(t) = 10 \cdot \sin^2 t \cdot \cos t \end{cases}; t \in [0; 2\pi]$$

Die Parameterdarstellung beschreibt im Intervall $[0; 2\pi]$ eine kleeblattförmige geschlossene Kurve (**Vierblatt**). Im Intervall $[0; 2\pi]$ wird mit Ausnahme von $P\langle 0\,|\,0\rangle$ jeder Punkt nur einmal durchlaufen.

Da die von der Kurve eingeschlossene Fläche aus vier gleich großen Teilflächen besteht, wird nur die Flächenmaßzahl A_1 im Intervall $\left[0; \frac{\pi}{2}\right]$ berechnet und das Ergebnis vervierfacht.

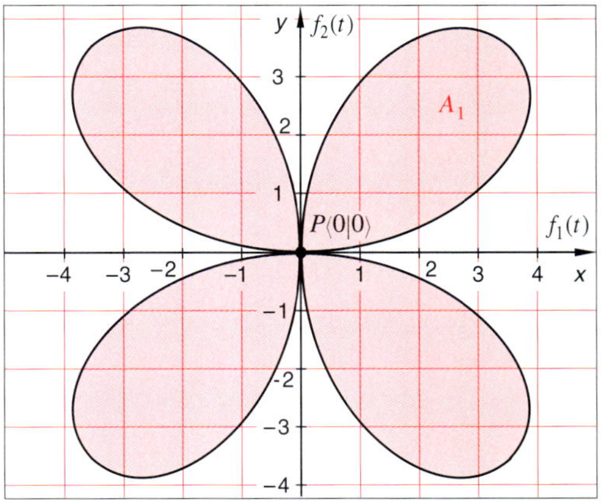

Die Funktion f_1 wird im Intervall $\left[0; \frac{\pi}{2}\right]$ auf Monotonie untersucht. Der Graph von f_1 in $\left[0; \frac{\pi}{2}\right]$ zeigt, dass f_1 zwischen t_1 und t_0 monoton steigend ist, bei t_0 ein Maximum hat und zwischen t_0 und t_2 monoton fallend ist. Da f_1 im Intervall $\left[0; \frac{\pi}{2}\right]$ abschnittsweise monoton und stetig differenzierbar ist, wird A_1 mit der entwickelten Formel berechnet.

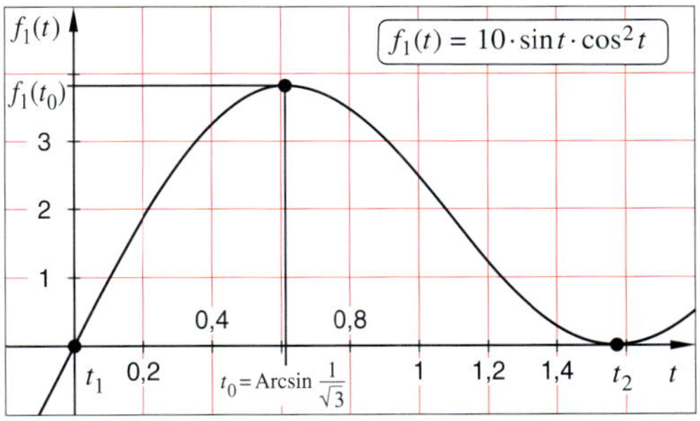

$$A = \left| \int_{t_1}^{t_2} [\dot{f}_1(t) \cdot f_2(t)]\,dt \right|$$

Es wird zunächst eine Stammfunktion zur Funktion $\dot{f}_1 \cdot f_2$ ermittelt. Dazu wird zuerst der Term für $\dot{f}_1(t)$ berechnet.

$$f_1(t) = 10 \cdot \sin t \cdot \cos^2 t$$

$$\Rightarrow \dot{f}_1(t) = 10 \cdot (\cos^3 t - 2 \cdot \sin^2 t \cdot \cos t)$$

$$= 10 \cdot (\cos^2 t - 2 \cdot \sin^2 t) \cdot \cos t$$

► $\cos^2 t = 1 - \sin^2 t$

$$= \underline{10 \cdot (1 - 3 \cdot \sin^2 t) \cdot \cos t}$$

► Die Integrale $\int \sin^6 t\, dt$ und $\int \sin^4 t\, dt$ werden mit der Rekursionsformel für $\int \sin^m x\, dx$ aus Kapitel 2.5 gelöst:
$\int \sin^m t\, dt = -\frac{1}{m} \cdot \sin^{m-1} t \cdot \cos t + \frac{m-1}{m} \cdot I_{m-2}$
mit $m \in \mathbb{N}^{\geq 2}$ und $I_0 = t + c_0$

► $\dot{f}_1(t) = 10 \cdot (1 - 3 \cdot \sin^2 t) \cdot \cos t$

► $f_2(t) = 10 \cdot \sin^2 t \cdot \cos t$

► $\dot{f}_1(t) \cdot f_2(t) = 10 \cdot (1 - 3 \cdot \sin^2 t) \cdot \cos t \cdot 10 \cdot \sin^2 t \cdot \cos t$

$$= 100 \cdot (\sin^2 t - 3 \cdot \sin^4 t) \cdot \cos^2 t \quad ► \cos^2 t = 1 - \sin^2 t$$

$$= 100 \cdot (\sin^2 t - 3 \cdot \sin^4 t) \cdot (1 - \sin^2 t)$$

$$= \underline{100 \cdot (\sin^2 t - 4 \cdot \sin^4 t + 3 \cdot \sin^6 t)}$$

$$\int [\dot{f}_1(t) \cdot f_2(t)]\,dt = 100 \cdot \int (\sin^2 t - 4 \cdot \sin^4 t + 3 \cdot \sin^6 t)\,dt$$

$$= 100 \cdot \left[\int \sin^2 t\,dt - 4 \cdot \int \sin^4 t\,dt + 3 \cdot \int \sin^6 t\,dt\right]$$

$$= 100 \cdot \left[\int \sin^2 t\,dt - 4 \cdot \int \sin^4 t\,dt - \frac{1}{2} \cdot \sin^5 t \cdot \cos t + \frac{5}{2} \cdot \int \sin^4 t\,dt\right]$$

$$= 100 \cdot \left[\int \sin^2 t\,dt - \frac{3}{2} \cdot \int \sin^4 t\,dt - \frac{1}{2} \cdot \sin^5 t \cdot \cos t\right]$$

$$= 100 \cdot \left[\int \sin^2 t\,dt - \frac{3}{2} \cdot \left(-\frac{1}{4} \cdot \sin^3 t \cdot \cos t + \frac{3}{4} \cdot \int \sin^2 t\,dt\right) - \right.$$

$$\left. + \frac{1}{2} \cdot \sin^5 t \cdot \cos t)\right]$$

► $\int \sin^2 t \, dt = \frac{t}{2} - \frac{1}{4} \cdot \sin(2t) + c$ ► 2.4.1

$$= 100 \cdot \left[-\frac{1}{8} \cdot \int \sin^2 t \, dt + \frac{3}{8} \cdot \sin^3 t \cdot \cos t - \frac{1}{2} \cdot \sin^5 t \cdot \cos t \right]$$

$$= 100 \cdot \left[-\frac{1}{8} \cdot \left(\frac{t}{2} - \frac{1}{4} \cdot \sin(2t) \right) + \frac{3}{8} \cdot \sin^3 t \cdot \cos t - \frac{1}{2} \cdot \sin^5 t \cdot \cos t \right]$$

$$= 100 \cdot \left[\frac{1}{32} \cdot \sin(2t) - \frac{t}{16} + \frac{3}{8} \cdot \sin^3 t \cdot \cos t - \frac{1}{2} \cdot \sin^5 t \cdot \cos t \right] + c$$

Zur Berechnung von A_1 werden die Grenzen $t_1 = 0$ und $t_2 = \frac{\pi}{2}$ in die ermittelte Stammfunktion eingesetzt.

$$A_1 = \left| 100 \cdot \left[\frac{1}{32} \cdot \sin(2t) - \frac{t}{16} + \frac{3}{8} \cdot \sin^3 t \cdot \cos t - + \frac{1}{2} \cdot \sin^5 t \cdot \cos t \right] \Bigg|_0^{\frac{\pi}{2}} \right|$$

$$= \left| 100 \cdot \left[\frac{1}{32} \cdot \sin\left(2 \cdot \frac{\pi}{2}\right) - \frac{\pi}{32} + \frac{3}{8} \cdot \sin^3 \frac{\pi}{2} \cdot \cos \frac{\pi}{2} - + \frac{1}{2} \cdot \sin^5 \frac{\pi}{2} \cdot \cos \frac{\pi}{2} \right] - 100 \cdot [0] \right|$$

$$= \left| 100 \cdot \left(-\frac{\pi}{32} \right) \right|$$

Für die Flächenmaßzahl A_1 ergibt sich der Wert $\frac{25}{8}\pi$ und nach Multiplikation mit 4 erhält man $\frac{25}{2}\pi$ als Gesamtflächenmaßzahl A.

$$= \frac{25}{8}\pi$$ ► Flächenmaßzahl in $\left[0; \frac{\pi}{2}\right]$

$$A = 4 \cdot A_1 = 4 \cdot \frac{25}{8}\pi = \frac{25}{2}\pi$$ ► Flächenmaßzahl in $[0; 2\pi]$

• Flächen zwischen einer Kurve und der y-Achse

Problem: Entwickeln Sie aus $A_y = \left| \int_c^d f^{-1}(y) \, dy \right|$ eine Flächeninhaltsformel für solche Kurven in Parameterdarstellung, die Graphen streng monotoner und stetiger Funktionen sind.

Ist eine Kurve der Graph einer streng monotonen und stetigen Funktion f, dann hat die Umkehrfunktion f^{-1} eine Parameterdarstellung der Form $\begin{cases} x = f_1(t) = f^{-1}[f_2(t)] \\ y = f_2(t) \end{cases}; t \in D(f_2)$. Dabei ist die Parameterfunktion f_2 streng monoton in einem Parameterintervall $[t_1; t_2]$, das durch f_2 auf $[c; d]$ abgebildet wird.

In $A_y = \left| \int_c^d f^{-1}(y) \, dy \right|$ wird $y = f_2(t)$ substituiert. Es gilt dann $c = f_2(t_1)$ sowie $d = f_2(t_2)$, falls f_2 in $[t_1; t_2]$ streng monoton steigend ist und es gilt $c = f_2(t_2)$ sowie $d = f_2(t_1)$, falls f_2 in $[t_1; t_2]$ streng monoton fallend ist.

Ist die Funktion f_2 in $[t_1; t_2]$ zusätzlich stetig differenzierbar, so erhält man aus $\frac{dy}{dt} = \dot{f}_2(t)$ das Differential $dy = \dot{f}_2(t) \cdot dt$.

Die Bedingung $f_1(t) \leq 0$ bzw. $f_1(t) \geq 0$ mit $t \in [t_1; t_2]$ bedeutet, dass die Kurve im Parameterintervall $[t_1; t_2]$ links bzw. rechts von der y-Achse verläuft.

$\begin{cases} x = f_1(t) = f^{-1}[f_2(t)] \\ y = f_2(t) \end{cases}; t \in D(f_2)$ ► Parameterdarstellung von f^{-1}

$A_y = \left| \int_c^d f^{-1}(y) \, dy \right|$ ► $f^{-1}(y) \leq 0$ oder $f^{-1}(y) \geq 0$; $y \in [c; d]$

► $c = f_2(t_1)$; $d = f_2(t_2)$ ► f_2 ist in $[t_1; t_2]$ streng monoton steigend

► $c = f_2(t_2)$; $d = f_2(t_1)$ ► f_2 ist in $[t_1; t_2]$ streng monoton fallend

► $y = f_2(t) \Rightarrow \frac{dy}{dt} = \dot{f}_2(t) \Rightarrow dy = \dot{f}_2(t) \cdot dt$

$A_y = \left| \int_c^d f^{-1}(y) \, dy \right|$ ► $y = f_2(t)$; $dy = \dot{f}_2(t) \cdot dt$ ► 2.4.10

$= \left| \int_{t_1}^{t_2} \left(f^{-1}[f_2(t)] \cdot \dot{f}_2(t) \, dt \right) \right|$ ► $f^{-1}[f_2(t)] = f_1(t)$

$= \left| \int_{t_1}^{t_2} [f_1(t) \cdot \dot{f}_2(t)] \, dt \right|$ ► $f_1(t) \leq 0$ oder $f_1(t) \geq 0$; $t \in [t_1; t_2]$

Die am Graphen einer streng monotonen und stetigen Funktion hergeleitete Formel für A_y gilt allgemein für jede Kurve in Parameterdarstellung $\begin{cases} x = f_1(t) \\ y = f_2(t) \end{cases}$; $t \in D(f_1) \cap D(f_2)$, wenn die Kurve in einem Parameterintervall $[t_1; t_2]$ Graph einer streng monotonen und stetigen Funktion ist. Es sind dann die Parameterfunktionen f_1 und f_2 streng monoton.

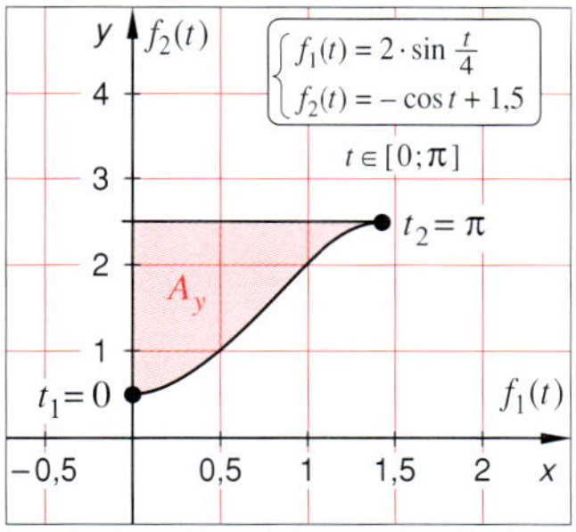

► Die Kurve ist Graph einer streng monotonen und stetigen Funktion

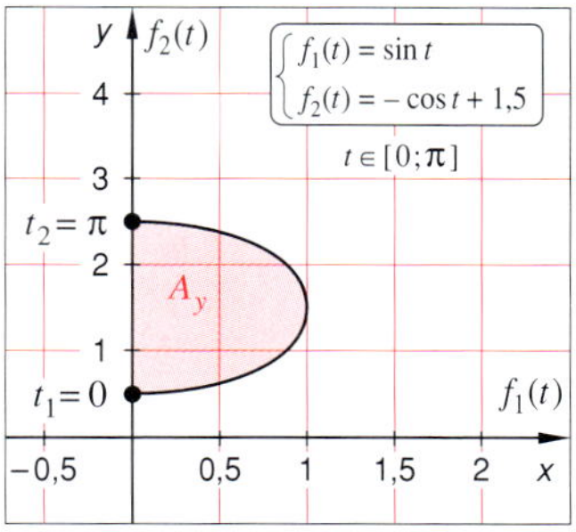

► Die Kurve ist nicht Graph einer streng monotonen und stetigen Funktion

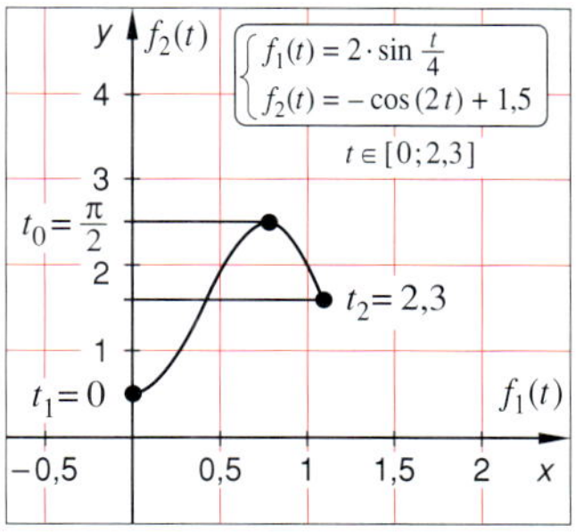

► Die Kurve ist nicht Graph einer streng monotonen und stetigen Funktion

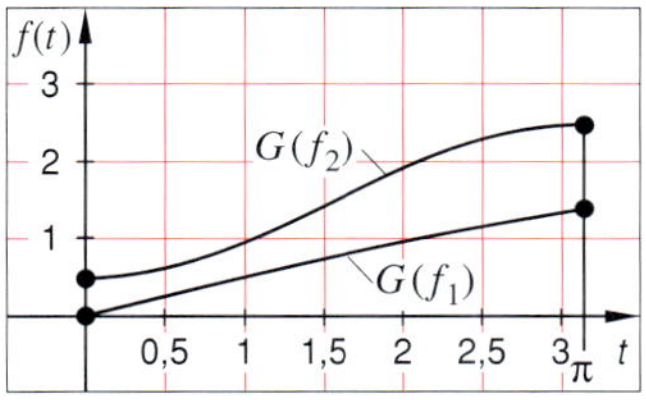

► f_1 und f_2 sind in $[0; \pi]$ streng monoton

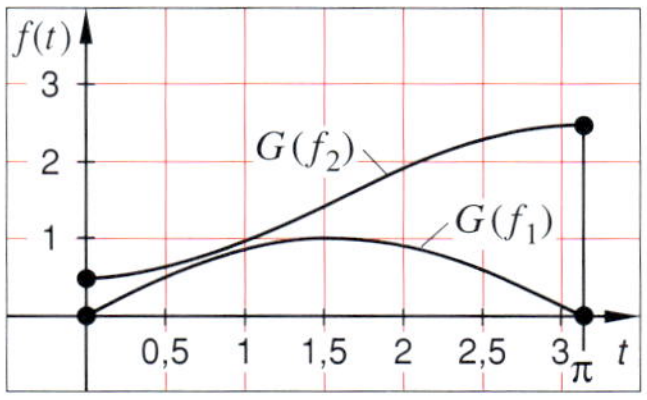

► f_1 ist in $[0; \pi]$ abschnittsweise monoton und f_2 ist in $[0; \pi]$ streng monoton

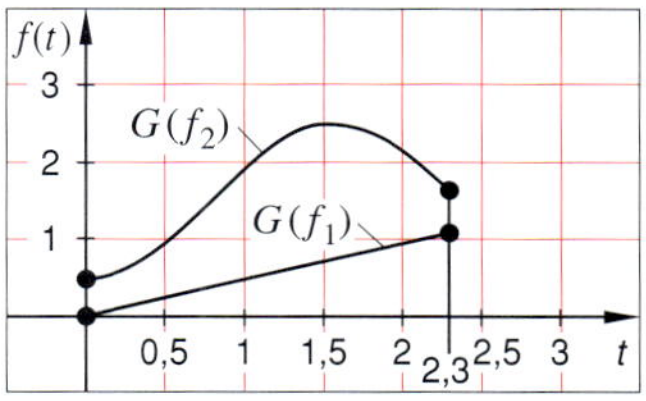

► f_2 ist in $[0; 2{,}3]$ nicht streng monoton

Da man der Parameterdarstellung einer Kurve in der Regel nicht ansehen kann, ob es sich um den Graphen einer streng monotonen und stetigen Funktion handelt, muss man in Anwendungen prüfen, ob die Parameterfunktionen f_1 und f_2 im t-Intervall $[t_1; t_2]$ streng monoton sind. Ist das der Fall, so ist die Kurve der Graph einer streng monotonen und stetigen Funktion.

Wechselt die Funktion f_1 in $[t_1; t_2]$ das Vorzeichen, liegt also in $[t_1; t_2]$ eine Nullstelle von f_1 vor, so ist die Flächeninhaltsformel auf jedes Teilintervall mit $f_1(t) \leq 0$ bzw. $f_1(t) \geq 0$ getrennt anzuwenden.

Merke:

Ist eine Kurve durch eine Parameterdarstellung $\begin{cases} x = f_1(t) \\ y = f_2(t) \end{cases}$; $t \in D(f_1) \cap D(f_2)$ gegeben und sind die Parameterfunktionen f_1 sowie f_2 im t-Intervall $[t_1; t_2]$ streng monoton, ist also die Kurve der Graph einer streng monotonen und stetigen Funktion und ist f_2 dort außerdem stetig differenzierbar, so gilt für den Inhalt A_y der Fläche zwischen Kurve und y-Achse im t-Intervall $[t_1; t_2]$:

$$A_y = \left| \int_{t_1}^{t_2} [f_1(t) \cdot \dot{f}_2(t)]\, dt \right| \quad \blacktriangleright\ f_1(t) \leq 0 \text{ oder } f_1(t) \geq 0 \text{ in } t \in [t_1; t_2]$$

Beispiel: Berechnen Sie die Maßzahl der Fläche zwischen der in Parameterdarstellung gegebenen Kurve $\begin{cases} f_1(t) = 4 \cdot \sin\frac{t}{4} \\ f_2(t) = -2 \cdot \cos t + 2{,}5 \end{cases}$; $t \in \mathbb{R}$ und der y-Achse im t-Intervall $[0; \pi]$.

Da die Parameterfunktionen f_1 und f_2 im Intervall $[0; \pi]$ streng monoton steigend sind und f_2 außerdem dort stetig differenzierbar ist, kann die für A_y entwickelte Formel angewendet werden.

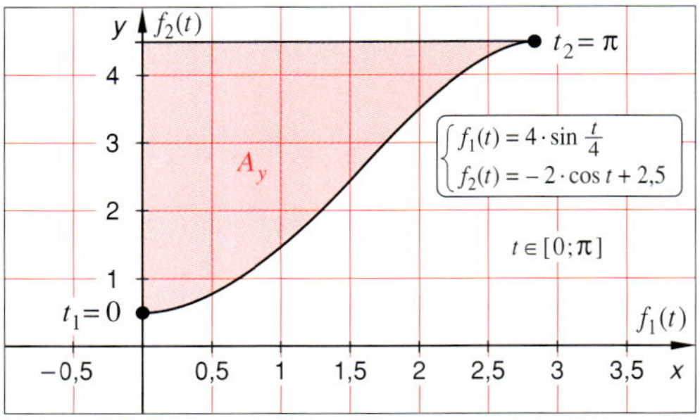

Die Werte für t_1 und t_2 sowie die Terme für $f_1(t)$ und $\dot{f}_2(t)$ werden in die Formel für A_y eingesetzt.

$$A_y = \left| \int_{t_1}^{t_2} [f_1(t) \cdot \dot{f}_2(t)]\, \mathrm{d}t \right|$$

► $f_2(t) = -2 \cdot \cos t + 2{,}5 \Rightarrow \dot{f}_2(t) = 2 \cdot \sin t$

► 0 für t_1; π für t_2; $f_1(t) = 4 \cdot \sin\frac{t}{4}$; $\dot{f}_2(t) = 2 \cdot \sin t$

$$A_y = \left| \int_0^{\pi} \left(4 \cdot \sin\frac{t}{4} \cdot 2 \cdot \sin t\right) \mathrm{d}t \right|$$

$$= \left| 8 \cdot \int_0^{\pi} \left(\sin\frac{t}{4} \cdot \sin t\right) \mathrm{d}t \right|$$

► $\sin\frac{t}{4} \cdot \sin t = \frac{1}{2} \cdot \left[\cos\left(\frac{t}{4} - t\right) - \cos\left(\frac{t}{4} + t\right)\right]$

$= \frac{1}{2} \cdot \left[\cos\left(-\frac{3}{4} \cdot t\right) - \cos\left(\frac{5}{4} \cdot t\right)\right]$

$= \underline{\frac{1}{2} \cdot \left[\cos\left(\frac{3}{4} \cdot t\right) - \cos\left(\frac{5}{4} \cdot t\right)\right]}$ ► 4.1

$$= 8 \cdot \left| \int_0^{\pi} \left(\frac{1}{2} \cdot \left[\cos\left(\frac{3}{4} \cdot t\right) - \cos\left(\frac{5}{4} \cdot t\right)\right]\right) \mathrm{d}t \right|$$

$$= 4 \cdot \left| \int_0^{\pi} \cos\left(\frac{3}{4} \cdot t\right) \mathrm{d}t - \int_0^{\pi} \cos\left(\frac{5}{4} \cdot t\right) \mathrm{d}t \right|$$

► $\int \cos\left(\frac{3}{4} \cdot t\right) \mathrm{d}t = \underline{\frac{4}{3} \cdot \sin\left(\frac{3}{4} \cdot t\right) + c}$ ► 2.4.1

► $\int \cos\left(\frac{5}{4} \cdot t\right) \mathrm{d}t = \underline{\frac{4}{5} \cdot \sin\left(\frac{5}{4} \cdot t\right) + c}$ ► 2.4.1

$$= 4 \cdot \left| \frac{4}{3} \cdot \sin\left(\frac{3}{4} \cdot t\right) \Big|_0^{\pi} - \frac{4}{5} \cdot \sin\left(\frac{5}{4} \cdot t\right) \Big|_0^{\pi} \right|$$

$$= 4 \cdot \left| \left[\frac{4}{3} \cdot \sin\left(\frac{3}{4} \cdot \pi\right) - 0\right] - \left[\frac{4}{5} \cdot \sin\left(\frac{5}{4} \cdot \pi\right) - 0\right] \right|$$

$$= 4 \cdot \left| \frac{4}{3} \cdot \frac{1}{2} \cdot \sqrt{2} - \frac{4}{5} \cdot \left(-\frac{1}{2} \cdot \sqrt{2}\right) \right|$$

$$= \underline{\underline{\frac{64}{15} \cdot \sqrt{2}}}$$

Die Fläche zwischen Graph und y-Achse hat im t-Intervall $[0; \pi]$ die Maßzahl $\frac{64}{15} \cdot \sqrt{2}$.

Beispiel: Berechnen Sie die Maßzahl der Fläche zwischen der in Parameterdarstellung gegebenen Kurve $\begin{cases} f_1(t) = 3 \cdot \sin \frac{t}{4} \\ f_2(t) = t \end{cases}$; $t \in \mathbb{R}$ und der y-Achse im t-Intervall $\left[-\frac{\pi}{2}; \pi\right]$.

Die Parameterfunktionen f_1 und f_2 sind im Intervall $\left[-\frac{\pi}{2}; \pi\right]$ streng monoton steigend und f_2 ist außerdem dort stetig differenzierbar.

Außerdem gilt $f_1(t) \leq 0$ für $t \in \left[-\frac{\pi}{2}; 0\right]$ und $f_1(t) \geq 0$ für $t \in [0; \pi]$, d. h. die Funktion f_1 wechselt in $\left[-\frac{\pi}{2}; \pi\right]$ das Vorzeichen. Die für A_y entwickelte Formel ist also auf die Intervalle $\left[-\frac{\pi}{2}; 0\right]$ und $[0; \pi]$ getrennt anzuwenden.

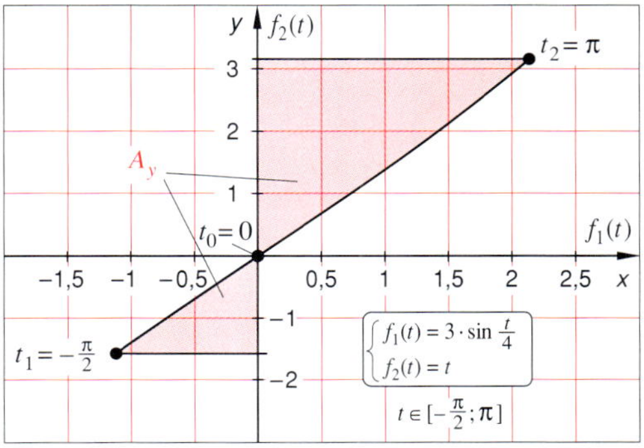

Die Werte für t_1 und t_2 sowie die Terme für $f_1(t)$ und $\dot{f}_2(t)$ werden in die Formel für A_y eingesetzt.

$$A_y = \left| \int_{t_1}^{t_0} [f_1(t) \cdot \dot{f}_2(t)]\, dt \right| + \left| \int_{t_0}^{t_2} [f_1(t) \cdot \dot{f}_2(t)]\, dt \right|$$

▶ $f_2(t) = t \Rightarrow \dot{f}_2(t) = 1$

▶ $-\frac{\pi}{2}$ für t_1; 0 für t_0; π für t_2; $f_1(t) = 3 \cdot \sin \frac{t}{4}$; $\dot{f}_2(t) = 1$

▶ $\int \sin \frac{t}{4}\, dt = -4 \cdot \cos \frac{t}{4} + c$ ▶ 2.4.1

$$A_y = \left| \int_{-\frac{\pi}{2}}^{0} \left[3 \cdot \sin \frac{t}{4} \cdot 1\right] dt \right| + \left| \int_{0}^{\pi} \left[3 \cdot \sin \frac{t}{4} \cdot 1\right] dt \right|$$

$$= \left| 3 \cdot \int_{-\frac{\pi}{2}}^{0} \sin \frac{t}{4}\, dt \right| + \left| 3 \cdot \int_{0}^{\pi} \sin \frac{t}{4}\, dt \right|$$

$$= \left| 3 \cdot \left(-4 \cdot \cos \frac{t}{4}\right) \Big|_{-\frac{\pi}{2}}^{0} \right| + \left| 3 \cdot \left(-4 \cdot \cos \frac{t}{4}\right) \Big|_{0}^{\pi} \right|$$

$$= \left| -12 \cdot \left[\cos 0 - \cos\left(-\frac{\pi}{8}\right)\right] \right| + \left| -12 \cdot \left[\cos \frac{\pi}{4} - \cos 0\right] \right|$$

$$= |-0{,}913446| + |3{,}514719|$$

$$= \underline{\underline{4{,}428165}}$$

Die beiden Teilflächen zwischen Graph und y-Achse im t-Intervall $\left[-\frac{\pi}{2}; \pi\right]$ haben zusammen die Maßzahl 4,428165.

Die Formel ist auch gültig, wenn die Parameterfunktionen f_1 und f_2 im Parameterintervall $[t_1; t_2]$ abschnittsweise monoton sind, wobei aber die Lote vom Anfangspunkt sowie vom Endpunkt der Kurve auf die y-Achse die Kurve nur in diesen Punkten schneiden dürfen. Die Berechnung ergibt dann den Flächeninhalt, den die Kurve in $[t_1; t_2]$ aus Sicht der y-Achse umschließt.

Die Formel gilt insbesondere auch dann, wenn die Kurve geschlossen ist und die Kurvenpunkte mit Ausnahme nur eines Punktes einmal durchlaufen werden. Dabei spielt die Lage der geschlossenen Kurve im Koordinatensystem keine Rolle.

Merke:

- Verläuft eine Kurve im Parameterintervall $[t_1; t_2]$ nur links oder nur rechts von der y-Achse und schneiden die Lote vom Anfangspunkt $P_1\langle f_1(t_1)|f_2(t_1)\rangle$ sowie vom Endpunkt $P_2\langle f_1(t_2)|f_2(t_2)\rangle$ auf die y-Achse die Kurve nur in diesen Punkten, so gilt für den Flächeninhalt A, den die Kurve in $[t_1; t_2]$ aus Sicht der y-Achse umschließt:

$$\boldsymbol{A = \left|\int_{t_1}^{t_2} [f_1(t) \cdot \dot{f}_2(t)]\,\mathrm{d}t\right| \quad \blacktriangleright f_1(t) \geq 0 \text{ oder } f_1(t) \leq 0 \text{ in } [t_1; t_2]}$$

  Außerdem müssen die Parameterfunktionen f_1 und f_2 in $[t_1; t_2]$ abschnittsweise monoton und f_2 dort stetig differenzierbar sein.

- Die Formel ist auch gültig, wenn die Kurve im Parameterintervall $[t_1; t_2]$ geschlossen ist und die Kurvenpunkte mit Ausnahme nur eines Punktes einmal durchlaufen werden. Das gilt unabhängig von der Lage der geschlossenen Kurve im Koordinatensystem.

Beispiel: Berechnen Sie die Maßzahl der Fläche, den die in Parameterdarstellung gegebene Kurve $\begin{cases} f_1(t) = -\cos(2t) + 2 \\ f_2(t) = 6 \cdot \sin\frac{t}{4} + 1 \end{cases}$; $t \in \mathbb{R}$ aus Sicht der y-Achse im t-Intervall $\left[0; \frac{3}{4}\pi\right]$ einschließt.

Die Funktion f_1 ist im t-Intervall $\left[0; \frac{3}{4}\pi\right]$ abschnittsweise monoton und es gilt $f_1(t) > 0$. Die Funktion f_2 ist in $\left[0; \frac{3}{4}\pi\right]$ streng monoton steigend und stetig differenzierbar. Daher kann die für A entwickelte Formel unmittelbar angewendet werden.

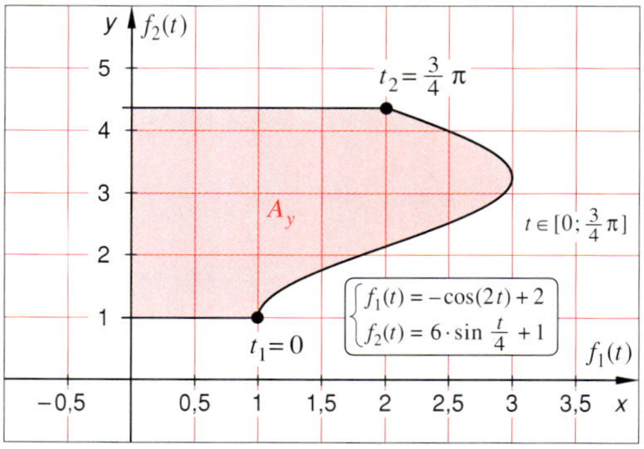

Die Werte für t_1 und t_2 sowie die Terme für $f_1(t)$ und $\dot{f}_2(t)$ werden in die Formel für A eingesetzt.

$$A = \left|\int_{t_1}^{t_2} [f_1(t) \cdot \dot{f}_2(t)]\,\mathrm{d}t\right|$$

► 0 für t_1; $\frac{3}{4}\pi$ für t_2; $f_1(t) = -\cos(2\,t) + 2$; $\dot{f}_2(t) = \frac{3}{2} \cdot \cos\frac{t}{4}$

► $f_2(t) = -6 \cdot \sin\frac{t}{4} + 1 \Rightarrow \dot{f}_2(t) = \frac{3}{2} \cdot \cos\frac{t}{4}$

$$A = \left|\int_0^{\frac{3}{4}\pi} \left([-\cos(2t) + 2] \cdot \frac{3}{2} \cdot \cos\frac{t}{4}\right) \mathrm{d}t\right|$$

$$= \left|\int_0^{\frac{3}{4}\pi} \left(-\frac{3}{2} \cdot \cos(2t) \cdot \cos\frac{t}{4} + 3 \cdot \cos\frac{t}{4}\right) \mathrm{d}t\right|$$

► $\cos(2t) \cdot \cos\frac{t}{4} =$

$$= \frac{1}{2} \cdot \left[\cos\left(2t - \frac{t}{4}\right) + \cos\left(2t + \frac{t}{4}\right)\right]$$

$$= \frac{1}{2} \cdot \left[\cos\left(\frac{7}{4} \cdot t\right) + \cos\left(\frac{9}{4} \cdot t\right)\right] \quad \blacktriangleright 4.1$$

$$= \left|\int_0^{\frac{3}{4}\pi} \left(-\frac{3}{2} \cdot \frac{1}{2} \cdot \left[\cos\left(\frac{7}{4} \cdot t\right) + \cos\left(\frac{9}{4} \cdot t\right)\right] + 3 \cdot \cos\frac{t}{4}\right) \mathrm{d}t\right|$$

► $\int \cos\left(\frac{7}{4}\cdot t\right) dt = \frac{4}{7}\cdot \sin\left(\frac{7}{4}\cdot t\right) + c$ ► 2.4.1

► $\int \cos\left(\frac{9}{4}\cdot t\right) dt = \frac{4}{9}\cdot \sin\left(\frac{9}{4}\cdot t\right) + c$ ► 2.4.1

► $\int \cos\frac{t}{4}\, dt = 4\cdot \sin\frac{t}{4} + c$ ► 2.4.1

$$= \left| -\frac{3}{4}\cdot \int_0^{\frac{3}{4}\pi} \cos\left(\frac{7}{4}\cdot t\right) dt - \frac{3}{4}\cdot \int_0^{\frac{3}{4}\pi} \cos\left(\frac{9}{4}\cdot t\right) dt + 3\cdot \int_0^{\frac{3}{4}\pi} \cos\frac{t}{4}\, dt \right|$$

$$= \left| -\frac{3}{4}\cdot\frac{4}{7}\cdot \sin\left(\frac{7}{4}\cdot t\right)\Big|_0^{\frac{3}{4}\pi} - \frac{3}{4}\cdot\frac{4}{9}\cdot \sin\left(\frac{9}{4}\cdot t\right)\Big|_0^{\frac{3}{4}\pi} + 3\cdot 4\cdot \sin\frac{t}{4}\Big|_0^{\frac{3}{4}\pi} \right|$$

$$= \left| \left[-\frac{3}{7}\cdot \sin\left(\frac{21}{16}\cdot\pi\right) + 0\right] - \left[\frac{1}{3}\cdot \sin\left(\frac{27}{16}\cdot\pi\right) + 0\right] + \left[12\cdot \sin\left(\frac{3}{16}\pi\right) - 0\right] \right|$$

$$= |\, 0{,}356344 + 0{,}277157 + 6{,}666843\, |$$

$$= \underline{\underline{7{,}300344}}$$

Die Fläche, die der Graph mit der y-Achse im t-Intervall $\left[0; \frac{3}{4}\pi\right]$ einschließt, hat die Maßzahl 7,300344.

Wie im Abschnitt „Flächen zwischen Kurve und x-Achse" gibt $A = \left| \int_{t_1}^{t_2} [f_1(t)\cdot \dot{f}_2(t)]\, dt \right|$ den Flächeninhalt innerhalb einer geschlossenen Kurve an, wenn diese Kurve im Intervall $[t_1; t_2]$ nur einmal durchlaufen wird und die Parameterfunktion f_2 in $[t_1; t_2]$ abschnittsweise monoton sowie stetig differenzierbar ist.

Merke:

Wird eine geschlossene Kurve im Parameterintervall $[t_1; t_2]$ nur einmal durchlaufen und sind die Parameterfunktionen f_1 und f_2 in $[t_1; t_2]$ abschnittsweise monoton sowie f_2 dort stetig differenzierbar, so gilt für den Inhalt der eingeschlossenen Fläche:

$$\mathbf{A = \left| \int_{t_1}^{t_2} [f_1(t)\cdot \dot{f}_2(t)]\, dt \right|}$$

Beispiel: Berechnen Sie die Maßzahl der Fläche, die vom Graphen $G(R)$ der Relation $R: R(x) = 0{,}4\cdot\left(x^2 \pm \sqrt{[4-x^2]^3}\right)$; $D(R) = [-2; 2]$ eingeschlossen wird.

Der Graph der Relation R ist eine geschlossene Kurve, die aus den Graphen folgender Funktionen besteht:

► $g_1: g_1(x) = 0{,}4\cdot\left(x^2 + \sqrt{[4-x^2]^3}\right)$ mit $D(g_1) = [-2; 2]$

► $g_2: g_2(x) = 0{,}4\cdot\left(x^2 - \sqrt{[4-x^2]^3}\right)$ mit $D(g_2) = [-2; 2]$

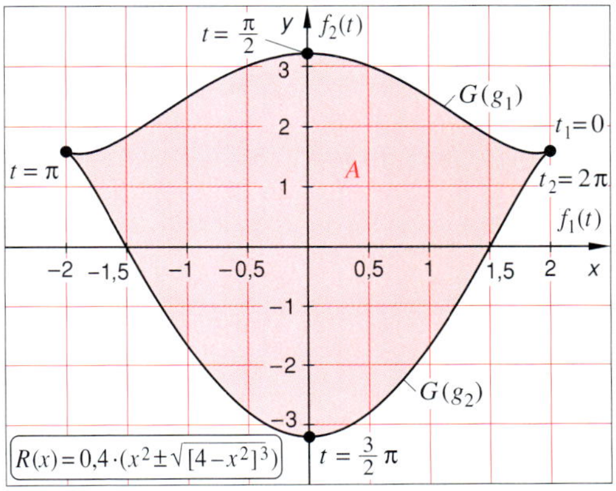

Zur Berechnung der Flächen zwischen $G(g_1)$ bzw. $G(g_2)$ und der y-Achse könnte man die Formel $A_y = \left|\int_a^b [x \cdot f'(x)\,dx\right|$ verwenden. Es ist hier aber zweckmäßig, die Relation R in eine Parameterdarstellung zu transformieren (► Kusch 3; 1.1.12) und dann die Formel $A = \left|\int_{t_1}^{t_2} [f_1(t) \cdot \dot{f}_2(t)]\,dt\right|$ anzuwenden. Dazu wählt man $2 \cdot \cos t$ für x, da sich der Wurzelterm dann besser vereinfachen lässt.

Im Term für $f_2(t)$ braucht man nur eines der beiden Vorzeichen zu wählen, da $\sin^3 t$ in $[0; 2\pi]$ sowohl positiv als auch negativ wird. Hier wird „+" gewählt, d. h. es gilt $f_2(t) = 1{,}6 \cdot (\cos^2 t + 2 \cdot \sin^3 t)$.

► $R(x) = y = 0{,}4 \cdot (x^2 \pm \sqrt{[4 - x^2]^3});\ x \in [-2; 2]$

► $\underline{x = 2 \cdot \cos t;\ t \in [0; 2\pi]}$ ► $f_1(t)$

$$\Rightarrow y = 0{,}4 \cdot \left([2 \cdot \cos t]^2 \pm \sqrt{[4 - (2 \cdot \cos t)^2]^3}\right)$$
$$= 0{,}4 \cdot \left(4 \cdot \cos^2 t \pm \sqrt{[4 - 4 \cdot \cos^2 t]^3}\right)$$
$$= 0{,}4 \cdot \left(4 \cdot \cos^2 t \pm \sqrt{[4^3 \cdot (1 - \cos^2 t)^3]}\right)$$
$$= 0{,}4 \cdot \left(4 \cdot \cos^2 t \pm \sqrt{[4^3 \cdot (\sin^2 t)^3]}\right)$$
$$= 0{,}4 \cdot \left(4 \cdot \cos^2 t \pm \sqrt{[4^3 \cdot \sin^6 t]}\right)$$
$$= 0{,}4 \cdot (4 \cdot \cos^2 t \pm 8 \cdot \sin^3 t)$$
$$= \underline{1{,}6 \cdot (\cos^2 t \pm 2 \cdot \sin^3 t);\ t \in [0; 2\pi]}$$

Als Parameterdarstellung erhält man dann: $\begin{cases} f_1(t) = 2 \cdot \cos t \\ f_2(t) = 1{,}6 \cdot (\cos^2 t + 2 \cdot \sin^3 t) \end{cases};\ t \in [0; 2\pi]$

Die Funktion f_2 wird im Intervall $[0; 2\pi]$ auf Monotonie untersucht. $G(f_2)$ zeigt, dass f_2 im Intervall $[0; 2\pi]$ abschnittsweise monoton ist. Da f_2 auch stetig differenzierbar ist, kann man A mit der entwickelten Formel berechnen, weil auch f_1 im Intervall $[0; 2\pi]$ abschnittsweise monoton ist.

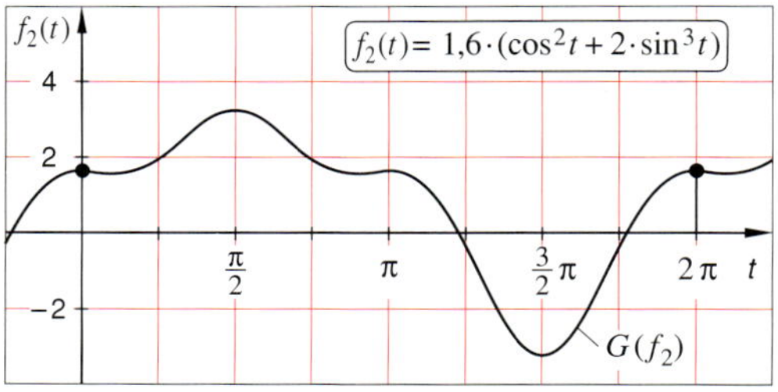

$$f_1(t) = 2 \cdot \cos t$$
$$f_2(t) = 1{,}6 \cdot (\cos^2 t + 2 \cdot \sin^3 t)$$
$$\Rightarrow \dot{f}_2(t) = 3{,}2 \cdot (-\cos t \cdot \sin t + 3 \cdot \sin^2 t \cdot \cos t)$$

Es wird zunächst eine Stammfunktion zur Funktion $f_1 \cdot \dot{f}_2$ ermittelt. Dazu werden die Terme für $f_1(t)$ und $\dot{f}_2(t)$ in die Formel eingesetzt.

► $\int [-\cos^2 t \cdot \sin t]\,dt = \frac{1}{3} \cdot \cos^3 t + c$ ► 2.4.3

► $\sin^2 t \cdot \cos^2 t = \frac{1}{4} \cdot \sin^2(2t)$ ► 4.1

► $\int \sin^2(2t)\,dt = \frac{t}{2} - \frac{1}{8} \cdot \sin(2t) + c$ ► 2.4.1

► $\int [f_1(t) \cdot \dot{f}_2(t)]\,dt =$

$$= \int \left[(2 \cdot \cos t) \cdot \left(3{,}2 \cdot (-\cos t \cdot \sin t + 3 \cdot \sin^2 t \cdot \cos t)\right)\right] dt$$
$$= 6{,}4 \cdot \int [-\cos^2 t \cdot \sin t + 3 \cdot \sin^2 t \cdot \cos^2 t]\,dt$$
$$= 6{,}4 \cdot \left(\int [-\cos^2 t \cdot \sin t]\,dt + \frac{3}{4} \cdot \int \sin^2(2t)\,dt\right)$$
$$= \underline{6{,}4 \cdot \left(\frac{1}{3} \cdot \cos^3 t + \frac{3}{4} \cdot \left[\frac{t}{2} - \frac{1}{8} \cdot \sin(2t)\right]\right) + c}$$

Zur Berechnung von A werden die Grenzen $t_1 = 0$ und $t_2 = 2\pi$ in die ermittelte Stammfunktion eingesetzt.

$$\blacktriangleright\ A = \left|\int_0^{2\pi} [f_1(t)\cdot \dot{f}_2(t)]\,\mathrm{d}t\right|$$

$$= 6{,}4\cdot\left|\left.\frac{1}{3}\cdot\cos^3 t+\frac{3}{4}\cdot\left[\frac{t}{2}-\frac{1}{8}\cdot\sin(2t)\right]\right|_0^{2\pi}\right|$$

$$= 6{,}4\cdot\left|\frac{1}{3}\cdot\cos^3(2\pi)+\frac{3}{4}\cdot\left[\frac{2\pi}{2}-\frac{1}{8}\cdot\sin(4\pi)\right]-\right.$$

$$\left.+\left(\frac{1}{3}\cdot\cos^3(2\cdot 0)+\frac{3}{4}\cdot\left[\frac{0}{2}-\frac{1}{8}\cdot\sin(4\cdot 0)\right]\right)\right|$$

$$= 6{,}4\cdot\left|\frac{1}{3}+\frac{3}{4}\pi-\frac{1}{3}\right|$$

$$= \underline{\underline{4{,}8\,\pi}}$$

Für die Flächenmaßzahl A erhält man den Wert $4{,}8\,\pi$.

Flächeninhalte – Kurven in Polarkoordinatendarstellung

Eine in Polarkoordinaten $F: \varphi \mapsto F(\varphi);\ D(F) = [\varphi_1; \varphi_2]$ gegebene Kurve kann man auch in der Parameterform $\begin{cases} x = f_1(\varphi) = F(\varphi)\cdot\cos\varphi \\ y = f_2(\varphi) = F(\varphi)\cdot\sin\varphi \end{cases}$ mit dem Parameter φ darstellen. ► Kusch 3; 1.1.10

Ist eine Kurve in einer Polarkoordinatendarstellung gegeben, so wird im Winkelintervall $[\varphi_1; \varphi_2]$ von der Kurve sowie von den beiden Polarradien $F(\varphi_1)$ und $F(\varphi_2)$ eine Fläche mit dem Inhalt A_p eingeschlossen.

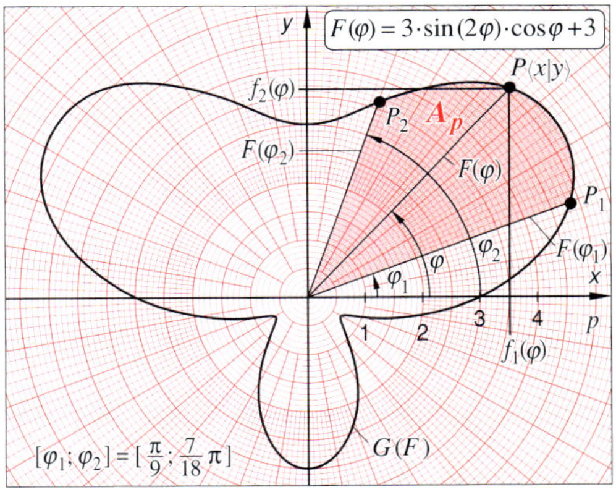

Im Folgenden wird vorausgesetzt, dass die Funktion F in $D(F)$ stetig differenzierbar ist.

Projiziert man das Polarkoordinatensystem in ein rechtwinkliges Koordinatensystem, sodass sich die Koordinatenursprünge sowie Polstrahl und x-Achse decken, so sind für das Winkelintervall $[\varphi_1; \varphi_2]$ zwei weitere Flächen von Bedeutung.

Wie dargestellt ist das die Fläche von der Kurve bis zu der x-Achse mit dem Flächeninhalt A_x sowie die Fläche von der Kurve bis zu der y-Achse mit dem Flächeninhalt A_y.

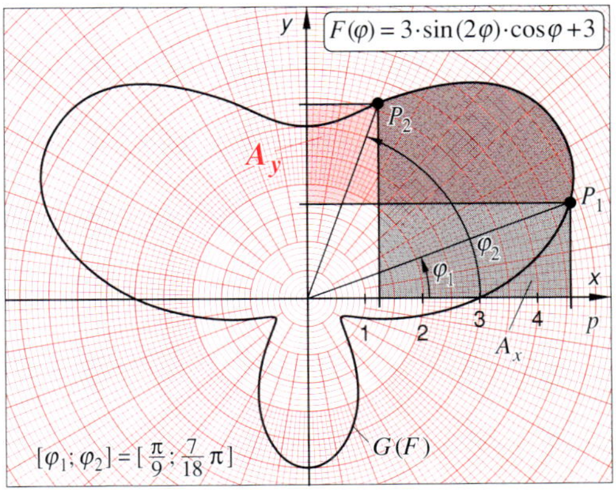

• Flächen zwischen einer Kurve und der x-Achse

Problem: Entwickeln Sie eine Formel zur Berechnung des Inhaltes A_x einer Fläche, die im Winkelintervall $[\varphi_1; \varphi_2]$ zwischen einer in Polarkoordinatendarstellung gegebenen Kurve und der x-Achse liegt.

Da man eine in Polarkoordinaten gegebene Kurve auch in Parameterform darstellen kann, wird von der Formel für A_x bei Kurven in Parameterdarstellung ausgegangen. Dort wird φ für t, $F'(\varphi) \cdot \cos\varphi - F(\varphi) \cdot \sin\varphi$ für $\dot{f}_1(\varphi)$ und $F(\varphi) \cdot \sin\varphi$ für $f_2(\varphi)$ gesetzt. Die sich ergebende Formel kann man mithilfe der partiellen Integration (► 2.5) so umwandeln, dass sie den Ableitungsterm $F'(\varphi)$ nicht mehr enthält. Damit lassen sich viele Rechnungen vereinfachen.

$$A_x = \left| \int_{t_1}^{t_2} [\dot{f}_1(t) \cdot f_2(t)]\, dt \right|$$

► φ_1 für t_1; φ_2 für t_2; φ für t

► $f_1(\varphi) = F(\varphi) \cdot \cos\varphi$

$$\Rightarrow \dot{f}_1(\varphi) = F'(\varphi) \cdot \cos\varphi - F(\varphi) \cdot \sin\varphi$$

► $f_2(\varphi) = F(\varphi) \cdot \sin\varphi$

$$A_x = \left| \int_{\varphi_2}^{\varphi_1} \left[\left(F'(\varphi) \cdot \cos\varphi - F(\varphi) \cdot \sin\varphi\right) \cdot F(\varphi) \cdot \sin\varphi \right] d\varphi \right|$$

$$\begin{aligned} A_x &= \left| \int_{\varphi_1}^{\varphi_2} [(F'(\varphi) \cdot \cos\varphi - F(\varphi) \cdot \sin\varphi) \cdot F(\varphi) \cdot \sin\varphi]\, d\varphi \right| \\ &= \left| \int_{\varphi_1}^{\varphi_2} (F'(\varphi) \cdot F(\varphi) \cdot \cos\varphi \cdot \sin\varphi)\, d\varphi - \int_{\varphi_1}^{\varphi_2} ([F(\varphi)]^2 \cdot \sin^2\varphi)\, d\varphi \right| \end{aligned}$$

► $\int_{\varphi_1}^{\varphi_2} ([\cos\varphi \cdot \sin\varphi] \cdot [F'(\varphi) \cdot F(\varphi)])\, d\varphi = \int_{\varphi_1}^{\varphi_2} [u(\varphi) \cdot v'(\varphi)]\, d\varphi = u(\varphi) \cdot v(\varphi)\Big|_{\varphi_1}^{\varphi_2} - \int_{\varphi_1}^{\varphi_2} [u'(\varphi) \cdot v(\varphi)]\, d\varphi$

► $u(\varphi) = \cos\varphi \cdot \sin\varphi \Rightarrow u'(\varphi) = -\sin^2\varphi + \cos^2\varphi$

► $v'(\varphi) = F'(\varphi) \cdot F(\varphi) \Rightarrow v(\varphi) = \int_{\varphi_1}^{\varphi_2} [F'(\varphi) \cdot F(\varphi)]\, d\varphi = \frac{1}{2} \cdot [F(\varphi)]^2$ ► 2.4.3

$$\begin{aligned} A_x &= \left| \frac{1}{2} \cdot [F(\varphi)]^2 \cdot \cos\varphi \cdot \sin\varphi \Big|_{\varphi_1}^{\varphi_2} - \int_{\varphi_1}^{\varphi_2} \left[\frac{1}{2} \cdot [F(\varphi)]^2 \cdot (-\sin^2\varphi + \cos^2\varphi) \right] d\varphi - \int_{\varphi_1}^{\varphi_2} ([F(\varphi)]^2 \cdot \sin^2\varphi)\, d\varphi \right| \\ &= \left| \frac{1}{2} \cdot [F(\varphi)]^2 \cdot \cos\varphi \cdot \sin\varphi \Big|_{\varphi_1}^{\varphi_2} - \frac{1}{2} \cdot \int_{\varphi_1}^{\varphi_2} \left[[F(\varphi)]^2 \cdot (-\sin^2\varphi + \cos^2\varphi + 2 \cdot \sin^2\varphi) \right] d\varphi \right| \\ &= \left| \frac{1}{2} \cdot [F(\varphi)]^2 \cdot \cos\varphi \cdot \sin\varphi \Big|_{\varphi_1}^{\varphi_2} - \frac{1}{2} \cdot \int_{\varphi_1}^{\varphi_2} \left[[F(\varphi)]^2 \cdot (\cos^2\varphi + \sin^2\varphi) \right] d\varphi \right| \end{aligned}$$

► $\cos\varphi \cdot \sin\varphi = \frac{1}{2} \cdot \sin(2\varphi)$ und $\cos^2\varphi + \sin^2\varphi = 1$ ► 4.1

$$= \left| \frac{1}{4} \cdot [F(\varphi)]^2 \cdot \sin(2\varphi) \Big|_{\varphi_1}^{\varphi_2} - \frac{1}{2} \cdot \int_{\varphi_1}^{\varphi_2} [F(\varphi)]^2\, d\varphi \right|$$

Da die vorstehende Formel aus $A_x = \left| \int_{t_1}^{t_2} [\dot{f}_1(t) \cdot f_2(t)]\, dt \right|$ bei Kurven in Parameterdarstellung hergeleitet worden ist, müssen die Bedingungen für f_1 und f_2 entsprechend beachtet werden, und zwar gilt:

- $f_1 : f_1(\varphi) = F(\varphi) \cdot \cos\varphi$; $D(f_1) = D(F)$ ist in $[\varphi_1; \varphi_2]$ abschnittsweise monoton und stetig differenzierbar. Es muss also die Funktion F in $[\varphi_1; \varphi_2]$ stetig differenzierbar und abschnittsweise monoton sein.
- Für alle $\varphi \in [\varphi_1; \varphi_2]$ gilt $F(\varphi) \cdot \sin\varphi \le 0$ oder $F(\varphi) \cdot \sin\varphi \ge 0$. Wegen $F(\varphi) \ge 0$ gilt also im ersten Fall $\sin\varphi \le 0$, d. h. $\varphi \in [\pi; 2\pi]$ (Fläche liegt unterhalb der x-Achse) und im zweiten Fall $\sin\varphi \ge 0$, d. h. $\varphi \in [0; \pi]$ (Fläche liegt oberhalb der x-Achse).

- Wechselt jedoch die Funktion $f_2: f_2(\varphi) = F(\varphi) \cdot \sin\varphi$; $D(f_2) = D(F)$ in $[\varphi_1; \varphi_2]$ ihr Vorzeichen, so ist die Formel entsprechend getrennt anzuwenden.

Merke:

Ist eine Kurve in Polarkoordinatendarstellung $F: \varphi \mapsto F(\varphi)$; $\varphi \in D(F)$ gegeben, so gilt für den Inhalt A_x der Fläche zwischen der Kurve und der x-Achse im Winkelintervall $[\varphi_1; \varphi_2] \subseteq D(F)$ unter den vorstehend genannten Bedingungen:

$$\mathbf{A_x = \left| \frac{1}{4} \cdot [F(\varphi)]^2 \cdot \sin(2\varphi) \Big|_{\varphi_1}^{\varphi_2} - \frac{1}{2} \cdot \int\limits_{\varphi_1}^{\varphi_2} [F(\varphi)]^2 \, d\varphi \right|}$$

Anmerkung:

Bei Schreibweisen oder Darstellungen im Polarkoordinatensystem können Winkel sowohl im Gradmaß als auch im Bogenmaß angegeben werden. **Da bei Anwendungen vorwiegend im Bogenmaß gerechnet wird, erfolgen auch hier alle Winkelangaben im Bogenmaß.**

Beispiele: Berechnen Sie jeweils die Maßzahl A_x der Fläche zwischen der in Polarkoordinatendarstellung gegebenen Kurve und der x-Achse im angegebenen Winkelintervall I_x.

- $F: F(\varphi) = 4 \cdot \cos\varphi$;
  $D(F) = \left[0; \frac{\pi}{2}\right] \cup \left[\frac{3}{2}\pi; 2\pi\right]$ in $I_x = \left[0; \frac{\pi}{4}\right]$

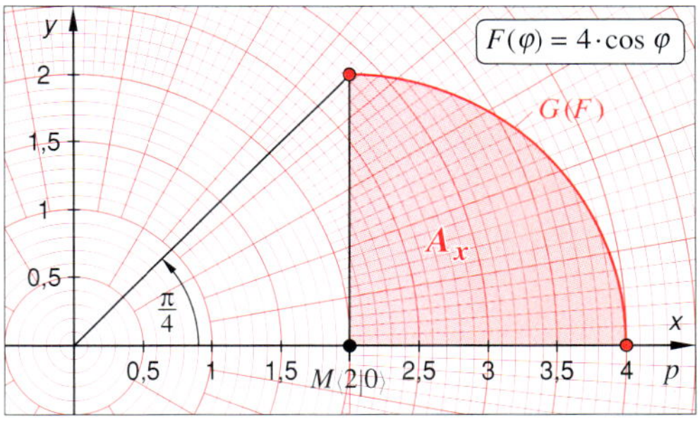

Durch $F(\varphi) = 4 \cdot \cos\varphi$; $\varphi \in D(F)$ wird ein Kreis mit dem Mittelpunkt $M\langle 2 | 0 \rangle$ und dem Radius $r = 2$ beschrieben.

Aus $F(\varphi) = 4 \cdot \cos\varphi$ und $\varphi \in \left[0; \frac{\pi}{4}\right]$ ergibt sich ein Viertelkreis, dessen Flächenmaßzahl auch mit der Kreisflächenformel $A = \frac{\pi}{4} \cdot r^2$ berechnet werden kann. Setzt man dort 2 für r, so ergibt sich π.

Die Funktion $F: F(\varphi) = 4 \cdot \cos\varphi$ ist im Intervall $\left[0; \frac{\pi}{4}\right]$ stetig differenzierbar und abschnittweise monoton. Außerdem gilt $F(\varphi) \cdot \sin\varphi = 4 \cdot \cos\varphi \cdot \sin\varphi$ und somit dort $F(\varphi) \cdot \sin\varphi \geq 0$. Damit sind die Voraussetzungen zur Anwendung der Formel für A_x gegeben. Die Werte für φ_1 und φ_2 sowie der Term für $F(\varphi)$ werden in die Formel eingesetzt und dann das bestimmte Integral gelöst.

► $\int \cos^2\varphi \, d\varphi = \frac{\varphi}{2} + \frac{1}{4} \cdot \sin(2\varphi) + c$ ► 2.4.1

Man erhält auch hier die Maßzahl π, d. h. das Ergebnis stimmt mit der elementaren Berechnung überein.

$$A_x = \left| \frac{1}{4} \cdot [F(\varphi)]^2 \cdot \sin(2\varphi) \Big|_{\varphi_1}^{\varphi_2} - \frac{1}{2} \cdot \int\limits_{\varphi_1}^{\varphi_2} [F(\varphi)]^2 \, d\varphi \right|$$

► 0 für φ_1; $\frac{\pi}{4}$ für φ_2; $F(\varphi) = 4 \cdot \cos\varphi$

$$= \left| \frac{1}{4} \cdot 16 \cdot \cos^2\varphi \cdot \sin(2\varphi) \Big|_0^{\frac{\pi}{4}} - \frac{1}{2} \cdot \int\limits_0^{\frac{\pi}{4}} [16 \cdot \cos^2\varphi] \, d\varphi \right|$$

$$= \left| 4 \cdot \cos^2 \frac{\pi}{4} \cdot \sin \frac{\pi}{2} - 0 - 8 \cdot \int\limits_0^{\frac{\pi}{4}} \cos^2\varphi \, d\varphi \right|$$

$$= \left| 4 \cdot \frac{1}{2} \cdot 1 - 8 \cdot \left[\frac{\varphi}{2} + \frac{1}{4} \cdot \sin(2\varphi) \right] \Big|_0^{\frac{\pi}{4}} \right|$$

$$= \left| 2 - 8 \cdot \left[\frac{\pi}{8} + \frac{1}{4} \cdot \sin \frac{\pi}{2} - 0 \right] \right|$$

$$= |2 - \pi - 2|$$

$$= \underline{\underline{\pi}}$$ ► Maßzahl der Fläche in $I_x = \left[0; \frac{\pi}{4}\right]$

- $F: F(\varphi) = 1 + \sin\varphi;\ D(F) = [0; 2\,\pi];$
  $I_x = [1{,}5\,\pi; 2\,\pi]$

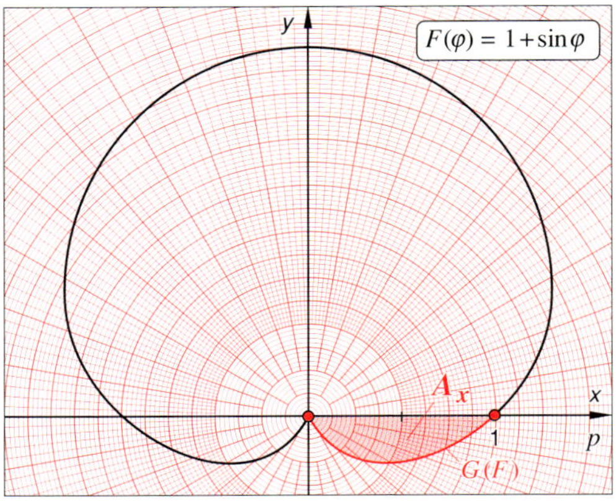

Durch $F(\varphi) = 1 + \sin\varphi;\ \varphi \in [0; 2\,\pi]$ wird die so genannte **Herzkurve** oder **Kardioide** beschrieben.

Im Intervall $[1{,}5\,\pi; 2\,\pi]$ liegt die Fläche zwischen der Kurve und der x-Achse unterhalb dieser Achse.

Die Funktion $F: F(\varphi) = 1 + \sin\varphi$ ist im Intervall $[1{,}5\,\pi; 2\,\pi]$ stetig differenzierbar und abschnittsweise monoton. Außerdem gilt $F(\varphi)\cdot\sin\varphi = (1+\sin\varphi)\cdot\sin\varphi$ und somit dort $F(\varphi)\cdot\sin\varphi \leq 0$. Damit sind die Voraussetzungen zur Anwendung der Formel für A_x gegeben.

$$A_x = \left|\frac{1}{4}\cdot[F(\varphi)]^2\cdot\sin(2\varphi)\Big|_{\varphi_1}^{\varphi_2} - \frac{1}{2}\cdot\int_{\varphi_1}^{\varphi_2}[F(\varphi)]^2\,\mathrm{d}\varphi\right|$$

► $1{,}5\,\pi$ für φ_1; $2\,\pi$ für φ_2; $F(\varphi) = 1 + \sin\varphi$

Die Werte für φ_1 und φ_2 sowie der Term für $F(\varphi)$ werden in die Formel eingesetzt und dann das bestimmte Integral gelöst.

$$= \left|\frac{1}{4}\cdot[1+\sin(\varphi)]^2\cdot\sin(2\varphi)\Big|_{1{,}5\,\pi}^{2\,\pi} - \frac{1}{2}\cdot\int_{1{,}5\,\pi}^{2\,\pi}[1+\sin\varphi]^2\,\mathrm{d}\varphi\right|$$

$$= \left|\frac{1}{4}\cdot[1+\sin(2\,\pi)]^2\cdot\sin(4\,\pi) - \frac{1}{4}\cdot[1+\sin(1{,}5\,\pi)]^2\cdot\sin(3\right.$$

$$-\frac{1}{2}\cdot\int_{1{,}5\,\pi}^{2\,\pi}[1+2\cdot\sin\varphi+\sin^2\varphi$$

► $\displaystyle\int \sin^2\varphi\,\mathrm{d}\varphi = \frac{\varphi}{2} - \frac{1}{4}\cdot\sin(2\varphi) + c$ ► 2.4.1

$$= \left|0 - \frac{1}{2}\cdot\int_{1{,}5\,\pi}^{2\,\pi}1\,\mathrm{d}\varphi - \int_{1{,}5\,\pi}^{2\,\pi}\sin\varphi\,\mathrm{d}\varphi - \frac{1}{2}\cdot\int_{1{,}5\,\pi}^{2\,\pi}\sin^2\varphi\,\mathrm{d}\varphi\right|$$

$$= \left|-\frac{\varphi}{2}\Big|_{1{,}5\,\pi}^{2\,\pi} + \cos\varphi\Big|_{1{,}5\,\pi}^{2\,\pi} - \frac{\varphi}{4} + \frac{1}{8}\cdot\sin(2\varphi)\Big|_{1{,}5\,\pi}^{2\,\pi}\right|$$

$$= \left|-\left(\frac{2\,\pi}{2} - \frac{1{,}5\,\pi}{2}\right) + (\cos(2\,\pi) - \cos(1{,}5\,\pi)) + \right.$$

$$\left.-\frac{2\,\pi}{4} + \frac{1}{8}\cdot\sin(4\,\pi) - \left(-\frac{1{,}5\,\pi}{4} + \frac{1}{8}\cdot\sin(3\,\pi)\right)\right|$$

$$= \left|-\frac{\pi}{4} + 1 - 0 - \frac{\pi}{2} + 0 + \frac{3}{8}\pi - 0\right|$$

$$= \left|-\frac{\pi}{4} + 1 - \frac{\pi}{2} + \frac{3}{8}\pi\right|$$

$$= |-0{,}178097|$$

$$= \underline{\underline{0{,}178097}}$$

Die Fläche zwischen dem Teilstück der Kardioide in $[1{,}5\,\pi; 2\,\pi]$ und der x-Achse hat die Maßzahl 0,178097.

• Flächen zwischen einer Kurve und der y-Achse

Problem: Entwickeln Sie eine Formel zur Berechnung des Inhaltes A_y einer Fläche, die im Winkelintervall $[\varphi_1;\varphi_2]$ zwischen einer in Polarkoordinatendarstellung gegebenen Kurve und der y-Achse liegt.

Hier wird von der Formel für A_y bei Kurven in Parameterdarstellung ausgegangen. Dort wird φ für t, $F(\varphi)\cdot\cos\varphi$ für $f_1(\varphi)$ und $F'(\varphi)\cdot\sin\varphi+F(\varphi)\cdot\cos\varphi$ für $\dot{f}_2(\varphi)$ gesetzt.

Die sich ergebende Formel kann man mithilfe der partiellen Integration (► 2.5) so umwandeln, dass sie den Ableitungsterm $F'(\varphi)$ nicht mehr enthält. Damit lassen sich viele Rechnungen vereinfachen.

► Herleitung wie bei der Formel für A_x

$$A_y=\left|\int\limits_{t_1}^{t_2}[f_1(t)\cdot\dot{f}_2(t)]\,\mathrm{d}t\right|$$

► φ_1 für t_1; φ_2 für t_2; φ für t

► $f_1(\varphi)=F(\varphi)\cdot\cos\varphi$

► $f_2(\varphi)=F(\varphi)\cdot\sin\varphi\Rightarrow\dot{f}_2(\varphi)=F'(\varphi)\cdot\sin\varphi+F(\varphi)\cdot\cos\varphi$

$$A_y=\left|\int\limits_{\varphi_1}^{\varphi_2}\left[F(\varphi)\cdot\cos\varphi\cdot\left(F'(\varphi)\cdot\sin\varphi+F(\varphi)\cdot\cos\varphi\right)\right]\mathrm{d}\varphi\right|$$

$$=\left|\frac{1}{4}\cdot[F(\varphi)]^2\cdot\sin(2\varphi)\Big|_{\varphi_1}^{\varphi_2}+\frac{1}{2}\cdot\int\limits_{\varphi_1}^{\varphi_2}[F(\varphi)]^2\,\mathrm{d}\varphi\right|$$

Da die vorstehende Formel aus $A_y=\left|\int\limits_{t_1}^{t_2}[f_1(t)\cdot\dot{f}_2(t)]\,\mathrm{d}t\right|$ für Kurven in Parameterdarstellung hergeleitet worden ist, müssen die Bedingungen für f_1 und f_2 entsprechend beachtet werden, und zwar gilt:

- $f_2: f_2(\varphi)=F(\varphi)\cdot\sin\varphi$; $D(f_2)=D(F)$ ist in $[\varphi_1;\varphi_2]$ abschnittsweise monoton und stetig differenzierbar. Es muss also die Funktion F in $[\varphi_1;\varphi_2]$ stetig differenzierbar und abschnittsweise monoton sein.

  Die Funktion $f_1: f_1(\varphi)=F(\varphi)\cdot\cos\varphi$; $D(f_1)=D(F)$ ist in $[\varphi_1;\varphi_2]$ abschnittsweise monoton.
- Für alle $\varphi\in[\varphi_1;\varphi_2]$ gilt $F(\varphi)\cdot\cos\varphi\leq 0$ oder $F(\varphi)\cdot\cos\varphi\geq 0$. Wegen $F(\varphi)\geq 0$ gilt also im ersten Fall $\cos\varphi\leq 0$, d. h. $\varphi\in\left[\frac{\pi}{2};\frac{3}{2}\pi\right]$ (Fläche liegt links von der y-Achse) und im zweiten Fall $\cos\varphi\geq 0$, d. h. $\varphi\in\left[0;\frac{\pi}{2}\right]\cup\left[\frac{3}{2}\pi;2\pi\right]$ (Fläche liegt rechts von der y-Achse).
- Wechselt jedoch die Funktion $f_1: f_1(\varphi)=F(\varphi)\cdot\cos\varphi$; $D(f_1)=D(F)$ in $[\varphi_1;\varphi_2]$ ihr Vorzeichen, so ist die Formel entsprechend getrennt anzuwenden.
- Die Formel ist auch dann gültig, wenn die Kurve im Winkelintervall $[\varphi_1;\varphi_2]\subseteq D(F)$ geschlossen ist und die Kurvenpunkte mit Ausnahme nur eines Punktes nur einmal durchlaufen werden. Das gilt unabhängig von der Lage der geschlossenen Kurve im Koordinatensystem.

Merke:

Ist eine Kurve in Polarkoordinatendarstellung $F:\varphi\mapsto F(\varphi)$; $\varphi\in D(F)$ gegeben, so gilt für den Inhalt A_y der Fläche zwischen der Kurve und der y-Achse im Winkelintervall $[\varphi_1;\varphi_2]\subseteq D(F)$ unter den vorstehend genannten Bedingungen:

$$\boldsymbol{A_y=\left|\frac{1}{4}\cdot[F(\varphi)]^2\cdot\sin(2\varphi)\Big|_{\varphi_1}^{\varphi_2}+\frac{1}{2}\cdot\int\limits_{\varphi_1}^{\varphi_2}[F(\varphi)]^2\,\mathrm{d}\varphi\right|}$$

Beispiele: Berechnen Sie jeweils die Maßzahl A_y der Fläche zwischen der in Polarkoordinatendarstellung gegebenen Kurve und der y-Achse im angegebenen Winkelintervall I.

- $F: F(\varphi) = 4 \cdot \cos\varphi$; $D(F) = \left[0; \frac{\pi}{2}\right] \cup \left[\frac{3}{2}\pi; 2\pi\right]$; $I = \left[0; \frac{\pi}{4}\right]$

Die Fläche mit der Maßzahl A_y zwischen der Kurve und der y-Achse setzt sich im Intervall $\left[0; \frac{\pi}{4}\right]$ aus einem Viertelkreis und aus einem Quadrat zusammen. Man kann A_y hier auch elementar berechnen, wobei sich die Maßzahl $\pi + 4$ ergibt.

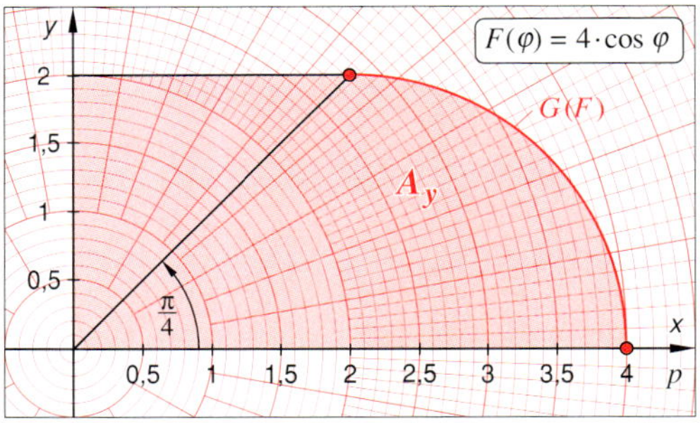

Die Funktion $F: F(\varphi) = 4 \cdot \cos\varphi$ ist im Intervall $\left[0; \frac{\pi}{4}\right]$ stetig differenzierbar und abschnittsweise monoton. Außerdem gilt $F(\varphi) \cdot \cos\varphi = 4 \cdot \cos\varphi \cdot \cos\varphi = 4 \cdot \cos^2\varphi$ und somit dort $F(\varphi) \cdot \cos\varphi \geq 0$. Damit sind die Voraussetzungen zur Anwendung der Formel für A_y gegeben.

Die Werte für φ_1 und φ_2 sowie der Term für $F(\varphi)$ werden in die Formel eingesetzt und dann das bestimmte Integral gelöst.

► $\int \cos^2\varphi \, d\varphi = \frac{\varphi}{2} + \frac{1}{4} \cdot \sin(2\varphi) + c$ ► 2.4.1

Die sich ergebende Maßzahl $\pi + 4$ stimmt mit dem Ergebnis der elementaren Berechnung überein.

$$A_y = \left| \frac{1}{4} \cdot [F(\varphi)]^2 \cdot \sin(2\varphi) \Big|_{\varphi_1}^{\varphi_2} + \frac{1}{2} \cdot \int_{\varphi_1}^{\varphi_2} [F(\varphi)]^2 \, d\varphi \right|$$

► 0 für φ_1; $\frac{\pi}{4}$ für φ_2; $F(\varphi) = 4 \cdot \cos\varphi$

$$= \left| \frac{1}{4} \cdot [4 \cdot \cos\varphi]^2 \cdot \sin(2\varphi) \Big|_0^{\frac{\pi}{4}} + \frac{1}{2} \cdot \int_0^{\frac{\pi}{4}} [4 \cdot \cos\varphi]^2 \, d\varphi \right|$$

$$= \left| \frac{1}{4} \cdot 16 \cdot \cos^2\varphi \cdot \sin(2\varphi) \Big|_0^{\frac{\pi}{4}} + \frac{1}{2} \cdot \int_0^{\frac{\pi}{4}} [16 \cdot \cos^2\varphi] \, d\varphi \right|$$

$$= \left| 4 \cdot \cos^2\frac{\pi}{4} \cdot \sin\frac{\pi}{2} - 0 + 8 \cdot \int_0^{\frac{\pi}{4}} \cos^2\varphi \, d\varphi \right|$$

$$= \left| 4 \cdot \frac{1}{2} \cdot 1 + 8 \cdot \left[\frac{\varphi}{2} + \frac{1}{4} \cdot \sin(2\varphi)\right] \Big|_0^{\frac{\pi}{4}} \right|$$

$$= \left| 2 + 8 \cdot \left[\frac{\pi}{8} + \frac{1}{4} \cdot \sin\frac{\pi}{2} - 0\right] \right|$$

$$= |2 + \pi + 2|$$

$$= \underline{\underline{\pi + 4}}$$ ► Maßzahl der Fläche in $\left[0; \frac{\pi}{4}\right]$

- $F: F(x) = 4 \cdot \cos\varphi; D(F) = \left[0; \frac{\pi}{2}\right] \cup \left[\frac{3}{2}\pi; 2\pi\right]$; $I = \left[\frac{\pi}{4}; \frac{\pi}{2}\right]$

Die Fläche mit der Maßzahl A_y zwischen der Kurve und der y-Achse im Intervall $\left[\frac{\pi}{4}; \frac{\pi}{2}\right]$ lässt sich auch elementar berechnen, wobei man die Maßzahl $4 - \pi$ erhält.

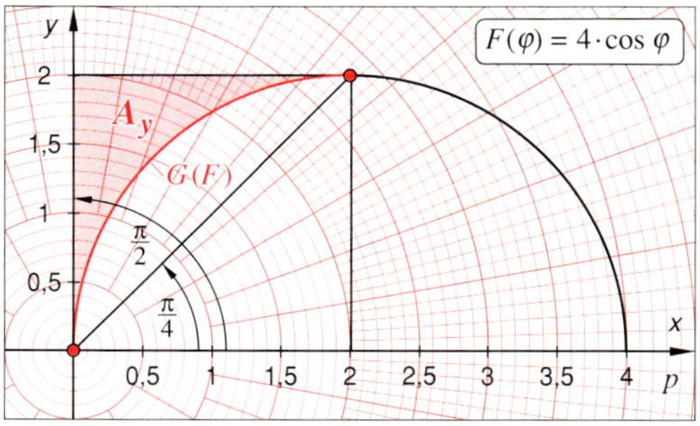

Die Funktion $F: F(\varphi) = 4 \cdot \cos\varphi$ ist im Intervall $\left[\frac{\pi}{4}; \frac{\pi}{2}\right]$ stetig differenzierbar und abschnittsweise monoton. Außerdem gilt $F(\varphi) \cdot \cos\varphi = 4 \cdot \cos\varphi \cdot \cos\varphi = 4 \cdot \cos^2\varphi$ und somit dort $F(\varphi) \cdot \cos\varphi \geq 0$. Damit sind die Voraussetzungen zur Anwendung der Formel für A_y gegeben.

Die Werte für φ_1 und φ_2 sowie der Term für $F(\varphi)$ werden in die Formel eingesetzt und dann das bestimmte Integral gelöst.

$$A_y = \left| \frac{1}{4} \cdot [F(\varphi)]^2 \cdot \sin(2\varphi) \Big|_{\varphi_1}^{\varphi_2} + \frac{1}{2} \cdot \int\limits_{\varphi_1}^{\varphi_2} [F(\varphi)]^2 \, d\varphi \right|$$

► $\frac{\pi}{4}$ für φ_1; $\frac{\pi}{2}$ für φ_2; $F(\varphi) = 4 \cdot \cos\varphi$

$$= \left| \frac{1}{4} \cdot [4 \cdot \cos\varphi]^2 \cdot \sin(2\varphi) \Big|_{\frac{\pi}{4}}^{\frac{\pi}{2}} + \frac{1}{2} \cdot \int\limits_{\frac{\pi}{4}}^{\frac{\pi}{2}} [4 \cdot \cos\varphi]^2 \, d\varphi \right|$$

$$= \left| \frac{1}{4} \cdot 16 \cdot \cos^2\varphi \cdot \sin(2\varphi) \Big|_{\frac{\pi}{4}}^{\frac{\pi}{2}} + \frac{1}{2} \cdot \int\limits_{\frac{\pi}{4}}^{\frac{\pi}{2}} [16 \cdot \cos^2\varphi] \, d\varphi \right|$$

$$= \left| 4 \cdot \cos^2 \frac{\pi}{2} \cdot \sin\pi - 4 \cdot \cos^2 \frac{\pi}{4} \cdot \sin\frac{\pi}{2} + 8 \cdot \int\limits_{\frac{\pi}{4}}^{\frac{\pi}{2}} \cos^2\varphi \, d\varphi \right|$$

► $\int \cos^2(\varphi)\, d\varphi = \frac{\varphi}{2} + \frac{1}{4} \cdot \sin(2\varphi) + c$ ► 2.4.1

$$= \left| 0 - 4 \cdot \frac{1}{2} \cdot 1 + 8 \cdot \left[\frac{\varphi}{2} + \frac{1}{4} \cdot \sin(2\varphi)\right] \Big|_{\frac{\pi}{4}}^{\frac{\pi}{2}} \right|$$

$$= \left| -2 + 8 \cdot \left[\frac{\pi}{4} + \frac{1}{4} \cdot \sin\pi - \left(\frac{\pi}{8} - \frac{1}{4} \cdot \sin\frac{\pi}{2}\right)\right] \right|$$

$$= |-2 + 2\pi - \pi - 2|$$

$$= \underline{\underline{4 - \pi}}$$ ► Maßzahl der Fläche in $\left[\frac{\pi}{4}; \frac{\pi}{2}\right]$

Die sich ergebende Flächenmaßzahl $4 - \pi$ stimmt mit dem Ergebnis der elementaren Berechnung überein.

• Flächen zwischen einer Kurve und den Polarradien

Problem: Entwickeln Sie eine Formel zur Berechnung des Inhaltes A_P einer Fläche, die im Winkelintervall $[\varphi_1; \varphi_2]$ zwischen einer in Polarkoordinatendarstellung gegebenen Kurve und den Polarradien liegt.

Die Berechnung des Inhaltes A_p einer Fläche zwischen zwei Polarradien ist von anderer Art, als die bisher betrachteten Flächeninhaltsberechnungen. Daher wird hier auch eine andere Berechnungsmethode gewählt.

Ist A_P der Inhalt der Fläche zwischen einer Kurve sowie zwei Polarradien $F(\varphi_1)$ und $F(\varphi_2)$ im Intervall $[\varphi_1; \varphi_2]$, so erhält man für jedes $\varphi \in [\varphi_1; \varphi_2]$ eine Fläche zwischen der Kurve und den Polarradien $F(\varphi_1)$ und $F(\varphi)$ mit dem eindeutigen Inhalt $A(\varphi)$, denn F ist in $[\varphi_1; \varphi_2]$ als stetig vorausgesetzt. Daher ist in $[\varphi_1; \varphi_2]$ auf diese Weise eine Funktion A erklärt.

Ist ΔA der Inhalt der Fläche zwischen den beiden Polarradien $F(\varphi)$ und $F(\varphi+\Delta\varphi)$ mit $\varphi\colon \varphi+\Delta\varphi \in [\varphi_1;\varphi_2]$ und $\Delta\varphi > 0$, so gilt $\Delta A = A(\varphi+\Delta\varphi) - A(\varphi)$. Für die Flächen ΔA mit dem Sektorwinkel $\Delta\varphi$, den Kreissektor ABC mit $\Delta\varphi$ und dem Radius $F(\varphi)$ sowie den Kreissektor ADE mit $\Delta\varphi$ und dem Radius $F(\varphi+\Delta\varphi)$ gilt dann:

Kreissektor $ABC \leq \Delta A \leq$ Kreissektor ADE

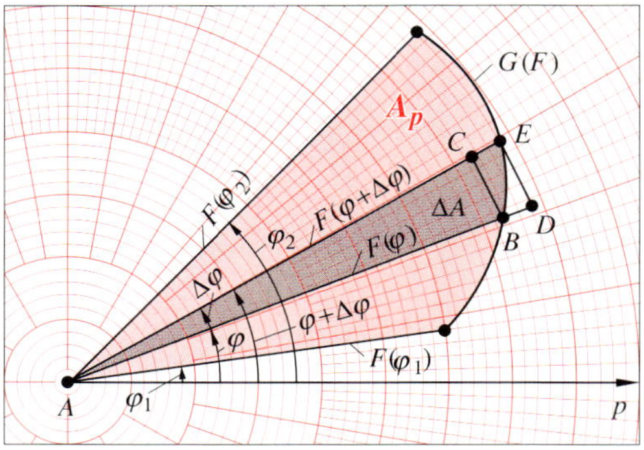

Der Inhalt eines Kreissektors mit dem Winkel α (α im Bogenmaß) wird mit der Formel $A_S = \frac{1}{2}\cdot r^2\cdot\alpha$ berechnet. Man kann also hier $F(\varphi+\Delta\varphi)$ bzw. $F(\varphi)$ für r und $\Delta\varphi$ für α setzen und eine Ungleichungskette aufstellen.

$$\frac{1}{2}\cdot[F(\varphi)]^2\cdot\Delta\varphi \leq \Delta A \leq \frac{1}{2}\cdot[F(\varphi+\Delta\varphi)]^2\cdot\Delta\varphi$$

$$\Rightarrow \frac{1}{2}\cdot[F(\varphi)]^2 \leq \frac{\Delta A}{\Delta\varphi} \leq \frac{1}{2}\cdot[F(\varphi+\Delta\varphi)]^2$$

$$\Rightarrow \lim_{\Delta\varphi\to 0}\left(\frac{1}{2}\cdot[F(\varphi)]^2\right) \leq \lim_{\Delta\varphi\to 0}\frac{\Delta A}{\Delta\varphi} \leq \lim_{\Delta\varphi\to 0}\left(\frac{1}{2}\cdot[F(\varphi+\Delta\varphi$$

Wegen $\lim\limits_{\Delta\varphi\to 0}\left(\frac{1}{2}\cdot[F(\varphi+\Delta\varphi)]^2\right) = \frac{1}{2}\cdot[F(\varphi)]^2$ ergibt sich dann $\lim\limits_{\Delta\varphi\to 0}\frac{\Delta A}{\Delta\varphi} = \frac{1}{2}\cdot[F(\varphi)]^2$ mit $\varphi\in[\varphi_1;\varphi_2]$.

► $\lim\limits_{\Delta\varphi\to 0}\left(\frac{1}{2}\cdot[F(\varphi+\Delta\varphi)]^2\right) = \frac{1}{2}\cdot[F(\varphi)]^2$; F ist stetig in $[\varphi_1;\varphi$

$$\Rightarrow \frac{1}{2}\cdot[F(\varphi)]^2 \leq \lim_{\Delta\varphi\to 0}\frac{\Delta A}{\Delta\varphi} \leq \frac{1}{2}\cdot[F(\varphi)]^2$$

$\frac{\Delta A}{\Delta\varphi} = \frac{A(\varphi+\Delta\varphi)-A(\varphi)}{\Delta\varphi}$ ist der Differenzenquotient der Funktion A. Diese ist daher differenzierbar in $[\varphi_1;\varphi_2]$ und man erhält damit $A'(\varphi) = \frac{1}{2}\cdot[F(\varphi)]^2$. Nach Kapitel 1.2 folgt daraus, dass A eine Stammfunktion von $G\colon G(\varphi) = \frac{1}{2}\cdot[F(\varphi)]^2$ in $[\varphi_1;\varphi_2]$ ist.

$\Rightarrow \lim\limits_{\Delta\varphi\to 0}\frac{\Delta A}{\Delta\varphi} = \frac{1}{2}\cdot[F(\varphi)]^2$ ► $\lim\limits_{\Delta\varphi\to 0}\frac{\Delta A}{\Delta\varphi} = A'(\varphi)$

$$\Rightarrow A'(\varphi) = \frac{1}{2}\cdot[F(\varphi)]^2;\ \varphi\in[\varphi_1;\varphi_2]$$

► A ist Stammfunktion von $G\colon G(\varphi) = \frac{1}{2}\cdot[F(\varphi)]^2$ in $[\varphi_1;\varphi_2]$

Somit gilt nach dem Hauptsatz (► 1.2):

$$\int_{\varphi_2}^{\varphi_1}\left(\frac{1}{2}\cdot[F(\varphi)]^2\right)\,d\varphi = A(\varphi_2) - A(\varphi_1)$$

Wegen $A(\varphi_1) = 0$ und $A(\varphi_2) = A_p$ ergibt sich dann die Formel $A_p = \frac{1}{2}\cdot\int\limits_{\varphi_2}^{\varphi_1}[F(\varphi)]^2\,d\varphi$ für den Inhalt A_p einer Sektorfläche in $[\varphi_1;\varphi_2]$.

$\int\limits_{\varphi_2}^{\varphi_1}\left(\frac{1}{2}\cdot[F(\varphi)]^2\right)\,d\varphi = A(\varphi_2) - A(\varphi_1)$ ► Hauptsatz

► $A(\varphi_1) = 0$ ► $A(\varphi_2) = A_p$

$A_p = \frac{1}{2}\cdot\int\limits_{\varphi_2}^{\varphi_1}[F(\varphi)]^2\,d\varphi$ ► Sektorformel

Die Sektorformel gilt insbesondere auch dann, wenn die Kurve im Winkelintervall $[\varphi_1;\varphi_2]\subseteq D(F)$ geschlossen ist und die Kurvenpunkte mit Ausnahme eines einzigen Punktes nur einmal durchlaufen werden.

Merke:

Ist eine Kurve in Polarkoordinatendarstellung $F: \varphi \mapsto F(\varphi);\ \varphi \in D(F)$ gegeben und ist F stetig, so gilt für den Inhalt A_p der Fläche zwischen der Kurve und den Polarradien $F(\varphi_1)$ und $F(\varphi_2)$ im Winkelintervall $[\varphi_1; \varphi_2] \subseteq D(F)$:

$$A_p = \frac{1}{2} \cdot \int_{\varphi_1}^{\varphi_2} [F(\varphi)]^2 \, d\varphi \quad \blacktriangleright \textbf{ Sektorformel}$$

Anmerkung:

Wenn die Funktion F im Intervall $[\varphi_1; \varphi_2]$ stetig ist, dann ist auch F^2 in $[\varphi_1; \varphi_2]$ stetig und somit dort integrierbar.

Beispiel: Berechnen Sie die Maßzahl A_p der Fläche zwischen der in Polarkoordinaten gegebenen Kurve mit $F: F(\varphi) = 4 \cdot \cos \varphi;\ D(F) = \left[0; \frac{\pi}{2}\right] \cup \left[\frac{3}{2}\pi; 2\pi\right]$ und den beiden Polarradien im Winkelintervall $\left[0; \frac{\pi}{4}\right]$.

Die Fläche zwischen $G(F)$ und den beiden Polarradien $F(\varphi_1)$ und $F(\varphi_2)$ besteht im gegebenen Intervall $\left[0; \frac{\pi}{4}\right]$ aus einem Viertelkreis und aus einem Dreieck. Die Flächenmaßzahl A_p kann daher auch elementar berechnet werden. Dabei erhält man die Maßzahl $\pi + 2$.

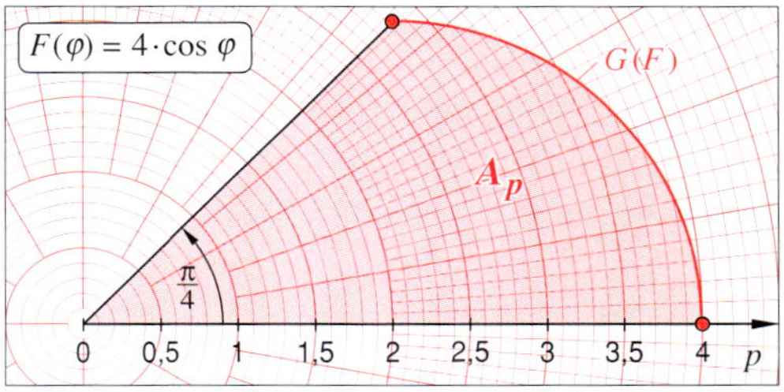

Da F im Winkelintervall $\left[0; \frac{\pi}{4}\right]$ stetig ist, wird die für A_p entwickelte Formel verwendet. Dazu setzt man die Werte für φ_1 und φ_2 sowie den Term für $F(\varphi)$ ein und integriert.

$$A_p = \frac{1}{2} \cdot \int_{\varphi_2}^{\varphi_1} [F(\varphi)]^2 \, d\varphi \quad \blacktriangleright 0 \text{ für } \varphi_1; \frac{\pi}{4} \text{ für } \varphi_2$$

$$F(\varphi) = 4 \cdot \cos \varphi$$

$$= \frac{1}{2} \cdot \int_0^{\frac{\pi}{4}} [4 \cdot \cos \varphi]^2 \, d\varphi$$

$$= 8 \cdot \int_0^{\frac{\pi}{4}} \cos^2 \varphi \, d\varphi \quad \blacktriangleright 2.4.1$$

$$= 8 \cdot \left[\frac{\varphi}{2} + \frac{1}{4} \cdot \sin(2\varphi) \Big|_0^{\frac{\pi}{4}} \right]$$

$$= 8 \cdot \left[\frac{\pi}{8} + \frac{1}{4} \cdot \sin \frac{\pi}{2} - 0 \right] \quad \blacktriangleright \sin \frac{\pi}{2} = 1$$

$$= \underline{\underline{\pi + 2}}$$

Die sich ergebende Maßzahl $\pi + 2$ stimmt mit dem Ergebnis der elementaren Berechnung überein.

Beispiele: Berechnen Sie für die nachstehenden Kurven in Polarkoordinatendarstellung die Maßzahl der Fläche zwischen der Kurve und den Polarradien im angegebenen Winkelintervall I.

- $F: F(\varphi) = a \cdot (1 + \sin\varphi)$ mit $D(F) = [0; 2\pi]$ und $a \in \mathbb{R}^{>0}$ ▶ $I = [0; 2\pi]$

Die im Intervall $[0; 2\pi]$ dargestellte geschlossene Kurve ist eine Herzkurve oder Kardioide.

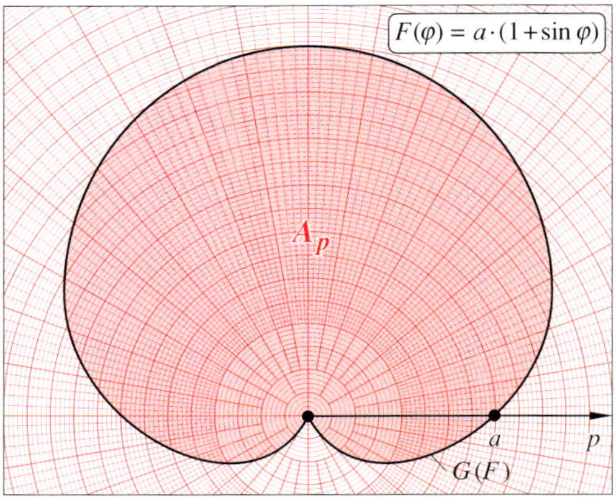

Zur Berechnung des Flächeninhaltes innerhalb der geschlossenen Kurve wird für $F(\varphi)$ der Term $a \cdot (1 + \sin\varphi)$ in die für A_p entwickelte Formel eingesetzt.

$$A_p = \frac{1}{2} \cdot \int_{\varphi_2}^{\varphi_1} [F(\varphi)]^2 \, d\varphi \quad ▶ \; F(\varphi) = a \cdot (1 + \sin\varphi);\ I = [0; 2\pi]$$

$$= \frac{1}{2} \cdot \int_0^{2\pi} [a \cdot (1 + \sin\varphi)]^2 \, d\varphi$$

$$= \frac{a^2}{2} \cdot \int_0^{2\pi} (1 + \sin\varphi)^2 \, d\varphi$$

Das unbestimmte Integral $\int \sin^2\varphi \, d\varphi$ wurde bereits gelöst:

$\int \sin^2\varphi \, d\varphi = \frac{\varphi}{2} - \frac{1}{4} \cdot \sin(2\varphi) + c$ ▶ 2.4.1

$$= \frac{a^2}{2} \cdot \int_0^{2\pi} (1 + 2 \cdot \sin\varphi + \sin^2\varphi) \, d\varphi$$

$$= \frac{a^2}{2} \cdot \left[\varphi - 2 \cdot \cos\varphi + \frac{\varphi}{2} - \frac{1}{4} \cdot \sin(2\varphi) \Big|_0^{2\pi} \right]$$

$$= \frac{a^2}{2} \cdot \left[2\pi - 2 \cdot \cos(2\pi) + \frac{2\pi}{2} - \frac{1}{4} \cdot \sin(4\pi) + {} - \left(0 - 2 \cdot \cos 0 + 0 - \frac{1}{4} \cdot \sin 0 \right) \right]$$

Integriert man in den gegebenen Grenzen von 0 bis 2π, so erhält man den Flächeninhalt A_p einer Kardioide mit $\frac{3}{2}\pi \cdot a^2$.

$$= \frac{a^2}{2} \cdot [2\pi - 2 + \pi - 0 + 2 \cdot 1]$$

$$= \underline{\underline{\frac{3}{2}\pi \cdot a^2}} \quad ▶ \text{ Flächeninhalt einer Kardioide}$$

● $F: F(\varphi) = \frac{\varphi}{2};\ D(F) = \mathbb{R}^{\geq 0};\ I = \left[2\pi; \frac{15}{4}\pi\right]$

Die dargestellte Kurve heißt **archimedische Spirale**.

Die zu berechnende Flächenmaßzahl A_p für das Winkelintervall $\left[2\pi; \frac{15}{4}\pi\right]$ ist die Differenz der Flächenmaßzahlen für die Intervalle $\left[0; \frac{15}{4}\pi\right]$ und $[0; 2\pi]$.

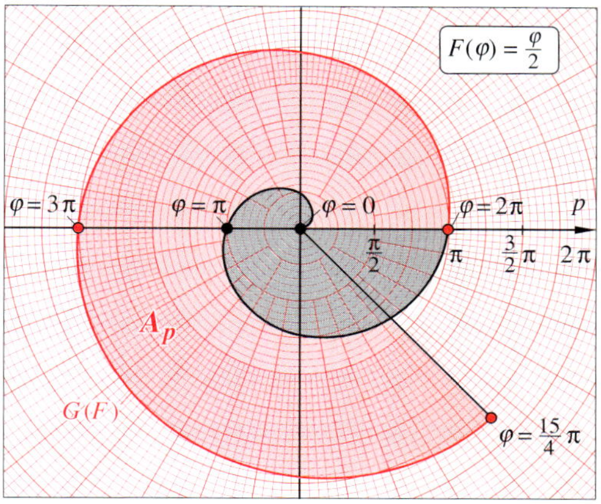

Zur Berechnung von A_p wird der Term $\frac{\varphi}{2}$ für $F(\varphi)$ in die entwickelte Formel eingesetzt und dann in den Grenzen $\left[2\pi; \frac{15}{4}\pi\right]$ integriert.

$$A_p = \frac{1}{2} \cdot \int_{\varphi_2}^{\varphi_1} [F(\varphi)]^2 \mathrm{d}\varphi \quad ► F(\varphi) = \frac{\varphi}{2};\ I = \left[2\pi; \tfrac{15}{4}\pi\right]$$

$$= \frac{1}{2} \cdot \int_{2\pi}^{\frac{15}{4}\pi} \left[\frac{\varphi}{2}\right]^2 \mathrm{d}\varphi$$

$$= \frac{1}{8} \cdot \int_{2\pi}^{\frac{15}{4}\pi} \varphi^2 \,\mathrm{d}\varphi$$

$$= \frac{1}{24} \cdot \varphi^3 \Big|_{2\pi}^{\frac{15}{4}\pi}$$

$$= \frac{1}{24} \cdot \left[\left(\frac{15}{4}\pi\right)^3 - (2\pi)^3\right]$$

$$= \underline{\underline{57{,}7936}}$$

Die Flächenmaßzahl A_p im Intervall $\left[2\pi; \frac{15}{4}\pi\right]$ lautet 57,7936.

Beispiel: Transformieren Sie die implizit definierte Relation $R\colon (x^2 + y^2)^3 = 100 \cdot x^2 \cdot y^2$ mit $x; y \in \mathbb{R}$ in eine Polarkoordinatendarstellung und berechnen Sie die Maßzahl der Fläche, die von der Kurve im ersten Quadranten eingeschlossen wird.

Durch die implizite Relation R mit der Gleichung $(x^2 + y^2)^3 = 100 \cdot x^2 \cdot y^2$ wird eine geschlossene Schleifenkurve beschrieben.
► Kleeblattkurve, Vierblatt

Dieses Beispiel wurde bereits bei „Flächen zwischen Kurve und x-Achse" im Abschnitt „Flächen bei Kurven in Parameterdarstellung" berechnet. Dort ergab sich $\frac{25}{8}\pi$ als Flächenmaßzahl.

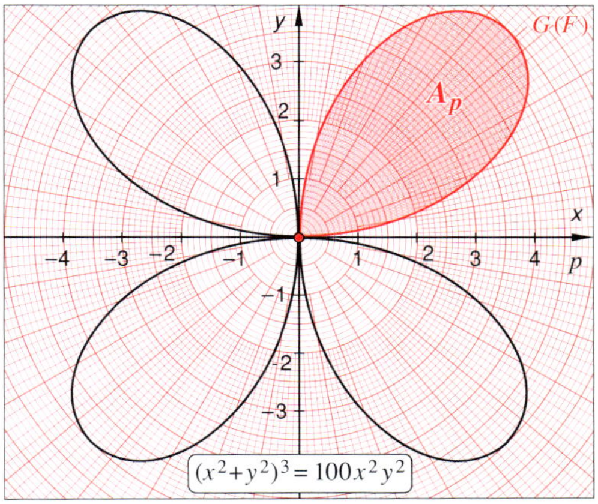

Die Relation R wird in Polarkoordinaten transformiert, indem man $F(\varphi)\cdot\cos\varphi$ für x und $F(\varphi)\cdot\sin\varphi$ für y setzt. ► Kusch 3; 1.1.10

$$(x^2+y^2)^3 = 100\cdot x^2\cdot y^2$$

► $F(\varphi)\cdot\cos\varphi$ für x; $F(\varphi)\cdot\sin\varphi$ für y

$$\Rightarrow \left([F(\varphi)]^2\cdot\cos^2\varphi + [F(\varphi)]^2\cdot\sin^2\varphi\right)^3 = 100\cdot[F(\varphi)]^2\cdot\cos^2\varphi\cdot[F(\varphi)]^2\cdot\sin^2\varphi$$

► $\cos^2\varphi+\sin^2\varphi = 1$

$$\Rightarrow \left([F(\varphi)]^2\cdot(\cos^2\varphi+\sin^2\varphi)\right)^3 = 100\cdot[F(\varphi)]^4\cdot\cos^2\varphi\cdot\sin^2\varphi$$

► $\cos\varphi\cdot\sin\varphi = \frac{1}{2}\cdot\sin(2\varphi)$

$\Rightarrow \cos^2\varphi\cdot\sin^2\varphi = \frac{1}{4}\cdot\sin^2(2\varphi)$

$$\Rightarrow [F(\varphi)]^6 = 100\cdot[F(\varphi)]^4\cdot\frac{1}{4}\cdot\sin^2(2\varphi) \quad ► F(\varphi) \neq 0$$

$[F(\varphi)]^6 = [F(\varphi)]^4\cdot 25\cdot\sin^2(2\varphi)$ ist zwar auch für $F(\varphi)=0$; $\varphi\in[0;2\pi]$ erfüllt, es wird aber dadurch lediglich der Punkt $P\langle 0\,|\,0\rangle$ beschrieben. Da aber auf dem Graphen der Relation auch der Punkt $Q\langle\frac{5}{2}\cdot\sqrt{2}\,|\,\frac{5}{2}\cdot\sqrt{2}\rangle$ liegt, kann $F(\varphi)=0$ für jedes $\varphi\in[0;2\pi]$ nicht die gegebene Relation darstellen. Es muss also $F(\varphi)\neq 0$ gelten.

$$\Rightarrow [F(\varphi)]^2 = 25\cdot\sin^2(2\varphi) \quad ► F(\varphi)\geq 0$$

$$\Rightarrow \underline{F(\varphi) = 5\cdot|\sin(2\varphi)|;\ \varphi\in[0;2\pi]}$$

$$A_p = \frac{1}{2}\cdot\int_{\varphi_2}^{\varphi_1}[F(\varphi)]^2\,\mathrm{d}\varphi \quad ► 0 \text{ für } \varphi_1;\ \frac{\pi}{2} \text{ für } \varphi_2$$

$F(\varphi) = 5\cdot|\sin(2\varphi)|$

$$= \frac{1}{2}\cdot\int_0^{\frac{\pi}{2}}[5\cdot|\sin(2\varphi)|]^2\mathrm{d}\varphi$$

► $\int\sin^2(2\varphi)\,\mathrm{d}\varphi = \frac{\varphi}{2}-\frac{1}{8}\cdot\sin(4\varphi)$ ► 2.4.1

$$= \frac{1}{2}\cdot 25\cdot\int_0^{\frac{\pi}{2}}\sin^2(2\varphi)\,\mathrm{d}\varphi \quad ► 2.4.1$$

$$= 12{,}5\cdot\left[\frac{\varphi}{2}-\frac{1}{8}\cdot\sin(4\varphi)\Big|_0^{\frac{\pi}{2}}\right]$$

$$= 12{,}5\cdot\left[\frac{\pi}{4}-\frac{1}{8}\cdot\sin\left(4\cdot\frac{\pi}{2}\right)-0\right] \quad ► \sin(2\pi)=0$$

$$= 12{,}5\cdot\frac{\pi}{4}$$

$$= \underline{\underline{\frac{25}{8}\pi}}$$

Als Flächenmaßzahl im Winkelintervall $\left[0;\frac{\pi}{2}\right]$ erhält man $\frac{25}{8}\pi$ wie beim oben angeführten Beispiel.

- $F: F(\varphi) = 3\cdot\sin(2\varphi)\cdot\cos\varphi+3$; $D(F) = [0;2\pi]$
  ► $I = [0;2\pi]$

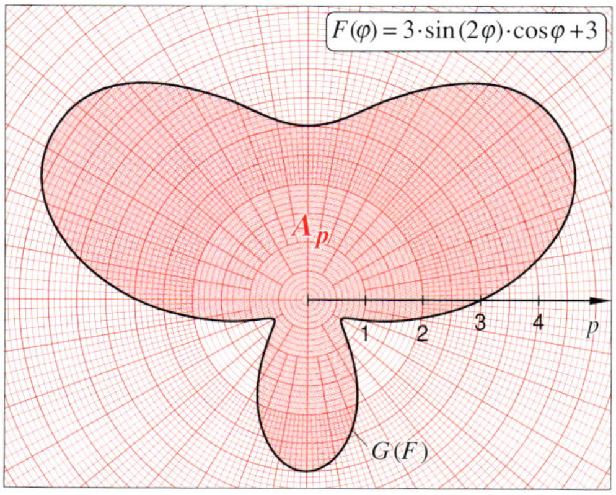

Zunächst wird der Funktionsterm umgeformt:

$$F(\varphi) = 3\cdot\sin(2\varphi)\cdot\cos\varphi+3$$

► $\sin(2\varphi) = 2\cdot\sin\varphi\cdot\cos\varphi$

$$= 3\cdot 2\cdot\sin\varphi\cdot\cos\varphi\cdot\cos\varphi+3$$

$$= 6\cdot\sin\varphi\cdot\cos^2\varphi+3$$

$$= 3\cdot(2\cdot\sin\varphi\cdot\cos^2\varphi+1)$$

In der für A_P entwickelten Formel werden die Werte für φ_1 und φ_2 sowie der Term für $F(\varphi)$ eingesetzt und dann das bestimmte Integral gelöst.

$$A_p = \frac{1}{2} \cdot \int_{\varphi_2}^{\varphi_1} [F(\varphi)]^2 \mathrm{d}\varphi$$

► $F(\varphi) = 3 \cdot (2 \cdot \sin\varphi \cdot \cos^2\varphi + 1)$

$\varphi_1 = 0; \varphi_2 = 2\pi$

$$= \frac{1}{2} \cdot \int_0^{2\pi} [3 \cdot (2 \cdot \sin\varphi \cdot \cos^2\varphi + 1)]^2 \mathrm{d}\varphi$$

$$= \frac{1}{2} \cdot \int_0^{2\pi} [9 \cdot (2 \cdot \sin\varphi \cdot \cos^2\varphi + 1)^2] \mathrm{d}\varphi$$

$$= \frac{9}{2} \cdot \int_0^{2\pi} (4 \cdot \sin^2\varphi \cdot \cos^4\varphi + 4 \cdot \sin\varphi \cdot \cos^2\varphi + 1) \mathrm{d}\varphi$$

► $4 \cdot \sin^2\varphi \cdot \cos^4\varphi$ ► $\sin^2\varphi = 1 - \cos^2\varphi$

$\Rightarrow\ 4 \cdot \sin^2\varphi \cdot \cos^4\varphi = 4 \cdot (1 - \cos^2\varphi) \cdot \cos^4\varphi$
$= 4 \cdot \cos^4\varphi - 4 \cdot \cos^6\varphi$

$$= \frac{9}{2} \cdot \int_0^{2\pi} (4 \cdot \cos^4\varphi - 4 \cdot \cos^6\varphi + 4 \cdot \sin\varphi \cdot \cos^2\varphi + 1) \mathrm{d}\varphi$$

► Die Integrale $\int \cos^4\varphi \,\mathrm{d}\varphi$ und $\int \cos^6\varphi \,\mathrm{d}\varphi$ werden durch partielle Integration mit der Rekursionsformel für $\int \cos^m x \,\mathrm{d}x$ aus Kapitel 2.5 gelöst:

$\int \cos^m\varphi \,\mathrm{d}\varphi = \frac{1}{m} \cdot \cos^{m-1}\varphi \cdot \sin\varphi + \frac{m-1}{m} \cdot I_{m-2}$

mit $m \in \mathbb{N}^{\geq 2}$, $I_0 = \varphi + c_0$ und $I_1 = \sin\varphi + c_1$

$$= 18 \cdot \left[\int_0^{2\pi} \cos^4\varphi \,\mathrm{d}\varphi - \int_0^{2\pi} \cos^6\varphi \,\mathrm{d}\varphi + \right.$$
$$\left. + \int_0^{2\pi} (\sin\varphi \cdot \cos^2\varphi) \mathrm{d}\varphi + \frac{1}{4} \cdot \int_0^{2\pi} 1 \,\mathrm{d}\varphi \right]$$

► $\int (\sin\varphi \cdot \cos^2\varphi) \mathrm{d}\varphi = -\frac{1}{3} \cdot \cos^3\varphi \,\mathrm{d}\varphi + c$ ► 2.4.3

► $\sin(2\pi) = 0; \cos(2\pi) = 1; \sin 0 = 0; \cos 0 = 1$

$$= 18 \cdot \left[\left(\frac{\sin\varphi \cdot \cos^3\varphi}{4} + \frac{3 \cdot \sin\varphi \cdot \cos\varphi}{4} + \frac{3\varphi}{8} \right) \Bigg|_0^{2\pi} + \right.$$
$$- \left(\frac{\sin\varphi \cdot \cos^5\varphi}{6} + \frac{5 \cdot \sin\varphi \cdot \cos^3\varphi}{24} + \frac{5 \cdot \sin\varphi \cdot \cos\varphi}{16} + \frac{5\varphi}{16} \right) \Bigg|_0^{2\pi} +$$
$$\left. - \frac{1}{3} \cdot \cos^3\varphi \Big|_0^{2\pi} + \frac{1}{4} \cdot \varphi \Big|_0^{2\pi} \right]$$

$$= 18 \cdot \left[\left(0 + 0 + \frac{3 \cdot 2\pi}{8} - 0 \right) - \left(0 + 0 + 0 + \frac{5 \cdot 2\pi}{16} - 0 \right) + \right.$$
$$\left. - \left(-\frac{1}{3} + \frac{1}{3} \right) + \left(\frac{\pi}{2} - 0 \right) \right]$$

$$= 18 \cdot \left[\frac{3}{4}\pi - \frac{5}{8}\pi - 0 + \frac{1}{2}\pi \right]$$

$$= \underline{\underline{\frac{45}{4}\pi}}$$

Die Fläche innerhalb der geschlossenen Kurve hat die Maßzahl $\frac{45}{4}\pi$.

Übungsaufgaben

Berechnen Sie zu den gegebenen Funktionsgleichungen jeweils die Maßzahl der Fläche, die zwischen dem Funktionsgraphen und der x-Achse im angegebenen x-Intervall liegt. Stellen Sie die Fläche in einem Schaubild dar.

1. $f(x) = x^2 + 1;\ [-2; 3]$

2. $f(x) = x^3 + 1;\ [-3; 2]$

3. $f(x) = \frac{1}{3x};\ [2; 4]$

4. $f(x) = \sqrt{5x};\ [0; 5]$

5. $f(x) = \frac{4}{\sqrt{x}};\ [1; 2]$

6. $f(x) = 4x^2 - 2x^4;\ [-2; \sqrt{2}]$

7. $f(x) = \frac{x^2 - 3x + 4}{x + 2};\ [-1; 5]$

8. $f(x) = \frac{2x}{1 + x^2};\ [1; 3]$

9. $f(x) = x^2 + \sqrt{2 - x^2};\ [-1; 1]$

10. $f(x) = \frac{x - 2}{x - 1};\ [1{,}5; 4]$

11. $f(x) = \sqrt{2 + x};\ [-2; 3]$

12. $f(x) = \frac{2}{3} \cdot \sqrt{9 - x^2};\ [0; 3]$

13. $f(x) = \sqrt{x^2 + 9};\ [5; 6]$

14. $f(x) = \sqrt{x^3};\ [0; 4]$

15. $f(x) = \sqrt{x^2 - x - 4};\ [3; 5]$

16. $f(x) = \frac{1}{1 + x^2};\ [0; 1]$

17. $f(x) = \frac{1}{\sqrt{1 - x^2}};\ [0; 1]$

18. $f(x) = \frac{1}{x^3} \cdot e^{-\frac{1}{x^2}};\ [1; 4]$

19. $f(x) = \ln(x - 2);\ [3; 4]$

20. $f(x) = \cos(2x);\ [0; \pi]$

21. $f(x) = \tan x;\ \left[0; \frac{\pi}{4}\right]$

22. $f(x) = \text{Arctan}\,\frac{1}{x};\ [1; 3]$

23. $f(x) = 2 \cdot \sin x \cdot \cos x;\ [-\pi; \pi]$

24. $f(x) = \cos\frac{x}{2};\ [0; \pi]$

25. $f(x) = x^2 \cdot \ln x;\ [1; e]$

26. $f(x) = 1 + \sin x;\ \left[-\pi; \frac{\pi}{2}\right]$

27. $f(x) = \sin^2 x \cdot \cos x;\ \left[-\frac{\pi}{2}; \pi\right]$

Berechnen Sie zu den gegebenen Funktionsgleichungen jeweils die Maßzahl der Fläche, die zwischen dem Funktionsgraphen und der x-Achse liegt. Zeichnen Sie den Graphen und die Fläche.

28. $f(x) = 3x^2 - 4$

29. $f(x) = \frac{x^3 - 9x}{5}$

30. $f(x) = \frac{x^4}{4} - 10$

31. $f(x) = 2x - 2 + \frac{1}{x + 1}$

32. $f(x) = -(x^3 + 3x^2 - 4)$

33. $f(x) = (x^2 - 1) \cdot e^x$

34. $f(x) = 2 - \frac{9}{x} + \frac{9}{x^2}$

35. $f(x) = x + \frac{3}{x} - 4$

36. $f(x) = x^2 \cdot \sqrt{1 + x}$

Berechnen Sie zu den gegebenen Funktionsgleichungen jeweils die Maßzahl der Fläche, die zwischen den Funktionsgraphen liegt und stellen Sie die Fläche in einem Schaubild dar.

37. $f_1(x) = x^2 + 1$
$f_2(x) = 6$

38. $f_1(x) = x^2 - 4$
$f_2(x) = \frac{x}{2} + 1$

39. $f_1(x) = \frac{x}{x - 1}$
$f_2(x) = -x + 6$

40. $f_1(x) = x + \frac{1}{x}$
$f_2(x) = 8$

41. $f_1(x) = \frac{x^4 + 3x}{5}$
$f_2(x) = 3x$

42. $f_1(x) = \frac{1}{1 - x^2}$
$f_2(x) = \frac{x^2}{10} + 4$

43. $f_1(x) = x^2$
$f_2(x) = x + 4$
$f_3(x) = -x + 5$

44. $f_1(x) = x + 5$
$f_2(x) = -x + 1$
$f_3(x) = 4x - 5$

45. $f_1(x) = x^3 - 9x$
$f_2(x) = x$
$f_3(x) = -x + 3$

Berechnen Sie zu den gegebenen Funktionsgleichungen jeweils die Maßzahl der Fläche, die zwischen dem Funktionsgraphen und der y-Achse im angegebenen y-Intervall $[c; d]$ liegt. Zeichnen Sie den Graphen.

46. $f(x) = \ln x;\ [0;\ 1]$

47. $f(x) = \ln x + 1;\ [-1;\ 1]$

48. $f(x) = \cosh x;\ [1;\ 2]$

49. $f(x) = \mathrm{e}^x - 2;\ [-1{,}5;\ 2]$

50. $f(x) = \sinh x;\ [-1;\ 1]$

51. $f(x) = \operatorname{Arctan} x + 1;\ [-0{,}5;\ 2]$

52. $f(x) = \frac{1}{x};\ \left[\frac{1}{2};\ 1\right]$

53. $f(x) = \sqrt{\frac{x+16}{x+1}};\ [2;\ 6]$

54. $f(x) = \operatorname{Arcsin} x - 0{,}5;\ \left[-2;\ \frac{1}{2}\right]$

Berechnen Sie zu den in Parameterdarstellung gegebenen Kurven jeweils die Maßzahl der Fläche, die zwischen der Kurve und der x-Achse bzw. zwischen der Kurve und der y-Achse im angegebenen Intervall liegt. Stellen Sie die Fläche in einem Schaubild dar.

55. $\begin{cases} f_1(t) = \frac{1}{2} \cdot t^2 + 2 \\ f_2(t) = \frac{3}{4} \cdot t^2 + 2 \end{cases};\ t \in [0;\ 3]$

56. $\begin{cases} f_1(t) = \frac{1}{4} \cdot t - 2 \\ f_2(t) = \frac{1}{10} \cdot t^2 \end{cases};\ t \in [-8;\ 0]$

57. $\begin{cases} f_1(t) = \sqrt{t} \\ f_2(t) = t^2 - 2 \end{cases};\ t \in [0{,}25;\ 4]$

58. $\begin{cases} f_1(t) = t \cdot (t-3)^2 \\ f_2(t) = 4t - t^2 \end{cases};\ t \in [0{,}3;\ 1]$

59. $\begin{cases} f_1(t) = \sin t \cdot \cos t \\ f_2(t) = \sin^2 t \end{cases};\ t \in \left[\frac{\pi}{6};\ \frac{5}{6}\pi\right]$

60. $\begin{cases} f_1(t) = \cosh t \\ f_2(t) = \sinh t \end{cases};\ t \in [0;\ 2]$

61. $\begin{cases} f_1(t) = t - \sin t \\ f_2(t) = 1 - \cos t \end{cases};\ t \in [0;\ \pi]$

62. $\begin{cases} f_1(t) = -t^3 + 4t \\ f_2(t) = t \end{cases};\ t \in [-1;\ 0]$

63. $\begin{cases} f_1(t) = t^2 \cdot \sinh t \\ f_2(t) = t^2 \cdot \cosh t \end{cases};\ t \in [0;\ 2]$

64. $\begin{cases} f_1(t) = 8 \cdot \sin^2(2t) \\ f_2(t) = 5 \cdot \cos(2t) \end{cases};\ t \in \left[0;\ \frac{\pi}{4}\right]$

65. Entwickeln Sie eine Formel zur Berechnung des Flächeninhaltes einer Ellipse, die durch eine Parameterdarstellung $\begin{cases} f_1(t) = a \cdot \cos t \\ f_2(t) = b \cdot \sin t \end{cases};\ a > 0;\ b > 0;\ t \in [0;\ 2\pi]$ gegeben ist.

66. Berechnen Sie Maßzahl der Fläche, die von einer Schleifenkurve mit der Parameterdarstellung $\begin{cases} f_1(t) = a \cdot \cos t \\ f_2(t) = b \cdot \sin(2t) \end{cases};\ a > 0;\ b > 0;\ t \in [0;\ 2\pi]$ eingeschlossen wird.
Zeichnen Sie die Kurve für $a = 2$ und $b = 3$.

67. Berechnen Sie den Inhalt der Fläche, die von einer dreischleifigen Hypozykloide mit der Parameterdarstellung $\begin{cases} f_1(t) = 2a \cdot [\cos t + \cos(2t)] \\ f_2(t) = 2a \cdot [\sin t - \sin(2t)] \end{cases};\ a > 0;\ t \in [0;\ 2\pi]$ eingeschlossen wird.
Zeichnen Sie die Kurve für $a = 1$.

Transformieren Sie die nachstehenden Funktionen bzw. Relationen mit dem angegebenen Term für $x = f_1(t)$ in eine Parameterdarstellung und berechnen Sie die Maßzahl der Fläche zwischen der Kurve und der x-Achse im angegebenen x-Intervall I_x. Zeichnen Sie die Kurve.

68. $f: f(x) = \frac{\sqrt{x^2-1}}{x}$; $D(f) = \mathbb{R} \setminus (-1; 1)$; $f_1(t) = \cosh t$; $t \in \mathbb{R}$; $I_x = [1; \sqrt{5}]$

69. $f: f(x) = \frac{\sqrt{x^2-1}}{x^2}$; $D(f) = \mathbb{R} \setminus (-1; 1)$; $f_1(t) = \cosh t$; $t \in \mathbb{R}$; $I_x = [1; \sqrt{5}]$

70. $R: R(x) = x^2 \pm \sqrt{4-x^2}$; $D(R) = [-2; 2]$; $f_1(t) = 2 \cdot \cos t$; $t \in \mathbb{R}$; $I_x = [-2; 2]$

71. $R: R(x) = \pm x \cdot \sqrt{\frac{3+x}{3-x}}$; $D(R) = [-3; 3)$; $f_1(t) = 3 \cdot \cos t$; $t \in \mathbb{R}$; $I_x = [-3; 0]$

72. $R: R(x) = \pm x \cdot \sqrt{\frac{4-x}{4+x}}$; $D(R) = (-4; 4]$; $f_1(t) = 4 \cdot \sin t$; $t \in \mathbb{R}$; $I_x = [0; 4]$

Berechnen Sie zu den in Polarkoordinatendarstellung gegebenen Kurven jeweils die Maßzahlen A_x; A_y und A_p der Fläche in den angegebenen Winkelintervallen $I_x; I_y$ und I_p. Zeichnen Sie die Flächen.

73. $F(\varphi) = -2 \cdot \sin \varphi$; $I_x = \left[\pi; \frac{5}{4}\pi\right]$; $I_y = \left[\pi; \frac{3}{2}\pi\right]$; $I_p = [\pi; 2\pi]$

74. $F(\varphi) = \cos(2\varphi)$; $I_x = I_p = \left[0; \frac{\pi}{4}\right]$; $I_y = \left[0; \frac{\pi}{8}\right]$

75. $F(\varphi) = 10 \cdot \sin \varphi \cdot \cos \varphi$; $I_x = \left[0; \frac{\pi}{6}\right]$; $I_y = \left[0; \frac{\pi}{3}\right]$; $I_p = \left[0; \frac{\pi}{2}\right]$

76. $F(\varphi) = \tan^2 \varphi$; $I_x = I_y = \left[0; \frac{\pi}{4}\right]$; $I_p = \left[0; \frac{\pi}{3}\right]$

77. $F(\varphi) = 1 + \sin \varphi$; $I_x = I_y = \left[0; \frac{\pi}{6}\right]$; $I_p = [0; \pi]$

78. $F(\varphi) = e^{2\varphi}$; $I_x = I_y = \left[0; \frac{\pi}{4}\right]$; $I_p = \left[0; \frac{\pi}{2}\right]$

79. $F(\varphi) = 0{,}5 - \cos \varphi$; $I_x = \left[\frac{\pi}{2}; \pi\right]$; $I_y = \left[\frac{\pi}{3}; \frac{\pi}{2}\right]$; $I_p = \left[\frac{\pi}{3}; \pi\right]$

80. $F(\varphi) = 4\varphi$; $I_x = \left[\frac{\pi}{2}; \pi\right]$; $I_y = \left[0; \frac{\pi}{3}\right]$; $I_p = [0; \pi]$

Transformieren Sie die nachstehenden durch ihre Gleichungen gegebenen Funktionen bzw. Relationen in eine Polarkoordinatendarstellung und berechnen Sie die Maßzahl A_p der Sektorenfläche im angegebenen Winkelintervall. Zeichnen Sie jeweils die Kurven.

81. $(x^2 + y^2)^3 = 64 \cdot x^2 \cdot y^2$; $[0; \pi]$

82. $(x^2 + y^2)^2 = 2 \cdot (x^2 - y^2)$; $\left[0; \frac{\pi}{4}\right]$

83. $y = x \cdot (x^2 + y^2)$; $[0; 0{,}4\pi]$

84. $x^2 \cdot (x^2 + y^2) = 1$; $\left[0; \frac{\pi}{4}\right]$

85. $x^4 + y^4 = x^2 + y^2$; $[0; \pi]$

86. $(x^2 + y^2)^3 = 81y^2$; $[0; 2\pi]$

87. Transformieren Sie die Relationsgleichung $(x^2 + y^2)^2 = 2a \cdot (x^2 - y^2)$; $a > 0$ einer Lemniskate in eine Polarkoordinatendarstellung und berechnen Sie die Maßzahl A_p der Fläche zwischen der Kurve und der Polarachse im Winkelintervall $\left[0; \frac{\pi}{4}\right]$. Zeichnen Sie die Kurve für $a = 2$.

88. Verfahren Sie für die Relationsgleichung $(x^2 + y^2)^2 = 2a^2 \cdot |x^2 - y^2|$; $a > 0$ entsprechend der Übungsaufgabe 87.

89. Verfahren Sie für die Relationsgleichung $x^3 + y^3 = 3a \cdot x \cdot y$; $a > 0$ eines kartesischen Blattes entsprechend der Übungsaufgabe 87 im Winkelintervall $\left[0; \frac{\pi}{2}\right]$.

90. Berechnen Sie zur Kurve $F(\varphi) = 3 \cdot (\sin\varphi + \cos\varphi)$; $D(F) = \left[0; \frac{3}{4}\pi\right] \cup \left[\frac{7}{4}\pi; 2\pi\right]$ jeweils die Flächenmaßzahlen A_x; A_y und A_p in den Winkelintervallen $I_x = I_p = \left[\frac{3}{40}\pi; \frac{27}{40}\pi\right]$ und $I_y = \left[0; \frac{\pi}{2}\right]$. Zeichnen Sie die Flächen und prüfen Sie das Ergebnis für A_x durch elementare Berechnung.

3.2 Rauminhalte

Rauminhalte von beliebigen Körpern

- Die bisherigen Anwendungen von bestimmten Integralen bezogen sich auf die Berechnung von Flächeninhalten (▶ 3.1). Es gibt jedoch viele weitere Anwendungsgebiete. So werden in diesem Buch Berechnungen von Rauminhalten, von Längen ebener Kurven, von Mantelflächeninhalten, von Schwerpunkten, von Massenmomenten zweiten Grades (Trägheitsmomenten) und von Flächenmomenten zweiten Grades behandelt.
- Es ist üblich, so auch in diesem Buch, Funktionsgraphen in einem xy-Koordinatensystem in der Zeichenebene mit senkrechter y-Achse und waagerechter x-Achse darzustellen. Das wird auch bei dem ab jetzt vorkommenden räumlichen xyz-Koordinatensystem beibehalten, sodass die z-Achse dann senkrecht zur Zeichenebene verläuft.

Problem: Ermitteln Sie mithilfe der Integralrechnung eine Formel für die Volumenberechnung bei einer quadratischen Pyramide.

Eine quadratische Pyramide mit der Höhe h und der Seitenlänge a der Grundfläche wird so in einem räumlichen xyz-Koordinatensystem positioniert, dass sie symmetrisch zur x-Achse und mit der Spitze im Koordinatenursprung liegt. Im Intervall $(0; h)$ zerlegt jede zur yz-Ebene parallele Ebene die gegebene Pyramide in eine kleinere Pyramide mit der Höhe x und in einen Pyramidenstumpf. Auch die kleinere Pyramide hat eine quadratische Grundfläche, deren Seitenlänge und Inhalt von x mit $x \in (0; h)$ abhängt. Volumen sowie Inhalt und Seitenlänge der Grundfläche dieser kleineren Pyramide sind also Funktionen von x. ▶ $V(x)$; $Q(x)$; $a(x)$

Aus einem Längsschnitt durch die Pyramide erkennt man, dass sich bei der kleineren Pyramide die Kantenlänge einer Grundfläche mit dem zweiten Strahlensatz bestimmen und als Funktionsterm $a(x)$ schreiben lässt:

$$\frac{a(x)}{x} = \frac{a}{h} \Rightarrow a(x) = \frac{a}{h} \cdot x$$

Die zugehörige quadratische Grundfläche hat dann den Inhalt $Q(x) = [a(x)]^2 = \frac{a^2}{h^2} \cdot x^2$.

Steht $V(x)$ für das Volumen der kleineren Pyramide mit der Höhe x und $V(x + \Delta x); \Delta x > 0$ für das Volumen einer solchen Pyramide mit der Höhe $x + \Delta x$, so gilt $\Delta V = V(x + \Delta x) - V(x)$ für das Volumen des eingezeichneten kleinen Pyramidenstumpfes.

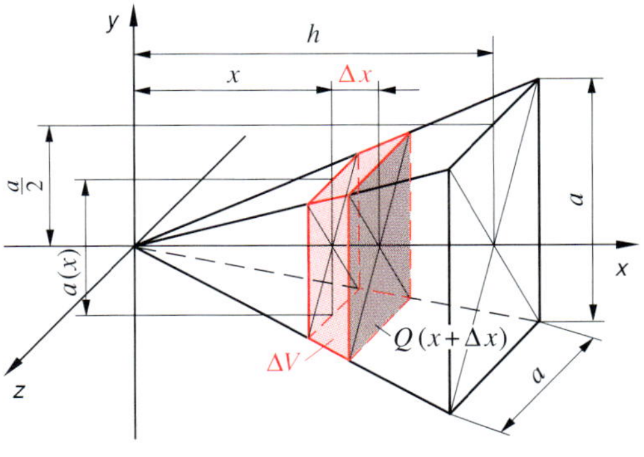

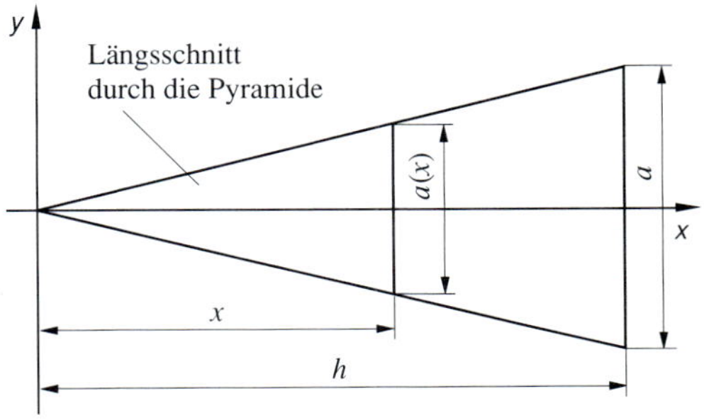

Das Volumen dieses kleinen Pyramidenstumpfes ist größer als das Volumen $Q(x) \cdot \Delta x$ eines einbeschriebenen Quaders, aber kleiner als das Volumen $Q(x+\Delta x) \cdot \Delta x$ eines umbeschriebenen Quaders.

$$Q(x) \cdot \Delta x < \Delta V < Q(x+\Delta x) \cdot \Delta x \quad \blacktriangleright \; Q(x) = \frac{a^2}{h^2} \cdot x^2$$

$$\Rightarrow \frac{a^2}{h^2} \cdot x^2 \cdot \Delta x < \Delta V < \frac{a^2}{h^2} \cdot (x+\Delta x)^2 \cdot \Delta x$$

$$\Rightarrow \quad \frac{a^2}{h^2} \cdot x^2 \quad < \frac{\mathrm{d}V}{\mathrm{d}x} < \quad \frac{a^2}{h^2} \cdot (x+\Delta x)^2$$

Wegen $\lim\limits_{\Delta x \to 0} \left[\frac{a^2}{h^2} \cdot (x+\Delta x)^2\right] = \frac{a^2}{h^2} \cdot x^2$ erhält man $\lim\limits_{\Delta x \to 0} \frac{\Delta V}{\Delta x} = \frac{a^2}{h^2} \cdot x^2; x \in [0; h]$.

$$\Rightarrow \lim_{\Delta x \to 0} \left[\frac{a^2}{h^2} \cdot x^2\right] \leq \lim_{\Delta x \to 0} \frac{\Delta V}{\Delta x} \leq \lim_{\Delta x \to 0} \left[\frac{a^2}{h^2} \cdot (x+\Delta x)^2\right]$$

$$\Rightarrow \quad \frac{a^2}{h^2} \cdot x^2 \quad \leq \lim_{\Delta x \to 0} \frac{\Delta V}{\Delta x} \leq \quad \frac{a^2}{h^2} \cdot x^2$$

$\frac{\Delta V}{\Delta x} = \frac{V(x+\Delta x) - V(x)}{\Delta x}$ ist der Differenzenquotient der Funktion V. Die Funktion V ist daher differenzierbar mit $V'(x) = \frac{a^2}{h^2} \cdot x^2$.

$$\Rightarrow \lim_{\Delta x \to 0} \frac{\Delta V}{\Delta x} = \frac{a^2}{h^2} \cdot x^2 \quad \blacktriangleright \; \lim_{\Delta x \to 0} \frac{\Delta V}{\Delta x} = V'(x)$$

$$\Rightarrow \underline{V'(x) = \frac{a^2}{h^2} \cdot x^2; x \in [0; h]}$$

Nach den Ergebnissen aus Kapitel 1.2 folgt daraus, dass V eine Stammfunktion der Funktion $Q\colon Q(x) = \frac{a^2}{h^2} \cdot x^2$ in $[0; h]$ ist. Somit gilt nach dem Hauptsatz (▸ 1.2):

▸ V ist Stammfunktion von $Q\colon Q(x) = \frac{a^2}{h^2} \cdot x^2$ in $[0; h]$

$$\int_0^h \left[\frac{a^2}{h^2} \cdot x^2\right] \mathrm{d}x = V(h) - V(0)$$

$$\int_0^h \left[\frac{a^2}{h^2} \cdot x^2\right] \mathrm{d}x = V(h) - V(0) \quad \blacktriangleright \text{ Hauptsatz}$$

$$\Rightarrow V(h) - V(0) = \frac{a^2}{h^2} \cdot \frac{x^3}{3}\Bigg|_0^h = \frac{a^2}{h^2} \cdot \frac{h^3}{3} - \frac{a^2}{h^2} \cdot \frac{0^3}{3} = \underline{\frac{1}{3} \cdot a^2 \cdot h}$$

Wegen $V(0) = 0$ erhält man dann die bekannte Formel für die Berechnung des Volumens V eines Pyramidenvolumens.

$$\underline{\underline{V = \frac{1}{3} \cdot a^2 \cdot h}} \quad \blacktriangleright \text{ Volumenmaßzahl in } [0; h]$$

$$\underline{\underline{V = \int_0^h Q(x)\,\mathrm{d}x}}$$

Anmerkung:

Ähnlich wie im Kapitel 1.1 kann man das Pyramidenvolumen durch eine Folge von einbeschriebenen Quadern (▸ Untersummenfolge) und umbeschriebenen Quadern (▸ Obersummenfolge) annähern und man kann zeigen, dass beide Folgen den gleichen Grenzwert $\frac{1}{3} \cdot a^2 \cdot h$ haben.

Der an der quadratischen Pyramide entwickelte Sachverhalt gilt allgemein. Hat nämlich ein Körper K mit der Gesamthöhe h in einer Höhe x mit $x \in (a; b); h = b - a$ eine Querschnittsfläche mit dem Flächeninhaltsterm $Q(x)$ und ist die Querschnittsfunktion Q in $[a; b]$ integrierbar, so hat der Körper K ein Volumen $\int_a^b Q(x)\,\mathrm{d}x$, d. h. es gilt $V = \int_a^b Q(x)\,\mathrm{d}x$.

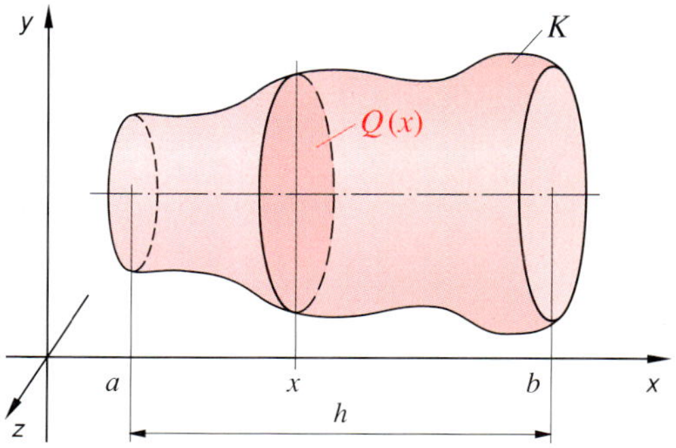

Merke:

Hat ein Körper die Gesamthöhe h und in einer Höhe x mit $x \in (a; b); h = b - a$ eine Querschnittsfläche mit dem Term $Q(x)$ und ist die Querschnittsfunktion Q in $[a; b]$ integrierbar, so gilt für das Volumen V des Körpers: $V = \int_a^b Q(x)\,\mathrm{d}x$

Beispiel: Entwickeln Sie eine Formel zur Berechnung des Volumens einer regelmäßigen dreiseitigen Pyramide mit der Höhe h und der Grundkante a.

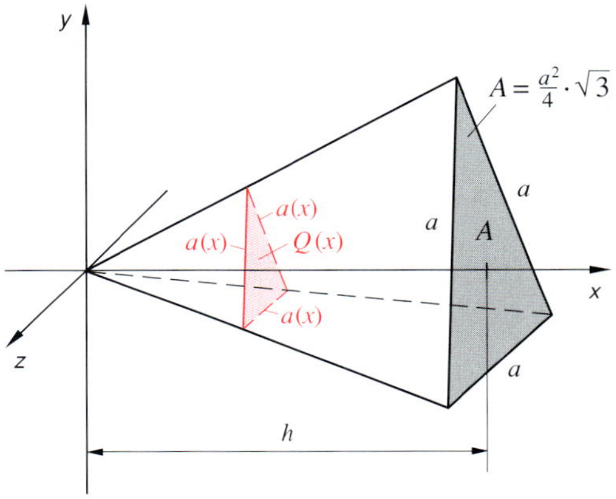

Die Pyramide mit einem gleichseitigen Dreieck als Grundfläche wird so in einem räumlichen xyz-Koordinatensystem positioniert, dass sie symmetrisch zur x-Achse und mit der Spitze im Koordinatenursprung liegt. In der Höhe x mit $x \in (0; h)$ ist der Querschnitt ebenfalls ein gleichseitiges Dreieck mit der Seite $a(x)$. Für den Flächeninhalt eines gleichseitigen Dreiecks mit der Seitenlänge l gilt: $A = \frac{l^2}{4} \cdot \sqrt{3}$. Daher hat die Querschnittsfunktion Q den Funktionsterm $Q(x) = \frac{[a(x)]^2}{4} \cdot \sqrt{3}$.

Mit dem zweiten Strahlensatz ergibt sich:

$$\frac{a(x)}{a} = \frac{x}{a} \Rightarrow a(x) = \frac{a}{h} \cdot x$$

$$Q(x) = \frac{[a(x)]^2}{4} \cdot \sqrt{3} \quad \blacktriangleright\ a(x) = \frac{a}{h} \cdot x$$

$$= \frac{a^2}{4h^2} \cdot \sqrt{3} \cdot x^2$$

Setzt man in der für das Volumen entwickelten Formel $\frac{a^2}{4h^2} \cdot \sqrt{3} \cdot x^2$ für $Q(x)$, so erhält man nach Integration in den Grenzen 0 bis h eine Formel zur Berechnung des Volumens einer regelmäßigen dreiseitigen Pyramide.

$$V = \int_0^h Q(x) \cdot \mathrm{d}x \quad \blacktriangleright\ Q(x) = \frac{a^2}{4h^2} \cdot \sqrt{3} \cdot x^2$$

$$= \int_0^h \left(\frac{a^2}{4h^2} \cdot \sqrt{3} \cdot x^2 \right) \mathrm{d}x$$

$$= \frac{a^2}{4h^2} \cdot \sqrt{3} \cdot \int_0^h x^2\,\mathrm{d}x$$

$$= \frac{a^2}{4h^2} \cdot \sqrt{3} \cdot \frac{1}{3} \cdot x^3 \Big|_0^h$$

$$= \frac{1}{3} \cdot \frac{a^2}{4h^2} \cdot \sqrt{3} \cdot (h^3 - 0^3)$$

$$= \frac{1}{3} \cdot \frac{a^2}{4} \cdot \sqrt{3} \cdot h \quad \blacktriangleright\ \frac{a^2}{4} \cdot \sqrt{3} = A \quad \blacktriangleright\ V = \frac{1}{3} \cdot A \cdot h$$

$$= \underline{\underline{\frac{a^2}{12} \cdot \sqrt{3} \cdot h}} \quad \blacktriangleright\ \text{Volumen einer regelmäßigen dreiseitigen Pyramide}$$

Rauminhalte – Funktionen in rechtwinkligen Koordinaten

• Inhalte von Rotationskörpern bei Rotation um die x-Achse

Rotiert eine Fläche, die in einem Intervall $[a; b]$ zwischen $G(f)$ und der x-Achse liegt, um diese Achse, so erzeugt die Fläche bei einer Umdrehung von 360° einen symmetrisch zur x-Achse liegenden **Drehkörper** oder **Rotationskörper**.

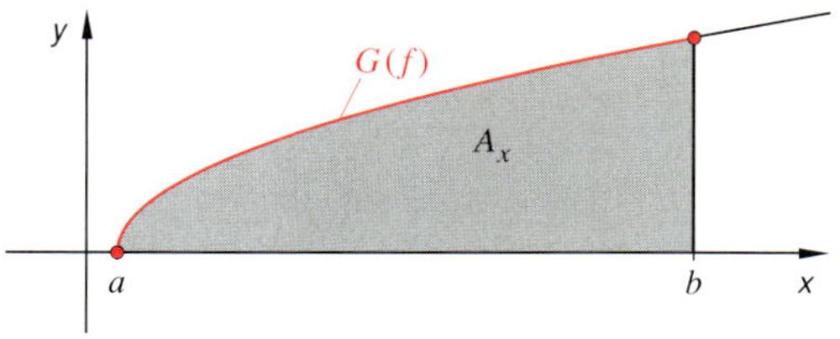

Bei Rotationskörpern ist jede Querschnittsfläche eine Kreisfläche, die für $x \in [a; b]$ dort den Radius $|f(x)|$ hat.

Die Bezeichnung V_x gibt das Volumen eines Körpers an, der bei der Rotation einer Fläche um die x-Achse erzeugt wird.

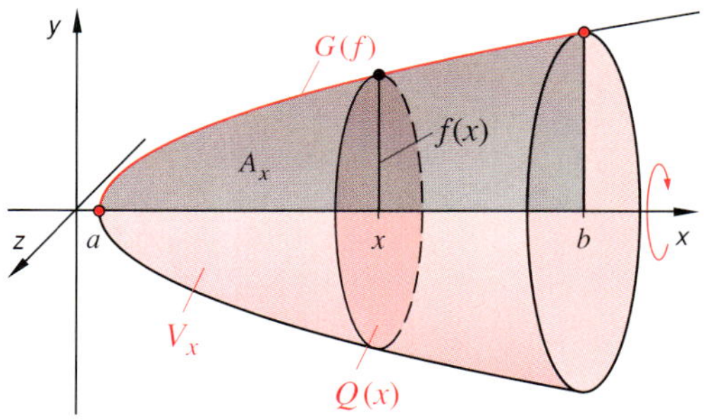

Da der Inhalt einer Kreisfläche mit $A = \pi \cdot r^2$ berechnet wird, lautet der Term für die Querschnittsfunktion: $Q(x) = \pi \cdot [f(x)]^2$.

$$V_x = \int_a^b Q(x)\,dx \quad \blacktriangleright\ Q(x) = \pi \cdot [f(x)]^2$$
$$= \int_a^b (\pi \cdot [f(x)]^2)\,dx$$
$$= \pi \cdot \int_a^b [f(x)]^2\,dx$$

Merke:

Rotiert die Fläche zwischen dem Graphen einer integrierbaren Funktion f und der x-Achse im Intervall $[a; b]$ um die x-Achse, so gilt für das Volumen des erzeugten Rotationskörpers:

$$\boldsymbol{V_x = \pi \cdot \int_a^b [f(x)]^2\,dx}$$

Anmerkung:

Bei der Berechnung von V_x ist es wegen $[f(x)]^2 \geq 0$ hier ohne Bedeutung, ob die Funktion f im Intervall $[a; b]$ eine Nullstelle hat oder ob $f(x) \leq 0$ gilt.

Beispiel: Entwickeln Sie eine Formel zur Berechnung des Volumens eines geraden Kreiskegels mit der Höhe h und dem Grundkreisdurchmesser d.

Der Kegel wird so in einem räumlichen xyz-Koordinatensystem positioniert, dass er symmetrisch zur x-Achse und mit der Spitze im Koordinatenursprung liegt. Er wird dann durch Rotation des Graphen der Funktion $f: f(x) = \frac{d}{2h} \cdot x$; $D(f) = \mathbb{R}$ um die x-Achse im Intervall $[0; h]$ erzeugt.

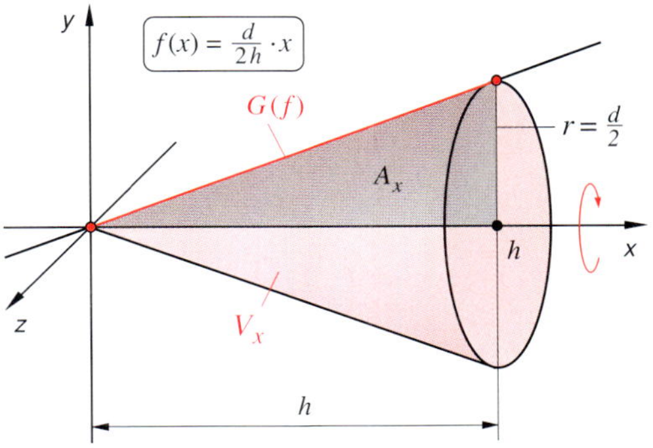

Setzt man in der für V_x entwickelten Formel $\frac{d}{2h} \cdot x$ für $f(x)$, so erhält man nach Integration in den Grenzen 0 bis h die bekannte Formel zur Berechnung des Volumens eines geraden Kreiskegels, nämlich:

- $V_x = \frac{1}{12} \cdot \pi \cdot d^2 \cdot h$ bzw.
- Volumen $= \frac{1}{3} \cdot$ Grundfläche $\cdot$ Höhe

$$V_x = \pi \cdot \int_a^b [f(x)]^2 \, dx \quad \blacktriangleright f(x) = \frac{d}{2h} \cdot x;\ 0 \text{ für } a;\ h \text{ für } b$$

$$= \pi \cdot \int_0^h \left[\frac{d}{2h} \cdot x\right]^2 dx$$

$$= \pi \cdot \frac{d^2}{4h^2} \cdot \int_0^h x^2 \, dx$$

$$= \pi \cdot \frac{d^2}{4h^2} \cdot \frac{1}{3} \cdot x^3 \Big|_0^h$$

$$= \pi \cdot \frac{d^2}{4h^2} \cdot \frac{1}{3}(h^3 - 0^3)$$

$$= \frac{1}{3} \cdot \frac{1}{4} \cdot \pi \cdot d^2 \cdot h \quad \blacktriangleright \frac{1}{4} \cdot \pi \cdot d^2 = A \quad \blacktriangleright V = \frac{1}{3} \cdot A \cdot h$$

$$= \underline{\underline{\frac{1}{12} \cdot \pi \cdot d^2 \cdot h}} \quad \blacktriangleright \text{Volumen eines geraden Kreiskegels}$$

Beispiel: Berechnen Sie die Volumenmaßzahl des Körpers, der erzeugt wird, wenn die Fläche zwischen dem Graphen der Funktion $f: f(x) = \cos x$; $D(f) = \mathbb{R}$ und der x-Achse im Intervall $\left[0; \frac{3}{2}\pi\right]$ um die x-Achse rotiert.

Aus der Zeichnung ist die Form des Rotationskörpers vorstellbar. Im Integrationsintervall liegt die Nullstelle $x_0 = \frac{\pi}{2}$, sodass der Körper aus zwei Teilkörpern besteht.

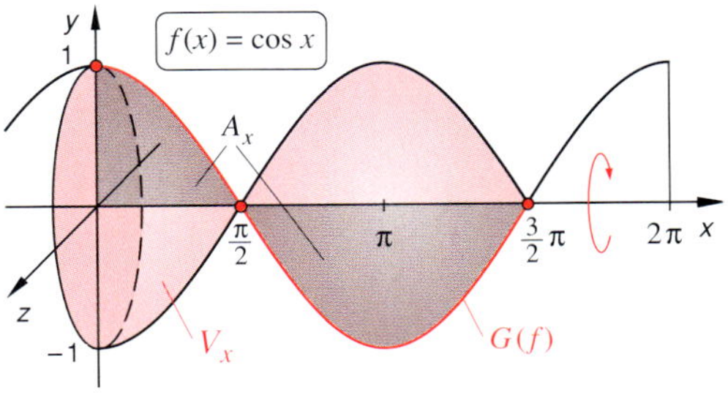

Setzt man in der für das Volumen V_x entwickelten Formel $\cos x$ für $f(x)$, so erhält man nach Integration in den Grenzen 0 bis h die Volumenmaßzahl 7,4022.

$$V_x = \pi \cdot \int_a^b [f(x)]^2 \, dx \quad \blacktriangleright \text{ 0 für } a; \tfrac{3}{2}\pi \text{ für } b; f(x) = \cos x$$

$$= \pi \cdot \int_0^{\frac{3}{2}\pi} \cos^2 x \, dx \quad \blacktriangleright \text{ 2.4.1}$$

$$= \pi \cdot \left[\frac{x}{2} + \frac{1}{4} \cdot \sin(2x) \Big|_0^{\frac{3}{2}\pi}\right]$$

$$= \pi \cdot \left[\frac{1}{2} \cdot \frac{3}{2}\pi + \frac{1}{4} \cdot \sin\left(2 \cdot \frac{3}{2}\pi\right) - \left(0 + \frac{1}{4} \cdot \sin(2 \cdot 0)\right)\right]$$

$$= \frac{3}{4} \cdot \pi^2 + \frac{\pi}{4} \cdot \sin(3\pi) \quad \blacktriangleright \sin(3\pi) = 0$$

$$= \underline{\underline{7{,}4022}} \quad \blacktriangleright \text{ Volumenmaßzahl in } \left[0; \tfrac{3}{2}\pi\right]$$

Beispiel: Entwickeln Sie eine Formel zur Berechnung des Volumens eines Rotationsellipsoids

Der Graph oberhalb der x-Achse im Intervall $[-a; a]$ ist eine Halbellipse mit den Halbachsen a und b sowie der Funktionsgleichung $f(x) = \frac{b}{a} \cdot \sqrt{a^2 - x^2}$. Rotiert die Fläche zwischen $G(f)$ und der x-Achse im Intervall $[-a; a]$ um die x-Achse, so wird ein Rotationsellipsoid erzeugt.

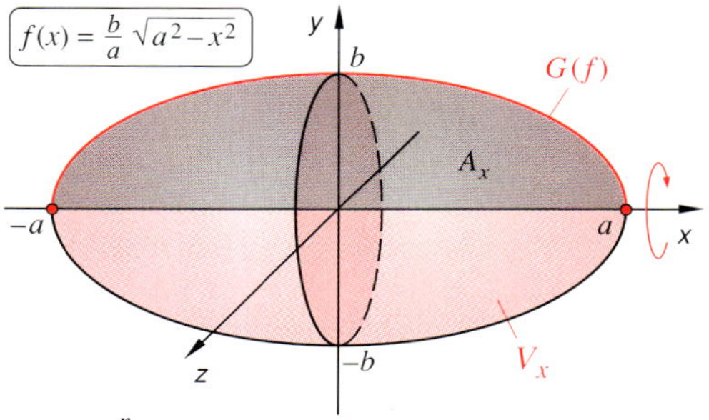

Setzt man in der für das Volumen V_x entwickelten Formel $\frac{b}{a} \cdot \sqrt{a^2 - x^2}$ für $f(x)$ und integriert in den Grenzen $-a$ bis a, so erhält man die bekannte Formel zur Berechnung des Volumens eines Rotationsellipsoids.

In der Formel für V_x wurde hier das Integrationsintervall $[a; b]$ in $[m; n]$ geändert, um eine Verwechslung mit den für die Halbachsen einer Ellipse üblichen Bezeichnungen a und b zu vermeiden.

$$V_x = \pi \cdot \int_m^n [f(x)]^2 \, dx \quad \blacktriangleright -a \text{ für } m; a \text{ für } n; f(x) = \frac{b}{a} \cdot \sqrt{a^2 - \ldots}$$

$$= \pi \cdot \int_{-a}^{a} \left[\frac{b}{a} \cdot \sqrt{a^2 - x^2}\right]^2 dx$$

$$= \pi \cdot \frac{b^2}{a^2} \cdot \int_{-a}^{a} [a^2 - x^2] \, dx$$

$$= \pi \cdot \frac{b^2}{a^2} \cdot \left[a^2 \cdot x - \frac{1}{3} \cdot x^3 \Big|_{-a}^{a}\right]$$

$$= \pi \cdot \frac{b^2}{a^2} \cdot \left[a^2 \cdot a - \frac{1}{3} \cdot a^3 - \left(a^2 \cdot (-a) - \frac{1}{3} \cdot (-a)^3\right)\right]$$

$$= \pi \cdot \frac{b^2}{a^2} \cdot \left[a^3 - \frac{1}{3} \cdot a^3 + a^3 - \frac{1}{3} \cdot a^3\right]$$

$$= \pi \cdot \frac{b^2}{a^2} \cdot \left[2a^3 - \frac{2}{3} \cdot a^3\right]$$

$$= \underline{\underline{\frac{4}{3}\pi \cdot a \cdot b^2}} \quad \blacktriangleright \text{ Volumen eines Ellipsoids}$$

Beispiel: Berechnen Sie die Volumenmaßzahl des Körpers, der erzeugt wird, wenn die Fläche zwischen dem Graphen der Funktion $f: f(x) = \frac{1}{x}$; $D(f) = \mathbb{R}^{+0}$ und der x-Achse im Intervall $[1; \infty)$ um die x-Achse rotiert.

Der entstehende Rotationskörper hat die Form einer „Posaunenöffnung", deren Durchmesser mit wachsendem x immer kleiner wird. Da das Intervall $[1; \infty)$ rechts unbeschränkt ist, muss die Volumenmaßzahl durch Grenzwertbildung ermittelt werden. ► Uneigentliche Integrale ► 2.8

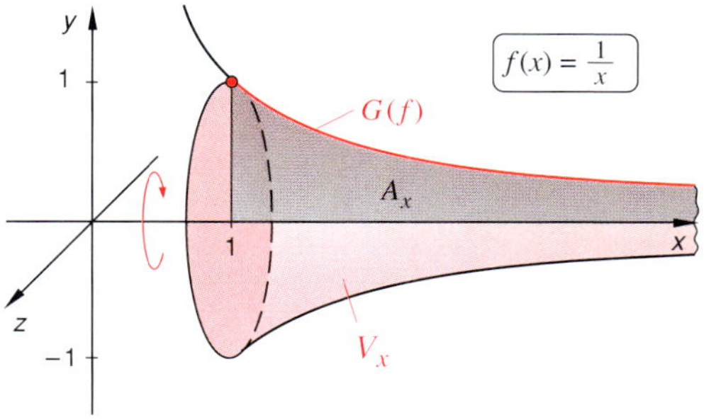

Setzt man in der für das Volumen V_x entwickelten Formel $\frac{1}{x}$ für $f(x)$ und integriert zunächst in den Grenzen 1 bis b, so erhält man den Term $\pi \cdot \left(-\frac{1}{b} + 1\right); b > 1$.

$$V_x = \pi \cdot \int_a^b [f(x)]^2 \, dx \quad \blacktriangleright \text{ 1 für } a; f(x) = \frac{1}{x}$$

$$= \pi \cdot \int_1^b \frac{1}{x^2} \, dx$$

$$= \pi \cdot \left(-\frac{1}{x} \Big|_1^b \right)$$

$$= \pi \cdot \left(-\frac{1}{b} + 1 \right); b > 1$$

Aus $\lim\limits_{b \to \infty} \left[\pi \cdot \left(-\frac{1}{b} + 1\right)\right]$ ergibt sich dann für V_x die Volumenmaßzahl π.

Dieses Ergebnis ist deshalb erstaunlich, weil der Fläche zwischen $G(f)$ und der x-Achse im Intervall $[1; \infty)$ keine endliche Maßzahl zugeordnet werden kann. ► 2.8

$$\lim_{b \to \infty} \left[\pi \cdot \left(-\frac{1}{b} + 1 \right) \right] = \pi \cdot \lim_{b \to \infty} \left(-\frac{1}{b} \right) + \pi \quad \blacktriangleright \lim_{b \to \infty} \left(-\frac{1}{b} \right) = 0$$

$$= \pi \cdot 0 + \pi$$

$$= \underline{\underline{\pi}}$$

Problem: Berechnen Sie die Volumenmaßzahl des Körpers, der erzeugt wird, wenn die Fläche zwischen den Graphen der Funktionen $f: f(x) = 0{,}5 \cdot \sqrt{16 - x^2}; D(f) = [-4; 4]$ und $g: g(x) = \sqrt{1{,}5 + 0{,}5x}; D(f) = \mathbb{R}^{\geq -3}$ um die x-Achse rotiert.

Der Graph von $f: f(x) = 0{,}5 \cdot \sqrt{16 - x^2}$; $D(f) = [-4; 4]$ ist eine Ellipse. Der Graph von $g: g(x) = \sqrt{1{,}5 + 0{,}5x}; D(f) = \mathbb{R}^{\geq -3}$ schneidet die Ellipse im Punkt S. Es ergibt sich so eine Fläche, die von den Graphen $G(f)$ und $G(g)$ sowie der x-Achse begrenzt ist. Bei Rotation dieser Fläche um die x-Achse wird ein „kelchförmiger" Körper erzeugt.

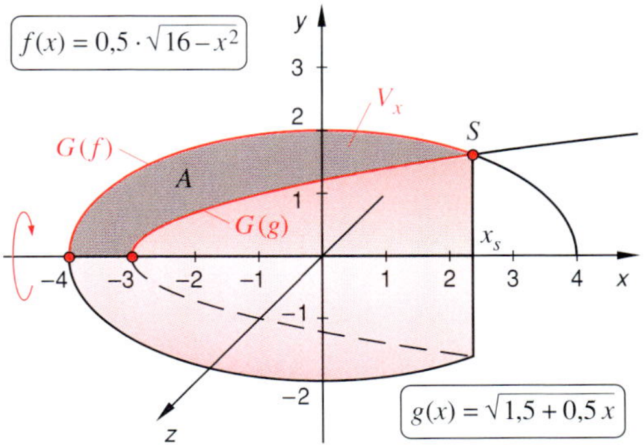

Bei Rotation der Fläche zwischen $G(f)$ und der x-Achse im Intervall $[-4; x_S]$ sowie der Fläche zwischen $G(g)$ und der x-Achse im Intervall $[-3; x_S]$ um die x-Achse werden zwei Körper erzeugt. Die Differenz ihrer Volumenmaßzahlen ergibt die gesuchte Volumenmaßzahl V_x.

$$\blacktriangleright\ V_x = V_{xf}\Big|_{-4}^{x_S} - V_{xg}\Big|_{-3}^{x_S}$$
$$= \pi \cdot \int_{-4}^{x_S} [f(x)]^2\,dx - \pi \cdot \int_{-3}^{x_S} [g(x)]^2\,dx$$
$$= \pi \cdot \left(\int_{-4}^{x_S} [f(x)]^2\,dx - \int_{-3}^{x_S} [g(x)]^2\,dx\right)$$

Zunächst wird die Schnittstelle x_S durch Gleichsetzen der Funktionsterme von f und g ermittelt. Dies führt auf die quadratische Gleichung $x^2 + 2x - 10 = 0$ mit den Lösungen $x_1 = 2{,}3166$ und $x_2 = -4{,}3166$. Der Wert $-4{,}3166$ ist jedoch keine Lösung von $0{,}5 \cdot \sqrt{16 - x^2} = \sqrt{1{,}5 + 0{,}5x}$, da $-4{,}3166$ nicht in $D(f) = [-4; 4]$ liegt. Die Probe mit $x_1 = 2{,}3166$ zeigt, dass x_1 die Wurzelgleichung erfüllt. $x_1 = x_S$ ist also Schnittstelle von f und g, sodass sich die Integrationsintervalle $[-4; 2{,}3166]$ und $[-3; 2{,}3166]$ ergeben.

$$\blacktriangleright\ f(x) = g(x)$$
$$0{,}5 \cdot \sqrt{16 - x^2} = \sqrt{1{,}5 + 0{,}5x}$$
$$\Rightarrow\ 0{,}25 \cdot (16 - x^2) = 1{,}5 + 0{,}5x$$
$$\Rightarrow\ 4 - 0{,}25x^2 = 1{,}5 + 0{,}5x$$
$$\Rightarrow\ x^2 + 2x - 10 = 0 \quad \blacktriangleright \text{ quadratische Gleichung}$$
$$\Rightarrow\ x_{1;2} = -1 \pm \sqrt{1 + 10} \Rightarrow \underline{x_1 = x_S = 2{,}3166;}$$
$$x_2 = -4{,}3166$$

Setzt man die Funktionsterme für f und g in die Formel für V_x ein und integriert in den Grenzen -4 bis $2{,}3166$ bzw. -3 bis $2{,}3166$, so erhält man die Volumenmaßzahl $37{,}16655$.

$$\blacktriangleright\ V_x = \pi \cdot \left(\int_{-4}^{x_S} [f(x)]^2\,dx - \int_{-3}^{x_S} [g(x)]^2\,dx\right) \quad \blacktriangleright\ f(x) = 0{,}5 \cdot \sqrt{16 - x^2};\ g(x) = \sqrt{1{,}5 + 0{,}5x}$$
$$= \pi \cdot \left(\int_{-4}^{x_S} [0{,}5 \cdot \sqrt{16 - x^2}]^2\,dx - \int_{-3}^{x_S} [\sqrt{1{,}5 + 0{,}5x}]^2\,dx\right)$$
$$= \pi \cdot \left(\int_{-4}^{x_S} [4 - 0{,}25x^2]\,dx - \int_{-3}^{x_S} [1{,}5 + 0{,}5x]\,dx\right) \quad \blacktriangleright\ x_S = 2{,}3166$$
$$= \pi \cdot \left(\left[4x - \frac{0{,}25}{3} \cdot x^3\right]\Bigg|_{-4}^{2{,}3166} - \left[1{,}5x + 0{,}25x^2\right]\Bigg|_{-3}^{2{,}3166}\right)$$
$$= \pi \cdot (18{,}89704 - 7{,}06656)$$
$$= \underline{\underline{37{,}16655}}$$

Für Rotationskörper aus Flächen zwischen zwei Graphen $G(f)$ und $G(g)$, die in einem Intervall $(a; b)$ keine Schnittpunkte haben, gilt bei Rotation um die x-Achse für $f(x) > g(x)$ und $x \in [a; b]$:

$$V_x = \pi \cdot \int_a^b \left([f(x)]^2 - [g(x)]^2\right) dx$$

Weiß man nicht, ob $f(x) > g(x)$ ist, so kann man mit dem Betrag rechnen:

$$V_x = \pi \cdot \left|\int_a^b \left([f(x)]^2 - [g(x)]^2\right) dx\right|;\ x \in [a; b]$$

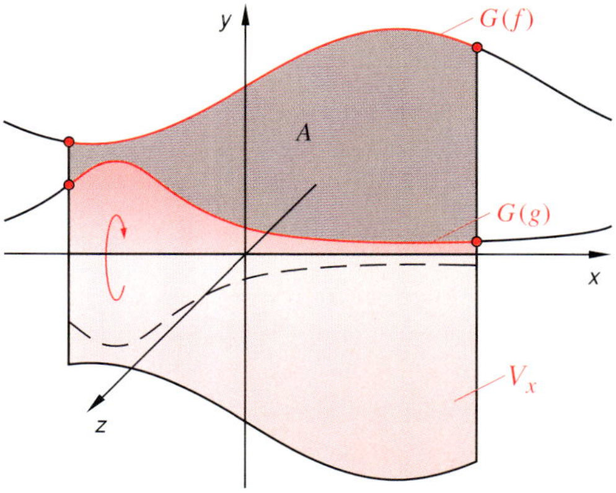

Haben dagegen die Graphen der Funktionen f und g Schnittpunkte im Intervall $(a; b)$, so ist wie im Abschnitt „Flächen zwischen zwei Graphen mit Schnittpunkten im Integrationsintervall" des Kapitels 3.1 zu verfahren.

Merke:

Haben die Graphen von zwei integrierbaren Funktionen f und g in einem Intervall $(a; b)$ keine Schnittpunkte, so gilt für das Volumen des Körpers, der durch Rotation der Fläche zwischen diesen Graphen in $[a; b]$ um die x-Achse entsteht:

$$V_x = \pi \cdot \left| \int_a^b \left([f(x)]^2 - [g(x)]^2 \right) \mathrm{d}x \right|$$

• Inhalte von Rotationskörpern bei Rotation um die y-Achse

Ist eine Funktion f in einem Intervall $[a; b]$ streng monoton sowie stetig und rotiert die Fläche zwischen dem Graphen $G(f)$ und der y-Achse im Intervall $[c; d]$ um die y-Achse, so wird auch hierbei ein Rotationskörper erzeugt. Jede Querschnittsfläche dieses Körpers ist eine Kreisfläche, die für $y \in [c; d]$ den Radius $|x|$ mit $x = f^{-1}(y)$ und $x \in [a; b]$ hat. Zur Berechnung des Rotationsvolumens gibt es zwei Lösungsmethoden.

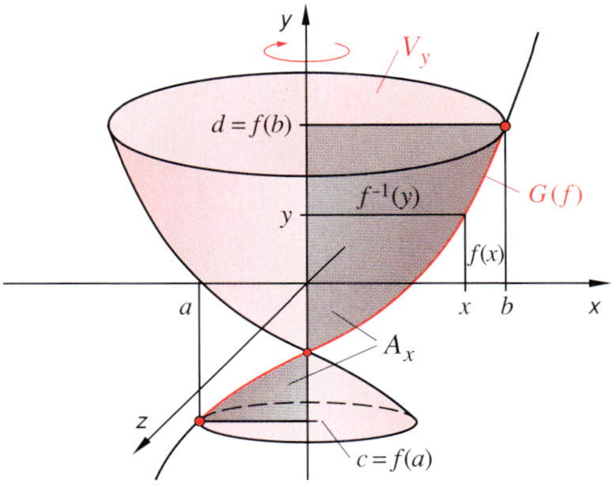

• Erste Lösungsmethode

Der Term der Querschnittsfunktion Q wird für $y \in [c; d]$ durch $Q(y) = \pi \cdot [f^{-1}(y)]^2$ angegeben. Dieser Term wird in das Integral für V_y eingesetzt. Ist f in $[a; b]$ streng monoton steigend, so gilt $c = f(a)$ und $d = f(b)$, ist f dort streng monoton fallend, so gilt $c = f(b)$ und $d = f(a)$.

$$V_y = \int_c^d Q(y)\,\mathrm{d}y \quad \blacktriangleright \; Q(y) = \pi \cdot [f^{-1}(y)]^2$$

$$= \int_c^d \left(\pi \cdot [f^{-1}(y)]^2 \right) \mathrm{d}y$$

$$= \pi \cdot \int_c^d [f^{-1}(y)]^2 \,\mathrm{d}y$$

• Zweite Lösungsmethode

Ist f in $[a; b]$ zusätzlich auch stetig differenzierbar, so substituiert man $y = f(x)$ in der Formel $V_y = \pi \cdot \int_c^d [f^{-1}(y)]^2 \,\mathrm{d}y$.

Da f streng monoton steigend oder streng monoton fallend sein kann, muss man zwei Fälle unterscheiden.

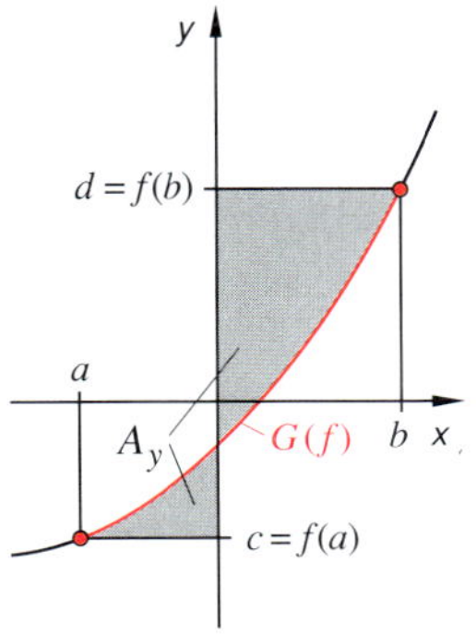

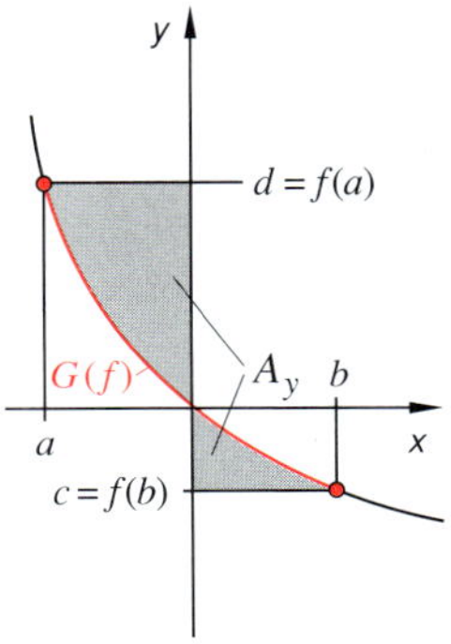

• f ist in $[a\,;b]$ streng monoton steigend

$$V_y = \pi \cdot \int_c^d [f^{-1}(y)]^2\,\mathrm{d}y$$

► $c = f(a);\ d = f(b)$

$$y = f(x) \Rightarrow \frac{\mathrm{d}y}{\mathrm{d}x} = f'(x) \Rightarrow \mathrm{d}y = f'(x)\cdot \mathrm{d}x$$

$$V_y = \pi \cdot \int_a^b \left[[f^{-1}(f(x))]^2 \cdot f'(x)\right] \mathrm{d}x$$

► $f^{-1}(f(x)) = x$

$$= \pi \cdot \int_a^b [x^2 \cdot f'(x)]\,\mathrm{d}x$$

• f ist in $[a\,;b]$ streng monoton fallend

$$V_y = \pi \cdot \int_c^d [f^{-1}(y)]^2\,\mathrm{d}y$$ ► $c = f(b);\ d = f(a)$

$$= \pi \cdot \int_b^a \left[[f^{-1}(f(x))]^2 \cdot f'(x)\right] \cdot \mathrm{d}x$$ ► $f^{-1}(f(x)) = x$

$$= \pi \cdot \int_b^a [x^2 \cdot f'(x)]\,\mathrm{d}x$$

$$= -\pi \cdot \int_a^b [x^2 \cdot f'(x)]\,\mathrm{d}x$$

Beide Formeln kann man in der Formel $V_y = \pi \cdot \left|\int_a^b [x^2 \cdot f'(x)]\,\mathrm{d}x\right|$ zusammenfassen.

Merke:

Rotiert die Fläche zwischen dem Graphen einer in $[a; b]$ streng monotonen, stetigen Funktion f und der y-Achse im y-Intervall $[c; d]$ um die y-Achse, so gelten für das Volumen des erzeugten Rotationskörpers die Formeln:

$$\boldsymbol{V_y = \pi \cdot \int_c^d [f^{-1}(y)]^2 \mathrm{d}y}$$

$$\boldsymbol{V_y = \pi \cdot \left|\int_a^b [x^2 \cdot f'(x)]\,\mathrm{d}x\right|}$$ ► f ist in $[a; b]$ stetig differenzierbar

Anmerkung:

Die Formeln sind auch anwendbar, wenn im x-Intervall $[a; b]$ eine Relation vorliegt, die aus Sicht der y-Achse im y-Intervall $[c; d]$ abschnittsweise monoton ist. Ihre Anwendung erfolgt dann abschnittsweise für die Monotonieintervalle dieser Relation.

Beispiel: Rotiert die Fläche zwischen einem Parabelast mit $f(x) = \frac{1}{4} \cdot x^2 + 1;\ x \in \mathbb{R}$ und der y-Achse im y-Intervall $[1; 5]$ um die y-Achse, so wird ein Rotationskörper erzeugt. Berechnen Sie seine Volumenmaßzahl mit beiden Lösungsmethoden.

Da die Parabel symmetrisch zur y-Achse ist, ist es ohne Bedeutung, ob die Fläche zwischen der y-Achse und dem linken oder dem rechten Parabelast rotiert. Der im y-Intervall $[1; 5]$ erzeugte Körper heißt **Rotationsparaboloid**. Die Funktion f ist für $x \leq 0$ (linker Ast) streng monoton fallend und stetig.

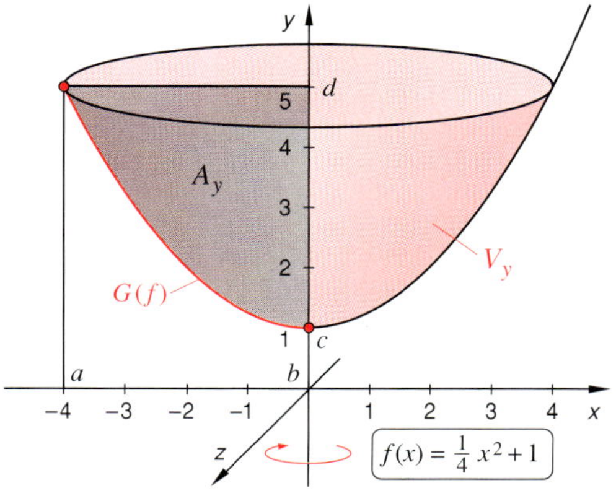

• Erste Lösungsmethode

Um die Formel $V_y = \pi \cdot \int\limits_c^d [f^{-1}(y)]^2\,dy$ anwenden zu können, wird zunächst $[f^{-1}(y)]^2$ aus $f(x) = y = \frac{1}{4} \cdot x^2 + 1$ berechnet:

$$f(x) = \frac{1}{4} \cdot x^2 + 1 \Rightarrow x^2 = [f^{-1}(y)]^2 = 4 \cdot (y-1)$$

$$V_y = \pi \cdot \int\limits_c^d [f^{-1}(y)]^2\,dy \quad \blacktriangleright \text{ 1 für } c;\ 5 \text{ für } d,\quad 4 \cdot (y-1) \text{ für } [f^{-1}(y)]^2$$

$$= \pi \cdot \int\limits_1^5 [4 \cdot (y-1)]\,dy$$

$$= 4\pi \cdot \left[\frac{1}{2} \cdot y^2 - y \Big|_1^5\right]$$

$$= 4\pi \cdot 8$$

$$= \underline{\underline{32\pi}} \quad \blacktriangleright \text{ Volumenmaßzahl im } y\text{-Intervall } [1; 5]$$

• Zweite Lösungsmethode

Da f in $\mathbb{R}$ stetig differenzierbar ist, kann auch die zweite Lösungsmethode benutzt werden.

a und b werden aus dem y-Intervall $[1; 5]$ berechnet, wobei für streng monoton fallende Funktionen (hier linker Parabelast) gilt:

► $d = f(a) = 5$ ► $f(x) = y = \frac{1}{4} \cdot x^2 + 1$ ► 5 für y

$$5 = \frac{1}{4} \cdot x^2 + 1 \Rightarrow x^2 = 16 \Rightarrow \underline{a = -4}$$

► $c = f(b) = 1$ ► $f(x) = y = \frac{1}{4} \cdot x^2 + 1$ ► 1 für y

$$1 = \frac{1}{4} \cdot x^2 + 1 \Rightarrow x^2 = 0 \Rightarrow \underline{b = 0}$$

$$V_y = \pi \cdot \left|\int\limits_a^b [x^2 \cdot f'(x)]\,dx\right| \quad \blacktriangleright\ -4 \text{ für } a;\ 0 \text{ für } b,\quad f(x) = \frac{1}{4} \cdot x^2 + 1 \Rightarrow f'(x) = \frac{x}{2}$$

$$= \pi \cdot \left|\int\limits_{-4}^{0} \left[x^2 \cdot \frac{x}{2}\right] dx\right|$$

$$= \pi \cdot \frac{1}{2} \cdot \left|\int\limits_{-4}^{0} x^3\,dx\right|$$

$$= \frac{\pi}{2} \cdot \left|\frac{x^4}{4}\Big|_{-4}^{0}\right|$$

$$= \frac{\pi}{2} \cdot \left|\frac{0^4}{4} - \frac{(-4)^4}{4}\right|$$

$$= \frac{\pi}{2} \cdot |-64|$$

$$= \underline{\underline{32\pi}} \quad \blacktriangleright \text{ Volumenmaßzahl im } x\text{-Intervall } [-4; 0]$$

Beispiel: Rotiert die Fläche zwischen einem Hyperbelast mit $f(x) = \sqrt{x^2 - 1}$; $x \in \mathbb{R} \backslash (-1; 1)$ und der y-Achse im y-Intervall $[1{,}5; 4{,}5]$ um die y-Achse, so wird ein Rotationskörper erzeugt. Berechnen Sie seine Volumenmaßzahl mit der ersten Lösungsmethode.

Da die Hyperbel symmetrisch zur y-Achse ist, ist es ohne Bedeutung, ob die Fläche zwischen der y-Achse und dem linken oder dem rechten Hyperbelast rotiert. Der im y-Intervall $[1{,}5; 4{,}5]$ erzeugte Körper ist ein **Rotationshyperboloid**. Die Funktion f ist für $x \geq 0$ streng monoton steigend und stetig.

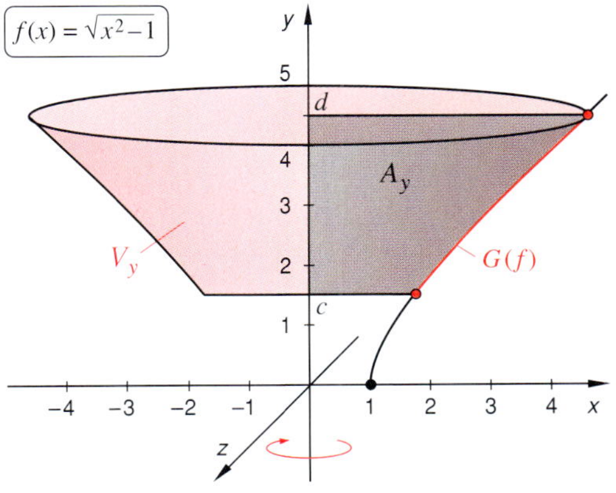

Um die Formel $V_y = \pi \cdot \int_c^d [f^{-1}(y)]^2 \, dy$ anwenden zu können, muss $[f^{-1}(y)]^2$ aus $f(x) = y = \sqrt{x^2 - 1}$ berechnet und eingesetzt werden:

► $f(x) = y = \sqrt{x^2 - 1}$

$\Rightarrow x^2 = [f^{-1}(y)]^2 = y^2 + 1$

Die zweite Lösungsmethode würde hier auf das wesentlich schwieriger zu lösende Integral $\pi \cdot \int_{\sqrt{3,25}}^{\sqrt{21,25}} \frac{x^3}{\sqrt{x^2-1}} \, dx$ führen.

$V_y = \pi \cdot \int_c^d [f^{-1}(y)]^2 \, dy$ ► 1,5 für c; 4,5 für d; $y^2 + 1$ für $[f^{-1}(y)]^2$

$= \pi \cdot \int_{1,5}^{4,5} [y^2 + 1] \, dy$

$= \pi \cdot \left[\frac{1}{3} \cdot y^3 + y \Big|_{1,5}^{4,5}\right]$

$= \pi \cdot \left[\frac{1}{3} \cdot 4,5^3 + 4,5 - \left(\frac{1}{3} \cdot 1,5^3 + 1,5\right)\right]$

$= \underline{\underline{32,25\,\pi}}$ ► Maßzahl im y-Intervall $[1,5; 4,5]$

Beispiel: Berechnen Sie das Volumen des skizzierten Fasses, das entsteht, wenn die Fläche zwischen dem Graphen der Relation $R(x) = \pm\sqrt{m \cdot (x-n)}$; $m \neq 0$ und der y-Achse im y-Intervall $[c; d]$ um die y-Achse rotiert.

Die Maße sind in der Einheit Dezimeter angegeben, zunächst wird aber ohne Einheiten gerechnet. Aus den Maßen des Fasses erhält man die Punkte $P_1\langle 4 | 0 \rangle$; $P_2\langle 3 | 5 \rangle$ und $P_3\langle 3 | -5 \rangle$. Da das Fass auch symmetrisch zu x-Achse liegt, ist es einfacher, nur das Volumen im y-Intervall $[0; 5]$ zu berechnen und das Ergebnis zu verdoppeln. Die Fasshälfte in diesem Intervall wird durch Rotation der Fläche zwischen $G(f)$ mit $f(x) = \sqrt{m \cdot (x-n)}$ und der y-Achse erzeugt.

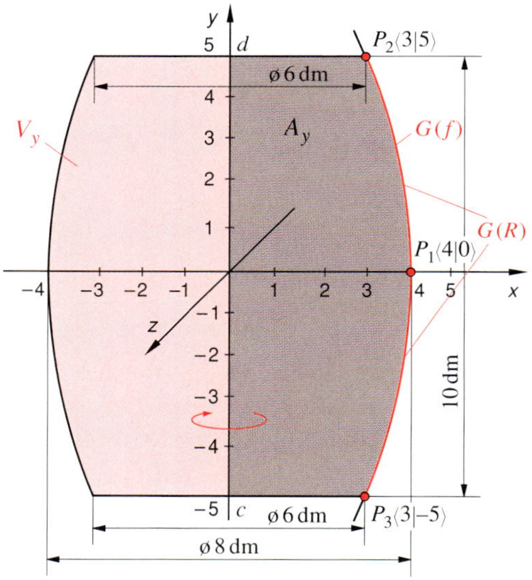

Aus den gegebenen Punkten $P_1\langle 4 | 0 \rangle$ und $P_2\langle 3 | 5 \rangle$ werden zu $f(x) = \sqrt{m \cdot (x-n)}$ die Werte für m und n berechnet. Die Werte -25 für m bzw. 4 für n sind Lösungen der beiden Gleichungen $\sqrt{m \cdot (4-n)} = 0$ bzw. $\sqrt{m \cdot (3-n)} = 5$. Die vollständige Funktion heißt daher: $f: f(x) = 5 \cdot \sqrt{4-x}$; $D(f) = \mathbb{R}^{\leq 4}$.

$f(x) = \sqrt{m \cdot (x-n)}$ ► $P_1\langle 4 | 0 \rangle; P_2\langle 3 | 5 \rangle$

► $f(4) = 0$: $\sqrt{m \cdot (4-n)} = 0$

$\Rightarrow m \cdot (4-n) = 0$ ► $m \neq 0 \Rightarrow 4 - n = 0 \Rightarrow \underline{n = 4}$

► $f(3) = 5$: $\sqrt{m \cdot (3-n)} = 5$ ► $n = 4$

$\sqrt{m \cdot (3-4)} = 5 \Rightarrow m \cdot (-1) = 25 \Rightarrow \underline{m = -25}$

► $f(x) = \sqrt{-25 \cdot (x-4)} = \underline{5 \cdot \sqrt{4-x}; x \in \mathbb{R}^{\leq 4}}$

Da $f: f(x) = 5 \cdot \sqrt{4-x}$; $D(f) = \mathbb{R}^{\leq 4}$ in $D(f)$ streng monton fallend und stetig ist, kann man die Formel $V_y = \pi \cdot \int\limits_c^d [f^{-1}(y)]^2 \, dy$ anwenden.

Aus $f(x) = y = 5 \cdot \sqrt{4-x}$ erhält man dann $x = f^{-1}(y) = 4 - \frac{y^2}{25}$; $y \geq 0$.

$$V_y = 2\pi \cdot \int\limits_0^d [f^{-1}(y)]^2 \, dy \quad ▶ \text{ 5 für } d; f^{-1}(y) = 4 - \frac{y^2}{25}$$

$$= 2\pi \cdot \int\limits_0^5 \left[4 - \frac{y^2}{25}\right]^2 dy$$

$$= 2\pi \cdot \int\limits_0^5 \left[16 - \frac{8}{25} \cdot y^2 + \frac{y^4}{5^4}\right] dy$$

$$= 2\pi \cdot \left[16y - \frac{8}{75} \cdot y^3 + \frac{y^5}{5^5}\Big|_0^5\right]$$

$$= 2\pi \cdot \left[16 \cdot 5 - \frac{8}{75} \cdot 5^3 + \frac{5^5}{5^5} - 0\right]$$

$$= \underline{\underline{425{,}162}} \quad ▶ \text{ Maßzahl im } y\text{-Intervall } [-5; 5]$$

Da alle Maße in Dezimeter gegeben sind, beträgt das Fassvolumen 425,162 Liter.

Beispiel: Berechnen Sie das Volumen des skizzierten Kühlturms, der erzeugt wird, wenn die Fläche zwischen dem Graphen der Hyperbelrelation $R: R(x) = \pm \frac{b}{a} \cdot \sqrt{x^2 - a^2}$; $D(R) = \mathbb{R} \setminus (-a; a)$; $a; b > 0$ und der y-Achse im y-Intervall $[c; d]$ um die y-Achse rotiert.

Der Kühlturm ist aus zwei Teilkörpern zusamengesetzt. Der obere Teilkörper wird erzeugt, wenn die Fläche zwischen dem Graphen einer Funktion $f_1: f_1(x) = \frac{b}{a} \cdot \sqrt{x^2 - a^2}$; $D(R) = \mathbb{R} \setminus (-a; a)$ und der y-Achse im y-Intervall $[0; d] = [0; y_1]$ um die y-Achse rotiert. Der untere Teilkörper ergibt sich entsprechend durch Rotation der Fläche zwischen dem Graphen einer Funktion $f_2: f_2(x) = -\frac{b}{a} \cdot \sqrt{x^2 - a^2}$; $D(R) = \mathbb{R} \setminus (-a; a)$ und der y-Achse im y-Intervall $[c; 0] = [y_3; 0]$.

Aus den in Meter gegebenen Maßen des Kühlturms erhält man die drei Punkte $P_1\langle 9 | 0 \rangle$; $P_2\langle 10 | y_1 \rangle$ und $P_3\langle 15 | y_3 \rangle$. Es wird zunächst ohne Einheiten gerechnet.

f_1 ist im x-Intervall $[9; 10]$ stetig und streng monoton steigend, f_2 im x-Intervall $[9; 15]$ stetig und streng monoton fallend.

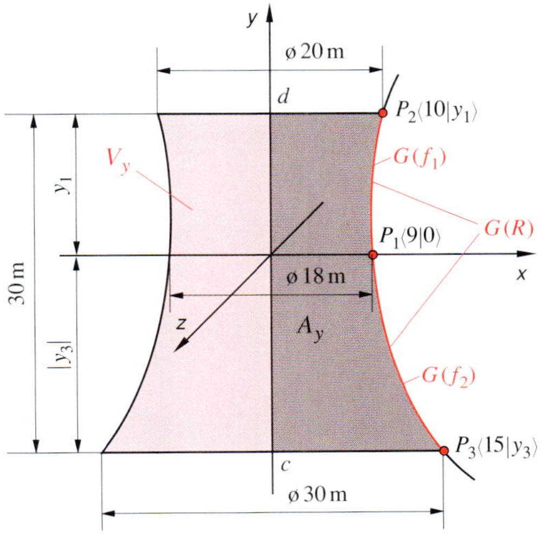

Die Formel $V_y = \pi \cdot \int_c^d [f^{-1}(y)]^2\,dy$ kann also angewendet werden.

Dazu berechnet man $[f_1^{-1}(y)]^2$ und $[f_2^{-1}(y)]^2$ aus den beiden Funktionsgleichungen

$f_1(x) = \frac{b}{a} \cdot \sqrt{x^2 - a^2}$ bzw.

$f_2(x) = -\frac{b}{a} \cdot \sqrt{x^2 - a^2}$.

$$V_y = \pi \cdot \int_0^{y_1} [f_1^{-1}(y)]^2\,dy + \pi \cdot \int_{y_3}^{0} [f_2^{-1}(y)]^2\,dy$$

► $f_1(x) = y = \frac{b}{a} \cdot \sqrt{x^2 - a^2} \Rightarrow y^2 = \frac{b^2}{a^2} \cdot x^2 - b^2$

$\Rightarrow x^2 = [f_1^{-1}(y)]^2 = \underline{\frac{a^2}{b^2} \cdot (y^2 + b^2)}$

► $f_2(x) = y = -\frac{b}{a} \cdot \sqrt{x^2 - a^2} \Rightarrow y^2 = \frac{b^2}{a^2} \cdot x^2 - b^2$

$\Rightarrow x^2 = [f_2^{-1}(y)]^2 = \underline{\frac{a^2}{b^2} \cdot (y^2 + b^2)}$

Diese Terme setzt man in die Formeln $V_y = \pi \cdot \int_0^{y_1} [f_1^{-1}(y)]^2\,dy$ bzw. $V_y = \pi \cdot \int_{y_3}^{0} [f_2^{-1}(y)]^2\,dy$ ein. Man erhält so eine allgemeine Formel für das Volumen des Kühlturms, in die dann die Werte für $a; b; y_1$ und y_3 eingesetzt werden müssen.

$$V_y = \pi \cdot \int_0^{y_1} \left[\frac{a^2}{b^2} \cdot (y^2 + b^2)\right] dy + \pi \cdot \int_{y_3}^{0} \left[\frac{a^2}{b^2} \cdot (y^2 + b^2)\right] dy$$

$$= \pi \cdot \int_{y_3}^{y_1} \left[\frac{a^2}{b^2} \cdot (y^2 + b^2)\right] dy$$

$$= \pi \cdot \frac{a^2}{b^2} \cdot \int_{y_3}^{y_1} (y^2 + b^2)\,dy$$

$$= \pi \cdot \frac{a^2}{b^2} \cdot \left[\frac{1}{3} \cdot y^3 + b^2 \cdot y \Big|_{y_3}^{y_1}\right]$$

$$= \underline{\pi \cdot \frac{a^2}{b^2} \cdot \left[\frac{1}{3} \cdot y_1^3 + b^2 \cdot y_1 - \left(\frac{1}{3} \cdot y_3^3 + b^2 \cdot y_3\right)\right]}$$

Die Werte für $a; b; y_1$ und y_3 werden aus den ermittelten drei Punkten $P_1\langle 9 \mid 0\rangle$; $P_2\langle 10 \mid y_1\rangle$ und $P_3\langle 15 \mid y_3\rangle$ sowie aus der Bedingung $y_1 + |y_3| = 30$ mittels der Funktionsgleichungen $f_1(x) = \frac{b}{a} \cdot \sqrt{x^2 - a^2}$ bzw. $f_2(x) = -\frac{b}{a} \cdot \sqrt{x^2 - a^2}$ berechnet.

Auch wenn man in $f_2(x) = -\frac{b}{a} \cdot \sqrt{x^2 - a^2}$ die Koordinaten von $P_1\langle 9 \mid 0\rangle$ einsetzt, erhält man $a = 9$.

$f_1(x) = \frac{b}{a} \cdot \sqrt{x^2 - a^2}$ ► $P_1\langle 9 \mid 0\rangle; P_2\langle 10 \mid y_1\rangle$

► $f_1(9) = 0$: $\frac{b}{a} \cdot \sqrt{9^2 - a^2} = 0 \Rightarrow \underline{a = 9}$

► $f_1(10) = y_1$: $\frac{b}{a} \cdot \sqrt{10^2 - a^2} = y_1$ ► 9 für a ► $\frac{b}{a} \neq 0$

$\frac{b}{9} \cdot \sqrt{10^2 - 9^2} = y_1 \Rightarrow \underline{y_1 = \frac{b}{9} \cdot \sqrt{19}}$

$f_2(x) = -\frac{b}{a} \cdot \sqrt{x^2 - a^2}$ ► $P_3\langle 15 \mid y_3\rangle; P_1\langle 9 \mid 0\rangle$

► $f_2(15) = y_3$: $-\frac{b}{a} \cdot \sqrt{15^2 - a^2} = y_3$ ► 9 für a

$-\frac{b}{9} \cdot \sqrt{15^2 - 9^2} = y_3 \Rightarrow \underline{y_3 = -\frac{b}{9} \cdot 12}$

► $y_1 + |y_3| = 30$ ► $\frac{b}{9} \cdot \sqrt{19}$ für y_1; $-\frac{b}{9} \cdot 12$ für y_3

$\frac{b}{9} \cdot \sqrt{19} + \frac{b}{9} \cdot 12 = 30 \Rightarrow b = \frac{270}{\sqrt{19} + 12} = \underline{16{,}50478}$

► $y_1 = \frac{b}{9} \cdot \sqrt{19}$ ► 16,50478 für b

$= \underline{7{,}99363}$

In der Formel für V_y werden 9 für a; 16,50478 für b; 7,99363 für y_1 und $-22,00637$ für y_3 gesetzt.

Da alle Maße in Meter gegeben sind erhält man ein Kühlturmvolumen von 11111,599 m³.

$$\blacktriangleright\ y_3 = -\frac{b}{9}\cdot 12 \quad \blacktriangleright \text{ 16,50478 für } b$$
$$= \underline{-22{,}00637}$$
$$V_y = \pi \cdot \frac{a^2}{b^2} \cdot \left|\frac{1}{3}\cdot y_1^3 + b^2 \cdot y_1 - \left(\frac{1}{3}\cdot y_3^3 + b^2 \cdot y_3\right)\right|$$
$$= \underline{\underline{11111{,}599}} \quad \blacktriangleright \text{ Volumenmaßzahl des Kühlturms}$$

Rauminhalte – Kurven in Parameterdarstellung

• Inhalte von Rotationskörpern bei Rotation um die x-Achse

Problem: Entwickeln Sie aus der Volumenformel $V_x = \pi \cdot \int\limits_a^b [f(x)]^2\,dx$ eine Volumenformel für Kurven in Parameterdarstellung, die Graphen stetiger Funktionen sind.

Ist eine Kurve der Graph einer stetigen Funktion f, so ist $\begin{cases} x = f_1(t) \\ y = f_2(t) = f[f_1(t)] \end{cases}$; $t \in D(f_1)$ eine Parameterdarstellung dieser Kurve. Dabei ist die Parameterfunktion f_1 streng monoton in einem Parameterintervall $[t_1; t_2]$, das durch f_1 auf $[a; b]$ abgebildet wird (► 3.1, Abschnitt „Flächeninhalte – Kurven in Parameterdarstellung“).

Ist f_1 in $[t_1; t_2]$ streng monoton steigend, so gilt $a = f_1(t_1)$ und $b = f_1(t_2)$, ist f_1 dagegen dort streng monoton fallend, so gilt $a = f_1(t_2)$ und $b = f_1(t_1)$. In der Volumenformel $V_x = \pi \cdot \int\limits_a^b [f(x)]^2\,dx$ substituiert man dann x durch $f_1(t)$. Da die Funktion f_1 aber sowohl streng monoton steigend als auch streng monoton fallend sein kann, muss man zwei Fälle unterscheiden.

• f_1 ist in $[t_1; t_2]$ streng monoton steigend

► $a = f_1(t_1)$ und $b = f_1(t_2)$

► Ist f_1 in $[t_1; t_2]$ zusätzlich stetig differenzierbar, so gilt:

$$x = f_1(t) \Rightarrow \frac{dx}{dt} = \dot{f}_1(t) \Rightarrow dx = \dot{f}_1(t)\cdot dt$$

$$V_x = \pi \cdot \int\limits_a^b [f(x)]^2\,dx \quad \blacktriangleright\ [f(x)]^2 = g(x)$$
$$= \pi \cdot \int\limits_a^b g(x)\,dx \quad \blacktriangleright\ x = f_1(t);\ dx = \dot{f}_1(t)\cdot dt \quad \blacktriangleright \text{ 2.4.10}$$
$$= \pi \cdot \int\limits_{t_1}^{t_2} \left(g[f_1(t)]\cdot \dot{f}_1(t)\,dt\right) \quad \blacktriangleright\ g[f_1(t)] = [f[f_1(t)]]^2$$
$$= \pi \cdot \int\limits_{t_1}^{t_2} \left([f[f_1(t)]]^2 \cdot \dot{f}_1(t)\right)dt \quad \blacktriangleright\ f[f_1(t)] = f_2(t)$$
$$= \underline{\underline{\pi \cdot \int\limits_{t_1}^{t_2} \left([f_2(t)]^2 \cdot \dot{f}_1(t)\right)dt}}$$

• f_1 ist in $[t_1; t_2]$ streng monoton fallend

► $a = f_1(t_2)$ und $b = f_1(t_1)$

► Ist f_1 in $[t_1; t_2]$ zusätzlich stetig differenzierbar, so gilt:

$$x = f_1(t) \Rightarrow \frac{dx}{dt} = \dot{f}_1(t) \Rightarrow dx = \dot{f}_1(t)\cdot dt$$

$$V_x = \pi \cdot \int\limits_a^b [f(x)]^2\,dx \quad \blacktriangleright\ [f(x)]^2 = g(x)$$
$$= \pi \cdot \int\limits_a^b g(x)\,dx \quad \blacktriangleright\ x = f_1(t);\ dx = \dot{f}_1(t)\cdot dt \quad \blacktriangleright \text{ 2.4.10}$$
$$= \pi \cdot \int\limits_{t_2}^{t_1} \left(g[f_1(t)]\cdot \dot{f}_1(t)\right)dt \quad \blacktriangleright\ g[f_1(t)] = [f[f_1(t)]]^2$$
$$= -\pi \cdot \int\limits_{t_1}^{t_2} \left([f[f_1(t)]]^2 \cdot \dot{f}_1(t)\right)dt \quad \blacktriangleright\ f[f_1(t)] = f_2(t)$$
$$= \underline{\underline{-\pi \cdot \int\limits_{t_1}^{t_2} \left([f_2(t)]^2 \cdot \dot{f}_1(t)\right)dt}}$$

Beide Ergebnisse kann man in der Formel $V_x = \left|\pi \cdot \int\limits_{t_1}^{t_2} \left([f_2(t)]^2 \cdot \dot{f}_1(t)\right)\mathrm{d}t\right| = \left|\pi \cdot \int\limits_{t_1}^{t_2} \left(\dot{f}_1(t) \cdot [f_2(t)]^2\right)\mathrm{d}t\right|$ zusammenfassen. Die Formel für V_x gilt für jede Kurve, die im Parameterintervall $[t_1; t_2]$ der Graph einer stetigen Funktion ist. In Anwendungen muss man prüfen, ob die Funktion f_1 im t-Intervall $[t_1; t_2]$ streng monoton und stetig differenzierbar ist.

Merke:

Ist eine Kurve durch eine Parameterdarstellung $\begin{cases} x = f_1(t) \\ y = f_2(t) \end{cases}; t \in D(f_1) \cap D(f_2)$ gegeben und rotiert die Fläche zwischen der Kurve und der x-Achse im Parameterintervall $[t_1; t_2]$ um die x-Achse, so gilt für das Volumen des Rotationskörpers:

$$\boldsymbol{V_x = \pi \cdot \left|\int\limits_{t_1}^{t_2} \left(\dot{f}_1(t) \cdot [f_2(t)]^2\right)\mathrm{d}t\right|}$$

Hierbei wird vorausgesetzt, dass die Funktion f_1 in $[t_1; t_2]$ streng monoton ist, die Kurve also der Graph einer stetigen Funktion ist. Außerdem muss f_1 dort stetig differenzierbar sein.

Anmerkungen:

- Die Formel für V_x ist auch dann anwendbar, wenn die Funktion f_1 im t-Intervall $[t_1; t_2]$ abschnittsweise monoton ist. Die Kurve muss dann aber ganz oberhalb oder ganz unterhalb der x-Achse liegen, d. h. es muss $f_2(t) \geq 0$ oder $f_2(t) \leq 0$ in $[t_1; t_2]$ gelten.
- Wechselt aber die Funktion f_2 in $[t_1; t_2]$ ihr Vorzeichen, so ist die Berechnung eines Rotationsvolumens nur sinnvoll, wenn f_1 in $[t_1; t_2]$ streng monoton ist.

Beispiel: Entwickeln Sie aus der Parameterdarstellung des Kreises eine Formel zur Berechnung des Kugelvolumens.

Rotiert die Fläche zwischen dem Graphen der Funktion $f: f(x) = \sqrt{r^2 - x^2}$ mit $D(f) = [-r; r]$ (Halbkreis) und der x-Achse um die x-Achse, so erzeugt die Halbkreisfläche eine Kugel.

Durch $\begin{cases} f_1(t) = r \cdot \cos t \\ f_2(t) = r \cdot \sin t \end{cases}; t \in [0; 2\pi]$ ist die Parameterstellung eines Kreises mit dem Radius r gegeben. ► Kusch 3; 1.1.11

Für $t \in [0; \pi]$ wird hierbei ein Halbkreis beschrieben.

Die Funktion $f_1: f_1(t) = r \cdot \cos t$ mit $D(f_1) = [0; 2\pi]$ ist in $[0; \pi]$ streng monoton fallend und dort stetig differenzierbar, also kann dort die Formel für V_x angewendet werden.

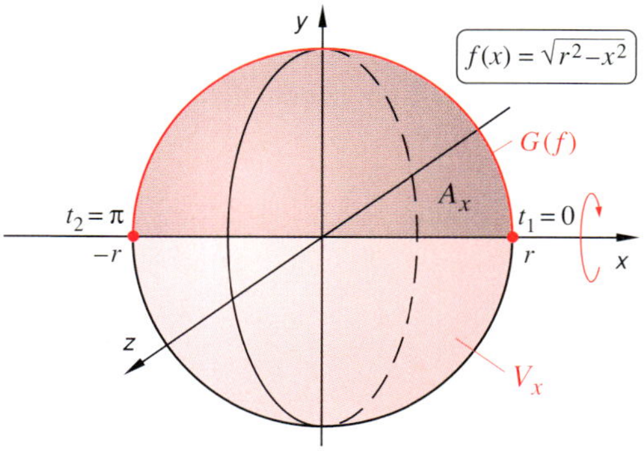

$V_x = \pi \cdot \left|\int\limits_{t_1}^{t_2} \left(\dot{f}_1(t) \cdot [f_2(t)]^2\right)\mathrm{d}t\right|$

► 0 für t_1; π für t_2; $f_2(t) = r \cdot \sin t$

$f_1(t) = r \cdot \cos t \Rightarrow \dot{f}_1(t) = -r \cdot \sin t$

Zur Bestimmung des Volumens V_x setzt man in der für eine Parameterdarstellung entwickelten Formel die Werte für t_1 und t_2 sowie die Terme für $\dot{f}_1(t)$ und $f_2(t)$ ein, wobei $t_1 = 0$ und $t_2 = \pi$ die Integrationsgrenzen für einen Halbkreis sind, und integriert.

$$V_x = \pi \cdot \left| \int_0^{\pi} \left((-r \cdot \sin t) \cdot r^2 \cdot \sin^2 t \right) \mathrm{d}t \right|$$

$$= \pi \cdot r^3 \cdot \left| \int_0^{\pi} \sin^3 t \, \mathrm{d}t \right| \quad \blacktriangleright \ 2.5$$

$$= \pi \cdot r^3 \cdot \left| \left[-\cos t + \frac{1}{3} \cdot \cos^3 t \right] \Big|_0^{\pi} \right|$$

$$= \pi \cdot r^3 \cdot \left| -\cos \pi + \frac{1}{3} \cdot \cos^3 \pi - \left(-\cos 0 + \frac{1}{3} \cdot \cos^3 0 \right) \right|$$

$$= \pi \cdot r^3 \cdot \left| -(-1) + \frac{1}{3} \cdot (-1) - \left(-1 + \frac{1}{3} \cdot 1 \right) \right|$$

Man erhält die bekannte Formel für das Volumen einer Kugel.

$$= \underline{\underline{\frac{4}{3} \cdot \pi \cdot r^3}} \quad \blacktriangleright \ \text{Volumen einer Kugel}$$

Beispiel: Berechnen Sie das Rotationsvolumen des Körpers, der erzeugt wird, wenn die von der Kurve $\begin{cases} f_1(t) = -t + 5 + \sin(3t) \\ f_2(t) = 3 + \sin(3t) - 2 \cdot \cos t \end{cases}$; $t \in \mathbb{R}$ im t-Intervall $[0;\, 1{,}55\,\pi]$ umschlossenen Fläche um die x-Achse rotiert.

Da die Kurve ganz oberhalb der x-Achse liegt und die Parameterfunktion f_1 in $[0;\, 1{,}55\,\pi]$ abschnittsweise monoton sowie stetig differenzierbar ist, kann die entwickelte Volumenformel angewendet werden.

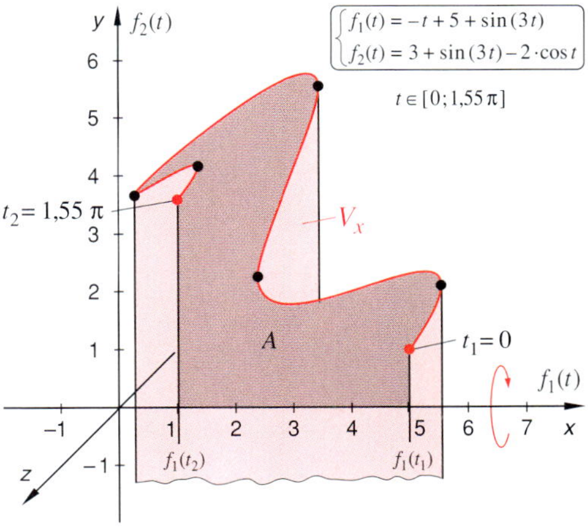

Die Werte für t_1 und t_2 sowie die Terme für $\dot{f}_1(t)$ und $f_2(t)$ werden in die Formel für V_x eingesetzt.

$$V_x = \pi \cdot \left| \int_{t_1}^{t_2} \left(\dot{f}_1(t) \cdot [f_2(t)]^2 \right) \mathrm{d}t \right|$$

► 0 für t_1; $1{,}55\,\pi$ für t_2

► $f_1(t) = -t + 5 + \sin(3t) \Rightarrow \dot{f}_1(t) = -1 + 3 \cdot \cos(3t)$

► $f_2(t) = 3 + \sin(3t) - 2 \cdot \cos t$

Wird dann der Term $[3 + \sin(3t) - 2 \cdot \cos t]^2$ vereinfacht und mit $[-1 + 3 \cdot \cos(3t)]$ multipliziert, so erhält man nach unbestimmter Integration einen sehr langen Stammfunktionsterm von $\dot{f}_1 \cdot f_2$, der hier aber nicht dargestellt werden soll.

$$V_x = \pi \cdot \left| \int_0^{1{,}55\,\pi} \left([-1 + 3 \cdot \cos(3t)] \cdot [3 + \sin(3t) - 2 \cdot \cos t]^2 \right) \mathrm{d}t \right|$$

$$= \pi \cdot |-60{,}26125 - 0{,}02857|$$

Die Volumenmaßzahl ist 189,40606.

$$= \underline{\underline{189{,}40606}}$$

• Inhalte von Rotationskörpern bei Rotation um die y-Achse

Problem: Entwickeln Sie aus der Volumenformel $V_y = \pi \cdot \int\limits_c^d [f^{-1}(y)]^2 \mathrm{d}y$ eine Volumenformel für Kurven in Parameterdarstellung, die Graphen streng monotoner und stetiger Funktionen sind.

Ist eine Kurve der Graph einer streng monotonen und stetigen Funktion f, dann hat die Umkehrfunktion f^{-1} eine Parameterdarstellung der Form $\begin{cases} x = f_1(t) = f^{-1}[f_2(t)] \\ y = f_2(t) \end{cases}; t \in D(f_2)$. Dabei ist die Parameterfunktion f_2 streng monoton in einem Parameterintervall $[t_1; t_2]$, das durch f_2 auf $[c; d]$ abgebildet wird (► 3.1, Abschnitt „Flächeninhalte – Kurven in Parameterdarstellung"). Ist f_2 in $[t_1; t_2]$ streng monoton steigend, so gilt $c = f_2(t_1)$ und $d = f_2(t_2)$, ist f_2 dagegen dort streng monoton fallend, so gilt $c = f_2(t_2)$ und $d = f_2(t_1)$. In der Volumenformel $V_y = \pi \cdot \int\limits_c^d [f^{-1}(y)]^2 \, \mathrm{d}y$ substituiert man dann y durch $f_2(t)$. Da die Funktion f_2 aber sowohl streng monoton steigend als auch streng monoton fallend sein kann, muss man zwei Fälle unterscheiden.

• f_2 ist in $[t_1; t_2]$ streng monoton steigend

► $c = f_2(t_1)$ und $d = f_2(t_2)$

► Ist f_2 in $[t_1; t_2]$ zusätzlich stetig differenzierbar, so gilt:
$y = f_2(t) \Rightarrow \frac{\mathrm{d}y}{\mathrm{d}t} = \dot{f}_2(t) \Rightarrow \mathrm{d}y = \dot{f}_2(t) \cdot \mathrm{d}t$

$$\begin{aligned}
V_y &= \pi \cdot \int\limits_c^d [f^{-1}(y)]^2 \, \mathrm{d}y && \blacktriangleright [f^{-1}(y)]^2 = g(y) \\
&= \pi \cdot \int\limits_c^d g(y) \, \mathrm{d}y && \blacktriangleright y = f_2(t);\ \mathrm{d}y = \dot{f}_2(t) \cdot \mathrm{d}t \quad \blacktriangleright 2.4.10 \\
&= \pi \cdot \int\limits_{t_1}^{t_2} \left(g[f_2(t)] \cdot \dot{f}_2(t)\right) \mathrm{d}t && \blacktriangleright g[f_2(t)] = [f^{-1}[f_2(t)]]^2 \\
&= \pi \cdot \int\limits_{t_1}^{t_2} \left([f^{-1}[f_2(t)]]^2 \cdot \dot{f}_2(t)\right) \mathrm{d}t && \blacktriangleright f^{-1}[f_2(t)] = f_1(t) \\
&= \pi \cdot \int\limits_{t_1}^{t_2} \left([f_1(t)]^2 \cdot \dot{f}_2(t)\right) \mathrm{d}t
\end{aligned}$$

• f_2 ist in $[t_1; t_2]$ streng monoton fallend

► $c = f_2(t_2)$ und $d = f_2(t_1)$

► Ist f_2 in $[t_1; t_2]$ zusätzlich stetig differenzierbar, so gilt:
$y = f_2(t) \Rightarrow \frac{\mathrm{d}y}{\mathrm{d}t} = \dot{f}_2(t) \Rightarrow \mathrm{d}y = \dot{f}_2(t) \cdot \mathrm{d}t$

$$\begin{aligned}
V_y &= \pi \cdot \int\limits_c^d [f^{-1}(y)]^2 \, \mathrm{d}y && \blacktriangleright [f^{-1}(y)]^2 = g(y) \\
&= \pi \cdot \int\limits_c^d g(y) \, \mathrm{d}y && \blacktriangleright y = f_2(t);\ \mathrm{d}y = \dot{f}_2(t) \cdot \mathrm{d}t \quad \blacktriangleright 2.4.10 \\
&= \pi \cdot \int\limits_{t_2}^{t_1} \left(g[f_2(t)] \cdot \dot{f}_2(t)\right) \mathrm{d}t && \blacktriangleright g[f_2(t)] = [f^{-1}[f_2(t)]]^2 \\
&= -\pi \cdot \int\limits_{t_1}^{t_2} \left([f^{-1}[f_2(t)]]^2 \cdot \dot{f}_2(t)\right) \mathrm{d}t && \blacktriangleright f^{-1}[f_2(t)] = f_1(t) \\
&= -\pi \cdot \int\limits_{t_1}^{t_2} \left([f_1(t)]^2 \cdot \dot{f}_2(t)\right) \mathrm{d}t
\end{aligned}$$

Beide Ergebnisse kann man in der Formel $V_y = \pi \cdot \left| \int\limits_{t_1}^{t_2} \left([f_1(t)]^2 \cdot \dot{f}_2(t)\right) \mathrm{d}t \right|$ zusammenfassen. Die Formel für V_y gilt für jede Kurve, die im Parameterintervall $[t_1; t_2]$ der Graph einer streng monotonen und stetigen Funktion ist.

In Anwendungen muss man prüfen, ob die Funktionen f_1 und f_2 im t-Intervall $[t_1; t_2]$ streng monoton sind und ob f_2 dort stetig differenzierbar ist.

Merke:

Ist eine Kurve durch eine Parameterdarstellung $\begin{cases} x = f_1(t) \\ y = f_2(t) \end{cases}$; $t \in D(f_1) \cap D(f_2)$ gegeben und rotiert die Fläche zwischen der Kurve und der y-Achse im Parameterintervall $[t_1; t_2]$ um die y-Achse, so gilt für das Volumen des Rotationskörpers:

$$V_y = \pi \cdot \left| \int_{t_1}^{t_2} \left([f_1(t)]^2 \cdot \dot{f}_2(t) \right) \mathrm{d}t \right|$$

Hierbei wird vorausgesetzt, dass die Funktionen f_1 und f_2 im Parameterintervall $[t_1; t_2]$ streng monoton sind, die Kurve also der Graph einer streng monotonen und stetigen Funktion ist. Außerdem muss f_2 dort stetig differenzierbar sein. ► 3.1

Anmerkungen:

- Die Formel für V_y ist auch dann anwendbar, wenn die Funktionen f_1 und f_2 im t-Intervall $[t_1; t_2]$ abschnittsweise monoton sind. Die Kurve muss dann aber ganz rechts oder ganz links von der y-Achse liegen, d. h. es muss also $f_1(t) \geq 0$ oder $f_1(t) \leq 0$ in $[t_1; t_2]$ gelten.
- Wechselt aber die Funktion f_1 in $[t_1; t_2]$ ihr Vorzeichen, so ist die Berechnung eines Rotationsvolumens nur sinnvoll, wenn f_2 in $[t_1; t_2]$ streng monoton ist.

Beispiel: Berechnen Sie die Volumenmaßzahl des Körpers, der erzeugt wird, wenn die Fläche zwischen dem Teil der Astroide im ersten Quadranten und der y-Achse um die y-Achse rotiert.

$\begin{cases} f_1(t) = 4 \cdot \cos^3 t \\ f_2(t) = 4 \cdot \sin^3 t \end{cases}$; $t \in \left[0; \frac{\pi}{2}\right]$

Durch die Parameterdarstellung wird im Intervall $\left[0; \frac{\pi}{2}\right]$ der Teil einer Astroide im ersten Quadranten beschrieben.
► Kusch 3; 1.1.11

f_1 ist im Intervall $\left[0; \frac{\pi}{2}\right]$ streng monoton fallend und f_2 dort streng monoton steigend sowie stetig differenzierbar. Die Kurve ist also Graph einer streng monoton fallenden und stetigen Funktion.

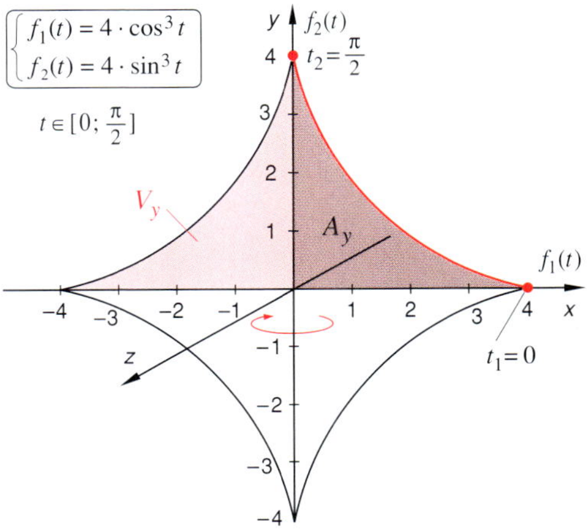

Man kann zur Berechnung von V_y die entwickelte Formel $V_y = \pi \cdot \left| \int_{t_1}^{t_2} \left([f_1(t)]^2 \cdot \dot{f}_2(t) \right) \mathrm{d}t \right|$ anwenden. Die Werte für t_1 und t_2 sowie die Terme für $f_1(t)$ und $\dot{f}_2(t)$ werden eingesetzt.

$$V_y = \pi \cdot \left| \int_{t_1}^{t_2} \left([f_1(t)]^2 \cdot \dot{f}_2(t) \right) \mathrm{d}t \right|$$

► 0 für t_1; $\frac{\pi}{2}$ für t_2; $f_1(t) = 4 \cdot \cos^3 t$

$f_2(t) = 4 \cdot \sin^3 t \Rightarrow \dot{f}_2(t) = 12 \cdot \sin^2 t \cdot \cos t$

$$= \pi \cdot \left| \int_0^{\frac{\pi}{2}} (16 \cdot \cos^6 t \cdot 12 \cdot \sin^2 t \cdot \cos t) \, \mathrm{d}t \right|$$

Das Integral $\int(\cos^7 t - \cos^9 t)\mathrm{d}t$ wird mithilfe der Rekursionsformel $I_m = \int \cos^m \mathrm{d}t$ aus dem Kapitel 2.5 gelöst.

$$V_y = 192\,\pi \cdot \left|\int\limits_0^{\frac{\pi}{2}} (\cos^7 t \cdot \sin^2 t)\,\mathrm{d}t\right| \quad \blacktriangleright\ \sin^2 t = 1 - \cos^2 t$$

$$= 192\,\pi \cdot \left|\int\limits_0^{\frac{\pi}{2}} (\cos^7 t - \cos^9 t)\,\mathrm{d}t\right|$$

$$= 192\,\pi \cdot \left|\frac{-\sin t \cdot \cos^8 t}{9} + \frac{\sin t \cdot \cos^6 t}{63} + \frac{2 \cdot \sin t \cdot \cos^4 t}{105} + \frac{8 \cdot \sin t \cdot \cos^2 t + 16 \cdot \sin t}{315}\right|_0^{\frac{\pi}{2}}\right|$$

Nach Einsetzen der Integrationsgrenzen erhält man die Volumenmaßzahl 30,638.

$$= 192\,\pi \cdot \frac{16}{315}$$

$$= \underline{\underline{30{,}638}} \quad \blacktriangleright \text{ Volumenmaßzahl in } \left[0; \frac{\pi}{2}\right]$$

Beispiel: Berechnen Sie das Rotationsvolumen des Körpers, der erzeugt wird, wenn die von der Kurve $\begin{cases} f_1(t) = \sqrt{-2 \cdot \cos t + 3} \\ f_2(t) = 2 \cdot \sin(2t) - \cos t + 2 \end{cases}$; $t \in \mathbb{R}$ im t-Intervall $[0; 1{,}3\,\pi]$ umschlossenen Fläche um die y-Achse rotiert.

Die Funktionen f_1 und f_2 sind abschnittsweise monoton und die Funktion f_2 ist in $[0; 1{,}3\,\pi]$ stetig differenzierbar. f_1 hat die Monotonieintervalle $[0; \pi]$ sowie $[\pi; 1{,}3\,\pi]$. f_2 hat die Monotonieintervalle $[0; 0{,}88]$, $[0{,}88; 2{,}26]$, $[2{,}26; 3{,}85]$ sowie $[3{,}85; 1{,}3\,\pi]$. Da die Kurve ganz rechts von der y-Achse verläuft, kann die für V_y entwickelte Volumenformel angewendet werden.

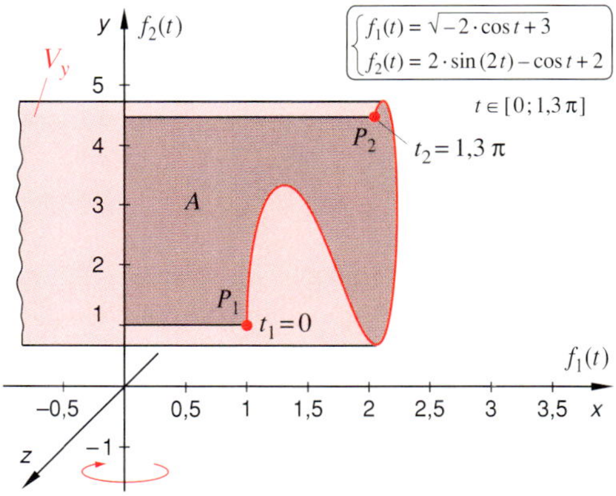

Die Werte für t_1 und t_2 sowie die Terme für $f_1(t)$ und $\dot{f}_2(t)$ werden in die Formel für V_y eingesetzt.

$\blacktriangleright\ f_2(t) = 2 \cdot \sin(2t) - \cos t + 2$

$\Rightarrow \dot{f}_2(t) = 4 \cdot \cos(2t) + \sin t$

$$\begin{cases} f_1(t) = \sqrt{-2 \cdot \cos t + 3} \\ f_2(t) = 2 \cdot \sin(2t) - \cos t + 2 \end{cases};\ t \in [0; 1{,}3\,\pi]$$

$$V_y = \pi \cdot \left|\int\limits_{t_1}^{t_2} \left([f_1(t)]^2 \cdot \dot{f}_2(t)\right)\mathrm{d}t\right| \quad \blacktriangleright\ 0 \text{ für } t_1;\ 1{,}3\,\pi \text{ für } t_2$$

$$f_1(t) = \sqrt{-2 \cdot \cos t + 3}$$

$$\dot{f}_2(t) = 4 \cdot \cos(2\,t) + \sin t$$

$$= \pi \cdot \left|\int\limits_0^{1{,}3\,\pi} \left([\sqrt{-2 \cdot \cos t + 3}]^2 \cdot [4 \cdot \cos(2t) + \sin t]\right)\mathrm{d}t\right|$$

$$= \pi \cdot \left|\int\limits_0^{1{,}3\,\pi} \left([-2 \cdot \cos t + 3] \cdot [4 \cdot \cos(2t) + \sin t]\right)\mathrm{d}t\right|$$

► $\cos t \cdot \cos(2t) = \frac{1}{2} \cdot [\cos(t-2t) + \cos(t+3t)]$
$= \frac{1}{2} \cdot [\cos(-t) + \cos(3t)]$
$= \frac{1}{2} \cdot [\cos t + \cos(3t)]$ ► 4.1

► $2 \cdot \cos t \cdot \sin t = \sin(2t)$

► $\int \cos(3t)\,dt = \frac{1}{3} \cdot \sin(3t) + c$ ► 2.4.1

► $\int \sin(2t)\,dt = -\frac{1}{2} \cdot \cos(2t) + c$ ► 2.4.1

► $\int \cos(2t)\,dt = \frac{1}{2} \cdot \sin(2t) + c$ ► 2.4.1

Der Rotationskörper hat die Volumenmaßzahl 42,29613.

$$V_y = \pi \cdot \left| \int_0^{1,3\pi} (-8 \cdot \cos t \cdot \cos(2t) - 2 \cdot \cos t \cdot \sin t + 12 \cdot \cos(2t) + 3 \cdot \sin t)\,dt \right|$$

$$= \pi \cdot \left| -8 \cdot \frac{1}{2} \cdot \int_0^{1,3\pi} [\cos t + \cos(3t)]\,dt - \int_0^{1,3\pi} \sin(2t)\,dt + 12 \cdot \int_0^{1,3\pi} \cos(2t)\,dt + 3 \cdot \int_0^{1,3\pi} \sin t\,dt \right|$$

$$= \pi \cdot \left| -4 \cdot \sin t \Big|_0^{1,3\pi} - \frac{4}{3} \cdot \sin(3t) \Big|_0^{1,3\pi} + \frac{1}{2} \cdot \cos(2t) \Big|_0^{1,3\pi} + 6 \cdot \sin(2t) \Big|_0^{1,3\pi} - 3 \cdot \cos t \Big|_0^{1,3\pi} \right|$$

$$= \pi \cdot \left| [-4 \cdot \sin(1,3\pi) + 0] - \left[\frac{4}{3} \cdot \sin(3 \cdot 1,3\pi) + 0\right] + \left[\frac{1}{2} \cdot \cos(2 \cdot 1,3\pi) - \frac{1}{2}\right] + [6 \cdot \sin(2 \cdot 1,3\pi) - 0] + - [3 \cdot \cos(1,3\pi) + 3] \right|$$

$$= \underline{\underline{42,29613}}$$

Rauminhalte – Kurven in Polarkoordinatendarstellung

Problem: Entwickeln Sie für Kurven in Polarkoordinatendarstellung Formeln zur Berechnung des Rauminhaltes von Rotationskörpern.

Ist eine Kurve in Polarkoordinatendarstellung $F: \varphi \mapsto F(\varphi); \varphi \in D(F)$ gegeben (► Kusch 3; 1.1.10), so wird im Intervall $[\varphi_1; \varphi_2]$ von der Kurve sowie den beiden Polarradien $F(\varphi_1)$ und $F(\varphi_2)$ eine Fläche mit dem Inhalt A_p eingeschlossen.

Projiziert man das Polarkoordinatensystem in ein rechtwinkliges Koordinatensystem, sodass sich die Koordinatenursprünge sowie Polstrahl und x-Achse decken, dann sind für das Intervall $[\varphi_1; \varphi_2]$ zwei weitere Flächen von Bedeutung. Die Fläche mit dem Inhalt A_x liegt zwischen $G(F)$ und der x-Achse, die Fläche mit dem Inhalt A_y zwischen $G(F)$ und der y-Achse.

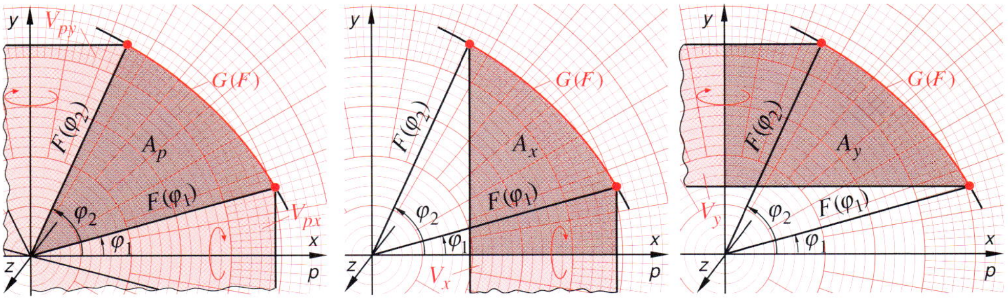

Rotieren die Flächen mit den Inhalten A_x bzw. A_y jeweils um die Bezugsachse, so werden Rotationskörper mit den Rauminhalten V_x bzw. V_y erzeugt. Die Rotation der Sektorfläche mit dem Inhalt A_p erzeugt bei Rotation um die x-Achse einen Körper mit dem Rauminhalt V_{px}, bei Rotation um die y-Achse einen Körper mit dem Rauminhalt V_{py}.

Ist eine Kurve in Polarkoordinatendarstellung gegeben, so gibt es von ihr auch eine Parameterdarstellung, nämlich $x = F(\varphi) \cdot \cos\varphi$; $y = F(\varphi) \cdot \sin\varphi$, also $f_1(\varphi) = F(\varphi) \cdot \cos\varphi$ und $f_2(\varphi) = F(\varphi) \cdot \sin\varphi$ mit $\varphi \in D(F)$. ► Kusch 3; 1.1.10

● Berechnung des Rotationsvolumens V_x

Zur Berechnung von V_x wird von der Formel für V_x bei Kurven in Parameterdarstellung ausgegangen. Dort wird φ für t, $F'(\varphi) \cdot \cos\varphi - F(\varphi) \cdot \sin\varphi$ für $\dot{f}_1(\varphi)$ und $F(\varphi) \cdot \sin\varphi$ für $f_2(\varphi)$ gesetzt.

Die sich ergebende Formel kann man mithilfe der partiellen Integration (► 2.5) so umwandeln, dass sie den Ableitungsterm $F'(\varphi)$ nicht mehr enthält. Damit lassen sich viele Rechnungen vereinfachen.

► Herleitung wie bei der Formel für A_x ► 3.1

$$V_x = \pi \cdot \left| \int_{t_1}^{t_2} \left(\dot{f}_1(t) \cdot [f_2(t)]^2 \right) \mathrm{d}t \right|$$

► φ_1 für t_1; φ_2 für t_2; φ für t

► $f_1(\varphi) = F(\varphi) \cdot \cos\varphi$

$\Rightarrow \dot{f}_1(\varphi) = F'(\varphi) \cdot \cos\varphi - F(\varphi) \cdot \sin\varphi$

► $f_2(\varphi) = F(\varphi) \cdot \sin\varphi$

$$V_x = \pi \cdot \left| \int_{\varphi_2}^{\varphi_1} \left([F'(\varphi) \cdot \cos\varphi - F(\varphi) \cdot \sin\varphi] \cdot [F(\varphi) \cdot \sin\varphi]^2 \right) \mathrm{d} \right.$$

$$V_x = \pi \cdot \left| \frac{1}{3} \cdot [F(\varphi)]^3 \cdot \cos\varphi \cdot \sin^2\varphi \Big|_{\varphi_1}^{\varphi_2} - \frac{2}{3} \cdot \int_{\varphi_1}^{\varphi_2} ([F(\varphi)]^3 \cdot \sin\varphi) \right.$$

Da die vorstehende Formel aus der Formel für V_x bei Kurven in Parameterdarstellung hergeleitet worden ist, müssen bei $F(\varphi) \cdot \cos\varphi$ die Bedingungen für $f_1(\varphi)$ beachtet werden, und zwar gilt:

- $f_1 : f_1(\varphi) = F(\varphi) \cdot \cos\varphi$; $D(f_1) = D(F)$ ist in $[\varphi_1; \varphi_2]$ streng monoton und stetig differenzierbar. Es muss also die Funktion F in $[\varphi_1; \varphi_2]$ stetig differenzierbar sein.
- Ist die Funktion f_1 in $[\varphi_1; \varphi_2]$ aber abschnittsweise monoton, so kann man die Formel für V_x nur dann anwenden, wenn die Kurve ganz oberhalb oder ganz unterhalb der x-Achse liegt.

Merke:

Ist eine Kurve in Polarkoordinatendarstellung $F: \varphi \mapsto F(\varphi); \varphi \in D(F)$ gegeben und rotiert die Fläche zwischen der Kurve und der x-Achse im Intervall $[\varphi_1; \varphi_2] \subseteq D(F)$ um die x-Achse, so gilt unter den oben genannten Bedingungen für das Volumen des erzeugten Rotationskörpers:

$$\boldsymbol{V_x = \pi \cdot \left| \frac{1}{3} \cdot [F(\varphi)]^3 \cdot \cos\varphi \cdot \sin^2\varphi \Big|_{\varphi_1}^{\varphi_2} - \frac{2}{3} \cdot \int_{\varphi_1}^{\varphi_2} ([F(\varphi)]^3 \cdot \sin\varphi) \, \mathrm{d}\varphi \right|}$$

Beispiel: Berechnen Sie die Volumenmaßzahl V_x des Körpers, der erzeugt wird, wenn die Fläche zwischen dem Graphen der Funktion $F: F(\varphi) = 4 \cdot \cos\varphi$; $D(F) = [0; 2\pi]$ und der x-Achse im Intervall $I_x = \left[0; \frac{\pi}{4}\right]$ um die x-Achse rotiert.

Durch $F(\varphi) = 4 \cdot \cos\varphi; \varphi \in [0; 2\pi]$ wird ein Kreis mit dem Mittelpunkt $M\langle 2|0 \rangle$ und dem Radius $r = 2$ beschrieben.

Aus $F(\varphi) = 4 \cdot \cos\varphi$ und $\varphi \in \left[0; \frac{\pi}{4}\right]$ ergibt sich ein Viertelkreis, der bei Rotation um die x-Achse eine Halbkugel erzeugt, deren Volumenmaßzahl auch mit der Kugelformel berechnet werden kann. Hiermit erhält man die Volumenmaßzahl $\frac{16}{3}\pi$.

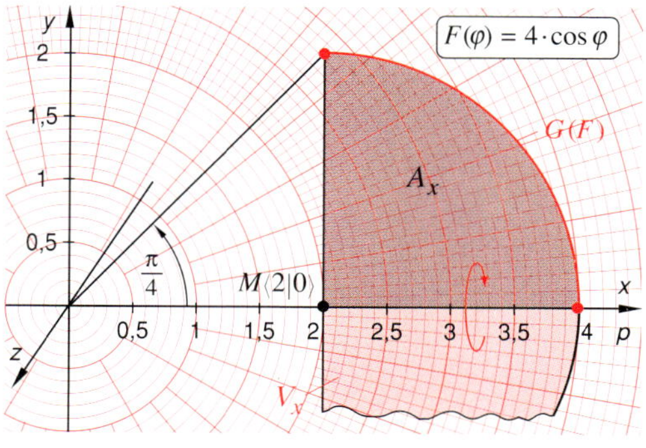

$f_1: f_1(\varphi) = 4 \cdot \cos\varphi \cdot \cos\varphi; D(f_1) = [0; 2\pi]$ ist im Intervall $I_x = \left[0; \frac{\pi}{4}\right]$ streng monoton fallend und stetig differenzierbar. Daher ist die Formel für V_x anwendbar.

Man setzt die Werte für φ_1 und φ_2 sowie die Terme für $F(\varphi)$ und $F'(\varphi)$ in die entwickelte Formel ein und integriert.

$$V_x = \pi \cdot \left| \frac{1}{3} \cdot [F(\varphi)]^3 \cdot \cos\varphi \cdot \sin^2\varphi \Big|_{\varphi_1}^{\varphi_2} - \frac{2}{3} \cdot \int_{\varphi_1}^{\varphi_2} \left([F(\varphi)]^3 \cdot \sin\varphi\right) d\varphi \right|$$

► 0 für φ_1; $\frac{\pi}{4}$ für φ_2; ► $F(\varphi) = 4 \cdot \cos\varphi$

$$= \pi \cdot \left| \frac{1}{3} \cdot [4 \cdot \cos\varphi]^3 \cdot \cos\varphi \cdot \sin^2\varphi \Big|_0^{\frac{\pi}{4}} + {} - \frac{2}{3} \cdot \int_0^{\frac{\pi}{4}} \left([4 \cdot \cos\varphi]^3 \cdot \sin\varphi\right) d\varphi \right|$$

$$= \pi \cdot \left| \frac{1}{3} \cdot 64 \cdot \cos^3\varphi \cdot \cos\varphi \cdot \sin^2\varphi \Big|_0^{\frac{\pi}{4}} + {} - \frac{2}{3} \cdot \int_0^{\frac{\pi}{4}} (64 \cdot \cos^3\varphi \cdot \sin\varphi)\, d\varphi \right|$$

► $\int (\cos^3\varphi \cdot \sin\varphi)\, d\varphi = -\frac{1}{4} \cdot \cos^4\varphi$ ► 2.4.3

$$= \pi \cdot \left| \frac{64}{3} \cdot \cos^4\varphi \cdot \sin^2\varphi \Big|_0^{\frac{\pi}{4}} - \frac{128}{3} \cdot \int_0^{\frac{\pi}{4}} (\cos^3\varphi \cdot \sin\varphi)\, d\varphi \right|$$

► $\cos\frac{\pi}{4} = \sin\frac{\pi}{4} = \frac{1}{2} \cdot \sqrt{2}$

$$= \pi \cdot \left| \frac{64}{3} \cdot \cos^4\frac{\pi}{4} \cdot \sin^2\frac{\pi}{4} - 0 + \frac{128}{3} \cdot \frac{1}{4} \cdot \cos^4\varphi \Big|_0^{\frac{\pi}{4}} \right|$$

$$= \pi \cdot \left| \frac{64}{3} \cdot \left(\frac{1}{2} \cdot \sqrt{2}\right)^6 + \frac{32}{3} \cdot \left(\cos^4\frac{\pi}{4} - \cos^4 0\right) \right|$$

$$= \pi \cdot \left| \frac{8}{3} + \frac{32}{3} \cdot \left(\frac{1}{4} - 1\right) \right|$$

$$= \pi \cdot \left| \frac{8}{3} - \frac{24}{3} \right|$$

$$= \underline{\underline{\frac{16}{3}\pi}}$$

Das sich ergebende Volumen $\frac{16}{3}\pi$ stimmt mit dem Ergebnis der elementaren Berechnung überein.

- **Berechnung des Rotationsvolumens V_y**

Hier wird von der Formel für V_y bei Kurven in Parameterdarstellung ausgegangen. Dort wird φ für t, $F(\varphi) \cdot \cos\varphi$ für $f_1(\varphi)$ und $F'(\varphi) \cdot \sin\varphi + F(\varphi) \cdot \cos\varphi$ für $\dot{f}_2(\varphi)$ gesetzt.

$$V_y = \pi \cdot \left| \int_{t_1}^{t_2} \left([f_1(t)]^2 \cdot \dot{f}_2(t)\right) dt \right|$$

► φ_1 für t_1; φ_2 für t_2; φ für t

► $f_1(\varphi) = F(\varphi) \cdot \cos\varphi$

► $f_2(\varphi) = F(\varphi) \cdot \sin\varphi$

$\Rightarrow \dot{f}_2(\varphi) = F'(\varphi) \cdot \sin\varphi + F(\varphi) \cdot \cos\varphi$

Die sich ergebende Formel kann man mithilfe der partiellen Integration (► 2.5) so umwandeln, dass sie den Ableitungsterm $F'(\varphi)$ nicht mehr enthält. Damit lassen sich viele Rechnungen vereinfachen.

$$V_y = \pi \cdot \left| \int_{\varphi_1}^{\varphi_2} \left([F(\varphi) \cdot \cos\varphi]^2 \cdot [F'(\varphi) \cdot \sin\varphi + F(\varphi) \cdot \cos\varphi]\right) d\varphi \right|$$

► Herleitung wie bei der Formel für A_x ► 3.1

$$V_y = \pi \cdot \left| \frac{1}{3} \cdot [F(\varphi)]^3 \cdot \cos^2\varphi \cdot \sin\varphi \Big|_{\varphi_1}^{\varphi_2} + \frac{2}{3} \cdot \int_{\varphi_1}^{\varphi_2} \left([F(\varphi)]^3 \cdot \cos\varphi\right) d\varphi \right|$$

Da die vorstehende Formel aus der Formel für V_y bei Kurven in Parameterdarstellung hergeleitet worden ist, müssen bei $F(\varphi) \cdot \sin\varphi$ die Bedingungen für $f_2(\varphi)$ beachtet werden, und zwar gilt:

- $f_2: f_2(\varphi) = F(\varphi) \cdot \sin\varphi; D(f_2) = D(F)$ ist in $[\varphi_1; \varphi_2]$ streng monoton und stetig differenzierbar. Es muss also die Funktion F in $[\varphi_1; \varphi_2]$ stetig differenzierbar sein. Die Funktion $f_1: f_1(\varphi) = F(\varphi) \cdot \cos\varphi; D(f_1) = D(F)$ ist in $[\varphi_1; \varphi_2]$ abschnittsweise monoton.
- Ist die Funktion f_2 in $[\varphi_1; \varphi_2]$ aber abschnittsweise monoton, so kann man die Formel für V_y nur dann anwenden, wenn die Kurve ganz rechts oder ganz links von der y-Achse liegt.

Merke:

Ist eine Kurve in Polarkoordinatendarstellung $F: \varphi \mapsto F(\varphi);\ \varphi \in D(F)$ gegeben und rotiert die Fläche zwischen der Kurve und der y-Achse im Intervall $[\varphi_1; \varphi_2] \subseteq D(F)$ um die y-Achse, so gilt unter den oben genannten Bedingungen für das Volumen des erzeugten Rotationskörpers:

$$V_y = \pi \cdot \left| \frac{1}{3} \cdot [F(\varphi)]^3 \cdot \cos^2\varphi \cdot \sin\varphi \Big|_{\varphi_1}^{\varphi_2} + \frac{2}{3} \cdot \int_{\varphi_1}^{\varphi_2} \left([F(\varphi)]^3 \cdot \cos\varphi\right) d\varphi \right|$$

Beispiel: Berechnen Sie die Volumenmaßzahl V_y des Körpers, der entsteht, wenn die Fläche zwischen der in Polarkoordinatendarstellung gegebenen Kurve $F: F(\varphi) = 4 \cdot \cos\varphi$; $D(F) = [0; 2\pi]$ und der y-Achse im Intervall $I_y = \left[0; \frac{\pi}{4}\right]$ um die y-Achse rotiert.

Durch $F(\varphi) = 4 \cdot \cos\varphi;\ \varphi \in [0; 2\pi]$ wird ein Kreis mit dem Mittelpunkt $M\langle 2 | 0 \rangle$ und dem Radius $r = 2$ beschrieben. Aus $F(\varphi) = 4 \cdot \cos\varphi$ und $\varphi \in \left[0; \frac{\pi}{4}\right]$ ergibt sich ein Viertelkreis, der bei Rotation um die y-Achse einen Körper erzeugt, dessen Volumenmaßzahl 81,36632 man auch ohne Integralrechnung mit der zweiten Guldinschen Regel (► 3.6) berechnen kann.

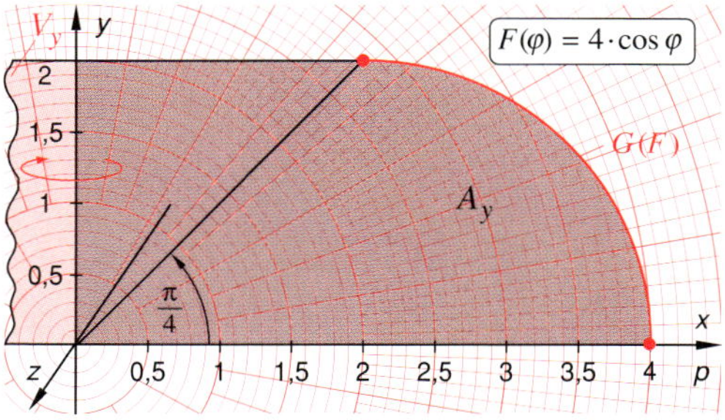

$f_2: f_2(\varphi) = 4 \cdot \cos\varphi \cdot \sin\varphi$; $D(f_1) = [0; 2\pi]$ ist im Intervall $I_y = \left[0; \frac{\pi}{4}\right]$ streng monoton steigend und stetig differenzierbar. Daher ist die Formel für V_y anwendbar.

$$V_y = \pi \cdot \left| \frac{1}{3} \cdot [F(\varphi)]^3 \cdot \cos^2\varphi \cdot \sin\varphi \Big|_{\varphi_1}^{\varphi_2} + \frac{2}{3} \cdot \int_{\varphi_1}^{\varphi_2} ([F(\varphi)]^3 \cdot \cos\varphi)\, d\varphi \right|$$

► 0 für φ_1; $\frac{\pi}{4}$ für φ_2; ► $F(\varphi) = 4 \cdot \cos\varphi$

$$= \pi \cdot \left| \frac{1}{3} \cdot [4 \cdot \cos\varphi]^3 \cdot \cos^2\varphi \cdot \sin\varphi \Big|_0^{\frac{\pi}{4}} + \frac{2}{3} \cdot \int_0^{\frac{\pi}{4}} ([4 \cdot \cos\varphi]^3 \cdot \cos\varphi)\, d\varphi \right|$$

$$= \pi \cdot \left| \frac{1}{3} \cdot 64 \cdot \cos^3\varphi \cdot \cos^2\varphi \cdot \sin\varphi \Big|_0^{\frac{\pi}{4}} + \frac{2}{3} \cdot \int_0^{\frac{\pi}{4}} (64 \cdot \cos^3\varphi \cdot \cos\varphi)\, d\varphi \right|$$

$$= \pi \cdot \left| \frac{64}{3} \cdot \cos^5\varphi \cdot \sin\varphi \Big|_0^{\frac{\pi}{4}} + \frac{128}{3} \cdot \int_0^{\frac{\pi}{4}} \cos^4\varphi\, d\varphi \right|$$

Das Integral $\int \cos^4\varphi\, d\varphi$ wird mit der in Kapitel 2.5 entwickelten Rekursionsformel gelöst:

$$I_m = \int \cos^m \varphi\, d\varphi = \frac{1}{m} \cdot \cos^{m-1}\varphi \cdot \sin\varphi + \frac{m-1}{m} \cdot I_{m-2} \text{ mit } m \in \mathbb{N}^{\geq 2}$$

$$= \pi \cdot \left| \frac{64}{3} \cdot \cos^5\frac{\pi}{4} \cdot \sin\frac{\pi}{4} - 0 + \frac{128}{3} \cdot \left[\frac{1}{4} \cdot \cos^3\varphi \cdot \sin\varphi + \frac{3}{4} \cdot \left(\frac{\varphi}{2} + \frac{1}{4} \cdot \sin(2\varphi)\right)\right] \Big|_0^{\frac{\pi}{4}} \right|$$

► $\cos\frac{\pi}{4} = \sin\frac{\pi}{4} = \frac{1}{2} \cdot \sqrt{2}$

► $\left(\frac{1}{2} \cdot \sqrt{2}\right)^6 = \frac{1}{8}$; $\left(\frac{1}{2} \cdot \sqrt{2}\right)^4 = \frac{1}{4}$

$$= \pi \cdot \left| \frac{64}{3} \cdot \left(\frac{1}{2} \cdot \sqrt{2}\right)^6 + \frac{128}{3} \cdot \left[\frac{1}{4} \cdot \cos^3\frac{\pi}{4} \cdot \sin\frac{\pi}{4} + \frac{3}{4} \cdot \left(\frac{\pi}{8} + \frac{3}{4} \cdot \sin\frac{\pi}{2}\right) - 0\right] \right|$$

$$= \pi \cdot \left| \frac{8}{3} + \frac{128}{3} \cdot \left[\frac{1}{4} \cdot \left(\frac{1}{2} \cdot \sqrt{2}\right)^4 + \frac{3}{32} \cdot \pi + \frac{3}{16}\right] \right|$$

$$= \pi \cdot \left| \frac{40}{3} + 4\pi \right|$$

$$= \underline{\underline{81{,}36632}}$$

Die erhaltene Volumenmaßzahl 81,36632 stimmt mit dem Ergebnis der elementaren Berechnung überein.

• Berechnung der Rotationsvolumina V_{px} und V_{py}

Man kann das Polarkoordinatensystem in ein rechtwinkliges Koordinatensystem projizieren, sodass sich die Koordinatenursprünge sowie Polstrahl und x-Achse decken. Bei Rotation der Fäche mit dem Inhalt A_p um die x-Achse bzw. um die y-Achse ergeben sich dann Rotationskörper mit den Volumina V_{px} bzw. V_{py}. Die Herleitung der Formeln für V_{px} bzw. V_{py} wird hier nicht ausgeführt.

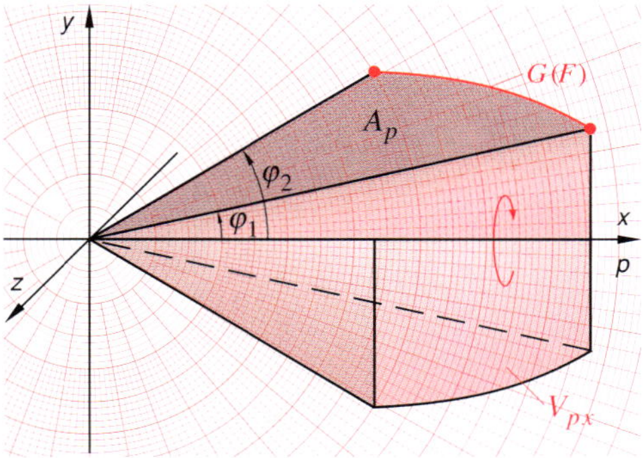

$$V_{px} = \frac{2}{3}\pi \cdot \left| \int_{\varphi_1}^{\varphi_2} \left([F(\varphi)]^3 \cdot \sin \varphi \right) d\varphi \right|$$

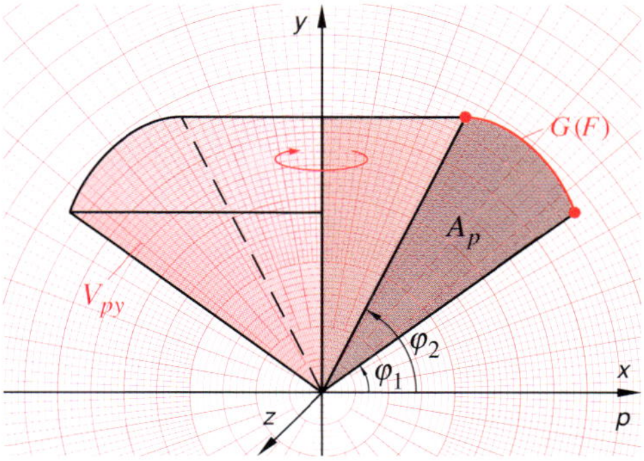

$$V_{py} = \frac{2}{3}\pi \cdot \left| \int_{\varphi_1}^{\varphi_2} \left([F(\varphi)]^3 \cdot \cos \varphi \right) d\varphi \right|$$

Merke:

Ist eine Kurve in Polarkoordinatendarstellung $F: \varphi \mapsto F(\varphi)$; $\varphi \in D(F)$ gegeben und rotiert die Fläche zwischen der Kurve und den beiden Polarstrahlen im Intervall $[\varphi_1; \varphi_2]$ um die x-Achse bzw. um die y-Achse, so gilt für das Volumen der Rotationskörper:

- $$\mathbf{V_{px} = \frac{2}{3}\pi \cdot \left| \int_{\varphi_1}^{\varphi_2} \left([F(\varphi)]^3 \cdot \sin \varphi \right) d\varphi \right|}$$ ► Volumen bei Rotation um die x-Achse
- $$\mathbf{V_{py} = \frac{2}{3}\pi \cdot \left| \int_{\varphi_1}^{\varphi_2} \left([F(\varphi)]^3 \cdot \cos \varphi \right) d\varphi \right|}$$ ► Volumen bei Rotation um die y-Achse

Anmerkung:

Bei Rotation um die x-Achse darf die Fläche zwischen der Kurve und den Polarradien nur oberhalb bzw. unterhalb der x-Achse liegen. Bei Rotation um die y-Achse nur links bzw. rechts von der y-Achse.

Beispiel: Berechnen Sie die Volumenmaßzahl V_{px} des Körpers, der entsteht, wenn die Fläche, die von der Kurve $F: F(\varphi) = 2 \cdot \cos\varphi + 2$; $D(F) = [0; 2\pi]$ im Intervall $\left[\frac{\pi}{6}; \pi\right]$ begrenzt wird, um die x-Achse rotiert.

Die Kurve $F: F(\varphi) = 2 \cdot \cos\varphi + 2$ mit $D(F) = [0; 2\pi]$ ist eine Kardioide. Rotiert die Fläche, die von der Kurve im Intervall $\left[\frac{\pi}{6}; \pi\right]$ begrenzt wird, um die Polarachse, so entsteht ein Körper der dargestellten Form.

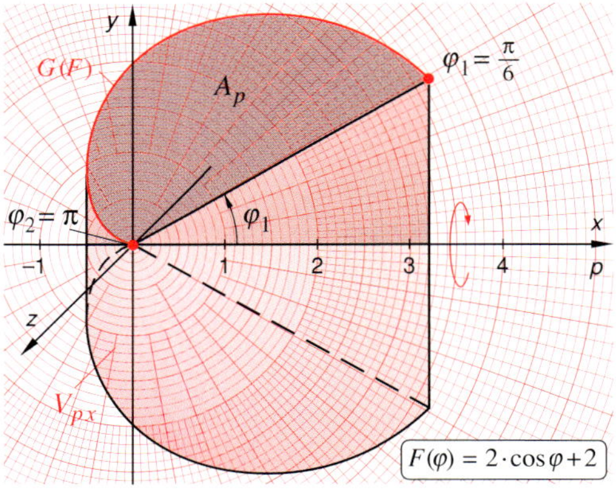

Zur Bestimmung der Volumenmaßzahl V_{px} setzt man in der für eine Polarkoordinatendarstellung angegebenen Formel die Werte für φ_1 und φ_2 sowie den Term für $F(\varphi)$ ein und integriert.

Das Integral $\int [(2 \cdot \cos\varphi + 2)^3 \cdot \sin\varphi] \,\mathrm{d}\varphi$ wird mit den in Kapitel 2.4.3 entwickelten Substitutionsmethoden gelöst.

$$V_{px} = \frac{2}{3}\pi \cdot \left| \int_{\varphi_1}^{\varphi_2} \left([F(\varphi)]^3 \cdot \sin\varphi\right) \mathrm{d}\varphi \right|$$

► $\varphi_1 = \frac{\pi}{6}$; $\varphi_2 = \pi$; $F(\varphi) = 2 \cdot \cos\varphi + 2$

$$= \frac{2}{3}\pi \cdot \left| \int_{\frac{\pi}{6}}^{\pi} \left([2 \cdot \cos\varphi + 2]^3 \cdot \sin\varphi\right) \mathrm{d}\varphi \right|$$

► 2.4.3

$$= \frac{2}{3}\pi \cdot \left| \left(-\frac{1}{2}\right) \cdot \int_{\frac{\pi}{6}}^{\pi} \left([2 \cdot \cos\varphi + 2]^3 \cdot (-2 \cdot \sin\varphi)\right) \mathrm{d}\varphi \right|$$

$$= \frac{2}{3}\pi \cdot \left| \left(-\frac{1}{2}\right) \cdot \frac{1}{4} \cdot [2 \cdot \cos\varphi + 2]^4 \Big|_{\frac{\pi}{6}}^{\pi} \right|$$

$$= \frac{\pi}{12} \cdot \left| [2 \cdot \cos\pi + 2]^4 - \left[2 \cdot \cos\frac{\pi}{6} + 2\right]^4 \right|$$

$$= \frac{\pi}{12} \cdot |0 - 193{,}99485|$$

$$= \underline{\underline{50{,}78773}}$$

Der Rotationskörper hat die Volumenmaßzahl 50,78773.

Beispiel: Berechnen Sie die Volumenmaßzahl V_{py} des Körpers, der entsteht, wenn die Fläche, die von der Kurve $F: F(\varphi) = 2 \cdot \cos\varphi + 2$; $D(F) = [0; 2\pi]$ im Intervall $\left[0; \frac{\pi}{2}\right]$ begrenzt wird, um die y-Achse rotiert.

Die Kurve $F: F(\varphi) = 2 \cdot \cos\varphi + 2$ mit $D(F) = [0; 2\pi]$ ist eine Kardioide. Rotiert die Fläche, die von der Kurve im Intervall $\left[0; \frac{\pi}{2}\right]$ begrenzt wird, um die y-Achse, so entsteht ein Körper der dargestellten Form.

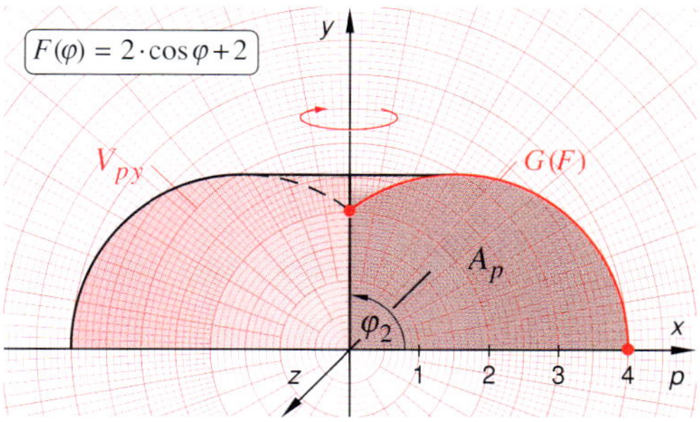

Zur Bestimmung der Volumenmaßzahl V_{py} setzt man in der für eine Polarkoordinatendarstellung angegebenen Formel die Werte für φ_1 und φ_2 sowie den Term für $F(\varphi)$ ein und integriert.

$$V_{py} = \frac{2}{3}\pi \cdot \left| \int_{\varphi_1}^{\varphi_2} \left([F(\varphi)]^3 \cdot \cos\varphi \right) d\varphi \right|$$

► $\varphi_1 = 0$; $\varphi_2 = \frac{\pi}{2}$; $F(\varphi) = 2 \cdot \cos\varphi + 2$

$$= \frac{2}{3}\pi \cdot \left| \int_0^{\frac{\pi}{2}} \left([2 \cdot \cos\varphi + 2]^3 \cdot \cos\varphi \right) d\varphi \right|$$

$$= \frac{2}{3}\pi \cdot \left| \int_0^{\frac{\pi}{2}} \left([8 \cdot \cos^3\varphi + 24 \cdot \cos^2\varphi + 24 \cdot \cos\varphi + 8] \cdot \cos\varphi \right) d\varphi \right|$$

$$= \frac{2}{3}\pi \cdot \left| \int_0^{\frac{\pi}{2}} \left(8 \cdot \cos^4\varphi + 24 \cdot \cos^3\varphi + 24 \cdot \cos^2\varphi + 8 \cdot \cos\varphi \right) d\varphi \right|$$

$$= \frac{16}{3}\pi \cdot \left| \int_0^{\frac{\pi}{2}} \left(\cos^4\varphi + 3 \cdot \cos^3\varphi + 3 \cdot \cos^2\varphi + \cos\varphi \right) d\varphi \right|$$

► $\cos^2\varphi \cdot \cos\varphi = (1 - \sin^2\varphi) \cdot \cos\varphi$
$= \cos\varphi - \sin^2\varphi \cdot \cos\varphi$

$$= \frac{16}{3}\pi \cdot \left| \int_0^{\frac{\pi}{2}} \left(\cos^4\varphi + 3 \cdot \cos^2\varphi \cdot \cos\varphi + 3 \cdot \cos^2\varphi + \cos\varphi \right) d\varphi \right|$$

$$= \frac{16}{3}\pi \cdot \left| \int_0^{\frac{\pi}{2}} \left(\cos^4\varphi + 4 \cdot \cos\varphi - 3 \cdot \sin^2\varphi \cdot \cos\varphi + 3 \cdot \cos^2\varphi \right) d\varphi \right|$$

► Das Integral $\int \cos^4 \varphi \, \mathrm{d}\varphi$ wird mit der in Kapitel 2.5 entwickelten Rekursionsformel gelöst:

$$I_m = \int \cos^m \varphi \, \mathrm{d}\varphi = \frac{1}{m} \cdot \cos^{m-1} \varphi \cdot \sin\varphi + \frac{m-1}{m} \cdot I_{m-2}$$

mit $m \in \mathbb{N}^{\geq 2}$ und $I_0 = \varphi + c_0$

► $3 \cdot \int (\sin^2 \varphi \cdot \cos \varphi) \, \mathrm{d}\varphi = \sin^3 \varphi + c$ ► 2.4.4

► $\int \cos^2 \varphi \, \mathrm{d}\varphi = \frac{\varphi}{2} + \frac{1}{4} \cdot \sin(2\varphi) + c$ ► 2.4.1

Der Rotationskörper hat die Volumenmaßzahl 99,61350.

$$V_{py} = \frac{16}{3}\pi \cdot \left| \int_0^{\frac{\pi}{2}} \cos^4 \varphi \, \mathrm{d}\varphi + 4 \cdot \int_0^{\frac{\pi}{2}} \cos \varphi \, \mathrm{d}\varphi + \right.$$
$$\left. - 3 \cdot \int_0^{\frac{\pi}{2}} (\sin^2 \varphi \cdot \cos \varphi) \, \mathrm{d}\varphi + 3 \cdot \int_0^{\frac{\pi}{2}} \cos^2 \varphi \, \mathrm{d}\varphi \right|$$
$$= \frac{16}{3}\pi \cdot \left| \frac{1}{4} \cdot \cos^3 \varphi \cdot \sin \varphi + \frac{3}{8} \cdot \cos^2 \varphi \cdot \sin \varphi + \frac{3}{8} \cdot \varphi \Big|_0^{\frac{\pi}{2}} + \right.$$
$$\left. + 4 \cdot \sin \varphi \Big|_0^{\frac{\pi}{2}} - \sin^3 \varphi \Big|_0^{\frac{\pi}{2}} + 3 \cdot \left[\frac{\varphi}{2} + \frac{1}{4} \cdot \sin(2\varphi) \right] \Big|_0^{\frac{\pi}{2}} \right|$$
$$= \frac{16}{3}\pi \cdot \left| \frac{1}{4} \cdot \cos^3 \frac{\pi}{2} \cdot \sin \frac{\pi}{2} + \frac{3}{8} \cdot \cos^2 \frac{\pi}{2} \cdot \sin \frac{\pi}{2} + \frac{3}{8} \cdot \frac{\pi}{2} + \right.$$
$$- \left(\frac{1}{4} \cdot \cos^3 0 \cdot \sin 0 + \frac{3}{8} \cdot \cos^2 0 \cdot \sin 0 + \frac{3}{8} \cdot 0 \right) +$$
$$+ \left(4 \cdot \sin \frac{\pi}{2} - 4 \cdot \sin 0 \right) - \left(\sin^3 \frac{\pi}{2} - \sin^3 0 \right) +$$
$$\left. + \left(3 \cdot \left[\frac{\pi}{4} + \frac{1}{4} \cdot \sin\left(2 \cdot \frac{\pi}{2}\right) - \frac{0}{4} - \frac{1}{4} \cdot \sin(2 \cdot 0) \right] \right) \right|$$
$$= \frac{16}{3}\pi \cdot \left| \left(0 + 0 + \frac{3}{16}\pi - 0 - 0 - 0 \right) + (4 \cdot 1 - 0) + \right.$$
$$\left. - (1 - 0) + \left(3 \cdot \left[\frac{\pi}{4} + 0 - 0 - 0 \right] \right) \right|$$
$$= \frac{16}{3}\pi \cdot \left| \frac{3}{16}\pi + 4 - 1 + 3 \cdot \frac{\pi}{4} \right|$$
$$= \underline{\underline{99{,}61350}}$$

Beispiel: Berechnen Sie die Volumenmaßzahl des Körpers, der entsteht, wenn die Fläche, die von der Kurve $F: F(\varphi) = \sin(2\varphi); D(F) = \left[0; \frac{\pi}{2}\right] \cup \left[\pi; \frac{3}{2}\pi\right]$ im Intervall $\left[0; \frac{\pi}{2}\right]$ begrenzt wird, um die y-Achse rotiert.

$F: F(\varphi) = \sin(2\varphi); \quad D(F) = \left[0; \frac{\pi}{2}\right] \cup \left[\pi; \frac{3}{2}\pi\right]$ hat die Form einer Schleife. Rotiert die Fläche, die von der Kurve im Intervall $\left[0; \frac{\pi}{2}\right]$ begrenzt wird, um die y-Achse, so entsteht ein Körper der dargestellten Form.

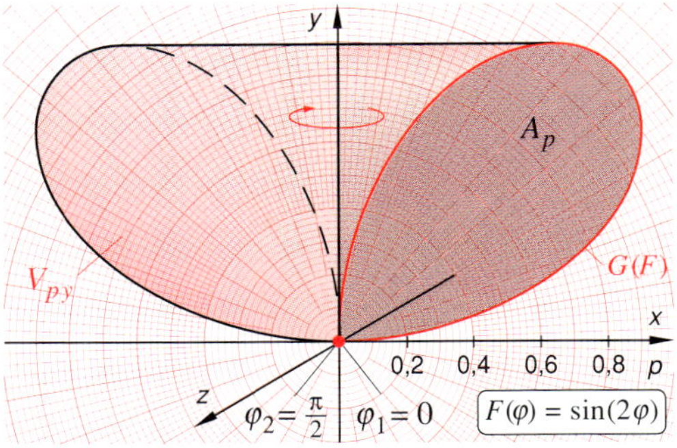

Zur Bestimmung der Volumenmaßzahl V_{py} setzt man in der für eine Polarkoordinatendarstellung angegebenen Formel die Werte für φ_1 und φ_2 sowie den Term für $F(\varphi)$ ein und integriert.

► $\sin(2\varphi) = 2 \cdot \sin \varphi \cdot \cos \varphi$

$$V_{py} = \frac{2}{3}\pi \cdot \left| \int_{\varphi_1}^{\varphi_2} \left([F(\varphi)]^3 \cdot \cos \varphi \right) \mathrm{d}\varphi \right|$$

► $\varphi_1 = 0; \varphi_2 = \frac{\pi}{2}$
$F(\varphi) = \sin(2\varphi)$

$$= \frac{2}{3}\pi \cdot \left| \int_0^{\frac{\pi}{2}} \left([\sin(2\varphi)]^3 \cdot \cos \varphi \right) \mathrm{d}\varphi \right|$$

► $\cos^4\varphi = [\cos^2\varphi]^2$
$= (1-\sin^2\varphi)^2$
$= 1 - 2\cdot\sin^2\varphi + \sin^4\varphi$

Mit den Rekursionsfomeln aus Kapitel 2.5 erhält man:

► $\int \sin^7\varphi\,\mathrm{d}\varphi = -\frac{1}{7}\cdot\sin^6\varphi\cdot\cos\varphi + \frac{6}{7}\cdot\int\sin^5\varphi\,\mathrm{d}\varphi$

► $\int \sin^5\varphi\,\mathrm{d}\varphi = -\frac{1}{5}\cdot\sin^4\varphi\cdot\cos\varphi + \frac{4}{5}\cdot\int\sin^3\varphi\,\mathrm{d}\varphi$

► $\sin^3\varphi = \sin^2\varphi\cdot\sin\varphi$
$= (1-\cos^2\varphi)\cdot\sin\varphi$
$= \sin\varphi - \cos^2\varphi\cdot\sin\varphi$

Der Rotationskörper hat die Volumenmaßzahl 0,957438.

$$V_{py} = \frac{2}{3}\pi\cdot\left|\int_0^{\frac{\pi}{2}}\left([2\cdot\sin\varphi\cdot\cos\varphi]^3\cdot\cos\varphi\right)\mathrm{d}\varphi\right|$$

$$= \frac{16}{3}\pi\cdot\left|\int_0^{\frac{\pi}{2}}\left(\sin^3\varphi\cdot\cos^3\varphi\cdot\cos\varphi\right)\mathrm{d}\varphi\right|$$

$$= \frac{16}{3}\pi\cdot\left|\int_0^{\frac{\pi}{2}}\left(\sin^3\varphi\cdot\cos^4\varphi\right)\mathrm{d}\varphi\right|$$

$$= \frac{16}{3}\pi\cdot\left|\int_0^{\frac{\pi}{2}}\left(\sin^3\varphi\cdot[1-2\cdot\sin^2\varphi+\sin^4\varphi]\right)\mathrm{d}\varphi\right|$$

$$= \frac{16}{3}\pi\cdot\left|\int_0^{\frac{\pi}{2}}(\sin^3\varphi - 2\cdot\sin^5\varphi + \sin^7\varphi)\,\mathrm{d}\varphi\right|$$

$$= \frac{16}{3}\pi\cdot\left|\int_0^{\frac{\pi}{2}}\left(\sin^3\varphi - 2\cdot\sin^5\varphi + \frac{6}{7}\cdot\sin^5\varphi\right)\mathrm{d}\varphi + {} - \frac{1}{7}\cdot\sin^6\varphi\cdot\cos\varphi\,\Big|_0^{\frac{\pi}{2}}\right|$$

$$= \frac{16}{3}\pi\cdot\left|\int_0^{\frac{\pi}{2}}\left(\sin^3\varphi - \frac{8}{7}\cdot\sin^5\varphi\right)\mathrm{d}\varphi - 0\right|$$

$$= \frac{16}{3}\pi\cdot\left|\int_0^{\frac{\pi}{2}}\left(\sin^3\varphi - \frac{32}{35}\cdot\sin^3\varphi\right)\mathrm{d}\varphi + \frac{8}{35}\cdot\sin^4\varphi\cdot\cos\varphi\,\Big|_0^{\frac{\pi}{2}}\right|$$

$$= \frac{16}{3}\pi\cdot\left|\frac{3}{35}\cdot\int_0^{\frac{\pi}{2}}\sin^3\varphi\,\mathrm{d}\varphi + 0\right|$$

$$= \frac{16\pi}{35}\cdot\left|\int_0^{\frac{\pi}{2}}(\sin\varphi - \cos^2\varphi\cdot\sin\varphi)\,\mathrm{d}\varphi\right|$$

$$= \frac{16\pi}{35}\cdot\left|-\cos\varphi\,\Big|_0^{\frac{\pi}{2}} + \frac{1}{3}\cdot\cos^3\varphi\,\Big|_0^{\frac{\pi}{2}}\right|$$

$$= \frac{16\pi}{35}\cdot\left|1-\frac{1}{3}\right|$$

$$= \underline{\underline{0{,}957438}}$$

Übungsaufgaben

Berechnen Sie zu den gegebenen Funktionsgleichungen die Volumenmaßzahl des Rotationskörpers, der erzeugt wird, wenn die Fläche zwischen dem Graphen und der x-Achse im angegebenen x-Intervall $[a; b]$ um die x-Achse rotiert. Zeichnen Sie jeweils den Graphen.

1. $f(x) = \frac{1}{3} \cdot x - 8$; $[4; 9]$ **2.** $f(x) = x^2 - 7$; $[-3; 4]$ **3.** $f(x) = \frac{1}{2} \cdot (x^3 - x^2)$; $[-2; 3]$

4. $f(x) = \sqrt{x^3}$; $[0; 5]$ **5.** $f(x) = \sin x$; $[0; \pi]$ **6.** $f(x) = 1 + \cos x$; $\left[\frac{\pi}{2}; \pi\right]$

7. $f(x) = \frac{b}{a} \cdot \sqrt{x^2 - a^2}$; $[a; 3a]$; $a; b \in \mathbb{R}^{>0}$ **8.** $f(x) = \sqrt{16 - x^2}$; $[0; 4]$ **9.** $f(x) = e^x$; $[-1; 2]$

Berechnen Sie zu den gegebenen Funktionsgleichungen die Volumenmaßzahl des Rotationskörpers, der erzeugt wird, wenn die Fläche zwischen dem Graphen und der x-Achse im Intervall $[1; \infty)$ um die x-Achse rotiert. Zeichnen Sie jeweils den Graphen.

10. $f(x) = \frac{1}{x^2}$ **11.** $f(x) = \frac{1}{x^{0,6}}$ **12.** $f(x) = e^{-x}$ **13.** $f(x) = \sqrt{x} \cdot e^{-x}$

Berechnen Sie zu den gegebenen Funktionsgleichungen die Volumenmaßzahl des Rotationskörpers, der erzeugt wird, wenn die Fläche zwischen den beiden Graphen um die x-Achse rotiert. Zeichnen Sie jeweils die Graphen.

14. $f(x) = \sqrt{25 - x^2}$, $g(x) = \sqrt{2x + 10}$ **15.** $f(x) = \frac{1}{1 + x^2}$, $g(x) = 0{,}5x^2$ **16.** $f(x) = \frac{1}{8} \cdot x^3$, $g(x) = 0{,}5x$ **17.** $f(x) = \sin x$, $g(x) = \cos x$; $x \in \left[\frac{\pi}{4}; \frac{\pi}{2}\right]$

18. In eine Kugel mit dem Radius r soll ein Loch gebohrt werden, das die Form eines Kegelstumpfes mit einem Grundflächenradius von $0{,}8 \cdot r$ und einem Deckflächenradius von $0{,}6 \cdot r$ hat. Berechnen Sie das Volumen des Restkörpers.

19. In eine Kugel mit dem Radius r soll ein Loch gebohrt werden, das die Form eines Paraboloids mit einem Grundflächenradius $0{,}5 \cdot r$ hat. Der Scheitelpunkt soll im Mittelpunkt der Kugel liegen. Berechnen Sie das Volumen des Restkörpers.

Berechnen Sie zu den gegebenen Funktionsgleichungen die Volumenmaßzahl des Rotationskörpers, der erzeugt wird, wenn die Fläche zwischen dem Graphen und der y-Achse im angegebenen y-Intervall $[c; d]$ um die y-Achse rotiert. Zeichnen Sie jeweils den Graphen.

20. $f(x) = -8x + 12$; $[-3; 6]$ **21.** $f(x) = x^3$; $[-4; 4]$ **22.** $f(x) = 2x^2 - 4$; $[0; 6]$

23. $f(x) = \frac{4}{3} \cdot \sqrt{x^2 + 9}$; $[4; 6]$ **24.** $f(x) = \frac{1}{x^2 - 1}$; $[1; 2]$ **25.** $f(x) = \operatorname{Arccos} x$; $[0; \pi]$

26. $f(x) = e^{-\frac{x^2}{3}}$; $[0{,}1; 0{,}4]$ **27.** $f(x) = \operatorname{Arcosh} x$; $[0; 2]$ **28.** $f(x) = \ln x$; $[0; 2]$

Berechnen Sie zu den in Parameterdarstellung gegebenen Kurven die Volumenmaßzahl des Rotationskörpers, der erzeugt wird, wenn die Fläche zwischen der Kurve und der x-Achse im angegebenen t-Intervall $[t_1; t_2]$ um die x-Achse rotiert. Zeichnen Sie jeweils die Kurve.

29. $\begin{cases} f_1(t) = 2t \\ f_2(t) = 3t \end{cases}$; $[1; 10]$ **30.** $\begin{cases} f_1(t) = t^2 \\ f_2(t) = 2t \end{cases}$; $[0; 1]$ **31.** $\begin{cases} f_1(t) = \cos t \\ f_2(t) = 2t \end{cases}$; $\left[0; \frac{\pi}{2}\right]$

32. $\begin{cases} f_1(t) = 0{,}25t - 2 \\ f_2(t) = 0{,}1t^2 \end{cases}; [-8; 8]$ **33.** $\begin{cases} f_1(t) = t \cdot \sqrt{t} \\ f_2(t) = \dfrac{1}{\sqrt{t}} \end{cases}; [1; 4]$ **34.** $\begin{cases} f_1(t) = t - \sin t \\ f_2(t) = 1 - \cos t \end{cases}; [0; 2\pi]$

Berechnen Sie zu den in Parameterdarstellung gegebenen Kurven die Volumenmaßzahl des Rotationskörpers, der erzeugt wird, wenn die Fläche zwischen der Kurve und der y-Achse im angegebenen t-Intervall $[t_1; t_2]$ um die y-Achse rotiert. Zeichnen Sie jeweils die Kurve.

35. $\begin{cases} f_1(t) = \cosh t \\ f_2(t) = \sinh t \end{cases}; [-3; 3]$ **36.** $\begin{cases} f_1(t) = \cos t \\ f_2(t) = 2 \cdot \sin t \end{cases}; \left[0; \dfrac{\pi}{2}\right]$ **37.** $\begin{cases} f_1(t) = \sqrt{t} \\ f_2(t) = \ln t + 1 \end{cases}; [1; 2]$

38. $\begin{cases} f_1(t) = t \cdot \sqrt{t} \\ f_2(t) = \dfrac{1}{\sqrt{t}} + 4 \end{cases}; [1; 4]$ **39.** $\begin{cases} f_1(t) = \sqrt{t} \\ f_2(t) = e^t \end{cases}; [1; 2]$ **40.** $\begin{cases} f_1(t) = 2t^2 \\ f_2(t) = \ln t \end{cases}; [1; 2]$

41. Berechnen Sie die Volumenmaßzahl des Körpers, der erzeugt wird, wenn die durch die Parameterdarstellung $\begin{cases} f_1(t) = \cos t \\ f_2(t) = \cos^2 t \cdot \sin t \end{cases}; t \in \left[0; \frac{\pi}{2}\right] \cup \left[\frac{3}{2}\pi; 2\pi\right]$ gegebene Kurve um die y-Achse rotiert.

42. Berechnen Sie das Volumen des Körpers, der erzeugt wird, wenn eine Zykloidenkurve mit $\begin{cases} f_1(t) = a \cdot (t - \sin t) \\ f_2(t) = a \cdot (1 - \cos t) \end{cases}; a > 0$ in $t \in [0; 2\pi)$ um die y-Achse rotiert.

43. Berechnen Sie die Volumenmaßzahl des Körpers, der erzeugt wird, wenn die durch die Parameterdarstellungen $\begin{cases} f_1(t) = 2 \cdot \cos t \\ f_2(t) = 4 \cdot \sin t + 3 \cdot \sqrt{2} \end{cases}; t \in \left[\frac{3}{2}\pi; \frac{9}{4}\pi\right]$ und $\begin{cases} f_3(t) = t \\ f_4(t) = -2t + 7 \cdot \sqrt{2} \end{cases}; t \in [0; \sqrt{2}]$ gegebenen Kurven um die y-Achse rotieren.

Berechnen Sie zu den in Polarkoordinatendarstellung gegebenen Funktionsgleichungen die Volumenmaßzahlen V_x; V_y; V_{px} und V_{py} im angegebenen Intervall $[\varphi_1; \varphi_2]$. Zeichnen Sie jeweils die Kurve.

44. $F(\varphi) = 2; I_x = I_{px} = [0; \pi]; I_y = I_{py} = \left[0; \frac{\pi}{2}\right]$

45. $F(\varphi) = \sin\varphi; I_x = I_{px} = I_y = I_{py} = \left[\frac{\pi}{4}; \frac{\pi}{2}\right]$

46. $F(\varphi) = \sin^2\varphi; I_x = I_{px} = \left[0; \frac{\pi}{4}\right]; I_y = I_{py} = \left[\frac{\pi}{4}; \frac{\pi}{2}\right]$

47. $F(\varphi) = \varphi; I_x = I_{px} = I_y = I_{py} = \left[0; \frac{\pi}{4}\right]$

48. $F(\varphi) = \cos\varphi; I_x = I_{px} = \left[0; \frac{\pi}{2}\right]; I_y = I_{py} = \left[\frac{\pi}{4}; \frac{\pi}{2}\right]$

49. $F(\varphi) = e^{-\varphi}; I_x = I_{px} = I_y = I_{py} = \left[\frac{\pi}{4}; \frac{\pi}{2}\right]$

50. Transformieren Sie die Gleichung einer Lemniskate $(x^2 + y^2)^2 = a^2 \cdot (x^2 - y^2)$; $a > 0$ in Polarkoordinaten und berechnen Sie das Volumen des Körpers, der erzeugt wird, wenn die Fläche zwischen der Kurve und der x-Achse im x-Intervall $\left[0; \frac{\pi}{4}\right]$ um die x-Achse rotiert.

51. Eine Kugel mit dem Durchmesser $d_K = 60$ mm erhält eine einseitige, kegelförmige Bohrung mit dem Grundkreisdurchmesser $d = 25$ mm. Berechnen Sie das Volumen des Restkörpers in cm^3, wenn die Kegelspitze bis zum Kugelmittelpunkt reicht.

52. Im Winkelintervall $[0; b]$ mit $b \in \left(0; \frac{\pi}{2}\right)$ rotiert die Sektorfläche der Funktion F mit der Gleichung $F(\varphi) = \sqrt[3]{\tan\varphi}$ um die y-Achse. Berechnen Sie den Term für die Volumenmaßzahl $V_{py}(b)$ und untersuchen Sie $\lim\limits_{b \to \frac{\pi}{2}} V_{py}(b)$. Zeichnen Sie die Kurve.

53. Zeichnen Sie den Graphen der Funktion $f: f(x) = \ln^2 x - 2$; $D(f) = \mathbb{R}^{>0}$ und berechnen Sie die Volumenmaßzahl $V_x(a)$ des Körpers, der erzeugt wird, wenn die Fläche zwischen dem Graphen und der x-Achse im x-Intervall $[a; e^{\sqrt{2}}]$ mit $a \in (0; e^{\sqrt{2}})$ um die x-Achse rotiert. Untersuchen Sie $\lim\limits_{a\to 0} V_x(a)$. Berechnen Sie auch die Volumenmaßzahl $V_y(d)$ des Körpers, der erzeugt wird, wenn die Fläche zwischen dem Graphen und der y-Achse im y-Intervall $[-2; d]$ mit $d > -2$ um die y-Achse rotiert. Untersuchen Sie $\lim\limits_{d\to\infty} V_y(d)$.

54. Zeichnen Sie den Graphen der Relation $R: R(x) = \begin{cases} x, & \text{wenn } x \in [0; 2] \\ 2x-2, & \text{wenn } x \in (2; 3] \\ 4+\sqrt{9-x^2}, & \text{wenn } x \in [0; 3] \end{cases}$ und berechnen Sie die Volumenmaßzahl des siloförmigen Körpers, der erzeugt wird, wenn die Fläche zwischen dem Graphen der Relation und der y-Achse um die y-Achse rotiert.

55. Entwickeln Sie eine Formel für das Volumen eines Kegelstumpfes mithilfe der Formel für das Rotationsvolumen.

56. Berechnen Sie das Volumen eines Fasses, dessen Form durch die Rotation der Fläche zwischen einer Ellipse und der y-Achse um die y-Achse erzeugt wird. Das Fass soll die Maße $d_1 = 50\,\text{cm}$; $d_2 = 70\,\text{cm}$ und $h = 120\,\text{cm}$ haben.

57. Ein Ankerspill aus Stahl mit der Dichte $\varrho = 7{,}85\,\text{kg/dm}^3$ hat die Form eines Rotationshyperboloids mit den Maßen $d_1 = 200\,\text{mm}$; $d_2 = 400\,\text{mm}$ und $h = 500\,\text{mm}$. Berechnen Sie seine Masse in Kilogramm.

58. Entwickeln Sie mithilfe der Integralrechnung die Formeln für das Volumen eines Kugelabschnittes und einer Kugelschicht. Verwenden Sie die Kreisgleichung $x^2 + y^2 = r^2$.

59. Berechnen Sie die Volumenmaßzahl des Körpers, der erzeugt wird, wenn der Graph der Kreisrelation R: $x^2 + (y-2)^2 = 4$; $D(R) = \{\langle x \mid y\rangle \mid x \in [-2; 2]; y \in [0; 4]\}$ um die x-Achse rotiert.

60. Berechnen Sie die Volumenmaßzahl des Körpers, der erzeugt wird, wenn der Graph der Kreisrelation R: $(x-4)^2 + (y-2)^2 = 1$; $D(R) = \{\langle x \mid y\rangle \mid x \in [3; 5]; y \in [1; 3]\}$ um die x-Achse rotiert.

Berechnen Sie die Volumenmaßzahlen der Körper, die erzeugt werden, wenn die nachstehend abgebildeten Flächen zwischen einem Graphen und einer Achse um die x-Achse bzw. um die y-Achse rotieren.

61.

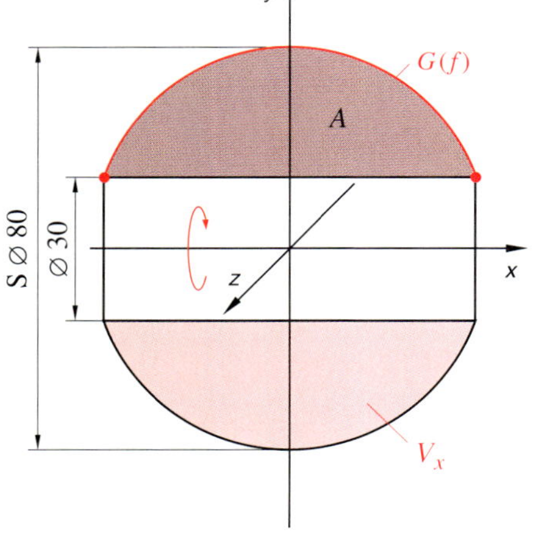

62.

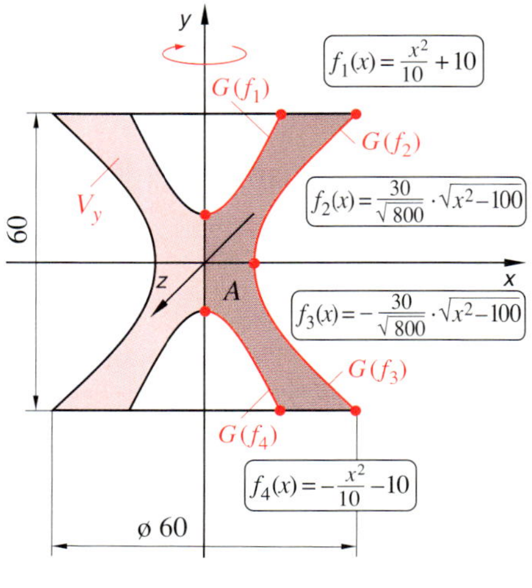

63.

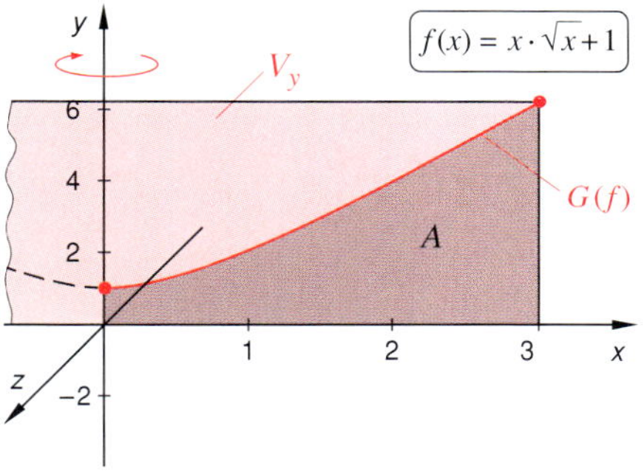

64.

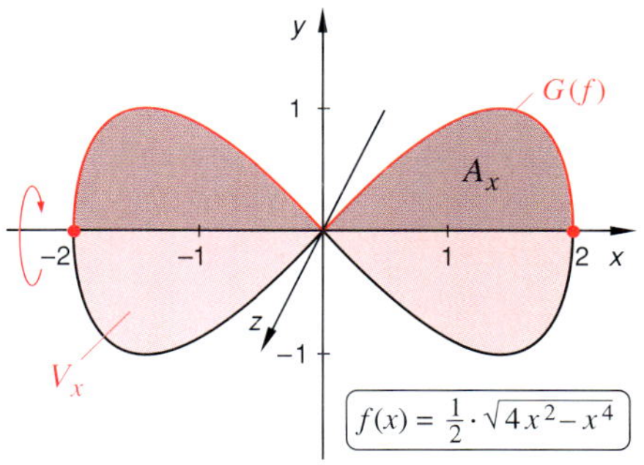

65.

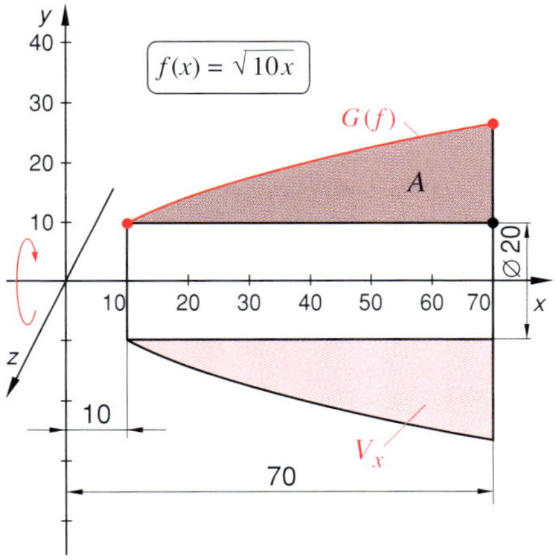

66.

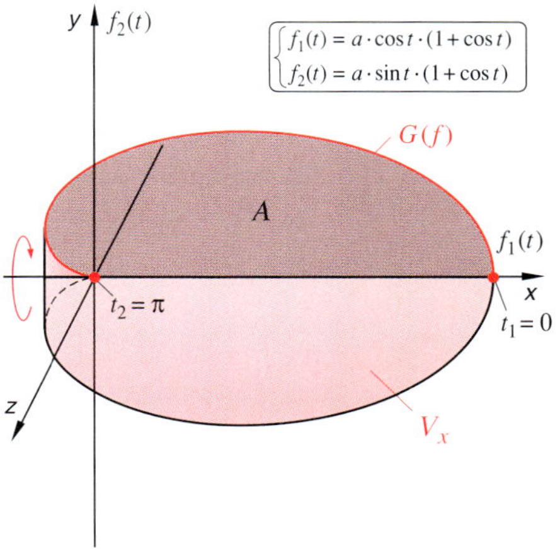

3.3 Längen ebener Kurven

Vorbetrachtungen zum „Schnittprinzip" in der Integralrechnung

Im Kapitel 1.1 wurde das bestimmte Integral für streng monotone und stetige Funktionen als gemeinsamer Grenzwert einer Folge von Untersummen und Obersummen erklärt. Unabhängig von dieser Definition des bestimmten Integrals kann man auch mithilfe des Stammfunktionskonzeptes zu einer Definition des bestimmten Integrals gelangen. Dazu betrachtet man eine Fläche mit dem Inhalt A_x, die im Intervall $[a; b]$ zwischen dem Graphen der Funktion f und der x-Achse liegt.

Ist eine Funktion f in einem abgeschlossenen Intervall $[a; b]$ streng monoton steigend und stetig mit $f(x) \geq 0$, so liegt in Intervallen $[a; x]$ zwischen dem Graphen von f und der x-Achse für jedes $x \in [a; b]$ eine Fläche mit dem Inhalt $A(x)$. $A(x)$ ist der Term einer Funktion A.

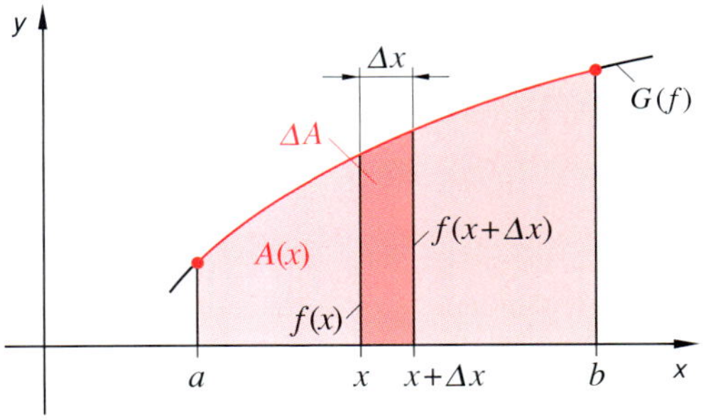

$\Delta A = A(x + \Delta x) - A(x)$ mit $x; x + \Delta x \in [a; b]$ ist der Inhalt der Fläche zwischen $G(f)$ und der x-Achse in Intervallen $[x; x + \Delta x]$. Weil f in $[a; b]$ streng monoton steigend ist, kann man ΔA nach unten durch $f(x) \cdot \Delta x$ und nach oben durch $f(x + \Delta x) \cdot \Delta x$ abschätzen.

Da die Funktion f in $[a; b]$ stetig ist, gilt $\lim\limits_{\Delta x \to 0} f(x + \Delta x) = f(x)$. $\frac{\Delta A}{\Delta x}$ ist der Differenzenquotient der Funktion A und wegen $\lim\limits_{\Delta x \to 0} \frac{\Delta A}{\Delta x} = f(x)$ ist die Funktion A differenzierbar mit $A'(x) = f(x)$.

Nach den Erkenntnissen aus Kapitel 1.2 folgt hieraus, dass A eine Stammfunktion der Funktion f im Intervall $[a; b]$ ist. Wegen $A(a) = 0$ und $A(b) = A_x$ gilt somit nach dem Hauptsatz die Formel $A_x = \int\limits_a^b f(x)\,\mathrm{d}x$.

$$\Delta A = A(x + \Delta x) - A(x)$$

$$f(x) \cdot \Delta x < \Delta A < f(x + \Delta x) \cdot \Delta x$$

$$\Rightarrow f(x) < \frac{\Delta A}{\Delta x} < f(x + \Delta x) \quad ► \ \Delta x > 0$$

$$\lim_{\Delta x \to 0} f(x) \le \lim_{\Delta x \to 0} \frac{\Delta A}{\Delta x} \le \lim_{\Delta x \to 0} f(x + \Delta x)$$

$$f(x) \le \lim_{\Delta x \to 0} \frac{\Delta A}{\Delta x} \le f(x)$$

$$\Rightarrow \lim_{\Delta x \to 0} \frac{\Delta A}{\Delta x} = f(x)$$

$$\Rightarrow \underline{A'(x) = f(x);\ x \in [a; b]}$$ ► A ist Stammfunktion von f in $[a;\ b]$

$$\int\limits_a^b f(x)\,\mathrm{d}x = A(b) - A(a)$$ ► Hauptsatz

► $A(a) = 0$ und $A(b) = A_x$

$$\underline{\underline{A_x = \int\limits_a^b f(x)\,\mathrm{d}x;\ f(x) \ge 0}}$$

Die Hinführung zu der Formel $A_x = \int\limits_a^b f(x)\,\mathrm{d}x$ kann man sich auch so erklären, dass aus der Gesamtfläche mit dem Inhalt A_x zwischen dem Graphen von f und der x-Achse im Intervall $[a; b]$ ein **Flächenelement** mit dem Flächeninhalt ΔA_x „herausgeschnitten" wird, für das näherungsweise $\Delta A_x = f(x) \cdot \Delta x$ gilt.

Die Herleitung lautet dann verkürzt: Aus $\Delta A_x = f(x) \cdot \Delta x;\ x \in [a; b]$ wird $A_x = \int\limits_a^b f(x)\,\mathrm{d}x$.

Unter diesem Gesichtspunkt kann man zum Beispiel die Sektorformel (► 3.1) auch auf andere Weise herleiten. Ein „herausgeschnittenes" **Sektorflächenelement** hat nach der Kreissektorformel näherungsweise den Flächeninhalt $\Delta A_p = \frac{1}{2} \cdot [F(\varphi)]^2 \cdot \Delta\varphi$ und hieraus wird dann $A_p = \frac{1}{2} \cdot \int\limits_{\varphi_1}^{\varphi_2} [F(\varphi)]^2\,\mathrm{d}\varphi$.

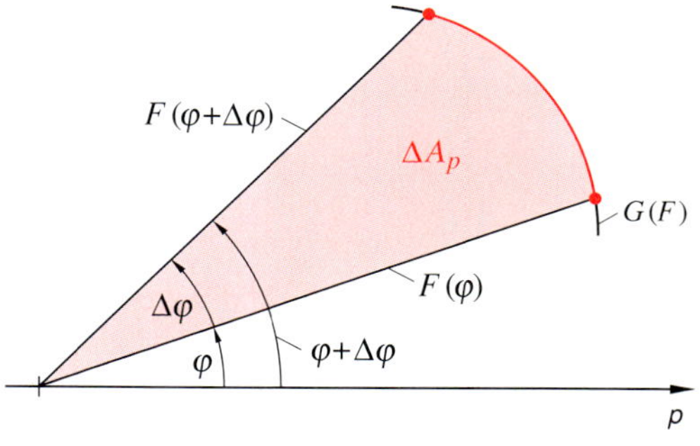

Auch bei der Herleitung einer Formel für das Rotationsvolumen (► 3.2) kann man so vorgehen.

Ein „herausgeschnittenes" **Volumenelement** hat nämlich in $[a; b]$ näherungsweise die Maßzahl $\Delta V_x = \pi \cdot [f(x)]^2 \cdot \Delta x$ und daraus wird dann $V_x = \pi \cdot \int\limits_a^b [f(x)]^2\,\mathrm{d}x$. ► 3.2

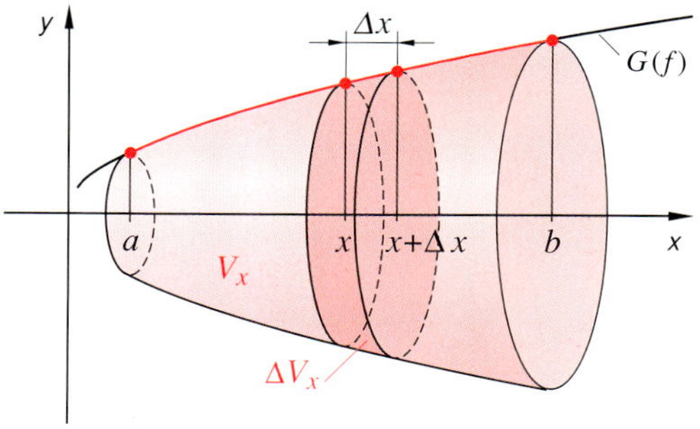

Diese Vorgehensweise wird prinzipiell in den Anwendungsgebieten der Mathematik benutzt, also zum Beispiel in der Physik, in der technischen Mechanik, im Maschinenbau und in der Elektrotechnik. Das Prinzip wurde von LEONHARD EULER (1707–1783) beschrieben, einem der bedeutendsten Mathematiker dieser Welt. Hierbei „schneidet" man aus einem zu berechnenden Ganzen (z. B. Fläche, Volumen, Bogenlänge) ein gleichartiges Δ-Element heraus, berechnet näherungsweise dessen Maßzahl und schließt dann durch „Integration" von der Maßzahl des Elementes auf die Maßzahl des Ganzen. Man bezeichnet diese Vorgehensweise auch als „**Schnittprinzip**".

Längen von Funktionsgraphen in rechtwinkligen Koordinaten

Ist eine stetige Funktion in $[a; b]$ definiert und ist $x_0 = a; x_1; x_2; x_3; \ldots; x_{n-1}; x_n = b$ mit $n \in \mathbb{N}^{>0}$ eine Zerlegung von $[a; b]$, so ergeben sich auf dem Graphen $G(f)$ die Punkte $P_0; P_1; P_2; P_3; \ldots; P_{n-1}; P_n$. Verbindet man benachbarte Punkte geradlinig, so erhält man einen **Streckenzug** oder **Polygonzug**.

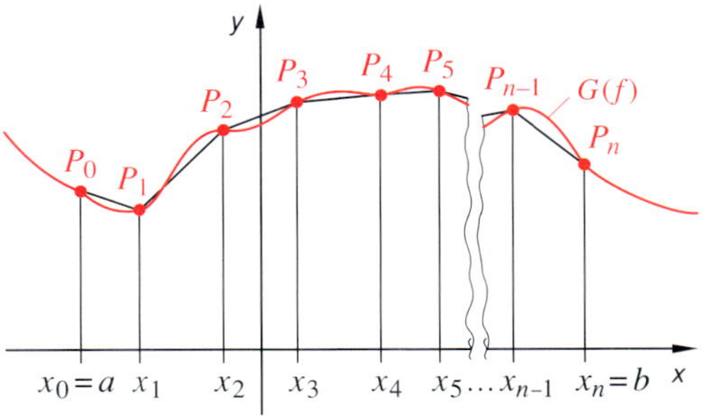

Dieser Streckenzug besteht aus den Strecken zwischen zwei benachbarten Punkten $P_{k-1}\langle x_{k-1}|f(x_{k-1})\rangle$ sowie $P_k\langle x_k|f(x_k)\rangle$ mit $k \in \{1; 2; 3; 4; \ldots; n\}$ und er hat die Länge $l_n = \sum\limits_{k=1}^{n} |\overline{P_{k-1}P_k}|$ mit $n \in \mathbb{N}^{>0}$.

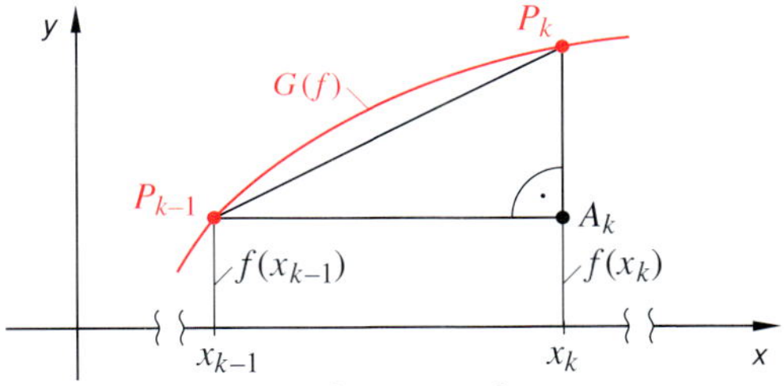

Die Längen $|\overline{P_{k-1}P_k}|$ der Strecken $\overline{P_{k-1}P_k}$ kann man mit dem Satz des Pythagoras berechnen.

$$|\overline{P_{k-1}P_k}|^2 = |\overline{P_{k-1}A_k}|^2 + |\overline{A_k P_k}|^2$$

► $|\overline{P_{k-1}A_k}| = x_k - x_{k-1}$; $|\overline{A_k P_k}| = |f(x_k) - f(x_{k-1})|$

$$\Rightarrow |\overline{P_{k-1}P_k}|^2 = (x_k - x_{k-1})^2 + [f(x_k) - f(x_{k-1})]^2$$

$$\Rightarrow |\overline{P_{k-1}P_k}| = \sqrt{(x_k - x_{k-1})^2 + [f(x_k) - f(x_{k-1})]^2}$$

Der Term unter der Wurzel lässt sich einfacher schreiben, wenn man die in technischen Anwendungen der Mathematik gebräuchliche Schreibweise für kleine Differenzen benutzt, z. B. $x_k - x_{k-1} = \Delta x_k$ (gelesen: Delta x_k) und $f(x_k) - f(x_{k-1}) = \Delta f(x_k)$. ► 1.1

► $x_k - x_{k-1} = \Delta x_k$ und $f(x_k) - f(x_{k-1}) = \Delta f(x_k)$

$$\Rightarrow |\overline{P_{k-1}P_k}| = \sqrt{(\Delta x_k)^2 + [\Delta f(x_k)]^2}$$

Klammert man dann noch $(\Delta x_k)^2$ in $\sqrt{(\Delta x_k)^2 + [\Delta f(x_k)]^2}$ aus, so ergibt sich $\sqrt{1 + \left[\frac{\Delta f(x_k)}{\Delta x_k}\right]^2} \cdot \Delta x_k$.

$$l_n = \sum_{k=1}^{n} |\overline{P_{k-1}P_k}|$$

$$= \sum_{k=1}^{n} \sqrt{(\Delta x_k)^2 + [\Delta f(x_k)]^2}$$

$$= \sum_{k=1}^{n} \sqrt{\left(1 + \left[\frac{\Delta f(x_k)}{\Delta x_k}\right]^2\right) \cdot (\Delta x_k)^2} \quad ► \ \Delta x_k > 0$$

$$= \underline{\sum_{k=1}^{n} \left(\sqrt{1 + \left[\frac{\Delta f(x_k)}{\Delta x_k}\right]^2} \cdot \Delta x_k\right)}$$

Hierin ist $\frac{\Delta f(x_k)}{\Delta x_k} = \frac{f(x_k) - f(x_{k-1})}{x_k - x_{k-1}}$ der Differenzenquotient von f in $[x_{k-1}; x_k]$ und gleichzeitig dort die Intervallsteigung. ► Kusch 3; 2.1.1

Unterteilt man für jedes $n \in \mathbb{N}^{>0}$ das Intervall $[a; b]$ in n gleich breite Teilintervalle, so erhält man eine Zahlenfolge $\langle l_n \rangle : l_n = \sum\limits_{k=1}^{n} \sqrt{1 + \left[\frac{\Delta f(x_k)}{\Delta x_k}\right]^2} \cdot \Delta x_k\,;\, n \in \mathbb{N}^{>0}$, bei der die Intervallbreiten Δx_k für $n \to \infty$ gegen null konvergieren. Verallgemeinert man diese Vorgehensweise für jede unbegrenzt kleiner werdende Zerlegungsfolge von $[a; b]$ (► 1.1), so erhält man Zahlenfolgen, deren Folgenglieder der Länge von Streckenzügen entsprechen.

Konvergiert jede dieser Zahlenfolgen gegen den gleichen Grenzwert, so bezeichnet man diesen Grenzwert als **Bogenlänge *l*** von f in $[a; b]$ und f heißt in $[a; b]$ **rektifizierbar**. Im Gegensatz zur Definition des Begriffes Flächeninhalt über Untersummen und Obersummen gibt es bei der Definition des Begriffes Bogenlänge keine „Unterlängen" und „Oberlängen".

Es gibt stetige Funktionen, z. B. die Funktion

$$f : f(x) = \begin{cases} x \cdot \cos \dfrac{\pi}{2x}, & \text{wenn } x \in (0;\, 1] \\ 0, & \text{wenn } x = 0 \end{cases},$$

denen man nach dieser Festlegung keine Bogenlänge in dem Intervall $[0;\, 1]$ zuordnen kann.

► Übungsaufgabe 29

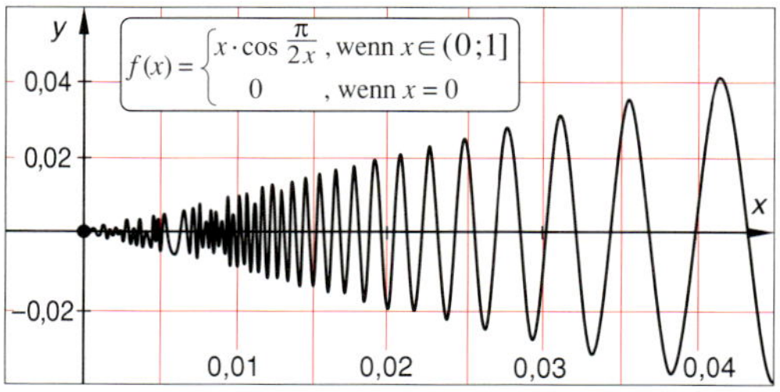

Bemerkenswert an diesem Beispiel ist, dass f als stetige Funktion in $[0;\, 1]$ integrierbar ist und somit ihr Graph im Intervall $[0;\, 1]$ mit der x-Achse eine Fläche mit endlicher Maßzahl einschließt. Allerdings kann man von f keine explizite Stammfunktion angeben und man kann die Flächenmaßzahl auch nur näherungsweise numerisch berechnen. Die Funktion f ist zwar an der Stelle 0 (rechtsseitig) stetig, dort aber nicht (rechtsseitig) stetig differenzierbar.

Problem: Entwickeln Sie unter Zuhilfenahme des Schnittprinzips eine Formel zur Berechnung der Bogenlänge l einer stetig differenzierbaren Funktion f in einem x-Intervall $[a; b]$.

Für ein Bogenelement Δl gilt näherungsweise nach dem Satz des Pythagoras:

$$\Delta l = \sqrt{1 + \left[\frac{\Delta f(x)}{\Delta x}\right]^2} \cdot \Delta x;\, x \in [a; b]$$

Ist die Funktion f in $[a; b]$ stetig differenzierbar, so erhält man dann aus Δl mithilfe des Schnittprinzips die Formel:

$$\boldsymbol{l = \int\limits_a^b \sqrt{1 + [f'(x)]^2}\; dx}$$

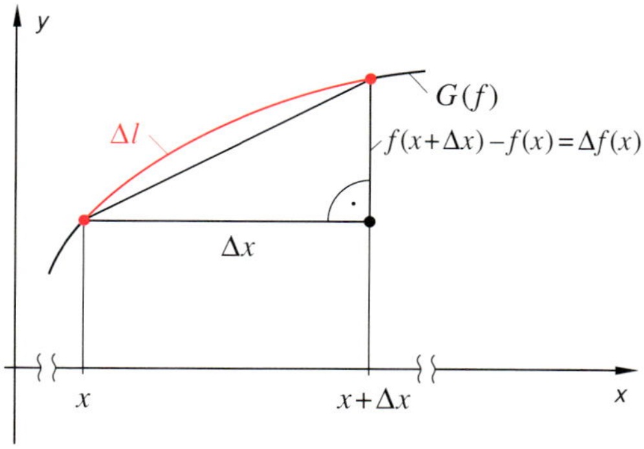

Ist eine Funktion f in einem x-Intervall $[a; b]$ streng monoton und stetig differenzierbar, so ist es manchmal zweckmäßig, eine Formel für l zu benutzen, die sich auf das y-Intervall $[c; d]$ bezieht, auf das das x-Intervall $[a; b]$ abgebildet wird. l ist nämlich aus Sicht der y-Achse genauso groß wie aus Sicht der x-Achse.

Hier erhält man mit dem Satz des Pythagoras im Dreieck ABC für das Bogenelement Δl näherungsweise:

$$\Delta l = \sqrt{(\Delta l)^2 + [f^{-1}(y+\Delta y) - f^{-1}(y)]^2}$$

$$= \sqrt{1 + \left[\frac{\Delta f^{-1}(y)}{\Delta y}\right]^2} \cdot \Delta y$$

Ist die Funktion f in $[a; b]$ stetig differenzierbar, so ist auch f^{-1} in $[c; d]$ stetig differenzierbar und man erhält dann mit dem Schnittprinzip die Formel:

$$\mathbf{l = \int_c^d \sqrt{1 + [(f^{-1}(y))']^2}\, dy}$$

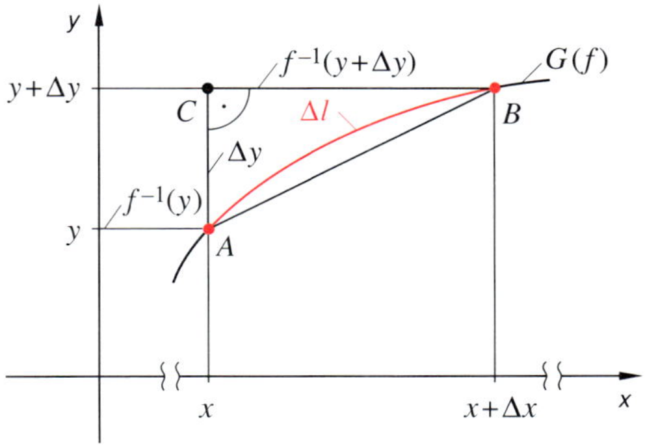

Merke:

- Ist eine Funktion f in einem Intervall $[a; b]$ stetig differenzierbar, so gilt für die Bogenlänge l der Funktion f in $[a; b]$ die Formel:

$$\mathbf{l = \int_a^b \sqrt{1 + [f'(x)]^2}\, dx}$$

- Ist eine Funktion f in einem Intervall $[a; b]$ stetig differenzierbar und zusätzlich noch streng monoton, so gilt neben der vorstehenden Formel auch:

$$\mathbf{l = \int_c^d \sqrt{1 + [(f^{-1}(y))']^2}\, dy}$$

  Dabei gilt $c = f(a)$ und $d = f(b)$, falls f in $[a; b]$ streng monoton steigend ist sowie $c = f(b)$ und $d = f(a)$, falls f in $[a; b]$ streng monoton fallend ist.

Anmerkungen:

- Da der Integrand wegen $[f'(x)]^2$ nie negativ ist, muss man bei der Berechnung von Bogenlängen nicht auf Schnittstellen im Integrationsintervall achten.
- Zu einer Funktion $g: g(x) = \sqrt{1 + [f'(x)]^2}$; $D(g) = D(f')$ lässt sich häufig explizit keine Stammfunktion angeben. In diesen Fällen kann eine Lösung nur mit der numerischen Integration (► 2.9) oder mithilfe von Computerprogrammen ermittelt werden.

Beispiele: Berechnen Sie für die nachstehenden Funktionen jeweils die Maßzahl der Bogenlänge im angegebenen Intervall I.

- $f: f(x) = \cosh x$; $D(f) = \mathbb{R}$; $I_x = [-1{,}5; 2]$

Der Graph der Funktion f heißt auch **Kettenlinie**, da Ketten und Seile beim Hängen zwischen zwei Befestigungen die Form des Graphen von f annehmen. Die Funktion f ist in $\mathbb{R}$ stetig differenzierbar. Daher ist die für l angegebene Formel zu benutzen.

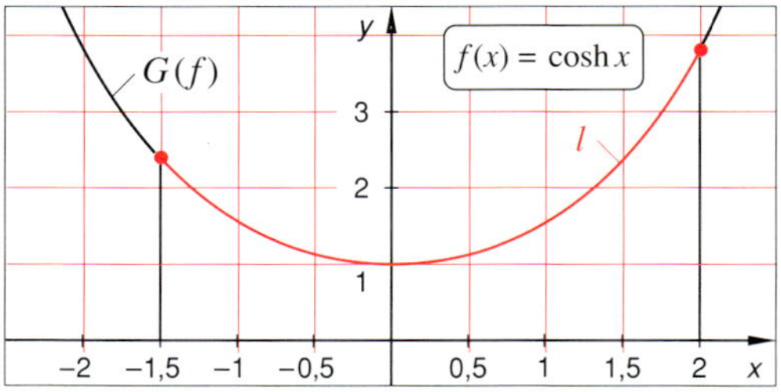

Zur Anwendung von $l = \int_a^b \sqrt{1 + [f'(x)]^2}\,\mathrm{d}x$ wird zunächst $f'(x)$ berechnet:

▶ $f(x) = \cosh x \Rightarrow f'(x) = \sinh x$

Das Integral kann dann vereinfacht werden:

▶ $\cosh^2 x - \sinh^2 x = 1 \Rightarrow \cosh^2 x = 1 + \sinh^2 x$

$\Rightarrow \cosh x = \sqrt{1 + \sinh^2 x}$

Damit erhält man ein Grundintegral. Die Bogenlänge l hat die Maßzahl 5,7562.

$l = \int_a^b \sqrt{1 + [f'(x)]^2}\,\mathrm{d}x$ ▶ $-1{,}5$ für a; 2 für b; $f'(x) = \sinh x$

$= \int_{-1,5}^{2} \sqrt{1 + \sinh^2 x}\,\mathrm{d}x$ ▶ $\sqrt{1 + \sinh^2 x} = \cosh x$

$= \int_{-1,5}^{2} \cosh x\,\mathrm{d}x$ ▶ Grundintegral

$= \sinh x\big|_{-1,5}^{2}$

$= \sinh 2 - \sinh(-1{,}5)$

$= 3{,}6269 - (-2{,}1293)$

$= \underline{\underline{5{,}7562}}$ ▶ Maßzahl der Bogenlänge in $[-1{,}5; 2]$

- $f: f(x) = -\frac{x^2}{2} + 3$; $D(f) = \mathbb{R}$; $I_x = [-3; 2]$

Der Graph der Funktion f ist eine Parabel, deren Länge im x-Intervall $[-3; 2]$ zu berechnen ist. Auch diese Funktion ist in $\mathbb{R}$ stetig differenzierbar. Daher kann man die für l angegebene Formel benutzen.

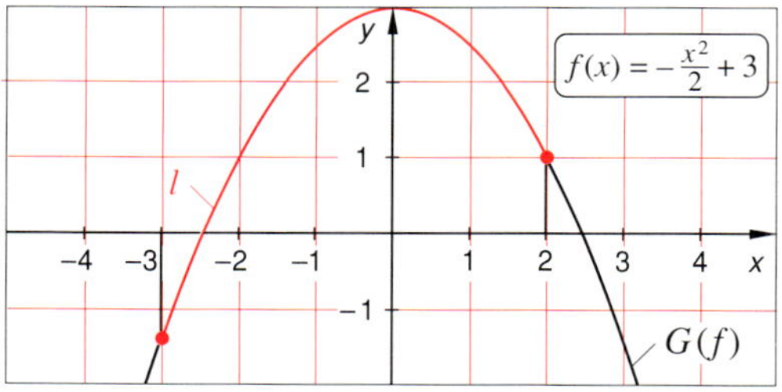

Zur Anwendung von $l = \int_a^b \sqrt{1 + [f'(x)]^2}\,\mathrm{d}x$ wird zunächst $f'(x)$ bestimmt:

▶ $f(x) = -\frac{x^2}{2} + 3 \Rightarrow f'(x) = -x$

Nach Einsetzen der Werte für a und b sowie von $-x$ für $f'(x)$ ergibt sich ein Integral des Typs $\int \sqrt{x^2 + a^2}\,\mathrm{d}x$, das durch Substitution gelöst wird. ▶ 2.4.6

Die Bogenlänge l hat die Maßzahl 8,61053.

$l = \int_a^b \sqrt{1 + [f'(x)]^2}\,\mathrm{d}x$ ▶ -3 für a; 2 für b; $f'(x) = -x$

$= \int_{-3}^{2} \sqrt{1 + (-x)^2}\,\mathrm{d}x$

$= \int_{-3}^{2} \sqrt{1 + x^2}\,\mathrm{d}x$ ▶ 2.4.6

$= \frac{x}{2} \cdot \sqrt{1 + x^2} + \frac{1^2}{2} \cdot \ln(x + \sqrt{1 + x^2})\Big|_{-3}^{2}$

$= \frac{2}{2} \cdot \sqrt{1 + 2^2} + \frac{1}{2} \cdot \ln(2 + \sqrt{1 + 2^2}) +$

$- \left(\frac{-3}{2} \cdot \sqrt{1 + (-3)^2} + \frac{1}{2} \cdot \ln\left[-3 + \sqrt{1 + (-3)^2}\right]\right)$

$= 2{,}95789 - (-5{,}65264)$

$= \underline{\underline{8{,}61053}}$ ▶ Maßzahl der Bogenlänge in $[-3; 2]$

● $f: f(x) = \sqrt{x+1}$; $D(f) = \mathbb{R}^{\geq -1}$; $I_x = [0; 6]$

Die Funktion f ist in $D(f) = \mathbb{R}^{\geq -1}$ streng monoton steigend und in $\mathbb{R}^{>-1}$ stetig differenzierbar.

Es wird hier $l = \int\limits_c^d \sqrt{1 + \left[\left(f^{-1}(y)\right)'\right]^2}\,\mathrm{d}y$ angewendet, weil dadurch die Berechnung wesentlich vereinfacht wird.

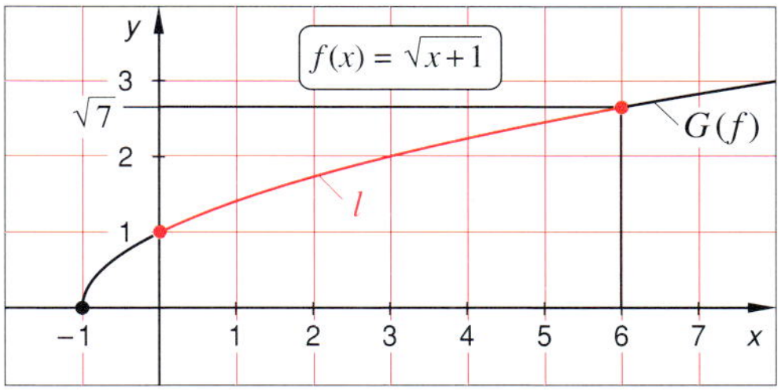

► $c = f(a) = f(0) = 1$; $d = f(b) = f(6) = \sqrt{7}$

► $f(x) = y = \sqrt{x+1}$

$\Rightarrow x = f^{-1}(y) = y^2 - 1 \Rightarrow \left(f^{-1}(y)\right)' = 2y$

Man setzt also 1 für c; $\sqrt{7}$ für d und $2y$ für $\left(f^{-1}(y)\right)'$, sodass sich nach Umformen ein Integral ergibt, dessen Lösung nach Kapitel 2.4.6 erfolgt.

$$l = \int\limits_c^d \sqrt{1 + \left[\left(f^{-1}(y)\right)'\right]^2}\,\mathrm{d}y$$ ► 1 für c; $\sqrt{7}$ für d; $\left(f^{-1}(y)\right)' = 2y$

$$= \int\limits_1^{\sqrt{7}} \sqrt{1 + [2y]^2}\,\mathrm{d}y$$

$$= \int\limits_1^{\sqrt{7}} \sqrt{1 + 4y^2}\,\mathrm{d}y$$

$$= 2 \cdot \int\limits_1^{\sqrt{7}} \sqrt{\frac{1}{4} + y^2}\,\mathrm{d}y$$ ► 2.4.6

$$= 2 \cdot \left[\frac{y}{2} \cdot \sqrt{\frac{1}{4} + y^2} + \frac{\frac{1}{4}}{2} \cdot \ln\left(y + \sqrt{\frac{1}{4} + y^2}\right)\Bigg|_1^{\sqrt{7}}\right]$$

$$= \underline{\underline{6{,}23698}}$$ ► Maßzahl der Bogenlänge in $[0; 6]$

Die Bogenlänge hat im x-Intervall $[0; 6]$ bzw. im y-Intervall $[1; \sqrt{7}]$ die Maßzahl 6,23698.

Würde man bei diesem Beispiel die Formel $l = \int\limits_a^b \sqrt{1 + [f'(x)]^2}\,\mathrm{d}x$ benutzen, so müsste man das Integral $\int\limits_0^6 \sqrt{\frac{4x+5}{4x+4}}\,\mathrm{d}x$ lösen, was wesentlich aufwendiger wäre.

Längen von ebenen Kurven in Parameterdarstellung

Problem: Entwickeln Sie eine Formel zur Berechnung der Länge einer ebenen Kurve, wenn diese Graph einer stetigen Funktion ist und in einem t-Intervall $[t_1; t_2]$ in Parameterdarstellung gegeben ist.

Da die Kurve der Graph einer stetigen Funktion ist, ist die Parameterfunktion f_1 im Parameterintervall $[t_1; t_2]$ streng monoton. ► 3.1

Es wird von der Formel für die Länge von Funktionsgraphen in rechtwinkligen Koordinaten ausgegangen.

$$l = \int\limits_a^b \sqrt{1 + [f'(x)]^2}\,\mathrm{d}x$$ ► angegebene Formel

$$\begin{cases} x = f_1(t) \\ y = f_2(t) \end{cases};\ t \in D(f_1) \cap D(f_2)$$ ► Parameterdarstellung einer Kurve

Da die Funktion f_1 in $D(f_1) \cap D(f_2)$ streng monoton ist, so ist dort $\dot{f}_1(t) \neq 0$ und es lassen sich aus den Grenzen a und b eindeutig die entsprechenden Parameterwerte t_1 und t_2 berechnen.

► $\sqrt{1 + [f'(x)]^2}$ ► $\frac{\dot{f}_2(t)}{\dot{f}_1(t)}$ für $f'(x)$ ► Kusch 3; 2.3.4

$$\sqrt{1 + [f'(x)]^2} = \sqrt{1 + \left[\frac{\dot{f}_2(t)}{\dot{f}_1(t)}\right]^2}$$

$$= \sqrt{\frac{[\dot{f}_1(t)]^2 + [\dot{f}_2(t)]^2}{[\dot{f}_1(t)]^2}}$$

$$= \underline{\frac{\sqrt{[\dot{f}_1(t)]^2 + [\dot{f}_2(t)]^2}}{|\dot{f}_1(t)|}}$$

Da f_1 streng monoton steigend oder streng monoton fallend sein kann, muss man zwei Fälle unterscheiden.

● **f_1 ist streng monoton steigend** ► $\dot{f}_1(t) > 0$

$$l = \int_a^b \sqrt{1 + [f'(x)]^2}\, dx$$

► $a = f_1(t_1)$ und $b = f_1(t_2)$

► $x = f_1(t) \Rightarrow \frac{dx}{dt} = \dot{f}_1(t) \Rightarrow dx = \dot{f}_1(t) \cdot dt$

$$l = \int_a^b \sqrt{1 + [f'(x)]^2}\, dx \quad ► \; t_1 \text{ für } a;\; t_2 \text{ für } b$$

$$= \int_{t_1}^{t_2} \left(\frac{\sqrt{[\dot{f}_1(t)]^2 + [\dot{f}_2(t)]^2}}{|\dot{f}_1(t)|} \cdot \dot{f}_1(t) \right) dt \quad ► \; |\dot{f}_1(t)| = \dot{f}_1(t)$$

$$= \int_{t_1}^{t_2} \sqrt{[\dot{f}_1(t)]^2 + [\dot{f}_2(t)]^2}\, dt$$

● **f_1 ist streng monoton fallend** ► $\dot{f}_1(t) < 0$

$$l = \int_a^b \sqrt{1 + [f'(x)]^2}\, dx$$

► $a = f_1(t_2)$ und $b = f_1(t_1)$

► $x = f_1(t) \Rightarrow \frac{dx}{dt} = \dot{f}_1(t) \Rightarrow dx = \dot{f}_1(t) \cdot dt$

$$l = \int_a^b \sqrt{1 + [f'(x)]^2}\, dx \quad ► \; t_2 \text{ für } a;\; t_1 \text{ für } b$$

$$= \int_{t_2}^{t_1} \left(\frac{\sqrt{[\dot{f}_1(t)]^2 + [\dot{f}_2(t)]^2}}{|\dot{f}_1(t)|} \cdot \dot{f}_1(t) \right) dt \quad ► \; |\dot{f}_1(t)| = -\dot{f}_1(t)$$

$$= -\int_{t_2}^{t_1} \sqrt{[\dot{f}_1(t)]^2 + [\dot{f}_2(t)]^2}\, dt$$

$$= \int_{t_1}^{t_2} \sqrt{[\dot{f}_1(t)]^2 + [\dot{f}_2(t)]^2}\, dt$$

Man erhält also in beiden Fällen die gleiche Formel. Die Formel für die Bogenlänge wurde zwar für den Graphen einer stetigen Funktion entwickelt, sie gilt jedoch auch für jede andere Kurve in Parameterdarstellung, wenn die Parameterfunktionen f_1 und f_2 in $[t_1; t_2]$ lediglich stetig differenzierbar sind.

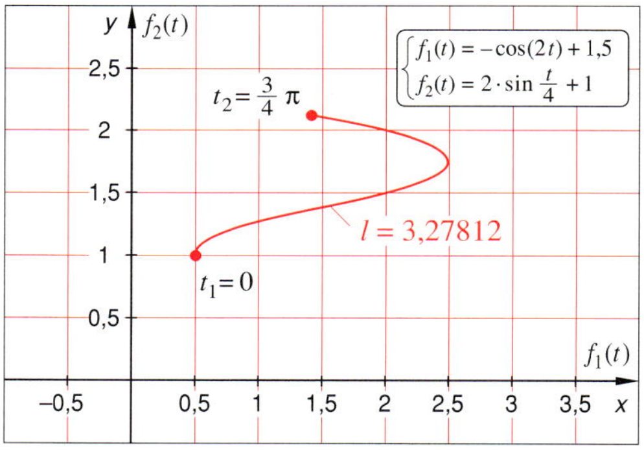

Merke:

Ist eine Kurve in Parameterdarstellung $\begin{cases} x = f_1(t) \\ y = f_2(t) \end{cases}$; $t \in D(f_1) \cap D(f_2)$ gegeben und sind die Parameterfunktionen f_1 sowie f_2 in $[t_1; t_2] \subseteq D(f_1) \cap D(f_2)$ stetig differenzierbar, so gilt für die Bogenlänge l im Intervall $[t_1; t_2]$:

$$\boldsymbol{l = \int_{t_1}^{t_2} \sqrt{[\dot{f}_1(t)]^2 + [\dot{f}_2(t)]^2}\, dt}$$

Anmerkung:

Die Formel $l = \int_{t_1}^{t_2} \sqrt{[\dot{f}_1(t)]^2 + [\dot{f}_2(t)]^2}\, dt$ ist auch gültig, wenn eine Kurve nicht schnittpunktfrei (► 3.1) ist, sofern die Parameterfunktionen f_1 und f_2 in $[t_1; t_2]$ stetig differenzierbar sind.

Beispiel: Für die Astroide mit der Parameterdarstellung $\begin{cases} f_1(t) = 4 \cdot \cos^3 t \\ f_2(t) = 4 \cdot \sin^3 t \end{cases}$; $t \in [0; 2\pi]$ ist die Maßzahl der Bogenlänge im ersten und zweiten Quadranten zu berechnen.

Für $t \in [0; \pi]$ erhält man den Teil der Astroide, der im ersten und zweiten Quadranten verläuft.

Die Parameterfunktionen der Astroide, nämlich $f_1 : f_1(t) = 4 \cdot \cos^3 t$ mit $D(f_1) = \mathbb{R}$ und $f_2 : f_2(t) = 4 \cdot \sin^3 t$ mit $D(f_2) = \mathbb{R}$, sind beide in $\mathbb{R}$ stetig differenzierbar.

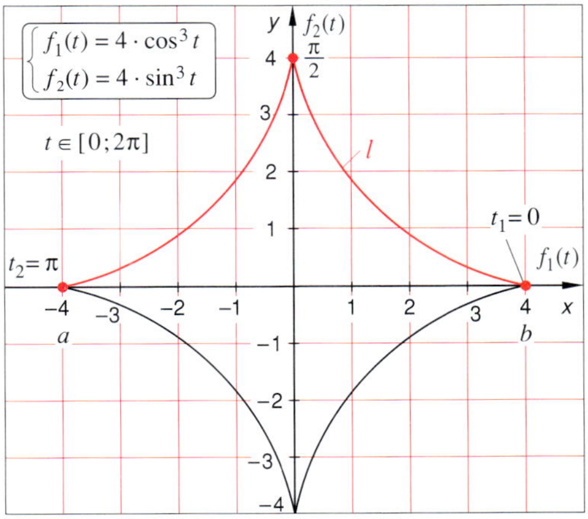

Zur Anwendung der entwickelten Formel müssen zunächst die Ableitungsterme von $f_1(t)$ und $f_2(t)$ mithilfe der Kettenregel berechnet werden.

► $f_1(t) = 4 \cdot \cos^3 t \Rightarrow \dot{f}_1(t) = 4 \cdot 3 \cdot \cos^2 t \cdot (-\sin t) = \underline{-12 \cdot \cos^2 t \cdot \sin t}$

► $f_2(t) = 4 \cdot \sin^3 t \Rightarrow \dot{f}_2(t) = 4 \cdot 3 \cdot \sin^2 t \cdot \cos t = \underline{12 \cdot \sin^2 t \cdot \cos t}$

Zur Berechnung der Bogenlänge l werden die Werte für t_1 und t_2 sowie die Terme für $\dot{f}_1(t)$ und $\dot{f}_2(t)$ in die Formel eingesetzt.

$$l = \int_{t_1}^{t_2} \sqrt{[\dot{f}_1(t)]^2 + [\dot{f}_2(t)]^2}\, dt$$

► 0 für t_1; π für t_2

$\dot{f}_1(t) = -12 \cdot \cos^2 t \cdot \sin t$; $\dot{f}_2(t) = 12 \cdot \sin^2 t \cdot \cos t$

Der Radikand kann stufenweise vereinfacht werden:

► Für $t \in \mathbb{R}$ gilt: $\cos^2 t + \sin^2 t = 1$ ► 4.2

► $2 \cdot \cos t \cdot \sin t = \sin(2t)$

► Für $t \in \left[0; \frac{\pi}{2}\right]$ gilt: $|\sin(2t)| = \sin(2t)$

Für $t \in \left[\frac{\pi}{2}; \pi\right]$ gilt: $|\sin(2t)| = -\sin(2t)$

Schließlich ergibt sich eine Summe von zwei einfachen bestimmten Integralen.

$$\begin{aligned}
l &= \int_0^{\pi} \sqrt{[-12 \cdot \cos^2 t \cdot \sin t]^2 + [12 \cdot \sin^2 t \cdot \cos t]^2}\, dt \\
&= \int_0^{\pi} \sqrt{12^2 \cdot \cos^2 t \cdot \sin^2 t \cdot (\cos^2 t + \sin^2 t)}\, dt \\
&= \int_0^{\pi} |\, 12 \cdot \cos t \cdot \sin t \,|\, dt \\
&= 6 \cdot \int_0^{\pi} |\sin(2t)|\, dt \\
&= 6 \cdot \left[\int_0^{\frac{\pi}{2}} |\sin(2t)|\, dt + \int_{\frac{\pi}{2}}^{\pi} |\sin(2t)|\, dt \right] \\
&= 6 \cdot \left[\int_0^{\frac{\pi}{2}} \sin(2t)\, dt + \int_{\frac{\pi}{2}}^{\pi} -\sin(2t)\, dt \right] \\
&= 6 \cdot \left[-\frac{1}{2} \cdot \cos(2t) \Big|_0^{\frac{\pi}{2}} + \frac{1}{2} \cdot \cos(2t) \Big|_{\frac{\pi}{2}}^{\pi} \right] \\
&= 3 \cdot [-\cos \pi + \cos 0 + \cos(2\pi) - \cos \pi] \\
&= 3 \cdot [-(-1) + 1 + 1 - (-1)] \\
&= 3 \cdot 4 \\
&= \underline{\underline{12}}
\end{aligned}$$

► Maßzahl der Bogenlänge in $[0; \pi]$

Die Bogenlänge l hat die Maßzahl 12.

Längen von ebenen Kurven in Polarkoordinatendarstellung

Problem: Entwickeln Sie eine Formel zur Berechnung der Länge einer ebenen Kurve, die durch eine Polarkoordinatendarstellung in einem abgeschlossenen Intervall $[\varphi_1; \varphi_2]$ gegeben ist.

Liegt eine Kurve in Polarkoordinatendarstellung $F: (\varphi) \mapsto F(\varphi); \varphi \in D(F)$ vor, so gibt es von ihr auch eine Parameterdarstellung, denn es gilt: $x = F(\varphi) \cdot \cos\varphi$ und $y = F(\varphi) \cdot \sin\varphi; \varphi \in D(F)$ mit $f_1(\varphi) = F(\varphi) \cdot \cos\varphi$ und $f_2(\varphi) = F(\varphi) \cdot \sin\varphi$ (► Kusch 3; 1.1.10). Der Polarwinkel φ übernimmt hier also die Rolle des Parameters t.

Zur Berechnung der Bogenlänge kann daher von der Formel für die Bogenlänge in Parameterdarstellung ausgegangen werden.

$$l = \int_{t_1}^{t_2} \sqrt{[\dot{f}_1(t)]^2 + [\dot{f}_2(t)]^2}\, \mathrm{d}t \quad ►\ \varphi \text{ für } t$$

$$= \int_{\varphi_2}^{\varphi_1} \sqrt{[\dot{f}_1(\varphi)]^2 + [\dot{f}_2(\varphi)]^2}\, \mathrm{d}\varphi$$

Man ersetzt dort $f_1(\varphi)$ durch $F(\varphi) \cdot \cos\varphi$ und $f_2(\varphi)$ durch $F(\varphi) \cdot \sin\varphi$ bzw. $\dot{f}_1(\varphi)$ durch $F'(\varphi) \cdot \cos\varphi - F(\varphi) \cdot \sin\varphi$ und $\dot{f}_2(\varphi)$ durch $F'(\varphi) \cdot \sin\varphi + F(\varphi) \cdot \cos\varphi$.

► $f_1(\varphi) = F(\varphi) \cdot \cos\varphi$

$$\Rightarrow \dot{f}_1(\varphi) = \underline{F'(\varphi) \cdot \cos\varphi - F(\varphi) \cdot \sin\varphi}$$

$$f_2(\varphi) = F(\varphi) \cdot \sin\varphi$$

$$\Rightarrow \dot{f}_2(\varphi) = \underline{F'(\varphi) \cdot \sin\varphi + F(\varphi) \cdot \cos\varphi}$$

Dann berechnet man $[\dot{f}_1(\varphi)]^2$ sowie $[\dot{f}_2(\varphi)]^2$ und bildet deren Summe.

► $[\dot{f}_1(\varphi)]^2 = [F'(\varphi) \cdot \cos\varphi - F(\varphi) \cdot \sin\varphi]^2$

$$= [F'(\varphi)]^2 \cdot \cos^2\varphi - 2 \cdot F'(\varphi) \cdot \cos\varphi \cdot F(\varphi) \cdot \sin\varphi$$
$$+ [F(\varphi)]^2 \cdot \sin$$

$$[\dot{f}_2(\varphi)]^2 = [F'(\varphi) \cdot \sin\varphi + F(\varphi) \cdot \cos\varphi]^2$$

$$= [F'(\varphi)]^2 \cdot \sin^2\varphi + 2 \cdot F'(\varphi) \cdot \sin\varphi \cdot F(\varphi) \cdot \cos\varphi$$
$$+ [F(\varphi)]^2 \cdot \cos$$

Wegen $\cos^2\varphi + \sin^2\varphi = 1$ ergibt sich nach Ausmultiplizieren der Klammern und Vereinfachen:

$[\dot{f}_1(\varphi)]^2 + [\dot{f}_2(\varphi)]^2 = [F'(\varphi)]^2 + [F(\varphi)]^2$

► $[\dot{f}_1(\varphi)]^2 + [\dot{f}_2(\varphi)]^2 = [F'(\varphi)]^2 \cdot (\cos^2\varphi + \sin^2\varphi) + 0 +$

$$+ [F(\varphi)]^2 \cdot (\sin^2\varphi + \cos^2$$

$$= \underline{[F'(\varphi)]^2 + [F(\varphi)]^2}$$

Dieser Term wird in die Formel der Parameterdarstellung eingesetzt.

Es wird vorausgesetzt, dass die Funktion F im Winkelintervall $[\varphi_1; \varphi_2]$ stetig differenzierbar ist.

► $l = \int_{\varphi_1}^{\varphi_2} \sqrt{[\dot{f}_1(\varphi)]^2 + [\dot{f}_2(\varphi)]^2}\, \mathrm{d}\varphi$

$$= \underline{\underline{\int_{\varphi_1}^{\varphi_2} \sqrt{[F'(\varphi)]^2 + [F(\varphi)]^2}\, \mathrm{d}\varphi}}$$

Merke:

Liegt eine Kurve in Polarkoordinatendarstellung $F: \varphi \mapsto F(\varphi); \varphi \in D(F)$ vor und ist die Funktion F im Winkelintervall $[\varphi_1; \varphi_2]$ stetig differenzierbar, so gilt für die Bogenlänge von F in diesem Intervall:

$$\boldsymbol{l = \int_{\varphi_1}^{\varphi_2} \sqrt{[F(\varphi)]^2 + [F'(\varphi)]^2}\, \mathrm{d}\varphi}$$

Beispiel: Berechnen Sie die Maßzahl der Bogenlänge einer archimedischen Spirale mit dem Funktionsterm $F(\varphi) = \frac{\varphi}{4}$ im Intervall $[\pi; 3\pi]$.

Zur Berechnung der Bogenlänge wird die entwickelte Formel verwendet. Dazu müssen aus $F(\varphi)$ die Terme $[F(\varphi)]^2$ und $[F'(\varphi)]^2$ gebildet werden. F ist in $[\pi; 3\pi]$ stetig differenzierbar, sodass die Formel zur Berechnung der Bogenlänge l angewendet werden kann.

► $F(\varphi) = \frac{\varphi}{4} \Rightarrow F'(\varphi) = \underline{\frac{1}{4}}$

$\Rightarrow [F(\varphi)]^2 = \left(\frac{\varphi}{4}\right)^2 = \underline{\frac{\varphi^2}{16}}$

$\Rightarrow [F'(\varphi)]^2 = \left(\frac{1}{4}\right)^2 = \underline{\frac{1}{16}}$

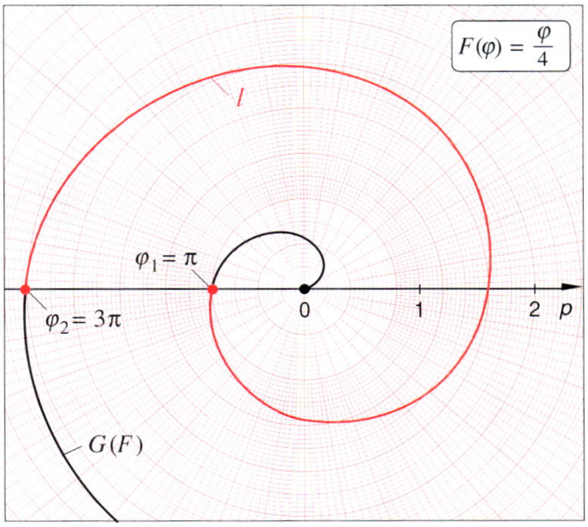

Man setzt die Terme für $[F(\varphi)]^2$ und $[F'(\varphi)]^2$ in die entwickelte Formel ein und erhält dann ein Integral, das mittels Substitution gelöst werden kann. ► 2.4.6

$$l = \int_{\varphi_1}^{\varphi_2} \sqrt{[F(\varphi)]^2 + [F'(\varphi)]^2}\, d\varphi$$

► π für φ_1; 3π für φ_2; $[F(\varphi)]^2 = \frac{\varphi^2}{16}$; $[F'(\varphi)]^2 = \frac{1}{16}$

$$l = \int_{\pi}^{3\pi} \sqrt{\frac{\varphi^2}{16} + \frac{1}{16}}\, d\varphi$$

$$= \frac{1}{4} \cdot \int_{\pi}^{3\pi} \sqrt{\varphi^2 + 1}\, d\varphi \quad ► \int \sqrt{x^2 + a^2}\, dx \quad ► 2.4.6$$

$$= \frac{1}{4} \cdot \left[\frac{\varphi}{2} \cdot \sqrt{\varphi^2 + 1} + \frac{1}{2} \cdot \ln(\varphi + \sqrt{\varphi^2 + 1})\Big|_{\pi}^{3\pi}\right]$$

$$= \frac{1}{4} \cdot \left[\frac{3\pi}{2} \cdot \sqrt{(3\pi)^2 + 1} + \frac{1}{2} \cdot \ln\left[3\pi + \sqrt{(3\pi)^2 + 1}\right] + \right.$$
$$\left. - \left(\frac{\pi}{2} \cdot \sqrt{\pi^2 + 1} + \frac{1}{2} \cdot \ln\left[\pi + \sqrt{\pi^2 + 1}\right]\right)\right]$$

Nach Einsetzen der Integrationsgrenzen π und 3π erhält man 10,0053 als Maßzahl für die Bogenlänge im Intervall $[\pi; 3\pi]$.

$$= \frac{1}{4} \cdot [44{,}6625 + 1{,}4696 - 5{,}1788 - 0{,}9322]$$

$$= \underline{\underline{10{,}0053}} \quad ► \text{Maßzahl der Bogenlänge in } [\pi; 3\pi]$$

Übungsaufgaben

Berechnen Sie zu den gegebenen Funktionstermen jeweils die Maßzahl der Bogenlänge der Kurve im angegebenen Intervall und zeichnen Sie jeweils die Kurve.

1. $f(x) = 2x$; $[-6; 4]$

2. $f(x) = 4x^2 + 2$; $[0; 2]$

3. $f(x) = x \cdot \sqrt{x}$; $[4; 9]$

4. $f(x) = 2 \cdot \sqrt{x}$; $[0; 1]$

5. $f(x) = (x + 1)^3$; $[1; 3]$

6. $f(x) = 0{,}25x^2$; $[-2; 4]$

7. $f(x) = \ln x; [1; 2]$ **8.** $f(x) = \frac{1}{2} \cdot (e^x + e^{-x}); [-2; 4]$ **9.** $f(x) = \sin x; \left[0; \frac{\pi}{2}\right]$

10. $f(x) = \cos(2x); [\pi; 2\pi]$ **11.** $f(x) = 2 \cdot \sinh x; [-1; 1]$ **12.** $f(x) = 2 \cdot \ln\left(\cos\frac{x}{2}\right); [0; 2]$

13. $f(x) = \sqrt{2x}; [1; 8]$ **14.** $f(x) = \sqrt{16 - x^2}; [0; 4]$ **15.** $f(x) = \frac{3}{4} \cdot \sqrt{16 - x^2}; [0; 3]$

16. $\begin{cases} f_1(t) = 2t \\ f_2(t) = 0{,}5t \end{cases}; t \in [0; 10]$ **17.** $\begin{cases} f_1(t) = t^2 \\ f_2(t) = 0{,}5t \end{cases}; t \in [0; 1]$ **18.** $\begin{cases} f_1(t) = \cos t \\ f_2(t) = 2t \end{cases}; t \in [0; \pi]$

19. $\begin{cases} f_1(t) = 1 + 2 \cdot \cos t \\ f_2(t) = -2 + 2 \cdot \sin t \end{cases}; t \in [0; 2\pi]$ **20.** $\begin{cases} f_1(t) = t - \sin t \\ f_2(t) = 1 - \cos t \end{cases}; t \in [0; 2\pi]$ **21.** $\begin{cases} f_1(t) = 4 \cdot \cos t \\ f_2(t) = 3 \cdot \sin t \end{cases}; t \in \left[0; \frac{\pi}{2}\right]$

22. $F(\varphi) = 1 + \cos\varphi; \varphi \in [0; 2\pi]$ **23.** $F(\varphi) = 1 + \sin\varphi; \varphi \in [0; \pi]$ **24.** $F(\varphi) = \sin\varphi; \varphi \in [0; \pi]$

25. $F(\varphi) = a \cdot \varphi; \varphi \in [0; \pi]; a > 0$ **26.** $F(\varphi) = 2 \cdot e^{\frac{\varphi}{2}}; \varphi \in [0; \pi]$ **27.** $F(\varphi) = \frac{2}{\varphi}; \varphi \in [1; 2]$

28. Zeichnen Sie die Kurve $F: F(\varphi) = e^{-0{,}1 \cdot \varphi}; \varphi \in [0; 2\pi]$ (logarithmische Spirale) und berechnen Sie die Maßzahl der Bogenlänge von F im Intervall $[0; 2\pi]$. Ermitteln Sie für ein Intervall $[0; \varphi_2]$; $\varphi_2 > 0$ den Term $l(\varphi_2)$ für die Bogenlänge von F und bestimmen Sie $\lim\limits_{\varphi_2 \to \infty} l(\varphi_2)$.

29. Zeigen Sie, dass die stetige Funktion $f: f(x) = \begin{cases} x \cdot \cos\frac{\pi}{2x}, & \text{wenn } x \neq 0 \\ 0, & \text{wenn } x = 0 \end{cases}$ im Intervall $[0; 1]$ nicht rektifizierbar ist. Bilden Sie dazu zu jedem $n \in \mathbb{N}^{>0}$ die folgende Zerlegung:
$0 < \frac{1}{2n} < \frac{1}{2n-1} < \ldots < \frac{1}{3} < \frac{1}{2} < 1$, also $x_0 = 0$ und für $k \in \{1; 2; 3; \ldots; 2n\}$: $x_k = \frac{1}{2n+1-k}$
Benutzen Sie die Abschätzung $\sum\limits_{k=1}^{2n} |f(x_k) - f(x_{k-1})| < \sum\limits_{k=1}^{2n} \sqrt{[x_k - x_{k-1}]^2 + [f(x_k) - f(x_{k-1})]^2}$.

3.4 Inhalte von Mantelflächen und Oberflächen

Rotiert ein Graphenstück $G(f)$, das durch eine Funktion im x-Intervall $[a; b]$ festgelegt ist, um die x-Achse, so erzeugt es die **Mantelfläche** eines Rotationskörpers mit dem Flächeninhalt A_{Mx}. Dieser Rotationskörper kann, wie in der nebenstehenden Abbildung, bei a und b durch zwei Kreisflächen mit den Flächeninhalten A_1 bzw. A_2 begrenzt sein. Addiert man die Inhalte von Mantelfläche und Kreisflächen, so erhält man die **Oberfläche** des Rotationskörpers mit dem Flächeninhalt A_{Ox}.

Beginnt und endet das betrachtete Graphenstück an der Rotationsachse, wie z. B. beim Ellipsoid, so sind Mantelfläche und Oberfläche des Rotationskörpers identisch.

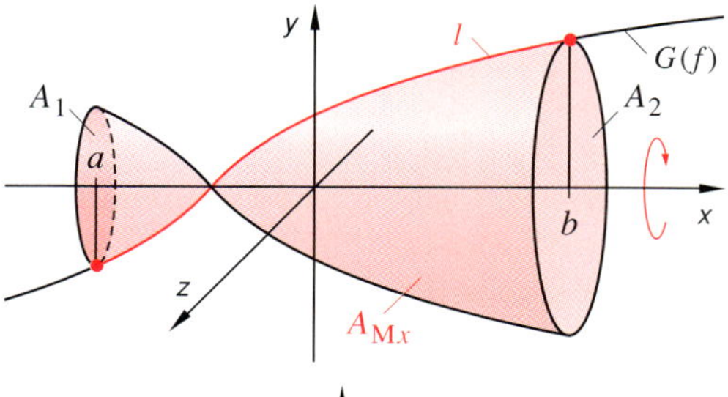

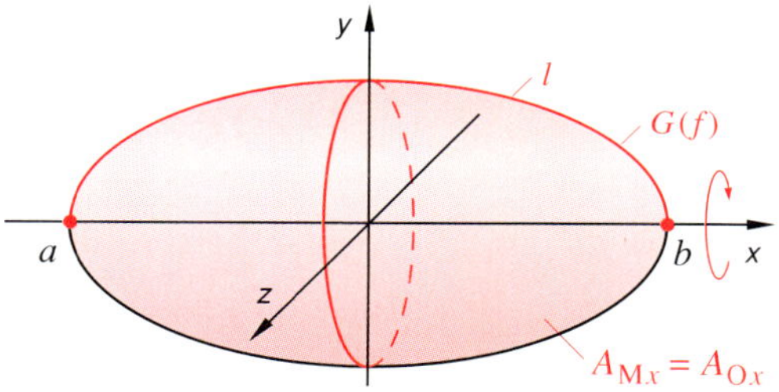

Das ist auch der Fall, wenn das betrachtete Graphenstück eine Fläche, z. B. eine Kreisfläche, vollständig einschließt und diese Fläche um eine Achse rotiert, wie z. B. bei einem **zylindrischen Kreisring (Torus)**.

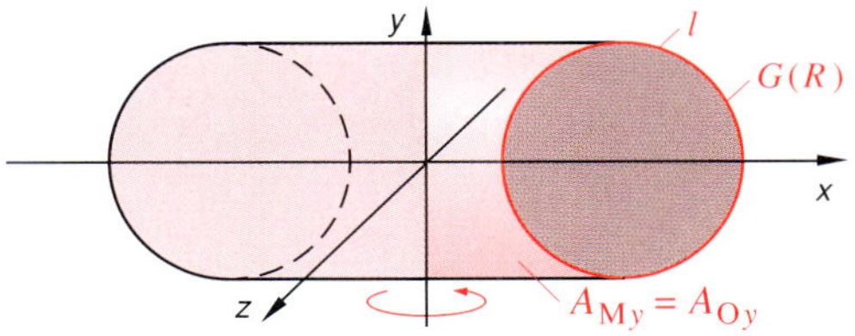

Mantelflächen und Oberflächen – Funktionen in rechtwinkligen Koordinaten

Problem: Entwickeln Sie unter Zuhilfenahme des Schnittprinzips eine Formel zur Berechnung des Mantelflächeninhalts A_{Mx} eines Körpers, der erzeugt wird, wenn in einem x-Intervall $[a; b]$ der Graph einer stetig differenzierbaren Funktion f um die x-Achse rotiert.

Rotiert der Graph einer in $[a; b]$ stetig differenzierbaren Funktion f mit $f(x) \geq 0$; $x \in [a; b]$ in Intervallen $[x; x + \Delta x] \subset [a; b]$ um die x-Achse, so entspricht der jeweilige Inhalt ΔA_{Mx} der Mantelfläche des Rotationskörpers näherungsweise dem Inhalt A_{MK} der Mantelfläche eines Kegelstumpfes.

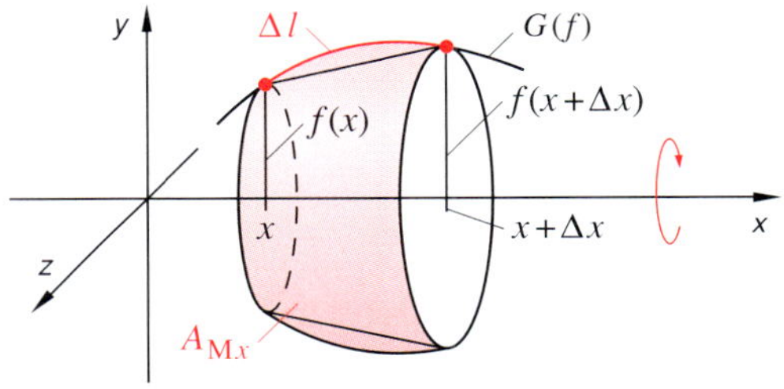

Den Inhalt A_{MK} der Mantelfläche eines Kegelstumpfes berechnet man mit der Formel $A_{MK} = \frac{\pi \cdot s}{2} \cdot (D + d)$. Hierin ist s die Länge der Seitenkante, D der große Durchmesser und d der kleine Durchmesser des Kegelstumpfes.

Setzt man in dieser Formel Δl für s, $2 \cdot f(x + \Delta x)$ für D und $2 \cdot f(x)$ für d, so erhält man damit eine Näherungsformel für den Inhalt einer Mantelfläche in Intervallen $[x; x + \Delta x] \subseteq [a; b]$.

$$\Delta A_{Mx} = \frac{\pi \cdot s}{2} \cdot (D + d)$$

► Δl für s; $2 \cdot f(x + \Delta x)$ für D; $2 \cdot f(x)$ für d

$$\Delta A_{Mx} \approx \frac{\pi \cdot \Delta l}{2} \cdot [2 \cdot f(x + \Delta x) + 2 \cdot f(x)]$$

$$\approx \pi \cdot [f(x + \Delta x) + f(x)] \cdot \Delta l \quad ► \ \Delta l = \sqrt{1 + \left[\frac{\Delta f(x)}{\Delta x}\right]^2} \cdot \Delta x \quad ► \ 3.3$$

$$\approx \pi \cdot [f(x + \Delta x) + f(x)] \cdot \sqrt{1 + \left[\frac{\Delta f(x)}{\Delta x}\right]^2} \cdot \Delta x$$

$$\Rightarrow \Delta A_{Mx} \approx 2\pi \cdot f(x) \cdot \sqrt{1 + \left[\frac{\Delta f(x)}{\Delta x}\right]^2} \cdot \Delta x$$

- Ist die Funktion f im Intervall stetig differenzierbar, so folgt hieraus unter Zuhilfenahme des Schnittprinzips (► 3.3):

$$A_{Mx} = 2\pi \cdot \int_a^b \left(f(x) \cdot \sqrt{1 + [f'(x)]^2} \right) \mathrm{d}x \quad ► \ f(x) \geq 0 \text{ in } [a; b]$$

- Gilt in $[a; b]$ jedoch $f(x) \leq 0$, so lautet die Formel $A_{Mx} = -2\pi \cdot \int_a^b \left(f(x) \cdot \sqrt{1 + [f'(x)]^2} \right) \mathrm{d}x$.
  Wechselt die Funktion f in $[a; b]$ das Vorzeichen nicht, ist im Intervall $[a; b]$ also $f(x) \geq 0$ oder $f(x) \leq 0$, so kann man beide Formeln zusammenfassen:

$$A_{Mx} = 2\pi \cdot \left| \int_a^b \left(f(x) \cdot \sqrt{1 + [f'(x)]^2} \right) \mathrm{d}x \right|$$

- Hat aber f Nullstellen im Intervall $(a; b)$, so ist wie im Abschnitt „Flächen zwischen Graph und x-Achse mit Nullstellen im Integrationsintervall" des Kapitels 3.1 zu verfahren.

- Rotiert der Graph einer im x-Intervall $[a; b]$ streng monotonen und stetig differenzierbaren Funktion f im y-Intervall $[c; d]$ um die y-Achse und schneidet der Graph von f die y-Achse im Intervall $(c; d)$ nicht, so erhält man für den Inhalt A_{My} der Mantelfläche des erzeugten Rotationskörpers entsprechende Formeln (▸ Kapitel 3.3):

$$A_{My} = 2\pi \cdot \left| \int_c^d \left(f^{-1}(y) \cdot \sqrt{1 + \left[\left(f^{-1}(y) \right)' \right]^2} \right) \mathrm{d}y \right| = 2\pi \cdot \left| \int_a^b \left(x \cdot \sqrt{1 + [f'(x)]^2} \right) \mathrm{d}x \right|$$

Schneidet der Graph von f jedoch die y-Achse im Intervall $(c; d)$, so ist wie im Abschnitt „Flächen zwischen Graph und y-Achse" des Kapitels 3.1 zu verfahren.

Merke:

Rotiert der Graph einer stetig differenzierbaren Funktion f in einem Intervall $[a; b]$ um die x-Achse bzw. um die y-Achse, so gelten für den Mantelflächeninhalt des erzeugten Rotationskörpers unter den vorstehend genannten Bedingungen:

- $\boldsymbol{A_{Mx} = 2\pi \cdot \left| \int_a^b \left(f(x) \cdot \sqrt{1 + [f'(x)]^2} \right) \mathrm{d}x \right|}$ ▸ $f(x) \geq 0$ oder $f(x) \leq 0$ in $[a; b]$

- $\boldsymbol{A_{My} = 2\pi \cdot \left| \int_c^d \left(f^{-1}(y) \cdot \sqrt{1 + \left[\left(f^{-1}(y) \right)' \right]^2} \right) \mathrm{d}y \right|}$ ▸ $f^{-1}(y) \geq 0$ oder $f^{-1}(y) \leq 0$ in $[c; d]$ ▸ erste Lösungsmethode

  $\boldsymbol{= 2\pi \cdot \left| \int_a^b \left(x \cdot \sqrt{1 + [f'(x)]^2} \right) \mathrm{d}x \right|}$ ▸ $x \geq 0$ oder $x \leq 0$ ▸ zweite Lösungsmethode

Hierbei gilt $c = f(a)$ und $d = f(b)$, falls f in $[a; b]$ streng monoton steigend ist bzw. $c = f(b)$ und $d = f(a)$, falls f in $[a; b]$ streng monoton fallend ist.

Ist nicht nur die Mantelfläche eines Rotationskörpers, sondern seine Oberfläche zu berechnen, so müssen zur Mantelfläche gegebenenfalls noch die kreisförmigen Deckflächen addiert werden. Für die Inhalte der Oberflächen gelten dann folgende Formeln:

$$\boldsymbol{A_{Ox} = A_{Mx} + \pi \cdot \left([f(a)]^2 + [f(b)]^2 \right)}$$

$$\boldsymbol{A_{Oy} = A_{My} + \pi \cdot (a^2 + b^2)}$$

Anmerkungen:

- Wegen der Kompliziertheit der sich ergebenden bestimmten Integrale wird man diese in vielen Fällen nur mithilfe der numerischen Integration berechnen können. ▸ 2.9
- So wie es stetige Funktionen gibt, die in einem abgeschlossenen Intervall nicht rektifizierbar sind (▸ 3.3), so gibt es auch stetige Funktionen, deren Graph bei Rotation um die x-Achse keine endliche Mantelfläche, wohl aber ein endliches Volumen erzeugt.

  Die Funktion $f: f(x) = \begin{cases} \left| x \cdot \cos \dfrac{\pi}{2x^2} \right|, & \text{wenn } x \in (0; 1] \\ 0, & \text{wenn } x = 0 \end{cases}$ ist ein Beispiel für solch eine Funktion.

  ▸ Übungsaufgabe 36

Beispiel: Berechnen Sie für ein Paraboloid die Maßzahl der Oberfläche, die sich ergibt, wenn der Graph der Funktion $f: f(x) = \sqrt{x};\ D(f) = \mathbb{R}^{\geq 0}$ im x-Intervall $[1; 7]$ um die x-Achse rotiert.

Rotiert der Graph der Funktion $f: f(x) = \sqrt{x};\ D(f) = \mathbb{R}^{\geq 0}$ im Intervall $[1; 7]$ um die x-Achse, so erzeugt er die Mantelfläche eines **Rotationsparaboloids**. Um die Oberfläche zu erhalten, muss man zur Mantelfläche noch die beiden Kreisflächen mit dem Radius $f(7) = \sqrt{7}$ und dem Radius $f(1) = \sqrt{1} = 1$ addieren.

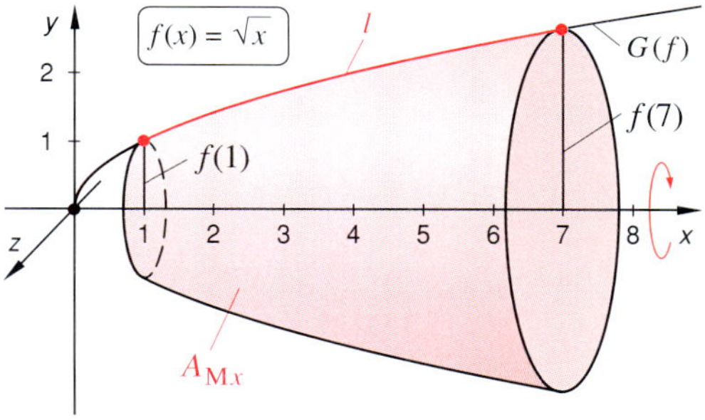

Für das x-Intervall $[1; 7]$ ist $f(x) \geq 0$ und die Funktion f in $[1; 7]$ ist stetig differenzierbar, sodass die für A_{Mx} angegebene Formel angewendet werden kann.

$$A_{Mx} = 2\pi \cdot \left| \int_a^b \left(f(x) \cdot \sqrt{1 + [f'(x)]^2} \right) \mathrm{d}x \right|$$

► 1 für a; 7 für b; $f(x) = \sqrt{x};\ \Rightarrow f'(x) = \dfrac{1}{2 \cdot \sqrt{x}}$

Setzt man in die Formel die Werte für a und b sowie die Terme für $f(x)$ und $f'(x)$ ein, so erhält man ein Integral, das gemäß Kapitel 2.4.1 durch Substitution gelöst werden kann.

$$= 2\pi \cdot \left| \int_1^7 \left(\sqrt{x} \cdot \sqrt{1 + \left[\frac{1}{2 \cdot \sqrt{x}}\right]^2} \right) \mathrm{d}x \right|$$

$$= 2\pi \cdot \left| \int_1^7 \left(\sqrt{x} \cdot \sqrt{1 + \frac{1}{4x}} \right) \mathrm{d}x \right|$$

► $\sqrt{x} \cdot \sqrt{1 + \dfrac{1}{4x}} = \sqrt{x \cdot \left(1 + \dfrac{1}{4x}\right)}$

$$= \sqrt{x + \frac{x}{4x}}$$

$$= \sqrt{x + \frac{1}{4}}$$

$$= 2\pi \cdot \left| \int_1^7 \sqrt{x + \frac{1}{4}}\ \mathrm{d}x \right| \quad \blacktriangleright \text{ 2.4.1}$$

$$= 2\pi \cdot \frac{2}{3} \cdot \left| \sqrt{\left(x + \frac{1}{4}\right)^3} \,\Bigg|_1^7 \right|$$

$$= \frac{4}{3}\pi \cdot \left| \sqrt{\left(7 + \frac{1}{4}\right)^3} - \sqrt{\left(1 + \frac{1}{4}\right)^3} \right|$$

$$= \underline{75{,}91629} \quad \blacktriangleright \text{ Maßzahl der Mantelfläche}$$

Um die Maßzahl der Oberfläche zu berechnen, verwendet man die entwickelte Formel:

$$A_{Ox} = A_{Mx} + \pi \cdot \left([f(a)]^2 + [f(b)]^2\right)$$

$$A_{Ox} = A_{Mx} + \pi \cdot \left([f(a)]^2 + [f(b)]^2\right)$$

► $f(a) = f(1) = 1;\ f(b) = f(7) = \sqrt{7}$

$$= 75{,}91629 + \pi \cdot [1^2 + (\sqrt{7})^2]$$

$$= \underline{\underline{101{,}04903}} \quad \blacktriangleright \text{ Maßzahl der Oberfläche}$$

Beispiel: Berechnen Sie die Maßzahl des Kegelmantels, der sich ergibt, wenn der Graph der Funktion $f: f(x) = -\frac{5}{8} \cdot x + 2{,}5$; $D(f) = \mathbb{R}$ zwischen den Koordinatenachsen um die x-Achse bzw. um die y-Achse rotiert. Welche Maßzahl ergibt sich jeweils für die Kegeloberflächen?

Zunächst wird berechnet, wo der Graph der Funktion $f: f(x) = -\frac{5}{8} \cdot x + 2{,}5$; $D(f) = \mathbb{R}$ die Koordinatenachsen schneidet. Dazu setzt man in der Funktionsgleichung $f(x) = -\frac{5}{8} \cdot x + 2{,}5$ einmal 0 für x und dann 0 für $f(x)$.

► $f(0) = -\frac{5}{8} \cdot 0 + 2{,}5 = 2{,}5$ ► $d = 2{,}5$; $a = 0$

► $0 = -\frac{5}{8} \cdot x + 2{,}5 \Rightarrow x = 4$ ► $c = 0$; $b = 4$

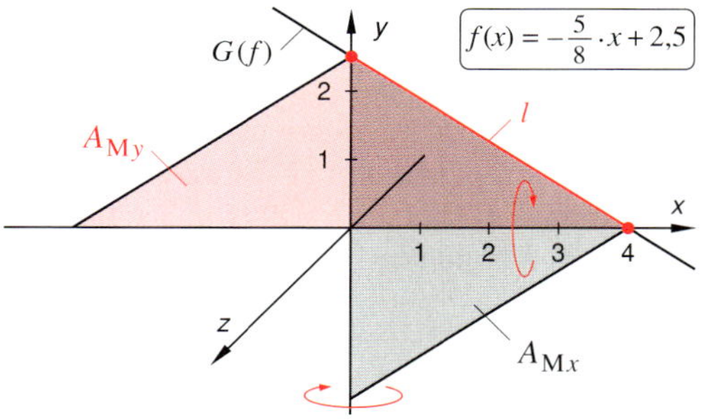

● Rotation um die x-Achse

Da die Funktion f in $[0; 4]$ stetig differenzierbar ist, kann man die für A_{Mx} entwickelte Formel verwenden. Man setzt die Werte für a und b sowie die Terme für $f(x)$ und $f'(x)$ ein und löst das bestimmte Integral.

► $f(x) = -\frac{5}{8} \cdot x + 2{,}5 \Rightarrow f'(x) = -\frac{5}{8}$

Man kann die Maßzahl eines Kegelmantels natürlich auch ohne Integralrechnung mit der Formel $A_M = \pi \cdot r \cdot l_M$ berechnen, wobei für die Länge der Mantellinie $l_M = \sqrt{r^2 + h^2}$ gilt und h die Höhe des Kegels ist.

$$A_M = \pi \cdot r \cdot \sqrt{r^2 + h^2} = \pi \cdot 2{,}5 \cdot \sqrt{2{,}5^2 + 4^2} = \underline{\underline{37{,}04716}}$$

$$A_{Mx} = 2\pi \cdot \left| \int_a^b \left(f(x) \cdot \sqrt{1 + [f'(x)]^2} \right) dx \right|$$

► 0 für a; 4 für b; $f(x) = -\frac{5}{8} \cdot x + 2{,}5$; $f'(x) = -\frac{5}{8}$

$$A_{Mx} = 2\pi \cdot \left| \int_0^4 \left(\left[-\frac{5}{8} \cdot x + 2{,}5 \right] \cdot \sqrt{1 + \left[-\frac{5}{8} \right]^2} \right) dx \right|$$

$$= 2\pi \cdot \left| \int_0^4 \left(\left[-\frac{5}{8} \cdot x + 2{,}5 \right] \cdot \sqrt{1 + \frac{25}{64}} \right) dx \right|$$

$$= 2\pi \cdot \sqrt{\frac{89}{64}} \cdot \left| \int_0^4 \left(-\frac{5}{8} \cdot x + 2{,}5 \right) dx \right|$$

$$= 2\pi \cdot \frac{\sqrt{89}}{8} \cdot \left| -\frac{5}{16} \cdot x^2 + 2{,}5x \Big|_0^4 \right|$$

$$= \pi \cdot \frac{\sqrt{89}}{4} \cdot \left| -\frac{5}{16} \cdot 4^2 + 2{,}5 \cdot 4 - 0 \right|$$

$= \underline{\underline{37{,}04716}}$ ► Maßzahl der Kegelmantelfläche

Um die Maßzahl der Oberfläche zu berechnen, verwendet man die entwickelte Formel:

$$A_{Ox} = A_{Mx} + \pi \cdot ([f(a)]^2 + [f(b)]^2)$$

$$A_{Ox} = A_{Mx} + \pi \cdot ([f(a)]^2 + [f(b)]^2)$$

► $f(a) = f(0) = 2{,}5$; $f(b) = f(4) = 0$

$= 37{,}04716 + \pi \cdot (2{,}5^2 + 0)$

$= \underline{\underline{56{,}68211}}$ ► Maßzahl der Kegeloberfläche

• Rotation um die y-Achse – Erste Lösungsmethode

Da f in $[0; 4]$ streng monoton fallend ist, existiert die Umkehrfunktion f^{-1} von f.

► $f(x) = y = -\frac{5}{8} \cdot x + 2{,}5$

$\Rightarrow x = f^{-1}(y) = -\frac{8}{5} \cdot y + 4 \Rightarrow (f^{-1}(y))' = \underline{-\frac{8}{5}}$

Da $f^{-1}(y)$ in $[0; 2{,}5]$ stetig differenzierbar ist und dort $f^{-1}(y) \geq 0$ gilt, setzt man in der für den Mantelflächeninhalt A_{My} entwickelten Formel der ersten Lösungsmethode die Werte für c und d sowie die Terme für $f^{-1}(y)$ und $\left(f^{-1}(y)\right)'$ ein.

Auch hier kann man die Maßzahl des Kegelmantels ohne Integralrechnung berechnen:

$$A_{My} = \pi \cdot r \cdot 4 \cdot \sqrt{r^2 + h^2} = \pi \cdot 4 \cdot \sqrt{4^2 + 2{,}5^2} = \underline{\underline{59{,}27545}}$$

Um den Inhalt der Oberfläche zu berechnen, verwendet man die entwickelte Formel:

$A_{Oy} = A_{My} + \pi \cdot (a^2 + b^2)$

$$A_{My} = 2\pi \cdot \left| \int_c^d \left(f^{-1}(y) \cdot \sqrt{1 + \left[\left(f^{-1}(y)\right)'\right]^2} \right) \mathrm{d}y \right|$$

► 0 für c; 2,5 für d; $f^{-1}(y) = -\frac{8}{5} \cdot y + 4$; $f'(y) = -\frac{8}{5}$

$$A_{My} = 2\pi \cdot \left| \int_0^{2{,}5} \left(f^{-1}(y) \cdot \sqrt{1 + \left[\left(f^{-1}(y)\right)'\right]^2} \right) \mathrm{d}y \right|$$

$$= 2\pi \cdot \left| \int_0^{2{,}5} \left(\left[-\frac{8}{5} \cdot y + 4 \right] \cdot \sqrt{1 + \frac{64}{25}} \right) \mathrm{d}y \right|$$

$$= 2\pi \cdot \sqrt{\frac{89}{25}} \cdot \left| \int_0^{2{,}5} \left(-\frac{8}{5} \cdot y + 4 \right) \mathrm{d}y \right|$$

$$= \pi \cdot \frac{2}{5} \cdot \sqrt{89} \cdot \left| -\frac{4}{5} \cdot y^2 + 4y \Big|_0^{2{,}5} \right|$$

$$= \pi \cdot \frac{2}{5} \cdot \sqrt{89} \cdot \left| -\frac{4}{5} \cdot 2{,}5^2 + 4 \cdot 2{,}5 - 0 \right|$$

$= \underline{\underline{59{,}27545}}$ ► Maßzahl der Kegelmantelfläche

$A_{Oy} = A_{My} + \pi \cdot (a^2 + b^2)$ ► 0 für a; 4 für b

$= 59{,}27545 + \pi \cdot (0 + 4^2)$

$= \underline{\underline{109{,}54093}}$ ► Maßzahl der Kegeloberfläche

• Rotation um die y-Achse – Zweite Lösungsmethode

Da die Funktion f in $[0; 4]$ stetig differenzierbar ist, setzt man in der für den Mantelflächeninhalt A_{My} entwickelten Formel der zweiten Lösungsmethode die Werte für a und b sowie den Term für $f'(x)$ ein.

► $f(x) = -\frac{5}{8} \cdot x + 2{,}5 \Rightarrow f'(x) = \underline{-\frac{5}{8}}$

$$A_{My} = 2\pi \cdot \left| \int_a^b \left(x \cdot \sqrt{1 + [f'(x)]^2} \right) \mathrm{d}x \right|$$

► 0 für a; 4 für b; $f'(x) = -\frac{5}{8}$

$$= 2\pi \cdot \left| \int_0^4 \left(x \cdot \sqrt{1 + \left[-\frac{5}{8} \right]^2} \right) \mathrm{d}x \right|$$

$$= 2\pi \cdot \left| \int_0^4 \left(x \cdot \sqrt{1 + \frac{25}{64}} \right) \mathrm{d}x \right|$$

$$= 2\pi \cdot \frac{\sqrt{89}}{8} \cdot \left| \int_0^4 x \, \mathrm{d}x \right|$$

$$= \pi \cdot \frac{\sqrt{89}}{4} \cdot \left| \frac{x^2}{2} \Big|_0^4 \right|$$

$$= \pi \cdot \frac{\sqrt{89}}{4} \cdot \left| \frac{4^2}{2} - 0 \right|$$

$= \underline{\underline{59{,}27545}}$ ► Maßzahl der Kegelmantelfläche

Man erhält natürlich für die Kegelmantelfläche die gleiche Maßzahl wie bei der Berechnung mit der ersten Lösungsmethode.

Beispiel: Berechnen Sie die Maßzahl der Mantelflächen für die beiden an der Spitze sich berührenden Rotationskörper, die erzeugt werden, wenn der Graph der Funktion $f: f(x) = x - 1;\ D(f) = \mathbb{R}$ im x-Intervall $[0; 3]$ um die x-Achse rotiert.

Der Graph der Funktion $f: f(x) = x - 1;$ $D(f) = \mathbb{R}$ ist eine Gerade, welche die x-Achse an der Nullstelle $x_0 = 1$ schneidet. Rotiert diese Gerade im x-Intervall $[0; 3]$ um die x-Achse, so werden die Mantelflächen von zwei Kegeln beschrieben.

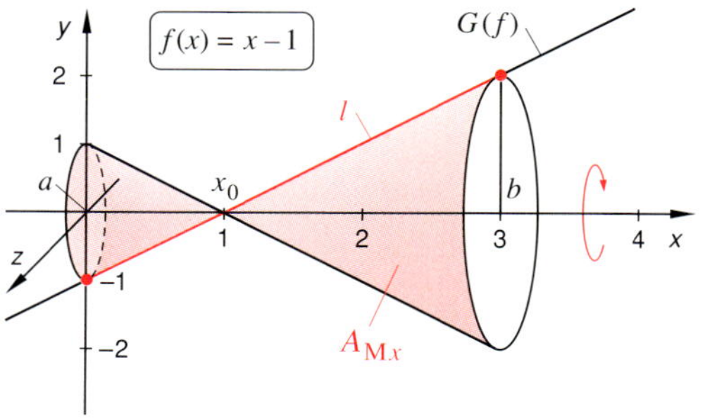

Wegen der Nullstelle $x_0 = 1$ müssen die Mantelflächen für die beiden Intervalle $[a; x_0] = [0; 1]$ und $[x_0; b] = [1; 3]$ getrennt berechnet werden.

Da die Funktion f in $[0; 3]$ stetig differenzierbar ist, benutzt man die für den Mantelflächeninhalt A_{Mx} entwickelte Formel, setzt die Werte für a; x_0 und b sowie die Terme für $f(x)$ und $f'(x)$ ein und berechnet die Summe der beiden bestimmten Integrale.

$$A_{Mx} = 2\pi \cdot \left| \int_a^{x_0} \left(f(x) \cdot \sqrt{1 + [f'(x)]^2} \right) dx \right| + $$

$$+ 2\pi \cdot \left| \int_{x_0}^{b} \left(f(x) \cdot \sqrt{1 + [f'(x)]^2} \right) dx \right|$$

► 0 für a; 1 für x_0; 3 für b; $f(x) = x - 1$; $f'(x) = 1$

$$= 2\pi \cdot \left| \int_0^1 \left((x-1) \cdot \sqrt{1+1^2}\right) dx \right| + \left| \int_1^3 \left((x-1) \cdot \sqrt{1+1^2}\right) dx \right|$$

$$= 2\pi \cdot \sqrt{2} \cdot \left[\left| \int_0^1 (x-1)\, dx \right| + \left| \int_1^3 (x-1)\, dx \right| \right]$$

$$= 2\pi \cdot \sqrt{2} \cdot \left[\left| \frac{1}{2} \cdot (x-1)^2 \Big|_0^1 \right| + \left| \frac{1}{2} \cdot (x-1)^2 \Big|_1^3 \right| \right]$$

$$= 2\pi \cdot \sqrt{2} \cdot \left[\left| 0 - \frac{1}{2} \cdot (-1)^2 \right| + \left| \frac{1}{2} \cdot 2^2 - 0 \right| \right]$$

$$= 2\pi \cdot \sqrt{2} \cdot \left[\left| -\frac{1}{2} \right| + 2 \right]$$

$$= \underline{\underline{22{,}21441}}$$ ► Maßzahl der Mantelflächen

Die Mantelflächen der beiden Kegel haben zusammen die Maßzahl 22,21441.

Beispiel: Berechnen Sie die Maßzahl für die Oberfläche des Rotationskörpers, der erzeugt wird, wenn der Graph der Funktion $f: f(x) = x^2;\ D(f) = \mathbb{R}$ im y-Intervall $[0; 10]$ um die y-Achse rotiert.

Der Graph der Funktion $f: f(x) = x^2$ mit $D(f) = \mathbb{R}$ ist eine Parabel. Rotiert diese Parabel im y-Intervall $[0; 10]$ um die y-Achse, so wird ein Paraboloid beschrieben, dessen Scheitelpunkt im Koordinatenursprung liegt. Die Oberfläche des Paraboloids besteht aus seiner Mantelfläche und einer kreisförmigen Deckfläche.

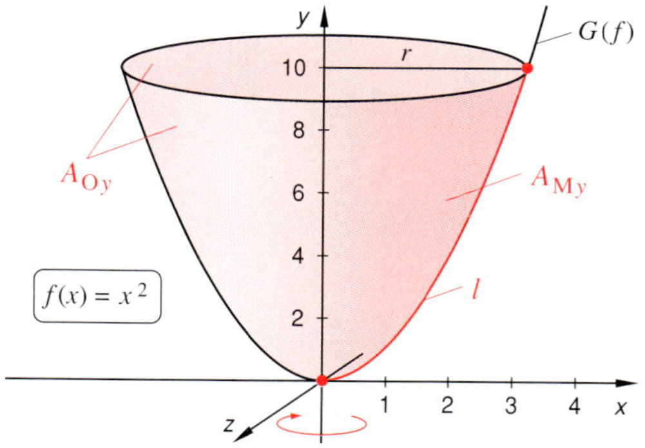

Man könnte hier beide Lösungsmethoden anwenden. Es wird die zweite Methode gewählt. Die Grenzen a und b werden mithilfe von $f(x) = x^2$ aus dem y-Intervall $[0;\, 10]$ ermittelt.

► $f(a) = 0 \Rightarrow a^2 = 0 \Rightarrow a = 0$

► $f(b) = 10 \Rightarrow b^2 = 10$

$\Rightarrow b = \sqrt{10}$ oder $b = -\sqrt{10}$

Wegen der Symmetrie des Graphen zur y-Achse kann man entweder $b = \sqrt{10}$ oder $b = -\sqrt{10}$ wählen; gewählt wird hier $b = \sqrt{10}$.

Da die Funktion f in $[0;\, \sqrt{10}]$ stetig differenzierbar ist und dort $f(x) \geq 0$ gilt, kann man die Werte für a und b sowie den Term für $f'(x)$ in die Formel für A_{My} einsetzen.

Zur Berechnung der Oberflächenmaßzahl verwendet man: $A_{Oy} = A_{My} + \pi \cdot (a^2 + b^2)$.

$$A_{My} = 2\pi \cdot \left| \int_a^b \left(x \cdot \sqrt{1 + [f'(x)]^2}\right) \mathrm{d}x \right|$$

► 0 für a; $\sqrt{10}$ für b; $f(x) = x^2$; $f'(x) = 2x$

$$= 2\pi \cdot \left| \int_0^{\sqrt{10}} \left(x \cdot \sqrt{1 + [2x]^2}\right) \mathrm{d}x \right|$$

$$= 2\pi \cdot \left| \int_0^{\sqrt{10}} \left(x \cdot \sqrt{1 + 4x^2}\right) \mathrm{d}x \right| \quad \blacktriangleright \text{ 2.4.3}$$

$$= 2\pi \cdot \left| \frac{1}{8} \cdot \frac{2}{3} \cdot \sqrt{(1 + 4x^2)^3} \Big|_0^{\sqrt{10}} \right|$$

$$= \frac{\pi}{6} \cdot |\sqrt{41^3} - \sqrt{1^3}|$$

$$= \underline{\underline{136{,}93579}}$$ ► Maßzahl der Mantelfläche

$$A_{Oy} = A_{My} + \pi \cdot (a^2 + b^2)$$ ► 0 für a; $\sqrt{10}$ für b

$$= 136{,}93579 + \pi \cdot (0 + [\sqrt{10}]^2)$$

$$= \underline{\underline{168{,}35172}}$$ ► Maßzahl der Oberfläche

Mantelflächen und Oberflächen – Kurven in Parameterdarstellung

Entsprechend der Entwicklung im Kapitel 3.3 kann man auch für Kurven in Parameterdarstellung Formeln zur Inhaltsberechnung von Rotationsmantelflächen und Rotationsoberflächen angeben, wenn die Funktionen f_1 und f_2 im Parameterintervall $[t_1;\, t_2]$ stetig differenzierbar sind.

Merke:

Ist eine Kurve durch eine Parameterdarstellung $\begin{cases} x = f_1(t) \\ y = f_2(t) \end{cases}$; $t \in D(f_1) \cap D(f_2)$ gegeben und rotiert die Kurve im Intervall $[t_1;\, t_2]$ um die x-Achse bzw. um die y-Achse, so gilt für den Inhalt der erzeugten Mantelfläche des Rotationskörpers:

- $$\boldsymbol{A_{Mx} = 2\pi \cdot \left| \int_{t_1}^{t_2} \left(f_2(t) \cdot \sqrt{[\dot{f}_1(t)]^2 + [\dot{f}_2(t)]^2} \right) \mathrm{d}t \right|}$$ ► $\boldsymbol{f_2(t) \leq 0}$ **oder** $\boldsymbol{f_2(t) \geq 0}$ **in** $\boldsymbol{[t_1;\, t_2]}$
- $$\boldsymbol{A_{My} = 2\pi \cdot \left| \int_{t_1}^{t_2} \left(f_1(t) \cdot \sqrt{[\dot{f}_1(t)]^2 + [\dot{f}_2(t)]^2} \right) \mathrm{d}t \right|}$$ ► $\boldsymbol{f_1(t) \leq 0}$ **oder** $\boldsymbol{f_1(t) \geq 0}$ **in** $\boldsymbol{[t_1;\, t_2]}$

Anmerkungen:

- Ist die Funktion f_2 in $[t_1;\, t_2]$ nicht vorzeichenbeständig, so muss zur Berechnung von A_{Mx} entsprechend dem Abschnitt „Flächen zwischen Graph und x-Achse mit Nullstellen im Integrationsintervall" des Kapitels 3.1 verfahren werden.
- Ist die Funktion f_1 in $[t_1;\, t_2]$ nicht vorzeichenbeständig, so muss zur Berechnung von A_{My} entsprechend dem Abschnitt „Flächen zwischen Graph und y-Achse" des Kapitels 3.1 verfahren werden.

Beispiel: Entwickeln Sie eine Formel zur Berechnung des Oberflächeninhaltes eines Rotationsellipsoids mit den Halbachsen a und b; $a > b$. Gehen Sie von einer Parameterdarstellung der Ellipse aus.

Rotiert die obere Hälfte einer Ellipse um die x-Achse, so wird die Oberfläche eines **Rotationsellipsoids** erzeugt. Sie stimmt mit der **Mantelfläche** des Körpers überein.
Die obere Hälfte einer Ellipse wird durch die Parameterdarstellung $\begin{cases} f_1(t) = a \cdot \cos t \\ f_2(t) = b \cdot \sin t \end{cases}$; $t \in [0; \pi]$ beschrieben.

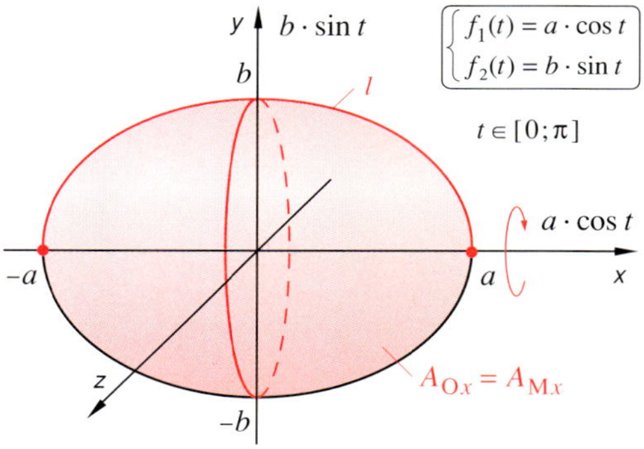

Zur Berechnung des Oberflächeninhaltes wird die für die Parameterdarstellung einer Kurve entwickelte Formel verwendet. Da die Ellipse auch symmetrisch zur y-Achse liegt, genügt es hier, nur den Teil für $t \in \left[0; \frac{\pi}{2}\right]$ um die x-Achse rotieren zu lassen und das Ergebnis mit 2 zu multiplizieren.

$$\begin{cases} f_1(t) = a \cdot \cos t \\ f_2(t) = b \cdot \sin t \end{cases}; t \in [0; \pi]$$

$$A_{Mx} = 2\pi \cdot \left| \int_{t_1}^{t_2} \left(f_2(t) \cdot \sqrt{[\dot{f}_1(t)]^2 + [\dot{f}_2(t)]^2} \right) dt \right|$$

► 0 für t_1; $\frac{\pi}{2}$ für t_2

$f_1(t) = a \cdot \cos t \Rightarrow \dot{f}_1(t) = -a \cdot \sin t$

$f_2(t) = b \cdot \sin t \Rightarrow \dot{f}_2(t) = b \cdot \cos t$

Da die Funktionen f_1 und f_2 in $[0; \frac{\pi}{2}]$ stetig differenzierbar sind und dort $f_2(t) \geq 0$ gilt, setzt man zur Berechnung der Oberfläche in die entwickelte Formel die Werte für t_1 und t_2 sowie die Terme für $f_2(t)$; $\dot{f}_1(t)$ und $\dot{f}_2(t)$ ein.

$$A_{Mx} = 2 \cdot 2\pi \cdot \left| \int_0^{\frac{\pi}{2}} \left(b \cdot \sin t \cdot \sqrt{(-a \cdot \sin t)^2 + (b \cdot \cos t)^2} \right) dt \right|$$

$$= 4\pi \cdot b \cdot \left| \int_0^{\frac{\pi}{2}} \left(\sin t \cdot \sqrt{a^2 \cdot \sin^2 t + b^2 \cdot \cos^2 t} \right) dt \right|$$

► $\sin^2 t = 1 - \cos^2 t$

$$= 4\pi \cdot b \cdot \left| \int_0^{\frac{\pi}{2}} \left(\sin t \cdot \sqrt{a^2 \cdot (1 - \cos^2 t) + b^2 \cdot \cos^2 t} \right) dt \right|$$

$$= 4\pi \cdot b \cdot \left| \int_0^{\frac{\pi}{2}} \left(\sin t \cdot \sqrt{a^2 - (a^2 - b^2) \cdot \cos^2 t} \right) dt \right|$$

► Für $a^2 - b^2 > 0$ gilt:

$$\sqrt{a^2 - (a^2 - b^2) \cdot \cos^2 t} = \sqrt{(a^2 - b^2) \cdot \left(\frac{a^2}{a^2 - b^2} - \cos^2 t \right)} = \sqrt{a^2 - b^2} \cdot \sqrt{\frac{a^2}{a^2 - b^2} - \cos^2 t}$$

$$= 4\pi \cdot b \cdot \left| \int_0^{\frac{\pi}{2}} \left(\sin t \cdot \sqrt{a^2 - b^2} \cdot \sqrt{\frac{a^2}{a^2 - b^2} - \cos^2 t} \right) dt \right|$$

► Im Integral $\int_0^{\frac{\pi}{2}} \left(\sin t \cdot \sqrt{\frac{a^2}{a^2 - b^2} - \cos^2 t} \right) dt$ wird $\cos t = z$ substituiert:

$z = \cos t \Rightarrow \frac{dz}{dt} = -\sin t \Rightarrow -\sin t \cdot dt = dz$

$$= 4\pi \cdot b \cdot \sqrt{a^2 - b^2} \cdot \left| \int_0^{\frac{\pi}{2}} \left(-\sqrt{\frac{a^2}{a^2 - b^2} - \cos^2 t} \cdot (-\sin t) \right) \cdot \right.$$

► Wegen $z = \cos t$ müssen auch die Grenzen 0 und $\frac{\pi}{2}$ transformiert werden, und zwar:

$t_1 = 0 \Rightarrow z = \cos 0 = 1$

$t_2 = \frac{\pi}{2} \Rightarrow z = \cos\frac{\pi}{2} = 0$

$$A_{Mx} = 4\pi \cdot b \cdot \sqrt{a^2-b^2} \cdot \left| \int_1^0 -\sqrt{\frac{a^2}{a^2-b^2} - z^2}\,dz \right| \quad ► 2.4.5$$

$$= 4\pi \cdot b \cdot \sqrt{a^2-b^2} \cdot \left| \frac{z}{2} \cdot \sqrt{\frac{a^2}{a^2-b^2} - z^2} + \frac{a^2}{2\cdot(a^2-b^2)} \cdot \operatorname{Arcsin} \frac{z}{\sqrt{\frac{a^2}{a^2-b^2}}} \Bigg|_1^0 \right|$$

$$= 4\pi \cdot b \cdot \sqrt{a^2-b^2} \cdot \left| 0 - \left(\frac{1}{2} \cdot \sqrt{\frac{a^2}{a^2-b^2} - 1} + \frac{a^2}{2\cdot(a^2-b^2)} \cdot \operatorname{Arcsin} \frac{1}{\sqrt{\frac{a^2}{a^2-b^2}}} \right) \right|$$

► Für die Auflösung der Wurzel gilt $\sqrt{b^2} = b$ wegen $b > 0$.

$$= 2\pi \cdot b \cdot \sqrt{a^2-b^2} \cdot \left(\sqrt{\frac{b^2}{a^2-b^2}} + \frac{a^2}{a^2-b^2} \cdot \operatorname{Arcsin} \frac{\sqrt{a^2-b^2}}{a} \right)$$

$$= 2\pi \cdot b \cdot \left(b + \frac{a^2}{\sqrt{a^2-b^2}} \cdot \operatorname{Arcsin} \frac{\sqrt{a^2-b^2}}{a} \right)$$

Nach Integration in den neuen Grenzen erhält man eine Formel für den Oberflächeninhalt eines Ellipsoids.

Beispiel: Berechnen Sie die Oberfläche des Körpers, die durch Rotation des Teils einer Astroide im ersten Quadranten um die x-Achse beschrieben wird.

Der Teil einer Astroide im ersten Quadranten wird beschrieben durch die Parameterdarstellung $\begin{cases} f_1(t) = a \cdot \cos^3 t \\ f_2(t) = a \cdot \sin^3 t \end{cases}; t \in \left[0; \frac{\pi}{2}\right]$.
Rotiert dieser Teil der Astroide um die x-Achse, so wird die Oberfläche eines Körpers beschrieben, die aus einer Mantelfläche und einer Kreisfläche mit dem Radius a besteht. ► $A_{Ox} = A_{Mx} + A_K$

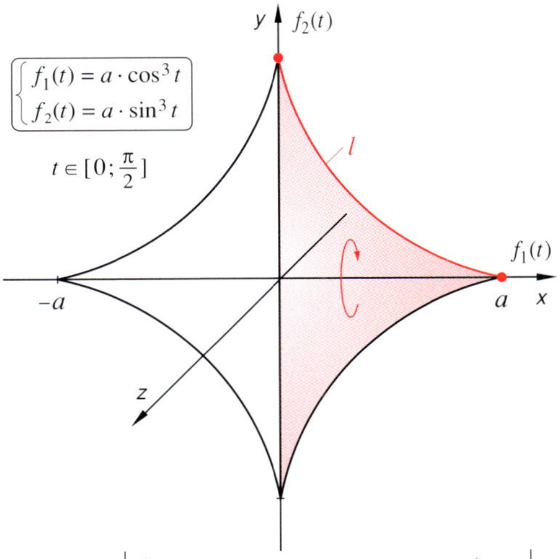

Da die Funktionen f_1 und f_2 im Intervall $[0; \frac{\pi}{2}]$ stetig differenzierbar sind, kann die für die Parameterdarstellung einer Kurve entwickelte Formel bei Rotation um die x-Achse verwendet werden. In diese Formel setzt man die Werte für t_1 und t_2 sowie die Terme für $f_2(t)$; $\dot{f}_1(t)$ und $\dot{f}_2(t)$ ein.

$$A_{Mx} = 2\pi \cdot \left| \int_{t_1}^{t_2} \left(f_2(t) \cdot \sqrt{[\dot{f}_1(t)]^2 + [\dot{f}_2(t)]^2} \right) dt \right|$$

► 0 für t_1; $\frac{\pi}{2}$ für t_2

$f_1(t) = a \cdot \cos^3 t \Rightarrow \dot{f}_1(t) = -3a \cdot \cos^2 t \cdot \sin t$

$f_2(t) = a \cdot \sin^3 t \Rightarrow \dot{f}_2(t) = 3a \cdot \sin^2 t \cdot \cos t$

$$A_{Mx} = 2\pi \cdot \left| \int_0^{\frac{\pi}{2}} \left(a \cdot \sin^3 t \cdot \sqrt{9a^2 \cdot \cos^4 t \cdot \sin^2 t + 9a^2 \cdot \sin^4 t \cdot \cos^2 t} \right) dt \right|$$

► $\cos^2 t + \sin^2 t = 1$

$$A_{\mathrm{M}x} = 2\pi \cdot \left| \int_0^{\frac{\pi}{2}} \left(a \cdot \sin^3 t \cdot \sqrt{9a^2 \cdot \cos^2 t \cdot \sin^2 t \cdot (\cos^2 t + \sin^2 t)} \right) \mathrm{d}t \right|$$

$$= 2\pi \cdot \left| \int_0^{\frac{\pi}{2}} \left(a \cdot \sin^3 t \cdot \sqrt{9a^2 \cdot \cos^2 t \cdot \sin^2 t \cdot 1} \right) \mathrm{d}t \right|$$

► $\sqrt{9a^2 \cdot \cos^2 t \cdot \sin^2 t} = 3a \cdot \sin t \cdot \cos t$ für $t \in \left[0; \frac{\pi}{2}\right]$

$$= 2\pi \cdot \left| \int_0^{\frac{\pi}{2}} (a \cdot \sin^3 t \cdot 3a \cdot \cos t \cdot \sin t)\, \mathrm{d}t \right|$$

Das Integral $\int_0^{\frac{\pi}{2}} (\sin^4 t \cdot \cos t)\, \mathrm{d}t$ wird mit der in Kapitel 2.4.3 beschriebenen Methode gelöst, und zwar gilt $f(t) = \sin t$; $f'(t) = \cos t$ und $n = 4$.

$$= 2\pi \cdot 3a^2 \cdot \left| \int_0^{\frac{\pi}{2}} (\sin^4 t \cdot \cos t)\, \mathrm{d}t \right| \quad ► \ 2.4.3$$

$$= 6\pi \cdot a^2 \cdot \left| \left. \frac{1}{5} \cdot \sin^5 t \right|_0^{\frac{\pi}{2}} \right|$$

$$= 6\pi \cdot a^2 \cdot \left| \frac{1}{5} \cdot \sin^5 \frac{\pi}{2} - \frac{1}{5} \cdot \sin^5 0 \right| \quad ► \ \sin^5 \frac{\pi}{2} = 1$$

$$= \underline{\frac{6}{5}\pi \cdot a^2}$$

Die Oberfläche des Rotationskörpers erhält man durch Addition von Mantelfläche und Kreisfläche.

$$A_{\mathrm{O}x} = A_{\mathrm{M}x} + A_{\mathrm{K}} \quad ► \ A_{\mathrm{K}} = \pi \cdot a^2$$

$$= \frac{6}{5}\pi \cdot a^2 + \pi \cdot a^2$$

$$= \underline{\underline{\frac{11}{5}\pi \cdot a^2}}$$

Beispiel: Entwickeln Sie eine Formel zur Berechnung einer Kugeloberfläche. Gehen Sie dabei von einer Parameterdarstellung eines Halbkreises aus.

Rotiert ein Halbkreis um die x-Achse, so wird die Oberfläche einer Kugel erzeugt. Sie stimmt mit der Mantelfläche des Körpers überein.

Durch $\begin{cases} f_1(t) = r \cdot \cos t \\ f_2(t) = r \cdot \sin t \end{cases}$; $t \in [0; \pi]$ ist eine Parameterdarstellung eines Halbkreises gegeben.

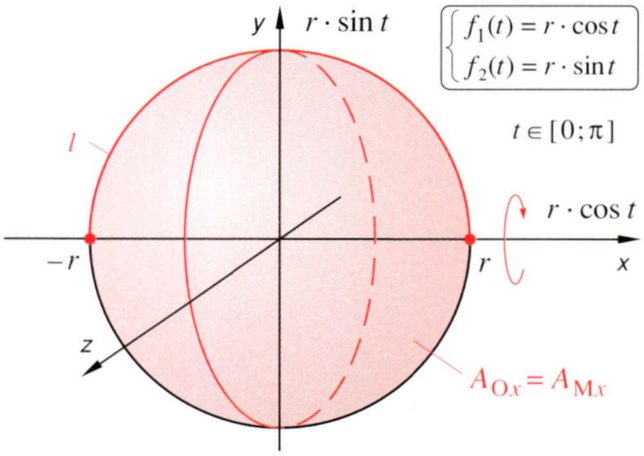

Da die Funktionen f_1 und f_2 im Intervall $[0; \pi]$ stetig differenzierbar sind und $f_2(t) \geq 0$ gilt, kann die für die Parameterdarstellung einer Kurve entwickelte Formel bei Rotation um die x-Achse verwendet werden. In diese Formel setzt man die Werte für t_1 und t_2 sowie die Terme für $f_2(t)$; $\dot{f}_1(t)$ und $\dot{f}_2(t)$ ein.

$$A_{\mathrm{O}x} = 2\pi \cdot \left| \int_{t_1}^{t_2} \left(f_2(t) \cdot \sqrt{[\dot{f}_1(t)]^2 + [\dot{f}_2(t)]^2} \right) \mathrm{d}t \right|$$

► 0 für t_1; π für t_2

$f_1(t) = r \cdot \cos t \Rightarrow \dot{f}_1(t) = -r \cdot \sin t$

$f_2(t) = r \cdot \sin t \Rightarrow \dot{f}_2(t) = r \cdot \cos t$

$$A_{Ox} = 2\pi \cdot \left| \int_0^\pi \left(r \cdot \sin t \cdot \sqrt{[-r \cdot \sin t]^2 + [r \cdot \cos t]^2} \right) \mathrm{d}t \right|$$

► $\sqrt{r^2 \cdot \sin^2 t + r^2 \cdot \cos^2 t} = \sqrt{r^2} = r$ ► $r \geq 0$

$$= 2\pi \cdot \left| \int_0^\pi \left(r \cdot \sin t \cdot \sqrt{r^2 \cdot \sin^2 t + r^2 \cdot \cos^2 t} \right) \mathrm{d}t \right|$$

$$= 2\pi \cdot r^2 \cdot \left| \int_0^\pi \sin t \, \mathrm{d}t \right|$$

$$= 2\pi \cdot r^2 \cdot \left| -\cos\varphi \Big|_0^\pi \right|$$

► $\cos\pi = -1$; $\cos 0 = 1$

$$= 2\pi \cdot r^2 \cdot |-\cos\pi - (-\cos 0)|$$

$$= \underline{\underline{4\pi \cdot r^2}}$$

Man erhält die bekannte Formel für den Inhalt einer Kugeloberfläche.

Übungsaufgaben

Berechnen Sie die Maßzahl der Rotationsoberfläche, die erzeugt wird, wenn im angegebenen x-Intervall der Graph einer Funktion mit den nachstehenden Funktionsgleichungen um die x-Achse rotiert. Zeichnen Sie jeweils den Graphen der Funktion.

1. $f(x) = -\frac{7}{2} \cdot x + 5$; $[-1; 0]$

2. $f(x) = \sqrt{2x}$; $[0; 8]$

3. $f(x) = x^3$; $[0; 3]$

4. $f(x) = \sin x$; $\left[0; \frac{\pi}{2}\right]$

5. $f(x) = \frac{1}{x}$; $[1; 4]$

6. $f(x) = \sqrt{1 - x^2}$; $[0; 0{,}5]$

7. $f(x) = \sinh x$; $[1; 3]$

8. $f(x) = \mathrm{e}^x$; $[-1; 0]$

9. $f(x) = \cosh x$; $[0; 2]$

10. $f(x) = \tan x$; $\left[0; \frac{\pi}{4}\right]$

11. $f(x) = \sqrt{x^2 - 1}$; $[1; 3]$

12. $f(x) = \frac{2}{3} \cdot x \cdot \sqrt{x}$; $[0; 9]$

Berechnen Sie die Maßzahl der Rotationsoberfläche, die erzeugt wird, wenn im angegebenen y-Intervall der Graph einer Funktion mit den nachstehenden Funktionsgleichungen um die y-Achse rotiert. Zeichnen Sie jeweils den Graphen der Funktion.

13. $f(x) = \frac{2}{3} \cdot \sqrt{9 - x^2}$; $[0; 2]$

14. $f(x) = \sqrt{x^2 + 1}$; $[1; 10]$

15. $f(x) = \sqrt{x^2 - 1}$; $[0; 5]$

16. $f(x) = x \cdot \sqrt{x}$; $[0; 4]$

17. $f(x) = \ln x$; $[0; 1]$

18. $f(x) = \ln(x + 1)$; $[0; 1]$

19. $f(x) = \cosh x$; $[1; 6]$

20. $f(x) = \operatorname{Arsinh} x$; $[1; 2]$

21. $f(x) = \operatorname{Arcsin} x$; $[0; 1]$

Berechnen Sie die Maßzahl der Rotationsoberfläche, die erzeugt wird, wenn im angegebenen t-Intervall die in Parameterdarstellung gegebene Kurve um die x-Achse rotiert. Zeichnen Sie jeweils die Kurve.

22. $\begin{cases} f_1(t) = 2t \\ f_2(t) = 3t \end{cases}$; $[1; 10]$

23. $\begin{cases} f_1(t) = t^2 \\ f_2(t) = 2t \end{cases}$; $[0; 1]$

24. $\begin{cases} f_1(t) = \cosh t \\ f_2(t) = \sinh t \end{cases}$; $[1; 3]$

25. $\begin{cases} f_1(t) = 4 + \cos t \\ f_2(t) = 3 + \sin t \end{cases}$; $[0; \pi]$

26. $\begin{cases} f_1(t) = 2 \cdot \cos t \\ f_2(t) = 3 + 2 \cdot \sin t \end{cases}$; $[0; \pi]$

27. $\begin{cases} f_1(t) = \operatorname{Arccos} t \\ f_2(t) = \operatorname{Arcsin} t \end{cases}$; $[-1; 1]$

In den nachstehenden Abbildungen sind Rotationskörper dargestellt. Berechnen Sie jeweils die Maßzahl der Rotationsoberfläche.

28.

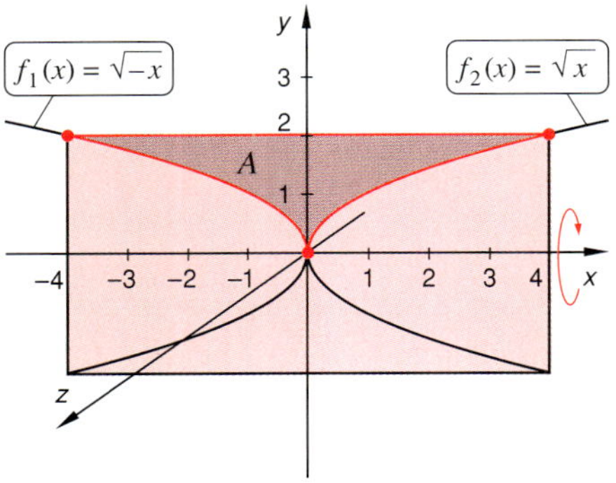

29.

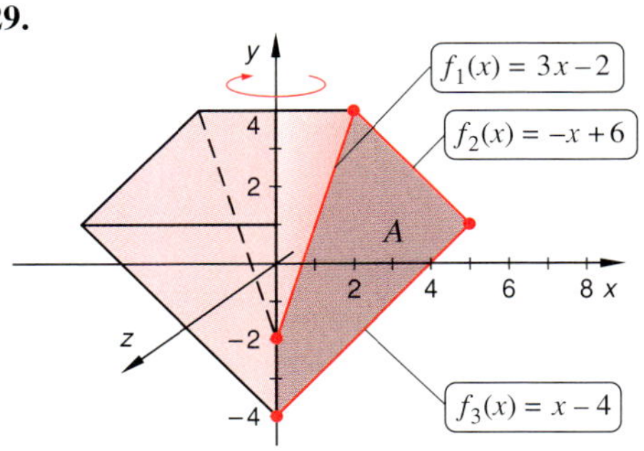

30.

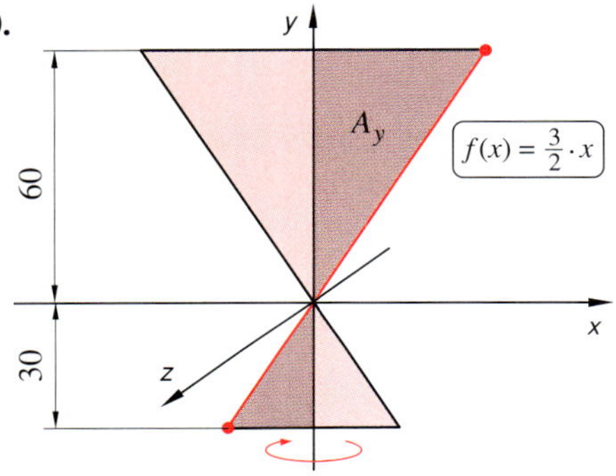

31.

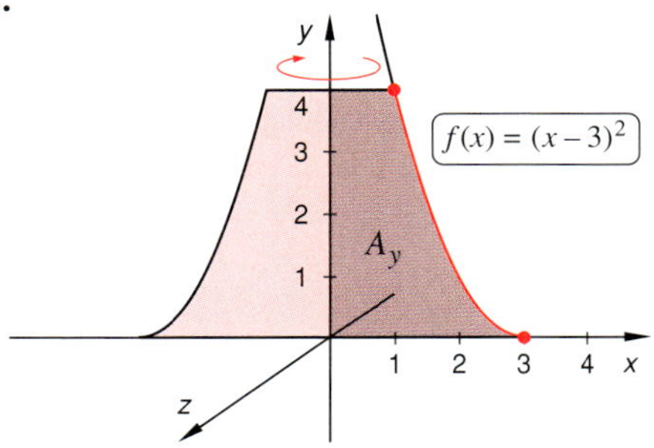

32. Entwickeln Sie mithilfe der Integralrechnung Formeln für den Mantelflächeninhalt eines Kugelabschnitts und einer Kugelschicht.

33. Entwickeln Sie mithilfe der Integralrechnung Formeln für den Mantelflächeninhalt eines Kegelstumpfes und eines Kegels.

34. Berechnen Sie die Maßzahl der Rotationsoberfläche eines Parabolspiegels, der durch Rotation der Parabel mit der Funktionsgleichung $f(x) = \sqrt{2px}$; $p > 0\ x \in \mathbb{R}^{\geq 0}$ um die x-Achse erzeugt wird. Der Spiegel hat einen Durchmesser von 200 mm, eine Höhe von 150 mm (vom Scheitelpunkt aus gemessen) und eine Bohrung von 30 mm Durchmesser in Richtung der x-Achse.

35. In zwei Kugeln mit dem Radius r wird jeweils zentrisch eine Kegel gedreht, dessen Spitze bis zum Kugelmittelpunkt reicht. Berechnen Sie die Oberflächenmaßzahlen der Restkörper, wenn die Spitzenwinkel der Kegel 90° bzw. 60° betragen.

36. Zeigen Sie, dass der Graph der stetigen Funktion f: $f(x) = \begin{cases} \left| x \cdot \cos \frac{\pi}{2x^2} \right|, & \text{wenn } x \neq 0 \\ 0, & \text{wenn } x = 0 \end{cases}$ bei Rotation um die x-Achse im x-Intervall $[0;\ 1]$ keine endliche Mantelfläche erzeugt.

► 29. Übungsaufgabe im Kapitel 3.3

3.5 Schwerpunkte und Drehmomente

Aus der Physik und Mechanik ist die Berechnung der Lage des **Schwerpunktes** (**Massenmittelpunktes**) von einfachen Körpern bekannt. Mithilfe der Integralrechnung ist es oft möglich, auch die **Schwerpunktslage** eines unregelmäßig geformten Körpers zu bestimmen. Hat ein **starrer** Körper überall die konstante **Dichte** ϱ, so spricht man von einem **homogenen Körper** bzw. einer **homogenen Masse**. Im Folgenden werden stets starre, homogene Massen vorausgesetzt.

So liegt beispielsweise bei einem rechteckigen Blech mit der konstanten **Dicke** t, man spricht hierbei auch von einer **flächenförmigen** oder **plattenförmigen Masse**, der Massenmittelpunkt, also der Schwerpunkt S, im Schnittpunkt der Diagonalen des Rechtecks und im Abstand $\frac{t}{2}$ von einer Rechteckfläche. Bei einem dreieckigen Blech mit konstanter Dicke t befindet er sich im Schnittpunkt der Seitenhalbierenden des Dreiecks und im Abstand $\frac{t}{2}$ von einer Dreieckfläche.

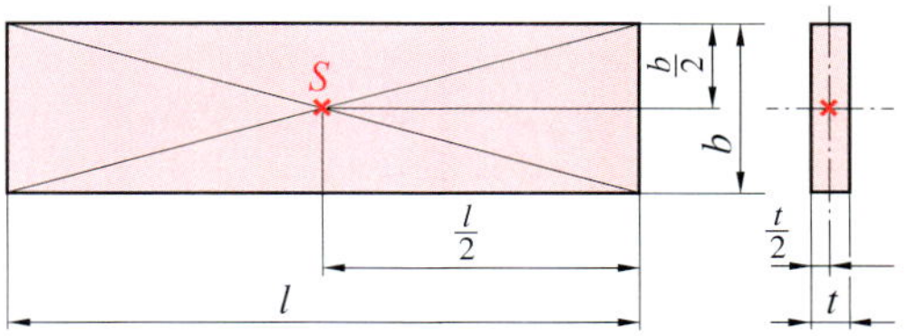

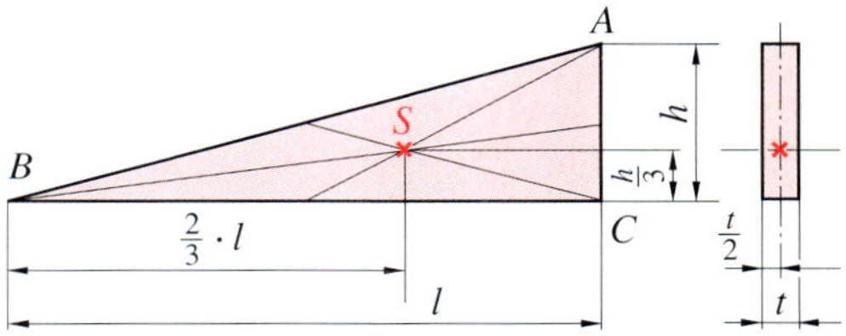

Ist z.B. ein Stahlblech mit der konstanten Dicke t und der **Gesamtmasse** m aus mehreren Massen m_1, m_2 und m_3 zusammengesetzt, deren einzelne Schwerpunktslagen man kennt, so kann man die Lage des Schwerpunktes (Massenmittelpunktes) S der Gesamtmasse m aus der Lage der einzelnen Schwerpunkte berechnen.

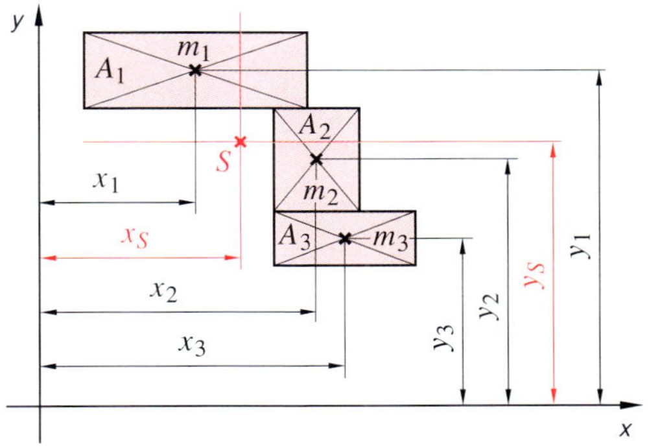

Es ist zweckmäßig, zusammengesetzte flächenförmige Massen in einem rechtwinkligen xy-Koordinatensystem anzuordnen und alle **Schwerpunktskoordinaten** auf die x-Achse bzw. auf die y-Achse zu beziehen. Fasst man den Gesamtschwerpunkt $S\langle x_S \,|\, y_S \rangle$ als **Drehpunkt** auf, so kann man bei der Berechnung der Schwerpunktskoordinaten x_S und y_S entsprechend dem Lehrsatz verfahren:

„Die Summe der rechtsdrehenden Drehmomente ist gleich der Summe der linksdrehenden Drehmomente"

In der Momentengleichung $M_x = F_G \cdot y_S$ ist M_x das Drehmoment bezogen auf die x-Achse, F_G die **Gewichtskraft**, die aus der Gesamtmasse m resultiert und y_S die y-Koordinate des Gesamtschwerpunktes S. Für F_G gilt $F_G = m \cdot g$, wobei g die **örtliche Fallbeschleunigung** (**Ortsfaktor**) mit $g = 9{,}81 \,\frac{\text{m}}{\text{s}^2}$ ist.

$$M_x = F_G \cdot y_S \Rightarrow y_S = \frac{M_x}{F_G}$$

$$F_G \cdot y_S = F_{G1} \cdot y_1 + F_{G2} \cdot y_2 + F_{G3} \cdot y_3 \quad \blacktriangleright \; F_G = m \cdot g$$

$$\Rightarrow m \cdot g \cdot y_S = m_1 \cdot g \cdot y_1 + m_2 \cdot g \cdot y_2 + m_3 \cdot g \cdot y_3 \;|\; :g$$

$$\Rightarrow m \cdot y_S = m_1 \cdot y_1 + m_2 \cdot y_2 + m_3 \cdot y_3$$

$$\Rightarrow \underline{\underline{y_S = \frac{m_1 \cdot y_1 + m_2 \cdot y_2 + m_3 \cdot y_3}{m}}} \quad \blacktriangleright \; m = m_1 + m_2 + m_3$$

In der Momentengleichung $M_y = F_G \cdot x_S$ ist M_y das Drehmoment bezogen auf die y-Achse, F_G die Gewichtskraft, die aus der Gesamtmasse m resultiert und x_S die x-Koordinate des Gesamtschwerpunktes S.

$$M_y = F_G \cdot x_S \Rightarrow x_S = \frac{M_y}{F_G}$$

$$F_G \cdot x_S = F_{G1} \cdot x_1 + F_{G2} \cdot x_2 + F_{G3} \cdot x_3 \quad \blacktriangleright F_G = m \cdot g$$

$$\Rightarrow m \cdot g \cdot x_S = m_1 \cdot g \cdot x_1 + m_2 \cdot g \cdot x_2 + m_3 \cdot g \cdot x_3 \mid : g$$

$$\Rightarrow m \cdot x_S = m_1 \cdot x_1 + m_2 \cdot x_2 + m_3 \cdot x_3$$

$$\Rightarrow \underline{\underline{x_S = \frac{m_1 \cdot x_1 + m_2 \cdot x_2 + m_3 \cdot x_3}{m}}} \quad \blacktriangleright m = m_1 + m_2 + m_3$$

Man kann die bei flächenförmigen Massen gewonnenen Erkenntnisse auf beliebige Massen m bzw. auf Masseteilchen m_k eines Körpers mit der Masse m in einem räumlichen xyz-Koordinatensystem übertragen.

Die Schwerpunktskoordinaten x_S, y_S und z_S sowie die Drehmomente beziehen sich dann nicht mehr auf die Koordinatenachsen, sondern auf die Koordinatenebenen yz, xz und xy.

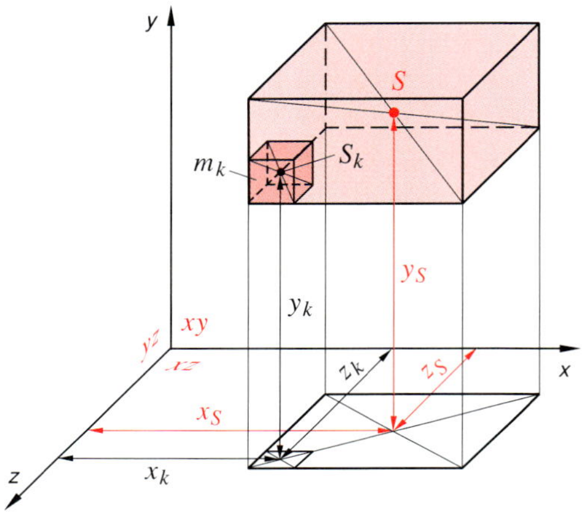

Für n Masseteilchen m_k mit $n \in \mathbb{N}^{\geq 2}$ und $m = \sum_{k=1}^{n} m_k$ erhält man dann entsprechende Formeln für die Schwerpunktskoordinaten x_S, y_S und z_S sowie die Drehmomente M_{yz}, M_{xz} und M_{xy}.

$$x_S = \frac{\sum_{k=1}^{n} (m_k \cdot x_k)}{m}; \; y_S = \frac{\sum_{k=1}^{n} (m_k \cdot y_k)}{m}; \; z_S = \frac{\sum_{k=1}^{n} (m_k \cdot z_k)}{m}$$

$$M_{yz} = F_G \cdot x_S; \; M_{xz} = F_G \cdot y_S; \; M_{xy} = F_G \cdot z_S; \quad \blacktriangleright F_G = m \cdot g$$

Merke:

- Setzt sich ein Körper mit der Gesamtmasse m aus den Teilmassen $m_1; m_2; m_3; \ldots; m_n$ mit $n \in \mathbb{N}^{\geq 2}$ zusammen, deren einzelne Schwerpunktskoordinaten x_k; y_k und z_k mit $k \in \{1; 2; 3; \ldots; n\}$ bekannt sind, so gilt für die Schwerpunktskoordinaten x_S; y_S und z_S:

$$\boldsymbol{x_S = \frac{\sum_{k=1}^{n} (m_k \cdot x_k)}{m}; \; y_S = \frac{\sum_{k=1}^{n} (m_k \cdot y_k)}{m}; \; z_S = \frac{\sum_{k=1}^{n} (m_k \cdot z_k)}{m}}$$

- Für die auf die einzelnen Koordinatenebenen bezogenen Drehmomente M_{yz}, M_{xz} und M_{xy} gilt:

$$\boldsymbol{M_{yz} = F_G \cdot x_S; \; M_{xz} = F_G \cdot y_S; \; M_{xy} = F_G \cdot z_S; \quad \blacktriangleright F_G = m \cdot g}$$

3.5.1 Schwerpunkte flächenförmiger Massen – Flächenschwerpunkte

Funktionen in rechtwinkligen Koordinaten

Für flächenförmige (plattenförmige) ebene Körper mit dem Grundflächeninhalt A und der konstanten Dicke t lässt sich die Masse vereinfacht berechnen, indem man den genormten Begriff **flächenbezogene Masse** mit dem Formelzeichen $\boldsymbol{m''}$ und der Einheit $\frac{\text{kg}}{\text{m}^2}$ einführt. m'' ist also die Masse je Flächeneinheit. Man erhält die Masse somit als Produkt aus dem Flächeninhalt A und der flächenbezogenen Masse m'' mit $\boldsymbol{m = m'' \cdot A}$. Im Folgenden wird stets davon ausgegangen, dass flächenförmige Massen eben sind.

Bei einem flächenförmigen Körper mit der Dicke t liegt der Schwerpunkt im Abstand $\frac{t}{2}$ zwischen den Flächen. Ordnet man den Körper so im xyz-Koordinatensystem an, dass er symmetrisch zur xy-Ebene liegt, so gilt für die Schwerpunktskoordinate z_S stets $z_S = 0$. Daher müssen im xy-Koordinatensystem nur die Schwerpunktskoordinaten x_S bzw. y_S und die Drehmomente M_y bzw. M_x bestimmt werden.

Setzt sich eine Fläche mit dem Inhalt A aus mehreren Teilflächen mit den Inhalten $A_1\,; A_2\,; A_3; \ldots; A_n\,; n \geq 2$ zusammen, wobei $x_k\,; y_k$ und z_k die zugehörigen Schwerpunktsabstände sind, so erhält man für die Schwerpunktskoordinaten x_S und y_S:

$$x_S = \frac{\sum\limits_{k=1}^{n}(m_k \cdot x_k)}{m} \quad \blacktriangleright\ m_k = m'' \cdot A_k;\ m = m'' \cdot A$$
$$= \frac{\sum\limits_{k=1}^{n}(m'' \cdot A_k \cdot x_k)}{m'' \cdot A} = \frac{m'' \cdot \sum\limits_{k=1}^{n}(A_k \cdot x_k)}{m'' \cdot A} = \underline{\underline{\frac{\sum\limits_{k=1}^{n}(A_k \cdot x_k)}{A}}}$$

$$y_S = \frac{\sum\limits_{k=1}^{n}(m_k \cdot y_k)}{m} \quad \blacktriangleright\ m_k = m'' \cdot A_k;\ m = m'' \cdot A$$
$$= \frac{\sum\limits_{k=1}^{n}(m'' \cdot A_k \cdot y_k)}{m'' \cdot A} = \frac{m'' \cdot \sum\limits_{k=1}^{n}(A_k \cdot y_k)}{m'' \cdot A} = \underline{\underline{\frac{\sum\limits_{k=1}^{n}(A_k \cdot y_k)}{A}}}$$

Das Produkt aus Fläche und Abstand des Flächenschwerpunktes von der Bezugsachse wird auch als **statisches Moment** oder **Flächenmoment ersten Grades** bezeichnet.

Problem: Entwickeln Sie mithilfe des Schnittprinzips (► 3.3) eine Formel zur Berechnung der Schwerpunktskoordinaten einer flächenförmigen Masse, die in einem xy-Koordinatensystem zwischen dem Graphen einer Funktion f und der x-Achse im Intervall $[a; b]$ liegt.

Ist die Fläche zwischen $G(f)$ und der x-Achse im Intervall $[a; b]$ die Grundfläche eines Körpers mit konstanter Dicke t, so gilt für die Masse dieses Körpers: $m = m'' \cdot A_x$.

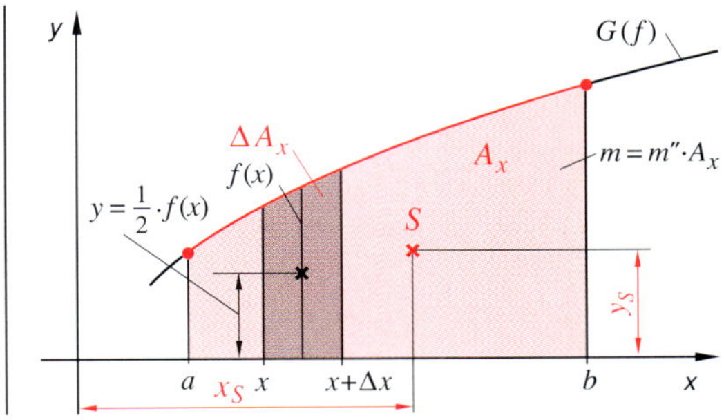

• Berechnung von M_y und x_S

Ein Flächenelement zwischen $G(f)$ und der x-Achse hat den Inhalt ΔA_x, die Masse Δm bzw. $m'' \cdot \Delta A_x$ und näherungsweise das Drehmoment ΔM_y, bezogen auf die y-Achse.

Mit dem Schnittprinzip erhält man:

$$M_y = m'' \cdot g \cdot \int_a^b [x \cdot f(x)]\,\mathrm{d}x;\, f(x) \geq 0 \text{ in } [a;b]$$

Um x_S zu berechnen geht man von der Momentengleichung $M_y = F_G \cdot x_S$ aus und stellt diese nach x_S um. Dann setzt man die Terme für M_y sowie F_G ein und vereinfacht.

$$\blacktriangleright\ \Delta M_y = \Delta F_G \cdot x \quad \blacktriangleright\ \Delta F_G = \Delta m \cdot g$$
$$= \Delta m \cdot g \cdot x \quad \blacktriangleright\ \Delta m = m'' \cdot \Delta A_x$$
$$= m'' \cdot \Delta A_x \cdot g \cdot x \quad \blacktriangleright\ \Delta A_x = f(x) \cdot \Delta x$$
$$= m'' \cdot f(x) \cdot \Delta x \cdot g \cdot x$$
$$= m'' \cdot g \cdot x \cdot f(x) \cdot \Delta x$$
$$\Rightarrow M_y = \int_a^b [m'' \cdot g \cdot x \cdot f(x)]\,\mathrm{d}x$$
$$= m'' \cdot g \cdot \int_a^b [x \cdot f(x)]\,\mathrm{d}x \quad \blacktriangleright\ f(x) \geq 0 \text{ in } [a;b]$$

$$\blacktriangleright\ x_S = \frac{M_y}{F_G} \quad \blacktriangleright\ M_y = m'' \cdot g \cdot \int_a^b [x \cdot f(x)]\,\mathrm{d}x;\, F_G = m'' \cdot A_x \cdot g$$
$$= \frac{m'' \cdot g \cdot \int_a^b [x \cdot f(x)]\,\mathrm{d}x}{m'' \cdot A_x \cdot g}$$
$$= \frac{\int_a^b [x \cdot f(x)]\,\mathrm{d}x}{A_x} \quad \blacktriangleright\ A_x = \int_a^b f(x)\,\mathrm{d}x;\, f(x) \geq 0 \text{ in } [a;b] \quad \blacktriangleright\ 3.1$$
$$= \frac{\int_a^b [x \cdot f(x)]\,\mathrm{d}x}{\int_a^b f(x)\,\mathrm{d}x} \quad \blacktriangleright\ f(x) \geq 0 \text{ in } x \in [a;b]$$

Die erste Formel wendet man dann an, wenn die Flächenmaßzahl A_x bekannt ist. Für $f(x) \geq 0$ in $[a;b]$ gilt $A_x = \int_a^b f(x)\,\mathrm{d}x$ (▶ 3.1), sodass sich noch eine zweite Schreibweise ergibt.

• Berechnung von M_x und y_S

Auf die y-Achse bezogen hat ein Flächenelement zwischen dem Graphen von f und der x-Achse näherungsweise das Drehmoment ΔM_x. Der „Hebelarm" des Flächenelementes bezogen auf die x-Achse beträgt $\frac{1}{2} \cdot f(x)$.

$$\blacktriangleright\ \Delta M_x = \Delta F_G \cdot y \quad \blacktriangleright\ \Delta F_G = \Delta m \cdot g;\, y = \frac{1}{2} \cdot f(x)$$
$$= \Delta m \cdot g \cdot \frac{1}{2} \cdot f(x) \quad \blacktriangleright\ \Delta m = m'' \cdot \Delta A_x$$
$$= \frac{1}{2} \cdot m'' \cdot \Delta A_x \cdot g \cdot f(x) \quad \blacktriangleright\ \Delta A_x = f(x) \cdot \Delta x$$
$$= \frac{1}{2} \cdot m'' \cdot f(x) \cdot \Delta x \cdot g \cdot f(x)$$
$$= \frac{1}{2} \cdot m'' \cdot g \cdot [f(x)]^2 \cdot \Delta x$$

Mit dem Schnittprinzip erhält man:

$$M_x = \tfrac{1}{2} \cdot m'' \cdot g \cdot \int_a^b [f(x)]^2\,\mathrm{d}x;\, f(x) \geq 0 \text{ in } [a;b]$$

$$\Rightarrow M_x = \int_a^b \left(\tfrac{1}{2} \cdot m'' \cdot g \cdot [f(x)]^2\right)\mathrm{d}x$$
$$= \tfrac{1}{2} \cdot m'' \cdot g \cdot \int_a^b [f(x)]^2\,\mathrm{d}x \quad \blacktriangleright\ f(x) \geq 0 \text{ in } [a;b]$$

Die Berechnung von y_S erfolgt analog zu der von x_S. Man geht von der Momentengleichung $M_x = F_G \cdot y_S$ aus und stellt diese nach y_S um. Dann setzt man die Terme für M_x sowie F_G ein und vereinfacht.

$$\blacktriangleright\ y_S = \frac{M_x}{F_G} \quad \blacktriangleright\ M_x = \tfrac{1}{2} \cdot m'' \cdot g \cdot \int_a^b [f(x)]^2\,\mathrm{d}x;\, F_G = m \cdot g = m'' \cdot A_x \cdot g$$
$$= \frac{\tfrac{1}{2} \cdot m'' \cdot g \int_a^b [f(x)]^2\,\mathrm{d}x}{m'' \cdot A_x \cdot g}$$

Die erste Formel wendet man dann an, wenn die Flächenmaßzahl A_x bekannt ist. Für $f(x) \geq 0$ in $[a; b]$ gilt $A_x = \int_a^b f(x)\,dx$, sodass sich noch eine zweite Schreibweise ergibt.

$$y_S = \frac{\frac{1}{2} \cdot \int_a^b [f(x)]^2\,dx}{A_x} \quad \blacktriangleright A_x = \int_a^b f(x)\,dx; f(x) \geq 0 \text{ in } [a; b]$$

$$= \frac{\frac{1}{2} \cdot \int_a^b [f(x)]^2\,dx}{\int_a^b f(x)\,dx} \quad \blacktriangleright f(x) \geq 0 \text{ in } [a; b]$$

Merke:

Ist eine flächenförmige Masse m mit $m = m'' \cdot A_x$ so in einem xy-Koordinatensystem angeordnet, dass in einem Intervall $[a; b]$ stets $f(x) \geq 0$ gilt, so berechnet man die Drehmomente M_x und M_y sowie die Schwerpunktskoordinaten y_S und x_S mit:

$$\boldsymbol{M_y = F_G \cdot x_S = m'' \cdot g \cdot \int_a^b [x \cdot f(x)]\,dx} \qquad \boldsymbol{M_x = F_G \cdot y_S = m'' \cdot g \cdot \frac{1}{2} \cdot \int_a^b [f(x)]^2\,dx}$$

$$\boldsymbol{x_S = \frac{\int_a^b [x \cdot f(x)]\,dx}{A_x}; \; A_x = \int_a^b f(x)\,dx} \qquad \boldsymbol{y_S = \frac{\frac{1}{2} \cdot \int_a^b [f(x)]^2\,dx}{A_x}; \; A_x = \int_a^b f(x)\,dx}$$

Nicht immer lassen sich flächenförmige Massen so in einem xy-Koordinatensystem anordnen, dass in einem Intervall $[a; b]$ für die Fläche zwischen $G(f)$ und der x-Achse stets $f(x) \geq 0$ gilt. Liegen solche Massen unterhalb der x-Achse, gilt also in $[a; b]$ stets $f(x) \leq 0$, so sind abgewandelte Formeln zu benutzen. Da eine Masse stets nichtnegativ ist, muss es in der Entwicklung der Formeln beim Masseelement Δm dann heißen: $\Delta m = m'' \cdot \Delta A_x = m'' \cdot |f(x)| \cdot \Delta x = -m'' \cdot f(x) \cdot \Delta x$ und nach dem Schnittprinzip erhält man hieraus dann:

$$M_y = F_G \cdot x_S = -m'' \cdot g \cdot \int_a^b [x \cdot f(x)]\,dx \quad \text{bzw.} \quad M_x = -\frac{1}{2} \cdot m'' \cdot g \cdot \int_a^b [f(x)]^2\,dx \quad \text{mit } f(x) \leq 0 \text{ in } [a; b]$$

Merke:

Ist eine flächenförmige Masse m mit $m = m'' \cdot A_x$ so in einem xy-Koordinatensystem angeordnet, dass in einem Intervall $[a; b]$ stets $f(x) \leq 0$ gilt, so berechnet man M_x und M_y sowie y_S und x_S mit:

$$\boldsymbol{M_y = F_G \cdot x_S = -m'' \cdot g \cdot \int_a^b [x \cdot f(x)]\,dx} \qquad \boldsymbol{M_x = F_G \cdot y_S = -m'' \cdot g \cdot \frac{1}{2} \cdot \int_a^b [f(x)]^2\,dx}$$

$$\boldsymbol{x_S = \frac{-\int_a^b [x \cdot f(x)]\,dx}{A_x}; \; A_x = \left|\int_a^b f(x)\,dx\right|} \qquad \boldsymbol{y_S = \frac{-\frac{1}{2} \cdot \int_a^b [f(x)]^2\,dx}{A_x}; \; A_x = \left|\int_a^b f(x)\,dx\right|}$$

Anmerkungen:

- Hat eine Funktion f bei x_0 eine Nullstelle, sodass die Fläche zwischen $G(f)$ und der x-Achse in einem Intervall $[a; b]$ teilweise oberhalb und teilweise unterhalb der x-Achse liegt, so sind die Zählerterme von x_S und y_S in diesen Intervallen abschnittsweise zu berechnen.
- Die Berechnung von A_x erfolgt gemäß dem Abschnitt „Flächeninhalte bei Funktionen in rechtwinkligen Koordinaten" des Kapitels 3.1.

Beispiel: Berechnen Sie die Schwerpunktskoordinaten der Masse, die der Fläche eines rechtwinkligen Dreiecks mit $f(x) = \frac{h}{l} \cdot x$ entspricht.

Das rechtwinklige Dreieck ABC wird so in einem rechtwinkligen Koordinatensystem angeordnet, dass der Eckpunkt B im Koordinatenursprung und die Kathete $\overline{BC}$ auf der x-Achse liegt. Sind l und h die Längen der Katheten, so ergibt sich der Flächeninhalt mit $A_x = \frac{1}{2} \cdot l \cdot h$.

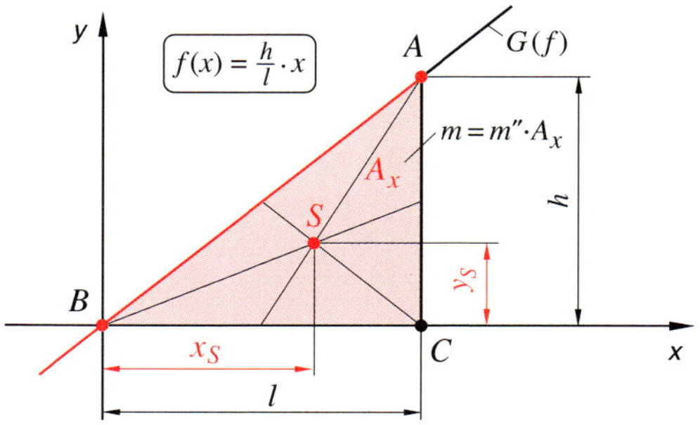

Im Intervall $[0; l]$ gilt $f(x) \geq 0$ für alle Funktionswerte, sodass die entwickelten Formeln für x_S und y_S unmittelbar angewendet werden können.

Berechnung der Schwerpunktskoordinate x_S

$$x_S = \frac{\int\limits_a^b [x \cdot f(x)]\,\mathrm{d}x}{A_x}$$

► 0 für a; l für b; $f(x) = \frac{h}{l} \cdot x$; $A_x = \frac{1}{2} \cdot l \cdot h$

$$x_S = \frac{\int\limits_0^l \left[x \cdot \frac{h}{l} \cdot x\right] \mathrm{d}x}{\frac{1}{2} \cdot l \cdot h}$$

$$= \frac{2}{l^2} \cdot \int\limits_0^l x^2\,\mathrm{d}x$$

$$= \frac{2}{l^2} \cdot \frac{1}{3} \cdot x^3 \Big|_0^l$$

$$= \frac{2}{3 \cdot l^2} \cdot [l^3 - 0]$$

$$= \underline{\underline{\frac{2}{3} \cdot l}}$$ ► Schwerpunktskoordinate x_S

Berechnung der Schwerpunktskoordinate y_S

$$y_S = \frac{\frac{1}{2} \cdot \int\limits_a^b [f(x)]^2\,\mathrm{d}x}{A_x}$$

► 0 für a; l für b;$(x) = \frac{h}{l} \cdot x$; $A_x = \frac{1}{2} \cdot l \cdot h$

$$y_S = \frac{\frac{1}{2} \cdot \int\limits_0^l \left[\frac{h}{l} \cdot x\right]^2 \mathrm{d}x}{\frac{1}{2} \cdot l \cdot h}$$

$$= \frac{h}{l^3} \cdot \int\limits_0^l x^2\,\mathrm{d}x$$

$$= \frac{h}{l^3} \cdot \frac{1}{3} \cdot x^3 \Big|_0^l$$

$$= \frac{h}{3 \cdot l^3} \cdot [l^3 - 0]$$

$$= \underline{\underline{\frac{1}{3} \cdot h}}$$ ► Schwerpunktskoordinate y_S

Der Flächenschwerpunkt des rechtwinkligen Dreiecks hat die Koordinaten $S\left\langle \frac{2}{3} \cdot l; \frac{1}{3} \cdot h \right\rangle$.

Beispiel: Berechnen Sie die Schwerpunktskoordinaten der Masse, die der Fläche zwischen dem Graphen der Funktion $f: f(x) = e^x$; $D(f) = \mathbb{R}$ und der x-Achse im Intervall $[-2; 1{,}5]$ entspricht.

Im Intervall $[-2; 1{,}5]$ gilt für alle Funktionswerte $f(x) > 0$, sodass die entwickelten Formeln für x_S und y_S unmittelbar angewendet werden können:

$$x_S = \frac{\int_a^b [x \cdot f(x)]\,dx}{\int_a^b f(x)\,dx}; \quad y_S = \frac{\frac{1}{2} \cdot \int_a^b [f(x)]^2\,dx}{\int_a^b f(x)\,dx}$$

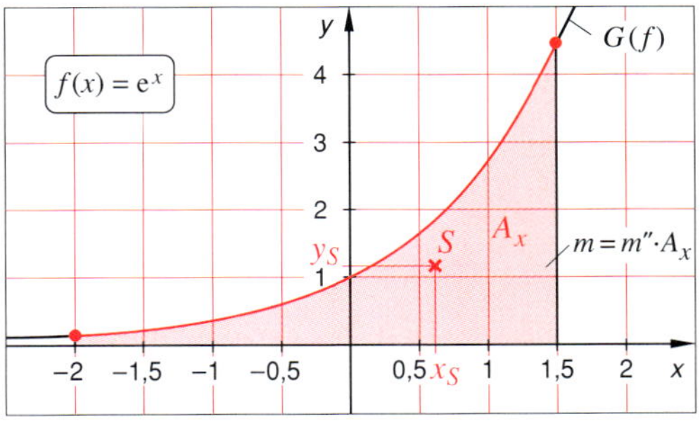

Es wird zunächst $A_x = \int_a^b f(x)\,dx = \int_{-2}^{1{,}5} e^x\,dx$ berechnet, da dieser Term bei beiden Schwerpunktskoordinaten als Nennerterm vorkommt.

$A_x = \int_a^b f(x)\,dx$ ► -2 für a; $1{,}5$ für b; $f(x) = e^x$

$$= \int_{-2}^{1{,}5} e^x\,dx$$
$$= e^x \Big|_{-2}^{1{,}5}$$
$$= e^{1{,}5} - e^{-2}$$
$$= \underline{4{,}34635}$$

Berechnung der Schwerpunktskoordinate x_S

$\int_a^b [x \cdot f(x)]\,dx = ?$ ► -2 für a; $1{,}5$ für b; $f(x) = e^x$

$$\int_{-2}^{1{,}5} [x \cdot e^x]\,dx = x \cdot e^x - e^x \Big|_{-2}^{1{,}5} \quad \blacktriangleright\ 2.5$$
$$= e^x \cdot (x-1) \Big|_{-2}^{1{,}5}$$
$$= e^{1{,}5} \cdot (1{,}5 - 1) - [e^{(-2)} \cdot (-2-1)]$$
$$= 0{,}5 \cdot e^{1{,}5} + 3 \cdot e^{-2}$$
$$= \underline{2{,}64685}$$

$$x_S = \frac{\int_{-2}^{1{,}5} [x \cdot e^x]\,dx}{A_x} \quad \blacktriangleright\ A_x = 4{,}34635$$
$$= \frac{2{,}64685}{4{,}34635}$$
$$= \underline{\underline{0{,}60898}}$$

Berechnung der Schwerpunktskoordinate y_S

$\frac{1}{2} \cdot \int_a^b [f(x)]^2\,dx = ?$ ► -2 für a; $1{,}5$ für b; $f(x) = e^x$

$$\frac{1}{2} \cdot \int_{-2}^{1{,}5} [e^x]^2\,dx = \frac{1}{2} \cdot \frac{1}{2} \cdot e^{2x} \Big|_{-2}^{1{,}5} \quad \blacktriangleright\ 2.4.1$$
$$= \frac{1}{4} \cdot [e^{2 \cdot 1{,}5} - e^{2 \cdot (-2)}]$$
$$= \frac{1}{4} \cdot [e^3 - e^{-4}]$$
$$= \underline{5{,}01680}$$

$$y_S = \frac{\frac{1}{2} \cdot \int_{-2}^{1{,}5} [e^x]^2\,dx}{A_x} \quad \blacktriangleright\ A_x = 4{,}34635$$
$$= \frac{5{,}01680}{4{,}34635}$$
$$= \underline{\underline{1{,}15426}}$$

Der gesuchte Flächenschwerpunkt hat die Koordinaten $S\langle 0{,}60896 \mid 1{,}15426 \rangle$.

Beispiel: Berechnen Sie die Schwerpunktskoordinaten x_S und y_S der Masse, die der Fläche zwischen dem Graphen der Funktion $f: f(x) = \frac{x^2}{2} - 2x$; $D(f) = \mathbb{R}$ und der x-Achse im Intervall $[1; 4]$ entspricht.

Da im Intervall $[1; 4]$ für alle Funktionswerte $f(x) \leq 0$ gilt, werden hier die entsprechenden Formeln für x_S und y_S angewendet:

$$x_S = \frac{-\int_a^b [x \cdot f(x)]\,\mathrm{d}x}{A_x}; \quad y_S = \frac{-\frac{1}{2} \cdot \int_a^b [f(x)]^2\,\mathrm{d}x}{A_x}$$

Zunächst wird A_x berechnet, da A_x in den Formeln für beide Schwerpunktskoordinaten als Nennerterm vorkommt:

$$A_x = \left| \int_a^b f(x)\,\mathrm{d}x \right| = \left| \int_1^4 \left(\frac{x^2}{2} - 2x\right)\mathrm{d}x \right|$$

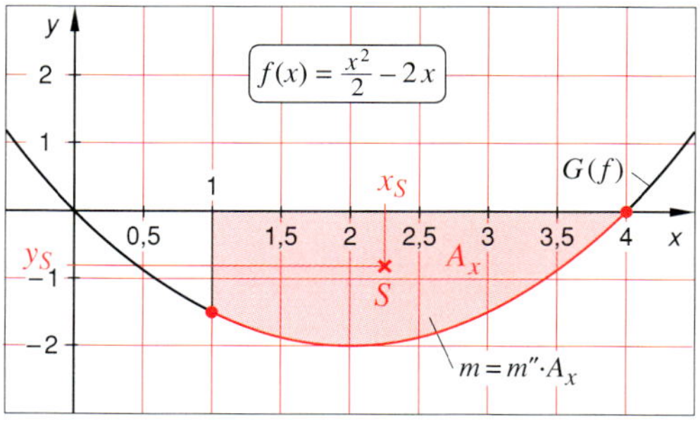

$A_x = \left| \int_a^b f(x)\,\mathrm{d}x \right|$ ► 1 für a; 4 für b; $f(x) = \frac{x^2}{2} - 2x$

$$= \left| \int_1^4 \left(\frac{x^2}{2} - 2x\right)\mathrm{d}x \right|$$

$$= \left| \left. \frac{x^3}{6} - x^2 \right|_1^4 \right|$$

$$= \left| \frac{4^3}{6} - 4^2 - \left(\frac{1^3}{6} - 1^2\right) \right|$$

$$= \left| \frac{64}{6} - 16 - \frac{1}{6} + 1 \right|$$

$$= \underline{4{,}5}$$

Berechnung der Schwerpunktskoordinate x_S

Für $f(x) \leq 0$ gilt:

$-\int_a^b [x \cdot f(x)]\,\mathrm{d}x = ?$ ► 1 für a; 4 für b; $f(x) = \frac{x^2}{2} - 2x$

$$-\int_1^4 \left[x \cdot \left(\frac{x^2}{2} - 2x\right)\right]\mathrm{d}x = -\int_1^4 \left[\frac{x^3}{2} - 2x^2\right]\mathrm{d}x$$

$$= -\left.\left(\frac{1}{2} \cdot \frac{x^4}{4} - 2 \cdot \frac{x^3}{3}\right)\right|_1^4$$

$$= -\frac{1}{2} \cdot \frac{4^4}{4} + 2 \cdot \frac{4^3}{3} - \left(-\frac{1}{2} \cdot \frac{1^4}{4} + 2 \cdot \frac{1^3}{3}\right)$$

$$= \underline{\frac{81}{8}}$$

Berechnung der Schwerpunktskoordinate y_S

Für $f(x) \leq 0$ gilt:

$-\frac{1}{2} \cdot \int_a^b [f(x)]^2\,\mathrm{d}x = ?$ ► 1 für a; 4 für b; $f(x) = \frac{x^2}{2} - 2x$

$$-\frac{1}{2} \cdot \int_1^4 \left[\frac{x^2}{2} - 2x\right]^2 \mathrm{d}x = -\frac{1}{2} \cdot \int_1^4 \left[\frac{x^4}{4} - 2x^3 + 4x^2\right]\mathrm{d}x$$

$$= -\frac{1}{2} \cdot \left.\left[\frac{x^5}{20} - \frac{x^4}{2} + \frac{4x^3}{3}\right]\right|_1^4$$

$$= -\frac{1}{2} \cdot \left[\frac{4^5}{20} - \frac{4^4}{2} + \frac{4 \cdot 4^3}{3} - \left(\frac{1^5}{20} - \frac{1^4}{2} + \frac{4 \cdot 1^3}{3}\right)\right]$$

$$= \underline{-\frac{153}{40}}$$

$$x_S = \frac{-\int_1^4 \left[x \cdot \left(\frac{x^2}{2} - 2x\right)\right] \mathrm{d}x}{A_x} \qquad \blacktriangleright A_x = 4{,}5$$

$$= \frac{\frac{81}{8}}{4{,}5}$$

$$= \underline{\underline{2{,}25}}$$

$$y_S = \frac{-\frac{1}{2} \cdot \int_1^4 \left[\frac{x^2}{2} - 2x\right]^2 \mathrm{d}x}{A_x} \qquad \blacktriangleright A_x = 4{,}5$$

$$= \frac{-\frac{153}{40}}{4{,}5}$$

$$= \underline{\underline{-0{,}85}}$$

Der gesuchte Flächenschwerpunkt hat die Koordinaten $S\langle 2{,}25 | -0{,}85\rangle$.

Beispiel: Berechnen Sie die Schwerpunktskoordinaten x_S und y_S der Masse, die der Fläche zwischen dem Graphen der Funktion $f: f(x) = \cos x$; $D(f) = \mathbb{R}$ und der x-Achse im Intervall $\left[0; \frac{4\pi}{3}\right]$ entspricht.

Die Funktion $f: f(x) = \cos x$; $D(f) = \mathbb{R}$ hat im Intervall $\left[0; \frac{4\pi}{3}\right]$ eine Nullstelle bei $x_0 = \frac{\pi}{2}$, d. h. $G(f)$ schneidet dort die x-Achse. Für $x \in \left[0; \frac{\pi}{2}\right]$ gilt $f(x) \geq 0$ und für $x \in \left[\frac{\pi}{2}; \frac{4\pi}{3}\right]$ gilt $f(x) \leq 0$.

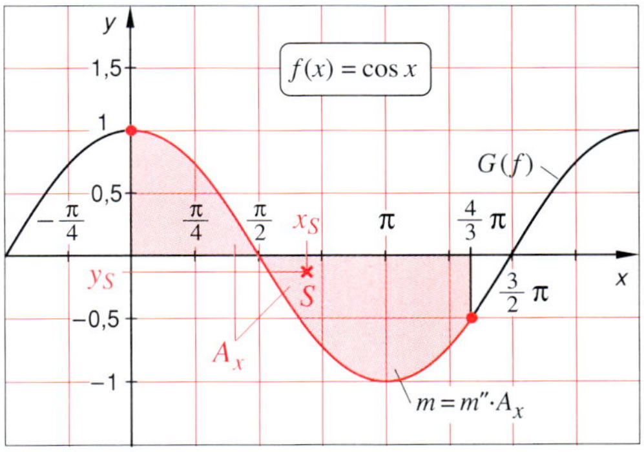

Daher müssen die Zählerterme und die Nennerterme in den Formeln für x_S und y_S durch abschnittsweise Integration berechnet werden. Dabei ist jeweils das Vorzeichen von $f(x)$ zu beachten.

$$x_S = \frac{\int_a^{x_0} [x \cdot f(x)]\,\mathrm{d}x + \left(-\int_{x_0}^{b} [x \cdot f(x)]\,\mathrm{d}x\right)}{A_x}$$

$$= \frac{\int_a^{x_0} [x \cdot f(x)]\,\mathrm{d}x - \int_{x_0}^{b} [x \cdot f(x)]\,\mathrm{d}x}{A_x}$$

$$y_S = \frac{\frac{1}{2} \cdot \int_a^{x_0} [f(x)]^2\,\mathrm{d}x + \left(-\frac{1}{2} \cdot \int_{x_0}^{b} [f(x)]^2\,\mathrm{d}x\right)}{A_x}$$

$$= \frac{\frac{1}{2} \cdot \int_a^{x_0} [f(x)]^2\,\mathrm{d}x - \frac{1}{2} \cdot \int_{x_0}^{b} [f(x)]^2\,\mathrm{d}x}{A_x}$$

Es wird zunächst der Nennerterm A_x, also $A_x = \int\limits_a^{x_0} f(x)\,\mathrm{d}x + \left|\int\limits_{x_0}^{b} f(x)\,\mathrm{d}x\right|$ berechnet, da A_x in beiden Formeln für die Schwerpunktskoordinaten vorkommt.

Anschließend erfolgt die Berechnung von x_S und y_S mithilfe der entwickelten Formeln.

$$A_x = \int\limits_a^{x_0} f(x)\,\mathrm{d}x + \left|\int\limits_{x_0}^{b} f(x)\,\mathrm{d}x\right|$$

► 0 für a; $\frac{\pi}{2}$ für x_0; $\frac{4\pi}{3}$ für b; $f(x) = \cos x$

$$A_x = \int\limits_0^{\frac{\pi}{2}} \cos x\ \mathrm{d}x + \left|\int\limits_{\frac{\pi}{2}}^{\frac{4\pi}{3}} \cos x\ \mathrm{d}x\right|$$

$$= \sin x\Big|_0^{\frac{\pi}{2}} + \left|\sin x\Big|_{\frac{\pi}{2}}^{\frac{4\pi}{3}}\right|$$

$$= \sin\frac{\pi}{2} - \sin 0 + \left|\sin\frac{4\pi}{3} - \sin\frac{\pi}{2}\right|$$

$$= 1 - 0 + \left|-\frac{\sqrt{3}}{2} - 1\right|$$

$$= \underline{2{,}86603}$$

Berechnung der Schwerpunktskoordinate x_S

$$x_S = \frac{\int\limits_a^{x_0} [x \cdot f(x)]\,\mathrm{d}x - \int\limits_{x_0}^{b} [x \cdot f(x)]\,\mathrm{d}x}{A_x}$$

► 0 für a; $\frac{\pi}{2}$ für x_0; $\frac{4\pi}{3}$ für b; $f(x) = \cos x$

$$\int\limits_0^{\frac{\pi}{2}} [x \cdot \cos x]\,\mathrm{d}x - \int\limits_{\frac{\pi}{2}}^{\frac{4\pi}{3}} [x \cdot \cos x]\,\mathrm{d}x =$$

$$= x \cdot \sin x + \cos x\Big|_0^{\frac{\pi}{2}} - (x \cdot \sin x + \cos x)\Big|_{\frac{\pi}{2}}^{\frac{4\pi}{3}} \quad \text{► 2.5}$$

$$= \frac{\pi}{2} \cdot \sin\frac{\pi}{2} + \cos\frac{\pi}{2} - (0 \cdot \sin 0 + \cos 0) +$$
$$- \left[\frac{4\pi}{3} \cdot \sin\frac{4\pi}{3} + \cos\frac{4\pi}{3} - \left(\frac{\pi}{2} \cdot \sin\frac{\pi}{2} + \cos\frac{\pi}{2}\right)\right]$$

$$= \frac{\pi}{2} \cdot 1 + 0 - (0 + 1) +$$
$$- \left[\frac{4\pi}{3} \cdot \left(-\frac{\sqrt{3}}{2}\right) + \left(-\frac{1}{2}\right) - \left(\frac{\pi}{2} \cdot 1 + 0\right)\right]$$

$$= \underline{6{,}26919}$$

$$x_S = \frac{\int\limits_0^{\frac{\pi}{2}} [x \cdot \cos x]\,\mathrm{d}x - \int\limits_{\frac{\pi}{2}}^{\frac{4\pi}{3}} [x \cdot \cos x]\,\mathrm{d}x}{A_x} \quad \text{► } A_x = 2{,}86603$$

$$= \frac{6{,}26919}{2{,}86603}$$

$$= \underline{\underline{2{,}18741}}$$

Berechnung der Schwerpunktskoordinate y_S

$$y_S = \frac{\frac{1}{2} \cdot \int\limits_a^{x_0} [f(x)]^2\,\mathrm{d}x - \frac{1}{2} \cdot \int\limits_{x_0}^{b} [f(x)]^2\,\mathrm{d}x}{A_x}$$

► 0 für a; $\frac{\pi}{2}$ für x_0; $\frac{4\pi}{3}$ für b; $f(x) = \cos x$

$$\frac{1}{2} \cdot \int\limits_0^{\frac{\pi}{2}} \cos^2 x\,\mathrm{d}x - \frac{1}{2} \cdot \int\limits_{\frac{\pi}{2}}^{\frac{4\pi}{3}} \cos^2 x\,\mathrm{d}x =$$

$$= \frac{1}{2} \cdot \left[\frac{x}{2} + \frac{1}{4} \cdot \sin(2x)\Big|_0^{\frac{\pi}{2}}\right] - \frac{1}{2} \cdot \left[\frac{x}{2} + \frac{1}{4} \cdot \sin(2x)\Big|_{\frac{\pi}{2}}^{\frac{4\pi}{3}}\right] \quad \text{► 2.}$$

$$= \frac{1}{2} \cdot \left[\frac{\frac{\pi}{2}}{2} + \frac{1}{4} \cdot \sin\left(2 \cdot \frac{\pi}{2}\right) - \left(\frac{0}{2} + \frac{1}{4} \cdot \sin 0\right)\right] +$$
$$- \frac{1}{2} \cdot \left[\frac{\frac{4\pi}{3}}{2} + \frac{1}{4} \cdot \sin\left(2 \cdot \frac{4\pi}{3}\right) - \left(\frac{\frac{\pi}{2}}{2} + \frac{1}{4} \cdot \sin\left(2 \cdot \frac{\pi}{2}\right)\right)\right]$$

$$= \frac{1}{2} \cdot \left[\frac{\pi}{4} + \frac{1}{4} \cdot 0 - (0 + 0)\right] - \frac{1}{2} \cdot \left[\frac{2\pi}{3} + \frac{1}{4} \cdot \frac{\sqrt{3}}{2} - \left(\frac{\pi}{4} + 0\right)\right]$$

$$= \underline{-0{,}37005}$$

$$y_S = \frac{\frac{1}{2} \cdot \int\limits_0^{\frac{\pi}{2}} \cos^2 x\ \mathrm{d}x - \frac{1}{2} \cdot \int\limits_{\frac{\pi}{2}}^{\frac{4\pi}{3}} \cos^2 x\ \mathrm{d}x}{A_x} \quad \text{► } A_x = 2{,}86603$$

$$= \frac{-0{,}37005}{2{,}86603}$$

$$= \underline{\underline{-0{,}12912}}$$

Der gesuchte Flächenschwerpunkt hat die Koordinaten $S\langle 2{,}18741 \mid -0{,}12912\rangle$.

Problem: Berechnen Sie die Schwerpunktskoordinaten x_S und y_S der Masse, die der Fläche zwischen den Graphen der Funktionen $f: f(x) = -x^2 + 4x$; $D(f) = \mathbb{R}$ und $g: g(x) = \frac{x}{2}$; $D(f) = \mathbb{R}$ entspricht.

Die Fläche zwischen $G(f)$ und $G(g)$ wird nach oben durch eine nach unten geöffnete Parabel mit der Gleichung $f(x) = -x^2 + 4x$ und nach unten durch die Gerade mit der Gleichung $g(x) = \frac{x}{2}$ begrenzt.

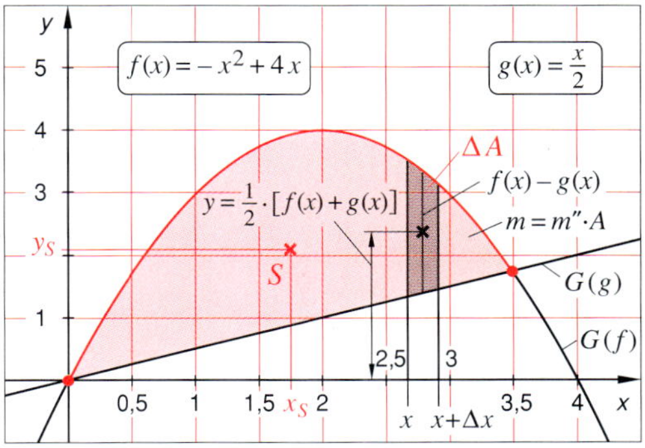

Durch Gleichsetzen der beiden Gleichungen erhält man die Schnittstellen zwischen Gerade und Parabel, und zwar $x_1 = 0$ sowie $x_2 = 3{,}5$.

$$-x^2 + 4x = \frac{x}{2} \Rightarrow x^2 - 3{,}5x = 0 \Rightarrow x \cdot (x - 3{,}5) = \underline{0}$$

$\Rightarrow x_1 = \underline{0}$ und $x_2 = \underline{3{,}5}$ ► Schnittstellen

Die Berechnungen von M_y und x_S sowie von M_x und y_S erfolgen zunächst allgemein.

- **Berechnung von M_y und x_S**

Ein Flächenelement zwischen den Graphen $G(f)$ und $G(g)$ hat den Inhalt ΔA, die Masse Δm bzw. $m'' \cdot \Delta A$ und somit näherungsweise das Drehmoment ΔM_y, bezogen auf die y-Achse.

$$\begin{aligned}
&\blacktriangleright\ \Delta M_y = \Delta F_G \cdot x \quad \blacktriangleright\ \Delta F_G = \Delta m \cdot g\\
&= \Delta m \cdot g \cdot x \quad \blacktriangleright\ \Delta m = m'' \cdot \Delta A\\
&= m'' \cdot \Delta A \cdot g \cdot x \quad \blacktriangleright\ \Delta A = [f(x) - g(x)] \cdot \Delta x\\
&= m'' \cdot [f(x) - g(x)] \cdot \Delta x \cdot g \cdot x\\
&= m'' \cdot g \cdot x \cdot [f(x) - g(x)] \cdot \Delta x
\end{aligned}$$

Mit dem Schnittprinzip erhält man in $[a; b]$:

$M_y = F_G \cdot x_S = m'' \cdot g \cdot \int_a^b \left(x \cdot [f(x) - g(x)]\right) \mathrm{d}x$,

wobei dort stets $f(x) \geq g(x)$ gelten muss.

$$\begin{aligned}
\Rightarrow M_y &= \int_a^b \left(m'' \cdot g \cdot x \cdot [f(x) - g(x)]\right) \mathrm{d}x\\
&= \underline{\underline{m'' \cdot g \cdot \int_a^b \left(x \cdot [f(x) - g(x)]\right) \mathrm{d}x}} \quad \blacktriangleright\ f(x) \geq g(x)
\end{aligned}$$

Um x_S zu berechnen, geht man von der Momentengleichung $M_y = F_G \cdot x_S$ aus und stellt diese nach x_S um. Dann setzt man die Terme für M_y und F_G ein und vereinfacht.

$$\begin{aligned}
&\blacktriangleright\ x_S = \frac{M_y}{F_G} \quad \blacktriangleright\ M_y = m'' \cdot g \cdot \int_a^b \left(x \cdot [f(x) - g(x)]\right) \mathrm{d}x\\
&\qquad\qquad F_G = m \cdot g = m'' \cdot A \cdot g\\
&= \frac{m'' \cdot g \cdot \int_a^b \left(x \cdot [f(x) - g(x)]\right) \mathrm{d}x}{m'' \cdot A \cdot g}\\
&= \underline{\underline{\frac{\int_a^b \left(x \cdot [f(x) - g(x)]\right) \mathrm{d}x}{A}}} \quad \blacktriangleright\ A = \int_a^b [f(x) - g(x)]\, \mathrm{d}x
\end{aligned}$$

- **Berechnung von M_x und y_S**

Auf die y-Achse bezogen hat ein Flächenelement zwischen den Graphen von f und g näherungsweise das Drehmoment ΔM_x. Der „Hebelarm" des Flächenelementes, bezogen auf die x-Achse beträgt hier $\frac{1}{2}\cdot[f(x)+g(x)]$.

$$\blacktriangleright\ \Delta M_x = \Delta F_G \cdot y \quad \blacktriangleright\ \Delta F_G = \Delta m \cdot g;\ y = \frac{1}{2}\cdot[f(x)+g(x)]$$
$$= \Delta m \cdot g \cdot \frac{1}{2}\cdot[f(x)+g(x)] \quad \blacktriangleright\ \Delta m = m'' \cdot \Delta A$$
$$= \frac{1}{2}\cdot m'' \cdot \Delta A \cdot g \cdot [f(x)-g(x)] \quad \blacktriangleright\ \Delta A = [f(x)-g(x)]\cdot \Delta$$
$$= \frac{1}{2}\cdot m'' \cdot [f(x)+g(x)]\cdot \Delta x \cdot g \cdot [f(x)-g(x)]$$
$$= \frac{1}{2}\cdot m'' \cdot g \cdot [f(x)+g(x)]\cdot[f(x)-g(x)]\cdot \Delta x$$
$$= \frac{1}{2}\cdot m'' \cdot g \cdot \left([f(x)]^2 - [g(x)]^2\right)\cdot \Delta x$$

Mit dem Schnittprinzip erhält man in $[a; b]$:

$M_x = \frac{1}{2}\cdot m'' \cdot g \cdot \int\limits_a^b \left([f(x)]^2 - [g(x)]^2\right)\mathrm{d}x$, wobei dort stets $f(x) \geq g(x)$ gelten muss.

$$\Rightarrow\ M_x = \int\limits_a^b \left[\tfrac{1}{2}\cdot m'' \cdot g \cdot \left([f(x)]^2 - [g(x)]^2\right)\right]\mathrm{d}x$$
$$= \tfrac{1}{2}\cdot m'' \cdot g \cdot \int\limits_a^b \left([f(x)]^2 - [g(x)]^2\right)\mathrm{d}x \quad \blacktriangleright\ f(x) \geq g(x)$$

Die Berechnung von y_S erfolgt analog zu der von x_S. Man geht von der Momentengleichung $M_x = F_G \cdot y_S$ aus und stellt diese nach y_S um. Dann setzt man die Terme für M_x und F_G ein und vereinfacht.

$$\blacktriangleright\ y_S = \frac{M_x}{F_G} \quad \blacktriangleright\ M_x = \frac{1}{2}\cdot m'' \cdot g \cdot \int\limits_a^b \left([f(x)]^2 - [g(x)]^2\right)\mathrm{d}x$$
$$F_G = m \cdot g = m'' \cdot A \cdot g$$
$$= \frac{\frac{1}{2}\cdot m'' \cdot g \cdot \int\limits_a^b \left([f(x)]^2 - [g(x)]^2\right)\mathrm{d}x}{m'' \cdot A \cdot g}$$
$$= \frac{\frac{1}{2}\cdot \int\limits_a^b \left([f(x)]^2 - [g(x)]^2\right)\mathrm{d}x}{A} \quad \blacktriangleright\ A = \int\limits_a^b [f(x)-g(x)]\,\mathrm{d}x$$

Im Beispiel wird zunächst der Nennerterm A, also $\int\limits_a^b [f(x)-g(x)]\,\mathrm{d}x$, berechnet, denn dieser kommt in beiden Formeln für die Schwerpunktskoordinaten vor.

$$A = \frac{1}{2}\cdot \int\limits_a^b [f(x)-g(x)]\,\mathrm{d}x \quad \blacktriangleright\ f(x) > g(x);\ x \in (a; b)$$

$\blacktriangleright$ 0 für a; 3,5 für b; $f(x) = -x^2 + 4x$; $g(x) = \frac{x}{2}$; $f(x) > g(x)$ für $x \in (0; 3{,}5)$

Anschließend erfolgt die Berechnung von x_S und y_S mithilfe der entwickelten Formeln.

$$A = \int\limits_0^{3{,}5} \left[-x^2 + 4x - \frac{x}{2}\right]\mathrm{d}x = \int\limits_0^{3{,}5} [-x^2 + 3{,}5\,x]\,\mathrm{d}x$$
$$= -\frac{x^3}{3} + 3{,}5\cdot\frac{x^2}{2}\Big|_0^{3{,}5}$$
$$= -\frac{3{,}5^3}{3} + 3{,}5\cdot\frac{3{,}5^2}{2} - 0$$
$$= \underline{7{,}14583}$$

Berechnung der Schwerpunktskoordinate x_S

$$\int_a^b \left(x\cdot[f(x)-g(x)]\right)\mathrm{d}x = ?$$

► 0 für a; 3,5 für b; $f(x)=-x^2+4x$; $g(x)=\frac{x}{2}$

$$\int_0^{3,5}\left(x\cdot\left[-x^2+4x-\frac{x}{2}\right]\right)\mathrm{d}x = \int_0^{3,5}\left(x\cdot[-x^2+3{,}5x]\right)\mathrm{d}x$$

$$= \int_0^{3,5}\left(-x^3+3{,}5x^2\right)\mathrm{d}x$$

$$= -\frac{1}{4}\cdot x^4+\frac{3{,}5}{3}\cdot x^3\Big|_0^{3,5}$$

$$= -\frac{1}{4}\cdot 3{,}5^4+\frac{3{,}5}{3}\cdot 3{,}5^3-0$$

$$= \underline{12{,}50521}$$

$$x_S = \frac{\int_0^{3,5}\left(x\cdot\left[-x^2+4x-\frac{x}{2}\right]\right)\mathrm{d}x}{A} \quad ► A = 7{,}14583$$

$$= \frac{12{,}50521}{7{,}14583}$$

$$= \underline{\underline{1{,}75}}$$

Berechnung der Schwerpunktskoordinate y_S

$$\tfrac{1}{2}\cdot\int_a^b \left([f(x)]^2-[g(x)]^2\right)\mathrm{d}x = ?$$

► 0 für a; 3,5 für b; $f(x)=-x^2+4x$; $g(x)=\frac{x}{2}$

$$\frac{1}{2}\cdot\int_0^{3,5}\left([-x^2+4x]^2-\left[\frac{x}{2}\right]^2\right)\mathrm{d}x = \frac{1}{2}\cdot\int_0^{3,5}\left(x^4-8x^3+\frac{63}{4}\cdot x^2\right)\mathrm{d}x$$

$$= \int_0^{3,5}\left(\frac{x^4}{2}-4x^3+\frac{63}{8}\cdot x^2\right)\mathrm{d}x$$

$$= \frac{x^5}{10}-x^4+\frac{21}{8}\cdot x^3\Big|_0^{3,5}$$

$$= \frac{3{,}5^5}{10}-3{,}5^4+\frac{21}{8}\cdot 3{,}5^3-0$$

$$= \underline{15{,}00625}$$

$$y_S = \frac{\frac{1}{2}\cdot\int_0^{3,5}\left([-x^2+4x]^2-\left[\frac{x}{2}\right]^2\right)\mathrm{d}x}{A} \quad ► A = 7{,}14583$$

$$= \frac{15{,}00625}{7{,}14583}$$

$$= \underline{\underline{2{,}1}}$$

Der gesuchte Flächenschwerpunkt hat die Koordinaten $S\langle 1{,}75 \mid 2{,}1\rangle$.

Merke:

Liegt in einem xy-Koordinatensystem eine flächenförmige Masse in einem Intervall $[a;b]$ zwischen den Funktionsgraphen $G(f)$ und $G(g)$ mit $f(x)\geq g(x)$ und haben diese Graphen im Intervall $(a;b)$ keine Schnittpunkte, so berechnet man die Drehmomente M_x und M_y sowie die Schwerpunktskoordinaten x_S und y_S mit:

$$M_y = F_G\cdot x_S = m''\cdot g\cdot\int_a^b\left(x\cdot[f(x)-g(x)]\right)\mathrm{d}x$$

$$x_S = \frac{\int_a^b\left(x\cdot[f(x)-g(x)]\right)\mathrm{d}x}{A} \quad ► A = \int_a^b [f(x)-g(x)]\,\mathrm{d}x$$

$$M_x = F_G\cdot y_S = \frac{1}{2}\cdot m''\cdot g\cdot\int_a^b\left([f(x)]^2-[g(x)]^2\right)\mathrm{d}x$$

$$y_S = \frac{\frac{1}{2}\cdot\int_a^b\left([f(x)]^2-[g(x)]^2\right)\mathrm{d}x}{A} \quad ► A = \int_a^b [f(x)-g(x)]\,\mathrm{d}x$$

Anmerkungen:

- Die entwickelten Formeln gelten auch, wenn sich die Graphen $G(f)$ und $G(g)$ im Intervall $(a;b)$ berühren.
- Haben die Graphen $G(f)$ und $G(g)$ in $(a;b)$ jedoch eine Schnittstelle x_0, so gelten in den Formeln für x_S und y_S folgende Zählerterme, falls $f(x)\geq g(x)$ in $[a;x_0]$ und $g(x)\geq f(x)$ in $[x_0;b]$ ist:

  Zählerterm für x_S: $\int_a^{x_0}\left(x\cdot[f(x)-g(x)]\right)\mathrm{d}x+\int_{x_0}^b\left(x\cdot[g(x)-f(x)]\right)\mathrm{d}x$

  Zählerterm für y_S: $\frac{1}{2}\cdot\int_a^{x_0}\left([f(x)]^2-[g(x)]^2\right)\mathrm{d}x+\frac{1}{2}\cdot\int_{x_0}^b\left([g(x)]^2-[f(x)]^2\right)\mathrm{d}x$

Kurven in Parameterdarstellung

Ist in einem Intervall $[t_1; t_2]$ die Parameterdarstellung $\begin{cases} x = f_1(t) \\ y = f_2(t) \end{cases}; t \in D(f_1) \cap D(f_2)$ einer Kurve gegeben, so lassen sich für die Schwerpunktskoordinaten x_S und y_S einer flächenförmigen Masse m mit $m = m'' \cdot A_x$, analog zum vorangegangenen Abschnitt, entsprechende Formeln herleiten.

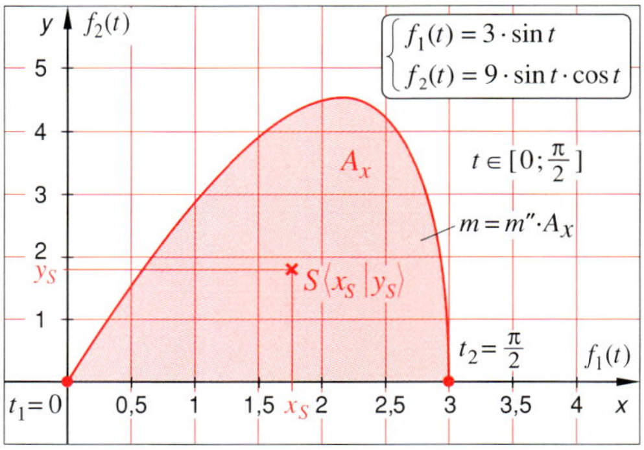

Es werden hier nur die Formeln für Schwerpunktskoordinaten von solchen flächenförmigen Massen angegeben, die in einem Intervall $[t_1; t_2]$ zwischen Kurve und x-Achse liegen. Für die nachstehenden Formeln gelten dabei folgende Bedingungen:

- f_1 muss im Intervall $[t_1; t_2]$ streng monoton und stetig differenzierbar sein. Die Kurve ist also in $[t_1; t_2]$ der Graph einer stetigen Funktion. Ist dabei $f_1(t_1) < f_1(t_2)$, ist f_1 also in $[t_1; t_2]$ streng monoton steigend, so ist t_1 die untere und t_2 die obere Integrationsgrenze. Ist dagegen $f_1(t_1) > f_1(t_2)$, ist f_1 also in $[t_1; t_2]$ streng monoton fallend, so ist t_2 die untere und t_1 die obere Integrationsgrenze.
- f_2 muss in $[t_1; t_2]$ vorzeichenbeständig sein, d. h. es muss $f_2(t) \leq 0$ oder $f_2(t) \geq 0$ für alle $t \in [t_1; t_2]$ gelten.

Merke:

$$\boldsymbol{M_y = F_G \cdot x_S = m'' \cdot g \cdot \int_{t_1}^{t_2} [f_1(t) \cdot \dot{f}_1(t) \cdot |f_2(t)|]\, dt}$$

$$\boldsymbol{x_S = \frac{\int_{t_1}^{t_2} [f_1(t) \cdot \dot{f}_1(t) \cdot |f_2(t)|]\, dt}{A_x}}$$

$$\boldsymbol{M_x = F_G \cdot y_S = m'' \cdot g \cdot \tfrac{1}{2} \cdot \int_{t_1}^{t_2} [\dot{f}_1(t) \cdot |f_2(t)| \cdot f_2(t)]\, dt}$$

$$\boldsymbol{y_S = \frac{\frac{1}{2} \cdot \int_{t_1}^{t_2} [\dot{f}_1(t) \cdot |f_2(t)| \cdot f_2(t)]\, dt}{A_x}}$$

Anmerkungen:

- Die Berechnung des Flächeninhaltes A_x erfolgt gemäß dem Abschnitt „Flächeninhalte – Kurven in Parameterdarstellung" des Kapitels 3.1.
- Wechselt die Funktion f_2 im Intervall $[t_1; t_2]$ das Vorzeichen, so muss der Zählerterm in der Formel für y_S abschnittsweise berechnet werden.
- Die Formeln gelten auch, wenn f_1 in $[t_1; t_2]$ abschnittsweise monoton ist und die Kurve ganz oberhalb oder ganz unterhalb der x-Achse liegt.

Beispiel: Eine Astroide ist durch die Parameterdarstellung $\begin{cases} f_1(t) = 4 \cdot \cos^3 t \\ f_2(t) = 4 \cdot \sin^3 t \end{cases}$; $t \in [0; 2\pi]$ gegeben. Berechnen Sie die Schwerpunktskoordinaten x_S und y_S der Masse, die der Fläche zwischen dem Teil der Astroide im ersten Quadranten und der x-Achse entspricht.

Die Maßzahl A_x der Astroidenfläche im ersten Quadranten wurde bereits im Kapitel 3.1 berechnet und zwar ist $A_x = 1{,}5\,\pi$.
Zur Berechnung der Schwerpunktskoordinaten x_S und y_S setzt man die Terme für $f_1(t)$, $f_2(t)$ und $\dot{f}_1(t)$ in die entsprechenden Formeln ein.

► $f_1(t) = 4 \cdot \cos^3(t) \Rightarrow \dot{f}_1(t) = -12 \cdot \cos^2 t \cdot \sin t$

► $f_2(t) = 4 \cdot \sin^3 t$

► $t_1 = 0$ und $t_2 = \frac{\pi}{2}$

► $A_x = 1{,}5\,\pi$

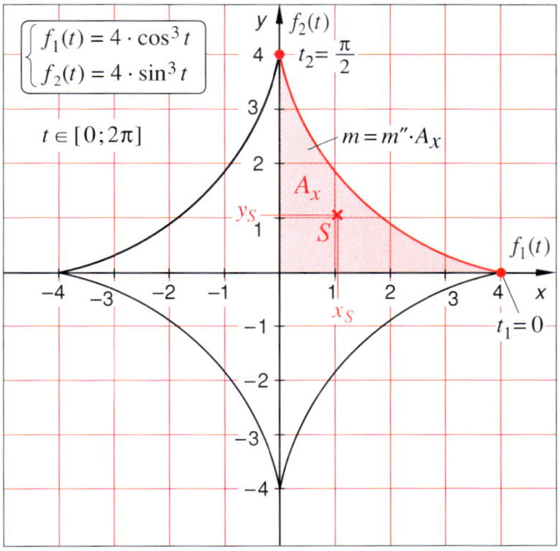

Für $t \in \left(0; \frac{\pi}{2}\right)$ gilt $-12 \cdot \cos^2 t \cdot \sin t < 0$, also $\dot{f}_1(t) < 0$, d.h. die Funktion f_1 ist in $\left(0; \frac{\pi}{2}\right)$ und somit als stetige Funktion in $\left[0; \frac{\pi}{2}\right]$ streng monoton fallend und stetig differenzierbar. Da f_1 in $[t_1; t_2]$ streng monoton fallend ist, ist t_2 die untere und t_1 die obere Integrationsgrenze. Außerdem gilt $4 \cdot \sin^3 t \geq 0$, also $f_2(t) \geq 0$. Die angegebenen Formeln können daher angewendet werden.

► 0 für t_1 und $\frac{\pi}{2}$ für t_2; $f_1(t) = 4 \cdot \cos^3 t$; $\dot{f}_1(t) = -12 \cdot \cos^2 t \cdot \sin t$; $f_2(t) = 4 \cdot \sin^3 t$;

► für $t \in \left[0; \frac{\pi}{2}\right]$ gilt: $|f_2(t)| = |4 \cdot \sin^3 t| = 4 \cdot \sin^3 t$

Berechnung der Schwerpunktskoordinate x_S

$$x_S = \frac{\int_{t_2}^{t_1} [f_1(t) \cdot \dot{f}_1(t) \cdot |f_2(t)|]\,\mathrm{d}t}{A_x}$$ ► $A_x = 1{,}5\,\pi$

► $\int_{t_2}^{t_1} [f_1(t) \cdot \dot{f}_1(t) \cdot |f_2(t)|]\,\mathrm{d}t =$

$$= \int_{\frac{\pi}{2}}^{0} [4 \cdot \cos^3 t \cdot (-12 \cdot \cos^2 t \cdot \sin t) \cdot 4 \cdot \sin^3 t]\,\mathrm{d}t$$

$$= -192 \cdot \int_{\frac{\pi}{2}}^{0} [\sin^4 t \cdot \cos^5 t]\,\mathrm{d}t$$

$$= -192 \cdot \int_{\frac{\pi}{2}}^{0} [\sin^4 t \cdot \cos^4 t \cdot \cos t]\,\mathrm{d}t$$

► $\cos^4 t = (\cos^2 t)^2 = (1 - \sin^2 t)^2$

Berechnung der Schwerpunktskoordinate y_S

$$y_S = \frac{\frac{1}{2} \cdot \int_{t_2}^{t_1} [\dot{f}_1(t) \cdot |f_2(t)| \cdot f_2(t)]\,\mathrm{d}t}{A_x}$$ ► $A_x = 1{,}5\,\pi$

► $\frac{1}{2} \cdot \int_{t_2}^{t_1} [\dot{f}_1(t) \cdot |f_2(t)| \cdot f_2(t)]\,\mathrm{d}t =$

$$= \frac{1}{2} \cdot \int_{\frac{\pi}{2}}^{0} [(-12 \cdot \cos^2 t \cdot \sin t) \cdot 4 \cdot \sin^3 t \cdot 4 \cdot \sin^3 t]\,\mathrm{d}t$$

$$= -96 \cdot \int_{\frac{\pi}{2}}^{0} [\cos^2 t \cdot \sin^7 t]\,\mathrm{d}t$$

$$= -96 \cdot \int_{\frac{\pi}{2}}^{0} [\cos^2 t \cdot \sin^6 t \cdot \sin t]\,\mathrm{d}t$$

► $\sin^6 t = (\sin^2 t)^3 = (1 - \cos^2 t)^3$

$$= -192 \cdot \int_{\frac{\pi}{2}}^{0} [\sin^4 t \cdot (1 - \sin^2 t)^2 \cdot \cos t]\, dt$$

► $\sin t = z \Rightarrow \frac{dz}{dt} = \cos t \Rightarrow \cos t \cdot dt = dz$

► $t = \frac{\pi}{2} \Rightarrow z = 1\,;\, t = 0 \Rightarrow z = 0$

$$= -192 \cdot \int_{1}^{0} [z^4 \cdot (1 - z^2)^2]\, dz$$

$$= -192 \cdot \int_{1}^{0} [z^4 - 2z^6 + z^8]\, dz$$

$$= -192 \cdot \left[\frac{1}{5} \cdot z^5 - \frac{2}{7} \cdot z^7 + \frac{1}{9} \cdot z^9 \Big)\Big|_1^0\right]$$

$$= -192 \cdot \left[0 - \left(\frac{1}{5} \cdot 1^5 - \frac{2}{7} \cdot 1^7 + \frac{1}{9} \cdot 1^9\right)\right]$$

$$= -192 \cdot \left[-\frac{8}{315}\right]$$

$$= \underline{4{,}87619}$$

► $x_S = \frac{4{,}87619}{1{,}5\,\pi} = \underline{\underline{1{,}03476}}$

$$= -96 \cdot \int_{\frac{\pi}{2}}^{0} [\cos^2 t \cdot (1 - \cos^2 t)^3 \cdot \sin t]\, dt$$

► $\cos t = z \Rightarrow \frac{dz}{dt} = -\sin t \Rightarrow \sin t \cdot dt = -dz$

► $t = \frac{\pi}{2} \Rightarrow z = 0;\, t = 0 \Rightarrow z = 1$

$$= -96 \cdot \int_{0}^{1} [z^2 \cdot (1 - z^2)^3 \cdot (-dz)]$$

$$= 96 \cdot \int_{0}^{1} [z^2 - 3z^4 + 3z^6 - z^8]\, dz$$

$$= 96 \cdot \left[\frac{1}{3} \cdot z^3 - \frac{3}{5} \cdot z^5 + \frac{3}{7} \cdot z^7 - \frac{1}{9} \cdot z^9 \Big|_0^1\right]$$

$$= 96 \cdot \left[\frac{1}{3} \cdot 1^3 - \frac{3}{5} \cdot 1^5 + \frac{3}{7} \cdot 1^7 - \frac{1}{9} \cdot 1^9 - 0\right]$$

$$= 96 \cdot \left[\frac{8}{315}\right]$$

$$= \underline{4{,}87619}$$

► $y_S = \frac{4{,}87619}{1{,}5\,\pi} = \underline{\underline{1{,}03476}}$

Der Flächenschwerpunkt im ersten Quadranten hat die Koordinaten $S\langle 1{,}03476 \mid 1{,}03476\rangle$.

Bei der abgebildeten geschlossenen Kurve:

$$\begin{cases} f_1(t) = 2 \cdot \sin(2t) + 2 \\ f_2(t) = \frac{t}{2} \cdot \left[\sin(2t) - 8 \cdot \cos\frac{t}{2}\right] + 5{,}5 \end{cases};\ t \in [0;\, \pi]$$

erhält man mit den Formeln für A, x_S und y_S die folgenden Werte:

Flächenmaßzahl A ► $A = \underline{\underline{10{,}75222}}$

Schwerpunktskoordinate x_S ► $x_S = \underline{\underline{2{,}02399}}$

Schwerpunktskoordinate y_S ► $y_S = \underline{\underline{2{,}70980}}$

Schwerpunkt S ► $S\langle 2{,}02399 \mid 2{,}70980\rangle$

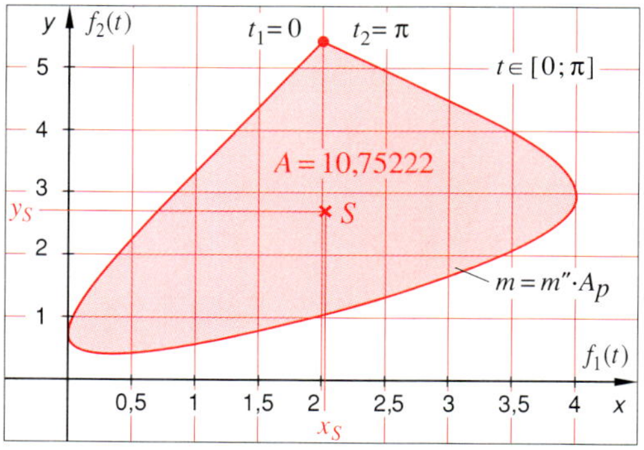

Kurven in Polarkoordinatendarstellung

Bei Funktionen in Polarkoordinatendarstellung $F: \varphi \mapsto F(\varphi)$; $\varphi \in [\varphi_1; \varphi_2]$ lassen sich für die Schwerpunktskoordinaten x_S und y_S einer zugehörigen flächenförmigen Masse m ($m = m'' \cdot A_p$) entsprechende Formeln angeben. Dabei geht man davon aus, dass sich der Ursprung des xy-Koordinatensystems und der des Polarkoordinatensystems sowie Polstrahl und x-Achse decken.

Außerdem kann ein Schwerpunkt S durch den zugehörigen Polarradius r_S und dessen Polarwinkel φ_S angegeben werden.

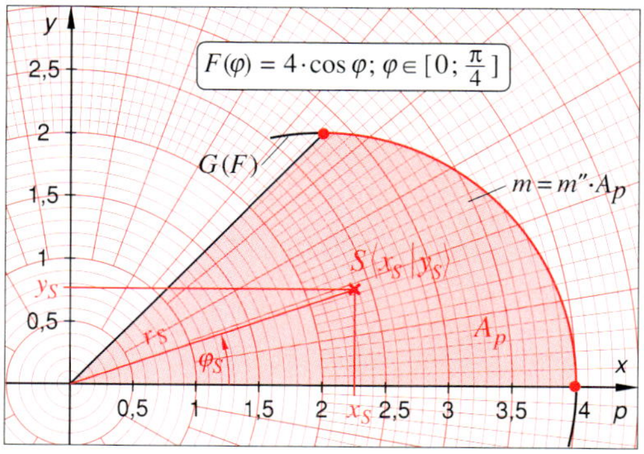

Merke:

$M_y = F_G \cdot x_S = m'' \cdot g \cdot \frac{1}{3} \cdot \int\limits_{\varphi_1}^{\varphi_2} \left([F(\varphi)]^3 \cdot \cos\varphi \right) \mathrm{d}\varphi$	$M_x = F_G \cdot y_S = m'' \cdot g \cdot \frac{1}{3} \cdot \int\limits_{\varphi_1}^{\varphi_2} \left([F(\varphi)]^3 \cdot \sin\varphi \right) \mathrm{d}\varphi$
$x_S = \dfrac{\frac{1}{3} \cdot \int\limits_{\varphi_1}^{\varphi_2} \left([F(\varphi)]^3 \cdot \cos\varphi \right) \mathrm{d}\varphi}{A_p}; \; A_p = \frac{1}{2} \cdot \int\limits_{\varphi_1}^{\varphi_2} [F(\varphi)]^2 \, \mathrm{d}\varphi$	$y_S = \dfrac{\frac{1}{3} \cdot \int\limits_{\varphi_1}^{\varphi_2} \left([F(\varphi)]^3 \cdot \sin\varphi \right) \mathrm{d}\varphi}{A_p}; \; A_p = \frac{1}{2} \cdot \int\limits_{\varphi_1}^{\varphi_2} [F(\varphi)]^2 \, \mathrm{d}\varphi$

Beispiel: Berechnen Sie die Schwerpunktskoordinaten x_S und y_S der flächenförmigen Masse, die der Fläche einer Kardioide mit der Funktionsgleichung $F(\varphi) = a \cdot (1 + \sin\varphi)$; $a > 0$ im Winkelintervall $\left[0; \frac{\pi}{2}\right]$ entspricht. Ermitteln Sie auch den Polarradius und den Polarwinkel zum Schwerpunkt S.

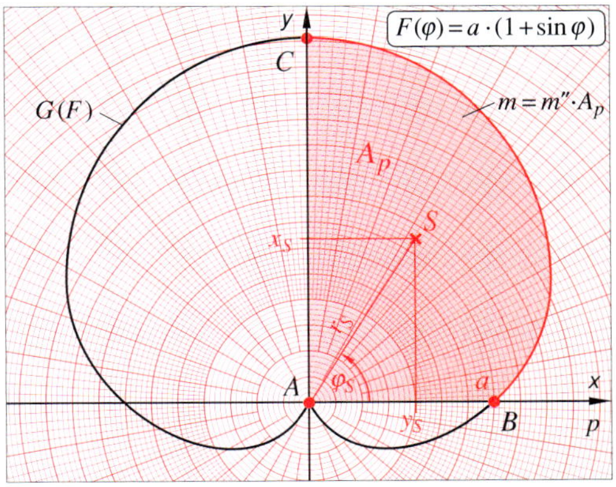

Ordnet man das Polarkoordinatensystem so in einem rechtwinkligen xy-Koordinatensystem an, dass Polarachse und y-Achse senkrecht aufeinanderstehen und die Koordinatenursprünge übereinstimmen, so liegt die Fläche der Kardioide in Intervall $[0; 2\pi]$ symmetrisch zur y-Achse. Hier sollen die Schwerpunktskoordinaten der Teilfläche im Intervall $\left[0; \frac{\pi}{2}\right]$ berechnet werden, also der Fläche zwischen den Strecken $\overline{AB}$ und $\overline{AC}$ sowie dem Bogen $\widehat{BC}$.

Es wird zunächst die Flächenmaßzahl A_p mit der Formel $A_p = \frac{1}{2} \cdot \int\limits_{\varphi_1}^{\varphi_2} [F(\varphi)]^2 \mathrm{d}\varphi$ berechnet, da dieser Term in beiden Formeln für die Schwerpunktskoordinaten als Nennerterm vorkommt.

$$A_p = \frac{1}{2} \cdot \int\limits_{\varphi_1}^{\varphi_2} [F(\varphi)]^2 \mathrm{d}\varphi = ? \quad \blacktriangleright\ F(\varphi) = a \cdot (1 + \sin\varphi)$$

$$A_p = \frac{1}{2} \cdot \int\limits_{\varphi_1}^{\varphi_2} [a \cdot (1 + \sin\varphi)]^2 \mathrm{d}\varphi \quad \blacktriangleright\ 0 \text{ für } \varphi_1; \ \frac{\pi}{2} \text{ für } \varphi_2$$

$$= \frac{a^2}{2} \cdot \int\limits_0^{\frac{\pi}{2}} [1 + 2 \cdot \sin\varphi + \sin^2\varphi] \mathrm{d}\varphi$$

$$= \frac{a^2}{2} \cdot \left[\int\limits_0^{\frac{\pi}{2}} 1 \, \mathrm{d}\varphi + 2 \cdot \int\limits_0^{\frac{\pi}{2}} \sin\varphi \, \mathrm{d}\varphi + \int \sin^2\varphi \, \mathrm{d}\varphi \right]$$

$$= \frac{a^2}{2} \cdot \left[\varphi - 2 \cdot \cos\varphi + \frac{\varphi}{2} - \frac{1}{4} \cdot \sin(2\varphi) \Big|_0^{\frac{\pi}{2}} \right] \quad \blacktriangleright\ 2.4.1$$

$$= \frac{a^2}{2} \cdot \left[\frac{\pi}{2} - 2 \cdot \cos\frac{\pi}{2} + \frac{\frac{\pi}{2}}{2} - \frac{1}{4} \cdot \sin\left(2 \cdot \frac{\pi}{2}\right) + \right.$$
$$\left. - \left(0 - 2 \cdot \cos 0 + \frac{0}{2} - \frac{1}{4} \cdot \sin 0 \right) \right]$$

$$= \underline{\frac{3\pi + 8}{8} \cdot a^2}$$

Als Ergebnis erhält man: $A_p = \dfrac{3\pi + 8}{8} \cdot a^2$

Berechnung von x_S

Zur Berechnung des Zählerterms in der Formel für x_S setzt man die Werte für φ_1; φ_2 sowie den Term für $F(\varphi)$ ein.

Es ergibt sich ein Integral, das gemäß Kapitel 2.4.3 gelöst wird.

$$\tfrac{1}{3}\cdot\int_{\varphi_1}^{\varphi_2}\left([F(\varphi)]^3\cdot\cos\varphi\right)\mathrm{d}\varphi = ?$$ ► $F(\varphi)=a\cdot(1+\sin\varphi)$; 0 für φ_1; $\frac{\pi}{2}$ für φ_2

$$\tfrac{1}{3}\cdot\int_0^{\frac{\pi}{2}}\left([a\cdot(1+\sin\varphi)]^3\cdot\cos\varphi\right)\mathrm{d}\varphi =$$

$$=\frac{a^3}{3}\cdot\int_0^{\frac{\pi}{2}}\left([1+\sin\varphi]^3\cdot\cos\varphi\right)\mathrm{d}\varphi$$ ► 2.4.3

$$=\frac{a^3}{3}\cdot\left.\frac{(1+\sin\varphi)^4}{4}\right|_0^{\frac{\pi}{2}}$$

► $\sin\frac{\pi}{2}=1$; $\sin 0=0$

$$=\frac{a^3}{3}\cdot\left[\frac{\left(1+\sin\frac{\pi}{2}\right)^4}{4}-\frac{(1+\sin 0)^4}{4}\right]$$

$$=\frac{5}{4}\cdot a^3$$

Dividiert man den gewonnenen Zählerterm durch den Term für A_P, so erhält man für x_S den Term $0{,}573895\cdot a$.

$$x_S=\frac{\frac{1}{3}\cdot\int_0^{\frac{\pi}{2}}\left([a\cdot(1+\sin\varphi)]^3\cdot\cos\varphi\right)\mathrm{d}\varphi}{A_p}$$ ► $A_p=\frac{3\pi+8}{8}\cdot a^2$

$$=\frac{\frac{5}{4}\cdot a^3}{\frac{3\pi+8}{8}\cdot a^2}=\frac{10\cdot a}{3\pi+8}=\underline{\underline{0{,}573895\cdot a}}$$

Berechnung von y_S

Zur Berechnung des Zählerterms in der Formel für y_S setzt man die Werte für φ_1; φ_2 sowie den Term für $F(\varphi)$ ein. Man erhält dann eine Summe von vier Integralen, die einzeln gelöst werden.

$$\tfrac{1}{3}\cdot\int_{\varphi_1}^{\varphi_2}\left([F(\varphi)]^3\cdot\sin\varphi\right)\mathrm{d}\varphi = ?$$ ► $F(\varphi)=a\cdot(1+\sin\varphi)$; 0 für φ_1; $\frac{\pi}{2}$ für φ_2

$$\tfrac{1}{3}\cdot\int_0^{\frac{\pi}{2}}\left([a\cdot(1+\sin\varphi)]^3\cdot\sin\varphi\right)\mathrm{d}\varphi =$$

$$=\frac{a^3}{3}\cdot\int_0^{\frac{\pi}{2}}\left([1+\sin\varphi]^3\cdot\sin\varphi\right)\mathrm{d}\varphi$$

$$=\frac{a^3}{3}\cdot\int_0^{\frac{\pi}{2}}(\sin\varphi+3\cdot\sin^2\varphi+3\cdot\sin^3\varphi+\sin^4\varphi)\,\mathrm{d}\varphi$$

$$=\frac{a^3}{3}\cdot\left[\int_0^{\frac{\pi}{2}}\sin\varphi\,\mathrm{d}\varphi+3\cdot\int_0^{\frac{\pi}{2}}\sin^2\varphi\,\mathrm{d}\varphi+3\cdot\int_0^{\frac{\pi}{2}}\sin^3\varphi\,\mathrm{d}\varphi+\int_0^{\frac{\pi}{2}}\sin^4\varphi\,\mathrm{d}\varphi\right]$$

► $\int_0^{\frac{\pi}{2}}\sin\varphi\,\mathrm{d}\varphi=-\cos\varphi\Big|_0^{\frac{\pi}{2}}=1$ ► 2.1

► $\int_0^{\frac{\pi}{2}}\sin^2\varphi\,\mathrm{d}\varphi=\frac{\varphi}{2}-\frac{1}{4}\cdot\sin(2\varphi)\Big|_0^{\frac{\pi}{2}}=\frac{\pi}{4}$ ► 2.4.1

Die Integrale $\int_0^{\frac{\pi}{2}}\sin^3\varphi\,\mathrm{d}\varphi$ und $\int_0^{\frac{\pi}{2}}\sin^4\varphi\,\mathrm{d}\varphi$ werden mit der Rekursionsformel für $\int\sin^m\varphi\,\mathrm{d}\varphi$ aus Kapitel 2.5 gelöst, und zwar:

► $\int_0^{\frac{\pi}{2}}\sin^3\varphi\,\mathrm{d}\varphi=-\frac{1}{3}\cdot\sin^2\varphi\cdot\cos\varphi-\frac{2}{3}\cdot\cos\varphi\Big|_0^{\frac{\pi}{2}}=\underline{\frac{2}{3}}$

► $\int_0^{\frac{\pi}{2}}\sin^4\varphi\,\mathrm{d}\varphi=-\frac{1}{4}\cdot\sin^3\varphi\cdot\cos\varphi+\frac{3}{4}\cdot\left[\frac{\varphi}{2}-\frac{1}{4}\cdot\sin(2\varphi)\Big|_0^{\frac{\pi}{2}}\right]=\underline{\frac{3}{16}\pi}$

$$=\frac{a^3}{3}\cdot\left[1+3\cdot\frac{\pi}{4}+3\cdot\frac{2}{3}+\frac{3}{16}\pi\right]$$

$$=\frac{a^3}{3}\cdot\left(3+\frac{15}{16}\pi\right)$$

$$=\underline{\frac{5\pi+16}{16}\cdot a^3}$$

Dividiert man den gewonnenen Zählerterm durch den Term für A_P, so erhält man für y_S den Term $0{,}909853 \cdot a$.

$$y_S = \frac{\frac{1}{3} \cdot \int_0^{\frac{\pi}{2}} \left([a \cdot (1+\sin\varphi)]^3 \cdot \sin\varphi \right) \mathrm{d}\varphi}{A_p} \quad \blacktriangleright A_p = \frac{3\pi+8}{8} \cdot a^2$$

$$= \frac{\frac{5\pi+16}{16} \cdot a^3}{\frac{3\pi+8}{8} \cdot a^2}$$

$$= \frac{(5\pi+16) \cdot a^3}{(6\pi+16) \cdot a^2}$$

$$= \underline{\underline{0{,}909853 \cdot a}}$$

Der Flächenschwerpunkt S hat die Koordinaten $S\langle 0{,}573895 \cdot a \,|\, 0{,}909853 \cdot a \rangle$ im xy-Koordinatensystem.

Die rechtwinkligen Koordinaten werden mit dem Lehrsatz des Pythagoras in Polarkoordinaten umgerechnet. (► Kusch 3; 1.1.10)

$$r_S = \sqrt{x_S^2 + y_S^2} \quad \blacktriangleright x_S = 0{,}573895 \cdot a;\ y_S = 0{,}909853 \cdot a$$

$$= \sqrt{0{,}573895^2 \cdot a^2 + 0{,}909853^2 \cdot a^2}$$

$$= \underline{\underline{1{,}07573 \cdot a}}$$

$$\tan\varphi_S = \frac{y_S}{x_S} \quad \blacktriangleright x_S = 0{,}573895 \cdot a;\ y_S = 0{,}909853 \cdot a$$

$$= \frac{0{,}909853 \cdot a}{0{,}573895 \cdot a}$$

$$= \underline{1{,}5854} \Rightarrow \varphi_S = \underline{\underline{57{,}76^\circ}}$$

3.5.2 Schwerpunkte linienförmiger Massen – Linienschwerpunkte

Funktionen in rechtwinkligen Koordinaten

Hat ein in einer Ebene liegender Körper zwei „kleine" Abmessungen im Vergleich zur dritten Abmessung, also zu seiner Länge, so spricht man von **linienförmigen** Körpern, und zwar von **stabförmigen** Körpern, wenn diese gerade sind und von **bogenförmigen** Körpern, wenn diese gekrümmt sind. Bei einem linienförmigen Körper mit der Länge l und dem konstanten Querschnitt A, z. B. einem Kreisquerschnitt mit dem Durchmesser d, lässt sich die Masse vereinfacht berechnen, indem man den genormten Begriff **längenbezogene Masse** mit dem Formelzeichen $\boldsymbol{m'}$ und der Einheit $\frac{\mathrm{kg}}{\mathrm{m}}$ einführt. m' ist also die Masse je Längeneinheit. Man erhält somit die Masse m als Produkt aus der Länge l und der längenbezogenen Masse m' mit $\boldsymbol{m = m' \cdot l}$. Im Folgenden wird davon ausgegangen, dass linienförmige Massen einen konstanten Querschnitt haben und in einer Ebene liegen.

Ordnet man einen solchen linienförmigen Körper so im xyz-Koordinatensystem an, dass er symmetrisch zur xy-Ebene liegt, so gilt für die Schwerpunktskoordinate z_S stets $z_S = 0$. Es müssen daher im xy-Koordinatensystem nur die Schwerpunktskoordinaten x_S bzw. y_S und die Drehmomente M_y bzw. M_x bestimmt werden.

Setzt sich eine linienförmige Masse mit der Länge l aus mehreren Teillängen l_1; l_2; l_3; …; l_n mit $n \geq 2$ zusammen, wobei x_k; y_k und z_k die zugehörigen Schwerpunktsabstände sind, so erhält man für die Schwerpunktskoordinaten x_S und y_S:

$$x_S = \frac{\sum_{k=1}^{n}(m_k \cdot x_k)}{m} \quad \blacktriangleright\ m_k = m' \cdot l_k;\ m = m' \cdot l$$
$$= \frac{\sum_{k=1}^{n}(m' \cdot l_k \cdot x_k)}{m' \cdot l} = \frac{m' \cdot \sum_{k=1}^{n}(l_k \cdot x_k)}{m' \cdot l} = \underline{\underline{\frac{\sum_{k=1}^{n}(l_k \cdot x_k)}{l}}}$$

$$y_S = \frac{\sum_{k=1}^{n}(m_k \cdot y_k)}{m} \quad \blacktriangleright\ m_k = m' \cdot l_k;\ m = m' \cdot l$$
$$= \frac{\sum_{k=1}^{n}(m' \cdot l_k \cdot y_k)}{m' \cdot l} = \frac{m' \cdot \sum_{k=1}^{n}(l_k \cdot y_k)}{m' \cdot l} = \underline{\underline{\frac{\sum_{k=1}^{n}(l_k \cdot y_k)}{l}}}$$

Problem: Entwickeln Sie mithilfe des Schnittprinzips (► 3.3) eine Formel zur Berechnung der Schwerpunktskoordinaten einer linienförmigen Masse, die in einem xy-Koordinatensystem durch den Graphen einer Funktion f im Intervall $[a; b]$ dargestellt wird.

Der zu untersuchende Bogen mit der Länge l ist Teil des Funktionsgraphen einer Funktion f in einem Intervall $[a; b]$. Er kann als ein linienförmiger Körper mit der längenbezogenen Masse m' aufgefasst werden. Die Gesamtmasse ergibt sich mit $m = m' \cdot l$.

x_S und y_S sind die Koordinaten des so genannten **Linienschwerpunktes** S.

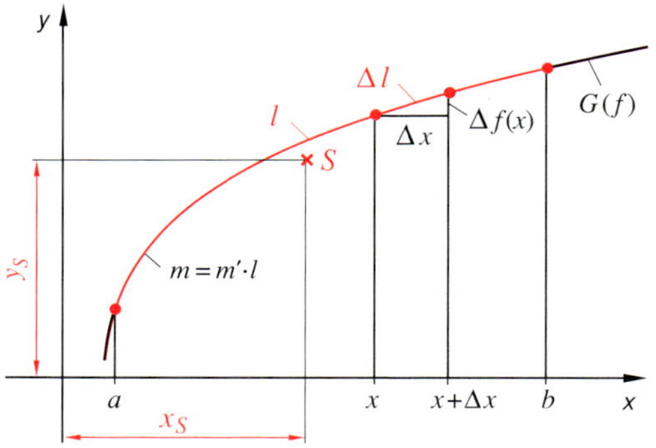

- **Berechnung von M_y und x_S**

Ein Bogenelement zwischen $G(f)$ und der x-Achse hat die Länge Δl, die Masse Δm bzw. $m' \cdot \Delta l$ und näherungsweise das Drehmoment ΔM_y, bezogen auf die y-Achse.

$$\blacktriangleright\ \Delta M_y = \Delta F_G \cdot x \quad \blacktriangleright\ \Delta F_G = \Delta m \cdot g$$
$$= \Delta m \cdot g \cdot x \quad \blacktriangleright\ \Delta m = m' \cdot \Delta l$$
$$= m' \cdot \Delta l \cdot g \cdot x \quad \blacktriangleright\ \Delta l = \sqrt{1 + \left[\frac{\Delta f(x)}{\Delta x}\right]^2} \cdot \Delta x \quad \blacktriangleright\ 3.3$$
$$= m' \cdot \sqrt{1 + \left[\frac{\Delta f(x)}{\Delta x}\right]^2} \cdot \Delta x \cdot g \cdot x$$
$$= m' \cdot g \cdot x \cdot \sqrt{1 + \left[\frac{\Delta f(x)}{\Delta x}\right]^2} \cdot \Delta x$$

Ist die Funktion f in $[a; b]$ stetig differenzierbar, so erhält man mit dem Schnittprinzip:

$$M_y = F_G \cdot x_S = m' \cdot g \cdot \int_a^b \left(x \cdot \sqrt{1 + [f'(x)]^2}\right) \mathrm{d}x$$

$$\Rightarrow M_y = \int_a^b \left(m' \cdot g \cdot x \cdot \sqrt{1 + [f'(x)]^2}\right) \mathrm{d}x$$
$$= \underline{\underline{m' \cdot g \cdot \int_a^b \left(x \cdot \sqrt{1 + [f'(x)]^2}\right) \mathrm{d}x}}$$

Um x_S zu berechnen, geht man von der Momentengleichung $M_y = F_G \cdot x_S$ aus und stellt diese nach x_S um. Dann setzt man die Terme für M_y und F_G ein und vereinfacht.

Die erste Formel verwendet man dann, wenn die Bogenlänge l bekannt ist. Kennt man diese nicht, so setzt man die in 3.3 angegebene Formel $l = \int_a^b \left(\sqrt{1+[f'(x)]^2}\right) \mathrm{d}x$ ein und erhält so noch eine zweite Schreibweise.

$$\blacktriangleright\ x_S = \frac{M_y}{F_G} \quad \blacktriangleright\ M_y = m' \cdot g \cdot \int_a^b \left(x \cdot \sqrt{1+[f'(x)]^2}\right) \mathrm{d}x$$

$$F_G = m \cdot g = m' \cdot l \cdot g$$

$$= \frac{m' \cdot g \cdot \int_a^b \left(x \cdot \sqrt{1+[f'(x)]^2}\right) \mathrm{d}x}{m' \cdot l \cdot g}$$

$$= \underline{\underline{\frac{\int_a^b \left(x \cdot \sqrt{1+[f'(x)]^2}\right) \mathrm{d}x}{l}}} \quad \blacktriangleright\ l = \int_a^b \left(\sqrt{1+[f'(x)]^2}\right) \mathrm{d}x \quad \blacktriangleright\ 3.3$$

$$= \underline{\underline{\frac{\int_a^b \left(x \cdot \sqrt{1+[f'(x)]^2}\right) \mathrm{d}x}{\int_a^b \left(\sqrt{1+[f'(x)]^2}\right) \mathrm{d}x}}}$$

● **Berechnung von M_x und y_S**

Ein Bogenelement zwischen $G(f)$ und der x-Achse hat die Länge Δl, die Masse Δm bzw. $m' \cdot \Delta l$ und näherungsweise das Drehmoment ΔM_x, bezogen auf die x-Achse. Ist die Funktion f in $[a; b]$ stetig differenzierbar, so erhält man mit dem Schnittprinzip:

$$M_x = F_G \cdot y_S = m' \cdot g \cdot \int_a^b \left(f(x) \cdot \sqrt{1+[f'(x)]^2}\right) \mathrm{d}x$$

$$\blacktriangleright\ \Delta M_x = \Delta F_G \cdot y \quad \blacktriangleright\ \Delta F_G = \Delta m \cdot g;\ y = f(x)$$

$$= \Delta m \cdot g \cdot f(x) \quad \blacktriangleright\ \Delta m = m' \cdot \Delta l$$

$$= m' \cdot \Delta l \cdot g \cdot f(x) \quad \blacktriangleright\ \Delta l = \sqrt{1+\left[\frac{\Delta f(x)}{\Delta x}\right]^2} \cdot \Delta x$$

$$= m' \cdot \sqrt{1+\left[\frac{\Delta f(x)}{\Delta x}\right]^2} \cdot \Delta x \cdot g \cdot f(x)$$

$$= m' \cdot g \cdot f(x) \cdot \sqrt{1+\left[\frac{\Delta f(x)}{\Delta x}\right]^2} \cdot \Delta x$$

$$\Rightarrow\ M_x = \int_a^b \left(m' \cdot g \cdot f(x) \cdot \sqrt{1+[f'(x)]^2}\right) \mathrm{d}x$$

$$= \underline{\underline{m' \cdot g \cdot \int_a^b \left(f(x) \cdot \sqrt{1+[f'(x)]^2}\right) \mathrm{d}x}}$$

Die Berechnung von y_S erfolgt analog zu der von x_S. Man geht von der Momentengleichung $M_x = F_G \cdot y_S$ aus und stellt diese nach y_S um. Dann setzt man die Terme für M_x und F_G ein und vereinfacht.

Die erste Formel wendet man dann an, wenn die Bogenlänge l bekannt ist. Kennt man diese nicht, so setzt man die in 3.3 angegebene Formel $l = \int_a^b \left(\sqrt{1+[f'(x)]^2}\right) \mathrm{d}x$ ein und erhält so noch eine zweite Schreibweise.

$$\blacktriangleright\ y_S = \frac{M_x}{F_G} \quad \blacktriangleright\ M_x = m' \cdot g \cdot \int_a^b \left(f(x) \cdot \sqrt{1+[f'(x)]^2}\right) \mathrm{d}x$$

$$F_G = m \cdot g = m' \cdot l \cdot g$$

$$= \frac{m' \cdot g \cdot \int_a^b \left(f(x) \cdot \sqrt{1+[f'(x)]^2}\right) \mathrm{d}x}{m' \cdot l \cdot g}$$

$$= \underline{\underline{\frac{\int_a^b \left(f(x) \cdot \sqrt{1+[f'(x)]^2}\right) \mathrm{d}x}{l}}} \quad \blacktriangleright\ l = \int_a^b \left(\sqrt{1+[f'(x)]^2}\right) \mathrm{d}x$$

$$= \underline{\underline{\frac{\int_a^b \left(f(x) \cdot \sqrt{1+[f'(x)]^2}\right) \mathrm{d}x}{\int_a^b \left(\sqrt{1+[f'(x)]^2}\right) \mathrm{d}x}}}$$

Merke:

Für die Drehmomente und Schwerpunktskoordinaten einer in einem xy-Koordinatensystem angeordneten linienförmigen Masse m mit $m = m' \cdot l$, wobei l die Bogenlänge einer stetig differenzierbaren Funktion f in einem Intervall $[a; b]$ ist, gilt:

$$\boldsymbol{M_y = F_G \cdot x_S = m' \cdot g \cdot \int_a^b \left(x \cdot \sqrt{1 + [f'(x)]^2}\right) dx}$$

$$x_S = \frac{\int_a^b \left(x \cdot \sqrt{1 + [f'(x)]^2}\right) dx}{l} \quad \blacktriangleright\ l = \int_a^b \left(\sqrt{1 + [f'(x)]^2}\right) dx$$

$$\boldsymbol{M_x = F_G \cdot y_S = m' \cdot g \cdot \int_a^b \left(f(x) \cdot \sqrt{1 + [f'(x)]^2}\right) dx}$$

$$y_S = \frac{\int_a^b \left(f(x) \cdot \sqrt{1 + [f'(x)]^2}\right) dx}{l} \quad \blacktriangleright\ l = \int_a^b \left(\sqrt{1 + [f'(x)]^2}\right) dx$$

Beispiel: Berechnen Sie für die Funktion $f: f(x) = \frac{x^2}{2}$; $D(f) = \mathbb{R}$ die Schwerpunktskoordinaten des Bogens im Intervall $[-2; 2]$.

Der Graph der Funktion f ist eine Parabel. Da der Bogen im Intervall $[-2; 2]$ symmetrisch zur y-Achse liegt, muss lediglich die Schwerpunktskoordinate y_S berechnet werden. Die Schwerpunktskoordinate x_S ist 0.

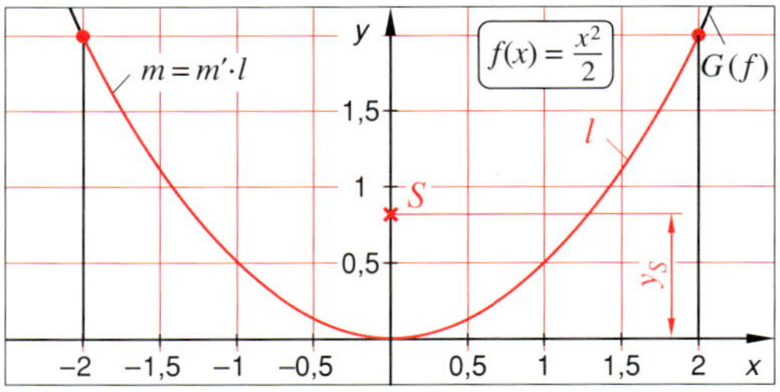

Da die Funktion f in $[-2; 2]$ stetig differenzierbar ist, kann die für y_S entwickelte Formel verwendet werden. Man setzt die Werte für a und b sowie die Terme für $f(x)$ und $f'(x)$ ein. Die im Zähler und Nenner entstehenden Integrale wurden bereits im Kapitel 2.4.6 durch Substitution gelöst.

$$y_S = \frac{\int_a^b \left(f(x) \cdot \sqrt{1 + [f'(x)]^2}\right) dx}{\int_a^b \left(\sqrt{1 + [f'(x)]^2}\right) dx} \quad \blacktriangleright\ f(x) = \frac{x^2}{2} \Rightarrow f'(x) = x$$

-2 für a; 2 für b

$$= \frac{\int_{-2}^{2} \left(\frac{x^2}{2} \cdot \sqrt{1 + x^2}\right) dx}{\int_{-2}^{2} \sqrt{1 + x^2}\, dx}$$

$$= \frac{\left[\frac{x}{16} \cdot (2x^2 + 1) \cdot \sqrt{x^2 + 1} - \frac{1}{16} \cdot \ln(x + \sqrt{x^2 + 1})\right]\Big|_{-2}^{2}}{\left[\frac{x}{2} \cdot \sqrt{x^2 + 1} + \frac{1}{2} \cdot \ln(x + \sqrt{x^2 + 1})\right]\Big|_{-2}^{2}}$$

Wegen der Symmetrie des Graphens im Intervall $[-2; 2]$ können Zähler und Nenner auch in den Grenzen von 0 bis 2 integriert und die Ergebnisse mit 2 multipliziert werden.

$$= \frac{2 \cdot \frac{1}{16} \cdot \left[(2x^3 + x) \cdot \sqrt{x^2 + 1} - \ln(x + \sqrt{x^2 + 1})\right]\Big|_0^2}{2 \cdot \frac{1}{2} \cdot \left[x \cdot \sqrt{x^2 + 1} + \ln(x + \sqrt{x^2 + 1})\right]\Big|_0^2}$$

$$= \frac{\frac{1}{8} \cdot \left[(2 \cdot 2^3 + 2) \cdot \sqrt{2^2 + 1} - \ln(2 + \sqrt{2^2 + 1}) - 0\right]}{2 \cdot \sqrt{2^2 + 1} + \ln(2 + \sqrt{2^2 + 1}) - 0}$$

$$= \frac{\frac{1}{8} \cdot \left[18 \cdot \sqrt{5} - \ln(2 + \sqrt{5})\right]}{2 \cdot \sqrt{5} + \ln(2 + \sqrt{5})}$$

$$= \underline{\underline{0{,}81996}}$$

Die Schwerpunktskoordinaten des Parabelbogens sind also: $x_S = 0$ und $y_S = 0{,}81996$.

Beispiel: Berechnen Sie für die Funktion $f: f(x) = \cosh x$; $D(f) = \mathbb{R}$ die Schwerpunktskoordinaten des Bogens im Intervall $[-1; 2]$.

Der Graph der Funktion f ist die Kettenlinie. Da die Funktion f in $[-1; 2]$ stetig differenzierbar ist, können die für x_S und y_S angegebenen Formeln verwendet werden:

$$x_S = \frac{\int_a^b \left(x \cdot \sqrt{1 + [f'(x)]^2}\right) dx}{l}$$

$$y_S = \frac{\int_a^b \left(f(x) \cdot \sqrt{1 + [f'(x)]^2}\right) dx}{l}$$

Zunächst wird die Länge l mit der Formel $l = \int_a^b \sqrt{1 + [f'(x)]^2}\, dx$ berechnet, da dieser Term in beiden Formeln für die Schwerpunktskoordinaten als Nennerterm vorkommt.

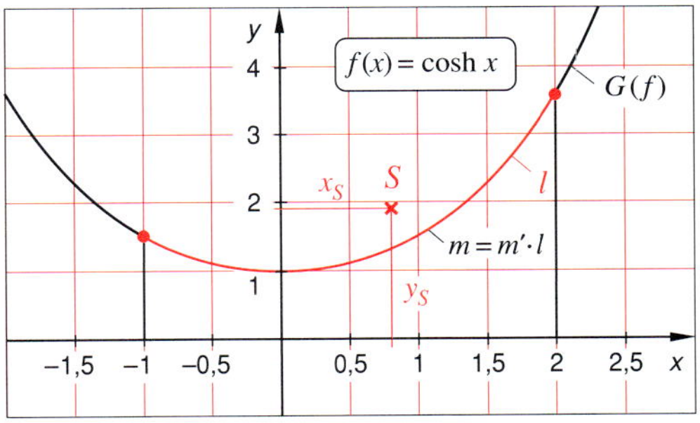

$l = \int_a^b \sqrt{1 + [f'(x)]^2}\, dx$ ► -1 für a; 2 für b; $f(x) = \cosh x \Rightarrow f'(x) = \sinh x$

$= \int_{-1}^{2} \sqrt{1 + \sinh^2 x}\, dx$ ► $\sqrt{1 + \sinh^2 x} = \cosh x$

$= \int_{-1}^{2} \cosh x\, dx$ ► Grundintegral

$= \sinh x \Big|_{-1}^{2} = \sinh 2 - \sinh(-1) = 3{,}626860 - (-1{,}175201)$

$= \underline{4{,}802061}$

Das Ergebnis lautet: $l = 4{,}802061$

In die Zählerterme der für x_S und y_S entwickelten Formeln setzt man die Werte für a und b sowie die Terme für $f(x)$ sowie $f'(x)$ ein und integriert. Dann werden die Ergebnisse durch den Wert für l dividiert.

Berechnung von x_S

$\int_a^b \left(x \cdot \sqrt{1 + [f'(x)]^2}\right) dx = ?$

► -1 für a; 2 für b; $f(x) = \cosh x \Rightarrow f'(x) = \sinh x$

► $\sqrt{1 + \sinh^2 x} = \cosh x$

$\int_{-1}^{2} (x \cdot \sqrt{1 + \sinh^2 x})\, dx =$

$= \int_{-1}^{2} (x \cdot \cosh x)\, dx$ ► 2.5

$= x \cdot \sinh x - \cosh x \Big|_{-1}^{2}$

$= 2 \cdot \sinh 2 - \cosh 2 - [(-1) \cdot \sinh(-1) + {} - \cosh(-1)]$

$= \underline{3{,}859404}$

Berechnung von y_S

$\int_a^b \left(f(x) \cdot \sqrt{1 + [f'(x)]^2}\right) dx = ?$

► -1 für a; 2 für b; $f(x) = \cosh x \Rightarrow f'(x) = \sinh x$

► $\sqrt{1 + \sinh^2 x} = \cosh x$

$\int_{-1}^{2} (\cosh x \cdot \sqrt{1 + \sinh^2 x})\, dx =$

$= \int_{-1}^{2} (\cosh x \cdot \cosh x)\, dx$

$= \int_{-1}^{2} \cosh^2 x\, dx$ ► 2.4.1

$= \frac{1}{4} \cdot \sinh(2x) + \frac{x}{2} \Big|_{-1}^{2}$

$= \frac{1}{4} \cdot \sinh 4 + \frac{2}{2} - \left[\frac{1}{4} \cdot \sinh(-2) + \frac{-1}{2}\right]$

$= \underline{9{,}229194}$

$$x_S = \frac{3{,}859404}{4{,}802061} = \underline{\underline{0{,}803697}}$$

$$y_S = \frac{9{,}229194}{4{,}802061} = \underline{\underline{1{,}921923}}$$

Die Kettenlinie im Intervall $[-1; 2]$ hat die Schwerpunktskoordinaten: $x_S = 0{,}803697$ und $y_S = 1{,}921923$.

Beispiel: Ein Biegeteil aus Stahldraht mit 3 mm Durchmesser und einer längenbezogenen Masse m' von $0{,}055\,\frac{\text{kg}}{\text{m}}$ hat die nachstehend beschriebene Form. Berechnen Sie die Schwerpunktskoordinaten in mm und die Drehmomente bezogen auf die Koordinatenachsen in N · mm, wenn 10 Millimeter einer Einheit im Koordinatensystem entsprechen.

Die Länge l des Biegeteils setzt sich aus den fünf Teillängen l_1; l_2; l_3; l_4 und l_5 zusammen, die wie folgt beschrieben werden:

$l_1 = \widehat{AB}: f_1(x) = \sqrt{9-x^2}+3;\ x \in [-3;\ 2{,}7]$

$l_2 = \widehat{BC}: f_2(x) = -\sqrt{9-x^2}+3;\ x \in [-3;\ -1{,}8]$

$l_3 = \overline{CD}: f_3(x) = -0{,}75x - 0{,}75;\ x \in [-1{,}8;\ 1]$

$l_4 = \overline{DE}: f_4(x) = x - 2{,}5;\ x \in [1;\ 5]$

$l_5 = \overline{EF}: x = 5$ und $2{,}5 \le y \le 6$

Die entsprechenden Linienschwerpunkte sind: $S_1\langle x_1\,|\,y_1\rangle$; $S_2\langle x_2\,|\,y_2\rangle$; $S_3\langle x_3\,|\,y_3\rangle$; $S_4\langle x_4\,|\,y_4\rangle$ und $S_5\langle x_5\,|\,y_5\rangle$

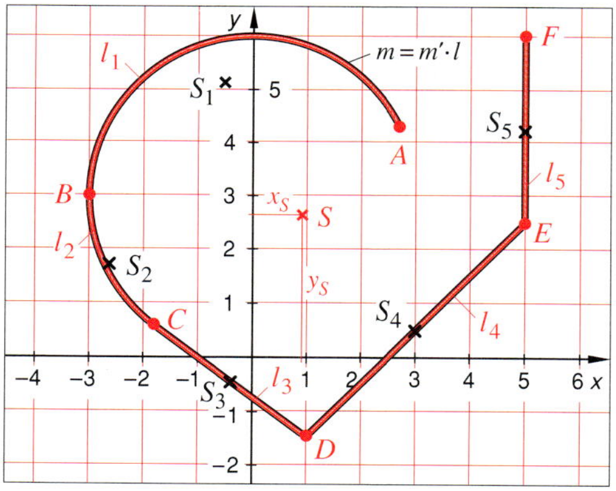

Die Koordinaten des Gesamtschwerpunktes $S\langle x_S|y_S\rangle$ erhält man nach der zu Beginn dieses Kapitels beschriebenen Methode. Alle Rechnungen werden zunächst ohne Einheit durchgeführt. Es gelten die folgenden Gleichungen:

$$x_S = \frac{l_1 \cdot x_1 + l_2 \cdot x_2 + l_3 \cdot x_3 + l_4 \cdot x_4 + l_5 \cdot x_5}{l_1 + l_2 + l_3 + l_4 + l_5} \quad \text{und} \quad y_S = \frac{l_1 \cdot y_1 + l_2 \cdot y_2 + l_3 \cdot y_3 + l_4 \cdot y_4 + l_5 \cdot y_5}{l_1 + l_2 + l_3 + l_4 + l_5}$$

Berechnung der Bogenlängen l_1; l_2; l_3; l_4; l_5 und l

l_1 und l_2 werden mit der Formel aus Kapitel 3.3 berechnet: $l = \int\limits_a^b \sqrt{1+[f'(x)]^2}\,\mathrm{d}x$

$$l = \int\limits_a^b \sqrt{1+[f'(x)]^2}\,\mathrm{d}x$$

► $f_1(x) = \sqrt{9-x^2}+3 \Rightarrow f_1'(x) = \dfrac{-x}{\sqrt{9-x^2}}$

► $f_2(x) = -\sqrt{9-x^2}+3 \Rightarrow f_2'(x) = \dfrac{x}{\sqrt{9-x^2}}$

Da der Integrand nach Einsetzen von $f_1(x)$ bzw. $f_2(x)$ und Umformung gleich ist, muss das unbestimmte Integral $\int \frac{3}{\sqrt{9-x^2}}\mathrm{d}x$ nur einmal gelöst werden.

$$\Rightarrow \sqrt{1+[f_1'(x)]^2} = \sqrt{1+[f_2'(x)]^2} = \frac{3}{\sqrt{9-x^2}}$$

$$l_{1;\,2} = \int \frac{3}{\sqrt{9-x}}\mathrm{d}x = 3 \cdot \operatorname{Arcsin}\frac{x}{3} + c \quad \text{► 2.4.5}$$

l_1 und l_2 erhält man dann nach Integration in den Grenzen -3 bis $2{,}7$ bzw. -3 bis $-1{,}8$.

● $l_1 = 3 \cdot \operatorname{Arcsin}\frac{x}{3}\Big|_{-3}^{2{,}7}$

$= 3 \cdot \operatorname{Arcsin}\frac{2{,}7}{3} - 3 \cdot \operatorname{Arcsin}\frac{-3}{3}$

$= \underline{8{,}07170}$

● $l_2 = 3 \cdot \operatorname{Arcsin}\frac{x}{3}\Big|_{-3}^{-1{,}8}$

$= 3 \cdot \operatorname{Arcsin}\frac{-1{,}8}{3} - 3 \cdot \operatorname{Arcsin}\frac{-3}{3}$

$= \underline{2{,}78189}$

Die Längen l_3 und l_4 berechnet man mit dem Satz des Pythagoras, wobei man die benötigten Funktionswerte y_C; y_D und y_E mithilfe der beiden Funktionsgleichungen $f_3(x) = -0{,}75x - 0{,}75$ bzw. $f_4(x) = x - 2{,}5$ ermittelt, indem man dort die entsprechenden x-Werte einsetzt.

- $l_3 = |\overline{CD}| = \sqrt{[x_C - x_D]^2 + [y_C - y_D]^2}$ ► Satz des Pythagoras
  - ► $f_3(x) = -0{,}75x - 0{,}75$
  - ► $x_C = -1{,}8$; $y_C = f_3(-1{,}8) = -0{,}75 \cdot (-1{,}8) - 0{,}75 = \underline{0{,}6}$
  - ► $x_D = 1$; $y_D = f_3(1) = -0{,}75 \cdot 1 - 0{,}75 = \underline{-1{,}5}$

$$l_3 = \sqrt{[-1{,}8 - 1]^2 + [0{,}6 - (-1{,}5)]^2} = \sqrt{[-2{,}8]^2 + 2{,}1^2} = \underline{\underline{3.5}}$$

- $l_4 = |\overline{DE}| = \sqrt{[x_E - x_D]^2 + [y_E - y_D]^2}$ ► Satz des Pythagoras
  - ► $f_4(x) = x - 2{,}5$
  - ► $x_E = 5$; $y_E = f_4(5) = 5 - 2{,}5 = \underline{2{,}5}$
  - ► $x_D = 1$; $y_D = f_5(1) = 1 - 2{,}5 = \underline{-1{,}5}$

$$l_4 = \sqrt{[5 - 1]^2 + [2{,}5 - (-1{,}5)]^2} = \sqrt{4^2 + 4^2} = \underline{\underline{5{,}65685}}$$

l_5 ist die Differenz der y-Werte 6 und 2,5.

- $l_5 = |\overline{EF}| = y_F - y_E = 6 - 2{,}5 = \underline{3{,}5}$

Die Maßzahl 23,51044 der Gesamtlänge l ergibt sich durch Addition der fünf Teillängen.

- $l = l_1 + l_2 + l_3 + l_4 + l_5$

$$= 8{,}07170 + 2{,}78189 + 3{,}5 + 5{,}65685 + 3{,}5 = \underline{\underline{23{,}51044}}$$

Berechnung der Koordinaten x_1 und y_1 für den Schwerpunkt S_1

$$x_1 = \frac{\int\limits_{-3}^{2{,}7}\left(x \cdot \sqrt{1 + [f_1'(x)]^2}\right)\mathrm{d}x}{l_1} \quad ► \; l_1 = 8{,}07170$$

$$\int\limits_{-3}^{2{,}7}\left(x \cdot \sqrt{1 + [f_1'(x)]^2}\right)\mathrm{d}x = \int\limits_{-3}^{2{,}7}\frac{3x}{\sqrt{9 - x^2}}\mathrm{d}x \quad ► \; 2.4.3$$

$$= -3 \cdot \sqrt{9 - x^2}\,\Big|_{-3}^{2{,}7} = -3 \cdot \sqrt{9 - 2{,}7^2} - \left[-3 \cdot \sqrt{9 - (-3)^2}\right] = \underline{-3{,}92301}$$

$$x_1 = \frac{-3{,}92301}{8{,}07170} = \underline{\underline{-0{,}48602}}$$

$$y_1 = \frac{\int\limits_{-3}^{2{,}7}\left(f_1(x) \cdot \sqrt{1 + [f_1'(x)]^2}\right)\mathrm{d}x}{l_1} \quad ► \; l_1 = 8{,}07170$$

$$\int\limits_{-3}^{2{,}7}\left(f_1(x) \cdot \sqrt{1 + [f_1'(x)]^2}\right)\mathrm{d}x = \int\limits_{-3}^{2{,}7}\left(\left[\sqrt{9 - x^2} + 3\right] \cdot \frac{3}{\sqrt{9 - x^2}}\right)\mathrm{d}x$$

$$= \int\limits_{-3}^{2{,}7}\left(3 + \frac{9}{\sqrt{9 - x^2}}\right)\mathrm{d}x \quad ► \; 2.4.5$$

$$= 3x + 9 \cdot \operatorname{Arcsin}\frac{x}{3}\,\Big|_{-3}^{2{,}7} = 3 \cdot 2{,}7 + 9 \cdot \operatorname{Arcsin}\frac{2{,}7}{3} - \left[3 \cdot (-3) + 9 \cdot \operatorname{Arcsin}\frac{-3}{3}\right] = \underline{41{,}31509}$$

$$y_1 = \frac{41{,}31509}{8{,}07170} = \underline{\underline{5{,}11851}}$$

Berechnung der Koordinaten x_2 und y_2 für den Schwerpunkt S_2

$$x_2 = \frac{\int\limits_{-3}^{-1,8}\left(x \cdot \sqrt{1+[f_2'(x)]^2}\right)\mathrm{d}x}{l_2} \quad \blacktriangleright\ l_2 = 2{,}78189$$

$$\int\limits_{-3}^{-1,8}\left(x \cdot \sqrt{1+[f_2'(x)]^2}\right)\mathrm{d}x = \int\limits_{-3}^{-1,8}\frac{3x}{\sqrt{9-x^2}}\mathrm{d}x \quad \blacktriangleright\ 2.4.3$$

$$= -3\cdot\sqrt{9-x^2}\,\Big|_{-3}^{-1,8}$$

$$= -3\cdot\sqrt{9-(-1{,}8)^2} - \left[-3\cdot\sqrt{9-(-3)^2}\right]$$

$$= \underline{-7{,}2}$$

$$x_2 = \frac{-7{,}2}{2{,}78189} = \underline{\underline{-2{,}58817}}$$

$$y_2 = \frac{\int\limits_{-3}^{-1,8}\left(f_2(x) \cdot \sqrt{1+[f_2'(x)]^2}\right)\mathrm{d}x}{l_2} \quad \blacktriangleright\ l_2 = 2{,}78189$$

$$\int\limits_{-3}^{-1,8}\left(f_2(x) \cdot \sqrt{1+[f_2'(x)]^2}\right)\mathrm{d}x = \int\limits_{-3}^{-1,8}\left([-\sqrt{9-x^2}+3]\cdot\frac{3}{\sqrt{9-x^2}}\right)\mathrm{d}x$$

$$= \int\limits_{-3}^{-1,8}\left(-3+\frac{9}{\sqrt{9-x^2}}\right)\mathrm{d}x \quad \blacktriangleright\ 2.4.5$$

$$= -3x + 9\cdot\operatorname{Arcsin}\frac{x}{3}\,\Big|_{-3}^{-1,8}$$

$$= -3\cdot(-1{,}8) + 9\cdot\operatorname{Arcsin}\frac{-1{,}8}{3} - \left[-3\cdot(-3)+9\cdot\operatorname{Arcsin}\frac{-3}{3}\right]$$

$$= \underline{4{,}74566}$$

$$y_2 = \frac{4{,}74566}{2{,}78189} = \underline{\underline{1{,}70591}}$$

Berechnung der Koordinaten $\langle x_3 \,|\, y_3\rangle$, $\langle x_4 \,|\, y_4\rangle$ und $\langle x_5 \,|\, y_5\rangle$ für die Schwerpunkte S_3 ; S_4 und S_5

Bei S_3 ; S_4 und S_5 handelt es sich um Schwerpunkte von linienförmigen Massen in Form von Strecken, bei denen der Schwerpunkt stets im Streckenmittelpunkt liegt. Hierbei berechnet man die Koordinaten x_M und y_M des Mittelpunktes einer Strecke zwischen zwei Punkten $P\langle x_P \,|\, y_P\rangle$ und $Q\langle x_Q \,|\, y_Q\rangle$ mit $x_M = \frac{x_P + x_Q}{2}$ und $y_M = \frac{y_P + y_Q}{2}$.

- $x_3 = \frac{x_C + x_D}{2}$ ▶ $x_C = -1{,}8;\ x_D = 1 \Rightarrow x_3 = \frac{-1{,}8+1}{2} = \underline{-0{,}45}$

  $y_3 = \frac{y_C + y_D}{2}$ ▶ $y_C = 0{,}6;\ y_D = -1{,}5 \Rightarrow y_3 = \frac{0{,}6-1{,}5}{2} = \underline{-0{,}45}$

- $x_4 = \frac{x_D + x_E}{2}$ ▶ $x_D = 1;\ x_E = 5 \Rightarrow x_4 = \frac{1+5}{2} = \underline{3}$

  $y_4 = \frac{y_D + y_E}{2}$ ▶ $y_D = -1{,}5;\ y_E = 2{,}5 \Rightarrow y_4 = \frac{-1{,}5+2{,}5}{2} = \underline{0{,}5}$

- $x_5 = \underline{5}$ und $y_5 = \frac{y_E + y_F}{2}$ ▶ $y_E = 2{,}5;\ y_F = 6 \Rightarrow y_5 = \frac{2{,}5+6}{2} = \underline{4{,}25}$

Berechnung der Koordinaten x_S und y_S für den Schwerpunkt S

$$x_S = \frac{l_1\cdot x_1 + l_2\cdot x_2 + l_3\cdot x_3 + l_4\cdot x_4 + l_5\cdot x_5}{l_1+l_2+l_3+l_4+l_5} \quad \blacktriangleright\ l_1+l_2+l_3+l_4+l_5 = 23{,}51044$$

$$\Rightarrow\ x_S = \frac{8{,}07170\cdot(-0{,}48602) + 2{,}78189\cdot(-2{,}58817) + 3{,}5\cdot(-0{,}45) + 5{,}65685\cdot 3 + 3{,}5\cdot 5}{23{,}51044} = \underline{\underline{0{,}92608}}$$

$$y_S = \frac{l_1 \cdot y_1 + l_2 \cdot y_2 + l_3 \cdot y_3 + l_4 \cdot y_4 + l_5 \cdot y_5}{l_1 + l_2 + l_3 + l_4 + l_5} \quad \blacktriangleright\ l_1 + l_2 + l_3 + l_4 + l_5 = 23{,}51044$$

$$\Rightarrow\ y_S = \frac{8{,}07170 \cdot 5{,}11851 + 2{,}78189 \cdot 1{,}70591 + 3{,}5 \cdot (-0{,}45) + 5{,}65685 \cdot 0{,}5 + 3{,}5 \cdot 4{,}25}{23{,}51044} = \underline{\underline{2{,}64517}}$$

Das Biegeteil mit einer Länge l von rund 23,51 mm hat den Schwerpunkt $S\langle 0{,}92608 \,|\, 2{,}64517\rangle$. Da im Koordinatensystem 10 mm einer Einheit entsprechen, liegt der Schwerpunkt S damit rund 9,26 mm von der y-Achse und 26,45 mm von der x-Achse entfernt.

Berechnung der Drehmomente M_x und M_y

Die Drehmomente ermittelt man mit den Formeln $M_x = F_G \cdot y_S$ und $M_y = F_G \cdot x_S$.

Es ist zweckmäßig, zunächst die Gewichtskraft F_G aus der Länge des Biegeteils zu berechnen.

$M_x = F_G \cdot y_S$ und $M_y = F_G \cdot x_S$

$$F_G = m' \cdot l \cdot g \quad \blacktriangleright\ m' = 0{,}055\,\frac{\text{kg}}{\text{m}};\ l = 0{,}02351\,\text{m};\ g = 9{,}81\,\frac{\text{m}}{\text{s}^2}$$

$$= 0{,}055\,\frac{\text{kg}}{\text{m}} \cdot 0{,}02351\,\text{m} \cdot 9{,}81\,\frac{\text{m}}{\text{s}^2}$$

$$= 0{,}01267\,\frac{\text{kg}\cdot\text{m}}{\text{s}^2} \quad \blacktriangleright\ 1\,\frac{\text{kg}\cdot\text{m}}{\text{s}^2} = 1\,\text{N}$$

$$= \underline{0{,}01267\,\text{N}}$$

$$M_x = F_G \cdot y_S \quad \blacktriangleright\ y_S = 26{,}45\,\text{mm}$$

$$\Rightarrow\ M_x = 0{,}01267\,\text{N} \cdot 26{,}45\,\text{mm} = \underline{\underline{0{,}335\,\text{N}\cdot\text{mm}}}$$

$$M_y = F_G \cdot x_S \quad \blacktriangleright\ x_S = 9{,}26\,\text{mm}$$

$$\Rightarrow\ M_y = 0{,}01267\,\text{N} \cdot 9{,}26\,\text{mm} = \underline{\underline{0{,}117\,\text{N}\cdot\text{mm}}}$$

Bezogen auf das Koordinatensystem erhält man die Drehmomente mit:

$M_x = 0{,}335\ \text{N}\cdot\text{mm}$ und $M_y = 0{,}117\ \text{N}\cdot\text{mm}$

Kurven in Parameterdarstellung

Ist eine Kurve in einem Intervall $[t_1; t_2]$ in Parameterdarstellung $\begin{cases} x = f_1(t) \\ y = f_2(t) \end{cases}$; $t \in D(f_1) \cap D(f_2)$ gegeben, so lassen sich für die Schwerpunktskoordinaten x_S und y_S einer zugehörigen linienförmigen Masse m mit $m = m' \cdot l$, analog zum vorangegangenen Abschnitt, entsprechende Formeln angeben. Hierbei müssen die Parameterfunktionen f_1 und f_2 im Intervall $[t_1; t_2]$ stetig differenzierbar sein.

Merke:

$$M_y = F_G \cdot x_S = m' \cdot g \cdot \int_{t_1}^{t_2} \left(f_1(t) \cdot \sqrt{[\dot f_1(t)]^2 + [\dot f_2(t)]^2} \right) \mathrm{d}t$$

$$x_S = \frac{\int_{t_1}^{t_2} \left(f_1(t) \cdot \sqrt{[\dot f_1(t)]^2 + [\dot f_2(t)]^2} \right) \mathrm{d}t}{l}$$

$$\blacktriangleright\ l = \int_{t_1}^{t_2} \sqrt{[\dot f_1(t)]^2 + [\dot f_2(t)]^2}\ \mathrm{d}t$$

$$M_x = F_G \cdot y_S = m' \cdot g \cdot \int_{t_1}^{t_2} \left(f_2(t) \cdot \sqrt{[\dot f_1(t)]^2 + [\dot f_2(t)]^2} \right) \mathrm{d}t$$

$$y_S = \frac{\int_{t_1}^{t_2} \left(f_2(t) \cdot \sqrt{[\dot f_1(t)]^2 + [\dot f_2(t)]^2} \right) \mathrm{d}t}{l}$$

$$\blacktriangleright\ l = \int_{t_1}^{t_2} \sqrt{[\dot f_1(t)]^2 + [\dot f_2(t)]^2}\ \mathrm{d}t$$

Beispiel: Eine Astroide ist durch die Parameterdarstellung $\begin{cases} f_1(t) = 4 \cdot \cos^3 t \\ f_2(t) = 4 \cdot \sin^3 t \end{cases}$; $t \in [0; 2\pi]$ gegeben. Berechnen Sie die Schwerpunktskoordinaten x_S und y_S der linienförmigen Masse, die der Bogenlänge des Astroidenteils im ersten Quadranten entspricht.

Die Bogenlänge dieser Astroide wurde bereits im Kapitel 3.3 für das Intervall $[0; \pi]$ berechnet, und zwar hat sie dort die Maßzahl 12. Für das Intervall $\left[0; \frac{\pi}{2}\right]$ gilt aus Symmetriegründen $l = 6$.

Da f_1 und f_2 im Intervall $\left[0; \frac{\pi}{2}\right]$ stetig differenzierbar sind, können die angegebenen Formeln angewendet werden.

► $t_1 = 0$ und $t_2 = \frac{\pi}{2}$

► $f_1(t) = 4 \cdot \cos^3 t \Rightarrow \dot{f}_1(t) = -12 \cdot \sin t \cdot \cos^2 t$

► $f_2(t) = 4 \cdot \sin^3 t \Rightarrow \dot{f}_2(t) = 12 \cdot \sin^2 t \cdot \cos t$

► $\sqrt{[\dot{f}_1(t)]^2 + [\dot{f}_2(t)]^2} = 12 \cdot \cos t \cdot \sin t$ ► 3.3

► $l = 6$

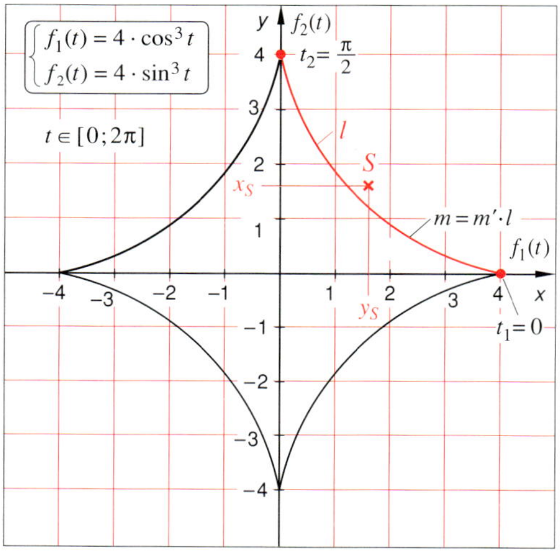

Berechnung der Schwerpunktskoordinate x_S

$$x_S = \frac{\int\limits_{t_1}^{t_2} \left(f_1(t) \cdot \sqrt{[\dot{f}_1(t)]^2 + [\dot{f}_2(t)]^2}\right) \mathrm{d}t}{l}$$

$$\int\limits_{t_1}^{t_2} \left(f_1(t) \cdot \sqrt{[\dot{f}_1(t)]^2 + [\dot{f}_2(t)]^2}\right) \mathrm{d}t =$$

$$= \int\limits_0^{\frac{\pi}{2}} (4 \cdot \cos^3 t \cdot 12 \cdot \cos t \cdot \sin t) \mathrm{d}t$$

$$= 48 \cdot \int\limits_0^{\frac{\pi}{2}} (\cos^4 t \cdot \sin t) \mathrm{d}t \quad ► 2.4.3$$

$$= 48 \cdot \left(-\frac{1}{5} \cdot \cos^5 t\right) \Bigg|_0^{\frac{\pi}{2}}$$

$$= 48 \cdot \left(-\frac{1}{5} \cdot \cos^5 \frac{\pi}{2} - \left[-\frac{1}{5} \cdot \cos^5 0\right]\right)$$

$$= 48 \cdot \left(-\frac{1}{5} \cdot 0 + \frac{1}{5} \cdot 1\right)$$

$$= \frac{48}{5}$$

$$x_S = \frac{\frac{48}{5}}{6} = \frac{8}{5} = \underline{\underline{1{,}6}}$$

Berechnung der Schwerpunktskoordinate y_S

$$y_S = \frac{\int\limits_{t_1}^{t_2} \left(f_2(t) \cdot \sqrt{[\dot{f}_1(t)]^2 + [\dot{f}_2(t)]^2}\right) \mathrm{d}t}{l}$$

$$\int\limits_{t_1}^{t_2} \left(f_2(t) \cdot \sqrt{[\dot{f}_1(t)]^2 + [\dot{f}_2(t)]^2}\right) \mathrm{d}t =$$

$$= \int\limits_0^{\frac{\pi}{2}} (4 \cdot \sin^3 t \cdot 12 \cdot \cos t \cdot \sin t) \mathrm{d}t$$

$$= 48 \cdot \int\limits_0^{\frac{\pi}{2}} (\sin^4 t \cdot \cos t) \mathrm{d}t \quad ► 2.4.3$$

$$= 48 \cdot \left(\frac{1}{5} \cdot \sin^5 t\right) \Bigg|_0^{\frac{\pi}{2}}$$

$$= 48 \cdot \left(\frac{1}{5} \cdot \sin^5 \frac{\pi}{2} - \left[\frac{1}{5} \cdot \sin^5 0\right]\right)$$

$$= 48 \cdot \left(\frac{1}{5} \cdot 1 - \frac{1}{5} \cdot 0\right)$$

$$= \frac{48}{5}$$

$$y_S = \frac{\frac{48}{5}}{6} = \frac{8}{5} = \underline{\underline{1{,}6}}$$

Der Linienschwerpunkt der Astroide im ersten Quadranten hat die Koordinaten $S\langle 1{,}6 \mid 1{,}6 \rangle$.

Kurven in Polarkoordinatendarstellung

Ist eine Funktion in Polarkoordinatendarstellung $F: \varphi \mapsto F(\varphi)$ in einem Intervall $[\varphi_1; \varphi_2]$ gegeben, so lassen sich für die Schwerpunktskoordinaten x_S und y_S einer zugehörigen linienförmigen Masse m mit $m = m' \cdot l$ entsprechende Formeln angeben, die aus der Parameterdarstellung entwickelt wurden. Deshalb muss die Funktion F im Intervall $[\varphi_1; \varphi_2]$ stetig differenzierbar sein.

Merke:

- $$M_y = F_G \cdot x_S = m' \cdot g \cdot \int_{\varphi_1}^{\varphi_2} \left(F(\varphi) \cdot \cos\varphi \cdot \sqrt{[F(\varphi)]^2 + [F'(\varphi)]^2} \right) \mathrm{d}\varphi$$

$$x_S = \frac{\int_{\varphi_1}^{\varphi_2} \left(F(\varphi) \cdot \cos\varphi \cdot \sqrt{[F(\varphi)]^2 + [F'(\varphi)]^2} \right) \mathrm{d}\varphi}{l} \qquad \blacktriangleright\ l = \int_{\varphi_1}^{\varphi_2} \sqrt{[F(\varphi)]^2 + [F'(\varphi)]^2}\, \mathrm{d}\varphi$$

- $$M_x = F_G \cdot y_S = m' \cdot g \cdot \int_{\varphi_1}^{\varphi_2} \left(F(\varphi) \cdot \sin\varphi \cdot \sqrt{[F(\varphi)]^2 + [F'(\varphi)]^2} \right) \mathrm{d}\varphi$$

$$y_S = \frac{\int_{\varphi_1}^{\varphi_2} \left(F(\varphi) \cdot \sin\varphi \cdot \sqrt{[F(\varphi)]^2 + [F'(\varphi)]^2} \right) \mathrm{d}\varphi}{l} \qquad \blacktriangleright\ l = \int_{\varphi_1}^{\varphi_2} \sqrt{[F(\varphi)]^2 + [F'(\varphi)]^2}\, \mathrm{d}\varphi$$

Beispiel: Entwickeln Sie eine Formel zur Berechnung der Schwerpunktskoordinaten eines Kreisbogens. Wo liegt der Schwerpunkt eines Halbkreisbogens?

Der Kreisbogen wird zweckmäßig symmetrisch zur y-Achse angeordnet. Damit entfällt die Berechnung der Koordinate x_S, denn x_S ist dann immer null.

Das Problem wird mit der entwickelten Formel für Funktionen in Polarkoordinatendarstellung gelöst, da die Kreisgleichung in Polarkoordinaten mit $F(\varphi) = r$; $\varphi \in [0; 2\pi]$ sehr einfach ist.

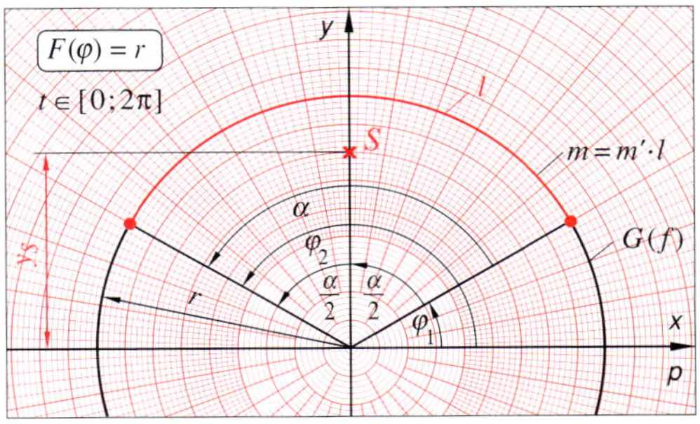

Die Funktion F ist in $[0; 2\pi]$ stetig differenzierbar.

► $F(\varphi) = r \Rightarrow F'(\varphi) = 0$

► $\sqrt{[F(\varphi)]^2 + [F'(\varphi)]^2} = \sqrt{r^2 + 0} = r$, weil $r > 0$

$$y_S = \frac{\int_{\varphi_1}^{\varphi_2} \left(F(\varphi) \cdot \sin\varphi \cdot \sqrt{[F(\varphi)]^2 + [F'(\varphi)]^2} \right) \mathrm{d}\varphi}{\int_{\varphi_1}^{\varphi_2} \sqrt{[F(\varphi)]^2 + [F'(\varphi)]^2}\, \mathrm{d}\varphi}$$

$$= \frac{r^2 \cdot \int_{\varphi_1}^{\varphi_2} \sin\varphi\, \mathrm{d}\varphi}{r \cdot \int_{\varphi_1}^{\varphi_2} \mathrm{d}\varphi} \qquad \blacktriangleright \text{ Grundintegrale}$$

$$= \frac{r \cdot (-\cos\varphi)\Big|_{\varphi_1}^{\varphi_2}}{\varphi\Big|_{\varphi_1}^{\varphi_2}}$$

Da der Kreisbogen symmetrisch zur y-Achse liegt, gilt für die untere Integrationsgrenze $\varphi_1 = \frac{\pi}{2} - \frac{\alpha}{2}$ und für die obere Integrationsgrenze $\varphi_2 = \frac{\pi}{2} + \frac{\alpha}{2}$.

► $\cos\left(\frac{\pi}{2} + \frac{\alpha}{2}\right) = -\sin\frac{\alpha}{2}$ ► 4.1

► $\cos\left(\frac{\pi}{2} - \frac{\alpha}{2}\right) = \sin\frac{\alpha}{2}$ ► 4.1

Der Schwerpunkt des Kreisbogens hat die Koordinaten $x_S = 0$ und $y_S = \frac{2 \cdot r}{\alpha} \cdot \sin\frac{\alpha}{2}$

Zur Berechnung von y_S bei einem Halbkreisbogen setzt man dann in der entwickelten Formel π für α.

$$y_S = r \cdot \frac{-\cos\varphi_2 + \cos\varphi_1}{\varphi_2 - \varphi_1} \quad ► \ \frac{\pi}{2} - \frac{\alpha}{2} \text{ für } \varphi_1; \ \frac{\pi}{2} + \frac{\alpha}{2} \text{ für } \varphi_2$$

$$= r \cdot \frac{-\cos\left(\frac{\pi}{2} + \frac{\alpha}{2}\right) + \cos\left(\frac{\pi}{2} - \frac{\alpha}{2}\right)}{\left(\frac{\pi}{2} + \frac{\alpha}{2} - \left(\frac{\pi}{2} - \frac{\alpha}{2}\right)\right.}$$

$$= r \cdot \frac{-\left(-\sin\frac{\alpha}{2}\right) + \sin\frac{\alpha}{2}}{\alpha}$$

$$= \underline{\underline{\frac{2 \cdot r}{\alpha} \cdot \sin\frac{\alpha}{2}}}$$ ► Schwerpunktskoordinate eines Kreisbogens

$$y_S = \frac{2 \cdot r}{\alpha} \cdot \sin\frac{\alpha}{2} \quad ► \ \pi \text{ für } \alpha \quad ► \ \sin\frac{\alpha}{2} = \sin\frac{\pi}{2} = 1$$

$$= \underline{\underline{\frac{2 \cdot r}{\pi}}}$$ ► Schwerpunktskoordinate eines Halbkreisbogens

3.5.3 Schwerpunkte rotationssymmetrischer Massen – Körperschwerpunkte

Rotiert in einem xyz-Koordinatensystem die Fläche zwischen dem Graphen einer Funktion und einer Achse um diese Achse, so werden jeweils rotationssymmetrische Körper erzeugt (► 3.2), deren Schwerpunkt auf der Rotationsachse liegt, und zwar im Abstand x_S, y_S und z_S vom Koordinatenursprung. In diesem Abschnitt werden nur Funktionen in rechtwinkligen Koordinaten behandelt.

Setzt sich ein Körper mit dem Volumen V aus Teilkörpern mit $V_1; V_2; V_3; \ldots; V_n; n \geq 2$ zusammen, wobei $x_k; y_k$ und z_k die zugehörigen Schwerpunktsabstände zu den Koordinatenachsen sind, so lassen sich die Schwerpunktskoordinaten $x_S; y_S$ und z_S berechnen. Dazu setzt man in den Ausgangsformeln die Terme $\varrho \cdot V_k$ für m_k und $\varrho \cdot V$ für m, wobei ϱ die Dichte des Rotationskörpers ist.

$$x_S = \frac{\sum_{k=1}^{n}(m_k \cdot x_k)}{m} = \frac{\sum_{k=1}^{n}(\varrho \cdot V_k \cdot x_k)}{\varrho \cdot V} = \frac{\varrho \cdot \sum_{k=1}^{n}(V_k \cdot x_k)}{\varrho \cdot V} = \underline{\underline{\frac{\sum_{k=1}^{n}(V_k \cdot x_k)}{V}}} \quad ► \ y_S = \underline{\underline{\frac{\sum_{k=1}^{n}(V_k \cdot y_k)}{V}}}; \ z_S = \underline{\underline{\frac{\sum_{k=1}^{n}(V_k \cdot z_k)}{V}}}$$

Problem: Entwickeln Sie unter Zuhilfenahme des Schnittprinzips (► 3.3) eine Formel zur Berechnung der Schwerpunktskoordinate x_S eines zur x-Achse rotationssymmetrischen Körpers.

Rotiert eine Fläche, die in einem Intervall $[a; b]$ zwischen dem Graphen einer stetigen Funktion f und der x-Achse liegt, um diese Achse, so beschreibt sie bei einer Umdrehung von 360° einen symmetrisch zur x-Achse liegenden Rotationskörper. ► 3.2

Sein Schwerpunkt S liegt auf der x-Achse und hat demnach die Koordinaten $\langle x_S \,|\, 0 \,|\, 0 \rangle$.

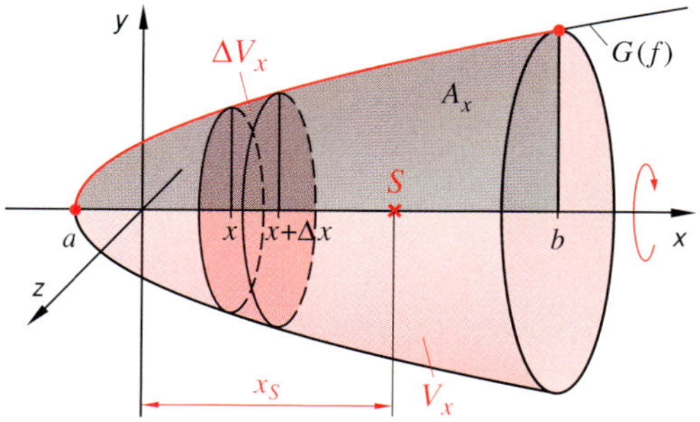

Berechnung von M_{yz} und x_S

Ein Volumenelement des Rotationskörpers hat das Volumen ΔV_x, die Masse Δm bzw. $\varrho \cdot \Delta V_x$ $\left(\varrho = \text{Dichte in } \frac{\text{kg}}{\text{dm}^3}\right)$ und näherungsweise das Drehmoment ΔM_{yz}, bezogen auf die yz-Ebene.

$$\blacktriangleright\ \Delta M_{yz} = \Delta F_G \cdot x \quad \blacktriangleright\ F_G = \Delta m \cdot g$$
$$= \Delta m \cdot g \cdot x \quad \blacktriangleright\ \Delta m = \varrho \cdot \Delta V_x$$
$$= \varrho \cdot \Delta V_x \cdot g \cdot x \quad \blacktriangleright\ \Delta V_x = \pi \cdot [f(x)]^2 \cdot \Delta x$$
$$= \varrho \cdot \pi \cdot [f(x)]^2 \cdot \Delta x \cdot g \cdot x$$
$$= \varrho \cdot g \cdot \pi \cdot x \cdot [f(x)]^2 \cdot \Delta x$$

Mit dem Schnittprinzip erhält man:

$$M_{yz} = F_G \cdot x_S = \varrho \cdot g \cdot \pi \cdot \int_a^b \left(x \cdot [f(x)]^2\right) dx$$

$$\Rightarrow\ M_{yz} = \int_a^b \left(\varrho \cdot g \cdot \pi \cdot x \cdot [f(x)]^2\right) dx$$
$$= \underline{\underline{\varrho \cdot g \cdot \pi \cdot \int_a^b \left(x \cdot [f(x)]^2\right) dx}}$$

Um x_S zu berechnen, geht man von der Momentengleichung $M_{yz} = F_G \cdot x_S$ aus und stellt diese nach x_S um. Dann setzt man die Terme für M_{yz} und F_G ein und vereinfacht.

$$\blacktriangleright\ x_S = \frac{M_{yz}}{F_G} \quad \blacktriangleright\ M_y = \varrho \cdot g \cdot \pi \cdot \int_a^b \left(x \cdot [f(x)]^2\right) dx, \quad F_G = \varrho \cdot V_x \cdot g$$
$$= \frac{\varrho \cdot g \cdot \pi \cdot \int_a^b \left(x \cdot [f(x)]^2\right) dx}{\varrho \cdot V_x \cdot g}$$
$$= \underline{\underline{\frac{\pi \cdot \int_a^b \left(x \cdot [f(x)]^2\right) dx}{V_x}}} \quad \blacktriangleright\ V_x = \pi \cdot \int_a^b [f(x)]^2\, dx \quad \blacktriangleright\ 3.2$$

Die erste Formel wendet man an, wenn V_x bekannt ist. Setzt man $V_x = \pi \cdot \int_a^b [f(x)]^2\, dx$ (▶ 3.1), so erhält man eine zweite Schreibweise für den Fall, dass V_x nicht bekannt ist.

$$= \underline{\underline{\frac{\int_a^b \left(x \cdot [f(x)]^2\right) dx}{\int_a^b [f(x)]^2\, dx}}}$$

Merke:

Rotiert in einem xyz-Koordinatensystem in einem x-Intervall $[a; b]$ die Fläche zwischen dem Graphen einer stetigen Funktion f und der x-Achse um die x-Achse, so wird ein Körper mit der Masse $m\,(m = \varrho \cdot V_x)$ beschrieben. Für das Drehmoment M_{yz} und die Schwerpunktskoordinate x_S gilt:

- $\boldsymbol{M_{yz} = F_G \cdot x_S = \varrho \cdot V_x \cdot g \cdot x_S = \varrho \cdot g \cdot \pi \cdot \int_a^b \left(x \cdot [f(x)]^2\right) dx}$
- $\boldsymbol{x_S = \dfrac{\pi \cdot \int_a^b \left(x \cdot [f(x)]^2\right) dx}{V_x}}$ ▶ $\boldsymbol{V_x = \pi \cdot \int_a^b [f(x)]^2\, dx}$

Berechnung von M_{xz} und y_S

Ist eine stetige Funktion f in $[a; b]$ streng monoton, so kann man für einen Rotationskörper, der im y-Intervall $[c; d]$ um die y-Achse rotiert, eine entsprechende Entwicklung durchführen, um das Drehmoment M_{xz} und die Schwerpunktskoordinate y_S zu erhalten.

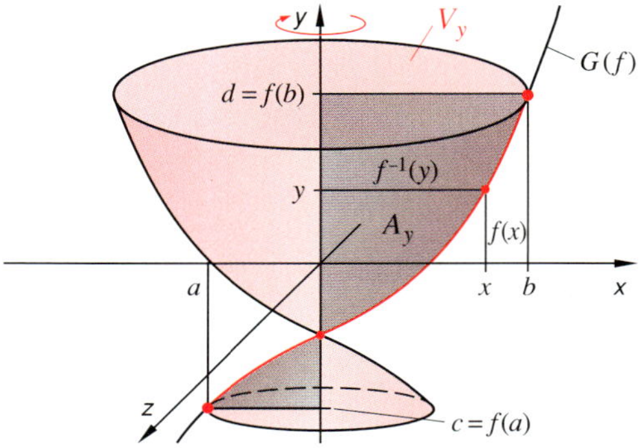

Gemäß den Ausführungen in Kapitel 3.2 erhält man dann für M_{xz} bzw. y_S je zwei Formeln, die sich auf die xz-Ebene beziehen.

$$M_{xz} = \varrho \cdot g \cdot \pi \cdot \int_c^d \left(y \cdot [f^{-1}(y)]^2\right) \mathrm{d}y$$

$$= \varrho \cdot g \cdot \pi \cdot \int_a^b \left(x^2 \cdot f(x) \cdot f'(x)\right) \mathrm{d}x$$

Führt man für eine in $[a; b]$ streng monoton steigende und stetig differenzierbare Funktion f mit $c = f(a)$ und $d = f(b)$ die Substitution $y = f(x)$ durch, so gilt:

$$\int_c^d \left(y \cdot [f^{-1}(y)]^2\right) \mathrm{d}y = \int_a^b \left(x^2 \cdot f(x) \cdot f'(x)\right) \mathrm{d}x$$

$$y_S = \frac{\pi \cdot \int_c^d \left(y \cdot [f^{-1}(y)]^2\right) \mathrm{d}y}{V_y}$$ ► f ist streng monoton steigend ► V_y siehe 3.2

$$= \frac{\pi \cdot \int_a^b \left(x^2 \cdot f(x) \cdot f'(x)\right) \mathrm{d}x}{V_y}$$

Ist die Funktion f in $[a; b]$ streng monoton fallend und stetig differenzierbar, so ergibt sich durch die angegebene Substitution:

$$\int_c^d \left(y \cdot [f^{-1}(y)]^2\right) \mathrm{d}y = -\int_a^b \left(x^2 \cdot f(x) \cdot f'(x)\right) \mathrm{d}x$$

$$y_S = \frac{\pi \cdot \int_c^d \left(y \cdot [f^{-1}(y)]^2\right) \mathrm{d}y}{V_y}$$ ► f ist streng monoton fallend

$$= \frac{-\pi \cdot \int_a^b \left(x^2 \cdot f(x) \cdot f'(x)\right) \mathrm{d}x}{V_y}$$

Merke:

Rotiert in einem xyz-Koordinatensystem die Fläche zwischen dem Graphen einer streng monoton steigenden bzw. streng monoton fallenden Funktion und der y-Achse in einem y-Intervall $[c; d]$ um die y-Achse, so wird ein Rotationskörper mit der Masse m $(m = \varrho \cdot V)$ erzeugt. Für das Drehmoment M_{xz} sowie die Schwerpunktskoordinate y_S gilt:

- $\boldsymbol{M_{xz} = F_G \cdot y_S = \varrho \cdot V_y \cdot g \cdot y_S = \varrho \cdot g \cdot \pi \cdot \int_c^d \left(y \cdot [f^{-1}(y)]^2\right) \mathrm{d}y}$
- $\boldsymbol{y_S = \dfrac{\pi \cdot \int_c^d \left(y \cdot [f^{-1}(y)]^2\right) \mathrm{d}y}{V_y}}$ ► $\boldsymbol{V_y = \pi \cdot \int_c^d [f^{-1}(y)]^2 \, \mathrm{d}y}$
- $\boldsymbol{y_S = \dfrac{\pi \cdot \int_a^b \left(x^2 \cdot f(x) \cdot f'(x)\right) \mathrm{d}x}{V_y}}$ ► $\boldsymbol{V_y = \pi \cdot \int_a^b [x^2 \cdot f'(x)] \, \mathrm{d}x}$ ► f ist in $[a; b]$ streng monoton steigend und stetig differenzierbar
- $\boldsymbol{y_S = \dfrac{-\pi \cdot \int_a^b \left(x^2 \cdot f(x) \cdot f'(x)\right) \mathrm{d}x}{V_y}}$ ► $\boldsymbol{V_y = \pi \cdot \left|\int_a^b [x^2 \cdot f'(x)] \, \mathrm{d}x\right|}$ ► f ist in $[a; b]$ streng monoton fallend und stetig differenzierbar

Beispiel: Berechnen Sie die Lage des Schwerpunktes für ein Paraboloid, das durch die Rotation der Fläche zwischen dem Graphen der Funktion $f: f(x) = \sqrt{x}$; $D(f) = \mathbb{R}^{\geq 0}$ und der x-Achse im x-Intervall $[0; h]$ um die x-Achse beschrieben wird.

Da das Paraboloid durch die Rotation einer Fläche um die x-Achse beschrieben wird und der Körper damit symmetrisch zur x-Achse liegt, ist nur die Schwerpunktskoordinate x_S zu berechnen. Die Koordinaten y_S und z_S sind gleich null.

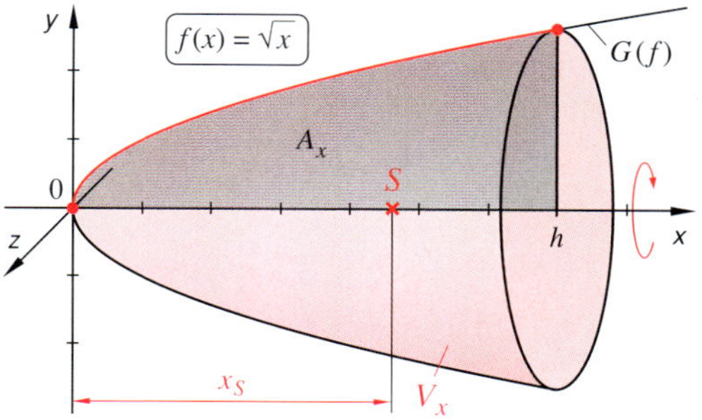

Für $f(x) = \sqrt{x}$ gilt $[f(x)]^2 = [\sqrt{x}]^2 = x$.

$$x_S = \frac{\pi \cdot \int_a^b \left(x \cdot [f(x)]^2\right) \mathrm{d}x}{\pi \cdot \int_a^b [f(x)]^2 \, \mathrm{d}x}$$ ► $f(x) = \sqrt{x} \Rightarrow [f(x)]^2 = x$

In der für x_S entwickelten Formel ergeben sich zwei Grundintegrale.

$$= \frac{\int_a^b x^2 \, \mathrm{d}x}{\int_a^b x \, \mathrm{d}x}$$ ► 0 für a; h für b

$$= \frac{\frac{1}{3} \cdot x^3 \Big|_0^h}{\frac{1}{2} \cdot x^2 \Big|_0^h}$$

$$= \frac{\frac{1}{3} \cdot (h^3 - 0^3)}{\frac{1}{2} \cdot (h^2 - 0^2)}$$

Der Schwerpunkt S des Rotationsparaboloids liegt auf der x-Achse $\frac{2}{3} \cdot h$ vom Koordinatenursprung entfernt.

$$= \underline{\underline{\frac{2}{3} \cdot h}}$$ ► Schwerpunktskoordinate x_S

Beispiel: Berechnen Sie die Schwerpunktskoordinate x_S des Körpers, der durch die Rotation der Fläche zwischen dem Graphen der Funktion $f: f(x) = \frac{x^2}{4} + 1$; $D(f) = \mathbb{R}$ und der x-Achse im x-Intervall $[0; 3]$ um die x-Achse beschrieben wird.

Da der Körper durch die Rotation einer Fläche um die x-Achse beschrieben wird und er damit symmetrisch zur x-Achse liegt, ist nur die Schwerpunktskoordinate x_S zu berechnen.

Die Koordinaten y_S und z_S sind gleich null.

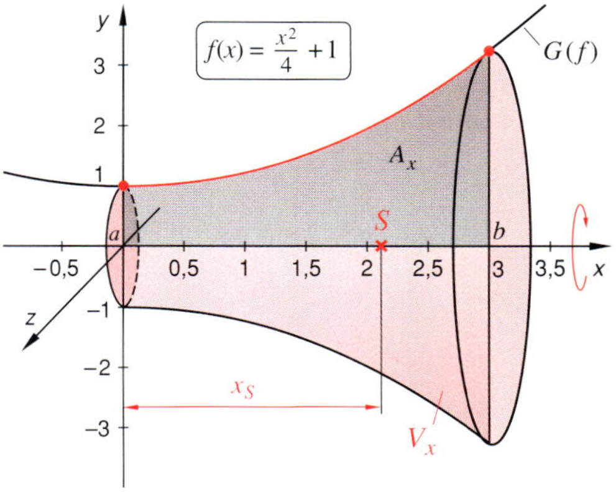

Man benutzt die zur Berechnung von x_S angegebene Formel. Da in den Integralen des Zählers und des Nenners $[f(x)]^2$ einzusetzen ist, wird zunächst dieser Term berechnet.

► $f(x)=\frac{x^2}{4}+1 \Rightarrow [f(x)]^2=\frac{x^4}{16}+\frac{x^2}{2}+1$

$$x_S=\frac{\pi\cdot\int_a^b\left(x\cdot[f(x)]^2\right)\mathrm{d}x}{\pi\cdot\int_a^b[f(x)]^2\,\mathrm{d}x}$$ ► $[f(x)]^2=\frac{x^4}{16}+\frac{x^2}{2}+1$

$$=\frac{\int_a^b\left(x\cdot\left[\frac{x^4}{16}+\frac{x^2}{2}+1\right]\right)\mathrm{d}x}{\int_a^b\left[\frac{x^4}{16}+\frac{x^2}{2}+1\right]\mathrm{d}x}$$ ► 0 für a; 3 für b

Dann werden die sich ergebenden Grundintegrale gelöst.

$$=\frac{\int_0^3\left(\frac{x^5}{16}+\frac{x^3}{2}+x\right)\mathrm{d}x}{\int_0^3\left[\frac{x^4}{16}+\frac{x^2}{2}+1\right]\mathrm{d}x}$$

$$=\frac{\left.\frac{x^6}{96}+\frac{x^4}{8}+\frac{x^2}{2}\right|_0^3}{\left.\frac{x^5}{80}+\frac{x^3}{6}+x\right|_0^3}$$

$$=\frac{\frac{3^6}{96}+\frac{3^4}{8}+\frac{3^2}{2}-0}{\frac{3^5}{80}+\frac{3^3}{6}+3-0}$$

$=\underline{\underline{2{,}10854}}$ ► Schwerpunktskoordinate x_S

Der Schwerpunkt S des Körpers hat also die Koordinaten $\langle 2{,}10854\,|\,0\,|\,0\rangle$.

Beispiel: Berechnen Sie die Schwerpunktskoordinate y_S des Körpers, der durch die Rotation der Fläche zwischen dem Graphen der Funktion $f: f(x)=\frac{x^2}{4}+1$; $D(f)=\mathbb{R}$ und der x-Achse im y-Intervall $[2; 5]$ um die y-Achse beschrieben wird.

Da der Körper durch die Rotation einer Fläche um die y-Achse beschrieben wird und er damit symmetrisch zur y-Achse liegt, ist nur die Schwerpunktskoordinate y_S zu berechnen. Die Koordinaten x_S und z_S sind gleich null.

Die Funktion f ist für $x \geq 0$ streng monoton steigend und für $x \leq 0$ streng monoton fallend, sodass für das y-Intervall $[2; 5]$ die Voraussetzungen zur Anwendung der entsprechenden Formel gegeben sind.

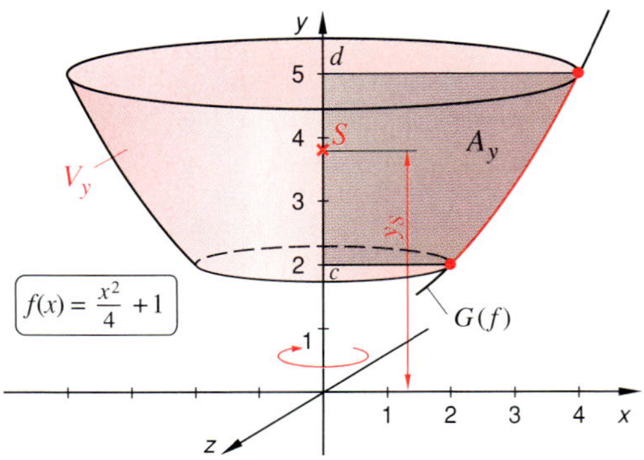

Da sowohl im Integral des Zählers als auch im Integral des Nenners $[f^{-1}(y)]^2$ einzusetzen ist, wird zunächst dieser Term berechnet.

Aus $f(x) = y = \frac{x^2}{4} + 1$ folgt:

$$\frac{x^2}{4} + 1 = y \Rightarrow \frac{x^2}{4} = y - 1$$
$$\Rightarrow x^2 = [f^{-1}(y)]^2 = 4y - 4$$

Dann werden die sich ergebenden Grundintegrale gelöst.

$$y_S = \frac{\pi \cdot \int_c^d \left(y \cdot [f^{-1}(y)]^2\right) dy}{\pi \cdot \int_c^d [f^{-1}(y)]^2 \, dy}$$ ► $[f^{-1}(y)]^2 = 4y - 4$

$$= \frac{\int_c^d \left(y \cdot [4y - 4]\right) dy}{\int_c^d [4y - 4] \, dy}$$ ► 2 für c; 5 für d

$$= \frac{\int_2^5 (4y^2 - 4y) \, dy}{\int_2^5 [4y - 4] \, dy}$$

$$= \frac{\frac{4}{3} \cdot y^3 - 2y^2 \Big|_2^5}{2y^2 - 4y \Big|_2^5}$$

$$= \frac{\frac{4}{3} \cdot 5^3 - 2 \cdot 5^2 - \left(\frac{4}{3} \cdot 2^3 - 2 \cdot 2^2\right)}{2 \cdot 5^2 - 4 \cdot 5 - (2 \cdot 2^2 - 4 \cdot 2)}$$

$$= \underline{\underline{3{,}8}}$$ ► Schwerpunktskoordinate y_S

Der Schwerpunkt S des Körpers hat also die Koordinaten $\langle 0 \,|\, 3{,}8 \,|\, 0 \rangle$.

Beispiel: Berechnen Sie die Schwerpunktskoordinate x_S einer Halbkugel, die durch die Rotation einer Viertelkreisfläche mit $f: f(x) = \sqrt{r^2 - x^2}$; $D(f) = [-r; r]$ um die x-Achse beschrieben wird.

Eine Halbkugel wird durch Rotation der Viertelkreisfläche um die x-Achse im x-Intervall $[0; r]$ erzeugt.

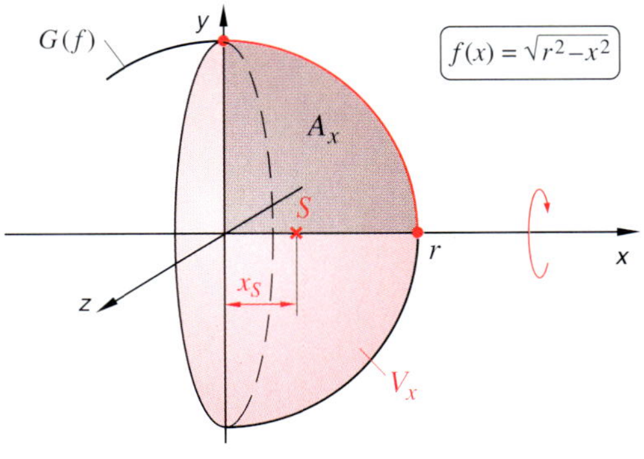

Für das Volumen einer Halbkugel gilt die Formel $V_x = \frac{2}{3}\pi \cdot r^3$. In der für x_S entwickelten Formel kann für V_x daher sofort der Term $\frac{2}{3}\pi \cdot r^3$ eingesetzt werden.

$$x_S = \frac{\pi \cdot \int_a^b \left(x \cdot [f(x)]^2\right) dx}{V_x}$$ ► $V_x = \frac{2}{3}\pi \cdot r^3$

$$= \frac{\pi \cdot \int_a^b \left(x \cdot [f(x)]^2\right) dx}{\frac{2}{3}\pi \cdot r^3}$$

Aus $f(x)=\sqrt{r^2-x^2}$ ergibt sich sofort $[f(x)]^2=r^2-x^2$. Setzt man den Term r^2-x^2 für $[f(x)]^2$ ein, so erhält man ein Grundintegral.

$$x_S=\frac{\pi\cdot\int\limits_a^b\left(x\cdot[f(x)]^2\right)\mathrm{d}x}{\frac{2}{3}\pi\cdot r^3}\quad\blacktriangleright\ [f(x)]^2=r^2-x^2$$

$$=\frac{\pi\cdot\int\limits_a^b\left(x\cdot[r^2-x^2]\right)\mathrm{d}x}{\frac{2}{3}\pi\cdot r^3}\quad\blacktriangleright\ 0 \text{ für } a;\ r \text{ für } b$$

$$=\frac{3\cdot\int\limits_0^r\left(r^2\cdot x-x^3\right)\mathrm{d}x}{2\,r^3}$$

$$=\frac{3\cdot r^2\cdot\frac{1}{2}\cdot x^2-3\cdot\frac{1}{4}\cdot x^4\Big|_0^r}{2\,r^3}$$

$$=\frac{\frac{3}{2}\cdot r^2\cdot r^2-\frac{3}{4}\cdot r^4-0}{2\,r^3}$$

$$=\frac{\frac{3}{4}\cdot r^4}{2\,r^3}$$

$$=\underline{\underline{\frac{3}{8}\cdot r}}$$

Der Schwerpunkt einer Halbkugel liegt auf ihrer Symmetrieachse und hat vom Kugelmittelpunkt den Abstand $\frac{3}{8}\cdot r$. Seine Schwerpunktskoordinaten lauten $\left\langle\frac{3}{8}\cdot r\,|\,0\,|\,0\right\rangle$.

Beispiel: Berechnen Sie die Schwerpunktskoordinate y_S eines geraden Kreiskegels, der durch die Rotation einer rechtwinkligen Dreiecksfläche um die y-Achse erzeugt wird.

Ein gerader Kreiskegel wird durch die Rotation einer Dreiecksfläche um die y-Achse erzeugt, die zwischen einer Geraden durch die Punkte $P_1\langle 0\,|\,h\rangle$ und $P_2\langle\frac{d}{2}\,|\,0\rangle$ sowie der y-Achse liegt.

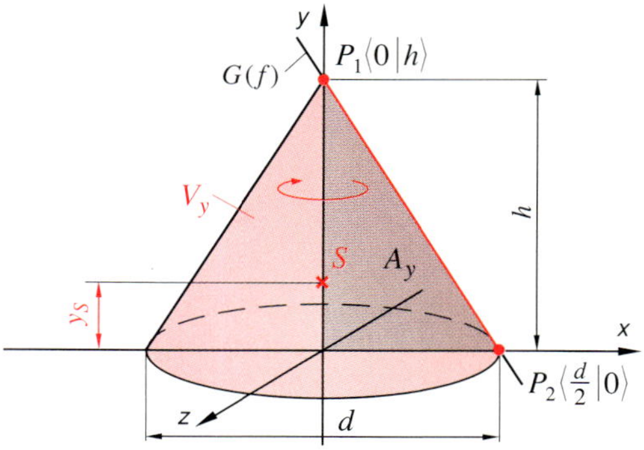

Die Gleichung der Geraden ermittelt man mithilfe der „Zwei-Punkte-Form“ einer Geraden: $\frac{y-y_1}{x-x_1}=\frac{y_2-y_1}{x_2-x_1}$

► $P_1\langle 0\,|\,h\rangle$: $x_1=0$; $y_1=h$

► $P_2\left\langle\frac{d}{2}\middle|\,0\right\rangle$: $x_2=\frac{d}{2}$; $y_2=0$

$$\frac{y-y_1}{x-x_1}=\frac{y_2-y_1}{x_2-x_1}\ \Rightarrow\ \frac{y-h}{x-0}=\frac{0-h}{\frac{d}{2}-0}$$

$$\Rightarrow\ \underline{y=f(x)=\frac{-2h}{d}\cdot x+h}$$

Die Funktion f ist im x-Intervall $\left[0; \frac{d}{2}\right]$ streng monoton fallend. Zur Berechnung der Schwerpunktskoordinate y_S wird die dritte Formel für das Integrationsintervall $[a; b]$ angewendet, denn der Term $f(x)$ für f liegt vor und $f'(x)$ ist einfach zu berechnen.

► $f(x) = -\dfrac{2h}{d} \cdot x + h \Rightarrow f'(x) = -\dfrac{2h}{d}$

Die Formel zur Berechnung des Kegelvolumens ist bekannt: $V_y = \dfrac{d^2 \cdot \pi \cdot h}{12}$

$$y_S = \frac{-\pi \cdot \int\limits_a^b \left(x^2 \cdot f(x) \cdot f'(x)\right) \mathrm{d}x}{V_y} \quad \text{► 0 für } a; \frac{d}{2} \text{ für } b$$

$$= \frac{-\pi \cdot \int\limits_0^{\frac{d}{2}} \left(x^2 \cdot \left[-\frac{2h}{d} \cdot x + h\right] \cdot \left[-\frac{2h}{d}\right]\right) \mathrm{d}x}{\frac{d^2 \cdot \pi \cdot h}{12}}$$

$$= -\frac{12}{d^2 \cdot h} \cdot \int\limits_0^{\frac{d}{2}} \left(x^2 \cdot \left[-\frac{2h}{d} \cdot x + h\right] \cdot \left[-\frac{2h}{d}\right]\right) \mathrm{d}x$$

$$= \frac{24}{d^3} \cdot \int\limits_0^{\frac{d}{2}} \left(-\frac{2h}{d} \cdot x^3 + h \cdot x^2\right) \mathrm{d}x$$

$$= \frac{24}{d^3} \cdot \left(-\frac{2h}{d} \cdot \frac{1}{4} \cdot x^4 + h \cdot \frac{1}{3} \cdot x^3 \Big|_0^{\frac{d}{2}}\right)$$

$$= \frac{24}{d^3} \cdot \left(-\frac{h}{2d} \cdot \left[\frac{d}{2}\right]^4 + \frac{h}{3} \cdot \left[\frac{d}{2}\right]^3 - 0\right)$$

$$= \frac{24}{d^3} \cdot \left(-\frac{h \cdot d^4}{32d} + \frac{h \cdot d^3}{24}\right)$$

$$= -\frac{3}{4} \cdot h + h$$

$$= \underline{\underline{\frac{h}{4}}}$$

Der Schwerpunkt eines geraden Kreiskegels mit der Höhe h liegt auf seiner Symmetrieachse und hat von der Kegelgrundfläche den Abstand $\frac{h}{4}$. Seine Schwerpunktskoordinaten lauten $\langle 0 \mid \frac{h}{4} \mid 0 \rangle$

Problem: Berechnen Sie die Schwerpunktskoordinate x_S des Körpers, der erzeugt wird, wenn die Fläche zwischen den Graphen der Funktionen $f: f(x) = -0{,}2x^2 + 3$; $D(f) = \mathbb{R}$ und $g: g(x) = 1{,}2$; $D(g) = \mathbb{R}$ im Intervall $[0; 3]$ um die x-Achse rotiert.

Die um die x-Achse rotierende Fläche wird von einem Parabelbogen, einer Geraden parallel zu x-Achse und von der y-Achse begrenzt. Der Rotationskörper ist also ein Paraboloid mit einer zentrischen Bohrung.

Ausgehend von den Formeln aus Kapitel 3.2 gilt hier für x_S:

$$x_S = \frac{\pi \cdot \int\limits_a^b \left(x \cdot \left([f(x)]^2 - [g(x)]^2\right)\right) \mathrm{d}x}{V_x}$$

mit der Volumenformel:

$$V_x = \pi \cdot \int\limits_a^b \left([f(x)]^2 - [g(x)]^2\right) \mathrm{d}x$$

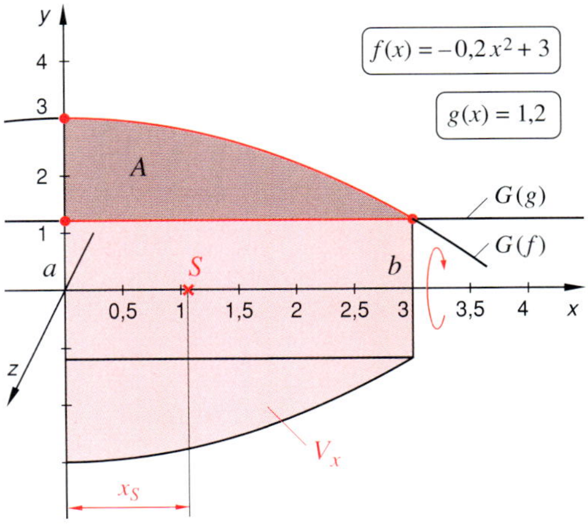

► $f(x) = -0{,}2x^2 + 3$

$\Rightarrow [f(x)]^2 = 0{,}04x^4 - 1{,}2x^2 + 9$

► $g(x) = 1{,}2 \Rightarrow [g(x)]^2 = 1{,}44$

► $[f(x)]^2 - [g(x)]^2 = 0{,}04x^4 - 1{,}2x^2 + 7{,}56$

► $x \cdot ([f(x)]^2 - [g(x)]^2) =$

$= 0{,}04x^5 - 1{,}2x^3 + 7{,}56x$

Man setzt die berechneten Terme in die Formel für x_S ein und löst die sich ergebenden Grundintegrale.

$$x_S = \frac{\pi \cdot \int\limits_a^b \left(x \cdot ([f(x)]^2 - [g(x)]^2)\right) \mathrm{d}x}{V_x}$$ ► 0 für a; 3 für b

$$= \frac{\int\limits_0^3 \left(0{,}04x^5 - 1{,}2x^3 + 7{,}56x\right) \mathrm{d}x}{\int\limits_0^3 \left(0{,}04x^4 - 1{,}2x^2 + 7{,}56\right) \mathrm{d}x}$$

$$= \frac{0{,}04 \cdot \frac{1}{6} \cdot x^6 - 1{,}2 \cdot \frac{1}{4} \cdot x^4 + 7{,}56 \cdot \frac{1}{2} \cdot x^2 \Big|_0^3}{0{,}04 \cdot \frac{1}{5} \cdot x^5 - 1{,}2 \cdot \frac{1}{3} \cdot x^3 + 7{,}56 \cdot x \Big|_0^3}$$

$$= \frac{\frac{1}{150} \cdot 3^6 - 0{,}3 \cdot 3^4 + 3{,}78 \cdot 3^2 - 0}{\frac{1}{125} \cdot 3^5 - 0{,}4 \cdot 3^3 + 7{,}56 \cdot 3 - 0}$$

$$= \frac{14{,}58}{13{,}824}$$

$$= \underline{\underline{1{,}055}}$$ ► Schwerpunktskoordinate x_S

Der Schwerpunkt S des Rotationskörpers hat die Koordinaten $\langle 1{,}055 \,|\, 0 \,|\, 0 \rangle$.

Bei diesem Problem wurde eine Formel zur Berechnung der Schwerpunktskoordinate x_S von solchen Körpern benutzt, die durch Rotation einer Fläche zwischen zwei Funktionsgraphen um die x-Achse in einem Intervall $[a; b]$ erzeugt werden. Diese Formel ist stets dann anwendbar, wenn die Funktionsgraphen $G(f)$ und $G(g)$ im Intervall $(a; b)$, also im Inneren des Intervalls $[a; b]$, keine Schnittpunkte haben und $f(x) \geq g(x)$ für alle $x \in [a; b]$ gilt. Haben aber $G(f)$ und $G(g)$ im Intervall $(a; b)$ Schnittpunkte, so ist analog dem Abschnitt „Flächen zwischen zwei Graphen mit Schnittpunkten im Integrationsintervall" des Kapitels 3.1 zu verfahren.

Merke:

Wird ein Körper durch Rotation einer Fläche zwischen zwei Funktionsgraphen um die x-Achse in einem Intervall $[a; b]$ erzeugt, so gilt für die Schwerpunktskoordinate x_S:

$$x_S = \frac{\pi \cdot \int\limits_a^b \left[x \cdot \left([f(x)]^2 - [g(x)]^2\right)\right] \mathrm{d}x}{V_x}; \; f(x) > g(x); \; x \in (a; b)$$ ► $V_x = \pi \cdot \int\limits_a^b \left([f(x)]^2 - [g(x)]^2\right) \mathrm{d}x$

Beispiel: Ein Rotationsparaboloid, das durch $f: f(x) = 3 \cdot \sqrt{x}$; $D(f) = \mathbb{R}^{\geq 0}$ im Intervall [0 mm; 70 mm] beschrieben ist, erhält eine zentrische zylindrische Bohrung mit 20 mm Durchmesser und 35 mm Tiefe. Berechnen Sie den Schwerpunktsabstand x_S.

Es wird der zu Beginn des Kapitels angeführte Momentensatz angewendet. Danach gilt hier:

$V_x \cdot \varrho \cdot x_S = V_P \cdot \varrho \cdot x_P - V_Z \cdot \varrho \cdot x_Z$

$\Rightarrow V_x \cdot x_S = V_P \cdot x_P - V_Z \cdot x_Z$ ► $V_x = V_P - V_Z$

► V_P bedeutet das Volumen des Paraboloids

► V_Z bedeutet das Volumen des Zylinders

Diese Momentengleichung wird nach x_S umgestellt.

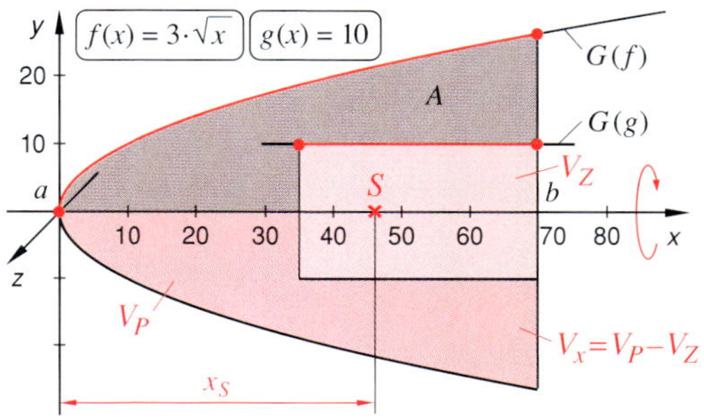

$$x_S = \frac{V_P \cdot x_P - V_Z \cdot x_Z}{V_P - V_Z}$$

Zur Vereinfachung wird zunächst ohne Einheiten gerechnet.

In die für diesen Fall entwickelte Formel für x_S werden die Terme für $[f(x)]^2$ und $[g(x)]^2$ eingesetzt.

► $f(x) = 3 \cdot \sqrt{x} \Rightarrow [f(x)]^2 = 9x$

Die Bohrung mit 20 mm Durchmesser wird durch Rotation der Fläche zwischen dem Graphen der Funktion $g: g(x) = 10$ und der x-Achse im Intervall [35; 70] erzeugt.

► $g(x) = 10 \Rightarrow [g(x)]^2 = 100$

► $$V_P \cdot x_P = V_P \cdot \frac{\pi \cdot \int\limits_a^b \left(x \cdot [f(x)]^2\right) \mathrm{d}x}{V_P} = \pi \cdot \int\limits_a^b \left(x \cdot [f(x)]^2\right) \mathrm{d}x$$

► $$V_Z \cdot x_Z = V_Z \cdot \frac{\pi \cdot \int\limits_c^b \left(x \cdot [g(x)]^2\right) \mathrm{d}x}{V_Z} = \pi \cdot \int\limits_c^b \left(x \cdot [g(x)]^2\right) \mathrm{d}x$$

► $$V_x = V_P - V_Z = \pi \cdot \int\limits_a^b [f(x)]^2 \,\mathrm{d}x - \pi \cdot \int\limits_c^b [g(x)]^2 \,\mathrm{d}x$$

Es ergeben sich einfache Grundintegrale, die als bestimmte Integrale in den Grenzen 0 bis 70 bzw. 35 bis 70 gelöst werden.

$$x_S = \frac{\int\limits_a^b \left(x \cdot [f(x)]^2\right) \mathrm{d}x - \int\limits_c^b \left(x \cdot [g(x)]^2\right) \mathrm{d}x}{\int\limits_a^b [f(x)]^2 \,\mathrm{d}x - \int\limits_c^b [g(x)]^2 \,\mathrm{d}x}$$

$$= \frac{9 \cdot \int\limits_0^{70} x^2 \,\mathrm{d}x - 100 \cdot \int\limits_{35}^{70} x \,\mathrm{d}x}{9 \cdot \int\limits_0^{70} x \,\mathrm{d}x - 100 \cdot \int\limits_{35}^{70} \mathrm{d}x}$$

$$= \frac{3x^3\Big|_0^{70} - 50x^2\Big|_{35}^{70}}{4{,}5x^2\Big|_0^{70} - 100x\Big|_{35}^{70}}$$

$$= \frac{3 \cdot 70^3 - 0 - (50 \cdot 70^2 - 50 \cdot 35^2)}{4{,}5 \cdot 70^2 - 0 - (100 \cdot 70 - 100 \cdot 35)}$$

$= \underline{\underline{46{,}57}}$ ► Schwerpunktsabstand auf der x-Achse

Der Schwerpunkt des Rotationskörpers liegt auf der x-Achse 46,57 mm vom Koordinatenursprung entfernt.

Übungsaufgaben

3.5.1 Schwerpunkte flächenförmiger Massen – Flächenschwerpunkte

1. Bestimmen Sie die Schwerpunktslage eines Trapezes, eines Parallelogramms, eines Kreisabschnitts, einer Halbkreisfläche und eines Kreisausschnitts.

Bestimmen Sie die Schwerpunktslage der nachstehenden flächenförmigen Massen aus Stahl mit der Dicke t und $\varrho = 7{,}85\ \mathrm{kg/dm^3}$. Berechnen Sie die Drehmomente in Bezug auf die eingezeichneten Koordinatenachsen in $\mathrm{N \cdot mm}$.

2.

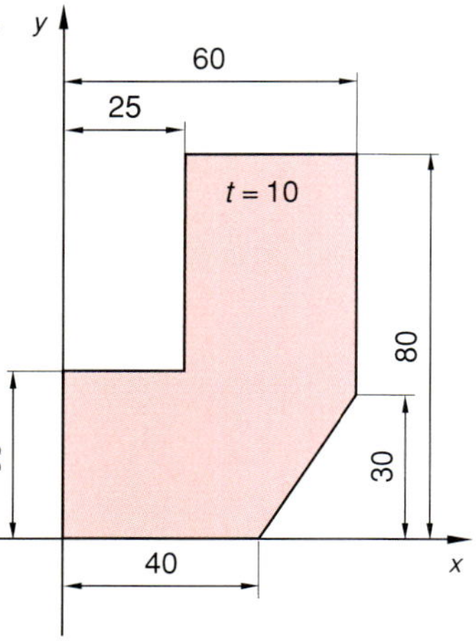

3.

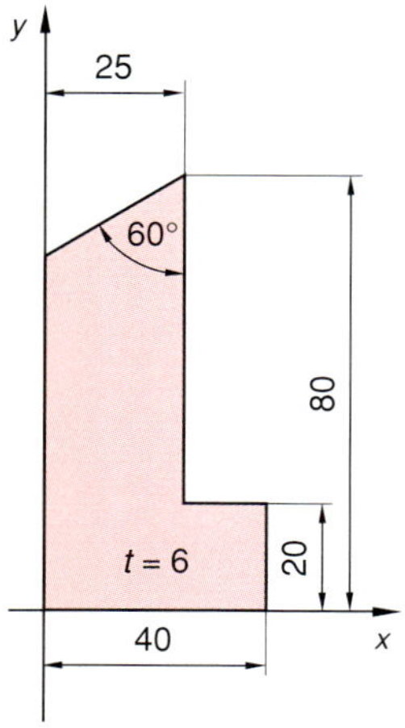

4.

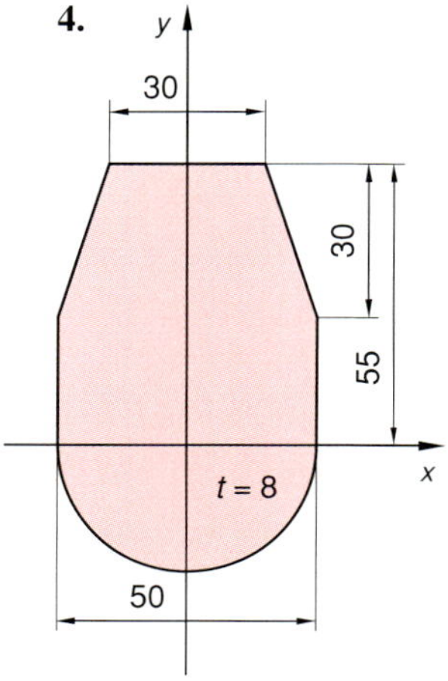

Berechnen Sie für die nachstehenden Funktionen jeweils die Schwerpunktskoordinaten der Masse, die der Fläche zwischen dem Graphen einer Funktion und der x-Achse im angegebenen x-Intervall entspricht.

5. $f: f(x) = x^3;\ [0;\ 4]$

6. $f: f(x) = 3x^2;\ [-4;\ 2]$

7. $f: f(x) = x^4 - 2x^2;\ [0;\ \sqrt{2}]$

8. $f: f(x) = \sqrt{2+x};\ [-2;\ 2]$

9. $f: f(x) = \sqrt{x^3 + 2x^2};\ [-2;\ 2]$

10. $f: f(x) = x \cdot \sqrt{x};\ [0;\ 9]$

11. $f: f(x) = \sqrt{\dfrac{1-x}{1+x}};\ [0;\ 1]$

12. $f: f(x) = 3^x;\ [0;\ 2]$

13. $f: f(x) = \ln(x+1);\ [0;\ 4]$

14. $f: f(x) = \operatorname{Arsinh} x;\ [0;\ 5]$

15. $f: f(x) = \operatorname{Arcsin} x;\ [-0{,}5;\ 0{,}5]$

16. $f: f(x) = x \cdot \cosh x;\ [-1;\ 2]$

17. $f: f(x) = x^2 - 2x;\ [-1;\ 2]$

18. $f: f(x) = x^3 - 3x^2;\ [0;\ 4]$

19. $f: f(x) = 1 + \sin x;\ \left[-\frac{\pi}{2};\ \frac{3}{2}\pi\right]$

20. $f: f(x) = \cosh x - 2;\ [-1;\ 2]$

21. $f: f(x) = 2 - \cos x;\ [-\pi;\ 2\pi]$

22. $f: f(x) = \operatorname{Arccos} x;\ [-1;\ 1]$

23. Berechnen Sie die Schwerpunktskoordinaten der Masse, die der Fläche zwischen den Graphen der Funktionen $f_1: f_1(x) = \sqrt{2px};\ D(f_1) = \mathbb{R}^{\geq 0}$ und $f_2: f_2(x) = -\sqrt{2px};\ D(f_2) = \mathbb{R}^{\geq 0}$ mit $p > 0$ im x-Intervall $[0;\ l];\ l > 0$ entspricht.

24. Berechnen Sie die Schwerpunktskoordinaten der Masse, die der Fläche zwischen dem Graphen der Funktion $f_1: f_1(x) = 2px^2;\ D(f_1) = \mathbb{R}$ mit $p > 0$ und $f_2: f_2(x) = 2pl;\ D(f_2) = \mathbb{R};\ l > 0$ entspricht.

25. Berechnen Sie die Schwerpunktskoordinaten der Masse, die der Fläche zwischen dem Graphen der Funktion $f: f(x) = \sin^2 x;\ D(f) = \mathbb{R}$ und der x-Achse im x-Intervall $[0;\ \pi]$ entspricht.

26. Berechnen Sie die Schwerpunktskoordinaten der Masse, die der Fläche zwischen dem Graphen der Funktion $f: f(x) = e^{-x}$; $D(f) = \mathbb{R}$ und der x-Achse im x-Intervall $[0; b]$ mit $b > 0$ entspricht. Welche Lösung erhält man für $b \to \infty$?

Berechnen Sie zu den nachstehenden Funktionsgleichungen jeweils die Schwerpunktskoordinaten der Masse, die der Fläche zwischen dem Funktionsgraphen und der x-Achse entspricht.

27. $f(x) = 3x^2 - 4$
28. $f(x) = 0{,}2 \cdot (x^3 - 9x)$
29. $f(x) = (x^2 - 1) \cdot e^x$
30. $f(x) = 2 - \frac{9}{x} + \frac{9}{x^2}$
31. $f(x) = x + \frac{3}{x} - 4$
32. $f(x) = x^2 \cdot \sqrt{1 - x}$

Berechnen Sie zu den nachstehenden Funktionsgleichungen jeweils die Schwerpunktskoordinaten der Masse, die der Fläche zwischen den beiden Funktionsgraphen entspricht.

33. $f_1(x) = x^2 + 1$; $f_2(x) = 6$
34. $f_1(x) = x^2 - 4$; $f_2(x) = \frac{x}{2} + 1$
35. $f_1(x) = \frac{x}{x - 1}$; $f_2(x) = -x + 6$
36. $f_1(x) = x + \frac{1}{x}$; $f_2(x) = 8$
37. $f_1(x) = \frac{x^4}{3} + x$; $f_2(x) = 3x$
38. $f_1(x) = \frac{1}{1 + x^2}$; $f_2(x) = -x^2 + 3$

Transformieren Sie die nachstehenden Relationen mit dem angegebenen Term für $x = f_1(t)$ in eine Parameterdarstellung und berechnen Sie jeweils die Schwerpunktskoordinaten der Masse, die der geschlossenen Fläche entspricht.

39. $R: R(x) = x \pm \sqrt{2 - x^2}$; $D(R) = [-\sqrt{2}; \sqrt{2}]$; $f_1(t) = \sqrt{2} \cdot \cos t$; $t \in \mathbb{R}$

40. $R: R(x) = x^2 \pm \sqrt{4 - x^2}$; $D(R) = [-2; 2]$; $f_1(t) = 2 \cdot \cos t$; $t \in \mathbb{R}$

41. $R: R(x) = \pm x \cdot \sqrt{\frac{3 - x}{3 + x}}$; $D(R) = [-3; 3)$; $f_1(t) = 3 \cdot \cos t$; $t \in \mathbb{R}$

42. $R: R(x) = \pm x \cdot \sqrt{\frac{4 + x}{4 - x}}$; $D(R) = (-4; 4]$; $f_1(t) = 4 \cdot \cos t$; $t \in \mathbb{R}$

43. Berechnen Sie die Schwerpunktskoordinaten der Masse, die der Fläche entspricht, die zwischen der Kurve mit $\begin{cases} f_1(t) = e^t \cdot \cos t \\ f_2(t) = e^t \cdot \sin t \end{cases}$; $t \in \mathbb{R}$ sowie der x-Achse und der y-Achse liegt.

44. Berechnen Sie die Schwerpunktskoordinaten der Masse, die der Fläche einer Halbellipse entspricht, die durch eine Parameterdarstellung $\begin{cases} f_1(t) = a \cdot \cos t \\ f_2(t) = b \cdot \sin t \end{cases}$; $a > 0$; $b > 0$; $t \in [0; \pi]$ gegeben ist.

45. Berechnen Sie die Schwerpunktslage einer flächenförmigen Masse, die einem Kreissektor mit dem Radius r und dem Mittelpunktswinkel α entspricht.

Berechnen Sie zu den in Polarkoordinatendarstellung gegebenen Funktionen jeweils die Schwerpunktskoordinaten der Masse, die der Fläche im angegebenen Winkelintervall I_p entspricht.

46. $F(\varphi) = -2 \cdot \sin \varphi$; $I_p = [\pi; 2\pi]$
47. $F(\varphi) = 4\varphi$; $I_p = [0; \pi]$
48. $F(\varphi) = 1 + \sin \varphi$; $I_p = [0; \pi]$
49. $F(\varphi) = e^{2\varphi}$; $I_p = \left[0; \frac{\pi}{2}\right]$
50. $F(\varphi) = 1 - \cos \varphi$; $I_p = \left[0; \frac{3}{2}\pi\right]$
51. $F(\varphi) = 10 \cdot \sin \varphi \cdot \cos \varphi$; $I_p = \left[0; \frac{\pi}{2}\right]$

3.5.2 Schwerpunkte linienförmiger Massen – Linienschwerpunkte

52. Beweisen Sie, dass in einem gleichseitigen Dreieck (Parallelogramm) der Schwerpunkt seiner linienförmigen Masse, die dem Umfang entspricht, mit dem Flächenschwerpunkt übereinstimmt.

53. Wo liegt bei einem gleichschenkligen Dreieck der Schwerpunkt seiner linienförmigen Masse, die dem Dreiecksumfang entspricht?

54. Wo liegt der Schwerpunkt einer linienförmigen Masse, die dem Umfang eines Trapezes entspricht?

Berechnen Sie für die nachstehenden Funktionsgleichungen jeweils die Schwerpunktslage der linienförmigen Masse, die der Bogenlänge im angegebenen x-Intervall entspricht.

55. $f(x) = 3x - 4$; $[3; 7]$ **56.** $f(x) = -x + 2$; $[0; 10]$ **57.** $f(x) = 3x^2$; $[2; 4]$

58. $f(x) = \sqrt{x}$; $[0; 4]$ **59.** $f(x) = \sqrt{x+2}$; $[-2; 2]$ **60.** $f(x) = \sqrt{9 - x^2}$; $[0; 3]$

61. $f(x) = \sqrt{16 - 4x^2}$; $[-1; 1]$ **62.** $f(x) = \sqrt{x^2 + 1}$; $[-2; 2]$ **63.** $f(x) = x \cdot \sqrt{x}$; $[0; 3]$

64. Berechnen Sie für die Funktionen $f: f(x) = 2px^2$; $p > 0$ die Schwerpunktslage der linienförmigen Massen, die den Bogenlängen in einem Intervall $[a; b]$ entsprechen.

65. Berechnen Sie für die Funktionen $f: f(x) = \sqrt{2px}$; $p > 0$ die Schwerpunktslage der linienförmigen Massen, die den Bogenlängen in einem Intervall $[0; b]$ entsprechen.

66. Durch die Schnittpunkte der Kreisrelation $(x-3)^2 + (y+4)^2 = 25$ mit den Koordinatenachsen sind drei Kreisbögen gegeben. Berechnen Sie jeweils die Schwerpunktskoordinaten x_S und y_S der linienförmigen Masse, die der Bogenlänge eines Kreisbogens entspricht.

Die abgebildeten Biegeteile bestehen aus Stahldraht mit 3 mm Durchmesser und haben eine längenbezogene Masse m' von 0,055 kg/m. Berechnen Sie die Schwerpunktskoordinaten in mm und die Drehmomente bezogen auf die Koordinatenachsen in N · mm.

67.

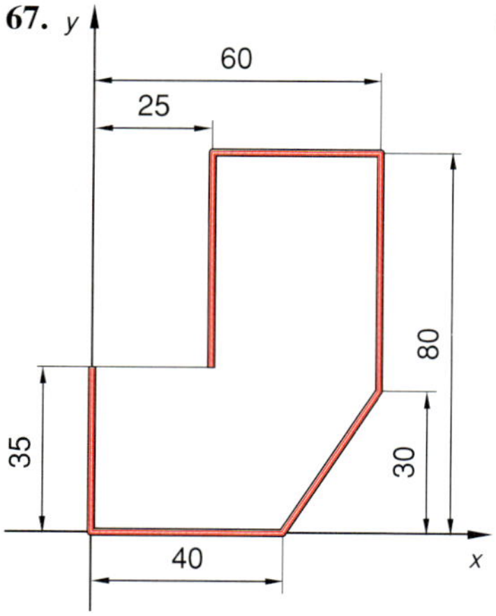

68.

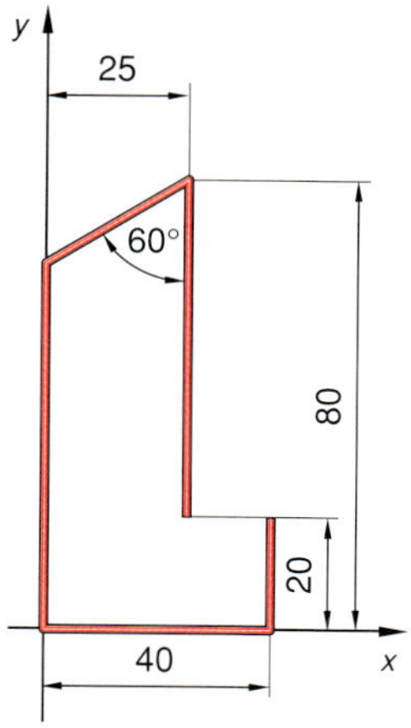

69.

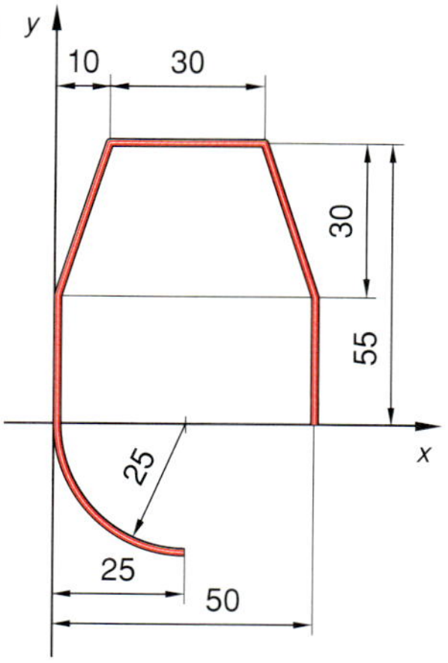

Berechnen Sie jeweils die Schwerpunktskoordinaten der linienförmigen Masse, die der Bogenlänge entspricht, die in dem angegebenen t-Intervall durch eine Parameterdarstellung beschrieben ist.

70. $\begin{cases} f_1(t) = 2t \\ f_2(t) = 0{,}5\,t \end{cases}$; $t \in [0; 10]$

71. $\begin{cases} f_1(t) = t - \sin t \\ f_2(t) = 1 - \cos t \end{cases}$; $t \in [0; 2\pi]$

72. $\begin{cases} f_1(t) = 2 \cdot \sqrt{t} \\ f_2(t) = t - 1 \end{cases}$; $t \in [0; 4]$

73. $\begin{cases} f_1(t) = 1 + 2 \cdot \cos t \\ f_2(t) = -2 + 2 \cdot \sin t \end{cases}; t \in [0; 2\pi]$ **74.** $\begin{cases} f_1(t) = t^2 \\ f_2(t) = 0{,}5\, t \end{cases}; t \in [0; 1]$ **75.** $\begin{cases} f_1(t) = \cos t \\ f_2(t) = 2\, t \end{cases}; t \in [0; \pi]$

Berechnen Sie zu den in Polarkoordinatendarstellung gegebenen Funktionen jeweils die Schwerpunktskoordinaten der linienförmigen Masse, die der Bogenlänge im angegebenen Winkelintervall entspricht.

76. $F(\varphi) = \sin\varphi;\ \left[0; \frac{\pi}{2}\right]$ **77.** $F(\varphi) = e^{-0{,}1\cdot\varphi};\ [0; \pi]$ **78.** $F(\varphi) = a \cdot (1 + \cos\varphi);\ a > 0;\ [0; \pi]$

3.5.3 Schwerpunkte rotationssymmetrischer Massen – Körperschwerpunkte

Berechnen Sie die Lage des Schwerpunktes folgender Rotationskörper in Bezug auf den Koordinatenursprung.

79. Kugelabschnitt **80.** Kugelausschnitt **81.** Kugelschicht **82.** Kegelstumpf

Berechnen Sie jeweils die Schwerpunktskoordinate x_S des Körpers, der erzeugt wird, wenn die Fläche zwischen dem Graphen der nachstehenden Funktionsgleichungen und der x-Achse im angegebenen x-Intervall um die x-Achse rotiert.

83. $f(x) = \sqrt{9 - x^2};\ [0; 3]$ **84.** $f(x) = \sqrt{x^2 - 16};\ [4; 5]$ **85.** $f(x) = x \cdot \sqrt{x};\ [0; 3]$

86. $f(x) = 0{,}5 \cdot \sqrt{x^3 + 2x^2};\ [-2; 0]$ **87.** $f(x) = \sin x;\ [0; \pi]$ **88.** $f(x) = \ln x;\ [1; e]$

89. $f(x) = \sqrt{1 + x^2};\ [0; 1]$ **90.** $f(x) = \tanh x;\ [0; 2]$ **91.** $f(x) = \sinh x;\ [0{,}5; 2]$

92. Rotiert die Fläche zwischen den Graphen der Funktionen $f: f(x) = \sqrt{25 - x^2};\ D(f) = [-5; 5]$ und $g: g(x) = \sqrt{2x + 10};\ D(f) = \mathbb{R}^{\geq -5}$ um die x-Achse, so wird ein Rotationskörper erzeugt. Berechnen Sie die Lage des Schwerpunktes.

Berechnen Sie jeweils die Schwerpunktskoordinate y_S des Körpers, der erzeugt wird, wenn die Fläche zwischen den Graphen der nachstehenden Funktionsgleichungen und der y-Achse im angegebenen y-Intervall um die y-Achse rotiert.

93. $f(x) = \sqrt{1 - x^2};\ [0{,}5; 1]$ **94.** $f(x) = \sqrt{x^2 - 1};\ [0; 4]$ **95.** $f(x) = x \cdot \sqrt{x};\ [0; 5]$

96. $f(x) = e^x;\ [0{,}5; 2]$ **97.** $f(x) = \frac{1}{1 + x^2};\ [0{,}5; 1]$ **98.** $f(x) = \ln x;\ [0; 1]$

Ermitteln Sie die Schwerpunktslage der nachstehend beschriebenen Rotationskörper:

99.

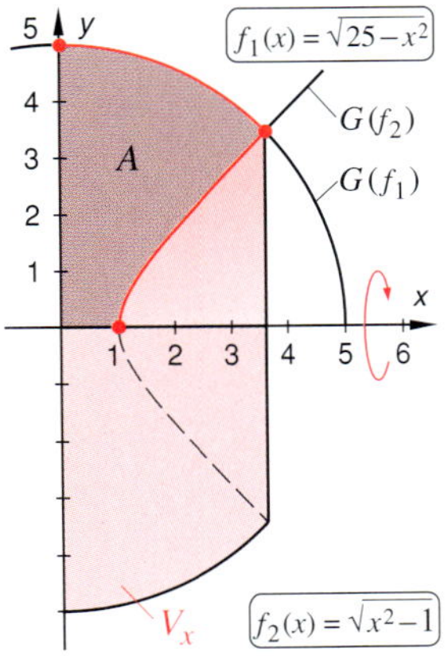

100.

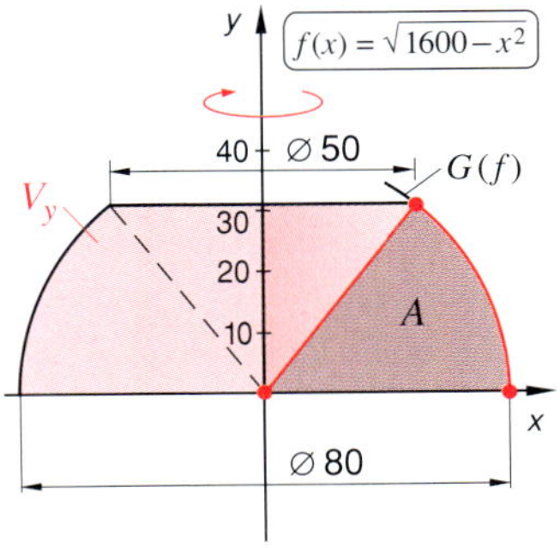

101.

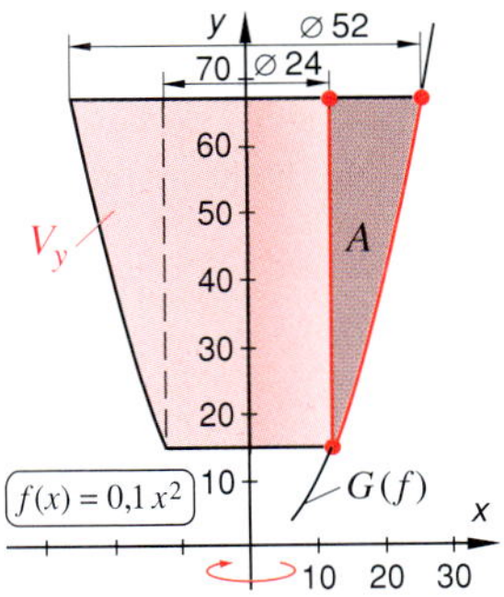

3.6 Guldinsche Regeln

Problem: Untersuchen Sie den Zusammenhang zwischen der Schwerpunktskoordinate y_S einer linienförmigen homogenen Masse und dem Mantelflächeninhalt A_{Mx} eines Rotationskörpers, der in einem Intervall $[a; b]$ bei Rotation eines Bogens mit der Länge l um die x-Achse erzeugt wird.

In den Kapiteln 3.3 bis 3.5 wurde die Berechnung von Bogenlängen, Mantelflächen, Oberflächen und Schwerpunkten behandelt.

Rotiert ein Graphenstück mit der Länge l im Intervall $[a; b]$ um die x-Achse, so wird dabei eine Mantelfläche mit dem Inhalt A_{Mx} erzeugt (► 3.4). Bei dieser Rotation beschreibt der Linienschwerpunkt S dieses Graphenstücks einen Kreis mit dem Radius y_S und dem Umfang $2 \cdot \pi \cdot y_S$.

Mithilfe der bekannten Formeln für die Schwerpunktskoordinate y_S einer linienförmigen Masse und der Bogenlänge l kann man damit eine neue Formel für den Inhalt A_{Mx} einer Mantelfläche herleiten, die man auch als **erste Guldinsche Regel** bezeichnet (PAUL GULDIN, 1577 bis 1643). Hierbei darf der Graph die x-Achse nicht schneiden.

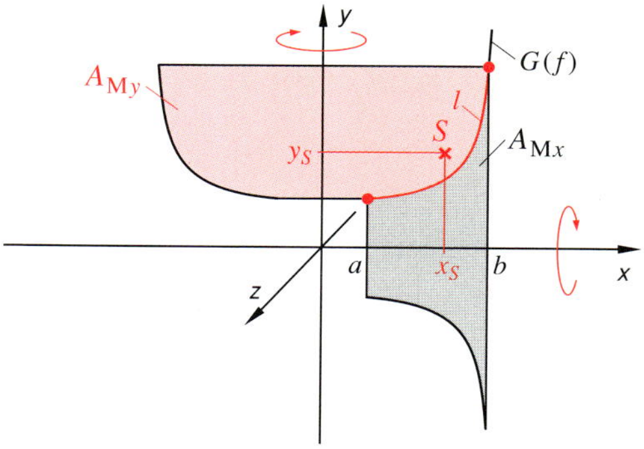

$$y_S = \frac{\int_a^b \left(f(x) \cdot \sqrt{1 + [f'(x)]^2}\right) \mathrm{d}x}{l} \quad ► 3.5$$

$$\Rightarrow l \cdot y_S = \int_a^b \left(f(x) \cdot \sqrt{1 + [f'(x)]^2}\right) \mathrm{d}x \quad | \cdot 2\pi$$

$$\Rightarrow l \cdot 2\pi \cdot y_S = 2\pi \cdot \int_a^b \left(f(x) \cdot \sqrt{1 + [f'(x)]^2}\right) \mathrm{d}x$$

$$► \; 2\pi \cdot \int_a^b \left(f(x) \cdot \sqrt{1 + [f'(x)]^2}\right) \mathrm{d}x = A_{Mx} \quad ► 3.4$$

Kennt man zwei der drei Größen A_{Mx}; l oder y_S, so kann man die dritte Größe berechnen. Darin liegt die besondere Anwendungsmöglichkeit dieser Regel.

$$\underline{\underline{A_{Mx} = l \cdot 2\pi \cdot y_S}} \quad ► \text{erste Guldinsche Regel}$$

$$\Rightarrow l = \underline{\underline{\frac{A_{Mx}}{2\pi \cdot y_S}}} \text{ bzw. } y_S = \underline{\underline{\frac{A_{Mx}}{2\pi \cdot l}}}$$

Eine Formel für den Inhalt einer Mantelfläche A_{My} ergibt sich entsprechend. Kennt man zwei der drei Größen A_{My}; l oder x_S, so kann man die dritte Größe berechnen.

$$A_{My} = l \cdot 2\pi \cdot x_S \quad ► \text{erste Guldinsche Regel}$$

$$\Rightarrow l = \underline{\underline{\frac{A_{My}}{2\pi \cdot x_S}}} \text{ bzw. } x_S = \underline{\underline{\frac{A_{My}}{2\pi \cdot l}}}$$

Merke:

Die Mantelfläche bzw. Oberfläche eines Rotationskörpers ist das Produkt aus der Länge der rotierenden Kurve und der Länge des vom Kurvenschwerpunkt zurückgelegten Weges.

- $\boldsymbol{A_{Mx} = l \cdot 2\pi \cdot y_S}$ **bzw.** $\boldsymbol{l = \frac{A_{Mx}}{2\pi \cdot y_S}}$ **bzw.** $\boldsymbol{y_S = \frac{A_{Mx}}{2\pi \cdot l}}$
- $\boldsymbol{A_{My} = l \cdot 2\pi \cdot x_S}$ **bzw.** $\boldsymbol{l = \frac{A_{My}}{2\pi \cdot x_S}}$ **bzw.** $\boldsymbol{x_S = \frac{A_{My}}{2\pi \cdot l}}$

► erste Guldinsche Regel

Anmerkung:

Je nach Lage einer rotierenden Kurve mit der Länge l in einem Koordinatensystem wird nicht die Mantelfläche, sondern die Oberfläche eines Rotationskörpers mit dem Flächeninhalt A_{Ox} bzw. A_{Oy} erzeugt. Das gleiche gilt, wenn l der Umfang einer geschlossenen Kurve ist.

Beispiel: Entwickeln Sie eine Formel für den Inhalt einer Kegelmantelfläche, wenn der Kegel die Höhe h und den Grundkreisdurchmesser d hat.

Rotiert der Graph von $f: f(x) = \frac{r}{h} \cdot x$ im Intervall $[0; h]$ um die x-Achse, so erzeugt er die Mantelfläche eines geraden Kreiskegels mit der Höhe h und dem Grundkreisdurchmesser d. Die Strecke $\overline{AB}$ heißt auch Mantellinie eines Kegels.

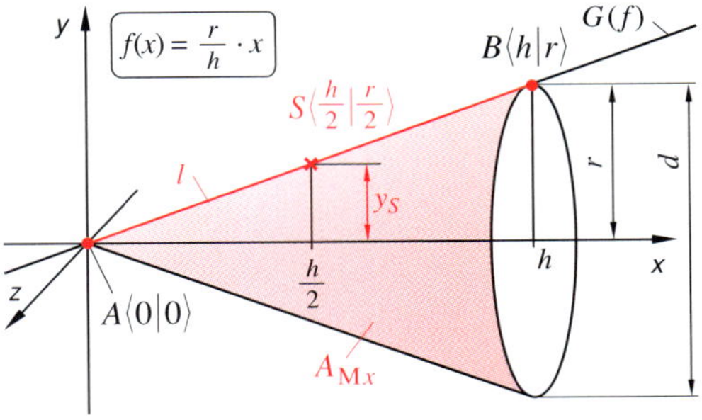

Zur Berechnung des Mantelflächeninhaltes A_{Mx} wird die erste Guldinsche Regel benutzt. Die Länge l der Mantellinie erhält man mit dem Satz des Pythagoras.
Der Linienschwerpunkt liegt in der Mitte von $\overline{AB}$. Daher ergibt sich seine Koordinate y_S als arithmetisches Mittel der y-Koordinaten der Punkte A und B.

$A_{Mx} = l \cdot 2\pi \cdot y_S$ ► erste Guldinsche Regel

► $l = \sqrt{h^2 + \left(\frac{d}{2}\right)^2} = \frac{1}{2} \cdot \sqrt{4h^2 + d^2}$ ► Satz des Pythagoras

► $y_S = \frac{0 + r}{2} = \frac{r}{2} = \frac{d}{4}$ ► arithmetisches Mittel

$$A_{Mx} = \frac{1}{2} \cdot \sqrt{4h^2 + d^2} \cdot 2\pi \cdot \frac{d}{4}$$
$$= \underline{\underline{\frac{\pi \cdot d}{4} \cdot \sqrt{4h^2 + d^2}}}$$ ► Inhalt der Mantelfläche

Beispiel: Entwickeln Sie mithilfe der ersten Guldinschen Regel eine Formel für die Schwerpunktskoordinaten einer linienförmigen Masse, die die Form einer Halbkreislinie hat.

Die Halbkreislinie wird bei Rotation um die x-Achse symmetrisch zur y-Achse und mit dem Kreismittelpunkt im Koordinatenursprung angeordnet, sodass x_S und z_S null sind und nur y_S zu berechnen ist.

Rotiert diese Linie um die x-Achse, so erzeugt sie die Oberfläche einer Kugel, deren Mittelpunkt im Koordinatenursprung liegt.

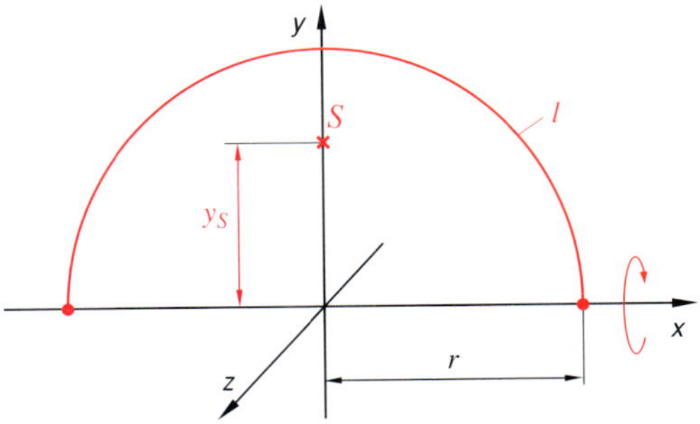

Da die Formeln für den Inhalt der Kugeloberfläche und die Länge einer Halbkreislinie bekannt sind, stellt man die erste Guldinsche Regel nach y_S um und setzt die Terme für A_{Mx} (hier also A_{Ox}) und l ein.

► $A_{Ox} = A_{\text{O-Kugel}} = 4\pi \cdot r^2$; $l = l_{\text{Halbkreis}} = \pi \cdot r$

$y_S = \frac{A_{Ox}}{2\pi \cdot l}$ ► $A_{Ox} = 4\pi \cdot r^2$; $l = \pi \cdot r$

$$= \frac{4\pi \cdot r^2}{2\pi \cdot \pi \cdot r}$$
$$= \underline{\underline{\frac{2r}{\pi}}}$$

Problem: Untersuchen Sie den Zusammenhang zwischen der Schwerpunktskoordinate y_S einer flächenförmigen homogenen Masse und dem Volumen V_x eines Rotationskörpers, der in einem Intervall $[a; b]$ bei Rotation dieser Fläche mit dem Inhalt A um die x-Achse erzeugt wird.

Aus der Abbildung ist ersichtlich, dass hier eine Fläche, die im Intervall $[a; b]$ zwischen den Graphen zweier Funktionen f und g liegt, um die x-Achse rotiert. Dabei wird ein Hohlkörper mit dem Volumen V_x erzeugt. Bei der Rotation um die x-Achse beschreibt der Schwerpunkt S der Fläche einen Kreis mit dem Radius y_S und dem Umfang $2\pi \cdot y_S$.

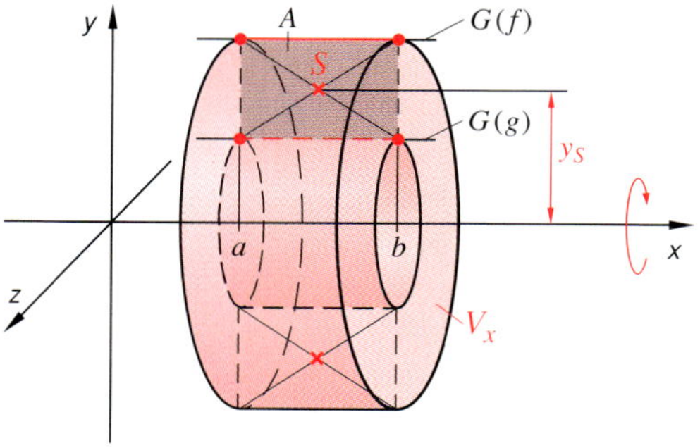

Aus diesem Sachverhalt kann man mithilfe der bekannten Formeln für die Schwerpunktskoordinate y_S und den Flächeninhalt A eine neue Formel für das Rotationsvolumen V_x herleiten, die man auch als **zweite Guldinsche Regel** bezeichnet.

$$y_S = \frac{\frac{1}{2} \cdot \int_a^b \left([f(x)]^2 - [g(x)]^2\right) \mathrm{d}x}{A} \quad \blacktriangleright 3.5$$

$$\Rightarrow A \cdot y_S = \frac{1}{2} \cdot \int_a^b \left([f(x)]^2 - [g(x)]^2\right) \mathrm{d}x$$

$$\Rightarrow A \cdot 2 y_S = \int_a^b \left([f(x)]^2 - [g(x)]^2\right) \mathrm{d}x \quad | \cdot \pi$$

$$\Rightarrow A \cdot 2\pi \cdot y_S = \pi \cdot \int_a^b \left([f(x)]^2 - [g(x)]^2\right) \mathrm{d}x$$

$$\blacktriangleright \ \pi \cdot \int_a^b \left([f(x)]^2 - [g(x)]^2\right) \mathrm{d}x = V_x \quad \blacktriangleright 3.2$$

Kennt man zwei der drei Größen V_x; A oder y_S, so kann man die dritte Größe berechnen. Darin liegt die besondere Anwendungsmöglichkeit der zweiten Guldinschen Regel.

$$\Rightarrow \underline{\underline{V_x = A \cdot 2\pi \cdot y_S}} \quad \blacktriangleright \text{ zweite Guldinsche Regel}$$

$$\Rightarrow \underline{\underline{A = \frac{V_x}{2\pi \cdot y_S}}} \quad \text{und} \quad \underline{\underline{y_S = \frac{V_x}{2\pi \cdot A}}}$$

Rotiert also z. B. die Fläche zwischen zwei Funktionsgraphen $G(f)$ und $G(g)$ in einem Intervall $[a; b]$ um die x-Achse und gilt $0 \leq g(x) \leq f(x)$ für $x \in [a; b]$, so wird ein Rotationskörper erzeugt, dessen Volumen V_x gleich dem Produkt aus dem Flächeninhalt A und dem Kreisumfang $2\pi \cdot y_S$ ist. Der Kreisumfang entspricht dabei dem Weg des Flächenschwerpunktes S bei einer Umdrehung.

Eine Formel für das Rotationsvolumen V_y ergibt sich entsprechend mit: $V_y = A \cdot 2\pi \cdot x_S$.

Merke:

Das Volumen eines Rotationskörpers ist das Produkt aus dem Inhalt der rotierenden Fläche und der Länge des vom Flächenschwerpunkt zurückgelegten Weges.

- $\boldsymbol{V_x = A \cdot 2\pi \cdot y_S}$ bzw. $\boldsymbol{A = \frac{V_x}{2\pi \cdot y_S}}$ bzw. $\boldsymbol{y_S = \frac{V_x}{2\pi \cdot A}}$
- $\boldsymbol{V_y = A \cdot 2\pi \cdot x_S}$ bzw. $\boldsymbol{A = \frac{V_y}{2\pi \cdot x_S}}$ bzw. $\boldsymbol{x_S = \frac{V_y}{2\pi \cdot A}}$

► zweite Guldinsche Regel

Anmerkung:

Die Bedingung $0 \leq g(x) \leq f(x); x \in [a; b]$ bedeutet, dass sich die Graphen in $[a; b]$ berühren können oder aber auch, dass $G(g)$ die x-Achse berührt.

Darüber hinaus enthält diese Bedingung auch die Möglichkeit, dass die Funktion g die Nullfunktion in $[a; b]$ ist, sodass also $G(f)$ in $[a; b]$ mit der x-Achse eine Fläche einschließt.

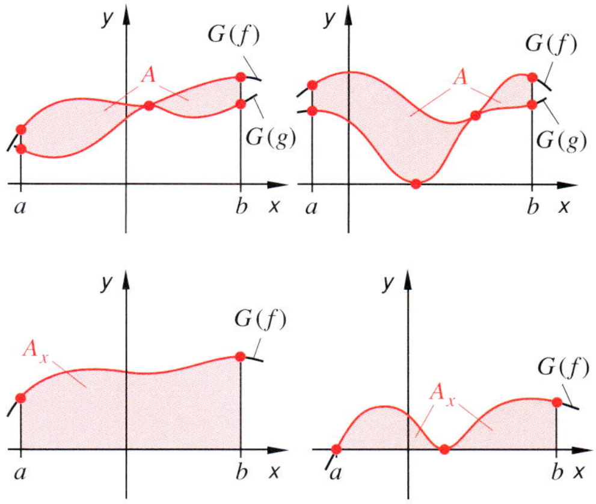

Beispiel: Entwickeln Sie mithilfe der zweiten Guldinschen Regel eine Formel für das Volumen eines zylindrischen Kreisrings (Torus).

Ein **zylindrischer Kreisring (Torus)** wird durch die Rotation einer Kreisfläche um die x-Achse bzw. um die y-Achse erzeugt. Der Mittelpunkt $M\langle x_M | y_M \rangle$ der Kreisfläche ist gleichzeitig ihr Schwerpunkt, der von der y-Achse den Abstand x_S hat.

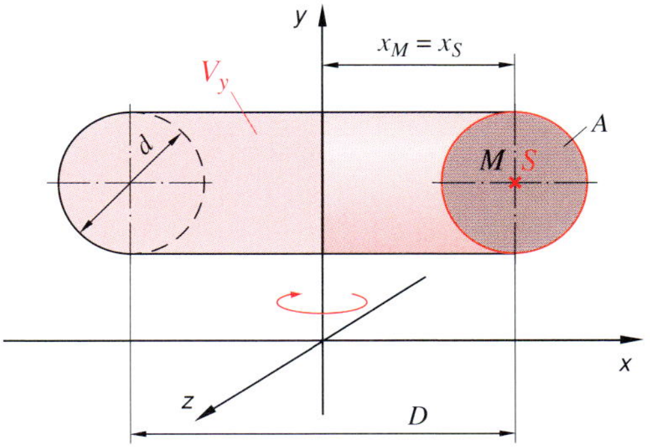

Zur Entwicklung der Formel setzt man die Terme für x_S und A in die zweite Guldinsche Regel ein.

► $A = \frac{d^2 \cdot \pi}{4}$ und $x_S = \frac{D}{2}$

$$V_y = A \cdot 2\pi \cdot x_S \quad ► \; A = \frac{d^2 \cdot \pi}{4};\; x_S = \frac{D}{2}$$

$$= \frac{d^2 \cdot \pi}{4} \cdot 2\pi \cdot \frac{D}{2}$$

$$= \frac{1}{4}\pi^2 \cdot d^2 \cdot D$$

Beispiel: Entwickeln Sie mithilfe der zweiten Guldinschen Regel eine Formel für die Schwerpunktskoordinate einer halbkreisförmigen Masse mit konstanter Dicke.

Die Halbkreisfläche wird zweckmäßigerweise symmetrisch zur y-Achse angeordnet. Rotiert diese Fläche um die x-Achse, so erzeugt sie eine Kugel, deren Mittelpunkt im Koordinatenursprung liegt.

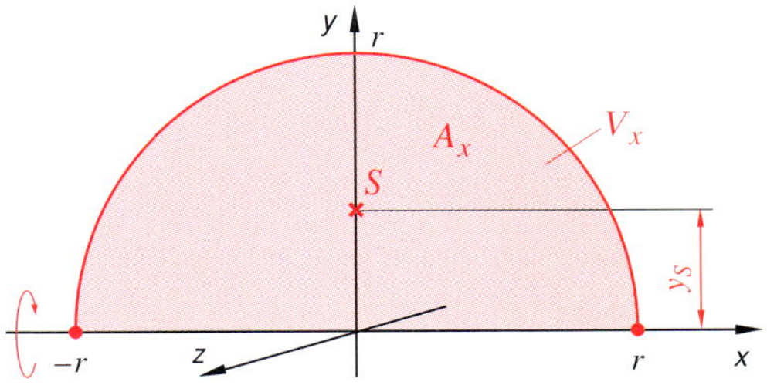

Da die Formeln für das Kugelvolumen und den Inhalt einer Halbkreisfläche bekannt sind, stellt man die zweite Guldinsche Regel nach y_S um und setzt die Terme für V_x und A_x ein.

▶ $V_x = V_{\text{Kugel}} = \frac{4}{3}\pi \cdot r^3$

$A_x = A_{\text{Halbkreis}} = \frac{\pi}{2} \cdot r^2$

$$y_S = \frac{V_x}{2\pi \cdot A_x} \quad ▶\ V_x = \frac{4}{3}\pi \cdot r^3;\ A_x = \frac{\pi}{2} \cdot r^2$$

$$= \frac{\frac{4}{3}\pi \cdot r^3}{2\pi \cdot \frac{\pi}{2} \cdot r^2}$$

$$= \underline{\underline{\frac{4r}{3\pi}}}$$

Übungsaufgaben

In den nachstehenden Abbildungen sind Flächen und Linien im xy-Koordinatensystem dargestellt. Berechnen Sie mithilfe der Guldinschen Regeln das Volumen und den Oberflächeninhalt der Rotationskörper, die bei Rotation um die angegebene Achse erzeugt werden.

1.

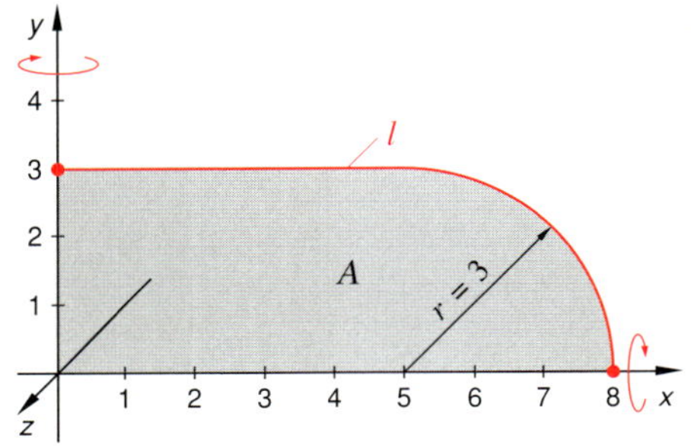

2.

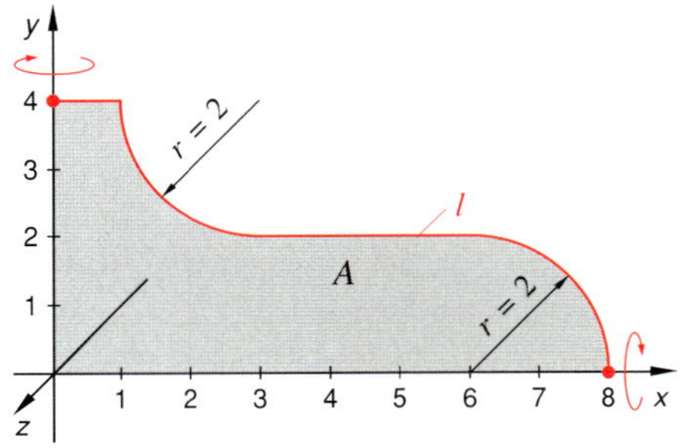

3.

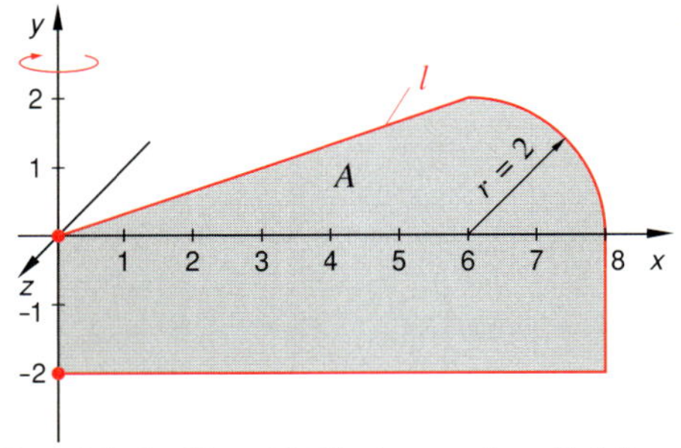

4.

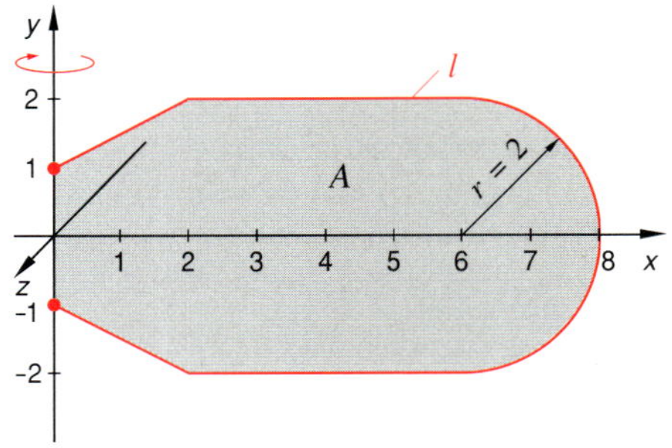

5. Entwickeln Sie mithilfe der zweiten Guldinschen Regel eine Formel für das Volumen eines geraden Kreiskegels.

6. Berechnen Sie mithilfe der zweiten Guldinschen Regel die Schwerpunktskoordinaten einer flächenförmigen Masse, die einem rechtwinkligen Dreieck mit den Katheten a und b entspricht.

7. Entwickeln Sie mithilfe der ersten Guldinschen Regel eine Formel für den Oberflächeninhalt und den Rauminhalt eines zylindrischen Kreisrings (Torus).

8. Berechnen Sie mithilfe der zweiten Guldinschen Regel die Schwerpunktskoordinaten einer flächenförmigen Masse mit der Form eines rechtwinkligen Trapezes.

9. Entwickeln Sie mithilfe der zweiten Guldinschen Regeln eine Formel für das Volumen eines Ellipsoids.

10. Berechnen Sie mithilfe der zweiten Guldinschen Regel die Schwerpunktskoordinaten einer flächenförmigen Masse, die von zwei Kreisen eingeschlossen wird, die sich selbst und die x-Achse berühren.

11. Berechnen Sie mithilfe der zweiten Guldinschen Regel die Schwerpunktskoordinaten einer flächenförmigen Masse, die einem Viertelkreis bzw. einer Viertelellipse entspricht.

12. Die Fläche zwischen dem Graphen der Funktion $f: f(x) = \sin x;\ D(f) = \mathbb{R}$ und der x-Achse rotiert im Intervall $[0; \pi]$ um die y-Achse. Berechnen Sie das Volumen des erzeugten Rotationskörpers.

13. Die obere Hälfte des Kreises mit der Relationsgleichung $(x-1)^2 + y^2 = 1$ rotiert um die y-Achse. Berechnen Sie das Volumen des erzeugten Rotationskörpers.

3.7 Massenmomente zweiten Grades – Trägheitsmomente

Aus der technischen Mechanik und der Physik ist bekannt, dass eine **Masse**, die sich gleichmäßig, z. B. in einem konstanten Abstand um einen Punkt oder um eine Achse, bewegt, **Bewegungsenergie** bzw. **kinetische Energie** enthält. Diese Energie hängt von der Größe der Masse, von ihrer **Geschwindigkeit** und von ihrem Abstand zum **Drehpunkt** bzw. zur **Drehachse** ab. Entsprechende Berechnungsmethoden sollen in diesem Kapitel entwickelt werden.

Für die kinetische Energie E_{kin} eines punktförmigen Körpers mit der Masse m, der sich mit konstanter Geschwindigkeit v bewegt, gilt das Gesetz $E_{\text{kin}} = \frac{1}{2} \cdot m \cdot v^2$. Rotiert eine Masse m mit konstanter **Winkelgeschwindigkeit** ω im Abstand r um einen Drehpunkt oder eine Drehachse, so gilt $v = r \cdot \omega$ und damit für die kinetische Energie die Formel $E_{\text{kin}} = \frac{1}{2} \cdot (m \cdot r^2) \cdot \omega^2$.

Der Term $m \cdot r^2$ wird als **Massenmoment zweiten Grades** oder **Trägheitsmoment** (früher: Massenträgheitsmoment) mit dem Formelzeichen $\boldsymbol{J}$ und der Einheit $\mathbf{kg \cdot m^2}$ bezeichnet.

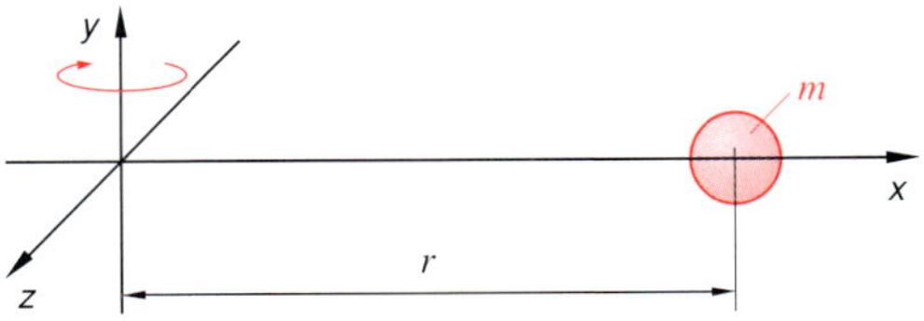

$$E_{\text{kin}} = \frac{1}{2} \cdot m \cdot v^2 \quad \blacktriangleright\ v = r \cdot \omega$$
$$= \frac{1}{2} \cdot m \cdot (r \cdot \omega)^2$$
$$= \frac{1}{2} \cdot m \cdot r^2 \cdot \omega^2 \quad \blacktriangleright\ m \cdot r^2 = J$$
$$= \frac{1}{2} \cdot J \cdot \omega^2$$

► $\underline{\underline{J = m \cdot r^2}}$ ► Massenmoment zweiten Grades bzw. Trägheitsmoment

Das Massenmoment zweiten Grades oder Trägheitsmoment ist eine wichtige technische Größe, um z. B. die Energie zu berechnen, die ein technisches System bei der **Beschleunigung** drehender Bauteile benötigt oder um z. B. den Energieinhalt eines rotierenden Schwungrades zu bestimmen.

Handelt es sich um eine Masse m, die aus **Masseelementen** Δm besteht, so kann man das zugehörige Element des Trägheitsmoments ΔJ auf einen Punkt, eine Achse oder eine Ebene beziehen und entsprechend mit $\Delta J = \Delta m \cdot r^2$ berechnen. Entsprechend unterscheidet man **polare Trägheitsmomente** (Abstand r_p zu einem Punkt), **axiale Trägheitsmomente** (Abstände r_x, r_y und r_z zu einer Achse) und **planare Trägheitsmomente** (Abstände r_{yz}, r_{xz} und r_{xy} zu einer Ebene).

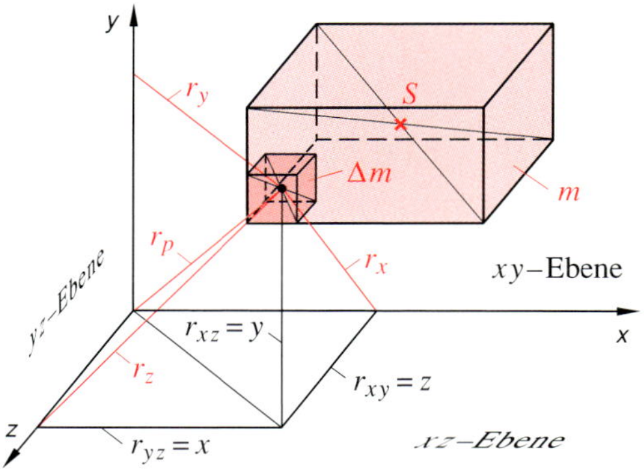

► $\Delta J_{yz} = \Delta m \cdot r_{yz}^2 = \Delta m \cdot x^2$; $\Delta J_{xz} = \Delta m \cdot r_{xz}^2 = \Delta m \cdot y^2$; $\Delta J_{xy} = \Delta m \cdot r_{xy}^2 = \Delta m \cdot z^2$ ► planare Trägheitsmomente

► $\Delta J_x = \Delta m \cdot r_x^2 = \Delta m \cdot (y^2 + z^2)$

$\Delta J_y = \Delta m \cdot r_y^2 = \Delta m \cdot (x^2 + z^2)$ ► axiale Trägheitsmomente

$\Delta J_z = \Delta m \cdot r_z^2 = \Delta m \cdot (x^2 + y^2)$

► $\Delta J_p = \Delta m \cdot r_p^2 = \Delta m \cdot (x^2 + y^2 + z^2)$ ► polares Trägheitsmoment

Merke:

In der Formel $E_{\text{kin}} = \frac{1}{2} \cdot m \cdot r^2 \cdot \omega^2$ für die kinetische Energie bezeichnet man den Term $m \cdot r^2$ als Massenmoment zweiten Grades J oder Trägheitsmoment J. Das Trägheitsmoment kann sich auf einen Punkt, eine Achse oder auf eine Ebene beziehen, wobei r der Abstand eines Masseelements Δm zum Bezugspunkt, zur Bezugsachse oder zur Bezugsebene ist. ΔJ ist ein Element des Trägheitsmomentes J und wird mit $\Delta J = \Delta m \cdot r^2$ berechnet.

Sind Form und Abmessungen eines Bauteils bekannt, so lässt sich mithilfe des Schnittprinzips (► 3.3) sein Trägheitsmoment bezogen auf einen Punkt, eine Achse oder eine Ebene berechnen.

Anmerkung:

Wegen der verschiedenen Möglichkeiten, einen Körper in einem xyz-Koordinatensystem zu positionieren und entsprechende Trägheitsmomente zu berechnen, ist zur Beschreibung des Problems in der Regel eine Zeichnung sinnvoll. Bezieht sich ein axiales Trägheitsmoment eines Körpers auf eine Schwerpunktsachse, so wird es hier mit J_S bezeichnet.

Problem: Berechnen Sie für einen Vollzylinder und für einen Hohlzylinder jeweils das axiale Trägheitsmoment J_S bezogen auf die Längsachse, die eine Symmetrieachse der Zylinder ist.

Zur Berechnung des axialen Trägheitsmoments J_S für einen Vollzylinder wird dieser hier so in einem xyz-Koordinatensystem positioniert, dass die x-Achse Rotationsachse ist und sich mit der Längsachse des Zylinders deckt. Dieses axiale Trägheitsmoment wird mit J_{Sx} bezeichnet.

Der Zylinder wird in Hohlzylinder mit der Grundfläche ΔA und der Höhe h zerlegt. ΔA ist eine Kreisringfläche mit dem Innenradius r und dem Außenradius $r + \Delta r$.

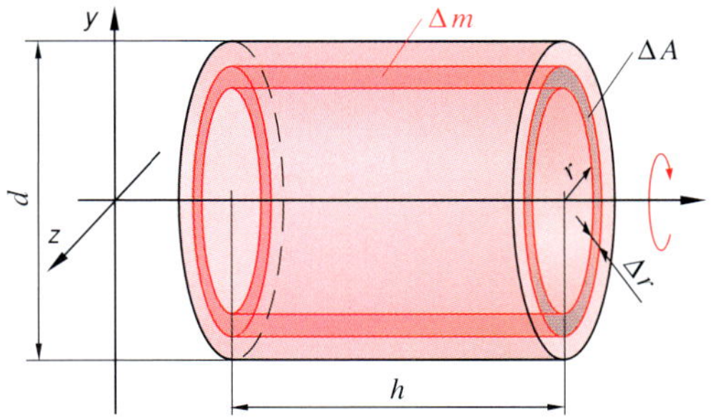

ΔA wird mit der Formel für eine Kreisringfläche berechnet. Wegen $(\Delta r)^2 \ll \Delta r$ kann $\pi \cdot (\Delta r)^2$ gegenüber $2\pi \cdot r \cdot \Delta r$ vernachlässigt werden.

$$\Delta A = \pi \cdot [(r + \Delta r)^2 - r^2]$$
$$= \pi \cdot [r^2 + 2 \cdot r \cdot \Delta r + (\Delta r)^2 - r^2]$$
$$= \pi \cdot [2 \cdot r \cdot \Delta r + (\Delta r)^2] \quad \blacktriangleright (\Delta r)^2 \ll \Delta r$$
$$\Rightarrow \Delta A \approx 2\pi \cdot r \cdot \Delta r$$

Somit ist $\Delta J_{Sx} = \varrho \cdot 2\pi \cdot h \cdot r^3 \cdot \Delta r;\ r \in \left[0; \frac{d}{2}\right]$ ein Element des axialen Trägheitsmoments J_{Sx}, auf das man das Schnittprinzip anwenden kann.

$$\Delta J_{Sx} = \Delta m \cdot r^2 \quad \blacktriangleright \Delta m = \varrho \cdot \Delta V$$
$$= \varrho \cdot \Delta V \cdot r^2 \quad \blacktriangleright \Delta V = \Delta A \cdot h$$
$$= \varrho \cdot \Delta A \cdot h \cdot r^2 \quad \blacktriangleright \Delta A = 2\pi \cdot r \cdot \Delta r$$
$$= \varrho \cdot 2\pi \cdot r \cdot \Delta r \cdot h \cdot r^2$$
$$= \underline{\varrho \cdot 2\pi \cdot h \cdot r^3 \cdot \Delta r} \quad \blacktriangleright r \in \left[0;\ \frac{d}{2}\right]$$

Unter Zuhilfenahme des Schnittprinzips ergibt sich dann: $J_{Sx} = \int_0^{\frac{d}{2}} (\varrho \cdot 2\pi \cdot h \cdot r^3)\,\mathrm{d}r$

Durch Integration erhält man eine Formel zur Berechnung des axialen Trägheitsmoments J_{Sx} für einen Vollzylinder. Rotiert ein Zylinder in gleicher Weise um die y-Achse oder z-Achse, so gilt $J_{Sx} = J_{Sy} = J_{Sz} = J_S$. Man bezeichnet J_S auch als **Eigenträgheitsmoment**.

$$\Rightarrow J_{Sx} = \int_0^{\frac{d}{2}} (\varrho \cdot 2\pi \cdot h \cdot r^3)\,\mathrm{d}r$$
$$= 2\pi \cdot \varrho \cdot h \cdot \int_0^{\frac{d}{2}} r^3\,\mathrm{d}r$$
$$= 2\pi \cdot \varrho \cdot h \cdot \frac{1}{4} \cdot r^4 \Big|_0^{\frac{d}{2}}$$
$$= \frac{1}{2} \cdot \pi \cdot \varrho \cdot h \cdot \left[\left(\tfrac{d}{2}\right)^4 - 0^4\right]$$
$$= \underline{\underline{\frac{1}{32} \cdot \pi \cdot \varrho \cdot h \cdot d^4}} \quad \blacktriangleright \frac{1}{4} \cdot \pi \cdot \varrho \cdot h \cdot d^2 = m$$

Ist die Masse des Zylinders bekannt, so kann man auch mit den Formeln $J_S = \frac{1}{8} \cdot m \cdot d^2$ bzw. $J_S = \frac{1}{2} \cdot m \cdot r^2$ rechnen.

$$= \underline{\underline{\frac{1}{8} \cdot m \cdot d^2}} \text{ bzw. } J_{Sx} = \underline{\underline{\frac{1}{2} \cdot m \cdot r^2}}$$
$$\blacktriangleright \underline{\underline{J_{Sx} = J_{Sy} = J_{Sz} = J_S}}$$

Merke:

Rotiert ein Zylinder um seine Längs- bzw. Symmetrieachse, so gilt für das axiale Trägheitsmoment:

$$\boldsymbol{J_S = \frac{1}{32} \cdot \pi \cdot \varrho \cdot h \cdot d^4} \text{ bzw. } \boldsymbol{J_S = \frac{1}{8} \cdot m \cdot d^2} \text{ bzw. } \boldsymbol{J_S = \frac{1}{2} \cdot m \cdot r^2}$$

Bei einem Hohlzylinder mit dem Außendurchmesser d_a und dem Innendurchmesser d_i erhält man das axiale Trägheitsmoment J_S durch Subtraktion der Einzelträgheitsmomente der Zylinder mit d_a bzw. d_i.

$$J_S = \frac{1}{32} \cdot \pi \cdot \varrho \cdot h \cdot d_a^4 - \frac{1}{32} \cdot \pi \cdot \varrho \cdot h \cdot d_i^4$$
$$= \frac{1}{32} \cdot \pi \cdot \varrho \cdot h \cdot (d_a^4 - d_i^4) \quad \blacktriangleright \frac{1}{4} \cdot \pi \cdot \varrho \cdot h \cdot (d_a^2 - d_i^2) = m$$
$$= \frac{1}{8} \cdot m \cdot (d_a^2 - d_i^2) \quad \text{bzw.} \quad J_S = \frac{1}{2} \cdot m \cdot (r_a^2 - r_i^2)$$

Merke:

Die axialen Trägheitsmomente von Rotationskörpern können addiert und subtrahiert werden, wenn sie die gleiche Bezugsachse (Rotationsachse) haben.

Problem: Entwickeln Sie eine Formel zur Berechnung des axialen Trägheitsmoments eines Rotationskörpers, der erzeugt wird, wenn in einem x-Intervall $[a; b]$ die Fläche zwischen dem Graphen einer stetigen Funktion f und der x-Achse um die x-Achse rotiert. Die Rotationsachse soll gleichzeitig Bezugsachse für das Trägheitsmoment sein.

Da die x-Achse hier Rotationsachse ist, betrachtet man für $x \in (a; b)$ eine zylinderförmige Scheibe des Rotationskörpers, die den Radius y und die Höhe Δx hat.

Das axiale Eigenträgheitsmoment eines Zylinders, also bezogen auf seine Längs- bzw. Symmetrieachse, wurde bereits ermittelt und zwar gilt: $J_S = \frac{1}{2} \cdot m \cdot r^2$

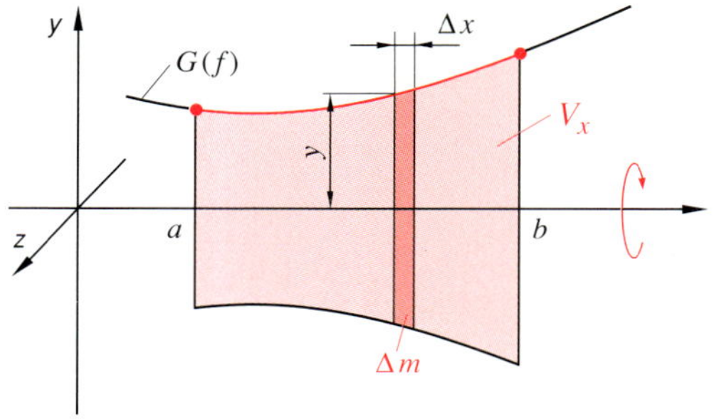

Im Term $\frac{1}{2} \cdot \Delta m \cdot r^2$ wird $\varrho \cdot \pi \cdot y^2 \cdot \Delta x$ für Δm und y für r gesetzt.

$$\Delta J_{Sx} = \frac{1}{2} \cdot \Delta m \cdot r^2 \quad \blacktriangleright \Delta m = \varrho \cdot \pi \cdot y^2 \cdot \Delta x; \ y \text{ für } r$$
$$= \frac{1}{2} \cdot \varrho \cdot \pi \cdot y^2 \cdot \Delta x \cdot y^2$$
$$= \frac{1}{2} \cdot \varrho \cdot \pi \cdot y^4 \cdot \Delta x \quad \blacktriangleright f(x) \text{ für } y$$
$$= \frac{1}{2} \cdot \varrho \cdot \pi \cdot [f(x)]^4 \cdot \Delta x$$

Unter Zuhilfenahme des Schnittprinzips kann man dann für J_{Sx} eine Formel ermitteln, die im Intervall $[a; b]$ für stetige Funktionen gilt.

$$\Rightarrow J_{Sx} = \int_a^b \left(\frac{1}{2} \cdot \varrho \cdot \pi \cdot [f(x)]^4 \right) \mathrm{d}x$$
$$= \frac{1}{2} \cdot \varrho \cdot \pi \cdot \int_a^b [f(x)]^4 \, \mathrm{d}x$$

Bezogen auf die y-Achse als Rotationsachse, erhält man entsprechend der vorstehenden Entwicklung für eine im y-Intervall $[c; d]$ streng monotone und stetige Funktion f für das axiale Trägheitsmoment die Formel: $\boldsymbol{J_{Sy} = \frac{1}{2} \cdot \varrho \cdot \pi \cdot \int_c^d [f^{-1}(y)]^4 \, \mathrm{d}y}$. Ist die Funktion f in $[a; b]$ zusätzlich stetig differenzierbar, so gilt auch die Formel: $\boldsymbol{J_{Sy} = \frac{1}{2} \cdot \varrho \cdot \pi \cdot \left| \int_a^b [x^4 \cdot f'(x)] \, \mathrm{d}x \right|}$.

Merke:

- Rotiert die Fläche zwischen dem Graphen einer im x-Intervall $[a; b]$ stetigen Funktion f und der x-Achse in $[a; b]$ um die x-Achse, so gilt für das axiale Trägheitsmoment des erzeugten Rotationskörpers:
$$\boldsymbol{J_{Sx} = \frac{1}{2} \cdot \varrho \cdot \pi \cdot \int_a^b [f(x)]^4 \, dx}$$
- Rotiert die Fläche zwischen dem Graphen einer im y-Intervall $[c; d]$ streng monotonen und stetigen Funktion f und der y-Achse in $[c; d]$ um die y-Achse (► 3.2), so gilt für das axiale Trägheitsmoment des erzeugten Rotationskörpers:
$$\boldsymbol{J_{Sy} = \frac{1}{2} \cdot \varrho \cdot \pi \cdot \int_c^d [f^{-1}(y)]^4 \, dy}$$
- Rotiert die Fläche zwischen dem Graphen einer im x-Intervall $[a; b]$ streng monotonen und stetig differenzierbaren Funktion f und der y-Achse in $[a; b]$ um die y-Achse, so gilt für das axiale Trägheitsmoment des erzeugten Rotationskörpers:
$$\boldsymbol{J_{Sy} = \frac{1}{2} \cdot \varrho \cdot \pi \cdot \left| \int_a^b [x^4 \cdot f'(x)] \, dx \right|}$$

Beispiel: Berechnen Sie das axiale Trägheitsmoment J_S einer Kugel, wenn die Rotationsachse durch den Kugelmittelpunkt verläuft.

Eine Kugel wird erzeugt, wenn die Fläche zwischen dem Graphen der Kreisfunktion $f: f(x) = \sqrt{r^2 - x^2}$; $D(f) = [-r; r]$ und der x-Achse im Intervall $[-r; r]$ um die x-Achse rotiert.

Wegen der Symmetrie einer Kugel ist das axiale Trägheitsmoment für alle durch den Kugelmittelpunkt verlaufenden Rotations- bzw. Schwerpunktsachsen gleich und es gilt: $J_{Sx} = J_{Sy} = J_{Sz} = J_S$

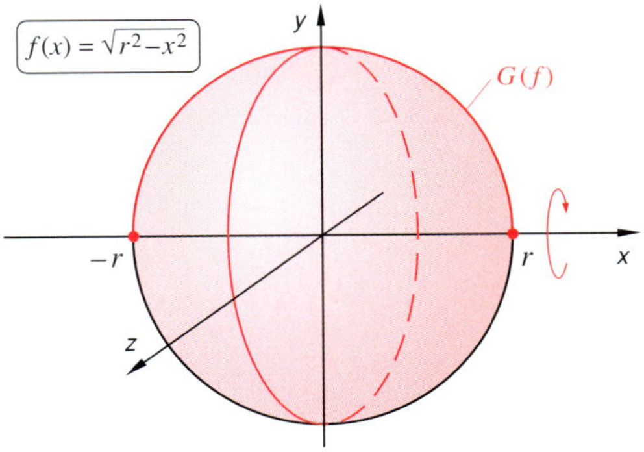

Zur Berechnung des Trägheitsmoments J_S setzt man in der für J_{Sx} entwickelten Formel $\sqrt{r^2 - x^2}$ für $f(x)$. Da die Fläche symmetrisch zur y-Achse liegt, integriert man in den Grenzen von 0 bis r und verdoppelt das Ergebnis.

$$J_{Sx} = \frac{1}{2} \cdot \varrho \cdot \pi \cdot \int_a^b [f(x)]^4 \, dx \quad \blacktriangleright f(x) = \sqrt{r^2 - x^2}$$

$$= \frac{1}{2} \cdot \varrho \cdot \pi \cdot \int_a^b [\sqrt{r^2 - x^2}]^4 \, dx \quad \blacktriangleright \text{0 für } a \text{ und } r \text{ für } b$$

$$= 2 \cdot \frac{1}{2} \cdot \varrho \cdot \pi \cdot \int_0^r [r^2 - x^2]^2 \, dx$$

$$= \varrho \cdot \pi \cdot \int_0^r [r^4 - 2\,r^2 \cdot x^2 + x^4] \, dx$$

$$= \varrho \cdot \pi \cdot \left[r^4 \cdot x - 2\,r^2 \cdot \frac{1}{3} \cdot x^3 + \frac{1}{5} \cdot x^5 \Big|_0^r \right]$$

$$= \varrho \cdot \pi \cdot \left[r^4 \cdot r - 2\,r^2 \cdot \frac{1}{3} \cdot r^3 + \frac{1}{5} \cdot r^5 - 0 \right]$$

Setzt man dann $\frac{d}{2}$ für r, so erhält man die gebräuchliche Formel für das Trägheitsmoment einer Kugel. Ist die Masse der Kugel bekannt, so kann man auch mit der Formel $J_S = \frac{1}{10} \cdot m \cdot d^2$ rechnen.

$$J_{Sx} = \varrho \cdot \pi \cdot \frac{8}{15} \cdot r^5 \quad \blacktriangleright\ r = \frac{d}{2}$$
$$= \underline{\underline{\frac{1}{60} \cdot \varrho \cdot \pi \cdot d^5}} \quad \blacktriangleright\ \frac{1}{6} \cdot \varrho \cdot \pi \cdot d^3 = m$$
$$= \underline{\underline{\frac{1}{10} \cdot m \cdot d^2}}$$
$$\blacktriangleright\ \underline{\underline{J_{Sx} = J_S}}$$

Beispiel: Entwickeln Sie eine Formel für das axiale Trägheitsmoment eines geraden Kreiskegels, bezogen auf seine Symmetrieachse. Wie groß ist das Trägheitsmoment für einen Kegel aus Stahl $\left(\varrho = 7850\,\frac{\text{kg}}{\text{m}^3}\right)$ mit dem Durchmesser $d = 0{,}8$ m und der Höhe $h = 2$ m?

Ein Kegel wird erzeugt, wenn die Fläche zwischen dem Graphen der Funktion $f: f(x) = \frac{r}{h} \cdot x$; $D(f) = \mathbb{R}$ und der x-Achse im Intervall $[0; h]$ um die x-Achse rotiert.

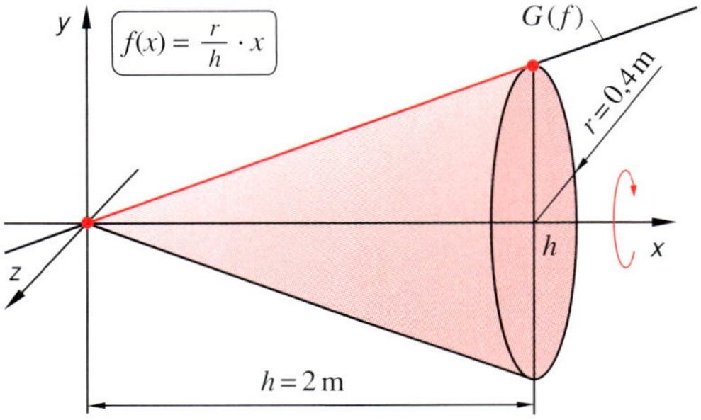

Zur Berechnung von J_{Sx} setzt man in der entwickelten Formel $\frac{r}{h} \cdot x$ für $f(x)$ und integriert in den Grenzen von 0 bis h.

$$J_{Sx} = \frac{1}{2} \cdot \varrho \cdot \pi \cdot \int_a^b [f(x)]^4\,dx \quad \blacktriangleright\ f(x) = \frac{r}{h} \cdot x$$
$$= \frac{1}{2} \cdot \varrho \cdot \pi \cdot \int_a^b \left[\frac{r}{h} \cdot x\right]^4 dx \quad \blacktriangleright\ 0 \text{ für } a \text{ und } h \text{ für } b$$
$$= \frac{1}{2} \cdot \varrho \cdot \pi \cdot \frac{r^4}{h^4} \cdot \int_0^h x^4\,dx$$
$$= \frac{1}{2} \cdot \varrho \cdot \pi \cdot \frac{r^4}{h^4} \cdot \left[\frac{1}{5} \cdot x^5 \Big|_0^h\right]$$
$$= \frac{1}{2} \cdot \varrho \cdot \pi \cdot \frac{r^4}{h^4} \cdot \left[\frac{1}{5} \cdot h^5 - 0\right]$$
$$= \underline{\frac{1}{10} \cdot \varrho \cdot \pi \cdot r^4 \cdot h} \quad \blacktriangleright\ r = \frac{d}{2}$$
$$= \underline{\underline{\frac{1}{160} \cdot \varrho \cdot \pi \cdot d^4 \cdot h}} \quad \blacktriangleright\ \frac{1}{12} \cdot \varrho \cdot \pi \cdot d^2 \cdot h = m$$
$$= \underline{\underline{\frac{3}{40} \cdot m \cdot d^2}}$$
$$\blacktriangleright\ \underline{\underline{J_{Sx} = J_S}}$$

Setzt man dann $\frac{d}{2}$ für r, so erhält man die gebräuchliche Formel für das axiale Eigenträgheitsmoment eines Kegels. Rotiert ein Kegel in gleicher Weise um die y-Achse oder z-Achse, so gilt $J_{Sx} = J_{Sy} = J_{Sz} = J_S$.

Ist die Masse des Kegels bekannt, so kann man auch mit der Formel $J_S = \frac{3}{40} \cdot m \cdot d^2$ rechnen.

Für $d = 0{,}8$ m, $h = 2$ m und $\varrho = 7850\,\frac{\text{kg}}{\text{m}^3}$ erhält man nach Einsetzen $126{,}267\ \text{kg} \cdot \text{m}^2$ als Trägheitsmoment J_S.

$$J_S = \frac{1}{160} \cdot \varrho \cdot \pi \cdot d^4 \cdot h \quad \blacktriangleright\ \varrho = 7850\,\frac{\text{kg}}{\text{m}^3};\ d = 0{,}8\,\text{m};\ h = 2\,\text{m}$$
$$= \frac{1}{160} \cdot 7850\,\frac{\text{kg}}{\text{m}^3} \cdot \pi \cdot (0{,}8\,\text{m})^4 \cdot 2\,\text{m}$$
$$= \underline{\underline{126{,}267\ \text{kg} \cdot \text{m}^2}}$$

Beispiel: Rotiert die Fläche zwischen dem Graphen der Funktion $f: f(x) = \frac{1}{4} \cdot x^2 + 1$; $D(f) = \mathbb{R}$ und der y-Achse im y-Intervall $[1; 5]$ um die y-Achse, so wird ein Paraboloid erzeugt. Berechnen Sie sein axiales Trägheitsmoment J_{Sy}.

Die Funktion $f: f(x) = \frac{1}{4} \cdot x^2 + 1$; $D(f) = \mathbb{R}$ ist für $x \geq 0$ streng monoton steigend und stetig. Die Voraussetzungen zur Anwendung der Formel $J_{Sy} = \frac{1}{2} \cdot \varrho \cdot \pi \cdot \int\limits_c^d [f^{-1}(y)]^4 \,\mathrm{d}y$ sind also gegeben.

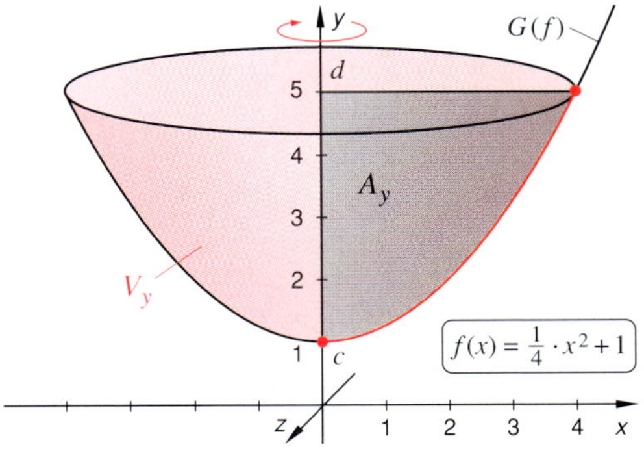

Zunächst wird $[f^{-1}(y)]^4$ aus der Gleichung $f(x) = y = \frac{1}{4} \cdot x^2 + 1$ berechnet:

$$f(x) = \frac{1}{4} \cdot x^2 + 1$$
$$\Rightarrow x^2 = [f^{-1}(y)]^2 = 4 \cdot (y-1)$$
$$\Rightarrow x^4 = [f^{-1}(y)]^4 = 16 \cdot (y-1)^2$$

Dann setzt man $16 \cdot (y-1)^2$ für $[f^{-1}(y)]^4$ und integriert in den Grenzen 1 bis 5.

Die Maßzahl des axialen Trägheitsmoments im y-Intervall $[1; 5]$ lautet $536{,}16515 \cdot \varrho$.

$$J_{Sy} = \frac{1}{2} \cdot \varrho \cdot \pi \cdot \int\limits_c^d [f^{-1}(y)]^4 \,\mathrm{d}y$$

► 1 für c; 5 für d; $16 \cdot (y-1)^2$ für $[f^{-1}(y)]^4$

$$J_{Sy} = 8 \cdot \varrho \cdot \pi \cdot \int\limits_1^5 (y-1)^2 \,\mathrm{d}y$$
$$= 8 \cdot \varrho \cdot \pi \cdot \int\limits_1^5 [y^2 - 2y + 1] \,\mathrm{d}y$$
$$= 8 \cdot \varrho \cdot \pi \cdot \left[\frac{1}{3} \cdot y^3 - y^2 + y \Big|_1^5\right]$$
$$= 8 \cdot \varrho \cdot \pi \cdot \left[\frac{1}{3} \cdot 5^3 - 5^2 + 5 - \left(\frac{1}{3} \cdot 1^3 - 1^2 + 1\right)\right]$$
$$= \underline{\underline{536{,}16515 \cdot \varrho}}$$ ► Maßzahl des Trägheitsmoments

Beispiel: Die Hauptmasse des Kreisels in einem Kreiselkompass hat die Form eines zylindrischen Kreisrings mit den Maßen $D = 120$ mm sowie $d = 20$ mm und besteht aus rostfreiem Stahl $\left(\varrho = 7850 \, \frac{\text{kg}}{\text{m}^3}\right)$. Berechnen Sie die kinetische Energie E_{kin} in $\frac{\text{kg} \cdot \text{m}^2}{\text{s}^2}$ für eine Umdrehungsfrequenz von $n = 24000 \,\text{min}^{-1}$.

Rotiert eine Kreisfläche mit dem Durchmesser d (Radius r), deren Mittelpunkt zur y-Achse den Abstand R ($R > r$) hat, um die y-Achse, ohne diese zu schneiden, so wird ein zylindrischer Kreisring (Torus) erzeugt.

Der Kreis wird hier durch die Kreisrelation mit der Gleichung $y^2 = r^2 - (x-R)^2$ mit $x \in [R-r; R+r]$; $y \in [-r; r]$ beschrieben. Löst man diese Gleichung für $y \in [0; r]$ nach x auf, so erhält man die beiden Teilfunktionen f_1^{-1} und f_2^{-1}.

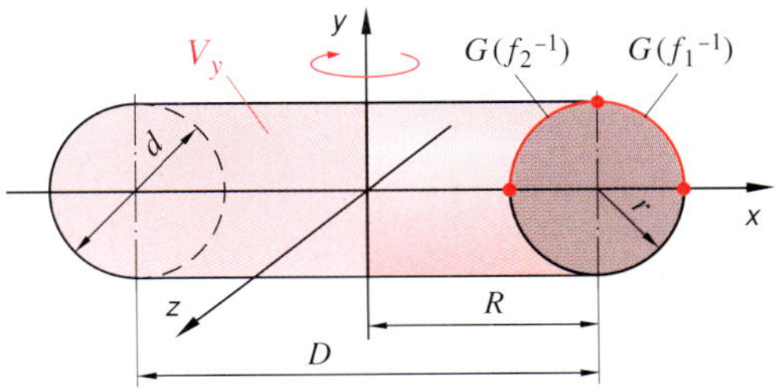

$$y^2 = r^2 - (x-R)^2;\; x \in [R-r; R+r];\; y \in [-r; r]$$
$$\Rightarrow x = f_1^{-1}(y) = R + \sqrt{r^2 - y^2}; \quad y \in [0; r]$$
$$x = f_2^{-1}(y) = R - \sqrt{r^2 - y^2}$$

Um die kinetische Energie des zylindrischen Kreisrings zu bestimmen, wird zunächst sein axiales Trägheitsmoment J_{Sy} allgemein berechnet. J_{Sy} ist gleich der Differenz der axialen Teilträgheitsmomente J_{Sy1} und J_{Sy2} multipliziert mit 2. Dabei ist J_{Sy1} das axiale Trägheitsmoment des Rotationskörpers, der erzeugt wird, wenn die Fläche zwischen $G(f_1^{-1})$ und der y-Achse im Intervall $[0; r]$ um die y-Achse rotiert. J_{Sy2} ist das axiale Trägheitsmoment des Rotationskörpers, der erzeugt wird, wenn die Fläche zwischen $G(f_2^{-1})$ und der y-Achse im Intervall $[0; r]$ um die y-Achse rotiert.

$$E_{\text{kin}} = \frac{1}{2} \cdot J_{Sy} \cdot \omega^2 \quad \blacktriangleright \text{ kinetische Energie } \blacktriangleright J_{Sy} = ?$$

$$\begin{aligned} J_{Sy} &= 2 \cdot [J_{Sy1} - J_{Sy2}] \\ &= 2 \cdot \left[\frac{1}{2} \cdot \varrho \cdot \pi \cdot \int_c^d [f_1^{-1}(y)]^4 \,\mathrm{d}y - \frac{1}{2} \cdot \varrho \cdot \pi \cdot \int_c^d [f_2^{-1}(y)]^4 \,\mathrm{d}y\right] \\ &= \varrho \cdot \pi \cdot \int_c^d \left([f_1^{-1}(y)]^4 - [f_2^{-1}(y)]^4\right) \mathrm{d}y \end{aligned}$$

Zunächst wird $[f_1^{-1}(y)]^4 - [f_2^{-1}(y)]^4$ umgeformt, um dann im Integral die Terme für $f_1^{-1}(y)$ und $f_2^{-1}(y)$ einzusetzen.

► $f_1^{-1}(y) = R + \sqrt{r^2 - y^2}$; $f_2^{-1}(y) = R - \sqrt{r^2 - y^2}$

► $([f_1^{-1}(y)]^2 + [f_2^{-1}(y)]^2) = [R + \sqrt{r^2 - y^2}]^2 + [R - \sqrt{r^2 - y^2}]^2 = \underline{2 \cdot R^2 + 2 \cdot (r^2 - y^2)}$

► $f_1^{-1}(y) + f_2^{-1}(y) = \underline{2 \cdot R}$

► $f_1^{-1}(y) - f_2^{-1}(y) = \underline{2 \cdot \sqrt{r^2 - y^2}}$

► $(r^2 - y^2) \cdot \sqrt{r^2 - y^2} = (\sqrt{r^2 - y^2})^3$

$$\begin{aligned} \blacktriangleright\ & [f_1^{-1}(y)]^4 - [f_2^{-1}(y)]^4 \\ &= \left([f_1^{-1}(y)]^2 + [f_2^{-1}(y)]^2\right) \cdot \left([f_1^{-1}(y)]^2 - [f_2^{-1}(y)]^2\right) \\ &= \left([f_1^{-1}(y)]^2 + [f_2^{-1}(y)]^2\right) \cdot \left(f_1^{-1}(y) + f_2^{-1}(y)\right) \cdot \left(f_1^{-1}(y) - f_2^{-1}(y)\right) \\ &= [2 \cdot R^2 + 2 \cdot (r^2 - y^2)] \cdot 2 \cdot R \cdot 2 \cdot \sqrt{r^2 - y^2} \\ &= \underline{8 \cdot R \cdot [R^2 \cdot \sqrt{r^2 - y^2} + (\sqrt{r^2 - y^2})^3]} \end{aligned}$$

In $J_{Sy} = \varrho \cdot \pi \cdot \int_c^d \left([f_1^{-1}(y)]^4 - [f_2^{-1}(y)]^4\right) \mathrm{d}y$ setzt man 0 für c und r für d.

$$\begin{aligned} J_{Sy} &= \varrho \cdot \pi \cdot \int_c^d \left([f_1^{-1}(y)]^4 - [f_2^{-1}(y)]^4\right) \mathrm{d}y \\ &= \varrho \cdot \pi \cdot \int_0^r \left(8 \cdot R \cdot [R^2 \cdot \sqrt{r^2 - y^2} + (\sqrt{r^2 - y^2})^3]\right) \mathrm{d}y \\ &= \varrho \cdot \pi \cdot 8 \cdot R \cdot \left(R^2 \cdot \int_0^r \sqrt{r^2 - y^2} \,\mathrm{d}y + \int_0^r (\sqrt{r^2 - y^2})^3 \,\mathrm{d}y\right) \end{aligned}$$

Das Integral $\int \sqrt{r^2 - y^2}\ \mathrm{d}y$ wird nach Kapitel 2.4.5 gelöst.

$$\begin{aligned} \blacktriangleright \int_0^r \sqrt{r^2 - y^2} \,\mathrm{d}y &= \left[\frac{r^2}{2} \cdot \operatorname{Arcsin} \frac{y}{r} + \frac{y}{2} \cdot \sqrt{r^2 - y^2}\right]_0^r \quad \blacktriangleright 2.4.5 \\ &= \left[\frac{r^2}{2} \cdot \operatorname{Arcsin} 1 + \frac{r}{2} \cdot \sqrt{r^2 - r^2} - 0\right] \\ &= \underline{\frac{1}{4} \cdot \pi \cdot r^2} \end{aligned}$$

Im Integral $\int_0^r (\sqrt{r^2 - y^2})^3\ \mathrm{d}y$ wird die Substitution $y = r \cdot \sin t$ durchgeführt:

► $y = r \cdot \sin t \Rightarrow \frac{\mathrm{d}y}{\mathrm{d}t} = r \cdot \cos t \Rightarrow \mathrm{d}y = r \cdot \cos t \cdot \mathrm{d}t$

► $y = r \Rightarrow t = \frac{\pi}{2}$ und $y = 0 \Rightarrow t = 0$

► $\sqrt{r^2 - r^2 \cdot \sin^2 t} = \sqrt{r^2 \cdot (1 - \sin^2 t)} = r \cdot \sqrt{1 - \sin^2 t} = r \cdot \sqrt{\cos^2 t}$ ► $\cos t \geq 0;\ t \in \left[0; \frac{\pi}{2}\right]$ $= r \cdot \cos t$

$$\begin{aligned} \blacktriangleright \int_0^r (\sqrt{r^2 - y^2})^3 \,\mathrm{d}y &= \int_0^{\frac{\pi}{2}} [(\sqrt{r^2 - r^2 \cdot \sin^2 t})^3 \cdot r \cdot \cos t] \,\mathrm{d}t \\ &= \int_0^{\frac{\pi}{2}} [r^3 \cdot \cos^3 t \cdot r \cdot \cos t] \,\mathrm{d}t \\ &= r^4 \cdot \int_0^{\frac{\pi}{2}} \cos^4 t \,\mathrm{d}t \quad \blacktriangleright 2.5 \\ &= r^4 \cdot \left[\frac{\sin t \cdot \cos^3 t}{4} + \frac{3 \cdot \sin t \cdot \cos t}{8} + \frac{3}{8} \cdot t\right]_0^{\frac{\pi}{2}} \\ &= r^4 \cdot \left[0 + 0 + \frac{3}{8} \cdot \frac{\pi}{2} - 0\right] \\ &= \underline{\frac{3}{16} \cdot \pi \cdot r^4} \end{aligned}$$

Setzt man dann die Teillösungen in das Integral für J_{Sy} ein, so ergibt sich eine Formel zur Berechnung des axialen Trägheitsmoments eines zylindrischen Kreisrings.

$$J_{Sy} = \varrho \cdot \pi \cdot 8 \cdot R \cdot \left(R^2 \cdot \int_0^r \sqrt{r^2 - y^2}\, \mathrm{d}y + \int_0^r (\sqrt{r^2 - y^2})^3\, \mathrm{d}y \right)$$
$$= \varrho \cdot \pi \cdot 8 \cdot R \cdot \left(R^2 \cdot \frac{1}{4} \cdot \pi \cdot r^2 + \frac{3}{16} \cdot \pi \cdot r^4 \right)$$
$$= \frac{1}{2} \cdot \varrho \cdot \pi^2 \cdot R \cdot r^2 (4 \cdot R^2 + 3 \cdot r^2) \quad \blacktriangleright\ R = \frac{D}{2};\ r = \frac{d}{2}$$
$$= \frac{1}{16} \cdot \varrho \cdot \pi^2 \cdot D \cdot d^2 \left(D^2 + \frac{3}{4} \cdot d^2 \right) \quad \blacktriangleright\ \frac{1}{4} \cdot \varrho \cdot \pi^2 \cdot D \cdot d^2 = m$$

Ist die Masse m bekannt, so gilt wegen $\frac{1}{4} \cdot \varrho \cdot \pi^2 \cdot D \cdot d^2 = m$ (► 3.6) eine zweite Formel.

$$= \frac{1}{4} \cdot m \cdot \left(D^2 + \frac{3}{4} \cdot d^2 \right)$$

Setzt man die Werte für ϱ, D und d ein, so erhält man $0{,}0034167\ \mathrm{kg \cdot m^2}$ als axiales Trägheitsmoment J_{Sy}.

$$\blacktriangleright\ \varrho = 7850\ \frac{\mathrm{kg}}{\mathrm{m^3}};\ D = 120\ \mathrm{mm} = 0{,}12\ \mathrm{m};\ d = 20\ \mathrm{mm} = 0{,}02\ \mathrm{m}$$

$$J_{Sy} = \frac{1}{16} \cdot 7850 \cdot \pi^2 \cdot 0{,}12 \cdot 0{,}02^2 \left(0{,}12^2 + \frac{3}{4} \cdot 0{,}02^2 \right) \mathrm{kg \cdot m^2}$$
$$= 0{,}0034167\ \mathrm{kg \cdot m^2}$$

Zur Ermittlung der kinetischen Energie berechnet man zunächst ω aus der Umdrehungsfrequenz n.

$$v = r \cdot \omega \Rightarrow \omega = \frac{v}{r} \quad \blacktriangleright\ v = 2 \cdot r \cdot \pi \cdot n$$
$$= 2 \cdot \pi \cdot n$$

$$E_{\mathrm{kin}} = \frac{1}{2} \cdot J_{Sy} \cdot \omega^2 \quad \blacktriangleright\ \omega = 2 \cdot \pi \cdot n$$
$$= 2 \cdot J_{Sy} \cdot \pi^2 \cdot n^2 \quad \blacktriangleright\ J_{Sy} = 0{,}0034167\ \mathrm{kg \cdot m^2}$$
$$n = 24000\ \mathrm{min^{-1}} = 400\ \mathrm{s^{-1}}$$

Setzt man dann die Werte für J_{Sy} und n ein, so erhält man $10790{,}873\ \frac{\mathrm{kg \cdot m^2}}{\mathrm{s^2}}$ als kinetische Energie des zylindrischen Kreisrings.

$$= 2 \cdot 0{,}0034167\ \mathrm{kg \cdot m^2} \cdot \pi^2 \cdot 400^2\ \mathrm{s^{-2}}$$
$$= 10790{,}873\ \frac{\mathrm{kg \cdot m^2}}{\mathrm{s^2}}$$

Problem: Entwickeln Sie eine Formel für das axiale Trägheitsmoment eines Zylinders mit dem Durchmesser d und der Höhe h, dessen Schwerpunkt auf der Rotationsachse liegt und dessen Längsachse senkrecht zur Rotationsachse verläuft.

Querschnitt durch den Zylinder im Abstand y von der xz-Ebene:

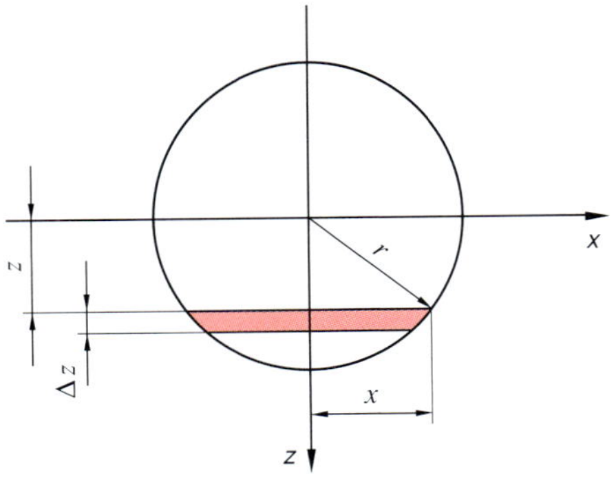

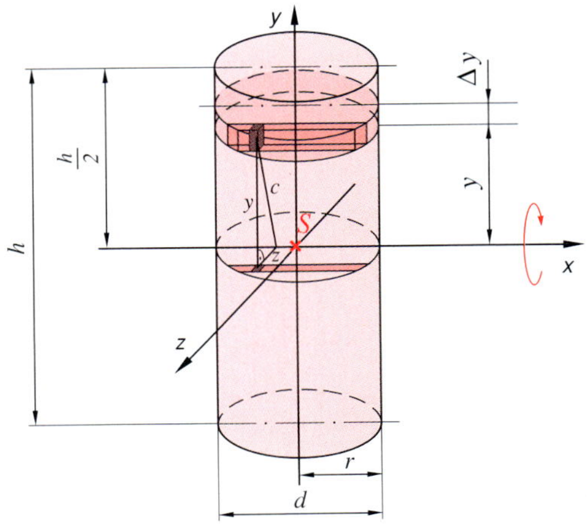

Man stellt die Gleichung für Elemente des axialen Trägheitsmoments ΔJ_{S_x} eines Masseteilchens Δm auf, das den Abstand c von der x-Achse als Rotationachse hat. Wegen $c^2 = y^2 + z^2$ erhält man eine Summe von planaren Trägheitsmomenten, bezogen auf die xz-Ebene bzw. auf die xy-Ebene.

$$\Delta J_{Sx} = \Delta m \cdot c^2 \quad \blacktriangleright\ c^2 = y^2 + z^2$$
$$= \Delta m \cdot (y^2 + z^2)$$
$$= \Delta m \cdot y^2 + \Delta m \cdot z^2$$
$$= \underline{\Delta J_{xz} + \Delta J_{xy}}$$

- **Berechnung von J_{xz}**

Beim planaren Trägheitsmoment J_{xz}, also bezogen auf die xz-Ebene, sind die Masseelemente Δm_1 zylinderförmige Scheiben mit dem Radius r und der Höhe Δy, die zur xz-Ebene den Abstand y haben.

Wendet man das Schnittprinzip an, so erhält man das Integral $\varrho \cdot \pi \cdot r^2 \cdot \int_{-\frac{h}{2}}^{\frac{h}{2}} y^2\ dy$. Zur Vereinfachung wird in den Grenzen 0 bis $\frac{h}{2}$ integriert und das Ergebnis verdoppelt.

$$\Delta J_{xz} = \Delta m_1 \cdot y^2 \quad \blacktriangleright\ \Delta m_1 = \varrho \cdot \pi \cdot r^2 \cdot \Delta y$$
$$= \varrho \cdot \pi \cdot r^2 \cdot y^2 \cdot \Delta y;\ y \in \left[-\tfrac{h}{2}; \tfrac{h}{2}\right]$$
$$\Rightarrow J_{xz} = \varrho \cdot \pi \cdot r^2 \cdot \int_{-\frac{h}{2}}^{\frac{h}{2}} y^2\ dy \quad \blacktriangleright\ \text{Schnittprinzip} \quad \blacktriangleright\ 3.3$$
$$= 2 \cdot \varrho \cdot \pi \cdot r^2 \cdot \int_0^{\frac{h}{2}} y^2\ dy$$
$$= 2 \cdot \varrho \cdot \pi \cdot r^2 \cdot \frac{1}{3} \cdot y^3 \Big|_0^{\frac{h}{2}}$$
$$= 2 \cdot \varrho \cdot \pi \cdot r^2 \cdot \frac{1}{3} \cdot \left(\frac{h}{2}\right)^3 - 0$$
$$= \frac{1}{12} \cdot \varrho \cdot \pi \cdot r^2 \cdot h^3 \quad \blacktriangleright\ r = \frac{d}{2}$$
$$= \underline{\frac{1}{48} \cdot \varrho \cdot \pi \cdot d^2 \cdot h^3} \quad \blacktriangleright\ J_{xz} = \frac{1}{12} \cdot m \cdot h^2$$

$\blacktriangleright\ \frac{1}{4} \cdot \varrho \cdot \pi \cdot d^2 \cdot h = m$

- **Berechnung von J_{xy}**

Beim planaren Trägheitsmoment J_{xy}, also bezogen auf die xy-Ebene, sind die Masseelemente Δm_2 prismenförmige Körper mit der Grundfläche $2 \cdot x \cdot \Delta z$ und der Höhe h, die zur xy-Ebene den Abstand z haben. Für x kann man $\sqrt{r^2 - z^2}$ setzen.

Wendet man das Schnittprinzip an, so erhält man das Integral $2 \cdot \varrho \cdot h \cdot \int_{-r}^{r} [z^2 \cdot \sqrt{r^2 - z^2}]\ dz$. Zur Vereinfachung wird in den Grenzen 0 bis r integriert und das Ergebnis verdoppelt.

Man substituiert:

$\blacktriangleright\ z = r \cdot \sin t \Rightarrow \frac{dz}{dt} = r \cdot \cos t \Rightarrow dz = r \cdot \cos t \cdot dt$

$\blacktriangleright\ \sqrt{r^2 - z^2} = r \cdot \cos t$

$\blacktriangleright\ z = 0 \Rightarrow t = 0$ und $z = r \Rightarrow t = \frac{\pi}{2}$

$\blacktriangleright\ \sin t \cdot \cos t = \frac{1}{2} \cdot \sin(2\,t)$ $\blacktriangleright$ 4.1

$$\Delta J_{xy} = \Delta m_2 \cdot z^2 \quad \blacktriangleright\ \Delta m_2 = \varrho \cdot 2 \cdot x \cdot \Delta z \cdot h$$
$$= \varrho \cdot 2 \cdot x \cdot h \cdot z^2 \cdot \Delta z \quad \blacktriangleright\ x = \sqrt{r^2 - z^2}$$
$$= 2 \cdot \varrho \cdot h \cdot z^2 \cdot \sqrt{r^2 - z^2} \cdot \Delta z;\ z \in [-r; r]$$
$$\Rightarrow J_{xy} = 2 \cdot \varrho \cdot h \cdot \int_{-r}^{r} [z^2 \cdot \sqrt{r^2 - z^2}]\ dz \quad \blacktriangleright\ \text{Schnittprinzip}$$
$$= 4 \cdot \varrho \cdot h \cdot \int_0^r [z^2 \cdot \sqrt{r^2 - z^2}]\ dz$$
$$= 4 \cdot \varrho \cdot h \cdot \int_0^{\frac{\pi}{2}} [r^2 \cdot \sin^2 t \cdot r \cdot \cos t \cdot r \cdot \cos t]\ dt$$
$$= 4 \cdot \varrho \cdot h \cdot r^4 \cdot \int_0^{\frac{\pi}{2}} [\sin^2 t \cdot \cos^2 t]\ dt$$
$$= 4 \cdot \varrho \cdot h \cdot r^4 \cdot \int_0^{\frac{\pi}{2}} \left[\frac{1}{4} \cdot \sin^2(2\,t)\right] dt \quad \blacktriangleright\ 2.4.1$$
$$= \varrho \cdot h \cdot r^4 \cdot \left[\frac{t}{2} - \frac{1}{8} \cdot \sin^2(4\,t) \Big|_0^{\frac{\pi}{2}}\right]$$
$$= \varrho \cdot h \cdot r^4 \cdot \left[\frac{\pi}{4} - \frac{1}{8} \cdot 0 - 0\right]$$
$$= \frac{1}{4} \cdot \varrho \cdot \pi \cdot h \cdot r^4 \quad \blacktriangleright\ r = \frac{d}{2}$$
$$= \underline{\frac{1}{64} \cdot \varrho \cdot \pi \cdot d^4 \cdot h} \quad \blacktriangleright\ J_{xy} = \frac{1}{16} \cdot m \cdot d^2$$

- **Berechnung von J_{Sx}**

Das axiale Gesamtträgheitsmoment J_{Sx} ergibt sich als Summe von J_{xz} und J_{xy}:

$J_{Sx} = \frac{1}{64} \cdot \varrho \cdot \pi \cdot d^2 \cdot h \cdot \left(d^2 + \frac{4}{3} \cdot h^2\right)$

Rotiert ein Zylinder in gleicher Weise um die y-Achse oder um die z-Achse, so gilt:

$J_{Sx} = J_{Sy} = J_{Sz} = J_S$

Falls die Masse m bekannt ist, kann die Formel $J_S = \frac{1}{16} \cdot m \cdot \left(d^2 + \frac{4}{3} \cdot h^2\right)$ verwendet werden.

$$J_{Sx} = J_{xz} + J_{xy} = J_{xy} + J_{xz}$$
$$= \frac{1}{64} \cdot \varrho \cdot \pi \cdot d^4 \cdot h + \frac{1}{48} \cdot \varrho \cdot \pi \cdot d^2 \cdot h^3$$
$$= \underline{\underline{\frac{1}{64} \cdot \varrho \cdot \pi \cdot d^2 \cdot h \cdot \left(d^2 + \frac{4}{3} \cdot h^2\right)}} \quad \blacktriangleright \frac{1}{4} \cdot \varrho \cdot \pi \cdot d^2 \cdot h = m$$
$$= \underline{\underline{\frac{1}{16} \cdot m \cdot \left(d^2 + \frac{4}{3} \cdot h^2\right)}}$$

► $\underline{\underline{J_{Sx} = J_S}}$

Merke:

Rotiert ein Zylinder mit dem Durchmesser d und der Höhe h, dessen Schwerpunkt auf der Rotationsachse liegt und dessen Längsachse senkrecht zur Rotationsachse verläuft, so gilt für das axiale Trägheitsmoment J_S:

$$\boldsymbol{J_S = \frac{1}{64} \cdot \varrho \cdot \pi \cdot d^2 \cdot h \cdot \left(d^2 + \frac{4}{3} \cdot h^2\right)} \text{ bzw. } \boldsymbol{J_S = \frac{1}{16} \cdot m \cdot \left(d^2 + \frac{4}{3} \cdot h^2\right)}$$

Anmerkung:

Ein Zylinder hat also, wie in zwei Problemen gezeigt wurde, zwei verschiedene axiale Eigenträgheitsmomente. Er kann nämlich einmal um seine Längsachse als Schwerpunktsachse rotieren, zum anderen kann die Rotationsachse senkrecht zu seiner Längsachse durch den Zylinderschwerpunkt verlaufen.

Beispiel: Ein Zylinder aus Messing hat den Durchmesser 140 mm, die Höhe 200 mm und die Dichte 8650 $\frac{\text{kg}}{\text{m}^3}$. Berechnen Sie seine axialen Eigenträgheitsmomente bezogen auf die y-Achse und auf die x-Achse entsprechend der Abbildung.

Es sind die axialen Trägheitsmomente J_{Sy} und J_{Sx} zu berechnen, für die entsprechende Formeln hergeleitet wurden, und zwar:

► $J_{Sy} = \frac{1}{32} \cdot \pi \cdot \varrho \cdot h \cdot d^4$

► $J_{Sx} = \frac{1}{64} \cdot \varrho \cdot \pi \cdot d^2 \cdot h \cdot \left(d^2 + \frac{4}{3} \cdot h^2\right)$

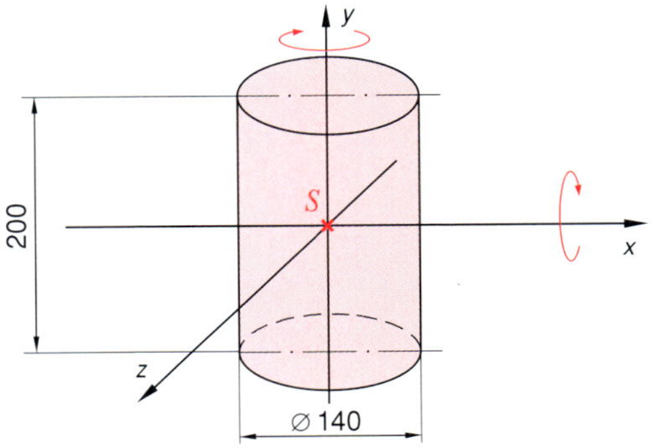

In die für J_{Sy} entwickelte Formel setzt man die Werte für ϱ, h und d ein.

$$J_{Sy} = \frac{1}{32} \cdot \pi \cdot \varrho \cdot h \cdot d^4$$

► $\varrho = 8650 \frac{\text{kg}}{\text{m}^3}$; $h = 200 \text{ mm} = 0{,}2 \text{ m}$; $d = 140 \text{ mm} = 0{,}14 \text{ m}$

$$J_{Sy} = \frac{1}{32} \cdot \pi \cdot 8650 \frac{\text{kg}}{\text{m}^3} \cdot 0{,}2 \text{ m} \cdot (0{,}14 \text{ m})^4$$
$$= \underline{\underline{0{,}06525 \text{ kg} \cdot \text{m}^2}}$$

Man erhält: $J_{Sy} = 0{,}06525 \text{ kg} \cdot \text{m}^2$

In die Formel für J_{Sx} werden ebenfalls die Werte für ϱ, h und d eingesetzt.

$$J_{Sx} = \frac{1}{64} \cdot \varrho \cdot \pi \cdot d^2 \cdot h \cdot \left(d^2 + \frac{4}{3} \cdot h^2\right)$$

► $\varrho = 8650\,\frac{\text{kg}}{\text{m}^3}$; $h = 0{,}2\ \text{m}$; $d = 0{,}14\ \text{m}$

$$J_{Sx} = \frac{1}{64} \cdot 8650\,\frac{\text{kg}}{\text{m}^3} \cdot \pi \cdot (0{,}14\ \text{m})^2 \cdot 0{,}2\ \text{m} \cdot \left([0{,}14\ \text{m}]^2 + \frac{4}{3} \cdot [0{,}2\ \text{m}]^2\right)$$
$$= \underline{\underline{0{,}12139\ \text{kg} \cdot \text{m}^2}}$$

Man erhält $J_{Sx} = 0{,}12139\ \text{kg} \cdot \text{m}^2$

Analog zu der Herleitung der Formel für das axiale Trägheitsmoment eines Zylinders im vorangegangenen Problem kann man eine entsprechende Formel für das axiale Trägheitsmoment eines Quaders entwickeln, was aber hier nicht gezeigt werden soll.

Der Quader hat hier den Querschnitt (die Grundfläche) A mit den Maßen a und b sowie die Höhe h.

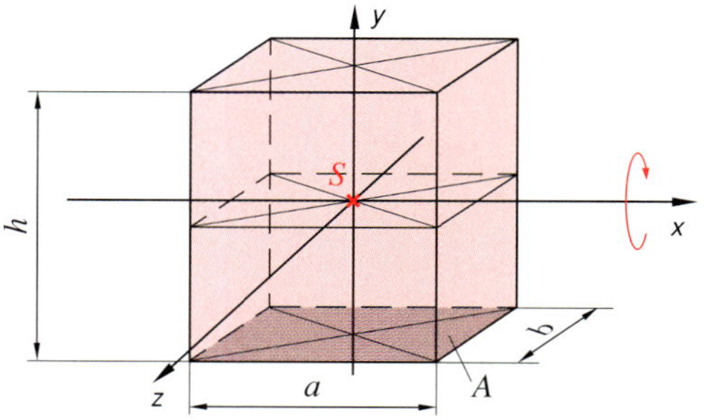

Merke:

Rotiert ein Quader mit den Querschnittsmaßen a und b sowie der Höhe h, dessen Schwerpunkt auf der Rotationsachse liegt und dessen Längsachse (Schwerpunktsachse) senkrecht zur Rotationsachse verläuft, so gilt für das axiale Trägheitsmoment J_S:

$$\boldsymbol{J_S = \frac{1}{12} \cdot \varrho \cdot a \cdot b \cdot h \cdot (b^2 + h^2)} \quad \text{bzw.} \quad \boldsymbol{J_S = \frac{1}{12} \cdot m \cdot (b^2 + h^2)}$$

Dabei verläuft die Rechteckseite mit dem Querschnittsmaß a parallel zur Rotationsachse.

Anmerkung:

Ist zum Beispiel die x-Achse Rotationsachse, so besteht das axiale Trägheitsmoment J_{Sx}, wie beim Zylinderproblem, aus den planaren Trägheitsmomenten J_{xz} und J_{xy} und es gilt:

$$J_{Sx} = J_{xz} + J_{xy} = \frac{1}{12} \cdot \varrho \cdot a \cdot b \cdot h^3 + \frac{1}{12} \cdot \varrho \cdot a \cdot b^3 \cdot h = \frac{1}{12} \cdot m \cdot h^2 + \frac{1}{12} \cdot m \cdot b^2 \quad ► \; J_{Sx} = J_{Sy} = J_{Sz} = J_S$$

Bei einem schlanken geraden Stab sind die Maße der Querschnittsfläche A im Verhältnis zur Länge l des Stabes sehr klein (bei einem stabförmigen Körper bezeichnet man die Höhe mit l). Das bedeutet, dass z. B. der Durchmesser d eines Rundstabes, die Seitenlänge a eines Quadratstabes oder die Querschnittsmaße a und b eines Flachstabes im Verhältnis zur Länge l des Stabes sehr klein sind.

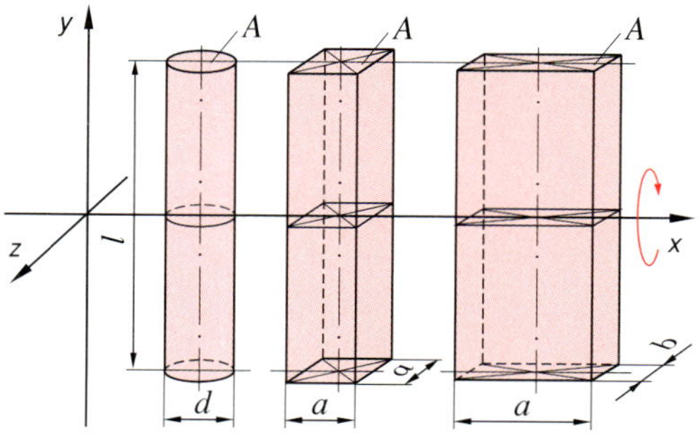

Vergleicht man bei schlanken Stäben die planaren Trägheitsmomente J_{xz} und J_{xy}, so ist $J_{xy} \ll J_{xz}$. Bei technischen Aufgabenstellungen kann daher der Anteil J_{xy} am axialen Gesamtträgheitsmoment J_S gegebenenfalls vernachlässigt werden.

Zum Beispiel erhält man bei einem schlanken Stahlstab mit $\varrho = 7850\,\frac{\text{kg}}{\text{m}^3}$, $l = 1000\,\text{mm}$ und $d = 50\,\text{mm}$ das Ergebnis: $J_S = J_{xz} + J_{xy} = 1{,}28445\,\text{kg}\cdot\text{m}^2 + 0{,}00241\,\text{kg}\cdot\text{m}^2 = 1{,}28686\,\text{kg}\cdot\text{m}^2$. Der Anteil von J_{xy} entspricht 0,19% , sodass man J_{xy} praktisch vernachlässigen kann. Bei einem Stahlstab mit gleichem Durchmesser aber einem Zehntel der Länge ($l = 100\,\text{mm}$ und $d = 50\,\text{mm}$) erhält man aber das Ergebnis: $J_S = J_{xz} + J_{xy} = 0{,}00128\,\text{kg}\cdot\text{m}^2 + 0{,}00024\,\text{kg}\cdot\text{m}^2 = 0{,}00152\,\text{kg}\cdot\text{m}^2$. Der Anteil von J_{xy} entspricht hier 15,79% und kann somit auf keinen Fall vernachlässigt werden.

Unter Berücksichtigung dieser Erkenntnisse, also für $J_{xy} \ll J_{xz}$, lässt sich damit aus $J_s = J_{xz} + J_{xy}$ eine Näherungsformel für das axiale Trägheitsmoment schlanker Stäbe gewinnen. Dabei ist zu beachten, dass das mit der Näherungsformel berechnete Trägheitsmoment in jedem Falle kleiner ist als das wirkliche axiale Trägheitsmoment und der absolute Fehler in einer Rechnung immer den Wert von J_{xy} hat.

Man vernachlässigt also in $J_S = J_{xz} + J_{xy}$ den Anteil J_{xy}, sodass $J_S \approx J_{xz}$ mit dem absoluten Fehler J_{xy} verbleibt.

Damit erhält man für Rundstäbe, Quadratstäbe, Flachstäbe und Stäbe mit anderen Querschnitten Näherungsformeln für das Eigenträgheitsmoment J_S, und zwar für den Fall, dass die Längsachse senkrecht zur Rotationsachse verläuft.

$$J_S = J_{xz} + J_{xy} \quad \blacktriangleright\ J_{xy} \ll J_{xz}$$

$$\Rightarrow J_S \approx \underline{\underline{\frac{1}{48}\cdot\varrho\cdot\pi\cdot d^2\cdot l^3}} \quad \blacktriangleright\ \text{Rundstäbe}$$

$$\approx \underline{\underline{\frac{1}{12}\cdot\varrho\cdot a^2\cdot l^3}} \quad \blacktriangleright\ \text{Quadratstäbe}$$

$$\approx \underline{\underline{\frac{1}{12}\cdot\varrho\cdot a\cdot b\cdot l^3;\quad b \ll a}} \quad \blacktriangleright\ \text{Flachstäbe}$$

$$\approx \underline{\underline{\frac{1}{12}\cdot\varrho\cdot A\cdot l^3}} \quad \blacktriangleright\ \text{andere Querschnitte } A$$

$$\approx \frac{1}{12}\cdot\varrho\cdot A\cdot l^3 \quad \blacktriangleright\ \varrho\cdot A\cdot l = m$$

$$\approx \underline{\underline{\frac{1}{12}\cdot m\cdot l^2}}$$

Merke:

Rotiert ein schlanker stabförmiger Körper, bei dem die Maße der Querschnittsfläche A im Verhältnis zur Stablänge sehr klein sind, um die Schwerpunktsachse senkrecht zur Längsachse, so gilt für das axiale Trägheitsmoment die Näherungsformel:

$$\boldsymbol{J_S \approx \frac{1}{12}\cdot\varrho\cdot A\cdot l^3 \quad \text{bzw.} \quad J_S \approx \frac{1}{12}\cdot m\cdot l^2}$$

Für die Maße der Querschnittsfläche gelten die vorstehenden Angaben.

Problem: Entwickeln Sie eine Formel für das axiale Trägheitsmoment J_x eines Zylinders, bei dem der Schwerpunkt der Grundfläche auf der x-Achse als Rotationsachse liegt und dessen Längsachse senkrecht zur Rotationsachse verläuft.

Im Gegensatz zum vorangegangenen Problem verläuft die Rotationsachse hier nicht durch den Zylinderschwerpunkt, sondern durch den Schwerpunkt einer Zylindergrundfläche. Die Schwerpunktsachse des Zylinders senkrecht zur Längsachse liegt somit parallel zur x-Achse und hat von ihr den Abstand y_S.

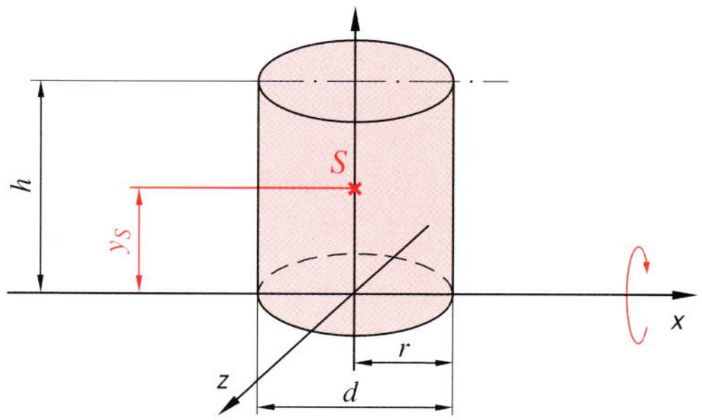

Das auf die x-Achse bezogene axiale Trägheitsmoment wird mit J_x bezeichnet, das Eigenträgheitsmoment wie bisher mit J_{Sx}. Durch die Verschiebung des Zylinders ändert sich hier nur das planare Teilträgheitsmoment J_{xz}, während J_{xy} unverändert bleibt.

Man stellt entsprechend dem vorangegangenen Problem die Gleichung für Elemente des axialen Trägheitsmoments ΔJ_x eines Masseteilchens Δm auf. Bei ΔJ_{xz}, also bezogen auf die xz-Ebene, gilt $\Delta J_{xz} = \Delta m_1 \cdot y^2;\ y \in [0; h]$.

$\Delta J_S = \Delta J_{xz} + \Delta J_{xy}$ ► vorangegangenes Problem

$\Delta J_{xz} = \Delta m_1 \cdot y^2$ ► $\Delta m_1 = \varrho \cdot \pi \cdot r^2 \cdot \Delta y$

$= \varrho \cdot \pi \cdot r^2 \cdot y^2 \cdot \Delta y; \quad y \in [0; h]$

Wendet man das Schnittprinzip an, so erhält man das Integral $\varrho \cdot \pi \cdot r^2 \cdot \int_0^h y^2\,\mathrm{d}y$ mit der Lösung $J_{xz} = \frac{1}{12} \cdot \varrho \cdot \pi \cdot d^2 \cdot h^3$.

$\Rightarrow J_{xz} = \varrho \cdot \pi \cdot r^2 \cdot \int_0^h y^2\,\mathrm{d}y$ ► Schnittprinzip ► 3.3

$$= \varrho \cdot \pi \cdot r^2 \cdot \frac{1}{3} \cdot y^3 \Big|_0^h$$

$$= \varrho \cdot \pi \cdot r^2 \cdot \frac{1}{3} \cdot h^3 - 0$$

$$= \frac{1}{3} \cdot \varrho \cdot \pi \cdot r^2 \cdot h^3 \quad ► \ r = \frac{d}{2}$$

$$= \underline{\frac{1}{12} \cdot \varrho \cdot \pi \cdot d^2 \cdot h^3}$$

Der Term für das planare Trägheitsmoment J_{xy} wird aus dem vorangegangenen Problem übernommen: $J_{xy} = \frac{1}{64} \cdot \varrho \cdot \pi \cdot d^4 \cdot h$

Das axiale Gesamtträgheitsmoment J_x ergibt sich als Summe von J_{xz} und J_{xy}.

$$J_x = J_{xz} + J_{xy} = J_{xy} + J_{xz}$$

$$= \frac{1}{64} \cdot \varrho \cdot \pi \cdot d^4 \cdot h + \frac{1}{12} \cdot \varrho \cdot \pi \cdot d^2 \cdot h^3$$

$$= \underline{\underline{\frac{1}{192} \cdot \varrho \cdot \pi \cdot d^2 \cdot h \cdot (3d^2 + 16h^2)}} \quad ► \ \frac{1}{4} \cdot \varrho \cdot \pi \cdot d^2 \cdot h = m$$

$$= \underline{\underline{\frac{1}{48} \cdot m \cdot (3d^2 + 16h^2)}}$$

In einem vorausgegangenen Problem wurde die Formel $J_{Sx} = \frac{1}{64} \cdot \varrho \cdot \pi \cdot d^2 \cdot h \cdot \left(d^2 + \frac{4}{3} \cdot h^2\right)$ hergeleitet. J_{Sx} ist das Eigenträgheitsmoment des Zylinders, bezogen auf die x-Achse als Rotations- und Schwerpunktsachse sowie die y-Achse als seine Längsachse. Hier sind jedoch die Schwerpunktsachse des Zylinders und die Bezugsachse (Rotationsachse) des Trägheitsmoments nicht identisch. Sie haben vielmehr den Schwerpunktsabstand y_S und liegen parallel zueinander.

Bildet man die Differenz $J_x - J_{Sx}$, so erhält man $\varrho \cdot \pi \cdot d^2 \cdot h \cdot \frac{h^2}{16}$.

$$J_x - J_{Sx} = \frac{1}{192} \cdot \varrho \cdot \pi \cdot d^2 \cdot h \cdot (3d^2 + 16h^2) - + \frac{1}{64} \cdot \varrho \cdot \pi \cdot d^2 \cdot h \cdot \left(d^2 + \frac{4}{3} \cdot h^2\right)$$

Da $\frac{1}{4} \cdot \varrho \cdot \pi \cdot d^2 \cdot h$ der Masse m und $\frac{h}{2}$ dem Schwerpunktsabstand y_S von der x-Achse entspricht, ergibt sich die Formel $J_x = J_{Sx} + m \cdot y_S^2$.

$$= \varrho \cdot \pi \cdot d^2 \cdot h \cdot \frac{h^2}{16} \quad \blacktriangleright \frac{1}{4} \cdot \varrho \cdot \pi \cdot d^2 \cdot h = m$$

$$= m \cdot \left(\frac{h}{2}\right)^2 \quad \blacktriangleright \frac{h}{2} = y_S$$

$$= \underline{m \cdot y_S^2}$$

$$\Rightarrow \underline{\underline{J_x = J_{Sx} + m \cdot y_S^2}}$$ ► Satz von Steiner

Addiert man beispielsweise zum axialen Eigenträgheitsmoment J_{Sx} eines Körpers, also bezogen auf seine parallel zur Rotationsachse (hier die x-Achse) verlaufende Schwerpunktsachse, das Produkt aus seiner Masse m und dem Quadrat seines Schwerpunktabstandes y_S zur Rotationsachse, so erhält man das axiale Trägheitsmoment J_x, bezogen auf die Rotationsachse. ► **Satz von Steiner**

Merke:

Hat ein Körper mit der Masse m z. B. das axiale Eigenträgheitsmoment J_{Sx} und hat seine parallel zur Rotationsachse (x-Achse) liegende Schwerpunktsachse von dieser den Abstand y_S, so gilt für das auf die Rotationsachse bezogene axiale Trägheitsmoment J_x des Körpers:

$$\boldsymbol{J_x = J_{Sx} + m \cdot y_S^2}$$ ► Satz von Steiner

Der Satz von Steiner gilt entsprechend auch für die y-Achse und die z-Achse als Rotationsachse.

Beispiel: Berechnen Sie das axiale Trägheitsmoment der abgebildeten zylindrischen Schwungscheibe mit Kurbelzapfen aus Stahl $\left(\varrho = 7850 \frac{\text{kg}}{\text{m}^3}\right)$, bezogen auf die x-Achse als Rotationsachse mithilfe des Satzes von Steiner.

Die Schwungscheibe hat die Maße $d_1 = 400$ mm und $l_1 = 80$ mm. Der Kurbelzapfen hat die Maße $d_2 = 60$ mm sowie $l_2 = 100$ mm und vom Mittelpunkt der Schwungscheibe den Abstand $e = 130$ mm.

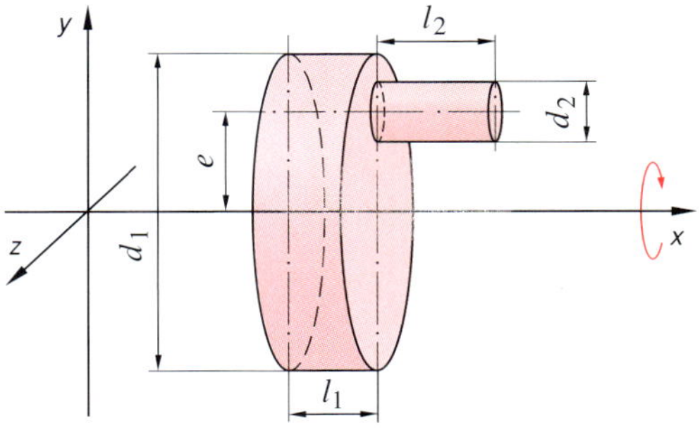

Da sich axiale Trägheitsmomente addieren, wenn sie sich auf die gleiche Rotationsachse beziehen, gilt:

$I_{x\text{ges}} = J_{Sx\text{-Scheibe}} + J_{x\text{-Kurbelzapfen}}$

Das axiale Trägheitsmoment der Schwungscheibe I_{Sx}-Scheibe wird mit der Formel für das axiale Eigenträgheitsmoment eines Zylinders berechnet.

Setzt man die Werte für ϱ, l_1 und d_1 ein, so erhält man: $J_{Sx\text{-Scheibe}} = 1{,}57834\ \text{kg} \cdot \text{m}^2$.

$$J_{Sx\text{-Scheibe}} = \frac{1}{32} \cdot \pi \cdot \varrho \cdot l_1 \cdot d_1^4$$

► $\varrho = 7850 \frac{\text{kg}}{\text{m}^3}$; $l_1 = 80\ \text{mm} = 0{,}08\ \text{m}$; $d_1 = 400\ \text{mm} = 0{,}4\ \text{m}$

$$J_{Sx\text{-Scheibe}} = \frac{1}{32} \cdot \pi \cdot 7850 \cdot 0{,}08 \cdot 0{,}4^4\ \text{kg} \cdot \text{m}^2 = \underline{1{,}57834\ \text{kg} \cdot \text{m}^2}$$

Das axiale Trägheitsmoment des Kurbelzapfens wird mit dem Satz von Steiner berechnet. Zum axialen Eigenträgheitsmoment J_S des Kurbelzapfens wird noch das Produkt aus der Kurbelzapfenmasse und dem Quadrat des Abstandes e von der Rotationsachse addiert.

$$J_{x\text{-Kurbelzapfen}} = J_{S\text{-Kurbelzapfen}} + m_{\text{Kurbelzapfen}} \cdot e^2$$
$$= \frac{1}{32} \cdot \pi \cdot \varrho \cdot l_2 \cdot d_2^4 + \frac{1}{4} \cdot \pi \cdot d^2 \cdot l_2 \cdot \varrho \cdot e^2$$

► $\varrho = 7850 \frac{\text{kg}}{\text{m}^3}$; $l_2 = 100\,\text{mm} = 0{,}1\,\text{m}$; $d_2 = 60\,\text{mm} = 0{,}06\,\text{m}$

$e = 130\,\text{mm} = 0{,}13\,\text{m}$

Setzt man die Werte für ϱ, l_2, d_2 und e ein, so ergibt sich:

$J_{x\text{-Kurbelzapfen}} = 0{,}03851\,\text{kg} \cdot \text{m}^2$

$$J_{x\text{Kurbelzapfen}} = \frac{1}{32} \cdot \pi \cdot 7850 \cdot 0{,}1 \cdot 0{,}06^4\,\text{kg} \cdot \text{m}^2 + \frac{1}{4} \cdot \pi \cdot 0{,}06^2 \cdot 0{,}1 \cdot 7850 \cdot 0{,}13^2\,\text{kg} \cdot \text{m}^2$$
$$= 0{,}00099879\,\text{kg} \cdot \text{m}^2 + 0{,}03751\,\text{kg} \cdot \text{m}^2$$
$$= \underline{0{,}03851\,\text{kg} \cdot \text{m}^2}$$

Bildet man $J_{Sx\text{-Scheibe}} + J_{x\text{-Kurbelzapfen}}$, so erhält man das Gesamtträgheitsmoment, und zwar $J_{x\text{ges}} = 1{,}61685\,\text{kg} \cdot \text{m}^2$.

$$I_{x\text{ges}} = J_{Sx\text{-Scheibe}} + J_{x\text{-Kurbelzapfen}}$$
$$= 1{,}57834\,\text{kg} \cdot \text{m}^2 + 0{,}03851\,\text{kg} \cdot \text{m}^2$$
$$= \underline{\underline{1{,}61685\,\text{kg} \cdot \text{m}^2}}$$

Rotiert ein z. B. gerader zylinderförmiger Körper mit dem Durchmesser d und der Länge l in einem Abstand y_S zur x-Achse um die x-Achse, so berechnet man sein auf die Rotationsachse bezogenes axiales Trägheitsmoment J_x mit dem Satz von Steiner. ► $J_x = J_{Sx} + m \cdot y_S^2$

Handelt es sich dabei z. B. um einen Zylinder, dessen Durchmesser d im Verhältnis zum Abstand y_S von der x-Achse sehr klein ist ($d \ll y_S$), so ist das Eigenträgheitsmoment J_{Sx} des Stabes im Verhältnis zum Produkt $m \cdot y_S^2$ sehr klein ($J_S \ll m \cdot y_S^2$).

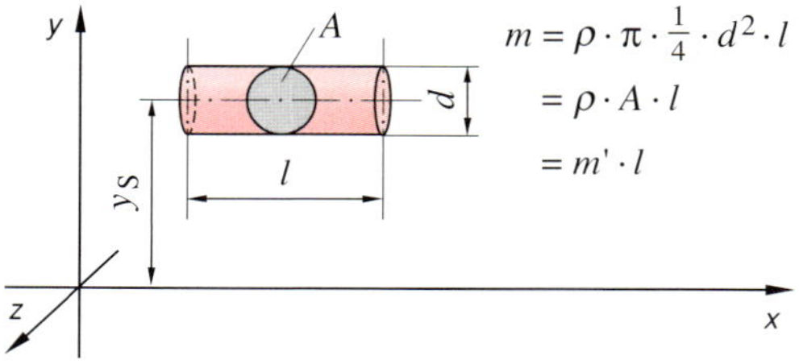

$$m = \rho \cdot \pi \cdot \frac{1}{4} \cdot d^2 \cdot l$$
$$= \rho \cdot A \cdot l$$
$$= m' \cdot l$$

Bei technischen Aufgabenstellungen kann daher der Anteil J_{Sx} am axialen Trägheitsmoment J_x gegebenenfalls vernachlässigt werden. Zum Beispiel erhält man bei einem Rundstab aus Stahl mit $\varrho = 7850 \frac{\text{kg}}{\text{m}^3}$, $l = 200\,\text{mm}$, $d = 10\,\text{mm}$ und $y_S = 300\,\text{mm}$ das Ergebnis:

$J_x = J_{Sx} + m \cdot y_S^2 = 0{,}000001541\,\text{kg} \cdot \text{m}^2 + 0{,}011097676\,\text{kg} \cdot \text{m}^2 = 0{,}011099217\,\text{kg} \cdot \text{m}^2$.

Der Anteil von J_{Sx} entspricht hier nur 0,01%, sodass man J_{Sx} praktisch vernachlässigen kann.

Unter Berücksichtigung dieser Erkenntnisse lässt sich aus $J_x = J_{Sx} + m \cdot y_S^2$ eine Näherungsformel für das axiale Trägheitsmoment solcher Körper gewinnen, deren Querschnittsmaße gegenüber ihrem Abstand von der Rotationsachse sehr klein sind. Die Ergebnisse gelten analog für andere Rotationsachsen.

$J_x = J_S + m \cdot y_S^2$ ► $J_S \ll m \cdot y_S^2$

$\Rightarrow J_x \approx m \cdot y_S^2$ ► $m = \varrho \cdot A \cdot l$

$\approx \underline{\underline{\varrho \cdot A \cdot l \cdot y_S^2}}$ ► $\varrho \cdot A = m'$

$\approx \underline{\underline{m' \cdot l \cdot y_S^2}}$

Es ist zu beachten, dass das mit der Näherungsformel berechnete Trägheitsmoment in jedem Falle kleiner ist als das wirkliche axiale Trägheitsmoment. Der absolute Fehler entspricht immer dem Eigenträgheitsmoment J_S.

Merke:

Rotiert ein gerader stabförmiger Körper mit konstantem Querschnitt A und der Masse m bzw. $m' \cdot l$ im Abstand y_S um die x-Achse und sind seine Querschnittsmaße im Verhältnis zu y_S sehr klein, so gilt für sein axiales Trägheitsmoment näherungsweise:

$$\boldsymbol{J_x \approx \varrho \cdot A \cdot l \cdot y_S^2} \text{ bzw. } \boldsymbol{J_x \approx m' \cdot l \cdot y_S^2} \text{ bzw. } \boldsymbol{J_x \approx m \cdot y_S^2}$$

Die Formeln gelten entsprechend auch für die y-Achse und die z-Achse als Rotationsachse.

Sind bei einem gekrümmten Körper die Querschnittsmaße gegenüber seinem Abstand y von der Rotationsachse sehr klein, so lassen sich die hergeleiteten Näherungsformeln $J_x \approx m \cdot y_S^2$ bzw. $J_x \approx m' \cdot l \cdot y_S^2$ verwenden.

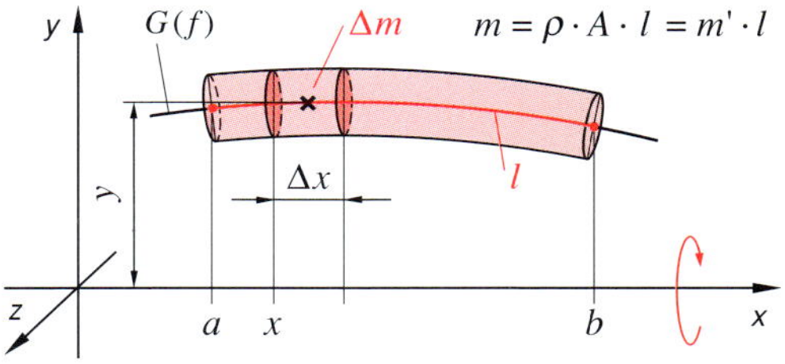

Hat bei einem solchen gekrümmten Körper die neutrale Faser die Form des Graphen einer stetig differenzierbaren Funktion in einem Intervall $[a; b]$, so kann man nach dieser Näherungsformel ein Element des axialen Trägheitsmoments entwickeln.

ΔJ_x ist dann das Produkt aus einem Masseteilchen Δm und dem Quadrat des Abstandes y von der Rotationsachse. Wegen $\Delta m = \varrho \cdot A \cdot \Delta l = m' \cdot \Delta l$ kann man $\sqrt{1 + \left[\frac{\Delta f(x)}{\Delta x}\right]^2} \cdot \Delta x$ für Δl (► 3.3) und $f(x)$ für y setzen. Mit dem Schnittprinzip erhält man dann eine entsprechende Formel für J_x.

$$\Delta J_x \approx \Delta m \cdot y^2 \quad \blacktriangleright \ \Delta m = \varrho \cdot A \cdot \Delta l$$

$$\approx \varrho \cdot A \cdot \Delta l \cdot y^2 \quad \blacktriangleright \ \Delta l = \sqrt{1 + \left[\frac{\Delta f(x)}{\Delta x}\right]^2} \cdot \Delta x \quad \blacktriangleright \ 3.3$$

$$\approx \varrho \cdot A \cdot \sqrt{1 + \left[\frac{\Delta f(x)}{\Delta x}\right]^2} \cdot \Delta x \cdot y^2 \quad \blacktriangleright \ y = f(x)$$

$$\approx \varrho \cdot A \cdot \sqrt{1 + \left[\frac{\Delta f(x)}{\Delta x}\right]^2} \cdot [f(x)]^2 \cdot \Delta x$$

$$\approx \varrho \cdot A \cdot [f(x)]^2 \cdot \sqrt{1 + \left[\frac{\Delta f(x)}{\Delta x}\right]^2} \, \Delta x$$

$$\Rightarrow J_x \approx \varrho \cdot A \cdot \int_a^b \left([f(x)]^2 \cdot \sqrt{1 + [f'(x)]^2}\right) \mathrm{d}x \quad \blacktriangleright \ \varrho \cdot A = m'$$

$$\approx m' \cdot \int_a^b \left([f(x)]^2 \cdot \sqrt{1 + [f'(x)]^2}\right) \mathrm{d}x$$

Merke:

Hat ein gekrümmter Körper mit konstantem Querschnitt A die Masse m bzw. $m' \cdot l$ und hat seine neutrale Faser die Form des Graphen einer in $[a; b]$ stetig differenzierbaren Funktion f und sind seine Querschnittsmaße im Verhältnis zum Abstand y von der Rotationsachse sehr klein, so gilt für sein axiales Trägheitsmoment bei Rotation um die x-Achse:

$$\boldsymbol{J_x \approx \varrho \cdot A \cdot \int_a^b \left([f(x)]^2 \cdot \sqrt{1 + [f'(x)]^2}\right) \mathrm{d}x \approx m' \cdot \int_a^b \left([f(x)]^2 \cdot \sqrt{1 + [f'(x)]^2}\right) \mathrm{d}x}$$

Die Formeln gelten entsprechend auch für die y-Achse und die z-Achse als Rotationsachse.

Beispiel: Bei einem Stahldraht mit der längenbezogenen Masse $m' = 0{,}154\,\frac{\text{kg}}{\text{m}}$ und der Länge l hat die neutrale Faser im Intervall $[0; 6]$ die Form des Graphen der Funktion $f: f(x) = \sqrt{x+1}$; $D(f) = \mathbb{R}^{\geq -1}$. Berechnen Sie das axiale Trägheitsmoment J_x des Drahtes, bezogen auf die x-Achse als Rotationsachse, wenn einer Einheit auf den Koordinatenachsen 0,01 m entspricht.

Der längenbezogenen Masse $m' = 0{,}154\,\frac{\text{kg}}{\text{m}}$ entspricht ein Stahldraht mit 5 mm Durchmesser. Er hat die Form des Teils einer Parabel mit der Funktionsgleichung $f(x) = \sqrt{x+1}; x \geq -1$.

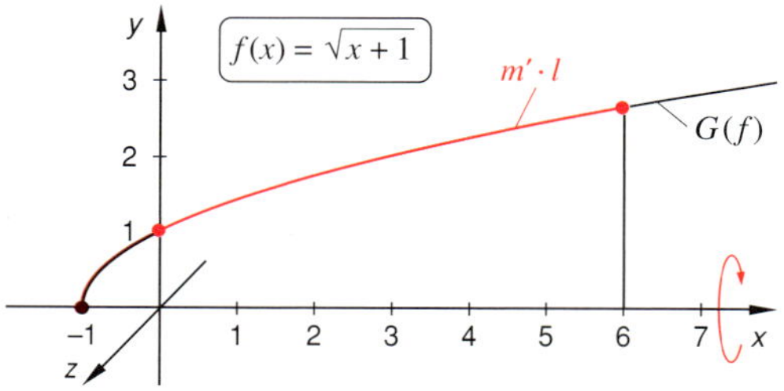

Da die Funktion f im Intervall $[0;6]$ stetig differenzierbar ist und der Durchmesser des Stahldrahtes im Verhältnis zum Abstand y von der x-Achse sehr klein ist, kann man die entwickelte Formel anwenden.

$$J_x \approx m' \cdot \int_a^b \left([f(x)]^2 \cdot \sqrt{1 + [f'(x)]^2} \right) \mathrm{d}x$$

Zur Berechnung von J_x setzt man die Terme für $f(x)$ und $f'(x)$ in die Formel ein.

► $f(x) = \sqrt{x+1} \Rightarrow f'(x) = \dfrac{1}{2 \cdot \sqrt{x+1}}$

► 0 für a; 6 für b; $f(x) = \sqrt{x+1}$; $f'(x) = \dfrac{1}{2 \cdot \sqrt{x+1}}$

$$J_x \approx m' \cdot \int_0^6 \left(\left(\sqrt{x+1}\right)^2 \cdot \sqrt{1 + \left(\frac{1}{2 \cdot \sqrt{x+1}} \right)^2} \right) \mathrm{d}x$$

$$\approx m' \cdot \int_0^6 \left(\left(\sqrt{x+1}\right)^2 \cdot \sqrt{1 + \frac{1}{4 \cdot (x+1)}} \right) \mathrm{d}x$$

$$\approx m' \cdot \int_0^6 \sqrt{(x+1)^2 + \frac{1}{4} \cdot (x+1)}\ \mathrm{d}x$$

Mithilfe der quadratischen Ergänzung lässt sich der Term unter der Wurzel vereinfachen.

$$\approx m' \cdot \int_0^6 \sqrt{x^2 + \frac{9}{4} \cdot x + \frac{5}{4}}\ \mathrm{d}x$$

$$\approx m' \cdot \int_0^6 \sqrt{\left(x + \frac{9}{8}\right)^2 - \frac{1}{64}}\ \mathrm{d}x \quad ► \ 2.4.7$$

$$\approx m' \cdot \left[\frac{x + \frac{9}{8}}{2} \cdot \sqrt{\left(x + \frac{9}{8}\right)^2 - \frac{1}{64}} + \right.$$

$$\left. - \frac{\frac{1}{64}}{2} \cdot \ln \left(x + \frac{9}{8} \cdot \sqrt{\left(x + \frac{9}{8}\right)^2 - \frac{1}{64}} \right) \right]_0^6$$

$$\approx \underline{m' \cdot 24{,}73557}$$

Als Ergebnis erhält man $m' \cdot 24{,}73557$, wobei zu beachten ist, dass der Integrand aus $\Delta l \cdot y^2$ entstanden ist und somit die Maßzahl 24,73557 auf die „Maßeinheit hoch 3" bezogen ist. Da einer Einheit auf den Achsen 0,01 m entspricht, muss die Maßzahl 24,73557 demnach mit $(0{,}01\ \text{m})^3$ multipliziert werden. Setzt man dann $0{,}154\,\dfrac{\text{kg}}{\text{m}}$ für m', so erhält man $J_x = 3{,}08093 \cdot 10^{-6}\ \text{kg} \cdot \text{m}^2$.

$$\Rightarrow J_x \approx 0{,}154\,\frac{\text{kg}}{\text{m}} \cdot 24{,}73557 \cdot 0{,}01^3\ \text{m}^3$$

$$\approx \underline{\underline{3{,}8093 \cdot 10^{-6}\ \text{kg} \cdot \text{m}^2}}$$

Übungsaufgaben

1. Berechnen Sie das axiale Trägheitsmoment eines Quaders mit den Maßen a, b und h für folgende Fälle:

a) Bezugsachse für das Trägheitsmoment ist die Achse A–A

b) Bezugsachse für das Trägheitsmoment ist die Achse B–B

c) Bezugsachse für das Trägheitsmoment ist die Achse C–C

d) Die Fälle a), b) und c) sind auf einen Würfel anzuwenden

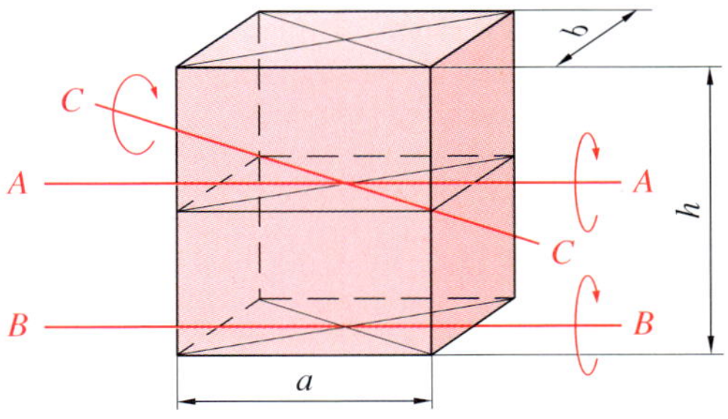

Berechnen Sie die axialen Trägheitsmomente nachstehender Rotationskörper, wobei deren Rotationsachse auch die Bezugsachse für das Trägheitsmoment ist.

2. Kugelausschnitt **3.** Paraboloid **4.** Ellipsoid **5.** Hyperboloid

6. Berechnen Sie das axiale Trägheitsmoment einer Kugel, bezogen auf eine Tangente als Bezugsachse.

Berechnen Sie jeweils das axiale Trägheitsmoment des Rotationskörpers, der erzeugt wird, wenn die Fläche zwischen dem Graphen der Funktion f und der x-Achse im angegebenen x-Intervall um die x-Achse rotiert. Bezugsachse für das Trägheitsmoment ist die x-Achse.

7. $f: f(x) = x \cdot \sqrt{x};\ [0; 3]$ **8.** $f: f(x) = \ln x;\ [1; 4]$ **9.** $f: f(x) = \sin x;\ [0; \pi]$

10. $f: f(x) = 3x^2;\ [1; 3]$ **11.** $f: f(x) = e^x;\ [-1; 2]$ **12.** $f: f(x) = \tanh x;\ [0; 2]$

Berechnen Sie jeweils das axiale Trägheitsmoment des Rotationskörpers, der erzeugt wird, wenn die Fläche zwischen dem Graphen der Funktion f und der y-Achse im angegebenen x-Intervall um die y-Achse rotiert. Bezugsachse für das Trägheitsmoment ist die y-Achse.

13. $f: f(x) = \sqrt{x^2 - 1};\ [1; 5]$ **14.** $f: f(x) = x \cdot \sqrt{x};\ [0; 4]$ **15.** $f: f(x) = \sin x;\ \left[0; \frac{\pi}{2}\right]$

16. $f: f(x) = 3x^2;\ [1; 3]$ **17.** $f: f(x) = e^x;\ [0; 2]$ **18.** $f: f(x) = \cosh x;\ [0; 2]$

Ein Drahtstück mit einer konstanten längenbezogenen Masse m' hat die Form des Graphen einer Funktion f im angegebenen x-Intervall. Berechnen Sie sein axiales Trägheitsmoment J_x.

19. $f: f(x) = \sqrt{16 - x^2};\ [1; 4]$ **20.** $f: f(x) = x \cdot \sqrt{x};\ [1; 4]$ **21.** $f: f(x) = \cosh x;\ [0; 0{,}5]$

22. $f: f(x) = 3x + 7;\ [2; 8]$ **23.** $f: f(x) = 0{,}5 \cdot e^x;\ [1; 3]$ **24.** $f: f(x) = \sinh x;\ [0; 0{,}5]$

3.8 Flächenmomente zweiten Grades

Flächenmomente zweiten Grades, früher Flächenträgheitsmomente genannt, sind aus der Mechanik und Festigkeitslehre bekannt. Sie sind Grundlage für die Berechnung und Dimensionierung von Konstruktionen z. B. in der Bautechnik und im Maschinenbau.

Wird ein Bauteil, z. B. ein eingespannter Balken mit rechteckigem **Querschnitt** $\boldsymbol{A}$, durch eine **äußere Kraft (Last)** $\boldsymbol{F}$ auf **Biegung** beansprucht, so ergibt sich an einer „gedachten **Schnittstelle** z" (Abstand von der Einspannstelle) ein **äußeres Biegemoment (Lastmoment)** $\boldsymbol{M_b}$ (► $M_b = F \cdot z$), dem im Gleichgewichtszustand ein **inneres Moment (Schnittmoment)** $\boldsymbol{M_i}$ entgegenwirkt. Durch die auf den Querschnitt A wirkende äußere Kraft F wird an der Schnittstelle eine **maximale Biegespannung** $\boldsymbol{\sigma_{bmax}}$ (► $\sigma_{bmax} = \frac{F}{A}$) erzeugt.

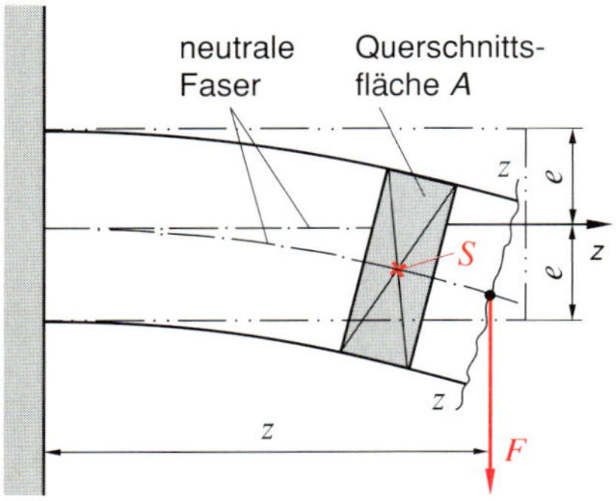

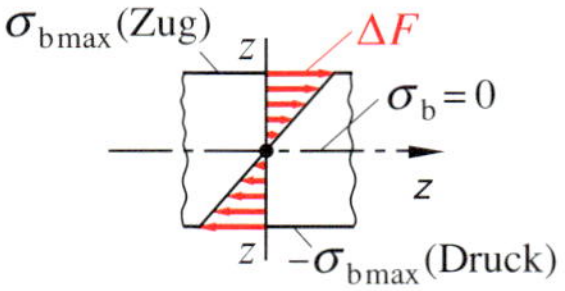

Spannungsverteilung in einem Rechteckquerschnitt

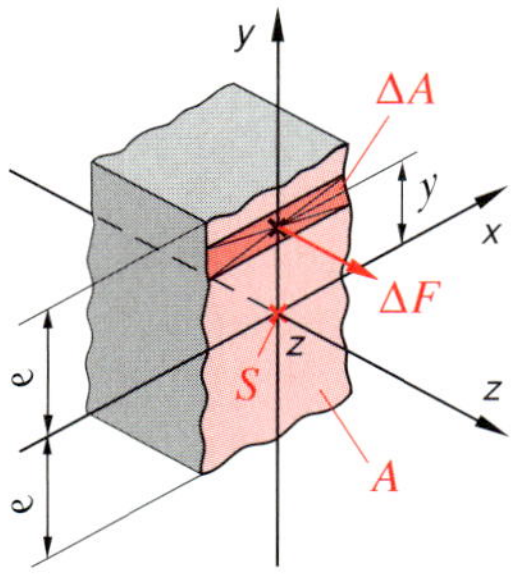

Der äußeren Kraft F wirken **innere Kräfte (Schnittkräfte)** ΔF entgegen, die über die Schnittfläche verteilt sind und innere Teilmomente ΔM_i erzeugen. Bei Beanspruchung auf Biegung sind die inneren Teilkräfte ΔF und die daraus resultierenden inneren Teilbiegespannungen σ_b nicht gleichmäßig über die Querschnittsfläche A verteilt. Geht man davon aus, dass die **Biegeachse**, hier die x-Achse, durch den Schwerpunkt der Querschnittsfläche verläuft, so wächst die Biegespannung σ_b von $\sigma_b = 0$ in der **neutralen Faser** in Richtung der Außenfasern bis zur maximalen **Randfaserspannung** $\boldsymbol{\sigma_{bmax}}$. Bei geringer Biegung und damit auch geringer Verformung des Querschnitts sind **Biegespannung** $\boldsymbol{\sigma_b}$ und **Dehnung** $\boldsymbol{\varepsilon}$ proportional, d. h. es gilt das **Hookesche Gesetz**. Damit verläuft auch die Spannungsverteilung im Querschnitt wie abgebildet geradlinig.

Für die Schnittstelle z kann man eine Momentengleichung aufstellen. Dort ist das Biegemoment M_b gleich dem inneren Moment M_i, also näherungsweise gleich der Summe der inneren Teilmomente ΔM_i.

Bezogen auf die x-Achse als Biege- und Schwerpunktsachse ist jedes Teilmoment ΔM_i das Produkt aus einer Teilkraft ΔF und dem zugehörigen Hebelarm y. Wegen $\frac{\Delta F}{\Delta A} = \sigma_b$ kann man $\sigma_b \cdot \Delta A$ für ΔF setzen. Mit dem zweiten Strahlensatz ergibt sich dann: $\frac{\sigma_{bmax}}{e} = \frac{\sigma_b}{y} \Rightarrow \sigma_b = \frac{\sigma_{bmax}}{e} \cdot y$

e ist der **Randfaserabstand**, also der Abstand der äußeren Faser von der Biegeachse.

$\Delta M_i = \frac{\sigma_{bmax}}{e} \cdot \Delta A \cdot y^2$ ist die Gleichung für die Teilmomente, in der man ΔI_x für den Term $\boldsymbol{\Delta A \cdot y^2}$ setzt.

$M_b = F \cdot z$ ► $M_b = M_i$ ► Momentengleichung

$$\Rightarrow \Delta M_i = \Delta F \cdot y \quad ► \quad \frac{\Delta F}{\Delta A} = \sigma_b \Rightarrow \Delta F = \sigma_b \cdot \Delta A$$

$$= \sigma_b \cdot \Delta A \cdot y \quad ► \quad \frac{\sigma_{bmax}}{e} = \frac{\sigma_b}{y} \Rightarrow \sigma_b = \frac{\sigma_{bmax}}{e} \cdot y$$

$$= \frac{\sigma_{bmax}}{e} \cdot y \cdot \Delta A \cdot y$$

$$= \frac{\sigma_{bmax}}{e} \cdot \Delta A \cdot y^2 \quad ► \quad \Delta A \cdot y^2 = \Delta I_x$$

$$= \underline{\underline{\frac{\sigma_{bmax}}{e} \cdot \Delta I_x}}$$

► $\underline{\underline{\Delta I_x = \Delta A \cdot y^2}}$ ► Element des axialen Flächenmoments zweiten Grades, bezogen auf die x-Achse

Man bezeichnet ΔI_x als ein Element des **axialen Flächenmoments zweiten Grades,** bezogen auf die x-Achse als Biege- und Schwerpunktsachse.

Wählt man die y-Achse als Biegeachse, so ist jedes Teilmoment ΔM_i das Produkt aus einer Teilkraft ΔF und dem zugehörigen Hebelarm x. Die Gleichung der Teilmomente lautet hier: $\Delta M_\mathrm{i} = \frac{\sigma_\mathrm{bmax}}{e} \cdot \Delta A \cdot x^2$. Für $\Delta A \cdot x^2$ setzt man ΔI_y und bezeichnet ΔI_y als ein Element des axialen Flächenmoments zweiten Grades, bezogen auf die y-Achse als Biege- und Schwerpunktsachse.

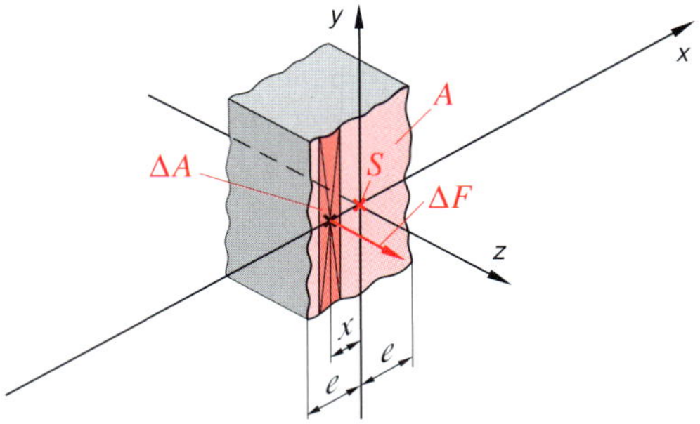

ΔI_x und ΔI_y sind direkt proportional zu ΔM_i. Sind Form, Maße und Schwerpunktlage eines Bauteilquerschnitts A bekannt, so kann man mithilfe des Schnittprinzips (► 3.3) die axialen Flächenmomente zweiten Grades I_x und I_y für einen solchen Querschnitt berechnen.

Das axiale Flächenmoment zweiten Grades ist eine technische Größe mit dem Formelzeichen $\boldsymbol{I}$ und der Einheit $\mathbf{mm^4}$. Es ist von großer Bedeutung für die Berechnung und Dimensionierung von Bauteilen, die auf Biegung oder Knickung beansprucht werden und man kann sich I als einen Parameter für den Biegewiderstand oder die „Steifigkeit" eines Bauteils vorstellen.

Merke:

Axiale Flächenmomente zweiten Grades beziehen sich z. B. auf die x-Achse bzw. auf die y-Achse als Biegeachse, wobei der Schwerpunkt des Querschnitts A im Koordinatenursprung liegt.

- $\Delta I_x = \Delta A \cdot y^2$ ► Element des axialen Flächenmoments zweiten Grades, bezogen auf die x-Achse
- $\Delta I_y = \Delta A \cdot x^2$ ► Element des axialen Flächenmoments zweiten Grades, bezogen auf die y-Achse

Beispiel: Berechnen Sie unter Zuhilfenahme des Schnittprinzips die axialen Flächenmomente zweiten Grades für einen rechteckigen Querschnitt mit der Breite b und der Höhe h.

Für die Ermittlung der axialen Flächenmomente zweiten Grades wird der rechteckige Querschnitt ($A = b \cdot h$) so in einem xy-Koordinatensystem angeordnet, dass der Koordinatenursprung mit dem Flächenschwerpunkt (► 3.5) übereinstimmt.

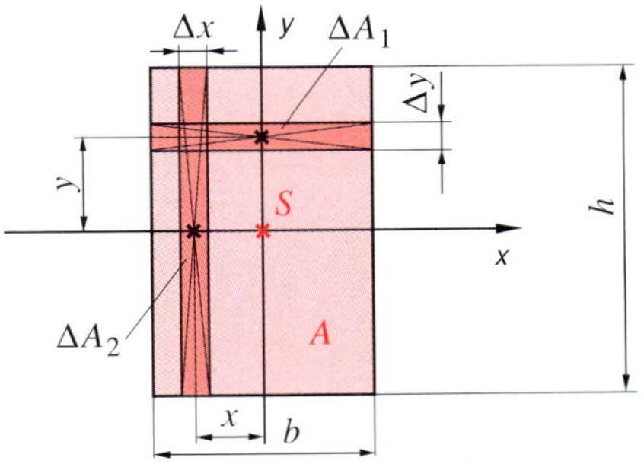

Man wendet die entwickelten Formeln für die Elemente des axialen Flächenmoments zweiten Grades an, und zwar bezogen auf die x-Achse und die y-Achse als Schwerpunktsachsen. Zur Berechnung von I_x setzt man $b \cdot \Delta y$ für ΔA_1 und erhält damit zunächst $\Delta I_x = b \cdot y^2 \cdot \Delta y$ für $y \in \left[-\frac{h}{2}; \frac{h}{2}\right]$. Mit dem Schnittprinzip ergibt sich:

$$I_x = b \cdot \int_{-\frac{h}{2}}^{\frac{h}{2}} y^2 \,\mathrm{d}y = \frac{b \cdot h^3}{12}$$

$$\Delta I_x = \Delta A_1 \cdot y^2 \quad \blacktriangleright \Delta A_1 = b \cdot \Delta y$$
$$= b \cdot \Delta y \cdot y^2$$
$$= b \cdot y^2 \cdot \Delta y \quad \blacktriangleright y \in \left[-\tfrac{h}{2}; \tfrac{h}{2}\right]$$
$$\Rightarrow I_x = \int_{-\frac{h}{2}}^{\frac{h}{2}} (b \cdot y^2) \cdot \mathrm{d}y$$
$$= b \cdot \int_{-\frac{h}{2}}^{\frac{h}{2}} y^2 \,\mathrm{d}y$$
$$= b \cdot \frac{1}{3} \cdot y^3 \Big|_{-\frac{h}{2}}^{\frac{h}{2}}$$
$$= \frac{1}{3} \cdot b \cdot \left[\frac{h^3}{8} - \left(-\frac{h^3}{8}\right)\right]$$
$$= \underline{\underline{\frac{b \cdot h^3}{12}}} \quad \blacktriangleright \text{axiales Flächenmoment zweiten Grades, bezogen auf die } x\text{-Achse}$$

Man erhält eine Formel zur Berechnung des axialen Flächenmoments zweiten Grades für einen Rechteckquerschnitt, bezogen auf die x-Achse als Biege- und Schwerpunktsachse.

Zur Berechnung von I_y, also für die y-Achse als Biege- und Schwerpunktsachse, verfährt man entsprechend und erhält so $I_y = \frac{h \cdot b^3}{12}$.

$$\Delta I_y = \Delta A_2 \cdot x^2 \quad \blacktriangleright \Delta A_2 = h \cdot \Delta x$$
$$= h \cdot x^2 \cdot \Delta x \quad \blacktriangleright x \in \left[-\tfrac{b}{2}; \tfrac{b}{2}\right]$$
$$\Rightarrow I_y = \int_{-\frac{b}{2}}^{\frac{b}{2}} h \cdot x^2 \cdot \mathrm{d}x$$
$$= h \cdot \frac{1}{3} \cdot x^3 \Big|_{-\frac{b}{2}}^{\frac{b}{2}}$$
$$= \frac{1}{3} \cdot h \cdot \left[\frac{b^3}{8} - \left(-\frac{b^3}{8}\right)\right]$$
$$= \underline{\underline{\frac{h \cdot b^3}{12}}} \quad \blacktriangleright \text{axiales Flächenmoment zweiten Grades, bezogen auf die } y\text{-Achse}$$

Gilt z. B. $h > b$, so ist auch I_x größer als I_y, was bedeutet, dass ein Balken mit rechteckigem Querschnitt „hochkant“ um die x-Achse schwieriger zu biegen ist als um die y-Achse.

Hat ein solcher Balken z. B. die Maße 60 mm × 100 mm ($b \times h$), so ist I_x fast dreimal größer als I_y

$$I_x = \frac{b \cdot h^3}{12} \quad \blacktriangleright h = 100\text{ mm}; b = 60\text{ mm}$$
$$= \frac{60\text{ mm} \cdot (100\text{ mm})^3}{12}$$
$$= \underline{\underline{5\,000\,000\text{ mm}^4}}$$

$$I_y = \frac{h \cdot b^3}{12} \quad \blacktriangleright h = 100\text{ mm}; b = 60\text{ mm}$$
$$= \frac{100\text{ mm} \cdot (60\text{ mm})^3}{12}$$
$$= \underline{\underline{1\,800\,000\text{ mm}^4}}$$

Das axiale Flächenmoment zweiten Grades wird nicht unmittelbar zur Dimensionierung des erforderlichen Querschnitts eines Bauteils verwendet. Dazu muss ein Bezug zum **maximalen Biegemoment M_{bmax}** im Bauteil und zur **zulässigen Biegespannung σ_{bzul}** des verwendeten Werkstoffs hergestellt werden. Das geschieht über eine weitere wichtige technische Größe, das Widerstandsmoment. In der Momentengleichung wird nämlich der Quotient aus axialem Flächenmoment I und Randfaserabstand e als **Widerstandsmoment** bzw. **axiales Widerstandsmoment** bezeichnet (Formelzeichen: $\boldsymbol{W}$, Einheit: $\mathbf{mm^3}$).

W ist die eigentliche Größe für die Dimensionierung von Bauteilen. Das **erforderliche Widerstandsmoment W_{erf}** ergibt sich aus der zulässigen Biegespannung σ_{bzul} des Werkstoffs und dem maximalen Biegemoment M_{bmax}. Mit der **Biegehauptgleichung** kann man an einer Stelle die im Bauteil vorhandene Biegespannung nachweisen.

$$M_b = \frac{\sigma_{bmax}}{e} \cdot I \quad ▶ \quad \frac{I}{e} = W$$

$$= \underline{\underline{\sigma_{bmax} \cdot W}}$$

$$\Rightarrow \underline{\underline{W_{erf} = \frac{M_{bmax}}{\sigma_{bzul}}}} \quad ▶ \text{ erforderliches Widerstandsmoment}$$

$$\Rightarrow \underline{\underline{\sigma_{bmax} = \frac{M_b}{W}}} \quad ▶ \text{ Biegehauptgleichung}$$

Beispiel: Eine Fußgängerbrücke mit einer Breite von 1 m und einer Spannweite von 4 m soll als tragende Bauteile zwei Balken aus Brettschichtholz mit einer Breite von 100 mm oder 120 mm erhalten. Bestimmen Sie die erforderlichen Balkenhöhen, wenn auf die Brücke eine maximale Gewichtskraft von 10 kN wirkt und die zulässige Biegespannung für das Holz 12 $\frac{N}{mm^2}$ beträgt.

Da sich die Gesamtbelastung von 10 kN auf zwei Balken verteilt, wirken auf jeden Balken 5 kN, wobei als ungünstigster Fall eine Punktbelastung in der Balkenmitte angenommen wird. Außerdem wird von der Balkenmitte als neutraler Faser ausgegangen.

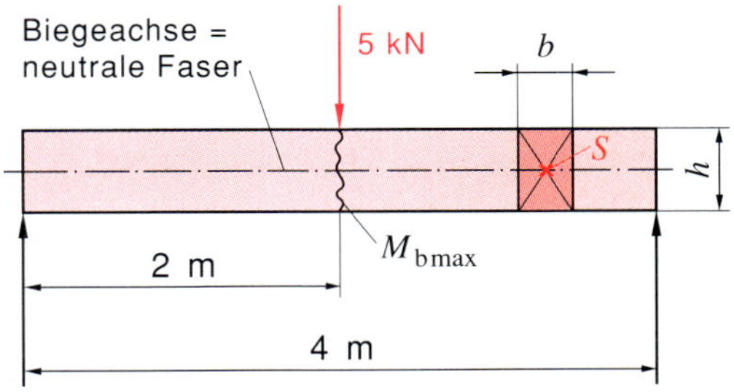

Es wird zunächst das maximale Biegemoment M_{bmax} berechnet, das in der Balkenmitte, also im Abstand 2 m von einem Auflager, vorliegt.

$$M_{bmax} = F_G \cdot \frac{l}{2} \quad ▶ \quad F_G = 5\,\text{kN};\ l = 4\,\text{m}$$

$$= 5\,\text{kN} \cdot \frac{4\,\text{m}}{2}$$

$$= \underline{10\,\text{kN} \cdot \text{m}} \quad ▶ \text{ maximales Biegemoment}$$

Das erforderliche Widerstandsmoment W_{erf} ergibt sich dann als Quotient aus dem maximalen Biegemoment M_{bmax} und der zulässigen Biegespannung σ_{bzul}.

$$W_{erf} = \frac{M_{bmax}}{\sigma_{bzul}} \quad ▶ \quad M_{bmax} = 10\,\text{kN} \cdot \text{m};\ \sigma_{bzul} = 12\,\frac{\text{N}}{\text{mm}^2}$$

$$= \frac{10\,\text{kN} \cdot \text{m}}{12\,\frac{\text{N}}{\text{mm}^2}} \quad ▶ \quad 10\,\text{kN} \cdot \text{m} \mathrel{\hat{=}} 10\,000\,000\,\text{N} \cdot \text{mm}$$

$$= \frac{10\,000\,000\,\text{N} \cdot \text{mm}}{12\,\frac{\text{N}}{\text{mm}^2}}$$

$$= \underline{833\,333\,\text{mm}^3} \quad ▶ \text{ erforderliches Widerstandsmoment}$$

Zur Berechnung der Balkenhöhe h wird die für rechteckige Querschnitte entwickelte Formel für I_x nach h umgestellt.

$$W_x = \frac{I_x}{e} \quad ▶ \; I_x = \frac{b \cdot h^3}{12};\ e = \frac{h}{2}$$

$$= \frac{b \cdot h^3 \cdot 2}{12 \cdot h}$$

$$= \frac{b \cdot h^2}{6}$$

$$\Rightarrow h = \sqrt{\frac{6 \cdot W_x}{b}}$$

Da Balken aus Brettschichtholz mit einer Breite von 100 mm oder 120 mm zur Verfügung stehen, setzt man dann 100 mm bzw. 120 mm für b und berechnet h_1 bzw. h_2.

$$h_1 = \sqrt{\frac{6 \cdot W_{\text{erf}}}{b_1}} \quad ▶ \; W_{\text{erf}} = 833\,333\ \text{mm}^3;\ b_1 = 100\ \text{mm}$$

$$= \sqrt{\frac{6 \cdot 833\,333\ \text{mm}^3}{100\ \text{mm}}}$$

$$= \underline{\underline{223{,}6\ \text{mm}}} \quad ▶ \text{ Balkenhöhe bei 100 mm Balkenbreite}$$

$$h_2 = \sqrt{\frac{6 \cdot W_{\text{erf}}}{b_2}} \quad ▶ \; W_{\text{erf}} = 83\,3333\ \text{mm}^3;\ b_2 = 120\ \text{mm}$$

$$= \sqrt{\frac{6 \cdot 833\,333\ \text{mm}^3}{120\ \text{mm}}}$$

$$= \underline{\underline{204{,}1\ \text{mm}}} \quad ▶ \text{ Balkenhöhe bei 120 mm Balkenbreite}$$

Die erforderliche Balkenhöhe beträgt 223,6 mm bei 100 mm Balkenbreite und 204,1 mm bei 120 mm Balkenbreite.

Problem: Berechnen Sie die axialen Flächenmomente zweiten Grades I_x und I_y für ein I-Profil mit einer Höhe h von 100 mm, einer Breite b von 100 mm und einer Stegdicke $t_1 = t_2$ von 10 mm.

Die Querschnittsfläche A des abgebildeten I-Profils (Doppel-T-Profil) kann man sich aus drei Rechteckflächen zusammengesetzt denken mit $A = 2 \cdot A_1 + A_2$. Man kann A aber auch als Differenz aus der großen Rechteckfläche A_R ($A_R = b \cdot h$) und den beiden Rechteckflächen A_3 auffassen ($A = A_R - 2 \cdot A_3$).

Das I-Profil ist zur x-Achse und zur y-Achse symmetrisch und sein Schwerpunkt liegt im Koordinatenursprung, die Koordinatenachsen sind also die Biegeachsen.

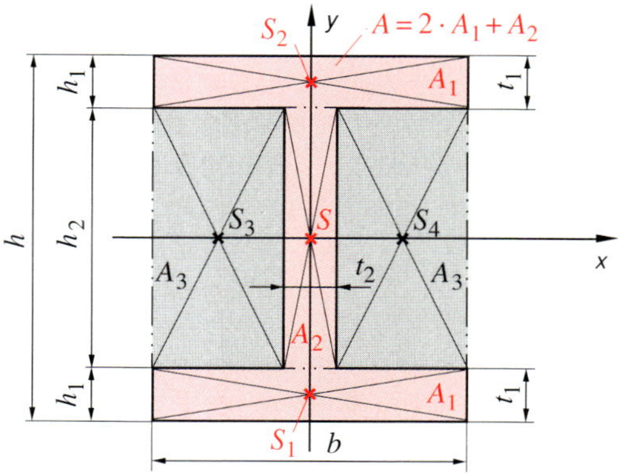

- **Berechnung von I_y**

Da die Schwerpunkte der Flächen A_1 und A_2 auf der y-Achse als Biegeachse liegen, kann man ihre axialen Flächenmomente zweiten Grades I_{y1} und I_{y2} für die Teilquerschnitte berechnen. Dazu wird die entwickelte Formel für I_y bei Rechteckquerschnitten benutzt.

Es ist unmittelbar einsichtig, dass sich in diesem Falle das axiale Gesamtflächenmoment zweiten Grades I_y als Summe von $2 \cdot I_{y1} + I_{y2}$ ergibt.

$$\blacktriangleright\ I_{y1} = \frac{h_1 \cdot b_1^3}{12} \quad \blacktriangleright\ h_1 = t_1;\ b_1 = b$$

$$= \underline{\frac{t_1 \cdot b^3}{12}}$$

$$\blacktriangleright\ I_{y2} = \frac{h_2 \cdot b_2^3}{12} \quad \blacktriangleright\ h_2 = h - 2t_1;\ b_2 = t_2$$

$$= \underline{\frac{(h - 2t_1) \cdot t_2^3}{12}}$$

$$\blacktriangleright\ I_y = 2 \cdot I_{y1} + I_{y2}$$

$$= 2 \cdot \frac{t_1 \cdot b^3}{12} + \frac{(h - 2t_1) \cdot t_2^3}{12}$$

$$= \underline{\underline{\frac{1}{12} \cdot [2t_1 \cdot b^3 + t_2^3 \cdot (h - 2t_1)]}}$$

Setzt man in die allgemeine Lösung die Werte für t_1; t_2; h und b ein, so erhält man das axiale Gesamtflächenmoment zweiten Grades I_y mit 1673333 mm^4.

$$\blacktriangleright\ t_1 = 10\ \text{mm};\ t_2 = 10\ \text{mm};\ h = 100\ \text{mm};\ b = 100\ \text{mm}$$

$$I_y = \frac{1}{12} \cdot [2 \cdot 10 \cdot 100^3 + 10^3 \cdot (100 - 2 \cdot 10)]\ \text{mm}^4$$

$$= \underline{\underline{1\,673\,333\ \text{mm}^4}}$$

- **Berechnung von I_x**

Die Schwerpunkte der Flächen A_R und A_3 liegen auf der x-Achse als Biegeachse. Man kann also die axialen Flächenmomente zweiten Grades I_{xR} und I_{x3} für diese Querschnitte berechnen. Dazu wird die entwickelte Formel für I_x bei Rechteckquerschnitten benutzt.

Kann man, wie vorstehend erwähnt, axiale Flächenmomente zweiten Grades addieren, so lassen sie sich auch subtrahieren, wenn alle Schwerpunkte auf der Biegeachse liegen. In diesem Falle erhält man das axiale Gesamtflächenmoment zweiten Grades I_x somit als Differenz $I_{xR} - 2 \cdot I_{x3}$.

$$\blacktriangleright\ I_{xR} = \underline{\frac{b \cdot h^3}{12}}$$

$$\blacktriangleright\ I_{x3} = \frac{b_3 \cdot h_3^3}{12} \quad \blacktriangleright\ b_3 = 0{,}5 \cdot (b - t_2);\ h_3 = h - 2 \cdot t_1$$

$$= \frac{0{,}5 \cdot (b - t_2) \cdot (h - 2t_1)^3}{12}$$

$$= \underline{\frac{(b - t_2) \cdot (h - 2t_1)^3}{24}}$$

$$\blacktriangleright\ I_x = I_{xR} - 2 \cdot I_{y3}$$

$$= \frac{b \cdot h^3}{12} - 2 \cdot \frac{(b - t_2) \cdot (h - 2t_1)^3}{24}$$

$$= \underline{\underline{\frac{1}{12} \cdot [b \cdot h^3 - (b - t_2) \cdot (h - 2t_1)^3]}}$$

Setzt man in die allgemeine Lösung die Werte für t_1; t_2; h und b ein, so erhält man das axiale Gesamtflächenmoment zweiten Grades I_x mit 4493333 mm^4.

$$\blacktriangleright\ t_1 = 10\ \text{mm};\ t_2 = 10\ \text{mm};\ h = 100\ \text{mm};\ b = 100\ \text{mm}$$

$$I_y = \frac{1}{12} \cdot [100 \cdot 100^3 - (100 - 10) \cdot (100 - 2 \cdot 10)^3]\ \text{mm}^4$$

$$= \underline{\underline{4\,493\,333\ \text{mm}^4}}$$

Merke:

Lassen sich Querschnitte so in Teilflächen zerlegen, dass die Schwerpunkte dieser Teilflächen auf der gleichen Biegeachse liegen, so kann man die axialen Flächenmomente zweiten Grades der Teilflächen addieren und subtrahieren.

Problem: Ermitteln Sie das axiale Flächenmoment zweiten Grades I_{xS} für einen rechteckigen Querschnitt mit der Breite b und der Höhe h, wenn eine Rechteckkante die Biegeachse x_S ist.

Bei der Beanspruchung eines Systems auf Biegung ist die Schwerpunktsachse eines Biegequerschnitts oft nicht Biegeachse. In solchen Fällen muss das axiale Flächenmoment zweiten Grades bezogen auf diese Biegeachse berechnet werden. Hier ist die untere Kante des Rechtecks die Biegeachse x_S.

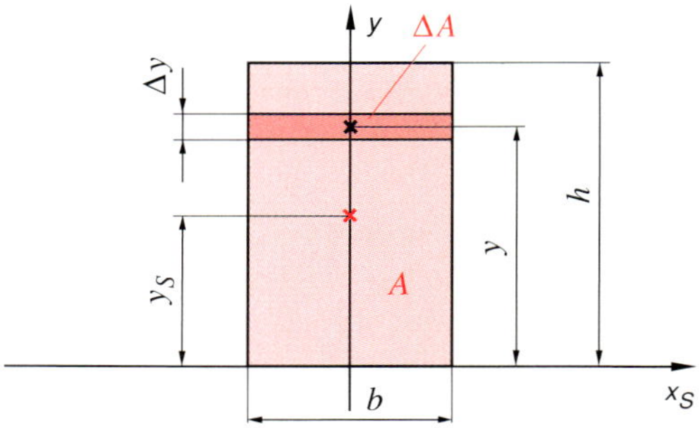

Man geht von der entwickelten Formel für ein Element des axialen Flächenmoments zweiten Grades, bezogen auf die x_S-Achse, aus, hier I_{xS} genannt, und setzt $b \cdot \Delta y$ für ΔA. Für die untere Rechteckkante ergibt sich damit zunächst $\Delta I_{xS} = b \cdot y^2 \cdot \Delta y$ für $y \in [0; h]$.

Mit dem Schnittprinzip erhält man dann eine Formel zur Berechnung des axialen Flächenmoments zweiten Grades I_{xS} für einen Rechteckquerschnitt, bezogen auf die untere Rechteckkante als Biegeachse.

$$\blacktriangleright\ \Delta I_{xS} = \Delta A \cdot y^2 \quad \blacktriangleright\ \Delta A = b \cdot \Delta y$$
$$= b \cdot y^2 \cdot \Delta y \quad \blacktriangleright\ y \in [0; h]$$

$$\Rightarrow I_{xS} = \int_0^h (b \cdot y^2)\,\mathrm{d}y \quad \blacktriangleright \text{ Schnittprinzip } \blacktriangleright\ 3.3$$
$$= b \cdot \int_0^h y^2\,\mathrm{d}y$$
$$= b \cdot \frac{1}{3} \cdot y^3 \Big|_0^h$$
$$= \frac{1}{3} \cdot b \cdot (h^3 - 0)$$
$$= \underline{\underline{\frac{b \cdot h^3}{3}}}$$

Bildet man die Differenz aus diesem Flächenmoment I_{xS} und dem auf die Schwerpunktsachse des Rechtecks bezogenen Flächenmoment I_x, so kann man A für $b \cdot h$ und y_S für $\frac{h}{2}$ setzen. Dabei ist y_S der Abstand des Querschnittsschwerpunktes zur Biegeachse.

$$\blacktriangleright\ I_{xS} - I_x = \frac{b \cdot h^3}{3} - \frac{b \cdot h^3}{12}$$
$$= \frac{b \cdot h^3}{3} \cdot \left(1 - \tfrac{1}{4}\right)$$
$$= \frac{b \cdot h^3}{4}$$
$$= b \cdot h \cdot \frac{h^2}{4}$$
$$= b \cdot h \cdot \left(\tfrac{h}{2}\right)^2$$

$$\Rightarrow I_{xS} = I_x + b \cdot h \cdot \left(\tfrac{h}{2}\right)^2 \quad \blacktriangleright\ b \cdot h = A;\ \frac{h}{2} = y_S$$
$$= \underline{\underline{I_x + A \cdot y_S^2}}$$

Der gezeigte Sachverhalt gilt auch allgemein. Man geht davon aus, dass eine Querschnittsfläche mit dem Inhalt A, bezogen auf ihre Schwerpunktsachsen, die axialen Flächenmomente zweiten Grades I_x und I_y besitzt. Haben die Schwerpunktsachsen der Querschnittsfläche von zwei parallelen Biegeachsen den Abstand y_S bzw. x_S, so gilt für das axiale Flächenmoment zweiten Grades I_{xS} bzw. I_{yS}, bezogen auf diese Biegeachsen: $\boldsymbol{I_{xS} = I_x + A \cdot y_S^2}$ bzw. $\boldsymbol{I_{yS} = I_y + A \cdot x_S^2}$ ► **Satz von Steiner**

Merke:

Verschieben sich die Biegeachsen parallel zu den Schwerpunktsachsen einer Querschnittsfläche mit dem Inhalt A um den Abstand y_S bzw. x_S, so gilt für das axiale Flächenmoment zweiten Grades, bezogen auf die neue Lage der Biegeachsen:

● $\boldsymbol{I_{xS} = I_x + A \cdot y_S^2}$ bzw. ● $\boldsymbol{I_{yS} = I_y + A \cdot x_S^2}$ ► **Satz von Steiner**

Beispiel: Berechnen Sie das axiale Flächenmoment zweiten Grades I_x für ein T-Profil mithilfe des Satzes von Steiner für die Maße $b = 90$ mm, $h = 90$ mm und $t = 10$ mm.

Das axiale Flächenmoment zweiten Grades I_x für den abgebildeten Querschnitt A eines T-Profils, bezogen auf die x-Achse als Schwerpunktsachse, wird mithilfe des Satzes von Steiner berechnet, denn die Schwerpunktsachsen von A, A_1 und A_2 stimmen nicht überein.

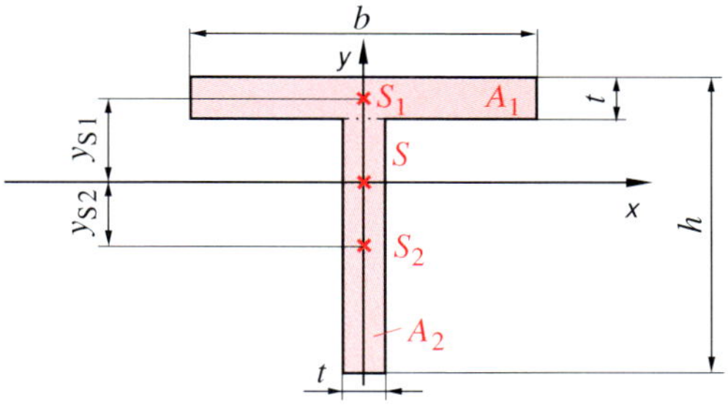

I_x ist die Summe der axialen Teilflächenmomente zweiten Grades $I_{xS1} = I_{xA1} + A_1 \cdot y_{S1}^2$ und $I_{xS2} = I_{xA2} + A_2 \cdot y_{S2}^2$.

$$I_x = I_{xS1} + I_{xS2}$$
$$= I_{xA1} + A_1 \cdot y_{S1}^2 + I_{xA2} + A_2 \cdot y_{S2}^2$$

Zunächst werden die Schwerpunktsabstände y_{S1} von A_1 bzw. y_{S2} von A_2 berechnet.

Man erhält aus der Gleichgewichtsbedingung $A_1 \cdot y_{S1} = A_2 \cdot y_{S2}$ die Gleichung 1.

► $A_1 \cdot y_{S1} = A_2 \cdot y_{S2}$ ► $A_1 = b \cdot t;\ A_2 = (h-t) \cdot t$

$\Rightarrow b \cdot t \cdot y_1 = (h-t) \cdot t \cdot y_2$ ► Gleichung 1

Die Gleichung 2 ergibt sich aus der Summe $\dfrac{h-t}{2} + y_{S2} + y_{S1} + \dfrac{t}{2} = h$.

$$\frac{h-t}{2} + y_{S2} + y_{S1} + \frac{t}{2} = h$$

$\Rightarrow y_{S1} + y_{S2} = \dfrac{h}{2}$ ► Gleichung 2

Setzt man $y_{S1} = \dfrac{h}{2} - y_{S2}$ bzw. $y_{S2} = \dfrac{h}{2} - y_{S1}$ in die Gleichung 1 ein und löst nach y_{S1} bzw. y_{S2} auf, so erhält man Terme für y_{S1} und y_{S2}. Für $h = 90$ mm, $b = 90$ mm und $t = 10$ mm ergeben sich dann die Werte für y_{S1} und y_{S2}.

$$\Rightarrow y_{S1} = \frac{h \cdot (h-t)}{2 \cdot (b+h-t)}$$
$$y_{S2} = \frac{b \cdot h}{2 \cdot (b+h-t)}$$

► $h = 90$ mm; $b = 90$ mm; $t = 10$ mm

$\Rightarrow y_{S1} = \underline{21{,}18 \text{ mm}}$ und $y_{S2} = \underline{23{,}82 \text{ mm}}$

Als nächstes berechnet man die axialen Flächenmomente zweiten Grades I_{xA1} und I_{xA2} für A_1 und A_2 bezogen auf deren eigene Schwerpunktsachse. Da es sich um Rechteckflächen handelt, kann man die hierfür entwickelte Formel verwenden.

$$\blacktriangleright\ I_{xA1} = \frac{b \cdot t^3}{12} \quad \blacktriangleright\ b = 90\text{ mm};\ t = 10\text{ mm}$$
$$= \frac{90\text{ mm} \cdot (10\text{ mm})^3}{12}$$
$$= \underline{7500\text{ mm}^4}$$
$$I_{xA2} = \frac{t \cdot (h-t)^3}{12} \quad \blacktriangleright\ t = 10\text{ mm};\ h = 90\text{ mm}$$
$$= \frac{10\text{ mm} \cdot (90\text{ mm} - 10\text{ mm})^3}{12}$$
$$= \underline{426\,667\text{ mm}^4}$$

Dann werden noch die Flächeninhalte A_1 und A_2 berechnet.

$$\blacktriangleright\ A_1 = b \cdot t \quad \blacktriangleright\ b = 90\text{ mm};\ t = 10\text{ mm}$$
$$= 90\text{ mm} \cdot 10\text{ mm}$$
$$= \underline{900\text{ mm}^2}$$
$$A_2 = (h-t) \cdot t \quad \blacktriangleright\ h = 90\text{ mm};\ t = 10\text{ mm}$$
$$= (90\text{ mm} - 10\text{ mm}) \cdot 10\text{ mm}$$
$$= \underline{800\text{ mm}^2}$$

Setzt man die ermittelten Werte für I_{xA1}; A_1, y_{S1}; I_{xA2}; A_2 und y_{S2} ein, so erhält man für das axiale Flächenmoment zweiten Grades des T-Profils: $I_x = 1291814\text{ mm}^4$

$$\blacktriangleright\ I_x = I_{xA1} + A_1 \cdot y_{S1}^2 + I_{xA2} + A_2 \cdot y_{S2}^2$$
$$= 7500\text{ mm}^4 + 900\text{ mm}^2 \cdot (21{,}18\text{ mm})^2 +$$
$$+ 426667\text{ mm}^4 + 800\text{ mm}^2 \cdot (23{,}82\text{ mm})^2$$
$$= \underline{\underline{1\,291\,814\text{ mm}^4}}$$

Beispiel: Der Querschnitt eines Balkens hat die Form eines gleichschenkligen Dreiecks. Bestimmen Sie unter Zuhilfenahme des Schnittprinzips jeweils das axiale Flächenmoment zweiten Grades, bezogen auf die Schwerpunktsachse des Dreiecks sowie bezogen auf die Basis des Dreiecks. Schwerpunktsachse und Basis verlaufen parallel zur x-Achse.

Das gleichschenklige Dreieck wird so in einem xy-Koordinatensystem positioniert, dass der Schwerpunkt des Dreiecks mit dem Koordinatenursprung übereinstimmt und Schwerpunktsachse sowie Basis parallel zur x-Achse verlaufen.

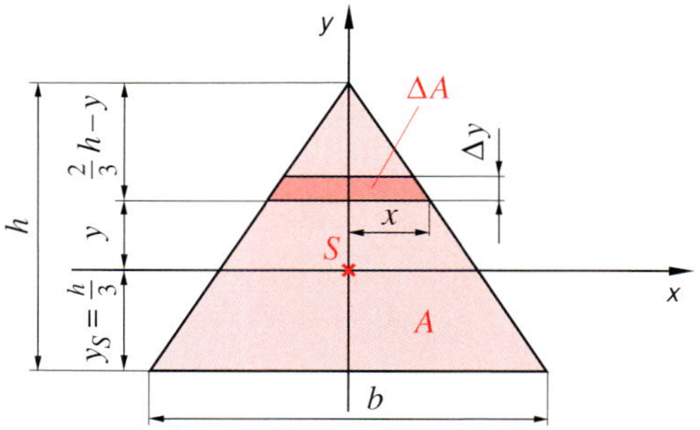

Zunächst wird das axiale Flächenmoment zweiten Grades, bezogen auf die Schwerpunktsachse, hier die x-Achse, bestimmt. Dazu wendet man die Formel für das Element des axialen Flächenmoments zweiten Grades an.

$$\Delta I_x = \Delta A \cdot y^2 \quad \blacktriangleright\ \Delta A = 2x \cdot \Delta y$$
$$= 2x \cdot \Delta y \cdot y^2 \quad \blacktriangleright\ x = \frac{b}{6h} \cdot (2h - 3y) \quad \blacktriangleright\ \text{Strahlensatz}$$
$$= 2 \cdot \frac{b}{6h} \cdot (2h - 3y) \cdot y^2 \cdot \Delta y$$
$$= \left(\frac{2}{3} \cdot b \cdot y^2 - \frac{b}{h} \cdot y^3\right) \cdot \Delta y;\ y \in \left[-\frac{h}{3}; \frac{2}{3}h\right]$$

Mit dem zweiten Strahlensatz erhält man einen Term für x.

$$\frac{\frac{2}{3}\cdot h-y}{h}=\frac{2x}{b} \quad \Rightarrow x=\frac{b}{6h}\cdot(2h-3y)$$

Wendet man dann das Schnittprinzip an, so erhält man eine Formel zur Berechnung des axialen Flächenmoments zweiten Grades für einen Dreiecksquerschnitt, bezogen auf die x-Achse als Biegeachse, und zwar $I_x=\frac{b\cdot h^3}{36}$.

$$\begin{aligned}
\Rightarrow I_x &= \int_{-\frac{h}{3}}^{\frac{2}{3}h}\left(\frac{2}{3}\cdot b\cdot y^2-\frac{b}{h}\cdot y^3\right)\mathrm{d}y\\
&=\frac{2}{3}\cdot b\cdot\int_{-\frac{h}{3}}^{\frac{2}{3}h} y^2\,\mathrm{d}y-\frac{b}{h}\cdot\int_{-\frac{h}{3}}^{\frac{2}{3}h} y^3\,\mathrm{d}y\\
&=\frac{2}{3}\cdot b\cdot\frac{1}{3}\cdot y^3\Big|_{-\frac{h}{3}}^{\frac{2}{3}h}-\frac{b}{h}\cdot\frac{1}{4}\cdot y^4\Big|_{-\frac{h}{3}}^{\frac{2}{3}h}\\
&=\frac{2}{9}\cdot b\cdot\left[\left(\frac{2}{3}\cdot h\right)^3-\left(-\frac{h}{3}\right)^3\right]+\\
&\quad-\frac{b}{4h}\cdot\left[\left(\frac{2}{3}\cdot h\right)^4-\left(-\frac{h}{3}\right)^4\right]\\
&=\underline{\underline{\frac{b\cdot h^3}{36}}}
\end{aligned}$$

Mithilfe des Satzes von Steiner kann man dann das axiale Flächenmoment zweiten Grades, bezogen auf die Grundkante des Dreiecks, berechnen. Man erhält dann $I_{xS}=\frac{b\cdot h^3}{12}$.

$$\begin{aligned}
I_{xS} &= I_x+A\cdot y_S^2 \quad ▶\ I_x=\frac{b\cdot h^3}{36};\ A=\frac{b\cdot h}{2};\ y_S=\frac{h}{3}\\
&=\frac{b\cdot h^3}{36}+\frac{b\cdot h}{2}\cdot\left(\frac{h}{3}\right)^2\\
&=\underline{\underline{\frac{b\cdot h^3}{12}}}
\end{aligned}$$

Beispiel: Ermitteln Sie die axialen Flächenmomente zweiten Grades I_x und I_y für einen Kreisquerschnitt, bezogen auf eine Achse, die durch den Kreismittelpunkt verläuft und auf eine Tangente als Bezugsachse.

Der Kreisquerschnitt wird so in einem xy-Koordinatensystem angeordnet, dass der Schwerpunkt, also der Kreismittelpunkt, mit dem Koordinatenursprung übereinstimmt. Die Tangente verläuft parallel zur x-Achse.

Aufgrund der Achsensymmetrie sind die beiden axialen Flächenmomente zweiten Grades gleich. Es wird daher nur I_x berechnet.

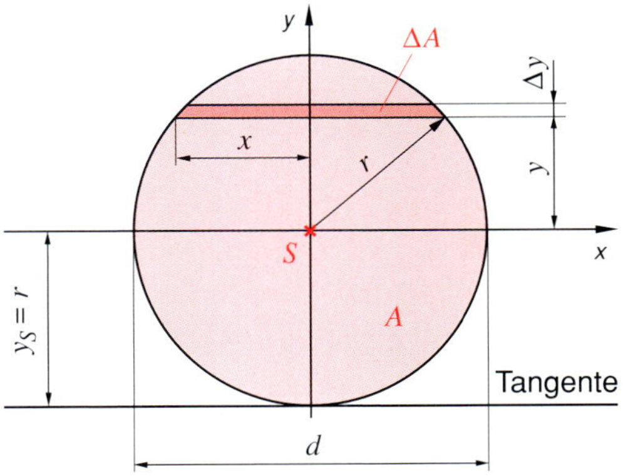

Zur Berechnung des axialen Flächenmoments zweiten Grades, bezogen auf die x-Achse als Schwerpunktsachse, benutzt man die entwickelte Formel. Mit dem Satz des Pythagoras ergibt sich:

$x^2+y^2=r^2 \Rightarrow x=\sqrt{r^2-y^2}$ ▶ $x\geq 0$

$$\begin{aligned}
\Delta I_x &= \Delta A\cdot y^2 \quad ▶\ \Delta A=2x\cdot\Delta y\\
&=2x\cdot\Delta y\cdot y^2 \quad ▶\ x=\sqrt{r^2-y^2} \quad ▶\ x\geq 0\\
&=2\cdot\sqrt{r^2-y^2}\cdot y^2\cdot\Delta y\\
&=2y^2\cdot\sqrt{r^2-y^2}\cdot\Delta y \quad y\in[-r;r]
\end{aligned}$$

Dann wendet man das Schnittprinzip an. Der Integrand kann vereinfacht werden:

$$\Rightarrow I_x = \int_{-r}^{r} [2y^2 \cdot \sqrt{r^2 - y^2}]\,\mathrm{d}y$$

► $y = r \cdot \sin\varphi \Rightarrow \mathrm{d}y = r \cdot \cos\varphi \cdot \mathrm{d}\varphi$

► $y = -r \Rightarrow \varphi = \frac{3}{2}\pi$; $y = r \Rightarrow \varphi = \frac{\pi}{2}$

► $y = r \cdot \sin\varphi$; $\mathrm{d}y = r \cdot \cos\varphi \cdot \mathrm{d}\varphi$; $\frac{3}{2}\pi$ für $-r$; $\frac{\pi}{2}$ für r

► $\sqrt{r^2 - r^2 \cdot \sin^2\varphi} = r \cdot \sqrt{1 - \sin^2\varphi} = r \cdot \sqrt{\cos^2\varphi}$

$$I_x = \int_{\frac{3}{2}\pi}^{\frac{\pi}{2}} [2r^2 \cdot \sin^2\varphi \cdot \sqrt{r^2 - r^2 \cdot \sin^2\varphi} \cdot r \cdot \cos\varphi]\,\mathrm{d}\varphi$$

$$= \int_{\frac{3}{2}\pi}^{\frac{\pi}{2}} [2r^2 \cdot \sin^2\varphi \cdot r \cdot \sqrt{1 - \sin^2\varphi} \cdot r \cdot \cos\varphi]\,\mathrm{d}\varphi$$

► $\sqrt{\cos^2\varphi} = |\cos\varphi|$

$\Rightarrow |\cos\varphi| = -\cos\varphi$ für $\varphi \in \left[\frac{\pi}{2}; \frac{3}{2}\pi\right]$

$$= \int_{\frac{3}{2}\pi}^{\frac{\pi}{2}} [2r^4 \cdot \sin^2\varphi \cdot \sqrt{\cos^2\varphi} \cdot \cos\varphi]\,\mathrm{d}\varphi$$

$$= \int_{\frac{3}{2}\pi}^{\frac{\pi}{2}} [2r^4 \cdot \sin^2\varphi \cdot |\cos\varphi| \cdot \cos\varphi]\,\mathrm{d}\varphi$$

► $4 \cdot \sin^2\varphi \cdot \cos^2\varphi = (2 \cdot \sin\varphi \cdot \cos\varphi)^2$

$= \sin^2(2\varphi)$ ► 4.1

$$= \frac{r^4}{2} \cdot \int_{\frac{3}{2}\pi}^{\frac{\pi}{2}} [4 \cdot \sin^2\varphi \cdot (-\cos^2\varphi)]\,\mathrm{d}\varphi$$

$$= -\frac{r^4}{2} \cdot \int_{\frac{3}{2}\pi}^{\frac{\pi}{2}} \sin^2(2\varphi)\,\mathrm{d}\varphi \quad ► 2.4.1$$

$$= -\frac{r^4}{2} \cdot \left[\frac{\varphi}{2} - \frac{1}{8} \cdot \sin(4\varphi)\Big|_{\frac{3}{2}\pi}^{\frac{\pi}{2}}\right]$$

$$= -\frac{r^4}{2} \cdot \left[\frac{\pi}{4} - \frac{1}{8} \cdot \sin\left(4 \cdot \frac{\pi}{2}\right) - \frac{3}{4}\pi - \frac{1}{8} \cdot \sin\left(4 \cdot \frac{3}{2}\pi\right)\right]$$

$$= -\frac{r^4}{2} \cdot \left[\frac{\pi}{4} - \frac{3}{4}\pi\right]$$

Als Formel zur Berechnung des axialen Flächenmoments zweiten Grades für einen Kreisquerschnitt, bezogen auf die x-Achse als Biegeachse, ergibt sich dann: $I_x = \frac{\pi}{64} \cdot d^4$.

$$= \underline{\underline{\frac{\pi}{4} \cdot r^4}} \quad ► r = \frac{d}{2} \Rightarrow \underline{\underline{I_x = \frac{\pi}{64} \cdot d^4}}$$

Mithilfe des Satzes von Steiner kann man dann das axiale Flächenmoment zweiten Grades, bezogen auf die Tangente des Kreises, berechnen. Man erhält: $I_{xS} = \frac{5}{64}\pi \cdot d^4$.

$$I_{xS} = I_x + A \cdot y_S^2 \quad ► I_x = \frac{\pi}{64} \cdot d^4;\ A = \frac{\pi}{4} \cdot d^2;\ y_S = \frac{d}{2}$$

$$= \frac{\pi}{64} \cdot d^4 + \frac{\pi}{4} \cdot d^2 \cdot \left(\frac{d}{2}\right)^2$$

$$= \underline{\underline{\frac{5}{64} \cdot \pi \cdot d^4}}$$

Problem: Entwickeln Sie für eine Fläche, die zwischen dem Graphen einer streng monotonen und stetigen Funktion f und der x-Achse im Intervall $[a; b]$ mit $f(x) \geq 0$; $x \in [a; b]$ liegt, Formeln für die axialen Flächenmomente zweiten Grades, bezogen auf die Koordinatenachsen und auf die Schwerpunktsachsen der Fläche.

Es wird davon ausgegangen, dass die Funktion f im Intervall $[a; b]$ streng monoton steigend und stetig ist und dass dort $f(x) \geq 0$ gilt.

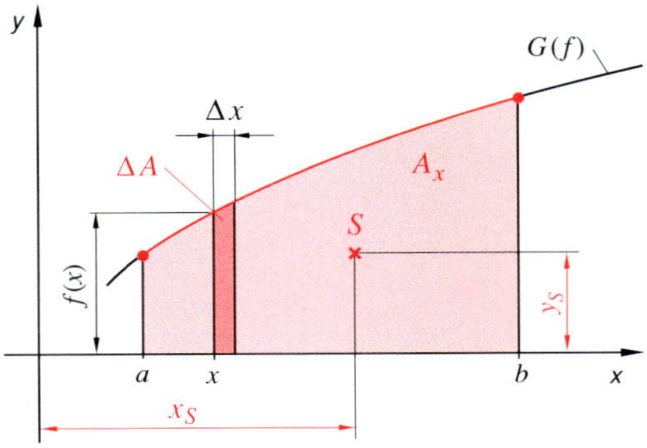

Zur Berechnung des axialen Flächenmoments zweiten Grades, bezogen auf die x-Achse als Biegeachse, kann man von der Formel ausgehen, die bereits für Rechtecke entwickelt wurde. Setzt man Δx für b und $f(x)$ für h, so erhält man $I_{xS} = \frac{1}{3} \cdot \int_a^b [f(x)]^3 \, dx$ mithilfe des Schnittprinzips.

$I_{xS} = \frac{b \cdot h^3}{3}$ ► I_{xS} eines Rechteckquerschnitts

► $\Delta I_{xS} = \frac{\Delta x \cdot [f(x)]^3}{3}$; $x \in [a; b]$

$\Rightarrow I_{xS} = \frac{1}{3} \cdot \int_a^b [f(x)]^3 \, dx$ ► axiales Flächenmoment zweiten Grades, bezogen auf die x-Achse

Für das axiale Flächenmoment zweiten Grades, bezogen auf die Schwerpunktsachse, gilt nach dem Satz von Steiner: $I_x = I_{xS} - A \cdot y_S^2$.

► $I_x = I_{xS} - A \cdot y_S^2$ ► axiales Flächenmoment zweiten Grades, bezogen auf die Schwerpunktsachse

Zur Berechnung des axialen Flächenmoments zweiten Grades, bezogen auf die y-Achse als Biegeachse, geht man von der bekannten Formel $\Delta I_{yS} = \Delta A \cdot x^2$ aus und setzt $f(x) \cdot \Delta x$ für ΔA und nach dem Schnittprinzip gilt dann $I_{yS} = \int_a^b [x^2 \cdot f(x)] \, dx$.

► $\Delta I_{yS} = \Delta A \cdot x^2$ ► $\Delta A = f(x) \cdot \Delta x$

$= f(x) \cdot \Delta x \cdot x^2$; $x \in [a; b]$

$\Rightarrow I_{yS} = \int_a^b [x^2 \cdot f(x)] \, dx$ ► axiales Flächenmoment zweiten Grades, bezogen auf die y-Achse

Für das axiale Flächenmoment zweiten Grades, bezogen auf die Schwerpunktsachse, gilt nach dem Satz von Steiner: $I_y = I_{yS} - A \cdot x_S^2$.

► $I_y = I_{yS} - A \cdot x_S^2$ ► axiales Flächenmoment zweiten Grades, bezogen auf die Schwerpunktsachse

Entsprechendes gilt, wenn die Funktion f in $[a; b]$ streng monoton fallend ist mit $f(x) \geq 0$ und $x \in [a; b]$.

Da axiale Flächenmomente zweiten Grades bei zusammengesetzten Flächen addiert und subtrahiert werden können, gelten für $f(x) \geq 0$ die hergeleiteten Formeln auch für in $[a; b]$ abschnittsweise monotone Funktionen.

Für $f(x) \leq 0$ in $[a; b]$ lauten die Formeln $\boldsymbol{I_{xS} = \frac{1}{3} \cdot \int_a^b |f(x)|^3 \,dx}$ bzw. $\boldsymbol{I_{yS} = \int_a^b [x^2 \cdot |f(x)|]\,dx}$, weil für das Flächenelement $\Delta A > 0$ gilt. Wechselt die Funktion f in $[a; b]$ das Vorzeichen, hat also f in $[a; b]$ eine Nullstelle, so müssen die Formeln in $[a; b]$ abschnittsweise angewendet werden.

Merke:

Ist ein stetige Funktion in einem Intervall $[a; b]$ abschnittsweise monoton und vorzeichenbeständig ($f(x) \geq 0$ oder $f(x) \leq 0$ in $[a; b]$), so gilt für die axialen Flächenmomente zweiten Grades I_{xS} und I_{yS}, bezogen auf die Koordinatenachsen als Biegeachsen:

- $\boldsymbol{I_{xS} = \frac{1}{3} \cdot \int_a^b |f(x)|^3 \,dx}$ bzw. • $\boldsymbol{I_{yS} = \int_a^b [x^2 \cdot |f(x)|]\,dx}$

Für die axialen Flächenmomente zweiten Grades I_x und I_y, bezogen auf die Schwerpunktsachsen, gelten nach dem Satz von Steiner:

- $\boldsymbol{I_x = I_{xS} - A \cdot y_S^2}$ bzw. • $\boldsymbol{I_y = I_{yS} - A \cdot x_S^2}$

Beispiel: Berechnen Sie für die Fläche, die im Intervall $[1; 4]$ zwischen dem Graphen der Funktion $f: f(x) = \frac{x^2}{2} - 2x$; $D(f) = \mathbb{R}$ und der x-Achse liegt, die Maßzahlen der axialen Flächenmomente zweiten Grades, bezogen auf die Koordinatenachsen und auf die Schwerpunktsachsen.

Die Funktion $f: f(x) = \frac{x^2}{2} - 2x$; $D(f) = \mathbb{R}$ ist im Intervall $[1; 4]$ abschnittsweise monoton und stetig, sodass die entwickelten Formeln angewendet werden können.

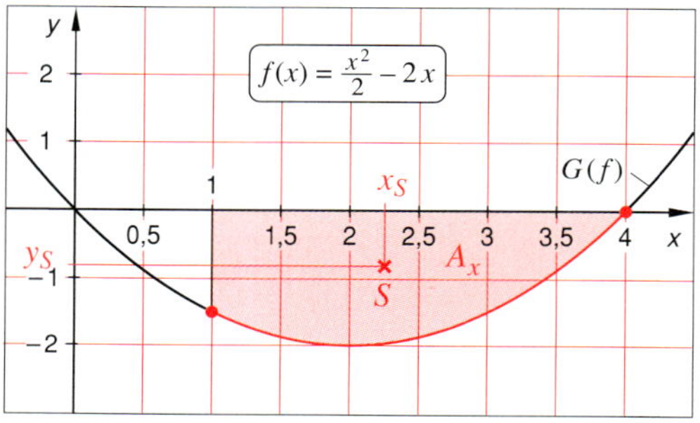

Man setzt die Werte für a und b sowie die Terme für $|f(x)|^3$ bzw. $|f(x)|$ ein und ermittelt I_{xS} sowie I_{yS}. Für $x \in [1; 4]$ gilt $f(x) \leq 0$ und damit:

$$|f(x)| = \left|\frac{x^2}{2} - 2x\right| = 2x - \frac{x^2}{2} \text{ bzw. } \left|2x - \frac{x^2}{2}\right|^3 = -\frac{x^6}{8} + \frac{3x^5}{2} - 6x^4 + 8x^3$$

- **Berechnung von I_{xS}**

$$I_{xS} = \frac{1}{3} \cdot \int_a^b |f(x)|^3 \, dx$$

► 1 für a; 4 für; $|f(x)|^3 = -\frac{x^6}{8} + \frac{3x^5}{2} - 6x^4 + 8x^3$

$$I_{xS} = \frac{1}{3} \cdot \int_1^4 \left[-\frac{x^6}{8} + \frac{3x^5}{2} - 6x^4 + 8x^3 \right] dx$$

$$= \frac{1}{3} \cdot \left[-\frac{x^7}{56} + \frac{x^6}{4} - \frac{6}{5} \cdot x^5 + 2 \cdot x^4 \Big|_1^4 \right]$$

$$= \frac{1}{3} \cdot \left[-\frac{4^7}{56} + \frac{4^6}{4} - \frac{6}{5} \cdot 4^5 + 2 \cdot 4^4 + \right.$$

$$\left. - \left(-\frac{1^7}{56} + \frac{1^6}{4} - \frac{6}{5} \cdot 1^5 + 2 \cdot 1^4 \right) \right]$$

$$= \frac{1269}{280}$$

$= \underline{\underline{4{,}53214}}$ ► Maßzahl für das axiale Flächenmoment zweiten Grades, bezogen auf die x-Achse als Biegeachse

- **Berechnung von I_{xS}**

$$I_{yS} = \int_a^b [x^2 \cdot |f(x)|] \, dx$$

► 1 für a; 4 für b; $|f(x)| = 2x - \frac{x^2}{2}$

$$I_{yS} = \int_1^4 \left[x^2 \cdot \left(2x - \frac{x^2}{2} \right) \right] dx$$

$$= \int_1^4 \left[2x^3 - \frac{1}{2} \cdot x^4 \right] dx$$

$$= \left[\frac{1}{2} \cdot x^4 - \frac{1}{10} \cdot x^5 \right] \Big|_1^4$$

$$= \left[\frac{1}{2} \cdot 4^4 - \frac{1}{10} \cdot 4^5 - \left(\frac{1}{2} \cdot 1^4 - \frac{1}{10} \cdot 1^5 \right) \right]$$

$$= \frac{126}{5}$$

$= \underline{\underline{25{,}2}}$ ► Maßzahl für das axiale Flächenmoment zweiten Grades, bezogen auf die y-Achse als Biegeachse

Zur Berechnung der axialen Flächenmomente zweiten Grades, bezogen auf die Schwerpunktsachsen, wendet man den Satz von Steiner an. Es gelten dann die Formeln $I_x = I_{xS} - A \cdot y_S^2$ bzw. $I_y = I_{yS} - A \cdot x_S^2$.

Die Maßzahlen für den Flächeninhalt A und die Schwerpunktsabstände y_S und x_S wurden für dieses Beispiel bereits im Kapitel 3.5 berechnet, und zwar mit: $A = 4{,}5$; $y_S = -0{,}85$ und $x_S = 2{,}25$.

$I_x = I_{xS} - A \cdot y_S^2$ ► $I_{xS} = 4{,}53214$; $A = 4{,}5$; $y_S = -0{,}85$

$= 4{,}53214 - 4{,}5 \cdot (-0{,}85)^2$

$= \underline{\underline{1{,}28089}}$ ► axiales Flächenmoment zweiten Grades, bezogen auf die Schwerpunktsachse y_S als Biegeachse

$I_y = I_{yS} - A \cdot x_S^2$ ► $I_{yS} = 25{,}2$; $A = 4{,}5$; $x_S = 2{,}25$

$= 25{,}2 - 4{,}5 \cdot 2{,}25^2$

$= \underline{\underline{2{,}41875}}$ ► axiales Flächenmoment zweiten Grades, bezogen auf die Schwerpunktsachse x_S als Biegeachse

Axiale Flächenmomente zweiten Grades I_x bzw. I_y treten in Bauteilen auf, die auf Biegung oder Knickung beansprucht werden und beziehen sich auf Biegeachsen.

In technischen Anwendungen ist aber auch die Beanspruchung auf **Verdrehung (Torsion)** von großer Bedeutung, z. B. bei Wellen, die Drehmomente übertragen und somit auf Torsion beansprucht werden. An einer „gedachten Schnittstelle" wirkt hier dem zu übertragenden **äußeren Drehmoment M** ein **inneres Torsionsmoment M_T** entgegen. Auch bei Beanspruchung auf Torsion sind die inneren **Torsionsspannungen (Schubspannungen) τ** nicht gleichmäßig über den Torsionsquerschnitt verteilt.

Geht man davon aus, dass die Torsionsachse durch den Schwerpunkt der Querschnittsfläche verläuft und liegt nur eine geringe elastische Verformung vor, so wächst die Torsionsspannung τ nach dem Hookeschen Gesetz bei kreisförmigen Querschnitten von $\tau = 0$ in der **neutralen Faser** linear bis zur maximalen Torsionsspannung τ_{max} in der Randfaser.

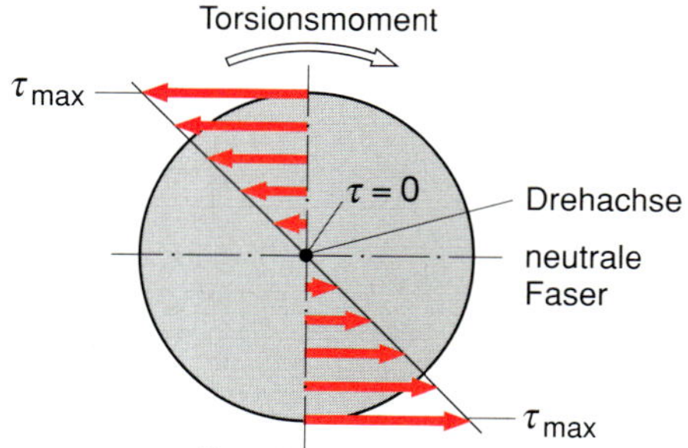

Spannungsverteilung in einem Kreisquerschnitt

Analog zu den axialen Flächenmomenten zweiten Grades I_x bzw. I_y lässt sich eine Formel für das **polare Flächenmoment zweiten Grades I_p** bei Beanspruchung auf Torsion entwickeln. Wegen der komplexen Vorgänge bei Torsionsbeanspruchungen wird hier nur auf Kreisquerschnitte eingegangen.

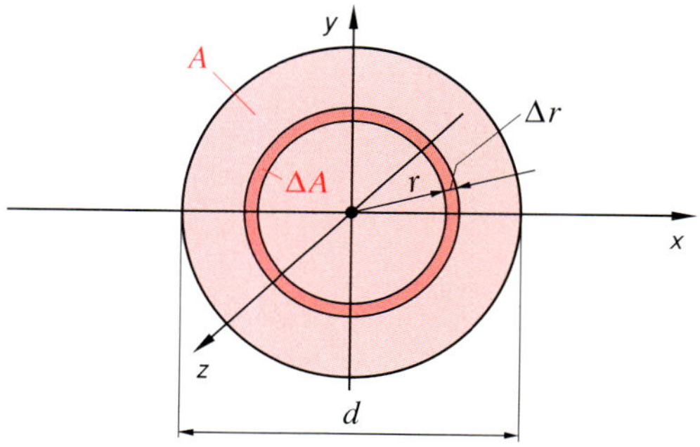

Zur Entwicklung von Elementen des polaren Flächenmoments zweiten Grades ΔI_p für einen Kreisquerschnitt geht man wie beim axialen Flächenmoment zweiten Grades vor, jedoch bezogen auf die Torsionsachse z. ΔA ist eine Kreisringfläche mit dem Innenradius r und dem Außenradius $r + \Delta r$, also dem Inhalt:

$$\Delta A = \pi \cdot [(r + \Delta r)^2 - r^2]$$
$$= \pi \cdot [r^2 + 2r \cdot \Delta r + (\Delta r)^2 - r^2].$$

Wegen $(\Delta r)^2 \ll \Delta r$ kann man $(\Delta r)^2$ vernachlässigen und erhält $\Delta A = 2\pi \cdot r \cdot \Delta r$.

Damit ergibt sich $\Delta I_p = 2\pi \cdot r^3 \cdot \Delta r$ für $r \in \left[0; \frac{d}{2}\right]$ und mit dem Schnittprinzip dann:

$$I_p = 2\pi \cdot \int_0^{\frac{d}{2}} r^3 \, \mathrm{d}r = \frac{\pi}{32} \cdot d^4$$

Man erhält so eine Formel zur Berechnung des polaren Flächenmoments zweiten Grades für einen Kreisquerschnitt.

$$\Delta I_p = \Delta A \cdot r^2 \quad \blacktriangleright \ \Delta A = 2\pi \cdot r \cdot \Delta r$$
$$= 2\pi \cdot r \cdot \Delta r \cdot r^2$$
$$= 2\pi \cdot r^3 \cdot \Delta r \quad \blacktriangleright \ r \in \left[0; \frac{d}{2}\right]$$
$$\Rightarrow I_p = \int_0^{\frac{d}{2}} (2\pi \cdot r^3) \, \mathrm{d}r$$
$$= 2\pi \cdot \int_0^{\frac{d}{2}} r^3 \, \mathrm{d}r$$
$$= 2\pi \cdot \frac{1}{4} \cdot r^4 \Big|_0^{\frac{d}{2}}$$
$$= \frac{\pi}{2} \cdot \left[\left(\frac{d}{2}\right)^4 - 0^4\right]$$
$$= \underline{\underline{\frac{\pi}{32} \cdot d^4}}$$

► polares Flächenmoment zweiten Grades

Beispiel: Berechnen Sie das polare Flächenmoment zweiten Grades für einen Kreisringquerschnitt mit einem Außendurchmesser von 120 mm und einem Innendurchmesser von 80 mm.

Polare Flächenmomente zweiten Grades können wie axiale Flächenmomente zweiten Grades addiert und subtrahiert werden, wenn ihre Schwerpunktsachsen übereinstimmen. Das ist bei einem Kreisringquerschnitt der Fall.

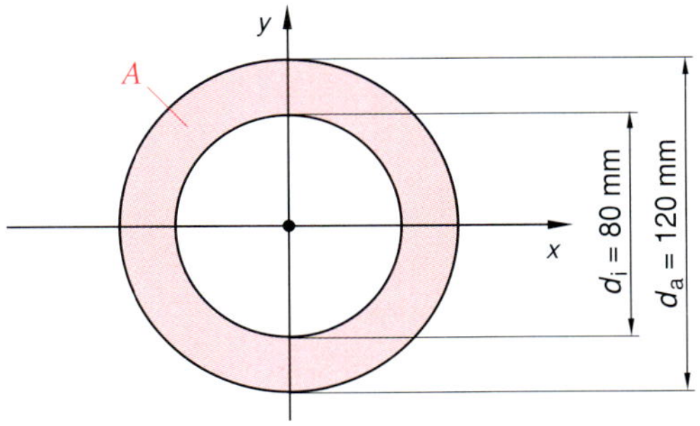

Man erhält das gesuchte polare Flächenmoment zweiten Grades hier als Differenz aus den polaren Flächenmomenten der Kreisflächen mit $d_a = 100$ mm und $d_i = 80$ mm.

$$I_p = \frac{\pi}{32} \cdot (d_a^4 - d_i^4) \quad \blacktriangleright\ d_a = 120\text{ mm};\ d_i = 80\text{ mm}$$
$$= \frac{\pi}{32} \cdot [(120\text{ mm})^4 - (80\text{ mm})^4]$$
$$= \underline{\underline{16\,336\,281\text{ mm}^4}}$$

Übungsaufgaben

Berechnen Sie für die nachstehenden Querschnitte die axialen Flächenmomente zweiten Grades I_x bzw. I_y bezogen auf die Schwerpunktsachsen.

1. Quadrat
2. Trapez
3. Parallelogramm
4. Gleichseitiges Dreieck
5. Rhombus
6. Halbkreis
7. Kreisring
8. Regelmäßiges Sechseck
9. Ellipse
10. Ellipsenring
11. Kreisausschnitt
12. Kreisabschnitt

Berechnen Sie für die Querschnittsfläche, die im angegebenen Intervall zwischen dem Graphen einer stetigen Funktion f und der x-Achse liegt, die Maßzahlen der axialen Flächenmomente zweiten Grades, bezogen auf die Koordinatenachsen und auf die Schwerpunktsachsen.

13. $f: f(x) = x^2$; $[-2; 2]$
14. $f: f(x) = 2x - 4$; $[-2; 0]$
15. $f: f(x) = \sqrt{x^2 + 1}$; $[0; 2]$
16. $f: f(x) = \frac{2}{3} \cdot \sqrt{9 - x^2}$; $[-3; 3]$
17. $f: f(x) = \sin x$; $[0; \pi]$
18. $f: f(x) = e^x$; $[0; 2 \cdot \ln 3]$
19. $f: f(x) = \cos x$; $[0; \pi]$
20. $f: f(x) = x^3$; $[-1; 1]$
21. $f: f(x) = x^2 - 2x$; $[-1; 2]$

Berechnen Sie für die nachstehenden Querschnitte die axialen Flächenmomente zweiten Grades I_x bzw. I_y bezogen auf die Schwerpunktsachsen.

22.

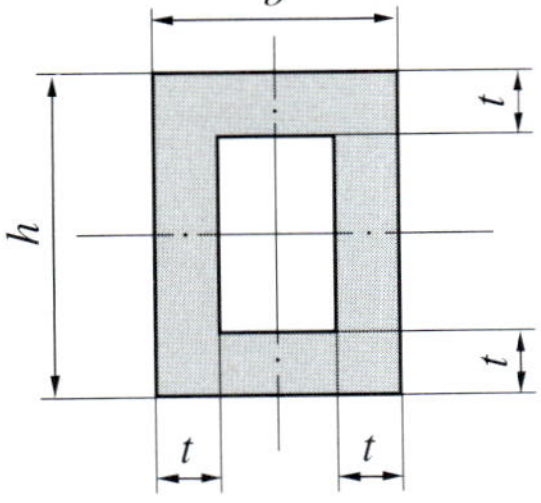

23.

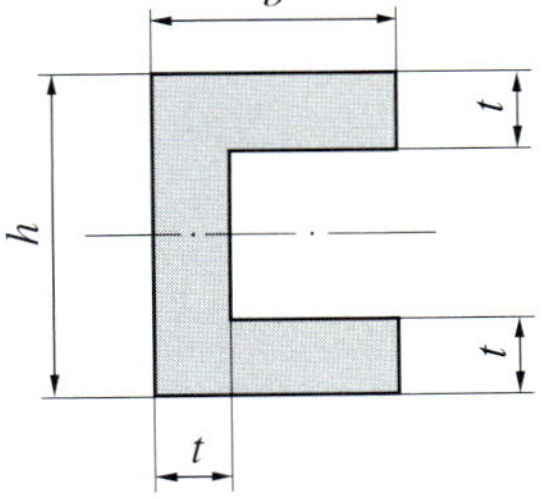

24.

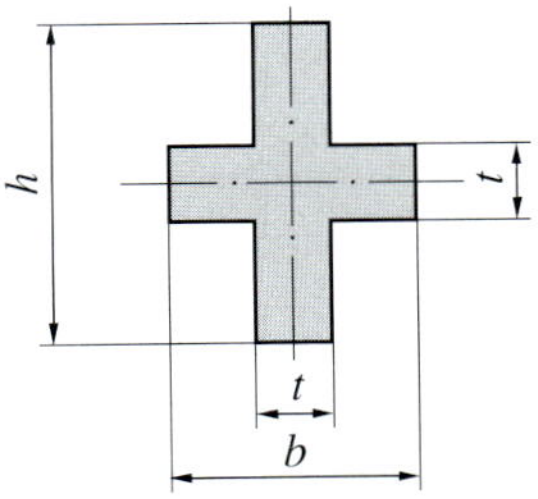

4 Zusammenstellung wichtiger Funktionen, Ableitungen, Reihen und Integrale

4.1 Funktionen

Algebraische Funktionen und Relationen	
Ganze rationale Funktionen	
Ganze rationale Funktionen m-ten Grades	$f: f(x) = a_m \cdot x^m + a_{m-1} \cdot x^{m-1} + \ldots + a_2 \cdot x^2 + a_1 \cdot x + a_0$ mit $D(f) = \mathbb{R}; m \in \mathbb{N}; a_i \in \mathbb{R}; a_m \neq 0$
Ganze rationale Funktionen ersten Grades (Lineare Funktionen)	$f: f(x) = a_1 \cdot x + a_0; D(f) = \mathbb{R}; a_1 \neq 0$ ► $a_1 = \tan\alpha = \frac{f(x) - a_0}{x}$; $x \neq 0$; α: Steigungswinkel
Gleichung einer Geraden	$f(x) = a_1 \cdot x + a_0$ ► a_1: Steigung einer Geraden; $a_1 = \tan\alpha$ ► a_0: Schnittstelle mit der y-Achse
Punkt-Steigungsform einer Geraden	$y - y_1 = m \cdot (x - x_1)$
Zwei-Punkte-Form einer Geraden	$\frac{y - y_1}{x - x_1} = \frac{y_2 - y_1}{x_2 - x_1}$
Ganze rationale Funktionen zweiten Grades	$f: f(x) = a_2 \cdot x^2 + a_1 \cdot x + a_0; D(f) = \mathbb{R}; a_2 \neq 0$
Gleichung einer Parabel	$f(x) = a_2 \cdot x^2 + a_1 \cdot x + a_0; a_2 \neq 0$ ► a_0: Schnittstelle mit der y-Achse
Scheitelpunktsgleichung einer Parabel	$f(x) = a_2 \cdot \left(x + \frac{a_1}{2a_2}\right)^2 + \frac{4a_0 \cdot a_2 - a_1^2}{4a_2}$
Koordinaten des Scheitelpunktes einer Parabel	$P_s\left\langle -\frac{a_1}{2a_2} \middle\vert \frac{4a_0 \cdot a_2 - a_1^2}{4a_2} \right\rangle$
Nullstellen quadratischer Funktionen	$f: f(x) = a_2 \cdot x^2 + a_1 \cdot x + a_0$ ► $f(x) = 0 \Rightarrow x_{1;2} = -\frac{a_1}{2a_2} \pm \sqrt{\frac{a_1^2 - 4a_0 \cdot a_2}{4a_2^2}}$
Normalform einer quadratischen Gleichung	$a_2 \cdot x^2 + a_1 \cdot x + a_0 = 0; a_2 \neq 0$ $\Rightarrow x^2 + \frac{a_1}{a_2} \cdot x + \frac{a_0}{a_2} = 0$ ► $p = \frac{a_1}{a_2}; q = \frac{a_0}{a_2}$ $x^2 + p \cdot x + q = 0 \Rightarrow x_{1;2} = -\frac{p}{2} \pm \sqrt{\left(\frac{p}{2}\right)^2 - q}$ ► p-q-Formel
Satz von Viëta	$-\frac{a_1}{a_2} = x_1 + x_2; \frac{a_0}{a_2} = x_1 \cdot x_2 \Rightarrow f(x) = a_2 \cdot (x - x_1) \cdot (x - x_2); a_2 \neq 0$
Potenzfunktionen	$f: f(x) = x^r; D(f) = \mathbb{R}^{>0}; r \in \mathbb{R}$
Spezielle Potenzfunktionen	$f: f(x) = c \cdot x^m; D(f) = \mathbb{R}; c \in \mathbb{R}^{\neq 0}; m \in \mathbb{N}^{\geq 1}$

Algebraische Funktionen und Relationen	
Gebrochene rationale Funktionen	$f: f(x) = \frac{a_m \cdot x^m + a_{m-1} \cdot x^{m-1} + \ldots + a_2 \cdot x^2 + a_1 \cdot x + a_0}{b_n \cdot x^n + b_{n-1} \cdot x^{n-1} + \ldots + b_2 \cdot x^2 + b_1 \cdot x + b_0} = \frac{p_m(x)}{q_n(x)}$ ► $a_i; b_k \in \mathbb{R}; a_m; b_n \neq 0; m \in \mathbb{N}; n \in \mathbb{N}^{\geq 1}$ ► $m < n$ ► echt gebrochen ► $m \geq n$ ► unecht gebrochen
zweiseitige Unendlichkeitsstellen mit Vorzeichenwechsel (vertikale Asymptoten)	$\lim\limits_{\substack{x \to x_0 \\ x < x_0}} f(x) = -\infty$ und $\lim\limits_{\substack{x \to x_0 \\ x > x_0}} f(x) = \infty$; $\lim\limits_{\substack{x \to x_0 \\ x < x_0}} f(x) = \infty$ und $\lim\limits_{\substack{x \to x_0 \\ x > x_0}} f(x) = -\infty$ ► $x_0 \notin D(f)$, d.h. $q_n(x_0) = 0$
zweiseitige Unendlichkeitsstellen ohne Vorzeichenwechsel (vertikale Asymptoten)	$\lim\limits_{\substack{x \to x_0 \\ x < x_0}} f(x) = -\infty$ und $\lim\limits_{\substack{x \to x_0 \\ x > x_0}} f(x) = -\infty$; $\lim\limits_{\substack{x \to x_0 \\ x < x_0}} f(x) = \infty$ und $\lim\limits_{\substack{x \to x_0 \\ x > x_0}} f(x) = \infty$ ► $x_0 \notin D(f)$, d.h. $q_n(x_0) = 0$
stetig behebbare Definitionslücke	$\lim\limits_{\substack{x \to x_0 \\ x < x_0}} f(x) = g_L$ und $\lim\limits_{\substack{x \to x_0 \\ x > x_0}} f(x) = g_R$ und $g_L = g_R$ und $x_0 \notin D(f)$
Nullstellen	$f(x) = \frac{p_m(x)}{q_n(x)}$ ► $p_m(x_0) = 0$ ► Nullstelle von f, wenn $x_0 \in D(f)$, d.h. $q_n(x_0) \neq 0$
Asymptoten	$f(x) = f_A(x) + \frac{r(x)}{q_n(x)}$ ► $m < n$ ► $f_A(x) = 0$ ► $G(f_A)$, d.h. die x-Achse, ist horizontale Asymptote ► $m = n$ ► $G(f_A)$ ist horizontale Asymptote parallel zur x-Achse ► $m > n$ und $m - n = 1$ ► $G(f_A)$ ist schräge Asymptote ► $m > n$ und $m - n > 1$ ► $G(f_A)$ ist asymptotische Kurve
gerade Funktion ungerade Funktion	$f(-x) = f(x)$ für alle $x \in D(f)$ $f(-x) = -f(x)$ für alle $x \in D(f)$
Wurzelfunktionen	$\sqrt[n]{x} = x^{\frac{1}{n}}; x \in \mathbb{R}^{\geq 0}; n \in \mathbb{N}^{\geq 1}$
Wurzelfunktionen als Umkehrfunktionen von Potenzfunktionen des Typs $g: g(x) = x^n$ mit $n \in \mathbb{N}^{\geq 2}$	• Für gerade Wurzelexponenten $n \in \mathbb{N}^{\geq 2}$ gilt: $f(x) = \begin{cases} \sqrt[n]{x}, \text{ wenn } x \in \mathbb{R}^{\geq 0}; W(f) = \mathbb{R}^{\geq 0} \\ -\sqrt[n]{x}, \text{ wenn } x \in \mathbb{R}^{\geq 0}; W(f) = \mathbb{R}^{\leq 0} \end{cases}$ ► $D(g) = \mathbb{R}^{\geq 0}$ ► $D(g) = \mathbb{R}^{\leq 0}$ • Für ungerade Wurzelexponenten $n \in \mathbb{N}^{\geq 3}$ gilt: $f(x) = \begin{cases} -\sqrt[n]{-x}, \text{ wenn } x \in \mathbb{R}^{<0}; W(f) = \mathbb{R}^{\leq 0} \\ \sqrt[n]{x}, \text{ wenn } x \in \mathbb{R}^{\geq 0}; W(f) = \mathbb{R}^{\geq 0} \end{cases}$ ► $D(g) = \mathbb{R}$
Gleichung eines Kreises	$x^2 + y^2 = r^2 \Rightarrow y = \pm\sqrt{r^2 - x^2}$ ► $x \in [-r; r]; r > 0$ $(x - x_M)^2 + (y - y_M)^2 = r^2 \Rightarrow y = y_M \pm \sqrt{r^2 - (x - x_M)^2}$ ► $x \in [x_M - r; r + x_M]$ $M\langle x_M \mid y_M \rangle$ ► Mittelpunkt eines Kreises

Algebraische Funktionen und Relationen	
Gleichung einer Ellipse	$\frac{x^2}{a^2}+\frac{y^2}{b^2}=1 \Rightarrow y=\pm\frac{b}{a}\sqrt{a^2-x^2}$ ► $x\in[-a;a];\ a>0$ $\frac{(x-x_M)^2}{a^2}+\frac{(y-y_M)^2}{b^2}=1 \Rightarrow y=y_M\pm\frac{b}{a}\sqrt{a^2-(x-x_M)^2}$ ► $x\in[x_M-a;x_M+a]$ $M\langle x_M\,\|\,y_M\rangle$ ► Mittelpunkt einer Ellipse
Gleichung einer Hyperbel	$\frac{x^2}{a^2}-\frac{y^2}{b^2}=1 \Rightarrow y=\pm\frac{b}{a}\sqrt{x^2-a^2}$ ► $x^2-a^2\geq 0;\ a>0$ $\frac{(x-x_M)^2}{a^2}-\frac{(y-y_M)^2}{b^2}=1 \Rightarrow y=y_M\pm\frac{b}{a}\sqrt{(x-x_M)^2-a^2}$ ► $x\in\mathbb{R}\setminus(x_M-a;x_M+a)$ $M\langle x_M\,\|\,y_M\rangle$ ► Mittelpunkt einer Hyperbel

Abschnittsweise definierte Funktionen	
Betragsfunktion, Absolutfunktion	$f: f(x)=\|x\|=\mathrm{ABS}(x);\ D(f)=\mathbb{R} \Leftrightarrow f(x):=\begin{cases} x, \text{ wenn } x\geq 0 \\ -x, \text{ wenn } x<0\end{cases}$
Signumfunktion, Vorzeichenfunktion	$f: f(x)=\operatorname{sgn} x:=\begin{cases}-1, \text{wenn} x<0\\ 0, \text{wenn} x=0\\ 1, \text{wenn} x>0\end{cases} \Leftrightarrow \operatorname{sgn} x:=\begin{cases}\frac{x}{\|x\|}, \text{wenn} x\in\mathbb{R}^{\neq 0}\\ 0, \quad \text{wenn} x=0\end{cases}$
Ganzzahlfunktionen (Gaußklammerfunktion)	• Größte ganze Zahl, die kleiner oder gleich x ist $f: f(x)=\lfloor x\rfloor=\mathrm{ent}(x)=E(x)=\mathrm{floor}(x)$ mit $k\leq x<k+1$ und $k\in\mathbb{Z}$ Beispiele: $\lfloor 5{,}713\rfloor=\underline{\underline{5}};\ \lfloor-\pi\rfloor=\underline{\underline{-4}};\ \lfloor 12\rfloor=\underline{\underline{12}}$ • Kleinste ganze Zahl, die größer oder gleich x ist $f: f(x)=\lceil x\rceil=\mathrm{ceiling}(x)$ mit $k-1<x\leq k$ und $k\in\mathbb{Z}$ Beispiele: $\lceil 5{,}713\rceil=\underline{\underline{6}};\ \lceil-\pi\rceil=\underline{\underline{-3}};\ \lceil 12\rceil=\underline{\underline{12}}$
Ganzteilfunktion, Integerfunktion, Vorkommateil-Funktion	$f: f(x)=\lfloor\,\|x\|\,\rfloor\cdot\operatorname{sgn} x=\mathrm{int}\,x;\ D(f)=\mathbb{R}$ ► ganzzahliger Anteil von x Beispiele: $\mathrm{int}\ 5{,}713=\underline{\underline{5}};\ \mathrm{int}\,(-\pi)=\underline{\underline{-3}};\ \mathrm{int}\ 0{,}912=\underline{\underline{0}}$
Bruchteilfunktion, Nachkommateil-Funktion	$f: f(x)=x-\mathrm{int}\,x=\mathrm{frac}\,x;\ D(f)=\mathbb{R}$ ► gebrochener Anteil von x Beispiele: $\mathrm{frac}\ 5{,}713=\underline{\underline{0{,}713}};\ \mathrm{frac}\,(-\pi)=\underline{\underline{-0{,}14159\ldots}}$
Rundungsfunktion	$r_n: r_n(x)=10^{-n}\cdot\lfloor\,\|x_0\cdot 10^n\|+0{,}5\,\rfloor\cdot\operatorname{sgn} x;\ D(r_n)=\mathbb{R};\ n\in\mathbb{N}^{\geq 1}$ ► n: Stellenzahl hinter dem Komma
Heavyside-Funktion; Einheitssprung-Funktion, Schaltfunktion	$H: H(x):=\varepsilon(x)=\begin{cases}0, \text{ wenn } x<0\\ 1, \text{ wenn } x>0\end{cases}$

Exponentialfunktionen			
Exponentialfunktion mit der Basis *b*	$f: f(x) = b^x;\ b \in \mathbb{R}^{>0} \setminus \{1\};\ D(f) = \mathbb{R};\ W(f) = \mathbb{R}^{>0}$		
Exponentialfunktion mit der Basis e (e-Funktion)	$f: f(x) = \mathrm{e}^x = \exp(x);\ D(f) = \mathbb{R}$		
Eulersche Zahl e	$\mathrm{e} = 2{,}718281828459\ldots$		
Eigenschaften der e-Funktion mit $f(x) = \mathrm{e}^x$	$f: f(x) = \mathrm{e}^x; D(f) = \mathbb{R}; W(f) = \mathbb{R}^{>0}$ $\lim\limits_{x \to -\infty} \mathrm{e}^x = +0;\ \lim\limits_{x \to \infty} \mathrm{e}^x = \infty$ Graph von f ist in $\mathbb{R}$ streng monoton steigend. 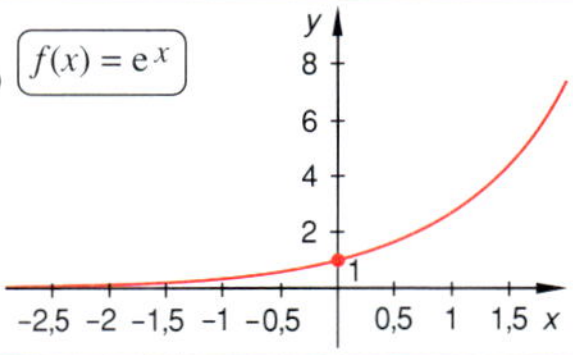 		
Potenzgesetze	$b^x \cdot b^y = b^{x+y}$	$\dfrac{b^x}{b^y} = b^{x-y}$	$(b^x)^y = b^{x \cdot y}$

Logarithmusfunktionen	
Logarithmusfunktion	$f: f(x) = \log_b x;\ D(f) = \mathbb{R}^{>0};\ b \in \mathbb{R}^{>0} \setminus \{1\}$
binäre Logarithmusfunktion	$b = 2$ ► $f(x) = \log_2 x := \operatorname{lb} x$
natürliche Logarithmusfunktion	$b = \mathrm{e}$ ► $f(x) = \log_{\mathrm{e}} x := \ln x$
dekadische Logarithmusfunktion	$b = 10$ ► $f(x) = \log_{10} x := \lg x$
Beziehung zwischen Exponentialfunktion und Logarithmusfunktion	$y = \log_b x \Leftrightarrow x = b^y$ ► $y = \operatorname{lb} x \Leftrightarrow x = 2^y$ $y = \ln x \Leftrightarrow x = e^y$ $y = \lg x \Leftrightarrow x = 10^y$
Zusammenhänge zwischen Logarithmen unterschiedlicher Basen	$\log_b x = \dfrac{\ln x}{\ln b}$ bzw. $\log_b x = \dfrac{\lg x}{\lg b}$ $\log_{b_2} x = \log_{b_1} x \cdot \dfrac{\ln b_1}{\ln b_2}$ bzw. $\log_{b_2} x = \log_{b_2} b_1 \cdot \log_{b_1} x$
Logarithmengesetze	$\log_b(u \cdot v) = \log_b u + \log_b v;\ u \in \mathbb{R}^{>0};\ v \in \mathbb{R}^{>0}$ $\log_b \dfrac{u}{v} = \log_b u - \log_b v;\ u \in \mathbb{R}^{>0};\ v \in \mathbb{R}^{>0}$ $\log_b u^r = r \cdot \log_b u;\ u \in \mathbb{R}^{>0};\ r \in \mathbb{R}$ $\log_b \sqrt[n]{z^m} = \log_b (z^m)^{\frac{1}{n}} = \dfrac{1}{n} \cdot \log_b z^m = \dfrac{m}{n} \cdot \log_b z$ mit $z \in \mathbb{R}^{>0};\ z^m \in \mathbb{R}^{>0}$ und $n \in \mathbb{N}^{\geq 1}$
Eigenschaften der Funktion f mit $f(x) = \ln x$	$f: f(x) = \ln x$ mit $D(f) = \mathbb{R}^{>0}$ und $W(f) = \mathbb{R}$ $\lim\limits_{\substack{x \to 0 \\ x > 0}} \ln x = -\infty;\ \lim\limits_{x \to \infty} \ln x = \infty$ Graph von f ist in $\mathbb{R}^{>0}$ streng monoton steigend. 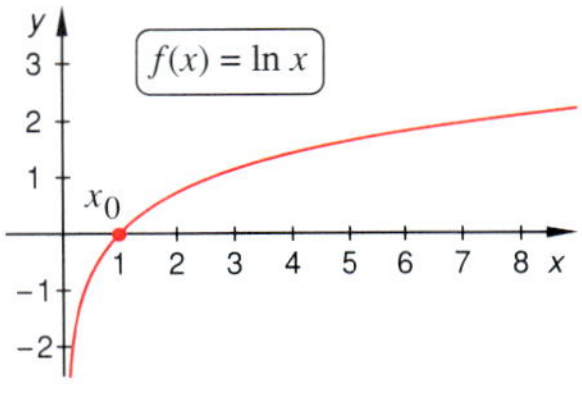

Trigonometrische Funktionen

Sinusfunktion

$f: f(x) = \sin x$ mit
$D(f) = \mathbb{R}$ und $W(f) = [-1; 1]$

Periode: 2π — $\sin(x + 2k\pi) = \sin x;\ k \in \mathbb{Z}$

Nullstellen — $x_k = k\pi;\ k \in \mathbb{Z}$ ► $\sin x_k = 0$

Symmetrie — ungerade Funktion: Graph verläuft symmetrisch zum Koordinatenursprung

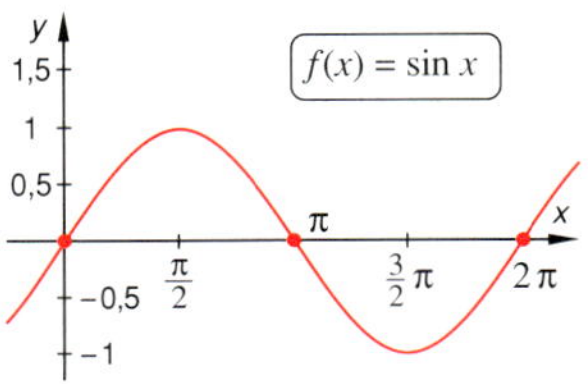

Kosinusfunktion

$f: f(x) = \cos x$ mit
$D(f) = \mathbb{R}$ und $W(f) = [-1; 1]$

Periode: 2π — $\cos(x + 2k\pi) = \cos x;\ k \in \mathbb{Z}$

Nullstellen — $x_k = \frac{\pi}{2} + k\pi;\ k \in \mathbb{Z}$ ► $\cos x_k = 0$

Symmetrie — gerade Funktion: Graph verläuft symmetrisch zur y-Achse

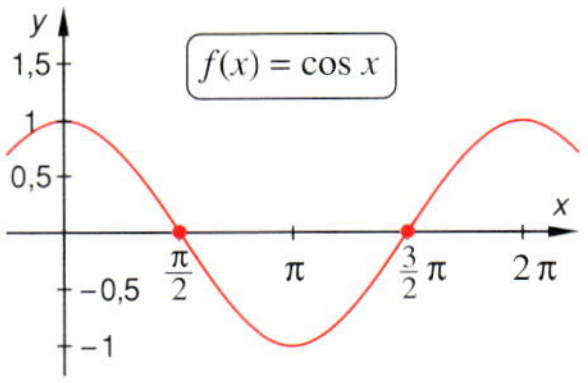

Tangensfunktion

$f: f(x) = \tan x;\ D(f) = \mathbb{R} \setminus \{\frac{\pi}{2} + m \cdot \pi \mid m \in \mathbb{Z}\};\ W(f) = \mathbb{R}$

Periode: π — $\tan(x + k\pi) = \tan x;\ k \in \mathbb{Z}$

Nullstellen — $x_k = k\pi;\ k \in \mathbb{Z}$ ► $\tan x_k = 0$

Unendlichkeitsstellen mit Vorzeichenwechsel — $x_m = \frac{\pi}{2} + m \cdot \pi;\ m \in \mathbb{Z}$

Symmetrie — ungerade Funktion: Graph verläuft symmetrisch zum Koordinatenursprung

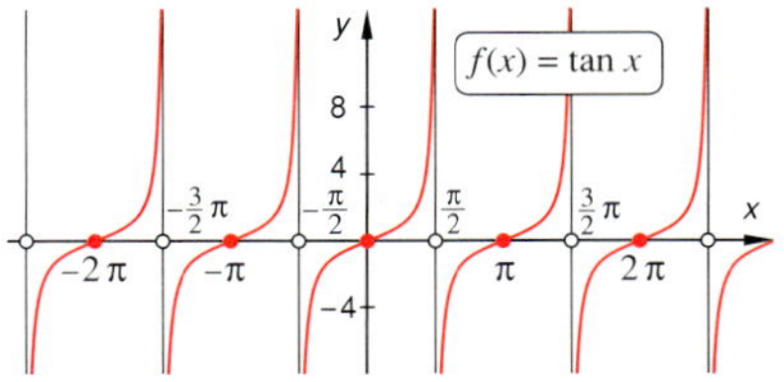

Kotangensfunktion

$f: f(x) = \cot x;\ D(f) = \mathbb{R} \setminus \{m \cdot \pi \mid m \in \mathbb{Z}\};\ W(f) = \mathbb{R}$

Periode: π — $\cot(x + k\pi) = \cot x;\ k \in \mathbb{Z}$

Nullstellen — $x_k = \frac{\pi}{2} + k\pi;\ k \in \mathbb{Z}$ ► $\cot x_k = 0$

Unendlichkeitsstellen mit Vorzeichenwechsel — $x_m = m \cdot \pi;\ m \in \mathbb{Z}$

Symmetrie — ungerade Funktion: Graph verläuft symmetrisch zum Koordinatenursprung

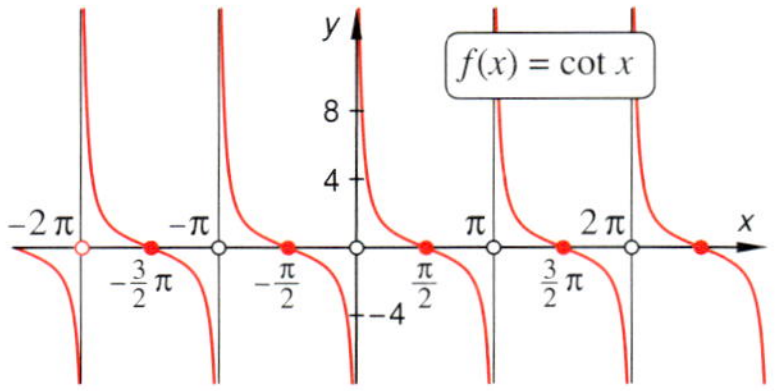

Umrechnung von Winkeln: Gradmaß ⇄ Bogenmaß

$\frac{b}{r} = x \Rightarrow b = r \cdot x$ | $\text{arc}\,\alpha = x = \frac{\pi}{180°} \cdot \alpha$ | $\alpha = \frac{180°}{\pi} \cdot x$

α	360°	270°	180°	90°	60°	57,29578°	45°	30°	22,5°	20°	15°	10°	1°
x	2π	$\frac{3}{2}\pi$	π	$\frac{\pi}{2}$	$\frac{\pi}{3}$	1	$\frac{\pi}{4}$	$\frac{\pi}{6}$	$\frac{\pi}{8}$	$\frac{\pi}{9}$	$\frac{\pi}{12}$	$\frac{\pi}{18}$	$\frac{\pi}{180}$

Funktionswerte negativer Winkel			
$\sin(-x) = -\sin x$	$\cos(-x) = +\cos x$	$\tan(-x) = -\tan x$	$\cot(-x) = -\cot x$

Funktionswerte der trigonometrischen Funktionen in den Quadranten							
Quadrant	I: $z \in \left[0; \frac{\pi}{2}\right]$	II: $z \in \left[\frac{\pi}{2}; \pi\right]$		III: $z \in \left[\pi; \frac{3}{2}\pi\right]$		IV: $z \in \left[\frac{3}{2}\pi; 2\pi\right]$	
$x \in \left[0; \frac{\pi}{2}\right]$	$z = \frac{\pi}{2} - x$	$z = \frac{\pi}{2} + x$	$z = \pi - x$	$z = \pi + x$	$z = \frac{3}{2}\pi - x$	$z = \frac{3}{2}\pi + x$	$z = 2\pi - x$
$\sin z =$	$\cos x$	$\cos x$	$\sin x$	$-\sin x$	$-\cos x$	$-\cos x$	$-\sin x$
$\cos z =$	$\sin x$	$-\sin x$	$-\cos x$	$-\cos x$	$-\sin x$	$\sin x$	$\cos x$
$\tan z =$	$\cot x$	$-\cot x$	$-\tan x$	$\tan x$	$\cot x$	$-\cot x$	$-\tan x$
$\cot z =$	$\tan x$	$-\tan x$	$-\cot x$	$\cot x$	$\tan x$	$-\tan x$	$-\cot x$

Beziehungen zwischen Funktionswerten trigonometrischer Funktionen		
$\tan x = \frac{\sin x}{\cos x}$	$\frac{1}{\sin^2 x} = 1 + \cot^2 x$	$\sin^2 x + \cos^2 x = 1$
$\cot x = \frac{\cos x}{\sin x}$	$\frac{1}{\cos^2 x} = 1 + \tan^2 x$	$\tan x \cdot \cot x = 1$

$\sin x =$	$\cos x =$	$\tan x =$	$\cot x =$
$\sqrt{1 - \cos^2 x}; x \in [0; \pi]$	$\sqrt{1 - \sin^2 x}; x \in \left[-\frac{\pi}{2}; \frac{\pi}{2}\right]$	$\frac{\sin x}{\sqrt{1 - \sin^2 x}}; x \in \left(-\frac{\pi}{2}; \frac{\pi}{2}\right)$	$\frac{\sqrt{1 - \sin^2 x}}{\sin x}; x \in \left(0; \frac{\pi}{2}\right)$
$\frac{\tan x}{\sqrt{1 + \tan^2 x}}; x \in \left(-\frac{\pi}{2}; \frac{\pi}{2}\right)$	$\frac{1}{\sqrt{1 + \tan^2 x}}; x \in \left(-\frac{\pi}{2}; \frac{\pi}{2}\right)$	$\frac{\sqrt{1 - \cos^2 x}}{\cos x}; x \in \left(0; \frac{\pi}{2}\right)$	$\frac{\cos x}{\sqrt{1 - \cos^2 x}}; x \in (0; \pi)$
$\frac{1}{\sqrt{1 + \cot^2 x}}; x \in (0; \pi)$	$\frac{\cot x}{\sqrt{1 + \cot^2 x}}; x \in (0; \pi)$	$\frac{1}{\cot x}$	$\frac{1}{\tan x}$
$\sin^2 x =$	**$\cos^2 x =$**	**$\tan^2 x =$**	**$\cot^2 x =$**
$1 - \cos^2 x$	$1 - \sin^2 x$	$\frac{\sin^2 x}{1 - \sin^2 x}$	$\frac{1 - \sin^2 x}{\sin^2 x}$
$\frac{\tan^2 x}{1 + \tan^2 x}$	$\frac{1}{1 + \tan^2 x}$	$\frac{1 - \cos^2 x}{\cos^2 x}$	$\frac{\cos^2 x}{1 - \cos^2 x}$
$\frac{1}{1 + \cot^2 x}$	$\frac{\cot^2 x}{1 + \cot^2 x}$	$\frac{1}{\cot^2 x}$	$\frac{1}{\tan^2 x}$

Funktionswerte von Vielfachen eines Winkels	
$\sin(2x) = 2 \cdot \sin x \cdot \cos x = \frac{2 \cdot \tan x}{1 + \tan^2 x}$	$\tan(2x) = \frac{2 \cdot \tan x}{1 - \tan^2 x} = \frac{2}{\cot x - \tan x}$
$\sin(3x) = 3 \cdot \sin x - 4 \cdot \sin^3 x$	$\tan(3x) = \frac{3 \cdot \tan x - \tan^3 x}{1 - 3 \cdot \tan^2 x}$
$\sin(4x) = 8 \cdot \sin x \cdot \cos^3 x - 4 \cdot \sin x \cdot \cos x$	$\tan(4x) = \frac{4 \cdot \tan x - 4 \cdot \tan^3 x}{1 - 6 \cdot \tan^2 x + \tan^4 x}$
$\sin(5x) = \sin^5 x - 10 \cdot \sin^3 x \cdot \cos^2 x + 5 \cdot \sin x \cdot \cos^4 x$	

Funktionswerte von Vielfachen eines Winkels	
$\cos(2x) = \cos^2 x - \sin^2 x = 2\cdot\cos^2 x - 1 = 1 - 2\cdot\sin^2 x$	$\cot(2x) = \dfrac{\cot^2 x - 1}{2\cdot\cot x} = \dfrac{\cot x - \tan x}{2}$
$\cos(2x) = \dfrac{1-\tan^2 x}{1+\tan^2 x}$	$\cot(3x) = \dfrac{\cot^3 x - 3\cdot\cot x}{3\cdot\cot^2 x - 1}$
$\cos(3x) = 4\cdot\cos^3 x - 3\cdot\cos x$	$\cot(4x) = \dfrac{\cot^4 x - 6\cdot\cot^2 x + 1}{4\cdot\cot^3 x - 4\cdot\cot x}$
$\cos(4x) = 8\cdot\cos^4 x - 8\cdot\cos^2 x + 1$	
$\cos(5x) = \cos^5 x - 10\cdot\cos^3 x\cdot\sin^2 x + 5\cdot\cos x\cdot\sin^4 x$	

Funktionswerte von Teilen eines Winkels			
$\sin\dfrac{x}{2} = \pm\sqrt{\dfrac{1-\cos x}{2}};\ x\in[0;\pi]$		$\tan\dfrac{x}{2} = \pm\sqrt{\dfrac{1-\cos x}{1+\cos x}} = \dfrac{\sin x}{1+\cos x} = \dfrac{1-\cos x}{\sin x};\ x\in(0;\pi)$	
$\cos\dfrac{x}{2} = \pm\sqrt{\dfrac{1+\cos x}{2}};\ x\in[-\pi;\pi]$		$\cot\dfrac{x}{2} = \pm\sqrt{\dfrac{1+\cos x}{1-\cos x}} = \dfrac{\sin x}{1-\cos x} = \dfrac{1+\cos x}{\sin x};\ x\in(0;\pi)$	
$\sin x = 2\cdot\sin\dfrac{x}{2}\cdot\cos\dfrac{x}{2}$	$\cos x = \cos^2\dfrac{x}{2} - \sin^2\dfrac{x}{2}$	$\tan x = \dfrac{2\cdot\tan\dfrac{x}{2}}{1-\tan^2\dfrac{x}{2}}$	$\cot x = \dfrac{\cot^2\dfrac{x}{2} - 1}{2\cdot\cot\dfrac{x}{2}}$

Beziehungen für zwei Winkel	
$\sin(\alpha\pm\beta) = \sin\alpha\cdot\cos\beta \pm \cos\alpha\cdot\sin\beta$	$\tan(\alpha\pm\beta) = \dfrac{\tan\alpha\pm\tan\beta}{1\mp\tan\alpha\cdot\tan\beta}$
$\cos(\alpha\pm\beta) = \cos\alpha\cdot\cos\beta \mp \sin\alpha\cdot\sin\beta$	$\cot(\alpha\pm\beta) = \dfrac{\cot\alpha\cdot\cot\beta\mp 1}{\cot\beta\pm\cot\alpha}$
$\sin\alpha + \sin\beta = 2\cdot\sin\dfrac{\alpha+\beta}{2}\cdot\cos\dfrac{\alpha-\beta}{2}$ $\sin\alpha - \sin\beta = 2\cdot\cos\dfrac{\alpha+\beta}{2}\cdot\sin\dfrac{\alpha-\beta}{2}$	$\tan\alpha + \tan\beta = \dfrac{\sin(\alpha+\beta)}{\cos\alpha\cdot\cos\beta}$ $\tan\alpha - \tan\beta = \dfrac{\sin(\alpha-\beta)}{\cos\alpha\cdot\cos\beta}$
$\cos\alpha + \cos\beta = 2\cdot\cos\dfrac{\alpha+\beta}{2}\cdot\cos\dfrac{\alpha-\beta}{2}$ $\cos\alpha - \cos\beta = -2\cdot\sin\dfrac{\alpha+\beta}{2}\cdot\sin\dfrac{\alpha-\beta}{2}$	$\cot\alpha + \cot\beta = \dfrac{\sin(\alpha+\beta)}{\sin\alpha\cdot\sin\beta}$ $\cot\alpha - \cot\beta = -\dfrac{\sin(\alpha-\beta)}{\sin\alpha\cdot\sin\beta}$
$\sin\alpha\cdot\sin\beta = 0{,}5\cdot[\cos(\alpha-\beta) - \cos(\alpha+\beta)]$ $\sin\alpha\cdot\cos\beta = 0{,}5\cdot[\sin(\alpha-\beta) + \sin(\alpha+\beta)]$ $\cos\alpha\cdot\cos\beta = 0{,}5\cdot[\cos(\alpha-\beta) + \cos(\alpha+\beta)]$	$\tan\alpha\cdot\tan\beta = \dfrac{\tan\alpha+\tan\beta}{\cot\alpha+\cot\beta}$ $\tan\alpha\cdot\cot\beta = \dfrac{\tan\alpha+\cot\beta}{\cot\alpha+\tan\beta}$ $\cot\alpha\cdot\cot\beta = \dfrac{\cot\alpha+\cot\beta}{\tan\alpha+\tan\beta}$

Arkusfunktionen		
Arkussinusfunktion Nullstelle Symmetrie	$f: f(x) = \operatorname{Arcsin} x$ mit $D(f) = [-1; 1]$ und $W(f) = \left[-\frac{\pi}{2}; \frac{\pi}{2}\right]$ $x_0 = 0$ ungerade Funktion: Graph verläuft symmetrisch zum Koordinatenursprung	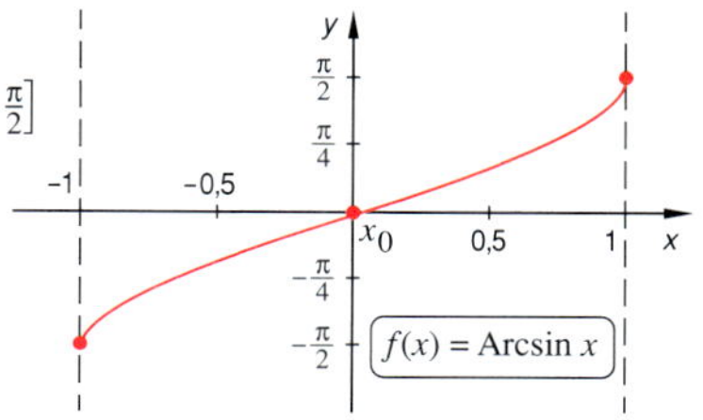
Arkuskosinusfunktion Nullstelle Symmetrie	$f: f(x) = \operatorname{Arccos} x$ mit $D(f) = [-1; 1]$ und $W(f) = [0; \pi]$ $x_0 = 1$ Graph verläuft symmetrisch zum Punkt $P\langle 0 \mid \frac{\pi}{2} \rangle$	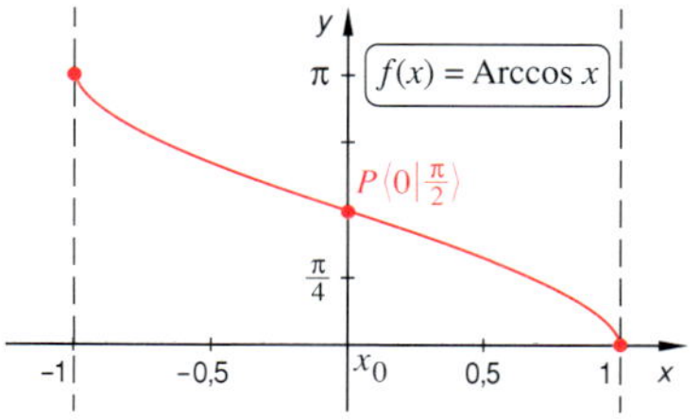
Arkustangensfunktion Nullstelle Symmetrie	$f: f(x) = \operatorname{Arctan} x$ mit $D(f) = \mathbb{R}$ und $W(f) = \left(-\frac{\pi}{2}; \frac{\pi}{2}\right)$ $x_0 = 0$ ungerade Funktion: Graph verläuft symmetrisch zum Koordinatenursprung	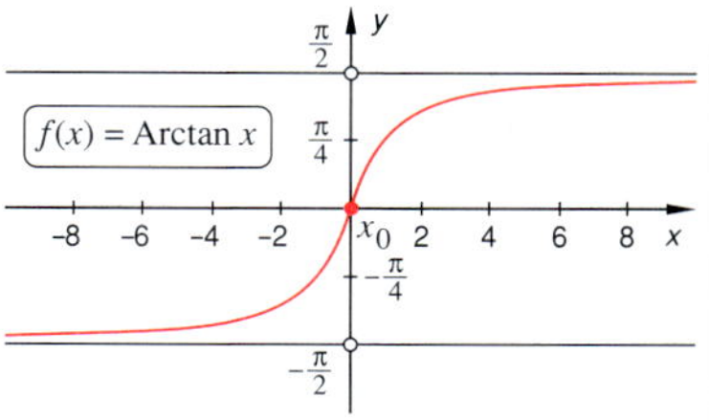
Arkuskotangens-funktion Nullstelle Symmetrie	$f: f(x) = \operatorname{Arccot} x$ mit $D(f) = \mathbb{R}$ und $W(f) = (0; \pi)$ keine Graph verläuft symmetrisch zum Punkt $P\langle 0 \mid \frac{\pi}{2} \rangle$.	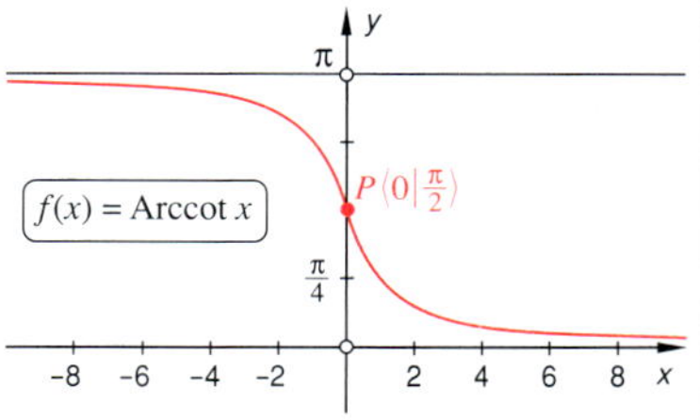

Beziehungen zwischen Funktionswerten der Arkusfunktionen

$\operatorname{Arcsin} x =$	$\operatorname{Arccos} x =$	$\operatorname{Arctan} x =$	$\operatorname{Arccot} x =$
$\frac{\pi}{2} - \operatorname{Arccos} x$	$\frac{\pi}{2} - \operatorname{Arcsin} x$	$\frac{\pi}{2} - \operatorname{Arccot} x$	$\frac{\pi}{2} - \operatorname{Arctan} x$
$\operatorname{Arccos} \sqrt{1 - x^2}; x \in [0; 1]$	$\operatorname{Arcsin} \sqrt{1 - x^2}; x \in [0; 1]$	$\operatorname{Arcsin} \frac{x}{\sqrt{1 + x^2}}; x \in \mathbb{R}$	$\operatorname{Arcsin} \frac{1}{\sqrt{1 + x^2}}; x \in \mathbb{R}^{\geq 0}$
$\operatorname{Arctan} \frac{x}{\sqrt{1 - x^2}}; x \in (-1; 1)$	$\operatorname{Arctan} \frac{\sqrt{1 - x^2}}{x}; x \in (0; 1]$	$\operatorname{Arccos} \frac{1}{\sqrt{1 + x^2}}; x \in \mathbb{R}^{\geq 0}$	$\operatorname{Arccos} \frac{x}{\sqrt{1 + x^2}}; x \in \mathbb{R}$
$\operatorname{Arccot} \frac{\sqrt{1 - x^2}}{x}; x \in (0; 1]$	$\operatorname{Arccot} \frac{x}{\sqrt{1 - x^2}}; x \in (-1; 1)$	$\operatorname{Arccot} \frac{1}{x}; x \in \mathbb{R}^{>0}$	$\operatorname{Arctan} \frac{1}{x}; x \in \mathbb{R}^{>0}$

Hyperbelfunktionen		
Hyperbelsinusfunktion Nullstelle Symmetrie	$f: f(x) = \sinh x = 0{,}5 \cdot (\mathrm{e}^x - \mathrm{e}^{-x})$ mit $D(f) = \mathbb{R}$ und $W(f) = \mathbb{R}$ $x_0 = 0$ ungerade Funktion: Graph verläuft symmetrisch zum Koordinatenursprung	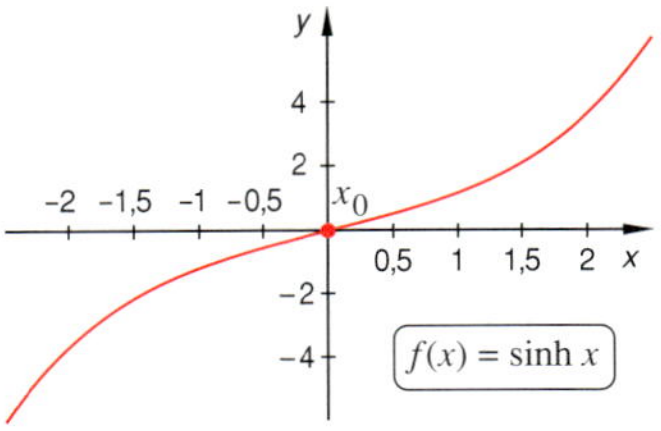
Hyperbelkosinusfunktion Nullstelle Symmetrie	$f: f(x) = \cosh x = 0{,}5 \cdot (\mathrm{e}^x + \mathrm{e}^{-x})$ mit $D(f) = \mathbb{R}$ und $W(f) = [1; \infty)$ keine gerade Funktion: Graph verläuft symmetrisch zur y-Achse	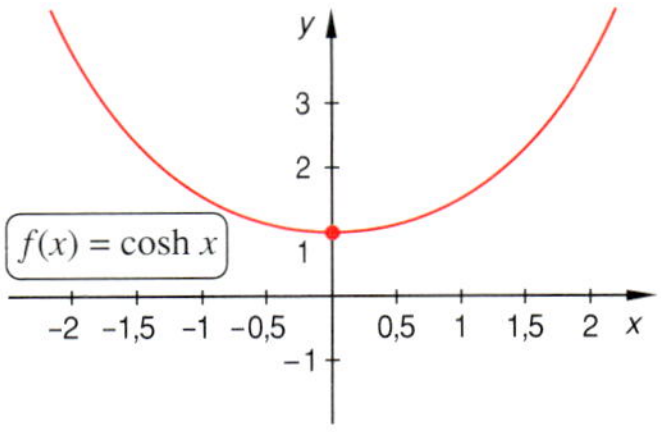
Hyperbeltangensfunktion Nullstelle Symmetrie	$f: f(x) = \tanh x = \frac{\sinh x}{\cosh x} = \frac{\mathrm{e}^x - \mathrm{e}^{-x}}{\mathrm{e}^x + \mathrm{e}^{-x}}$ mit $D(f) = \mathbb{R}$ und $W(f) = (-1; 1)$ $x_0 = 0$ ungerade Funktion: Graph verläuft symmetrisch zum Koordinatenursprung	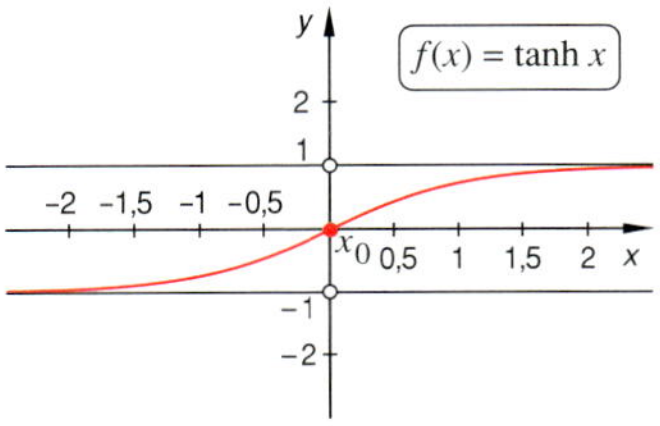
Hyperbelkontangens-funktion Nullstelle Symmetrie	$f: f(x) = \coth x = \frac{\cosh x}{\sinh x} = \frac{\mathrm{e}^x + \mathrm{e}^{-x}}{\mathrm{e}^x - \mathrm{e}^{-x}}$ mit $D(f) = \mathbb{R}^{+0}$ und $W(f) = \mathbb{R} \setminus [-1; 1]$ keine ungerade Funktion: Graph verläuft symmetrisch zum Koordinatenursprung	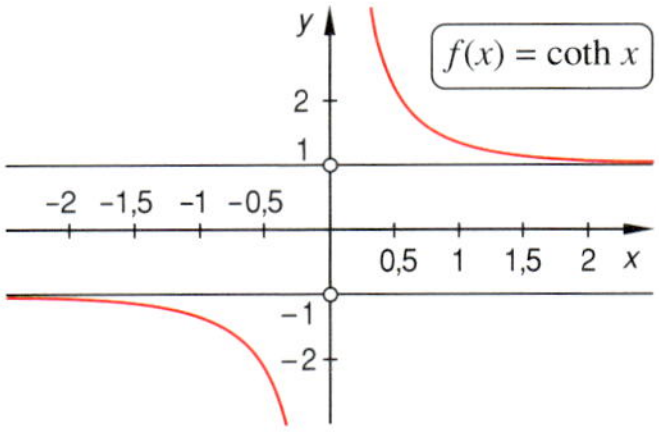

Beziehungen zwischen Hyperbelfunktionen			
$\cosh^2 x - \sinh^2 x = 1$	$\tanh x \cdot \coth x = 1$	$\cosh x + \sinh x = e^x$	$\cosh x - \sinh x = e^{-x}$

$\sinh x =$	$\cosh x =$	$\tanh x =$	$\coth x =$
$\sqrt{\cosh^2 x - 1};\, x \in \mathbb{R}^{\geq 0}$	$\sqrt{1+\sinh^2 x}$	$\dfrac{\sinh x}{\sqrt{1+\sinh^2 x}}$	$\dfrac{\sqrt{1+\sinh^2 x}}{\sinh x};\, x \in \mathbb{R}^{\neq 0}$
$\dfrac{\tanh x}{\sqrt{1-\tanh^2 x}}$	$\dfrac{1}{\sqrt{1-\tanh^2 x}}$	$\dfrac{\sqrt{\cosh^2 x - 1}}{\cosh x};\, x \in \mathbb{R}^{\geq 0}$	$\dfrac{\cosh x}{\cosh^2 x - 1};\, x \in \mathbb{R}^{>0}$
$\dfrac{1}{\sqrt{\coth^2 x - 1}};\, x \in \mathbb{R}^{>0}$	$\dfrac{\coth x}{\sqrt{\coth^2 x - 1}};\, x \in \mathbb{R}^{>0}$	$\dfrac{\sinh x}{\cosh x} = \dfrac{1}{\coth x};\, x \in \mathbb{R}^{\neq 0}$	$\dfrac{\cosh x}{\sinh x} = \dfrac{1}{\tanh x};\, x \in \mathbb{R}^{\neq 0}$
$\sinh(2x) = 2 \cdot \sinh x \cdot \cosh x$ $\cosh(2x) = \sinh^2 x + \cosh^2 x$		$\tanh(2x) = \dfrac{2 \cdot \tanh x}{1+\tanh^2 x}$ $\coth(2x) = \dfrac{1+\coth^2 x}{2 \cdot \coth x}$	
$\sinh \dfrac{x}{2} = \sqrt{\dfrac{\cosh x - 1}{2}} = \dfrac{\sinh x}{\sqrt{2 \cdot (\cosh x + 1)}}$ $\cosh \dfrac{x}{2} = \sqrt{\dfrac{\cosh x + 1}{2}} = \dfrac{\sinh x}{\sqrt{2 \cdot (\cosh x - 1)}}$		$\tanh \dfrac{x}{2} = \dfrac{\sinh x}{\cosh x + 1} = \dfrac{\cosh x - 1}{\sinh x} = \sqrt{\dfrac{\cosh x - 1}{\cosh x + 1}}$ $\coth \dfrac{x}{2} = \dfrac{\sinh x}{\cosh x - 1} = \dfrac{\cosh x + 1}{\sinh x} = \sqrt{\dfrac{\cosh x + 1}{\cosh x - 1}}$	
$\sinh x \pm \sinh y = 2 \cdot \sinh \dfrac{x \pm y}{2} \cdot \cosh \dfrac{x \mp y}{2}$ $\tanh x \pm \tanh y = \dfrac{\sinh(x \pm y)}{\cosh x \cdot \cosh y}$		$\cosh x + \cosh y = 2 \cdot \cosh \dfrac{x+y}{2} \cdot \cosh \dfrac{x-y}{2}$ $\cosh x - \cosh y = 2 \cdot \sinh \dfrac{x+y}{2} \cdot \sinh \dfrac{x-y}{2}$	

Areahyperbelfunktionen		
Areahyperbelsinus-funktion	$f: f(x) = \operatorname{Arsinh} x = \ln(x + \sqrt{x^2+1})$ mit $D(f) = \mathbb{R}$ und $W(f) = \mathbb{R}$	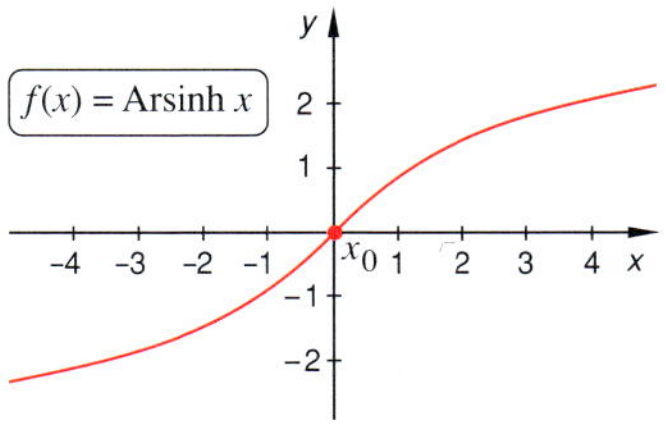
Nullstelle	$x_0 = 0$	
Symmetrie	ungerade Funktion: Graph verläuft symmetrisch zum Koordinatenursprung	
Areahyperbelkosinus-funktion	$f: f(x) = \operatorname{Arcosh} x = \ln(x + \sqrt{x^2-1})$ mit $D(f) = [1; \infty)$ und $W(f) = \mathbb{R}^{\geq 0}$	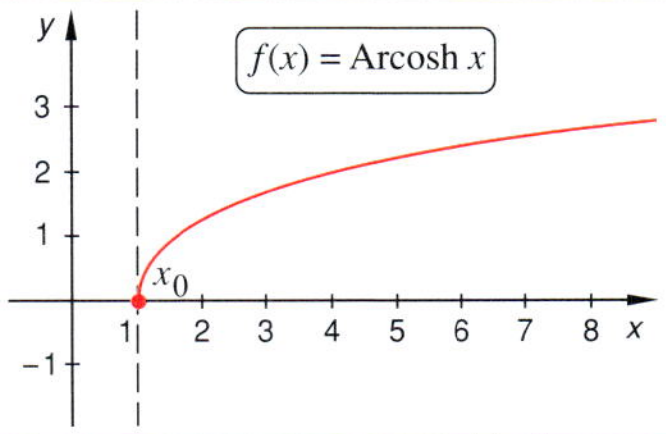
Nullstelle	$x_0 = 1$	

Areahyperbelfunktionen		
Areahyperbeltangensfunktion	$f: f(x) = \operatorname{Artanh} x = 0{,}5 \cdot \ln \frac{1+x}{1-x}$ mit $D(f) = (-1;\,1)$ und $W(f) = \mathbb{R}$	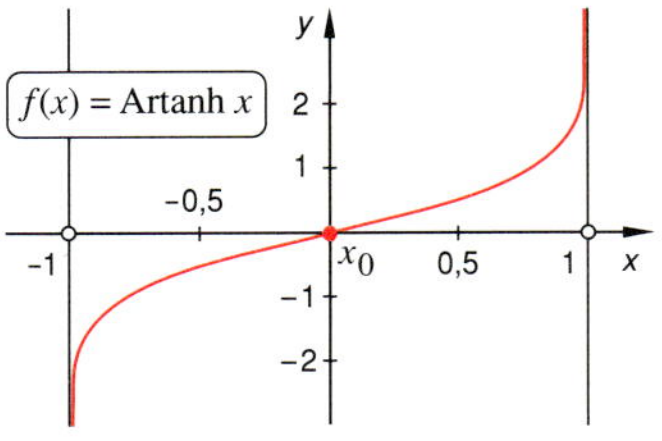
Nullstelle	$x_0 = 0$	
Symmetrie	ungerade Funktion: Graph verläuft symmetrisch zum Koordinatenursprung	
Areahyperbelkotangensfunktion	$f: f(x) = \operatorname{Arcoth} x = 0{,}5 \cdot \ln \frac{x+1}{x-1}$ mit $D(f) = \mathbb{R} \setminus [-1;\,1]$ und $W(f) = \mathbb{R}^{\neq 0}$	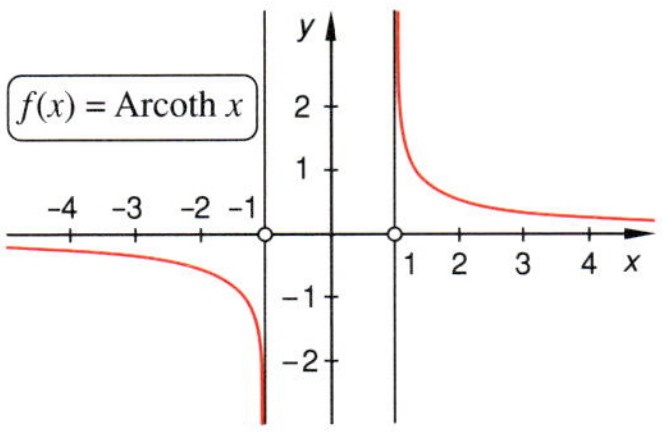
Nullstelle	keine	
Symmetrie	ungerade Funktion: Graph verläuft symmetrisch zum Koordinatenursprung	

Beziehungen zwischen Areahyperbelfunktionen

Tritt in der Tabelle „±“ auf, so gilt „+“ für $x > 0$ und „−“ für $x < 0$.

$\operatorname{Arsinh} x =$	$\operatorname{Arcosh} x =$	$\operatorname{Artanh} x =$	$\operatorname{Arcoth} x =$
$\pm\operatorname{Arcosh} \sqrt{x^2+1}$	$\operatorname{Arsinh} \sqrt{x^2-1}$	$\operatorname{Arsinh} \frac{x}{\sqrt{1-x^2}}$	$\operatorname{Arsinh} \frac{1}{\sqrt{x^2-1}}$
$\operatorname{Artanh} \frac{x}{\sqrt{x^2+1}}$	$\operatorname{Artanh} \frac{\sqrt{x^2-1}}{x}$	$\pm\operatorname{Arcosh} \frac{1}{\sqrt{1-x^2}}$	$\pm\operatorname{Arcosh} \frac{x}{\sqrt{x^2-1}}$
$\operatorname{Arcoth} \frac{\sqrt{x^2+1}}{x}$	$\operatorname{Arcoth} \frac{x}{\sqrt{x^2-1}}$	$\operatorname{Arcoth} \frac{1}{x}$	$\operatorname{Artanh} \frac{1}{x}$

4.2 Ableitungen von Funktionen

- $s_{x_0}(x) = \frac{f(x) - f(x_0)}{x - x_0}$; $s_{x_0}(h) = \frac{f(x_0 + h) - f(x_0)}{h}$
- $f'(x_0) = \lim\limits_{x \to x_0} \frac{f(x) - f(x_0)}{x - x_0} = \lim\limits_{h \to 0} \frac{f(x_0 + h) - f(x_0)}{h}$
- **Tangentengleichung im Punkt $P\langle x_0 | f(x_0)\rangle$: $t_{x_0}(x) = f'(x_0) \cdot (x - x_0) + f(x_0)$.**

	$f(x)$	$f'(x)$
Potenzregel	x^r ► $r \in \mathbb{N}^{\geq 1}$; $D(f) = \mathbb{R}$ x^r ► $r \in \mathbb{Z}^{\leq -1}$; $D(f) = \mathbb{R}^{\neq 0}$ x^r ► $r \in (-\infty; 0)$ mit $r \notin \mathbb{Z}$ und $D(f) = \mathbb{R}^{>0}$ x^r ► $r \in (0; 1)$ und $D(f) = \mathbb{R}^{\geq 0}$ x^r ► $r \in (1; \infty)$ mit $r \notin \mathbb{Z}$ und $D(f) = \mathbb{R}^{\geq 0}$	$r \cdot x^{r-1}$; $D(f') = \mathbb{R}$ $r \cdot x^{r-1}$; $D(f') = \mathbb{R}^{\neq 0}$ $r \cdot x^{r-1}$; $D(f') = \mathbb{R}^{>0}$ $r \cdot x^{r-1}$; $D(f') = \mathbb{R}^{>0}$ $r \cdot x^{r-1}$; $D(f') = \mathbb{R}^{\geq 0}$
Konstantenregel	k	0
Faktorregel	$c \cdot g(x)$	$c \cdot g'(x)$
Summenregel	$u(x) + v(x) + \ldots$	$u'(x) + v'(x) + \ldots$
Produktregel **Produktregel für drei Faktoren**	$u(x) \cdot v(x)$ $u(x) \cdot v(x) \cdot w(x)$	$u'(x) \cdot v(x) + u(x) \cdot v'(x)$ $u'(x) \cdot v(x) \cdot w(x) + u(x) \cdot v'(x) \cdot w(x) +$ $+ u(x) \cdot v(x) \cdot w'(x)$
Quotientenregel	$\frac{u(x)}{v(x)}$	$\frac{u'(x) \cdot v(x) - u(x) \cdot v'(x)}{[v(x)]^2}$; $v(x) \neq 0$
Kehrwertregel	$\frac{1}{g(x)}$	$-\frac{g'(x)}{[g(x)]^2}$; $g(x) \neq 0$
Kettenregel	$g[h(x)]$ $g(h[i(x)])$	$g'(z) \cdot h'(x)$; $z = h(x)$ $g'(h[i(x)]) \cdot h'[i(x)] \cdot i'(x)$
Umkehrregel	$f(x)$ $f^{-1}(x)$	$[f^{-1}]'(z) = \frac{1}{f'(x)}$; $z = f(x)$; $f'(x) \neq 0$ $f'(x) = \frac{1}{[f^{-1}]'(z)}$; $z = f(x)$; $[f^{-1}]'(z) \neq 0$
Exponential-funktionen	b^x b^{ax} e^x e^{ax}	$b^x \cdot \ln b$; $x \in \mathbb{R}$; $b \in \mathbb{R}^{>0} \setminus \{1\}$ $a \cdot b^{ax} \cdot \ln b$; $x \in \mathbb{R}$; $b \in \mathbb{R}^{>0} \setminus \{1\}$; $a \neq 0$ e^x; $x \in \mathbb{R}$ $a \cdot e^{ax}$; $x \in \mathbb{R}$; $a \neq 0$

	$f(x)$	$f'(x)$
Logarithmusfunktionen	$\ln x$	$\frac{1}{x}; x \in \mathbb{R}^{>0}$
	$\ln(ax)$	$\frac{1}{x}; x \in \mathbb{R}^{>0}; a \neq 0$
	$\log_b x$	$\frac{1}{x \cdot \ln b}; x \in \mathbb{R}^{>0}; b \in \mathbb{R}^{>0} \setminus \{1\}$
	$\log_b(ax)$	$\frac{1}{x \cdot \ln b} x \in \mathbb{R}^{>0}; b \in \mathbb{R}^{>0} \setminus \{1\}; a \neq 0$
Trigonometrische Funktionen	$\sin x$	$\cos x; x \in \mathbb{R}$
	$\cos x$	$-\sin x; x \in \mathbb{R}$
	$\tan x$	$\frac{1}{\cos^2 x} = 1 + \tan^2 x; x \in \mathbb{R} \setminus \left\{\frac{\pi}{2} + k\pi \mid k \in \mathbb{Z}\right\}$
	$\cot x$	$-\frac{1}{\sin^2 x} = -(1 + \cot^2 x); x \in \mathbb{R} \setminus \{k\pi \mid k \in \mathbb{Z}\}$
	$a \cdot \sin(bx)$	$ab \cdot \cos(bx)$
	$a \cdot \cos(bx)$	$-ab \cdot \sin(bx)$
	$a \cdot \tan(bx)$	$\frac{ab}{\cos^2(bx)} = ab \cdot [1 + \tan^2(bx)]$
	$a \cdot \cot(bx)$	$-\frac{ab}{\sin^2(bx)} = -ab \cdot [1 + \cot^2(bx)]$
	$\sin^n x$	$n \cdot \sin^{n-1} x \cdot \cos x$
	$\cos^n x$	$(-n) \cdot \cos^{n-1} x \cdot \sin x$
	$\tan^n x$	$n \cdot \tan^{n-1} x \cdot (1 + \tan^2 x)$
	$\cot^n x$	$(-n) \cdot \cot^{n-1} x \cdot (1 + \cot^2 x)$
Arkusfunktionen	$\operatorname{Arcsin} x$	$\frac{1}{\sqrt{1-x^2}}; x \in (-1; 1)$
	$\operatorname{Arccos} x$	$\frac{-1}{\sqrt{1-x^2}}; x \in (-1; 1)$
	$\operatorname{Arctan} x$	$\frac{1}{1+x^2}; x \in \mathbb{R}$
	$\operatorname{Arccot} x$	$\frac{-1}{1+x^2}; x \in \mathbb{R}$
Hyperbelfunktionen	$\sinh x = \frac{1}{2} \cdot (e^x - e^{-x})$	$\cosh x; x \in \mathbb{R}$
	$\cosh x = \frac{1}{2} \cdot (e^x + e^{-x})$	$\sinh x; x \in \mathbb{R}$
	$\tanh x = \frac{e^x - e^{-x}}{e^x + e^{-x}}$	$1 - \tanh^2 x = \frac{1}{\cosh^2 x}; x \in \mathbb{R}$
	$\coth x = \frac{e^x + e^{-x}}{e^x - e^{-x}}$	$1 - \coth^2 x = \frac{-1}{\sinh^2 x}; x \in \mathbb{R}^{\neq 0}$

	$f(x)$	$f'(x)$
Areahyperbel-funktionen	$\operatorname{Arsinh} x = \ln(x + \sqrt{x^2+1})$ $\operatorname{Arcosh} x = \ln(x + \sqrt{x^2-1})$ $\operatorname{Artanh} x = \frac{1}{2} \cdot \ln \frac{1+x}{1-x}$ $\operatorname{Arcoth} x = \frac{1}{2} \cdot \ln \frac{x+1}{x-1}$	$\frac{1}{\sqrt{x^2+1}}; x \in \mathbb{R}$ $\frac{1}{\sqrt{x^2-1}}; x \in (1; \infty)$ $\frac{1}{1-x^2}; x \in (-1; 1)$ $\frac{1}{1-x^2}; x \in \mathbb{R} \setminus [-1; 1]$
Logarithmische Differentiation	$f(x) = [g(x)]^{h(x)}; g(x) > 0$	$f(x) \cdot \left[h'(x) \cdot \ln g(x) + h(x) \cdot \frac{g'(x)}{g(x)}\right]$

Funktionen in Polarkoordinatendarstellung
$\varphi \mapsto F(\varphi) \Rightarrow \tan \alpha = \frac{F(\varphi_0)}{F'(\varphi_0)}$ ► $F'(\varphi_0) = \frac{F(\varphi_0)}{\tan \alpha} = F(\varphi_0) \cdot \frac{\cos \alpha}{\sin \alpha}$
$\tan(\varphi_0 + \alpha) = \tan \tau = \frac{\tan \varphi_0 + \tan \alpha}{1 - \tan \varphi_0 \cdot \tan \alpha} = \frac{F(\varphi_0) + F'(\varphi_0) \cdot \tan \varphi_0}{F'(\varphi_0) - F(\varphi_0) \cdot \tan \varphi_0} = \frac{F'(\varphi_0) \cdot \sin \varphi_0 + F(\varphi_0) \cdot \cos \varphi_0}{F'(\varphi_0) \cdot \cos \varphi_0 - F(\varphi_0) \cdot \sin \varphi_0}$

Funktionen in Parameterdarstellung
$\begin{cases} x = f_1(t) \\ y = f_2(t) \end{cases}; t \in D(f_1) \cap D(f_2) \Rightarrow f'(x) = \frac{\dot{f}_2(t)}{\dot{f}_1(t)} \Rightarrow f''(x) = \frac{\dot{f}_1(t) \cdot \ddot{f}_2(t) - \ddot{f}_1(t) \cdot \dot{f}_2(t)}{[\dot{f}_1(t)]^3}$

4.3 Reihen

Rechnen mit dem Summenzeichen

$\sum_{k=1}^{n} a_k = a_1 + a_2 + a_3 + a_4 + \ldots + a_n$; $\sum_{k=0}^{n-1} b_k = b_0 + b_1 + b_2 + b_3 + \ldots + b_{n-1}$

Beispiele:

- $\sum_{k=1}^{n} k = \frac{n \cdot (n+1)}{2} \Rightarrow \sum_{k=1}^{n-1} k = \frac{(n-1) \cdot (n-1+1)}{2} = \frac{(n-1) \cdot n}{2}$
- $\sum_{k=1}^{n} (k-1) = \sum_{k=0}^{n-1} k = \sum_{k=1}^{n-1} k$
- $\sum_{k=1}^{n} k^2 = \frac{n \cdot (n+1) \cdot (2n+1)}{6} \Rightarrow \sum_{k=1}^{n-1} k^2 = \frac{(n-1) \cdot (n-1+1) \cdot [2 \cdot (n-1)+1]}{6} = \frac{(n-1) \cdot n \cdot (2n-1)}{6}$
- $\sum_{k=1}^{n} (k-1)^2 = \sum_{k=0}^{n-1} k^2 = \sum_{k=1}^{n-1} k^2 = \frac{(n-1) \cdot n \cdot (2n-1)}{6}$

Fakultät – Binomialkoeffizienten

- $\boldsymbol{n! = 1 \cdot 2 \cdot 3 \cdot 4 \cdot 5 \cdot \ldots \cdot n;\ n \in \mathbb{N}^{\geq 1}}$ ► gelesen: „***n* Fakultät**"

  $0! = 1$ ► Definition

  Beispiele: $1! = 1$ ► $n = 1$

  $4! = 1 \cdot 2 \cdot 3 \cdot 4 = \underline{\underline{24}}$ ► $n = 4$

  $9! = 1 \cdot 2 \cdot 3 \cdot 4 \cdot 5 \cdot 6 \cdot 7 \cdot 8 \cdot 9 = \underline{\underline{362880}}$ ► $n = 9$

- $\boldsymbol{(n+1)! = n! \cdot (n+1);\ 0! = 1;\ n \in \mathbb{N}}$ ► Rekursionsformel
- $\frac{n!}{(n-1)!} = n$ und $\frac{n!}{(n-k)!} = n \cdot (n-1) \cdot (n-2) \cdot (n-3) \cdot \ldots \cdot (n-k+1);\ n; k \in \mathbb{N}; k \leq n$
- $\frac{n!}{k! \cdot (n-k)!} = \binom{n}{k};\ n; k \in \mathbb{N}; k \leq n$

  $\binom{n}{k}$ ► **gelesen „*n* über *k*"** ► $\binom{n}{k}$ wird als **Binomialkoeffizient** bezeichnet

  Beispiele:

  $\binom{5}{2}$ ► $n = 5; k = 2$ ► $\binom{5}{2} = \frac{5!}{2! \cdot (5-2)!} = \frac{5!}{2! \cdot 3!} = \frac{1 \cdot 2 \cdot 3 \cdot 4 \cdot 5}{1 \cdot 2 \cdot 1 \cdot 2 \cdot 3} = \frac{4 \cdot 5}{2} = \underline{\underline{10}}$

  $\binom{4}{0}$ ► $n = 4; k = 0$ ► $\binom{4}{0} = \frac{4!}{0! \cdot (4-0)!} = \frac{4!}{1 \cdot 4!} = \frac{1 \cdot 2 \cdot 3 \cdot 4}{1 \cdot 1 \cdot 2 \cdot 3 \cdot 4} = \underline{\underline{1}}$

- Es gilt: $\binom{n}{k} = \frac{n \cdot (n-1) \cdot (n-2) \cdot (n-3) \cdot \ldots \cdot (n-k+1)}{k!};\ n \in \mathbb{R}$ **und** $k \in \mathbb{N}$

  Beispiele:

  $\binom{\sqrt{2}}{3}$ ► $n = \sqrt{2}; k = 3$ ► $\binom{\sqrt{2}}{3} = \frac{\sqrt{2} \cdot (\sqrt{2}-1) \cdot (\sqrt{2}-2)}{3!} = \frac{\sqrt{2} \cdot (4 - 3 \cdot \sqrt{2})}{1 \cdot 2 \cdot 3} = \frac{2}{3} \cdot \sqrt{2} - 1 = \underline{\underline{-0{,}057191}}$

  $\binom{-0{,}5}{2}$ ► $n = -0{,}5; k = 2$ ► $\binom{-0{,}5}{2} = \frac{-0{,}5 \cdot (-0{,}5-1)}{2!} = \frac{-0{,}5 \cdot (-1{,}5)}{1 \cdot 2} = \underline{\underline{0{,}375}}$

Summen endlicher Reihen
Für $n \in \mathbb{N}^{\geq 1}$ gilt:
$1+2+3+4+\ldots+n=\sum_{k=1}^{n} k=\frac{n \cdot (n+1)}{2}$
$1^2+2^2+3^2+4^2+\ldots+n^2=\sum_{k=1}^{n} k^2=\frac{n \cdot (n+1) \cdot (2n+1)}{6}$
$1^3+2^3+3^3+4^3+\ldots+n^3=\sum_{k=1}^{n} k^3=\frac{n^2 \cdot (n+1)^2}{4}$
$1^4+2^4+3^4+4^4+\ldots+n=\sum_{k=1}^{n} k^4=\frac{n \cdot (n+1) \cdot (2n+1) \cdot (3n^2+3n-1)}{30}$
$1+3+5+7+\ldots+(2n-1)=\sum_{k=1}^{n}(2k-1)=n^2$
$2+4+6+8+\ldots+2n=\sum_{k=1}^{n}(2k)=n \cdot (n+1)$
$1^2+3^2+5^2+7^2+\ldots+(2n-1)^2=\sum_{k=1}^{n}(2k-1)^2=\frac{n \cdot (4n^2-1)}{3}$
$1^3+2^3+3^3+4^3+\ldots+(2n-1)^3=\sum_{k=1}^{n}(2k-1)^3=n^2 \cdot (2n^2-1)$

$f(x)$	**Binomische Reihen**	Konvergenzintervall
Hinweis:	Kommen in einer Reihe die Vorzeichen $\pm$ oder $\mp$ vor, so gehört das obere Vorzeichen zu $1+x$ und das untere Vorzeichen zu $1-x$.	
$(1 \pm x)^n$	$1 \pm \binom{n}{1} \cdot x+\binom{n}{2} \cdot x^2 \pm \binom{n}{3} \cdot x^3+\binom{n}{4} \cdot x^4 \pm \binom{n}{5} \cdot x^5+\ldots$	$[-1; 1]$, wenn $n \in \mathbb{R}^{>0} \setminus \mathbb{N}$ $(-1; 1)$, wenn $n \in \mathbb{R}^{<0} \setminus \mathbb{Z}$
Für $n \in \mathbb{N}^{\geq 1}$ sind die Reihen endlich, haben $n+1$ Summanden und das Konvergenzintervall $(-\infty; \infty)$.		
$(1 \pm x)^{\frac{1}{2}}$	$1 \pm \frac{1}{2} \cdot x-\frac{1 \cdot 1}{2 \cdot 4} \cdot x^2 \pm \frac{1 \cdot 1 \cdot 3}{2 \cdot 4 \cdot 6} \cdot x^3-\frac{1 \cdot 1 \cdot 3 \cdot 5}{2 \cdot 4 \cdot 6 \cdot 8} \cdot x^4 \pm \frac{1 \cdot 1 \cdot 3 \cdot 5 \cdot 7}{2 \cdot 4 \cdot 6 \cdot 8 \cdot 10} \cdot x^5-\ldots$	$[-1; 1]$
$(1 \pm x)^{\frac{1}{3}}$	$1 \pm \frac{1}{3} \cdot x-\frac{1 \cdot 2}{3 \cdot 6} \cdot x^2 \pm \frac{1 \cdot 2 \cdot 5}{3 \cdot 6 \cdot 9} \cdot x^3-\frac{1 \cdot 2 \cdot 5 \cdot 8}{3 \cdot 6 \cdot 9 \cdot 12} \cdot x^4 \pm \frac{1 \cdot 2 \cdot 5 \cdot 8 \cdot 11}{3 \cdot 6 \cdot 9 \cdot 12 \cdot 15} \cdot x^5-\ldots$	$[-1; 1]$
$(1 \pm x)^{\frac{1}{4}}$	$1 \pm \frac{1}{4} \cdot x-\frac{1 \cdot 3}{4 \cdot 8} \cdot x^2 \pm \frac{1 \cdot 3 \cdot 7}{4 \cdot 8 \cdot 12} \cdot x^3-\frac{1 \cdot 3 \cdot 7 \cdot 11}{4 \cdot 8 \cdot 12 \cdot 16} \cdot x^4 \pm \frac{1 \cdot 3 \cdot 7 \cdot 11 \cdot 15}{4 \cdot 8 \cdot 12 \cdot 16 \cdot 20} \cdot x^5-\ldots$	$[-1; 1]$
$(1 \pm x)^{-1}$	$1 \mp x+x^2 \mp x^3+x^4 \mp x^5+x^6 \mp x^7+\ldots$	$(-1; 1)$
$(1 \pm x)^{-\frac{1}{2}}$	$1 \mp \frac{1}{2} \cdot x+\frac{1 \cdot 3}{2 \cdot 4} \cdot x^2 \mp \frac{1 \cdot 3 \cdot 5}{2 \cdot 4 \cdot 6} \cdot x^3+\frac{1 \cdot 3 \cdot 5 \cdot 7}{2 \cdot 4 \cdot 6 \cdot 8} \cdot x^4 \mp \frac{1 \cdot 3 \cdot 5 \cdot 7 \cdot 9}{2 \cdot 4 \cdot 6 \cdot 8 \cdot 10} \cdot x^5+\ldots$	$(-1; 1)$
$(1 \pm x)^{-2}$	$1 \mp 2x+3x^2 \mp 4x^3+5x^4 \mp 6x^5+7x^6 \mp 8x^7+\ldots$	$(-1; 1)$
$(1 \pm x)^{-3}$	$1 \mp \frac{1}{1 \cdot 2} \cdot (2 \cdot 3x \mp 3 \cdot 4x^2+4 \cdot 5x^3 \mp 5 \cdot 6x^4+6 \cdot 7x^5 \mp \ldots)$	$(-1; 1)$
$(1 \pm x)^{-4}$	$1 \mp \frac{1}{1 \cdot 2 \cdot 3} \cdot (2 \cdot 3 \cdot 4x \mp 3 \cdot 4 \cdot 5x^2+4 \cdot 5 \cdot 6x^3 \mp 5 \cdot 6 \cdot 7x^4+6 \cdot 7 \cdot 8x^5 \mp \ldots)$	$(-1; 1)$
$(1 \pm x)^{-5}$	$1 \mp \frac{1}{1 \cdot 2 \cdot 3 \cdot 4} \cdot (2 \cdot 3 \cdot 4 \cdot 5x \mp 3 \cdot 4 \cdot 5 \cdot 6x^2+4 \cdot 5 \cdot 6 \cdot 7x^3 \mp 5 \cdot 6 \cdot 7 \cdot 8x^4+\ldots)$	$(-1; 1)$

$f(x)$	**Binomische Reihen**	Konvergenzintervall
Für $a; n \in \mathbb{R}^{\neq 0}$ gilt: $(a \pm x)^n = \left[a \cdot \left(1 \pm \frac{x}{a}\right)\right]^n = a^n \cdot \left(1 \pm \frac{x}{a}\right)\right]^n$		
Setzt man in der oben für $(1 \pm x)^n$ angegebenen Reihe $\frac{x}{a}$ für x, so erhält man Reihen für $(a \pm x)^n$:		
$(a \pm x)^n$	$a^n \cdot \left[1 \pm \binom{n}{1} \cdot \frac{x}{a} + \binom{n}{2} \cdot \left(\frac{x}{a}\right)^2 \pm \binom{n}{3} \cdot \left(\frac{x}{a}\right)^3 + \binom{n}{4} \cdot \left(\frac{x}{a}\right)^4 \pm \ldots\right]$	$[-\lvert a\rvert; \lvert a\rvert]$, wenn $n \in \mathbb{R}^{>0} \setminus \mathbb{N}$ $(-\lvert a\rvert; \lvert a\rvert)$, wenn $n \in \mathbb{R}^{<0} \setminus \mathbb{Z}$

Geometrische Reihen	
$1 + q + q^2 + q^3 + \ldots + q^n = \frac{1 - q^{n+1}}{1 - q}$ für $q \neq 1$	► endliche geometrische Reihe
$1 + q + q^2 + q^3 + \ldots = \frac{1}{1 - q}$ für $\lvert q\rvert < 1$	► unendliche geometrische Reihe

$f(x)$	**Reihen von Exponentialfunktionen**	Konvergenzintervall
e^x	$1 + \frac{x}{1!} + \frac{x^2}{2!} + \frac{x^3}{3!} + \frac{x^4}{4!} + \frac{x^5}{5!} + \frac{x^6}{6!} + \ldots + \frac{x^n}{n!} + \ldots$	$(-\infty; \infty)$
e^{ax}	$1 + \frac{a}{1!} \cdot x + \frac{a^2}{2!} \cdot x^2 + \frac{a^3}{3!} \cdot x^3 + \frac{a^4}{4!} \cdot x^4 + \ldots + \frac{a^n}{n!} \cdot x^n + \ldots; a \in \mathbb{R}$	$(-\infty; \infty)$
$a^x = e^{x \cdot \ln a}$	$1 + \frac{\ln a}{1!} \cdot x + \frac{\ln^2 a}{2!} \cdot x^2 + \frac{\ln^3 a}{3!} \cdot x^3 + \ldots + \frac{\ln^n a}{n!} \cdot x^n + \ldots; a \in \mathbb{R}^{>0} \setminus \{1\}$	$(-\infty; \infty)$
e	$1 + \frac{1}{1!} + \frac{1}{2!} + \frac{1}{3!} + \ldots + \frac{1}{n!} + \ldots$	

$f(x)$	**Reihen von logarithmischen Funktionen**	Konvergenzintervall
$\ln x$	$2 \cdot \left[\frac{x-1}{x+1} + \frac{(x-1)^3}{3 \cdot (x+1)^3} + \frac{(x-1)^5}{5 \cdot (x+1)^5} + \ldots + \frac{(x-1)^{2n+1}}{(2n+1) \cdot (x+1)^{2n+1}} + \ldots\right]$	$(0; \infty)$
$\ln x$	$(x-1) - \frac{(x-1)^2}{2} + \frac{(x-1)^3}{3} - \frac{(x-1)^4}{4} \pm \ldots + (-1)^{n+1} \cdot \frac{(x-1)^n}{n} \mp \ldots$	$(0; 2]$
$\ln x$	$\frac{x-1}{x} + \frac{(x-1)^2}{2x^2} + \frac{(x-1)^3}{3x^3} + \ldots + \frac{(x-1)^n}{n \cdot x^n} + \ldots$	$\left(\frac{1}{2}; \infty\right)$
$\ln(1+x)$	$x - \frac{x^2}{2} + \frac{x^3}{3} - \frac{x^4}{4} \pm \ldots + (-1)^{n+1} \cdot \frac{x^n}{n} \mp \ldots$	$(-1; 1)$
$\ln(1-x)$	$-\left(x + \frac{x^2}{2} + \frac{x^3}{3} + \frac{x^4}{4} + \frac{x^5}{5} + \ldots + \frac{x^n}{n} + \ldots\right)$	$(-1; 1)$
$\ln \frac{1+x}{1-x}$	$2 \cdot \left(x + \frac{x^3}{3} + \frac{x^5}{5} + \frac{x^7}{7} + \ldots + \frac{x^{2n+1}}{2n+1} + \ldots\right)$	$(-1; 1)$
$\ln \frac{x+1}{x-1}$	$2 \cdot \left(\frac{1}{x} + \frac{1}{3x^3} + \frac{1}{5x^5} + \frac{1}{7x^7} + \ldots + \frac{1}{(2n+1) \cdot x^{2n+1}} + \ldots\right)$	$(-\infty; -1); (1; \infty)$
$\ln 2$	$1 - \frac{1}{2} + \frac{1}{3} - \frac{1}{4} \pm \ldots + \frac{1}{n} \mp \ldots$	

$f(x)$	**Reihen von trigonometrischen Funktionen**	Konvergenzintervall
$\sin x$	$x-\frac{x^3}{3!}+\frac{x^5}{5!}-\frac{x^7}{7!}\pm\ldots+(-1)^n\cdot\frac{x^{2n+1}}{(2n+1)!}\mp\ldots$	$(-\infty;\infty)$
$\cos x$	$1-\frac{x^2}{2!}+\frac{x^4}{4!}-\frac{x^6}{6!}\pm\ldots+(-1)^n\cdot\frac{x^{2n}}{(2n)!}\mp\ldots$	$(-\infty;\infty)$
$\tan x$	$x+\frac{1}{3}\cdot x^3+\frac{2}{15}\cdot x^5+\frac{17}{315}\cdot x^7+\frac{62}{2835}\cdot x^9+\ldots$	$\left(-\frac{\pi}{2};\frac{\pi}{2}\right)$
$\cot x$	$\frac{1}{x}-\frac{x}{3}-\frac{x^3}{45}-\frac{2x^5}{945}-\frac{x^7}{4725}-\ldots$	$(-\pi;0);(0;\pi)$
$\frac{1}{\cos x}$	$1+\frac{1}{2}\cdot x^2+\frac{5}{24}\cdot x^4+\frac{61}{720}\cdot x^6+\frac{277}{8064}\cdot x^8+\ldots$	$\left(-\frac{\pi}{2};\frac{\pi}{2}\right)$
$\frac{1}{\sin x}$	$\frac{1}{x}+\frac{1}{6}\cdot x+\frac{7}{360}\cdot x^3+\frac{31}{15120}\cdot x^5+\frac{127}{604800}\cdot x^7+\ldots$	$(-\pi;0);(0;\pi)$

$f(x)$	**Reihen von Arkusfunktionen**	Konvergenzintervall
$\operatorname{Arcsin} x$	$x+\frac{1}{2\cdot 3}\cdot x^3+\frac{1\cdot 3}{2\cdot 4\cdot 5}\cdot x^5+\frac{1\cdot 3\cdot 5}{2\cdot 4\cdot 6\cdot 7}\cdot x^7+\ldots+\frac{1\cdot 3\cdot 5\cdot\ldots\cdot(2n-1)\cdot x^{2n+1}}{2\cdot 4\cdot 6\cdot\ldots\cdot(2n)\cdot(2n+1)}+\ldots$	$(-1;1)$
$\operatorname{Arccos} x$	$\frac{\pi}{2}-\left(x+\frac{1}{2\cdot 3}\cdot x^3+\frac{1\cdot 3}{2\cdot 4\cdot 5}\cdot x^5+\frac{1\cdot 3\cdot 5}{2\cdot 4\cdot 6\cdot 7}\cdot x^7+\ldots+\frac{1\cdot 3\cdot 5\cdot\ldots\cdot(2n-1)\cdot x^{2n+1}}{2\cdot 4\cdot 6\cdot\ldots\cdot(2n)\cdot(2n+1)}+\ldots\right)$	$(-1;1)$
$\operatorname{Arctan} x$	$x-\frac{x^3}{3}+\frac{x^5}{5}-\frac{x^7}{7}\pm\ldots+(-1)^n\cdot\frac{x^{2n+1}}{2n+1}\mp\ldots$	$(-1;1)$
$\frac{\pi}{4}=\operatorname{Arctan} 1$	$1-\frac{1}{3}+\frac{1}{5}-\frac{1}{7}+\frac{1}{9}\mp\ldots+\frac{1}{2n-1}\mp\ldots$	
$\operatorname{Arccot} x$	$\frac{\pi}{2}-\left(x-\frac{x^3}{3}+\frac{x^5}{5}-\frac{x^7}{7}\pm\ldots+(-1)^n\cdot\frac{x^{2n+1}}{2n+1}\mp\ldots\right)$	$(-1;1)$

$f(x)$	**Reihen von Hyperbelfunktionen**	Konvergenzintervall
$\sinh x$	$x+\frac{x^3}{3!}+\frac{x^5}{5!}+\frac{x^7}{7!}+\ldots+\frac{x^{2n+1}}{(2n+1)!}+\ldots$	$(-\infty;\infty)$
$\cosh x$	$1+\frac{x^2}{2!}+\frac{x^4}{4!}+\frac{x^6}{6!}+\ldots+\frac{x^{2n}}{(2n)!}+\ldots$	$(-\infty;\infty)$
$\tanh x$	$x-\frac{1}{3}\cdot x^3+\frac{2}{15}\cdot x^5-\frac{17}{315}\cdot x^7+\frac{62}{2835}\cdot x^9\mp\ldots$	$\left(-\frac{\pi}{2};\frac{\pi}{2}\right)$
$\coth x$	$\frac{1}{x}+\frac{x}{3}-\frac{x^3}{45}+\frac{2x^5}{945}-\frac{x^7}{4725}\pm\ldots$	$(-\pi;0);(0;\pi)$

$f(x)$	**Reihen von Areahyperbelfunktionen**	Konvergenzintervall
$\operatorname{Arsinh} x$	$x-\frac{1}{2\cdot 3}\cdot x^3+\frac{1\cdot 3}{2\cdot 4\cdot 5}\cdot x^5-\frac{1\cdot 3\cdot 5}{2\cdot 4\cdot 6\cdot 7}\cdot x^7 \pm \ldots + (-1)^n\cdot\frac{1\cdot 3\cdot 5\cdot\ldots\cdot(2n-1)}{2\cdot 4\cdot 6\cdot\ldots\cdot 2n\cdot(2n+1)}\cdot x^{2n+1}\mp\ldots$	$(-1;1)$
$\operatorname{Arcosh} x$	$\ln(2x)-\frac{1}{2\cdot 2x^2}-\frac{1\cdot 3}{2\cdot 4\cdot 4x^4}-\frac{1\cdot 3\cdot 5}{2\cdot 4\cdot 6\cdot 6x^6}-\ldots$	$(1;\infty)$
$\operatorname{Artanh} x$	$x+\frac{x^3}{3}+\frac{x^5}{5}+\frac{x^7}{7}+\ldots+\frac{x^{2n+1}}{2n+1}+\ldots$	$(-1;1)$
$\operatorname{Arcoth} x$	$\frac{1}{x}+\frac{1}{3x^3}+\frac{1}{5x^5}+\frac{1}{7x^7}+\ldots+\frac{1}{(2n+1)\cdot x^{2n+1}}+\ldots$	$(-\infty;-1);(1;\infty)$

Bernoullische Zahlen B_k

$\frac{\pi^{2k}\cdot 2^{2k-1}}{(2k)!}\cdot B_k=\sum_{m=1}^{\infty}\frac{1}{m^{2k}}$ ($k=1;\cdots;10$ ► siehe Tabelle)

k	1	2	3	4	5	6	7	8	9	10
B_k	$\frac{1}{6}$	$\frac{1}{30}$	$\frac{1}{42}$	$\frac{1}{30}$	$\frac{5}{66}$	$\frac{691}{2730}$	$\frac{7}{6}$	$\frac{3617}{510}$	$\frac{43867}{798}$	$\frac{174611}{330}$

Eulersche Zahlen E_k

$\frac{\pi^{2k+1}}{2^{2k+2}\cdot(2k)!}\cdot E_k=\sum_{m=0}^{\infty}\left[(-1)^m\cdot\frac{1}{(2m+1)^{2k+1}}\right]$ ($k=1;\ldots 7$ ► siehe Tabelle)

k	1	2	3	4	5	6	7
E_k	1	5	61	1385	50521	2702765	199360981

4.4 Integrale

Regeln für unbestimmte Integrale

- Eine differenzierbare Funktion F heißt Stammfunktion einer Funktion f in einem Intervall $I \subset D(f)$, wenn $F'(x) = f(x)$ für alle $x \in I$ gilt.
- Hat eine Funktion f in einem Intervall $I \subset D(f)$ eine Stammfunktion, so bezeichnet $\int f(x)\,\mathrm{d}x$ den Funktionsterm irgendeiner Stammfunktion von f im Intervall I. $\int f(x)\,\mathrm{d}x$ heißt unbestimmtes Integral von f. ► 1.2
- **Faktorregel** $\int [k \cdot f(x)]\,\mathrm{d}x = k \cdot \int f(x)\,\mathrm{d}x$ ► 2.2
- **Summenregel** $\int [f_1(x) + f_2(x) + f_3(x) + \ldots]\,\mathrm{d}x = \int f_1(x)\,\mathrm{d}x + \int f_2(x)\,\mathrm{d}x + \int f_3(x)\,\mathrm{d}x + \ldots$ ► 2.3
- **Integration durch Substitution** $\int \left(g[h(x)] \cdot h'(x)\right)\mathrm{d}x = \int g(z)\,\mathrm{d}z$ mit $z = h(x)$ ► 2.4
- **Partielle Integration** $\int [u(x) \cdot v'(x)]\,\mathrm{d}x = u(x) \cdot v(x) - \int [u'(x) \cdot v(x)]\,\mathrm{d}x$ ► 2.5

Zusammenstellung unbestimmter Integrale mit Lösungen

In der nachfolgenden Zusammenstellung sind wichtige unbestimmte Integrale mit Lösung angegeben. Dabei steht in der linken Spalte jeweils ein unbestimmtes Integral und in der rechten Spalte die Lösung in Form des Terms einer zugehörigen Stammfunktion (es können auch mehrere Terme zugehöriger Stammfunktionen sein). Hierbei ist folgendes zu beachten:

- Bei den Stammfunktionen wird die Integrationskonstante (► 1.2) stets fort gelassen.
- Kommen im Term einer Integrandfunktion neben der Integrationsvariablen x auch noch Parameter wie a, b, c, u.a. vor, so sind für diese Parameter nur solche Zahlen einzusetzen, für die der angegebene Term der Stammfunktion erklärt ist oder die den Integraltyp nicht verändern.
- Auf eine Angabe von Gültigkeitsintervallen (► 1.2) wird generell verzichtet.

Integrale, die Terme vom Typ $a \pm x$ enthalten

$\int x^n\,\mathrm{d}x$	$\frac{1}{n+1}x^{n+1}$ ► 2.1
$\int \frac{1}{x}\,\mathrm{d}x = \int x^{-1}\,\mathrm{d}x$	$\ln\lvert x\rvert$
$\int \frac{x-a}{x+a}\,\mathrm{d}x$	$x - 2a \cdot \ln\lvert x+a\rvert$
$\int \frac{x+a}{x-a}\,\mathrm{d}x$	$x + 2a \cdot \ln\lvert x-a\rvert$
$\int \frac{\mathrm{d}x}{a+x}$	$\ln\lvert a+x\rvert$
$\int \frac{\mathrm{d}x}{a-x}$	$-\ln\lvert a-x\rvert$
$\int \frac{\mathrm{d}x}{(a+x)^n}$	$\frac{1}{1-n} \cdot \frac{1}{(a+x)^{n-1}}$
$\int \frac{\mathrm{d}x}{(x+a)\cdot(x+b)}$	$\frac{1}{a-b} \cdot \ln\left\lvert\frac{x+b}{x+a}\right\rvert$

Integrale, die Terme vom Typ $a \pm x$ enthalten	
$\int \frac{x}{a+x}\,\mathrm{d}x$	$x - a \cdot \ln\lvert a+x\rvert$
$\int \frac{a+x}{x}\,\mathrm{d}x$	$x + a \cdot \ln\lvert x\rvert$
$\int \frac{x^2}{a+x}\,\mathrm{d}x$	$\frac{x^2}{2} - ax + a^2 \cdot \ln\lvert a+x\rvert$
$\int \frac{x^2}{a-x}\,\mathrm{d}x$	$-\frac{x^2}{2} - ax - a^2 \cdot \ln\lvert a-x\rvert$
$\int \frac{a+x}{x^2}\,\mathrm{d}x$	$-\frac{a}{x} + \ln\lvert x\rvert$
$\int \frac{a-x}{x^2}\,\mathrm{d}x$	$-\frac{a}{x} - \ln\lvert x\rvert$
$\int \frac{a+x^2}{a+x}\,\mathrm{d}x$	$\frac{x^2}{2} - ax + (a^2+a) \cdot \ln\lvert a+x\rvert$
$\int \frac{x}{(a+x)^2}\,\mathrm{d}x$	$\ln\lvert a+x\rvert + \frac{a}{a+x}$
$\int \frac{\mathrm{d}x}{(a+x)^2+b^2}$	$\frac{1}{b} \cdot \operatorname{Arctan}\frac{a+x}{b}$
$\int \frac{\mathrm{d}x}{(a+x)^2-b^2}$	$\frac{1}{2b} \cdot \ln\left\lvert\frac{x+a-b}{x+a+b}\right\rvert$
Integrale, die Terme vom Typ $ax+b$ enthalten	
$\int (ax+b)^n\,\mathrm{d}x$	$\frac{1}{a} \cdot \frac{1}{n+1} \cdot (ax+b)^{n+1};\ n \in \mathbb{R}^{\neq -1}$
$\int \frac{\mathrm{d}x}{(ax+b)^n}$	$\frac{1}{(1-n)\cdot a} \cdot (ax+b)^{1-n};\ n \in \mathbb{N}^{\geq 2}$
$\int \frac{x}{ax+b}\,\mathrm{d}x$	$\frac{x}{a} - \frac{b}{a^2} \cdot \ln\lvert ax+b\rvert$
$\int \frac{x}{(ax+b)^2}\,\mathrm{d}x$	$\frac{b}{a^2 \cdot (ax+b)} + \frac{1}{a^2} \cdot \ln\lvert ax+b\rvert$
$\int \frac{x}{(ax+b)^n}\,\mathrm{d}x$	$-\frac{1}{a^2} \cdot \frac{1}{n-2} \cdot \frac{1}{(ax+b)^{n-2}} + \frac{1}{a^2} \cdot \frac{1}{n-1} \cdot \frac{b}{(ax+b)^{n-1}};\ n \in \mathbb{N}^{\geq 3}$
$\int \frac{x^2}{ax+b}\,\mathrm{d}x$	$\frac{1}{2a^3} \cdot (ax+b)^2 - \frac{2b}{a^3} \cdot (ax+b) + \frac{b^2}{a^3} \cdot \ln\lvert ax+b\rvert$
$\int \frac{\mathrm{d}x}{x \cdot (ax+b)}$	$\frac{1}{b} \cdot \ln\left\lvert\frac{x}{ax+b}\right\rvert$
$\int \frac{\mathrm{d}x}{x \cdot (ax+b)^2}$	$\frac{1}{b} \cdot \frac{1}{ax+b} + \frac{1}{b^2} \cdot \ln\left\lvert\frac{x}{ax+b}\right\rvert$
$\int \frac{\mathrm{d}x}{x^2 \cdot (ax+b)}$	$-\frac{1}{b} \cdot \frac{1}{x} - \frac{a}{b^2} \cdot \ln\left\lvert\frac{x}{ax+b}\right\rvert$
$\int \frac{\mathrm{d}x}{x^2 \cdot (ax+b)^2}$	$-\frac{a}{b^2} \cdot \frac{1}{ax+b} - \frac{1}{b^2} \cdot \frac{1}{x} - \frac{2a}{b^3} \cdot \ln\left\lvert\frac{x}{ax+b}\right\rvert$
$\int \frac{\mathrm{d}x}{x^3 \cdot (ax+b)}$	$\frac{a^2}{b^3} \cdot \ln\left\lvert\frac{x}{ax+b}\right\rvert + \frac{a}{b^2 \cdot x} - \frac{1}{2b} \cdot \frac{1}{x^2}$
$\int \frac{\mathrm{d}x}{x^3 \cdot (ax+b)^2}$	$\frac{3a^2}{b^4} \cdot \ln\left\lvert\frac{x}{ax+b}\right\rvert + \frac{a^2}{b^3} \cdot \frac{1}{ax+b} + \frac{2a}{b^3} \cdot \frac{1}{x} - \frac{1}{2b^2} \cdot \frac{1}{x^2}$

Integrale, die Terme vom Typ ax^2+bx+c enthalten	
$\int \frac{dx}{ax^2+bx+c}$	$\begin{cases} \frac{2}{\sqrt{4ac-b^2}} \cdot \operatorname{Arctan} \frac{2ax+b}{\sqrt{4ac-b^2}}; \; 4ac-b^2>0 \\ \frac{-2}{2ax+b}; \; 4ac-b^2=0 \\ \frac{1}{\sqrt{b^2-4ac}} \cdot \ln \left\| \frac{2ax+b-\sqrt{b^2-4ac}}{2ax+b+\sqrt{b^2-4ac}} \right\|; \; 4ac-b^2<0 \end{cases}$
$\int \frac{dx}{(ax^2+bx+c)^2}$	$\frac{2ax+b}{(4ac-b^2)\cdot(ax^2+bx+c)} + \frac{2a}{4ac-b^2} \cdot \int \frac{dx}{ax^2+bx+c}; \; 4ac-b^2 \neq 0$
$\int \frac{x}{ax^2+bx+c}\,dx$	$\frac{1}{2a} \cdot \ln \|ax^2+bx+c\| - \frac{b}{2a} \cdot \int \frac{dx}{ax^2+bx+c}$
$\int \frac{x}{(ax^2+bx+c)^2}\,dx$	$\frac{bx+2c}{(4ac-b^2)\cdot(ax^2+bx+c)} - \frac{b}{4ac-b^2} \cdot \int \frac{dx}{ax^2+bx+c}; \; 4ac-b^2 \neq 0$
$\int \frac{x^2}{ax^2+bx+c}\,dx$	$\frac{x}{a} - \frac{b}{2a^2} \cdot \ln \|ax^2+bx+c\| + \frac{b^2-2ac}{2a^2} \cdot \int \frac{dx}{ax^2+bx+c}$
$\int \frac{x^2}{(ax^2+bx+c)^2}\,dx$	$\frac{(b^2-2ac)\cdot x+bc}{a\cdot(4ac-b^2)\cdot(ax^2+bx+c)} + \frac{2c}{4ac-b^2} \cdot \int \frac{dx}{ax^2+bx+c}; \; 4ac-b^2 \neq 0$
$\int \frac{dx}{x\cdot(ax^2+bx+c)}$	$\frac{1}{2c} \cdot \ln \left\| \frac{x^2}{ax^2+bx+c} \right\| - \frac{b}{2a} \cdot \int \frac{dx}{ax^2+bx+c}$
$\int \frac{dx}{x^2\cdot(ax^2+bx+c)}$	$\frac{b}{2c^2} \cdot \ln \left\| \frac{ax^2+bx+c}{x^2} \right\| - \frac{1}{cx} + \left(\frac{b^2}{2c^2} - \frac{a}{c} \right) \cdot \int \frac{dx}{ax^2+bx+c}$

Integrale, die Terme vom Typ a^2+x^2 enthalten	
$\int \frac{dx}{a^2+x^2}$	$\frac{1}{a} \cdot \operatorname{Arctan} \frac{x}{a}$
$\int \frac{dx}{(a^2+x^2)^2}$	$\frac{1}{2a^2} \cdot \frac{x}{a^2+x^2} + \frac{1}{2a^3} \cdot \operatorname{Arctan} \frac{x}{a}$
$\int \frac{dx}{(a^2+x^2)^3}$	$\frac{1}{4a^2} \cdot \frac{x}{(a^2+x^2)^2} + \frac{3}{8a^4} \cdot \frac{x}{a^2+x^2} + \frac{3}{8a^5} \cdot \operatorname{Arctan} \frac{x}{a}$
$\int \frac{dx}{(a^2+x^2)^n}$	$\frac{1}{(2n-2)\cdot a^2} \cdot \frac{x}{(a^2+x^2)^{n-1}} + \frac{2n-3}{(2n-2)\cdot a^2} \cdot \int \frac{dx}{(a^2+x^2)^{n-1}}; \; n \in \mathbb{N}^{\geq 2}$ ► Rekursionsformel ► 2.5
$\int \frac{dx}{a+bx^2}$	$\frac{1}{\sqrt{ab}} \cdot \operatorname{Arctan} \left(\sqrt{\frac{b}{a}} \cdot x \right)$
$\int \frac{x}{a^2+x^2}\,dx$	$\frac{1}{2} \cdot \ln(a^2+x^2)$

Integrale, die Terme vom Typ $a^2 + x^2$ enthalten	
$\int \frac{x}{(a^2+x^2)^2}\,\mathrm{d}x$	$-\frac{1}{2}\cdot\frac{1}{a^2+x^2}$
$\int \frac{x}{(a^2+x^2)^3}\,\mathrm{d}x$	$-\frac{1}{4}\cdot\frac{1}{(a^2+x^2)^2}$
$\int \frac{x}{(a^2+x^2)^n}\,\mathrm{d}x$	$-\frac{1}{2\cdot(n-1)\cdot(a^2+x^2)^{n-1}}$
$\int \frac{x^2}{a^2+x^2}\,\mathrm{d}x$	$x-a\cdot\mathrm{Arctan}\frac{x}{a}$
$\int \frac{x^2}{(a^2+x^2)^2}\,\mathrm{d}x$	$-\frac{1}{2}\cdot\frac{x}{a^2+x^2}+\frac{1}{2a}\cdot\mathrm{Arctan}\frac{x}{a}$
$\int \frac{x^2}{(a^2+x^2)^3}\,\mathrm{d}x$	$-\frac{1}{4}\cdot\frac{x}{(a^2+x^2)^2}+\frac{1}{8a^2}\cdot\frac{x}{a^2+x^2}+\frac{1}{8a^3}\cdot\mathrm{Arctan}\frac{x}{a}$
$\int \frac{x^3}{a^2+x^2}\,\mathrm{d}x$	$\frac{x^2}{2}-\frac{1}{2}\cdot a^2\cdot\ln(a^2+x^2)$
$\int \frac{x^3}{(a^2+x^2)^2}\,\mathrm{d}x$	$\frac{a^2}{2}\cdot\frac{1}{a^2+x^2}+\frac{1}{2}\cdot\ln(a^2+x^2)$
$\int \frac{x^3}{(a^2+x^2)^3}\,\mathrm{d}x$	$-\frac{1}{2}\cdot\frac{1}{a^2+x^2}+\frac{a^2}{4}\cdot\frac{1}{(a^2+x^2)^2}$
$\int \frac{\mathrm{d}x}{x\cdot(a^2+x^2)}$	$\frac{1}{2a^2}\cdot\ln\frac{x^2}{a^2+x^2}$
$\int \frac{\mathrm{d}x}{x\cdot(a^2+x^2)^2}$	$\frac{1}{2a^2}\cdot\frac{1}{a^2+x^2}+\frac{1}{2a^4}\cdot\ln\frac{x^2}{a^2+x^2}$
Integrale, die Terme vom Typ $a^2 - x^2$ bzw. $x^2 - a^2$ enthalten	
$\int \frac{\mathrm{d}x}{a^2-x^2}$	$-\frac{1}{2a}\cdot\ln\left\lvert\frac{x-a}{x+a}\right\rvert$
$\int \frac{\mathrm{d}x}{x^2-a^2}$	$\frac{1}{2a}\cdot\ln\left\lvert\frac{x-a}{x+a}\right\rvert$
$\int \frac{\mathrm{d}x}{(a^2-x^2)^2}$	$\frac{1}{2a^2}\cdot\frac{x}{a^2-x^2}+\frac{1}{4a^3}\cdot\ln\left\lvert\frac{a+x}{a-x}\right\rvert$
$\int \frac{x}{a^2-x^2}\,\mathrm{d}x$	$-\frac{1}{2}\cdot\ln\lvert a^2-x^2\rvert$
$\int \frac{x^2}{a^2-x^2}\,\mathrm{d}x$	$-x+\frac{a}{2}\cdot\ln\left\lvert\frac{a+x}{a-x}\right\rvert$
$\int \frac{x^3}{a^2-x^2}\,\mathrm{d}x$	$-\frac{x^2}{2}-\frac{a^2}{2}\cdot\ln\lvert a^2-x^2\rvert$
$\int \frac{\mathrm{d}x}{x\cdot(a^2-x^2)}$	$\frac{1}{2a^2}\cdot\ln\left\lvert\frac{x^2}{a^2-x^2}\right\rvert$

Integrale, die Terme vom Typ $a^2 - x^2$ bzw. $x^2 - a^2$ enthalten	
$\int \frac{dx}{x^2 \cdot (a^2 - x^2)}$	$-\frac{1}{a^2} \cdot \frac{1}{x} - \frac{1}{2a^3} \cdot \ln\left\|\frac{a+x}{a-x}\right\|$
$\int \frac{dx}{x^3 \cdot (a^2 - x^2)}$	$-\frac{1}{2a^2} \cdot \frac{1}{x^2} + \frac{1}{2a^4} \cdot \ln\left\|\frac{x^2}{a^2 - x^2}\right\|$
$\int \frac{dx}{x^3 \cdot (a^2 - x^2)^2}$	$-\frac{1}{2a^4} \cdot \frac{1}{x^2} + \frac{1}{2a^4} \cdot \frac{1}{a^2 - x^2} + \frac{1}{a^6} \cdot \ln\left\|\frac{x^2}{a^2 - x^2}\right\|$
$\int \frac{dx}{(x^2 - 1)^2}$	$-\frac{1}{2} \cdot \frac{x}{x^2 - 1} - \frac{1}{4} \cdot \ln\left\|\frac{x-1}{x+1}\right\|$
$\int \frac{dx}{x \cdot (x^2 - 1)}$	$\frac{1}{2} \cdot \ln\left\|\frac{x^2 - 1}{x^2}\right\|$
$\int \frac{x^2 - a^2}{x} dx$	$\frac{x^2}{2} - a^2 \cdot \ln\|x\|$
$\int \frac{x^2 - a^2}{x^2} dx$	$\frac{x^2 + a^2}{x}$
$\int \frac{x^2}{(x^2 - 1)^2} dx$	$\frac{1}{4} \cdot \ln\left\|\frac{x-1}{x+1}\right\| - \frac{1}{2} \cdot \frac{x}{x^2 - 1}$
$\int \frac{dx}{a - bx^2}$	$\frac{1}{2 \cdot \sqrt{ab}} \cdot \ln\left\|\frac{\sqrt{ab} + bx}{\sqrt{ab} - bx}\right\|$
$\int \frac{dx}{bx^2 - a}$	$\frac{1}{2 \cdot \sqrt{ab}} \cdot \ln\left\|\frac{bx - \sqrt{ab}}{bx + \sqrt{ab}}\right\|$
$\int \frac{x}{a - bx^2} dx$	$-\frac{1}{2b} \cdot \ln\|a - bx^2\|$

Integrale, die Terme vom Typ $a^3 \pm x^3$ enthalten

Hinweis: Kommen in einer Lösung die Vorzeichen $\pm$ oder $\mp$ vor, so gehört das obere Vorzeichen zu $a^3 + x^3$ und das untere Vorzeichen zu $a^3 - x^3$.

$\int \frac{dx}{a^3 \pm x^3}$	$\pm\frac{1}{6a^2} \cdot \ln\left\|\frac{(a \pm x)^2}{a^2 \mp ax + x^2}\right\| + \frac{\sqrt{3}}{3a^2} \cdot \text{Arctan}\frac{2x \mp a}{\sqrt{3} \cdot a}$
$\int \frac{dx}{(a^3 \pm x^3)^2}$	$\frac{1}{3a^3} \cdot \frac{x}{a^3 \pm x^3} + \frac{2}{3a^3} \cdot \int \frac{1}{a^3 \pm x^3} dx$
$\int \frac{x}{a^3 \pm x^3} dx$	$\frac{1}{6a} \cdot \ln\left\|\frac{a^2 \mp ax + x^2}{(a \pm x)^2}\right\| + \frac{1}{\sqrt{3} \cdot a} \cdot \text{Arctan}\frac{2x \mp a}{\sqrt{3} \cdot a}$
$\int \frac{x^2}{a^3 \pm x^3} dx$	$\pm\frac{1}{3} \cdot \ln\|a^3 \pm x^3\|$
$\int \frac{x^2}{(a^3 \pm x^3)^2} dx$	$\mp\frac{1}{3} \cdot \frac{1}{a^3 \pm x^3}$
$\int \frac{dx}{x \cdot (a^3 \pm x^3)}$	$\frac{1}{3a^3} \cdot \ln\left\|\frac{x^3}{a^3 \pm x^3}\right\|$

Integrale, die Terme vom Typ $a^3 \pm x^3$ enthalten	
$\int \frac{dx}{x \cdot (a^3 \pm x^3)^2}$	$\frac{1}{3a^3} \cdot \frac{1}{a^3 \pm x^3} + \frac{1}{3a^6} \cdot \ln \left\| \frac{x^3}{a^3 \pm x^3} \right\|$
$\int \frac{dx}{x^2 \cdot (a^3 \pm x^3)^2}$	$-\frac{1}{a^6} \cdot \frac{1}{x} \mp \frac{1}{3a^6} \cdot \frac{x^2}{a^3 \pm x^3} \mp \frac{4}{3a^6} \cdot \int \frac{x}{a^3 \pm x^3} dx$
Integrale, die Terme vom Typ $a^4 + x^4$ enthalten	
$\int \frac{dx}{a^4 + x^4}$	$\frac{1}{4 \cdot \sqrt{2} \cdot a^3} \cdot \ln \left\| \frac{x^2 + a \cdot \sqrt{2} \cdot x + a^2}{x^2 - a \cdot \sqrt{2} \cdot x + a^2} \right\| + \frac{1}{2 \cdot \sqrt{2} \cdot a^3} \cdot \mathrm{Arctan} \frac{a \cdot \sqrt{2} \cdot x}{a^2 - x^2}$
$\int \frac{x}{a^4 + x^4} dx$	$\frac{1}{2a^2} \cdot \mathrm{Arctan} \frac{x^2}{a^2}$
$\int \frac{x^2}{a^4 + x^4} dx$	$-\frac{1}{4 \cdot \sqrt{2} \cdot a} \cdot \ln \left\| \frac{x^2 + a \cdot \sqrt{2} \cdot x + a^2}{x^2 - a \cdot \sqrt{2} \cdot x + a^2} \right\| + \frac{1}{2 \cdot \sqrt{2} \cdot a} \cdot \mathrm{Arctan} \frac{a \cdot \sqrt{2} \cdot x}{a^2 - x^2}$
$\int \frac{x^3}{a^4 + x^4} dx$	$\frac{1}{4} \cdot \ln (a^4 + x^4)$
Integrale, die Terme vom Typ $a^4 - x^4$ enthalten	
$\int \frac{dx}{a^4 - x^4}$	$\frac{1}{4a^3} \cdot \ln \left\| \frac{a+x}{a-x} \right\| + \frac{1}{2a^3} \cdot \mathrm{Arctan} \frac{x}{a}$
$\int \frac{x}{a^4 - x^4} dx$	$\frac{1}{4a^2} \cdot \ln \left\| \frac{a^2 + x^2}{a^2 - x^2} \right\|$
$\int \frac{x^2}{a^4 - x^4} dx$	$\frac{1}{4a} \cdot \ln \left\| \frac{a+x}{a-x} \right\| - \frac{1}{2a} \cdot \mathrm{Arctan} \frac{x}{a}$
$\int \frac{x^3}{a^4 - x^4} dx$	$-\frac{1}{4} \cdot \ln \| a^4 - x^4 \|$
Integrale, welche die Terme $\sqrt{x}$ oder $\sqrt{1 \pm x}$ enthalten	
$\int \sqrt{x}\, dx = \int x^{\frac{1}{2}} dx$	$\frac{2}{3} \cdot x^{\frac{3}{2}} = \frac{2}{3} \cdot \sqrt{x^3}$
$\int \sqrt[n]{x}\, dx = \int x^{\frac{1}{n}} dx$	$\left(\frac{1}{n} + 1\right) \cdot x^{\frac{1}{n}+1} = \frac{n}{n+1} \cdot x^{\frac{n+1}{n}} = \frac{n}{n+1} \cdot \sqrt[n]{x^{n+1}};\ n \in \mathbb{N}^{\geq 2}$
$\int \frac{dx}{\sqrt{x}}$	$2 \cdot \sqrt{x}$
$\int \frac{dx}{\sqrt{x-1}}$	$2 \cdot \sqrt{x-1}$
$\int \sqrt{\frac{1+x}{1-x}} dx$	$\mathrm{Arcsin}\, x - \sqrt{1-x^2}$

Integrale, welche die Terme $\sqrt{x}$ oder $\sqrt{1 \pm x}$ enthalten	
$\int \sqrt{\frac{1-x}{1+x}}\,\mathrm{d}x$	$\operatorname{Arcsin} x + \sqrt{1-x^2}$
$\int \frac{x}{\sqrt{x-1}}\,\mathrm{d}x$	$\frac{2}{3} \cdot (x+2) \cdot \sqrt{x-1}$
$\int \frac{\mathrm{d}x}{\sqrt{1 \pm x}}$	$\pm 2 \cdot \sqrt{1 \pm x}$
$\int \frac{x}{\sqrt{1 \pm x}}\,\mathrm{d}x$	$\frac{2}{3} \cdot (\pm x - 2) \cdot \sqrt{1 \pm x}$
$\int \frac{\mathrm{d}x}{\sqrt{x} \cdot (1+x)}$	$2 \cdot \operatorname{Arctan} \sqrt{x}$
$\int \frac{\sqrt{x+1}}{x}\,\mathrm{d}x$	$2 \cdot \sqrt{x+1} + \ln \left\| \frac{\sqrt{x+1}-1}{\sqrt{x+1}+1} \right\|$
$\int \frac{x}{\sqrt{1-x}}\,\mathrm{d}x$	$-\frac{2}{3} \cdot \sqrt{1-x} \cdot (x+2)$
$\int \frac{1+\sqrt{x}}{\sqrt{x}}\,\mathrm{d}x$	$x + 2 \cdot \sqrt{x}$
$\int \frac{1+\sqrt{x}}{1-\sqrt{x}}\,\mathrm{d}x$	$x - 4 \cdot \sqrt{x} - 4 \cdot \ln \|1 - \sqrt{x}\|$
$\int \frac{\sqrt{x}}{1+\sqrt{x}}\,\mathrm{d}x$	$x - 2 \cdot \sqrt{x} + 2 \cdot \ln (1 + \sqrt{x})$
$\int \frac{1-\sqrt{x}}{\sqrt{x}}\,\mathrm{d}x$	$2 \cdot \sqrt{x} - x$
$\int \frac{\sqrt{x}}{1-\sqrt{x}}\,\mathrm{d}x$	$-x - 2 \cdot \sqrt{x} - 2 \cdot \ln \|1 - \sqrt{x}\|$
Integrale, die Terme vom Typ $\sqrt{ax+b}$ enthalten	
$\int \sqrt{ax+b}\,\mathrm{d}x$	$\frac{2}{3a} \cdot \sqrt{(ax+b)^3}$
$\int \sqrt[n]{ax+b}\,\mathrm{d}x$	$\frac{n}{(n+1) \cdot a} \cdot \sqrt[n]{(ax+b)^{n+1}}$; $n \in \mathbb{N}^{\geq 2}$
$\int \sqrt{(ax+b)^n}\,\mathrm{d}x$	$\frac{2}{(n+2) \cdot a} \cdot (ax+b)^{\frac{n+2}{2}}$; $n \in \mathbb{Z}^{\neq -2}$
$\int \left[x \cdot \sqrt{ax+b}\right] \mathrm{d}x$	$\frac{2}{15a^2} \cdot (3ax - 2b) \cdot \sqrt{(ax+b)^3}$
$\int \left[x^2 \cdot \sqrt{ax+b}\right] \mathrm{d}x$	$\frac{2}{105a^3} \cdot (15a^2x^2 - 12abx + 8b^2) \cdot \sqrt{(ax+b)^3}$
$\int \frac{\mathrm{d}x}{\sqrt{ax+b}}$	$\frac{2}{a} \cdot \sqrt{ax+b}$
$\int \frac{\mathrm{d}x}{\sqrt[n]{ax+b}}$	$\frac{n}{(n-1) \cdot a} \cdot \frac{ax+b}{\sqrt[n]{ax+b}}$; $n \in \mathbb{N}^{\geq 2}$

Integrale, die Terme vom Typ $\sqrt{ax+b}$ enthalten	
$\int \frac{x}{\sqrt{ax+b}}\,dx$	$\frac{2}{3a^2}\cdot(ax-2b)\cdot\sqrt{ax+b}$
$\int \frac{x^2}{\sqrt{ax+b}}\,dx$	$\frac{2}{15a^3}\cdot(3a^2x^2-4abx+8b^2)\cdot\sqrt{ax+b}$
$\int \frac{dx}{x\cdot\sqrt{ax+b}}$	$\begin{cases}\frac{1}{\sqrt{b}}\cdot\left(2\cdot\ln\lvert\sqrt{ax+b}-\sqrt{b}\rvert-\ln\lvert x\rvert\right);\ b>0\\ \frac{2}{\sqrt{-b}}\cdot\operatorname{Arctan}\sqrt{\frac{ax+b}{-b}};\ b<0\end{cases}$
$\int \frac{\sqrt{ax+b}}{x}\,dx$	$2\cdot\sqrt{ax+b}+b\cdot\int\frac{dx}{x\cdot\sqrt{ax+b}}$
$\int \frac{dx}{x^2\cdot\sqrt{ax+b}}$	$-\frac{\sqrt{ax+b}}{bx}-\frac{a}{2b}\cdot\int\frac{dx}{x\cdot\sqrt{ax+b}}$
$\int \frac{\sqrt{ax+b}}{x^2}\,dx$	$-\frac{\sqrt{ax+b}}{x}+\frac{a}{2}\cdot\int\frac{dx}{x\cdot\sqrt{ax+b}}$
$\int \frac{\sqrt{(ax+b)^3}}{x}\,dx$	$\frac{2}{3}\cdot\sqrt{(ax+b)^3}+2b\cdot\sqrt{ax+b}+b^2\cdot\int\frac{dx}{x\cdot\sqrt{ax+b}}$
$\int \frac{dx}{x\cdot\sqrt{(ax+b)^3}}$	$\frac{2}{b}\cdot\frac{1}{\sqrt{ax+b}}+\frac{1}{b}\cdot\int\frac{dx}{x\cdot\sqrt{ax+b}}$
$\int \sqrt{(ax+b)^3}\,dx$	$\frac{2}{5a}\cdot\sqrt{(ax+b)^5}$
$\int \left[x\cdot\sqrt{(ax+b)^3}\right]dx$	$\frac{2}{35a^2}\cdot\left[7ax\cdot\sqrt{(ax+b)^5}-2\cdot\sqrt{(ax+b)^7}\right]$
$\int \left[x^2\cdot\sqrt{(ax+b)^3}\right]dx$	$\frac{2}{5a^3}\cdot\left[a^2x^2\cdot\sqrt{(ax+b)^5}-\frac{4}{7}\cdot ax\cdot\sqrt{(ax+b)^7}+\frac{8}{63}\cdot\sqrt{(ax+b)^9}\right]$
$\int \frac{x}{\sqrt{(ax+b)^3}}\,dx$	$\frac{2}{a^2}\cdot\left(\sqrt{ax+b}+\frac{b}{\sqrt{ax+b}}\right)$
$\int \frac{x^2}{\sqrt{(ax+b)^3}}\,dx$	$\frac{2}{3a^3}\cdot\sqrt{(ax+b)^3}-\frac{4b}{a^3}\cdot\sqrt{ax+b}-\frac{2b^2}{a^3}\cdot\frac{1}{\sqrt{ax+b}}$

Integrale, die Terme vom Typ $\sqrt{a^2-x^2}$ enthalten	
$\int \sqrt{a^2-x^2}\,dx$	$\frac{a^2}{2}\cdot\operatorname{Arcsin}\frac{x}{a}+\frac{x}{2}\cdot\sqrt{a^2-x^2}$
$\int [x\cdot\sqrt{a^2-x^2}]\,dx$	$-\frac{1}{3}\cdot\sqrt{(a^2-x^2)^3}$
$\int [x^2\cdot\sqrt{a^2-x^2}]\,dx$	$\frac{a^4}{8}\cdot\operatorname{Arcsin}\frac{x}{\lvert a\rvert}-\frac{x}{8}\cdot(a^2-2x^2)\cdot\sqrt{a^2-x^2}$
$\int [x^3\cdot\sqrt{a^2-x^2}]\,dx$	$\frac{1}{5}\cdot\sqrt{(a^2-x^2)^5}-\frac{a^2}{3}\cdot\sqrt{(a^2-x^2)^3}$
$\int \frac{\sqrt{a^2-x^2}}{x}\,dx$	$-a\cdot\ln\left\lvert\frac{a+\sqrt{a^2-x^2}}{x}\right\rvert+\sqrt{a^2-x^2}$

Integrale, die Terme vom Typ $\sqrt{a^2 - x^2}$ enthalten	
$\int \frac{\sqrt{a^2-x^2}}{x^2}\,\mathrm{d}x$	$-\frac{\sqrt{a^2-x^2}}{x} - \operatorname{Arcsin}\frac{x}{a}$
$\int \frac{\sqrt{a^2-x^2}}{x^3}\,\mathrm{d}x$	$\frac{1}{2}\cdot\left[\frac{1}{a}\cdot\ln\left\lvert\frac{a+\sqrt{a^2-x^2}}{x}\right\rvert - \frac{\sqrt{a^2-x^2}}{x^2}\right]$
$\int \frac{\mathrm{d}x}{\sqrt{a^2-x^2}}$	$\operatorname{Arcsin}\frac{x}{a}$
$\int \frac{x}{\sqrt{a^2-x^2}}\,\mathrm{d}x$	$-\sqrt{a^2-x^2}$
$\int \frac{\mathrm{d}x}{\sqrt{a-bx^2}}$	$\frac{1}{\sqrt{b}}\cdot\operatorname{Arcsin}\left(x\cdot\sqrt{\frac{b}{a}}\right)$
$\int \frac{x^2}{\sqrt{a^2-x^2}}\,\mathrm{d}x$	$-\frac{x}{2}\cdot\sqrt{a^2-x^2}+\frac{a^2}{2}\cdot\operatorname{Arcsin}\frac{x}{a}$
$\int \frac{x^3}{\sqrt{a^2-x^2}}\,\mathrm{d}x$	$\frac{1}{3}\cdot\sqrt{(a^2-x^2)^3}-a^2\cdot\sqrt{a^2-x^2}$
$\int \frac{\mathrm{d}x}{x\cdot\sqrt{a^2-x^2}}$	$-\frac{1}{a}\cdot\ln\left\lvert\frac{a+\sqrt{a^2-x^2}}{x}\right\rvert$
$\int \frac{\mathrm{d}x}{x^2\cdot\sqrt{a^2-x^2}}$	$-\frac{1}{a^2}\cdot\frac{1}{x}\cdot\sqrt{a^2-x^2}$
$\int \frac{\mathrm{d}x}{x^3\cdot\sqrt{a^2-x^2}}$	$-\frac{1}{2a^2}\cdot\frac{1}{x^2}\cdot\sqrt{a^2-x^2}-\frac{1}{2a^3}\cdot\ln\left\lvert\frac{a+\sqrt{a^2-x^2}}{x}\right\rvert$
$\int \sqrt{(a^2-x^2)^3}\,\mathrm{d}x$	$\frac{x}{4}\cdot\sqrt{(a^2-x^2)^3}+\frac{3}{8}\cdot a^2x\cdot\sqrt{a^2-x^2}+\frac{3}{8}\cdot a^4\cdot\operatorname{Arcsin}\frac{x}{a}$
$\int \left[x\cdot\sqrt{(a^2-x^2)^3}\right]\mathrm{d}x$	$-\frac{1}{5}\cdot\sqrt{(a^2-x^2)^5}$
$\int \frac{\sqrt{(a^2-x^2)^3}}{x}\,\mathrm{d}x$	$\frac{1}{3}\cdot\sqrt{(a^2-x^2)^3}+a^2\cdot\sqrt{a^2-x^2}-a^3\cdot\ln\left\lvert\frac{a+\sqrt{a^2-x^2}}{x}\right\rvert$
$\int \frac{\mathrm{d}x}{\sqrt{(a^2-x^2)^3}}$	$\frac{x}{a^2\cdot\sqrt{a^2-x^2}}$
$\int \frac{x}{\sqrt{(a^2-x^2)^3}}\,\mathrm{d}x$	$\frac{1}{\sqrt{a^2-x^2}}$
$\int \frac{x^2}{\sqrt{(a^2-x^2)^3}}\,\mathrm{d}x$	$\frac{x}{\sqrt{a^2-x^2}}-\operatorname{Arcsin}\frac{x}{a}$
$\int \frac{\mathrm{d}x}{x\cdot\sqrt{(a^2-x^2)^3}}$	$\frac{1}{a^2}\cdot\frac{1}{\sqrt{a^2-x^2}}-\frac{1}{a^3}\cdot\ln\left\lvert\frac{a+\sqrt{a^2-x^2}}{x}\right\rvert$
$\int \frac{\mathrm{d}x}{x^2\cdot\sqrt{(a^2-x^2)^3}}$	$\frac{1}{a^4}\cdot\left(-\frac{\sqrt{a^2-x^2}}{x}+\frac{x}{\sqrt{a^2-x^2}}\right)$

Integrale, die Terme vom Typ $\sqrt{x^2+a^2}$ enthalten	
$\int \sqrt{x^2+a^2}\,\mathrm{d}x$	$\frac{x}{2}\cdot\sqrt{x^2+a^2}+\frac{a^2}{2}\cdot\ln\lvert x+\sqrt{x^2+a^2}\rvert$
$\int [x\cdot\sqrt{x^2+a^2}]\,\mathrm{d}x$	$\frac{1}{3}\cdot\sqrt{(x^2+a^2)^3}$
$\int [x^2\cdot\sqrt{x^2+a^2}]\,\mathrm{d}x$	$\frac{x}{8}\cdot(2x^2+a^2)\cdot\sqrt{x^2+a^2}-\frac{a^4}{8}\cdot\ln\lvert x+\sqrt{x^2+a^2}\rvert$
$\int \frac{\sqrt{x^2+a^2}}{x}\,\mathrm{d}x$	$\sqrt{x^2+a^2}-a\cdot\ln\left\lvert\frac{a+\sqrt{x^2+a^2}}{x}\right\rvert$
$\int \frac{\sqrt{x^2+a^2}}{x^2}\,\mathrm{d}x$	$-\frac{1}{x}\cdot\sqrt{x^2+a^2}+\ln\lvert x+\sqrt{x^2+a^2}\rvert$
$\int \frac{\mathrm{d}x}{\sqrt{x^2+a^2}}$	$\ln\lvert x+\sqrt{x^2+a^2}\rvert$
$\int \frac{\mathrm{d}x}{\sqrt{a+bx^2}}$	$\frac{1}{\sqrt{b}}\cdot\ln\lvert bx+\sqrt{b}\cdot\sqrt{a+bx^2}\rvert$
$\int \frac{x}{\sqrt{x^2+a^2}}$	$\sqrt{x^2+a^2}$
$\int \frac{x^2}{\sqrt{x^2+a^2}}\,\mathrm{d}x$	$\frac{x}{2}\cdot\sqrt{x^2+a^2}-\frac{a^2}{2}\cdot\ln\lvert x+\sqrt{x^2+a^2}\rvert$
$\int \frac{\mathrm{d}x}{x\cdot\sqrt{x^2+a^2}}$	$-\frac{1}{a}\cdot\ln\left\lvert\frac{a+\sqrt{x^2+a^2}}{x}\right\rvert$
$\int \frac{\mathrm{d}x}{x^2\cdot\sqrt{x^2+a^2}}$	$-\frac{1}{a^2}\cdot\frac{1}{x}\cdot\sqrt{x^2+a^2}$
$\int \sqrt{(x^2+a^2)^3}\,\mathrm{d}x$	$\frac{x}{4}\cdot\sqrt{(x^2+a^2)^3}+\frac{3}{8}\cdot a^2x\cdot\sqrt{x^2+a^2}+\frac{3}{8}\cdot a^4\cdot\ln\lvert x+\sqrt{x^2+a^2}\rvert$
$\int \left[x\cdot\sqrt{(x^2+a^2)^3}\right]\mathrm{d}x$	$\frac{1}{5}\cdot\sqrt{(x^2+a^2)^5}$
$\int \frac{\sqrt{(x^2+a^2)^3}}{x}\,\mathrm{d}x$	$\frac{1}{3}\cdot\sqrt{(x^2+a^2)^3}+a^2\cdot\sqrt{x^2+a^2}-a^3\cdot\ln\left\lvert\frac{a+\sqrt{x^2+a^2}}{x}\right\rvert$
$\int \frac{\sqrt{(x^2+a^2)^3}}{x^2}\,\mathrm{d}x$	$-\frac{1}{x}\cdot\sqrt{(x^2+a^2)^3}+\frac{3}{2}\cdot x\cdot\sqrt{x^2+a^2}+\frac{3}{2}\cdot a^2\cdot\ln\lvert x+\sqrt{x^2+a^2}\rvert$
$\int \frac{\mathrm{d}x}{\sqrt{(x^2+a^2)^3}}$	$\frac{x}{a^2}\cdot\frac{1}{\sqrt{x^2+a^2}}$
$\int \frac{x}{\sqrt{(x^2+a^2)^3}}\,\mathrm{d}x$	$-\frac{1}{\sqrt{x^2+a^2}}$
$\int \frac{\mathrm{d}x}{x\cdot\sqrt{(x^2+a^2)^3}}$	$\frac{1}{a^2}\cdot\frac{1}{\sqrt{x^2+a^2}}-\frac{1}{a^3}\cdot\ln\left\lvert\frac{a+\sqrt{x^2+a^2}}{x}\right\rvert$

Integrale, die Terme vom Typ $\sqrt{x^2 - a^2}$ enthalten	
$\int \sqrt{x^2 - a^2}\,\mathrm{d}x$	$\frac{x}{2} \cdot \sqrt{x^2 - a^2} - \frac{a^2}{2} \cdot \ln\lvert x + \sqrt{x^2 - a^2}\rvert$
$\int [x \cdot \sqrt{x^2 - a^2}]\,\mathrm{d}x$	$\frac{1}{3} \cdot \sqrt{(x^2 - a^2)^3}$
$\int [x^2 \cdot \sqrt{x^2 - a^2}]\,\mathrm{d}x$	$\frac{x}{4} \cdot \sqrt{(x^2 - a^2)^3} + \frac{a^2 x}{8} \cdot \sqrt{x^2 - a^2} - \frac{a^4}{8} \cdot \ln\lvert x + \sqrt{x^2 - a^2}\rvert$
$\int \frac{\sqrt{x^2 - a^2}}{x}\,\mathrm{d}x$	$\sqrt{x^2 - a^2} - a \cdot \mathrm{Arctan}\frac{\sqrt{x^2 - a^2}}{a}$
$\int \frac{\mathrm{d}x}{\sqrt{x^2 - a^2}}$	$\ln\lvert x + \sqrt{x^2 - a^2}\rvert$
$\int \frac{x}{\sqrt{x^2 - a^2}}\,\mathrm{d}x$	$\sqrt{x^2 - a^2}$
$\int \frac{x^2}{\sqrt{x^2 - a^2}}\,\mathrm{d}x$	$\frac{x}{2} \cdot \sqrt{x^2 - a^2} + \frac{a^2}{2} \cdot \ln\lvert x + \sqrt{x^2 - a^2}\rvert$
$\int \frac{\mathrm{d}x}{x \cdot \sqrt{x^2 - a^2}}$	$\frac{1}{a} \cdot \mathrm{Arctan}\frac{\sqrt{x^2 - a^2}}{a}$
$\int \frac{\mathrm{d}x}{x^2 \cdot \sqrt{x^2 - a^2}}$	$\frac{1}{a^2} \cdot \frac{1}{x} \cdot \sqrt{x^2 - a^2}$
$\int \sqrt{(x^2 - a^2)^3}\,\mathrm{d}x$	$\frac{x}{4} \cdot \sqrt{(x^2 - a^2)^3} + \frac{3}{8} \cdot a^2 x \cdot \sqrt{x^2 - a^2} + \frac{3}{8} \cdot a^4 \cdot \ln\lvert x + \sqrt{x^2 - a^2}\rvert$
$\int \left[x \cdot \sqrt{(x^2 - a^2)^3}\right]\mathrm{d}x$	$\frac{1}{5} \cdot \sqrt{(x^2 - a^2)^5}$
$\int \frac{\sqrt{(x^2 - a^2)^3}}{x}\,\mathrm{d}x$	$\frac{1}{3} \cdot \sqrt{(x^2 - a^2)^3} - a^2 \cdot \sqrt{x^2 - a^2} + a^3 \cdot \mathrm{Arctan}\frac{\sqrt{x^2 - a^2}}{a}$
$\int \frac{\mathrm{d}x}{\sqrt{(x^2 - a^2)^3}}$	$-\frac{1}{a^2} \cdot x \cdot \frac{1}{\sqrt{x^2 - a^2}}$
$\int \frac{x}{\sqrt{(x^2 - a^2)^3}}\,\mathrm{d}x$	$-\frac{1}{\sqrt{x^2 - a^2}}$
$\int \frac{x^2}{\sqrt{(x^2 - a^2)^3}}\,\mathrm{d}x$	$-x \cdot \frac{1}{\sqrt{x^2 - a^2}} + \ln\lvert x + \sqrt{x^2 - a^2}\rvert$
$\int \frac{\mathrm{d}x}{x \cdot \sqrt{(x^2 - a^2)^3}}$	$-\frac{1}{a^2} \cdot \frac{1}{\sqrt{x^2 - a^2}} - \frac{1}{a^2} \cdot \mathrm{Arctan}\frac{\sqrt{x^2 - a^2}}{a}$
$\int \frac{\mathrm{d}x}{x^2 \cdot \sqrt{(x^2 - a^2)^3}}$	$-\frac{2x^2 - a^2}{a^4 \cdot x \cdot \sqrt{x^2 - a^2}}$
$\int \frac{\sqrt{x^2 - a^2}}{x^2}\,\mathrm{d}x$	$-\frac{1}{x} \cdot \sqrt{x^2 - a^2} + \ln\lvert x + \sqrt{x^2 - a^2}\rvert$

Integrale, die Terme vom Typ $\sqrt{ax^2+bx+c}$ enthalten	
$\int \frac{\mathrm{d}x}{\sqrt{ax^2+bx+c}}$	$\begin{cases} \frac{1}{\sqrt{a}} \cdot \ln \lvert 2 \cdot \sqrt{a \cdot (ax^2+bx+c)} + 2ax + b \rvert ;\ a > 0 \text{ und } 4ac - b^2 \neq 0 \\ \frac{1}{\sqrt{a}} \cdot \ln \lvert 2ax+b \rvert ;\ a > 0 \text{ und } 4ac - b^2 = 0 \\ -\frac{1}{\sqrt{-a}} \cdot \operatorname{Arcsin} \frac{2ax+b}{\sqrt{b^2-4ac}} ;\ a < 0 \text{ und } 4ac - b^2 < 0 \end{cases}$
$\int \frac{\mathrm{d}x}{(ax^2+bx+c) \cdot \sqrt{ax^2+bx+c}}$	$\frac{2 \cdot (2ax+b)}{(4ac-b^2) \cdot \sqrt{ax^2+bx+c}} ;\ 4ac - b^2 \neq 0$
$\int \sqrt{ax^2+bx+c}\, \mathrm{d}x$	$\frac{(2ax+b) \cdot \sqrt{ax^2+bx+c}}{4a} + \frac{4ac-b^2}{8a} \cdot \int \frac{\mathrm{d}x}{\sqrt{ax^2+bx+c}}$
$\int \frac{x}{\sqrt{ax^2+bx+c}}\, \mathrm{d}x$	$\frac{1}{a} \cdot \sqrt{ax^2+bx+c} - \frac{b}{2a} \cdot \int \frac{\mathrm{d}x}{\sqrt{ax^2+bx+c}}$
$\int \frac{\mathrm{d}x}{x \cdot \sqrt{ax^2+bx+c}}$	$\begin{cases} -\frac{1}{\sqrt{c}} \cdot \ln \left\lvert \frac{2 \cdot \sqrt{c \cdot (ax^2+bx+c)}}{x} + \frac{2c}{x} + b \right\rvert ;\ c > 0 \text{ und } 4ac - b^2 \neq 0 \\ -\frac{2 \cdot \sqrt{a}}{b} \cdot \ln \left\lvert \frac{2ax+b}{x} \right\rvert ;\ b \neq 0 \text{ und } 4ac - b^2 = 0 \\ \frac{1}{\sqrt{-c}} \cdot \operatorname{Arcsin} \frac{bx+2c}{x \cdot \sqrt{b^2-4ac}} ;\ c < 0 \text{ und } 4ac - b^2 < 0 \end{cases}$
$\int \frac{\mathrm{d}x}{x^2 \cdot \sqrt{ax^2+bx+c}}$	$-\frac{\sqrt{ax^2+bx+c}}{cx} - \frac{b}{2c} \cdot \int \frac{\mathrm{d}x}{x \cdot \sqrt{ax^2+bx+c}}$
$\int \frac{\sqrt{ax^2+bx+c}}{x}\, \mathrm{d}x$	$\sqrt{ax^2+bx+c} + \frac{b}{2} \cdot \int \frac{\mathrm{d}x}{\sqrt{ax^2+bx+c}} + c \cdot \int \frac{\mathrm{d}x}{x \cdot \sqrt{ax^2+bx+c}}$
$\int \frac{\sqrt{ax^2+bx+c}}{x^2}\, \mathrm{d}x$	$-\frac{1}{x} \cdot \sqrt{ax^2+bx+c} + 2a \cdot \int \frac{\mathrm{d}x}{\sqrt{ax^2+bx+c}} + b \cdot \int \frac{\mathrm{d}x}{x \cdot \sqrt{ax^2+bx+c}}$
$\int \frac{\mathrm{d}x}{\sqrt{ax^2+c}}$	$\frac{1}{\sqrt{a}} \cdot \ln \lvert ax + \sqrt{a} \cdot \sqrt{ax^2+c} \rvert ;\ a; c > 0$
$\int \frac{\mathrm{d}x}{\sqrt{c-ax^2}}$	$\frac{1}{\sqrt{a}} \cdot \operatorname{Arcsin} \left(x \cdot \sqrt{\frac{a}{c}} \right) ;\ a; c > 0$

Integrale mit Exponentialfunktionen	
$\int a^x\, \mathrm{d}x$	$\frac{a^x}{\ln a} ;\ a > 0 \text{ und } a \neq 1$
$\int (x \cdot a^x)\, \mathrm{d}x$	$\frac{a^x \cdot (x \cdot \ln a - 1)}{\ln^2 a} ;\ a > 0 \text{ und } a \neq 1$

Integrale mit Exponentialfunktionen	
$\int (x^2 \cdot a^x)\,dx$	$\frac{a^x}{\ln^3 a} \cdot [(x \cdot \ln a)^2 - 2x \cdot \ln a + 2]\,;\, a > 0$ und $a \neq 1$
$\int \frac{a^x}{a^x - 1}\,dx$	$\frac{1}{\ln a} \cdot \ln\,\lvert a^x - 1 \rvert\,;\, a > 0$ und $a \neq 1$
$\int \frac{dx}{a^x + a^{-x}}$	$\frac{1}{\ln a} \cdot \operatorname{Arctan} a^x\,;\, a > 0$ und $a \neq 1$
$\int e^x\,dx$	e^x
$\int (x \cdot e^x)\,dx$	$e^x \cdot (x - 1)$
$\int (x^2 \cdot e^x)\,dx$	$e^x \cdot (x^2 - 2x + 2)$
$\int e^{\pm x^2})\,dx$	$x \pm \frac{x^3}{3 \cdot 1!} + \frac{x^5}{5 \cdot 2!} \pm \frac{x^7}{7 \cdot 3!} + \frac{x^9}{9 \cdot 4!} \pm \ldots$ ► 2.7
$\int (x \cdot e^{x^2})\,dx$	$\frac{1}{2} \cdot e^{x^2}$
$\int e^{ax}\,dx$	$\frac{1}{a} \cdot e^{ax}$
$\int (x \cdot e^{ax})\,dx$	$\frac{1}{a^2} \cdot e^{ax} \cdot (ax - 1)$
$\int (x^2 \cdot e^{ax})\,dx$	$e^{ax} \cdot \left(\frac{x^2}{a} - \frac{2x}{a^2} + \frac{2}{a^3}\right)$
$\int (x^n \cdot e^{ax})\,dx$	$\frac{1}{a} \cdot x^n \cdot e^{ax} - \frac{n}{a} \cdot \int (x^{n-1} \cdot e^{ax})\,dx\,;\, n \in \mathbb{N}^{\geq 1}$ ► Rekursionsformel ► 2.5
$\int \frac{dx}{1 + e^x}$	$x - \ln\,\lvert 1 + e^x \rvert = \ln \left\lvert \frac{e^x}{1 + e^x} \right\rvert$
$\int \frac{dx}{1 + e^{ax}}$	$\frac{1}{a} \cdot \ln \left\lvert \frac{e^{ax}}{1 + e^{ax}} \right\rvert$
$\int \frac{dx}{e^x + e^{-x}}$	$\operatorname{Arctan} e^x$
$\int \frac{e^x + 1}{e^x + x}\,dx$	$\ln\,\lvert e^x + x \rvert$
$\int \frac{e^x + 1}{e^x - 1}\,dx$	$2 \cdot \ln\,\lvert e^x - 1 \rvert - x$
$\int [e^x \cdot (a + x)]\,dx$	$e^x \cdot (a - 1 + x)$
$\int [e^x \cdot (x - 1)^2]\,dx$	$e^x \cdot (x^2 - 4x + 5)$
$\int \frac{dx}{\sqrt{1 + e^x}}$	$2 \cdot \ln(\sqrt{e^x + 1} - 1) - x$

Integrale mit Exponentialfunktionen	
$\int \frac{\mathrm{d}x}{b+c\cdot \mathrm{e}^{ax}}$	$\frac{x}{b}-\frac{1}{ab}\cdot \ln\lvert b+c\cdot \mathrm{e}^{ax}\rvert$
$\int \frac{\mathrm{e}^{ax}}{b+c\cdot \mathrm{e}^{ax}}\,\mathrm{d}x$	$\frac{1}{a\cdot c}\cdot \ln\lvert b+c\cdot \mathrm{e}^{ax}\rvert$
$\int \frac{\mathrm{d}x}{b\cdot \mathrm{e}^{ax}+c\cdot \mathrm{e}^{-ax}}$	$\begin{cases} \frac{1}{a\cdot\sqrt{b\cdot c}}\cdot \operatorname{Arctan}\left(\mathrm{e}^{ax}\cdot\sqrt{\frac{b}{c}}\right);\ b\cdot c>0 \\ \frac{1}{2a\cdot\sqrt{-b\cdot c}}\cdot \ln\left\lvert\frac{\sqrt{-b\cdot c}\cdot \mathrm{e}^{ax}+c}{\sqrt{-b\cdot c}\cdot \mathrm{e}^{ax}-c}\right\rvert;\ b\cdot c<0 \end{cases}$
$\int \frac{x\cdot \mathrm{e}^{ax}}{(1+ax^2)}\,\mathrm{d}x$	$\frac{\mathrm{e}^{ax}}{a^2\cdot(1+ax)}$
$\int \sqrt{b+c\cdot \mathrm{e}^{ax}}\,\mathrm{d}x$	$\begin{cases} \frac{2}{a}\cdot\sqrt{b+c\cdot \mathrm{e}^{ax}}-\frac{\sqrt{b}}{a}\cdot \ln\left\lvert\frac{\sqrt{b}+\sqrt{b+c\cdot \mathrm{e}^{ax}}}{\sqrt{b}-\sqrt{b+c\cdot \mathrm{e}^{ax}}}\right\rvert;\ b>0 \\ \frac{2}{a}\cdot\sqrt{b+c\cdot \mathrm{e}^{ax}}-\frac{2\cdot\sqrt{-b}}{a}\cdot \operatorname{Arctan}\sqrt{\frac{b+c\cdot \mathrm{e}^{ax}}{-b}};\ b<0 \end{cases}$
$\int (\mathrm{e}^x\cdot \sin x)\,\mathrm{d}x$	$\frac{\mathrm{e}^x}{2}\cdot(\sin x-\cos x)$
$\int (\mathrm{e}^x\cdot \cos x)\,\mathrm{d}x$	$\frac{\mathrm{e}^x}{2}\cdot(\sin x+\cos x)$
$\int (\mathrm{e}^x\cdot \cos \mathrm{e}^x)\,\mathrm{d}x$	$\sin \mathrm{e}^x$
$\int [\mathrm{e}^{ax}\cdot \sin(bx)]\,\mathrm{d}x$	$\left[\frac{a}{a^2+b^2}\cdot\sin(bx)-\frac{b}{a^2+b^2}\cdot\cos(bx)\right]\cdot \mathrm{e}^{ax}$
$\int (\mathrm{e}^{ax}\cdot \sin^n x)\,\mathrm{d}x$	$\frac{a}{a^2+n^2}\cdot \mathrm{e}^{ax}\cdot\sin^n x-\frac{n}{a^2+n^2}\cdot \mathrm{e}^{ax}\cdot\sin^{n-1}x\cdot\cos x+\frac{n\cdot(n-1)}{a^2+n^2}\cdot\int(\mathrm{e}^{ax}\cdot\sin^{n-2}x)\,\mathrm{d}x;$ $n\in\mathbb{N}^{\geq 2}$ ► Rekursionsformel ► 2.5
$\int [\mathrm{e}^{ax}\cdot \cos(bx)]\,\mathrm{d}x$	$\left[\frac{a}{a^2+b^2}\cdot\cos(bx)+\frac{b}{a^2+b^2}\cdot\sin(bx)\right]\cdot \mathrm{e}^{ax}$
$\int (\mathrm{e}^{ax}\cdot \cos^n x)\,\mathrm{d}x$	$\frac{a}{a^2+n^2}\cdot \mathrm{e}^{ax}\cdot\cos^n x+\frac{n}{a^2+n^2}\cdot \mathrm{e}^{ax}\cdot\cos^{n-1}x\cdot\sin x+\frac{n\cdot(n-1)}{a^2+n^2}\cdot\int(\mathrm{e}^{ax}\cdot\cos^{n-2}x)\,\mathrm{d}x;$ $n\in\mathbb{N}^{\geq 2}$ ► Rekursionsformel ► 2.5
$\int [x\cdot \mathrm{e}^{ax}\cdot \sin(bx)]\,\mathrm{d}x$	$\frac{x\cdot \mathrm{e}^{ax}}{a^2+b^2}\cdot[a\cdot\sin(bx)-b\cdot\cos(bx)]-\frac{a^2-b^2}{(a^2+b^2)^2}\cdot \mathrm{e}^{ax}\cdot\sin(bx)+\frac{2ab}{(a^2+b^2)^2}\cdot \mathrm{e}^{ax}\cdot\cos(bx)$
$\int [x\cdot \mathrm{e}^{ax}\cdot \cos(bx)]\,\mathrm{d}x$	$\frac{x\cdot \mathrm{e}^{ax}}{a^2+b^2}\cdot[a\cdot\cos(bx)+b\cdot\sin(bx)]-\frac{a^2-b^2}{(a^2+b^2)^2}\cdot \mathrm{e}^{ax}\cdot\cos(bx)-\frac{2ab}{(a^2+b^2)^2}\cdot \mathrm{e}^{ax}\cdot\sin(bx)$
$\int [\mathrm{e}^{ax}\cdot \sinh(bx)]\,\mathrm{d}x$	$\frac{\mathrm{e}^{(a+b)\cdot x}}{2\cdot(a+b)}-\frac{\mathrm{e}^{(a-b)\cdot x}}{2\cdot(a-b)}$
$\int [\mathrm{e}^{ax}\cdot \sinh(ax)]\,\mathrm{d}x$	$\frac{1}{4a}\cdot \mathrm{e}^{2ax}-\frac{1}{2}\cdot x$
$\int [\mathrm{e}^{ax}\cdot \cosh(bx)]\,\mathrm{d}x$	$\frac{\mathrm{e}^{(a+b)\cdot x}}{2\cdot(a+b)}+\frac{\mathrm{e}^{(a-b)\cdot x}}{2\cdot(a-b)}$
$\int [\mathrm{e}^{ax}\cdot \cosh(ax)]\,\mathrm{d}x$	$\frac{1}{4a}\cdot \mathrm{e}^{2ax}+\frac{1}{2}\cdot x$

Integrale mit Logarithmusfunktionen	
$\int \ln x \, dx$	$x \cdot \ln x - x = x \cdot (\ln x - 1)$
$\int \ln (ax) \, dx$	$x \cdot \ln (ax) - x = x \cdot [\ln (ax) - 1]$
$\int \ln (ax+b) \, dx$	$\frac{1}{a} \cdot (ax+b) \cdot [\ln (ax+b) - 1]$
$\int \ln^2 x \, dx$	$x \cdot \ln^2 x - 2x \cdot \ln x + 2x$
$\int \ln^3 x \, dx$	$x \cdot \ln^3 x - 3x \cdot \ln^2 x + 6x \cdot \ln x - 6x$
$\int \ln^n x \, dx$	$x \cdot \ln^n x - n \cdot \int (\ln x)^{n-1} \, dx ;\; n \neq -1$ ► Rekursionsformel ► 2.5
$\int \ln (x^2 + a^2) \, dx$	$x \cdot \ln (x^2 + a^2) + 2a \cdot \operatorname{Arctan} \frac{x}{a} - 2x$
$\int (x \cdot \ln x) \, dx$	$\frac{1}{2} \cdot x^2 \cdot \ln x - \frac{1}{4} \cdot x^2$
$\int (x^2 \cdot \ln x) \, dx$	$\frac{1}{3} \cdot x^3 \cdot \ln x - \frac{1}{9} \cdot x^3$
$\int (x^n \cdot \ln x) \, dx$	$\frac{1}{n+1} \cdot x^{n+1} \cdot \ln x - \frac{1}{(n+1)^2} \cdot x^{n+1}$
$\int \frac{\ln x}{x} \, dx$	$\frac{1}{2} \cdot \ln^2 x$
$\int \frac{\ln x}{x^n} \, dx$	$-\frac{1}{n-1} \cdot x^{1-n} \cdot \ln x - \frac{1}{(n-1)^2} \cdot x^{1-n}$
$\int (\sqrt{x} \cdot \ln x) \, dx$	$\frac{2}{3} \cdot x^{\frac{3}{2}} \cdot \left(\ln x - \frac{2}{3} \right)$
$\int \frac{dx}{x \cdot \ln x}$	$\ln \lvert \ln x \rvert$
$\int \frac{dx}{x \cdot \ln^n x}$	$\frac{-1}{(n-1) \cdot (\ln x)^{n-1}}$
$\int \sin (\ln x) \, dx$	$\frac{1}{2} \cdot x \cdot \sin (\ln x) - \frac{1}{2} \cdot x \cdot \cos (\ln x)$
$\int \cos (\ln x) \, dx$	$\frac{1}{2} \cdot x \cdot \sin (\ln x) + \frac{1}{2} \cdot x \cdot \cos (\ln x)$
$\int \frac{1 - \ln x}{x} \, dx$	$\ln x - \frac{1}{2} \cdot \ln^2 x$

Integrale mit trigonometrischen Funktionen	
$\int \sin x \, dx$	$-\cos x$
$\int \sin (ax) \, dx$	$-\frac{1}{a} \cdot \cos (ax)$
$\int \sin^2 (ax) \, dx$	$\frac{1}{2} \cdot x - \frac{1}{4a} \cdot \sin (2ax)$
$\int \sin^3 (ax) \, dx$	$-\frac{1}{a} \cdot \cos (ax) + \frac{1}{3a} \cdot \cos^3 (ax)$

Integrale mit trigonometrischen Funktionen	
$\int \sin^4(ax)\,\mathrm{d}x$	$\frac{3}{8}\cdot x - \frac{1}{4a}\cdot\sin(2ax) + \frac{1}{32a}\cdot\sin(4ax)$
$\int \sin^n(ax)\,\mathrm{d}x$	$-\frac{1}{an}\cdot\sin^{n-1}(ax)\cdot\cos(ax) + \frac{n-1}{n}\cdot\int \sin^{n-2}(ax)\,\mathrm{d}x;\ n\in\mathbb{N}^{\geq 2}$ ► Rekursionsformel ► 2.5
$\int [x\cdot\sin(ax)]\,\mathrm{d}x$	$\frac{1}{a^2}\cdot\sin(ax) - \frac{x}{a}\cdot\cos(ax)$
$\int [x^2\cdot\sin(ax)]\,\mathrm{d}x$	$\frac{2x}{a^2}\cdot\sin(ax) - \frac{x^2}{a}\cdot\cos(ax) + \frac{2}{a^3}\cdot\cos(ax)$
$\int [x^3\cdot\sin(ax)]\,\mathrm{d}x$	$\frac{3}{a^2}\cdot x^2\cdot\sin(ax) - \frac{6}{a^4}\cdot\sin(ax) - \frac{x^3}{a}\cdot\cos(ax) + \frac{6}{a^3}\cdot x\cdot\cos(ax)$
$\int [x^n\cdot\sin(ax)]\,\mathrm{d}x$	$-\frac{x^n}{a}\cdot\cos(ax) + \frac{n}{a^2}\cdot x^{n-1}\cdot\sin(ax) - \frac{n\cdot(n-1)}{a^2}\cdot\int [x^{n-2}\cdot\sin(ax)]\,\mathrm{d}x;\ n\in\mathbb{N}^{\geq 2}$ ► Rekursionsformel ► 2.5
$\int \frac{\mathrm{d}x}{\sin(ax)}$	$\frac{1}{a}\cdot\ln\left\lvert\tan\frac{ax}{2}\right\rvert$
$\int \frac{\mathrm{d}x}{\sin^2(ax)}$	$-\frac{1}{a}\cdot\cot(ax)$
$\int \frac{\mathrm{d}x}{\sin^3(ax)}$	$-\frac{1}{2a}\cdot\frac{\cos(ax)}{\sin^2(ax)} + \frac{1}{2a}\cdot\ln\left\lvert\tan\frac{ax}{2}\right\rvert$
$\int \frac{\mathrm{d}x}{\sin^n(ax)}$	$-\frac{1}{(n-1)\cdot a}\cdot\frac{\cos(ax)}{\sin^{n-1}(ax)} + \frac{n-2}{n-1}\cdot\int\frac{\mathrm{d}x}{\sin^{n-2}(ax)};\ n\in\mathbb{N}^{\geq 2}$ ► Rekursionsformel ► 2.5
$\int \frac{x}{\sin^2(ax)}\,\mathrm{d}x$	$-\frac{x}{a}\cdot\cot(ax) + \frac{1}{a^2}\cdot\ln\lvert\sin(ax)\rvert$
$\int \frac{\mathrm{d}x}{1+\sin(ax)}$	$-\frac{1}{a}\cdot\tan\left(\frac{\pi}{4}-\frac{ax}{2}\right)$
$\int \frac{\mathrm{d}x}{1-\sin(ax)}$	$\frac{1}{a}\cdot\tan\left(\frac{\pi}{4}+\frac{ax}{2}\right)$
$\int \frac{x}{1+\sin(ax)}\,\mathrm{d}x$	$-\frac{x}{a}\cdot\tan\left(\frac{\pi}{4}-\frac{ax}{2}\right) + \frac{2}{a^2}\cdot\ln\left\lvert\cos\left(\frac{\pi}{4}-\frac{ax}{2}\right)\right\rvert$
$\int \frac{x}{1-\sin(ax)}\,\mathrm{d}x$	$\frac{x}{a}\cdot\cot\left(\frac{\pi}{4}-\frac{ax}{2}\right) + \frac{2}{a^2}\cdot\ln\left\lvert\sin\left(\frac{\pi}{4}-\frac{ax}{2}\right)\right\rvert$
$\int \frac{\sin(ax)}{1\pm\sin(ax)}\,\mathrm{d}x$	$\pm x + \frac{1}{a}\cdot\tan\left(\frac{\pi}{4}\mp\frac{ax}{2}\right)$
$\int \frac{\mathrm{d}x}{\sin(ax)\cdot[1\pm\sin(ax)]}$	$\frac{1}{a}\cdot\tan\left(\frac{\pi}{4}\mp\frac{ax}{2}\right) + \frac{1}{a}\cdot\ln\left\lvert\tan\frac{ax}{2}\right\rvert$
$\int \frac{\mathrm{d}x}{[1+\sin(ax)]^2}$	$-\frac{1}{2a}\cdot\tan\left(\frac{\pi}{4}-\frac{ax}{2}\right) - \frac{1}{6a}\cdot\tan^3\left(\frac{\pi}{4}-\frac{ax}{2}\right)$
$\int \frac{\mathrm{d}x}{[1-\sin(ax)]^2}$	$\frac{1}{2a}\cdot\cot\left(\frac{\pi}{4}-\frac{ax}{2}\right) + \frac{1}{6a}\cdot\cot^3\left(\frac{\pi}{4}-\frac{ax}{2}\right)$

Integrale mit trigonometrischen Funktionen	
$\int \frac{\sin(ax)}{[1+\sin(ax)]^2}\,\mathrm{d}x$	$-\frac{1}{2a}\cdot\tan\left(\frac{\pi}{4}-\frac{ax}{2}\right)+\frac{1}{6a}\cdot\tan^3\left(\frac{\pi}{4}-\frac{ax}{2}\right)$
$\int \frac{\sin(ax)}{[1-\sin(ax)]^2}\,\mathrm{d}x$	$-\frac{1}{2a}\cdot\cot\left(\frac{\pi}{4}-\frac{ax}{2}\right)+\frac{1}{6a}\cdot\cot^3\left(\frac{\pi}{4}-\frac{ax}{2}\right)$
$\int \frac{\mathrm{d}x}{1+\sin^2(ax)}$	$\frac{\sqrt{2}}{4a}\cdot\operatorname{Arcsin}\frac{3\cdot\sin^2(ax)-1}{\sin^2(ax)+1}$
$\int [\sin(ax)\cdot\sin(bx)]\,\mathrm{d}x$	$\frac{\sin[(a-b)\cdot x]}{2\cdot(a-b)}-\frac{\sin[(a+b)\cdot x]}{2\cdot(a+b)}$
$\int \frac{\mathrm{d}x}{b+c\cdot\sin(ax)}$	$\frac{2}{a\cdot\sqrt{b^2-c^2}}\cdot\operatorname{Arctan}\left[\frac{b+c}{\sqrt{b^2-c^2}}\cdot\frac{1+\sin(ax)}{\cos(ax)}\right];\ b^2>c^2$ $\frac{1}{a\cdot\sqrt{c^2-b^2}}\cdot\ln\frac{\sqrt{c+b}\cdot\cos(ax)+\sqrt{c-b}\cdot[\sin(ax)-1]}{\sqrt{c+b}\cdot\cos(ax)+\sqrt{c-b}\cdot[\sin(ax)-1]};\ b^2<c^2$
$\int \frac{\sin(ax)}{b+c\cdot\sin(ax)}\,\mathrm{d}x$	$\frac{x}{c}-\frac{b}{c}\cdot\int\frac{\mathrm{d}x}{b+c\cdot\sin(ax)}$
$\int \frac{\mathrm{d}x}{[b+c\cdot\sin(ax)]^2}$	$\frac{c}{a\cdot(b^2-c^2)}\cdot\frac{\cos(ax)}{b+c\cdot\sin(ax)}+\frac{c}{b^2-c^2}\cdot\int\frac{\mathrm{d}x}{b+c\cdot\sin(ax)}$
$\int \frac{\sin(ax)}{[b+c\cdot\sin(ax)]^2}\,\mathrm{d}x$	$\frac{b}{a\cdot(c^2-b^2)}\cdot\frac{\cos(ax)}{b+c\cdot\sin(ax)}+\frac{b}{c^2-b^2}\cdot\int\frac{\mathrm{d}x}{b+c\cdot\sin(ax)}$
$\int \frac{\mathrm{d}x}{b^2+c^2\cdot\sin^2(ax)}$	$\frac{1}{ab\cdot\sqrt{b^2+c^2}}\cdot\operatorname{Arctan}\left[\frac{\sqrt{b^2+c^2}}{b}\cdot\tan(ax)\right]$
$\int \frac{\mathrm{d}x}{b^2-c^2\cdot\sin^2(ax)}$	$\frac{1}{ab\cdot\sqrt{c^2-b^2}}\cdot\operatorname{Arctan}\left[\frac{\sqrt{b^2-c^2}}{b}\cdot\tan(ax)\right];\ b^2>c^2$ $\frac{1}{ab\cdot\sqrt{c^2-b^2}}\cdot\ln\left\lvert\frac{\sqrt{c^2-b^2}\cdot\tan(ax)+b}{\sqrt{c^2-b^2}\cdot\tan(ax)-b}\right\rvert;\ b^2<c^2$
$\int \cos x\,\mathrm{d}x$	$\sin x$
$\int \cos(ax)\,\mathrm{d}x$	$\frac{1}{a}\cdot\sin(ax)$
$\int \cos^2(ax)\,\mathrm{d}x$	$\frac{x}{2}+\frac{1}{4a}\cdot\sin(2ax)$
$\int \cos^3(ax)\,\mathrm{d}x$	$\frac{1}{a}\cdot\sin(ax)-\frac{1}{3a}\cdot\sin^3(ax)$
$\int \cos^4(ax)\,\mathrm{d}x$	$\frac{3}{8}\cdot x+\frac{1}{4a}\cdot\sin(2ax)+\frac{1}{32a}\cdot\sin(4ax)$
$\int \cos^n(ax)\,\mathrm{d}x$	$\frac{1}{an}\cdot\cos^{n-1}(ax)\cdot\sin(ax)+\frac{n-1}{n}\cdot\int\cos^{n-2}(ax)\,\mathrm{d}x;\ n\in\mathbb{N}^{\geq 2}$ ► Rekursionsformel ► 2.5

Integrale mit trigonometrischen Funktionen	
$\int [x \cdot \cos(ax)]\,\mathrm{d}x$	$\frac{1}{a^2} \cdot \cos(ax) + \frac{x}{a} \cdot \sin(ax)$
$\int [x^2 \cdot \cos(ax)]\,\mathrm{d}x$	$\frac{2x}{a^2} \cdot \cos(ax) + \frac{x^2}{a} \cdot \sin(ax) - \frac{2}{a^3} \cdot \sin(ax)$
$\int [x^3 \cdot \cos(ax)]\,\mathrm{d}x$	$\frac{3}{a^2} \cdot x^2 \cdot \cos(ax) - \frac{6}{a^4} \cdot \cos(ax) + \frac{x^3}{a} \cdot \sin(ax) - \frac{6}{a^3} \cdot x \cdot \sin(ax)$
$\int [x^n \cdot \cos(ax)]\,\mathrm{d}x$	$\frac{x^n}{a} \cdot \sin(ax) + \frac{n}{a^2} \cdot x^{n-1} \cdot \cos(ax) - \frac{n \cdot (n-1)}{a^2} \int [x^{n-2} \cdot \cos(ax)]\,\mathrm{d}x;\ n \in \mathbb{N}^{\geq 2}$ ► Rekursionsformel ► 2.5
$\int \frac{\mathrm{d}x}{\cos(ax)}$	$\begin{cases} \frac{1}{a} \cdot \ln\left\lvert \frac{1 + \tan\frac{ax}{2}}{1 - \tan\frac{ax}{2}} \right\rvert \\ \frac{1}{a} \cdot \ln\left\lvert \tan\left(\frac{ax}{2} + \frac{\pi}{4}\right) \right\rvert \end{cases}$
$\int \frac{\mathrm{d}x}{\cos^2(ax)}$	$\frac{1}{a} \cdot \tan(ax)$
$\int \frac{\mathrm{d}x}{\cos^3(ax)}$	$\frac{1}{2a} \cdot \frac{\sin(ax)}{\cos^2(ax)} + \frac{1}{2a} \cdot \ln\left\lvert \tan\left(\frac{\pi}{4} + \frac{ax}{2}\right) \right\rvert$
$\int \frac{\mathrm{d}x}{\cos^n(ax)}$	$\frac{1}{(n-1) \cdot a} \cdot \frac{\sin(ax)}{\cos^{n-1}(ax)} + \frac{n-2}{n-1} \cdot \int \frac{\mathrm{d}x}{\cos^{n-2}(ax)};\ n \in \mathbb{N}^{\geq 2}$ ► Rekursionsformel ► 2.5
$\int \frac{x}{\cos(ax)}\,\mathrm{d}x$	$\frac{1}{a^2} \cdot \left[\frac{(ax)^2}{2} + \frac{(ax)^4}{4 \cdot 2!} + \frac{5 \cdot (ax)^6}{6 \cdot 4!} + \frac{61 \cdot (ax)^8}{8 \cdot 6!} + \frac{1385 \cdot (ax)^{10}}{10 \cdot 8!} + \ldots + \frac{E_n \cdot (ax)^{2n+2}}{(2n+2) \cdot (2n!)} + \ldots \right]$ *)
$\int \frac{x}{\cos^2(ax)}\,\mathrm{d}x$	$\frac{x}{a} \cdot \tan(ax) + \frac{1}{a^2} \cdot \ln\lvert \cos(ax) \rvert$
$\int \frac{\mathrm{d}x}{1 + \cos(ax)}$	$\frac{1}{a} \cdot \tan\frac{ax}{2}$
$\int \frac{\mathrm{d}x}{1 - \cos(ax)}$	$-\frac{1}{a} \cdot \cot\frac{ax}{2}$
$\int \frac{x}{1 + \cos(ax)}\,\mathrm{d}x$	$\frac{1}{a} \cdot x \cdot \tan\frac{ax}{2} + \frac{2}{a^2} \cdot \ln\left\lvert \cos\frac{ax}{2} \right\rvert$
$\int \frac{x}{1 - \cos(ax)}\,\mathrm{d}x$	$-\frac{x}{a} \cdot \cot\frac{ax}{2} + \frac{2}{a^2} \cdot \ln\left\lvert \sin\frac{ax}{2} \right\rvert$
$\int \frac{\cos(ax)}{1 + \cos(ax)}\,\mathrm{d}x$	$x - \frac{1}{a} \cdot \tan\frac{ax}{2}$
$\int \frac{\cos(ax)}{1 - \cos(ax)}\,\mathrm{d}x$	$-x - \frac{1}{a} \cdot \cot\frac{ax}{2}$

*) E_n ► Eulersche Zahlen ► 4.3

Integrale mit trigonometrischen Funktionen	
$\int \frac{\mathrm{d}x}{\cos(ax)\cdot[1+\cos(ax)]}$	$\frac{1}{a}\cdot\ln\left\lvert\tan\left(\frac{\pi}{4}+\frac{ax}{2}\right)\right\rvert-\frac{1}{a}\cdot\tan\frac{ax}{2}$
$\int \frac{\mathrm{d}x}{\cos(ax)\cdot[1-\cos(ax)]}$	$\frac{1}{a}\cdot\ln\left\lvert\tan\left(\frac{\pi}{4}+\frac{ax}{2}\right)\right\rvert-\frac{1}{a}\cdot\cot\frac{ax}{2}$
$\int \frac{\mathrm{d}x}{[1+\cos(ax)]^2}$	$\frac{1}{2a}\cdot\tan\frac{ax}{2}+\frac{1}{6a}\cdot\tan^3\frac{ax}{2}$
$\int \frac{\mathrm{d}x}{[1-\cos(ax)]^2}$	$-\frac{1}{2a}\cdot\cot\frac{ax}{2}-\frac{1}{6a}\cdot\cot^3\frac{ax}{2}$
$\int \frac{\cos(ax)}{[1+\cos(ax)]^2}\,\mathrm{d}x$	$\frac{1}{2a}\cdot\tan\frac{ax}{2}-\frac{1}{6a}\cdot\tan^3\frac{ax}{2}$
$\int \frac{\cos(ax)}{[1-\cos(ax)]^2}\,\mathrm{d}x$	$\frac{1}{2a}\cdot\cot\frac{ax}{2}-\frac{1}{6a}\cdot\cot^3\frac{ax}{2}$
$\int \frac{\mathrm{d}x}{1+\cos^2(ax)}$	$\frac{\sqrt{2}}{4a}\cdot\operatorname{Arcsin}\frac{1-3\cos^2(ax)}{1+\cos^2(ax)}$
$\int[\cos(ax)\cdot\cos(bx)]\,\mathrm{d}x$	$\frac{1}{2\cdot(a-b)}\cdot\sin[(a-b)\cdot x]+\frac{1}{2\cdot(a+b)}\cdot\sin[(a+b)\cdot x]$
$\int \frac{\mathrm{d}x}{b+c\cdot\cos(ax)}$	$\begin{cases}\frac{2}{a\cdot\sqrt{b^2-c^2}}\cdot\operatorname{Arctan}\frac{(b-c)\cdot\tan\frac{ax}{2}}{\sqrt{b^2-c^2}}; b^2>c^2\\ \frac{1}{a\cdot\sqrt{c^2-b^2}}\cdot\ln\frac{(c-b)\cdot\tan\frac{ax}{2}+\sqrt{c^2-b^2}}{(c-b)\cdot\tan\frac{ax}{2}-\sqrt{c^2-b^2}}; b^2<c^2\end{cases}$
$\int \frac{\cos(ax)}{b+c\cdot\cos(ax)}\,\mathrm{d}x$	$\frac{x}{c}-\frac{b}{c}\cdot\int\frac{\mathrm{d}x}{b+c\cdot\cos(ax)}$
$\int \frac{\mathrm{d}x}{\cos(ax)\cdot[b+c\cdot\cos(ax)]}$	$\frac{1}{ab}\cdot\ln\left\lvert\tan\left(\frac{ax}{2}+\frac{\pi}{4}\right)\right\rvert-\frac{c}{b}\cdot\int\frac{\mathrm{d}x}{b+c\cdot\cos(ax)}$
$\int \frac{\mathrm{d}x}{[b+c\cdot\cos(ax)]^2}$	$\frac{c}{a\cdot(c^2-b^2)}\cdot\frac{\sin(ax)}{b+c\cdot\cos(ax)}-\frac{b}{c^2-b^2}\cdot\int\frac{\mathrm{d}x}{b+c\cdot\cos(ax)}$
$\int \frac{\cos(ax)}{[b+c\cdot\cos(ax)]^2}\,\mathrm{d}x$	$\frac{b}{a\cdot(b^2-c^2)}\cdot\frac{\sin(ax)}{b+c\cdot\cos(ax)}-\frac{c}{b^2-c^2}\cdot\int\frac{\mathrm{d}x}{b+c\cdot\cos(ax)}$
$\int \frac{\mathrm{d}x}{b^2+c^2\cdot\cos^2(ax)}$	$\frac{\sqrt{b^2+c^2}}{ab\cdot(b^2+c^2)}\cdot\operatorname{Arctan}\frac{b\cdot\tan(ax)}{\sqrt{b^2+c^2}}$
$\int \frac{\mathrm{d}x}{b^2-c^2\cdot\cos^2(ax)}$	$\begin{cases}\frac{\sqrt{b^2-c^2}}{ab\cdot(b^2-c^2)}\cdot\operatorname{Arctan}\frac{b\cdot\tan(ax)}{\sqrt{b^2-c^2}}; b^2>c^2\\ \frac{\sqrt{c^2-b^2}}{2ab\cdot(c^2-b^2)}\cdot\ln\left\lvert\frac{b\cdot\tan(ax)-\sqrt{c^2-b^2}}{b\cdot\tan(ax)+\sqrt{c^2-b^2}}\right\rvert; b^2<c^2\end{cases}$
$\int[\sin(ax)\cdot\cos(ax)]\,\mathrm{d}x$	$\frac{1}{2a}\cdot\sin^2(ax)$

Integrale mit trigonometrischen Funktionen	
$\int [\sin^2(ax) \cdot \cos^2(ax)]\,\mathrm{d}x$	$\frac{x}{8} - \frac{1}{32a} \cdot \sin(4ax)$
$\int [\sin^n(ax) \cdot \cos(ax)]\,\mathrm{d}x$	$\frac{1}{(n+1) \cdot a} \cdot \sin^{n+1}(ax)$
$\int [\sin(ax) \cdot \cos^n(ax)]\,\mathrm{d}x$	$-\frac{1}{(n+1) \cdot a} \cdot \cos^{n+1}(ax)$
$\int \frac{\mathrm{d}x}{\sin(ax) \cdot \cos(ax)}$	$\frac{1}{a} \cdot \ln \lvert \tan(ax) \rvert$
$\int \frac{\mathrm{d}x}{\sin^2(ax) \cdot \cos(ax)}$	$\frac{1}{a} \cdot \left[\ln \left\lvert \tan\left(\frac{\pi}{4} + \frac{ax}{2}\right) \right\rvert - \frac{1}{\sin(ax)} \right]$
$\int \frac{\mathrm{d}x}{\sin(ax) \cdot \cos^2(ax)}$	$\frac{1}{a} \cdot \left[\ln \left\lvert \tan \frac{ax}{2} \right\rvert + \frac{1}{\cos(ax)} \right]$
$\int \frac{\mathrm{d}x}{\sin^3(ax) \cdot \cos(ax)}$	$\frac{1}{a} \cdot \left[\ln \lvert \tan(ax) \rvert - \frac{1}{2 \cdot \sin^2(ax)} \right]$
$\int \frac{\mathrm{d}x}{\sin(ax) \cdot \cos^3(ax)}$	$\frac{1}{a} \cdot \left[\ln \lvert \tan(ax) \rvert + \frac{1}{2 \cdot \cos^2(ax)} \right]$
$\int \frac{1}{\sin^2(ax) \cdot \cos^2(ax)}$	$-\frac{2}{a} \cdot \cot(2ax)$
$\int \frac{\mathrm{d}x}{\sin^2(ax) \cdot \cos^3(ax)}$	$\frac{1}{a} \cdot \left[\frac{1}{2} \cdot \frac{\sin(ax)}{\cos^2(ax)} - \frac{1}{\sin(ax)} + \frac{3}{2} \cdot \ln \left\lvert \tan\left(\frac{\pi}{4} + \frac{ax}{2}\right) \right\rvert \right]$
$\int \frac{\mathrm{d}x}{\sin^3(ax) \cdot \cos^2(ax)}$	$\frac{1}{a} \cdot \left[\frac{1}{\cos(ax)} - \frac{1}{2} \cdot \frac{\cos(ax)}{\sin^2(ax)} + \frac{3}{2} \cdot \ln \left\lvert \tan \frac{ax}{2} \right\rvert \right]$
$\int \frac{\sin(ax)}{\cos^2(ax)}\,\mathrm{d}x$	$\frac{1}{a} \cdot \frac{1}{\cos(ax)}$
$\int \frac{\sin(ax)}{\cos^3(ax)}\,\mathrm{d}x$	$\frac{1}{2a} \cdot \frac{1}{\cos^2(ax)} = \frac{1}{2a} \cdot \tan^2(ax)$
$\int \frac{\sin(ax)}{\cos^n(ax)}\,\mathrm{d}x$	$\frac{1}{(n-1) \cdot a} \cdot \frac{1}{\cos^{n-1}(ax)}; n \in \mathbb{N}^{\geq 2}$
$\int \frac{\sin^2(ax)}{\cos(ax)}\,\mathrm{d}x$	$-\frac{1}{a} \cdot \sin(ax) + \frac{1}{a} \cdot \ln \left\lvert \tan\left(\frac{\pi}{4} + \frac{ax}{2}\right) \right\rvert$
$\int \frac{\sin^2(ax)}{\cos^3(ax)}\,\mathrm{d}x$	$\frac{1}{a} \cdot \left[\frac{1}{2} \cdot \frac{\sin(ax)}{\cos^2(ax)} - \frac{1}{2} \cdot \ln \left\lvert \tan\left(\frac{\pi}{4} + \frac{ax}{2}\right) \right\rvert \right]$
$\int \frac{\sin^2(ax)}{\cos^n(ax)}\,\mathrm{d}x$	$\frac{1}{(n-1) \cdot a} \cdot \frac{\sin(ax)}{\cos^{n-1}(ax)} - \frac{1}{n-1} \cdot \int \frac{\mathrm{d}x}{\cos^{n-2}(ax)}; n \in \mathbb{N}^{\geq 2}$ ► Rekursionsformel ► 2.5
$\int \frac{\sin^3(ax)}{\cos(ax)}\,\mathrm{d}x$	$-\frac{1}{2a} \cdot \sin^2(ax) - \frac{1}{a} \cdot \ln \lvert \cos(ax) \rvert$

Integrale mit trigonometrischen Funktionen	
$\int \frac{\sin^3(ax)}{\cos^2(ax)}\,dx$	$\frac{1}{a}\cdot\cos(ax)+\frac{1}{a}\cdot\frac{1}{\cos(ax)}$
$\int \frac{\sin^3(ax)}{\cos^n(ax)}\,dx$	$\frac{1}{a}\cdot\left[\frac{1}{n-1}\cdot\frac{1}{\cos^{n-1}(ax)}-\frac{1}{n-3}\cdot\frac{1}{\cos^{n-3}(ax)}\right]$
$\int \frac{\sin^n(ax)}{\cos(ax)}\,dx$	$-\frac{1}{(n-1)\cdot a}\cdot\sin^{n-1}(ax)+\int\frac{\sin^{n-2}(ax)}{\cos(ax)}\,dx$ ► Rekursionsformel ► 2.5
$\int \frac{\cos(ax)}{\sin^2(ax)}\,dx$	$-\frac{1}{a}\cdot\frac{1}{\sin(ax)}$
$\int \frac{\cos(ax)}{\sin^3(ax)}\,dx$	$-\frac{1}{2a}\cdot\frac{1}{\sin^2(ax)}$
$\int \frac{\cos(ax)}{\sin^n(ax)}\,dx$	$-\frac{1}{(n-1)\cdot a}\cdot\frac{1}{\sin^{n-1}(ax)}$
$\int \frac{\cos^2(ax)}{\sin(ax)}\,dx$	$\frac{1}{a}\cdot\cos(ax)+\frac{1}{a}\cdot\ln\left\|\tan\frac{ax}{2}\right\|$
$\int \frac{\cos^2(ax)}{\sin^3(ax)}\,dx$	$-\frac{1}{2a}\cdot\frac{\cos(ax)}{\sin^2(ax)}+\frac{1}{2a}\cdot\ln\left\|\tan\frac{ax}{2}\right\|$
$\int \frac{\cos^2(ax)}{\sin^n(ax)}\,dx$	$-\frac{1}{(n-1)\cdot a}\cdot\frac{\cos(ax)}{\sin^{n-1}(ax)}-\frac{1}{n-1}\cdot\int\frac{dx}{\sin^{n-2}(ax)};n\in\mathbb{N}^{\geq 4}$
$\int \frac{\cos^3(ax)}{\sin(ax)}\,dx$	$\frac{1}{2a}\cdot\cos^2(ax)+\frac{1}{a}\cdot\ln\|\sin(ax)\|$
$\int \frac{\cos^3(ax)}{\sin^2(ax)}\,dx$	$-\frac{1}{a}\cdot\sin(ax)-\frac{1}{a}\cdot\frac{1}{\sin(ax)}$
$\int \frac{\cos^3(ax)}{\sin^n(ax)}\,dx$	$\frac{1}{(n-3)\cdot a}\cdot\frac{1}{\sin^{n-3}(ax)}-\frac{1}{(n-1)\cdot a}\cdot\frac{1}{\sin^{n-1}(ax)};n\in\mathbb{N}^{\geq 3}$
$\int \frac{\cos^n(ax)}{\sin(ax)}\,dx$	$\frac{1}{(n-1)\cdot a}\cdot\cos^{n-1}(ax)+\int\frac{\cos^{n-2}(ax)}{\sin(ax)}\,dx;\ n\in\mathbb{N}^{\geq 2}$ ► Rekursionsformel ► 2.5
$\int \frac{dx}{\sin(ax)\cdot[1\pm\cos(ax)]}$	$\pm\frac{1}{2a}\cdot\frac{1}{1\pm\cos(ax)}+\frac{1}{2a}\cdot\ln\left\|\tan\frac{ax}{2}\right\|$
$\int \frac{dx}{\cos(ax)\cdot[1\pm\sin(ax)]}$	$\mp\frac{1}{2a}\cdot\frac{1}{1\pm\sin(ax)}+\frac{1}{2a}\cdot\ln\left\|\tan\left(\frac{\pi}{4}+\frac{ax}{2}\right)\right\|$
$\int \frac{\sin(ax)}{\cos(ax)\cdot[1\pm\cos(ax)]}\,dx$	$\frac{1}{a}\cdot\ln\left\|\frac{1\pm\cos(ax)}{\cos(ax)}\right\|$
$\int \frac{\cos(ax)}{\sin(ax)\cdot[1\pm\sin(ax)]}\,dx$	$-\frac{1}{a}\cdot\ln\left\|\frac{1\pm\sin(ax)}{\sin(ax)}\right\|$
$\int \frac{\sin(ax)}{\cos(ax)\cdot[1\pm\sin(ax)]}\,dx$	$\frac{1}{2a}\cdot\frac{1}{1\pm\sin(ax)}\pm\frac{1}{2a}\cdot\ln\left\|\tan\left(\frac{\pi}{4}+\frac{ax}{2}\right)\right\|$
$\int \frac{\cos(ax)}{\sin(ax)\cdot[1\pm\cos(ax)]}\,dx$	$-\frac{1}{2a}\cdot\frac{1}{1\pm\cos(ax)}\pm\frac{1}{2a}\cdot\ln\left\|\tan\frac{ax}{2}\right\|$

Integrale mit trigonometrischen Funktionen	
$\int \frac{\sin(ax)}{\sin(ax) \pm \cos(ax)} \mathrm{d}x$	$\frac{x}{2} \mp \frac{1}{2a} \cdot \ln \lvert \sin(ax) \pm \cos(ax) \rvert$
$\int \frac{\cos(ax)}{\sin(ax) \pm \cos(ax)} \mathrm{d}x$	$\pm \frac{x}{2} + \frac{1}{2a} \cdot \ln \lvert \sin(ax) \pm \cos(ax) \rvert$
$\int \frac{\mathrm{d}x}{\sin(ax) \pm \cos(ax)}$	$\frac{\sqrt{2}}{2a} \cdot \ln \left\lvert \tan\left(\frac{ax}{2} \pm \frac{\pi}{8}\right) \right\rvert$
$\int \frac{\mathrm{d}x}{1 + \cos(ax) \pm \sin(ax)}$	$\pm \frac{1}{a} \cdot \ln \left\lvert 1 \pm \tan \frac{ax}{2} \right\rvert$
$\int \frac{\sin(ax)}{b + c \cdot \cos(ax)} \mathrm{d}x$	$-\frac{1}{ac} \cdot \ln \lvert b + c \cdot \cos(ax) \rvert$
$\int \frac{\cos(ax)}{b + c \cdot \sin(ax)} \mathrm{d}x$	$\frac{1}{ac} \cdot \ln \lvert b + c \cdot \sin(ax) \rvert$
$\int \frac{\mathrm{d}x}{b^2 \cdot \cos^2(ax) + c^2 \cdot \sin^2(ax)}$	$\frac{1}{abc} \cdot \operatorname{Arctan} \left[\frac{c}{b} \cdot \tan(ax)\right]$
$\int \frac{\mathrm{d}x}{b^2 \cdot \cos^2(ax) - c^2 \cdot \sin^2(ax)}$	$\frac{1}{2abc} \cdot \ln \left\lvert \frac{c \cdot \tan(ax) + b}{c \cdot \tan(ax) - b} \right\rvert$
$\int [\sin(ax) \cdot \cos(bx)] \, \mathrm{d}x$	$-\frac{1}{2 \cdot (a+b)} \cdot \cos[(a+b) \cdot x] - \frac{1}{2 \cdot (a-b)} \cdot \cos[(a-b) \cdot x]$
$\int \tan x \, \mathrm{d}x$	$-\ln \lvert \cos x \rvert$
$\int \tan(ax) \, \mathrm{d}x$	$-\frac{1}{a} \cdot \ln \lvert \cos ax \rvert$
$\int \tan^2(ax) \, \mathrm{d}x$	$\frac{1}{a} \cdot \tan(ax) - x$
$\int \tan^3(ax) \, \mathrm{d}x$	$\frac{1}{2a} \cdot \tan^2(ax) + \frac{1}{a} \cdot \ln \lvert \cos(ax) \rvert$
$\int \tan^n(ax) \, \mathrm{d}x$	$\frac{1}{(n-1) \cdot a} \cdot \tan^{n-1}(ax) - \int \tan^{n-2}(ax) \, \mathrm{d}x; \; n \in \mathbb{N}^{\geq 2}$ ► Rekursionsformel ► 2.5
$\int [x \cdot \tan(ax)] \, \mathrm{d}x$	$\frac{ax^3}{3} + \frac{a^3x^5}{15} + \frac{2 \cdot a^5 \cdot x^7}{105} + \frac{17 \cdot a^7 \cdot x^9}{2835} + \ldots + \frac{2^{2n} \cdot (2^{2n} - 1) \cdot B_n \cdot a^{2n+1} \cdot x^{2n+1}}{(2n+1)!} + \ldots$ ► 2.7*)
$\int \frac{\tan^n(ax)}{\cos^2(ax)} \mathrm{d}x$	$\frac{1}{(n+1) \cdot a} \cdot \tan^{n+1}(ax)$

*) B_n ► Bernoullische Zahlen ► 4.3

Integrale mit Arkusfunktionen	
$\int \operatorname{Arcsin}\frac{x}{a}\,dx$	$x\cdot\operatorname{Arcsin}\frac{x}{a}+\sqrt{a^2-x^2}$
$\int \left[x\cdot\operatorname{Arcsin}\frac{x}{a}\right]dx$	$\frac{x^2}{2}\cdot\operatorname{Arcsin}\frac{x}{a}-\frac{a^2}{4}\cdot\operatorname{Arcsin}\frac{x}{a}+\frac{x}{4}\cdot\sqrt{a^2-x^2}$
$\int \left[x^2\cdot\operatorname{Arcsin}\frac{x}{a}\right]dx$	$\frac{x^3}{3}\cdot\operatorname{Arcsin}\frac{x}{a}+\frac{2a^2}{9}\cdot\sqrt{a^2-x^2}+\frac{x^2}{9}\cdot\sqrt{a^2-x^2}$
$\int \frac{\operatorname{Arcsin}\frac{x}{a}}{x^2}\,dx$	$-\frac{1}{x}\cdot\operatorname{Arcsin}\frac{x}{a}-\frac{1}{a}\cdot\ln\left\lvert\frac{a+\sqrt{a^2-x^2}}{x}\right\rvert$
$\int \operatorname{Arccos}x\,dx$	$x\cdot\operatorname{Arccos}x-\sqrt{1-x^2}$
$\int \operatorname{Arccos}\frac{x}{a}\,dx$	$x\cdot\operatorname{Arccos}\frac{x}{a}-\sqrt{a^2-x^2}$
$\int \left[x\cdot\operatorname{Arccos}\frac{x}{a}\right]dx$	$\frac{x^2}{2}\cdot\operatorname{Arccos}\frac{x}{a}-\frac{a^2}{4}\cdot\operatorname{Arccos}\frac{x}{a}-\frac{x}{4}\cdot\sqrt{a^2-x^2}$
$\int \left[x^2\cdot\operatorname{Arccos}\frac{x}{a}\right]dx$	$\frac{x^3}{3}\cdot\operatorname{Arccos}\frac{x}{a}-\frac{2a^2}{9}\cdot\sqrt{a^2-x^2}-\frac{x^2}{9}\cdot\sqrt{a^2-x^2}$
$\int \frac{\operatorname{Arccos}\frac{x}{a}}{x^2}\,dx$	$-\frac{1}{x}\cdot\operatorname{Arccos}\frac{x}{a}+\frac{1}{a}\cdot\ln\left\lvert\frac{a+\sqrt{a^2-x^2}}{x}\right\rvert$
$\int \operatorname{Arctan}\frac{x}{a}\,dx$	$x\cdot\operatorname{Arctan}\frac{x}{a}-\frac{a}{2}\cdot\ln\left(a^2+x^2\right)$
$\int \left[x\cdot\operatorname{Arctan}\frac{x}{a}\right]dx$	$\frac{1}{2}\cdot\left(a^2+x^2\right)\cdot\operatorname{Arctan}\frac{x}{a}-\frac{a}{2}\cdot x$
$\int \left[x^2\cdot\operatorname{Arctan}\frac{x}{a}\right]dx$	$\frac{x^3}{3}\cdot\operatorname{Arctan}\frac{x}{a}-\frac{a}{6}\cdot x^2+\frac{a^3}{6}\cdot\ln\left(a^2+x^2\right)$
$\int \left[x^n\cdot\operatorname{Arctan}\frac{x}{a}\right]dx$	$\frac{1}{n+1}\cdot x^{n+1}\cdot\operatorname{Arctan}\frac{x}{a}-\frac{a}{n+1}\cdot\int\frac{x^{n+1}}{a^2+x^2}\,dx;\ n\in\mathbb{N}$
$\int \frac{\operatorname{Arctan}\frac{x}{a}}{x^2}\,dx$	$-\frac{1}{x}\cdot\operatorname{Arctan}\frac{x}{a}-\frac{1}{2a}\cdot\ln\frac{a^2+x^2}{x^2}$
$\int \frac{\operatorname{Arctan}\frac{x}{a}}{x^n}\,dx$	$-\frac{1}{n-1}\cdot\frac{1}{x^{n-1}}\cdot\operatorname{Arctan}\frac{x}{a}+\frac{a}{n-1}\cdot\int\frac{dx}{x^{n-1}\cdot\left(a^2+x^2\right)};\ n\in\mathbb{N}^{\geq 3}$

Integrale mit Hyperbelfunktionen	
$\int \sinh x\,dx$	$\cosh x$
$\int \sinh(ax)\,dx$	$\frac{1}{a}\cdot\cosh(ax)$
$\int \sinh^2(ax)\,dx$	$\frac{1}{2a}\cdot\sinh(ax)\cdot\cosh(ax)-\frac{x}{2}$

Integrale mit Hyperbelfunktionen	
$\int \sinh^n(ax)\,\mathrm{d}x$	$\frac{1}{na}\cdot\sinh^{n-1}(ax)\cdot\cosh(ax)-\frac{n-1}{n}\cdot\int\sinh^{n-2}(ax)\,\mathrm{d}x;\ n\in\mathbb{N}^{\geq 1}$ ► Rekursionsformel ► 2.5
$\int \frac{\mathrm{d}x}{\sinh(ax)}$	$\frac{1}{a}\cdot\ln\left\lvert\tanh\frac{ax}{2}\right\rvert$
$\int [x\cdot\sinh(ax)]\,\mathrm{d}x$	$\frac{x}{a}\cdot\cosh(ax)-\frac{1}{a^2}\cdot\sinh(ax)$
$\int [\sinh(ax)\cdot\sinh(bx)]\,\mathrm{d}x$	$\frac{1}{a^2-b^2}\cdot[a\cdot\sinh(bx)\cdot\cosh(ax)-b\cdot\cosh(bx)\cdot\sinh(ax)]$
$\int \cosh x\,\mathrm{d}x$	$\sinh x$
$\int \cosh(ax)\,\mathrm{d}x$	$\frac{1}{a}\cdot\sinh(ax)$
$\int \cosh^2(ax)\,\mathrm{d}x$	$\frac{1}{2a}\cdot\sinh(ax)\cdot\cosh(ax)+\frac{x}{2}$
$\int \cosh^n(ax)\,\mathrm{d}x$	$\frac{1}{na}\cdot\sinh(ax)\cdot\cosh^{n-1}(ax)+\frac{n-1}{n}\cdot\int\cosh^{n-2}(ax)\,\mathrm{d}x;\ n\in\mathbb{N}^{\geq 1}$ ► Rekursionsformel ► 2.5
$\int \frac{\mathrm{d}x}{\cosh(ax)}$	$\frac{2}{a}\cdot\operatorname{Arctan}\mathrm{e}^{ax}$
$\int [x\cdot\cosh(ax)]\,\mathrm{d}x$	$\frac{x}{a}\cdot\sinh(ax)-\frac{1}{a^2}\cdot\cosh(ax)$
$\int [\cosh(ax)\cdot\cosh(bx)]\,\mathrm{d}x$	$\frac{1}{a^2-b^2}\cdot[a\cdot\sinh(ax)\cdot\cosh(bx)-b\cdot\sinh(bx)\cdot\cosh(ax)]$
$\int [\sinh(ax)\cdot\cos(ax)]\,\mathrm{d}x$	$\frac{1}{2a}\cdot[\cosh(ax)\cdot\cos(ax)+\sinh(ax)\cdot\sin(ax)]$
$\int [\cosh(ax)\cdot\sin(ax)]\,\mathrm{d}x$	$\frac{1}{2a}\cdot[\sinh(ax)\cdot\sin(ax)-\cosh(ax)\cdot\cos(ax)]$
$\int [\sinh(ax)\cdot\sin(ax)]\,\mathrm{d}x$	$\frac{1}{2a}\cdot[\cosh(ax)\cdot\sin(ax)-\sinh(ax)\cdot\cos(ax)]$
$\int [\cosh(ax)\cdot\cos(ax)]\,\mathrm{d}x$	$\frac{1}{2a}\cdot[\sinh(ax)\cdot\cos(ax)+\cosh(ax)\cdot\sin(ax)]$
$\int [\cosh(ax)\cdot\sinh(bx)]\,\mathrm{d}x$	$\frac{1}{a^2-b^2}\cdot[a\cdot\sinh(bx)\cdot\sinh(ax)-b\cdot\cosh(bx)\cdot\cosh(ax)]$
$\int \tanh x\,\mathrm{d}x$	$\ln(\cosh x)$
$\int \tanh(ax)\,\mathrm{d}x$	$\frac{1}{a}\cdot\ln[\cosh(ax)]$
$\int \tanh^2(ax)\,\mathrm{d}x$	$x-\frac{1}{a}\cdot\tanh(ax)$
$\int \tanh^n x\,\mathrm{d}x$	$-\frac{1}{n-1}\cdot\tanh^{n-1}x+\int\tanh^{n-2}x\,\mathrm{d}x;\ n\in\mathbb{N}^{\geq 2}$ ► Rekursionsformel ► 2.5

Integrale mit Areahyperbelfunktionen	
$\int \operatorname{Arsinh}\frac{x}{a}\,dx$	$x \cdot \operatorname{Arsinh}\frac{x}{a} - \sqrt{x^2+a^2}$
$\int [x \cdot \operatorname{Arsinh} x]\,dx$	$\frac{x^2}{2} \cdot \operatorname{Arsinh} x + \frac{1}{4} \cdot \operatorname{Arsinh} x - \frac{x}{4} \cdot \sqrt{x^2+1}$
$\int [x^n \cdot \operatorname{Arsinh} x]\,dx$	$\frac{1}{n+1} \cdot x^{n+1} \cdot \operatorname{Arsinh} x - \frac{1}{n+1} \cdot \int \frac{x^{n+1}}{\sqrt{x^2+1}}\,dx;\ n \in \mathbb{N}$
$\int \left[\frac{1}{x^n} \cdot \operatorname{Arsinh} x\right] dx$	$-\frac{1}{n-1} \cdot \frac{1}{x^{n-1}} \cdot \operatorname{Arsinh} x + \frac{1}{n-1} \cdot \int \frac{dx}{x^{n-1} \cdot \sqrt{x^2+1}};\ n \in \mathbb{N}^{\geq 2}$
$\int \operatorname{Arcosh}\frac{x}{a}\,dx$	$x \cdot \operatorname{Arcosh}\frac{x}{a} - \sqrt{x^2-a^2}$
$\int [x \cdot \operatorname{Arcosh} x]\,dx$	$\frac{x^2}{2} \cdot \operatorname{Arcosh} x - \frac{1}{4} \cdot \operatorname{Arcosh} x - \frac{x}{4} \cdot \sqrt{x^2-1}$
$\int [x^n \cdot \operatorname{Arcosh} x]\,dx$	$\frac{1}{n+1} \cdot x^{n+1} \cdot \operatorname{Arcosh} x - \frac{1}{n+1} \cdot \int \frac{x^{n+1}}{\sqrt{x^2-1}}\,dx;\ n \in \mathbb{N}$
$\int \left[\frac{1}{x^n} \cdot \operatorname{Arcosh} x\right] dx$	$-\frac{1}{n-1} \cdot \frac{1}{x^{n-1}} \cdot \operatorname{Arcosh} x + \frac{1}{n-1} \cdot \int \frac{dx}{x^{n-1} \cdot \sqrt{x^2-1}};\ n \in \mathbb{N}^{\geq 2}$
$\int \operatorname{Artanh}\frac{x}{a}\,dx$	$x \cdot \operatorname{Artanh}\frac{x}{a} + \frac{a}{2} \cdot \ln\lvert a^2 - x^2\rvert$
$\int [x \cdot \operatorname{Artanh} x]\,dx$	$-\frac{1}{2} \cdot \operatorname{Artanh} x + \frac{x^2}{2} \cdot \operatorname{Artanh} x + \frac{x}{2}$
$\int [x^n \cdot \operatorname{Artanh} x]\,dx$	$\frac{1}{n+1} \cdot x^{n+1} \cdot \operatorname{Artanh} x - \frac{1}{n+1} \cdot \int \frac{x^{n+1}}{1-x^2}\,dx;\ n \in \mathbb{N}$
$\int \left[\frac{1}{x^n} \cdot \operatorname{Artanh} x\right] dx$	$-\frac{1}{n-1} \cdot \frac{1}{x^{n-1}} \cdot \operatorname{Artanh} x + \frac{1}{n-1} \cdot \int \frac{dx}{x^{n-1} \cdot (1-x^2)};\ n \in \mathbb{N}^{\geq 2}$

Regeln für bestimmte Integrale

- Ist eine Funktion f in einem abgeschlossenen Intervall $[a\,;b] \subset D(f)$ integrierbar (► 1.1) und besitzt sie dort eine Stammfunktion F, so gilt:

  $$\int_a^b f(x)\,dx = F(x)\big|_a^b = F(b) - F(a)$$ ► Hauptsatz ► 1.2

- Ist eine Funktion f in $[a\,;b]$ integrierbar, so gilt: $\int_a^b f(x)\,dx = -\int_b^a f(x)\,dx$
- Ist eine Funktion f an einer Stelle a definiert, so gilt: $\int_a^a f(x)\,dx = 0$
- Ist eine Funktion f in $[a\,;c]$ und $[c\,;b]$ mit $a < c < b$ integrierbar, so gilt:

  $$\int_a^b f(x)\,dx = \int_a^c f(x)\,dx + \int_c^b f(x)\,dx$$

- $\int_a^b \big(g[h(x)] \cdot h'(x)\big)\,dx = \int_{h(a)}^{h(b)} g(z)\,dz$ ► $z = h(x)$ ► erste Substitutionsregel ► 2.4.10
- $\int_a^b g(x)\,dx = \int_{z_1}^{z_2} \big(g[h(z)] \cdot h'(z)\big)\,dz$ für $a = h(z_1)$ und $b = h(z_2)$
- $\int_a^b g(x)\,dx = \int_{z_2}^{z_1} \big(g[h(z)] \cdot h'(z)\big)\,dz$ für $a = h(z_2)$ und $b = h(z_1)$

  (beide:) ► zweite Substitutionsregel ► 2.4.10

Zusammenstellung von uneigentlichen Integralen

$$\int_a^{\infty} \frac{1}{x^n}\,\mathrm{d}x = \frac{1}{n-1}\cdot a^{1-n};\ a>0 \text{ und } n>1$$

$$\int_0^{\infty} \frac{1}{a+bx^2}\,\mathrm{d}x = \frac{\pi}{2\cdot\sqrt{ab}};\ a;b>0$$

$$\int_{-\infty}^{\infty} \sin x^2\,\mathrm{d}x = \int_{-\infty}^{\infty} \cos x^2\,\mathrm{d}x = \sqrt{\frac{\pi}{2}}$$

$$\int_0^{\infty} \mathrm{e}^{-ax}\,\mathrm{d}x = \frac{1}{a};\ a>0$$

$$\int_0^{\infty} \frac{\mathrm{e}^{-ax}\cdot\sin x}{x}\,\mathrm{d}x = \operatorname{Arctan}\frac{1}{a};\ a>0$$

$$\int_0^{\infty} \frac{x}{\mathrm{e}^x-1}\,\mathrm{d}x = \frac{\pi^2}{6}$$

$$\int_0^{\infty} \frac{\sin(ax)}{x}\,\mathrm{d}x = \begin{cases} \frac{\pi}{2}; & a>0 \\ -\frac{\pi}{2}; & a<0 \end{cases}$$

$$\int_0^{\infty} \frac{\tan(ax)}{x}\,\mathrm{d}x = \begin{cases} \frac{\pi}{2}; & a>0 \\ -\frac{\pi}{2}; & a<0 \end{cases}$$

$$\int_0^{\infty} \frac{\sin x}{\sqrt{x}}\,\mathrm{d}x = \sqrt{\frac{\pi}{2}}$$

$$\int_{-\infty}^{\infty} \sin x^2\,\mathrm{d}x = \sqrt{\frac{\pi}{2}}$$

$$\int_0^{\infty} \frac{\sin^2(ax)}{x^2}\,\mathrm{d}x = \frac{\pi}{2}\cdot|a|$$

$$\int_0^{\infty} \left(\frac{\sin x}{x}\cdot\ln x\right)\mathrm{d}x = -\frac{\pi}{2}\cdot 0{,}5772156649\ldots$$

$$\int_0^{\infty} \frac{1}{x^n\cdot(1+x)}\,\mathrm{d}x = \frac{\pi}{\sin(\pi\cdot n)};\ n\in(0;1)$$

$$\int_0^{\infty} \frac{1}{x^n\cdot(1-x)}\,\mathrm{d}x = -\pi\cdot\cot(\pi\cdot n);\ n\in(0;1)$$

$$\int_0^{\infty} \frac{x^{n-1}}{1+x^m}\,\mathrm{d}x = \frac{\pi}{m\cdot\sin\left(\frac{n}{m}\cdot\pi\right)};\ 0<n<m$$

$$\int_0^{\infty} \mathrm{e}^{-ax^2}\,\mathrm{d}x = \int_{-\infty}^{0} \mathrm{e}^{-ax^2}\,\mathrm{d}x = \frac{1}{2}\cdot\sqrt{\frac{\pi}{a}};\ a>0$$

$$\int_0^{\infty} \left(x^2\cdot\mathrm{e}^{-a^2x^2}\right)\mathrm{d}x = \frac{\sqrt{\pi}}{4a^3};\ a>0$$

$$\int_0^{\infty} \frac{x}{\mathrm{e}^x+1}\,\mathrm{d}x = \frac{\pi^2}{12}$$

$$\int_0^{\infty} \frac{\sin x\cdot\cos(ax)}{x}\,\mathrm{d}x = \begin{cases} \frac{\pi}{2}; & |a|<1 \\ \frac{\pi}{4}; & |a|=1 \\ 0; & |a|>1 \end{cases}$$

$$\int_0^{\infty} \frac{\cos(ax)-\cos(bx)}{x}\,\mathrm{d}x = \ln\left|\frac{b}{a}\right|$$

$$\int_0^{\infty} \frac{\cos x}{\sqrt{x}}\,\mathrm{d}x = \sqrt{\frac{\pi}{2}}$$

$$\int_{-\infty}^{\infty} \cos x^2\,\mathrm{d}x = \sqrt{\frac{\pi}{2}}$$

$$\int_0^{\infty} \frac{\cos(ax)}{1+x^2}\,\mathrm{d}x = \frac{\pi}{2}\cdot\mathrm{e}^{-|a|}$$

$$\int_0^{\infty} \left(\mathrm{e}^{-x}\cdot\ln x\right)\mathrm{d}x = -0{,}5772156649\ldots$$

► Eulersche Konstante

Zusammenstellung von uneigentlichen Integralen	
$\int_0^a \frac{1}{x^n}\,dx = \frac{1}{1-n} \cdot a^{1-n}$; $a > 0$ und $n < 1$	$\int_0^1 \frac{\ln x}{x+1}\,dx = -\frac{\pi^2}{12}$
$\int_0^1 \frac{1}{\sqrt{1-x^2}}\,dx = \frac{\pi}{2}$	$\int_0^1 \frac{\ln(1+x)}{x^2+1}\,dx = \frac{\pi}{8} \cdot \ln 2$
$\int_0^1 \frac{x}{\sqrt{1-x^2}}\,dx = 1$	$\int_0^{\frac{\pi}{2}} \ln(\sin x)\,dx = -\frac{\pi}{2} \cdot \ln 2$
$\int_0^1 \frac{x^{2n}}{\sqrt{1-x^2}}\,dx = \frac{1 \cdot 3 \cdot 5 \cdot 7 \cdot \ldots \cdot (2n-1)}{2 \cdot 4 \cdot 6 \cdot 8 \cdot \ldots \cdot 2n} \cdot \frac{\pi}{2}$; $n \in \mathbb{N}^{\geq 1}$	$\int_0^1 \frac{\ln x}{x-1}\,dx = \frac{\pi^2}{6}$
$\int_0^{\frac{\pi}{2}} \ln(\cos x)\,dx = -\frac{\pi}{2} \cdot \ln 2$	$\int_0^1 \frac{\ln x}{x^2-1}\,dx = \frac{\pi^2}{8}$
$\int_0^{\frac{\pi}{2}} [\sin x \cdot \ln(\sin x)]\,dx = \ln 2 - 1$	$\int_0^1 \frac{x^{n-1} - x^{-n}}{(1+x) \cdot \ln x}\,dx = \ln\left[\tan \frac{\pi \cdot n}{2}\right]$; $n \in (0; 1)$
$\int_0^{\pi} [x \cdot \ln(\sin x)]\,dx = -\frac{\pi^2}{2} \cdot \ln 2$	$\int_0^1 \ln(\ln x)\,dx = -0{,}5772156649\ldots$ ► Eulersche Konstante

Stichwortverzeichnis